那年今日
听历史说话

上海音像资料馆
上海广播电视台版权资产中心 编

（上）

上海书店出版社
SHANGHAI BOOKSTORE PUBLISHING HOUSE

《那年今日，听历史说话》
编委会名单

不忘责任　勇于创新

滕俊杰

　　古往今来,人类历史有如绵绵长河,河水或平静、或湍急、或回流,但这都改变不了历史长河奔腾向前的趋势。由 SMG 版权资产中心编撰的《那年今日,听历史说话》一书,撷取历史的浪花,以原音再现了历史现场,用声音唤醒了尘封的记忆,让我们更加真实地感触到那些或喜或悲的历史瞬间。

　　仔细翻阅书稿,感慨颇多,尤以贯穿整本书的"创新"精神与"责任"意识令人印象深刻:其一,本书形式上颇具创新,有别于一般历史类书籍,其创作手法新颖,将广播节目内容与文字出版书籍完美结合;其二,本书视角独特,选题兼备知识性和教育性,是不可多得的案头之书。该书的编撰完成,不仅体现了 SMG 人敢于担当、勇于创新的开拓精神,也实践了 SMG 作为新型主流媒体集团不断增强的责任感、使命感。文稿中历史事件、人物、时间等要素的考证、研究,无不倾注着笔者大量心血,无不体现着笔者的历史责任感。

　　SMG 版权资产中心作为媒资管理部门,创新性地将 SMG 海量节目资料的深度开发与节目创作结合,在传统广播、新媒体平台制作播出《历史上的今天》节目,以原音再现了精心撷取的历史片段,节目不仅取得了良好收听率和社会反响,也赢得了图书出版界的青睐。此次,节目创作与图书出版相结合,呈现给读者一段可读、可听、可感知的历史,无疑将有效地扩展节目的社会影响力和感染力。

　　作为媒体,我们有责任在记录历史的同时创造历史。从《历史上的今天》节目播出到《那年今日,听历史说话》书籍出版,又是一次对历史音像资料深度编研成果的新跨越。虽然它记录的只是历史的片段,但放宽我们的视野,置身在广阔的历史潮流与格局中,我们不仅可以清晰地正视自身所处的时代,更能借鉴历史,展望未来。

　　（作者系上海广播电视台、上海文化广播影视集团有限公司党委书记）

砥砺前行　创造新价值

王建军

金秋时节,由我台版权资产中心暨上海音像资料馆,基于历史音像资料自主研发的广播日播节目《历史上的今天》,编撰的《那年今日,听历史说话》一书即将付梓。对此我非常欣喜,因为对我们媒体人而言,这不仅仅是一本由节目文稿衍生而成的书籍,更是一次对广播电视媒体与新兴媒体融合发展的有益尝试,是基于媒体资产深度编研成果的又一次创新。

众所周知,广播电视媒体与新兴媒体融合发展已是大势所趋,是广播电视媒体革新图存、赢得未来的必由之路。我们 SMG 作为上海的主流媒体,也正从"创造新价值"的命题出发,通过认真思考自身定位和发展路径,以"SMG 智造"为引领,在不同领域进行创新,力争全面加快整体互联网转型,成为新型主流媒体。

在此背景下,作为我台负责版权管理、媒资服务、编研开发职能的专门机构,同时也是上海市唯一的专业音像档案馆,我台版权资产中心主动思考,围绕宣传重点,结合融媒体发展,积极发挥馆藏资源优势以及编研团队的专业优势,坚持广播电视媒体与新兴媒体融合发展的原则,对馆藏资源开展深度编研,再创价值,赋予历史音像资料二次新生命,产生了良好的当期社会价值和经济价值。这档由他们自主策划制作的日播20分钟广播节目《历史上的今天》，兼具知识性、教育性和历史文化鉴赏性。自2015年2月起，每日在3个频率4档栏目播出5次，并在阿基米德等若干新媒体上实时发布。在该节目的百期研讨会上，专家学者们一致评价该节目，不仅"有新意、有难度、有温度、有腔调"，而且表现了"立足上海展望世界的眼光，体现了媒体应有的责任"。此次《历史上的今天》节目文稿应听众之约，经过编辑、加工直至正式出版，期间倾注了主创人员大量的考证、核实、编撰之精力，体现了媒资工作者的工匠精神。既是对历史音像资源产品研发的又一次创新，也是对广大热心受众的又一次友好回馈，更希望该书能为中小学爱国主义教育和社会历史研究作出有益的贡献。

转型是自上而下为主，靠领导的宏观战略和制度设计，但价值创造主要是自下而上的奋发进取。我非常欣慰，版权资产中心已成为SMG"新的价值"创造者之一，我衷心希望他们能以本书为新起点，深入探索融合之道，持续创造出版权新价值。唯转型才有出路，唯创新才有价值，这也是时代赋予我们传统媒体人不可推卸的责任和无比的荣耀。

（作者系上海广播电视台台长、上海文化广播影视集团有限公司总裁）

一月 · January

目 录
CONTENTS

二月 · February

三月 · March

目 录
CONTENTS

四月 · April

目 录
CONTENTS

五月 · May

目 录
CONTENTS

六月·June

目 录
CONTENTS

那年今日，听历史说话（上）

动画片《铁臂阿童木》在日本开播

1963年1月1日，伴随着新年的到来，一个身高135公分、体重30公斤，全身上下被强力探射灯、机关枪、火箭引擎武装的超级小孩风靡了日本。这一天，动画系列片《铁臂阿童木》开始在日本富士电视台播放。作为第一部真正意义上的日本国产电视系列动画，《铁臂阿童木》获得了空前的成功。它在电视台连续播放4年，创下了前所未有的高达百分之四十多的收视率，卷起了一股巨大的阿童木热潮。

《铁臂阿童木》是日本漫画宗师手冢治虫的首部连载作品。手冢被誉为日本漫画之神，但他与中国也有着千丝万缕的联系。手冢在青少年时看过万籁鸣兄弟制作的中国第一部动画片《铁扇公主》，正是因为受此影响，他开始了动画片的创作。1988年，手冢治虫来到中国，特地拜访了已是古稀之年的万籁鸣先生，两人还合作绘制了孙悟空携手阿童木的稿图。对于这次会面，上海美术电影制片厂原副厂长张松林印象深刻。

阿童木与孙悟空

【音频】张松林：他说我第一个要求就是要拜访你们的动画专家万籁鸣，我问他为什么这么强调要第一个拜访万籁鸣呢？手冢治虫就说万籁鸣是他的启蒙老师。他们俩见面后像好朋友一样，就提议作一张画作为纪念，万籁鸣画了一个孙悟空，手冢就画了一个阿童木。

或许是与中国的孙悟空有着某种微妙的联系，阿童木得以在改革开放的初期就来到了中国。1980年12月，中央电视台开始播放《铁臂阿童木》。这是国内正式引进和播出的第一部海外电视版动画作品。完全不同于国人想象的动画风格与让人耳目一新的科幻题材迅速吸引了中国孩子的视线，阿童木一时风靡全国，成为孩子们的第一个外来偶像，而"十万马力、七大神力"也成为当时的流行语。多年后，当年为阿童木配音的李真慧对《铁臂阿童木》带来的轰动效应仍记忆犹新。

【音频】李真慧：一个四合院里就一台电视机，还没到点呢，这个电视机就像放映机一样，孩子们都排好队坐好了，就等6点半开始播出，都是全神贯注的，简直就像节日一样，瞪大了眼睛就盼着这半小时。这说明孩子们非常需要而且特别喜欢。

《铁臂阿童木》打开了一扇门。从1981年开始，接踵而至的一大批经典日本动画片相继被引入中国。如果说《铁臂阿童木》的科幻色彩淡化了这部动画的日本特色，那么 1983 年引进的以日本幕府时期为背景的《聪明的一休》更具日本风情，在中国也更家喻户晓。该片主人公一休小和尚聪明过人，富有正义感。他用聪明机智解决了无数难题，不仅帮助了贫困者，还教训了恃强凌弱的人。一休在脑袋上划圈的动脑筋动作，引得孩子们纷纷效仿，仿佛只要照做就能变得更聪明。多年后，为一休配音的李韫慧仍记得动画片受追捧的情形，还能完整地演绎部分配音内容。

【音频】李韫慧：它确实让孩子懂得要开动脑筋，要克服困难，而且要努力学习，这些东西都是对孩子有正面意义，也有启迪作用的。为了表现片中的知识性、趣味性，我们配音的时候都下了很大的工夫，所以到现在我连第一集第一段的台词都能记住，就是因为当时背得太深了。

　　动画片一直都是孩子们的最爱。男孩子可以在《铁臂阿童木》中看到力量，在《聪明的一休》里看到智慧，当然女孩子也有她们的最爱《花仙子》。《花仙子》是我国最早引进的日本美少女类动画片。对于女孩子来说，除了羡慕花仙子能用"花钥匙"变幻各种漂亮衣服之外，还迷恋该片的主题曲。多年以后，《花仙子》的主题歌仍作为经典儿童歌曲被传唱。当年的童星朱晓琳是这首主题歌的演唱者，受花仙子的影响，她很多年都保持着花仙子的造型。

【音频】朱晓琳：后来好多年我都梳着花仙子的头发，很多年的演出都是扎着花仙子一样的蝴蝶结，演出服也做成花仙子的衣服，感觉自己就是花仙子了。

　　国人熟悉的日本动画片中还有那只拥有特异功能的机器猫。机器猫现在正宗的名字是"哆啦 A 梦"，但当时中央电视台播出的版本中称这只猫为"阿蒙"，地方台播出的版本则称为"叮当"。这只没有耳朵的蓝色猫形机器人爱吃铜锣烧，虽然对老鼠怕得要命，却能从腹部的四维空间袋里变出各种各样神奇的未来科技道具，让少年的梦想都因此得以实现。

　　如今，对于《铁臂阿童木》最早的那批观众来说，儿童动画片在他们的生命中已渐行渐远。然而当熟悉的旋律再次响起时，他们对阿童木、一休、花仙子、樱桃小丸子、奥特曼这些日本经典动画形象温馨而美好的回忆仍会一一浮现。这些动画人物见证着一代人的成长，在他们无法复制的童年时光里，留下了深深浅浅的难忘印记。

（肖定斌）

青年手冢治虫

3

世界首例断肢再植手术在上海成功实施

1963年1月2日早晨,在行人寥寥的上海的北京西路上,一辆疾驰的三轮车上躺着一个右手被紧紧包扎着的青年,他脸色苍白,神情紧张。这个青年名叫王存柏,是上海机床钢模厂冲床车间的工人。这天,王存柏因为工作中一时疏忽,右手腕关节以上一寸处被冲床完全切断,工友们立刻将他送到上海市第六人民医院。陈中伟、钱允庆等组成的医疗团队为他做了断肢再植手术并获得成功。这是世界医学史上首例断肢再植手术,具有里程碑意义,中国也因此成为世界上第一个成功接活断肢的国家。

20世纪50年代,一些中小工厂的机器设备比较老旧,没有什么安全保护装置。当时,冲床操作工人的事故工伤率高达60%。一旦事故发生,伤者往往将会永久性肢体残缺。

陈中伟(右一)和同事在检查王存柏手部神经恢复的情况

当年,陈中伟医生30出头,是上海市第六人民医院的骨科主任,已经积累了9年的临床经验。当时,六院已经进行过大量的动物实验,也接活过断了75%的手臂。这次手术的关键在于,必须尽快把断手的4根主要血管接通,把骨头、3根神经和18条肌腱一一对接。而手术中最难的是小血管吻合术,所以陈中伟请来了富有吻接血管经验的钱允庆医生。根据相关资料,他们采用了套接的方法。套接需要使用套管,钱允庆很快打电话到曾经做过动物性实验的第二军医大学,可惜没有找到合适大小的套管。如果不能在一定的时间内将断手接上,断离的组织就会缺血坏死,或者不能恢复原有的功能。

由于手头没有特制的带齿不锈钢套管,加上时间紧迫,陈中伟等医务人员开始考虑能否用其他的代用品。当时,护士长想到她在给女儿扎辫子的时候,塑料管会拉长、变细。于是,他们试着把最小一号的聚乙烯塑料管消毒、加温后,把它拉细当做套管。这一尝试获得了成功。经过医务人员数小时不懈的努力,4根主要血管全部接通吻合。当这只完全断离已近4小时的苍白断手又重新呈现出生命的红润时,手术室里响起了轻轻的欢呼声。陈中伟回忆了手术的情况以及大家在看到血管接通后的喜悦之情:

【音频】陈中伟回忆手术的情况以及大家在看到血管接通后的喜悦之情

手术后第二天,又出现了新的问题,接上去的那只手发生了严重的肿胀。到第三天,这只手肿得像馒头一般。根据陈中伟的判断,如果肿胀继续发展下去,手部的血管会被压扁,血液便流不到手部,如果血液循环中止,整只手也就保不住了。后来,这个困难被有过动物实验经验的外科专家解决了。根据专家们提供的信息,陈中伟等医务人员采取了切开皮肤、排出积液的办法，在施行减压手术以后，肿胀明显消退了。陈中伟讲述了当时找到军医大学医生得到宝贵经验的情况：

【音频】陈中伟：为什么肿起来了呢？后来就去看人家第二军医大学狗腿的再植。第二天就马上把第二军医大学做狗腿动物性实验的医生请来了。他说，我们把狗腿接上去也是会肿啊，我说，那么什么原因呢？他说，那可能是淋巴，或者血液，我们也搞不清。但是后来我们把狗腿切开，把血水放掉一点，这个狗腿就活了。凡是狗腿接上去切开的，都活了。不切开的，都死了。这是非常宝贵的经验。

　　在度过了肿胀关之后的几个月里，陈中伟等医生又帮助王存柏成功地闯过感染关、康复关，使这只失而复得的手恢复了屈、伸、转、翻等功能，有了正常体温和知觉。经过方方面面的测试，证明断手已成功接活。

　　8月7日，时任国务院总理周恩来、副总理陈毅在上海接见了陈中伟、钱允庆等实施断肢再植手术有功的医务人员。

　　在断手再植手术的一年后，王存柏返回工厂上班，他那再植成活的手不仅能写字、拎物，而且还能穿针引线、打乒乓球。在上海科学教育电影制片厂的科教片《断手再植》中，可以听到王存柏在对断手再植有功人员授奖大会上的发言：

【音频】科教片《断手再植》中王存柏在授奖大会上发言的录音片段

　　1963年11月，陈中伟、钱允庆等原班护理人员又成功为上海吴泾化工厂工人曹兴龙实施了断臂再植手术。这是上海市第六人民医院继断手再植成功后的又一个重大成就。1978年10月，六院骨科专家于仲嘉在国际上首次把患者自己的足趾移植到前臂截肢的残端，再造出了有感觉、能活动的新手，使中国显微外科在肢体缺失的再造和组织缺损的修复领域继续处于国际领先地位。1999年，陈中伟在美国召开的第13届国际显微重建外科学会学术讨论会上获得"世纪奖"，这是国际显微外科的最高荣誉。

　　在成功实施断手再植手术后，断肢再植手术已经不再是外科领域的难题。随着更先进的智能化电子假肢进入重建外科领域以及医学技术的发展，更多的病患摆脱了他们所面临的困境，眼看要失去的肢体又幸运地失而复得。

（郑榴榴）

周恩来、陈毅与断肢再植小组成员合影

日本"明治维新"运动开始

1868 年 1 月 3 日,天皇发布《王政复古大号令》,彻底推翻了幕府的封建统治,建立和巩固了以明治天皇为首的新政权。明治政府在政治、经济、军事和文化等领域推行了全面革除封建旧弊、实行新政的资产阶级改革运动,使日本迅速发展成为资本主义国家,史称"明治维新"。

自 1603 年德川家康在江户建立"德川幕府"一直到 19 世纪,日本整个国家被分为 250 多个藩国,由各藩国的大名统治。大名在藩内不但拥有行政和司法权,还拥有自己的武装力量——武士。各藩国的大名必须对当时的幕府将军德川庆喜效忠。

德川庆喜执政时期,日本仍实行"闭关锁国"的国策,唯有中国和荷兰的商人可以在长崎从事商业贸易。直到 19 世纪 60 年代,随着美欧等国家的相继入侵,经历 250 多年发展的幕府面临着内外交困的封建统治危机。1853 年 7 月 8 日,美国东印度舰队司令佩里率领 4 艘黑色军舰开进江户湾,以武力威胁要求日本打开国门,并与之建立外交贸易关系。这就是日本历史上有名的"黑船事件"。日本早稻田大学名誉教授依田熹家认为,当时日本最高政权幕府对于"打开国门"有着积极的态度。

明治天皇

【音频】依田熹家:当时幕府对于开国还是相当积极的,他们认为按照当时的世界状况,日本如果继续闭关锁国是无法得到发展的。必须进入国际社会,并从中发展成为世界强国。

美国黑船叩开日本国门之后,俄、英、法等列强国家也纷纷效仿,与日本签订了诸多不平等条约。在民族危机和社会矛盾日趋激化的情况下,中下级武士阶层中要求改革的一些人形成革新势力,联合与德川幕府有着长期矛盾的西南强藩首脑以及皇室公卿,要求德川幕府出兵抵御外辱,并将最高统治权交还天皇。这批革新势力在不堪忍受幕府统治和外国侵略者压迫的日本民众的支持下,最后发展成为武装倒幕势力。

1867 年,孝明天皇逝世,年仅 14 岁的皇太子睦仁即位。天皇确立年号为"明治",这两个字取自《易经》中的"圣人南面而听天下,向明而治"。10 月 13 日,天皇下达讨幕密敕,下令讨伐德川幕府。1868 年 1 月 3 日,倒幕派在京都皇宫小御所召开会议,作出令德川庆喜辞官纳地的决定,命令他辞去一切职务,把幕府领地全部交还朝廷。会议还发布了《王政复古大号令》,成立由天皇领导的中央政府。至此,取代幕府的维新政权宣告成立。1868 年 3 月 14 日,明治新政府发布具有政治性的纲领《五条誓约》。7 月 17 日,天皇下诏改江户为东京,9 月 8 日,改年号为明治。次年 3 月,天皇迁都东京。之后，政府军大举东征，平定东北地区，于1869年6月27日攻取幕府军最后据点函馆五棱郭。戊辰战争以明治政府军胜利宣告结束，日本全境统一。

国家统一后，以天皇为首，由改革派武士掌握实权的明治政府开始推行维新改革。为向欧美国家学习，明治政府于1871年派出了近百人组成的岩仓使节团赴欧美12国进行考察，在经过长达22个月的考察访问后，写下了长达百卷的考察实录。

1873年9月，使团成员陆续回国，通过"征韩论政变"，改组了明治政府。以大久保为首的内治派主政，把考察的收获大部分变成了现实。对于日本推行文明开化政策，日本文明史学家加藤周一解释道："明治维新时期政府推行倡导西化，加快了日本的工业迈入国际领先水平。"

【音频】加藤周一：我认为伊斯兰国家还有清朝中国都有一个特点，对引进外国技术抵触很强。"明治维新"的时候，日本帝国国立大学的许多学科和诸多领域，短时间内都全部实行了西化。这里积极的一面是效率很高，为尽快达到国际先进水平，一切从零开始完全实行西化。实际上也证明了，这样做效率也确实很高。

18世纪70到80年代，日本发生了反对专制政治、争取资产阶级自由民主权利的自由民权运动。明治政府通过暴力镇压和政治分化瓦解了这一运动，并于1889年颁布《明治宪法》，1890年开设国会，确立了专制主义的君主立宪制。时任中国社科院日本研究所所长蒋立峰讲述了日本在19世纪末期确立了以帝国主义对外侵略扩张的发展战略：

【音频】蒋立峰："明治维新"到1889年、1890年前后就已经结束了。后面日本整个国家战略就发生了改变。原来是通过改革来促进发展，从1890年以后就变成了通过战争来促进发展。

"明治维新"运动是日本从封建社会向资本主义社会转折的标志，从此日本逐渐融入国际社会，并迅速跻身资本主义强国之列。由于革命和改革均不够彻底，因此国家制度还保留着浓厚的封建残余思想，最终使得日本走上了军国主义的道路，发展成具有侵略性的帝国主义国家。

（金 之）

岩仓使节团

上航面试首批"空嫂"

在我国，一提起空乘，人们首先想到的可能是年轻靓丽的空姐。其实早在20世纪90年代，上海曾有一批"空嫂"飞上蓝天，成为当时社会上"亲切温暖"的代名词。1995年1月4日，上海航空公司开始面试首批"空嫂"。这在当年可谓轰动性社会新闻，现在更成为上海这座城市的一段美好记忆。上海东方电视台在1995年1月4日对上航面试首批"空嫂"作了相关的新闻报道：

上航首批"空嫂"在客舱接受培训

【音频】上航面试首批"空嫂"的新闻报道

20世纪90年代的上海受新兴产业的冲击，传统产业被取代，作为劳动密集型的纺织业首当其冲，近100万的产业工人面临下岗再就业。在产业结构大调整的形势下，下岗职工如何实现再就业的难题摆在政府与企业面前，更实实在在地摆在下岗职工面前。此时，刚组建不久的上海航空公司极具开创性地决定从上海纺织系统的已婚女职工中招聘空中乘务员。原上航总经理范鸿喜讲述了上航招收下岗纺织女工当乘务员的原因：

【音频】范鸿喜：我认为经过大工业锻炼的工人，她们有组织性、纪律性，能吃苦耐劳，都是很优秀的，仅仅是她们在空中服务的能力需要培训。能不能通过再培训再上岗呢？这就是我的一个想法。而且更主要的，我到国外坐过美联航和其他航空公司的飞机，他们四五十岁的人都能当空乘，为什么我们纺织女工不能培训以后当空乘呢？所以我是有信心的。

1994年末，《新民晚报》刊登了一则上海航空公司在纺织女工中招聘空中乘务员的启事，立即在社会上引起强烈反响。以往，空乘都是从高中生和大学毕业生中招聘的，年龄一般不超过23岁。这一次，上航破天荒在纺织行业招收空乘，并将年龄放宽至36岁。有人说，这是中国版灰姑娘的故事。

1995年1月4日，上航招聘"空嫂"进入面试环节。那一天，一大批心怀梦想的纺织女工冒雨参加了面试。原上航"空嫂"施松蓉讲述了当时的情景：

【音频】施松蓉：那天下雨，有几个人戴了个浴帽，为什么？头发怕淋湿。因为90年代有一个发型是流行的，就是把头发吹得蛮高的，兰花头。所以，那些人把头发吹好以后，就把浴帽戴好了骑自行车去。

经过重重甄选，18位纺织女工从2000多位报名者中脱颖而出，成为上航的首批"空嫂"。1995年3月8日，上海纺织局为这18名纺织女工举办了隆重的"送亲"仪式。原上航"空嫂"、全国劳模吴尔愉回忆了她们当时的复杂心情：

　　18 位准"空嫂"在上飞机前的相关培训包括英语课、形体课、军训课以及空中乘务员规范服务等课程。对她们而言，最头疼的无疑是英语这门课程。原上航"空嫂"施松蓉回忆了她们当时克服困难、刻苦学习的情况：

【音频】施松蓉：我们好多同学都是住在大杨浦的，每天很早起来赶车，在车上背单词。晚上干完家务活以后，都是九点多钟，再开始复习功课，一直到十一二点钟。所以说这 4 个多月的学习是非常艰苦的，人也是非常疲劳的。但是没有一个同学打退堂鼓，都是这样挺过来了。

　　经过 4 个多月的强化培训和刻苦学习，18 位准"空嫂"以优异的成绩全部通过了十几门功课的考试，领到了梦寐以求的登机证。这场声势浩大的"空嫂"招聘打开了人们的思路，社会上演绎出了各种各样的"嫂"。据上海纺织工业局统计，在"空嫂"招聘后的 10 个月里，全社会共消化了 5 万余名转岗纺织女工，更多的"嫂"在社会的各类职场上受到欢迎和重用。

　　1995 年 10 月，18 位"空嫂"飞上蓝天开始正式上机实习，实现了由"织女"到"空嫂"的华丽转身。从那时起，她们不再是新闻里和电视上的"空嫂"，而是在乘客面前实实在在、满面笑容、服务周到的"空嫂"。这群比普通乘务员更能吃苦耐劳的"空嫂"们用她们特有的成熟女性视角对待服务工作，赢得了乘客们的赞扬和好评，为那个时代的空中服务注入了一股新风。上航总经理冯昕是这样评价 18 位"空嫂"的：

【音频】冯昕：这 18 位"空嫂"对整个上航服务品牌的创立、提升社会的影响力应该说是作出了很大的贡献，吴尔愉是她们当中一个杰出的代表。

　　进入 21 世纪后，这 18 位极具时代意义的"空嫂"陆续告别蓝天，有的回归家庭，有的继续发挥余热，过着精彩的"后空嫂生活"。但对于"空嫂"这份职业，她们心中还是充满了无限的眷恋。"让空嫂再飞一会儿"是那些已经离开飞行岗位的"空嫂"们的心愿。原上航"空嫂"周慧琦讲述了她心中割舍不下的空中情结：

【音频】周慧琦：直到现在，晚上经常做梦就是我要飞航班去了。其实还有那种情结在内心的深处，这是割舍不了的。

（舒　凤）

上航首批"空嫂"第一次登机

京剧大师荀慧生诞辰

在京剧四大名旦中，有一位既非梨园世家出身、又无权贵支撑，从一个目不识丁的农村孩子成长为与梅兰芳、尚小云、程砚秋并驾齐驱的京剧大师，他就是京剧"荀派"艺术的创始人荀慧生。

1900年1月5日，荀慧生出生在河北东光县一座农家小院，幼年家贫无以生计。7岁的时候荀慧生随父母到天津谋生，不久便被卖给河北梆子花旦庞启发为私房徒弟。1909年，荀慧生正式以"白牡丹"的艺名在天津下天仙戏院演出《忠孝牌》。1910年，他随师进京，先后搭庆寿和、义顺和、鸿顺和、天庆和等梆子班。此后，他又加入正乐科班，与尚小云、赵桐珊等人同台，时称"正乐三杰"。

1918年，荀慧生加入喜群社，与梅兰芳、程继先合演《虹霓关》，与刘鸿升、侯喜瑞等合作《胭脂虎》等戏，从此专演京剧。随后，荀慧生又拜王瑶卿门下学习正工青衣。然而由于宗派行帮的积习，致使许多甚至是受人尊敬的皮黄前辈也无法接纳这个有着非凡艺术天分的年轻人。因为在他们看来，这个年轻人始学河北梆子，而梆

荀慧生

子这种"粗野玩意儿"怎能高攀高雅艺术皮黄。于是在讽刺挖苦、排挤倾轧的重重包围之下，荀慧生深感呼吸艰难，在北京无立足之地。

武生泰斗杨小楼就是在这时力排众议带他远赴上海。1919年，19岁的荀慧生在杨小楼的提携下赴老天蟾舞台演出，时称"三小一白下江南"，即武生杨小楼、老生谭小培，青衣尚小云，刀马花旦"白牡丹"。这种恩情对荀慧生来说没齿难忘，从某种意义上讲，如果没有当时的杨小楼，也许就不会有后来"十旦九荀"的梨园盛况。荀慧生拿出了老师侯俊山的看家戏《花田错》，又经皮黄前辈田贵凤、路三宝的加工改造，在上海一炮打响。之后，他迅速意识到"非新戏不足以叫座、非新腔不足以入时"。没有新戏，在上海滩是很难长久立足的。于是他又边演出边排新戏，加工整理、吐故纳新并且愈演愈盛，最终誉满上海滩。据传最快的时候，他一星期能排两部新戏。1925年，回到北京的荀慧生正式组班唱戏，并在杨小楼、余叔岩建议下将艺名"白牡丹"改为后来广为人知的"荀慧生"。

【音频】荀慧生表演的京剧《丹青引》选段

20世纪20年代，荀慧生凭借《丹青引》入围了1927年北京《顺天时报》的"五大名伶新剧夺魁"评选，同时入围的还有梅兰芳、尚小云、程砚秋和徐碧云。之后，徐碧云因个人原因淡出舞台。上海的《戏剧月刊》在1931年推出了征文活动，首次以文字形式明确了梅、尚、陈、荀为"四大名旦"。

荀慧生的京剧艺术在继承传统的基础上，从剧本、唱腔、表演、念白，到服饰等方面都进行了创新的探索与实践。在唱腔艺术方面，荀慧生大胆破除传统局限，发挥个人嗓音特长，吸取昆、梆、

汉、川等曲调旋律，大胆创新。这不是简单的一曲多用，而是从生活出发，从人物感情与心境出发，字正腔圆，腔随情出，令人着迷。他善于使用上滑下滑的装饰音，听来俏丽、轻盈、谐趣而具有特殊的韵味。他还十分注重道白艺术，吐字清晰，声情并茂，他创造出融韵白、京白为一体的念白，韵调别致，具有特殊的表现力。表演方面他强调"演人不演行"，不受行当限制，根据需要进行必要的突破。他塑造的许多少女、少妇的艺术形象，具有大众化、生活化的特点，娇雅妩媚、清秀俊美、风格各异。以下是荀慧生最著名的自编剧目《红娘》中的选段，来自于荀慧生1959年的录音版本。

【音频】京剧《红娘》选段

　　荀慧生的表演熔青衣、花旦、闺门旦、刀马旦表演于一炉，根据剧情发展和人物性格的需要，吸收小生、武小生及其他行当的表演技巧，甚至将外国舞蹈步法融于其中。他根据自己的天赋条件，在唱腔、身段、服装、化妆等方面进行大胆的革新。他表演人物非常注重刻画心理状态，重视角色的动作。他强调旦角每个动作都要给人以美感，要求演员把女性的妩媚闪现于喜、怒、哀、乐、言谈举止之中，尤其讲究眼神的运用。角色一举一动、一指一看都要节奏鲜明，一出场就光彩照人，满台生辉。京昆艺术大师俞振飞曾与荀慧生有过同台演出经历，他对荀先生独特的表演风格有过很高的评价。

【音频】俞振飞：荀先生演戏和别人不一样，别人演戏大致都是在外形上，他完全是内心，他是演人物，不是演戏。所以我们中青年演员不是太了解，他们认为现在有了简谱，看个谱就会唱了，其实这个会唱就是会唱谱。人物、轻重、收放、唱法、咬字等等都马虎了，不能说是大家不会，但是注意的人比较少。但是荀先生是每一出戏都经过许多年的磨炼，他的实践经验也丰富。

　　荀慧生一生收徒61名，其中包括宋长荣、孙毓敏、刘长瑜以及河北梆子演员齐花坦等。他要求弟子"演角色不要演我，学我不要模仿我"。所以他留给荀派传人的继承发扬空间是比较大的。1968年12月26日，荀慧生病故于北大医院，享年69岁。

（倪嘉铭）

荀慧生戏妆照

文学人物夏洛克·福尔摩斯的生日

夏洛克·福尔摩斯是文学史上最著名的侦探角色之一。1854年1月6日这个福尔摩斯的生辰并非来自他的创造者——英国小说家阿瑟·柯南·道尔爵士，因为在其发表的60个有关福尔摩斯的故事中，除了出生年份外，他从未正面提及该角色的确切生日。这一结论主要是一些沉迷于福尔摩斯传奇的小说迷们推理出来的。

原来，在长篇小说《恐怖谷》中，福尔摩斯在破译一份密码时研究出解谜的关键是年鉴，他对搭档华生说："今天才1月7号我们就买了新年鉴，情报里提到的年鉴，应该是去年那本。"根据这个福尔摩斯亲口道出的日子，小说迷们细加推敲，结合书中提及那天早上福尔摩斯吃不下饭，多半前一天晚上有个派对，十有八九就是他的生日宴会。而且全书中，福尔摩斯引用《第十二夜》中的诗句比引用莎士比亚其他任何一部剧作都多，从圣诞次日算起，第十二夜正是1月6日。因此，粉丝们一口咬定：福尔摩斯的生日就是这一天。

阿瑟·柯南·道尔爵士

从推理角度看，这两个理由都过于牵强附会，但对于全世界热爱福尔摩斯的侦探迷们而言，他们默许了这一结论，因为在他们心中，宛如真人般存在的福尔摩斯应该有一个确切的生日。更何况，在古老星座学里，1月6日是摩羯座，富于逻辑、不善交际、性格冷淡的福尔摩斯绝对符合这个星座的性格属性。

当然，这是后来者的玩笑话。在目前存世的柯南·道尔爵士唯一一段摄制于1927年的采访录像中，他向大众讲述了创作福尔摩斯小说的初衷：

【音频】柯南·道尔：那时我是个年轻医生，偶尔读些侦探故事。书里侦探解决案件时看起来总是凭运气，偶然，或侥幸。他找到答案却从不解释怎么干。这样的游戏对我来说不太值得玩。作为一个学生，我曾有过一位老教授，名叫贝尔，在演绎法方面有着杰出成就。他看着病人，很少让病人自己开口说，却能作出疾病诊断，并通常还能判断出病人的国籍、职业和其他方面，这完全是凭借他的观察力。所以我很自然地想到，如果让一个像贝尔那样的科学家式的人物，干起侦探这件事的话会怎样呢？

福尔摩斯的个性符合人们对一个科学家的大致印象：内向、执着、充满想象力又聪明绝顶。福尔摩斯所诞生的19世纪末是一个迷恋科学的时代，书中，他的搭档华生曾形容他为"全世界最完美的推论和观察机器。"

不过，想必柯南·道尔在创作时就考虑过，也许没有任何一个科学家，哪怕是通俗文学里的虚构人物,能仅靠冰冷、机械的逻辑生存。所以书中,我们也能读到福尔摩斯个人的一些小爱好,例如拉奏小提琴。这一点,在 2009 年上映的电影《大侦探福尔摩斯》里就得到了充分的演绎。电影中,福尔摩斯研究提琴半、全音阶对蚊虫飞行影响时的演奏,可谓将艺术爱好与科学研究结合得妙到毫巅。

说起这部电影,主演小罗伯特·唐尼成功塑造了一个与以往完全不同的福尔摩斯,不仅身手敏捷、精通打斗,而且也颇具幽默戏谑的性格。这样别具一格的创新在福尔摩斯影视改编史上,既非第一次,也绝不会是最后的尝试。

根据《吉尼斯世界纪录大全》统计,福尔摩斯是世界上最频繁被搬上电影或电视的文学形象。最早的福尔摩斯电影,是美国福克斯公司在 1939 年拍摄的《巴斯克维尔的猎犬》和《福尔摩斯历险记》,舞台剧演员巴斯尔·拉斯伯恩出演了这位鼎鼎大名的侦探。他鲜明的轮廓、冷峻的性格以及扎实的戏剧功底,使其获得了空前成功。

而对于七零、八零一代的中国观众来说,最熟悉的"福尔摩斯"形象恐怕是在英国电视剧《福尔摩斯探案集》中饰演主角的杰里米·布雷特。该剧集曾在 20 世纪 90 年代登陆中国荧屏,由中央电视台引进并配音,在当时国内掀起一阵热潮。布雷特版的福尔摩斯是一个标准的英国绅士,头戴高礼帽,身着黑风衣,手持手杖,还经常叼着烟斗。除了外形上向原著造型靠拢外,这部电视剧的表现手法也很文学,通篇穿插华生的旁白,颇具原作神韵。

【音频】电视剧《福尔摩斯探案集》之《最后一案》的开篇

新世纪后,福尔摩斯的改编风潮仍然不减当年。其中人气最高的当属 BBC 迷你剧《神探夏洛克》,该剧将时代背景搬至现代。互联网、智能手机等高科技在剧中与福尔摩斯的智慧相融合,以一种近似科幻的酷炫手法视觉化了福尔摩斯脑中的演绎法,令人耳目一新。

当年柯南·道尔爵士因为觉得不提供解谜方法的侦探"游戏"不好玩才亲自动手创作出了福尔摩斯。而如今,福尔摩斯早已脱离他的笔下成了一个"从未存在,却永远流传"的人物。福尔摩斯是一代又一代推理爱好者的宠儿,在大多数人心目中他的名字也早已成了"神探"的代名词。

(郑　麟)

杰里米·布雷特饰演的绅士版福尔摩斯

林莉获得中国第一个游泳世界冠军

1991年1月7日,澳大利亚西部滨海城市珀斯,第6届世界游泳锦标赛女子400米混合泳决赛正进行得如火如荼。预赛排名第三的中国运动员林莉面临来自美国和澳大利亚的强劲对手,最终以4分41秒45的成绩夺得女子400米混合泳冠军。这是中国游泳运动员在世界游泳大赛中夺得的第一枚金牌。

运动员时期的林莉

【音频】世锦赛林莉夺冠实况

这一届世界游泳锦标赛云集了世界70个国家和地区的2000多名游泳运动员。中国游泳队通过几年的训练,水平已经有所提高,特别是女子运动员,具备了夺魁的实力。比如杨文意是女子50米自由泳世界纪录保持者,庄泳创造了100米自由泳1990年度世界最好成绩,王晓红和钱红在蝶泳项目中展现出了世界一流的实力,而林莉也已经在亚运会上创造了200米个人混合泳年度世界最好成绩。可以说,当时的中国女子游泳队问鼎世界冠军需要的仅仅是一个契机。林莉在这个时候担当起了重任,她在400米混合泳项目上夺得世界冠军,实现了中国游泳队在世界游泳大赛上金牌零的突破。

这届游泳世锦赛之后的比赛中,林莉还获得200米混合泳的冠军,她的队友庄泳获得50米自由泳冠军,钱红获得100米蝶泳冠军。中国女子游泳队共计获得4枚金牌,在世界泳坛初露峥嵘。

1992年的第25届巴塞罗那奥运会,成为了中国女子游泳队大放异彩的舞台,辉煌的成绩为游泳队的姑娘们赢得了"五朵金花"的美誉。女子100米自由泳决赛中,美国人珍妮·汤普森是庄泳最大的对手。在当年的美国游泳选拔赛中,汤普森以54秒48的成绩创造了新的世界纪录。而在巴塞罗那,她也是以预赛第一名的成绩进入决赛的。因此对庄泳而言,她所能做的就是放手一搏。前50米,庄泳与汤普森几乎同时转身,难分上下。后50米,两人自始至终并驾齐驱。

【音频】庄泳奥运会夺冠实况

庄泳以54秒64的成绩夺得金牌,这也是中国游泳选手在奥运会上的首金。庄泳的胜利,拉开了"五朵金花"在巴塞罗那的泳池中摘金夺银的序幕。

7月29日,女子100米蝶泳决赛。预赛排名前两名的王晓红和钱红,为中国队构成了双保险。她们最大的威胁,来自美国人阿赫曼·莱顿。最终,钱红继庄泳之后再获一枚金牌,并打破了女子100米蝶泳的奥运会纪录。

开赛以来,林莉最初只获得了两枚银牌。庄泳奥运会上的夺冠首金,对林莉的心理上产生了微妙的影响。

【音频】林莉回忆赛前的心理波动

　　教练张雄在得知林莉想放弃的想法后对她说："你如果想要拿冠军已经不够了,你要想在冠军的头上再加一个光环,那你必须要破世界纪录。"这犹如一剂强心针,激发起了林莉的斗志。7月30日,林莉参加女子200米个人混合泳决赛,她的最大竞争对手萨默·桑德斯的主项是蝶泳。教练为林莉分析,蝶泳不要被她拉下,两个人差不多或者保持领先,仰泳就要开始稍微领先她一点。对手的蛙泳比较一般,而蛙泳是林莉的第二主项,但是教练让林莉先不要冲,要保持住、稳定住,也别被对手拉下来,蓄力到最后一个50米再全力冲击。林莉认真执行了战术,最终顶住了巨大的压力,以预赛第四身份进入决赛的她在女子200米个人混合泳比赛中以2分11秒65刷新了2分11秒73的世界纪录,一举夺冠。尽管她没能成为中国的第一个奥运会游泳冠军,但她却是第一个在奥运会中打破世界纪录的中国游泳选手。林莉的夺冠让她成为游泳世锦赛和奥运会的200米混合泳双料冠军。

　　中国游泳队的"五朵金花"并没有停下横扫奥运会的步伐。7月31日是游泳比赛的最后一天,杨文意在自己的主项50米自由泳决赛上夺金。最终,杨文意、庄泳、钱红、林莉以及获得200米蝶泳银牌的王晓红,这"五朵金花"分别夺得了女子200米个人混合泳、50米和100米自由泳、100米蝶泳的4枚金牌以及女子50米自由泳、200米蛙泳、200米蝶泳、400米个人混合泳、4×100米自由泳接力的5枚银牌。

　　如果说1991年1月7日林莉的首个世界冠军是中国游泳攀登世界之巅的开端,那么1992年第25届奥运会上,"五朵金花"绽放巴塞罗那无疑是中国游泳最灿烂的花火。林莉共参加了1988、1992和1996年三届奥运会,1997年底退役。退役之后,林莉先后在香港游泳队、江苏省游泳队担任教练。2001年,林莉前往美国旧金山定居。如今,"五朵金花"已卸下了耀眼的光环,回归到各自的生活,然而她们所创造的中国游泳传奇会永远留存。

(王永平)

退役后的林莉

周恩来总理逝世

周恩来总理

【音频】韩芝萍演唱的《歌唱敬爱的周总理》

1976年1月8日，伟大的无产阶级革命家、中国人民的好总理周恩来与世长辞，享年78岁。50多年革命生涯，26年总理任期，他身后没子女也没财产，却有十里长街百万群众洒泪送别。"鞠躬尽瘁，死而后已"是周恩来一生的真实写照。今天，让我们回听周总理生前的讲话，藉此来怀念这位人民的好总理。

周恩来是在全国人民代表大会上作政府工作报告时间跨度最长的总理。他曾先后在第一、二、三、四届全国人民代表大会期间，代表中央人民政府和国务院向大会作政府工作报告，历时21年。在1954年召开的第一届全国人民代表大会第一次会议上，周总理第一次向大会作《政府工作报告》，开启了中国民主政治的先河，揭开了共和国政府向全国人大报告政府工作的新时代。

【音频】周总理：从1953年起，我国就开始了经济建设的第一个五年计划，着手有系统地逐步地实现国家的社会主义工业化和对农业、手工业和资本主义工商业的社会主义改造。经济建设工作在整个国家生活中已经居于首要的地位。

作为新中国首任外交部长，周恩来以非凡的人格魅力与高超的外交智慧，为新中国谱写了一部光辉伟大的红色外交史。周恩来曾说："新中国的外交政策决不能局限于到外交部搞工作，而是搞官方、半官方和民间结合起来的外交。"

1954年，周恩来率领中国政府代表团参加日内瓦会议。这是新中国第一次以五大国的身份参加大型国际会议，也是周恩来首次登上国际政治舞台。他伸出热情的手，带去"中国的罗密欧与朱丽叶"——新中国第一部彩色戏曲电影《梁山伯与祝英台》，带去浓香四溢的国酒茅台，也带去了中国人民良好的期盼。在日内瓦，周恩来展示了卓越的外交才能和政治家风度，同时更以和平共处的外交原则为新中国赢得了极高的声誉，打开了新中国的外交局面。

从1969年到1971年春天，中美关系处于微妙阶段。1971年，在日本名古屋举行的第31届世界乒乓球锦标赛给中美之间正在酝酿的突破提供了一个意外的机遇。毛泽东和周恩来深谋远虑，抓住这一稍纵即逝的机遇，及时发动一场"乒乓攻势"，从而使中美关系发生了戏剧性变化。美国乒乓球代表团应中国乒乓球代表团的邀请访问我国，打开了隔绝22年的中美交往的大门，被国际舆论誉为"乒乓外交"。中美两国乒乓球队的友好往来，推动了中美两国关系正常化的进程。

1972年2月21日，美国总统尼克松访华，周总理到机场迎接，两位领导人实现了历史性的握手。尼克松在之后的回忆录中这样描述："当我们的手相握时，一个时代结束了，另一个时代开始了。"当晚，周总理在人民大会堂举行宴会欢迎尼克松一行。伴随着碰杯声，中美两国的关系揭开了新的一页。周总理在宴会上致祝酒词，指出中美两国应在求同存异的基础上打开两国关系的新局面。

【音频】周总理：中美两国的社会制度根本不同，在中美两国政府之间存在着巨大的分歧。但是，这种分歧不应当妨碍中美两国在互相尊重主权和领土完整、互不侵犯、互不干涉内政、平等互利和和平共处五项原则的基础上建立正常的国家关系，更不应该导致战争。我们希望通过双方坦率地交换意见，弄清楚彼此之间的分歧，努力寻找共同点，使我们两国的关系能够有一个新的开始。

作为人民的"总服务员"，周总理一生呕心沥血，鞠躬尽瘁。在病重期间，他依然在病床上坚持工作。1975 年 1 月 13 日，周总理在第四届全国人大第一次会议上抱病作《政府工作报告》，重申我国实现四个现代化的宏伟目标。这是周总理最后一次在人大会议上作政府工作报告。四届人大以后，周恩来把接力棒交给了邓小平，告别了他的总理生涯。

【音频】周总理：在毛主席为首的党中央领导下，我国人民奋发图强，克服种种艰难险阻，只用了二十多年的时间就把一个贫穷落后的国家变成初步繁荣昌盛的社会主义国家。我们再用二十多年的时间，一定能够在本世纪内把我国建设成为社会主义现代化强国。团结起来，争取更大的胜利！

【音频】刘欢演唱的《你是这样的人》

从年少时的一句"为中华之崛起而读书"，到青年时为寻求真理而远渡重洋，周恩来的一生都在为中国的民族独立、人民解放和社会主义事业而鞠躬尽瘁。他向结发妻子邓颖超嘱咐，去世后不保留骨灰，要将骨灰撒向祖国的江河大地。总理心系祖国山河，心系人民，心系中华民族伟大事业，他的生命已与中华的江河大地融合在一起。

（贺　僖、舒　凤）

周恩来（右）和尼克松

建筑史学家梁思成逝世

当人们来到天安门广场，都会被庄严巍峨的人民英雄纪念碑、天安门城楼上高悬的国徽吸引目光。而主持制定人民英雄纪念碑和国徽设计方案的，正是我国建筑史的奠基人——梁思成先生。1972年1月9日，梁思成在北京辞世。

梁思成出身书香世家，是民国著名思想家、政治家、"戊戌变法"领袖梁启超的长子。他毕生致力于中国古代建筑的研究和保护。更令他为大众所知的，则是他与妻子林徽因那一段堪称"天作之合"的婚姻。他们相伴共同创建了中国第一个大学建筑系，经历了中国最动荡的岁月，共同为中国建筑史作出了重要的贡献。

梁林两家是世交，林徽因的父亲是民国著名外交官林长民，两人第一次见面是在梁启超的书房，当时梁思成17岁，已经进入清华大学的前身——北平清华学堂读书。梁思成最初的志向是从军，然而由于一场车祸，他不得不放弃这个梦想。于是，他转而希望成为一个建筑师，建设自己的国家。

梁思成

1924年，梁思成在父亲的建议下，赴美国宾夕法尼亚大学学习建筑，林徽因与他同行。由于当时宾大建筑系并不招收女生，林徽因进入美术系，但选修了建筑系的全部专业课程，由此成为两人日后在建筑领域"琴瑟相和"的开端。1928年，梁思成和林徽因在完成大学学业后完婚。回国后，受聘在当时张学良创建的东北大学任教，夫妇二人共同创建了中国第一个大学建筑系。然而好景不长，1931年，"九一八事变"的爆发使得梁思成和妻子开始过上了颠沛的生活。他们的儿女梁从诫、梁再冰回忆了这段时期的生活：

【音频】梁再冰：在抗战以前家里有厨师保姆，现在我母亲全部要自己承担。对于生活的变化，他们没有任何抱怨，认为这是他们应该学的。

【音频】梁思成之子梁从诫回忆沦陷时期日军轰炸情景

国难当头、背井离乡、颠沛流离，然而在这样的生活中梁思成和林徽因并没有放弃他们的理想。在1931年加入"营造学社"之后，梁思成夫妇随即和同事们一起开始了对于中国古建筑的研究。1932年，梁思成主持了故宫文渊阁的修复工程，并于同年完成《清式营造则例》手稿。

在此之后，梁思成和同事们在河北蓟县发现了辽代建筑独乐寺观音阁。当时的日本学者一直以日本保存了中国唐代木建筑而自傲，并断言唐代古建筑不可能在中国得到保存。而经过梁思成的考证,独乐寺的建成时间在唐灭亡之后的77年。这一重大发现震动了整个建筑界,也使梁思成对于中国大地上存有唐代木构古建筑充满了信心。

1937年,梁思成和林徽因在山西五台山发现了佛光寺,这是他们一生中最重大的古建筑发现。佛光寺东大殿于唐大中十一年(公元857年)建成,面阔七间、进深四间。用梁思成的话说,此殿"斗拱雄大、出檐深远",是典型的唐代建筑。清华大学教授郭黛姮评价了梁思成发现佛光寺的价值:

【音频】郭黛姮:日本也来调查过,据说日本人判断这个建筑是明代的,所以没有看到它的价值。梁先生之所以成为我们中国建筑史的奠基人,就是因为他把我们中国很经典的古建筑都发掘出来了。

此后,抗日战争全面打响,梁思成和林徽因不得不踏上往西南迁移的路途。林徽因此时已因颠沛流离的生活而患上了严重的肺结核,而梁思成也饱受车祸后遗症的影响。即使在这样的情况下,两人仍然坚持着古建筑研究。

1946年,梁思成赴美国讲学,受聘美国耶鲁大学教授,并担任联合国大厦设计顾问建筑师。他因在中国古代建筑的研究上作出了杰出的贡献而被美国普林斯顿大学授予名誉文学博士学位。同年,梁思成回到母校清华大学创办了建筑系。

1948年,解放战争打响,解放军包围了北平。梁思成忧心忡忡,他担心一旦双方交战,城内的古建筑会遭到毁坏。正在这时,几名解放军军官敲开了梁家的大门,他们请梁思成在军用地图上标出古建筑的位置。梁思成的第二任妻子林洙回忆了当时的情况:

【音频】林洙:当时傅作义的军队正在和共产党解放军进行对峙,双方准备和谈,但和谈是否能够成功,还是未知数。万一打起来,梁思成就特别担心北京市那么多的古建筑将毁于一旦。他们就请梁思成把北京城重要的古建筑标出来,以免被炮击。

这件事使得梁思成对于解放军和共产党"一见倾心"。北平解放之后,他和林徽因充满热情地投入到了国徽和人民英雄纪念碑的设计工作中。1955年,在多年严重肺结核病的折磨下,林徽因与世长辞,这样一对中国建筑领域的"神仙眷侣"、"患难夫妻"至此天人永隔。

梁思成在林徽因过世7年之后,与小他27岁的林洙结婚。1972年1月9日,梁思成于北京病逝。

(王敏丽)

梁思成(左)和林徽因

《丁丁历险记》主人公丁丁诞生

1929 年 1 月 10 日，比利时画家埃尔热的漫画作品《丁丁历险记》首次在报纸上连载，风靡全球的漫画人物丁丁就此诞生。自诞生之日起，丁丁就以其追求正义、平等的精神，打动了全球的无数读者。

当丁丁开始第一次冒险旅行时，作者埃尔热还是个 22 岁的小伙子。他当时刚进比利时《二十世纪报》工作，为了交差，埃尔热创作出了跟自己差不多大的，穿着蓝色毛衣、褐色灯笼裤、头上顶着一小撮卷发的小记者丁丁，和初恋女友名字相同的白色小狗"米卢"以及嫉恶如仇、性如烈火的阿道克船长。

《丁丁历险记》

当时的埃尔热肯定没有想到，在他笔下即将开始旅行的丁丁将影响遍布世界各地的几代人。但埃尔热并不是一个无视现实、异想天开的人，他在创作丁丁时力求严谨。比如在《月球探险》中，他详细描绘了火箭的样子，还勾勒出丁丁一行人登月的场景，许多场景在 20 年后人类真正登月时都出现了。

【音频】动画片《丁丁历险记》中丁丁登月的片段

对于中国的丁丁迷来说，印象最深的可能会是《蓝莲花》了。《蓝莲花》封面上的丁丁戴着圆顶帽子，穿着唐装，骑着自行车，背后的墙上还用汉字写着"打倒帝国主义"。

其实在《蓝莲花》背后，还有更传奇的故事。《蓝莲花》中的丁丁和"中国张"，正如现实中的埃尔热和张充仁一样。"中国张"这个角色在《蓝莲花》中首次出现，被法语区近 10 亿观众所熟知。动画片《丁丁历险记》中再现了丁丁和"中国张"相遇的场景：

【音频】动画片《丁丁历险记》中丁丁与"中国张"相遇的片段

漫画中的"中国张"在现实中的原型就是当时在海外留学的中国艺术家张充仁。在张充仁的帮助下，埃尔热意识到"艺术家的责任是向读者展示历史、伸张正义"，于是他在《蓝莲花》中画出了日本侵华的事实。二战后，《蓝莲花》被公认为是第一本在欧洲用艺术形象揭示中日战争的读物。

1934 年，张充仁留学结束，回到上海，两位朋友失去联系。幸运的是，近半个世纪的寻找，最终有了结果。1981 年，一架来自中国的飞机载着张充仁降落在布鲁塞尔机场。当年曾携手的两位年轻画家，再见面时均已鬓发灰白。他们紧紧拥抱，埃尔热激动得热泪盈眶。

【音频】埃尔热：我该如何解释这么一种情感呢？当一个人在近半个世纪之后又见到了故交，这种感觉是难以形容的。并且这个人还不仅仅是一个朋友，正如我之前所说的，他为我打开了一扇门窗，使得我对于几乎一无所知的中国文明有了新的认识，"张"为我带入了一个崭新的世界。

丁丁的粉丝们没有国别，从比利时国王到法国总统戴高乐；也不分年龄，从耄耋之年的中国漫画家缪印堂，到书店里捧着《丁丁历险记》爱不释手的小学生；还不分行业，从摇滚变色龙大卫·鲍伊到大导演斯皮尔伯格。

"生活的坎坷能和我相比的，世界上只有一个人，那就是丁丁。而要论在民众中的声望，我唯一的对手也只有丁丁。"说这话的人是戴高乐，丁丁曾捕获了这位法国总统的心。"丁丁是我们最好的大使，当我在世界各地旅行的时候，我发现他总是走在我的前面。"比利时国王如是说。

大导演斯皮尔伯格则用自己的行动证明了他对丁丁的热爱，他将《丁丁历险记》改编成了电影。2011 年 11 月，斯皮尔伯格执导的动画电影《丁丁历险记之独角兽号的秘密》上映，勾起很多"丁丁迷"对漫画书《丁丁历险记》的共同记忆。

其实在 1981 年之前，斯皮尔伯格并不知道丁丁的存在。某次机缘巧合，在看了五本法语版的《丁丁历险记》之后，斯皮尔伯格对丁丁产生了"相见恨晚"的感觉。他即刻从埃尔热的漫画中得到灵感，产生了将其改编成电影的想法。经过努力，他终于在 1984 年获得了丁丁电影的拍摄版权，27 年后将丁丁搬上了大银幕。

【音频】斯皮尔伯格：那是因为我认同那个孩子，我只是在他身上看到许多自己的影子。我们都知道他会寻找故事，参与故事并成为那个故事；而我则会寻找故事来制作电影，并且会参与到这些电影中去。从某种意义上讲，在我所导演电影的所有角色中，可能我与丁丁的关系最为亲密。

丁丁永远是朝气蓬勃的小伙子，就像埃尔热刚入报社时的样子，但是为丁丁安排每一次旅行的漫画家却老去了。1983 年，埃尔热去世，然而，那个满世界跑的记者丁丁和他的冒险故事，还将继续陪伴着一代又一代人的成长。

（李俊杰）

埃尔热

鲁迅的日本友人内山完造诞生

一月 11

在鲁迅的作品中，有两位日本人的名字常常被提起，一位是藤野先生，另一位是内山书店的老板内山完造。内山完造是鲁迅的挚友，也是日中友好协会的创始人之一。内山完造1885年1月11日出生于日本，但他却在中国生活了三十多年，对中国有着深厚的感情。他晚年从事日中友好工作，通过演讲、著书等方式让日本人民了解真实的中国，为促进日中邦交正常化而不断呼吁。内山完造曾在晚年讲述了自己对中日两国关系的看法：

【音频】内山完造：在今天的世界中，四千年来一直保持独立的国家存在下来的除了中国以外没有其他的国家了。但是我们日本人对中国一点都不了解，我们两国使用同样的汉字，因此也就是说日本人应该最先了解中国。

内山完造

1913年，28岁的内山完造来到中国。4年后，他和夫人在上海的北四川路开设了内山书店。书店最初经销基督教福音书，以后陆续增加出售医药书、进步的文学著作和宣传马克思主义的理论书籍。在内山书店里，书籍都敞开陈列，读者可以随手翻阅。店堂里摆着长椅和桌子，读者可以坐着看书。不管金额大小，无论国籍，读者在购书时都可以赊账。内山完造还特意在书店外的人行道上设一个茶缸，免费向过往行人供应茶水。

20世纪二三十年代，上海的北四川路是文化界人士居住最集中的地方，内山书店因此成为中日文化人士聚谈的场所。那时，内山完造在书店内定期举办"文艺漫谈会"。漫谈会在中日文化界人士之间进行，包括郁达夫、田汉、欧阳予倩等留日回国的青年文学艺术家以及生活在上海或来沪访问的日本文化人士。他们就政治、文艺等问题自由地进行交流，形成一种良性的文化互动。中日友好协会副会长肖向前讲述了内山书店对中日文化交流所起的作用：

【音频】肖向前：比如马克思列宁主义的书籍经过日本到了上海。我们好多学者、左翼学者拿这个做蓝本来翻译成中文，《资本论》就是从日语翻过来的，所以内山书店在这里起的作用是非常大的。当时，内山书店在上海书店旁边设一个能够座谈的地方喝茶座谈，到那儿去买书的人可以跟书店老板或者是买书的人在那儿座谈，主要是左翼的人。

1927年10月5日，由广州来到上海才两天的鲁迅第一次踏进内山书店，以后便多次光顾，并与内山完造建立了深厚的友谊。当时鲁迅正受到国民党特务的追踪，出于对鲁迅安全的考虑，内山完造专门为鲁迅准备了一张藤椅,这张椅子背对入口,鲁迅坐在那里,外面的人就看不清他的脸。

在白色恐怖下,内山书店是一代中国进步文人的"安全岛"。它不仅是鲁迅的购书场所和著作代理发行店,还是鲁迅躲避国民党当局通缉的秘密住所以及和进步人士秘密联络的地方,甚至是中共地下组织的联络站。鲁迅之子周海婴讲述了他对内山完造的印象以及内山书店代转鲁迅信件的情况:

【音频】周海婴:内山完造,我觉得在我们家里所见到的人,他是一个比较和蔼可亲的老人。我父亲有些信件不方便寄到家里,就寄到上海北四川路内山书店转周豫才,内山书店就托他的店员送来。

内山完造是中国革命者最可信赖的朋友。从1927年白色恐怖开始,内山完造就不顾个人安危,多次掩护帮助鲁迅、许广平、郭沫若、夏丏尊等进步人士。鲁迅去世后,内山完造对鲁迅的家属多方照顾。1941年底,日本宪兵队抓走了鲁迅的妻子许广平,内山完造将许广平担保并接了出来。鲁迅之子周海婴讲述了当时的情况:

【音频】周海婴:当时我母亲被宪兵队抓了,受尽折磨。日本人怕名声不好,就把我母亲转移到76号,就是汉奸所管辖的地方。76号叫我母亲找中国店铺保她出来,我母亲说:"我别的都不认识,我就认识内山书店。"内山完造先生知道以后,就和一个店员把我母亲接了出来。

1945年日本战败后,内山书店作为敌产被国民政府接管。不久,内山完造因"亲共"之名被强制遣返。回到日本后,内山完造一方面帮助弟弟内山嘉吉管理东京的内山书店,长期出版和推广鲁迅的作品,一方面致力于日中友好和民间文化交流。他在1950年参与创办日中友好协会,并被推选为第一任理事长。1959年,内山完造在来华访问期间不幸病逝,最终长眠于上海这块他所热爱的土地,他的墓碑上写着"生为中华友,殁作华中土"。

1972年,中国和日本恢复邦交正常化。改革开放后,上海与日本的交流合作扩展到文化、经济、科技等各个方面。1985年9月7日,在内山完造百年诞辰纪念会上,中日友好协会会长夏衍对内山完造创立的内山书店予以高度评价,称其是追求光明的中国知识分子和青年学生了解世界的重要窗口,是联系中日友好和中日文化交流的桥梁。

(舒 凤)

鲁迅和内山完造(右)

刘胡兰英勇就义

1947 年 1 月 12 日上午，山西省文水县云周西村观音庙外显得格外阴森，村里群众被敌人驱赶来到这里。6 位志士已先后赴难，一把铡刀正滴着鲜血。此时，一位留齐耳短发、昂首挺胸的女孩子被带到铡刀前，令敌人没有想到的是，女孩毫无惧色，怒喝道："我咋个死法?"气急败坏的敌人只能吼道："一个样!"女孩大义凛然地说了声："怕死不当共产党员!"便来到铡刀旁，毫不畏惧地躺在刀下。这个女孩就是中国共产党历史上最年轻的女烈士刘胡兰，这一年，她只有 15 岁。

刘胡兰 1932 年出生在山西文水一个贫苦农民家庭。早在抗战时期，10 岁的刘胡兰就主动参加村里的抗日儿童团，为八路军站岗、放哨、送情报。抗日战争胜利后，国民党阎锡山部队占领了文水县城，解放区军民被迫拿起武器，保卫抗战胜利果实。1945 年 11 月，刘胡兰参加了党组织举办的妇女训练班。回村后，她担任了云周西村妇救会秘书，与党员一起，发动群众送公粮、做军鞋，动员青年报名参军支援前线。1946 年 6 月，因表现突出，刘胡兰被批准为

刘胡兰油画

中共预备党员，这一年她才 14 岁。随着解放区局势恶化，组织上出于爱护，曾考虑让刘胡兰转移，但刘胡兰坚决要求留下来继续斗争。她的理由是自己年龄小，不会引起敌人的注意，并且熟悉当地的情况，便于开展工作。后来组织上批准了刘胡兰的请求，让她留在了云周西村。《刘胡兰生前身后》一书的作者冯印谱对刘胡兰自告奋勇留守非常钦佩：

【音频】冯印谱：当时刘胡兰自己坚决要求留下来，她的理由一个是因为她说自己是女同志，敌人不太会注意，第二个是说她年龄小，敌人也不会太多关注，留下来可能还会给革命做些工作。所以刘胡兰就婉拒了组织上对她的安排，留下来继续坚持斗争。

不幸的是，就在这时有人叛变了。1947 年 1 月 12 日，阎锡山部队的许德胜、张全宝等人率部进入云周西村，敌人把刘胡兰和石三槐、石六儿、张年成、石世辉、陈树荣、刘树山等 7 个人押在了一起。大胡子张全宝和许德胜宣布了 7 人的"罪名"后，要村民进一步"揭发"他们，但村民们没有一人说话。无奈之下，大胡子把叛徒石五则以及贪生怕死的张生儿、韩拉吉等人叫出来，准备行刑。敌人残忍地杀害了石三槐等 6 人后，大胡子张全宝再问刘胡兰是否害怕，是否要"自白"，得到的却是"我死也不屈服"的回答。恼羞成怒的敌人最终用铡刀杀害了刘胡兰。多年以后，刘胡兰的弟弟刘继烈仍无法忘却那一刻的惨烈：

【音频】刘继烈：敌人说，刘胡兰，今天你要是讲了，给你好土地、好房子。当时姐姐就说，你就是给我金银我都不要。敌人就很恼火，当时把6个烈士铡了给她看。敌人就问，你就不怕死吗？姐姐说，怕死就不当共产党！当时姐姐牺牲的时候，她是自己躺在铡刀上面去的。

解放后，制造和参与刘胡兰惨案的凶手，还有一批漏网在逃，特别是行刑现场的大胡子张全宝一直没有抓获。1950年冬，歌剧《刘胡兰》在山西运城上演。此时，化名为张生昊的张全宝在街头干着摆摊的营生，听到人们议论刘胡兰，吓得心惊肉跳。天色渐渐黑了，张全宝向戏院走去。他低头挤进人群，躲在剧院最后面，胆战心惊地看完全剧。回到家，张全宝松了一口气。原来，歌剧中屠杀刘胡兰等烈士的大胡子叫"许连长"，许连长就是许德胜，看来编剧也弄不清楚事实的真相了。然而张全宝高兴得太早了，他很快被人检举。1951年5月，运城公安局将张全宝抓获，惶惶不可终日的张全宝不得不供认了杀害刘胡兰等7烈士的全部事实。谈及抓捕大胡子的过程，刘胡兰传记的作者冯印谱显得尤为兴奋：

【音频】冯印谱：公安战士进去以后，他还在继续伪装，他说你们弄错了，我不叫张全宝，我叫张生昊啊。当场我们公安就说，你不要再装蒜了，我们已经搞清楚了，你就是杀害刘胡兰的大胡子，这样他一下子就吓得面如死灰，知道自己彻底完蛋了。

至于直接出卖刘胡兰的叛徒石五则隐藏得更深了。刘胡兰牺牲后，石五则就把叛徒的罪名嫁祸给了与刘胡兰一起牺牲的石三槐身上。虽然组织上也对石五则进行过短暂的审查，但无奈当时战事紧迫，此事没能进一步深入调查。直到1959年，文水县公安局才正式逮捕了石五则。在大量的证据面前，叛徒石五则供述了自己叛变的过程。

新中国成立后，云周西村更名为刘胡兰村，党和政府在山西省文水县修建了刘胡兰纪念馆。纪念馆广场上耸立着毛主席题词的纪念碑。"生的伟大，死的光荣"这八个大字是毛主席听完刘胡兰的事迹后，当即动容写下的，它也正是刘胡兰短暂而辉煌一生的最好诠释。

（肖定斌）

刘胡兰遇难

东方歌舞团成立

东方歌舞团是在周恩来、陈毅等国家领导人的关心下创建的国家级艺术院团,于 1962 年 1 月 13 日成立。在相当长的一段时期内,它集中代表了我国音乐舞蹈艺术的最高成就,涌现了如歌唱家王昆、朱明瑛、成方圆、舞蹈家莫德格玛、阿依吐拉等一批有影响力的艺术家。该团曾多次参加重要的国事演出,在新中国的外交战线上发挥了"文化使节"的独特作用。

陈毅在东方歌舞团建团典礼上讲话

东方歌舞团的前身是 1957 年在北京舞蹈学校成立的东方音乐舞蹈班,简称"东方班"。1961 年初,周总理率领中国代表团赴缅甸参加交换中缅边界条约批准书的仪式,代表团中就包括"东方班"的师生。代表团在仰光举行的首场演出中,当表演到"缅甸古典双人舞"时,时任缅甸总理的吴努带头起立为演员鼓掌,并提出加演。在代表团即将回国之际,"东方班"全体学员在周总理举办的晚宴上表演了缅甸、印度、巴基斯坦、斯里兰卡、柬埔寨、阿富汗等十四个亚洲国家的节目,增进了各国大使与中国代表团之间的情谊,将晚会的气氛推向高潮。在回国的飞机上,周恩来、陈毅同对外文化联络委员会相关负责人张致祥仔细研究了中国对外文化交流的现实状况和未来目标,决定成立"东方歌舞团",专门从事东方歌舞的教学和表演。原东方歌舞团团长王昆介绍了东方歌舞团诞生的情况:

【音频】王昆:这种艺术的力量,比去宣讲、讲点政治什么的,在某种意义上,起的作用要大。所以,看到了这一点,总理在那个时候就有这种想法,我们国家要想法组织一个中国的艺术家(团体),但是叫做东方歌舞团。"东方"是一种广泛的意义,就是说一种国际的。

在前期筹备阶段,东方歌舞团面临的最大困难就是缺少演员。为帮助解决这一难题,周总理不仅专门指示陈毅把舞蹈学校的优秀教员调来,还亲自主持从多个地方院团商调最好的演员来充实东方歌舞。这些演员包括维吾尔族舞蹈演员阿依吐拉、蒙古族舞蹈演员莫德格玛、傣族舞蹈演员刀美兰、白族歌唱家赵履珠和中央歌舞团的朝鲜族舞蹈家崔美善等。经过近一年的紧张筹备,1962 年 1 月 13 日,东方歌舞团宣告成立了。傣族舞蹈演员刀美兰回忆了周总理调她到歌舞团的情况以及总理对她的鼓励:

【音频】刀美兰回忆周总理调她到歌舞团的情况以及总理对她的鼓励

为了使演出更加地道,东方歌舞团曾经深入东南亚国家,甚至远赴非洲学习当地的舞蹈和节目。在周总理的关心下,东方歌舞团在建团后不长的时间里,就学习积累了 80 多个音乐节目和 170 多个舞蹈和素材。中央新闻纪录电影制片厂 1983 年摄制了纪录片《东方之花》，以下是原东方歌舞团舞蹈家张均给青年演员上印度舞蹈课的现场录音：

【音频】张均给青年演员上印度舞蹈课的现场录音

正当东方歌舞团如新苗一样茁壮成长时，"文化大革命"的风暴来临了。歌舞团的歌舞被诋毁为"靡靡之音"，不少团员被迫离开了舞台，歌舞团也被迫取消。为保存这支文艺队伍，1973 年 8 月，周总理指示文化部将中央歌舞团、东方歌舞团和中央民族乐团等文艺团体中的尖子抽调出来，合并组建中国歌舞团，在其中专设"东方歌舞队"。1977 年初春，"东方歌舞队"接到通知，要求参加由文化部组织的首都文艺界庆祝"四人帮"倒台的歌舞晚会。1977 年 9 月 26 日，东方歌舞团正式恢复建制。此后，第一代的成员们不仅创作出许多新的歌舞节目，更是培养出了如郑绪岚、成方圆、李玲玉等青年演员，迎来了第二个艺术的春天。

进入改革开放的新时期，东方歌舞团的文艺工作者们继续为新时期的中外文化交流事业奔忙着。他们在出访中表演的当地民间歌舞，也得到了当地人的肯定。歌唱家牟炫甫作为当年东方歌舞团的台柱，演唱过不少热情奔放、优美抒情的中外民歌。他擅长演唱外国歌曲，能在短时间内，在不会那个国家语言的情况下学会唱该国的歌曲。牟炫甫曾经多次出访巴基斯坦，他用乌尔都语演唱的长达约 7 分钟的《巴基斯坦颂》，曾经得到时任巴基斯坦总统穆罕默德·齐亚·哈克的赞赏。牟炫甫数年后再度访问巴基斯坦，齐亚·哈克总统又来观看演出，称赞他为"东方的金嗓子"。

【音频】牟炫甫谈他数年后再度访问巴基斯坦的情况

歌舞传友情。音乐和舞蹈能冲破语言和民族的隔阂，让人直接受到艺术的感染。2005 年 7 月 29 日，在原中国歌舞团和东方歌舞团的基础上，组建成立了中国东方歌舞团。2009 年 11 月，中国东方歌舞团转企改制组建了中国东方演艺集团有限公司，继续为增进中国与世界各国的友谊和文化交流而努力。

（郑榴榴）

周恩来总理和陈毅副总理在中南海接见东方歌舞团演职人员

《一江春水向东流》成为年度票房冠军

电影《一江春水向东流》的片尾结束于老母亲撕心裂肺的哭诉之声，戛然而止的镜头让人无限感慨，久难平静。该片由蔡楚生、郑君里联合编剧执导，白杨、陶金、上官云珠、舒绣文和吴茵等出演。《一江春水向东流》在1947年上映后引起巨大轰动，观众人数达70多万。1948年1月14日，影片成为年度票房冠军，并创下旧中国电影最高卖座率的纪录。时至今日，早已退休的上影演员高正回忆电影《一江春水向东流》上映引起的轰动效应仍感叹不已。

《一江春水向东流》剧照

【音频】高正：电影《一江春水向东流》接近老百姓的生活，所以当年反响强烈。在那个时候连续满座几个月，电影还没办法下片。很多人看了以后除了哭以外就是愤慨，所以它能引起共鸣，所以才能够达到那个效果。

《一江春水向东流》把抗战前后将近10年间的复杂社会生活，浓缩到一个家庭的悲欢离合之中，强烈地表达了当时人民正义的呐喊。电影里所展示的凄零而又无奈的乱世情感，是那个年代情感的代表和典范。江海洋是2005年电视剧版《一江春水向东流》的导演，他认为影片希望表达的是对当时社会的一种批判。

【音频】江海洋：这部电影的主要力量在于道德批判的价值，它描写了人们对爱情忠贞的问题，而不是写男女感情的过程，去展示感情的浓度。因为这是中国妇女比较完善的一个形象，也是含辛茹苦、从一而终的一个代表，是一种典范。

1931年，25岁的蔡楚生以新锐导演的身份加入联华影片公司。不久后，他相继执导了《渔光曲》《新女性》《迷途的羔羊》等一系列优秀影片。抗战爆发后，蔡楚生又拍摄了不少反映日寇侵华的电影如《孤岛天堂》《前程万里》等。日军占领香港后，蔡楚生为逃避追捕，不得不开始了颠沛流离的逃难生活。1944年蔡楚生到达重庆，担任中央电影摄影场编导委员。蔡楚生在抗战期间目睹了日军的所作所为，为了揭露这些暴行并鼓舞中国的爱国青年，他开始了《一江春水向东流》的创作。

在影片创作期间，蔡楚生不满足于自己逃难期间的所见所闻，于是拖着带病的身体四处寻访难民，了解他们的疾苦。他还特意从报刊中收集文字、照片等资料，以补充和丰富自己的生活积累，让影片更符合真实的生活。1946年夏，影片《一江春水向东流》的剧本创作完成。然而病痛的折磨令蔡楚生没有余力来完成后续的拍摄工作，于是他请来导演郑君里一起执导这部影片。郑君里之子郑大里讲述了蔡楚生拍电影时一丝不苟的态度：

【音频】郑大里：假设我们开拍是8点，蔡楚生肯定是7点半就坐在录影棚里，比任何人都来得早。他非常严谨，电影分镜头画得规规整整。对演员也有很严格的要求，一招一式基本上就不能动的。到这个时候自然而然就会回头、就会哭、就会笑。导演把自己的心理感受和内心节奏让演员去体验。

在拍摄的过程中，剧组由于缺乏经费、物资和设备，常常无法搭建出拍摄所需的布景。影片的拍摄环境也极为艰苦。影片中有这样一个镜头：几个日本兵用枪硬逼着一群老百姓跳进河里。这个镜头是在制片厂后面一条臭水沟里拍摄的，当时正值深秋，沟里的污水又臭又凉。为了照顾后期的剪辑角度，扮演老百姓的演员一次又一次地跳进污水中，每隔几分钟上来，换去湿衣，喝口酒暖暖身子再跳下去。白杨的女儿蒋晓真讲述了当年拍摄《一江春水向东流》时的艰苦情况：

【音频】蒋晓真：听我妈说拍戏的时候条件非常艰苦。有一场戏要跳到又臭又脏的臭水沟里面，水是浑的，又冷，但该跳还是要跳，戏还是要演。

面对如此的艰难困苦，全体剧组人员只有一个共同心愿：即使再苦再累也要坚持完成拍摄。因此，上至导演下到群众演员，都全情投入到工作之中。陶白丽是男主角的扮演者陶金的女儿，她说父亲之所以能成功饰演电影《一江春水向东流》中张忠良的形象，得益于全体剧组人员的支持和帮助。

【音频】陶白丽：张忠良本来是找另外的一个演员，后来想到我父亲也合适，于是给我父亲看了本子，我父亲看了后非常高兴地答应了。这个戏演完后，我父亲认为他之所以演得好，是靠了大家的帮助和烘托，再加上勤奋，才能获得成功。

1947年秋，《一江春水向东流》终于得以上映。影片在上海首映时一连放映了3个多月，并荣登1947年由上海文化运动委员会评选出的"国产十部最佳影片"之首。影片发行到香港、新加坡等地区之后，也创下高票房的纪录。

（金 之）

电影《一江春水向东流》宣传画

29

诗人徐志摩出生

一月 15

他是追求爱、自由与美的浪漫主义诗人,他创作的《再别康桥》《翡冷翠的一夜》等诗歌都是传世之作。他因为爱而诗情勃发,却一生为情所困。他提倡新诗格律化,对中国新诗的发展作出了重要贡献。他就是"新月派"代表诗人徐志摩。

1897年1月15日,徐志摩出生于浙江海宁的一个富商之家。作为徐家的长孙独子,徐志摩从小就受到良好的教育。他4岁入家塾开蒙,11岁入学堂,成绩一直名列前茅,有"神童"之誉。辛亥革命爆发后,徐志摩效仿梁启超的文章《论小说与群治的关系》,发表了他的第一篇论文《论小说与社会之关系》。这篇文章在杭州府中轰动一时,还引起了时任浙江省都督秘书张嘉璈的关注。徐志摩研究学会会长章景曙讲述了张嘉璈写信给徐志摩的父亲徐申如,为妹妹张幼仪提亲的情况:

徐志摩

【音频】章景曙:张幼仪的哥哥张嘉璈来到浙江杭州担任总督的秘书。他到这个学校视察的时候看到徐志摩的文章,他觉得这个孩子不错,可以介绍给自己的妹妹。张嘉璈马上写信给徐申如,说,我的妹妹能不能够跟你们的儿子结为一段婚姻?

张家是名门望族,张幼仪与徐志摩可谓门当户对。1915年,徐志摩在父母的安排下与张幼仪结婚。1918年,徐志摩正式拜梁启超为师,并在梁启超的鼓励下赴美留学。他先入美国克拉克大学历史系,一年后拿下学士学位,而后转至哥伦比亚大学读经济。在获得哥伦比亚大学经济学硕士学位之后,徐志摩放弃了唾手可得的博士学位,为追随哲学家罗素而漂洋过海去了英国。不巧,罗素启程去了中国讲学,徐志摩和罗素失之交臂。不过,经作家狄更斯的介绍和推荐,徐志摩以特别生的资格进了剑桥大学国王学院研究政治经济学。

康桥时期是徐志摩一生的转折点。中国从此少了一位银行家、政治家而多了一位诗人。在康桥的柔波里,徐志摩恋上了才女林徽因,并为她写作了《你去》等动人的情诗。历史学者宋连生讲述了徐志摩因爱写诗的情况:

【音频】宋连生:徐志摩结识了林徽因,陷入了爱情。表达爱情,可能诗歌是最合适的一种文体,而且他这个人天生适合做诗人。写了这些诗歌以后,他深深地迷恋其中,一发不可收拾。以后虽然他还写过其他东西,比如散文,比如翻译作品,但是最有成就、他也最痴心的就是诗。

为了和林徽因在一起,徐志摩于1922年3月与张幼仪签署了离婚文书。同年10月,徐志摩结束学业回国,在《新浙江》的副刊上发表离婚通告。文名尚未远播的他,立刻以此头号新闻震动全国。这是中国历史上依据《民法》的第一桩西式文明离婚案。在电视剧《人间四月天》中，黄磊和刘若英演绎了徐志摩向张幼仪提出离婚的场景。

【音频】电视剧《人间四月天》片段

然而，当离婚后的徐志摩去找林徽因时，林徽因已与梁启超的长子梁思成确定了恋爱关系。徐志摩以诗抒怀，在报刊上发表了大量诗文。1923 年，徐志摩参与发起成立新月社，同时加入文学研究会。次年 4 月，印度诗人泰戈尔应邀来华访问。在庆贺泰戈尔 64 岁生日的祝寿会上，徐志摩、林徽因及新月社同人联合出演了泰戈尔的爱情诗剧《齐德拉》。徐志摩因此旧情重燃，但林徽因心意已决，不久便与梁思成共赴美国留学。

1924 年，徐志摩遇到了被胡适赞为"一道不可不看的风景"的陆小曼。两年后的农历七夕，徐志摩与陆小曼举行婚礼。这一时期，徐志摩创作了诗集《翡冷翠的一夜》和散文集《巴黎的鳞爪》《自剖》《落叶》中的大部分作品，同时在北京主编《晨报副刊》，与闻一多等人开展新诗格律化运动，创办新月书店和《新月》月刊。

徐志摩将陆小曼视为至死不渝的灵魂伴侣，婚后两人如胶似漆。但是，陆小曼挥霍无度，甚至吸食鸦片。由于离婚再娶而失去父亲经济援助的徐志摩为了生计四处奔波，他与陆小曼的矛盾日益显现。

1928 年，徐志摩出国远游。在归途中，他创作了诗歌《再别康桥》。这是一首写景的抒情诗，抒发的是留恋之情、惜别之情和理想幻灭后的感伤之情。"康桥情节"贯穿在徐志摩一生的诗文中，而《再别康桥》无疑是其中最有代表性的作品。在电视剧《人间四月天》中，徐志摩的扮演者黄磊朗诵了《再别康桥》。

【音频】电视剧《人间四月天》片段

"轻轻的我走了，正如我轻轻的来；我轻轻的招手，作别西天的云彩……"1931 年 11 月 19 日，徐志摩在赶往北京参加林徽因的讲座途中因飞机失事不幸遇难。蔡元培为徐志摩题写挽联："谈话是诗，举动是诗，毕生行径都是诗。诗的意味渗透了，随遇自有乐土；乘船可死，驱车可死，斗室坐卧也可死，死于飞机偶然者，不必视为畏途。"这一挽联生动概括了徐志摩短暂而不平淡的一生。

【音频】李健演唱的《再别康桥》

（舒 凤）

林徽因（左）、泰戈尔（中）和徐志摩

"哥伦比亚"号航天飞机 最后一次起飞

　　2003 年 1 月 16 日,在美国肯尼迪航天中心发射台上,搭载着 7 名宇航员的"哥伦比亚"号航天飞机正准备执行它的第 28 次太空任务,这也是美国航天计划中的第 113 次飞行。下午 15 点 39 分,"哥伦比亚"号起飞并顺利进入预定轨道。工作人员和家属谁都没有想到,这将是"哥伦比亚"号以及它所搭载的 7 名宇航员与地球的最后告别。

"哥伦比亚"号 7 名宇航员

01M6A

【音频】"哥伦比亚"号航天飞机发射实况

　　2003 年 2 月 1 日,"哥伦比亚"号航天飞机已经完成了 16 天的太空任务,等待返航。此时,地面控制中心的部分专家却焦虑不已,他们反复地观看 16 天前的发射录像。"哥伦比亚"号在升空 81.7 秒时,一块公文包大小的隔热泡沫突然从外挂燃料箱上脱落,然后撞上了航天飞机的机翼,这段画面让专家们十分不安。但是,另一些人认为这种担心是多余的,因为隔热泡沫是超轻材料,十分脆弱,并不足以把航天飞机的外壳击破。这种覆盖在外挂箱表面的橘红色隔热泡沫,学名叫聚异氰酸脂,在工业上常被用作保温材料,它们经过特制被用于航天飞机。美国航空航天局召开了两次会议进行讨论,最终认为泡沫的撞击不会影响航天飞机的安全运行,也无需进行补救。

　　2003 年 2 月 1 日上午 8 点 10 分,地面控制中心通知"哥伦比亚"号返航。航天员们将自己固定在驾驶座椅上,以抵抗下降过程中产生的震荡。航天飞机从 280 公里的太空开始下降,地面控制中心的专家清楚,航天飞机正在进入极其危险的时刻。地面控制中心每秒钟都收到空中传回的各种数据,航天飞机在严密监控下降落。上午 8 点 44 分,"哥伦比亚"号开始进入地球大气层,此时它的速度是子弹的 9 倍。航天飞机与空气摩擦会产生巨大的热量,其两翼可以达到 1400 摄氏度以上,这种高温是通过航天飞机外壳上 2 万多块的隔热瓦来抵御的,隔热瓦密布在航天飞机铝合金外壳的表面,可以让机身抵抗 1600 摄氏度以内的高温。

　　8 点 49 分,"哥伦比亚"号开始减速,并准备在 27 分钟后着陆。然而,3 分钟后,地面仪器突然检测出异常。航天飞机左侧起落架温度突然比右侧高出 8 至 15 摄氏度,且温差正在持续扩大。专家们推断,可能只是温度传感器的电缆有些短路,并不会影响它的降落。5 分钟后,"哥伦比亚"号机身左侧温度已经上升了 33 摄氏度。又过了 1 分钟,机身左翼的温度传感器与地面的联系突然中断。这时候,有一股无形的力量推动着"哥伦比亚"号向左翻滚,航天飞机的自动导航系统侦测到了飞行角度的异常,不断地进行调整以纠正偏差,两种力量的对抗导致航天飞机剧烈震荡。8 点 59

分,地面控制中心的专家已经感到情况不妙。由于无法获取空中的实况画面,地面控制中心的指挥官尝试与"哥伦比亚"号进行通话了解情况。

【音频】休斯顿地面控制中心与"哥伦比亚"号最后通话的录音

一段噪音之后,"哥伦比亚"号与地面失去联系,地面指挥中心陷入了死一般的寂静。而此时迎接航天飞机返航的各项地面准备早已就绪,最为焦急的是在现场的航天员家属。9点整,距离着陆时间还有16分钟,天空呈现了令人震惊的景象:几团耀眼的火球拖着白烟划出一道道弧线,那是仍在燃烧的"哥伦比亚"号的残骸。德克萨斯州宣布进入紧急状态。当天下午,时任美国总统小布什宣布"哥伦比亚"号已经失事,无人生还。

【音频】美国总统小布什发表电视讲话

"哥伦比亚"号失事3小时后,事故调查委员会即已成立并展开工作。要查清事故的真正原因还缺乏一些必要的数据,人们寄希望于尽快找到"哥伦比亚"号上的黑匣子来进行取证和研究。但是,当时许多的媒体都提到航天飞机上没有黑匣子。事故发生6周后,美国航空航天局宣布已经找到了"哥伦比亚"号的黑匣子。这个偶然被留在航天飞机上的黑匣子最终揭示了一个重大信息,那就是"哥伦比亚"号在返航之前,左翼的隔热瓦就有了一个裂孔。问题再次聚焦到那块脱落的隔热泡沫上。通过模拟实验证实,在相同情况下超轻的隔热泡沫会对隔热瓦造成冲击,从而发生破洞现象。事故发生9个月后,官方发布的调查报告指出,"哥伦比亚"号失事的直接技术原因是这架航天飞机发射升空81.7秒后,从其外部燃料箱外脱落的一块泡沫材料撞上了航天飞机左翼前缘的隔热瓦部件并形成了裂孔,当航天飞机重返大气层时,超高温气体从裂孔处进入了"哥伦比亚"号机体,引发了一系列连锁反应,因而造成航天飞机解体,7名宇航员全部遇难。

"哥伦比亚"号的失事曾经冲击了全球的航天事业,但是在这7位"哥伦比亚"号航天员以及同样为人类的发现探索而献出生命的其他宇航员的注视下,人类的飞天梦想仍在继续。

(倪嘉铭)

"哥伦比亚"号起飞

一月 **17**

多国部队对伊拉克开始
"沙漠风暴"行动

1991年1月17日，世界各地的电视屏幕上出现了同一幅画面，斑斓交错的强光从地面与空中同时划破漆黑的夜空，伴随着刺耳的爆炸声，巨大烟雾升腾而起，观众们明白这不是一场绚丽的烟花表演，而是真实的战争。这一天，人类历史上第一次将残酷的战争通过电视直播展现在全世界的人们眼前，这就是以美国为首的多国部队向伊拉克发动的"沙漠风暴"行动大规模空袭。

空袭现场

1990年，伊拉克与科威特的边界纠纷和石油争端谈判破裂，刚刚走出8年两伊战争的伊拉克立即在科威特边境调集重兵，大有以武力逼迫科威特屈服之势。美国在海湾地区有着巨大的经济利益，历来对这一地区的形势极为关注，伊拉克的一举一动没有逃过美国太空卫星的"火眼金睛"。但美国人的判断是伊拉克不会动武，萨达姆只是想威胁一下科威特。前美国中情局中东问题专家波拉克对当时伊拉克的军事实力和领导人心态颇有心得：

【音频】波拉克：萨达姆当时拥有世界上排名第四的庞大的军队，他认为任何人都会小心避免挑战这个中东的新超级强权。

1990年8月2日凌晨，萨达姆一声令下，伊军仅仅用了10个小时，就占领了科威特。8月3日，美国总统老布什在第一时间宣布将采取大规模军事部署行动。11月29日，联合国安理会通过了自1950年朝鲜战争以来授予最广泛开战权力的678号决议。这个决议也成为以美国出兵海湾的尚方宝剑。经过紧张行动，美军在海湾地区的兵力达到50万人，连同其他国家出动的部队，总兵力达60万人。一时间，对峙双方兵力达到百万规模，处于剑拔弩张、一触即发的态势。

在联合国决议限定伊拉克撤离科威特的"最后期限"到来之前，国际社会为化解这场危机作了极大的努力。1991年1月9日，老布什派前国务卿贝克前往日内瓦，同伊拉克外长阿齐兹进行了长达6个半小时的会晤。会谈期间，贝克试图向阿齐兹递交布什总统致萨达姆总统的一封信，但阿齐兹看过信的副本后拒绝转交，理由是信件中的语言，不是两国元首对话时所应使用的语言。阿齐兹的这一举动也将和平的最后希望打破，更加坚定了美国确信战争的不可避免。

1991年1月17日凌晨，美国军舰向伊拉克发射了百余枚"战斧"式巡航导弹。以美国为首的多国部队开始实施"沙漠风暴"行动，海湾战争爆发。从1月17日开始，联军空中力量对伊拉克进行了长达38天的空中打击。空袭使得伊拉克的指挥和控制系统瘫痪，地面进攻还未开始，胜负的天平已然偏向了以美国为首的一方。国防大学教授房兵对此有如下评论：

【音频】房兵：这体现了美国作战的一个思路。首先第一步是打瞎，把伊拉克的雷达、预警设施打掉，让伊拉克发现不了多国部队的行动；第二步就是打哑，打掉伊拉克的首长机关、通信系统，使得它的上下级之间的指挥失灵，上情下达完全中断；第三步就是打残，包括对防空体系的打击，也包括下一步对地面部队的打击。这样经过三个阶段的空袭，为后面地面部队作战创造了一个很好的条件。

孤注一掷的萨达姆开始向以色列发射飞毛腿导弹，妄图将以色列拖下水，瓦解联军中的阿拉伯国家。此举被美国识破，美国使用"爱国者"导弹拦截"飞毛腿"，使得以色列放弃对伊拉克的反击。2 月 24 日，多国部队在海空攻势配合下，向伊拉克发动了大规模地面进攻。地面战斗仅历时 100 小时，溃不成军的伊拉克就选择从科威特撤军。美国总统布什宣布多国部队于 28 日停止战斗，海湾战争结束。短短 30 多天的战争，造成了伊军伤亡约 10 万人，美军 148 人阵亡。

海湾战争是冷战结束以后规模最大、参战国最多、现代化程度最高的一场局部战争。美军首次将大量高科技武器投入实战，展示了压倒性的制空、制电磁优势。但大量贫铀弹的使用以及对炼油设施的轰炸，也给这一地区带来了巨大的人道主义危机和生态威胁。通过海湾战争，美国进一步加强了与波斯湾地区国家的军事与政治合作，但同时也为此后令美国噩梦连连的恐怖袭击与反恐压力埋下了伏笔。

（肖定斌）

空袭后的巴格达废墟

上海东方电视台正式开播

上海东方电视台开播式特别节目

【音频】韦唯演唱的《风从东方来》

"吹醒海岸线上多年的睡梦，吹越大都市里灿烂的晴空。你从时代的浪尖上轻轻地走来，让自己的风采和世界相通……"这首韦唯演唱的《风从东方来》是上海东方电视台的台歌。上海东方电视台是落户浦东新区、具有独立法人资格的市级无线综合性电视台，于1993年1月18日正式开播。这是上海广电系统引进竞争机制、运用新体制的一次尝试。

上海的电视事业在改革开放之后迅速发展。除了上海电视台用两个频道播出自办节目外，上海市郊区县从1985年开始也陆续筹办县级电视台。1992年，为适应国家开发开放浦东的战略需要，上海市广播电视局决定引进竞争机制，在上海浦东建立具有独立法人资格的广播电台和电视台。同年8月15日，国家广播电影电视部同意将原上海电视台20频道迁往浦东建立新台，呼号为"上海东方电视台"，并指示该台建台后"要立足浦东，面向长江三角洲，突出改革开放和对外宣传"。时任上海东方电视台台长穆端正讲述了东视创办的宗旨：

【音频】穆端正：从广播电视局提出改革的设想来说，东方电台和东方电视台的成立是立足于浦东的。因此，从立足于浦东，面向长江三角洲这个基本的宗旨来讲，我们还是一个综合性的台。

1992年9月12日，上海东方电视台在《解放日报》《文汇报》等几大报纸刊登了台标征集启事，短短38天就收到全国各地的有效应征稿5000余件。最终，一幅取名为"太阳与TV海鸟"的作品脱颖而出，成为上海东方电视台台标的雏形。台标设计者毕勤朴讲述了他的设计初衷和作品寓意：

【音频】毕勤朴：太阳每天从东方升起，海鸥向着太阳从东方飞来。我当时设计这个台标其实也是代表东视人的一种精神，像太阳一样朝气蓬勃，向海鸟一样越飞越高。

1993年1月18日晚上7点，一台名为《风从东方来》的特别节目在20频道播出，宣告了上海东方电视台的正式诞生。在特别节目中，上海东方电视台节目主持人齐齐登台亮相，分别介绍了各自主持的节目。

【音频】特别节目《风从东方来》片段

开播初期，上海东方电视台每天播出17小时，开设了《东视新闻》《东方直播室》《海外博览》《快乐大转盘》《东方之夜》等20多个栏目，收视范围覆盖上海地区和江苏、浙江、安徽等地,受众人口达1.3亿。原上海东方电视台副台长徐景杰和刘文国分别讲述了当时上海东方电视台节目的设置情况:

【音频】徐景杰:创建这个电视台,那就必须以全新的面目和观众见面。全新的面目主要体现在节目上,我们从整体上来勾画,经过多次的群众调查会,台里上下一起研究,观看世界各国和地区的电视节目,然后确定了一个方针,就是新闻要新、谈话节目要热、专题节目要深、文艺节目要乐。

刘文国:当时在我们节目的设置上,我们的谈话节目《东方直播室》大家还是记忆犹新的。还有游戏节目《快乐大转盘》,应该说这几个节目都是开了历史的一种先河。人家没有的我有,人家有的我就要新,人家新的我就要转,整个来说就有一种创新的意识和观念,大家都树立得非常牢。

上海东方电视台勇于创新、敢为人先,开播不到一年就创下了很多个第一。1993年2月1日,在开播的第12天,东视就通过卫星首次转播了"全美超霸杯职业橄榄球大赛"的实况。3月30日,第65届奥斯卡颁奖典礼的实况从地球西端的洛杉矶传送到了地球东端的上海,这是奥斯卡颁奖典礼在中国的首次电视转播。

【音频】第65届奥斯卡颁奖典礼片段

1994年国庆节,适逢建国45周年,上海东方电视台赴京转播组在北京通过卫星传送向上海现场直播了"上海市赴京展演文艺演出"。上海人民通过荧屏与江泽民等中央领导以及首都人民共度国庆佳节。这是上海电视发展史上首次对文艺演出节目进行卫星传送,实现了异地现场的直播。

【音频】"上海市赴京展演文艺演出"片段

1998年1月18日,在上海东方电视台成立5周年的日子,电视台新址大楼东视大厦落成。东视大厦位于浦东新区东方路2000号,其主楼造型通过外墙材料的巧妙组合,将"OTV"三个英文字母融汇在其正立面,寓意鲜明、气度非凡,被专家称为上海浦东新区跨越21世纪的标志性建筑之一。

2001年4月19日,根据政企分开和管办分离的体制改革要求,上海市文化广播影视管理局下属的大部分事业单位,包括广播电台、电视台、影视制作机构等合并组建上海文化广播影视集团。同年8月,上海文化广播影视集团将旗下上海电视台、上海东方电视台、上海有线电视台、上海人民广播电台、上海东方广播电台等单位合并组建上海文广新闻传媒集团,英文名Shanghai Media Group,简称SMG。

(舒 凤)

东视大厦

首个台湾返乡探亲团抵达北京

1988 年 1 月 19 日，首个台湾返乡探亲团抵达北京，这是两岸隔绝近 40 年来第一个抵京的台湾返乡探亲团。这个探亲团的大部分成员是国民党退伍老兵，他们身穿写有"想家"字样的上衣，手持印有两岸地图和白鸽图案的"外省人返乡探亲促进会返乡探亲团"小旗，旗上印有根据唐代诗人贺知章《回乡偶书》所改编的诗句："儿童相见不相识，争传客从台湾来。"探亲团成员杨祖珺在接受采访时说他们这次带来了台湾的泥土、槟榔和凤梨。

【音频】杨祖珺接受记者采访的片段

1987 年台湾"大陆探亲说明会"会场

1948 年末到 1949 年初，中国人民解放军在辽沈、平津、淮海三大战役中取得决定性胜利，国民党的失败已成定局。蒋介石开始考虑退路，其中之一便是撤退到台湾，以那里为存身之地。1949 年 12 月 11 日，国民党中央党部迁至台北。自此，抗战胜利后才重归中国主权管辖之下的台湾再次陷入与祖国大陆分离的状态之中。大约 200 万国民党军政人员和民众随着蒋介石到了台湾。在此后的数十年里，浅浅的一道台湾海峡，使两岸骨肉分离，亲情隔绝。在上海科学教育电影制片厂制作出品的《上海人民庆祝建国十一周年对台湾广播大会》中，电影演员孙道临饱含深情地朗诵了《台湾，我怀念你》。

【音频】孙道临朗诵的《台湾，我怀念你》

从 20 世纪 70 年代初开始，中美关系正常化、中国恢复在联合国的合法席位、中日关系正常化，这些都为台湾问题的解决创造了不可或缺的条件。到 70 年代末，国际形势发生了深刻的变化，为提出并确立和平解决台湾问题的方针创造了新的有利条件。在此背景下，邓小平创造性地提出了"一国两制"的科学构想。1978 年召开的十一届三中全会的公报在提及台湾问题时，首次以"台湾回到祖国怀抱，实现统一大业"来代替"解放台湾"的提法。1979 年元旦，全国人大常委会发表《告台湾同胞书》，它被看成是两岸关系由对立走向对话的第一步。《告台湾同胞书》的发表在台湾社会引起强烈反响。台湾民众特别是国民党退伍老兵更加渴望回到家乡探亲访友。

台湾诗人余光中在 20 世纪 70 年代创作了一首感动了许多人的诗歌《乡愁》，表达了对祖国大陆的思乡之情。根据这首诗所谱的歌曲《乡愁》中唱道："小时候，乡愁是一枚小小的邮票，我在这头，母亲在那头……而现在，乡愁是一湾浅浅的海峡，我在这头，大陆在那头。"

1987 年，台湾岛内老兵的思乡情终于"总爆发"。1987 年春季，"外省人返乡探亲促进会"成立。在促进会的筹划下，这一年的母亲节，老兵们穿着写有"想家"字样的衣服，以"母亲节遥祝母亲"的名义,手持"抓我来当兵、送我回家去"、"白发娘望儿归、红妆守空帏"的标语,在"国父纪念馆"举行活动。30万份返乡传单《我们已沉默了40年》对外广为散发,老兵们在街头哭诉的思乡情让整个台湾社会为之动容。台湾老兵姜思章回忆了在活动现场,老兵们合唱歌曲时的动人场景:

【音频】姜思章:台上台下哭成一片。大部分是外省人,大部分是老人家,同理心,共同心态。所以听到这个歌声的时候,大家泪流满面。

在"返乡省亲运动"造成的强大舆论压力下,1987年7月,台湾当局宣布解除实施了长达近40年之久的"戒严",并废除因实施"戒严"而制定的30种相关"法规"与"条例"。

1987年10月15日,台湾当局宣布自11月2日起,允许除现役军人和公职人员以外的台湾居民经第三地转赴大陆探亲。11月以后,海峡两岸同胞长达38年的隔绝状态被打破了,台湾老兵终于可以名正言顺地返乡探亲。1987年11月2日,台湾红十字会开始受理探亲登记和信函转投。这一天从凌晨时分开始,红十字会的办公室外就人山人海,当天办妥手续的多达1300多人。台湾《民众日报》称这一天为"一个历史性的日子"。台湾红十字会为办理老兵返乡手续准备的10万份申请表格,在短短半个月之内就被索取一空。台湾岛内掀起了"返乡探亲热"。

【音频】大陆相关新闻报道,反映台湾民众在正式受理探亲登记前迫不及待的心情

1988年1月19日,由台湾国民党退伍老兵为主组成的第一个返乡探亲团抵达北京。在卢沟桥头,他们向牺牲的抗日英烈们致敬;在八达岭长城上,他们激动地高呼"到家了"。"回家看看"这个多年的夙愿终于成为了现实。

老兵的一小步,造就了两岸交流的一大步。台湾开放大陆探亲,是两岸关系史上的一个重大突破,是两岸开始交流的第一步。1993年,第一次"汪辜会谈"举行;2005年,时任中国国民党主席连战访问大陆,实现60年来国共两党主要领导人首次历史性会谈;2008年,两岸实现"三通",台胞到大陆探亲访友的亲情之旅不断延伸。

(郑榴榴)

台湾返乡探亲团成员游长城

第一次国共合作正式形成

一月 20

1924 年 1 月 20 日，在共产国际组织和中国共产党人的参加与帮助下，孙中山在广州顺利召开了国民党第一次全国代表大会，并在会上重新诠释了"新三民主义"的定义。国民党"一大"的召开，标志着第一次国共合作的正式形成。

同年 5 月 30 日，孙中山在广州应《中国晚报》之邀录制了四段演讲，分别有北方话和粤语两个版本。通过这次录音，孙中山向世人宣布了"新三民主义"的内容，这也是孙中山生前唯一存世的录音资料。

【音频】孙中山诠释"新三民主义"的北方话录音

1921 年 7 月中共一大召开后，党的工作仍以宣传马克思主义和开展工人运动为中心。不久，一个具有深远战略意义的策略自共产国际传达至中共中央，这就是以共产党人身份加入国民党的方式进行国共合作。这个国共党内合作策略的倡导者和贯彻的主要推手，就是共产国际执委会派往中国的第一任正式代表马林。

共产国际执委会派往中国的第一任正式代表马林

应马林的要求，1922 年 8 月 28 日至 30 日中共中央在杭州西湖召开特别会议，讨论国共合作问题。陈独秀、蔡和森、张国焘对全党加入国民党持强烈反对意见。李大钊持中立立场，认为各有利弊。马林力主所有共产党员无条件加入国民党，坚称这是实现国共合作唯一可行的步骤，并强调这是共产国际执委会已决定的政策。最后陈独秀表示尊重共产国际指令的权威性，会议决定全体共产党员以个人身份加入国民党。对于这个决定，中国社会科学院近代史研究所研究员李玉贞认为，国共双方之所以能够合作，是因为双方有着共同的目标。

【音频】李玉贞：当时的共产党员对于加入国民党这个决定并非没有争论，而马林代表的共产国际希望他们加入国民党。当然其实共产党内部有些人也是赞同的。而且当年中共中央在 6 月 15 日发表了《第一次关于时局的宣言》，这里已经明确了要各党派联合起来。因为当时大家都希望"国家独立、民族解放"，所以这样一个目标也是容易团结人的。

1923 年年初，苏联副外长越飞从北京南下来到上海，首次同孙中山会面。此后，双方经过几次会谈，于 1 月 26 日联合发表了著名的《孙文越飞宣言》。从实际情况来看，这是孙中山联俄的开始，它不仅标志着苏联、共产国际在中国寻求合作者的努力取得了重要的成果，也标志着孙中山联俄政策的确立。从此以后，孙中山不仅采取了联合苏联的新决策，而且加快了同中国共产党的合作步伐。

1923 年 2 月 7 日，京汉铁路大罢工遭到直系军阀吴佩孚的血腥镇压，造成了震惊中外的"二七惨案"。中共从"二七"血案中进一步认识到，没有强有力的同盟者，要战胜强大的敌人是不可能的。同年 6 月 12 日至 20 日，中共"三大"在广州召开，大会的中心议题是"共产党员是否全体加入国民党"。马林、陈独秀坚决主张全体加入，并强调这是共产国际决议的精神。由于"二七惨案"的影响，多数与会者都赞同这个意见。大会通过了《关于国民运动及国民党问题的议决案》。经过前后近两年的努力，马林设想的国共党内合作的形式，被中共"三大"正式确定为党的阶段性路线方针。学者刘统则认为，也正是由于共产国际组织的介入才加速了国共合作的脚步。

【音频】刘统：对共产党来说，共产国际就是上级。它的指示，中共中央是要坚决执行的，甚至中共中央的人事安排也要由共产国际来指定。当时共产党员是可以双重身份，既是共产党员，又是国民党员，既可用公开身份，也可以不公开身份，这样给了共产党员活动很大的便利。

1924 年 1 月，孙中山在广州召开了国民党第一次全国代表大会。大会通过了由国民党内的共产党人起草的以反帝反封建为主要内容的宣言，确定了联俄、联共、扶助农工的三大政策，从而把旧三民主义发展为新三民主义。国民党的"一大"标志着第一次国共合作的正式建立。

在共产国际和苏联的支持下，1926 年 7 月正式开始的国共合作后的北伐战争一路凯歌，在半年多时间里就消灭了北洋军阀吴佩孚和孙传芳的势力，占领了长江流域大部分省份。之后，全国革命形势一片大好，湘、鄂、赣、粤等省的工农运动发展尤为迅速，中国大革命取得了重大胜利。

然而到了大革命后期，1927 年 7 月，由于蒋介石和汪精卫控制的国民党右派不顾以宋庆龄为代表的国民党左派的坚决反对，宣布与共产党决裂，并发动了"四一二"、"七一五"反革命政变，公开叛变革命。中国共产党和中国国民党的第一次两党合作，从 1924 年 1 月起至 1927 年 7 月止，历时三年半后宣告破裂。

（金 之）

1924年1月20日，中国国民党第一次全国代表大会在广州召开，大会由孙中山主持。共产党人李大钊、毛泽东、林伯渠、瞿秋白等出席了大会。

中国国民党第一次全国代表大会成员合影

列宁逝世

一月 21

列宁

1924 年 1 月 21 日,一位伟人在莫斯科郊外的哥尔克村与世长辞。3 天后的莫斯科,天气非常寒冷,温度降到了零下 30 度,载着这位伟人遗体的灵柩正被运送到工会大厦。沿途站满了成千上万的工人、士兵和农民,许多人被冻伤了,却依然不肯离去。苏联上下举国悲痛。5 天 5 夜里,50 多万人参加了悼念仪式,人们伤心告别的正是共产主义伟人——列宁。11 年之后的 1935 年,莫斯科西南角的一处山丘被命名为列宁山。苏联诗人、词作家叶·多尔玛托夫斯基和作曲家尤·米留金在 1948 年共同创作了歌曲《列宁山》来纪念列宁并且赞美这座城市。

【音频】歌曲《列宁山》

列宁于 1870 年 4 月 22 日出生在俄国伏尔加河畔的辛比尔斯克,父亲是一位具有民主主义思想的教育活动家,哥哥亚历山大因参加谋刺沙皇而被处死。在家庭的影响下,1887 年秋,列宁进入喀山大学法律系学习。然而不久他就因为参加学生运动而被学校开除,遭到逮捕和流放。第二年回到喀山后,他开始研究马克思的《资本论》和普列汉诺夫的著作。1892 年,列宁开始筹建马克思主义小组,并将《共产党宣言》译成了俄文。他还写下了第一本著作《农民生活中新的经济变动》。这时的列宁,已由一个革命民主主义者转变为一个共产主义者。

1895 年,25 岁的列宁前往西欧,与一些流亡国外的马克思主义者、特别是与思想家普列汉诺夫接触。同年返国后的列宁成为圣彼得堡马克思主义小组领导人,并创立了"工人阶级解放斗争协会",向工人传播马克思主义理论。当年 12 月列宁被捕入狱。1897 年 2 月,列宁被流放到西伯利亚东部,他在那里与克鲁普斯卡娅结婚,并继续从事革命活动和写作。1900 年初流放期满后,列宁去往德国慕尼黑,在当地与普列汉诺夫、马尔托夫创办了马克思主义者的第一张俄语政治报纸《火星报》。

1903 年,俄国社会民主工党第二次代表大会在伦敦召开,会上讨论了党员条件和党的纪律问题,列宁在其著作《怎么办?》中提出了党是"无产阶级先锋队"的见解。在这次大会中,列宁坚持建立"民主集中制"指导下的"新型的党",要有铁的纪律和严密的组织。而以普列汉诺夫、马尔托夫和托洛茨基为代表的一派则攻击列宁要消灭党内自由,最后实行一人独裁。列宁派在会上占多数,称为布尔什维克,马尔托夫为首的一派占少数,称孟什维克。在革命领导权问题上,列宁认为必须由无产阶级领导,革命胜利后建立"革命工农民主专政"。

1905 年 11 月,俄国资产阶级民主革命爆发后,列宁回到祖国直接领导革命。12 月,莫斯科武装起义失败,列宁又开始了长达十多年的第二次流亡生活。在此期间,他撰写了《唯物主义和经验批判主义》《马克思主义和修正主义》等一系列著作,使马克思主义理论得到了进一步发展。第一次世界大战爆发后,列宁又提出了"变帝国主义战争为国内战争"的口号,阐明了社会主义可能在一国或数国首先胜利的理论。1917 年 3 月,沙皇政府被推翻。听到沙皇垮台的消息以后,列宁立即返回俄国,积极准备发动武装起义。在列宁的领导下,俄国人民终于取得了十月社会主义革命的胜利。

1918 年 8 月 30 日,列宁在莫斯科河南岸区原米歇尔逊工厂群众大会上发表讲话。离开工厂时,他遭到社会革命党恐怖分子范·卡普兰的枪击而身受重伤。虽经救治保住了性命,但列宁的身体状况从此开始恶化。拍摄于 1939 年的苏联影片《列宁在 1918》再现了这场著名的演讲。1951 年该片在中国完成译制配音,其中为列宁配音的是著名电影演员张伐。

【音频】电影《列宁在 1918》片段

1919 年 3 月,列宁主持召开共产国际即第三国际成立大会,30 个国家的共产党和左派组织代表出席会议。会上通过了《共产国际宣言》《共产国际行动纲领》等文件。第三国际的成立,极大地推动了国际共产主义运动的发展和马克思主义在全球的传播。以下就是列宁本人关于第三国际成立所发表的讲话录音:

【音频】列宁就第三国际成立所发表的讲话录音

在 1918 年至 1920 年的内战中,列宁艰苦地组织工农红军,动员人力,挖掘资源,支持军队作战,最后消灭了受协约国支持的白军。1921 年,在列宁的领导下,苏联开始实行新经济政策。在列宁生命的最后两年里,俄罗斯沙文主义蔓延,列宁曾以最大的努力企图改变这种趋势,但不幸于 1922 年初身患重病。同年 4 月,医生从他的颈部取出当年遇刺时的两颗子弹中的一颗。一个月后,列宁又患局部瘫痪症,不能讲话。1923 年 3 月 10 日起,他完全停止了政治活动。1924 年 1 月 21 日下午 6 点 30 分,列宁在莫斯科郊外的哥尔克村逝世。

【音频】歌曲《列宁永远和我们在一起》

苏联歌曲《列宁永远和我们在一起》创作于 1973 年,由图里科夫谱曲、奥沙宁作词。在歌声中,我们一起来缅怀这位伟大的无产阶级革命先驱。

(倪嘉铭)

演讲中的列宁

武侠小说家梁羽生逝世

一月 22

"灵魂上有永生，肉体上你不可能永生，所以问题不在乎你俗世寿命的长短，而在乎人与神之间的沟通。"这是武侠小说家梁羽生先生晚年接受香港媒体采访时所表达的一番人生感悟。2009年1月22日，梁羽生在澳大利亚悉尼病逝。

梁羽生被誉为新派武侠小说的开山祖师，其代表作有《白发魔女传》《七剑下天山》等。从1954年梁羽生开始连载第一部武侠作品《龙虎斗京华》，到1984年"封笔"退隐，他在文坛上整整笔耕了30个春秋，共创作出35部武侠小说。让梁羽生名留文学史的正是他笔下所描绘的这个武侠江湖。这些文字将代替他在时间的长河中，与曾经的、现在的以及将来的读者沟通与交流。

梁羽生

梁羽生本名陈文统，1924年3月22日出生于广西省梧州市蒙山县的一户富裕人家。1949年，他只身前往香港，任职于香港《大公报》。翌年，《大公报》的姊妹报《新晚报》创刊，同样来自广西的总编辑罗孚调任梁羽生为该报副刊编辑，而梁羽生日后走上武侠小说创作的道路，也正是由于罗孚的关系。故事还得从20世纪50年代香港武术界的一场巅峰对决说起。

当年，香港武术界的太极与白鹤两大门派囿于门户之见而发生争执。他们先是在报章上唇枪舌战，认为自己功夫最好、对方不堪一击。吵到后来双方索性签下一纸"生死状"，由两派领军——太极派掌门吴公仪和白鹤派掌门陈克夫比武打擂。消息传出后，港澳两地居民奔走相告，而当地新闻传媒也不失时机地抓住此一热门话题，连篇累牍地给予详尽报道。对于过腻了日复一日单调生活的人而言，武家相斗实在是一桩很刺激的事。梁羽生晚年回忆了当时该事件所造成的轰动以及打擂过程：

【音频】梁羽生：最初听说年轻的那位陈克夫推下吴公仪，但他没跌倒。拳是老的辣，接着很快一拳打到鼻子，当场血如泉涌。大概只是3分钟，已经打肿。以前是静态社会，有两派比武那么有趣，街谈巷议，整个社会被此事吸引。这是大新闻，扰攘了半年，很轰动，但3分钟便结束。人们街谈巷议，到底谁胜谁负，大多数认为是太极派赢，但只有3分钟打完不够有趣。

正是由于社会对这场比武的广泛重视，而短短3分钟的过程又无法令人过瘾，为了延续当时的沸腾气氛，《新晚报》总编辑罗孚灵机一动，想出在报刊上连载武侠小说以飨读者的主意，而这个任务自然就落到了他手下大将，那个平素对武侠小说很有研究的梁羽生身上。

1954年1月20日，署名梁羽生的武侠新派小说《龙虎斗京华》面世了。小说一经刊出就受到读者热烈追捧，令《新晚报》销量节节上升。陈文统也就以梁羽生这个笔名，从此走上了武侠创作的道路。他和其后以《书剑恩仇录》闻名的金庸一起，在那个年代，扛起了"新派武侠小说"的大旗。

虽说梁羽生成了新派武侠小说第一人，但紧随其后的金庸的影响力也不遑多让。1966年，梁羽生化名"佟硕之"在香港一份文学期刊《海光文艺》上发表了一篇名为《金庸梁羽生合论》的文章，详细比较分析了两人作品的异同。这篇文章在当时引起过双方读者群之间不小的争论，但还算持论公允。在今人看来，金庸的武侠成就要高于梁羽生。梁羽生自己也曾承认："金庸比我写得好，只不过我比他写得早，文学总该是后胜于前。"

这番话中当然有自谦的成分，梁羽生的创作自有其独到之处，那就是善于刻画女性角色。在他的武侠作品中，其女性观念表现得十分进步开朗，体现出男女平等的现代意识。一般认为，他刻画的女性形象往往超过其笔下的男性角色。在其他武侠小说里，很少有正面大谈女性角色的，梁羽生则不然。除了《白发魔女传》《江湖三女侠》《女帝英奇传》等带有"女"字的小说，其他诸如《塞外奇侠传》《云海玉弓缘》等也都是以女性为小说主角。在他笔下，每一位女主人公都有自己独立的人生价值和目标，她们不只是"为情而生"的柔弱女性，也成了影响武林的风云人物，其中尤以《白发魔女传》中刚烈的练霓裳最为大众所熟悉。

梁羽生曾被问及更像自己笔下哪个人物，他表示可能更接近《白发魔女传》中的卓一航：都有与上一辈不同的地方，但也受到传统约束，不像彻底叛逆的一代。或许，正是这种约束让梁羽生无法达到金庸的博采众长，也不可能像更晚的古龙那样剑走偏锋。正如梁羽生对自己评价的那样，他是"侠骨文心笑看云霄飘一羽，孤怀统揽曾经沧海慨平生"。

（郑　麟）

林青霞饰演的《白发魔女传》女主角练霓裳

《红与黑》作者司汤达诞生

司汤达

他是法国批判现实主义文学的奠基人，他以《红与黑》《巴马修道院》等著作享誉世界文坛。高尔基说他"是在资产阶级胜利之后，立即就开始敏锐而明确地表现它的特征的第一个文学家"。他就是被誉为"现代小说之父"的司汤达。

1783 年 1 月 23 日，司汤达出生于法国的一个律师家庭。司汤达之所以在文学史上拥有很高的地位，不仅在于他创作上的成就，更在于他的创作思想具有继往开来的重要影响。司汤达协会会长维托利奥·德尔利特评价了司汤达的文学成就：

【音频】维托利奥·德尔利特：司汤达取得的最大业绩，就是他超越了法国文学的范畴，创造了文学的新形式。他打破了文学史上由来已久的传统框框，写下了众多新形式、新风格的小说、游记和随笔。他以现实生活中得到的素材为基础，依据他的作家精神进行重新塑造，将现实世界转化成独特的文学世界。司汤达就像用照相机照相一样，在他的作品中提出并展示了社会的现实问题，这一点正是司汤达创造的，也是小说创作的新原则。

司汤达原名亨利·贝尔。他自幼兴趣广泛，酷爱数学和文学。法国大革命爆发十年后，司汤达以优异的成绩毕业于当地的中心学校，尔后到巴黎跟随拿破仑的军队参加战争。法国王政复辟时期，司汤达侨居意大利并开始文学创作。

1817 年，司汤达发表了他的处女作《意大利绘画史》。不久，他首次用"司汤达"的笔名发表了游记《罗马、那不勒斯和佛罗伦萨》。1821 年，司汤达因同情和支持意大利民族解放运动而被统治意大利的奥地利当局驱逐出境，之后回到巴黎。1823 年到 1825 年，司汤达陆续发表了许多文论，并收录《拉辛与莎士比亚》中。这部论著是第一部现实主义的宣言书，为法国 19 世纪现实主义文学的发展开辟了道路。此后，司汤达开始转入小说创作。

1830 年，司汤达的代表作《红与黑》问世。这是司汤达以一桩真实的刑事案件为基础创作的长篇小说，围绕主人公于连的冒险行动，深刻反映了波旁王朝时期的社会生活和阶级矛盾。《红与黑》开创了后世"意识流小说"、"心理小说"的先河，被誉为"灵魂的哲学诗"，是 19 世纪欧洲批判现实主义文学的奠基之作。百余年来，《红与黑》被译成多种文字在世界广为流传，并被多次改编为戏剧和电影。20 世纪 50 年代中期，由上海电影译制厂译制，杰拉·菲利浦主演的电影《红与黑》在中国上映。电影是以于连在法庭受审开始的，以下就是配音艺术家胡庆汉为于连配音的录音片段：

【音频】电影《红与黑》片段

司汤达在《红与黑》中塑造的"少年野心家"于连是一个具有高度典型意义的人物形象。于连的内心世界深刻而复杂,他既卑怯又勇敢,既狡猾又诚实,既老练又天真,既复杂又单纯,所有这些水火不容的对立特征使于连成为一种特殊的典型。最初,司汤达将小说取名《于连》,后来改为富有象征意义的《红与黑》,并加上副标题"1830年纪事"。话剧《红与黑》的导演雷国华在阅读这部小说时便深深为之感动和折服,赞叹小说对人性的深度开掘。

【音频】雷国华:我觉得这是一个很大的悲剧。一个年轻的生命在他23岁的时候突然就死了,你会去想他为什么会死,他只是一个底层农民的孩子,他聪颖,非常英俊。当他步入上流社会之后,他觉得他没法得到平等,应该通过很多手段去达到自己的那种平等,可是到最后他发现是不可能的。于是他还是选择告诉自己,我不需要这些财富,我需要我自己,在死亡面前,你们可以和我一样平等,我选择死。所以,我觉得于连是非常真实的。

对于不少出生于20世纪六七十年代的中国人来说,《红与黑》堪称是当时最具影响力的励志文学作品之一。2007年,作为纪念中国话剧百年的扛鼎之作,《红与黑》被上海话剧艺术中心改编并搬上舞台。这是《红与黑》诞生百余年来第一次被搬上中国的话剧舞台。经过千挑万选,当时内地"四大小生"之一的李宗翰最终成为第一位中国舞台上的于连扮演者。

【音频】李宗翰表演话剧《红与黑》片段

1832年到1842年是司汤达最艰难也是最重要的创作时期。他在经济拮据、疾病缠身的情况下写作了长篇小说《吕西安·娄万》《巴马修道院》,长篇自传《亨利·勃吕拉传》以及十数篇短篇小说。其中的《巴马修道院》是司汤达最后发表的一部作品,也是第一部真正获得成功的作品。

1842年,司汤达在巴黎去世,当时他还有好几部未完成的手稿。司汤达在世的时候,几乎没有人承认他的"小说家天才",他的文学声望迟至50年后的19世纪末才到来。

(舒 凤)

《红与黑》图书封面

小说《孽债》在沪签售
引起轰动

一月 24

电视剧《孽债》

【音频】电视剧《孽债》片尾曲《哪里是我的家》片段

"美丽的西双版纳，留不住我的爸爸。上海那么大，有没有我的家。"这是 20 世纪 90 年代红极一时的电视剧《孽债》的片尾曲《哪里是我的家》。《孽债》讲述了 5 个被遗留在插队落户当地的知青子女从云南到上海寻找亲生父母亲的故事，凸显了知青一代人的情感路程以及他们与子女两代人的命运。1995 年 1 月 24 日，电视剧《孽债》刚刚播完，在当天举行的同名原著小说签售会上，小说《孽债》创下了当时的签名售书之最。从当时上海电视台对签售会的新闻报道中，我们可以了解小说的热销场面：

【音频】1995 年上海电视台对《孽债》同名原著小说签售会的新闻报道

20 集电视连续剧《孽债》1995 年 1 月 9 日在上海播出后，创下了超过 40% 的高收视率，并且首开了电视台晚间电视剧两集连播的先河。每天晚上，几乎家家户户都守在电视机前等着《孽债》播出，弄堂里也常常能听到孩童哼唱片尾曲。5 个云南孩子千里迢迢来上海寻找父母的故事成为市民街谈巷议的热点，上海的各类新闻媒体对电视剧《孽债》评说不断。《孽债》是沪语电视的出色代表，这部成本不高、没有绚丽明星和时尚服装的都市剧，让许多人潸然泪下，牵肠挂肚。《孽债》的主演之一严晓频谈到了《孽债》播出时的热烈状况：

【音频】严晓频谈《孽债》播出时的热烈状况

20 世纪 50 年代中期到 70 年代末，知识青年"上山下乡运动"在全国展开。从 1978 年起，国家开始缩小上山下乡的规模，并多方疏通在乡知青的返城渠道。1979 年后，绝大部分知青陆续返回城市，也有部分人在农村结婚"落户"。许多在农村结婚的知青为了返城而急于离婚，解除和农村的关系。他们将亲生骨肉留在当地，自己则重返城市。返城的知青自身要面对个人和家庭的诸多问题，如就业、住房、婚姻等，这也就成为了一个社会问题。于是，一批知青题材电视剧在中国产生。

小说《孽债》的作者叶辛被公认为我国"知青文学"的代表人物，《孽债》则是他的"知青文学"的代表作。1969 年，叶辛中学毕业，从上海到贵州插队，当了十多年的知青。当年知识青年的命运，总是牵扯着他的心。作为一个作家，活生生的生活体验和周遭的所见所闻，使他萌发了写一部小说的想法。1991 年，小说《孽债》开始在《小说界》杂志刊出。根据小说改编的电视剧在 1994 年拍摄完成。叶辛谈到了小说《孽债》的创作起因：

【音频】叶辛谈小说《孽债》的创作起因

20 世纪 80 年代末至 90 年代初,中国的城市生活形态发生着巨大的变化。电视剧《孽债》的导演黄蜀芹敏锐地感受到在这个时代大变革即将来临的时期,应当通过影像抢救一些能够留作历史记忆的镜头。电视剧《孽债》在把知青的历史和他们现实的境遇联系起来的同时,也描绘出了上海人的生存状态,比如棚户区的亭子间、富有人情味的石库门里的邻里关系、门口传呼电话的大妈、二八式自行车,还有时髦的宽大女士套装。导演黄蜀芹回忆了当时在即将拆迁的房子里抢拍镜头的情况:

【音频】黄蜀芹:比如说,举个例子,就是现在的打浦桥。拆迁的人都带着大家伙来了,我们跟他们谈判,希望他们延长三天。到第三天他们又来了,但是我们还没拍完,我就"加紧、加紧",就拍。刚拍完,机器刚运去,"哐",他们就把那个茅草房弄倒了。很能代表那个时候,上海要新生了。

电视剧《孽债》首次采用了沪语表演,这是《孽债》在上海取得成功的原因之一。导演黄蜀芹在剧中采用沪语的目的是想表现上海人实实在在的生活,真实地再现上海人的生存状态。然而,就在上海观众对剧中的上海话倍感亲切时,北方的观众却因为语言的障碍而收视反应比较温和,因为他们听不懂上海方言。为此,电视剧《孽债》的制作方赶制了普通话版,后来在中央电视台播出。尽管当年围绕《孽债》沪语版有过一些争论,但是运用上海话可以帮助演员更生动准确地找到剧中人物的真实感觉。

【音频】电视剧《孽债》中回沪知青沈若尘向妻子梅云清坦白自己曾经在插队时有过婚姻

有人认为,《孽债》的成功在于它超越了"知青题材"的范畴,全景式地展现了上海普通人的生活。而《孽债》中出现的"老三届"们首次不是以索债者而是以负债者的心情对待自己,是多年来反映知青题材的文艺作品所发生的相当引人注目的变化。作为原著的作者,叶辛表示,他写《孽债》不是为了讨债,是想呼唤人间的良知,呼唤人与人之间的爱心。在那个特殊年代里,在那个特殊的历史背景下,知青们所面对的,更多的可能是迷茫和无奈,正如歌手李春波所创作并演唱的《孽债》片头曲《谁能告诉我》中所唱的:"曾经拥有过,曾经失去过,曾经艰难地选择。谁能告诉我,什么是对什么是错。"

【音频】《孽债》片头曲《谁能告诉我》

(郑榴榴)

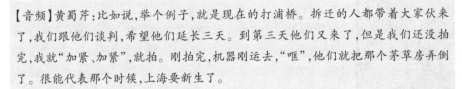

叶辛在上海的新华书店签名售书

首届冬季奥林匹克运动会开幕

一月 25

1924年1月25日，在法国的夏蒙尼市，被称为"奥林匹亚德国际体育周"的运动会正式开幕。两年后，国际奥委会正式将其更名为第一届冬季奥林匹克运动会。令人遗憾的是，在第13届冬奥会之前，由于中国在国际奥委会上没有合法的席位，使得中国一直无缘参加该项国际赛事。

1922年的国际奥委会巴黎会议上，国际奥委会主席顾拜旦竭力劝说反对举办冬奥会的代表，最终获得成功，他决定在1924年夏季奥运会前举办这项赛事。然而当时的决议并未视其为正式比赛，而是作为奥运会冰雪项目的表演部分，因此取名"奥林匹亚德国际体育周"，以此与奥运会区别开来。

体育周于1924年1月25日至2月5日举行。参赛的有冰雪运动水平较高的挪威、芬兰、瑞典、瑞士、奥地利、美国、加拿大、法国以及对比赛不抱多大希望但颇有兴趣的英国、意大利、比利时、捷克斯洛伐克、拉脱维亚、匈牙利、南斯拉夫、波兰等16个国家。

夏蒙尼冬季奥运会海报

在首届冬奥会上，挪威总共获17枚奖牌，成为获得奖牌最多的国家。而芬兰选手克拉斯·顿贝格因在速滑比赛中独占鳌头，分别获得500米、5000米和全能3项冠军以及10000米银牌和500米铜牌，成为首届冬奥会上成绩最出色的运动员。芬兰也因此以11枚奖牌的好成绩位列第二。素有花样滑冰强国之称的奥地利，在女子单人和男女双人滑冰项目中都取得了胜利。最后，奥地利以2金1银的成绩排名第三。当时的国外媒体把这些比赛录制下来做成集锦，详细记录了赛事的过程和结果。

【音频】1924年第1届夏蒙尼冬奥会比赛集锦

中国队与冬奥会的结缘始于1980年的第13届冬奥会。1980年2月13日至24日，第13届冬奥会在美国普莱西德湖举行。中国共派出28名男女运动员参加滑冰、滑雪、现代冬季两项等共18个单项比赛，但遗憾的是无一人进入前六名。此届冬奥会中国代表团旗手赵伟昌回忆了当时中国选手和国外选手之间的差距，他认为我国运动员之所以没有取得成绩的原因，在于我国当年的竞技水平尚未提高。

【音频】赵伟昌：当年参加冬奥会，从起跑开始还得现学。所以那一年我们去冬奥会是找了当地的发令员，让他教我们怎么跑，然后我们才去参加的比赛，可想而知我们的成绩也好不到哪里去。再加上国外运动员水平不断提高，而我们还在原地踏步，所以差距会非常大。

历史性的突破出现在第16届阿尔贝维尔冬奥会上。当时中国派出35名男女选手参加34个单项比赛,中国台北奥委会派出 8 名选手参加 5 个单项的比赛。在女子速度滑冰 500 米比赛中,美国名将布莱尔以 40 秒 33 获冠军,中国的叶乔波以 40 秒 51 的微弱差距获亚军,这是中国第一次在冬季奥运会上取得奖牌。紧接着在 1000 米速滑比赛中,叶乔波又以 0.02 秒之差惜败于布莱尔,为中国队再添一银。在之后女子短道速滑 500 米的比赛中,中国选手李琰取得了银牌。至此,中国不但实现了冬奥会奖牌零突破,还获得了 3 枚银牌的佳绩。尤其是速滑名将叶乔波,她背着冰刀出征,坐着轮椅凯旋,成为当年的一段体坛佳话。叶乔波在接受采访时谈了自己对事业的执着追求:

【音频】叶乔波:一个人如果没有一定的毅力是坚持不下来的,有了那股"疯劲"什么事情都能做好。

中国人在冬奥会上金牌"零的突破"发生在 2002 年的第 19 届冬季奥运会上。这届奥运会在美国犹他州盐湖城举行,共设有 78 项比赛。本届比赛中国队一共获得两金、两银、四铜的好成绩,排在奖牌榜的第 13 位。中国队的大杨扬在女子 500 米与 1000 米短道速滑中两度封后。

中国与冬奥之缘不止于此。自北京申奥成功后,中国奥委会于 2013 年 11 月 3 日正式致函国际奥委会,提名北京市为 2022 年冬奥会申办城市。2014 年 7 月 7 日,国际奥委会宣布,中国北京与挪威奥斯陆、哈萨克斯坦阿拉木图三座城市正式入围 2022 年冬奥会候选城市。国际奥委会第 128 次全会上,第九任国际奥委会主席托马斯·巴赫宣布了揭晓结果,北京获得 2022 年第 24 届冬季奥林匹克运动会的举办权。

【音频】宣布北京成为 2022 年冬奥会举办城市的现场直播

在奥林匹克的百年历史中,在北京之前,还从未有过同一座城市举办过夏冬两季奥运会的先例。从 1980 年中国代表团第一次参加冬奥会开始,到北京成为 2022 年冬奥会的主办地,中国和冬奥的不解之缘仍在继续。

(金 之)

首届冬奥会

音乐剧《剧院魅影》百老汇首演

【音频】音乐剧《剧院魅影》开场音乐

音乐剧《剧院魅影》诞生于 1986 年的伦敦西区,问世当年就包揽了英国劳伦斯·奥立弗奖最佳新剧等三项大奖。两年后的 1988 年,原班人马将这部音乐剧带到了纽约百老汇的国王剧场。未曾想到,1 月 26 日晚上的这场首演竟然开启了一段至今仍在继续的百老汇音乐剧传奇。

《剧院魅影》取材于加斯东·勒鲁的同名小说。故事讲述在巴黎歌剧院中怪事频发,先是首席女主角险些被剧院的吊灯砸死,接着剧院里又不时出现令人毛骨悚然的虚幻男声。这个男性的声音就是来自隐居在剧院地下迷宫的魅影。这个神秘的魅影起初只是帮助女演员克里斯汀在艺术上有所成就,而后他逐渐被克里斯汀的美貌和才华所吸引,并不可救药地爱上了她。此时克里斯汀却邂逅了青梅竹马的玩伴拉沃尔,这使魅影陷入了无边的痛苦之中……在音乐剧的第一幕中,克里斯汀和儿时的玩伴拉沃尔合唱了一首《想着我》。百老汇首演时的组合是莎拉·布莱曼和斯蒂夫·巴顿。

《剧院魅影》海报

【音频】莎拉·布莱曼和斯蒂夫·巴顿演唱的《想着我》

文学创作改编是音乐剧常用的手法。音乐剧无论是音乐还是舞美,投入都相当大,所以需要一个尽量保险的经典故事作为观众关注度的保障。加斯东·勒鲁的原作本身就是一部很有吸引力的通俗小说,包含了悬疑、爱情、恐怖以及戏剧艺术等多种元素,诞生之后就广受关注,多次被改编成舞台剧和电影作品。就连中国也曾先后于 1937 年和 1995 年拍过两个版本的改编电影《夜半歌声》,第二版中张国荣刻画的男主角宋丹平形象成为当时的银幕热点。然而在这么多的作品中,影响力最大、观众认可度最高的,还是英国作曲家安德鲁·劳伊德·韦伯创作的音乐剧版本《剧院魅影》。

对于《剧院魅影》,很多人最先接触的是其音乐。韦伯将多元的音乐风格融汇在一起,古典、美声和流行音乐一起被呈现在了舞台之上。尤其值得一提的是剧中的三段戏中戏《汉尼拔》《耳背公爵》和《唐璜的胜利》,韦伯分别展现了古典主义歌剧、巴洛克歌剧、现代派歌剧三种层次截然不同的歌剧风格,让观众一次体验到歌剧不同时期的魅力。主攻音乐剧研究的上海音乐学院教授陶辛从旋律和角色的关系这一角度为我们揭示了《剧院魅影》中的音乐奥秘:

【音频】陶辛：音乐剧的音乐有一点非常重要，它要跟剧情、跟此时此刻的人物心态和戏剧情境要非常地贴切。比如魅影演唱的《夜之音乐》这段旋律，尽管他戴着面具，但是情感表达非常直接，没有太多的修饰。然后这个主题旋律交由克里斯汀的情人拉沃尔来唱的时候，恋人之间表达情感的方式要稍微缠绵一些，要加一点修饰。

该剧之所以有如此充满创造力的音乐设计，除了韦伯毋庸置疑的才华之外，另外一个原因则是当时的韦伯正沉浸于爱情的滋润中。

【音频】莎拉·布莱曼演唱的《我对你唯一的冀求》

这部戏首演之时，正是韦伯和女主角莎拉·布莱曼的热恋期，所以其中很多高音的歌曲都是他为莎拉量身定制的。《剧院魅影》《想着我》等歌曲的高音部分无疑让观众充分领略到莎拉·布莱曼的歌唱实力，且与剧情也是高度契合。《剧院魅影》1988 年以 7 项大奖横扫美国托尼奖。在颁奖现场，韦伯用最简短也是最真挚的话语感谢了莎拉·布莱曼。

【音频】韦伯在托尼奖上的获奖感言

除了音乐之外，这部戏的题材也非常独特。观众进入剧院，看舞台上讲述了一个关于剧院的故事。剧中三段风格迥异的戏中戏的有些段落，甚至会让观众没法分清舞台上的戏里戏外。尤其是第一幕结束前的舞台事故，大吊灯被魅影打落舞台，台下的观众们会同声惊呼。这样的观演体验让人印象深刻。剧中华丽的舞美、服装也是一大亮点。无论是舞台上各种各样的大背景，还是数十名演员从主角到舞群的装扮，都能看到制作者的倾力和用心。

《剧院魅影》作为一部长盛不衰的音乐剧，从音乐、题材到制作，经过多年的打磨几乎都无可挑剔。在 1988 年首演之后，它一路打破百老汇音乐剧的各种演出纪录，从观影人数到演出场次，从持续时间到获奖纪录，各种第一的头衔无一不被《剧院魅影》所囊括。诞生以来，该剧除了在纽约百老汇和伦敦西区常驻之外，在世界各地的巡回演出都是广受追捧，是当之无愧的"音乐剧之王"。

（倪嘉铭）

《剧院魅影》百老汇演出剧照（1988 年）

苏联红军解放奥斯维辛集中营

第二次世界大战期间，德国纳粹为镇压异己和推行种族主义，在国内和被占领国建立了 1000 多座集中营。集中营中通常建有用于大规模屠杀和人体试验的毒气室、尸体解剖室和焚尸炉。纳粹集中营在二战期间夺走了数百万人的生命，成为人类历史上最黑暗的一页。最为臭名昭著的莫过于有着"死亡工厂"之称的"奥斯维辛集中营"。集中营幸存者大卫·赫尔曼讲述了他在"死亡工厂"中噩梦般的经历：

"死亡工厂"奥斯维辛集中营

【音频】大卫·赫尔曼：纳粹党卫军就站在门边，手里拿着木棍那些东西。他们打你的头，人人都在流血，都在惊恐地叫喊。妈妈们被夺走了孩子，孩子们失去了妈妈。所有人都在哭喊，整个一团混乱。

1945 年 1 月 27 日，苏联红军解放了位于波兰南部的奥斯维辛集中营。当时集中营内的幸存者仅余 7000 多人，多半处于"形容枯槁"的状态。在集中营内还发现了约 1.4 万条人发毛毯，4 万双男鞋和 5000 双女鞋等无数死难者的遗物。参与解放奥斯维辛集中营的苏联士兵温尼琴科回忆了当时看到的景象：

【音频】温尼琴科：人怎么会被虐待到那种程度，那么脆弱、那么骨瘦如柴。他们几乎站都站不住。天气又潮又湿，人们想吃口雪解渴都做不到，身边只有泥土。那场面实在令人觉得恐怖，根本没法描述。

奥斯维辛集中营始建于 1940 年 4 月，是纳粹德国在二战期间修建的最大集中营。奥斯维辛集中营由三个主要部分组成。一号营是最初的集中营，也是整个奥斯维辛地区集中营的管理中心，1940 年 6 月收容了首批 728 名波兰和德国政治犯，德国 1941 年 6 月入侵苏联后，苏联战俘被陆续送到这里关押。二号营建于 1941 年 10 月，官方称为比克瑙，是德国法西斯利用毒气室大规模屠杀被关押人员的场所。三号营又称布纳，是德国法西斯负责生产人造橡胶、汽油的大型企业，同时还负责在几座较小的集中营从事挖煤和生产水泥的工作。

当"死亡列车"到达奥斯维辛站台时，人们就被赶出车厢，不许携带财物。不能干活的人被送往奥斯维辛二号。刽子手们知道，屠杀的效率取决于受害人走上刑场的秩序，所以骗局要持续到最后一秒钟。广播里温和地劝告受害者应先洗个澡，"浴室"门前的地面上铺着青草，走进其中还可以听到轻松动听的音乐。人们争先恐后地脱掉衣服涌进"浴室"，但是里面变得越来越拥挤，当人们还没明白过来时，沉重的大铁门已经关闭，厄运降临了……集中营幸存者梅尔·穆梅尔斯坦讲述了纳粹毒杀奥斯维辛集中营内犹太人的情况：

【音频】梅尔·穆梅尔斯坦：房顶上有毒气喷头，它们看上去像洗澡的喷头。男人、女人和孩子被命令脱光衣服。纳粹看守说，你们是去洗澡的。他们就是这样来杀死犹太人的。

波兰奥斯维辛集中营国家博物馆历史学家派伯在2005年的研究结果表明，奥斯维辛集中营是名副其实的"死亡工厂"。在这个集中营存在的4年多时间内，共有130多万人被关押，其中110多万人丧生。派伯指出，被关押到奥斯维辛集中营的犹太人中只有约20万人登记过，其余几乎是一到集中营就被杀害。集中营幸存者梅尔·穆梅尔斯坦讲述了纳粹的暴行：

【音频】梅尔·穆梅尔斯坦：我在1944年5月被带到这里。那时候，所有匈牙利的犹太人都被运送到这里。在两个月之内，八九个或者十个星期里，你知道纳粹毒死了多少匈牙利籍犹太人？40万，超过40万人！太多了，把他们送进了毒气室、焚尸炉。

在被苏联红军解放两年之后的1947年，奥斯维辛集中营旧址被辟为殉难者纪念馆。1979年，联合国教科文组织将其列入世界文化遗产名录，以警示世界"要和平，不要战争"。为了见证这段历史，每年有数十万来自世界各国的人们前往奥斯维辛集中营遗址参观，凭吊那些被德国纳粹迫害致死的无辜生命。奥斯维辛国家博物馆历史研究室主任弗朗西斯捷克·派伯希望人们牢记历史、警示未来。

【音频】弗朗西斯捷克·派伯：奥斯维辛确实是人类历史上非常令人悲哀、非常黑暗的一页，但它却在人类历史上真实地发生了。它是历史的一部分，没有奥斯维辛，历史就不完整。奥斯维辛是人类受到迫害的象征，是人类大屠杀和种族灭绝的警示象征。我们必须牢记这件事情，因为它总有重演的危险。

2005年11月1日，第60届联合国大会全体会议一致通过一项议案，决定将每年的1月27日定为"国际大屠杀纪念日"。

（李俊杰）

奥斯维辛集中营解放70周年纪念日，幸存者们手持着解放当日所拍摄的照片

中山舰整体打捞出水

中山舰前身永丰舰旧照

1997年1月28日上午10时,湖北省金口大军山长江江面上冬云低垂,寒风凛冽。海内外各界近万人面对波涛迎风肃立,共同等待一个庄严而凝重的历史时刻的到来。在两台驳船卷扬机平稳的牵引下,一艘沉船渐渐浮现在人们的眼前。等到船体完全出水的那一刻,现场有人欢呼,有人静默,也有人流泪。无数人期盼再见一面的一代名舰中山舰在沉睡水底59年之后,终于得以重见天日。

中山舰在我国近现代历史上具有极其特殊的历史价值,是中华民族珍贵的历史文化遗产。甲午海战后,为重振海军,清政府分别向英、德、美、意订造军舰18艘。其中向日本订造的有2艘,名为"永丰舰"和"永翔舰"。永丰舰1913年建成下水,回国后编入北洋海军第一舰队,从此永丰舰卷入了时局变动的漩涡中,烙下了重重的时代印记。

1915年,孙中山发表著名的《讨袁檄文》。在这个关头,永丰舰在海军司令李鼎新等人的率领下宣布起义参与护国运动。1917年,段祺瑞拒绝恢复《临时约法》并准备解散国会,孙中山发起护法运动。当时,海军总长程璧光在孙中山的劝说下,率永丰舰等7艘军舰南下广州,组成护法舰队。1922年,陈炯明因与孙中山发生政治分歧,扬言"炮打总统府,活捉孙中山"。情急之下,孙中山乔装成外出急诊的医生,辗转登上永丰舰。在海军的竭力支持下,孙中山指挥舰队全力反击陈炯明。虽然永丰舰"连中六弹",但在全体海军将士的奋战下最终扭转了战局。中共党史专家田子渝教授对该舰在这次战斗中的突出作用给予了高度评价:

【音频】田子渝:现在去看这个历史,好像是很轻松,在当时要是永丰舰叛变了,那就没有孙中山了,永丰舰就是在讨伐陈炯明叛变过程起到了一个旗舰的作用,起到一个指挥部的作用,起到一个鼓舞人们坚持斗争的作用。正是它有这种历史的光辉,所以孙中山去世以后,国民政府正式把这艘舰改名为中山舰,这是它历史的顶点。

1925年孙中山去世后,广东革命政府将该舰改名为中山舰。改名后的中山舰相继参加了广东革命政府领导的平叛与东征战斗。1926年3月20日,蒋介石以中山舰"无故游弋、意图倒蒋"为由将其扣押,逮捕海军局代局长李之龙,制造了震惊中外的"中山舰事件"。这次事件标志着国共合作局面出现重大转折,大革命失败的苗头逐渐浮现。黄埔军校研究专家曾庆榴对"中山舰事件"有深入研究,在他看来,"中山舰事件"是蒋介石清理共产党的一次试探,中山舰又一次成为时局变化无言的见证者。

【音频】曾庆榴:李之龙那时候是共产党员,蒋介石起了疑心,蒋介石以为李之龙被汪精卫和苏俄顾问利用了,怀疑汪精卫和苏俄顾问联合起来利用李之龙想把自己劫持到中山舰上面。但事后,查来查去,搞得满城风雨也没有什么实际证据。

1938 年秋,抗日战争爆发后,中山舰奉命由岳阳开赴武汉外围,参加武汉保卫战。10月 24 日下午,6 架敌机飞临上空,对准中山舰俯冲轰炸。由于舰上主炮已被拆下支援江岸固定炮台,加上舰首高射炮在发射过程中卡壳,火力处于下风,中山舰多处中弹。正在指挥作战的萨舰长身受重伤,军舰倾斜成 45 度。在副舰长吕叔奋的苦劝和众将士的扶持下,舰长才含泪离开军舰,登上江中舢板。正当官兵奋力将舢板划向岸边之时,日军又来扫射,舰长壮烈殉职,中山舰官兵 24 人阵亡。下午,中山舰沉没于金口江底。多年后,当年中山舰的电讯官张嵩龄对当时的战斗仍记忆犹新:

【音频】张嵩龄:那时候舰长不走,说我一定要跟中山舰共存亡。大家就说,舰长伤已经这么严重了,日本飞机刚刚开走,就赶快抱着舰长上舢板。上了舢板没多久,敌机又来了,因为舰长穿着显眼的中校军服,日本人在飞机上看得清楚,日本人非常残暴,明知道舢板上是伤员,还对着舢板扫射,舰长就这样牺牲了。

中山舰是一件极为珍贵的历史文物,人们一直企盼早日将其打捞出来。建国之初,江苏省政协和人大代表就提出了寻觅和打捞中山舰的议案。1988 年,这项工作又得以继续进行。直到 1994 年,潜水员才探摸到了"中山"舰名的铜牌,最终确定在武汉市江夏区金口镇长江流域的这艘沉船就是中山舰。

经过充分的准备之后,1996 年 11 月 12 日,中山舰打捞开工仪式在金口长江岸边举行,这一天正是孙中山诞辰 130 周年纪念日。经过两个多月的努力,1997 年 1 月 28 日,中山舰整体出水圆满成功。2008 年,修复后的中山舰在金口再次下水,它基本恢复了 1925年前后的原貌,但修复后的舰身保留了遭日机轰炸的两个巨大弹洞,以此警醒世人勿忘国耻、铭记历史。

(肖定斌)

孙中山和宋庆龄登上永丰舰

邓小平正式访美

1979 年 1 月 29 日凌晨,中国民众刚刚送走农历大年初一,此时在大洋彼岸的美国,一架尾翼绘有五星红旗的中国民航专机徐徐降落在华盛顿的安德鲁斯空军基地。时任国务院副总理邓小平神采奕奕、含笑挥手走下舷梯,开始对美国进行正式访问。这是新中国成立后中国领导人第一次访美,堪称"破冰之旅"。当时的国际舆论将这一事件视为"战后国际关系的一个转折点",是"促进亚洲与世界和平的里程碑"。

1972 年,随着尼克松总统访华,冰封已久的中美关系开始松动,两国开启关系正常化之路。1978 年 12 月 14 日,时任美国总统卡特向邓小平发出访美邀请,邓小平在 24 小时之内即刻作出访美决定。1979 年 1 月 1 日,中美两国正式建立外交关系。当天,邓小平的头像出现在美国《时代》周刊的封面上,他被这家在世界上有着广泛影响力的媒体评选为上一年度的世界风云人物。前美国总统卡特回顾那段历史时仍然坚信,当年他和邓小平都作出了正确的选择。

邓小平致辞

【音频】卡特:宣布建交后,无论在我的国家还是在苏联、欧洲,世界上其他地方,大家的反应都是大吃一惊。但是在美国并没有很多人指责我的做法,因为我们很快就解释了这么做的原因。我们宣布邓小平已经接受了我的邀请,很快就会访问华盛顿,这也是一个相当了不起的成就。无论是政府工作人员还是我的家人,都对此感到很兴奋。实际上,我们于 12 月 15 日宣布建交,3 天以后的 12 月 18 日,邓小平就宣布了实行改革开放政策。因此,我非常相信在邓小平看来,中美建交与推行改革开放政策是紧密相连的,将来也是不可分割的。

美国东部时间 1 月 28 日下午,邓小平一行飞抵华盛顿。为了迎接首位到访的新中国领导人,美国政府特地派出了包括副总统、国务卿在内的超常规迎接阵容。次日,卡特总统在白宫草坪上为邓小平一行举行了盛大隆重的欢迎仪式,中国的五星红旗第一次在白宫的旗杆上与美国的星条旗并排飘扬。当邓小平夫妇在卡特夫妇的陪同下缓步登上检阅台时,现场响起了热烈的掌声,乐队高奏中美两国国歌,鸣礼炮 19 响。按照国际礼宾规格,在鸣礼炮方面,这又是一次超规格的待遇。在卡特总统致欢迎词后,邓小平在答辞中以开阔的视野强调了中美关系的重要性。

【音频】邓小平:中美关系正处在一个新的起点,世界形势也在经历着新的转折。中美两国是伟大的国家,中美两国人民是伟大的人民,两国人民友好的合作必将对世界形势的发展产生积极深远的影响。

当晚,卡特总统在白宫举行国宴欢迎邓小平一行,人们称这次宴会是"全世界多数人所注视的筵席"。国宴之后,邓小平在华盛顿著名的文化殿堂——肯尼迪表演艺术中心观看了大型文艺演出。作为压轴戏,上百名美国孩子用中文演唱了中国歌曲《我爱北京天安门》。

【音频】美国儿童合唱《我爱北京天安门》片段

演出结束后,邓小平夫妇在卡特夫妇的陪同下走上舞台,热情拥抱并俯身亲吻了参加表演的美国小朋友。据美国的报纸报道,这一幕让许多观众泪流满面。从北京到华盛顿,邓小平用一个充满人情味的举动大大改变了美国人对中国人的刻板印象。访美代表团陪同人员费斐讲述了当时的情况:

【音频】费斐:看得出来,他是真情地去吻那个孩子。西方是一种很普通的一个见面礼,我们就是发自内心的。

邓小平访美期间,中美双方在经济、文化与科技等领域签订了一系列合作文件。邓小平与卡特总统及其他美国官员进行了多次会谈,会见了数以百计的议员、州长、市长以及企业界和文教界的知名人士,出席了众多的活动,并回答了一批又一批记者提出的问题。邓小平的到来在美国掀起了一股旋风,美国政府特地租用了两架客机供记者们跟踪报道。美国主要电视网的黄金时间变成了"邓小平时间"。时为中国驻美联络处官员的徐尚伟及访美代表团成员何理良讲述了邓小平在访美期间所展现的个人魅力:

【音频】徐尚伟:白宫主管中国事务的主任迈克尔·奥尔森伯格跟我说:"邓小平,He is a good sport."后来我查了字典,意思就是说这个人处事很有度,很有风度的意思。

【音频】何理良:小平同志对他们所有的议员提出的刁难性的问题都回答得非常有信心和准确,所以让人家感觉到非常折服,中国有这样智慧、大度而且视野广阔的领导人。

1979年2月5日,邓小平的形象再度出现在《时代》周刊封面上,标题是《邓来了》。同一天,邓小平圆满结束对美国的访问。这次访问对于增进中美之间的了解和发展双边关系产生了良好效果,使中美关系进入了一个广阔发展的新阶段。

（舒　凤）

卡特在白宫与邓小平会晤

印度圣雄甘地遇刺身亡

1948 年 1 月 30 日，印度民族运动领袖甘地在印度德里遇刺身亡。甘地在印度被尊称为"圣雄"，这个词的意思是"伟大的精神"。他曾经带领国家迈向独立，脱离英国的殖民统治。他倡导的"非暴力不合作运动"为实现民族独立、争取公民权利探寻了一条崭新的路径。甘地所提倡的"非暴力抵抗"的甘地主义，在全世界也产生了深远影响。在一段关于与印度独立有关的英印圆桌会议的讲话中，甘地曾说："这次圆桌会议有重要意义，在此我希望你们相信印度人民希望民主的决心。但我们决不会进行暴力反抗，每一个个体都需要独立。"

1930 年"食盐长征"中的甘地

【音频】甘地关于与印度独立有关的英印圆桌会议的讲话

1869 年，甘地出生在印度西北部的海滨城市博尔本德尔。1888 年，他前往伦敦攻读法律，毕业后回到印度。1893 年，他应一家印度驻南非公司的聘请前往南非，在那里度过了约 21 个年头。

1915 年 1 月，甘地从南非返回印度。1919 年 2 月，甘地在孟买成立非暴力抵抗协会，反对镇压印度民族解放运动的罗拉特法。1920 年，甘地在加尔各答举行的印度国大党党代表大会上提出"不合作运动"和要求自治的决议。从此，"非暴力不合作思想"成为国大党争取民族独立的指导原则，甘地也确立了在国大党内的领导地位。此后，国大党先后发动过四次较大规模的群众运动。第一次民事反抗运动于 1920 年发起，这次运动涉及罢课、罢工、退回英国政府的封号等，把大规模的推行土布、抵制英货列为运动的主要内容。

1930 年 3 月至 1934 年 4 月，甘地发动并领导了第二次在非暴力主义指导下的民事反抗运动，首次打出了印度独立的大旗。当时，英国政府实行食盐专营，通过提高盐价和赋税搜刮民财，却不准印度人自己采盐和销售食盐，这样的苛政使印度的劳苦大众不堪忍受。1930 年 3 月，甘地发动破坏盐法的"食盐进军"，开始第二次不合作运动。他们徒步约 24 天抵达了丹地海滩，在那里用海水煮盐。沿海各地纷纷响应甘地的号召，自制食盐。印度纪录片《圣雄甘地：20 世纪的伟大灵魂人物》记录了关于"食盐进军"的情况：

【音频】纪录片《圣雄甘地：20 世纪的伟大灵魂人物》片段：(解说)4 月 6 日，甘地缓缓向大海靠近。他在海滩上抓起一把天然海盐，英国对食盐的垄断打破了。这一刻印度人已经期盼很久了。

第三次民事反抗运动发生在第二次世界大战初期，导火索是 1940 年 8 月 8 日英国殖民统治者不允许印度在战后完全独立的声明，但这次运动并未取得显著的成果。第四次民事反抗运动是从 1942 年 8 月开始的"退出印度"运动。从一定意义上可以说，这是甘地非暴力思想的最后一次大规模实践计划。1942 年 8 月 8 日，国大党全国委员会正式通过英国"退出印度"的决议，要求英国交出政权。甘地呼吁全国"或者行动起来，或者走向死亡"。8 月 9 日，甘地和国大党其他领袖一同被捕，国大党组织接着被宣布为非法。全国发生大骚动，殖民当局实行血腥镇压。这场轰轰烈烈的运动以失败告终。

在为祖国独立解放而奋斗的同时，甘地也为消除种姓制度、消灭印度教和伊斯兰教之间的纷争而斗争。伊斯兰教传入印度后，印度教徒与伊斯兰教徒之间的矛盾和冲突就没有停止过。在印度，种族和教派之间的血腥屠杀造成了社会的巨大灾难。1944 年 5 月 6 日，甘地从狱中被释放。当年 9 月，他与穆斯林联盟领导人穆罕默德·阿里·真纳会谈，试图解决印穆关系和印度未来地位问题。真纳坚持印穆分治，建立巴基斯坦，真纳与甘地的谈判破裂。根据英国提出的《蒙巴顿方案》，1947 年 8 月 14 日，巴基斯坦自治领宣告成立。8 月 15 日，印度联邦宣告成立。在举国欢庆的时候，甘地却在加尔各答绝食一天，以纺纱纪念独立节。当年 9 月，印度发生大规模教派冲突和仇杀，甘地以绝食、游说等方式呼吁印穆教徒和平相处。1948 年 1 月 30 日，甘地在德里被一名狂热的印度教徒枪杀。目击者詹姆斯·麦克回忆了甘地被刺后的情形：

【音频】詹姆斯·麦克：当时人山人海。我印象最深的一件事就是，看见尼赫鲁总统站在人群里，他含着泪对我们说："我们的国父不复存在了，我们再也不能够从他那里听取建议和获得安慰了。"

甘地把一生献给了印度的民族独立事业，他被称为现代印度的国父。甘地领导的印度"非暴力不合作运动"沉重打击了英国的殖民统治，创立了一条反抗殖民统治的独特道路，是亚洲觉醒的重要组成部分。尽管甘地的非暴力学说有一定的局限性，但是它对动员印度人民投身民族斗争，最终获得民族独立以及亚洲的民族解放运动都作出了不可磨灭的贡献。

（郑榴榴）

莫罕达斯·卡拉姆昌德·甘地

北平和平解放

一月
31

【音频】新闻纪录片《北平入城式》开场

这段声音来自东北电影制片厂拍摄于1949年的新闻纪录片《北平入城式》。1949年1月31日,解放军开始接管北平城。在20世纪的前50年中,北平这座古老而神秘的都城经历了八国联军的践踏、日本侵略者的蹂躏和国民党的统治,最后在众多有志之士的努力下,完整地回到人民的手中。

入城式

然而,就在入城式的几天前,北平还面临着生死攸关的时刻。解放军围城部队进行了充分的演练,北平城内的任何目标都在解放军火力的有效射程之内。可是那些大口径、摧毁力极强的炮弹,无法回避的却是已有三千多年历史的古城,里面有着数以千计的宫殿庙宇、无与伦比的景观园林、享誉世界的文化遗迹以及二百万老百姓的身家性命,一旦炮响,用不了十分钟,这座三朝古都就会玉石俱焚。面对独一无二的紫禁城,无论谁将它毁于战火,都将成为中华民族的千古罪人。尽管对用武力拿下北平有十足的把握,但身在西柏坡的中共领导层仍寄希望于和平解决,即使交战,也要最大限度地保护文物古迹。为此,解放军还曾派干部造访了建筑学家梁思成,请他将城内重要古迹在军事地图上一一标注。

城内的国民党守将有的主张拼死一战,更多的则是抱着听天由命的想法。早在北平围城之初,国民党华北剿总总司令傅作义已经开始和中共接洽谈判,然而双方的条件始终无法达成一致。随着战事的推进,傅作义控制的地区已经从整个华北收缩到京津唐三个孤立的城市。

同时,中共地下党组织还在平津战役前夕,将傅作义的女儿傅冬菊调回北平。这位早年在重庆工作的新闻记者,在参加进步组织后加入了中国共产党。傅冬菊曾在采访中透露,父亲生前从未问起过自己的共产党身份。

【音频】傅作义的女儿傅冬菊接受采访

就在傅作义的态度还不十分明朗的情况下,平津前线司令部向北平市民公布了关于和平解决北平问题的约法八章。被围一个多月的北平城内早已是人心惶惶,老百姓盼望着早点结束这种局面,北平城要求和平的空气越来越浓。地下党员李炳泉的夫人刘可兴经历了北平那段围城的日子。

【音频】刘可兴:那个时候我们都是点着蜡烛在房子里,自来水也常常断,有时候来水了,赶快接一桶放在那儿。街上也没有卖东西的,就是家里存的那点粮食慢慢地吃。

在北平举行的华北七省市参议长代表及各界名流会议上,组成了北平民间和谈代表团,推举原北平市长何思源为团长。可就在组成和谈代表团的第二天凌晨,何思源位于王府井锡拉胡同的住宅发生了爆炸。在这次南京政府保密局策划的爆炸案中,何思源的二女儿何鲁美被当场炸死,他的夫人和家人均被炸伤,何思源本人左臂受伤。对这起轰动全城的爆炸案,南京国民党中央社报道称"共军攻城打击和平使者"。然而,何思源没有受舆论影响,爆炸发生后第二天,他与和谈代表团一行11人坚定地坐在了城外的谈判桌前。

在第三次谈判宣告无果后,东北野战军在29小时内攻下了天津,时任国民党华北剿总政治部督察员王越曾在采访时表示,到了这个阶段,整个傅作义集团已经意识到,华北大势已去。1949年1月16日,就在打下天津的第二天,傅作义的谈判代表终于在北平和平解放初步协议上签字,并请解放军派人先期进城,共同草拟和平条款。时年39岁的东野司令部参谋处处长苏静被平津前线司令部选为代表,成为第一位进入北平城的解放军正式代表。他在采访中提到了当时谈判的一些细节:

【音频】苏静:当天夜晚,傅作义就来看我了,告诉他们说,你们谈吧,怎么谈都行,但是要谈就要写一个东西,就一条一条写了,写了十八条。

1949年1月20日,关于北平和平解决问题的协议共十八条终于达成。其主要条款规定:自1949年1月22日10时起,双方休战,城内国民党部队以原建制、原番号移驻城外,于到达指定地点一月后实行整编。1949年1月31日,人民解放军入城接管防务。至此,北平宣告和平解放。2月3日上午,解放军在前门大街举行了庄严隆重的入城式。

【音频】《北平入城式》片段

东北野战军第四纵队的一个师和特种兵的六个团参加了入城式,部队按照步兵、炮兵、装甲兵、骑兵等序列依次从前门、永定门、西直门等进入北平城。被围困了一个多月的北平市民争相前来迎接解放军入城,成群结队的工人、学生、市民把前门挤得水泄不通。

当天,入城的解放军队伍经过前门箭楼后,向右拐入了旧中国的使馆区东交民巷。这里曾经是外国的租界,是近百年中国屈辱历史的见证。30年前抗议巴黎和会的学生队伍经过这里时,被外国军警强行阻拦,由此引发了波及全国的五四爱国运动。这一次,解放军的游行队伍特意从此经过,它告诉世人,历史从此翻开了新的一页。

(倪嘉铭)

北平和平解放

"好莱坞电影皇帝"
克拉克·盖博诞生

克拉克·盖博

【音频】《乱世佳人》经典台词和片尾主题曲

"我会想办法让他回到我身边。毕竟,明天又是新的一天。"这句经典台词出自影片《乱世佳人》。白瑞德究竟是否会回到郝思嘉的身边,这是影史上永恒的悬念。在这句台词之前,心灰意冷的白瑞德道出了那句同样著名的台词:"坦白说,亲爱的,我一点也不在乎。"影片男主角白瑞德的扮演者是被世人称为"电影皇帝"的好莱坞影星——克拉克·盖博。1901 年 2 月 1 日,这位日后让全世界为之瞩目的美国好莱坞电影巨星诞生了。

克拉克·盖博生于美国俄亥俄州加地斯地区,原名比利·盖博。1918 年,17 岁的克拉克·盖博离开家到附近的城市去闯荡。一个偶然的机会,他观看了著名话剧《青鸟》,从此爱上了表演,并且常常去剧院当义务报童,有时也跑跑龙套。

之后的几年中,盖博在明星剧团临时客串主角,这使他对自己的表演才能有了信心。不久,他结识了年长他 17 岁的第一任妻子约瑟芬·狄伦并受到她的指导。第二年夏天,他们来到好莱坞发展并结为夫妻,之后狄伦就替盖博改为名克拉克·盖博。电影评论家德里克·马尔科姆表示,克拉克·盖博的第一任妻子约瑟芬·狄伦在盖博早期闯荡好莱坞时起到了至关重要的作用。

【音频】德里克·马尔科姆:狄伦是制片人,她用尽一切手段去包装他,并告诉他如何表演。之后他成了一个巨星,这一切水到渠成。

1929 年盖博与第一任妻子离婚,并在一年后和第二任妻子丽雅·康汉结婚。丽雅把盖博带到上流社交圈,熟悉社交礼节、体态、仪表和语言,这对盖博后来在银幕上塑造彬彬有礼的绅士形象大有裨益。

20 世纪 20 年代,电影开始进入有声时期,盖博流利的英语和他英俊的外表越来越吸引观众的注意。1931 年,盖博与米高梅电影公司签订了为期一年的合同。他拍摄的第一部影片是《彩色的沙漠》,就这样从扮演一个牛仔开始了他的电影生涯。此后他又与琼·克劳馥、嘉宝等大明星合作,一年内拍摄了《自由花》《残花复艳》《红尘》等十几部影片。1932 年,盖博被评为好莱坞十大最卖座的电影演员之一。

1933 年,一部名为《一夜风流》的影片使得男主角克拉克·盖博一夜成名,占尽风流。盖博所扮演的彼得成为影迷崇拜的偶像,人们争相模仿这个失业记者的穿戴,宽外套、V字领衫、宽边帽的装扮风靡一时。盖博因为《一夜风流》的成功,首次获得了奥斯卡最佳男主角的称号,这也是奥斯卡最佳男主角奖首次授予喜剧片演员。1937年,盖博在全美自由投票选举中,以二百多万张选票荣获"好莱坞电影皇帝"之称。

1939年,盖博迎来了人生中最重要的一部作品——《乱世佳人》。影片中他与费雯·丽合作,饰演玩世不恭却有水晶般透明心灵的船长白瑞德。这一角色标志着盖博达到了他演艺事业的巅峰,而《乱世佳人》获得的八项大奖及十三项提名,也使得盖博的影响力如日中天。与此同时盖博还收获了一份爱情,在拍摄《乱世佳人》的空档,盖博与他的第三任妻子卡罗尔·隆巴德驾车到好莱坞三百里外的小镇注册结婚。

1942年,二次世界大战爆发期间,盖博的第三任妻子在推销战争公债时因飞机失事而遇难。隆巴德遇难后,盖博终日以酒浇愁。尽管他后来又与女演员西尔维娅·艾希里和凯伊·威廉斯先后结婚,但盖博终生未能从失去隆巴德的痛苦中解脱出来。为完成爱妻的遗志,盖博决心从军报国,以41岁的年纪申请入伍。参军后的盖博在一次采访中表示,他现在的工作就是将实战拍摄成电影,用以帮助新入伍的新兵们。

【音频】盖博:麦金泰尔上尉和我曾被问及,我们在那儿的工作是什么?开始我们去了佛罗里达的廷代尔费尔伍德射击学院。我们和一群空军摄影师被分配到投弹组,这是我们真正的开始。我们现在在射击学院的研究生院,在搏斗中学习。我们要把这些拍成电影,希望用这种方式帮助射击手,明白第一次任务的情况。

1944年7月,盖博光荣退役,重返好莱坞,先后拍摄了《怒海情波》《红色的尘土》《谍调风云》《太平洋潜艇战》等多部电影,但都反响平平,始终未能超越《乱世佳人》。1960年,在拍摄与梦露合演的《不合时宜的人》时,已显老态的盖博仍坚持不用替身,以59岁年龄亲自演出了很多猎马的惊险镜头。此片后虽成为卖座电影,但在公映之前,盖博就因心脏病发作于1960年11月16日离开了人世。克拉克·盖博这一生,多数时候都在沉默,没有留给后世太多可供玩味的名言,但他凭借自己坚韧的心和对演艺事业的热爱,缔造了一个电影界的神话。

（金 之）

电影《乱世佳人》海报

《义勇军进行曲》诞生

有一首歌,它从战火中走来,连接了两位革命志士的生死情谊;有一首歌,它在祖国最危难的时刻被唱响,铸就了我们新的长城。这首歌诞生于1935年2月2日,1949年被中国人民政治协商会议第一届全体会议确立为代国歌,1982年被正式确定为中华人民共和国国歌。这首歌就是由田汉作词、聂耳作曲的《义勇军进行曲》。

【音频】歌曲《义勇军进行曲》

《义勇军进行曲》诞生于中华民族遭受日本军国主义侵略的生死存亡的危急关头,原为上海电通影片公司1935年拍摄的电影《风云儿女》的主题歌。田汉将中国人民抵御外敌、决一死战的坚强意志凝练成极富时代特点的警句,特别是"把我们的血肉筑成我们新的长城",堪称中国现代诗作的名句。聂耳在颠沛流离中完成的曲谱则被郭沫若称赞为"闻其声者,莫不油然而兴爱国之思,庄然而宏志士之气,毅然而同趣于共同之鹄的",成为"中国革命之号角,人民解放之鼙鼓也"。田汉的儿子田申讲述了《义勇军进行曲》的创作过程:

【音频】田申:1935年,我父亲写了一个《风云儿女》的电影剧本。就是写知识分子怎样到东北去当义勇军的故事,《义勇军进行曲》就是它的主题歌。后来这个纸就交给夏衍,聂耳来找夏衍,说:"我听说田先生在你那里有一个《风云儿女》的主题歌,我想把它谱曲。"夏衍当然很高兴,把这个就给他了。他拿回去就构思,以后就到日本,到日本以后再把这个寄回来给夏衍。

1935年5月24日,电影《风云儿女》在上海首映,影片主题歌《义勇军进行曲》随即成为中华民族争取解放的号角。伴随着"一二·九"运动的学潮、救亡运动的巨浪、抗日战争的烽火以及解放战争的硝烟,《义勇军进行曲》就像插上了翅膀飞舞着成为一支国际战歌,鼓舞着无数爱国志士。

1940年,美国著名黑人歌唱家保罗·罗伯逊在纽约用中文演唱了《义勇军进行曲》,接着他又灌制了一套名为《起来》的中国革命歌曲唱片,宋庆龄亲自为这套唱片撰写了序言,使这首歌享誉世界,成为国际反法西斯战线一首高昂的战歌。在当时的反法西斯战线上,《义勇军进行曲》是代表中国人民最强音的一支战歌。第二次世界大战即将结束之际,在盟军胜利凯旋的曲目中,《义勇军进行曲》赫然名列其中。

【音频】保罗·罗伯逊用中文演唱的《义勇军进行曲》

中华人民共和国建国前夕,新政协筹备会征集选定国旗和国徽图稿的工作进展顺利。唯有国歌，虽征集到数以千计的稿件，但都不够理想。1949年9月25日，毛泽东、周恩来在中南海丰泽园召开座谈会，听取关于国旗、国徽、国歌等问题的意见。在征集国歌的评选讨论中，大部分代表倾向以《义勇军进行曲》为代国歌，但也有一部分代表认为应该修改歌词中的"中华民族到了最危险的时候"一句。最后，由毛泽东拍板，决定不改动原歌词。时任新政协筹委会第六小组秘书的彭光涵讲述了当时的情况：

【音频】彭光涵：当时的争议就是有这么一条，就是"中华民族到了最危险的时候"是不是已经过时了，是不是这句话可以改一改。毛主席说，我们过去是在帝国主义压迫，我们现在还是帝国主义包围着我们，我们还是天天要受到威胁的。所以，保留这个歌词还是有它的好处。周总理就说，这个歌啊，改了就没有感情了。

1949年9月27日，中国人民政治协商会议第一届全体会议一致通过关于国歌的决议案，确定"在中华人民共和国的国歌未正式制定前，以《义勇军进行曲》为代国歌"。周恩来宣布了这一决议：

【音频】周恩来：我们采用这个代替我们现在还没有的国歌，就是要鼓舞我们把革命进行到底，鼓舞我们的全民族革命人民向前进。

1949年10月1日，在开国大典上，毛主席亲手按下升国旗的电钮。200名年轻战士手持管乐器整齐列队在国旗下，向全世界奏响了《义勇军进行曲》。中国人民解放军军乐团的第一任团长罗浪是当时负责军乐团演奏的指挥，他对那段带领联合军乐队练习国歌的经历记忆犹新。

【音频】罗浪：国歌在政协通过代国歌时是9月27日，我就赶紧连夜写了一个比较简单的低音部伴奏总谱，连夜抄分谱。30号上午排练了一下，10月1号下午就拿上去了。

"起来！不愿做奴隶的人们！把我们的血肉，筑成我们新的长城……"从1935年诞生至今，《义勇军进行曲》已经传唱了80多年。在战争年代，它激励人民为争取自由解放而战斗。在和平年代，无论是体育赛场抑或外交场合，它的旋律仍会令每一位中华儿女热血沸腾、心潮澎湃。

（舒　凤）

聂耳（左）和田汉

"人民艺术家"老舍诞辰

二月 3

老舍

【音频】话剧《茶馆》开场

在话剧《茶馆》开场中提到的"维新",是指发生在1898年中国历史上著名的戊戌变法事件。事件发生后的第二年,1899年的2月3日,北京西城护国寺附近的小羊圈胡同里,一户贫苦人家迎来了一个新生命,他就是日后写出这部话剧的作者老舍先生。

老舍本名舒庆春,是家中最小的孩子,上面有三个姐姐和一个哥哥。父亲舒永寿是守卫满清皇城的一名护军,每月饷银三两,养活一家七口,度日之艰难可想而知。老舍1岁时,八国联军攻占北京,父亲在守卫正阳门的战斗中阵亡,一家人的生活只能靠母亲替人家缝缝补补才得以维持。老舍的儿子舒乙曾讲述过这段家族往事。

【音频】舒乙:那个时候,我的爷爷每月领三两银子,那么他牺牲了,这个寡妇就变成了一两半。因为是清朝末年,经济状态已经不行了,所以经常不能按月发,或者成色已经不足了,所以父亲一家就沦为非常贫苦的人了。这个时候,父亲不到1岁,到了1911年,他12岁的时候,就民国了,连一两半银子这个最后的铁杆庄稼也没有了。

1924年,老舍赴英国任汉语教师,一直工作到1929年。在那里,他阅读了大量西欧文学名著,并开始了小说创作。初期的作品,如《老张的哲学》《赵子曰》《二马》等,幽默中含有讽刺,颇近于英国作家狄更斯的笔致。到了30年代回国后,老舍的创作渐趋成熟,终于在1936年推出了自己的重要作品《骆驼祥子》。这部小说讲述的是旧中国北平城里一个人力车夫祥子的悲剧故事。小说第一次把城市贫民这个不为人们所重视的阶层引进了艺术领域,在新文学史上具有里程碑意义。《骆驼祥子》除了被北京人艺改编成话剧,由张丰毅和斯琴高娃主演的同名电影还曾摘得大众电影百花奖最佳故事片的桂冠。关于老舍和《骆驼祥子》的故事,舒乙还有一些难忘的回忆:

【音频】舒乙:《骆驼祥子》是小说啊,被人艺的一个大导演梅阡改编成话剧上演。三轮工人去看,这个时候老舍先生一定要去,去陪这些人看。其中有很多是拉平板车的,老婆婆都坐在上头,拉着去看戏。老舍就说,散了戏谁也别走,翠华楼请客。到了那儿,他说今天来的这些客人特别,都是三轮工人和他们的家属,今天给我上红烧肘子,咱们要实惠的,吃不完带回家。

抗日战争爆发后,老舍参加中华全国文艺界抗敌协会,出任总务部主任。他写于抗战时期的作品,多以民族解放为题旨。在抗战接近胜利的时候,老舍进入长篇小说《四世同堂》的创作,回到了他所熟悉的北京市民社会和所擅长的幽默讽刺艺术。《四世同堂》中祁老人最大的愿望就是平平安安过日子,四世同堂。但日本人打来,小胡同没有了安宁。短短几年,胡同里的人,坐牢的坐牢,砍头的砍头,自尽的自尽,饿死的饿死。但即使是在这样的大灾难中,老舍的笔锋依然指向人性,指向民族性格中的丑陋,这使得这部小说成为一部伟大的作品。

1946年3月,老舍应美国国务院邀请赴美讲学。一年期满后,他继续旅居美国,完成了《四世同堂》最后一部的创作,并开始将自己的作品译成英文。在得知新中国成立后,老舍立即启程回国。新社会的新气象使他极为振奋。1951年初老舍创作的话剧《龙须沟》上演,获得巨大成功。剧本通过大杂院几户人家的悲欢离合,折射出发生在北京和城市贫民身上天翻地覆的变化,老舍也因此作品获得"人民艺术家"的荣誉称号。

1957年,老舍完成了话剧《茶馆》的剧本。《茶馆》以京城一所名为"裕泰"的大茶馆为背景,精雕细刻地表现了清代末年、民国初年和民国末年三个历史时期的社会变迁,以极其传神的情节和场面,反映出旧中国的黑暗、丑陋和不可救药,透视出人民革命及新时代出现的必然性。北京人艺版的话剧《茶馆》1958年首演,已成为中国话剧舞台上的经典之作。以下是人艺老艺术家于是之所出演的电影《茶馆》的结尾部分:

【音频】电影《茶馆》结尾

老舍是一位多产作家,他写作勤奋,孜孜不倦地涉猎文学创作的多个领域,一生写作了一千多部作品。在四十多年的创作生涯中,老舍的作品在思想和艺术上不断取得重要进展和突破。在今天的舞台和银屏上,成名的艺术家和新生代的演员们反复演绎着老舍的这些经典作品,以此来缅怀这位人民艺术家并向他致敬。

(倪嘉铭)

话剧《茶馆》剧照

相声大师侯宝林逝世

1993 年 2 月 4 日，相声大师侯宝林在北京逝世，享年 75 岁。侯宝林毕生都以"把笑声和欢乐带给人民"作为自己的奋斗目标，他被尊为相声界具有开创性的一代宗师。

侯宝林 1917 年出生于天津，因家境贫寒，从小饱尝生活的艰辛。12 岁时，侯宝林开始学艺，先是学京剧，后来由于对相声的酷爱，改学了相声，先后拜常葆臣、朱阔泉为师。侯宝林曾在北京天桥、鼓楼一带"撂地"演出，说单口相声，与许许多多旧社会的民间艺人一样，以此挣钱谋生，养家糊口。侯宝林介绍了他的"撂地"绝活儿——《太平歌词》：

侯宝林

【音频】侯宝林边唱《太平歌词》边写字，讲述如何"撂地"

经过多年的舞台历练，侯宝林的相声终于有机会成为压轴演出。在此之前，在曲艺界地位极低的相声艺人是从来没有机会成为"大轴"的，侯宝林成了第一人。新中国成立后，侯宝林立志相声改革。他一边对一些传统相声进行修改、加工，一边在生活中处处留意为相声积累幽默素材，创作了一些反映现实生活的新相声。

【音频】侯宝林：相声里面，本来是很脏很脏的语言。在摆地摊的时候，不管哪段相声，都有脏话。我们上了舞台以后，就把脏话中严重的都慢慢去掉，还剩下一些骂人的话，我就总觉得这不好。我改了以后，我的观众他接受了，他支持我，而且喜欢我。在天津落了这么个名声，就是："听侯宝林的相声，文明。"

相声《婚姻与迷信》是为了宣传解放之初颁布的《新婚姻法》而创作，这也是侯宝林独立创作的第一部相声作品。

【音频】相声《婚姻与迷信》

1956 年，侯宝林加入了中国广播说唱团，从一位自由艺人转变成有国家编制的演员。广播给侯宝林的相声插上了翅膀，让他的作品飞向了全国各地。中央新闻纪录电影制片厂曾摄制了一部纪录电影《春节大联欢》，并且首次以广播的形式向全国人民播出。侯宝林和郭启儒在片中表演了相声《夜行记》。虽然时隔多年，这段经典的相声仍被许多观众所津津乐道。

【音频】1956 年春节联欢晚会侯宝林、郭启儒表演相声《夜行记》

侯宝林兴趣广泛，他不仅喜欢说相声，还特别喜欢看电影。他最喜欢卓别林，他认为喜剧和相声本是一家，共同之处很多。他也很想自己拍一部电影。1952 年徐昌霖拍摄的电影《方珍珠》，讲述民间艺人在新中国成立前后的境遇和思想改变。经历新旧社会的侯宝林便被顺理成章地邀请进入剧组。虽然只是客串演出，但是通过这次拍摄，侯宝林学到了很多电影拍摄手法，这为他之后的相声电影艺术打下了基础。

【音频】电影《方珍珠》片段

继《方珍珠》之后，侯宝林于1956年参与了电影《游园惊梦》的拍摄，在影片中扮演主角。这是新中国第一部相声剧电影。侯宝林将一个不遵守社会公德的游客在北京动物园的"奇遇"演绎得惟妙惟肖，以此讽刺当时社会上的种种不文明行为。剧中传统相声结合实景拍摄的形式可以说是一大突破。通过这次拍摄，侯宝林在艺术形式的创新上有了更多的想法，同时也被更多的观众所认识。

【音频】电影《游园惊梦》片段

此外，侯宝林为推动南北曲艺融合也作出了可贵贡献，其中最有代表性的作品便是相声《戏剧与方言》。

【音频】相声《戏剧与方言》

在对相声艺术的传承方面，侯宝林也卓有成就，他培养的不少徒弟后来都成为相声界的中流砥柱。他的弟子马季接受采访时描述了侯宝林对相声的态度：

【音频】马季：他觉得作为一个相声演员，应该如同电台、报纸的评论家一样，就一个主题，深入浅出，幽默、风趣地把它说出来。

受到侯宝林的影响，他的后代也有多人投身各类艺术舞台，其中最为人们熟知的是侯耀华和侯耀文。侯耀华多年来从事影视表演与电视主持，侯耀文则从事相声表演。相声表演艺术家侯耀文生前在接受采访时提到父亲强忍失去亲人的悲痛坚持完成演出的事情，他认为父亲的专业态度对自己影响深远。

【音频】侯耀文生前接受采访，提起自己受到父亲的影响

侯宝林先生一生为相声艺术事业鞠躬尽瘁，他对观众始终抱有一颗炽热的心。在接受采访时侯宝林称自己一生都是观众养育的。

【音频】侯宝林晚年接受采访的片段

（陆一文）

侯宝林(左)和马季

二月 5

周总理结束对非洲十国的
访问回到中国

1964年2月5日,一架飞机缓缓降落在昆明的机场,周恩来总理率团结束对非洲十国的访问后回国。1963年12月13日至1964年2月4日,周恩来总理应邀率中国政府代表团先后访问了当时被称为阿拉伯联合共和国的埃及和阿尔及利亚、摩洛哥、突尼斯、加纳、马里、几内亚、苏丹、埃塞俄比亚、索马里等非洲十国。这是新中国领导人首次出访非洲国家,被称为新中国外交史上建立中非新型关系的"开山之旅"。

20世纪60年代初,非洲国家相继脱离殖民主义的羁绊宣布独立。对此,新中国给予了积极的支持。毛泽东和周恩来在考虑外交工作时,把对非洲的工作放在很重要的位置。然而直到1955年万隆会议之时,新中国才有比较正式的机会与非洲的一些国家领导人

周恩来(右二)在阿尔及利亚机场

接触。1955年在印度尼西亚万隆召开的万隆会议是由29个亚非国家讨论亚非事务的大型国际会议,它为亚非国家的自由接触提供了难得的机会。周恩来总理在会上以"求同存异"为主题作了发言,由翻译浦寿昌代为宣读了讲稿。以下是周恩来与会时的发言:

【音频】周恩来:在听到了许多代表团团长的发言之后,我愿补充说几句话。浦寿昌:中国代表团是来求团结而不是来吵架的。我们共产党人从不讳言我们相信共产主义和认为社会主义制度是好的。但是,在这个会议上用不着来宣传个人的思想意识和各国的政治制度,虽然这种不同在我们中间显然是存在的。中国代表团是来求同而不是来立异的。

如果说万隆会议为亚非国家之间的接触拉开了序幕,那么从1963年开始的非洲十国访问则是中国对非洲外交工作的新篇章。阿拉伯联合共和国是周恩来总理访非的第一站。早在1955年的万隆会议上,周恩来就曾与后来成为阿联总统的纳赛尔有过密切的合作。时隔8年之后,两人在非洲重逢,倍感亲切欣喜。在对埃及地区的访问中,周恩来总理与陈毅外长参观了金字塔,还观看了一位运动员攀爬金字塔的表演。

12月21日,中国政府代表团离开开罗飞往阿尔及利亚。阿尔及利亚与中国有过一段特殊的情谊。1958年9月19日阿尔及利亚共和国临时政府成立后,中国随即予以承认,成为第一个承认该临时政府的非阿拉伯国家。1962年7月,阿尔及利亚宣告独立。对于一个新生国家来说,中国政府代表团的到访,有着不一样的意义。前驻尼日利亚大使金伯雄谈到了当时的情况:

【音频】金伯雄:阿尔及利亚政府和人民为了表达他们真诚的感谢之情,觉得应该命名一条大道来纪念中国的首都北京,来表示他们一种广泛的、群众性的感谢,所以专门搞了一个命名典礼。不仅是在命名的过程中,在周总理到其他地方去访问的时候,阿尔及利亚人民都是夹道欢迎,成千上万的群众。他们要看一看,曾经在我们最困难的时候支持我们的这个国家的总理是怎么样的。

中国代表团在突尼斯访问期间,加纳发生了刺杀总统恩格鲁玛的事件,加纳国内形势骤然紧张。恩格鲁玛是非洲民族解放运动的先驱,1960 年出任第一任加纳总统。同年 7 月加纳与中国建交,总统恩格鲁玛随即访华,成为继几内亚第一共和国总统杜尔之后,第二位访华的非洲国家元首。刺杀事件发生以后,中国代表团是否仍能如期访问加纳,前驻加蓬大使田逸民是这样回忆的:

【音频】田逸民:处在这样一个情况之下,当时代表团就有各种意见了。去还是不去? 总理毅然决定去,并且建议恩格鲁玛取消一般的礼宾规格,不到机场去迎接。所以对于这件事情,后来恩格鲁玛总统很感慨地说,中国是非洲人的真正朋友。

1964 年 1 月 11 日,周恩来一行抵达了恩格鲁玛所在的奥苏城堡。城堡外面戒备森严,还有机关枪和坦克把守。恩格鲁玛总统身着中山装,亲自迎接周恩来一行。恩格鲁玛带周恩来一行参观了他的家。让人意外的是,恩格鲁玛总统与周恩来总理居然还在城堡内打起了乒乓球。

在加纳期间,与恩格鲁玛总统的会谈都是周恩来亲赴奥苏城堡进行的。事后,恩格鲁玛对周恩来这样表示:"您的访问,是所有对加纳的访问中最好的一次。"中国政府在特殊时期对加纳的访问在非洲大陆产生了深远影响,之后,立即有几个尚未与中国建交的国家也向周恩来发出了访问邀请。

1964 年 2 月 4 日,周恩来率领的中国政府代表团结束了对非洲十国的访问,从索马里的摩加迪沙启程回国,于 2 月 5 日抵达云南昆明。对非洲十国的访问,是我国对外关系中的一个重大事件,也意味着新中国进入了第二个建交高峰期。

(郑榴榴)

周恩来(右)和恩格鲁玛打乒乓球

刑场上的婚礼

红色喜庆的氛围是人们再熟悉不过的婚礼场景了。可是有谁见过刑场上的婚礼呢？1928年2月6日的广州，两位假扮夫妻开展革命活动的共产党员在敌人的枪声中双双牺牲，之前他们在狱中的铁窗前留下最后的合影，聂荣臻元帅动容地称之为"刑场上的婚礼"。这两位共产党员就是周文雍和陈铁军。

在周文雍和陈铁军的合影中，两人神情从容。周文雍穿着杂绒西装，右手因受刑而显得有些僵硬。陈铁军则披着宽围巾，双手插在裤袋中。他们虽未正式结婚，但崇高的革命情怀为后人所敬仰。1980年，长春电影制片厂以周文雍和陈铁军的故事为原型摄制了电影《刑场上的婚礼》。在影片的最后一幕中，陈铁军有一段慷慨激昂的宣言：

周文雍（左）和陈铁军在铁窗前合影

【音频】电影《刑场上的婚礼》录音片段：当我们要把青春和生命献给党、献给人民、献给革命的时候，我要向大家宣布：我们，就要举行婚礼了，让这刑场，作为我们新婚的礼堂，让反动派的枪声作为我们新婚的礼炮吧。

1928年初，中共广东省委在香港召开会议，总结广州起义得失。省委决定派周文雍等人重返广州恢复党的地下工作。为了协助周文雍工作，陈铁军和担任交通员的妹妹铁儿重返广州。陈铁军扮成雍容华贵的少奶奶在广州的一间洋房住下，迎接扮成从美国回来的阔少周文雍，两人假扮成夫妻重建广州地下市委机关，开展地下革命工作。编剧张义华解释了在当时的大环境下假扮夫妻从事地下工作的必要性：

【音频】张义华：当时广州起义失败后，广州的白色恐怖非常厉害，街上所有见到脖子上有条红的，抓住当场就枪毙，一点都不留情。也不会集中起来审查，只要抓起来了马上就毙，大街上死尸遍地。没有结婚的都不准租房子，所以周文雍和陈铁军只能假扮夫妻，才能以结婚的形式租房子进行革命工作。

不料广州市一个机关被敌人破坏，周文雍与陈铁军不幸被捕。当时有记者进到监狱中，周文雍、陈铁军提出让记者为他们俩拍摄一张合影。周文雍当时在广州的名气很大，反动派也希望拍下两人临刑前的照片公之于众，企图达到威慑民众的目的。周文雍、陈铁军牺牲后的第二天，这张照片就被刊登见报。由于他们是以夫妻的名义在广州活动，大家都认为照片上的两人是夫妻，所以有人在照片旁以陈铁军的口吻附加了一句话："我们俩过去在一块儿工作,一直没有结婚,现在我们宣布举行婚礼。"图文出来后轰动一时,感动了许多人。聂荣臻十分感动地说了一句:"那是刑场上的婚礼啊!"此话不胫而走。

在艰苦卓绝的革命战争时期,像周文雍、陈铁军这样一些从事地下工作的中国共产党员,出于革命工作的需要,服从党组织的安排,假扮夫妻来迷惑敌人。由于双方有着共同的理想和追求,不少人产生感情后,经党组织批准,成为志同道合的真正的革命伴侣。

电影《永不消逝的电波》主人公原型李白和他的妻子裘慧英曾经也是一对假扮的夫妻。裘慧英是一名上海丝绸厂青年女工,同时也是一名共产党员。李白是一位参加过长征的老共产党员,1937 年到上海,从事党的秘密电台工作。当时的电台领导人龚饮冰凭着自己长期从事地下斗争的丰富经验,认为李白身边必须有位女同志与他假扮夫妻,这样才不致引起左邻右舍以及敌人的怀疑。因此,龚饮冰亲自物色人选,把丝绸厂的青年女工裘慧英调到了李白身边。李白之子李恒胜描述了他父母当时的工作场景:

【音频】李恒胜:这时他们刚刚走到一块儿,大概是组织上讲了,你们是先要扮假夫妻。就像电影里,一个人睡在地上,我父亲睡在地上,我母亲就睡在床上,这是 1939 年我母亲派到我父亲身边。一直到 1940 年,经组织批准,他们真的成为革命的伴侣。敌人来,把那个铺盖一卷就放到那个橱里面,要扮得很像哦。

大家熟知的"江姐"江竹筠与丈夫彭咏梧也是一对"弄假成真"的革命夫妻。1943 年 5 月,出于工作需要,江姐与彭咏梧假扮夫妻。他们组成的"家庭"成为重庆市委的秘密机关和地下党学习的辅导中心。1945 年两人结合组成真正的家庭。1948 年 1 月,彭咏梧不幸牺牲。1948 年 6 月,由于叛徒的出卖,江姐不幸被捕。1949 年 11 月 14 日,在重庆即将解放的前夕,江姐在狱中被杀害,为共产主义理想献出了年仅 29 岁的生命。

电影《刑场上的婚礼》插曲《花儿多多报春来》中这样唱道:"木棉花火样红,并蒂怒放寄深情。我愿随君双双去,化作彩霞映长空……"因为有着时刻准备为共产主义事业献身的共同信念,他们的红色恋情虽无法白头偕老,却爱得铭心刻骨,感天动地。

(肖定斌)

电影《刑场上的婚礼》海报

《人民日报》号召向 焦裕禄同志学习

《人民日报》发表的长篇通讯《县委书记的榜样——焦裕禄》

【音频】齐越播音的长篇通讯《县委书记的榜样——焦裕禄》片段

1966年2月7日,《人民日报》发表长篇通讯《县委书记的榜样——焦裕禄》和社论《向毛泽东同志的好学生——焦裕禄同志学习》,全面介绍了焦裕禄的感人事迹,中央人民广播电台同时通过电波向全国播出长篇通讯。随后,全国各大报刊先后刊登了数十篇文章,全国掀起向焦裕禄学习的热潮。

1962年冬天,焦裕禄被调到河南省兰考县担任县委书记。当时,该县正遭受风沙、内涝、盐碱的肆虐,粮食产量下降到历年的最低水平。由于逃荒要饭的老百姓实在太多,兰考县委专门成立了"劝阻办公室"。原兰考县委宣传部通讯员刘俊生回忆了当时"劝阻办公室"的工作情况:

【音频】刘俊生:没法了,县委就成立了一个"劝阻办公室",火车站也设置一个办公室。如果有人往外去,大家就劝他不要走。

经历过逃荒生活的焦裕禄深知,不彻底解决"三害"和老百姓吃饭的问题,就不可能解决灾民逃荒的问题。1963年2月,焦裕禄主持县委常委会,将原来的"劝阻办公室"改为"除三害办公室"。为了改变兰考的贫困面貌,焦裕禄拖着患有肝病的身体,带领全县人民进行封沙、治水、改地的斗争。焦裕禄既是指挥员又是战斗员,同干部群众一起出力流汗。不论在治理"三害"的土地上,还是在平时的田间管理中,他走到哪里干到哪里。群众都把焦裕禄看成是"跟咱一样的庄户人"。兰考县双杨树村民李成祥回忆了和焦裕禄一起干农活的情况:

【音频】李成祥:1963年,我不知道他是书记,我们一起下地去耩麦。当时下了72天大雨,水很深,俺俩一条绳拉一张耧。后来才知道他是焦书记。

1964年春天,正当兰考人民同"三害"斗争取得初步成效的时候,焦裕禄的肝病越来越严重。肝区疼痛时,他就用硬物一头顶着椅子一头顶住肝部。时间一久,他坐的藤椅被顶出了一个窟窿。1964年5月14日,焦裕禄被肝癌夺去了生命,年仅42岁。他临终前对组织上唯一的要求就是"把我运回兰考,埋在沙堆上。活着我没有治好沙丘,死了也要看着你们把沙丘治好"。焦裕禄的女儿焦守云回忆了父亲"舍小家、顾大家"的奉献精神:

【音频】焦守云：当时兰考的情况大家都知道，很穷，很落后，自然灾害很严重。他一天到晚就是在外边，父亲给我们的印象就是下乡开会。我们的父亲为了兰考这个"大家"能吃饱饭、过上好日子，舍弃了"小家"。

焦裕禄去世不久，河南省召开了全省性的沙区造林工作会议。会议代表除了介绍兰考县的造林情况、成绩和经验以外，还介绍了焦裕禄带领人们进行"沙区造林"以及除"三害"的事迹，与会者深受感动。当时参加会议的新华社河南分社记者及时将这些情况向分社领导作了汇报。几个月后，新华社河南分社派记者张应先、鲁保国、逯祖毅一起赴兰考采访。在兰考县的半个月里，他们被焦裕禄的事迹所感动，写成了最先报道焦裕禄的长篇通讯。鲁保国讲述了兰考人民眼中的焦裕禄：

【音频】鲁保国：我们去采访了半个多月，每个地方都有很多人流着泪介绍焦裕禄的事迹。兰考人民对焦裕禄的感情特别深厚，我们深受感动，后来我们流着泪写的稿子。一直到现在，兰考人民提起他们的焦书记，还认为是他们的好书记。每次坐火车经过兰考的时候，只要有兰考人上火车攀谈起来，很自然地就谈到焦裕禄。

在焦裕禄去世后的一年时间里，兰考县的全体党员群众用汗水灌溉了兰考大地，历史上一直缺粮的兰考于 1965 年实现了粮食自给。焦裕禄生前倡导制定的改造兰考大自然的蓝图终于变成了现实。1966 年 2 月 7 日，《人民日报》以头版头条的位置发表长篇通讯《县委书记的好榜样——焦裕禄》，并配发社论《向毛泽东同志的好学生——焦裕禄同志学习》。

此后，焦裕禄的形象屡屡被搬上艺术舞台，不同时代、不同风格的演员一次次与焦裕禄进行着穿越时空的心灵交流。1990 年，峨眉电影制片厂拍摄的电影《焦裕禄》在全国引起很大反响。时隔 20 多年，电影《焦裕禄》的主演李雪健对拍摄过程中的感人细节仍念念不忘。

【音频】李雪健：这个片子主要是在兰考拍的，让我永远忘不掉的就是当时帮助我们拍摄的群众演员。他们都是兰考的百姓，而且有很多是和焦书记在兰考共过事或者生活过或者是很熟悉的人。所以在拍摄当中，那些群众演员不用说戏，自然他就能演出来。

400 多天的兰考工作，焦裕禄"心中装着全体人民、唯独没有他自己"。正因为如此，直到今天，他在人民心中始终没有离开过，人民对他依然念念不忘。

（舒　凤）

焦裕禄

"科幻小说之父"凡尔纳诞辰

二月 8

儒勒·凡尔纳

今天的故事要从 1987 年的一部国产影片《少爷的磨难》说起。故事发生在 1915 年的上海,不务正业的金福少爷继承了父亲的巨额遗产后突然破产,在经历了种种磨难后,终于明白了金钱并不等于幸福和快乐……以下片段讲述的是由陈佩斯所饰演的金福少爷男扮女装后的遭遇:

【音频】电影《少爷的磨难》片段

令人意外的是,这部中国风格强烈的影片居然改编自科幻小说之父、法国作家儒勒·凡尔纳的原著小说《一个中国人在中国的遭遇》。凡尔纳一生从没来过中国,却能凭借当时有限的资料,通过自己的想象,在书中勾勒出一个栩栩如生的东方国度来。这对熟悉凡尔纳的读者来说不足为奇,但却经常有人误以为他一定是个去过很多地方的冒险家,结果发现,他只是个围着地球仪转圈的人。整整几十年,他坐在法国的家中,年复一年地挥笔写作。然而,从英国到非洲,从地心到月球,几乎没有他的主人公不曾到过的地方。

1828 年 2 月 8 日,凡尔纳出生在法国邻近大西洋的南特港,那里在 18 世纪曾是法国最重要的港口。他父亲是一名律师,希望他能继承父业,但他却在 11 岁时擅自登船去当服务生。有研究认为这就是为何他的小说总是有旅行并且热衷于讨论地理和异国风情的原因。他抵达巴黎研读法律后,受当时两大文学巨匠大仲马和雨果的影响,写过大量剧本,也曾受到大仲马的帮助而得以将剧本搬上舞台。

凡尔纳开始创作带有科学意识的冒险式作品是受了爱伦坡的影响。爱伦坡是美国作家,他的小说常带有深深的恐惧感,如果以今天的方式归类,他的作品有恐怖、推理、科幻等类型,并且是这三种类型小说的先驱。爱伦坡作品的独特和实验性吸引了无数知识分子,凡尔纳也深受爱伦坡影响,写下了短篇《气球上的旅行》,尝试将科学元素引入文学。1962 年,20 世纪福克斯影业公司根据凡尔纳的同名小说《气球上的五星期》改编拍摄了同名电影,片头歌曲中唱道:"像我这样能在空中飘浮是多么幸运……"

【音频】电影《气球上的五星期》片头歌曲

气球旅行是当时的风潮,在一场被大肆报道的气球非洲旅行后,凡尔纳写出长篇小说《气球上的五星期》,造成热卖。出版商埃泽尔发现凡尔纳在这种新类型文学上的才华,因此与他签了合约,开始了他漫长的《奇异的旅行》系列。这个系列大约维持一年一部,直至凡尔纳去世一共写出了60部。

凡尔纳在19世纪60年代一连串的成功,令科幻小说这种类型得以扎根。接下来他创作的《地心探险》《海底两万里》《环游世界八十天》《神秘岛》《漂浮的城市》等很多作品中都有气球的出现,可见飘浮的气球在他心目中的魅力。

从凡尔纳的作品来看,很难界定他是哪一类作家,比如《环游世界八十天》。以下是1989年由美国NBC电视台根据小说改编的同名电视剧片段,讲述了男主角开启这段环游世界神奇历险的缘由。值得一提的是,饰演本片主角菲里亚斯·福格的是中国观众熟悉的电影演员皮尔斯·布鲁斯南。

【音频】电影《环游地球八十天》片段

这部作品就不属于科幻题材,但和他的大部分名作一样类似游记,不但交待每处的地理特征,还有清楚的气候状况报道,如气温、风向、海相等,这类细节令人身历其境,但往往在译成其它语言时,为了更适合青少年读者而被译者随意删去。所以有很长的一段时间,法语国家外的世界都将他的作品当成只有情节的青少年小说,殊不知凡尔纳还有对科学细节方面的重视,或更精确地说,企图以科学解释他的故事。

凡尔纳最为世人所知的是他对未来世界生活的精准预测。在《海底两万里》中,他发明了以"无限动力"为能源的潜水艇"鹦鹉螺号",彷佛今日的核动力潜艇。又如在《从地球到月球》中,他计算出以长筒形火箭加速度飞行至月球的数据,在人类登月前一百年就提出的这种方法,至今仍为航天科学家所津津乐道,这种方式除了没考虑到人体在如此加速度之下会被压扁的状况外,其余都十分可行。

20世纪的大多数奇迹都被凡尔纳准确预测:潜水艇、飞机、霓虹灯、导弹、坦克……他在《一个美国记者在公元2890年的日记》里描写的纽约改名"环球城",公路宽100米,两边楼高三四百米,天气由人工控制,广告在云上播放,大家坐在家里就可以知道世界各地发生的事情,预言之准确,不得不令令人叹服。

以如今的标准看,凡尔纳在文学领域的尝试仍然是伟大的。他的作品已经证明具有出人意料的存在价值。据联合国教科文组织统计的资料显示,凡尔纳是世界上作品被翻译得最多的十大名家之一。在他去世一百多年后,翻阅他的作品仍能激起读者无尽的想象,渴望伴随着书中的主人公,展开考验智慧和勇气的奇幻旅程。

（倪嘉铭）

《环游地球八十天》插画

刘嘉玲肖像权案正式开庭

1992 年,正在上海拍摄新片《岁月风云》的香港明星刘嘉玲来到南京路,本想一睹夜上海璀璨风情的她,却意外地引出了一桩轰动一时的"肖像权"官司。1993 年 2 月 9 日,刘嘉玲肖像权案正式开庭,这场官司敲开了中国无形资产司法保护的大门。

该案起因还要回溯到 1992 年的 7 月初。这天,刘嘉玲在好友和上海影视界同行的陪同下游览南京路。当她来到华联商厦底层化妆品区域时,诧异地发现商场一幅小型广告旗上赫然印有自己的肖像,在化妆品专柜中陈列的"雅丽丝"牌美容露、摩丝等都使用了印有她头像的彩色说明书,连作为"买一送一"赠品的香皂的彩色包装上也不例外。而这些均未经她本人授权,这让刘嘉玲十分气愤。为了维护自身正当的肖像权,也为了将整件事的来龙去脉搞清

非法使用刘嘉玲肖像的广告

楚,刘嘉玲当即下了决心要通过法律手段解决这种侵权行为。通过朋友引荐,她聘请了陶武平担任代理律师。多年后陶律师在谈及这个案件时,仍对此案开创的几个"第一"感慨良多。

【音频】陶律师谈该案件

1992 年 7 月 18 日,上海市中级人民法院正式受理刘嘉玲肖像侵权案,立刻引发了全国新闻界的关注。除了其中的明星效应外,这起肖像侵权案也被法律界视为"敲开了中国无形资产司法保护的大门"。1993 年 2 月 9 日刘嘉玲肖像权案正式开庭。法庭辩论的焦点主要集中在两个问题上。首先就是"市百一店"与"华联商厦"两家商场是否应当成为被告。陶律师认为,市百一店和华联商厦销售侵权产品的行为扩大了生产商的侵权程度,而允许生产商在商场里大肆宣传的这种广告发布行为也构成对刘嘉玲的侵权。但是在两家商场看来,自己实在有些"冤枉"。时任市百一店总经理的王冠群在谈及这次案件时,认为商业单位难以审核"肖像权",需要直接生产、制造单位通过正常、合理手续将肖像印制在产品上。

另外一个争论焦点是索赔金额。刘嘉玲曾提出"千万"天文数字,但经过与律师陶武平协商,最终将金额定在 100 万元人民币,这在当时的中国大陆也绝无仅有。虽然类似的肖像侵权案件并非第一遭,但法院在审理和判决这些案件时,赔偿数额从未突破过万元。但在刘嘉玲看来,百万的金额十分合理,甚至偏低。在开庭前一天,刘嘉玲接受记者采访时这样说道:

【音频】刘嘉玲:我觉得在香港或者外国,关于肖像权的这个问题 100 万是很少的一个数目。因为它用我的肖像用了两年,所赚的钱远远不止 100 万,我都应该索赔回来,捐给慈善机构。

这个案件不仅受到了法律界和新闻界的关注,而且在普通市民中也引起了巨大反响。有人十

分支持刘嘉玲的维权做法,但也有群众认为被使用肖像是一种荣誉,因此觉得这是炒作,甚至有人认为刘嘉玲是"故意敲诈"。上海中级人民法院的审判长许伟基则凭着专业的敏感,捕捉到本案的判决可能对中国法制建设产生重要意义。

【音频】许伟基:人身权赔偿在这个案件中可能又上一个新的台阶,因为它出现一些关于新问题的反映,还有就是看我们法院判决结果如何,之前提到的合议庭对一些新情况还要作进一步的研究,还要寻找一些法律依据,有可能还要有关部门来作一番司法解释。所以等判决结束以后,这个判决结果肯定对我们的法制建设是有一定重要意义的。

被告各方在得知刘嘉玲所要求的赔偿金额后,都觉得她是异想天开。不久,一件令刘嘉玲及陶武平律师意想不到的事情发生了。两家被告商业单位在开庭后不久,联合全国十一大商业巨头,拒绝销售印有香港影星刘嘉玲肖像的一切商品。

1993 年 3 月 30 日,刘嘉玲与"两店"进行谈判。次日,上海各家报纸竞相报道了刘嘉玲与"两店"和解并准备对"两店"撤诉的消息。一个月后,法院裁定同意对"两店"撤诉。关于谈判过程,刘嘉玲的代理律师陶武平是这样叙述的:

【音频】陶武平介绍谈判过程

这样,对于刘嘉玲来说,最后还剩下一个被告——"汕头雅丽丝"。经法院几番调解,汕头雅丽丝最终承认侵权,愿意赔礼道歉,赔偿刘嘉玲 10 万元精神损失费,同时承担本案全部诉讼费用。刘嘉玲则将赔偿款全部捐献给了"希望工程"。

这桩中国内地第一起要求"百万"精神赔偿金的肖像侵权案最终以和解方式结束。"一百"、"华联"两家商场也与刘嘉玲冰释前嫌,再次携手合作。

【音频】1995 年刘嘉玲来沪推介自己品牌化妆品的电视报道

(陆一文)

刘嘉玲出庭

全力解救"草原英雄小姐妹"

1964年2月10日下午,内蒙古自治区白云鄂博铁矿医院里来了两个特殊的小病人。她们是姐妹俩,被送来时她们几乎全身冻僵,伤势十分严重。9岁的妹妹呈昏迷状态,脚上没了靴子,双脚被冻成了冰疙瘩。由于情况危急,医院立即对严重冻伤的姐妹俩进行抢救。她们就是我们耳熟能详的"草原英雄小姐妹"故事的主人公——蒙古族姐妹龙梅和玉荣。

那天究竟发生了什么事?她们又是如何获救的呢?

1964年2月10日上午,牧民哈斯朝禄和儿子那仁满都拉在白云鄂博火车站附近发现一群无人照看的羊。由于看见羊群中有冻死的羊,哈斯朝禄准备把它们寄存到火车站的扳道房,于是嘱咐儿子看着羊群。那仁满都拉在看护羊群的过程中看到了从山坡上走下来的龙梅,他回忆当时的情况时这样说:

"草原小姐妹"龙梅(左)和玉荣

【音频】那仁满都拉:我看羊的过程中,从西面山坡上摇摇晃晃地走过来一个人。走近来一看,是一个10多岁的小姑娘。当时上身穿着一个白茬皮袄,脚上穿着一个毡靴(我们牧区叫"毡疙瘩"),戴一个带毛的棉帽子。脸冻得紫青紫青的,神智已经不是那么很清楚了。走路很缓慢,目光是呆滞的。我就问她:"这是你的羊吗?"她就点了点头。我和她简单地对了一两句话。

1964年2月9日那天,一场暴风雪袭击了内蒙古自治区达尔罕茂明安草原。大风把积雪和降雪翻卷在一起,地面和天空白茫茫一片,气温也骤然下降。在被牧区牧民称为"白灾"的"白毛风"里,龙梅和玉荣姐妹俩带着公社的三百多只羊,在草原上迷了路。在与暴风雪搏斗了近一天一夜以后,姐妹俩已经精疲力竭。而此时,妹妹玉荣的靴子也在雪地里丢失了。姐姐龙梅想要背着玉荣走,玉荣却劝说姐姐把羊群拢回来,她就坐在这里等。龙梅找了个避风的地方把玉荣安顿好,又把自己的大衣脱下来给玉荣穿,自己去追赶羊群了。就在白云鄂博火车站的附近,龙梅遇到了哈斯朝禄和他的儿子那仁满都拉。在与龙梅进行了简短的交谈后,哈斯朝禄发现龙梅应当立即抢救,于是他带着龙梅直奔附近的扳道房。那仁满都拉回忆道,父亲想给龙梅脱下"毡疙瘩",可是由于脚被冻住了,怎么也脱不下来。正在哈斯朝禄焦急万分的时候,来了四五个来接班的青年铁路工。哈斯朝禄连忙请他们帮着救助龙梅,并告诉他们山里面还有一个孩子。大家一起帮忙对龙梅进行了冻伤的紧急处理。龙梅渐渐清醒过来。那仁满都拉回忆起了当时的救助情况:

【音频】那仁满都拉:他们给龙梅拿雪擦手。这个"毡疙瘩"脱不下来,我记得是拿刀子划个口子,拿剪子铰。这个时候,龙梅已经饿急了。我记得铁路上那个大面包,我就拿着个面包,掰着喂她。拿着大缸子,给她一口一口地喂茶水。她吃得很香。

与此同时,哈斯朝禄还在想方设法营救玉荣。他冒着暴风雪到邮电局去打电话给公社求助,还找到了白云鄂博的矿区领导。矿区很快组织了人员并安排车辆对玉荣进行搜救。下午,人们终于在一个山沟里找到了奄奄一息的玉荣。哈斯朝禄还记得在发现玉荣时,她的半截身子都埋在了雪里。搜救人员把已经昏迷的玉荣带回了白云鄂博火车站后,龙梅和玉荣被送往医院抢救。

经过白云鄂博铁矿医院约两个小时的抢救,玉荣终于脱险了。为了使姐妹俩得到更好的救治,组织上把她们送到当时呼和浩特市医疗条件最好的人民医院。继而又转院到北京积水潭医院,由最精良的医护人员对她们进行治疗,并给她们使用了当时最先进的仪器和药品。由于严重冻伤,姐姐龙梅失去了左脚拇趾,而妹妹玉荣右腿膝关节以下和左腿踝关节以下做了截肢手术。《人民日报》等许多报纸、电台也对龙梅、玉荣姐妹俩的事迹进行了报道,称赞她们为"草原英雄小姐妹"。之后不断有文学艺术作品来表现这个故事。1965 年,上海美术电影制片厂上映了一部《草原英雄小姐妹》动画片,重温了龙梅、玉荣的故事。以下就是这部动画片的插曲《草原赞歌》:

【音频】1965 年动画片《草原英雄小姐妹》插曲《草原赞歌》

《草原赞歌》中有这样的歌词:"天上闪烁的星星多呀星星多,不如我们草原的羊儿多。"当时龙梅、玉荣照管的三百多只羊仅冻死了三只,这与她们为保护公社的集体财产所付出的代价相比,是否值得? 多年来,这个问题一直在龙梅、玉荣姐妹俩耳旁回荡。时过境迁,如今她们都已有了第二代。关于这个问题,玉荣对自己的女儿谈起过。她对女儿说,如果你们是那个年代的人,也会这么做的。因为那一群羊也是国家的宝贵财产。她还说,她们那个年代的人,做一件好事儿,感到特别快乐。

2009 年,龙梅和玉荣被评为"100 位新中国成立以来感动中国的人物"。

(郑榴榴)

连环画《草原英雄小姐妹》(英文版)

83

二月 11

中国历史最悠久的现代出版机构 商务印书馆成立

1897 年 2 月 11 日,中国历史最悠久的现代出版机构——商务印书馆在上海正式成立。它与第二年成立的京师大学堂,也就是后来的北京大学,在当时被誉为中国近代文化的双子星。商务印书馆成立之初只是一个手工作坊式的印刷工场,由排字工人夏瑞芳创办。1902 年对于商务印书馆是具有划时代意义的时刻,这一年,时任南洋公学(现上海交通大学)校长的张元济令人惊讶地放弃了显赫的公职地位,来到商务印书馆这个弄堂小厂,拉开了商务印书馆成为中国乃至亚洲最大出版机构的发展序幕。

商务印书馆大楼

张元济翰林出身、学贯中西,这样的转身,当时人们多有猜测和不解。直到半个世纪后,因为中风已卧床数年的张元济用颤抖的手写了一首诗,告别商务同仁:"昌明教育平生愿,故向书林努力来,此是良田好耕植,有秋收获仗群才。"从诗中,人们读到了他平生的理想,也读到这样一个事实:他是自觉地把商务印书馆与中国教育的现代性变革连接起来。张树年回忆了他父亲最大的抱负:

【音频】张树年:在我父亲看来,南洋公学当时恐怕每年最多培养出几十、几百个人,再发展也最多是几千人。但是他说"我印了教科书,不仅南洋公学用、上海用,而且全国通用"。这个面比南洋公学的面要大得多,这是他最大的抱负。

张元济的到来,为早期商务印书馆的发展确立了新的方向。商务印书馆的主体业务逐步由印刷转变为出版,并渐及其他与教育相关的事业。20 世纪初叶,新式学堂纷纷设立,但接踵而至的问题是教材的极度匮乏,一套新型的教科书成为时代的急需。商务印书馆果断地抓住了机会,张元济邀请好友蔡元培一起主持商务的教科书编译方针,以"新形式、新思想、新知识"为原则,编撰出版了系列教科书,以其完善的内容和形式,极大地推动了中国当时的教育革新。正是这套以全民教育为目标、按照教育原理编写而成的教科书,奠定了中国近代教育的基本格局。也是这套行销全国、一印再印的教科书,奠定了商务印书馆在出版业中的优势地位。此后,商务印书馆编辑出一大批有鲜明时代色彩的图书,成为晚清以来传播新知新学的重镇,在中国现代社会思想和学术变迁过程中产生深远的影响。原商务印书馆副总编辑、语言学家李思敬对此是这样评价的:

【音频】李思敬:1920 年,《东方杂志》就开始发表了翻译介绍马克思主义的文章。所以如果把这一次新的革命学说的传进算在里头,那么商务印书馆应该说在三次思想革新中都跟上了时代的潮流。

商务印书馆在创立不久就成立股份公司,并先后延请高梦旦、王云五等一大批杰出人才,除编写大、中、小学等各类学校教科书之外,还相继编纂《辞源》等大型工具书,翻译介绍《天演论》《国富论》等西方学术名著,出版鲁迅、巴金、冰心、老舍等现当代著名作家的文学作品,整理《四部丛刊》等重要古籍,编辑"万有文库"、"大学丛书"等大型系列图书,出版《东方杂志》《小说月报》《自然界》等各科杂志十数种。极盛时期,商务印书馆有员工5000多人,在海内外设有分馆36个,各类办事机构1000多个,所出书刊占全国的60%以上,成为当时亚洲最大的出版机构,在海内外铸造了商务印书馆这个民族出版业最著名的品牌,成为堪与北大媲美的文化重镇。

然而1932年,日本侵华以最直接的方式给商务印书馆带来了毁灭性的打击。1932年1月29日,日军针对性地轰炸商务印书馆,造成这个占全国出版量52%的出版巨头80%以上资产被毁。同时被毁的还有商务印书馆所属的东方图书馆珍藏的45万册图书,其中有很大部分是独一无二的稀世古籍善本和孤本。商务印书馆多年积累的成果几乎被毁于一旦。退休多年的张元济返回商务印书馆,组织成立善后委员会,依靠商务印书馆多年累积的股息公积金进行了一系列的复兴活动。1932年8月1日,商务印书馆在《申报》上刊登了整版广告,告知大众他们复业了。

新中国成立后,商务印书馆迁址北京。商务印书馆根据国家出版方针调整了出版范围,承担了翻译出版国外哲学社会科学和编纂出版中外语文辞书等任务,逐渐形成了以"汉译世界学术名著"、"世界名人传记"为代表的翻译作品和以《辞源》《新华字典》《现代汉语词典》《英华大词典》等为代表的中外语文辞书为主要支柱的出版格局。

一个多世纪以来,商务印书馆从最初一个小小的印刷作坊,逐步发展成为现当代中国首屈一指的出版和文化机构,为开启民智、昌明教育、普及知识、传播文化、扶助学术作出了重要的贡献,在中国文化史上建立了辉煌的业绩。

(肖定斌)

商务印书馆标志

央视第一届春节联欢晚会开播

春节是中国人一年中最重要的节日,而伴随着年夜饭的荧屏大餐——春节联欢晚会也因此备受瞩目并成为全民关注的重要话题。那么春晚究竟是怎么产生的?又是在哪一年开始的呢?

1983年2月12日,那一年的大年三十晚上,打开电视机的人们完全不会预料到,从这一天开始,中国人度过除夕夜的方式将彻底改变。在1983年的央视春晚之前,也有不同形式的录播类迎春文艺晚会,这些晚会难免有大段的宣传口号,大部分表演内容陈旧,缺乏吸引力,观众普遍反映气氛不足、效果不佳。为了有所突破和改进,这一年的晚会首次改用现场直播的方式对全国播出。

无论从技术保障上还是舆论导向上来说,现场直播都要冒极大的风险。为了配合这次大胆的尝试,中央电视台调拨了当时最强的支持,并为晚会观众点播的环节准备了热线电话,总导演黄一鹤还记得那仅有的几部热线电话的铃声从当天中午就开始响了。

侯宝林(左一)介绍四位主持人

【音频】黄一鹤:我们是晚上八点开始播出这个晚会,可在中午十一二点左右,电话就开始响了,但是我们也不敢接,一旦接起来,观众就要开始点播节目了。电话从中午一直响到晚会结束后的第二天凌晨两点。

主持人的挑选颇费了一番心思。1983年的中国媒体并没有专业的晚会主持人,以前的晚会有的是报幕员介绍节目,而且因为是录播,节目之间可以剪辑。如果采用直播方式的话,节目衔接就得出新招,不然很容易冷场。策划组于是找来当年相声界中青代的领军人物马季和姜昆。他俩既可以报幕,还能插科打诨带动气氛,一举两得。

【音频】马季、姜昆表演片段

但在邀请当红电影演员刘晓庆担任春晚主持人的时候,她却给黄一鹤出了一个难题。刘晓庆说她做主持可以,但是做主持就不能回四川老家陪爸爸妈妈一起过年了,而她已经好几年因为拍戏回不了家,所以如果主持春晚,她要在电视里面跟父母拜个年。经过几番开会商议,刘晓庆的要求得到了满足,不过前提是必须完全按准备的台词说,不能多说,也不能说错。晚会上,刘晓庆按照事先准备好的台词,如愿以偿给父母拜了年。

【音频】刘晓庆：在年三十的晚上，有很多同志远离自己的家乡，为了祖国的建设，总后的赵雅红同志给我们来电话，她的家在兰州，希望我们的晚会唱一支歌曲，献给她在兰州的爸爸妈妈和她的小女儿。此时此刻，我的心情也和他们一样，非常想念我的爸爸妈妈和我们家乡的父老兄弟们，在这里，请允许我为大家唱一支我们家乡的民歌。

1983年央视春晚的第一个节目是李谷一的独唱《拜年歌》。整场晚会中，李谷一一共演唱了七首歌曲，这个纪录直到今天仍没有被打破。而在这七首歌曲中最引起轰动的，当属《乡恋》。《乡恋》诞生于1979年，由著名作曲家张丕基作曲，随着电视片《三峡传说》播出而红极一时。然而这首歌的演唱方式曾在当时引起不小争议。黄一鹤导演讲述了《乡恋》登上春晚舞台的幕后故事：

【音频】黄一鹤：《乡恋》唱了之后呢，观众没有反应过来，当时也没有想到，突然报个《乡恋》。

主持人：给李谷一说准备唱《乡恋》了，她当时什么反应？

黄一鹤：她也没反应过来。因为当时大家都很专注在演出嘛，都没想太多，就唱了。晚会播完以后，观众开始来信了，这时观众开始回过味儿来了。来信里写道："没想到在春节晚会上李谷一演唱了我们多日没有听过的《乡恋》，我们感觉到心里很激动，所以你们真是人民的好电视台。"我和我的伙伴们大家看，眼泪都流下来了，非常非常激动，因为它确实反映了人们的意愿。不是这首歌有多么多么了不得，现在听了也无所谓，但是当时越不让唱，观众心里憋的、画的疑问越大。因为这种话不可能跟所有的观众解释一遍，这首歌是被禁止的、不能唱的，也不能说这个话。观众怎么欢迎李谷一，她也不唱《乡恋》了。突然春节晚会上给唱了，所以观众感觉到，跟老百姓的意愿、愿望还有他们的心愿，紧紧贴在一起了。这不是一首歌的解禁，它像打开了一扇窗户。

《乡恋》给了所有人一个惊喜，这个惊喜也把晚会推向了高潮。

【音频】姜昆报幕，李谷一演唱《乡恋》

零点三十分，4个半小时的1983年春节联欢晚会落下了帷幕。虽然只是区区600平方米的演播室、60多位演职人员和200名现场观众，然而首届春晚却开创了一个新时代：第一次现场直播、第一次观众参与点播互动、第一次设立晚会主持人等等。此后，春晚伴随着亿万中国家庭度过了一年又一年的除夕夜，也在改革开放、国富民强的进程中，见证了大众文化从贫乏一步步走向丰富多彩。

（倪嘉铭）

央视首届春晚片头动画

二月 13

德国古典音乐大师 理查德·瓦格纳逝世

【音频】歌剧《罗恩格林》片段《婚礼进行曲》

理查德·瓦格纳

《婚礼进行曲》的旋律可谓家喻户晓，大家却不一定知道它出自德国音乐大师理查德·瓦格纳的歌剧作品《罗恩格林》。"宽宽的额头，大大的鼻子，长下巴，喜欢戴大号的贝雷帽"，这是瓦格纳在人们心目中的代表形象。1883年2月13日，这位德国歌剧史上举足轻重的人物与世长辞。

瓦格纳承接莫扎特的歌剧传统，并开启了后浪漫主义歌剧作曲潮流。他在孩提时代就对音乐和诗歌表现出了惊人的天赋。当这位音乐奇才14岁那年第一次听到贝多芬的《第九交响曲》时便深受感动。5年后，年仅19岁的他就创作了贝多芬风格的《C大调交响曲》，这也是他所创作的为数不多的乐曲之一。

【音频】《C大调交响曲》

瓦格纳的音乐天赋更加体现在他的歌剧创作中。他不但作曲，还自己编写歌剧剧本。瓦格纳一生创作了《汤豪舍》、《尼伯龙根的指环》四部曲、《纽伦堡的名歌手》、《帕西法尔》等十多部重量级的作品。瓦格纳的歌剧多以神话或充满传奇色彩的悲剧故事为题材，唯一例外的是1868年上演的喜剧作品《纽伦堡的名歌手》，这部歌剧时长5小时，至今仍是世上最长的单本歌剧剧目。

【音频】歌剧《纽伦堡的名歌手》片段

瓦格纳不仅是一位音乐家，他在建筑学方面也有自己独特的想法。瓦格纳为了歌剧《尼伯龙根的指环》的上演，亲自监工建造了拜罗伊特节日剧院。这个剧院是最早的一座脱离贵族形式的现代化的民族剧场。剧院的坐席没有贵族和贫民之分，所有的门票价格也是一样的。为了把台上的幻想世界和台下的现实世界分开，瓦格纳第一次使用了具有现代化概念的光影烟雾效果。为了长久保持这种幻想效果，瓦格纳甚至规定管弦乐队不能调音，并且禁止观众在演出开始或结束时鼓掌。一个剧院只演一个音乐家的作品，这在世界上所有的剧院中是极为罕见的。当然，《尼伯龙根的指环》上演时所引起的轰动也证明了他的音乐天赋。

【音频】歌剧《尼伯龙根的指环》片段

瓦格纳的孙子沃夫冈·瓦格纳在祖父逝世后每年都要在拜罗伊特剧院举行音乐节。瓦格纳的《尼伯龙根的指环》和《帕西法尔》是必演剧目。沃夫冈·瓦格纳说祖父一直在用自己喜欢的方式创作自己喜欢的作品。

【音频】沃夫冈·瓦格纳：我的祖父是一个热情洋溢的人，他的作品已脱离了传统的创作模式，他自己编剧、谱曲，所有都是按自己的意愿和自己所喜欢的方式去做。这种创作方式使有些人无法理解，但是当他的作品一旦上演，人们就能清楚地看到他的作品到底包含些什么。

天才往往有着不羁的性格，瓦格纳拈花惹草的天性也给他带来不少困惑。因此，瓦格纳的很多作品中都暗示了他对这种纵欲生活的不安与内疚。如他在 1859 年完成的《特里斯坦与伊索尔德》，有人说，这部在音乐史上有着特殊地位的作品是爱神和乐神共同恶作剧的结果。作品故事讲的是，康沃尔国王派他的侄子特里斯坦去爱尔兰把公主伊索尔德带回来做自己的皇后，但这对年轻的男女却坠入了爱河偷吃禁果，特里斯坦因为背叛了国王而感到深深的内疚。

【音频】歌剧《特里斯坦与伊索尔德》片段

虽然瓦格纳的一生因为政治、宗教方面思想的复杂性而饱受争议，但是这并没有影响他在音乐领域的地位。被世人誉为"宇宙之王"的科学家霍金在被诊断出患有肌肉萎缩症之后，开始对瓦格纳的作品产生浓厚兴趣。在一次接受 BBC 采访时，霍金表达了他对瓦格纳的评价：

【音频】霍金：他的作品真正地感染到了我的情感，这种创作能力无人能及。

瓦格纳晚年的大部分时间是在德国的东南部城市拜罗伊特度过的。在他去世的前一年，也就是 1882 年，他完成了人生最后一部歌剧——《帕西法尔》。这是瓦格纳受到圣杯传说的启发而创作的。这部歌剧也是瓦格纳音乐风格进一步升华的代表作品。

【音频】《帕西法尔》片段

1882 年，瓦格纳重返拜罗伊特，参加了《帕西法尔》的首演，还在最后一场演出中亲临指挥。随后，瓦格纳返回威尼斯休养，但终因心脏病复发，医治无效，于 1883 年 2 月 13 日逝世。

（陆一文）

瓦格纳与妻子

二月 14

圣·瓦伦丁去世——情人节纪念日

【音频】曹格演唱的《祝我情人节快乐》

"一分的相见，两分的喜悦"，每年的 2 月 14 日，空气中都会弥漫着甜蜜的味道。情人节，属于相亲相爱的恋人们，属于相濡以沫的夫妻们，也属于所有心中有爱的人。

每一个传统节日都有它的历史渊源或者美妙传说，情人节也不例外。关于情人节由来的故事版本众多，也各有各的浪漫和感人之处，而与史实记载的历史背景比较吻合且广受认同的是一个关于瓦伦丁神父纪念日的传说。

相传在公元 3 世纪的罗马，暴君克劳迪乌斯二世当政。他认为罗马男子不愿意加入军队的原因是舍不得离开爱人，于是下令禁止国人举行结婚仪式，甚至要求已婚的人们毁掉婚约。一位名叫圣·瓦伦丁的修士因不忍看到一对对伴侣被活活拆散，秘密为前来请求帮助的情侣们主持婚礼。克劳迪乌斯二世知道后大发雷霆，将瓦伦丁打入大牢。公元 270 年 2 月 14 日，瓦伦丁被处死刑。后来，人们为了纪念瓦伦丁为正义、为纯洁的爱而牺牲自己，将 2 月 14 日这一天定为"情人节"，希望有情人终成眷属。

传说中的圣·瓦伦丁神父

【音频】孙燕姿演唱的《爱情证书》

孙燕姿的《爱情证书》中有这样的歌词："等我们学会忍耐和付出，这爱情一定会有张证书，证明从此不孤独。"不论是在公元 3 世纪的罗马还是在 21 世纪的当下，相爱的人们总希望让爱情有个归宿。也许说一万句"我爱你"，都抵不上一句"我们结婚吧"。还记得电视剧《裸婚时代》里男主角刘易阳求婚的情节吗？

【音频】刘易阳："我求求你嫁给我，虽说我没车、没钱、没房、没钻戒，但是我有一颗陪你到老的心！等你老了，我依然背着你，我给你当拐杖；等你没牙了，我就嚼碎了再喂给你吃；我一定等你死了以后我再死，要不把你一个人留在这世上，没人照顾，我做鬼也不放心！童佳倩我爱你！嫁给我吧，我爱你！"

相信很多人都曾被这一情节所打动，也有很多人有过类似的经历。虽然从相识、相知、相恋到步入婚姻的殿堂，人们在这条感情路上需要经历很多付出很多。但是爱情就是这样，它是酸甜苦辣咸的五味杂陈，却让人甘之如饴。爱就会努力在一起，就如情人节传说里的那些古罗马情侣一样。

【音频】范玮琪演唱的《最重要的决定》

"你是我最重要的决定",有情人终会打破对未知的恐惧,成为彼此终生的伴侣。2 月 14 日情人节是一个互表爱意的日子,是一个求婚的日子,也是一个举办婚礼的好日子。每年的情人节,世界各地的情侣们除了选择浪漫约会,还会选择在这一天情定终生。世界各地的情人节婚礼千奇百怪,恋人们为这难忘的一刻可谓动足了脑筋:

一对英国情侣选择在伦敦水族馆举行情人节水下婚礼。他们在礼服外套上潜水设备,畅游在这对新人周围的是巨大的绿色海龟和各种颜色鲜艳的热带鱼。

在泰国,有新人选择在空中缆绳上举行别样婚礼。这种索道婚礼越来越得到泰国新人的青睐。此外,泰国情侣们还会在情人节这一天努力创造连续接吻时间最长的世界吉尼斯纪录。

尼加拉瓜人则利用情人节宣传动物保护法,他们为英国小猎犬与美国斯塔福德狗举行婚礼,以此提醒人们关爱动物。

【音频】张宇演唱的《给你们》

"一定是特别的缘分才可以一路走来变成了一家人,他多爱你几分,你多还他几分,找幸福的可能。"生命如花,爱情似蜜。对于世界而言,你是一个人,但是对于某个人,你是他的整个世界。只要有爱,天天都是情人节。

【音频】张清芳演唱的《出嫁》

（舒 凤）

空中缆绳上的婚礼

91

音乐家聂耳诞生

二月 15

他是我国新音乐的开拓者，是中国无产阶级革命音乐的先驱，被誉为"人民的音乐家"。他在短暂的青春年华里创作了《义勇军进行曲》《卖报歌》《铁蹄下的歌女》等几十首脍炙人口的优秀歌曲，至今传唱不息。他就是我国著名的音乐家聂耳。

聂耳原名聂守信，1912年2月15日出生于云南昆明一个普通家庭。他自幼就表现出对音乐的兴趣和多方面的才能，傣族母亲哼唱的少数民族山歌小调、地方戏曲可以说是聂耳的音乐启蒙。1930年，聂耳因参加爱国学生运动被通缉。为躲避搜捕他离开昆明，几经辗转来到上海。此后，聂耳正式走上音乐之路。聂耳的侄女、作曲家聂丽华讲述了聂耳在上海和北京的经历：

聂 耳

【音频】聂丽华：聂耳到了上海，考进了上海明月歌剧社，开始了他的艺术生涯。后来他又到了北平，他深入到天桥和贫民窟去记录搜集民间音乐，这对他后来的创作还是影响比较大的。

1932年，聂耳认识了左翼剧作家田汉，建立了与左翼文艺界的联系，开始参与"左翼戏剧家联盟"组织的各种活动。在田汉的帮助下，聂耳进入上海联华影业公司工作。

【音频】电影《母性之光》插曲《开矿歌》

1933年初，在白色恐怖最严重的日子里，聂耳正式加入中国共产党。随后，聂耳开始了与田汉的第一次合作——为影片《母性之光》谱写插曲《开矿歌》。《开矿歌》是聂耳所作的第一支电影歌曲，开创了我国革命电影歌曲的先声。除了写歌，聂耳还在电影《母性之光》中扮演了一个黑人矿工的群众角色。音乐理论家汪毓和讲述了聂耳的这段演戏经历：

【音频】汪毓和：聂耳把自己全身都涂黑了，上台去演受压迫的黑人。聂耳什么都干，也没人非得要他这么干，他自己喜欢。聂耳是非常受欢迎的一个青年。

在联华影业公司，聂耳先后在《城市之夜》《小玩意》《渔光曲》《体育皇后》等影片中扮演过小提琴手、商贩、船夫、医生等各种群众角色。与此同时，聂耳自己的音乐创作也在这一时期达到了高峰，《毕业歌》《前进歌》《新女性》《卖报歌》等一大批反映民众苦难生活、呼吁抗日救亡的歌曲也在此时诞生了。

【音频】歌曲《卖报歌》

《卖报歌》的报童原型和首唱者是1933年在上海滩卖报的小报童杨碧君。在聂耳的帮助下,这个当年的卖报女孩日后成了联华影业公司的演员。半个多世纪过去了,杨碧君老人回忆起首次见到聂耳的场景时仍掩饰不住那份感动。

【音频】杨碧君:那个时候,我们家摆了一个报摊。有一次,电车上下来很多人,我去卖报,我挤在人群当中被撞倒了。聂耳看见了就把我扶起来,帮我捡起报纸,叫我不要卖了,还从口袋里拿了好多钱给我。过了一段时间他来找我,说给我写了《卖报歌》,后来他写完了就来教我唱。就这样,他教我唱了《卖报歌》,我唱得还不错。

1934年4月,聂耳应邀加盟百代唱片公司,与任光共同负责音乐部工作。为发展民族音乐,他领导组建百代国乐队,选编组录了包括由他编曲的《金蛇狂舞》《翠湖春晓》等民族器乐曲。同年10月,聂耳与任光主持举办"百代新声会",通过音乐会向社会传播进步歌曲,扩大革命歌曲的影响。

【音频】民乐《金蛇狂舞》

1935年初,聂耳转入联华影业公司二厂任音乐部主任,创作了《义勇军进行曲》等大量革命歌曲。当时,田汉创作了一部以抗日救亡为主题的电影《风云儿女》,聂耳主动要求为田汉写就的主题歌《义勇军进行曲》谱曲。1935年5月24日,电影《风云儿女》在上海金城大戏院正式上映,《义勇军进行曲》作为影片主人公辛白华的长诗《万里长城》的最后一节在影片开头和结尾处演唱。歌曲以雄壮的旋律、坚定的行进节奏塑造出万众一心、抗日救国的英雄形象,反映出当时中国人民为争取自由解放而进行革命斗争的坚强意志和必胜信念。新中国成立后,《义勇军进行曲》被定为中华人民共和国国歌。

【音频】军乐《义勇军进行曲》

除了进行曲风格的群众歌曲、音乐形象鲜明的电影歌曲以及民乐合奏作品之外,聂耳所创作的《铁蹄下的歌女》《梅娘曲》《塞外村女》《飞花歌》等抒情歌曲也具有很强的感染力。这些作品的音乐形象刻画生动传神,情感表达深刻,堪称近现代真正具有中国特色的优秀艺术歌曲。

聂耳在有限的生命中谱写了不朽的乐章,开辟了中国新音乐的道路。他的歌曲至今仍在神州大地传唱,那些动人的旋律仍在人们耳际萦绕。

(舒　凤)

聂耳在电影《城市之夜》中扮演乐手

中国队夺得冬奥会首枚金牌

2002年2月16日，这一天在中国体育运动史上留下了特殊的一笔。在美国盐湖城举行的冬季奥林匹克运动会女子短道速滑500米的比赛中，中国选手杨扬战胜了强劲的对手，登上了冠军的领奖台，中国实现了冬奥会历史上金牌零的突破。

【音频】2002年比赛直播录音

然而，这一刻成功喜悦的背后，却凝结了多少代冰雪人为之奋斗的汗水和泪水。中国冬奥会的冲金路程还要从1988年的加拿大冬奥会说起。

【音频】第15届冬奥会主题曲

杨扬登上冠军领奖台

在加拿大卡尔加里举行的第15届冬奥赛场上，短道速滑作为表演项目第一次进入冬奥会，由于在此前的两届冬奥会中中国没有任何一个项目进入过前20名，因而闯入女子1000米短道速滑的李琰成为了中国队中的明星，而她也不负众望，最终夺得表演赛的冠军。

【音频】1988年新闻播报李琰夺冠

李琰用"不知道怎么办"来描述当时夺冠后的自己：

【音频】李琰：那时候应该不知道怎么办，怎么拿鲜花，怎么走步什么的，就是觉得在人家的注视之下，就很不会了那种感觉。当时印象最深的就是奥运村出的一个海报，叫"神龙腾飞"。

李琰提到的这张海报，是当时的赛事组委会为表彰成绩突出的运动员而专门设计的，虽然李琰获得的表演项目金牌并不计入奖牌榜，但这张红黑相间、用中文写着"神龙腾飞"四个大字的海报依然向世界宣示了中国冬季项目腾飞的梦想。

4年后的法国阿尔贝维尔冬奥会上，李琰闯入了已经成为冬奥会正式项目的500米短道速滑决赛。

【音频】1992年比赛直播录音

背负着全队的重托，李琰在起跑落后的情况下，凭借中后程的爆发力紧紧咬住美国选手凯西·特纳，过了最后一个弯道后，李琰和特纳几乎同时冲过终点线，但电视慢镜头最终显示，李琰仅以不到半个冰刀、0.04秒的劣势痛失金牌。中国短道队此后长达10年的漫漫冲金道路，从这一刻正式开始了。

1994年的冬奥会，中国队又一次的和冠军擦肩而过，取得1枚银牌和2枚铜牌，仍未能实现冬奥会上金牌零的突破。

1995 年成立的中国国家短道速滑队云集了王春露、杨扬、杨阳、李佳军、孙丹丹等年轻队员,他们的任务比以往任何一届国家队都要明确,就是冲击金牌。不仅是队员,国家队的教练员更是感受到了前所未有的压力,1997 年,时任中国短道速滑队主教练的辛庆山在备战采访中提到了零的突破。

【音频】辛庆山:冬奥会在 2000 年以前只有这一次机会了,所以对我们来讲,一定要尽自己最大的努力来争取在冬季项目上实现零的突破。

和上两届冬奥会一样,1998 年长野冬奥会女子短道速滑 500 米的决赛场上又站着两位中国运动员,王春露和杨阳。

【音频】1998 年比赛直播录音

比赛最后阶段,一路领先的王春露被滑倒的加拿大选手伊莎贝拉一起带出了赛道,另一位加拿大选手安妮顺势第一个冲过终点。这届冬奥会,中国队在参加的所有比赛中都获得了奖牌,但唯独那枚预期中的金牌却依然无缘中国队,留下了奥运史上的世纪遗憾。

跨过了世纪之交,中国短道速滑队重新整装出发,备战盐湖城冬奥会。在这之前的其他国际赛场上,尤其是女子项目,中国队几乎包揽了短道速滑各分项的第一名。因此一种特殊的使命感也包围着这届国家队,那就是中国队必须在冬奥会上取得零的突破。

然而正当大家满怀希望,等待着杨扬将中国冬奥会史上第一枚金牌收入囊中的时候,意外再一次发生了。2002 年冬奥会,中国短道速滑队参加的第一项比赛,就是杨扬的强项 1500 米。谁都没有想到,年轻的韩国队员崔员景凭借着后程比赛中显示出的超强实力在半决赛力压杨扬,并在随后的决赛中一鼓作气拿下了比赛冠军。杨扬回忆起那场比赛时说自己当时有些自负。

【音频】杨扬:我从 1997 年一直到 2002 年,连续五年的世界锦标赛冠军,然后自己这些项目基本上保持状态很稳定,拿 2002 年的金牌应该是理所当然的。当然了,这种信心有的时候变成一种自负,就在 2002 年 1500 米比赛之前,我是有些自负。

两天之后,杨扬和王春露还要面对第二场比赛,女子 500 米,这已经是中国队第四次进入这个项目的决赛。在前三届冬奥会上,中国队都获得了银牌。27 岁的杨扬这一次调整好心态,终于用脚下的冰刀赢得了中国冬奥会历史上第一枚金牌,圆了几代中国冰雪人期盼了几十年的梦想。这枚用时 44.19 秒的金牌使中国体育人的热情在那个瞬间共同燃烧。

但是,这枚意义重大的金牌并不是终点。两天之后,杨扬又在女子 1000 米的决赛中获得第 2 枚金牌。在盐湖城冬奥会佳绩的激励下,中国冰雪人才不断涌现,在之后的几届冬奥会上陆续在滑雪和自由滑冰项目上摘金夺银,取得了重大突破。 (倪嘉铭)

赛场上的杨扬

大文豪萧伯纳访沪

二月
17

萧伯纳

"我知道大家都很想看到我,那么你们现在看吧,我就是货真价实的萧,你们喜欢吗?"爱尔兰剧作家萧伯纳1933年访问美国加利福尼亚时,在众多媒体前说了这样一番幽默的话。这位伟大的剧作家1933年还来到了中国。2月17日,萧伯纳应中国民权保障同盟总会之邀访问上海。他在上海仅逗留七八个小时,甚至没有公开发表演讲,堪称是一次"闪电"之行。

在萧伯纳访问上海之前,他的作品早已漂洋过海来到中国。19世纪末20世纪初,萧伯纳创作的一部名为《华伦夫人的职业》的作品吸引了中国戏剧界的目光。1921年,这部作品被搬上了上海的舞台。这次演出是中国对西洋派戏剧的重要实践,引发了国内戏剧界对萧式戏剧的关注。

1923年,萧伯纳创作的《圣女贞德》出版。作品颠覆传统情节,叙事流畅自如,因而大受欢迎。在前三次诺奖提名失败后,萧伯纳终于如愿以偿得到了1925年的诺贝尔文学奖。《圣女贞德》后来被多次改编成舞台剧和电影。法国导演吕克·贝松在1999年也执导拍摄了电影《圣女贞德》。

1933年2月,诺奖得主萧伯纳即将访沪的消息让整个上海文化界为之兴奋。2月17日,沪上各大文化团体闻风而动,早早地等候在码头,还打出大幅标语"欢迎我们心目中伟大的萧"。其实,萧伯纳所乘坐的船在2月16日黄昏就到达了吴淞口岸,但因为夫人病了,他当时并没有立即上岸,而是留在船上度过了一夜。直到第二天早晨,同盟总会主席宋庆龄亲自上船邀请,萧伯纳才离船上岸。

当天中午,宋庆龄在寓所设宴为这位不远万里来沪的贵宾洗尘。蔡元培、鲁迅等中国文化界举足轻重的人物受邀出席。鲁迅细致地记录了宴会的全过程,在他的《看萧和"看萧的人们"记》中提到了这样一个小细节:"他用起筷子来了,很不顺手,总是夹不住。然而令人佩服的是他竟逐渐巧妙,终于紧紧的夹住了一块什么东西,于是得意的遍看着大家的脸,可是谁也没有看见这成功。"萧伯纳调皮幽默、充满童趣的形象跃然纸上。人们用照片记录下了这场世纪会面。萧伯纳研究专家尼古拉斯·格林在一次纪念萧翁访沪70周年的活动中,说自己为能站在萧伯纳当初拍摄这张照片的地方而感到荣幸。

萧伯纳耳闻过梅兰芳1930年访美演出的盛况,因此到达上海后,他特意提出要与梅先生见上一面,于是两人终于有了一面之缘。萧伯纳对不同文化下中英两国的戏剧对比有着强烈的好奇心。他问及中国京剧中为何有锣鼓声,梅兰芳解释说:"这是因为京剧来自民间。以往在乡间旷野演出,必先敲锣鼓以招引观众前来观剧,后来京剧虽然移至城内剧场演出,这一锣鼓喧天的传统仍然保存了下来。"

萧伯纳亲眼目睹了上海的烽火硝烟,发出了这样的鼓励:"中国人民联合起来,试问有谁人能与之抗衡!"他认为戏剧也应该成为启迪民众思想、揭露社会黑暗、讨论社会现实的武器。早在20世纪20年代,萧伯纳就曾亲口对一位中国留学生说过相似的话,这位留学生就是著名戏剧导演黄佐临。黄佐临写过一部叫做《东西》的戏,曾就此请教萧伯纳。黄佐临的女儿、著名导演黄蜀芹讲述了萧伯纳对他父亲的影响:

【音频】黄佐临之女黄蜀芹谈萧伯纳对其父的影响

八个小时的上海之行很快就结束了。当天傍晚,萧伯纳匆匆登上吴淞口岸的邮轮,继续他的行程。在萧翁踏上上海这片土地的时候,萧伯纳热达到了高潮。华东师范大学中文系教授吴俊讲述了萧伯纳这次访沪对中国文学的影响:

【音频】吴俊:萧伯纳访沪对中国文学的影响,一方面是,萧伯纳批判现实的戏剧的价值立场和文学精神,对中国作家和中文文学的影响比较大。另一方面就是关于他讽刺幽默的戏剧美学,对中国作家影响也挺大。像夏衍、洪深等这样一些剧作家,都曾经受到过萧伯纳的戏剧精神和美学风格的影响。

当时,国内有关萧伯纳的书籍与文章一度达到近百种。萧伯纳的其他作品也被系统地翻译,《芭芭拉上校》《卖花女》等翻译作品相继出版。由萧翁作品《卖花女》改编的电影《窈窕淑女》也被译制成中文版本。由奥黛丽·赫本扮演的粗俗乡下妞曾经满口土话,却被颠覆性地改造成谈吐优雅的大家闺秀。这个充满戏剧性的故事深受大众喜爱,类似的桥段也被之后的其他电影作品一再模仿。

(陆一文)

萧伯纳(左二)访沪

金门国际博览会开幕

1939年2月18日,在美国西海岸的旧金山,金门国际博览会正式开幕。当时的新闻记录下了博览会盛况,同时对海湾大桥和金门大桥这两座大桥的相继建成和博览会的选址作了介绍。

【音频】金门国际博览会新闻录音片段

珍宝岛

在东海岸的纽约,一届更大规模的世界博览会两个月后也拉开了帷幕。在战争阴云的笼罩下,这两届横跨1939年和1940年的世博会成为第二次世界大战前人类最后的狂欢。

得益于科技、交通运输业的发展和两座大桥的落成,"空间"这一概念在旧金山已经今非昔比。1939年金门国际博览会的馆址所在地也因此选在了旧金山湾区外的一座小岛——珍宝岛上。这座占地2400多亩的小岛是金门大桥建造时的附属产品,它是由海湾底床挖出的泥沙堆积在礁滩上形成的。人们希望金门国际博览会能给饱受经济萧条折磨的城市以经济刺激,创造更多的就业机会,带动旅游业的发展。

由于自身特殊的地理位置,旧金山一直自诩为"通向太平洋的大门",因而金门国际博览会采用了源于玛雅、印加、马来西亚和柬埔寨的"太平洋盆地"装饰风格。大象塔、吴哥窟、太阳塔、月亮区、泰国灯笼等随处可见的异国文化风情让游客眼花缭乱。除此之外,不少观众在通讯馆内第一次目睹了电视机。他们的身影通过电视摄像机被传输到了隔壁的展厅;透明的电话机让人们了解了电话的内部构造。那些无力支付长途费用的人,还可以通过抽奖过一把打电话的瘾;在采矿、金属和机械厅里,人们还能够看到想象中1999年的旧金山景象。

纽约人则为自己的世博会定下了"明日世界"这一主题,以此强调高度发达的机械工业为人类生活带来的变化和福祉。美国哥伦比亚大学历史系教授艾伦·布林克利说在这届世博会上有一种乐观气氛,那是人们对于未来世界的想象所营造出的。

【音频】艾伦·布林克利采访

为了能在交通方便的纽约市区找到一处合适的世博园区,纽约人拿出了愚公移山的精神,将一个近7400亩的垃圾场改造成了风景如画的世博园。1939年4月30日,纽约世博会隆重开幕。此时已经连任总统的罗斯福亲自出席了仪式并用轻松诙谐的方式宣布世博会开幕。

美国全国广播公司(NBC)对开幕式进行了长达3个半小时的实况转播,成千上万的人们第一次通过电视看到了总统的演说,罗斯福由此成为第一位出现在电视屏幕上的美国总统。打出"明日世界"主题的纽约世博会办成了一场五光十色的嘉年华,空调机、彩色胶卷等新科技和新发明吸引了人们的目光。尤其引人注意的是西屋电气公司制造的家用机器人Elektro,它由电缆控制,可以行走，会说话，甚至可以抽烟。这个已被亨利·福特博物馆收藏的机器人还在世博会上作了一番自我介绍：

【音频】机器人 Elektro：女士们，先生们，我很乐意告诉大家我的故事。我是个聪明的家伙，因为我的大脑是由 48 个非常精细的继电器组成。它的工作原理就像一个电话总机……

各国游客对世博会积极热烈的反响，让纽约人越发坚信，这将是一届超越历史的世博盛会。然而此时，战争的阴云却正在他们头上聚拢。

1938 年，罗斯福给爱因斯坦打电话，希望他可以写一封信，把"我们时代的思想和感情，告诉 5000 年后的人。"爱因斯坦完成后将信装入"时间胶囊"，埋进了 15 米深的世博园地下。虽然"时间胶囊"要到 6939 年才能取出来，但爱因斯坦的信早已被公开并收录于《爱因斯坦全集》，他在信中表达了自己对"明日世界"的担忧。爱因斯坦本人也在世博会开幕式当天就宇宙射线的发现作了关于科学、艺术与人类关系的演讲。

【音频】爱因斯坦演讲

早在 1933 年，哲学家弗洛伊德在写给爱因斯坦的一封信中就曾道出他对时事的隐忧，"谁有较强大的武力，谁就得到统治权"。哲学家、政治家和科学家都不约而同地为"明日世界"产生担忧。

四个月后，随着德军 2300 多架飞机闪击波兰，第二次世界大战拉开战幕。1940 年，当纽约世博会进入第二阶段时，苏联由于战事而退出博览会，其展馆也在仓促之间被拆除殆尽。紧接着，丹麦、挪威、瑞典等欧洲国家也纷纷退展。

1940 年 10 月 27 日，纽约世博会闭幕。该届世博会没有预期中的盈利，反而亏损了 1870 万美元。那象征"明日世界"的特莱龙和佩里球也被以废铜烂铁的价格卖掉，用于战事。

作为纽约世博会的"孪生兄弟"，金门国际博览会也是生不逢时。在战争阴云的笼罩之下，博览会进行到第二年时基本上就处于"走过场"的状态了。金门国际博览会最终亏损 56 万美元。虽然这两届在美国举办的世博会最终都逃不过战争影响和亏损厄运，但它们还是让很多人深深怀念，因为在此之后，由于战争的摧残，世博会停办了长达 18 年之久。

(倪嘉铭)

金门国际博览会海报

纪念邓小平

二月
19

邓小平

【音频】孙楠演唱的《为什么我总是想起你》

"读着时间寄来的春天,花儿漫过无边的原野。为什么我总是想起你,在这生命怒放的季节……"电视剧《历史转折中的邓小平》片尾歌曲表达了人们的心声。2月19日是我们怀念和纪念小平同志的日子。1997年的这一天,小平同志在北京逝世,享年93岁。邓小平是中国共产党第一代中央领导集体的重要成员和第二代中央领导集体的核心,他所倡导的"改革开放"及"一国两制"等战略和理念改变了20世纪后期的中国,也影响了世界。

20世纪70年代末,"文化大革命"刚刚结束,神州大地百废待兴。1978年3月,全国科学大会澄清了长期以来束缚科学技术发展的重大理论是非问题,打开了长期禁锢知识分子的桎梏。邓小平在会上明确提出"四个现代化,关键是科学技术现代化"、"知识分子是工人阶级一部分"等著名论断,重申了"科学技术是生产力"这一马克思主义基本观点,并庄重地为知识分子正名。

【音频】邓小平:正确认识科学技术是生产力,正确认识为社会主义服务的脑力劳动者是劳动人民的一部分,这对于发展我国科学事业有极其密切的关系。科学技术人才的培养基础在教育,人民教师是培养革命后代的园丁,应该受到党和人民的尊重。

1978年12月召开的十一届三中全会,揭开了中国社会主义改革开放的序幕,标志着我国进入改革开放和社会主义现代化建设的新时期。邓小平在全会前召开的中央工作会议上发表了《解放思想,实事求是,团结一致向前看》的讲话,为全会从思想根本上摆脱了"两个凡是"的束缚,鼓舞了全党和全国人民的思想大解放,具有划时代意义。

【音频】邓小平:首先是解放思想,只有思想解放了,我们才能正确地以马列主义、毛泽东思想为指导,解决过去遗留的问题,解决新出现的一系列问题。正确地改革同生产力迅速发展不相适应的生产关系和上层建筑,把全党工作的中心转到实现四个现代化上来。

1979年春天,邓小平在深圳勾画出了一幅改革开放的蓝图。1982年,邓小平在党的十二大开幕词中提出"建设有中国特色的社会主义"新命题,明确了在中国建设社会主义的正确方向。

【音频】邓小平：我们的现代化建设必须从中国实际出发,把马克思主义的普遍真理同我国的具体实际结合起来,走自己的道路,建设有中国特色的社会主义,这就是我们总结长期历史经验得出的基本结论。

1992年1月18日至2月21日,邓小平在武昌、深圳、珠海和上海等地视察时发表了著名的"南方谈话",明确回答了长期困扰和束缚人们的一系列重大问题。这是坚持和拓展中国特色社会主义道路,把改革开放和现代化建设推进到新阶段的又一个解放思想、实事求是的宣言书。

【音频】邓小平：动摇不得,要继续发展,要使人民生活质量继续提高,他才会相信你,才会拥护你。

国家统一是实现中华民族伟大复兴不可或缺的历史前提和基本保证。解决历史遗留的香港问题、澳门问题和台湾问题,实现国家统一,是中华民族的共同愿望。1982年9月24日,邓小平会见英国首相撒切尔夫人,明确阐述了中国政府对香港问题的基本立场。

【音频】邓小平：主权问题是不能够谈判的,中国1997年收回的问题是不能谈判。不管用什么方式,接着她提出的谈判的题目就是一个归属问题。我说是三个议程,一个是主权问题,总要双方达成协议;第二个,1997年以后的安排,中国收回主权之后怎么样来管理香港,就是制度问题了;第三个议程,十五年过渡期间的安排问题,就是接收主权的条件,如果我们根本谈不拢,中国将考虑接收香港的时间和方式。

为完成祖国统一大业,邓小平创造性地提出了"一个国家,两种制度"的构想。按照这个构想,分离了一个半世纪的香港和澳门在20世纪末终于回归祖国。之后,对峙了几十年的国共两党关系也得到缓和,海峡两岸实现"三通"。

【音频】邓小平："一国两制"是从中国自己实际出发的,中国自己面临一个香港问题一个台湾问题。而解决这个问题只有两个方式,一个用谈判的方式,一个是用武力的方式。用和平谈判的方式解决这个问题总要谈判的双方或者三方都能接受,香港问题是三方,用"一国两制"的方式,台湾能够接受,美国也能够接受。

【音频】张也演唱的《你说那一天你要来》

小平同志生前曾表示,香港回归祖国以后,哪怕是坐着轮椅也要"到自己的土地上走一走、看一看"。然而,就在距离香港回归祖国仅剩100多天的时候,他却永远地离去了。没能亲眼看到香港和澳门的回归是小平同志的遗憾,但是改革开放后的中国经济腾飞、国力壮大,人民生活日益富足,也可给小平同志以告慰了。

邓小平同撒切尔夫人谈香港问题

（舒　凤）

中国首个南极科考站落成

在地球的最南端,有一片无人定居的白色大陆,那里有一望无际的冰川、萌态可掬的企鹅和美丽的极光。一直以来,这片大陆以其严酷的奇寒和异常恶劣的环境而拒人类于千里之外。这里就是被众多科学家称为"解开地球奥秘的钥匙"和"天然科学实验圣地"的南极。1985 年 2 月 20 日,中国首个南极科考站——中国南极长城站在这里的乔治王岛落成,结束了中国在南极没有考察站的历史。中央新闻纪录电影制片厂拍摄的纪录片《南极,我们来了》完整记录了中国考察队在恶劣气候条件下建立南极长城站的全过程,以下片段展现的就是中国南极长城站落成典礼:

中国南极长城站落成典礼现场

【音频】纪录片《南极,我们来了》片段

南极科考在地球环境气候、天文学、地质学、生物学等多项科学领域占有重要地位。从 18 世纪 70 年代开始,世界各国的探险家和科学家们就竞相挺进这片未知的冰原海域。1959 年,美国、英国、澳大利亚等 12 国在华盛顿签订《南极条约》,决定共同考察开发南极。1983 年 6 月,中国以缔约国的身份加入《南极条约》。同年 9 月,中国代表团首次以观察员的身份出席第 12 届《南极条约》协商会议。然而,每当会议讨论到实质性内容或进入表决议程时,中国等非协商国的代表就被"请"到会议厅外面喝咖啡,连表决的结果也不被告知。中国首次南极考察队的队长郭琨回忆了他参加此次会议的难堪一幕:

【音频】郭琨:当会议进入表决议程的时候,大会主席团主席一敲那锤儿,请非协商国到会外喝咖啡。作为中国十亿人口的一个代表团没有表决权,让你退出会场,这真是刺痛你的心啊!

1984 年 2 月,中国的几十位科学家以"向南极进军"为题联名致信党中央和国务院,建议中国在南极洲建立自己的考察站进行科学考察。6 月 25 日,《关于我国首次组队进行南大洋和南极洲考察的请示》正式得到国务院批准,确定我国将在南极建设第一个科学考察站——长城站。10 月 8 日,中国首次南极考察队宣布成立。11 月 20 日,中国首次南极考察编队分乘"向阳红 10 号"和"J121"两艘万吨轮船从上海出发赴南大洋和南极洲进行综合性科学考察。《人民日报》高级记者杨良化讲述了考察队员们在奔赴南极的过程中不畏艰险、一往无前的革命英雄主义精神:

【音频】杨良化:队里面流行着一个说法,就是人生能有几次代表中国,这次是代表中国来的,拼了,就是这个心态。所以去的时候,我们很多人给组织上给报社写了类似于遗书的信件,表示义无反顾地去。同时,这个船上真带了很多的装尸体用的袋子,大家是作好了牺牲准备的。

历经一个多月"上不着天、下不着地"的海上颠簸后,中国首次南极考察编队终于在1984 年 12 月 26 日顺利抵达南极洲。队员们经过多次实地勘察研究和多方权衡后,将中国南极长城站的站址选在了乔治王岛的菲尔德斯半岛上。这里地势开阔、水源丰富,既是企鹅自然保护区、鸟类自然保护区、鲸鱼保护区,也是植物和化石保护区,是科学家进行考察的理想场所。

南极素有"寒极"之称,仅有冬、夏两季之分。每年 4 月至 10 月为冬季,11 月至次年 3月为夏季。要在冰雪覆盖的南极建立考察站,只能在短暂的夏季进行。如果夏天完不成任务,就要延误一年。所以,对于在 12 月底到达南极的中国考察队来说,建设长城站只剩下不到两个月的时间。

按照计划,中国南极长城站要在 1985 年 2 月 20 日举行落成典礼。为赶工期,考察队提出了"苦战 27 天,建成长城站"的口号。队员们热情高涨,每天工作 16 个小时以上,晚上就睡在冰天雪地的帐篷里。中国首次南极考察队的副队长张青松回忆了他们建设南极长城站时风暴潮冲坏码头的情况:

【音频】张青松:连夜我们就在那儿干,把码头的位置、房屋的位置都差不多定位了,干一个通宵。那个地方的风暴潮很厉害,潮水上涨了大概两米多,把我们辛辛苦苦建起来的码头冲得稀里哗啦。

1985 年 2 月 20 日上午,中国南极长城站的落成典礼如期举行,我国成为在南极建站的第 17 个国家。中国首次南极考察队的队长郭琨讲述了我国建立南极长城站的意义:

【音频】郭琨:长城站建成以后,我认为我们国家在南极有了第一个立足之地,也可以说,为我们国家的极地考察事业闯出了路子,迈开了步子,赢得了权益,打下了基础,开辟了一个新的纪元。

1985 年 10 月 7 日,中国在第 13 届《南极条约》协商国会议上成为协商国成员。从此,在南极事务中,中国有了发言权和表决权。此后,我国在南极又相继建立了中山站、昆仑站和泰山站等科学考察站。

(舒 凤)

南 极

美国总统尼克松首次访华

二月
21

1972 年 2 月 21 日晚,北京人民大会堂灯火通明,一场欢迎美国总统尼克松的国宴正在这里举行。这天,尼克松作为第一位踏上新中国土地的在任美国总统,开始了对中国为期一周的历史性访问。这一周被称为"改变世界的一周",中美双方 25 年的冰封隔绝被打破了。尼克松访华期间发表的《中美联合公报》,标志着中美两国关系从此揭开了新的一页。

在欢迎宴会上,周恩来总理和尼克松总统分别致辞:

毛泽东会见尼克松

【音频】周恩来:我们希望通过双方坦率的交换意见,弄清彼此之间的分歧,努力寻找共同点,使我们两国的关系能够有一个新的开始。

尼克松:让我们在今后的五天里在一起开始一次长征吧,不是在一起迈步,而是在不同的道路上向同一个目标前进。

1969 年初,尼克松入主美国白宫。出于外交战略的需要,他多次作出寻求"与中共改善关系"的姿态。与此同时,毛主席和周总理从调整中、美、苏大三角关系的外交战略需要出发,通过请美国作家斯诺传话、邀请美国乒乓球队访华等方式发出信号,希望与美方接触,争取打开中美关系的僵局。1971 年,时任美国总统国家安全事务助理的基辛格秘密访华,为尼克松的首次访华作了预备性会谈。此后,尼克松总统通过电视向全美宣布了他接受中国政府的邀请即将访华的消息。尼克松访华时的中方翻译、新中国第一代翻译家和外交官章含之谈到了当时接待工作的总方针。

【音频】章含之:毛主席有一个具体的指示,就是说,接待美国人是 8 个字:不冷不热,不卑不亢。

1972 年 2 月 21 日中午时分,美国总统尼克松乘坐的专机缓缓滑入首都机场的停机坪。舱门打开,尼克松总统携夫人沿着舷梯走下。在离地面还有几步远的地方尼克松就伸出了手,快步迎向走上前来的周恩来总理。在热烈的掌声中,他们的手握在了一起。尼克松在日记中写道:"当我们的手相握时,一个时代结束了,另一个时代开始了。"这次握手震撼了世界,被西方人称为"中美交往的珍贵瞬间"。

2 月 21 日下午,毛泽东在他中南海的大书房里,会见了尼克松和同行的基辛格等人。毛泽东和尼克松开始就台湾、印度支那、扩大中美交流等问题展开了认真、坦率的交流。会谈在轻松友好的气氛中进行,双方不时发出阵阵笑声。毛泽东牢牢把握住了这次会谈的主题,那就是中美关系中的长远性、原则性、宏观性、战略性问题。一个多小时的历史性会晤,把之后即将发表的中美联合公报的内容都涉及到了，而且将公报的轮廓勾画清楚。

尼克松是带着一长串的问题清单来到北京的。在这个清单里，既有双方密切关注的台湾、越南问题，也有对双边关系未来的规划，还包括他对亚洲和世界和平结构的期望。在为期一周的访问中，尼克松同周恩来进行了五次会谈。在会谈中，台湾问题分歧最大，它也是签署《联合公报》过程中十分周折的一个问题。尼克松承诺在台湾的军事力量逐步减少直至全部撤出，周恩来也从大处着眼，代表中国政府作了一定的让步。在周恩来与尼克松会谈的同时，时任中国外长的姬鹏飞和美国国务卿罗杰斯之间也就中美关系正常化、互设联系机构、开展科教文体人员交流以及互通贸易等问题进行了五轮会谈。在北京期间，尼克松游览了故宫、长城、颐和园，还观看了文体演出。2月26日，周恩来陪同尼克松夫妇一行前往杭州参观访问。在西湖游览时，尼克松以轻松的口吻谈到了他对这类观光活动的喜欢。

【音频】**尼克松**：我很喜欢这样的观光活动，就像我喜欢中国菜一样，我希望这样的观光更多些。**章含之**：其他的随行人员喜欢吗？**尼克松**：你看他们不都在这儿吗？这次我和周总理都忙于谈判，没什么时间到处看看。但是我们正在进行的谈判更有意义。

2月27日，尼克松一行由杭州飞往上海。在上海，中美双方正式签署了《联合公报》，因此《联合公报》又称《上海公报》，这是尼克松访华最大的成果。《公报》列举了双方在重大国际问题上的不同观点和看法，强调指出，双方同意在和平共处五项原则的基础上处理国与国之间的关系和国际争端。关于台湾问题的措辞，经过反复磋商和字斟句酌的修改后，以双方都能够接受的方式，在《公报》中表达出美方对这个问题的态度。

2月28日上午，尼克松一行结束了对中国的历史性访问，乘专机返回美国。这一天，《中美联合公报》正式发表。尼克松访华和《中美联合公报》的发表，宣布了中美之间彼此隔绝、相互对立、不相往来的时代已经结束，为中美关系的正常化和两国人民扩大交往开辟了新的前景。毛泽东与尼克松在1972年的这次握手之后，中美关系逐步正常化，国际形势得到了缓和，世界战略格局也发生了重大变化。

（郑榴榴）

周恩来在机场欢迎尼克松夫妇

克隆羊多莉诞生的消息公布

二月 22

伊恩·维尔穆特博士与克隆羊多莉

1993年的美国电影《侏罗纪公园》讲述了科学家利用克隆技术复活恐龙却反遭恐龙疯狂猎杀的故事。此片不仅给观众带来了强烈的视觉冲击,也激起了人们对克隆技术的浓厚兴趣。事实上,科学界从未停止过对基因和克隆技术的探索。1996年,英国科学家伊恩·维尔穆特博士用一个成年羊的体细胞成功克隆出了一只小羊,这只小羊与提供体细胞的成年羊一模一样。1997年2月22日,英国罗斯林研究所正式对外公布,克隆羊"多莉"培育成功。这个消息的宣布让世界哗然,因为在理论上,人类也可以利用同样方法复制"克隆人"。但是理论上的东西真的能够实现吗?如果能够实现,对人类又意味着什么呢?当然还有一个更值得深思的问题,那就是"克隆人"能被世俗所接受吗?也许美国前总统克林顿的一番话,可以得到很多人的共鸣。

【音频】克林顿:每个人类都是独特的,他们的出生是科技无法比拟的。我想我们应该尊重这一恩赐,坚决不从事人类克隆。

距爱丁堡市10公里远的郊区有一个名为罗斯林的村庄,而罗斯林研究所就建在这里。罗斯林研究所是英国最大的家畜家禽研究所,也是世界著名的生物学研究中心,这里也是克隆羊多莉的出生地。1996年7月5日这一天,一只体重6.6千克的克隆小绵羊来到这个世界。经过几个月的精心呵护,这只身世不凡的小绵羊茁壮成长,并获得了一个动听的名字——多莉。

1997年2月27日,英国《自然》杂志刊登罗斯林研究所的实验结果。各国报刊、电台、电视台等媒体纷纷对此进行报道和评述。有人欢呼称这是划时代的突破,也有人担忧克隆技术将成为毁灭人类的武器。无论外界对克隆技术如何评价,它依然被美国《科学》杂志评为该年度世界十大进步科技之一。科学家认为,多莉羊的诞生标志着生物技术新时代的来临。"克隆"这个词汇,也从之前只在科学研究领域出现的术语变得广为人知。克隆猪、克隆猴、克隆牛纷纷问世,似乎一夜之间,克隆时代已来到人们眼前。"多莉羊"的创造者、英国科学家伊恩·维尔穆特博士希望克隆技术能够正确运用在帮助人类上。

【音频】伊恩·维尔穆特:我们无法估计这个突破能为人类的健康及疾病问题带来多大的利益。我们的研究的确成功了,但如何使用才是最重要的。

科学探索之路,注定布满荆棘,成功也并非唾手可得。2003年2月14日,经兽医诊断,多莉患有严重的进行性肺病。所谓"进行性"疾病是指病情不断发展恶化,生命危在旦夕。鉴于这种情况,研究所决定为多莉实施"安乐死"。

世界上第一只成年体细胞克隆羊多莉的早逝,使原本就已沸沸扬扬的克隆技术争论又起波澜。绵羊通常能活 12 年左右,而多莉只活了 6 岁,它的早夭引起了人们对克隆动物是否会早衰的担忧。1997 年,距离克隆"多莉羊"诞生 10 年,科学家们逐渐认识到,克隆并不是完美的。他们发现在正常的发育过程中,被称为甲基的分子会按正确的时间模式附着在 DNA 上,该模式控制着什么时间传递何种基因。在克隆过程中,这种时间模式却并非总能被准确重建。所幸,哺乳动物的身体似乎能够自我修补基因重新排列而造成的小错误。尽管克隆过程中产生的缺陷也许很小,而且哺乳动物能够承受,但只要克隆就会产生缺陷,这却是不争的事实,这就是科学家反对进行人类克隆的原因之一。那么克隆人真的难以实现吗?上海复旦大学教授潘重光认为,克隆人技术其实是有过成功案例的,但是出于某些原因未能公布出来。

【音频】潘重光:实际上人的克隆是成功的,在 1998 年的时候两个韩国科学家用妇女的卵细胞移植了体细胞核,并且成功了。但公布后,强大的舆论压力迫使他们烧掉了自己的成果。

相较于这种引爆全球的克隆热,中国的克隆技术似乎正在沉寂。但实际上,在克隆领域中国人起步得并不晚。被誉为中国"克隆先驱"的著名生物学家童第周,在 20 世纪 60 年代初开创了鱼类细胞核移植研究,发现了脊椎动物远缘物种间的细胞核和细胞质之间的可配合性,并首次用鱼类证实了异种克隆的可能性。

2005 年,中国农业大学的李宁带领团队成功克隆了国内首个体细胞小香猪。次年,李宁在国际上首次成功完成转基因克隆奶牛的"再克隆"和冷冻卵母细胞的克隆,推动我国克隆技术进入新的高峰。

时至今日,中国的科学界和公众似乎正在慢慢地将克隆技术淡忘,取而代之是对转基因、纳米、量子通信、3D 打印等新技术的追捧。尽管我国克隆技术的发展遇到瓶颈,但如能对之前成熟的动物克隆技术进行产业化,进一步应用于生活领域,或许能为克隆技术的发展提供强大动力。

(金 之)

中国克隆先驱——童第周

电影《红高粱》获柏林电影节金熊奖

【音频】电影《红高粱》插曲《妹妹你大胆地往前走》

20 世纪 80 年代末,姜文用毫无修饰的嗓音吼出了一曲《妹妹你大胆地往前走》,一时间传遍大江南北。这首歌出自张艺谋导演的电影《红高粱》。1988 年 2 月 23 日,电影《红高粱》一举夺得第 38 届柏林国际电影节最高奖金熊奖,成为首部获此殊荣的亚洲电影。《红高粱》是张艺谋导演的第一部作品,影片张扬着他积蓄多年的理想和热情。

【音频】张艺谋:我非常感谢你们把这个奖给了我的影片,这个奖对于我和我年轻的朋友们意味着我们有可能拍更好的中国电影。

张艺谋登台领取金熊奖

电影《红高粱》改编自诺贝尔文学奖得主莫言的同名小说,由姜文、巩俐等主演。影片以抗日战争为背景,通过儿童的回忆讲述了一个传奇故事,描写了一群"敢生敢死敢爱敢恨"的人,赞颂了勃勃的生命力和无拘无束、坦荡的生命观。该片最大的特色是拍出了中国人豪迈张扬的一面,跟当时中国内地电影一贯哀伤沉重的传统风格大相径庭。张艺谋讲述了他拍摄《红高粱》的初衷:

【音频】张艺谋:我是拍《老井》的时候看到莫言的《红高粱》小说,当时比较喜欢。我们几个伙伴交换了一下意见,都觉得可以拍成一部好电影。《红高粱》,我觉得本身是一部张张扬扬的作品,轰轰烈烈、大起大落。我希望借这个作品表达人对于生活、生命的一种热烈的追求,敢生敢死、敢爱敢恨、自由洒脱的生活态度。

按照当时的版税规定,张艺谋到莫言家自掏 800 元钱买下了电影的改编权。莫言讲述了两人第一次见面时对彼此的印象,说是"生产小队长"和"会计"进行了一次成功的合作:

【音频】莫言:我一见到他马上想起了我们生产队的小队长。后来张艺谋说:"我一见莫言,就想起我们生产队的会计。"于是,一个小队长和会计进行了一次成功的合作。

凭着西北人的执着和韧性,张艺谋将自己的电影热情释放在《红高粱》中。为了能在秋天拍摄到高粱成熟的影像,张艺谋特地率剧组到山东亲手种下了一片高粱地。时任西安电影制片厂厂长的吴天明讲述了当时的情形:

【音频】吴天明：张艺谋带着摄制组的人边体验生活边浇地,穿着大裤衩子,光着脊梁。全摄制组去浇高粱,每天一棵一棵地浇,最后硬是在一个多月后把高粱催起来了。

《红高粱》被视为中国第五代电影人成熟的标志。影片并未照搬小说的意识流结构,而是将故事改为直线叙述。张艺谋以他独到的摄影技巧将熟透的红高粱映照于黄土地上,展现了大西北所独有的宽广苍劲之美,精心复现了小说所构造的色彩世界。电影《红高粱》的摄影师肖风、文艺评论家尹鸿讲述了电影《红高粱》的美学魅力：

【音频】肖风：每一个细节都能看得出导演的那种激情的张扬,那种人物的奔放。
尹鸿：而且在电影美学上,他把第五代那种重视影像、重视视听对人的感染力、重视视听造型本身的文化表达非常好地结合在一起。

音乐是电影声音的组成部分,出色的音乐能呈现影片的气质,深化影片的主题。电影《红高粱》以豪放的音乐形态与故事情节恰当地融合在一起,叙事又抒情,写实又写意。作为电影《红高粱》的作曲之一,赵季平讲述了这部电影的艺术走向：

【音频】赵季平：如何搞这个片子的整体艺术走向? 当时定的就是我们是纯国粹,从它拍摄的那种构图、摄影的构图、色彩、音乐、造型,都是用的现在这种状态,就是要人性本能的喷发。

1988 年 2 月,柏林的银幕上第一次出现了黄土地,张艺谋将一个传统、神秘,充满东方色彩的中国带到了各国影迷的视野中。2 月 23 日,《红高粱》荣获金熊奖,为中国电影赢得了有史以来最高的国际荣誉,让西方人对中国电影刮目相看。《红高粱》的获奖给世界电影人带来震动的同时,也给当代中国电影人带来了空前的振奋和集体的欢愉。当年和张艺谋同去柏林参赛的电影导演黄健中回忆了当时的情形：

【音频】黄健中：当时回来的时候,陈昊苏说这比奥林匹克拿金牌的意义还要大,因为我们产生了一种文化的影响。我觉得陈昊苏这句话说得很对。回来给他们讲的时候,我激动得都掉眼泪了,尽管不是我拿奖。但我觉得中国电影,我亲眼目睹,终于可以跟世界比拼一次。

除了柏林电影节的金熊奖之外,电影《红高粱》还获得了 16 个中外奖项。张艺谋在《红高粱》之后成为柏林的常客,巩俐也借此片一炮而红并步入国际影坛。

(舒 凤)

电影《红高粱》海报

"苹果之父"乔布斯出生

二月 24

乔布斯

　　1955年2月24日,23岁美国女孩乔安娜独自在旧金山医院的产房里生下了一个男婴,她还没来得及享受亲生骨肉诞生带来的快乐,就不得不含泪将婴儿送给他人,从此母子分离。这个婴儿就是长大后成了"苹果之父"的史蒂夫·乔布斯。多年后,乔布斯坦然面对这段人生最初的经历,并将它视为生命的起点。

　　乔布斯的生母乔安娜未婚先孕,更糟糕的是,孩子的父亲——23岁的简德里不仅是叙利亚移民,还是乔安娜在威斯康辛大学的政治老师。生活在保守的美国南方的乔安娜一家极力反对这桩婚姻。乔安娜于是决定独自去加州分娩,她还要在当地给这个孩子找一户合适的人家。乔安娜选择了年过半百的保罗·乔布斯一家。起初,乔安娜对于将儿子交给他们抚养有过犹豫,但最后乔布斯一家以诚意打动了她,他们向这个年轻的未婚妈妈保证,将来一定送孩子上大学。这种坚持是亲生母亲留给乔布斯仅有的几笔财富,但乔布斯更多感激的仍然是自己的养父母。

> 【音频】乔布斯:我的亲生母亲不久后发现,我的养母并不是从大学毕业的,我的养父也没有高中毕业,因此她拒绝签下最后的领养同意书。但几个月后她就心软了,因为我的养父母承诺会让我去上大学。

　　他们果然没有食言,为了孩子,老乔布斯夫妇倾尽所有。史蒂夫不是个好带的小孩,他经常闯祸,甚至因为好奇会喝下整罐杀虫水。此外,他还患有阅读障碍症。为了信守与乔安娜的约定,老乔布斯夫妇决定为养子搬家、换学校。他们搬到硅谷的所在地,高中毕业后,乔布斯选择位于俄勒冈的里德大学就读。不过,作为私立学校,里德大学的学费昂贵,根本不是乔布斯这种工薪家庭所能承担得起的。老乔布斯夫妇再次满足了儿子的任性,为他凑齐了学费,但乔布斯不到一年就辍学了。

　　1976年4月,年仅21岁的乔布斯与好友沃兹尼亚克在自家的车库内成立苹果电脑公司。公司随后推出的苹果电脑成为首批商业上取得成功的个人电脑之一。1982年,长发过耳、蓄着一抹嬉皮士唇髭的乔布斯创办苹果6年后,身价已暴涨至1.59亿美元,首次登上了《时代》杂志封面。1983年,乔布斯从百事公司挖来了约翰·斯库利,可就是这个人几乎毁掉了乔布斯之前辛苦工作的一切。在公司成立的第9年,乔布斯和自己的合作伙伴对公司未来发展的看法发生了严重分歧。最终,公司董事会支持斯库利,解雇乔布斯。

　　由此,乔布斯陷入了人生的第一次低谷。但之后乔布斯又重新找到了人生的目标,他收购了皮克斯动画并创立了NeXT公司,该公司因为出色的表现,1997年被苹果公司收购。此时的苹果公司已是江河日下。为了挽回颓势,董事会不得不邀请乔布斯重返苹果,开始苹果的第二个"乔布斯时代"。同年,乔布斯亲自为苹果广告《非同凡想(Think Different)》撰写广告词并配音,这短短的几句话或许反映的正是乔布斯内心真实写照。

【音频】乔布斯:致疯狂的人。他们特立独行。他们桀骜不驯。他们惹是生非。他们格格不入。他们用与众不同的眼光看待事物。他们不喜欢墨守成规。他们也不愿意安于现状。你可以认同他们,反对他们,颂扬或是诋毁他们。但唯独不能漠视他们。因为他们改变了寻常事物。他们推动人类向前迈进。或许他们是别人眼里的疯子,但他们却是我们眼中的天才。因为只有那些疯狂到以为自己能改变世界的人,才能真正改变世界。

乔布斯最有名的一句话:"活着就是为了改变世界,难道还有其他原因吗?"他也正是执着于此。自乔布斯重返苹果公司以后,苹果公司相继推出了 iPod、iPhone、iMac 等产品,"apple"成为年轻时尚一族的代名词。而就在这一切发生之前,苹果公司已经被认为是硅谷的夕阳企业,每年亏损十几亿美元。也许没有哪一家公司能够像苹果这样,因创新而没落,又因创新而辉煌。苹果在十几年间几乎成为了创新的代名词,而乔布斯也成为苹果公司乃至全球科技创新的真正精神领袖。

乔布斯年轻时最喜欢美国歌手鲍勃·迪伦的歌曲《时间正在改变》,正如歌中所唱:"因为时间正在改变,把眼光放远,机会只有一次。"乔布斯似乎天生为创新而生。然而,厄运在 2003 年降临,乔布斯被查出患了胰腺癌。当时乔布斯被告知只有 3 至 6 个月的生命,虽然后来通过手术切除了肿瘤,但他的身体并未彻底恢复。之后,关于乔布斯病情加重的消息不断传出。2011 年 1 月 17 日,乔布斯在给职员的电子邮件中称:"我是如此喜欢苹果,希望能尽快回来。"不过,乔布斯终究还是没能回来。2011 年 10 月 5 日,乔布斯病逝。

(肖定斌)

青年乔布斯

二月 25

浦东大厦爆破拆除　成都路高架动迁工程基本完成

1994年2月25日早上6点，位于延安东路成都北路口的浦东大厦在一声轰鸣中夷为平地。这是继原黄浦区图书馆、原卢湾区政府1号楼之后，成都路高架拆迁工程中最后一幢采用定向爆破技术拆除的高层建筑，标志着成都路拆迁工程已进入尾声，预示着上海城市交通新格局即将到来。而在这背后，则是沿线动迁范围内近千家单位与近十万市民作出的牺牲。

诞生于20世纪初的上海成都路，由北向南穿越当时市中心人口稠密的闸北、静安、黄浦、卢湾四区，这是一条老的交通干道，但没有全部贯通，当年给人的印象就是狭窄、陈旧和拥挤，局部区段只有7到9米的宽度。成都路高架工程要求道路全线拓宽至50米以上，在节点有立交桥的地方更要拓宽至70到80米。时任上海市政工程管理局副局长的吴念祖为大家介绍了这条上海市区南北主干道的工程概况：

成都路高架工程图

【音频】吴念祖：它的全长是8.45公里，是上海市南北向的一条重要交通干道。我们这次施工，高架部分宽度是25.5米，有六个快车道，地面有八个车道，六个快车道两个慢车道，一共宽度在50米左右。

拓宽就意味着动迁。1993年7月，动迁工作从北线闸北开始，逐步向其他三个区铺开。被称为上海开埠以来搬迁居民最多、涉及范围最广、工作难度最大的十万居民大动迁开始了。动迁工作碰到的最大难点就是缺少能够调配的现房，这样一来，大部分的动迁居民需要自己想办法找过渡房，政府按照每人每月60元的标准发放过渡补贴，并承诺动迁配套的小区在一年内完工。动迁居民对此意见不小，都希望等配套小区建造好后直接搬入。然而，政府有关部门也有一本难念的经，紧迫的工程计划决定了无法在动迁时间上再作让步。从时任上海市建委主任杨小林的话中可以感受到动迁进度的紧迫性：

【音频】杨小林：主要是因为成都路改造问题越早越好，这又是个迫切性问题了。因为交通问题现在市里解决不了，现在也不仅是冬季了，一年四季都不行，24小时里基本上都没得空。现在这个时候马路上车子又来了，交通问题实在是紧得不得了，所以急于要搞成都路高架工程。动迁房在没有准备的情况下就开始了，确实是这个情况，当然最好推迟一点，等动迁房全部盖完了。现在这样呢，可能在动迁上面多花了点钱，工程设施上面要多花点钱，但是多花这点钱，同能够提前一年使上海的交通有所改善相比，还是划得来的。

当时动迁政策的执行,有一项的影响比较深远,叫"谁家的孩子谁家抱":动迁居民所在单位有房源的,需要优先安置,无房源的由其主管委、办、局在系统内调剂解决,也就是由动迁居民的工作单位来帮助解决困难;如果是没有单位的,就由街道出面。这样一户一户地协调分配过来,才能使动迁工程尽快展开。

成都路高架的初始设计方案是四车道。后来,时任上海市长的黄菊同志从北京赶回上海,指示至少要建双向六车道,再加上紧急停车带。以下是因为增加车道而被划入动迁范围的居民陈佩芬接受采访时的感想:

【音频】陈佩芬:当时我是有想法的,原来造六车道,我这个房子拆不着,因为我们的房子正好在红线上。后来说要改八车道,当时我心里想想很窝囊的,但是现在再想想呢,是八车道宽,中山北路路面一宽以后,下面几部车子同时好开。市领导的做法还是对的,是为长远利益打下了基础,不是为眼面前利益。

现在看来,这是一个富有魄力又具远见的决定。上海市区南北向道路本来就少,而且路幅窄,于是现在的高架就成为了上海城市交通的"主动脉",如果当初只建四车道的话,将无法承担如此巨大的车流量。

为了配合动迁工程的顺利开展,信守政府对动迁居民1994年底前搬入新居的承诺,在市区周边真光、泗塘、沪东、昌里等地区,同时有多个配套动迁安置房基地在加班加点地开工建设。

在承诺期限内,绝大部分动迁居民搬入了期盼已久的新房,虽然有些新建小区的周边配套设施还无法同时跟上,但这种建设速度和效率在上海乃至同时期的全国也是空前的。当时的市领导也在动迁居民入住安置房源后的第一时间深入群众。时任上海市副市长的夏克强在新建小区了解了居民反映的情况后,在现场就给予了积极的答复:

【音频】夏克强:我知道这里有交通上的困难,有公共电话的困难,还有菜场的困难。大家的反映完全是合情合理的,而且是通情达理的,也是很起码的要求,我们市政府有责任把这些问题一个一个地解决好。

正是有了政府高度负责的精神和动迁居民"舍小家、为大家"的胸怀,成都路高架动迁工程才得以顺利完成。而自20世纪90年代以来,上海城市的交通面貌也已发生了巨大变化,长期交通拥堵的状况得到了明显缓解,中心城区形成了由轨道交通、高架道路、三横三纵地面主干道构成的立体交通网络。因市政建设而动迁的居民数量早已突破百万。当大家享受着城市发展带来的便利时,都应该记住动迁户这个群体为我们这座城市作出的特殊贡献。

(倪嘉铭)

沿线居民动迁

中国电影出现首位女演员

1896年6月的一天,在上海闸北徐园"又一村"茶馆里,一样新奇的西洋玩意儿吸引了四方来客好奇的目光,这就是当时被人们称为"西洋影戏"的电影。很快,在上海的各大茶楼戏院中,电影成了市民大众休闲生活的新宠,看电影迅速成为一种现代都市的消费时尚,中国的第一批电影人也随之诞生。但是,受传统礼教的影响,当时电影中的女性角色均由男演员扮演。1913年2月26日,严珊珊在电影《庄子试妻》中扮演了侍女一角,这使她成为中国电影银幕上的第一位女演员,由此翻开了女性在中国电影史上的新篇章。

严珊珊出身广东名门,曾就读于香港懿德师范学校。然而,富裕的家庭和良好的教育并没有把她塑造成一位传统意义上的名门佳媛,相反她性格叛逆、言行张扬,她之后的一些思想与所作所为,使她成为了民国初年的传奇人物。

严珊珊在香港就读师范的时候与黎民伟相识,进而成为志同道合的情侣,他们两在革命事业中也有着一致的步伐。根据黎民伟日记中记载,他本人于1911年在香港加入同盟会。武昌起义后,15岁的严珊珊毅然加入广东北伐军奔赴南京、徐州等地,救伤无数。

严珊珊

黎民伟曾经追随孙中山,拍摄了一系列记录北伐战争和国民革命的纪录片,被誉为"中国纪录片之父",他还得到了孙中山先生的亲笔赠词"天下为公"。在黎民伟拍摄的早期纪录片《勋业千秋》中,解说词富有年代特色,从中我们可以隐约领略那个时代的气息。

【音频】纪录片《勋业千秋》片段

1913年,黎民伟借用了一个美国人的摄影器材,在香港拍摄了电影短片《庄子试妻》。影片取材于明清传奇,讲述庄周诈死,以试其妻子是否忠贞的故事。严珊珊在片中扮演庄周妻子的侍女。虽然她不是主角,在片中只有寥寥几句台词,但这已奠定她作为中国电影史上第一位女演员的地位。电影史专家赵小青讲述了严珊珊作为女性首登银幕的这一"壮举":

【音频】赵小青:严珊珊能够抛头露面,作为第一个女演员登上荧幕,实属一种大胆之举。当然这与她对她丈夫的爱以及对她丈夫事业的支持有很大的关系,同时和她自己的人生经历也有很大关系。

在中国电影刚刚诞生的年代,电影明星在大多数人看来,过的是一种与戏子无异的卖笑人生。严珊珊顶着流言蜚语,在男人主导的电影领域,伴随着自己的丈夫黎民伟一路走了下去。耐人寻味的是,《庄子试妻》中的女主角仍然由男性扮演,而扮演者就是黎民伟本人,旧传统的力量不言而喻。黎民伟的好友、演员鲍方回忆了黎民伟拍摄《庄子试妻》以及出演庄妻一角的原因：

【音频】鲍方谈《庄子试妻》

一直到1921年《阎瑞生》一片问世，女演员王彩云扮演了妓女王莲英一角，中国电影中才首次出现由女性担任女主角。

参演《庄子试妻》之后，严珊珊加入上海民新影片公司，接连出演了《和平之神》《五女复仇》《再世姻缘》等片。严珊珊不仅是黎民伟的第一任妻子，更是黎民伟电影事业上的伙伴，还是孩子们眼中的好母亲。黎民伟的六子黎锡先生讲述了严珊珊对黎民伟电影事业的支持：

【音频】黎锡：我父亲和严珊珊结婚之后，夫妻两人一直十分恩爱，严珊珊也一直很支持我父亲的事业。

这种家族精神在黎氏家族传承了下来。黎民伟的孙女、香港艺人黎姿在接受专访时也谈到家族长辈的影响使她有种使命感：

【音频】黎姿谈家族使命感

作为第一个"吃螃蟹"的人，严珊珊在之后很长的一段时间，一直是中国唯一有过"触电"经历的女性。后来逐渐出现的一批走出家门的中国电影女性，大都与严珊珊有着相似的生活背景。她们通常出生富裕家庭，受过良好的西式教育，有着开明的头脑，受传统道德束缚较少。因此，她们也敢于冲破世俗的羁绊，成为中国电影最早的女性拓荒者。中国先期电影四大名旦中的张织云、王汉伦和杨耐梅基本属于此类女性。然而四大名旦之一的宣景琳则有所不同，她出身贫寒，当过舞女。不同的人生经历使她能不局限于单一的表演风格，她努力拓宽戏路，尝试不同的角色。在影片《姊妹花》中，20多岁的宣景琳就成功地扮演了一位20多岁孩子的母亲，令人印象深刻。

【音频】影片《姊妹花》的片段

这些中国女性，虽然出身不同，教育背景各异，但都有着对电影的炽热之心。中国电影正因为有她们的共同参与才得以完整并有了日后的成绩。如今，中国电影女演员已成为华语电影的中坚力量，在国际舞台上也渐显风采。

（陆一文）

黎民伟

秀兰·邓波儿获奥斯卡金像奖特别奖

二月 27

秀兰·邓波儿出席奥斯卡颁奖典礼

1935 年 2 月 27 日的夜晚,一场盛大的典礼在美国加州洛杉矶的比尔特摩碗酒店举行。在有着高大拱顶的饭店门口停靠着一长列豪华汽车,从车上走下一个个衣着华丽的名人,他们是来参加第 7 届奥斯卡金像奖颁奖典礼的。在他们当中,有一个孩子显得格外引人注意,她穿着法式镶边亚麻布短连衣裙,顶着一头标志性的金色小卷发,同父母一起来到会场。她就是当时美国家喻户晓的童星——秀兰·邓波儿。奥斯卡组委会将特别奖颁发给了 7 岁的秀兰·邓波儿,以表彰她在 1934 年电影娱乐方面作出的杰出贡献。秀兰·邓波儿成为有史以来第一个获得奥斯卡奖的儿童。在接受奖杯后,秀兰·邓波儿向颁奖人致谢,然后扭头问在一旁的母亲:"妈妈,我们能回家了吗?"这个场景令人忍俊不禁。

【音频】秀兰·邓波儿奥斯卡奖获奖发言

在颁奖典礼前的一年时间内,秀兰·邓波儿出演了《小上校》等 8 部影片。在此之前,她已经参演了约 20 部影片。秀兰·邓波儿纯真生动的表演和歌舞,给当时的电影银幕带来了清新与欢快。

20 世纪 20 年代末 30 年代初,美国爆发了严重的经济危机,在此期间,许多银行倒闭,工厂破产,数千万人失业,全国处在一片动荡之中。秀兰·邓波儿的出现,对当时的美国人来说有一种不一样的意义,她就好像一抹明亮欢快的色彩点缀着大萧条时期的美国银幕。美国总统罗斯福曾公开赞扬邓波儿:"在大萧条时期为千千万万的美国人带来了微笑。"《在我的汤里的动物饼干》是秀兰·邓波儿 1935 年电影《小叛逆》的一首插曲,由她本人演唱。这首歌是秀兰·邓波儿的知名歌曲之一。

【音频】1935 年电影《小叛逆》插曲《在我的汤里的动物饼干》

1928 年秀兰·邓波儿生于美国加利福尼亚州的圣莫尼卡。她的父亲是一位银行出纳员,母亲是一位家庭主妇。3 岁那年,在母亲安排下,她进入了洛杉矶麦格林中心接受舞蹈课程。在自传中,秀兰·邓波儿回忆道:"整个主意是我母亲经过深思熟虑后决定的。她认为我应该像个专业舞蹈演员那样受训练,以利用我精力充沛、协调性好和具有起码节奏感的特点。"《我爱在雨中行走》是秀兰·邓波儿 1938 年电影《天涯海角》的插曲。影片中,她身着油布雨衣,在人工雨中载歌载舞。

【音频】1938年电影《天涯海角》（又译《小东西》）插曲《我爱在雨中行走》

母亲是秀兰·邓波儿成就背后不可缺少的人。母亲是她的代理人、司机、美发师和服装师，她为秀兰做发卷，还亲自设计并制作演出服。《亮眼睛》是秀兰·邓波儿的成名作之一。在其中一幕圣诞平安夜的场景中，小女孩祈求上帝保佑在天堂的父亲，妈妈在一旁热泪盈眶。尽管是儿童演员，但秀兰·邓波儿温情自然、质朴纯真的表演打动了很多人。

【音频】1934年的电影《亮眼睛》片段

秀兰·邓波儿与中国的渊源可以追溯到20世纪30年代。在1936年上映的电影《偷渡者》中，秀兰·邓波儿饰演名叫"青青"的中国孤儿，与几个美国人之间发生了一段感人的故事。在邓波儿的自传《童星》一书中，她回忆拍摄这部影片的经历时说："为了使发音准确无误，我得学习几百个中文词组。"影片中有一幕在餐馆点餐的场景，秀兰·邓波儿用流利的中文说出了台词，大意是，她为自己的狗点了骨头和牛奶，为自己和另一位先生各点了一碗牛奶和其他东西。

【音频】1936年电影《偷渡者》片段

在3至5岁的人生阶段，秀兰·邓波儿拍摄了30多部电影。在20世纪的三四十年代，拥有如此广泛知名度的童星实属罕见。而对于秀兰·邓波儿来说，过早成名的代价是失去了普通人应有的童年。

和大多数童星一样，随着年龄的增长，少女秀兰·邓波儿不再像儿童时代那样广受瞩目了，她的演艺事业不再辉煌。1945年，17岁的秀兰·邓波儿嫁给了同学的哥哥。1950年离婚后秀兰·邓波儿再度结婚。至此，她彻底告别了电影业。

20世纪60年代，秀兰·邓波儿进入政界，逐步在公共服务中开启新事业。她曾担任美国驻联合国代表团代表。1974至1976年，她出任美国驻加纳大使。此后她还被任命为第18届美国国务院礼宾司司长，成为美国历史上第一位女礼宾司司长。

2006年1月29日，美国演员公会授予秀兰·邓波儿终身成就奖，以表彰她在演艺方面取得的成就和她在人道主义事业方面作出的贡献。

2014年2月10日，秀兰·邓波儿在美国加州的家中去世，终年85岁。从童星到家庭主妇，从3个孩子的母亲到外交官，秀兰·邓波儿虽然成名于少年时期，但她没有迷失在光环之中。她在银幕之外所取得的另一番成就，也被人们所纪念。

（郑榴榴）

秀兰·邓波儿在电影《偷渡者》中饰演青青

中国现代首位著名女作家冰心逝世

【音频】电视散文《小桔灯》片段

散文《小桔灯》曾入选中小学语文课本，影响了一代又一代的青少年。《小桔灯》的作者是中国现代文学史上第一位著名女作家，也是作品入选人民教育出版社教科书数量最多的作家之一，这位女作家就是冰心。

冰心本名谢婉莹，1900年10月5日出生，1999年2月28日逝世。冰心一生横跨整个20世纪，被尊称为"世纪老人"。她崇尚"爱的哲学"，"母爱、童真、自然"是其作品的主旋律。著名文学评论家夏志清曾这样评价冰心：

【音频】夏志清：冰心是很可爱的人。儿童文学看起来简单，这个是大革命。中国文学以前讲儿童的很少，把儿童与妇女变成主角，这是了不起的事情。

冰　心

1997年，也就是在冰心逝世的前两年，家乡人为她建立了"冰心文学馆"。这里集中展出了冰心一生的创作成就还收藏了一件有着许多未知和疑问的遗稿。据许多知情人回忆，晚年的冰心系于民族感情以及父辈的仇恨，打算撰写《甲午战争》，但是每次落笔都因情难自控而不能成文，最终宿愿未了。老舍之子、作家舒乙回忆了当时的情况：

【音频】舒乙："甲午之战"纪念一百年的时候，冰心先生突然跟我说她要写一部大作品，我当时感到非常惊讶。因为冰心高龄的时候，文章越写越短。她说现在知道甲午之战实情的人已经很少了，她在很小的时候就知道了很多很多关于甲午之战的事情。

1903年，3岁的冰心随父亲谢宝璋来到烟台。当时，谢宝璋受命海军训练营营长，同时负责筹办海军学校。受父亲的影响，海浪、军舰和军营生活伴随着冰心的成长，大海给予了她最初的艺术熏陶。无论过去了多少年，说到海，冰心总是一往情深。

【音频】冰心：这个大海啊，对我影响很深。所以，我写东西的时候，总是想到海的事情。

在家庭环境的熏陶下，冰心从小博览群书，11岁就已看完全部的"说部丛书"以及《西游记》《水浒传》等古典小说。这种广泛的阅读为她以后的文学创作打下了坚实的基础。

1918年，冰心入读协和女子大学预科，积极参加五四运动。次年，她在《晨报》副刊上陆续发表《斯人独憔悴》《去国》《秋风秋雨愁煞人》等小说，正式开创了"问题小说"的风气。这些小说突出反映了封建家庭对人性的摧残、面对新世界两代人的激烈冲突以及军阀混战给人民带来的苦痛。

此后,冰心在印度诗人泰戈尔《飞鸟集》的影响下创作了诗集《繁星》和《春水》。1923年,这两组诗歌先后结集,分别由商务印书馆和新潮社出版。这些无标题的自由体小诗被作家茅盾称为"繁星格"与"春水体",而用冰心自己的话说,是将一些"零碎的思想"收集在一个集子里。传记作家卓如讲述了周作人在课堂上说起《繁星》和《春水》的事情:

【音频】卓如:《繁星》《春水》在《晨报》上断断续续一直刊载到6月,整整半年。当时,周作人是冰心的老师,他在课堂上讲新诗。他说现在诗坛上流行的是冰心女士的《繁星》和《春水》,当时冰心就坐在第一排听他的课,他也不知道冰心就是他的学生。

从1923年赴美留学至1926年回国,冰心在《晨报》副刊陆续发表了29篇写给小朋友的书信体散文,1926年结集印成《寄小读者》由北新书局出版。《寄小读者》可以说是中国近现代较早的儿童文学作品,冰心也因此成为中国儿童文学的奠基人。20世纪60年代和70年代,冰心又分别发表了《再寄小读者》和《三寄小读者》。三部通信集虽然发表的时间不同,但主题都是自然、童真。冰心的女儿吴青回忆了冰心的儿童教育观:

【音频】吴青:从小我妈妈要我去尊重生命,公园的花那是绝对不许摘的,那是大家的。另外,我们绝对不能破坏环境,脏的东西不能扔在地下。后来我妈妈在《三寄小读者》里面就写春游期间大家还是要爱护保护环境。妈妈一直把提倡什么都写在这些作品里面,去跟人分享。

冰心一生创作的小说、诗歌、散文、论文等各种体裁的作品达一千多篇。直到晚年,她在病痛缠身的情况下仍笔耕不辍,陆续创作了《空巢》《万般皆上品》《远来的和尚》等佳作。她总希望自己能够给予社会多一些、再多一些。对祖国的爱、对故乡的爱、对小读者的爱,贯穿在冰心一生的写作中。

【音频】冰心:我有很多外国朋友,也有很多中国朋友,只要彼此真诚相见,都没有问题。我觉得人类最终还是爱好和平。

"有了爱就有了一切",这是冰心的一句名言,也是她一生的写照。正如作家巴金所说:"一代代的青年读到冰心的书,懂得了爱:爱星星、爱大海、爱祖国,爱一切美好的事物。我希望年轻人都读一点冰心的书,都有一颗真诚的爱心。"

(舒 凤)

冰 心

二月 29

沪剧《鸡毛飞上天》
传颂好老师吴佩芳

【音频】沪剧《鸡毛飞上天》选段:从前有个小姑娘,她真想背起书包上学堂,怎奈她三岁亲爹死,家中无钱又无粮……

这一为沪剧观众所熟知的唱段来自风靡一时的沪剧《鸡毛飞上天》。为了创作好这部戏,1960 年 2 月 29 日,上海沪剧团的创作团队深入建襄民办小学,连续旁听上课、走访家长,用不到十天时间,大型现代沪剧《鸡毛飞上天》就在共舞台首演,并在上海滩乃至全国引起轰动。主人公林佩芬的原型吴佩芳,是一位从扫盲班走出来的家庭妇女,戏中讲述了她"重重困难只等闲、白手起家办民校"的故事。

吴佩芳和学生们

1958 年,国家把小学生入学年龄提前了一年,吴佩芳所在的上海徐汇区建襄居委会因为公办小学规模有限,有七八十个小孩进不了学校,又没人管,整天在弄堂里玩耍。此时正值国家提出"全民办学"的口号,身为居委会文教副主任的吴佩芳脑海里闪出创办民办小学的念头。她和小区里另外两位家庭妇女戴祖懿、江镜蓉组建"建襄小学"筹备组,吴佩芳任组长。没有开办费,三人就凑了 90 元钱的积蓄办学;没有教室,就借来里弄面积仅 18 平方米的汽车间;没有桌椅,就廉价购买来一批扫盲班的旧桌椅,自己动手修理;没有上课铃,吴佩芳请妈妈来学校负责摇铃。搞卫生、做门卫、倒马桶,所有的事情,老师们都身体力行。几十年以后,吴佩芳仍能清楚地记得当时这些筹办经费是从哪里省出来的。

【音频】吴佩芳:我们当时有 2 块钱的贴花。贴花就是一年要满了,要满就是 24 块钱,把小菜钱省下来 6 块钱,加起来就是 30 块钱,我们三个人凑在一起就是 90 块钱。那个时候六十几年前,这个几十块钱是不容易拿的。

然而,辛辛苦苦筹办几个月,开学第一天就砸锅了:80 多个该来上学的孩子只来了 20 多人;教室里吵得像茶馆;40 分钟一节课,吴佩芳只讲了 20 分钟就没啥可讲了。这段往事在上海科影厂拍摄于 1960 年的新闻纪录片《民办小学的红旗》中有过生动的再现。

【音频】新闻纪录片《民办小学的红旗》片段

这种情况也引起了一些学生家长的担心。为了改变家长们的看法,三位老师挤出时间学汉语拼音,早起晚睡练习普通话,轮流到公立学校去取经,三个人相互听课,灯下认真交流,每天晚上备课到深更半夜。此外,他们还三天两头跑家访,见缝插针找学生谈心,一句句掏心话感动了学生、感动了家长。就这样,三人的努力终于使建襄小学的教学一天天地走上了正轨。家长们的心放下了,吴佩芳自己也有信心了,来上学的孩子们也越来越多了。

建襄小学第一批学生中,有个在公办学校留了三次级的胡海法,11岁了还在读一年级,不仅成绩差,还有随便拿家中的钱、逃学等坏习惯,连他的父亲都认为无可救药了。刚进建襄小学,他因调皮捣乱两次受到老师批评,结果班主任被他吐了一脸唾沫,吴佩芳脚上挨了一泡尿。吴佩芳不仅不生气,反而开始自我反思起来:为什么他对教育如此抵触?她意识到,学生生气是因为受到自己的批评,这些言行在无意中伤害了学生的自尊心。课间,吴佩芳主动向胡海法道歉,并不断表扬他在学习、生活上所取得的进步。"精诚所至,金石为开",胡海法不断进步,后来还当上了少先队大队长。这位当年的"皮大王"如今回忆起自己的童年还是有些许内疚。

【音频】胡海法:别的地方不收我啊,讲我老捣蛋的。正好她办民校,那个时候就进去了。反正我最大,那个时候同学都听我的,我叫他们不上课就不上课,大家出去玩了。因为小孩啊也不懂,打架了她就到我家里来,跟我爸爸妈妈讲。过去我爸爸脾气也很糟糕,老师一来讲,他就要狠狠打我了。那么他一打我,我到学校就恨她了。

办学前几年,学校招收到的学生都是公办学校读不下去的非适龄儿童,也就是留级生,吴佩芳从不抱怨生源差。有一年,建襄小学收留了该地区9所公办小学退出来的86名留级生。部分老师思想上有一些抵触情绪,为此,吴佩芳接连几天召集教师讨论:教师的责任是教"好的学生",还是"教好"学生?

【音频】吴佩芳:我这个时候提出,"教好"学生还是教"好的学生"?好的学生,你一说,他就好了。但是要教好一个学生是不容易的,所以我就觉得我要教好每一个学生,这是做老师的本领。

吴佩芳和她的老师们讨论出了"因人而异"的备课方法,找出每个孩子的优点,因材施教。吴佩芳办学的事迹上了报纸的头版头条,除了被改编成沪剧《鸡毛飞上天》,还被拍成电影《春催桃李》和《人民教师吴佩芳》。

1978年,建襄小学和附近四所学校合并,转为公办学校,吴佩芳出任校长。新的建襄小学逐渐以优良的教育质量,成为上海的"名校"。半个多世纪过去了,建襄小学今非昔比,吴佩芳也已是80多岁的老人,这位名誉校长还是习惯经常去学校里走一走、看一看。

(倪嘉铭)

建襄小学课堂

121

外白渡桥封桥　开始迁移大修

【音频】记者在封桥现场的连线报道

以上是 2008 年 3 月 1 日的电视新闻报道。这天凌晨，已逾"百岁高龄"的外白渡桥正式封桥。为配合上海外滩综合交通改造以及对百年老桥自身保护的需要，外白渡桥除桥墩以外部分将从原处拆下送往船厂，按照"修旧如旧"的原则进行大修。然而，这样伤筋动骨的整修对于外白渡桥来说并非首次，这还要从上海开埠开始说起。

1843 年上海正式开埠，租界逐渐演变形成，英租界设在苏州河南岸，美租界则在河的北岸，因为没有通行桥梁，两岸之间的往来只能依靠摆渡。随着租界人口的增长和经济的发展，每天要过江的人数日益增加，这时的苏州河就成了阻隔南北往来的巨大障碍。建造

外白渡桥迁移整修

一座连接两岸的大桥势在必行，历史学家薛理勇为我们介绍了第一个发起建造大桥的英国商人：

【音频】薛理勇：当时有一个英国商人叫威尔斯，他的头脑很好，他想这个摆渡，过一次江收一分钱，实际上还要排队，如果在这里架一座桥，过桥收费的话，一定收入不小。所以他集资成立了威尔斯桥梁公司，得到工部局的允许后开始在苏州河上架桥。

1856 年，横跨苏州河两岸的"威尔斯桥"建成了，新建桥梁为纯木结构，长 137 米，宽 7 米。此外为了不影响船只的通行，在靠近北岸一侧采用了吊桥结构。由于大桥的位置位于苏州河流入黄浦江的交汇处，正处在外摆渡口，于是市民习惯性地称之为"外摆渡桥"。大桥的建成，极大地方便了北岸美租界与南岸英租界的来往通行。

尽管该桥大大地改善了出行问题，但由于是私人投资的盈利性基础设施，凡是通过该桥往来的民众必须支付一定的过桥费，长此以往就引发了市民的不满，连美国人开办的报纸《申报》上也发表了"拟易大桥改公桥议"的文章。虽然非议不断，但直到近 20 年后的 1875 年，工部局才收购接管了出现倾塌险情的威尔斯桥，危桥被拆除后，在原址重建了一座新桥，因为靠近当时的外滩公共花园，故被称为公园桥。由于该桥由工部局出资建设，建成后对往来苏州河两岸的行人和车辆就不再收取过桥费了。

长久以来"公园桥"这个名字却远远不及它的俗名"外白渡桥"那样出名。那么，市民口中的"外摆渡桥"是怎么变为"外白渡桥"的呢？

【音频】薛理勇：以前过桥要收费的，现在过桥不要收费了，我们上海人不要钱的东西叫"白"，不花钱的吃饭叫吃白饭；不花钱的看戏叫看白戏，那么现在不花钱的过桥就叫白渡桥。

进入 20 世纪之后，上海的街道上出现了有轨电车。连接上海南北交通的外白渡桥却因为其本身的木质结构而不能铺上电车轨道，这很快成为一个交通难题。为了跟上城市发展的节奏，赶上现代化发展的脚步，工部局不惜再次重用人力、物力和财力，对这座苏州河上最重要的桥梁进行大规模修葺。为了配合电车轨道的铺设，把原来的木制桥板全部拆除，精心打造了一座全钢结构的桥梁。

【音频】外白渡桥上行驶过电车的叮叮当当声，汽车喇叭声

1908 年，修缮一新的外白渡桥正式落成通车，有轨电车铃声叮叮当当在桥上响起，它也首次呈现出了现在上海人最熟悉的模样。至此以后的百年，外白渡桥虽历经多次整修，但其钢制外观和桥梁结构等仍保持 20 世纪初的原貌。它已经成为外滩不可或缺的一部分，伴随着一代代上海人走入了 21 世纪。

2003 年，同济大学和市政部门的一份联合评估报告显示，外白渡桥如果得到妥善的保养还能再使用 30 年。2007 年底，外白渡桥的设计公司，英商豪沃思·厄斯金公司致信上海市政部门，提醒外白渡桥已经达到当初设计使用年限的一百年。为了迎接上海世博会、配合外滩风貌的整体维修，2008 年，上海市政府决定彻底加固外白渡桥，把这座已有一百年历史的老桥移至民生路码头，由上海船厂进行全面的检查和整修。

【音频】外白渡桥迁移新闻报道

2009 年 2 月 25 日，经过为期一年大修的外白渡桥北跨开始移桥复位。当日 18 时，北跨桥身完成固定。次日，南跨也回归原址。整个百年老桥完整归来。复位后的外白渡桥对桥梁关键部位的钢材进行局部更换和加固，对桥梁外立面进行重新粉刷，恢复到 1907 年的风格，桥面重新铺设了沥青，两侧人行道恢复木质桥面，工程人员还设计了名为"城市之光"的 LED 灯光系统，使得它在夜间更加绚丽夺目。

【音频】外白渡桥复位新闻报道

此次大修是自 1907 年外白渡桥建成以来最彻底的一次维修，而它的使用寿命也将继续延长 50 年。2010 年外滩隧道建成通车后，极大地缓解了外滩地区的交通流量，如今的外白渡桥已经不再肩负以往那样繁重的交通任务了，这座上海市民心中的"外婆桥"更多的是作为一名历史的见证者，默默地注视着已近千年的苏州河在它脚下流淌而过，缓缓汇入一旁的黄浦江。

（倪嘉铭）

外白渡桥（1930 年代）

123

美国歌手卡伦·卡朋特出生

三月 2

【音频】歌曲《昨日重现（Yesterday Once More）》

《昨日重现》是人们再熟悉不过的歌曲，它是 20 世纪七八十年代红极一时的美国乐队组合"卡朋特兄妹"的作品。1950 年 3 月 2 日是妹妹卡伦·卡朋特出生的日子。

卡伦·卡朋特从小活泼好动，孩提时代最爱和好友一起打"街头篮球"。她真正开始与音乐打交道是在高中时代加入学校乐队。起初，乐队指挥想让她担任钟琴手，但她坚持想做向往已久的鼓手。后来，击鼓也成了她的拿手绝活之一。在一期兄妹俩的电视特辑节目中，哥哥问妹妹为什么那么钟情于"击鼓"，卡伦·卡朋特快乐地回答道"为什么不呢"！

卡伦·卡朋特

【音频】电视特辑中兄妹调侃击鼓的片段以及卡伦·卡朋特作为鼓手演奏的一段音乐《Strike Up the Band》

卡伦·卡朋特在音乐上取得的成就，与她那位热爱音乐的能干哥哥理查德·卡朋特是分不开的。理查德 9 岁起学习钢琴，16 岁进入耶鲁大学进修古典钢琴。后来，哥哥以妹妹为核心，奔波忙碌、招兵买马，先后组建过两支乐队。虽然乐队最终都以失败告终，但却奠定了卡伦·卡朋特后来的演唱风格，让她踏上了属于自己的音乐星程。在老师的帮助和引导之下，兄妹俩开始吸收"甲壳虫乐队"的精华，形成了自己独具魅力的轻柔摇滚乐流派。

卡朋特兄妹之前组建的乐队曾赢得 1966 年"好莱坞超级碗"比赛，但是在当时摇滚乐一统天下的美国乐坛，卡伦柔美的嗓音很难打入任何排行榜，这也导致了乐队最终的解散。直至 1969 年，兄妹二人被当时的"嘉年华唱片公司"相中，开启了演唱生涯的巅峰。卡伦·卡朋特在一次电视采访中提到，唱片公司当时与他们签约的初衷是对他们音乐的喜爱。

【音频】卡伦·卡朋特：唱片公司当时与我们签约时并没有考虑很多商业因素，更多的是单纯对我们兄妹音乐的喜爱。

【音频】歌曲《靠近你（Close to You）》

20 世纪七八十年代，卡伦·卡朋特已经成为流行歌坛上最具魅力和号召力的歌手，唱片一经推出便会立即打入各大音乐榜单，成为排行榜常客。卡朋特兄妹一举走红的成名作，是大家非常熟悉的歌曲《靠近你(Close to You)》。这首歌一经发行,不仅登上两个美国音乐排行榜榜首,而且在加拿大、英国等地也取得了空前成功,开启了卡朋特兄妹乐队最辉煌的十年。《靠近你(Close to You)》为乐队摘得1970年的格莱美"最佳新人"和"最佳流行合唱团体"两个大奖。

在1970年到1977年的短短7年中,卡朋特兄妹共获得18次格莱美提名并3次获奖。但就在卡伦·卡朋特步入艺术高峰期之时,《公告牌》杂志上对她体重的一句评论使她感觉不安并开始节食,后来导致她患上厌食症。1983年,33岁芳龄的卡伦·卡朋特因心力衰竭离开了人世。

在卡朋特过世后的第二天,歌手佩杜拉·克拉克在自己的音乐会上,为逝去的好友特别献唱了卡朋特的名曲《我们都知道(For All We Know)》并致悼词,以此表达对卡朋特的哀思之情。

【音频】佩杜拉·克拉克:卡伦,我的好姐妹、好朋友,始终无法相信这个噩耗,你是如此风趣、随和、天真,你为你的音乐而生。现在,我用你的歌,为你哀悼。

【音频】歌曲《我们都知道(For All We Know)》

1988年,美国播出了卡伦·卡朋特的电视电影,哥哥理查德亲自担任监制和艺术总监。著名影星辛西娅扮演了卡伦·卡朋特,她以出众的演技再现了卡伦·卡朋特的音容笑貌。

嘉年华唱片公司创始人埃尔伯·阿尔珀特回忆起卡朋特兄妹时,感慨于他们对音乐的热爱。

【音频】埃尔伯·阿尔珀特:卡朋特兄妹是一对热爱音乐的孩子,他们在音乐中尽显温柔和爱心……他们的作品使很多人得到快乐,这种快乐延续至今。

【音频】歌曲《超级明星(Superstar)》

卡朋特的歌中没有躁动、没有浮夸,有的是简单而纯朴的美丽。卡伦·卡朋特的嗓音和理查德·卡朋特的才华,使卡朋特兄妹的音乐成为世界乐坛当之无愧的流行经典。

(陆一文)

卡朋特兄妹

法国女作家玛格丽特·杜拉斯逝世

三月 3

玛格丽特·杜拉斯

"我已经老了。有一天,在一处公共场所的大厅里,有一个男人向我走来。他主动介绍自己,他对我说:'我认识你,永远记得你。那时候,你还很年轻,人人都说你美。现在,我是特地来告诉你,对我来说,我觉得现在的你比年轻时更美,那时你是年轻女人,与你那时的面貌相比,我更爱你现在备受摧残的面容。'"

这是世界文学史上一部经典小说的开头,选自法国女作家玛格丽特·杜拉斯的代表作《情人》。《情人》发表于1984年,那一年,杜拉斯70岁。在这部富有异国情调、带有自传色彩的作品中,杜拉斯以苍凉的文字和惊人的坦率回忆了自己15岁时在越南与一个中国情人的初恋。《情人》摘得了当年法国最高文学奖项龚古尔文学奖的桂冠,此后它被译成40多种文字,畅销全球。1996年3月3日,玛格丽特·杜拉斯因肺气肿发作而逝世,她生前的最后一部作品有着一个预言般的名字,叫《这就是一切》。

杜拉斯1914年4月4日出生于越南西贡,也就是日后的胡志明市。她的父母相识之前都在法国政府号召下申请了殖民地中小学的教职,先后踏上了东南亚这片潮热的土地。在各自初婚伴侣因病去世后,亨利·多纳迪厄和玛丽·勒格朗走到了一起。他们的三个孩子中最小的女孩便是杜拉斯。不幸的是,父亲在杜拉斯幼时病逝了,母亲开始了一人操持一家四口生计的艰辛生活。

不过,童年贫瘠的生活并没有妨碍年轻的杜拉斯享受快乐人生。她曾说过,"15岁时我就有了一副享乐的面孔,那时我却不知享乐为何物。……我的一切就是以这种方式开始的:光彩照人、疲惫不堪的面孔,与年龄、经历不相符的黑眼圈"。当杜拉斯晚年回忆自己的过往时,笔下重拾的并非贫穷的苦味,而是其青春时代隐秘情事所裹挟的刻骨铭心的爱与欲望。

杜拉斯曾在关于自己的专题片《耗尽欲望的写作》中,亲自朗读过小说《情人》中的一段。娓娓道来的磁性声音,令人如陷久远的回忆中。

【音频】杜拉斯:那是在湄公河上。在整个渡河过程中,那形象一直持续着。我才十五岁半,在那个国土上,没有四季之分,我们就生活在唯一一个季节之中,同样的炎热、单调。

杜拉斯所朗读的这段文字勾勒出的是小说故事发生的舞台,也是杜拉斯成年之前生活的场所。正是在湄公河的一次渡河过程中,杜拉斯初遇了她的中国情人。小说并未提及这位中国人的名字,但据说现实中此人名叫李云泰,老家在辽宁抚顺,祖上来越南经商,发了财。他曾在杜拉斯一家穷困的时候帮助过他们,但两人最终还是没能走到一起。

1992年,由法国导演让·雅克·阿诺根据杜拉斯小说《情人》改编的同名电影在法国上映。为电影配乐的作曲家盖布瑞·雅德运用音乐在听觉上还原了小说中的异域风情,舒缓低沉的曲调烘托出一种神秘朦胧的暧昧氛围。

【音频】电影《情人》插曲

在电影版《情人》中,扮演少女杜拉斯中国情人的是香港男星梁家辉。他修长的身形、颤抖的手指以及深邃的眼神,一一定格在了观众的印象中,使其成为东西方人眼中不朽的"情人"。这部电影里大胆的激情戏,也曾引起轰动并引来不少非议,然而这并非出于导演的哗众取宠,却是对原著小说的真实还原。杜拉斯的小说从不避讳对于身体的书写,她所选择的是对欲望本原的回归。在晚年的一次采访中,杜拉斯回忆激情后的感觉,和写作的本质非常相像。

> **【音频】杜拉斯:**很多年来我都想起那天从窗外透入的阳光,那透过百叶窗缝隙照射进来的光。很遗憾,我无法彻底再现当时的样子,那些房间外城市里的光线和噪音。尽管我完全处于一个隐秘的环境中,我和我的情人躺在床上,街上没人知道我在这儿。但同时,我又好像身处大街,在众目睽睽之下。我暴露在大庭广众中,可同时我又是完全私密、彻底藏匿的。我能看见外面的大街,但他们不知道我在那里。这有点像写作的过程,作者的视点逐渐消失,被作品本身所取代。

对于许多读者,小说就是小说而已,而对作家来说,一篇小说可能是一段往事的众多幻影中的一个幻影。年轻时代与中国情人的爱恋是杜拉斯无法忘怀的经历,她在日后的岁月里反复用笔下的幻影来召唤当年的激情。

1991年,中国情人李云泰病逝。杜拉斯闻讯后老泪纵横,她停下手头的一切工作飞往越南,沉浸在对往事的追忆中。一年后,她又根据这段经历,将《情人》里的故事重新扩写成了一本新书,起名《北方的中国情人》。在自序中她写道:"我压根儿就没想过中国人会死去,连同他的身躯,他的肌肤,他的双手……我又回到了乘永隆的渡轮横渡湄公河的年龄。"

(郑　麟)

玛格丽特·杜拉斯在写作

国际主义战士白求恩诞生

三月
4

白求恩

【音频】上海歌剧院合唱的《怀念白求恩》

"有一个外国人,他不远万里来到中国,把中国人民的解放事业,当作他自己的事业……"歌中所唱的外国人是一位著名的胸外科医生,出生于1890年3月4日。他在抗日战争时期不远万里来到中国,冒着生命危险在战场上抢救伤员。毛主席赞其为"一个高尚的人,一个纯粹的人,一个有道德的人,一个脱离了低级趣味的人,一个有益于人民的人"。这个人就是诺尔曼·白求恩,一位伟大的国际主义战士。

白求恩出生于加拿大安大略省的一个牧师家庭,毕业于多伦多大学医学院。在第一次世界大战中,他在英国和加拿大担任过军医上尉、外科主任。战争结束后,白求恩潜心研究医术,他的胸外科医术在加拿大、英国和美国医学界享有盛名。学者钱文忠讲述了白求恩在医学上所取得的成就:

【音频】钱文忠:白求恩自己改进了12种医疗手术器械,现在的肋骨剥离器就是他发明的。在战场上,他还对输血进行了很多科学研究和探索。世界上第一辆流动医疗车就是白求恩发明的。1936年,白求恩已经是世界著名的胸外科专家。

中国抗日战争爆发后,白求恩受加拿大共产党和美国共产党的派遣,率领由加拿大人和美国人组成的医疗队来到中国的解放区。当白求恩见到聂荣臻司令员时,他说的第一句话是:"告诉我,司令员同志,我的战斗岗位在哪里?"聂荣臻劝白求恩休息两天,白求恩说:"我是来工作的,不是来休息的,你们要拿我当一挺机关枪使用。"时任八路军晋察冀军区独立第四团的参谋长田同春回忆了白求恩为他治伤的情况:

【音频】田同春:白求恩真是个好大夫,哪里有伤员到哪里去。我的胳膊伤了折了,我说:"你们给我保留这个胳膊好不好,别锯行不行?"白求恩能说几句中国话,他说:"你们中国有一个关公,有一个华佗,刮骨疗毒,你行吗?"我说:"刮!"

白求恩随军转战前线,本着"一切为伤员着想"的原则奋力抢救伤病员,同时培养了一大批医务干部。为了能及时抢救伤员,他总是把救护所设在离前线较近的地方。在战斗中,白求恩常常连续为伤员动手术,几个小时不能合眼。此外,他对工作人员的身体也十分关心。时任八路军晋察冀军区医护队的护理员邹伯勋回忆了当时的情况:

【音频】邹伯勋：白求恩对工作非常认真，非常负责任。当时我还是一个小孩子，我对他的工作精神十分感动。比方说，那时我们的工作人员传染上疥疮，他就让大家脱衣服排队一个一个检查。

1939年10月，日军对晋察冀的北岳区发动大规模的冬季大"扫荡"，白求恩带领医疗队赶往前线抢救伤员。在一次手术中，白求恩的左手中指不慎被手术刀割破，但他只是把手指伸进消毒液里浸泡了一下就继续做手术。第二天，白求恩仍坚持为伤员动手术。几天后，他在为一名重度感染的危重伤员施行手术时受到了致命的感染。当黄土岭战斗打响时，白求恩的病情日趋严重，伤口发炎感染转为败血症。11月12日凌晨，白求恩因医治无效逝世，时年49岁。时任晋察冀军区第一军分区的司令员杨成武说，白求恩是为中国的解放事业而牺牲的。

【音频】杨成武：白求恩怎么牺牲的，白求恩就是为中华民族的解放事业，在黄土岭战斗中牺牲的。

1939年12月1日，毛主席在延安各界追悼白求恩的大会上亲笔题写挽词："学习白求恩同志的国际精神，学习他的牺牲精神，责任心与工作热忱。"同年12月13日，八路军军医院改名为白求恩国际和平医院。12月21日，毛泽东写下《纪念白求恩》一文，对白求恩无私的国际主义精神给予了高度评价。

1964年，上海海燕电影制片厂和八一电影制片厂联合摄制了传记片《白求恩大夫》。1991年，为表彰在医疗卫生战线上作出突出贡献的医疗卫生工作者，中共中央人事部、卫生部共同颁发了以白求恩名字命名的"白求恩奖章"。2006年，电视连续剧《诺尔曼·白求恩》在央视一套播出后，引起了观众的强烈反响。时至今日，中国人民仍在以文艺作品和各种形式来纪念和缅怀白求恩。

【音频】阎维文演唱的《大爱无疆》

"毫不利己，专门利人"是白求恩留给中华民族的一笔宝贵的精神遗产。社会进步了，经济发展了，但是白求恩精神不能忘，无私奉献的精神不能丢。

（舒　凤）

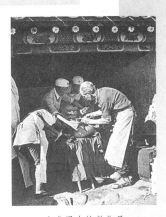

白求恩在抢救伤员

129

《人民日报》发表毛主席题词
"向雷锋同志学习"

《学习雷锋好榜样》是一首20世纪60年代红遍中国的歌曲,也是传唱度最高的颂扬雷锋精神的歌。在很多人的心目中,雷锋已经成为"好人好事"的代名词。1963年3月5日,《人民日报》发表了毛主席的题词"向雷锋同志学习"。此后,学习雷锋的活动在全国各条战线上轰轰烈烈地展开,3月5日也被定为"学雷锋纪念日"。雷锋在他年轻的生命中,曾经热情地生活过,投入地工作过,努力地学习过,也真诚地付出过。

1940年12月18日,雷锋出生于湖南望城县一户贫苦农民家庭。雷锋的父亲曾被日军抓去当挑夫,由于反抗而遭受毒打,因为没钱医治,在雷锋5岁那年撒手人寰。雷锋的哥哥13岁就当了童工,在艰苦的生活条件下,在雷锋6岁那年因病离世了。雷锋7岁那年,他年幼的弟弟也不幸饿死家中。而雷锋唯一的亲人、他的母亲,也因不堪凌辱而在这一年悬梁自尽了。7岁的

雷锋

雷锋从此沦为孤儿,在亲戚的拉扯下艰难地活了下来。在雷锋生前的一段录音中,他提到过自己的童年。

【音频】雷锋:像我这样一个在旧社会受尽阶级压迫和民族蹂躏的孤儿,解放后,在党和英明的毛主席的雨露下,居然成长为一个解放军战士。

1954年,雷锋进入清水塘完小读书。放学后,烧饭洗衣他都要自己动手。在节假日,他不是上山砍柴就是挑水种菜。尽管生活上孤苦无依,但雷锋还是一个积极向上、爱美、爱干净的孩子。雷锋生前的好友雷孟宣回忆起雷锋在穿衣上的一个细节:

【音频】雷孟宣:他入少先队以后,天天穿那件白衬衣。为什么,那红领巾与白衬衣搭配,你看,多么漂亮。

1958年1月,团县委号召建立第一青少年拖拉机站。雷锋之前只知道拖拉机犁地犁得好、效率高,但是从来没有见过。听到这个消息,他很兴奋,盼着拖拉机站能早点建好。后来,县委决定派雷锋当拖拉机手。经过五个月的学习,雷锋毕业了,成为望城县第一个拖拉机手。雷锋谈到了他驾驶崭新的拖拉机回乡的情形:

【音频】雷锋：我开着拖拉机往回走,走到离我们县不远,他们听到拖拉机开回来了,就马上打电话,就来接。一接,敲锣打鼓地来一大群人,特别是老头、老太太,从来没看到过拖拉机。还有青年,妇女,都来了,都把拖拉机围住了。还有我们县委书记,他来了以后,就拿一个大红花戴在我胸前,拖拉机上也戴个大红花。我开着拖拉机走,感到太高兴了。

　　1958 年 11 月,雷锋来到鞍山钢铁厂,在鞍钢化工总厂洗煤车间当了一名推土机手。在鞍钢的一年零两个多月时间里,雷锋 3 次被评为先进工作者,5 次被评为红旗手,18 次被评为标兵,荣获青年社会主义建设积极分子称号。1959 年 8 月,雷锋又报名到鞍钢弓长岭矿山参加新焦化厂的建设。在那里,雷锋遇到了一个对他思想转变具有重要影响的人,他就是原弓长岭矿焦化厂的党总支部书记李钦荣。他鼓励雷锋加强革命理论学习,这为后来雷锋的参军入伍打下了思想基础。

　　1960 年 1 月 8 日对雷锋来说是一个难忘的日子。这一天,他光荣地成为了一名中国人民解放军战士。当天下午,列车缓缓驶进辽宁营口的站台,那里有早已等候着的首长和老战士的欢迎列队。喧天的锣鼓,热情的话语,让这些新兵们心里热乎乎的。在随后举行的欢迎大会上,雷锋作为新兵代表上台发言。

　　雷锋总是不停息地抓住机会为人民做好事。他曾经带头冒雨奋战,保住了 7200 袋水泥,使国家财产免受损失;他曾带病义务在一个小学的建筑工地上帮助工人们运砖;他把自己当时几乎所有的积蓄捐出来支援灾区。出差做报告就更是雷锋做好事的机会,当时有这样一句话:雷锋出差一千里,好事做了一火车。在出差的途中,雷锋曾不留姓名地帮助一名丢了车票和钱的外地妇女,曾帮助一位探亲的老大娘找到了儿子,也曾冒雨送一对素不相识的母女回家……

　　1962 年 8 月 15 日上午 8 点,雷锋与战友乔安山在做出车前的准备工作。雷锋下车指挥倒车。车轮打滑,碰倒了一根电线杆,电线杆打到了雷锋左太阳穴上,他当即昏死过去。雷锋被立即送到中国人民解放军第 202 医院进行抢救,由于伤势过重,雷锋于当天中午 12 时 5 分不幸逝世,时年 22 岁。

　　1996 年上映的电影《离开雷锋的日子》就讲述了雷锋和乔安山之间的故事和雷锋牺牲时的情节。

　　雷锋曾经说过,"人的生命是有限的,但为人民服务却是无限的,我要把有限的生命,投入到无限的为人民服务中"。作为一名普通的中国人民解放军战士,雷锋在自己短暂的一生中帮助了许多人,"雷锋精神"则影响了几代人。时至今日,"雷锋精神"和"为人民服务"的理念仍有着非常积极的时代意义。

（郑榴榴）

雷锋为孩子们讲故事

电视剧《十六岁的花季》首播

【音频】《十六岁的花季》开场

每当这段熟悉的开场白响起，"白雪、欧阳、陈非儿、韩小乐"这些青春阳光的荧屏形象，那些花季岁月仿佛又出现在眼前。1990年3月6日，国内最早的校园青春剧《十六岁的花季》在全国首播。

《十六岁的花季》由上海电视台和中央电视台联合拍摄制作，是当时国内最长的一部青少年题材作品，共有十二集。故事以上海一所重点中学为背景，生动细致地描绘了80年代中学生色彩斑斓的生活。在拍摄《十六岁的花季》之前，该片导演张弘、富敏夫妇已经拍摄过不少引起社会反响的作品，如《窗台上的脚印》《穷街》等。导演张弘为我们介绍了拍摄电视剧《十六岁的花季》的初衷。

《十六岁的花季》导演夫妇

【音频】张弘：我们利用中学生的眼光来看待社会、看待家庭、看待学校。中学生特别喜欢贴近他们生活的事情。比如说早恋问题，我们在采访中发现老师也特别希望我们把这个问题反映进去，加以正确引导。

也许现在看来，这部作品剧情不算太曲折，服装也不怎么时尚，但它却凝结了一代人的青春记忆。剧中触及了教育改革、学生早恋、知青子女回沪、教师下海、出国热等社会现实，真实地勾勒出了那个时代的特征。要拍好这部以校园为背景的电视剧很不容易，因为表现青春片活跃、清新的调子，要用大量跟、移镜头。此外，学生演员的不确定因素也增加了拍摄的难度。

当年为拍摄此片，导演曾在全市中学生中公开招聘演员，引来三千多个报名者。如今的沪上知名主持人吉雪萍就是其中之一。当年才14岁的她目标直指女一号——16岁的"白雪"，但是应聘过程并不顺利。除了年龄不达标，吉雪萍还面临一个强劲的竞争对手，就是已在上海家喻户晓的小明星、《你我中学生》节目主持人袁鸣。其实，当时导演组已经决定让这个老练的姑娘来出演白雪一角，但临到电视剧开拍，袁鸣的学校却不同意放人。不甘失败的吉雪萍就趁着这个机会使了个小聪明，在市三女中的校园里上演了一出与导演再次"邂逅"的戏码。她成熟干练的打扮，让两位导演眼前一亮，当即拍板让她饰演"白雪"一角。

"白雪、欧阳严严、陈非儿、韩小乐……"这些剧中人物的名字并不是凭空捏造的，都是在生活中真实存在的姓名。这些我们身边普通人的名字，也更能让观众们看到属于自己年少的影子。剧中袁野、陈非儿之间青涩的感情也让许多观众留下深刻记忆。在袁野与陈非儿的一段对手戏中，袁野因被家人拒绝报户口而找陈非儿商量，同病相怜的两人间流露出的淡淡情感，让观众为之动容。

【音频】《十六岁的花季》片段

该剧播出后，不仅故事中的校园生活让孩子们感同身受、倍感亲切，那位班主任童老师也因全新的教育观念成为学子们心中的偶像老师。剧中童老师戴隐形眼镜的秘密被同学们发现引来哄堂大笑的片段令人捧腹。

【音频】童老师片段

或许没人预想到《十六岁的花季》会引起如此轰动，产生如此深远的影响。该剧播出后，引起了全社会的热议。剧组仅1990年一年就收到七八千封观众来信，后来不得不用麻袋来装。许多中学生向演职人员倾诉心里话。各地报刊发表近百篇消息、评论。此外，以该电视剧为名的一系列活动相继展开。1991年9月，《新民晚报》还举办了与该剧同名的征文比赛，共收到全国20个省市近两千篇来稿。

当年扮演这些角色的多数是非职业演员，经过这部戏之后，他们有的走上了自己的演艺道路，有的则继续自己别样的生活，各自精彩。扮演班长白雪的吉雪萍成为节目主持人，陈非儿的扮演者池华琼成为一名专业演员，而扮演欧阳严严的杨晓宁最后则回到了金融行业。无论他们选择了哪种发展道路，《十六岁的花季》都是他们难以忘怀的共同记忆。

演员们对《十六岁的花季》的热爱，也使2003年1月播出的续集在拍摄过程中进行得十分顺利。为了使续集中的人物和故事更有延续性，当年的原班人马杨昆、吉雪萍、战士强、杨晓宁、何威都参与了拍摄，这让张弘、富敏两位导演非常感动。不过，池华琼却不愿再饰演陈非儿。在一次电视专访中她解释了未参演的原因，她不能接受阳光、纯美的陈非儿在续集中的角色命运。

《十六岁的花季》在当年举办的第八届大众电视金鹰奖评选中获得优秀儿童剧奖。主题曲《走过花季》的歌词由中学生自己创作，洋溢着青春活力，也曾传唱一时。

（陆一文）

《十六岁的花季》演职员多年后再聚首

张海迪获全国"优秀共青团员"称号

张海迪给病人做针灸治疗

1981年岁末,《人民日报》的头版头条报道了"残疾姑娘玲玲"身残志坚的事迹,姑娘坚韧的斗志像火一样迅速点燃了人们久违的激情。此后,媒体对这位"玲玲"姑娘进行了铺天盖地的宣传报道,她也被相继冠以"中国的保尔"、"八十年代新雷锋"等称誉。这位残疾姑娘"玲玲"就是张海迪。1983年3月7日,张海迪被授予全国"优秀共青团员"的称号。

1978年中国改革开放之后,面对新的经济体制和形势,习惯于从思维体系、生产生活都向先进分子学习的中国大众,似乎一夜间迷失了方向。"未来的路该怎么走"成了当时青年人普遍的心理困惑。就在这个时候,张海迪闯入了公众的视线。1955年出生于济南的张海迪,在5岁时因患脊髓血管瘤而致瘫痪,但是她并没有向厄运低头,坚强勇敢的她虽不能和同龄人一样上学读书,但她坚持与病魔抗争,先后自学了小学、中学、大学等专业课程以及多门外语,并阅读了大量的书籍。

为了给人看病,张海迪以令人难以想象的毅力在自己身上扎针实验,短短几年时间就为上万人次看病治疗。一次偶然的机会,新华社记者宋熙文听到了张海迪的故事,他觉得"这个姑娘很有意思",于是把她的故事写了下来。没想到稿件一炮而红,张海迪也成为全国青年学习的榜样人物。

有外国记者曾问张海迪是否因时代需要榜样而被人为塑造,张海迪直言:"我生活中怎样就是怎样,我就是我……"

【音频】张海迪:当时我还记得日本的采访团他们曾经问我,是不是过去你们60年代有一个雷锋,70年代是个空白,80年代需要一个榜样而塑造了一个这样的你,包括你的头发、性格。我回答他们说,是我自己在塑造我自己。确实,当时在暴风雨式的宣传攻势之下,你能够保持平静的确不是一件容易的事情。

无数的信件像雪片一样从全国各地飞到张海迪的手中。有的人不知道张海迪的通信地址,但只要在信封上写"张海迪"三个字,信件也能如期送到。张海迪的丈夫王佐良也是当年给张海迪写信的万千者之一。他从《人民日报》上看到张海迪的报道,抑制不住内心的仰慕之情,下决心提笔给千里之外的张海迪写下第一封信,之后王佐良数度千里迢迢赴莘县看望张海迪。王佐良的不少同事泼冷水,张海迪的不少朋友鼓热风。书信来往多次后,王佐良向张海迪表达了爱意,经人撮合,两人于 1982 年 7 月 23 日成婚。

1983 年 3 月 11 日,共青团中央安排张海迪到北京作报告,28 岁的她第一次进入人民大会堂,为来自全国各地的人们做了一场激情澎湃的报告。然而就在张海迪回到下榻的总参第一招待所时,她突然陷入昏迷,停止了呼吸。经过紧急抢救,张海迪才从死亡线上被拉回来。面对重重困难,张海迪没有退缩,而是选择"坚持":

> 【音频】张海迪:后来又断断续续不断被腿的抽搐,被神经的疼痛所打断。这样我就觉得自己有时候非常着急,但是呢,有的时候又是一次一次地鼓励自己,我觉得我从小就是这样,一直鼓励自己:坚持,你一定要坚持下去。

1983 年 5 月,中共中央发出《向张海迪同志学习的决定》,党和国家领导人邓小平、叶剑英、李先念先后为张海迪题词,表彰她积极进取、无私奉献的精神。也就是在这时,张海迪选择了远离公众视线,她婉拒了组织安排的高职位,回归自己原有的生活轨迹——从事自己热爱的文字创作和翻译工作。在后来接受媒体访问时,张海迪说:"我应该保持一份清醒的头脑,特别是我选择了这个职业。作为作家,我是应该在幕后工作的,而不是在前台,因为我不是一个演员。"

专心从事文字工作以后,张海迪出版了《轮椅上的梦》《绝顶》《孤独的碎片》《天长地久》等书籍,翻译了《山村诊所》等,并和丈夫王佐良合作翻译了《莫多克——一头大象的真实故事》。她的作品和译作受到了广泛好评,并多次获得国家级奖励。

张海迪于绝境中辟新径,她坚韧不拔的精神不仅鼓舞了一代中国青年,甚至还辐射到了全世界的青少年。1997 年日本 NHK 将她评选为"世界五大杰出残疾人"之一;2001 年新华社《环球》杂志将她评为"环球二十位最具影响力的世纪女性"。2008 年 11 月,张海迪当选中国残联主席。

张海迪的人生经历,就像她曾写的小诗——"世上既有苦水,也有美酒。就看你怎样去追求。只要你能昂起头,苦水也能化美酒。"她用自己奋斗的力量酿就了生命的美酒。

(肖定斌)

张海迪在 1983 年团中央举行的命名表彰大会上发言

影星阮玲玉香消玉殒

三月 8

阮玲玉

【音频】电影《新女性》主题歌《新的女性》

《新女性》被誉为20世纪30年代最好的进步电影之一,讲述一位知识女性遭遇婚姻失败后期望依靠自身力量生活下去,最后却在感情波折、生活苦难和流言蜚语的打击下走上自杀之途的悲剧故事。在《新女性》公映后不久,此片的主演阮玲玉也遭遇了一场与剧中人同样的人生悲剧。阮玲玉不甘忍受黑暗社会势力的迫害、不幸婚姻的痛苦以及下流小报的诽谤,留下"人言可畏"的遗书,于1935年3月8日服安眠药自杀,以25岁的年华结束了她的一生。

阮玲玉是中国无声电影时期最著名的演员,从影10年共拍摄了29部影片。从《三个摩登女性》到《小玩意》,从《神女》到《新女性》,无论是女工、村妇、教员还是舞女、妓女、艺人,阮玲玉都能将这些角色演绎得入木三分。电影表演艺术家秦怡说自己是阮玲玉的影迷。

【音频】秦怡:我那个时候是阮玲玉的迷,几乎她的片子我全都看了,从《香雪海》《恋爱与义务》《野草闲花》,后来一直到她去世时候的《新女性》,我全都看了。

1910年4月26日,阮玲玉生于上海。由于父亲早逝,阮玲玉自孩童时期就随母亲为人帮佣,母亲节衣缩食供她上学。上海图书馆的研究馆员张伟讲述了阮玲玉童年的生活情况:

【音频】张伟:她五岁就死了父亲,家庭非常不幸。她的母亲对她寄予很大的希望,整个家庭的支柱就是阮玲玉,阮玲玉很小就意识到自己的责任。

1926年,阮玲玉经人介绍考入明星影片公司,主演了《挂名夫妻》《血泪碑》等电影。1928年后,她先后转入大中华百合影片公司和联华影业公司,主演了《劫后孤鸿》《故都春梦》等电影。《故都春梦》是联华影业公司拍摄的第一部电影,阮玲玉在片中成功饰演了妓女燕燕一角,这部电影奠定了阮玲玉在电影界的地位。曾为联华影业公司摄影师的朱树洪回忆了他对阮玲玉的印象:

【音频】朱树洪:阮玲玉,戏演得不错,很会做戏。她是广东人,脸上有小雀斑,她很喜欢说笑的,人高高大大的,身材很好的。

其后,阮玲玉在联华影业公司又相继主演了《野草闲花》《桃花泣血记》《三个摩登女性》《小玩意》等影片。她在银幕上塑造了一系列女性的形象,既有闭门守寡的少妇、被封建礼教扼杀的弱女、被豪绅富少玩弄的风尘女子,也有为争取婚姻自主而顽强抗争的烈性女子,但大多都是命运坎坷的悲剧角色。导演关锦鹏认为阮玲玉对角色的诠释与塑造能力很强。

【音频】关锦鹏：看开头十分钟，可能你还是觉得这是阮玲玉来演的女工，或者阮玲玉来演的一个舞女。但是慢慢你会被她带进戏里面，你根本不记得那是阮玲玉，你会相信那个角色。她那个时代是无声电影，完全靠肢体、表情或者一种状态让你相信那个角色，我觉得甚至比有对白、有声音的难度高太多了。

此间，阮玲玉遇到了她艺术生涯中的伯乐——导演孙瑜，她的表演天赋被发掘了出来。孙瑜认为，阮玲玉的演技在《小玩意》这部影片里达到了出神入化的境界。老影人黎莉莉第一次和阮玲玉合拍的影片就是《小玩意》，她扮演阮玲玉的女儿。黎莉莉回忆了拍摄《小玩意》时阮玲玉对她表演上的提点：

【音频】黎莉莉：阮玲玉不仅是一个好演员，而且是个好老师。记得我跟她拍《小玩意》的时候，有一场戏我怎么也演不好。当时我演珠儿，被敌机给炸了。我心里想，既然是被敌机给炸了，当然是疼了，我就拼着命表演疼，后来导演总是不满意。阮玲玉说，你这样演不对，你应该忍着疼痛安慰你的妈妈，不要疼痛。这样，我照她的意思表演了，结果这场戏就演对了。

1934 年 4 月，当时发行量最大且最具影响力的电影刊物《电声》发起中国明星评选，阮玲玉以最高票数当选"表演最佳的女明星"。第二年，由吴永刚编剧的《神女》上演后，大家又一次被阮玲玉的演技所震惊。在《神女》中，阮玲玉用真挚感人、细腻传神的表演将一个沦落烟花的善良女子的悲惨命运和她对儿子伟大而崇高的母爱表现得淋漓尽致。《神女》是阮玲玉的代表作，达到了中国无声电影时期表演艺术的最高水平。

几十年后，阮玲玉的形象被搬上电影银幕、电视荧屏和戏剧舞台。1992 年，香港导演关锦鹏拍摄了一部半纪录片形式的电影《阮玲玉》，将阮玲玉的原作与张曼玉的演绎交织，穿插着老影人的口述以及主演们的感悟，全方位展现了阮玲玉的传奇一生。

【音频】电影《阮玲玉》主题歌《葬心》

戏曲大师梅兰芳曾称阮玲玉为"中国的奥斯卡影后玛丽·璧克馥"。阮玲玉的一生是短暂的，但她留给了人们永远鲜活的银幕形象。

（舒　凤）

阮玲玉（左）主演的默片《神女》剧照

137

中国高校首个少年班正式开设

三月 **9**

1978 年 3 月 9 日，中国科技大学的课堂里出现了二十来个稚气未脱的孩子。他们中最小的 11 岁，最大的 16 岁。这些孩子是从上海、长沙、沈阳等城市经过层层筛选，最终挑选出来的智力超常的少年。他们被中国科技大学破格录取，成为少年班的首批学员，开始接受中国教育史上前所未有的超常教育实践。

少年班的出现有其特殊的时代背景。1974 年，美籍华裔物理学家李政道回国访问时，由于深感因"文化大革命"而导致的人才培养几乎完全中断的危机，通过周总理向毛主席提出培养少年人才的建议，这个想法当时由于种种原因被搁置了。1977 年 10 月，中断了 10 年的全国高等院校招生考试恢复。没过多久，江西冶金学院一位叫倪霖的教师，写信给时任国务院副总理兼中国科学院院长方毅，举荐江西赣州一名智力超常的少年——宁铂。11 月，方毅批

第一届科大少年班学生

示中科院下属单位中国科技大学："如属实，应破格收入大学学习。"

经过考察，13 岁的宁铂被中科大破格录取，成为少年班第一期的学生。同班的还有年仅 11 岁的谢彦波，他是班里最小的学生。一时间，宁铂、谢彦波的名字成了人们议论的话题。然而，实际情况与外界的高设想和高期待相比，多少有一定差距。由于少年班的孩子没有读完高中课程，比如谢彦波甚至没有上过初中，因此，他们的基础知识并不扎实，个人水平也是参差不齐。在 3 月 9 日这天进行的摸底考试中，他们中数学最高为 98 分，最低只有 10 分。因此猛补高中课程也是少年班学员入学后的首要任务。78 级少年班二期学生王永回忆当时的情况。

【音频】王永：在学校，基本上就是做题。上过大学的人都知道，大学里讲课的速度跟中学里讲课的速度简直是不能比的。就是用半年的时间，数学、物理、化学、英语、语文，就把整个高中的全部学完。学完了之后，进 78 级本科，普通班，你爱到哪个系到哪个系。

1978 年，系着红领巾的大学生曾经是中科大的一道风景。然而由于少年班的孩子们大都处在心理和生理状况未成熟的时期，一些孩子在生活料理等方面的经验都还不足。因此，少年班的班主任承担了部分家长的责任。老师还特地安排年纪大的同学来照顾年纪较小的同学。

然而，对于少年班的孩子们来说，除了学业压力和自理能力的问题，更大的困扰可能还是来自于外界的高期望值。在当时铺天盖地的报道中，"天才"、"神童"这样的词汇被用来形容这些对于人生还很懵懂的早慧少年。当然，在那样一个科技人才严重断档的特殊年代，少年班的孩子们也拥有了最一流的教育机会。78 级少年班一期学生姚新回忆起了刚入学时的情况。

【音频】姚新:刚来的时候,科大从物理系、数学系抽调最好的老师上课,而且还经常安排我们跟一些知名的科学家,那个时候叫学部委员——就是现在的院士见面。所以无形中给你一种压力,也是一种激励。当初方毅、还有万里都接见过我们。当初他们也没说你将来一定要怎么样,但是不用说,虽然年纪小,你心里很明白,整个学校、整个国家对你们的期望值会比较高。

宁铂是当时媒体报道最集中的对象。据当时的报道,他2岁半时已能背诵30多首毛泽东诗词,5岁上学,6岁学习《中医学概论》并使用中草药,8岁能下围棋并熟读《水浒传》。考上中科大以后,宁铂成了家喻户晓的人物。然而,过度的报道和关注,使得宁铂渐渐变得沉默寡言。宁铂的父亲也对此深有体会。早在他和宁铂乘火车前往科大入学的路上,他们就因为被人认出而不得不转移车厢。

转眼近40年过去了,昔日少年班的光环已渐渐褪去。毕业后,少年班的孩子们也选择了自己的人生道路。当时班里最小的学生谢彦波曾经出国留学,回国后接受了近代物理系教师的工作,而宁铂则选择毕业后留校任教。2003年,宁铂出家为僧。这让人们从另一个角度开始重新审视"神童教育"这个问题。1998年,在中央台一次节目的录制中,宁铂说被当作"神童"的经历让他认识了很多东西。

【音频】宁铂:并不是"神童"害了我。过去的经历,不管是怎么样,作为我人生经历中一个必不可少的部分,这点给我的体会很多,使我认识了很多东西。但是,我感到很难受的一点就是,有些人,在没有我这种人生体验的情况下,把我在作为一个特定的人、特定环境下的一些经验,无限制地推广出去。

2008年的数据显示,科大少年班创办30年来,毕业人数中,研究生占91%。毕业后活跃在海内外经济、IT、金融、制造等领域的超过70%,其中在世界500强企业任职的约占35%,他们中间也涌现出了各个领域的杰出代表。少年班是一个时代的产物,它的意义和作用或许只能回到当时那个特殊的时代背景下去看待和衡量。而对于类似的教育模式的探讨还是能给此后的教育带来很多的启示。

(郑榴榴)

谢彦波(右一)、宁铂(右二)和同学钻研微积分习题

电影《泰坦尼克号》票房收入破10亿美元

【音频】《泰坦尼克号》片段

"杰克,我飞起来了!"这个电影片段曾让无数观者为之心动,再次聆听,我们似乎还能感受到两颗初初相遇的年轻心灵之间爱的火花。1998年3月10日,电影《泰坦尼克号》上映仅3个多月,全球票房便突破10亿美元,成为电影史上第一部票房逾10亿美元的影片。

电影《泰坦尼克号》以20世纪最严重的一场海难为背景。1912年4月10日,当时被誉为"永不沉没"的泰坦尼克号邮轮从英国南安普顿起航前往纽约。4天后的晚上,这艘当时的巨无霸在北大西洋撞上冰山后倾覆,1500余人葬身海底,造成了当时在和平时期最严重的一次航海事故。那一夜的灾难与恐惧占据着人们的想象空间,充满神秘感的航行让人们对沉船的搜寻打捞以及科学探究从未停息。1985年9月1日凌晨,一支来自美国和法国的探险队终于发现了泰坦尼克号的残骸。当时的录像资料记录了队员们发现残骸时的兴奋之情。

《泰坦尼克号》电影剧照

【音频】美法探险队发现残骸

影片《泰坦尼克号》便从这次海底发现展开。影片导演詹姆斯·卡梅隆在悲剧性的灾难里植入了一个浪漫唯美的爱情故事:处于不同阶层的两个人,贫民画家杰克和贵族女子露丝抛弃世俗的偏见坠入爱河,最终杰克把生的机会让给了露丝。《泰坦尼克号》片长超过3小时,却能始终紧紧抓住观众的心,感染着人们的情绪。影片于1997年11月1日在日本东京首映。导演卡梅隆在首映式上说,这部电影要献给在沉船事件中遇难的全体人员。

投资2亿多美元的电影《泰坦尼克号》是当时成本最为昂贵的影片,拍摄制作过程长达5年。其中很多高科技制作的场景令人过目难忘。比如杰克站在船头高呼,随后镜头缓缓后拉俯瞰整个巨轮。这短短的10余秒运用了当时非常先进的电脑制作技术,花了约100万美元才得以完成。影片电脑特技师罗伯特·莱盖托介绍了《泰坦尼克号》制作特技时的难点:

【音频】罗伯特·莱盖托:对于这艘船而言,它不仅要在白天和夜里航行,看起来美丽壮观,像一艘超级邮轮,而且它最后突然断裂的时候,人们不断从甲板上掉入大海,所有这些都要像真的一样。因为以前从来没有做过这类东西,因而我们必须创造出它们。

《泰坦尼克号》一经上映便在全球引起轰动,总票房超过18亿美元,这个纪录一直到2010年才被同样由卡梅隆执导的《阿凡达》打破。1998年春,《泰坦尼克号》登陆中国院线后同样创下票房纪录。有观众看哭,有观众看了几遍仍不过瘾,院线纷纷加场加座,以满足观众需求。除了创纪录的票房,《泰坦尼克号》也成为各大颁奖礼的大赢家,仅在第 70 届奥斯卡金像奖上就斩获最佳影片、最佳导演奖等 11 项大奖,与 1959 年的《宾虚》及 2003 年的《指环王3》一起成为奥斯卡历史上获奖最多的电影。以下是导演卡梅隆在奥斯卡颁奖礼上获颁最佳影片奖时的获奖感言:

【音频】卡梅隆:这部电影是建立在一个真实事件的基础上。泰坦尼克号告诉我们号称不沉的邮轮竟然沉没,不可能发生的事情也会发生,未来是不可预知的。今天唯一的真实是宝贵的生命。在这几分钟内,我希望大家静静地听听自己的心跳,因为这是世界上最珍贵的东西。让我们一起为泰坦尼克号默哀。

为了创作本片的歌曲及配乐,好莱坞作曲家詹姆斯·霍纳反复观看未配乐电影长达26 小时。他动用了百人以上的交响乐队,谱写出了包括 20 分钟电子音乐在内的 105 分钟配乐。正如他本人所说,影片的配乐既有缠绵的爱情主题,又有恢弘的史诗气度。

【音频】电影主题曲《我心依旧》

2012 年 4 月 4 日,《泰坦尼克号》3D 版上映。其实早在七八年前,导演卡梅隆就有将《泰坦尼克号》3D 化的想法,但是当时连一家 3D 电影院都没有,因此同行们都觉得不可理解。不过在随后的几年里,3D 技术成为电影市场的香饽饽,3D 版《泰坦尼克号》也被提上议程。经过一年多艰苦的幕后制作,卡梅隆终于将 3D 版电影展现在世人面前。对于电影女主角凯特·温斯莱特来说,15 年后的 3D 版仍有着极强的冲击力。在一次采访中她说,3D 版的电影激起了她对电影拍摄过程的思念之情,一切都仿佛就发生在昨天。

【音频】凯特·温斯莱特接受采访

2012 年恰逢泰坦尼克号沉船事件 100 周年,3D 版电影的上映在全球再次刮起一股怀旧风,也为该片的历年总票房增加 3 亿美元,达到了 21 亿美元。

(陆一文)

导演詹姆斯·卡梅隆

陕西农民发现秦兵马俑

看过电影《古今大战秦俑情》的人应会被片中那位密封在陶俑里的痴情的秦朝大将所打动。在现实中，这些守卫秦始皇陵的陶俑就是被誉为"世界第八大奇迹"的秦始皇陵兵马俑。1974 年 3 月 11 日，陕西省临潼县西杨村的几位村民在挖井时意外发现了一些陶俑碎片，就此掀开了一个轰动世界的考古发现的序幕。村民杨新满回忆了他们发现陶俑的情况：

> 【音频】杨新满：当时是 1974 年，我们队上缺水，生活困难，公社给我们指示，要打一口井。我当时是指导员。2 米时土还没有变，还是自然土。2 米以下就有红土了，到了 3 米深有了瓦片。到了最后 4 米深，我们挖出了瓦人头、肩膀，还有胳膊、腿，都倒在地上。

秦兵马俑一号坑

不久，管水利的干部房树民到现场察看后觉得这些陶俑碎片可能是"文物"，随即将此事报告给公社，公社文书又将此事报告给临潼县文化馆。文化馆主管文物工作的干部赵康民赶到现场察看后，对现场进行了局部清理，把收集到的文物运回，并进行了拼对修复。临潼文化局文物科的科长贾运政回忆了当时的情况：

> 【音频】贾运政：文化馆的副馆长王进成带着赵康民、丁耀祖两位去的。这个文物到了文化馆之后呢，他们内部搞修复。

当时在临潼探亲的中国新闻社记者蔺安稳了解到这一情况，写了一篇题为《秦始皇陵出土一批秦代武士俑》的短文，于 6 月 25 日刊登在《人民日报》的内部刊物《情况汇编》上。

1974 年 7 月 15 日，陕西省文物部门组织首批考古工作者进入兵马俑坑考古工地，开始一号坑的发掘。考古工作者一方面清理已经曝露的兵马俑遗迹和遗物，一方面对陪葬坑进行范围和内涵的勘探。在这段日子里，考古队员们经受了酷暑、严寒、工作环境恶劣等重重考验，也经历了发现两千多年前地下军团的喜悦。当年的考古队员、后来成为陕西省考古研究院研究员的张占民回忆了他们当时发现长铍的情况：

> 【音频】张占民：这里边的兵器除了长戟、长矛之外，还有一个最重要的兵器长铍，它是当时在长兵器里面杀伤力最强的兵器。这个出土以后整理见报的时候，大家都把这个作为短剑。我们找到早期的《史记》，找了最原始的记载，史书上记载的长铍的形状尺寸和发现的这个完全吻合。所以基本上这个学界名流、袁仲一先生、考古队内部的人员都认可这个兵器应该称长铍。

经过一年多的试掘和钻探,考古队大体弄清了兵马俑坑的范围和形制。但是关于这个俑坑的存在,史书上却没有任何记载,也没有任何传说透露过一丝线索。所幸的是,考古工作者从泥土中发现了大量的青铜兵器。他们仔细清理后,发现兵器表面显露出了一些文字。当年考古队的队长、原秦始皇兵马俑博物馆的馆长袁仲一介绍了兵器上的文字:

【音频】袁仲一:兵器上面是有文字的,有秦始皇的纪年的,比方说秦始皇四年、五年、七年,还有八年的,另外十六年、十七年、十八年、十九年,都是秦始皇的纪年。

1975 年 6 月底,考古队的试掘工作结束,两千多年前气势恢宏、规模巨大的秦始皇兵马俑重见天日。兵马俑神态各异、形象生动,堪称古代雕塑艺术的瑰宝。陶俑、陶马排列有序、队形整齐,数量多达八千多件,仿佛庞大的地下军团日夜守护着秦始皇陵。

5 年之后,在原址上修建的秦始皇兵马俑博物馆正式对外开放,中外游客纷至沓来。1987 年 12 月 11 日,"秦始皇陵及兵马俑"被联合国教科文组织列入《世界遗产名录》,成为全人类的珍贵文化财富。

1999 年,考古专家在秦俑二号坑东北部的跪射俑军阵中发现了一尊绿脸俑,它和人们熟悉的肉红色或粉白色面孔的秦俑完全不同。绿脸俑的出现让神秘壮观的秦兵马俑又增添了一份神秘的色彩,有人说它是"彩绘工匠的恶作剧",有人认为它表现了"艺术品的多样性",有人则说它是"正常肤色的反映",各种猜想和推断莫衷一是。原秦始皇兵马俑博物馆馆长袁仲一讲述了绿脸俑的情况:

【音频】袁仲一:大部分兵马俑面部的颜色都是粉红色,突然出现一个绿色的面孔,大家都感到很奇怪。我们全部做了化验,化验还不止一次,全部都是矿物色,这件绿面俑是做得比较好的。

秦始皇陵兵马俑是"20 世纪考古史上最伟大发现之一"。自 1974 年秦兵马俑被发现以来,有关兵马俑的每一次发现都炫人眼目。作为世界遗产的兵马俑坑遗址及其出土文物,蕴涵着巨大的历史、科学和艺术价值,而其中许多的未解之谜和学术课题尚待各个领域的专家学者共同研究与探索。

(舒 凤)

秦兵马俑二号坑出土的跪射俑

孙中山逝世

三月
12

1924 年,北伐前夕的国内局势风雨飘摇,各方纷争一触即发,孙中山此时受邀北上,共商国是。为迅速实现全国统一,召开国民会议,废除一切不平等条约,孙中山抱病离开广州,经香港、上海,绕道日本神户,最后抵达北京。然而在 1925 年 3 月 12 日上午 9 时 30 分,孙中山先生因患肝癌医治无效,在北京东城铁狮子胡同逝世,终年 59 岁。临终前,他说的最后一句话是:"和平、奋斗、救中国。"现存唯一能找到的孙中山先生讲话录音,完成于 1924 年 5 月,也就是孙中山先生此次北上之行的前夕:

【音频】孙中山:我们近来几百年,我们的国民睡了,我们睡了。所以,我们近几百年来文明落后,政治堕落,变成现在不得了的局面。我们中国人,在今天应该要知道,我们现在这个地步,要赶快想个法子,怎么来挽救,那么我们中国还是可以有救,不然中国就要沦为一个亡国灭种的地位。

孙中山

这段录音是《中国晚报》社长沈卓吾从上海专门赴广州为孙中山录制的。当时沈卓吾非常敬仰孙中山,决心为这位革命家留下声音,使之永传后世。他带着录音技师来到广州,几经周折向孙中山表达了录音的想法,孙中山得知之后欣然接受。1924 年 5 月 30 日,在广州南堤,孙中山以事先写好的文稿,分别用国语和粤语对着留声机演讲,录下了 4 张录音毛片。沈卓吾回到上海后,将演讲录音制成全套 3 张胶木唱片,并于 1924 年下半年以《勉励国民》《敬告同志》为题向海内外发行。1925 年 3 月 12 日,孙中山先生在北京不幸病逝,这段录音便成了伟人留存于世的唯一声音。

孙中山,名文,字德明,号日新,后改逸仙。他在日本从事革命工作时曾化名中山樵,故而世人多称他为"孙中山先生"。1879 年,孙中山随母赴檀香山,在长兄孙眉的资助下,孙中山先后在檀香山、广州、香港等地比较系统地接受西式的近代教育,萌生了民生思想。

孙中山先后在澳门、广州两地行医。他医术精湛,名噪一时,有一年的收入竟高达万元之多。但是他总觉得,医术救人,所救有限。因此,他决心弃医从政,改"医人"为"医国",投身于中国的民主革命事业。孙中山曾上书李鸿章提出多项改革建议,但未获成功,这促使他决心以武力推翻清朝统治。1905 年,孙中山领导成立同盟会并被推举为总理,他所提出的"驱除鞑虏,恢复中华,创立民国,平均地权"的革命宗旨被采纳为同盟会纲领。此后,孙中山派人到国内外发展组织、宣传革命,自己也赴世界各地向华侨宣传和募集革命经费。

同盟会成立之后,孙中山领导了近十次武装起义均告失败,但是革命党人前仆后继,英勇战斗,给清政府以沉重打击,予全国人民以极大的鼓舞。1911年10月10日,武昌起义爆发,各省纷纷响应,清朝统治土崩瓦解。孙中山在南京被17省代表推选为中华民国临时大总统,于1912年1月1日在南京宣誓就职。1912年2月12日,清宣统帝被迫宣布退位,在中国存在两千多年的君主专制制度寿终正寝,中国实现了历史性巨变。

孙中山不仅是一位推翻封建帝制、创立民主共和的革命先驱,也是一位倡新风、除陋习,移风易俗的先行者。一度举国崇尚的中山装,就是由孙中山亲自设计和倡导的。这在中国的服装史上是一个创举,也是一项影响深远的服饰改革。当时,创立于1910年的上海"荣昌祥"制作的西服质量非常好,孙中山也曾多次去定做西服。1916年4月,"荣昌祥"根据孙中山先生的要求,制作出中国第一套中山装。作为中国革命象征的"国服"中山装,很快风靡全国,在国际上被称为中国男式礼服的代表性服装。

辛亥革命之后,中国虽然摆脱了封建帝制,但国内政局仍是风雨飘摇。孙中山继续为捍卫共和制度而斗争,发动两次护法运动,均以失败告终。但是孙中山并没有气馁,仍不断探索救国之路。

1924年,孙中山改组中国国民党,主持召开中国国民党第一次全国代表大会,通过党纲党章,发表宣言,重新解释三民主义,实行联俄、联共、扶助农工三大政策,实现国共合作,迎来了国民革命的高潮。然而就在这个关键时刻,孙中山于1925年病逝于北京。

孙中山为了改造中国而耗费了毕生的精力,他用一生践行了"革命尚未成功,同志仍需努力"的不懈追求。在以下录音中,他的讲话仍然具有积极意义。

【音频】孙中山:现在,世界的潮流都进到新的文明。我们如果大家能醒起来,向新的文明这条路去走,我们才可以跟得到各国,来追向前去。

(肖定斌)

孙中山灵堂

延安《解放日报》公开报道"刘巧儿"案

【音频】评剧电影《刘巧儿》片段:"巧儿我自幼许配赵家,我和柱儿不认识我怎能嫁他。我的爹在区上已经把亲退,这一回我可要自己找婆家。"

"刘巧儿"原型封芝琴

这个"要自己找婆家"的姑娘叫刘巧儿,唱段选自新中国建立初期风靡全国的评剧电影《刘巧儿》。在影片中扮演刘巧儿的是评剧表演艺术家新凤霞。刘巧儿的故事是根据真实事件改编而来,作为冲破封建思想禁锢、追求婚姻自主的新女性代表,刘巧儿的艺术形象曾经鼓舞了几代人。1944年3月13日,延安《解放日报》公开报道"刘巧儿"案,轰动了陕甘宁边区。"刘巧儿"案被列为20世纪中国八大名案之一,它不仅对新中国妇女的思想解放产生了积极的影响,还间接促进了新中国第一部法规《婚姻法》的诞生。

刘巧儿的生活原型叫封芝琴。1924年5月,封芝琴出生在甘肃省华池县。4岁时,其父封彦贵将她许配给张湾村的张柏,收取张家10块银元的彩礼,订下了娃娃亲。1942年,18岁的封芝琴与张柏相恋,二人情投意合。但封芝琴的父亲却因贪图彩礼,不顾女儿的反对,执意将她多次许配他人。电影《刘巧儿》中的一个片段再现了封芝琴因抗婚被父亲锁在家中的情形:

【音频】评剧电影《刘巧儿》中巧儿被锁片段

张柏之父得知以后,以屡次卖女为名将封彦贵告到华池县抗日民主政府。县政府司法处以父母包办买卖为由撤消了封芝琴的3次婚约,依法没收了封彦贵卖女所得的全部彩礼。

1943年3月,封彦贵又将女儿卖给财主的儿子朱寿昌。而后,张柏带领亲友将封芝琴抢到张家,封芝琴的父亲到华池县抗日民主政府状告张家"抢劫民女"。县政府司法处判处张柏之父有期徒刑6个月,张柏等4人被处以劳役,张柏与封芝琴的婚姻予以废除。一对有情鸳鸯就这样被拆散了。新凤霞之女吴霜回忆了母亲跟她说的封芝琴被逼婚的事情:

【音频】吴霜:当时,她父亲还真是和电影里一样逼迫着她,让她嫁一个有钱的地主。她不干,结果她喜欢的赵柱儿(即张柏)那家人真的就把她抢走了,这全是事实。她爸爸就把抢人的那家人给告倒了,封芝琴那时候18岁,就急了。

为了讨回公道、与心上人结为夫妻,封芝琴找到陕甘宁边区高等法院陇东分庭庭长马锡五,状告"父母之命、媒妁之言"对她婚姻的干涉和县政府的断案不公。封芝琴的上诉引起了马锡五的高度重视,他采取调查、调解与审判相结合的方式,协同县政府召开群众大会进行公开宣判,纠正了之前的错误判决,并当场为封芝琴和张柏颁发了结婚证书。这一案件的审判方式作为经典案例被定名为"马锡五审判方式"。马锡五之孙马抗战回忆了爷爷对他说过的审判经过:

【音频】马抗战:我爷爷马锡五说:"你回去,三天以后我一定给你一个答复。"三天以后,我爷爷就下到华池来走访群众,还问封芝琴说:"你到底是愿意跟张柏还是愿意跟那个朱寿昌?"封芝琴说:"我宁死都要跟张柏。"我爷爷就这么把这个案子给改判了。

马锡五对"封芝琴婚姻案"的公正审理,不仅使一对争取婚姻自主的青年得以实现心愿,也使群众在参与案件审理、充分发表意见的同时受到了教育,提高了自觉遵守边区婚姻条例的意识,有力地打击了买卖婚姻的陋习。

1944 年 3 月 13 日,延安《解放日报》发表社论《马锡五同志的审判方式》,通过典型案例总结了马锡五的审案经验。此后,重庆《新华日报》、陇东《陇东报》等报刊接连对这一案件进行了报道。新凤霞之子吴欢讲述了当时的情况:

【音频】吴欢:当时,马锡五处理这个案子就变成陕甘宁边区推广的、一直到解放以后推广的经验,就是联系群众,从群众中来到群众中去,去反复地了解民意。所以民意在当时已经形成了,而且首先就是在陕甘宁边区政府形成的对人民的尊重。

与此同时,陕甘宁边区的民间艺人和文艺工作者以此案为素材创作了说书、戏剧等文艺作品。新中国成立后,中国评剧院将封芝琴的故事改编为评剧《刘巧儿》,随后又被长春电影制片厂搬上银幕,封芝琴的故事以刘巧儿的艺术形象传遍了全国。"刘巧儿"逐渐成为争取婚姻自主的代表、妇女解放的象征。正如电影中所唱:"幸福生活要靠自己争取。"

【音频】评剧电影《刘巧儿》片段

1950 年 4 月 13 日,中央人民政府委员会通过了《中华人民共和国婚姻法》,废除包办强迫、男尊女卑、漠视子女利益的封建婚姻制度,实行男女婚姻自由、保护妇女和子女的合法利益的新婚姻制度。《婚姻法》给了像封芝琴这样受到旧婚姻制度迫害的女性以有力的武器,让更多的"刘巧儿"可以利用法律武器捍卫自己的婚姻自主权。就像电影中的刘巧儿那样,历经艰辛,最终得以冲破封建束缚,和心上人喜结连理,迎来一场实现自己意愿的婚礼。

【音频】评剧电影《刘巧儿》中巧儿结婚片段

(舒 凤)

封芝琴为丈夫缝补衣服

"西部歌王"王洛宾逝世

三月 14

【音频】黑鸭子演唱的《达坂城的姑娘》

"你要是嫁人不要嫁给别人,一定要嫁给我。"这是中国第一首汉语译配的维吾尔民歌《达坂城的姑娘》,由我国著名民族音乐家王洛宾于1938年整理编曲。自此之后,王洛宾便与西部民歌结下了不解之缘。他在大西北生活了近60年,将传奇般的一生都献给了西部民歌的创作和传播事业。1996年3月14日,被誉为"西部歌王"的王洛宾逝世。

王洛宾毕业于北京师范大学。毕业时,俄国老师因为他在音乐上的天赋,鼓励他去巴黎继续深造。但就在出发前夕,抗战爆发。王洛宾目睹国家陷入硝烟,毅然决定投身抗日救亡运动。他加入八路军"西北战地服务团",成为一名宣传员。随着战事的推进,他接到奔赴新疆宣传抗战的任务。在前往新疆的路上,他与著名的作家萧军、塞克、朱星南在经过六盘山一家马车店时,被老板娘的一首西北民歌《花儿》所打动,决定扎根黄土地进行创作。

王洛宾

【音频】阎维文演唱的《在那遥远的地方》

这首《在那遥远的地方》是王洛宾在1939年创作的另一首久唱不衰的歌曲,它的曲调源于哈萨克族民歌。1939年秋,王洛宾受青海省政府主席马步芳委派,协助电影艺术家郑君里在青海湖畔拍摄纪录片《民族万岁》时,认识了藏族姑娘卓玛。卓玛是当地一位藏族千户的女儿。三天的相处,活泼美丽的卓玛给王洛宾留下了深刻的印象,他为她创作了这首歌曲。王洛宾在一次采访中谈到他与藏族女孩卓玛的这段往事时仍然记忆犹新。

【音频】王洛宾:卓玛当时十六七岁,郑君里选上她当牧羊姑娘,她骑马,我在后面拿鞭子赶几百只羊。第二天正式开拍,我故意在后面把她的马屁股抽了一下,马就突然跳起来了,她的骑术非常好,她回头看了看我,又高兴又生气似的,我也不在意。后来放羊往前走时,她转到我身后在我身上打了一鞭子后转身就跑了,也算是善意的报复。

据说在三天的纪录片拍摄过程中,王洛宾和卓玛两人共乘一马,在青海湖边奔驰。如同《在那遥远的地方》歌词中所写的那样,卓玛的皮鞭轻轻地敲打在王洛宾的身上。两人分别之后,王洛宾在回西宁的路上怅然若失,借助民歌的旋律写了这首传世之作。2007年,这首歌曲被选中跟随中国第一颗探月卫星一起进入太空。

王洛宾一生好友众多，其中一位就是我国当代著名音乐家、教育家贺绿汀。他与王洛宾相识于山西临汾前线，两位音乐老人都为我国民族音乐奋斗了一辈子。贺老当时在上海救亡演剧一队，而王洛宾在八路军西北战地服务团。王洛宾回忆说，那时许多男女都哭着唱起了贺老的《游击队之歌》走上抗日前线。两位战友对彼此的作品都十分熟悉。1993年，在相识半个世纪之后，他们再一次相会于上海。在接受记者采访时，两位老人难掩激动之情，王洛宾回忆了抗战最激烈时期他们一起在前线的故事，并再一次唱起了贺老的《游击队之歌》。

【音频】王洛宾：我和贺老55年不见，当然感触很深。从前抗日战争最激烈的时候，我和贺老都在前线，所以贺老对我来说印象特别深，我们当时唱的都是贺老的歌。

王洛宾晚年曾与台湾女作家三毛结下深厚的忘年情。1990年一个温暖的春天，女作家三毛专程赶赴新疆与王洛宾见面。在听了王洛宾的人生经历后，三毛分外感动。回去后，她还曾来热情洋溢的信，表达了自己的思慕之情。三毛去世后，王洛宾非常伤感。他为三毛写了一首叫作《等待》的歌表达情怀，并曾亲自弹唱献给三毛。

【音频】王洛宾弹唱《等待》

1993年，以王洛宾为原型的电影《在那遥远的地方》正式上映。影片由滕文骥执导，张洪量、陈红领衔主演。罗大佑担任了音乐总监，并与那英一起演绎了电影中所有的插曲。影片中除了《在那遥远的地方》《达坂城的姑娘》等歌曲外，还有一首人们也非常熟悉的《青春舞曲》。这首歌的原曲是新疆达瓦孜艺人表演时的伴奏曲，1939年秋天，王洛宾从一个卖葡萄干的维族商人那里寻觅到了这个曲调。当时王洛宾正经历着情感的波折，十分痛苦。于是这位25岁的青年在极欢快的原曲上，填写了温暖治愈的歌词。

王洛宾的作品深受各族人民的喜爱，不少作品被不同的歌手以各种方式改编，别有一番韵味。从一组不同歌手演绎的《在那遥远的地方》，可以更多领略西部歌谣的无穷魅力。

【音频】蔡琴、莫文蔚、黄耀明分别演唱歌曲《在那遥远的地方》

（陆一文）

王洛宾（左）与贺绿汀

上海电视台播出中国内地第一条外商电视广告

1979 年 3 月 15 日，翻开当天出版的《文汇报》，人们发现了一条标题为"雷达表——现代化的手表"的手绘通栏广告。同一天，上海电视台在晚上六点黄金时段，播出了一条介绍瑞士雷达表的电视广告。这是改革开放后中国首次刊登和播放外商广告，这一天也因此成为中国电视、报纸和广告史上具有纪念意义的日子。遗憾的是，这则当初用英语原版播出的广告现已无法找到，以下是 20 世纪 80 年代初播出的普通话版雷达表广告：

雷达表电视广告(1979 年)

【音频】雷达表广告

在今天的电视屏幕上，广告的播出已接近每天 1 个小时，其中百分之七十是外国品牌，人们对这些广告早已习以为常。但是，当年第一条外商电视广告在上海电视台的黄金时段播出，却是一条不小的新闻。汪志诚当时是上海电视台广告部的负责人，这则广告留给他最深的印象就是画面中没有出现人物，符合当时的宣传环境：

【音频】汪志诚：当天，1979 年 3 月 15 日，大概早上 9 点钟拿到这个广告，画面很好，它主要是讲雷达表的生产过程，拍出了它的厂房，怎么样认真地检验。在里面特别有一条，基本上没有出现人，这条很好，因为当时对于出现人这一条不容易掌握，当时有一种想法，出现人可能会有一些奇装异服，或者说不熟悉的发型，有的同志担心，电视台播出这样的广告会对社会上造成一些影响。

当时，广告是在波士顿交响乐团首次访华演出实况的直播间隙播出，长度是 1 分钟，和现在每秒必争的广告时间相比算是很奢侈了，价格每分钟 1300 元，共播出 2 次，但这是不同寻常的 2 分钟。当年负责瑞士雷达表中国区业务的史丹拿先生曾解释过广告投放的原因。

【音频】史丹拿：我们决定从 1979 年开始，因为邓小平提出了四个现代化。这使我们觉得将来我们可能在中国的钟表市场发挥一些影响。

这一事件也得到了海内外媒体的高度关注，他们将播出外商广告看作中国对外开放的一个标志性事件，香港《文汇报》更是以头版头条的显著位置刊发了这一消息。十一届三中全会明确提出党的工作重心转移到经济建设上来，民众对提高生活质量充满了渴望，广告开始起到引导消费的作用。当时手表、缝纫机、自行车和录音机频频出现在电视广告上,对老百姓有着很强的吸引力。

【音频】燕舞收音机广告

1983 年,一个抱着吉他蹦蹦跳跳的大男孩进入了大众视野,这则燕舞收音机广告给人们留下了深刻的印象。它第一次让广告演员以歌手的形象出现在屏幕上,健康活泼、富有朝气,令观众耳目一新。这个经典造型也被那个时代的青年男女们所推崇。

然而,与青春活泼的燕舞广告相比,20 世纪 80 年代的电视广告通常是对产品的简单直白甚至生硬的说明。厂门、产品、厂长演示是画面的三段论,金奖、银奖、厂址宣读是声音的三要素,这时的广告还停留在宣传产品和厂址阶段。

在这一时期,还有一类广告给人们留下了深刻的印象,这就是名人广告。1988 年,电影演员潘虹为霞飞产品做广告,让这个品牌的化妆品名噪一时。与此同时,正受假药困扰的深圳南方制药厂也希望通过名人广告重塑企业形象,他们找到了著名表演艺术家李默然。

【音频】李默然代言的三九胃泰广告

李默然代言的这则广告是全国最早的明星广告之一,在中央电视台一经播出就引起了轰动。李默然收到的信和电报如雪片般飞来,人们纷纷议论明星能不能做广告,李默然到底收了企业多少钱。明星广告引发的争议让李默然始料未及,他从此再也没有接拍任何广告,但这一事件却把三九胃泰的名气越炒越大。

在 20 世纪 90 年代,大量的外来商品伴随着精美广告开始涌入中国市场。这些舶来的电视广告制作精良、富有创意,而且具有十分成熟的品牌意识。于是国内的一些广告公司也纷纷效仿,改变直白的推销方式,制作出了许多有创意的电视广告。

屏幕上的电视广告越来越讲求创意,越来越富有人情味,但它们对观众的吸引力却再也难以创造当年的消费神话。从 1979 年上海电视台播出中国第一条广告之后,许多广告和他们宣传的商品早已从我们的生活中消失,但是新的广告仍不断出现并引领时尚。透过广告里纷繁的人间世象,我们看到了生活前进的脚步,也感受着社会文化的延续。

(倪嘉铭)

雷达表电视广告(1980 年代)

数学家华罗庚回国

1950年3月16日,数学家华罗庚从美国回到中国。他放弃了在美国的终身教授职务,将自己40岁以后的日子完全贡献给新中国的数学科学研究事业。华罗庚是新中国第一台大型计算机的研制者,是"两弹一星"工程的元勋,是中国解析数论、矩阵几何学等多方面研究的创始人和开拓者。他培养了陈景润等一大批数学人才,被誉为"中国现代数学之父"。

"梁园虽好,非久居之乡。归去来兮……为了抉择真理,我们应当回去;为了国家民族,我们应当回去;为了为人民服务,我们也应当回去。"这是华罗庚在归国途中写下的《致中国全体留美学生的公开信》中的一段话。信的字里行间跳动着一颗炙热的心,迸发着一位海外赤子与祖国命运生死与共的无限激情。华罗庚之子华俊东回忆了他们当时颇费心思归国的情况:

华罗庚

【音频】华俊东:我们从1949年知道中华人民共和国成立以后就开始安排回来了,这点我爸爸是非常明确的,当然我估计可能也有人跟他谈过国内的情况。那时候,我们设计了两条路,一条路就是从旧金山上船回来到香港,另外一条是如果受到阻拦,我们就到欧洲旅游,通过苏联回来。结果上船以后,美国措手不及,等到发现的时候,我们已经到了香港。

1910年11月12日,华罗庚出生于江苏金坛县。初中毕业后,他因家境贫寒而辍学。在父亲的杂货店里,华罗庚一边帮忙一边自学。1930年,华罗庚因在上海《科学》杂志上发表一篇论文而受到清华大学数学系主任熊庆来教授的赏识,从而进入清华大学担任算学系图书管理员。此后,华罗庚在清华大学边工作边学习,用一年半时间学完了数学系全部课程。他自学了英文、法文和德文,在国外杂志上发表了三篇论文后被破格任用为助教。清华大学校史专家、教授黄延复介绍了华罗庚独特的学习方式:

【音频】黄延复:三分天才,七分勤奋。他熄灯以前看书,熄灯以后还看书。熄灯以后怎么看书呢?就是凭他的脑子,凭他的天分。他找个有灯的地方,看几句以后就到床上躺着,摸黑去推理。

1936年,经清华大学推荐,华罗庚得到中华文化教育基金会的资助,以访问学者的身份去英国剑桥大学进修,在那里度过了他人生中具有决定性意义的两年。在此期间,华罗庚发表了十多篇数论方面的论文，引起了国际数学界的注意。这些研究后来成为华罗庚第一部专著《堆垒素数论》的重要内容。华罗庚之子华俊东讲述了华罗庚在英国剑桥大学学习的情况：

【音频】华俊东：曾经他的导师跟他讲，你最好是攻博士，别人要四年攻下来，你最多两年就可以攻下来。他的回答很明确，我来不是为了博士学位，我来的目的就是要从各个角度学习数学，我是来学习的。

1938年，华罗庚从英国学成归来，在西南联合大学任教授。在昆明郊外的一间小阁楼里，他写出了第一部数学专著《堆垒素数论》。此专著是20世纪的经典数论著作之一。

1946年，华罗庚应普林斯顿大学邀请去美国讲学。1948年，他被美国伊利诺伊大学聘为终身教授。新中国成立后不久，华罗庚毅然放弃优裕生活携全家返回祖国。1952年，他被任命为中国科学院数学研究所所长。在此期间，除了继续过去的研究工作外，华罗庚还培养了万哲先、陆启铿、王元、陈景润等一大批优秀的数学人才。中国科学院院士陆启铿从1951年开始跟随华罗庚做数学研究，在他的记忆中，老师最大的特点就是严。

【音频】陆启铿：他本人对自己的工作要求非常严格，对学生也是这样的。他叫你做个报告，我们要准备好，如果哪个地方讲得不对、不严格，他就立刻提出来，这是怎么回事。如果事先没有准备，一下子答不出来，他就叫你吊在黑板上。

在研究之余，华罗庚坚持从事科普活动，他是我国中学生数学竞赛的首创者。从1956年到1978年间，华罗庚亲自担任竞赛委员会主任，从出题、监考到阅卷，他都亲力亲为，并多次到外地推广这一活动。为了培养青年一代，华罗庚还编写了一系列数学通俗读物，他希望将自己的专长早日交给青年们。华罗庚曾在会见青年代表时说过这样一席话：

【音频】华罗庚：作为一个年纪比较大一点的科学工作者，并且是还在学习中的科学工作者，希望我们将来在四化建设里面，大家并肩前进。将来之后希望青年同志拿着担子挑了，挑了之后比我们这一代进步更快、走得更好，把我们祖国的四化建设搞得更快更好。

在人生的最后20年，华罗庚努力尝试寻找一条数学和工农业实践相结合的道路。他一面在科技大学讲课，一面带领学生到工农业实践中去推广优选法、统筹法，为工农业生产服务。1985年6月12日，华罗庚在日本讲学考察时，因心脏病发作在东京逝世。他用行动实践了自己的诺言："最大的希望就是工作到生命的最后一刻。"

（舒　凤）

华罗庚（左二）深入农村推广优选法和统筹法

我国第一批勤工俭学留法学生启程

三月 **17**

【音频】电影《我的1919》录音片段

在电影《我的1919》中，参加巴黎和会的中方代表顾维钧义正辞严地拒绝在《凡尔赛和约》上签字。在历史上，当时的中国政府之所以有这样的态度，和来自国内人民的压力以及中国留法学生的据理力争密切相关，这些留法学生当初就是抱着救国强国的信念远赴法国勤工俭学，从而"探求世界的学问"的。1919年3月17日是中国第一批89名勤工俭学留法学生从上海启程的日子。

留法学生蔡和森(左)和向警予

1919年的法国，经历了战争的摧残，经济萧条。在这片革命的温床里，各种思潮如春笋般崛起。工人运动蓬勃发展，马克思主义广为传播。这时，远在中国新民学会的领导人毛泽东也意识到，"为求个人和人类的向上，必须去求世界的学问，从中加以研究、抉择"。继1919年首批勤工俭学留学生赴法以后，中国留法勤工俭学运动达到高潮。在李大钊、毛泽东、周恩来等人的推动下，一大批新民学会的会员登上了开往法国的航船。

青年周恩来于1920年11月7日搭乘法国邮轮"波尔多斯"号由上海赴法。今天的法国巴黎意大利广场附近有一条寂静的街道，坐落着周恩来在法国的故居，其中有一个周恩来头像的浮雕，表达了法国政府和人民对周恩来的崇敬和对中国人民的友情。

1921年，旅法学生成立巴黎共产主义小组，后又成立了中共旅欧支部，输送了大批党团员赴苏联学习，培养了周恩来、朱德、邓小平、陈毅、聂荣臻、王若飞、向警予、徐特立、蔡畅等一批中国革命的领导骨干。

邓小平是在旅欧党团组织处于关键时刻迅速成熟起来的年轻领导人。他1920年赴法，1924年入党，当年7月被选为团书记局成员。1925年，震惊国内外的五卅运动爆发，旅欧党团组织立即行动起来，开展了一系列的反帝斗争。邓小平亲手刻印传单，高呼反对帝国主义，把斗争进一步推向高潮。斗争震动了整个欧洲，当时的法国政府命令警察大肆搜捕中国共产党人。在这万分危急的时刻，邓小平同傅钟、李卓然等人从法国其他城市赶回巴黎，挺身而出，重建党团领导机构，继续领导这场革命。

1922年9月初，朱德同孙炳文等人乘坐法国邮轮"安吉尔斯"号离开上海，前往法国。他在法国巴黎听说中共旅欧支部负责人周恩来在德国，便立即赶到柏林。美国女记者史沫特莱在其介绍朱德革命事迹的著作《伟大的道路》一书中描述了朱德与周恩来会面的情形："朱德顾不得拉过来的椅子,端端正正地站在这个比他年轻十岁的青年面前,说明自己的身份和经历,介绍自己是怎样为寻求新的生活方式和中国新的革命道路而来到欧洲,要求加入中国共产党在柏林的党组织。周恩来微笑着说可以帮他办理入党的手续。"1922 年 11 月,36 岁的朱德终于实现了加入中国共产党的梦想。在法国读大学时,朱德常在家研读《共产党宣言》。1975 年,当读到成仿吾新译的《共产党宣言》时,90 岁高龄的朱德执意前往成仿吾的住处看望他。成仿吾的妻子张琳回忆了朱德当时讲的一番话:

【音频】张琳回忆朱德看望成仿吾时讲的话

新中国第一任上海市长陈毅也曾赴法学习。1919 年,18 岁的陈毅为了寻求救国之路,与哥哥陈孟熙及好友等人一起奔赴法兰西。到达法国后,陈毅在蒙达尔纪中学开设的法文补习班学习,经过几个月的法文补习后,被分配到了施耐德公司的一家工厂工作。在这里,他看到了法国底层人民悲惨的生活,体会到资本主义制度下工人备受欺凌的不公境遇和卑微的社会地位。即使在这种环境中,凭着坚定的信念,陈毅和哥哥通过不懈的努力,终于在法国租下了一间属于自己的屋子用于开展革命活动。就在这间小屋子里,陈毅认识了蔡和森并且接触到了《共产党宣言》。他曾说蔡和森对他产生了很重要的影响,使他逐渐地接受了马克思主义,认识到无产阶级革命的光明前途。在法国期间,陈毅先后策划组织了多次旅法各届代表参加的运动。最终,因参加"争回里昂中法大学运动"等活动被法国政府遣送回国。

【音频】法语版《马赛曲》和韩磊演唱的《我爱你中国》

从 1919 年中国第一批留法学子启程远行,这场浩浩荡荡的勤工俭学运动在中国历史上留下了浓墨重彩的一笔。留法学生陆续回国后,一大批人为民族的独立和解放投入到血与火的战斗中,为缔造新中国贡献了毕生精力。他们中有些人为祖国和人民献出了青春和生命,有的在以后的岁月中成为党和国家的杰出领导人,也有学子在新中国成立后放弃国外优越的生活条件而选择报效祖国,以毕生所学实现振兴中华之梦。

(陆一文)

我国第一批勤工俭学留法学生

全国科学大会在北京隆重召开

三月 18

1978 年一个万物复苏、春回大地的时节,全国科学大会 3 月 18 日在北京隆重举行。这是我国科学史上意义非凡的盛会。参加这次大会的有来自各条战线的优秀科技工作者、技术革新能手、科学种田模范等近六千名代表,其中有数学家华罗庚、物理学家严济慈、中科院数学研究所研究员陈景润、土木工程学家茅以升、生物学家童第周等。会上,时任中共中央副主席、国务院副总理的邓小平发表重要讲话,提出了"科学技术是生产力"的论断,指出了知识分子"是工人阶级自己的一部分"。这次大会的召开,为十年动乱后我国科技事业的发展重新开辟了道路。

全国科学大会会场

"科学技术是第一生产力"这句话曾被编入初中课本,它源于"科学技术是生产力"这个马克思主义的观点。然而,在"文化大革命"刚结束的中国,"科学技术是生产力"的提出可谓重如千斤。十年动乱中,中国的科技领域遭到严重破坏,绝大多数科研工作陷入停顿状态。在大会的开幕式上,邓小平讲话开头就指出:

【音频】邓小平:今天能够举行这样一个在中国科学史上空前的盛会,就清楚地说明了,王洪文、张春桥、江青、姚文元"四人帮"肆意摧残科学事业,迫害知识分子的那种情况,一去不复返了。

"文化大革命"对教育、科学、文化领域的破坏十分严重,而科学技术领域是"重灾区",这造成了中国科学界在一个时期内的断层。而由于"文化大革命"造成的全民思想混乱的局面,在一段时期内带来的影响仍是余波未平。在那个百废待兴的年代,明确地提出"科学技术是生产力",无疑有着非常重要的意义。

【音频】邓小平:现代科学技术的发展,使科学与生产的关系越来越密切了。科学技术作为生产力,越来越显示出极大的作用。

1977 年 7 月,邓小平复出后主管科学和教育工作,以其智慧和勇气推翻和突破了科教工作发展中的种种束缚和禁锢,为全国科学大会的顺利召开作了思想上的准备。邓小平在大会上称知识分子也是"社会主义社会的劳动者",这对于长期受到压制的知识分子来说,是一种莫大的肯定和鼓舞。

【音频】邓小平:在社会主义社会里,工人阶级自己培养的脑力劳动者,已经是无产阶级自己的一部分。从事体力劳动的,从事脑力劳动的,都是社会主义的劳动者。

这番话肯定了知识分子的地位,同时卸去了长久以来套在知识分子脖子上的枷锁。邓小平在讲话中还指出:"越来越要求有更多的人从事科学研究工作,造就更宏大的科学技术队伍。"这意味着知识分子不再是遭人鄙视的"臭老九",而是社会主义建设中不可缺少的劳动者。听到这番话,不少科技工作者被深深打动,有的还留下了激动的泪水。曾经轰动国际数学界的"杨张定理"发现者之一杨乐,也是大会的与会代表,他在谈到知识分子地位的改变时这样说道:

【音频】杨乐:长期以来,知识分子被看作是改造的对象,看作是跟资产阶级画等号的。现在不仅把知识分子看成是劳动人民,而且又说,知识分子就是工人阶级的一个部分,就觉得知识分子现在地位完全改变了,感到精神上的一个彻底解放。

邓小平在全国科学大会上的讲话稿共有三个部分。第一部分谈了对"科学技术是生产力"的认识;第二部分谈了科学技术队伍的建设;第三部分谈了科学技术各个研究所中的所长负责制,其中包括如何领导科学技术工作等具体问题。邓小平认为第三部分也很重要,必须做好后勤保证工作,为科学技术人员创造必要的工作条件。他还表示,愿意当大家的后勤部长。

【音频】邓小平:为了实现科学研究计划,为了把科学研究工作搞上去,我愿意当大家的后勤部长。

在邓小平讲话后,时任国务院副总理的方毅作了报告,对《1978—1985 年全国科学技术发展规划纲要(草案)》作了说明。1978 年的全国科学大会于 3 月 31 日闭幕。在闭幕式上,先进集体、先进科技工作者和优秀科研成果受到了表彰。大会宣读了时任中国科学院院长郭沫若的书面讲话《科学的春天》,讲话稿中提到:"现在,我们可以扬眉吐气地说,反动派摧残科学事业的那种情景,确实是一去不复返了! 科学的春天到来了!"全国科学大会之后,我国的科技事业进入了一个新时代。

1978 年的全国科学大会是粉碎"四人帮"之后召开的一次重要会议,也是中国科技发展史上一次具有里程碑意义的盛会。它澄清了长期束缚科学技术发展的重大理论是非问题,打开了长期禁锢知识分子的枷锁,确立了尊重知识、尊重人才的根本方针。大会通过了我国的第三个科学技术发展长远规划,从此我国的科技事业进入了全面发展的大好时期。

(郑榴榴)

邓小平主持全国科学大会

物理学家谢希德出生

三月 19

"我是中国人，我爱中国。"这是 1999 年的教师节晚会上，曾任复旦大学校长的谢希德女士所讲的一句话。虽然当时谢希德身体状态并不好，但当她说这句话时仍铿锵有力。谢希德开创了新中国的半导体事业，我国的第一枚单晶硅、第一块半导体材料、第一只晶体管、第一批半导体人才，都与她密不可分。她是中国杰出的物理学家、教育家和社会活动家。1921 年 3 月 19 日，是谢希德诞生的日子。

谢希德的父亲谢玉铭是"五四"时期的中国物理学家，从小父亲就常对她说"中国需要科学"。谢希德自幼多病，她在抗战流亡中完成了中学学业，考取了大学，却因患骨关节结核只能选择休学。当时的中国医学不能治愈结核病，这不仅让谢希德耽搁了 4 年学业，更让她从此腿脚不便，一生行走艰难。养病中的谢希德，跟着任教于燕京大学和厦门大学的父亲在国难中流亡漂泊，在病床上读完了 4 年的大学课程。谢希德父亲的学生，菲律宾中正学院名誉董事长邵建寅讲述了谢希德坚韧不拔、拼搏学习的往事：

谢希德

【音频】邵建寅：因为她身体不好，所以就形成她心理的压力，形成她要和这个环境去拼搏的信念，所以她在学校里的成绩非常非常好。

1949 年新中国成立，这让身在美国留学的谢希德归心似箭。1952 年，她在麻省理工学院获得物理学博士，便计划着与后来成为国内杰出生物化学家的曹天钦一同回到祖国。这时的曹天钦也刚从英国剑桥学院毕业，成为了生物化学博士。但是，由于当时美国政府的阻挠，谢希德只能先绕道英国。在英国，她与后来相伴一生的知己曹天钦结婚。在新婚的喜悦中，他们秘密地回到了祖国。回国后，谢希德来到复旦大学，担任物理系和数学系的基础教学。由于腿疾所致双腿无法弯曲，她不得不始终站着上课。

1983 年春，谢希德被任命为复旦大学校长，成为新中国重点大学的第一任女校长。从基建项目的审批到解决教师的住房，她每天需要处理大量公事。在上下班的班车上，谢希德的邻座总是虚位以待，让给有事找校长的同事。大家与她商量工作，提要求、提意见，乃至发牢骚都可以。谢希德说，这样不仅可以听到群众的呼声，还可以节约时间，提前处理一些工作，很多问题没进校门就解决了。亲民、踏实的风格让谢希德深受大家的爱戴。在校园里，无论是老师还是学生，大家都愿意上前热情地与她打招呼。谢希德的好友，著名表演艺术家张瑞芳回忆了谢希德与同学们一起过生日的情形：

【音频】张瑞芳回忆谢希德与同学们一起过生日

谢希德开创了复旦与世界交流的道路。任校长期间，为了搞好教学和科研，她让复旦开放，与国际交流。作为美国麻省理工大学的校友，谢希德每次去美国会见麻省理工校长时，对方都会将"邀请五位复旦教师来麻省理工进修"作为礼物赠她。改革开放后，谢希德还为自己找了一份意想不到的工作，那就是为学生出国留学写推荐信。她像蔡元培等很多著名教育家一样，把为学生写推荐信看作是重要的职责。在任期间，平均三天要写一封推荐信，每年要送走100多位学生。她曾说："送学生出去，让知识回来。"正因复旦在对外交往中展现出的活力，让美国前总统里根在1984年访问上海时选择到复旦进行演讲。

晚年的谢希德是站着工作的。因为腿疾双腿不能弯曲，她站着发送邮件，站着联系工作。直到有一天突发急性心衰和呼吸衰竭，谢希德再也站不起来了……即使在住院期间，谢希德仍停不下来，只在午间小憩半个小时。来探望她的人说，这哪儿像个病房，根本就是工作室和会客室。她却安慰别人说，我愿意忘记自己是个病人，那样我才会快乐。谢希德生前的秘书曹佩芳在接受采访时，谈到谢希德在生命最后仍如此坚强，不禁哽咽。

【音频】曹佩芳：她的坚强令人看了以后都会不禁流眼泪，一般人是不能做到的。她在生命最后一刻的样子在我的脑海里始终忘不掉。

2001年，一部以谢希德生平故事为背景而创作的八集电视连续剧《谢希德》登陆荧屏。电视剧讲述了谢希德从童年到生命终点近80年的人生故事。该剧的出品人和导演均为20世纪80年代复旦大学的毕业生。他们希望通过这部电视剧，表达自己对老校长的敬意。

在2000年上海市庆祝教师节主题晚会上，复旦的学子们在知名配音演员乔榛、丁建华等人的带领下，朗诵诗歌《师德诵》。大家一同呼喊"我是中国人，我爱中国！"以此缅怀他们心中这位魅力十足、深受爱戴的良师益友谢希德。

【音频】复旦学生朗诵诗歌《师德诵》

（陆一文）

谢希德与学生

《汤姆叔叔的小屋》单行本正式发售

三月 20

1862 年，美国南北战争爆发初期，时任美国总统亚伯拉罕·林肯在接见一位女士时，曾开玩笑地说道："原来你就是那位写了一本书，引发了这场大战的小妇人啊。"这位林肯口中的小妇人就是美国著名作家斯托夫人，而提到的那本书就是由她创作并于 1852 年 3 月 20 日正式出版的《汤姆叔叔的小屋》。

《汤姆叔叔的小屋》通过对汤姆叔叔和黑奴们曲折经历的描述，揭露和控诉了黑暗的奴隶制度。小说开始于肯塔基州，农场主谢尔比正面临着将因欠债而失去田地的困境。尽管他与妻子埃米莉对待他们的奴隶十分友善，但谢尔比还是决定将两名奴隶卖给奴隶贩子来筹集他急需的资金。一位是汤姆，他为人忠实、得力，对人友爱、乐于助人，深受庄园主一家和其他奴隶的喜爱，尤其是谢尔比的儿子非常喜欢他，称他为汤姆叔叔。另一位是谢尔比太太的侍女伊丽莎的独生子哈里。得知消息的伊丽莎连夜带着儿子在奴隶贩子的追捕中跳下浮冰密布的俄亥俄河，逃到了河对岸的自由州。她的丈夫也从附近的种植场逃脱，和妻子汇合后，夫妻俩带着孩子，历经艰险，终于在废奴组织的帮助下，成功抵达加拿大。

UNCLE TOM'S CABIN;
LIFE AMONG THE LOWLY.
BY
HARRIET BEECHER STOWE.

VOL. I.
ONE HUNDRED AND FIFTH THOUSAND.
BOSTON:
JOHN P. JEWETT & COMPANY
CLEVELAND, OHIO:
JEWETT, PROCTOR & WORTHINGTON.
1852.

《汤姆叔叔的小屋》单行本封面(1852 年版)

而选择留下被转卖的汤姆叔叔却是另一种遭遇，他被奴隶贩子扣上沉重的脚镣，像货物一般被装上轮船，准备转卖到新奥尔良的种植园。以下就是 1965 年拍摄的电影《汤姆叔叔的小屋》中，汤姆和其他奴隶在船上哼唱歌曲《密西西比河》的片段。1982 年，该片由上海电影译制厂完成译制配音并在国内公映。

【音频】1965 年拍摄的电影《汤姆叔叔的小屋》片段和插曲《密西西比河（Mississippi Blues）》

这艘满载货物的轮船在密西西比河上航行，在一次船上的溺水事故中，汤姆救了一个小姑娘伊娃的命，女孩的父亲圣·克莱尔顺从女儿意愿，从奴隶主手中将汤姆买下来当了家仆，为主人家赶马车。汤姆和伊娃两人的友谊也随着时间的流逝而不断增进。可是，在汤姆来到圣·克莱尔家两年后，小伊娃生病离开了人世。临终前伊娃曾要求父亲恢复汤姆的自由，然而，当圣·克莱尔着手办理各种法律手续时却因为一场意外失去了生命。随后，冷酷的女主人无视丈夫和女儿的遗愿，将家里的奴隶都卖给了残暴的棉花种植园主莱格利。下面这个电影片段再现了当时的奴隶是如何被当成牲口一样被人讨价还价进行买卖的：

莱格利把黑奴当作"会说话的牲口",任意鞭打,横加私刑。汤姆忍受着非人的待遇,仍然默默地奉行着做一个正直人的原则。汤姆为种植场两个女奴的逃生提供便利的事情被发现后,莱格利将他捆绑起来,拷打审问。就在汤姆被折磨得奄奄一息的时候,谢尔比的儿子乔治·谢尔比赶来赎买汤姆,但是过去的小主人却来迟了,汤姆叔叔遍体鳞伤地离开了人世。乔治·谢尔比回到家乡肯塔基后,以汤姆叔叔的名义解放了他名下的所有黑奴,并对他们说:"你们每次看见汤姆叔叔的小屋,就应该联想起你们的自由。"以下就是受到莱格利压迫后,汤姆带领着众黑奴用歌声唱出自己内心反抗的电影片段:

小说一经发表就引起了美国国内南北两股政治势力的激烈争论,尤其围绕着废除奴隶制这一关键点。这也成为美国南北战争的导火索之一,并对以林肯为代表的北方联盟的胜利产生了巨大作用。斯托夫人又于 1853 年发表了《汤姆叔叔的小屋题解》一书,以图证明小说对奴隶制度描述的真实性。其中详细描述了《汤姆叔叔的小屋》中的每一位主角,提到了他们在现实生活中的原型,同时对南方的奴隶制度进行了比小说中更为凌厉的抨击。

《汤姆叔叔的小屋》发行第一年里,仅在美国本土便销售出了 30 万册。小说被翻译成各个语种发行,成为 19 世纪全世界最畅销的小说之一。这其中,由林纾与魏易在 1901 年合译完成的文言文版《黑奴吁天录》成为第一本翻译成汉语的美国小说。鲁迅读完《黑奴吁天录》后,在给友人的信中称:"曼思故国,来日方长,载悲黑奴,前车如是,弥益感喟。"

作为第一部在美国被广泛传阅的政治小说,《汤姆叔叔的小屋》对美国文学的发展产生了巨大的影响。后来厄普顿·辛克莱的《丛林王子》与雷切尔·卡森的《寂静的春天》都是受其影响至深的作品。包括 20 世纪 30 年代玛格丽特·米切尔创作的著名小说《飘》中对南方种植园黑奴的描写也有很多《汤姆叔叔的小屋》中的影子。

《汤姆叔叔的小屋》自问世至今已超过一个半世纪,但今天读来依然那么促人深思、催人泪下,足见作品永恒的艺术魅力。

(倪嘉铭)

斯托夫人

电影《辛德勒的名单》获七项奥斯卡奖

1994 年 3 月 21 日,在美国加州洛杉矶举行的第 66 届奥斯卡颁奖典礼上,由斯蒂文·斯皮尔伯格执导的电影《辛德勒的名单》一举囊括了最佳影片、最佳导演等 7 项大奖。《辛德勒的名单》再现了德国商业大亨奥斯卡·辛德勒在二战期间保护 1200 名犹太人免遭法西斯杀害的真实事件。

1939 年 9 月,德军侵占波兰。根据德军的命令,成千上万的犹太人涌入波兰的克拉科夫被迫进行登记。刚到这里的德国商人奥斯卡·辛德勒接管了一家搪瓷厂,大量雇佣犹太人为德军生产军需品,指望发一笔战争财。他雇了一个叫伊扎克·斯特恩的犹太人当他的会计师。不久,德军规定所有犹太人 1941 年 3 月必须迁离,斯特恩因为忘带工作证而被德军抓住准备押往集中营。辛德勒听说后立即赶到火车站,从已经启动的火车上救下了斯特恩。

电影《辛德勒的名单》主人公原型奥斯卡·辛德勒

【音频】电影片段:辛德勒解救斯特恩

这一次的解救让斯特恩这个犹太人对他的德国雇主建立起了信任。在日后协助辛德勒解救犹太人的过程中,斯特恩起到了重要的作用。1943 年 3 月 13 日,克拉科夫的犹太人遭到了纳粹惨绝人寰的大屠杀。目睹了这一切的辛德勒,良心受到极大的震撼。从此,他逐渐开始痛恨纳粹的暴行,同情犹太人遭受的不幸。

眼看工厂将难以为继,辛德勒打算回家乡去。忠心耿耿的犹太会计师斯特恩给了辛德勒办新厂的忠告和建议。临别时,由于感到前途未卜、生死难料,一行泪水从斯特恩的眼中滑落。辛德勒心中的某些东西被猛然唤醒了。他决定用钱向党卫军上尉戈德买下他的工人。在工厂的办公室里,辛德勒一支接一支地吸着烟,一面向正在打字的斯特恩口授着名单。斯特恩用颤抖的双手捧着他打出的长长的名单,对辛德勒说:"这份名单就是最大的仁慈。"

【音频】电影片段:斯特恩在辛德勒口述下打名单

名单上的犹太人几经周折被送到了辛德勒位于捷克的军火工厂。辛德勒既要对德国官员行贿,又要维持工人们的日常开支,还要购买炮弹成品来搪塞德军,这些花费让他濒临破产。1945 年 5 月 8 日,德国宣布无条件投降。辛德勒向全厂工人郑重宣布,他们从明天起就可以各自去寻找自己的亲人了。当晚零点,作为纳粹党员,辛德勒夫妇即将开始他们的逃亡之旅。临别时刻,工人们默默聚集到辛德勒的车边。一份有全体工人签名的证明信被交到了辛德勒手中,斯特恩代表犹太工人们把一枚由假牙铸成的黄金戒指交给辛德勒，上面刻有一句取自犹太法典的希伯来文："救一人命，如救苍生。"辛德勒接过这枚戒指，百感交集。他哽咽地说："我可以多救一些人出来的，我应该可以救更多的人。"

【音频】电影片段：辛德勒与犹太工人们告别

电影《辛德勒的名单》改编自获"普利策文学奖"的纪实小说《辛德勒的方舟》。20 世纪 80 年代，辛德勒的故事在一个偶然的机会被发掘出来，他救助犹太人的事迹才渐渐公诸于世。辛德勒曾说，他觉得犹太民族正在遭到毁灭，他对此别无选择，必须帮助他们。奥斯卡·辛德勒后来接受采访，回顾了当年的情况：

【音频】辛德勒：1944 年，我的工厂要进行转移，我当然要尽力把我的劳动力一起带走。这些犹太工人于是跟着我一起回去。我让人把他们的名字列成一份名单。

1974 年 10 月 9 日，奥斯卡·辛德勒逝世，终年 67 岁。按照他生前的愿望，他的遗体被安葬在耶路撒冷的锡安山。他是唯一得以葬在这里的前纳粹党成员。1963 年，以色列授予辛德勒"国际义人"的称号。1966 年，德国政府授予他联邦十字勋章。

在二战期间，像辛德勒这样有着人道主义精神的勇士在很多国家都曾出现过。时任中国驻维也纳总领事的何凤山曾向数千犹太人发放了前往上海的签证，被称为"中国的辛德勒"。时任日本驻立陶宛代领事的杉原千亩大量发出过境签证给犹太人，拯救了 6000 多名犹太人，有"日本的辛德勒"之称。还有在柏林从事护照签发工作的英国人弗兰克·福利，他利用职务之便为犹太人提供逃离所必需的证件。瑞典驻布达佩斯的特使拉乌尔·瓦伦贝格曾爬上火车车顶，冒着被枪击的危险给犹太人发放保护照，并在标记为瑞典领土的建筑内庇护犹太人，拯救了数万性命。还有首创战时平民安全区模式的法国独臂神父饶家驹，南京国际安全区委员会主席德国人约翰·拉贝，他们都在战时冒着生命的危险，对无辜的生命进行了人道主义救援。这些在极端环境下迸发的人性光辉，犹如《辛德勒的名单》里灰暗底色下小姑娘身上的那一抹艳红，顽强而温暖，让人久难忘怀。

（郑榴榴）

电影《辛德勒的名单》海报

"两把菜刀"闹革命的
贺龙元帅诞辰

三月 22

贺龙元帅

　　1896年,第一届现代奥运会在奥林匹克的故乡希腊雅典举行。也就是在这一年的中国,一位既在中国革命史上立下赫赫战功,后又成为新中国体育之父的人物诞生了,他就是贺龙。1896年3月22日,贺龙在湖南省桑植县出生,此后他以"两把菜刀"开始了自己传奇般的革命生涯,不仅成为中国人民解放军的创始人和主要领导者、中华人民共和国十大元帅之一,还是新中国体育事业的奠基人。

　　由于家境贫寒,贺龙念了5年私塾之后便辍学务农。少年的贺龙以愤世嫉俗,仗义疏财,敢于同恶势力相抗争而闻名乡里。在辛亥革命的影响下,他于1914年参加了孙中山领导的中华革命党,从事反帝反封建的武装斗争。1916年,他以两把菜刀闹革命,夺取了反动派的武器,组织起一支农民革命武装,在讨袁护国和护法战争中屡建战功。

　　1927年,由于战功卓著,贺龙升任国民革命军第二十军军长。虽然已经身居高位,但是贺龙仍不断追求真理。在北伐战争中,他逐渐由信仰三民主义转变为信仰共产主义。对于这样的转变,原全国人大常委会副主任廖汉生多年后仍记忆犹新。

　　【音频】廖汉生:七个人,三条枪,贺家族里一些老顽固就说,你过去当军长大有前途,你现在搞什么红脑壳,过去是穿皮鞋,现在穿草鞋,全族人都跟着吃亏。

　　自从接受了马克思主义,贺龙便积极追求光明,坚决要求加入中国共产党。由于当时中共规定在友军内部不准吸纳高级军官入党,因此贺龙的入党申请屡遭拒绝。但他不改初衷,继续努力,先后几十次要求入党。1927年"四一二"事变后,革命转入低潮,贺龙无所畏惧,坚定自己的信仰,率部参加并参与领导了南昌起义,以非共产党员的身份担任了起义军总指挥,中国共产党领导的武装斗争从此打响了第一枪,举世震动。南昌起义的考验进一步证明了贺龙对党的赤胆忠心,根据周恩来等人的提议,贺龙终于如愿加入中国共产党。

　　在贺龙的带领下,其父母和所有的子女都走上革命道路。此外,贺龙还有众多的亲属也跟随他闹革命,在中国革命的各个阶段,贺氏家族有多人均为革命献身,前前后后有109位烈士,真可谓是一个满门忠烈、名垂青史的革命家庭。1961年的电影《洪湖赤卫队》中,女主角韩英就是以贺龙的姐姐贺英为原型。当时贺龙创建了以洪湖为中心的湘鄂西革命根据地,几乎人人都会唱这样一首歌谣:"洪湖水,长又长,人心向着共产党,贺龙领导闹革命,红旗飘飘打胜仗。"

南昌起义后,贺龙正式成为中国共产党员,从此开启了又一段波澜壮阔的戎马生涯。在此后的20多年里,他为建立新中国立下了诸多奇功。贺龙1928年初由上海回到湘鄂西,领导创建了红二军团和湘鄂西革命根据地。1935年2月至8月,他和任弼时指挥红二、六军团粉碎了十万国民党军队的"围剿",开辟了湘鄂川黔边革命根据地。1935年11月,贺龙、任弼时领导红二、六军团开始长征。

抗日战争开始后,红军被改编为国民革命军第八路军,贺龙任八路军第120师师长,开辟了晋西北抗日根据地。1938年底奉命率部挺进冀中,他指挥的河间齐会战斗是抗日战争中平原歼灭战的范例。在这次战斗中,他身中毒气仍坚持指挥,为部队作出表率。

解放战争开始之后,贺龙奉命协助彭德怀组织指挥西北战场部队,并且主持后方根据地的建设,负责陕甘宁和晋绥的财经工作。他积极领导根据地人民进行土地改革,集中边区的人力、物力和财力支援前线部队作战,为西北解放战争的胜利作出了重要贡献。

从延安时代起,贺龙就一直很重视部队的体育锻炼。从小习武的贺龙经常说:"要当兵打仗,没有强壮的体格怎么行?"抗战时期著名的120师篮球大队就是他一手创建发展起来的。1952年,当贺龙被确定为新中国第一任体委主任人选后,他欣然赴任。

当时的中国体育在世界上毫无地位,中国人仍被戴着"东亚病夫"的帽子。然而贺龙不负众望,在短短十几年的时间里,就使中国的竞技体育成为了无可争议的亚洲第一。乒乓球、羽毛球在世界体坛上占绝对优势,游泳、举重、田径也都曾打破世界纪录,中国登山队还完成了人类首次从北坡登上珠穆朗玛峰的壮举。下面这段实况录音资料是贺龙元帅在1960年庆祝中国登山队登上珠穆朗玛峰大会上的讲话片段:

【音频】贺龙:今天在这里热烈欢迎征服珠穆朗玛峰胜利归来的英雄们,我代表国务院和国家体委向登山队的全体同志表示衷心祝贺和亲切的慰问。

(肖定斌)

贺龙(左一)指挥战斗

台儿庄会战开始

1938 年的春天,抗日战争在华北战区进入战略防御阶段,3 月23 日凌晨,中国军队第 2 集团军第 31 师第 91 旅乜子彬部的先头部队开始从台儿庄一线向峄县方向搜索前进。当 91 旅骑兵连搜索至峄县以南 8 公里处的乱沟附近时,与南下的日军先头骑兵部队约 300 余人及 1 辆坦克遭遇,台儿庄一线的战斗正式打响。

台儿庄及其附近地区的战斗是台儿庄战役的核心组成部分,在方圆不足 50 公里的地域内,日军先后投入第 10、第 5 师团的大部分兵力共 3 万余人。中国军队由第五战区司令李宗仁担任总指挥,直接投入这一地区的有孙连仲的第 2 集团军和汤恩伯的第 20 军团近10 个师约 10 万人。中国军队数量上虽占优势,但由于武器装备差,双方的力量对比仍是敌强我弱。1938 年 3 月 23 日至 4 月 8 日,

战后的台儿庄

中日两军在这一地区展开了前所罕见的鏖战,中国军队浴血奋战,取得了抗战初期最大的一次胜利,歼灭日军 1 万余人。新华社《世界军事》杂志总编辑陈虎认为台儿庄守军的最大特点是善于做防御工事。

【音频】新华社《世界军事》杂志总编辑陈虎介绍孙连仲部

3 月 18 日,日军矶谷师团濑谷支队攻陷滕县后,当晚攻占临城,以一部沿津浦线南下,于 20 日攻占韩庄,企图直犯徐州,遭到布防于运河沿线的我第 52 军郑洞国第 2 师的阻击;日军另一部福荣大佐的第 63 联队沿临赵铁路于 18 日攻占枣庄,20 日攻占峄县城,矛头直指台儿庄。

国民政府军事委员会关于台儿庄战役的意图和部署是以擅长固守的原西北军孙连仲部防守台儿庄运河一线,一方面防堵日军进窥徐州,一方面将骄狂冒进的矶谷师团吸引到峄县南部地区,尔后以隐藏于峄县东北山区的汤恩伯第 20 军团拊敌侧背,加以聚歼。日军的作战意图是确保韩庄、台儿庄一线,并警备临城、峄县,同时用尽可能多的兵力向沂州方面突击,协助第 5 师团战斗。国防大学徐焰教授认为台儿庄战役中,李宗仁总指挥的战略部署还是较好地判断了日军的主要动向。

【音频】国防大学徐焰教授评价李宗仁的战略部署

为诱敌深入,3 月 23 日,第 31 师刘兰斋连长率骑兵连从台儿庄出发,向峄县方向搜索前进,91 旅旅长乜子彬率 183 团跟进,在峄县城南 20 里与日军遭遇,台儿庄地区战斗正式打响。我军马队为诱敌深入边打边撤,3 月 24 日,日军逼近台儿庄开始向台儿庄地区大举进攻。

3 月 24 日,日军 2000 多人在飞机、大炮和坦克的配合下,开始向台儿庄大举进攻。坚守台儿庄北门的 186 团 1 营在王震团长和姜常泰营长的指挥下顽强抵抗,并在城北门外与日军展开白刃

战,打退日军的多次进攻。1营是新兵,入伍才半年,几乎全部牺牲在台儿庄北门。王震团长也亲自架起机枪向城外日军扫射。当晚,日军200人突破小北门,躲进小北门附近的泰山庙,王震团长亲率将士围攻泰山庙,最终将敌人消灭。第31师老兵马宗义还记得当时城内的惨烈战况:

【音频】马宗义:日本人攻击,一天最少要攻七次。靠着房子之间挖交通沟,挖得挺深的,用门板给它挡在上面,用土给它盖厚厚的,盖薄不行啊。台儿庄连一间房间都没有啊,都打坏了。老百姓不是盖有那个炮楼啊,统统都打坏。

3月27日,得到增援后的日军对台儿庄城发动第3次攻击。日军炮轰台儿庄围墙,北城墙被炸塌,小北门亦被毁,守卫小北门的181团3营官兵牺牲殆尽。300多日军突入城内,惨烈的巷战开始。第52军第2师老兵王嘉琳忆起守城往事,泣不成声,只说得出"我们一连人只剩16个人……"。

【音频】老兵王嘉琳采访

4月6日,李宗仁赶赴台儿庄附近,亲自指挥全线总攻。中国军队全线出击,杀声震天。敌军已成强弩之末,弹药汽油用完,机动车辆多数被击毁,其余也因缺乏汽油陷于瘫痪,日军狼狈逃窜。日军濑谷支队力战不支,炸掉不易搬动的物资,向峄县溃逃。中国军队乘胜追击,除濑谷支队残部数千人逃掉外,其余全部被歼。一直处于防守的孙连仲部听到反击群情振奋,命令一下,杀声震天。李宗仁命令部队猛追,敌兵遗尸遍野,各种辎重到处皆是,矶谷本人率残部拼命突围。中国守军开始在台儿庄内肃清残敌。新华社《世界军事》杂志总编辑陈虎提到,战后的台儿庄城内,手榴弹爆炸后残留的碎片在有些地方累积起了几寸的厚度。

【音频】新华社《世界军事》杂志总编辑陈虎谈战后的台儿庄

台儿庄一役,中国投入兵力20多个师计12万人;日军投入2个师8个团约3万人,其中台儿庄方向7个团。中国军队击败日军两个精锐师团,以损失近2万人为代价,取得歼敌万余人的战果,日军损失坦克30余辆、火炮70余门、机枪数百挺、步枪万余支,并被缴获大量武器及军用物资。此役是抗战初期继平型关大捷之后中国取得的又一次重大胜利,也是抗战以来国民党正面战场取得的重大胜利。

(倪嘉铭)

台儿庄战役

新中国第一只国产手表诞生

三月 24

我国自制的"五星"牌手表

1955 年 3 月 24 日,新中国第一只国产手表在天津问世。这是一只 15 钻的机械表,表盘上镀有"中国制"三个金字和五颗金星,被定名为"五星"牌。毛主席在接到"中国第一只手表试制成功"的报告时十分欣喜,指示"手表要多生产一些,价格要再低一些"。"五星"牌手表的诞生,结束了我国只能修表不能造表的历史,开了我国自主研发制造手表的先河,树立了中国人开创自己手表产业的信心。

20 世纪初,中国虽然在山东、上海等地相继开设了钟厂,但手表还是只能依赖进口。新中国成立初期,中国工业百废待兴,周总理提出"填补工业空白"的战略规划。1954 年,时任国家经委主任李富春在上海视察时提出:"我国有 6 亿人民这样的大市场,手表工业大有作为,希望能生产我国自己制造的手表。"1955 年,上海市委决定在上海研制中国自己的手表。上海第一代的手表试制者许文卿回忆了他当年参加手表研制会议时的情况:

【音频】许文卿:1955 年 5 月份,我们接到上级的通知,写明是要到局里开会研究制造手表的事情。当时我们很高兴,我就去参加了这个会议,要我们千方百计在当年国庆节献礼。不管你怎么做,这是长中国人的志气。

1955 年 7 月,上海市第二轻工业局与上海钟表工业同业公会从中国钟厂等 20 家单位抽调了 58 人组成手表试制小组。第一批计划试制仿瑞士"赛尔卡"细马防水手表,150 只零件由各参试单位和人员分头制造。原上海钟表公司工程师曲元德回忆了他们当时试制细马手表的情况:

【音频】曲元德:当时组织起来,一个表拆开之后,大家分组来工作。国外怎么做咱们没有看过,只是在想象当中。做表的条件一点也没有,就是自己一半用手工把这个东西做出来的。

谁也不会想到,第一批中国制造的细马手表是由雨伞的钢丝骨、缝衣针等原料加工而成的。在材料、工具缺乏的情况下,旧货商店的几台造钟、修表的旧机器和几把锉刀,七拼八凑就组装成了一台工作机。对于手表零件的组装,工程师们都是靠锉刀锉、手工磨,以韧劲加巧劲完成的。至于关键部件"马",工程师们则是用自己设计铣床,自制铣刀,经过两个月的反复摸索,才制成一只完整的、准确的"马"。原中国钟厂工程师张鹏成回忆了他们当时制造手表所用的设备情况:

【音频】张鹏成：做钟和做表是两套设备，当初没有设备，只好采取临时性的措施。比如用大的机床加工小的零件，再用手工调整调整这样弄出来。

1955年9月26日，18只长三针17钻的细马手表被打上了"第一批试制"和"中国上海"的字样，手表试制小组如期完成了试制任务，掀开了我国手表工业史上划时代的一页。上海钟表行业协会会长董国璋讲述了当时的情况：

【音频】董国璋：他们憋着一股劲，一定要把国产的手表做出来。他们把缝线的针做成钻头来打孔，有些刀具都是用洋伞的柄。在1955年9月26日那一天，集中到慎昌钟表店去进行装配。那个时候一只手表是150只零件，因为9月26日到1955年的10月1日还有4天的时间，后来就在4天里面，他们一共装配了18只手表，作为第一批的手表诞生了。那时候把这18块手表分别命名为"东方红号"和"和平号"。当时敲锣打鼓到市委市政府去报喜。

经过前后20多批的集中试制，"上海牌"A581型机械手表于1958年3月正式投产。一个月后，在手表试制小组的基础上，我国第一家手表厂正式建成，命名为"地方国营上海手表厂"。一个多月后，北京手表厂建成。此后，上海厂生产的上海牌、海鸥牌、宝石花牌，北京厂生产的首都牌、双菱牌等各种国产机械手表百花齐放、琳琅满目，形成了一个多样化的手表大家族。

随着人们消费观念和审美观念的转变，手表的计时功能已经退居其次，它有时是作为一种装饰品而存在，有时是保值增值的投资品。钟表收藏家王安坚之子王凯讲述了手表的价值：

【音频】王凯：古钟表的收藏，已经成为一种社会的时尚，它和其他历史文物的收藏，如金石、书画、陶器有同样的历史价值和欣赏价值。钟表有它的实用价值之外，它的装饰性非常强，它表面的书法美和外壳的装潢美变化非常多，可以说是千姿百态。

20世纪七八十年代，手表、缝纫机和自行车是人们结婚必备的"三大件"，五星、海鸥、北京、上海牌等国产机械手表均是上选。几十年来，中国的手表业经历了改革开放的磨砺与洗礼，经过了石英技术的冲击，承受了国际高端手表的压力，走出了一条中国手表产业的希望之路。在这段风雨历程中，有拓荒者艰难的起步，更有后来者新的腾飞。

（舒　凤）

第一批国产手表试制品

滑稽泰斗姚慕双铜像揭幕

2005 年 3 月 25 日,在奉贤滨海古园举行了滑稽泰斗姚慕双铜像揭牌仪式。姚慕双家属、滑稽界几代演员来到现场,众多热爱滑稽的戏迷也赶到铜像前,缅怀和纪念这位滑稽表演界的老前辈。

姚慕双生于 1918 年,原名姚锡祺。他自幼爱学习方言,会模仿各种市声土语。1938 年,姚锡祺拜滑稽艺术名家何双呆为师,并改艺名姚慕双,从此与滑稽艺术结下了 60 余年的不解之缘。作家徐维新介绍了姚慕双的拜师经过:

滑稽泰斗姚慕双铜像

【音频】徐维新:他很喜欢滑稽戏,很仰慕何双呆。有一次,他有个同学在电台唱歌,他便要求去电台参观。一去正好碰见了何双呆,于是他就不肯放过这次机会了,向何双呆提出要拜他为师。

姚慕双最初与巧云道搭档。由于意见不合,两人只合作了短短两个月便分开了。由于搭档的离开,姚慕双要一个人完成电台的独脚戏有些力不从心。当时,姚慕双的弟弟姚振民在工部局所办的育才公学读书,他看到哥哥陷入困境,便与他一番商量,决定下课后到电台给哥哥当下手。没想到,姚振民的表演引起了听众的好奇心。听众纷纷打电话到电台,向姚慕双询问他的"无名下手"究竟是何许人也? 但是由于当时学校制度的关系,姚振民的姓名不便被直接公开。通过家庭会议的讨论,大家决定为姚振民取一个艺名叫"周柏荫"。周柏春之子周智儿回忆了"周柏荫"这个艺名的来历:

【音频】周智儿:我祖母想,因为"大树底下可以乘凉",大树撑开就代表父母对子女的爱护,并且改用我祖母的姓,姓"周",叫周柏荫。

第二天,姚慕双在播报弟弟艺名的时候,竟然一时想不起来,最终"周柏春"三个字脱口而出。由于当时的节目是直播的,"周柏春"这个名字就这样被听众记住了。

之后,"姚周搭档"给观众带来了一系列优秀的独脚戏作品,如《宁波音乐家》《英文翻译》《各地堂倌》《啥人嫁拨伊》等,深受上海市民的欢迎。以下是姚慕双和周柏春表演的独脚戏《英语翻译》的片段:

【音频】姚慕双、周柏春表演的独脚戏《英语翻译》片段

1942 年,姚慕双与周柏春加入笑笑剧团,参与了《瞎子借雨伞》《五颜六色》《火烧豆腐店》等滑稽戏的演出。短短的时间里,他们在滑稽界声名大震,被誉为"超级黄金双档"。

1950年，姚慕双、周柏春共同组建了蜜蜂滑稽剧团。从1950年到1960年这十年间，蜜蜂滑稽剧团先后推出了《小儿科》《西望长安》《不夜的村庄》等现代剧目，受到了观众的一致好评。当时的上海人民艺术剧院院长黄佐临提出要把姚慕双、周柏春领衔的蜜蜂滑稽剧团吸纳到上海人民艺术剧院里。

在黄佐临的亲自指导下，剧团对《满园春色》进行了重点雕琢。1963年6月，大型滑稽戏《满园春色》正式进京演出，周恩来、陈毅等人前来观摩，演出大获成功。在演出中，姚慕双说了一句脍炙人口的经典台词"伟大、伟大"，被观众牢牢记住，因为这是对当时广大劳动人民最大的肯定。姚慕双的儿子姚祺儿谈到了父亲所塑造的角色形象：

【音频】姚祺儿谈父亲姚慕双在《满园春色》中的角色形象

在之后的演出中，姚慕双与周柏春的表演风格也越趋成熟。姚慕双特别善于人物心理的处理，周柏春则善于诠释幽默机智的角色。这对黄金搭档的表演幽默却不低俗，充满着浓浓的书卷气息，因此被同行和观众推崇为"文明滑稽"的开山宗师。

演出之余，姚慕双和周柏春还培养了大批滑稽戏人才，如王双柏、王双庆、吴双艺、童双春、李青、钱程等。钱程说："那时，我就到周老师家里学艺。学会后，周老师还会问：'什么时候再来啊，我再给你说一说啊。'"足见这两位老师对晚辈关爱有加，尽心尽责。姚慕双与周柏春的学生沈双华回忆了老师表演的段子。

【音频】姚慕双、周柏春的学生沈双华回忆《龙华塔》的段子

2004年9月20日，姚慕双因病医治无效，溘然长逝。近3000名热爱姚慕双的观众赶来为他送行。2008年3月25日，周柏春也与世长辞。两位滑稽泰斗的离世对于滑稽艺术界来说无疑是巨大的遗憾和损失。他们给中国滑稽艺术的发展所带来的影响是里程碑式的，他们留下的诸多经典作品已然成为人们心中永恒的集体记忆。

（王　依）

滑稽戏《满园春色》

聂卫平被授予"棋圣"称号

聂卫平

1982年，一部反映中日围棋民间交流的电影《一盘没有下完的棋》在中国热播。两年后，中日两国围棋界经过友好协商，举办了中日围棋擂台赛。此后，以聂卫平为代表的中国年轻棋手在中日围棋擂台赛上击败了许多日本的超一流棋手，从而在国内引发了围棋热。

1988年3月26日，在中国围棋队取得中日围棋擂台赛三连胜的庆功会上，聂卫平获得了中国围棋协会颁发的中国围棋"棋圣"证书。第二天，《人民日报》在头版报道了这则新闻，文中称"棋圣"是棋手的最高荣誉，聂卫平获此殊荣当之无愧。

20世纪80年代，日本的围棋水平可以说是一枝独秀。当时，日本拥有藤泽秀行、加藤正夫等超一流棋手，而中国只有聂卫平一人对日本棋手的战绩稍好。实力的明显差距，令中日围棋擂台赛的赛前舆论呈现"一边倒"。

在第一届中日围棋擂台赛开幕前夕，日本的《棋》周刊公布了一项民意测试，结果在3000多名投票者中，只有27人认为中国队会胜，而这27人中有24人是在日本的中国留学生。即使在中国，《围棋天地》杂志公布的中国投票结果也只有20%的爱好者预测中国队会胜。

然而，历史不会按照剧本上演。1984年10月16日，第一届中日围棋擂台赛在日本东京开战。中方由聂卫平担任主帅，马晓春为副帅。日方则以日本终身名誉棋圣藤泽秀行为主帅，日本国内的超一流九段加藤正夫为副帅。比赛开始后，日本队第六个出场的小林光一取得五连胜，逼得中国队只剩下主将聂卫平。在毫无退路的局势下，聂卫平爆发惊人的战斗力，连赢小林光一和加藤正夫。最终，聂卫平执黑3目半击败日本队主将藤泽秀行，成就了中国围棋史上一次里程碑式的胜利。至今，聂卫平还对当时的紧张备战记忆犹新：

【音频】聂卫平：不求我能全赢，只要赢一盘就可以，就算大胜了。所以，赢两盘就是超级胜利了，全赢就是伟大的胜利了，创造奇迹那是不可能的。能赢小林光一，当时我们就觉得像赢了一样。那盘棋我准备的时间特别长，准备得也充分。经常睡着觉"通"一下就从床上蹦起来到棋盘上再去摆，真的叫废寝忘食。

1986年，在第二届中日围棋擂台赛上，卷土重来的日本队曾以8∶4领先，但聂卫平"一夫当关"豪取五连胜，中国队以9∶8逆转取胜。

此后，"围棋热"席卷中国。在1987年的第三届中日围棋擂台赛中，中国棋手的实力有所进步,再也没有出现被日方逼到以一敌多的局势。这届比赛,聂卫平又发挥了一锤定音的作用,战胜主将加藤正夫,取得擂台赛三连胜。

在聂卫平的职业生涯中,中日围棋擂台赛可谓最辉煌的顶点。正如聂卫平所言,中日擂台赛是中国围棋腾飞的起点。一批批少年棋手受到鼓舞,追随"棋圣"的步伐刻苦学棋,其中的出类拔萃者就是我们后来称之为"小龙辈"的国手。

1988年,中国围棋协会授予聂卫平"棋圣"称号,《人民日报》头版报道中写道:"'圣'是对功勋卓著的人的尊称,棋圣是围棋手的最高荣誉。"

聂卫平是邓小平的桥牌牌友之一。邓小平在得知聂卫平获"棋圣"称号后,第二天就对聂卫平说了一句意味深长的话。

【音频】聂卫平:我在1988年的时候,国家体委授予我"棋圣"的称号。然后,邓小平就让我拿着这个"棋圣"的证书到他那里去,跟我讲"圣人不好当,你还是做普通老百姓好",并且叫他的秘书照了一张很珍贵的相片,就是他拿着这个证书,我站在他旁边,当时还有万里同志也站在他旁边,照了一张合影。这次会见给我留下了深刻的印象。

从1984年到1996年的13年间,中日围棋擂台赛共进行了11届,中国围棋队以7胜4负的总战绩压倒日本围棋队。作为首位中国本土培养出来的棋手,聂卫平在中日围棋擂台赛中连胜11场,创造了围棋史上的神话,对中国围棋的振兴起了重要作用。

对于世界围棋而言,中日擂台赛是一部宣言书。它宣告了日本围棋神话的破灭,也宣告了世界围棋完成了从"日本一枝独秀"到"世界围棋多极化"的过渡。在中国改革开放之后,中日两国高手间的擂台赛多次在两国民众中引发热烈的反响。围棋不仅推动了中日两国邦交正常化,也让两国人民通过围棋交流重新认识了对方。

(王永平、舒 凤)

聂卫平在中日围棋擂台赛上

茅盾逝世

茅　盾

1981年3月27日，我国现代文学家和社会活动家茅盾逝世。在60多年的文学生涯中，茅盾创作了《子夜》《蚀》《虹》《春蚕》《林家铺子》《霜叶红似二月花》《清明前后》等大量杰出的文学作品。他是我国新文化运动的先驱者，也是中国革命文艺的奠基人之一。

1896年7月4日，茅盾出生在浙江乌镇的一个商人家庭，他本名叫沈德鸿，字雁冰。曾祖父是一名商人，靠卖旱烟起家。中国茅盾研究会会长钱正纲介绍了茅盾的曾祖父：

【音频】钱正纲：一直到茅盾的曾祖父沈焕的时候，家里面才发达起来，他做了很多大的生意，在乌镇的茅盾故居这里买了很多的房子。

茅盾本该是含着金汤匙出生的"富三代"，然而事实并非如此。由于茅盾的祖父不善经营，父亲又早早离世，家境一落千丈。茅盾的小说《林家铺子》就是以他童年时候老家的亲戚们为原型的。他们和茅盾先生的家境差不多，做着小本生意，勉强度日。按照当地习俗，茅盾应该早早学做生意，和他的亲戚们一样当一个小本经营的商人维持家计。

1913年，茅盾来到上海商务印书馆工作。1919年，五四运动开始后，不少年轻人受到了新派文学的影响，茅盾也在研究新文学的圈子里小有名气。1921年，茅盾与郑振铎、王统照等发起成立文学研究会。同年，上海商务印书馆的《小说月报》改版。茅盾接编后，撰写了大量社会评论和文学评论，广泛介绍外国各种文学思潮和作品，使一统天下的旧文学撕开了一道口子。著名翻译家、作家黄源说，茅盾的《小说月报》是他走上新文学道路的启蒙。

【音频】黄源：最初的是我青年时代，是1922年到上海读了茅盾《小说月报》的改版，这是我走上新文学道路的启蒙，这对我一生起很大的作用。

在写作之余，茅盾也是一位杰出的革命活动家。早在1920年10月，茅盾就由李汉俊介绍加入上海共产主义小组。1921年7月中国共产党成立，茅盾由上海共产主义小组成员转为正式党员。

【音频】十八名"少年共产党"之一的郑超麟回忆茅盾

"八一三"战火燃起，茅盾撰写文章声援抗战；五卅运动爆发，年轻的茅盾是领导者之一，他起草了复工条件并勇敢地走上南京路加入游行队伍。

1926年春，茅盾去广州任国民党中央宣传部秘书。同年底到武汉任《民国日报》总编辑。汪精卫叛变后,茅盾回上海被通缉。隐居在家的他将苦闷与希望一股脑儿地宣泄在纸上。1927 至 1928 年,茅盾先后完成了反映大革命风云的《蚀》三部曲。从此,茅盾选择了文学作为自己一生的归宿。也是从那个时候开始,他将"茅盾"二字作为自己的笔名。

1930 年春天,在上海虹口的一座小楼里,中国左翼作家联盟成立了。在左联成立初期,茅盾担任行政书记,同时以文学的方式参与各种思潮、观点的论证。当时,茅盾有感于上海与整个中国错综复杂的社会现实,酝酿写一部反映白色都市和赤色农村的交响曲式的小说。茅盾为写好这部小说,对社会各阶层的生存现状进行了大量调查与研究。经过一段时间的观察,茅盾越来越感受到,中国的民族工业在外资压迫和农村动乱、经济破产的影响下正面临绝境。经过两年的酝酿,茅盾创作出了第一部大规模剖析中国社会的都市文学作品《子夜》。

长篇小说《子夜》以 30 年代初期的上海为背景,以民族资本家吴荪甫为中心,表现了当时中国社会的各种矛盾与斗争,展现了 30 年代初期中国社会的广阔画面。几十年来,《子夜》不仅在中国拥有广大读者,还被译成英、德、俄、日等十几种文字,产生了广泛的国际影响。1981 年《子夜》曾被改编成电影,由桑弧导演,李仁堂、乔奇等主演。

【音频】电影《子夜》经典片段

有人说,茅盾不仅仅是一位作家,还是一位优秀的经济学家。在还没有人预言金融危机的时候,他就提前用手中的笔描绘了一幅世界经济危机的微观缩影。他从来没有停止过用政治、文学以及经济的目光,去审视和表达那个变革动荡而又矛盾的世界。

茅盾在离世前夕,向中国作家协会提出以自己的积蓄设立文学奖,鼓励长篇小说创作。现在,根据茅盾先生遗愿所设立的"茅盾文学奖"已成为中国长篇小说的最高奖项之一。

(韩　芳)

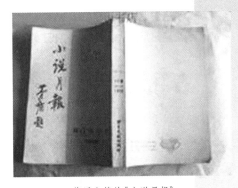

茅盾主编的《小说月报》

俄国作曲家拉赫玛尼诺夫逝世

三月 28

【音频】《帕格尼尼主题狂想曲》选段

电影《时光倒流七十年》中的这段音乐贯穿影片始终，质朴而忧郁的旋律打动了无数观众。这段旋律改编自《帕格尼尼主题狂想曲》第十八变奏，是俄罗斯古典音乐家拉赫玛尼诺夫在晚年完成的享誉世界的代表作品。1943年3月28日，这位伟大的作曲家、指挥家和钢琴家病逝于美国。

拉赫玛尼诺夫1873年出生在俄国的一个富裕家庭。他自幼便受音乐熏陶，4岁起学习钢琴，9岁就进入了彼得堡音乐学院，3年后前往莫斯科音乐学院继续深造。其间，他结识了音乐家柴可夫斯基、鲁宾斯坦和塔涅耶夫等人。当时身为音乐学院教师的柴可夫斯基，深深影响了拉赫玛尼诺夫一生的创作。

拉赫玛尼诺夫

1892年，拉赫玛尼诺夫以优异的成绩从莫斯科音乐学院毕业。其毕业作品是歌剧《阿列科》，改编自普希金的长篇叙事诗《吉普赛人》，荣获了金质奖章。这部歌剧后来也被许多音乐艺术家所精彩演绎，以下是阿纳托利·克切加演唱的歌剧《阿列科》片段。

【音频】阿纳托利·克切加演唱的歌剧《阿列科》选段

就在同一年，拉赫玛尼诺夫创作了他最出名的作品之一《升c小调前奏曲》，它在很长一段时期内成为作曲家演奏会上不得不加演的曲目。本曲的主题被后人誉为拉赫玛尼诺夫的"命运主题"。

【音频】《升c小调前奏曲》选段

然而，谁也没有想到，拉赫玛尼诺夫历尽艰辛创作的《d小调第一交响曲》，在1897年的首演中却遭遇失败。这无疑给了他巨大的打击，他的精神甚至一度恍惚，自此陷入了人生的低谷。一直到拉赫玛尼诺夫去世，人们才开始重新审视这部作品，公认其为最伟大和最有独创性的交响乐佳作之一。

【音频】《d小调第一交响曲》选段

过了3年后，拉赫玛尼诺夫才逐渐走出一蹶不振的阴影。1901年，他创作的《c小调第二钢琴协奏曲》一经演出便取得了成功。这无疑给了他一剂完美的强心针，使他重新找到了创作的希望和自信。

【音频】维也纳爱乐乐团演奏拉赫玛尼诺夫《第二钢琴协奏曲》选段

与同时期的瓦格纳、德彪西等音乐家相比，拉赫玛尼诺夫的作品始终充满了浪漫主义情感，具有浓郁的俄罗斯民族风格，真挚而抒情。上海音乐学院教授赵晓生曾这样评价他的作品风格：

【音频】赵晓生：拉赫玛尼诺夫在这个时候坚持了浪漫主义的品质。在他的作品中，他始终坚持用美丽的旋律、丰满的和声与丰厚的肢体，来体现出浪漫主义一种情感化的音乐本质。所以拉赫玛尼诺夫被认为是20世纪最后的一位浪漫主义作曲家。

1908年夏天，拉赫玛尼诺夫完成了《d小调第三钢琴协奏曲》。该曲共分为三个乐章，也被誉为钢琴曲中最难演绎的曲目之一，具有不可逾越的难度技巧。拉赫玛尼诺夫曾称之为"大象之作"，用来比喻驾驭之难。到底有多难？让我们感受一下这首《d小调第三钢琴协奏曲》的片段，由最负盛名的钢琴家之一——霍洛维茨演奏。

【音频】霍洛维茨与纽约爱乐乐团合作演出《d小调第三钢琴协奏曲》选段

1914年起，俄国的局势受到第一次世界大战的影响而变得动荡不安。拉赫玛尼诺夫为了寻求更稳定的创作环境，离开了家乡。由于他的后半生离居在外、漂泊不定，其作品一方面赞颂自然、讴歌美好，另一方面也流露出对祖国故土深深的思念和眷恋。拉赫玛尼诺夫是一位不折不扣的俄罗斯浪漫主义音乐倡导者，他的音乐篇章宏伟而不乏宁静祥和的气息。正是因其作品的独有魅力，拉赫玛尼诺夫影响了几代优秀的音乐教育家。曾经培养出孔祥东、周挺等优秀人才的钢琴家范大雷就是其中一位，他甚至在临终前都惦记着拉赫玛尼诺夫的作品。

拉赫马尼诺夫的一生创作了很多作品，其中包括三部交响曲、四部钢琴协奏曲、帕格尼尼主题狂想曲、三部歌剧以及交响诗《死岛》《悬崖》和众多前奏曲、变奏曲、练习曲等。他曾说："我祈求上帝让我工作到生命的最后一天。"拉赫玛尼诺夫将自己一生的情感和经历都用音乐的方式得以诉说和呈现，他的作品具有强烈的感召力和生命力。最为可贵的是，所有热爱他的人也都能被唤醒同样的激情与活力，在聆听音乐的道路上感受到新生的力量和希望。

（陈晓辰）

拉赫玛尼诺夫与妻子

路遥小说《平凡的世界》获第三届茅盾文学奖

小说《平凡的世界》

【音频】路遥原声朗诵《平凡的世界》开篇

这段朗诵内容选自小说《平凡的世界》,朗诵者正是作者路遥本人。1991年3月29日,第三届茅盾文学奖在北京人民大会堂举行颁奖典礼,路遥的长篇小说《平凡的世界》获得殊荣。《平凡的世界》以中国1975年至1985年这最具历史意义的十年为背景,深刻地展示了普通人在大时代历史进程中所走过的艰难曲折的人生道路。对于20世纪八九十年代每一个心怀梦想的年轻人来说,《平凡的世界》就是一部励志的心灵史诗。

路遥,原名王卫国,1949年12月3日生于陕西省榆林市清涧县一个农民家庭。路遥的写作素材基本来自于农村生活,他始终认定自己是一个有着"农民血统的儿子"。1975年,路遥开始创作小说《平凡的世界》。小说长达百万字,共分三部,直至1988年才全部完成。《平凡的世界》以陕北黄土高原上孙少安、孙少平两兄弟的命运为中心,在劳动与爱情、挫折与追求、痛苦与欢乐交织的画卷中,生动刻画了当时社会各阶层普通人民真实饱满的人物形象,展现了他们艰苦奋斗的生活面貌。

路遥在创作过程中,几乎忘记了自己,完全融入到了故事之中,人物命运与结局始终牵动着他的心。路遥的胞弟王天乐回忆说,有一天,他突然接到《延安日报》社转来的电话,说路遥让他速去榆林。等王天乐花了整整一天时间心急火燎地赶到时,路遥哭着对他说,田晓霞去世了。王天乐愣了半天才反应过来,田晓霞其实只是作品中的人物——孙少平的女朋友。

中国当代作家陈忠实曾评价《平凡的世界》是"茅盾文学奖皇冠上的明珠,激励千万青年的不朽经典"。正如陈忠实所说,这部作品在某种意义上影响了当时的人们。企业家潘石屹就是在它的陪伴下度过了人生中最低潮的一段时光。

【音频】潘石屹谈该小说对他人生的影响

1988年的3月27日,《平凡的世界》第三部尚未定稿时,中央人民广播电台便已开始连播这部作品。当时的编辑要求路遥在当年的6月1日前交第三部的成稿。在临交稿的最后五天里,路遥神经高度紧张,他一写字手就发抖,腿也不时抽筋,还常常从梦里惊醒。

那一年,中央人民广播电台顺利播出了《平凡的世界》的全部内容。随后,浙江、新疆、内蒙古等十几个省市的电台又陆续重播。

除了《平凡的世界》，路遥所写的《惊心动魄的一幕》《在困难的日子里》《人生》等小说也都曾获奖。其中，他在 1982 年发表的中篇小说《人生》获得了全国第二届优秀中篇小说奖。《人生》的发表标志着路遥的文学之路开始步入巅峰，也奠定了他在当代文学史上的地位。小说《人生》以改革时期陕北高原的城乡生活为时空背景，讲述了农村青年高加林人生路上的种种艰难选择。1984 年，由《人生》改编的同名电影一经上映便轰动全国。周里京扮演的主人公高加林始终想着走出农村，摆脱贫穷的命运。

【音频】电影《人生》中高加林决心走出农村的录音片段

电影《人生》获得了第八届大众电影百花奖最佳故事片奖，吴玉芳摘得最佳女演员奖。电影《人生》还成为奥斯卡历史上第一部入围最佳外语片的中国电影。该片导演吴天明清晰回忆起领奖后和路遥一起聊天睡不着觉的情形：

【音频】电影《人生》导演吴天明的回忆

路遥的小说创作也是他对自己农村与城市生活的映射与反思。他在创作过程中注入巨大激情，而这种废寝忘食、夜以继日的创作状态，也使他的身体不堪重负。1992 年路遥因肝病去世，年仅 42 岁。

2007 年，新世界出版社出版了《路遥十五年祭》。在这本书里，王安忆、陈忠实、高建群、史铁生等众多作家分别写下对路遥的纪念文字。《路遥十五年祭》的编者李建军在此书的前言中写道："在一个文学荒芜的时代，路遥使我们感受到了战胜饥饿、屈辱和苦难的勇气，帮我们认识到了爱情、亲情和友情的价值与意义，让我们理解了关于文学、人生与世界的朴素而重要的真理。"

【音频】李建军：路遥的作品之所以对现在很多人影响很大，就在于他写苦难，但他从来不颓唐；他写人的痛苦，但他从来不沮丧。他没有停留在去渲染人内心黑暗的一面，哪怕是处于极端困苦和不幸的境地，路遥也要写人内心的高贵，写人格的光芒。

路遥作品中主人公的坚毅品格是在孜孜以求的奋斗过程中日臻完善的。写苦难是为了写苦难中的人。苦难越深重，战胜苦难的人及其品行就越是难能可贵和令人敬佩。路遥自己的一生也正是如此。

（贺　傛）

路　遥

配音演员邱岳峰逝世

青年邱岳峰

在卓别林主演的电影《大独裁者》结尾，小人物被误认为是大独裁者，他被迫走上宣讲台，略带怯懦又执着地诉说着他对那个残酷世界的认识以及他所相信的自由与希望。

【音频】邱岳峰配音的电影《大独裁者》结尾演讲

这段声音来自 1979 年上海电影译制厂译制的《大独裁者》，为卓别林配音的是配音演员邱岳峰。那一年，邱岳峰完成了两部卓别林电影的配音。除了《大独裁者》，另一部是《凡尔杜先生》。一年后，更确切地说是 1980 年 3 月 30 日，邱岳峰离开了这个世界。据他家人回忆，那是 3 月里的最后一个星期日，当天大雨如注。

邱岳峰 1922 年生于内蒙古呼伦贝尔。他早年离家外出求学，就读于福建高级工业职业学校，1942 年肄业于北平外国语学校，也就是现在的北京外国语大学。之后一直从事话剧演出。或许是由于这些早年的表演经验，邱岳峰除了配音之外，在参演的电影中也刻画了许多令人过目不忘的角色。

邱岳峰的父亲是福建人，母亲是俄罗斯人，因此他有着明显的混血特征。鼻梁高挺、眼眶凹陷，这些外形特质使他在参演的一些电影中能够相当自然地扮演外国人。他在电影《林则徐》中演过洋人，在电影《海上红旗》中出演英国船长，在电影《傲蕾·一兰》里成了沙皇俄国统治下莫斯科近郊的一名监狱长，而在有着"中国科幻第一片"之称的《珊瑚岛上的死光》中，邱岳峰则化身为阴险狡诈的外国商人布莱歇斯。

真正令邱岳峰成为一代人记忆中难以磨灭印记的，还是他在译制片中所配音的那些角色。当代画家、学者陈丹青曾在一篇回忆邱岳峰的文章中如此写道："别的天才配音演员感动我们，但我们不会错当他们是外国人，然而邱岳峰似乎比罗切斯特还要罗切斯特，比卓别林还要更卓别林。当我后来在美国看了《简·爱》和《凡尔杜先生》，那原版的真声听来竟像是假的。我无助地、条件反射般地想念邱岳峰，在一句句英文台词中发生重听。"

邱岳峰是从 1950 年后开始他的电影配音生涯的。当时他在上海电影制片厂译制组。7 年后，译制组扩建为上海电影译制厂，主要负责那时所谓"内参片"的译制工作。作为新中国第一代电影配音演员，邱岳峰在 30 年间参加了几百部外国影片的译制工作，并在近 200 部影片中为重要角色配音，作品除了《大独裁者》《凡尔杜先生》之外，还有《警察与小偷》《红菱艳》《白夜》等大家耳熟能详的外国影片。

配音演员的魅力源自声音,声音是他们的有声名片。邱岳峰的嗓音低沉沙哑,听上去性感磁性,但这在同行眼里,却曾出乎意料地被认为"难听"。

【音频】**曹可凡:**其实按照专业的角度来讲……

苏秀:我觉得是难听的……我是差点没晕过去。

在电视节目《可凡倾听》中调侃邱岳峰声音"难听"的是他的老同事、电影《虎口脱险》的配音导演苏秀。2007年,时值上海电影译制片厂成立50周年,苏秀策划、组稿、编辑了一本名叫《峰、华、毕、叙——上译厂的四个老头儿》的纪念文集,书名中的"峰"指的就是邱岳峰。对于一些入行稍晚的配音后辈们来说,邱岳峰的成就如同一座令人仰止的高峰。这些人中,包括我们非常熟悉的童自荣。

【音频】**主持人:**童老师您好像说过邱岳峰是您的偶像之一,是吗?

童自荣:那是肯定的。

除了创造性地再现一系列国外经典的银幕形象外,邱岳峰也曾为几十部国产美术片和故事片配音,这里面就有许多我们所熟悉的名字,比如《哪吒闹海》里狡诈狠毒的东海龙王、《半夜鸡叫》中的周扒皮、《阿凡提》里愚蠢贪婪的巴依老爷,当然还有《大闹天宫》中桀骜不驯的"齐天大圣"孙悟空。当年,在给孙悟空配音时,邱岳峰在传统戏剧念白的基础上作了特殊处理,时而尾音拉长,时而抑扬顿挫,时而文白相间,与京剧锣鼓的背景音效相得益彰。一句"孩儿们,操练起来"的开场,就足以令美猴王的形象呼之欲出了。

如今,许多人都记得这部中国动画史上的彩色长片,却很少有人知道为其幕后献声的配音演员们。即使是在邱岳峰自己的作品中,像"美猴王"这样率性不羁、狂傲张扬的角色也为数不多。这种冲破一切束缚的狂放只有到了1979年他为卓别林《大独裁者》配音的时候,才又一次爆发了出来。

【音频】**邱岳峰配音的电影《大独裁者》结尾演讲高潮**

古人有"余音绕梁,三日不绝"之说,但形容的并非真的听见不止的声音,而是对美妙声音的回想品味。现代录音技术帮助我们实现了声音的留存,让我们真正能够重新听见那些已逝的声音。就在此刻,我们似乎也正在上译厂的录音棚内,听着邱岳峰念出慷慨激昂的呼喊与口号,这声音同样会久久回荡不去。

(郑　麟)

晚年邱岳峰

英国女作家夏洛蒂·勃朗特逝世

夏洛蒂·勃朗特画像

1855年3月31日清晨,在英国约克郡西部的哈沃斯小山村,教堂里响起的钟声向村民们宣告一位女士的逝世。她是夏洛蒂·勃朗特,长篇小说《简·爱》的作者。夏洛蒂·勃朗特和她的两个妹妹,《呼啸山庄》的作者艾米莉·勃朗特以及《艾格妮丝·格雷》的作者安妮·勃朗特,是英国文学史上家喻户晓的"勃朗特三姐妹"。

1816年4月21日,夏洛蒂·勃朗特出生在约克郡桑顿村的一个牧师家庭。父亲毕业于剑桥大学圣约翰学院。母亲是一位家庭妇女,曾经受过良好的教育。夏洛蒂·勃朗特有两个姐姐、一个弟弟和两个妹妹。1820年,夏洛蒂举家搬迁到哈沃斯,一个毗邻大片荒原的小山村。搬到哈沃斯时,夏洛蒂的母亲已被诊断患有癌症,第二年就去世了。1924年,夏洛蒂同两个姐姐和妹妹艾米莉陆续进入寄宿学校学习。由于生活条件恶劣,第二年全校爆发了伤寒病,夏洛蒂的两个姐姐都不幸被感染而去世。在勃朗特的小说中,简·爱在寄宿学校的朋友海伦就是以她的姐姐玛丽亚为原型的。1970年由英国奥米尼公司制作的电视电影《简·爱》中,有一个简·爱去探望病重的海伦片段。

【音频】1970年版英国电视电影《简·爱》片段:简·爱探望病重的海伦

姐姐们去世以后,夏洛蒂和妹妹艾米莉被送回了家,在家中接受教育。哈沃斯是个孤寂的小山村,父亲忙于工作没有太多时间照顾孩子。尽管如此,夏洛蒂兄妹们还是找到了属于自己的乐趣,那就是读书。他们常常到四英里外的镇图书馆借书,这对勃朗特姐妹日后的创作产生了潜移默化的影响。闲暇之余,他们喜欢到屋后那片广袤的荒原散步和游玩。荒原成为他们想象力的发源地。夏洛蒂热衷于写作,到14岁时,她已写了许多小说、诗歌和剧本。成年后,为了挣钱供弟妹们上学,夏洛蒂开始面临职业的选择。在那个年代,女性能够选择的职业并不多。23岁那年,夏洛蒂接受了一份家庭教师的工作。这个职业在当时是受歧视的,而夏洛蒂更是亲身体验了作为一名家庭女教师的艰辛与屈辱。这些都成了小说《简·爱》的创作素材。在电影《简·爱》中,英国贵族之间有一段关于家庭女教师的对话:

【音频】1970年版英国电视电影《简·爱》片段:英国贵族之间关于家庭女教师的对话

此后,夏洛蒂又经历了许多坎坷:办学理想破灭、资助人姨妈去世、弟弟失业并染上毒瘾还负债累累……夏洛蒂觉得,也许写作还有出路。1846年5月,勃朗特姐妹三人自费出版了一本诗集,虽然只卖掉了两本,但她们的创作热情受到了鼓舞。同年7月,夏洛蒂联系出版妹妹艾米莉的《呼啸山庄》、安妮的《艾格妮丝·格雷》和自己的《教师》三部小说,可是只有《教师》遭到了退稿。夏洛蒂没有气馁,用一年的时间完成了小说《简·爱》。交稿后出版商大为惊喜,甚至熬夜审稿。一个多月后,《简·爱》出版。小说问世后轰动英国文坛。由于夏洛蒂·勃朗特用了化名,于是人们纷纷打听和猜测作者到底是谁。在小说中,女主角简·爱虽相貌平凡但富有才华,而且内心热情奔放,对爱情充满憧憬。在上海电影译制厂 1972 年的配音版《简·爱》中,邱岳峰和李梓分别为罗切斯特和简·爱配音,夏洛蒂通过简·爱之口喊出了她自己对爱的宣言,这个片段至今仍被奉为经典。

【音频】1970 年版英国电视电影《简·爱》片段:罗切斯特与简·爱之间的对白

勃朗特三姐妹的作品问世后,在英国文坛引起轰动。可是没过多久,阴影再一次笼罩了这个家庭。1848 年 9 月,夏洛蒂的弟弟勃兰威尔患病去世;不到三个月,妹妹艾米莉也因病去世;第二年春天,最小的妹妹安妮也离开了人世。在巨大的忧伤和痛苦中,夏洛蒂经常到屋后那片寂静而凄凉的荒原上长距离散步,从中寻找安慰。1854 年,38 岁的夏洛蒂接受了父亲的助手、副牧师亚瑟·贝尔·尼科尔的求婚。夏洛蒂在婚后度过了一段幸福的时光,可是就连这样的人生幸福也没能逗留多久。在婚后的第九个月,夏洛蒂·勃朗特因病与世长辞,走完了她 39 年的人生历程。

夏洛蒂·勃朗特一生写了四部小说,她第一次在小说中表现女性要求独立自主的愿望。夏洛蒂·勃朗特作品穿越时间,跨越国界,为世界人民所推崇和喜爱。1970 年版电影《简·爱》中的主题曲曾获得艾美奖音乐大奖,在这段熟悉的旋律里,我们仿佛又看到简·爱单薄却坚韧顽强的小小背影,也似乎能感受到作品背后夏洛蒂·勃朗特所独有的气质。

【音频】1970 年版英国电视电影《简·爱》主题曲

（郑榴榴）

1970 年版英国电视电影《简·爱》剧照

建筑学家、作家林徽因逝世

四月 1

林徽因

【音频】周涛朗诵的《你是人间的四月天》

这首清新隽永的小诗名叫《你是人间的四月天》，其作者是被胡适誉为中国一代才女的林徽因。1955年4月1日，51岁的林徽因因病去世。林徽因是作家，也是中国第一位女建筑学家。她与丈夫梁思成一起投身于中国的古建筑研究，协助梁思成创办了清华大学建筑系，在中华人民共和国国徽设计、人民英雄纪念碑设计和景泰蓝工艺革新等方面也作出了重大贡献。

1904年6月10日，林徽因出生于杭州，她的父亲林长民是民国初年的立宪派名人。16岁时，林徽因跟随父亲游历欧洲。在英国的一年多时间里，林徽因阅读了大量的西方文学作品，获得了很多超出学校教育的学识营养。也就在这个时期，林徽因立下了攻读建筑学的志向。

在父辈的建议下，梁思成和林徽因于1924年一同赴美留学。他们都选择了宾夕法尼亚大学的建筑系，但由于宾大建筑系不收女生，林徽因只好进入美术学院学习，同时选修建筑系课程。美国宾夕法尼亚大学建筑设计学院档案馆的负责人威廉·惠特克讲述了当时的情况：

【音频】威廉·惠特克：当年建筑系不收女生，所以尽管她几乎选修了所有建筑系学生的专业课程，但她最后是从美术系毕业，她实际上接受了成为一名建筑师的训练。

1927年，林徽因和梁思成同时从宾夕法尼亚大学毕业。次年，两人在加拿大的中国总领事馆举行婚礼。同年回国后，他们应东北大学之聘，在东北大学创建了中国第一个建筑系。

1931年，林徽因受聘于北平中国营造学社。次年，她为北平大学设计地质馆和学生宿舍。在此后数年中，林徽因、梁思成和营造学社的成员跑遍了全国十几个省，实地勘察了两千余处中国古建筑遗构，完成测绘图稿近两千张。清华大学建筑学院的楼庆西教授讲述了林徽因与梁思成勘察中国古建筑遗构的情况：

【音频】楼庆西：经过从1931年到1940年的研究，他们积累了几乎两百多个县、两千多个古建筑单位的资料，他们觉得可以来做系统整理、综合研究。

抗战开始后，林徽因一家辗转流亡到长江上游的李庄。在这段颠沛流离的日子里，林徽因染上了肺病。之后的几年时间，她几乎全部在病榻上度过。林徽因的女儿梁再冰至今还记得母亲当时生病的情形。

【音频】梁再冰：那时候，李庄没有自来水，没有电，也没有医院，所以没有任何治疗的条件，当时这个肺病也没有任何特效药可以吃。我母亲病得很可怜，晚上盗汗，擦汗的毛巾一块一块晾在那里，有时候早晨起来，可以看到晾七八块在那个地方。

新中国成立后，林徽因参与了中华人民共和国国徽和人民英雄纪念碑的设计。但是，她却未能见到人民英雄纪念碑在天安门广场上矗立起来。1954年4月1日，被肺病折磨半生的林徽因离开了人世，终年51岁。当时，梁思成为妻子设计了墓碑，碑饰取自林徽因为人民英雄纪念碑设计的浮雕图案。中国工程院院士、清华大学建筑系第三届学生关肇邺回忆了林徽因指导他设计纪念碑浮雕图案的经历：

【音频】关肇邺：有一次，她让我画一个图案，画的时候我觉得线条比较软。后来给她看，她说你这个是乾隆taste，就是乾隆趣味，就是很俗的一种趣味，这种不能代表我们的英雄。

林徽因年轻时美貌多才，很多有才情的青年对她倾慕有加，世人因此过多地关注了她和诗人徐志摩以及学者金岳霖的感情纠葛，而忽略了她其实是一位出色的建筑学家，也是富有才情的女作家。在2000年上映的电视剧《人间四月天》里，周迅塑造的就是一个充满灵性和诗人气质的林徽因。

【音频】电视剧《人间四月天》片段

20世纪30年代，林徽因以一个文化精英与热情大方的沙龙女主人的凝聚力，聚集了诗人徐志摩、哲学家金岳霖、作家沈从文等一批当时中国知识界的精英在此品茗坐论天下事。林徽因在这个名流云集的文化沙龙中扮演着重要角色。在林徽因的女儿梁再冰的记忆中，母亲是一个思维敏捷并且健谈的人。

【音频】梁再冰：我妈这个人很爱说话，很健谈。人多的时候，好像就我妈一个人侃侃而谈。她的思维方式跟我父亲不大一样，我父亲是很多事情自己心里想。我妈是一边想一边说，她的思维过程你可以看得见的。

"我是天空里的一片云，偶尔投影在你的波心"，徐志摩在1926年所写的《偶然》，据说是林徽因最喜欢的一首诗。林徽因在他人眼中就是云一般美好的存在，她把自己的才华发挥到了极致，在人间写出了属于自己的四月天。

【音频】张清芳演唱的《偶然》

（舒　凤）

林徽因和梁思成

185

丹麦作家安徒生诞生

四月

2

　　动画片《丑小鸭》改编自丹麦作家安徒生的同名童话。安徒生是全世界亿万儿童所喜爱的童话作家，其作品集《安徒生童话》被译成一百多种语言，风靡全球。1805 年 4 月 2 日，安徒生出生于丹麦的一个贫民家庭。《丑小鸭》的故事就是安徒生自己一生奋斗拼搏的童话式的缩影与艺术化的写照。儿童文学作家梅子涵认为童话是安徒生的天鹅湖。

安徒生

　　安徒生出身贫寒，从小喜欢演戏，他的梦想是当一名演员或剧作家。11 岁那年，安徒生的父亲去世，母亲改嫁。为追求艺术，14 岁的安徒生离开家乡欧登塞，只身来到首都哥本哈根。

　　安徒生在哥本哈根闯荡得并不顺利。起初，他在哥本哈根皇家剧院当一名歌剧小配角，后因感冒导致嗓音嘶哑而被解雇，不得不放弃做歌唱家的梦。安徒生于是开始尝试写作，但他的剧本因为不适宜于演出而没有被剧院采用。幸而在 1828 年，23 岁的安徒生被哥本哈根大学录取，他那模糊的文学梦想才又开始明朗起来。

　　安徒生最初的写作大多是游记、诗集和小说。直到 1835 年，年近 30 岁的安徒生才开始尝试儿童文学创作。安徒生出版的第一本童话集是《讲给孩子们听的故事》，其中包含《打火匣》《小克劳斯和大克劳斯》《豌豆公主》《小意达的花儿》四篇童话。

　　安徒生一生创作了一百多篇童话作品。《海的女儿》是安徒生的代表作之一，曾被多次改编为电影、木偶剧和儿童剧等文艺作品。在儿童文学中，小美人鱼是一个悲剧形象，她为了爱情自我牺牲的精神打动了成千上万读者的心。1976 年上映的捷克电影《大海的女儿》是根据《海的女儿》所改编，在以下的电影片段中，女巫要小美人鱼用她优美的歌声来换取一双人类的腿。

　　"为了童话，我放弃了自己的幸福"，这是安徒生对自己一生爱情坎坷的总结。在童话《海的女儿》中，小美人鱼勇敢追求爱情，最后却以自我牺牲的方式成全了爱，这个结局与安徒生自己一生的爱情悲剧有关。安徒生终生未婚，他把自己对意中人爱而不得

的情感深深埋藏在心里,最终以小美人鱼的形象展现出来。安徒生纪念馆馆长阿斯克格德讲述了安徒生的爱情故事:

【音频】阿斯克格德:安徒生把自己的许多经历和感悟写进了童话中,比如有一部分遭遇在他的童话主人公小美人鱼里面体现。因为他25岁就坠入爱河,之后他迷上了一个瑞典女演员,又坠入爱河。但是因为他有困难,他的社会地位比较低,所以他不能很好地表达自己的爱情,有爱不能说出来,这跟小美人鱼的遭遇有些相似。因为小美人鱼也不能说话,不能表达她的爱情,因为她没有舌头。

1867年,安徒生被故乡欧登塞授予"荣誉市民"称号。安徒生认为这是他一生中最光荣的时刻,这份荣誉超过了他前30年所得到的任何荣誉。

安徒生酷爱旅游,足迹遍及欧洲各国。他将自己比作一只候鸟,他说"旅行就是生活"。安徒生从小就很向往中国,虽然毕生都没有实现东方古国游的愿望,但他将自己所经历的丹麦的现实生活和关于中国的幻想相结合,创作了以中国为背景的童话《夜莺》。

【音频】动画片《夜莺》片段

20世纪初期,安徒生的童话被介绍到中国,《丑小鸭》《拇指姑娘》《皇帝的新装》《卖火柴的小女孩》等经典故事陪伴了几代中国人的成长。在赢得全世界儿童喜爱的同时,安徒生童话也感动了无数成年人。作家王蒙就曾把《海的女儿》当作自己文学的爱情圣经。

【音频】王蒙:我的文学的爱情圣经是安徒生的《海的女儿》。我们可以这样说,"情"是我们人生的色彩,是我们人生的魅力。而文学使我们的"情"得到了表达,也使"情"得到了发展,使"情"得到了延续,使"情"更加能感动人。

《安徒生童话全集》的翻译者、儿童文学作家任溶溶也深有感触,他认为安徒生童话同样值得成年人重新阅读。

【音频】任溶溶:到了我这个岁数,我要怀旧,所以我读这些童年读过的东西就特别快活。好像长大以后往往认为安徒生童话就是给小孩子看的,大人不再去看,我觉得很可惜。我后来翻译安徒生的作品,才感觉到有很多作品实在值得看。所以,我希望大人也不妨把安徒生全集或者选集再拿来看一看,绝对要比他小时候看的几篇觉得好的作品好得多。

安徒生的一生是一部解读不完的童话。虽然他的生活并非如童话般美好,但是他的童话却成为了永恒的经典。

(舒 凤)

安徒生

中华全国民主妇女联合会成立

四月 3

1949年3月24日至4月3日,新中国第一次全国妇女代表大会在北平中南海怀仁堂举行,这是中国妇女界有史以来第一次全国规模的盛大会议。大会的最后一天,也就是1949年4月3日,正式宣布成立了全国妇女的领导机构——中华全国民主妇女联合会。

在封建的旧中国,妇女的地位十分地下。裹小脚、包办婚姻、男尊女卑等封建思想和教条陋习长期压迫着妇女的生活。清朝末年,代表当时先进思想的资产阶级维新派提出了妇女解放的问题。经过一批先觉先悟的中国知识妇女的努力和宣传,妇女解放运动逐渐形成了广泛的社会效应。

中国共产党成立后,于1922年设立妇女部,首任部长向警予。在各个革命时期,妇女群众组织和团体对当时的革命斗争都起到了不可忽视的作用。为了统一思想、发动妇女,1949年3月24日,第一次全国妇女代表大会在北平开幕,这是解放区妇女与国民党统治

中国妇女第一次全国代表大会会场

区进步民主妇女的大会师。整个大会气氛热烈,通过发言和交流经验体会,妇女代表们彼此间进一步增进了了解,促进了联络。

第一次全国妇女代表大会通过了《中国妇女运动当前任务的决议》和《中华全国民主妇女联合会章程》,宣布成立全国妇联,选举产生了全国妇联执行委员会。在一届一次执委会上,何香凝被推选为名誉主席,蔡畅被选举为主席,邓颖超、李德全、许广平为副主席。

全国妇联是党和政府联系妇女群众的桥梁和纽带,基本职能是代表和维护妇女利益、促进男女平等,对于改善妇女地位、保障妇女权益发挥了积极有效的作用。它解放了许许多多被压迫、受禁锢的妇女,使她们获得了新的机遇,走上了新的道路。

全国妇联成立后,地方性的妇女团体也蓬勃发展起来。新中国的妇女们开始积极参与和投入到各项社会工作中。1950年上海妇联在三八节时慰问人民解放军,我们可以从这段老新闻中大致感受当时妇联的工作情况。

【音频】1950年三八节妇联慰问人民解放军的老新闻

全国妇联成立后,在"以生产为中心"方针的指导下,组织实施了一系列改善并提高妇女地位的举措。其中,建国初对妇女影响最大的是配合政府积极参与起草并大力宣传贯彻《婚姻法》。除此以外,妇联还积极推广妇女的扫盲工作,参与革除束缚、摧残妇女的旧习俗,大力推广新法接生,发展幼托事业等。其中最棘手的可以说是对旧社会舞女、妓女的改造工作。这是一个深受苦害同时也染上陋习却尚未觉悟的妇女群体,要使她们成为自食其力的劳动者,这中间要花费很多的心血。曾经参与过改造工作的原上海妇女教养所所长杨洁曾回忆了

当时教育工作的情况。

【音频】杨洁曾：另外一方面，针对她们好逸恶劳的习气，我们设了几个工厂，织袜子、织毛巾，做衣服。

1957 年 9 月在北京召开的中国妇女第三次全国代表大会，将"勤俭建国、勤俭持家"确定为妇女运动的方针。在热火朝天的建设中，涌现出一大批种田女能手、技术革新女能手和先进生产者。同时，妇联对投身建设的妇女同志也非常关心，1958 年 11 月，全国妇女建设社会主义积极分子大会在上海举行，时任全国妇联主席蔡畅在会上作了讲话。

【音频】蔡畅在 1958 年全国妇女建设社会主义积极分子大会上的讲话

随着改革开放的不断深入，中外妇女间的国际交往活动也越来越多，妇联工作延伸到了国际舞台。然而由于刚刚经历过"文化大革命"，中国还没有从劳动布工作服和草绿色军装的社会审美中脱离出来，中性化的装扮使妇联工作者在涉外事务中遇到了一些困难。原上海市妇联主席谭茀芸谈到了她在国际交往中所经历的改变。

【音频】谭茀芸：正好有一次，我要代表全国妇联副主席出国带团去德国、希腊还有法国这三个国家访问。访问的时候，康克清大姐写了一个条子过来。她说，茀芸，你一定要做一件旗袍，还有一件连衫裙，切记切记。有一天到希腊，希腊总理的表妹，也是妇联的主席，她在勾着我的手散步的时候，说了这么一句话，她说，谭，原来我发现中国的妇女，也是女的。我当时觉得很好笑。但是我就觉得，我们跟世界上的妇女差距太大。

1995 年 9 月，联合国第四次世界妇女大会在北京召开。这是联合国历史上规模空前的一次盛会，它奠定了中国与联合国关系的新时代，是联合国妇女工作史上的一个里程碑。会议选举了时任全国妇联主席、世妇会中国政府代表团团长陈慕华任大会主席。为期 12 天的大会通过了《北京宣言》和《行动纲领》。这次大会对于提高各国妇女地位、增进各国妇女间的了解和友谊具有重大意义，也标志着全国妇联的对外交往进入了一个新阶段。

（郑榴榴）

联合国第四次世界妇女大会会场

马丁·路德·金

美国黑人民权运动领袖
马丁·路德·金遇刺身亡

1968年4月3日的晚上,美国黑人民权运动领袖马丁·路德·金向民众作了一次题为《我已到过山顶》的公开演讲。这题名出自《圣经》"以色列人出埃及"的典故。圣经中描述,先知摩西带领以色列人摆脱埃及法老的奴役,去往上帝允诺过的"流着奶与蜜"的地方。摩西被上帝带到山顶上,看到了那片"应许之地",但他却被告知,自己无法到达那里。可能是冥冥中的巧合,又或者是马丁·路德·金已经预感到自己的命运,这次演讲一语成谶,成了他人生中的最后一次演讲。次日,也就是1968年4月4日的黄昏,他正站在当时入住的一家小旅馆的阳台上,一颗突如其来的子弹穿过他的颈部,夺去了这位黑人民权运动领袖的生命。

马丁·路德·金1929年1月15日出生于美国佐治亚州亚特兰大市。他的父亲是神职人员,母亲是教师。他本人先后获得神学学士和神学博士的学位并在阿拉巴马州蒙哥马利的浸信会当上了牧师。自20世纪50年代中期起,他积极参加和领导黑人同胞们进行各种争取平等权利的斗争。

1956年,他组织当地黑人抵制公共汽车实行种族隔离的政策。1957年,他帮助黑人牧师组建南方基督教领袖大会。1963年4月,他和领袖大会的负责人在伯明翰领导了大规模群众示威游行,间接促成了翌年美国民权法案的通过。8月28日,群众示威行动在"华盛顿自由行"的运动中达到高潮,超过25万的黑人抗议者聚集在华盛顿特区,马丁·路德·金就是在这次游行进程中发表了他那段著名的《我有一个梦想》的演说。

【音频】马丁·路德·金:我梦想有一天,在佐治亚的红山上,昔日奴隶的儿子将能够和昔日奴隶主的儿子坐在一起,共叙兄弟情谊。我梦想有一天,甚至连密西西比州这个正义匿迹、压迫成风、如同沙漠般的地方,也将变成自由和正义的绿洲。我梦想有一天,我的四个孩子将在一个不是以他们的肤色,而是以他们的品格优劣来评价他们的国度里生活。今天,我有一个梦想。

在马丁·路德·金一生众多的演说中,这可能是最为大众熟知的一段。正是这次演讲,将美国当时的民权运动推向了高潮,也让金博士成了许多种族主义者的眼中钉,而这种嫉恨最终转化为对他人身安全的威胁。

马丁·路德·金的遇刺身亡在当时的美国引起了轩然大波,100多座城市爆发了种族骚乱,要求惩治凶手，揭开暗杀内幕。虽然两个月后嫌疑犯杰姆斯·厄尔·雷即告被捕，但审判过程中的种种疑点仍然使得外界对于暗杀是否仅一人所为深感怀疑。迫于舆论的压力，在金博士被害的 10 年后，1978 年美国国会不得不对其被刺一案重新进行专门调查，但也始终无法查明密谋的具体参与者。

马丁·路德·金的被害真相成了一个难以解开的谜。虽然有人以卑劣的手段令他消亡，然而他的梦想却激励着更多人团结起来。在马丁·路德·金遇刺案发生后，无数美国民众自发聚集到一起，其中既有受他感染的白人，也有仰慕崇敬他的黑人。他们扶老携幼，手牵着手唱起了美国著名民谣女歌手琼·贝兹的《我们要战胜一切》，以此来和平纪念这位民权斗士的逝世。据说马丁·路德·金曾在一次示威活动中与游行的群众合唱过这首歌，这也是人们以唱此歌来纪念他的原因。

【音频】琼·贝兹演唱的《我们要战胜一切》

2011 年 10 月 16 日，美国的马丁·路德·金纪念园正式向公众开放。美国总统奥巴马在揭幕仪式上致辞。

【音频】奥巴马：如果我们保持坚定的信念，相信我们自己，相信这个国家的潜能，就没有我们不能克服的挑战。就像我们从金博士的奋斗汲取力量一样，我们也要从他对人类一体的坚定不移中获得启示。他曾说："我们都罩在一张无可逃避的共同网络中，命运交织，休戚与共。"正是那份根植于基督教信仰的坚持，使他对一群愤怒的年轻抗议者说："我爱你们如同爱我自己的孩子。"尽管其中一人向他投石头，险些击中他的脖颈。

奥巴马站在金博士的雕塑前，以慷慨激昂的演讲纪念这位前辈及其所代表的整整一代先驱者们所作出的努力，这景象似乎象征着某种历史的回应。正是由于当年这些人的努力，美国的市议会发生了改变，州立法机构发生了改变，国会发生了改变，甚至最后连白宫也发生了改变，诞生了美国历史上的首位黑人总统。

（郑　麟）

马丁·路德·金演讲

容国团为新中国夺得首个世界冠军

四月 5

容国团

【音频】1959年容国团夺冠新闻录音：大家看到的是争夺男子单打冠军的实况，我国选手容国团先后击败了日本、美国、西德、瑞典、南斯拉夫等国的名手，取得了男子单打的决赛权。经过四个回合的艰苦奋战，容国团以三比一战胜了对手，赢得了世界冠军的称号，这个胜利使日本失去了连续五次占据这个项目世界冠军的优势。

1959年正是新中国走过的第十个年头，当年的4月5日，容国团赢得了新中国的第一个世界冠军，这是献给共和国的一份特别贺礼。也就是从这个时候开始，中国大地掀起了前所未有的乒乓热，到处是正规的和自制的乒乓球台，一时间出现了五千万人挥拍上阵打乒乓的热闹场面。这个来之不易的世界冠军头衔还要从7年前的夏天说起。

1952年的夏天，一场来势迅猛的群众体育热潮席卷了年轻的新中国。被"东亚病夫"这顶帽子压了太久的中国人想要达到强国的目标，首先要强壮身体。毛主席提出的"发展体育运动，增强人民体质"号召，成为当时中国影响极为广泛的行动口号。在当时的物质条件下，既不需要太大的场地，也不需要太多财力投入的乒乓球成了最适合大众的运动。

1953年，中国乒乓球队第一次走出国门，参加在罗马尼亚布加勒斯特举办的第20届世界乒乓球锦标赛，当时的主力队员王传耀回忆说大家都没有经验：

【音频】王传耀：第一次参加国际性的世界锦标赛，我们不知道什么水平，去看看。我们男子是打了甲组第十，女子是打了乙组第三。当时我们感觉这个球还有得打，主要没有经验，胆怯。

第20届世乒赛毕竟是这支新生队伍的首次亮相，此后每一次与外国球队的交手，年轻的运动员们也在积累着比赛的经验和战胜对手的勇气。自1953年首次步入世乒赛场，中国乒乓球队的成绩日益引起世界乒坛的瞩目。到了1956年参加第23届世乒赛时，一些世界名将已经告诫同行，中国人不是弱者。1957年第24届世乒赛上，中国男女队已双获小组冠军，进入世界前四名。

同年2月，在香港的容国团一举夺得了全港乒乓球锦标赛男子团体和单打、双打3项冠军，名声大振。之后他因各种原因放弃了在香港的发展机会，决定到内地继续打球。容国团被安排在广州体育学院学习和工作。没多久，他就代表广州队参加了在上海举行的全国九城市乒乓球比赛。经历过这次比赛的王传耀还清楚地记得，当时谁和容国团打谁就输。

【音频】王传耀：1957年是九城市比赛，容国团第一次见，看看他练习，认为没问题，我可以赢他。可是在正式比赛里头，谁跟他打谁输。

在大家的眼中，这个有一手绝活的小伙子性格腼腆内向，可没想到，几个月后，容国团的一番豪言壮语竟又一次让人们对他刮目相看。同为广州队和国家队队友的庄家富提到了容国团那次"人生能有几回搏"的发言：

【音频】庄家富：他当时在广州体育学院乒乓球队，他就在大会上说，"人生能有几次搏，我在25届世界比赛里边，不拿世界冠军死不瞑目"。很多队员包括我，都认为容国团这个小子吹牛皮。

1959年，容国团代表中国乒乓球国家队出征在联邦德国多特蒙德举行的第25届世乒赛。他先后淘汰星野、别尔切克等亚欧名将，又在半决赛中击退了连挫中国强手的迈尔斯，最后在决赛中又碰上曾九次获得世界金牌的匈牙利老将西多。当时人们已经为西多准备好了庆祝胜利的鲜花。然而，容国团在落后一局的劣势下却奇迹般地连扳三局，战胜了对手，为中国获得了首个世界冠军，掀开了中国体育史上具有里程碑意义的一页。时任中国乒乓球代表副团长的张钧汉回忆说，提前为西多胜利准备的鲜花反而激起了容国团夺冠的斗志。

1959年4月5日，在象征乒乓球男子单打最高荣誉的圣伯莱德杯上，第一次出现了中国人的名字，通向世界冠军之路厚重而神秘的大门从此向中国人打开了。两年后的1961年，在北京举行的第26届世乒赛上，容国团又随男队夺取了中国首个世界团体比赛冠军。这个冠军，加上庄则栋的男子单打冠军和邱钟惠的女子单打冠军，东道主中国在这届世乒赛上一共斩获了三个冠军，以及四项亚军和八个季军。这不仅是中国乒乓球队成长壮大的另一个里程碑，更成为了世界乒乓球运动的一个转折点。

【音频】1961年第26届世乒赛团体赛决赛新闻

就在容国团夺得世界冠军之后不到一个月，天安门广场上举行了盛大的庆祝五一国际劳动节的群众游行。成千上万的乒乓球运动员展现着各种击球姿势经过天安门。乒乓球装点了那个时代的光荣，而容国团那句"人生能有几回搏"的豪言气概更是超越了那个特定的年代，至今听来仍让人热血沸腾。

（倪嘉铭）

比赛中的容国团

上海各界庆祝俞振飞舞台生涯70年

一位年届90的耄耋老人仍然能登台献唱京剧,这在中外艺术史上堪称奇迹,这位老者就是京昆艺术大师俞振飞。1991年4月6日,上海市各界隆重集会,京昆名家纷纷献演,庆祝俞振飞先生舞台生涯70周年。

【音频】俞振飞年届九旬登台演唱实况录音片段

1902年,俞振飞出生于苏州义巷的昆曲世家,他的父亲俞粟庐为著名昆曲唱家,自成"俞派",享有"江南曲圣"之誉。俞振飞幼承家学,3岁听曲,6岁习曲。他学识渊博,能诗善画,表演儒雅优美,倜傥不群,尤以表演巾生的儒雅清新风格最为突出。俞振飞天赋佳嗓,大小嗓运用自如。登台以后,又吸取各家所长,不断革新,将先人创立的"俞派"发展到极致。

俞振飞

俞振飞从小对昆曲耳濡目染,可是到了青年时期,他却对京剧老生产生了浓厚兴趣,特地聘请杨宝忠来教了一出《捉放曹》。在21岁那年,一位重要人物的出现改变了俞振飞的人生,他就是京剧程派艺术的创始人程砚秋。1923年9月,20岁的程砚秋来沪演出。当时,梅兰芳和程砚秋争胜之势已初露端倪。梅兰芳每到上海演出,总要唱一两场昆曲戏,但是这在程砚秋却有些为难。因为梅兰芳有京昆两套班子,而程砚秋的班子里能唱昆曲的不多,只有一出《游园惊梦》还能唱,却找不到合适的昆曲小生。程砚秋听人介绍说上海有一位青年票友叫俞振飞,是"江南曲圣"俞粟庐之子,请他合演,必然成功。

20世纪20年代的上海,昆曲已经叫好不叫座,即使是最负盛名的梅兰芳,演京剧时场场客满,演昆剧上座率也必然下滑。可程砚秋、俞振飞合演《游园惊梦》的消息竟引起不小的轰动。一来程砚秋锐气方盛、如日东升,加之他第一次在沪演京剧,势必夺人眼球;而俞振飞是"江南曲圣"之子、昆曲"叶堂正宗"唱口,不论扮相、身段俱臻上乘,又是程砚秋所特邀出演。当时《申报》所刊登的大幅广告上,俞振飞的名字还赫然列于程砚秋之前。是日的演出座无虚席,得到观众和行家的一致好评。

1930年俞振飞北上,经程砚秋介绍拜程继先为师,正式下海成为京剧专业演员。对于京剧,俞振飞原本钟情于老生角色,可是后来,架不住梅兰芳、程砚秋的先后邀请,他只好弃老生而改习小生,去"傍角儿"了,但这也成就了他与梅兰芳不解的艺术情缘。1934年,上海昆曲保存社为筹集资金举行会演,俞振飞邀请梅兰芳一同演出,梅兰芳一口答应。消息传出,轰动了半个上海,市面上一票难求。这次演出,是俞振飞和梅兰芳首次同台,他们合作了《游园惊梦》《断桥》和《瑶台》。

1955年,梅兰芳写信给在香港的俞振飞,希望他能够回来参与拍摄电影《梅兰芳的舞台艺术》

中的《断桥》一折。这折戏在旧时的演法，白娘子说"冤家呀"时，右手反水袖，腰包，左手空指许仙一下。不料俞振飞在排演时跪得太近，梅兰芳伸手一指已经指到俞振飞额头上。梅兰芳干脆就用力地戳了一下，俞振飞顺势身体向后一仰，梅兰芳赶紧又用双手去搀住他，但一想，又感到许仙太负心，还是不理睬好，于是又生气地轻轻一推。没想到这即兴而出的"一戳、一仰、一搀、一推"，成了如今京剧与各地方戏《断桥》中的经典演法，从中足见梅兰芳与俞振飞的艺术默契与悟性。

梅、俞两位大师的合作始于《游园惊梦》，30 年后梅、俞再度合作拍摄的也是《游园惊梦》，而且成为两位大师的谢幕之作。诚如俞老所感慨的：杜丽娘和柳梦梅把我们两个人紧紧地联系在一起了。梅兰芳之子、著名京剧艺术家梅葆玖对两位艺术家之间的默契非常敬佩：

【音频】梅葆玖：当年我父亲演《断桥》，俞老师扮的许仙，我父亲扮的白娘子；当年演《游园惊梦》的时候，俞老师的柳梦梅，我父亲的杜丽娘，他们二老在台上合作的默契现在我还在脑子里。因为俞老性格非常善良，悠哉游哉的，而且俞老写得一手好字，画得一笔好画，他跟我父亲不仅在戏曲上，在其他方面都是非常默契的，所以他们俩在艺术上能有崇高的境界。

新中国成立以后俞振飞曾担任上海京剧院院长、上海昆剧团团长、上海戏曲学校校长等职。在 70 年的舞台生涯中，俞振飞不仅把昆曲中边歌边舞的特殊表演手段带进了京剧，还将浓郁的"书卷气"引入京剧表演，丰富了京剧小生一行，同时他又把京剧明快强烈的风格引入昆曲，从而促进了这两个剧种间的相互交流和共同提高。俞振飞本人也成为昆曲 600 年、京剧 200 年历史中一位横跨两界的里程碑式的艺术大师。

（肖定斌）

俞振飞（左）与梅兰芳主演的昆曲电影《游园惊梦》剧照

《人民日报》发表通讯《领导干部的楷模——孔繁森》

四月 7

孔繁森

孔繁森是一位优秀的援藏干部。他两次进藏工作,十年扎根雪域高原,将热血和生命都献给了西藏。1995 年 4 月 7 日,《人民日报》发表长篇通讯《领导干部的楷模——孔繁森》。随即,孔繁森的感人事迹传遍千家万户,感染了亿万藏、汉同胞。孔繁森为西藏的建设、发展和稳定作出了突出的贡献,同藏族人民建立了深厚的感情。他在西藏看望群众时曾讲过这样一句话:

【音频】孔繁森:今后有困难,政府还帮你解决。把这几个孩子教育好,把孩子带好。

孔繁森 1944 年出生于山东聊城一个贫苦的农民家庭。在党的培养教育下,他参军、入党、后来转业到地方工作。1979 年,国家从内地抽调一批干部到西藏工作,孔繁森欣然赴藏。

在岗巴工作的 3 年中,作为县委副书记的孔繁森经常深入乡村、牧区与群众一起干农活、修水利,给条件艰苦的家庭送去棉被和干柴等物品。孔繁森的女儿孔玲至今还记得她陪母亲进藏看父亲时,父亲将食物和衣物送给西藏老人的情形:

【音频】孔玲:我陪母亲进藏的时候包了很多包子。我父亲就带我们去了堆龙德庆的一个敬老院,然后他就把我们包的那些包子全部送给了老人,还有我母亲给他带的一些衣服、棉鞋什么的都送给了西藏的老人。他真是发自内心地把西藏的老人当成自己的老人。

1988 年,孔繁森克服困难再次带队进藏担任拉萨市副市长,分管文教、卫生和民政工作。为了发展当地教育事业,孔繁森跑遍了全市 8 个县区所有的公办学校和一半以上的乡办、村办小学。在他和全市教育工作者的共同努力下,拉萨的适龄儿童入学率从 45% 提高到 80%。

此外,孔繁森还走访全市大部分的敬老院和养老院,给孤寡老人送去了党和政府的温暖。因西藏偏远地区医疗卫生条件较差,他每次下乡时都特地带一个医疗箱,买上数百元的常用药,送给急需的农牧民。

1992 年,拉萨市墨竹工卡等县发生强烈地震,孔繁森在羊日岗乡的废墟上领养了 3 名藏族孤儿——12 岁的曲尼、7 岁的曲印和 5 岁的贡桑。曲印一直记得这位给他带来温暖的孔爷爷。

【音频】曲印:跟爷爷在一起的时候,自己心里就会有个家,觉得很温暖,有人关心,有人疼爱。

1993年，孔繁森进藏工作期满，但他却选择继续留在西藏担任阿里地委书记。阿里地处西藏西北部，平均海拔4500米，被称为"世界屋脊的屋脊"。这里地广人稀、高寒缺氧、气候恶劣，是西藏最艰苦的地区之一。由于历史和自然的原因，阿里的经济发展比西藏其他地区缓慢，群众生活贫困。为了摸清情况，来到阿里的孔繁森跨高山、涉深谷、过草原、访藏胞，与当地干部一起寻找带领群众脱贫致富的路子。

1994年初，正当孔繁森带领全地区人民为实现阿里发展的宏伟蓝图而奋斗时，一场罕见的特大暴风雪席卷了阿里高原。漫天大雪吞没了农田、牧场和村庄，孔繁森挨家挨户地走访灾民，给被冻伤的牧民们看病，分发救济粮和救济款。原孔繁森的警卫员梁福兴回忆了孔繁森当时慰问灾民的感人往事：

【音频】梁福兴：有一次孔繁森下乡，下雪了，雪灾，一个孤寡老人就蹲在屋里面。那个屋也不能称其为屋，就是那种像羊圈的地方，蹲在那个地方，老人快不行了。书记进去以后，直接把她的脚，放到他怀里去了。

在孔繁森的带领下，经过广大干部群众的努力，阿里的经济有了较快发展。为了制定将阿里地区经济带上新台阶的规划，孔繁森带领有关部门人员亲自到新疆塔城进行边贸考察。1994年11月29日，孔繁森在返回阿里的途中不幸因车祸殉职，时年50岁。人们在料理孔繁森的后事时，看到两件令人心碎的遗物：一是他仅有的钱款——8.6元；一是他的"绝笔"——去世前4天写的关于发展阿里经济的12条建议。1995年，拿着这份建议的西藏自治区宣传部的沈开运在接受记者采访时，激动地讲述了孔繁森对阿里发展所作出的贡献：

【音频】沈开运：1到9他写完了，10到12他又想到了一些，包括219国道的建设、建基层等问题。没想到这个就成了孔书记的遗言，也是他最后的绝笔。他在生命的最后时刻留给我们的是阿里的经济建设、阿里的社会进步、阿里的人民幸福，怎么把阿里的工作搞上去、把经济建设搞上去。他确实是把最后的心血、全部的身心献给了阿里的人民幸福和经济建设。

"我不喜欢孤独的吟唱，我不喜欢哀怨的忧伤。我喜欢生命的欢乐，火热的生活，我喜欢祖国的西南边疆。"这是孔繁森在日记里写下的一段话。孔繁森把生命的欢乐留在了他所喜欢的西南边疆，也用生命谱写了一曲"为人民服务"的奉献之歌。

(舒　凤)

孔繁森看望藏族老人

英国第一位女首相"铁娘子"撒切尔夫人逝世

撒切尔夫人

2013 年 4 月 8 日,英国前首相撒切尔夫人因病去世。撒切尔夫人是首位英国女首相,她连任三届首相之职,成为 19 世纪初以来连任时间最长的英国首相。她尊重市场与自由,创造了英国的经济奇迹,被认为是继丘吉尔之后英国 20 世纪最重要的政治人物之一。凭借强悍的内政外交,撒切尔夫人被苏联媒体戏称为"铁娘子"。

撒切尔夫人的婚前名是玛格丽特·希尔达·罗伯茨。1925 年 10 月 13 日,玛格丽特出生于英格兰东部的林肯郡。她的父亲在当地经营杂货店,热心于地方政治。在自传中,撒切尔夫人描述她的家庭是一个"踏实、严谨、笃信宗教的家庭"。在父亲的影响下,玛格丽特对政治产生了浓厚的兴趣,18 岁的她曾说,"政治已融入了我的血液"。

1943 年,玛格丽特考入牛津大学化学系。毕业后,她一边从事化学研究工作,一边攻读法律,业余时间热衷于参与保守党的政治活动。1948 年,23 岁的玛格丽特正式成为保守党最年轻的女候选人。1951 年,玛格丽特与油漆商人丹尼斯·撒切尔结婚。1953 年,撒切尔夫妇诞下一对孪生儿女。在 1960 年 2 月英国媒体对撒切尔夫人的一段采访中,她讲述了自己婚后的生活:

【音频】撒切尔夫人:家里的菜主要是我煮的,我喜欢烹饪。我负责买家用品,到了周末会煮很多菜。

1970 年,撒切尔夫人进入爱德华·希思内阁,担任教育及科学大臣。希思领导的保守党政府下台后,撒切尔夫人在 1975 年出任保守党领袖,并在 1979 年率领保守党重夺政权,当选为英国历史上第一位女首相。1979 年 5 月 4 日,撒切尔夫妇乘坐首相专车入驻唐宁街首相官邸,面对镁光灯和大批记者,撒切尔夫人这样说道:"很激动,但必须冷静。"

【音频】1979 年 5 月 4 日撒切尔夫人入驻唐宁街时的讲话

在那个普遍认为女性太软弱不适合管理社会的时代,撒切尔夫人以不可思议的强硬给外界留下了深刻的印象。据说她在保守党年会上出现时,现场那些出身高贵、自命不凡的绅士们瞬间鸦雀无声,就像一群被女老师震慑住的学生。

1979 年至 1983 年,受命于英国经济下滑期的撒切尔夫人采取了一系列措施来复苏经济。她实施增加利率、公有住房私有化、控制货币发行、削弱工会权力等经济改革,以期减缓货币供应量和降低通货膨胀。尽管其经济政策在当时引起了内阁和各界的不满，但英国经济的确在1982年走出低谷。1983年成为英国70年代以来经济增长最强劲的一年。

1983年，在英国政府的换届选举中，保守党获得压倒性胜利，撒切尔夫人连任首相。1984年10月凌晨，在保守党代表大会召开前夕，爱尔兰共和军恐怖分子在撒切尔夫人下榻的旅馆策动了"布赖顿旅馆爆炸案"。在爆炸中有5人丧生，撒切尔夫人幸免于难。在当天召开的保守党大会上，撒切尔夫人以高姿态蔑视放置炸弹的人，在政界赢得了不少掌声。在爆炸发生的当天深夜，面对新闻界，撒切尔夫人说："生活必须继续。"当记者问"大会还是如期举行吗？"撒切尔夫人平静而坚定地回答："大会将如期举行。"

【音频】撒切尔夫人在"布赖顿旅馆爆炸案"后对新闻界发表声明

在1987年的大选中，撒切尔夫人赢得了第三个任期。但她的一些极具争议性的政策致使保守党内部开始分裂。1989年开始推行的"人头税"更是她任期内最不受欢迎的一项政策，因此而引发的示威游行演变为暴动。此时她与内阁成员在国内外政策上已有严重的分歧。1990年11月22日，这可能是撒切尔夫人政治生涯中最艰难与无奈的日子。这一天，她宣布辞去保守党领袖和英国首相的职务。6天之后，撒切尔夫人在唐宁街的首相官邸前含泪发表了离职演说，她说"在11年半的美好时光后，我们终将离开唐宁街"。

【音频】1990年11月28日撒切尔夫人辞职前最后一次在唐宁街10号门前向媒体讲话

撒切尔夫人曾经四次访问中国，两次与香港问题有关。1984年12月19日，撒切尔夫人与中国领导人共同签署了《中英关于香港问题的联合声明》，香港问题得到完满解决。

辞任首相后，撒切尔夫人仍活跃于政坛，并到世界各地发表演说。晚年的撒切尔夫人受到中风和失忆症的困扰，只有在谈到唐宁街那段岁月的时候，她才显出几许当年的神采。2013年，撒切尔夫人走完了她87岁的人生历程。英国女王伊丽莎白二世、英国首相卡梅伦及各国政要均表示哀悼，英国议会大厦、首相府和各政府部门降半旗致哀。

不论是作为杰出的女政治家还是革新的首相，撒切尔夫人都对英国产生过很大影响。她是二战后世界上最有影响力的全球领导人之一，也是在20世纪世界政治舞台上具有重要影响力的女性。

（郑榴榴）

撒切尔夫人和丈夫丹尼斯

上海南站项目启动

2002 年 4 月 9 日，铁路南站工程指挥部与上海南站广场投资有限公司揭牌成立，这意味着"十五"期间上海重大基础设施项目——上海铁路南站的配套工程正式启动。三个月后，地铁上海南站站改建基地打下了第一根桩，这标志着整个工程建设已全面铺开。

1937 年以前的上海南站

【音频】2002 年开工建设新闻

上海南站这个名字其实在 20 世纪初已经存在。光绪三十二年，也就是 1906 年，浙江、江苏两省商民分别组成商办铁路有限公司，承建沪杭甬铁路。浙省铁路公司承建杭州闸口至枫泾段，苏省铁路公司承建上海至枫泾段。沪枫段的起点，就是在上海旧城南面商业繁华地区的上海南站，与邻近租界的上海北站南北相对。车站大门南临今天的车站前路，车站后门朝北靠近瞿溪路，东端跨越南车站路，西面贴近西藏南路，占地 275 亩。1909 年 6 月沪杭甬铁路全线通车。

南站是当时上海重要的交通枢纽，客货运输繁忙。车站南面华商电车公司的一路有轨电车从半淞园路经过海潮寺，绕道南火车站开往老西门、老北门、十六铺，环城一圈再回来。车站地区相当热闹。1937 年淞沪战争爆发，8 月 28 日下午 2 时许，侵华日军多架飞机对南火车站投弹轰炸，主要楼房及行车设备被炸毁，数百人被炸死炸伤，铁路运输中断。上海沦陷后，日本占领当局将上海南站至日晖港之间被炸断的长约 1.5 公里铁路拆除。上海南站的货运业务迁到日晖港站，旅客运输由上海北站承担。从此，上海南站及站前一段铁路不复存在。如今的上海，只留下南车站路、车站后路、车站支路等几条路名，提醒人们不要忘记毁于日军侵略战火的上海南站。我们来听听上海音像资料馆资深研究员张景岳对这段历史的讲述。

【音频】张景岳：1937 年 8 月 28 日下午 1 点多钟，18 架日本飞机对上海南火车站突然进行了狂轰滥炸和疯狂扫射。当时有一个美国记者听到这个消息马上奔到南火车站，他的镜头里只见南火车站里熊熊的烈火在燃烧，马路上被击中的卡车也在燃烧，路上的死伤人群还没来得及被救治，当时的童子军刚刚才赶到。进了站台以后，只看到一片狼藉，高大的天桥已被炸成一片废墟。站台上不是死伤者就是炸飞的铁片，还有被抛弃的包裹，最惨的就是，有一个孤苦伶仃的幼儿在站台哭泣，这个场景的照片刊登在了美国《生活》杂志上，一下子震惊了全世界，原来日本的军国主义是这么的残暴、没有人性。

2002 年的南站项目由上海现代建筑设计集团华东设计院和法国铁路设计公司共同设计，其中最引人注目的是标志性的 5 万平方米圆形屋顶，寓意着"车轮滚滚，与时俱进"，人们从高架上远远就能看到。参与项目的建筑设计师郑刚用了三个"很"字来评价上海南站。

【音频】郑刚：很别致的一个建筑，很优美的环境，而且很便利的换乘条件。

现在的南站地处上海中心城西南角，东起柳州路，西至桂林南路，北靠沪闵路，南抵龙吴路，占地60.32公顷，距徐家汇城市副中心约5公里。作为城市的南大门，它是联系长江三角洲、珠江三角洲及中国南方其他城市的重要交通枢纽。

与过去火车站单一的出入口相比，上海南站的旅客可以从圆形主站屋的任何一个入口进出火车站，而接送车辆的停车面积也大大增加，从而提高了火车站的运行效率。整个铁路南站共分为上中下三层：中层与地面同高，为站台层，设有13股道和6个上下客站台，另有通道和南北广场相连；上层为出发层，设有周长为800米的高架环形出发平台和可同时容纳1万余人的大空间候车区、检票通道等；下层为到达层，设有旅客出站地道、南北地下换乘大厅。南来北往的火车从主体建筑中穿行而过，在透明的大空间中，乘客可以在车站的任何地方看到火车的运行情况。车站还与高架道路、地铁、轻轨和10多条公交车相连，旅客不用走出火车站就可换乘其他交通工具，使上海南站成为国内第一个"零换乘"铁路枢纽。

2006年6月25日，开往杭州的N521次列车徐徐驶离上海南站，在历经4年的施工建设后，上海南站开始了为期6天的试运行。7月1日，上海南站正式投入运行，当时共有41趟始发和中转旅客列车从这座世界最大的透光火车站开往杭州、宁波、南京、广州、福州等方向，成功实现了上海铁路南北客运始发站的分离，即开往北方列车的始发和到达都保留在上海站，而开往南方列车的始发和到达均移至上海南站，如此使南站成为上海铁路第二个大型客运站。从这一天起，上海南站正式汇入了中国铁路运输的大家庭，而上海百年铁路运输史也由此翻开了新的一页。

（倪嘉铭）

上海南站

四月
10

威猛乐队在北京工人体育馆
举办演唱会

威猛乐队唱片封面

1985 年 4 月 10 日的晚上,可容纳一万人的北京工人体育馆座无虚席,一场在中国流行音乐史上具有举足轻重地位的演唱会即将开场。当时这场演唱会的票价是 5 元人民币,黑市票价被炒到 25 元一张,而这一年,北京市民的月平均消费是 47 元 1 角 7 分。说这场演唱会是"历史性"的演出似乎也并不为过,因为主角——一支来自英国的摇滚乐队,是改革开放后首支来华演出的西方流行乐队。座位上,全国各地慕名而来的乐迷们略显拘谨地坐着,他们生平第一次面对面地感受来自域外摇滚乐的强大魅力。歌手成方圆受到乐队的邀请,担任了这场演唱会的主持人。成方圆当时是东方歌舞团的演员,是国内较早演唱英文歌曲的中国歌手。她在回忆这段往事的时候,把这场演出比作"一颗原子弹"。

【音频】成方圆:在工体,那时可能是最早的一个西方乐团到中国来演出,所以当时引起的那种轰动、震动不亚于一颗原子弹,因为当时没有接触过那么强烈的那种节奏型的音乐……当时我觉得就是这种表演形式让大家很震撼,我记得主唱的两个人满台跑,弹着吉他,一边跳、一边唱,还有伴舞什么的,当时就觉得很新鲜了,就觉得从来没见过这样的现场演出。

这支引起轰动影响的乐队是 20 世纪 80 年代红极一时的摇滚乐队——"威猛",他们裹挟着摇滚乐的劲风,敲开了我们祖国的大门,将世界级的流行乐风带入了这片古老的神州大地。

威猛乐队是一支英国摇滚男声组合,由乔治·迈克尔和安德鲁·维治利组成,两人曾是高中时代的好友。1982 年,他们合作写了一首描述英国青年人失业状况的歌曲《威猛轻敲》,因此获得了唱片公司的合约和公众的注意。随着首张专辑《异想天开》的推出,威猛乐队很快就在英国的排行榜上名列第一并连续两周位居榜首。1984 年,乐队乘胜追击,推出了第二张唱片《使其出名》。专辑一经问世就广受英美两地乐迷们的追捧,其中《无心快语》等多首歌曲还在美国获得白金唱片销量,可谓风头一时无两。

【音频】威猛乐队《无心快语(Careless Whisper)》1985 年演唱会版

《无心快语》可称得上 20 世纪 80 年代最具特色、播放率最高的流行歌曲之一。这首歌描述了一位男子爱上其他女孩,他的女友决定和他跳最后一支舞后就此分手。但此时,男子心里已经充满悔恨和伤感,然而他不敢表露,只在心里默默地唱着歌。一段感情就此在沉默中趋向了破裂。

据说,当年购买威猛乐队北京工人体育馆演唱会门票的观众每人可以凭票免费领取一盒磁带。那盒磁带的内容,一面是威猛乐队的原唱,另一面则是成方圆的中文翻唱,在成方圆的国语版演绎中,《无心快语》的名字被改作了更为简洁直白的《心碎》。

对于成方圆那一代人来说,他们成长过程中的文化生活其实是相对匮乏的。20 世纪六七十年代,西方音乐在中国一度被禁止播放。私底下,很多人通过手抄本的形式才稍稍了解到一些外国歌曲,但也都是一些例如美国早期或者东欧社会主义国家的民歌。音乐人高晓松就曾经向人提起他小时候通过卖私印的歌谱赚钱的经历。

【音频】高晓松:我上小学的时候,我妈用单位里的那个纸,蜡质的,拿铁笔写了一堆那种俄国、南斯拉夫的歌,《深深的海洋》《一条小路》什么的,然后拿那个碜子一张一张碜出来,然后我拿出去卖,大概就是 5 分钱一本,我大概挣的第一笔钱就是这个,卖了 5 块多钱。

1978 年底,在改革开放、解放思想的号召下,人们捕捉到了不同以往的气息。一般来说,大陆在音乐领域的开放路线首先是针对港台歌曲,而后逐渐开始接受西方比较温和的流行音乐,比如乡村音乐之类。最后,独树一帜且正当蓬勃发展的摇滚乐才被完整地引入中国,而威猛乐队来中国举办演唱会,正标志着中国流行乐界与国际开始接轨。

就在出发来中国演出前不久,威猛乐队于西方圣诞节前夕推出了一张应景的单曲《去年圣诞》,歌曲描述的是一个人过圣诞节时的感受。令人遗憾的是,就在他们成功在中国举办演唱会的第二年,乐队解散,乔治和安德鲁各自单飞。某种意义上他们都"一个人"度过了 1986 年的圣诞节。就这样,一度风靡全球的威猛乐队在经历了短暂的兴盛之后,退出了历史舞台,但中国的乐迷无法忘记他们在我们流行音乐史上曾经写下的那浓墨重彩的一笔以及由此向我们开启的世界图景。

(郑　麟)

威猛乐队歌曲磁带封面

203

四月 11

电影《末代皇帝》获九项奥斯卡奖

1988年4月11日，在洛杉矶举行的第60届奥斯卡金像奖颁奖典礼上，由中国、意大利、英国合拍的电影《末代皇帝》一举夺得9项大奖，轰动世界影坛。这是奥斯卡有史以来第一次授奖给一部以中国历史人物为题材并且在中国实地拍摄的电影，而作为"最佳作曲奖"获得者之一的苏聪也因此成为第一个登上奥斯卡领奖台的中国人。

电影《末代皇帝》剧照

【音频】苏聪：我非常感谢贝托鲁奇先生和托马斯先生，还有我的两位同事。我希望更多的人能喜欢中国的艺术。

《末代皇帝》在奥斯卡的成功，音乐功不可没。为其配乐的除了苏聪，还有英国的戴维·伯恩和日本的坂本龙一。虽然三人的出身和音乐风格迥异，但是他们将东西方不同的音乐风格交融在一起，为这部以西方人视角拍摄的电影创作出了颇具东方色彩的配乐。电影《末代皇帝》成就了苏聪，而苏聪也使中国音乐向世界又迈进了一步。获奖后的苏聪在接受采访时讲述了他当时的想法：

【音频】苏聪：我觉得现在迫切摆在每位中国艺术家面前的问题是怎么能使中国的艺术，不仅是电影，还包括音乐、文学、艺术的各个方面能迅速地走向全世界，为中国的艺术在全世界能争得自己应有的一席之地而作出自己的努力。

获多项奥斯卡奖的《末代皇帝》是一部气势宏大、色彩浓郁、场面壮观的史诗巨片，由欧洲知名导演贝纳尔多·贝托鲁奇执导，美籍华裔演员尊龙、陈冲、邬君梅和爱尔兰演员彼德·奥图主演。该片用闪回的手法讲述了中国最后一位皇帝爱新觉罗·溥仪60年的跌宕一生。导演贝托鲁奇的拍片风格相当独特，在电影拍摄过程中，往往是先有音乐，然后演员伴随音乐表演。这种拍摄手法使整部影片的音乐和画面丝丝入扣，浑然天成。这是该片能获得奥斯卡最佳作曲和最佳音响效果奖的一个重要因素。影评人图宾根木匠讲述了贝托鲁奇拍摄《末代皇帝》的特别之处：

【音频】图宾根木匠：《末代皇帝》有一个很特殊的地方，就是导演贝托鲁奇在导演的时候，电影的音乐是先完成的，而且导演是没有分镜头剧本的，在拍摄的现场，导演贝托鲁奇是放着音乐让演员去表演的。

《末代皇帝》之所以在世界各国上映后引起轰动，除了影片通过清宫秘史似的描绘展现了中国近百年的风云变幻，还在于影片处理溥仪这个人物的独特角度，这是当时同类体裁的影片所未曾涉及的。影片以溥仪的家庭教师庄士敦所写的《紫禁城的黄昏》为原始架构，参考了溥仪的自传《我的前半生》及其它相关著作，从人性角度出发，表现了溥仪如何从一个普通人变为"神"，再从"神"变为人的故事。溥仪这一角色在年龄、心理上的变化跨度非常大，对于当时只拍过四部影片的年轻演员尊龙来说是一个挑战。

【音频】尊龙：我是个演员，所以我就研究溥仪的上半生下半生。我在北京待了很多个月，去认识和溥仪有关系的人。我特别同情他，我觉得这人很悲哀。从小就没有童年，一生出来历史就把他抢走了，意思就是他自己就不存在了，他就失落在这段历史里头。我在研究他的时候，我常常看他那本书，我特别感动。因为这人他不知不觉就变成一个演员了，他从小就在宫里做戏一样，等他长大之后要经过很多很多困难，所以我觉得这人特有意思。

《末代皇帝》为尊龙跻身好莱坞一线影星打下了很好的基础。皇后婉容的扮演者陈冲也因为《末代皇帝》而几乎上遍了美国所有的知名杂志，成为当年最红的华人女星。溥仪和婉容这两个角色的表演难度很高，尊龙和陈冲以他们对角色的深刻理解和成熟的演技完成了人物的塑造。美籍华裔女导演黛比林是这样评价陈冲的：

【音频】黛比林：陈冲在《末代皇帝》中的表演是很突出的，她饰演的角色从一个十六七岁的天真少女，最后成为麻木刻薄的成年女性，并且吸食鸦片成瘾，每一段她都饰演得非常逼真。戏中婉容的年龄跨度很大，虽然她出现的镜头不是很多，在这部戏中她是一个配角，但却给你的印象很深刻，让你无法忘记。

获得奥斯卡奖是很多电影人的梦想。继苏聪因《末代皇帝》获得第 60 届奥斯卡最佳作曲奖后，作曲家谭盾在 2001 年因《卧虎藏龙》获得了第 73 届奥斯卡最佳原创音乐奖，华人导演李安则多次问鼎奥斯卡最佳导演奖。此外，以张艺谋、陈凯歌为代表的中国电影导演，也曾向奥斯卡奖发起冲击并多次获得最佳外语片奖的提名。为了拥有一尊"小金人"，中国电影人在继续追求。

（舒　凤）

电影《末代皇帝》海报

中国海外教育先行者容闳
开始美国留学生涯

容　闳

1846 年 4 月 12 日，一位来自古老国度中国的年轻人，历经 98 天的海上航行，踏上了才建国不到 100 年的美国领土，开始了他的留学生涯。他或许不曾想到，这一次远行将揭开中国对外留学的大门。许多活跃在 19 世纪末、20 世纪初国内各个领域的顶尖人才，都曾在幼童期，跟随着他的步伐来到美国求学。这些留学生中后来走出了中国铁路业、矿业、电报业的先驱，清华大学、天津大学的首任校长，中国最早的外交官，乃至中华民国第一任总理等。这位中国海外教育的先行者就是容闳。

1828 年，容闳出生于广东香山县南屏村的一户普通农家。7 岁时，他被父亲送入教会学校学习。中英鸦片战争爆发后，因学校停办，容闳转到香港马礼逊学校就读。1846 年，校长布朗牧师因个人健康问题返回美国，同行带上了三位愿意与他一起回美国继续学业的学生，容闳就是其中的一位。因为学习成绩优秀，容闳得到了进入一流学府耶鲁大学深造的机会，但资助他学费的教会却有交换条件，规定他毕业后必须以传教士为职业。在容闳 1909 年的个人回忆录《西学东渐记》一书中，他特别提及此事："传道固然好，却不是造福中国的独一无二的事业……志愿书一经签字，我就受到束缚，很可能坐失为国家谋福利的机会。"百年前的话语，如今听来犹掷地有声。造福中国，为国家谋福利，这是年轻容闳的梦想。最终，通过布朗牧师的协助，一家妇女协会愿意无条件资助容闳完成大学学业。1981 年，《西学东渐记》在国内作为《走向世界丛书》中的一本由湖南人民出版社出版发行，丛书主编钟叔河认为，正是容闳当时的这个选择，使他成为了一位伟大的历史人物。

【音频】钟叔河：他越是刻苦学习，成绩越好，他越是感觉到痛苦。他说："人的知识增加了，他的道德，考虑的范围也就广泛了。我自己想到中国的老百姓这样痛苦，受那么大的压制，在我没有受教育之前，一切都不知道，接受了教育以后，我觉得这种情况是不能忍受的，我自己现在得到了受教育的机会，那我就应该使我的同胞早日摆脱这种处境，我要为他们服务。"这点就是容闳区别于很多别人不同的地方。

留着辫子、穿着中国长袍的容闳顺利进入了耶鲁大学。经过 4 年的苦读，剪去辫子、脱下长袍的容闳终于在 1854 年与同级的 98 位同学一起毕业，成为第一个毕业于美国著名大学的中国人。耶鲁大学毕业生在当时的美国往往被视为社会的领袖人物，但容闳回国后的最初几年却遭到了普遍的冷遇。当地官僚士绅根本不知道这种洋文凭、洋学问价值何在,他们只认进士、举人,哪怕是个秀才。无奈之下,容闳只有辗转上海、香港等地从事各类翻译工作。直到1863年,在朋友的引见下,容闳见到了曾国藩。这位正在围剿太平军的湘军主帅,日后成为了推动幼童留美的关键人物。几年后,随着太平天国战争的平息,曾国藩把精力转移到洋务运动上,容闳被其委派前往美国为江南制造总局购买机器。建成后的江南制造总局成为当时远东最大、最完善的机器工厂,不但可以修理制造枪炮,而且可以造船。

随着曾国藩、李鸿章等官员主导的洋务运动的兴盛,容闳适时提出了他酝酿已久的留美幼童计划。1872年,经过多年的准备后,中国第一批30名留美幼童终于踏上了横跨太平洋的赴美新航线。作为留学事务局的副监督,容闳就此长期驻美,实际成为这一计划的主要负责人。值得一提的是,这批留美幼童中绝大部分都是从广东沿海各地招募的。今天珠海一个叫唐家湾的地方是当年7名留美幼童的故乡,他们中有民国第一任总理唐绍仪和清华大学第一任校长唐国安,曾经撰写唐家侨史的当地老人唐有淦认为当地的留洋出国风气由来已久,最远可以追溯到康熙年间。

【音频】唐有淦谈唐家湾走出的留美幼童

可惜的是,留学之事在九年之后出现了变数。李鸿章原本期望留美幼童能够全数进入军校就读,但美国政府当时只允许日本人读军校。另外,由于有的留美幼童习染西洋风气,甚至归信基督教和剪辫,令较为保守的清朝官僚十分不满。于是曾任留学事务局正监督的陈兰彬上奏批评并要求撤回全部留美幼童,最终朝廷准奏。除了部分因病和擅自留美不归者之外,其余幼童均被召回国并授予职务。

留美幼童的计划虽然未能达成圆满的结果,但是容闳依然没有忘记自己投身报国的志愿。甲午战争后,他重返中国并积极参与了之后的戊戌变法等运动。后又与孙中山相识,支持其革命事业,并在多年的参与和奋斗后见证了中国革命的成果。

1912年4月21日,84岁的容闳病逝于美国。他在《西学东渐记》中曾说过这样一段话:"予之一身既受此文明之教育,则当使后予之人,亦享此同等之利益。以西方之学术,灌输于中国,使中国日趋于文明之境。"后人也常以此来评价他在海外教育领域中作出的贡献。

(倪嘉铭)

留美幼童

《黄河大合唱》延安首演

四月 13

"风在吼，马在叫，黄河在咆哮，黄河在咆哮。……"这首家喻户晓的《保卫黄河》是《黄河大合唱》的第七乐章。《黄河大合唱》是一部大型音乐作品，由光未然作词、冼星海作曲。这部作品以黄河两岸人民抗日救国的英勇斗争为题材，歌颂了中华民族源远流长的光荣历史和中国人民坚强不屈的斗争精神。1939年4月13日，《黄河大合唱》在延安首演，几天之内迅速传遍解放区，成为抗日救亡的精神号角。

1937年"七七事变"之后，诗人光未然带着1935年在武汉创建的拓荒剧团在湖北一带演出抗战歌曲和话剧。不久，拓荒剧团被编入抗敌演剧第三队。1938年武汉沦陷后，光未然带领抗敌演剧三队历经惊涛万丈的黄河壶口向吕梁山抗日根据地进发。途中，光未然目睹了黄河船夫们与狂风恶浪搏斗的情景，被黄河的澎湃汹涌与船夫号子的雄壮激越所震撼，准备构思一部名为《黄河吟》的长诗。在《黄河大合唱》延安首演的指挥邬析零的记忆里，光未然当时和他探讨了关于抗日救亡歌曲的创作体裁与形式的问题。

《黄河大合唱》词作者光未然

【音频】邬析零：当时过了黄河壶口，他在那里就开始孕育写《黄河大合唱》的歌词，那时叫《黄河吟》，是长诗。他在过黄河时就跟我谈了，没说要写大合唱，他那时就问了什么是轮唱、合唱、女声唱，问了歌曲的体裁。

1939年1月，抗敌演剧三队到达延安，但光未然却因此前从马上跌下摔伤了手臂而被送进了延安边区医院。冼星海曾与光未然合作谱写过抗战歌曲，当他听说老战友在延安住院的消息后，立即前往医院看望。交谈中，冼星海提出要与光未然合作一部大型诗乐作品，两人一拍即合。于是，光未然口授《黄河大合唱》的歌词，请抗敌演剧队的其他同志记录整理。五天后，光未然完成了《黄河大合唱》的全部歌词，并且在这年的除夕联欢会上朗诵此作。冼星海听后激动不已，当即表示要为《黄河大合唱》谱曲。光未然回忆了当时的情形：

【音频】光未然：阴历的除夕之夜，我朗诵《黄河大合唱》的歌词。我从头到尾念了四百多行歌词，大家当然给我热烈地鼓掌了。星海在边上坐着凝神地听着，等听完最后一句的时候，他一下站起来跑到我面前，一把把稿子抓住，说："我有把握写好它。"

在创作过程中，冼星海沿用了他在延安创作《生产大合唱》等作品的经验来谱写《黄河大合唱》，但写到《黄河颂》这首中国前所未有的颂歌形式时，冼星海犯难了。他想摆脱西方宗教颂歌的影响，创造一种既有中国民族特点、又能表现出新时代情感的颂歌旋律。《黄河大合唱》首演的男高音领唱田冲讲述了冼星海在创作时跟他说过的话：

【音频】田冲：他说，整个的《黄河大合唱》，就是一个黄河的颂、时代的颂，这是它的主调。这个曲子如果写不好，其他的写得再好也都不行。要摆脱宗教的那种颂歌的意识，这个情况我必须要在民族音乐里找。他说，我现在正在研究昆曲，我想从昆曲里边找。

1939年3月31日，冼星海完成了《黄河大合唱》的全部曲谱。同年的4月13日，抗敌演剧三队在延安陕北公学礼堂内首演了《黄河大合唱》。当时的演出条件非常艰苦，伴奏的乐器非常少，唯一的西洋乐器就是几把小提琴，而演出服则是旧棉衣改制而成的。《黄河大合唱》首演者之一的胡宗温回忆了他们当时改制演出服的情况：

【音频】胡宗温：那个时候没有换的衣服，就一套棉军装。结果天气暖和了，我们女同志就倡议把棉花都给掏了，然后到延河水里面洗，洗了以后呢，这就是我们的演出服了。我们把它叠好拉平，把它垫到臀部底下，给它压得平平整整，穿在身上非常漂亮。

在那个战火纷飞的年代，《黄河大合唱》对中国的抗日民族解放斗争起到了很大的鼓舞作用。从1940年1月起，《黄河大合唱》陆续在重庆的《新音乐》刊物上以简谱的形式发表。此后，《黄河大合唱》迅速传遍全国。音乐家孟波就曾指挥过《黄河大合唱》，受到广大官兵和群众的热烈欢迎。

【音频】孟波：我们就到处唱《黄河大合唱》。1940年秋天，我们到五支队一连唱了三遍还不行，一唱完，部队都不用教，就"风在吼，马在叫"这样唱起来了。这个说明革命歌曲，它的群众性、革命性，还有民族性，所以很容易传播。

20世纪60年代后期，《黄河大合唱》被改编为钢琴协奏曲《黄河》，不仅在当时的国内引起了强烈的反响，还因其史诗的结构、华丽的技巧、丰富的层次和壮阔的意境而成为世界音乐史上一首著名的中国协奏曲。几十年来，《黄河大合唱》这部不朽的音乐作品激励了无数中国人，也感染了许多海外华人，并在许多国家的知名音乐厅中久演不衰。

（舒　凤）

《黄河大合唱》曲作者冼星海

公安英模任长霞遭遇车祸身受重伤

四月 14

【音频】任长霞：十几年的公安工作，实现了我人生最高的价值，使我饱尝了广大人民的质朴之情。我认为，警察就是我的天职。

这位说"警察就是我的天职"的是原河南省登封市公安局局长任长霞。2004年4月14日晚，任长霞在执行公务的过程中由郑州返回登封市，途中遭遇车祸身受重伤，于15日凌晨去世，时年40岁。

任长霞是河南省公安系统有史以来的第一位女公安局长。在3年多的任期中，她整顿队伍、严肃警风，不遗余力地铲除黑恶势力，解决了10多年来的控申积案，有力地维护了登封市的社会治安稳定。

任长霞因公殉职后，数万民登封市民自发为她送行，表明了这位人民警察在当地老百姓心中的分量。任长霞用她的心血履行了"立警为公、执法为民"的神圣职责。

任长霞

任长霞1983年从警校毕业后，被分配到郑州市公安局中原分局从事预审工作。那时，她在日记本中写下这样一段话："能成为一名打击犯罪、保护人民的人民警察，能亲手抓获犯罪分子、还老百姓公道，是我人生最大的追求。"

1998年，任长霞通过竞聘出任郑州市公安局技侦支队支队长。她带领支队民警在约两年时间里破获了近300余起抢劫、杀人等重特大案件，抓获了300多名犯罪嫌疑人，被称为警界"女神警"。谈到自己的工作时，任长霞说这是"我们的责任"。

【音频】任长霞：组织上交待给你的事儿，或者说我们发现了犯罪线索，我们必须去查，这是我们的责任。所以即便有牺牲的危险，也是义无反顾。因为你干的就是这个工作。

2001年4月，任长霞调任登封市公安局局长。当时的登封市长期是全省的案件高发区，黑社会一度横行，上访群众多。此外，当地的民警队伍涣散，积案堆积如山，行风评议年年倒数第一。任长霞深入基层调查摸底，找到了问题的症结所在。她随即从"从严治警"入手，大力治理、整顿队伍。她清除了队伍中的3个害群之马，将15名长期不上班、旷工、迟到以及参与违法违纪行为的民警开除或辞退。此举令民警的精神面貌焕然一新。

作为一位公安局局长，任长霞经常面临着钱、权、法的考验。当有人通过直接、间接的关系来靠近她，给她送去钱物时，她都婉言拒绝。任长霞曾经说过的一番话堵住了队伍中行贿等不正之风的源头：

【音频】任长霞生前谈"干部的任用"

在整顿队伍、严肃警风的同时,任长霞将精力集中到了破大案、积案上。2001年4月23日,她从一封群众来信中了解到,以王松为首的黑社会性质犯罪团伙在登封市白沙湖畔非法拘禁、敲诈勒索民众,致使上百人受到伤害,7人丧命,民怨极大。王松背景复杂,头顶着"优秀企业家"、"劳动模范"等称号,这使得案件侦破的难度相当大。任长霞带领专案组民警走访调查,经过周密安排,制定了抓捕方案。4月29日,王松的手下因参与作案被抓。王松企图以钱开路,救出手下。任长霞将计就计,将王松一举擒获。在此后的数月之内,王松特大涉黑团伙除1人畏罪自杀外,其他65名团伙成员全部落入法网。

王松案件被列为2001年中国十大打黑案之一。任长霞回忆当时王松到她的办公室,企图用钱了事的情形:

【音频】任长霞:王松来到我办公室以后,掏出了一沓钱,放在我的桌子上。他说,这回我的手下人又出事儿了。打伤的群众我赔一些钱,你看能不能把他放出来算了。后来我就跟王松说,这个事,不是花钱能够解决的问题,不但你手下人犯罪了,而且你也犯罪了。

在任长霞到任之前,登封市的控申案件数量一直居高不下。摆在任长霞面前的一大任务就是要查访并处理积案、公正透明地处理遗留问题、还老百姓以公正。

任长霞成立了"控申专案组",设立了举报电话,并设立了局长接待日,直接倾听群众呼声。据不完全统计,任长霞上任后处理群众来信、来访3000多人次,使400多户上访老户罢访息诉。群众大规模的上访行为慢慢得到了平息。

在工作之外,任长霞也是一个女儿、妻子和母亲。为了保证百姓的平安,她与家人总是聚少离多。到登封工作后,任长霞回家的时间就更少了。每当想到这些,她常常深感内疚。然而家人的理解、宽容和忍耐犹如她背后的一堵墙,给了她心里的底气。任长霞曾经说过,也许在一些人眼中,我只是一个冷漠的公安局长,但是我首先是一个女人。在我的内心深处,无时无刻不在涌动几乎所有女人都有的亲情和母爱。然而忙碌的工作使她无法陪伴儿子。任长霞的儿子卫辰尧说自己和妈妈感情最深。

【音频】任长霞的儿子卫辰尧回忆母亲

接触过任长霞的人都说她是一个无私无畏的人,把老百姓的事看得比什么都重。老百姓对她的评价最突出的是"办实事"、"不收礼"和"不收钱"。正如任长霞自己所说的,"警察就是我的天职"。2004年6月,任长霞被公安部追授为全国公安系统一级英雄模范称号。

(郑榴榴)

春节期间,任长霞看望孤寡老人和人民群众

新中国第一艘自主研发的万吨货轮"东风"号下水

1959 年 4 月 15 日，新中国历史上第一艘自主研发、自行设计的万吨级远洋货轮"东风"号下水。这艘被誉为"中国十大名船"之首的万吨轮集中反映了当时中国船舶设计、制造水平以及船舶配套生产的能力，同时也为我国大批量建造万吨以上大型船舶奠定了基础。当时的新闻报道了这激动人心的一刻。

【音频】新中国第一艘万吨级远洋货轮"东风"号下水的新闻报道

"东风"号下水仪式现场

20 世纪 50 年代，中国的经济和工业都处在较低水平，一切百废待兴。造船业同样也只是刚刚起步的阶段，而同时期的欧美发达国家已经拥有了不计其数的万吨轮。建造属于自己的万吨轮是新中国赶超世界的一个梦想。

然而实现这个梦想却困难重重。当中国正计划大规模引进造船技术时，国外技术援助却突然中断。刚刚起步的我国造船工业只好从仿制改为自行研制。从建设材料、设计及配套设备等均采用全套国产化技术。当时，承接下这个艰巨任务的就是曾被誉为"中国第一工厂"的百年老厂——江南造船厂。其实江南造船厂早在 1921 年就已成功地为美国建造了"官府"号、"天朝"号、"东方"号和"震旦"号 4 艘万吨轮。然而要在当时这样艰苦的条件下造一艘自主研发设计的万吨轮尚属首次。这艘万吨轮在当时被命名为"东风"号，实际上也寄托了毛主席的强国心愿。时任江南造船厂总监造师王振德回忆了"东风"号名字的由来：

【音频】王振德：我们要用自己的工人、自己的设备、自己的材料、自己的设计造出一条属于中国的船，顺利在海上航行。用毛主席的话来说，就是"东风压倒西风"。所以只许成功不许失败。

可是根据当时的设备和技术状况，开工就遇到了很多困阻。船厂的职工只有群策群力、克服困难、解决问题。据统计，江南造船厂围绕万吨轮的生产，共实现了 300 多项重大技术革新，改进工艺和设计 180 余件，工厂机械化程度从 1959 年的 37.9% 提高到了 97.8%。这些技术革新的实现，为万吨轮胜利下水创造了良好条件。在工人辛勤的劳作下，整艘万吨巨轮实现了无缝焊接。

1959 年 4 月 15 日,江南造船厂为自行设计和建造的"东风"号举行剪彩下水仪式,时任上海市委书记陈丕显和上海市副市长曹荻秋等官员出席了仪式。下午三点半,上海市副市长曹荻秋为"东风"号剪彩,主席台上一声令下,一把银斧砍断钢索,在船台两边激动万分的人群的注视下,万吨巨轮平稳地滑向黄浦江心。

由于船用配套设备的影响,"东风"号在下水后开始了长达 5 年多漫长的"内部建造"过程。在此期间,虽然试制与安装工作多次陷入停滞状态,但是它同样得到了来自全国各地的大力支持。

对于一艘万吨巨轮而言,一个好的发动机就相当于货轮的心脏。最后安装在"东风"号上的是一台 8820 匹船用低速重型柴油机。这是我国自行设计建造的第一台船用低速重型柴油机,由沪东重机与船舶设计院、上海交通大学共同组成的产学研"三结合"设计组负责设计,沪东造船厂进行试制。技术人员克服了缺乏经验和技术参数资料等困难,经过不断地修正、改进、反复试验分析及整机调试,直到 1965 年 6 月,发动机才基本满足设计要求,正式安装到"东风"号上。

"东风"号上另外一个重要的部件电罗经由上海航海仪器厂生产,这同样也是我国首次研制的。电罗经是船上必不可少的精密导航设备,起初由于 3 名苏联专家的帮助,试制工作开展得相当顺利。然而,就在试制工作展开后不久,中苏关系恶化,苏联方面撤回了技术专家。技术人员在一无资料,二无图纸,更没有核心技术的情况下,从收集整理资料开始,逐步思考、反复琢磨,在经历了无数次失败之后,终于取得成功。

据统计,参与安装研发"东风"号船上辅机、仪表仪器等配套设备的协作单位涉及全国 18 个部委、16 个省市以及所属的 291 个工厂和院校。这些协作单位为"东风"号提供了多达 2600 项设备和器材,其中新试制船用产品达 40 余项。

1965 年 10 月 5 至 15 日,"东风"号在长江口进行了轻载试航。试航的成功标志着"东风"号可以正式投入使用。"东风"号为我国造船工业的发展和强大奠定了良好的基础。强劲"东风"吹过之后,我国的造船工业不断蓬勃发展。自 20 世纪 90 年代以来,中国的造船产量已跻身世界前列。到 2015 年,中国已成为全球第一船舶制造接单国。

（王永平）

"东风"号成功下水

213

迈克尔·乔丹退役

2003年4月16日，美国费城的第一联合中心球场上，费城76人队和华盛顿奇才队的篮球比赛进入到了第四节尾声。此时全场的球迷开始起立鼓掌，他们不是为了主队即将到手的胜利，而是为了客队阵中的一员40岁老将，球迷心目中的"篮球之神"迈克尔·乔丹。已经下场休息的乔丹，在球迷的欢呼声中重新上场并投进了最后两个罚球，完成了自己在篮球赛场上的谢幕表演，并将自己的职业生涯总得分定格在了32292分，一段篮球传奇从此成为历史。

奇才队时期的乔丹

【音频】2003年4月16日，乔丹最后一场比赛现场录音片段

乔丹的职业生涯始于芝加哥。1984—1985赛季，芝加哥公牛队用第三顺位选来了乔丹。乔丹在首场比赛就得到16分，并力压选秀状元奥拉朱旺获得了该赛季的最佳新秀。第二个赛季，乔丹就帮助公牛队杀入了季后赛。在面对当时的超级强队波士顿凯尔特人队的季后赛第一轮第二场比赛中，乔丹历史性地独得63分。凯尔特人队传奇主将拉里·伯德在赛后采访时将乔丹比作上帝的化身。这次著名的"上帝说"也使乔丹的"神"之名号不胫而走。1986—1987赛季，乔丹开始了连续七年对NBA得分榜的统治，当年，乔丹场均砍下37.1分。在全明星周末上，他以举世闻名的罚球线起跳扣篮拿下了职业生涯第一个扣篮王头衔。

1989—1990赛季，"禅师"菲尔·杰克逊成为公牛队主教练，第二个赛季就带领球队打出了当时队史上常规赛最佳战绩61胜21负，并在总决赛击败洛杉矶湖人队，初次夺得总冠军，由此揭开了公牛王朝的序幕。1991—1992赛季，公牛王朝继续了它的辉煌。乔丹率队打出超越上年的常规赛67胜15负的佳绩，并在总决赛中以4比2战胜波特兰开拓者队，再次夺得总冠军。1992—1993赛季，在率领公牛队击败太阳队第三次夺得总冠军后，30岁的乔丹登上了人生的巅峰。

然而，辉煌背后，厄运也开始缠上乔丹。当时有报道称乔丹沉迷赌博，乔丹为此声誉受损，但对他造成致命打击的则是父亲的突然离世。1993年7月23日，乔丹的父亲在一次持枪抢劫案中遇害。两个多月之后，乔丹突然宣布退役，称自己对篮球已失去热情，这个消息震撼了整个NBA乃至全世界。

【音频】1993年乔丹第一次退役发布会现场录音片段

随着公牛队成绩的滑落，球迷要求乔丹重回篮球场的呼声日渐增强。1995年3月18日，乔丹正式宣布回归公牛队，在简短的新闻发布会上，他说："我回来了。"

在第二天对印第安那步行者队的比赛中，乔丹获得 19 分。这场比赛也是自 1975 年以来电视转播收视率最高的一场 NBA 常规赛。回归后的 17 场常规赛，乔丹场均得到 26.9 分，并帮助公牛队拿下 13 胜 4 负的战绩进入季后赛。可惜这股回归后的气势并没有延续到季后赛中，公牛队在东区决赛中止步于奥尼尔领衔的奥兰多魔术队。

1995—1996 赛季开始，乔丹重新穿上 23 号战袍。虽然身边的老队友只剩下了皮蓬，但公牛队交易来了一位优秀的篮板球好手丹尼斯·罗德曼。罗德曼的到来使公牛队的篮板与防守实力得到大幅强化。这支公牛队以风卷残云之势席卷整个联盟，得到了创造历史的 72 胜 10 负，并在总决赛上毫无悬念地击败超音速队。巧合的是，重新夺回冠军宝座的那天正是父亲节，夺冠之后的乔丹将球按在地上，低声轻语，泪水倾泻，整个场景令人动容。

1996—1997 赛季，乔丹继续率领公牛队轻松获得 69 胜 13 负的联盟第一佳绩，他也以场均 29.6 分蝉联得分王。在总决赛中，抱病上场的乔丹率领公牛队以 4 比 2 赢得第五次总冠军。1997—1998 赛季公牛依然强势，但王朝已经出现了分崩离析的前兆。赛季中期，皮蓬转会的流言困扰着球队，罗德曼深陷场外麻烦并不断在更衣室中制造分歧。然而伟大的乔丹依然将球队带进了总决赛。在总决赛第六场比赛仅剩 6.6 秒时，公牛仍以一分落后于爵士队。乔丹从左翼发动进攻，运球晃倒对方球员拉塞尔，命中了那个篮球史上最著名的投篮，也成就了公牛王朝的第二个三冠王伟业。

【音频】1998 年 NBA 总决赛第 6 场，乔丹投入绝杀进球的录音片段

乔丹在第六场比赛中英雄式的逆转似乎是他职业生涯的完美句点，随着杰克逊与公牛队的合约期满以及皮蓬和罗德曼的离队，乔丹于 1999 年 1 月 13 日再次宣布退役。公牛王朝宣告结束。

2000 年，乔丹以管理者身份回归联盟，加入了年轻的华盛顿奇才队。由于球队成绩不见起色，2001 年 9 月 25 日乔丹正式决定第二次复出，以 38 岁的高龄代表奇才队出战。2003 赛季结束后，乔丹离开了奇才队管理层，最终彻底结束了自己传奇式的职业生涯。

在乔丹的自传《为那挚爱的比赛》中，他写道："世界上并没有完美的球员，而我个人也并不相信世界上曾出现过所谓的完美球员。每个人都困于各自的时代。我的天赋与动作建立在前辈的基础之上。我坚信，伟大的定义会随着时代不同而改变。"

（倪嘉铭）

公牛队时期的乔丹

"阿波罗 13 号"宇航员原计划留在月球上的纪念品

美国"阿波罗 13 号"飞船平安返回地球

探索未知的宇宙是人类一直以来的梦想。1970 年 4 月 11 日,美国阿波罗 13 号飞船升空,飞离地球两天后服务舱的氧气罐发生爆炸,严重损坏了航天器,宇航员们遇到生命维持系统失灵的险情。万幸的是,在火箭发射指挥中心及各部门的通力合作下,经过 4 天 4 夜不眠不休的高强度救援工作之后,飞船最终于 1970 年 4 月 17 日平安返回了地球。这场险情成为太空史上最惊心动魄的传奇故事。

1957 年 10 月 4 日,苏联发射了世界上第一枚绕地球运行的人造卫星——"斯普特尼克一号",这也意味着美苏之间争夺宇宙空间并将人类送上月球的竞赛正式开启。1961 年 5 月 29 日,美国总统约翰·肯尼迪向国会发表正式讲话,要求美国航空航天局在 10 年内把宇航员送上月球。

1969 年 7 月 20 日,美国的阿波罗 11 号飞船成功登月。第一个踏上月球土地的航天员尼尔·阿姆斯特朗发出航天史上的经典之语:"这是个人迈出的一小步,但却是人类迈出的一大步。"

【音频】阿姆斯特朗:这是个人迈出的一小步,但却是人类迈出的一大步。

阿波罗 11 号登月成功是一个意义重大的里程碑,但它并非计划的终点。经历阿波罗 11 号、12 号成功登月之后的美国,又开始实施第三次登月——阿波罗 13 号登月计划。

1970 年 4 月 13 日,阿波罗 13 号的登月之旅在度过最初顺利的两天之后发生了意外。由于加热管路温度过高,烤焦了附近的导线,导致 2 号贮氧箱发生爆炸。飞船的服务舱被瞬间炸烂,最关键的氧气供给源源不断地泄露出舱外。这场突如其来的爆炸,使得阿波罗 13 号的宇航员们措手不及。就在这个时候,宇航员吉姆·罗威尔发出了航天史上最著名的一句呼救:"休斯顿,我们遇到了麻烦!"

【音频】罗威尔:休斯顿,我们遇到了麻烦!

阿波罗 13 号飞船上的情况非常危急。幸运的是,在 3 名成员中,队长吉姆·罗威尔头脑冷静,是一位经验非常丰富、关键时刻能快速决策的宇航员。

吉姆·罗威尔毕业于海军军官学校,师从火箭专家科尔曼·奥博特和罗伯特·高达德。1968 年,罗威尔与两名队员驾驶阿波罗 8 号执行任务,首次成功冲破地球重力并绕着月球飞行。当他奉命执行阿波罗 13 号任务时,吉姆·罗威尔已经是整个计划中经验最老道、最值得信任的成员。

戏剧性的是"阿波罗13号事件"并不是他遭遇的第一次险情,早在1954年,罗威尔驾驶着F2H战斗机巡逻时就曾遇到危险。当时飞机导航的频率被日本电台干扰了,驾驶机舱的电子面板也由于操作不当而造成断电。在这种情况下罗威尔"幸运"地通过磷光浮游植物形成的"有机地毯"成功返航。

1970年4月13日,罗威尔队长率领的阿波罗13号全体队员遇到了大麻烦,爆炸过后的十几分钟内,控制舱就会彻底熄火,他们唯一的希望是转移到登月舱上。事故的消息迅速传遍地球,全世界的人都被太空中上演的这场惊险"故事"惊呆了。所幸罗威尔精准的算术以及他与地面校准平台之间校准数据的成功传输使得这次险情暂时得以化解,飞船进入了返回地球的轨道。当被提及这次惊险返航时,队长罗威尔表示无法用言语形容当时的感觉。

【音频】罗威尔:实在无法形容我们的感觉。能想的就是自己还能再做些什么,如果无法生还自己的家人该怎么办?

美国将阿波罗13号未能登月的消息及时通报给了全世界各国,并紧急请求有关国家给予救援。包括前苏联在内的13个国家提供了救援舰船和飞机,布在美国军舰未能顾及的海域内等候。1970年4月21日,也就是发生爆炸后8天,3名航天员成功乘坐指令舱返回了地球,平安地降落到太平洋上。全世界有几百万人追踪着阿波罗13号事件的进展,它历史性的落海返回让所有人都松了一口气。时任地面指挥中心的飞行主管吉恩·克兰兹用"最难忘的画面"来形容当时所看到的现场情况。

【音频】吉恩·克兰兹:当我从监视器里看见绑着三顶降落伞的指令舱缓缓降落的时候,我坚信那一刻是我一生当中看到的最美、最难忘的画面!

阿波罗13号的登月之旅虽因意外而中止,但它的平安返回却带来了另一种荣耀,航天界称这次飞行是一次"成功的失败"。直到今天,阿波罗13号事件仍是人类探险历史上最伟大的救援行动之一。

(金 之)

"阿波罗13号"队长吉姆·罗威尔

《音乐之声》获第38届奥斯卡最佳影片奖

《音乐之声》电影剧照

【音频】电影原声歌曲《哆来咪》

每当电影《音乐之声》中的歌曲《哆来咪》的轻快旋律响起，影片中玛利亚老师带着7个孩子在群山环抱的大草原上欢快演唱的那一幕就会浮现眼前。电影《音乐之声》由罗伯特·怀斯执导，朱莉·安德鲁斯主演，1965年上映当年票房就达到1.59亿美元，并最终打破了电影《飘》保持的最高票房纪录。1966年4月18日，《音乐之声》在第38届奥斯卡颁奖礼上斩获包括最佳影片在内的5项大奖。

《音乐之声》的故事发生在1938年的奥地利。电影讲述了年轻的见习修女玛利亚到退役海军上校特拉普家中做家庭教师的故事。上校严格的教育方式让孩子们失去了孩提时应有的那份快乐，玛利亚以童心对童心，让孩子们在大自然的美景中尽情欢唱，让笑容重新回到孩子们的脸上。歌曲《孤独的牧羊人》是玛利亚和孩子们一起表演木偶戏时所唱的歌曲。正是这次表演，让原本并不赞同玛利亚教育方式的上校被她的热情所打动，从而改变了对她的看法，进而产生了微妙的感情。

【音频】电影《音乐之声》片段（《孤独的牧羊人》）

《音乐之声》取材于真人真事，故事里的女主人公玛利亚是奥地利知名军官格奥尔格·冯·特拉普男爵的第二任妻子。和电影中的情节一样，修女玛利亚到上校家做家庭教师，照顾7个失去母亲的孩子并教他们唱歌。后来在孩子们的撮合下，玛利亚和特拉普男爵组成了一个新的家庭。

20世纪30年代，奥地利发生经济危机，银行相继倒闭，特拉普一家因此失去了所有的财产。热爱歌唱的家族成员组成合唱团，通过演出来谋生。自然清新的嗓音和纯美的歌声使他们在1935年的一次音乐戏剧节上获得了合唱比赛第一名。

1938年，奥地利被纳粹德国吞并，特拉普一家逃亡到美国。由于没有入境许可证，特拉普一家被安排到埃利斯岛难民营。经过一系列繁琐的法律程序后，他们终于可以在美国居留，并组成了"特拉普家庭合唱团"在各地巡回演出。玛利亚本人在接受专访时讲述了这段经历，当时的采访者正是在电影中扮演玛利亚这一角色的女演员朱莉·安德鲁斯。

【音频】玛利亚： 作为难民，每个国家只能给你5到6周的逗留时间，因此我们不得不辗转欧洲各地，从意大利到法国再到比利时、荷兰等地，而维持我们全家生计的就是唱歌。

二战后,特拉普一家建立了一个音乐慈善组织——特拉普家庭奥地利救济社,为祖国奥地利发送了无数食品和衣物。1947 年上校去世,孩子们依然陪伴着玛利亚继续他们的音乐之路。9 年之后,特拉普家庭合唱团终止了演出。1956 年,在家庭合唱团停止演出后不久,玛利亚出版了《特拉普家庭合唱团》一书。3 年后,制作人理查·哈勒岱和女演员玛莉·玛汀这对百老汇夫妻将特拉普家庭合唱团的故事搬上了舞台。1960 年,音乐剧《音乐之声》赢得了包括最佳音乐剧在内的 6 个托尼大奖。

其实,音乐剧《音乐之声》在百老汇上演的前两年,派拉蒙电影公司就买下了《音乐之声》的电影版权。最终成就这部经典电影的是 20 世纪福克斯电影公司和导演罗伯特·怀斯。1965 年,电影《音乐之声》上映,在片中饰演女主角的朱莉·安德鲁斯亲切、可爱、幽默的形象深入人心。安德鲁斯在一次采访中回忆了她拍摄《音乐之声》的经历:

【音频】朱莉·安德鲁斯:虽然拍摄时天气寒冷,但是大家都非常努力。影片给我留下诸多美好的记忆,孩子们、导演、音乐等等。

1998 年,电影《音乐之声》中 "路易莎" 的原型弗朗西斯卡在百老汇出席了音乐剧《音乐之声》重排的首映礼。在首映礼上,弗朗西斯卡表达了她对电影版故事的喜爱,她告诉人们,与现实不同的是,其实他们的父亲并不像电影里那么严厉,而是一位非常慈爱的男爵。

2015 年正值电影《音乐之声》上映 50 周年。这一年,第 87 届奥斯卡颁奖典礼特别设置了向《音乐之声》致敬的环节。朱莉·安德鲁斯在众人的掌声中上台为最佳配乐奖颁奖,她惊叹 50 年一闪而过,她认为包括她在内的电影《音乐之声》的每一位成员都非常幸运。

【音频】朱莉·安德鲁斯在奥斯卡颁奖礼上的发言

(陆一文)

《音乐之声》海报

摩纳哥王子与影星
格蕾丝·凯丽大婚

1956年4月19日，一场规模空前的盛大婚礼在摩纳哥举行。600多位社会名流、政要、王公贵族受邀参加了婚礼，1600多名新闻记者从世界各地涌入摩纳哥，全球约3000万观众通过电视直播观看了这场世纪婚礼。时至今日，很多欧洲人还将这场婚礼称为"20世纪最靓丽的风景"。婚礼的男女主角就是摩纳哥王子雷尼尔三世与好莱坞著名女星格蕾丝·凯丽。

一位是高贵的皇室，一位是高雅的影后，是怎样的机缘巧合让他们相遇、相知和相爱的呢？格蕾丝·凯丽1929年出生在美国费城一个富有的家庭，她从小热爱表演艺术。最初她选择舞台剧来磨炼自己的演技。直到1950年夏天，格蕾丝首次在电影《14小时》中出演小配角，虽然只是一个微不足道的角色，却使她的演艺之路扬帆起航。两年后，她作为女主角出演了电影《正午》。格蕾丝·凯丽在该片中的演技正如著名导演希区柯克所说："从外表上看，格蕾丝显得

格蕾丝·凯丽

很冷漠，但在她的心中却蕴含着敏感、情欲和爱恋的火山。"

【音频】格蕾丝出演的电影《正午》片段

1953年，电影悬念大师希区柯克正准备为他的新作《电话谋杀案》物色女主角，最终他选择了格蕾丝·凯丽。格蕾丝没有让观众失望，影片大获成功。于是，希区柯克毫不犹豫地在另一部惊悚片《后窗》中再次选用格蕾丝出演女主角。该片获得最佳导演等4项奥斯卡提名，格蕾丝本人也获得许多肯定与赞赏。1954年，格蕾丝因主演电影《乡下姑娘》而获得了奥斯卡最佳女演员奖。当26岁的格蕾丝·凯丽接过奖杯时，她无法抑制自己的激动心情。

【音频】格蕾丝·凯丽：我实在是太激动了，言语无法表达出我内心的感受，我只想真心地谢谢你们，是你们让我有机会站在这里，谢谢。

年轻貌美的格蕾丝赢得了许多人可望而不可及的成功。她高雅迷人、富有才华，最终通过自己精湛的演技确立了在好莱坞超级巨星的地位。1955年春天，格蕾丝·凯丽带着自己的新片《捉贼记》到戛纳电影节做宣传。不料，这次戛纳之旅彻底改变了她的一生。

电影节期间有一项活动，是到摩纳哥王宫为一家杂志社拍摄照片。也就是在那里，格蕾丝·凯丽第一次遇见了摩纳哥王子雷尼尔三世。格蕾丝·凯丽举手投足之间透出一股迷人的味道，王子为格蕾丝高贵典雅的气质所倾倒。影展之后，格蕾丝与雷尼尔王子通过信件保持联络。1955年

12 月，王子专程飞往美国与格蕾丝的父母见面并向格蕾丝求婚。格蕾丝欣然答应，双方决定 4 月成婚。即将迈入王室婚姻的格蕾丝·凯丽在接受采访时说："结婚对于任何一个女孩来说都是迈了一大步，我非常兴奋，虽然离开家我有点伤感，但我希望我能够常常回来。"

【音频】格蕾丝·凯丽接受采访表达即将结婚的感想

1956 年 4 月 19 日，这场 20 世纪最受瞩目的世纪婚礼如期举行。他们的婚礼由格蕾丝所在的米高美制片公司拍摄成了一部电影，在全世界范围内放映。各大报业也对这段爱情故事进行了长篇累牍的报道。婚礼结束后，他们乘坐雷尼尔的私人豪华游艇，开始了浪漫的地中海蜜月之旅。好莱坞与王室的结合，让这段婚姻显得熠熠生辉。

从平民到王妃，初入王宫的格蕾丝并不太习惯。循规蹈矩的宫廷生活让她觉得有些乏味，但最终她还是放弃了自己正处于顶峰时期的好莱坞电影生涯，专心扮演王室角色，并积极参与公益活动。1957 年，格蕾丝的第一个孩子卡洛琳公主诞生了，一年之后，格蕾丝又生下了一个可爱的儿子，取名阿尔伯特，而小公主斯蒂芬妮出世则是 7 年之后了。

可是谁都没有想到，这样一段传奇浪漫的爱情故事却在 1982 年戛然停止了。1982 年 9 月 13 日，格蕾丝驾车载着小女儿斯蒂芬妮在公路上疾驰，不料发生严重车祸，车子冲出道路摔下了悬崖。通过抢救，女儿斯蒂芬妮幸免于难，而格蕾丝王妃却香消玉殒。当格蕾丝去世时，她身上唯一的首饰，就是 26 年前雷尼尔王子戴在她手上的一枚简单金色婚戒。格蕾丝王妃的突然离世让全世界为之震惊，雷尼尔王子更是悲痛欲绝。

【音频】《小报记者的秘密》作者巴巴拉·斯特尼格描述葬礼

雷尼尔一生没有再婚。他在小小的王国里为他深爱的女人建起了无数纪念物，如格蕾丝公主大道、格蕾丝公主图书馆、格蕾丝公主医院等。2005 年 4 月 6 日，雷尼尔王子在格蕾丝公主医院与世长辞。这段王室与好莱坞结合的浪漫爱情故事虽落下了帷幕，却化作了历史的一部分，被人们永久纪念。

（王　依）

格蕾丝·凯丽与摩纳哥王子雷尼尔

221

北京电影制片厂成立

四月 20

1949年4月20日,北京电影制片厂宣告成立。从延安和各地抽调而来的文艺骨干和技术人员,怀着一腔热血和激情汇集到这里,准备为新中国的电影事业作贡献。北影厂刚成立时名为北平电影制片厂,同年10月1日改名为北京电影制片厂。从此工农兵形象的厂标不断出现在各种佳作的片头上,成为中国电影史上的一个鲜明符号,在新中国电影史上留下浓墨重彩的一笔。

"北影"建厂初期为综合性电影制片厂,兼拍新闻纪录片和故事片。这个时期北影厂相继拍摄了纪录片《毛主席莅平》《中国人民的胜利》,故事片《新儿女英雄传》《智取华山》《龙须沟》等。其中《新儿女英雄传》和《智取华山》分别在捷克的第六和第八届卡罗维发利国际电影节中获奖。

北京电影制片厂

【音频】电影《智取华山》片段

北影厂的第一个创作高峰始于1956年。那一年,新闻纪录片部门独立建厂,"北影"开始专注于故事片的创作。从苏联学成归国的中国电影工作者们在厂长汪洋的带领下,发挥所学,大胆探索,涌现出谢铁骊、陈强、于洋、于蓝、谢芳、李仁堂等一大批卓有成就的艺术家。他们先后创作和改编了《林家铺子》《青春之歌》《红旗谱》《早春二月》《小兵张嘎》《烈火中永生》《洪湖赤卫队》等一部部感人至深的影片,塑造了一系列鲜活的电影形象。其中的《小兵张嘎》更是成为新中国儿童片的一座丰碑。

【音频】电影《小兵张嘎》片段

"文化大革命"结束后,北影厂迎来了第二次辉煌,推出了《小花》《泪痕》《骆驼祥子》《茶馆》《瞧这一家子》《包氏父子》等影片。《小花》讲述了一个寻亲的故事,它突破当时电影的英雄主义基调,侧重于表现普通人的细腻感情和坚强意志,充分调动了观众的情感。电影《小花》获得第三届电影百花奖最佳故事片奖,也使陈冲、刘晓庆、唐国强等主演红极一时。喜剧电影《瞧这一家子》则为中国影坛吹来了一股新风。在当时的中国,很多观众没看过喜剧,许多青年演员也不知如何演喜剧,演员陈佩斯回忆了与父亲共同出演该片时的心情:

【音频】陈佩斯回忆与父亲陈强共同出演电影的经历

在《瞧这一家子》中,刘晓庆塑造的女售货员形象让人印象深刻。刘晓庆毫无悬念地摘得了第三届"百花奖"最佳配角奖。

【音频】电影《瞧这一家子》片段

在这一时期,更多的电影人如陈凯歌、滕文骥、黄健中、李少红、张丰毅等加入了创作队伍,拍摄了《相思女子客店》《失信的村庄》《红楼梦》《龙年警官》《斗鸡》《天堂的回信》等优秀影片,其中《天堂的回信》在国际上斩获了多个奖项。除此以外,北影厂还与国际制片厂商合作,于1984年拍摄了故事片《一盘没有下完的棋》,这部影片是中日复交以后两国共同编剧、共同导演、联合演出、联合摄制的第一部影片。

20世纪90年代,国外影片的引进以及家庭影院的普及使包括北影厂在内的一批国内电影制片厂受到了前所未有的压力。北影厂调整策略,大胆启用年轻导演,将镜头伸向更为宽泛的生活面,同时也更加注重观众和市场因素。时任北影厂厂长韩三平谈到了当时中国电影市场的趋势。

【音频】韩三平谈中国电影市场趋势

这一时期拍摄的《霸王别姬》《黑眼睛》《甲方乙方》《不见不散》等影片不但获得了业内人士的好评,同时也收获了不俗的经济效益。1993年的《霸王别姬》获得了戛纳国际电影节金棕榈大奖、金球奖最佳外语片奖和奥斯卡最佳外语片的提名,为华语电影赢得国际电影节最高荣誉。冯小刚导演的《甲方乙方》则成为1998年全国票房冠军。

北影厂不仅是一个制作电影的场所,也是中国电影的一根标杆,是许多电影人心中的家园。许多影视明星从这里迈出走向银幕荧屏的第一步,在这里受到艺术的熏陶和滋养。北影厂的传达室内,曾经有一块记录领取挂号信和邮件包裹的小黑板,陈强、葛存壮、于蓝等老演员的名字会经常出现在这上面。连厂区内一个小小的招待所,都会与斯琴高娃、刘晓庆、张瑜等大明星联系在一起。

1999年,为适应市场的变化,北京电影制片厂等8家电影企事业单位合并组建了中国电影集团有限公司。曾经是中国三大电影基地之一的北影厂,在为中国电影观众奉献了大量佳作、为中国电影事业培养了一批富有造诣的电影艺术家之后,作为一个企业已不复存在。然而在电影观众以及北影人的心中,北影精神依旧存在。而那个我们熟悉的工农兵厂标,后来也成为了中影集团标志中的一个重要元素。

（唐诗思）

《小兵张嘎》DVD封面

奥林匹克传奇人物萨马兰奇逝世

四月 21

2010 年 4 月 21 日这一天，在西班牙的巴塞罗那，一位颇具传奇色彩的老者离开了人世，他就是国际奥委会终身名誉主席胡安·安东尼奥·萨马兰奇。萨马兰奇在担任奥委会主席期间，国际奥委会成为全球成员最多的国际组织。更主要的是，萨马兰奇是一位成功的改革家，他在任内成功推动奥运商业化，让国际奥委会脱离了财政危机。萨马兰奇长期支持中国的体育事业，支持中国申办奥运会。他给予中国人民的友好、信任和坚定的支持，让中国人民难以忘怀。在得知萨马兰奇逝世的消息后，国际社会纷纷表示沉痛哀悼，国际媒体也都在第一时间进行报道：

萨马兰奇

【音频】各国新闻，报道国际奥委会终身名誉主席萨马兰奇在西班牙巴塞罗那去世的消息

萨马兰奇 1920 年出生于西班牙的巴塞罗那。他在自传中写道："父亲教会了我想象和坚持，母亲教会了我音乐，而体育知识和技能则来源于我的舅舅努埃尔。"1951 年是萨马兰奇一生中的一个重要年份，这年夏天，他率队参加了旱冰球世界锦标赛，拿到了西班牙体育史上第一个世界冠军。这次的胜利使得萨马兰奇声名大振，他参加了区议员的竞选，并成功地进入了区议会。1966 年 4 月 27 日，萨马兰奇当选为国际奥委会委员，并担任西班牙体育运动委员会主席。14 年之后，在 1980 年的国际奥委会第 83 次全会上，萨马兰奇成功当选为国际奥委会主席，由此开始了他长达 21 年的主席生涯。

1978 年 4 月 21 日，萨马兰奇首次访问中国。当时他的身份是西班牙驻莫斯科大使和国际奥委会第一副主席特使。当年中国在国际奥委会的合法席位尚未得到恢复，十亿中国人被排除在奥林匹克大家庭之外。萨马兰奇四处奔走，说服欧洲奥委会委员支持恢复中国在国际奥委会的合法席位。一年半之后这一提案获得通过，新中国终于重返国际奥林匹克大家庭。

1980 年 7 月 16 日，萨马兰奇在莫斯科正式当选为国际奥委会第七任主席，这一年他 60 岁。两年后，萨马兰奇第二次访问中国，他与邓小平会面，并就未来在中国举办奥运会的可能性进行了讨论。1984 年 7 月 28 日，第 23 届奥运会在洛杉矶举行，中国派出 225 名运动员参加了 16 个大项的比赛。在开赛前萨马兰奇对中国代表团作出承诺，要给第一位夺金的运动员颁奖。7 月 30 日开赛首日，射击运动员许海峰为中国夺得了奥运首金，这也是第 23 届奥运会的首枚金牌。在颁奖仪式上，萨马兰奇亲自为许海峰挂上金牌。

【音频】(央视体育评论员)宋世雄:1984 年的 7 月 30 日,我国 27 岁的参赛选手许海峰以 566 环的成绩夺取了第 23 届奥运会手枪 60 发慢射的金牌。国际奥委会主席萨马兰奇赶到现场为中国运动员祝贺。

1989 年,萨马兰奇再次造访中国,并实质性地商谈了中国主办奥运会的可能性。这之后,中国政府开始积极筹备,走上了奥运会的申办之旅。1991 年中国正式向国际奥委会申请在北京举办"2000 年奥运会"。虽然北京的首次申奥在投票环节惜败悉尼,但是在提出申办之后,作为国际奥委会主席的萨马兰奇却用特殊的方式支持着北京。时任中国奥委会主席、国际奥委会委员的何振梁与其夫人讲述了在申奥过程中萨马兰奇给予的帮助。

【音频】何振梁:国际奥委会里面,"夫人"的工作是任何申办过程绝不能忽视的一个重要的方面。何振梁夫人:萨马兰奇来中国访问的时候对我说,明年我邀请你作为我的客人到国际奥委会总部去。你应该多跟夫人们接触,多做工作。这以后好几次萨马兰奇作为主人请我去洛桑参加一些国际奥委会会议。在当时,委员去开会用的是公家的钱,委员的夫人是不会被考虑的。因此,我去开会的一切开支都是由萨马兰奇来承担。

1997 年 10 月,萨马兰奇第十次来到中国。在观看了第八届全运会后,他再一次提出希望中国能够申办奥运会。2000 年 8 月 28 日,国际奥委会执委会会议决定,中国的北京、土耳其的伊斯坦布尔、法国的巴黎、日本的大阪、加拿大的多伦多取得申办 2008 年奥运会资格。

2001 年 7 月 13 日,国际奥委会第 112 次全会在莫斯科召开。北京时间晚上 10 时,委员们投票表决 2008 年奥运会主办城市,国际奥委会主席萨马兰奇宣布投票结果。在萨马兰奇宣布答案的那一刻前,在场的所有人都在紧张地等待着。当萨马兰奇手里拿着写有最终举办城市的信封走到台前时,台下的北京申奥代表团从他流露出的一个不经意的表情猜到了答案:北京赢了!

三天后,萨马兰奇卸任奥委会主席之位,同时获得国际奥委会终身名誉主席的称号。新任主席罗格用"一个伟大的主席"来评价萨马兰奇:

【音频】奥委会主席罗格:萨马兰奇是一个伟大的主席,他给我们留下了很多精神财富。他为奥林匹克运动作出了巨大贡献,对国际奥委会做出了成功的改革。

2010 年 4 月 21 日,萨马兰奇离开了人世,但他的奥林匹克精神却一直延续着。如同他就任国际奥委会主席时的宣誓:"我保证,我将为维护奥林匹克运动的团结,为传播和平的准则,为全世界年轻人的亲密无间、情同手足而奋斗。"这也正是他留给奥林匹克的精神财富。

（金 之）

萨马兰奇为许海峰颁奖

225

表演艺术家白杨诞生

四月 **22**

她在 20 世纪 30 年代被英国的《泰晤士报》称为中国的"葛丽泰·嘉宝",在 40 年代被誉为中国话剧界的"四大名旦"之一,在 60 年代被评选为新中国电影"22 大明星"之一。从《十字街头》《一江春水向东流》到《祝福》,她所主演的影片几乎都成为中国电影的经典之作。她就是电影、戏剧表演艺术家白杨。1920 年 4 月 22 日,白杨在北京出生。作家曹禺在白杨从艺 60 周年时提笔挥墨:"皎若明月,直若白杨,献身影剧,功绩无穷。"电影表演艺术家高正和秦怡评价和回忆了白杨:

白　杨

> 【音频】**高正**:我觉得白杨是我们中国不可多得的一个好演员,无论是她的演戏、戏德、为人还是成就,我觉得都是了不起的。
>
> **秦怡**:我跟白杨认识是在 1942 年,当时她已经是一位很有成就的演员了。我觉得白杨非常文静,很少说话,闭上眼睛就会见到她那种甜美的微笑。她始终给人一种温文尔雅的、非常舒服的感觉。她是一个能够顶住一切风浪活下来的人,她的血管里流着的是演员的血。

20 世纪 30 年代初,白杨开始了她的艺术生涯。考入联华影业公司北平第五分厂的演员养成所后,白杨随即在无声电影《故宫新怨》中饰演角色。她参加左翼戏剧运动,因主演《梅萝香》《茶花女》等剧而在剧坛崭露头角。1936 年,白杨进入上海明星影片公司二厂,与赵丹联合主演了她的第一部电影《十字街头》,成功扮演了纱厂教练员杨艺瑛这一青年女性角色。

> 【音频】电影《十字街头》录音片段

《十字街头》的上映深受知识分子尤其是青年学生的喜爱,年仅 16 岁的白杨因此一举成名,月薪也由普通演员的 100 元增加到 300 元。对于这一切,白杨自己也未曾料到。

> 【音频】白杨:我跟明星公司订了三年合同,第一年是 100 块钱,第二年是 150 块钱,第三年 200 块钱,那在当时还是很高的。那么这个时候我去领工资,怪了,给我加了 200 块钱,领了 300 块。

抗日战争全面爆发后,白杨与陈白尘、沈浮组成上海影人剧团,辗转武汉等地进行抗日宣传工作。她在重庆的中央电影摄影场先后出演《中华儿女》《青年中国》等宣传抗日的影片,同时还在重庆和成都的话剧舞台上主演了《屈原》《天国春秋》《复活》等多部经典剧作。郭沫若在看过话剧

《屈原》后特意为白杨饰演的南后题词："南后可憎君可爱,爱憎今日实难分。浑忘物我成神化,愈是难分愈爱君。"

抗战胜利后,白杨回到上海,在中电、昆仑等影业公司主演了多部进步电影。其中的《一江春水向东流》是白杨这一时期最为成功的电影代表作,她将一个遭丈夫抛弃的苦难妇女形象演绎得入木三分。

【音频】电影《一江春水向东流》录音片段

《一江春水向东流》1947年10月在上海公映。电影连映三个多月,创下了当时中国电影连映的最高纪录。上海平均每七个人中就有一人看过此片,甚至还有盲人购票入场"听电影"。香港平安电影院独家上映此片,轰动景象不亚于上海。电影表演艺术家高正讲述了白杨的表演之所以能感染观众的原因:

【音频】高正:她能够进入人物的内心世界,她的戏来得快来得真挚,并不是说演,她是在体验感受这些人物,她的不同就在这里。为什么她演素芬演得那么好那么抓人,为什么千万个观众被那个形象所感染,就是因为她演戏真挚。所以导演郑君里就说,如果你不真实就不可信,不可信就不能打动观众。

新中国成立后,白杨进入上海电影制片厂,主演了《团结起来到明天》《为了和平》等电影。1956年,白杨主演了新中国第一部彩色故事片《祝福》,此片于1957年和1958年分别获得卡罗维·发利国际电影节特别奖和墨西哥国际电影周银帽奖。

《祝福》是白杨在表演艺术上达到的又一个高峰。在祥林嫂这个人物身上,白杨倾注了很大的心血。她多次去鲁迅的故乡深入体验生活,与当地农民一起种稻、砍柴、采茶。白杨的女儿蒋晓真曾听父亲说,母亲为了出演《祝福》下了很大的功夫。

【音频】蒋晓真:当时她演《祝福》,不单单是从祥林嫂这个人物着手的,她应该是从鲁迅的作品整体一直到人物上下功夫。而且这个戏年龄跨度也比较大,我听我父亲说,她下了很大的功夫。

1989年,60多岁的白杨主演了一生中唯一一部电视剧《洒向人间都是爱》,她在剧中扮演宋庆龄,这是白杨在影视作品中塑造的最后一个人物形象。此外,白杨还著有表演艺术专著《电影表演技艺漫笔》《电影表演探索》及诗文集《落入满天霞》。"人美、艺美、心美、德美"是戏剧家黄佐临对白杨的赞誉,这恰恰也是一幅白杨的素描。

(舒 凤)

白杨在电影《祝福》中饰演祥林嫂

227

四月

23

英王首次发表广播演讲

1924年4月23日,在伦敦温布利体育场举行的大英帝国博览会上,英王乔治五世通过BBC发表广播演讲,从而成为历史上第一位通过广播发表演讲的英国国王。可以想象,当英国属地的子民通过广播听到来自王室的祝福声时有着怎样的兴奋之情。根据传记作家哈罗德·尼科尔森的描述,乔治五世的声音深沉、坚定又富于情感,不傲慢自大,也不装腔作势,这样优雅的声音很适合用于广播。

此后,英王经常在庆典场合通过电波发声。1932年圣诞节,乔治五世首次通过广播发表圣诞致辞。从此,圣诞致辞成为英国王室一年一度的传统。1935年,乔治五世在登基25周年庆典上通过广播表达了对民众的感激之情:

【音频】乔治五世在登基25周年庆典上发表广播演讲

乔治五世

1936年,乔治五世辞世,继位仅300多天的爱德华八世在圣诞前夕为迎娶辛普森夫人而选择退位,因此该年的圣诞致辞成了爱德华八世放弃王位的"辞职信"。这一年的12月11日,爱德华八世在广播中发表告别讲话,宣布正式退位。

【音频】爱德华八世:几小时之前,我卸下了作为国王和帝国皇帝的最后职责,让位于我的弟弟约克公爵。首先,我要向他表示我的拥护和忠诚。这是我发自内心的话。

爱德华八世退位后,他的弟弟艾伯特王子继承王位,他就是乔治六世。继位后的乔治六世感到压力重重,因为一个成功的政治家至少是一个合格的演说家,而对于乔治六世来说,这却像一个不可能完成的任务。在即位之前,乔治六世曾经代表父亲进行广播演讲,当红色的信号灯闪过三次后,他艰难地张开嘴,双唇颤抖,喉头却难以发出任何声音。几经挣扎,他也只能断断续续发出几个单词,留下大段令人尴尬的寂静。2010年,由汤姆·霍伯执导的传记片《国王的演讲》就是以乔治六世为原型,讲述他战胜口吃并在二战前发表鼓舞人心的演讲的故事。该片荣获了英国电影学院奖和第83届奥斯卡最佳影片等四项大奖。

为了治愈口吃,乔治六世的妻子四处寻访,她找到了一位民间语言治疗师莱昂纳尔来为乔治六世治疗。据白金汉宫的工作人员回忆,乔治六世在莱昂纳尔面前就像一个刻苦学习的小学生。有一次,乔治六世在凌晨一点被噩梦惊醒,他告诉莱昂纳尔,梦见自己站在英国国会准备演讲,却一个字也说不出来。

1939 年，第二次世界大战爆发。乔治六世经过反复练习，在这一年的圣诞节通过广播发表了一段战时演讲，极大地鼓舞了二战中的英国军民的士气。这次演讲成为了英国历史上最著名的演讲之一。以下就是乔治六世演讲的录音片段：

【音频】乔治六世：在这个庄严的时刻，也许是我国历史上最生死攸关的时刻，我向每一位民众，不管你们身在何处，传递这样一个消息。对于你们的心情，我感同身受，甚至希望能挨家挨户向你们诉说，我们中大多数人，将要面临的是第二次战争。

1952 年，乔治六世的长女继位成为英国女王，这就是伊丽莎白二世。伊丽莎白二世继承了王室圣诞节致辞的传统，在继位的当年就通过广播发表了第一次的圣诞讲话。到了 1957 年，人们开始通过电视收看女王的圣诞致辞直播。

【音频】伊丽莎白第一次在电视上发表圣诞致辞

此后，伊丽莎白二世每年都在圣诞节通过各种渠道发表演讲。如果英国王室有"圣诞致辞最多"这一项角逐的话，那么伊丽莎白二世绝对是当之无愧的冠军。自 1952 年继位以来，伊丽莎白的圣诞致辞次数比她之前的三位国王加起来的总数还要多。2012 年，伊丽莎白二世在白金汉宫录制了 3D 版的圣诞致辞，创王室先例。

从乔治五世到乔治六世再到伊丽莎白二世，时光荏苒，世代更迭，不管采取何种技术方式，"国王的演讲"这一传统都被英国王室持续保留了下来。

（陈晓辰、舒　凤）

伊丽莎白二世第一次在电视上发表圣诞致辞

万隆会议闭幕

四月 24

1955 年 4 月 24 日,在印度尼西亚万隆召开的第一次亚非会议正式闭幕。万隆会议是亚非国家和地区第一次在没有殖民国家参加的情况下,讨论与亚非人民切身利益有关问题的大规模国际会议。它的召开是战后国际形势和亚非地区形势变化的产物,也是民族独立运动蓬勃兴起的需要。会议闭幕当天,与会国家一致通过了《亚非会议最后公报》等重要决议。周恩来总理率领中国代表团出席了这次会议,中国代表团提出的"求同存异,协商一致"原则得到了绝大多数与会国代表的拥护和支持,为会议的成功奠定了基础。下面是周总理在闭幕式上发言的实况录音片段:

万隆会议会场

【音频】周总理在万隆会议闭幕式上发言的实况录音

第二次世界大战结束后,亚非民族独立运动蓬勃兴起。中华人民共和国的诞生,进一步推动了非洲、拉丁美洲人民的解放运动。越来越多的亚非国家认识到,为维护政治独立,发展民族经济与文化,有必要加强国际合作,特别是和中国等社会主义国家建立和发展友好关系。

20 世纪 50 年代,作为刚刚成立的社会主义国家,中国在万隆会议前后的一举一动都受到国际社会的关注。在万隆会议召开之前,国际反动势力阴谋暗害出席会议的中国代表团和中国总理,制造了震惊中外的"克什米尔公主号"事件。1955 年 4 月 11 日,中国代表团包租的印度国际航空公司"克什米尔公主号"飞机飞离香港后爆炸坠毁,机上的中国、越南代表团工作人员以及随同前往的中外记者等 11 名乘客不幸遇难。所幸周总理由于应邀去仰光与缅甸、印度和埃及总理会晤,没有搭乘这一航班。

1955 年 4 月 18 日,包括中国在内的 29 个亚非国家和地区的政府代表团参加了在万隆市独立大厦内召开的第一次亚非会议。在大会上,虽然绝大多数国家的代表在发言中表达了对和平友好的诉求,但有的国家代表攻击共产主义,有的则表示了对中国的疑虑。周总理临时决定把原来准备好的发言稿以书面形式散发,当天中午他利用休会的时间草拟了一份补充发言稿。这份补充讲稿由翻译浦寿昌用英语代为宣读,它的第一句话就掷地有声地指出:"中国代表团是来求团结而不是来吵架的。"

【音频】周总理在万隆会议上补充发言的片段

在发言中,周总理强调"求同"而不是"立异",主张不同思想意识和社会制度的存在并不妨碍亚非国家求同和团结,并表示中国准备在坚守五项原则的基础上与亚非各国建立正常关系。周总理充满智慧地进行阐释和解惑,用平等的态度来平息争论,赢得了各方的尊敬和赞同,一举扭转外界对新中国的偏见。

万隆会议为与会国家提供了相互接触的机会。4 月 22 日晚,中国代表团在住地宴请印度尼西亚、锡兰、泰国、菲律宾、阿富汗、尼泊尔、叙利亚等国家的代表。宴会中周总理的平易近人给到场的各国客人留下了深刻的印象。

4 月 23 日,周总理出席了缅甸、锡兰、印度等 8 国代表团团长会议,阐释了中国政府在台湾问题上的立场和意见。随后,周总理将一份 69 字的声明发给了各国记者。声明的头两句表示:"中国人民同美国人民是友好的。中国人民不要同美国打仗。中国政府愿意同美国政府坐下来谈判。"这一声明在国际上引起了强烈反响,同时也为后来的中美大使级会谈开辟了道路。5 年之后周总理在接见英国记者费力克斯·格林时,再次重申了他的这个观点。

【音频】周总理:中国人不愿意同美国打仗。中国人民从来是愿意同美国人民友好的。我们希望在和平的环境中建设我们自己的国家。我们相信,美国人民也不愿意同中国打仗。

4 月 24 日,经过与会各方 7 天的努力,万隆会议通过了《亚非会议最后公报》。公报内容涵盖经济文化合作、人权和自决、附属地人民问题、促进世界和平与合作等方面。会议通过的《关于促进世界和平与合作的宣言》提出了著名的十项原则,而这正是以中国代表团提出的和平共处五项原则为基石引申发展而来。

万隆会议开辟了新中国外交活动的新天地。出席万隆会议的 29 个国家中,原先只有 6 个与中国建立了外交关系,会后不久与中国建交的亚非国家达到 16 个。

万隆会议是亚、非两大洲历史上的一个重要里程碑。从此,亚非国家作为新兴的重要力量登上了国际舞台。在会后数十年的时间里,亚非国家纷纷取得长足的进步和瞩目的成就,在国际事务中发挥着越来越大的作用,这些都源于对万隆精神的成功实践。万隆会议所确立的十项原则,为建立公正合理的国际政治经济新秩序奠定了重要基础。会议所倡导的"团结、友谊、合作"的"万隆精神",在新的世界格局下也焕发了蓬勃的生命力。

(郑榴榴)

浦寿昌用英语代周总理宣读讲稿

小说《鲁滨逊漂流记》出版

1719 年 4 月 25 日，已经 59 岁的英国人丹尼尔·笛福出版了自己生平的第一部小说。作品一经问世即风靡全球，不仅被誉为英国文学史上的第一部长篇小说，也成为世界文学宝库中的不朽名著。作者丹尼尔·笛福也因此名列 18 世纪英国四大著名小说家之首，被誉为"英国与欧洲小说之父"。这部小说就是《鲁滨逊漂流记》。

《鲁滨逊漂流记》是西方青少年喜爱的一部小说，卢梭就曾在《爱弥儿》中将它视为爱弥儿 15 岁时的必读书。美国著名专栏作家费迪曼教授高度赞扬《鲁滨逊漂流记》，他说"孩童时代至少读来有趣，成人之后再去读，就会知道这是不朽的杰作"。该书的各种译本和仿作层出不穷，达 700 多种。著名作家叶永烈小时候读的第一本书也是《鲁滨逊漂流记》：

《鲁滨逊漂流记》插图

【音频】叶永烈：我看的第一本书就是《鲁滨逊漂流记》，那时候我是生活在一个小城市温州，从来没有出去过，所以一看这本书吸引力特别强，它讲了鲁滨逊在海外漂流，那么艰苦的一种海岛上生活，所以这本书给我留下很深刻的印象。小时候有时读一本书，对自己后来的成长很有帮助，打开了一扇通向世界的窗户。

《鲁滨逊漂流记》这部小说是以真实事件为素材写成的。1704 年 9 月的一天，英国海船上的水手塞尔柯克因与船长发生冲突，被遗弃在距离智利海岸约 500 公里的一个荒无人烟的小岛上。刚到岛上的时候塞尔柯克充满了恐惧，但是为了生存下去，他不得不开始过上茹毛饮血的野人生活。直到 1709 年，塞尔柯克才被一位英国航海家救离了海岛。笛福正是在这一真实事件的基础上创作了现实主义小说《鲁滨逊漂流记》，同时他充分发挥自己的想象力，在鲁滨逊身边又创造了"星期五"这一角色，带来小说中丰富的人物冲突。

小说《鲁滨逊漂流记》自 1719 年初版至今，已出了几百版，几乎被译成了世界上所有文字。据说在西方，除了《圣经》之外，《鲁滨逊漂流记》是再版最多的一本书。因为小说的成功，塞尔柯克曾经独居的小岛因此得名"鲁滨逊岛"。传奇的小说加上传奇的经历，使得"鲁滨逊"成为冒险家与英雄的代名词。

1954 年，西班牙国宝级电影导演路易斯·布努埃尔首次将该小说改编成电影，虽然该片只是布努埃尔流亡墨西哥的糊口之作，但仍不失个性，除了一些梦幻风格的场景，布努艾尔还注入了自己独特的幽默感。在电影中有一个情节，是鲁滨逊发现海滩上出现他人脚印时惊恐的表现，鲁滨逊自我解嘲地说："这么多年孤独，现在看见人却害怕得发抖。人要是害怕会有多么疯狂，我甚至遣散了我的十头牲畜,这样不会出卖我的存在"。

1996年,美国翻拍了《鲁滨逊漂流记》,由007系列电影的男主人公詹姆斯·邦德的扮演者之一的皮尔斯·布鲁斯南出演鲁滨逊。布鲁斯南一改007的硬汉形象,在片中多处演绎了鲁滨逊的风度与柔情,片尾鲁滨逊回忆他的朋友"星期五"时,动情地说"在我有生的日子里,我会时常挂念起,那个给予我世界上最好礼物的朋友,我和他的友谊,不管时间的流逝,永远都长存"。

【音频】布鲁斯南版电影《鲁滨逊漂流记》录音片段

2000年,讲述现代版鲁滨逊故事的美国电影《荒岛余生》也获得了巨大成功。影片主角恰克是失事飞机仅有的幸存者,他被困在一个荒无人烟的小岛上,经历了一段现代鲁滨逊的生活。为了克服无名的恐惧和孤独,恰克将一只捡到的排球取名为"威尔森",并且赋予它生命。作为一个另类的"星期五","威尔森"成为恰克流落荒岛期间唯一的伴侣和精神支柱。主演汤姆·汉克斯凭此片获得奥斯卡影帝提名,并获得金球奖最佳男主角。

同样在2000年,美国一个名为《幸存者》的真人秀节目引发了收视热潮。参赛者们被放置在荒无人烟的小岛上,只允许携带极少的基本工具,但他们必须想方设法顽强地生存下去。这个节目的创意源自瑞典真人秀节目《鲁滨逊探险》,追根溯源,节目的创意正是来自小说《鲁滨逊漂流记》。

《鲁滨逊漂流记》讲述了一个奇迹般的历险故事,故事背后却隐含着人类共同面临的问题以及人们所普遍渴望和梦想的东西,比如向往自由,比如英雄梦想等等。然而更重要的是,当意外来临时,我们应该学会接受和面对,要像鲁滨逊一样,以积极乐观的心去看待世界,对明天抱有渴望、期待与信念。

(肖定斌)

丹尼尔·笛福

拉丁歌王胡里奥·伊格莱西亚斯中国首演

四月 26

【音频】1988 年央视胡里奥演唱会开场

　　1988 年 4 月 26 日晚上,当中国人习惯性地打开电视收看中央电视台节目时,一位风度翩翩的外国男歌手的电视现场演唱会瞬间吸引了很多人。这位歌手是被称为"拉丁歌王"的胡里奥·伊格莱西亚斯。这是胡里奥·伊格莱西亚斯在中国的首次演出,尽管只是一场电视台的实况节目录制,但在 20 世纪 80 年代,对于文艺生活还不丰富的中国人来说,这场演出为他们打开了一扇世界音乐之门。胡里奥当天演唱了《鸽子》《炽热的心》《我愿重新开始》《逝去的时光》等歌曲。对于第一次来中国开演唱会,胡里奥的心情非常激动。他在演唱会中接受主持人的采访时表达了这样的心情。

胡里奥·伊格莱西亚斯

> 胡里奥:我来中国之后一定会回来,我们对这次能够来演出非常激动,我们会再来这个美丽的地方演出……我感到紧张,通过电视在数百万观众前演唱非常令人激动。

　　胡里奥·伊格莱西亚斯 1943 年出生在西班牙马德里的一个中产阶级家庭。少年时代,他的梦想是成为一名出色的足球运动员。青年时,他如愿进入皇家马德里足球队下属的青年职业球队并成为了明星守门员。然而,一场车祸摧毁了胡里奥的足球梦想。车祸之后,胡里奥无法行走,只能躺在病床上。为了帮助自己康复,他开始练习吉他并创作歌曲。在音乐中,胡里奥找到了新的人生方向。在 25 岁那年,他赢得西班牙贝尔德尔姆歌唱节大奖并一举成名。多年之后,胡里奥回忆了他是如何走上音乐之路的。

> 【音频】胡里奥:车祸当时我 20 岁,伤得非常严重,住院好几个月,恢复进行了两年。那个时候我开始弹吉他。起初是为了治疗,车祸伤害了我的神经系统,那是一切的开始。1968 年我第一次在公众面前演唱,参加了一个音乐比赛,在一个斗牛场里进行,针对的是年轻的刚刚起步的歌手。我唱的是我自己写的歌《La Vida Sigue Igual》。我赢得了比赛,那是我人生中幸运的一天。

　　从比赛获奖的第二年开始,胡里奥·伊格莱西亚斯陆续前往世界各地演出。1969 年 2 月,他参加了罗马尼亚的一个舞台节。1971 年,他前往墨西哥演出,之后又去日本、德国、美国等世界各地表演,从而成为全球知名的拉丁歌手。由于胡里奥能用西班牙语、英语、法语、德语、意大利语等多种语言演唱,因而他演唱的歌曲先后被许多国家录制成唱片。

【音频】胡里奥和韦唯合唱《鸽子》

　　继 1988 年接受中国文化部邀请在北京举行首次个人电视演唱会之后,胡里奥·伊格莱西亚斯又受邀于 1993 年在上海举行的首届东亚运动会闭幕式上演唱。出于对中国观众的感情,他不仅主动要求免除自己的出场费,同时拒绝了主办方提供的包机,乘坐自己的私人飞机前来表演。在闭幕式上,胡里奥和中国歌手韦唯联袂献唱了《鸽子》。

　　这是一首亲昵的情歌,胡里奥和韦唯饱含深情的演唱通过电视直播传进了千家万户。胡里奥就像一只飞翔在云间的鸽子,衔着橄榄枝将中国和世界联系了起来。韦唯回忆了他们排练时的一段趣事:

【音频】韦唯:他说这是一首爱情歌曲,所以我们在台上就应该像一对情侣一样。我说这太幸福了,我和你想的简直一样。我说,我想和你再排练一次,我有一个设想,我想你能否一开始先别抱住我,我们慢慢带领观众进入角色好吗?他说,为什么我不可以抱你,我还想在结尾的时候亲吻你。我问,你真的要这样做吗?他笑说,放心放心,我非常专业的。

　　胡里奥·伊格莱西亚斯之后又多次来华演出,在中国取景拍摄音乐录影带并与中国歌手合作。1996 年,中国唱片总公司向胡里奥颁发了“中国金唱片奖特别奖”,他也由此成为第一位获此殊荣的外国歌手。

【音频】胡里奥获得“中国金唱片奖特别奖”新闻

　　1998 年,胡里奥和中国歌手李玟合作了歌曲《当你爱我》。李玟借助此歌进入索尼唱片公司国际部,从此走上了国际化歌手的道路。

【音频】胡里奥和李玟合唱《当你爱我》

　　自 1988 年在北京首度举办演唱会之后,胡里奥·伊格莱西亚斯与中国结下了音乐情缘。从那以后,这位拉丁音乐界的元老级男歌手一直在世界各地进行表演,坚持并延续着自己的音乐梦想。

（王敏丽）

胡里奥·伊格莱西亚斯一家

首次"汪辜会谈"正式开启
两岸交往大门

1993年4月27日,新加坡海皇大厦四楼会议厅摆满了鲜花,众多中外媒体的闪光灯频频闪烁。灯光辉映下,两位红光满面的长者双手越过橘红色的会议桌紧紧相握。这是一次海峡两岸的历史性对话,对话以两位主角的姓氏来命名,这就是备受瞩目的"汪辜会谈"。首次"汪辜会谈"正式开启了海峡两岸交往的大门。海协会会长汪道涵在会后的记者招待会上讲述了此次会谈的意义:

"汪辜会谈"现场

【音频】汪道涵:这是海峡两岸历史性重要的一大步,走向这一步应该是今后我们两岸关系继续发展的一个开端,一个重要的阶段。因为我们已经不是今天才开始,两个协会以及两岸人民之间这几年来都有接触,但是作为正式代表着两个会来说,这是第一次,而这次是我们今后继续接触、继续来推动两岸关系发展的一个重要步骤。

20世纪80年代,随着海峡两岸政策的调整,两岸的各种交流与交往进入持续调整发展的阶段。1991年12月16日,大陆方面成立了海峡两岸关系协会,由汪道涵担任海协会会长。而在前一年的11月21日,台湾方面成立了"财团法人海峡两岸交流基金会",即海基会,海基会的首任董事长是辜振甫。当时,两岸已经将近40年未有正式的交流,双方互不了解,也存在一些隔阂。虽然海基会和海协会成立后双方进行过多次商谈,但是由于接触层级较低,海基会所获授权不足及其他一些原因,两岸沟通进展一直不明显,因而有必要由两会高层次负责人直接坐下来进行商谈。

1992年,海协会与海基会经两岸双方分别授权,达成各自以口头方式表述坚持"一个中国"原则的共识,也就是后来人们所称的"九二共识",由此奠定了两岸协商的政治基础。1993年4月27日,在新加坡海皇大厦,汪辜两人的会面引来了众多国内外媒体的关注。在媒体记者响起"再握一次手"、"再来一次"的请求下,汪道涵与辜振甫相视而笑,隔着会议桌不厌其烦地一次次握手。

汪道涵与辜振甫握了四次手后,会谈正式开始。汪道涵与辜振甫先是谈起了他们的共同爱好——京剧,看上去就如同一对相识多年的老朋友。辜振甫说会谈结束后他回去还要登台演出。原来辜振甫不仅是"戏迷",还是"票友"。就这样,会谈在融洽的气氛中开始了,双方坦率地陈述了各自的观点。在会上,海协会汪道涵会长首先发言。他重申了这次会议是民间性、经济性、事务性、功能性的,充分说明了两岸经济交流合作的迫切性和必然性。

辜振甫则就两会联系合作、共同打击海上走私、犯罪以及两岸经济合作、文化交流等问题发表了意见,同时表示愿意设法促进两岸企业界人士的互访。此后,海协会副会长唐树备和海基会秘书长邱进益就有关具体问题和双方存在的分歧进行多次磋商。会议第三天,也就是 4 月 29 日,在唐邱会谈的基础上,汪道涵与辜振甫正式签署了《汪辜会谈共同协议》《两会联系与会谈制度协议》等四项协议。

至此,"汪辜会谈"顺利结束。这是 1949 年以来,两岸高层人士以民间名义公开进行的最高层次会谈,它的影响力远远超过会谈成果本身。"汪辜会谈"对扩大两岸经贸与科技合作、人员往来和各项交流产生了积极作用,为两岸关系进一步发展创造了良好的环境和气氛,注入了新的活力。

首次"汪辜会谈"之后,两岸关系经历了一些波折。就在双方商定于 1995 年 7 月在北京举行第二次"汪辜会谈"的前夕,台湾地区领导人李登辉赴美进行制造"两个中国"的分裂活动,严重破坏了两岸关系发展的基础和两岸商谈的政治气氛,造成第二次会谈不能按计划举行,两会各层级商谈也被迫全面中止。

为缓和两岸关系、创造两会适宜的条件和气氛,海协会逐步扩大与海基会的交流层次。在大陆方面的一再倡议以及两岸同胞的共同努力下,1998 年 10 月,辜振甫携海基会代表团踏上了他阔别 53 年的祖国大陆,分别到上海、北京进行了为期 6 天的访问。在上海,汪道涵与辜振甫两位老朋友的手再次紧紧握在了一起。然而,从 1999 年 7 月起,由于台湾地区政治局势变幻,致使计划中的汪道涵访台之行被迫取消。

2005 年,随着辜振甫、汪道涵先后驾鹤西去,"汪辜会谈"成为历史绝唱,但他们为促进两岸关系的改善"孜孜以求,不懈努力"的精神仍为后人所感念。而辜振甫对汪道涵访台的殷殷期望也成为永远的遗憾。

【音频】辜振甫:春天去了,不过又回来了。春去春又回,海基会欢迎汪先生来访的诚意始终如一。

"汪辜会谈"是两岸关系发展的一次大突破。在此之后,由汪辜二人开启的两岸会谈使两岸民众实实在在地受益,而支持两岸开展平等协商也已成为两岸各界的普遍共识。

(肖定斌)

汪道涵(左)与辜振甫

237

新中国第一艘自营远洋船——"光华轮"首航

1961 年 4 月 28 日，一艘名为"光华轮"的远洋船在隆重的首航仪式后，缓缓地驶出了广州黄埔港码头，前往印尼接运难侨。"光华轮"是新中国第一艘自营远洋船，"光华"之名意为"光我中华"。这次首航不仅标志着新中国远洋运输船队的诞生，也开启了我国远洋运输事业的新时期。"光华轮"在服役的 15 个年头里完成了十数次印尼、印度的接侨任务，曾载运中国、朝鲜和越南的运动员赴雅加达参加新兴力量运动会，载运过中国援外技术人员和援外物资到北也门，还载运过修建坦赞铁路的中国工程技术人员到坦桑尼亚。

"光华轮"首航现场

1959 年末，印尼爆发反华事件。1960 年 1 月，中国政府开始大规模的海外撤侨。为了方便接回华侨并尽快建立自己的远洋船队，周总理批准并拨款 26 万英镑（当时约合 90 万人民币），从国外购买了一艘旧的英国造远洋客货轮，这就是后来的"光华轮"。负责整修和开航工作的卓东明回忆了当初用外汇购买轮船的情况：

【音频】卓东明：买新的没钱。那时候，50 年代末期，我们国家处在国民经济非常困难的时候，又是"天灾"，饿死不少人。国家的外汇非常宝贵。如果买条新的，那不止这个价，要将近 10 倍。

"光华轮"最早的名字叫"高地公主"号，它是英国尼尔森航运公司的五艘"高地"级邮轮之一。在 1960 年该轮被交到中方人员手里时，船上的航海仪器、通讯设备失灵，客房、船室、甲板多处漏水，船壳铆钉松动，锚链严重磨损，气缸盖裂开漏水，电缆绝缘性差，两台主机的底座曲拐轴支架有道道裂纹，可谓千疮百孔。

旧轮的维修比较复杂，而国内当时各方面的条件都难以承担这样的维修任务。为了能够符合国际远洋客轮的标准，旧轮在香港进行了修理。除了维修问题以外，要正式开航还面临诸多问题。当时的中国外有苏联逼债、美国封锁，内遭自然灾害、物资匮乏，因此在准备燃油、船舶备件、海图以及接侨的基本生活用品等方面都面临着重重困难。

最终，在中央及各个相关部门的关心支持下，"光华轮"首航的筹备工作终于完成。1961 年 4 月 28 日，在广州黄埔港，"光华轮"正式启航。5 月 3 日，"光华轮"抵达印尼的雅加达港。华侨们对祖国的思念之情和即将回国的欣喜之情表露无遗。当年"光华轮"上的服务员潘彩娇描述了那激动人心的一刻。

【音频】潘彩娇:(华侨)抱着我们就"祖国万岁","毛主席万岁","共产党万岁",拼命叫。真的,我现在想起来,我眼泪都流出来,激动得这样。

1961年5月17日,经过19天的航程之后,"光华轮"终于将第一批难侨安全运抵广州黄埔港,顺利完成了任务。

1963年,"光华轮"又承担了载运运动员前往印尼雅加达参加第一届新兴力量运动会的任务。这次运动会在现代国际体育史以及中国和印尼关系发展史上占有重要地位。同年10月29日,"光华轮"运载着中、朝、越三国运动员和工作人员共666人抵达雅加达附近的丹戎不碌港,受到热烈欢迎和友好接待。体操全国冠军蒋绍敏回忆起了当时各国运动员在船上轮番操练的热闹景象:

【音频】蒋绍敏:在轮船上很有意思。那个轮船上有个大甲板,一天排得满满的,一会儿是我们体操队训练,一会儿是足球队踢足球,一会儿是朝鲜歌舞团演节目,很好看。然后,中国是上海杂技团排练。我们体操队看了很佩服,走钢丝走得那么好。整个过程,第一保持了训练;第二,中、朝、越三国运动员友好交往。

20世纪六七十年代是中国远洋船队规模大发展时期。1961年4月27日,就在"光华轮"首航的前一天,中国远洋运输公司在北京宣告成立。创办之初,除了"光华轮"以外,还有"新华"、"和平"、"友谊"3艘轮船。中远公司是新中国第一家国营的国际远洋运输企业,它的成立对新中国的政治、经济都具有重大意义。

1967年5月,中远广州分公司的"敦煌轮"从黄埔港起航开往西欧,这标志着新中国的第一条国际班轮航线正式开通。经过长达11年的发展,在1978年9月26日这一天,中国第一艘集装箱班轮——中远上海分公司的"平乡城轮"从上海港启航,驶往澳大利亚悉尼港。从此,中国正式开始了国际集装箱运输经营,而中国的远洋运输业也迎来了更辉煌的发展。1994年4月7日,由中远集团投资建造的超大型集装箱船舶"大河轮"由上海港首航中欧,使中国到欧洲航线的交货期进一步缩短。

【音频】1994年4月7日"大河轮"由上海港首航中欧的新闻报道

1975年,新中国第一艘自营远洋船"光华轮"结束了它的航海生涯。如今虽然远洋客轮的巅峰时代已经过去,但"光华轮"所开启的新中国远洋之路已深烙在了中国的航海史中。

(郑榴榴)

航行中的"光华轮"

韩国义士尹奉吉制造
虹口公园爆炸案

尹奉吉

1932年4月29日,日军聚集十万之众在上海虹口公园召开所谓的"淞沪战争祝捷大会",并以此庆祝日本天皇的生日天长节。当天11时30分左右,祝捷大会进入高潮,在场日本人一齐高唱日本国歌,21响礼炮也随即点燃。伴随着第三声礼炮响起,一个年轻人突然冲出人群,向数米外的主席台准确地投掷了一个日式饭盒,一声巨响顿时撼天动地,被炸裂的主席台一片狼藉。在烟雾和火光中,台上的七名日本高官非死即伤无一幸免,一场狂妄的庆典瞬间成为侵略者们的葬礼。

这次爆炸炸死了日本上海派遣军司令白川义则和日本驻沪留民团行政委员长河端贞次,而日本第九师团长植田谦吉和日本驻华公使重光葵均被炸断一条腿,日本海军第三舰队司令长官野村吉三郎则被炸瞎了右眼,由此可见,侵华日军为这次庆祝付出的代价相当沉重。

事件发生后,日军迅速包围了会场周围三里之地,严密搜查区内所有人。他们当场逮捕了几名外国嫌疑人并送往东江湾路的日本宪兵司令部严刑拷打。为了避免连累无辜,一位名叫尹奉吉的韩国人主动挺身而出,承认饭盒炸弹为自己所掷,目的就是要炸死日本高官,为自己的祖国韩国被侵占而报仇。一时间,尹奉吉的大名传遍大江南北。

出生于韩国的尹奉吉在童年时期就经历了亡国之痛。1910年,日本政府逼迫朝鲜李氏王朝签署日韩合并条约,吞并了当时的大韩帝国。1919年尹奉吉11岁时,恰逢"三一"独立运动爆发并席卷日占时期的朝鲜半岛。虽然这场轰轰烈烈的反日运动遭到了镇压以失败告终,但祖国人民的英勇不屈在年幼的尹奉吉脑海里留下了深刻的印象。

然而,日本侵略者的铁蹄并没有止步于朝鲜半岛。1931年9月18日,"九一八"事变爆发,日本占领中国东北三省,全中国人民的反日情绪空前高涨。半年后,1932年的1月28日,日军又在上海发动了"一·二八"事变,日军的侵略遭到了由蔡廷锴、陈铭枢、蒋光鼐等人率领的国民革命军第十九路军的迎头痛击。之后,日军不断增兵,四易主帅,但进攻依然受阻。直到同年3月2日,日军支援部队在太仓浏河登陆,使中国军队腹背受敌。加之蒋介石力图保存实力缩小事态,中日双方停战并开始谈判。5月5日,也就是虹口公园爆炸事件发生后一周,在上海宏恩医院,刚刚被炸断了一条腿的重光葵,躺在病床上代表日本在《淞沪停战协定》上签了字,"一·二八"事变宣告结束。

由于被捕后的尹奉吉宁死不屈,坚称由他一人承担全部责任,日方对爆炸事件的调查陷入僵局,他们疯狂搜捕在上海的韩国人。直到 5 月 10 日,申报和大公报上刊登了署名金九的一份重要声明,题目是《虹口公园炸弹案之真相》,声明"韩人爱国团"对此次事件负责,声明还附有一张尹奉吉在太极旗前宣誓的照片。

1919 年 4 月,流亡在上海的朝鲜半岛的复国运动各派领袖,在上海成立了"大韩民国临时政府",这位金九就是 1932 年临时政府里的警务总长。他在上海组建了"韩人爱国团",召集少数义士,专事对日暗杀、破坏、骚扰等铁血行动。年轻的尹奉吉正是金九为此次虹口公园行动指派的义士。上海师范大学历史系教授洪小夏谈到了金九选择尹奉吉的原因。

【音频】洪小夏:金九发现尹奉吉这人是个敢作敢为、血性的汉子,而且他还有个好条件,在到上海来以后,刚开始没职业,做过很多事,其中一个是在菜场里卖过菜,认识了一些来买菜的日本人。其中有一个日本宪兵,还有日本的军队、军人,还有警方的人,都有熟人,所以到时候比较好进去一点。

虽然金九的这份声明主动承认对事件负责,更多的真相却被掩盖了起来。日军虽然对这份声明将信将疑,但也苦于没有其他证据,只能作罢。其实就在日军筹划这次祝捷大会时,十九路军也开始了他们的行动,总指挥蒋光鼐、军长蔡廷锴得知消息后,立刻与代理行政院长兼京沪卫戍司令的陈铭枢进行了商讨。他们一致认为,在当前形势下无法采取军事行动,于是决定以投掷炸弹来破坏大会,打击一下侵略者的嚣张气焰。但此事无法由官方出面,于是,陈铭枢找到上海滩素有"暗杀大王"之称的王亚樵帮忙。那么这件事最后又是如何落实到金九这里的?复旦大学韩国研究中心主任石源华对事件背后的关联作了解密。

【音频】石源华解密策划爆炸案背后的人物关系

尹奉吉完成的这次秘密行动战果辉煌,大大超出了中韩双方原先的设想,主席台上的七名日本高官两死三残两伤。然而,尹奉吉却在当年 10 月 18 日被日本军部押解离沪,送往日本交予军事法庭审判,最终被判处死刑。1932 年 12 月 20 日,这位韩国义士英勇就义于日本金泽,时年 24 岁。

如今,虹口公园更名为鲁迅公园。公园一角有座园中园,内有一栋韩式风格的建筑,尹奉吉义士投弹杀敌的纪念碑就静静地伫立在这里,石碑上刻着的八个字格外显眼,"纪念故人,祈愿和平"。

(倪嘉铭)

爆炸现场

新中国第一个工人新村——曹杨新村竣工

四月

30

曹杨新村

在上海的西北角有一批红顶白墙的建筑群,在绿树掩映中,它依着地势而建,整齐划一,却又不显单调,这就是新中国的第一个工人新村——曹杨新村。曹杨新村始建于 1951 年,因靠近曹杨路而得名。1952 年 4 月 30 日,曹杨新村首批建造的 1002 套工人住宅竣工完成。

上海解放后,城市秩序迅速恢复,然而这个工业化城市百废待兴。随着国民经济的复苏,城市人口也不断增加,但是基础设施却还跟不上,城市内遍布棚户区,老百姓的生活条件仍很恶劣。棚户区内没有下水道,住户的生活废水无处排放,污水横流。每到夏季,蚊蝇丛生,疾病肆虐。

【音频】1949 年关于清洁卫生运动的新闻:这次清洁卫生运动的最好成绩是深入到里弄和棚户区去了。平常我们说起上海,就想到的是高楼大厦、平坦光滑的柏油马路,哪知道这样小的草棚中,还住有多少居民,他们的生活环境是肮脏不堪的……

1951 年 3 月,毛主席提出“必须有计划地建筑新房,修理旧房,满足人民的需要”的指示。同年 4 月,时任上海市市长陈毅在市第二届二次人民代表会议上作了《1951 年上海市的工作任务》报告,明确提出“市政建设要为生产服务,要为劳动人民服务,首先为工人阶级服务”的方针。具体要求是:有重点地修理和建设工人住宅、修建工厂区域的道路桥梁、改善下水道、饮水供给及环境卫生、改进工厂和工人居住区的条件,并确定普陀区为重点试验区。在此之后,陈毅市长亲自选择了曹家渡与杨家桥之间的一片土地。时任曹杨新村规划建造总负责人的汪定曾回忆了当年曹杨新村的设计过程:

【音频】汪定曾:地形图画好之后,那时候也没有电脑、相机这些的设备,就是画好后,把房屋的结构做成一个模型,长长短短的一个木块,我们最重要的就是注重房子要朝南,或者东南、或者西南。我们的道路不是井字形、十字形的,而是沿着河流的流向来走的,所以是弯曲的。房子它虽然是行列式的,但也有一点跟着地形变化,还有当中绿化的关系,所以这个房屋排列的总体设计还是可以的。

这座大型工人新村共有 48 幢二层住宅,167 个单元,面积达 32366 平方米。它从建造伊始就成为当时新闻及电影资料片的主角。人们对第一个工人新村的诞生投去了关注和喜爱的目光。

【音频】关于建造曹杨新村的新闻报道

曹杨新村的蓝图就在一张张平面的图表中渐渐立体起来，在人们的期盼中慢慢变成现实。整齐舒朗的条行排列、简洁明快的建筑造型、绿树环绕的小区环境……建成后的曹杨新村使人们眼前为之一亮。当年的曹杨新村只有劳动模范和先进工作者才有资格入住。人们欢天喜地敲锣打鼓，满怀羡慕与喜悦地庆祝同胞中的佼佼者入住曹杨新村。当时还流传着这样的励志口号："一人住新村，全厂都光荣。"王洪禄老先生作为全国劳模，于1952年第一批迁居曹杨新村。

【音频】王洪禄回忆第一天搬进曹杨新村的情景

从"滚地龙"、棚户区搬进曹杨新村，工人阶级翻身做了主人，心里自然乐开了花。当年一曲杨柳青小调更是传唱整个新村，同为曹杨新村首批住户的赵爱英老人很久以后还能记得并哼唱这曲小调。

【音频】赵爱英：曹杨新村好风光啊，高楼大厦真漂亮啊，杨啊杨柳青呀，白墙壁，红瓦顶，石子路，铺得平，哎哎哟，住楼真称心啊……

然而，从保留至今的建筑图纸来看，当年的新村住宅还是相当简陋的。比如房间都比较小，煤卫合用等。但是在当年刚搬入新居的住户眼里，一切都近乎完美。当年曹杨新村的特色楼，比如互助楼，曾经闻名沪上，让人怀念不已。原曹杨新村居委干部吴馨远介绍了邻居团结的互助楼：

【音频】吴馨远：九户人家似一家，我们广泛宣传的是，邻居团结好似赛金宝，一户有难大家出力帮，每家人都有亲戚没错，但是亲戚很远的，远水救不了近火，所以我们要求提倡大家团结，团结就有力量。

从1952年开始，曹杨新村不断扩建，又陆续建造了二村、三村直至九村。最初1002户的曹杨新村则更名为曹杨一村。由于当时国家财力不足，曹杨二村至六村的建筑没有沿用曹杨一村的设计，而是采用了更为经济的2万户房型。从20世纪80年代开始，曹杨新村的2万户型公房逐步被拆除改建。

2004年，曹杨一村入选上海市优秀历史建筑。如今，虽然它的周围已是高楼林立，而它也日渐老去，然而只要我们在城市发展中维持好传承与发展、保护与开发间的平衡，具有历史意义的传统建筑仍有着它们的存在价值。

（韩　芳）

优秀历史建筑标识铭牌

上海世博会正式开园

五月 1

"歌声起,共喝彩,回荡千里之外,连接天与地,邀请世界在这里相聚……"2010年5月1日,由刘德华和韦唯共同演唱的这首《世界在这里相聚》拉开了上海世博会开园仪式的序幕。百年夙愿,一朝梦圆。上海世博会是第一次由发展中国家举办的综合类世博会,也是继北京奥运会之后中国举办的又一世界盛会。时任上海市委书记的习近平讲述了举办上海世博会的意义:

【音频】习近平:办好世博,我们要深入贯彻落实科学发展观,我们要提倡市民的文化文明素质的提高,以此来保证世博的顺利进行。而世博的成功召开,又将大大地推动上海市文化文明素质的提升。所以说,它带来的生活的改善是全面的、全方位的。

刘德华和韦唯在上海世博会开园仪式上献唱

世界博览会是人类文明的驿站。自1851年伦敦的"万国工业博览会"开始,一百多年来,世博会一直推动着人类社会与科技的发展,其自身也已发展为一项世界性大型盛会。从1982年到2010年,新中国共参加了十几次世界博览会。

1999年11月,时任国际展览局名誉主席的奥尔·菲利普逊访问上海,他认为上海应该举办一届以城市为主题的世博会,因为这在世博历史上未曾有过。同年12月,中国政府在国际展览局第126次全体大会上正式宣布申办2010年世界博览会。奥尔·菲利普逊讲述了他对中国申办世博会的支持:

【音频】菲利普逊:我一直参与世博会的竞选工作,并于去年拜访了你们美丽的城市。我对于你们的申办工作很满意,这已经是公开的秘密了。现在你们有最好的机遇,你们是世界上人口最多的国家,你们的经济形势越来越好,而且最近参加了许多国际性的会议,你们绝对有申办成功的理由。

2002年上半年,上海世博会的主题确定为"城市,让生活更美好",英语为"Better City, Better Life"。这个主题体现了全人类对于未来城市环境中美好生活的共同向往,反映了国际社会对于城市化浪潮、未来城市战略和可持续发展的高度重视。原上海世博会事务协调局研究中心的主任季路德讲述了上海世博会的主题是如何确定的:

【音频】季路德:2000 年 11 月份,我参与了市政府发展研究中心的整个过程的研究。最后这方案我们是这么确定的,我们是先有英文,然后再请示领导中文这样行不行,我们提出来的中文叫做"城市,让生活更美好"。我们选了一个元素,就是城市它是生活美好的一个前提,要通过改变城市来改变生活,所以它俩不是平等的。加一个"让"字,是一种愿望,让生活更美好。所以这句话,它是一个诉求,就是希望我们的城市来让我们的生活更好。

2002 年 12 月,经国际展览局大会投票表决,中国获得了 2010 年世博会举办权。申博的成功是中国国际地位和影响力进一步提升的结果,也是上海获得国际社会广泛认同的结果。

上海世博园区位于市中心城区南浦大桥和卢浦大桥之间的滨水区域,沿着上海的母亲河黄浦江两岸进行布局,具有明显的亲水特征。时任国际展览局秘书长文森特·冈萨雷斯·洛塞泰斯讲述了他对上海世博会园区选址的看法:

【音频】洛塞泰斯:选址对于上海这样的大型城市来说,是一个非常大的挑战。世博会的作用之一就是推动城市的改造。目前我们面对的一个非常严峻的考验就是要把城市的旧区和新区连接起来,而旧区是由历史上的工业发展造成环境和条件比较落后。如果能够改造和重建这些地区,帮助整体提高城市的容貌,提高生活质量,把文化的一些因素引入这些旧城区来,再把环保的一些因素也同样带进来,就能把这个城市打造得更加完美和谐。

2010 年 5 月 1 日,举全国之力、集世界智慧,历经 8 年全力筹办的上海世博会正式开园。这一天,第一次离开丹麦的"小美人鱼"揭开了面纱,机器人拉起了小提琴,毛利人表演起了新西兰土著舞蹈……这一天,20 多万来自世界各地的游客分享了上海世博会呈献的文明盛宴。

在上海世博会期间,围绕"城市,让生活更美好"的主题,来自 246 个国家、国际组织的参展方通过展示、论坛、表演等形式探讨了城市未来发展的前景,生动诠释了"理解、沟通、欢聚、合作"的世博理念,为新世纪人类的居住、生活和工作探索崭新的模式,为生态和谐社会的缔造和人类的可持续发展提供了生动的例证。

上海世博会落幕之后,中国迎来了"后世博"时代,同时也拉开了"十二五"建设的序幕。如何借鉴世博带来的世界各国的先进理念,站在更高的层面上推动未来的全面发展,成为一个全新且持久的课题。

(舒　凤)

上海世博园夜景

作曲家施光南逝世

五月 2

他被誉为"人民音乐家"和"时代歌手",他创作的《打起手鼓唱起歌》《祝酒歌》《在希望的田野上》《多情的土地》等众多歌曲已成为经久不衰的时代之歌,他就是作曲家施光南。1990年5月2日,施光南在北京逝世。作为新中国成立后我国培养的新一代作曲家的代表,施光南用独特的艺术感觉和优美的旋律征服了亿万人。音乐家王立平是这样评价施光南的:

【音频】王立平:他是个很含蓄的人,也很内向。但是实际上他有一颗永远跃动、永不止息追求的火热的心,有责任心、有能力、有水平,用自己的专业、用音乐为我们这个社会服务,是我们这一代作曲家里杰出的一位。

【音频】关牧村演唱的《打起手鼓唱起歌》

1972年,施光南与词作家韩伟共同创作了一首《打起手鼓唱起歌》。在那段特殊的岁月里,这首旋律优美且带有浓郁民族特色的抒情歌曲很快唱遍了大街小巷,

施光南

成为人们生活中的一抹亮色。当时,歌唱家关牧村经常在天津钢锉厂的业余表演舞台上演唱这首歌。

【音频】关牧村:一直下基层演出,一直在工厂里演出,工人师傅特别欢迎。我记得我们工厂每次开大会的时候,我是必唱。原来师傅都不爱开大会,自打我给他们唱歌,每次开会之前他们早早地都坐在那儿等着要听我唱。

1976年"文化大革命"结束后,施光南与亿万民众的心一样欢庆沸腾。滴酒不沾的施光南在接到韩伟写的《祝酒歌》歌词后,短短几天内就谱写了一曲淋漓酣畅的《祝酒歌》。歌唱家李光羲在1979年中央电视台的除夕晚会上演唱了《祝酒歌》,这首歌顿时传遍了华夏大地,陶醉了亿万中国人民。1980年,这首歌在中央人民广播电台和《歌曲》杂志举办的"听众最喜爱的15首广播歌曲"的评选中独占鳌头,而后还被联合国教科文组织编入音乐教材。《祝酒歌》的词作者韩伟讲述了施光南创作《祝酒歌》的过程:

【音频】韩伟:他用的是新疆音乐的音调和节奏,手鼓的那种节奏,但是他表现的是今天的亿万人民的欢乐。庆祝"四人帮"的粉碎,庆祝祖国的新生。施光南是滴酒不沾的人,但是我估计他看见这个歌词以后,也像喝了酒一样兴奋不已,所以他在很短的时间就把这歌谱完

了。我当时拿过这歌一看,他把这个歌词需要的情绪不仅写出来了,而且更有所发挥。后来在1979年的一个晚会上,大家跳着交谊舞,在这种旋律当中,举着杯,然后由李光羲唱这首歌。第二天,这首歌就不胫而走,传遍四周了。

1978年,党的十一届三中全会召开之后,农村发生了翻天覆地的变化,农民生活水平显著提高。时任《歌曲》月刊编辑的陈晓光在四川、安徽等地农村体验生活,写下了《在希望的田野上》歌词。施光南在接到歌词后,只花了半天时间就完成了谱曲。他以轻松、欢快的旋律表达了人民群众发自内心的喜悦。而后,这首歌成为了歌唱家彭丽媛的成名作,还被联合国教科文组织选为亚太地区音乐教材曲目,并于2007年9月作为"嫦娥一号"月球探测卫星的搭载歌曲被送上太空播放。

施光南是一位孜孜不倦的艺术探索者。除了创作艺术歌曲,他在舞剧、京剧和歌剧等方面也多有涉猎。施光南的歌剧创作生涯起于《伤逝》终于《屈原》。歌剧《屈原》是集其一生创作之精华的巅峰之作,也是这位优秀艺术家的最后一部作品。而《伤逝》是他为纪念鲁迅先生诞辰100周年而改编的同名歌剧,其中的二重唱《紫藤花》广为流传。指挥家郑小瑛曾将《伤逝》改编成校园版的歌剧《紫藤花》,她对施光南的歌剧作品有着很高的评价。

【音频】郑小瑛:施光南比我年轻,但是我非常尊重他,非常喜欢他的作品。我跟他接触有两件事情,一个是歌剧《伤逝》,我非常喜欢那部歌剧。我曾经坐在他旁边,我说这部歌剧如果把它室内乐化,就可以送到校园里去了。所以后来,前几年我做了这件事情,把《伤逝》整个整理出来,把它改编成一个校园版叫《紫藤花》,希望能够在校园里传承。另外就是他的《屈原》,是在他去世前三个月在中央歌剧院上演了音乐会版。在那个之前,我跟他在钢琴上做了很多的修改、制定的工作,他非常认真,而且非常喜欢那部作品,我也非常喜欢那部作品。那是他留给人民的一部巨作,我相信它将来一定会作为一个经典流传下来。

施光南的一生是艺术的一生,他似乎从未走远,他就安静地站在希望的田野上。因为他是时代歌手,他热爱脚下这片多情的土地。

【音频】廖昌永演唱的《多情的土地》

（舒　凤）

施光南(中)

重庆遭遇"五三"大轰炸

五月

3

抗日战争时期,重庆是当时中国的战时首都和世界反法西斯战争的远东指挥中心。1939年5月3日,重庆遭到日军的首次大规模轰炸。其实,从1938年2月开始,侵华日军已开始对重庆进行小范围的试探性轰炸,至1944年12月,日军对重庆及其周边地区进行了长期轰炸,重庆成为8年抗战中遭受日本野蛮轰炸规模最大、次数最多、持续时间最长、损失最为惨重的中国城市。

1937年七七事变后,日本开始全面侵华,抗日战争爆发。8月13日,日军大举进攻上海,淞沪会战爆发。此后,日军开始空袭当时的首都南京。10月,淞沪会战的战事急转直下,在日军战机更加频繁的狂轰滥炸下,南京陷入危机。宋美龄发表电视讲话,用英文谴责日军的暴行。

被日军飞机轰炸后的重庆

【音频】宋美龄:今天早晨,南京遭到了第28次空袭。就在我说话的时候,炸弹爆炸的声音才刚刚平息。死神从天而降,落在我们数以千计的无辜人民身上。

同年10月29日,在南京日益受到威胁的情况下,蒋介石提出应择定"重庆为国民政府驻地"的方案。11月20日,国民政府公开发布《国民政府移驻重庆宣言》,并于同年底在重庆新址正式办公。重庆由此成为中国抗战时期大后方的政治、军事、经济和文化的中心。

1938年2月18日,日军空袭巴县广阳坝机场,开始对重庆进行小范围的试探性轰炸。1939年1月,日军对重庆进行了3次轰炸,但因多雾天气的原因又转而轰炸兰州。而随着浓雾渐渐消失,重庆失去了天然的保护屏障。5月3日,日军出动第一空袭部队45架96式中型攻击机从汉口W基地起飞,以密集队形突袭了重庆市区。当时的亲历者崔凤鼎还记得那天警报响起时的紧迫情况:

【音频】崔凤鼎:5月3日那天,午后了,突然警报声响起了。那时候警报跟飞机来的时间距离很短,警报过了以后,马上飞机来了。飞机一来就听到炸弹爆炸的声音。

当时,日军针对重庆房屋建筑多为竹木结构的特点,在轰炸中首次大量使用燃烧弹。燃烧弹将朝天门、陕西街到中央公园两侧的41条街道烧成火海。同时,驻重庆的英、法、德使领馆均遭到不同程度的损失。亲历者王群生回忆了当时回家后看到的情形:

【音频】王群生:我们回家的时候,一看,我们那一条街都没有了,就是一片断瓦残砾,而且还着火,很多人都还往那儿走。明明知道那儿已经没有家了,已经没有自己的任何东西了,还是要去看一看到底还存不存在。所以我们带着一种渺茫的希望,回到我们曾经有房子的地方,但那儿已经完全都没有了。到了晚上,很冷的天,我记得有一个卖盐茶煮蛋的,一看我们到家门口,看到什么都没有,都在那儿哭,然后就卖盐茶蛋给我们。但是那个时候,躲难的时候,什么东西都挤丢了,什么东西都没有了。他没要我们的钱,所以现在想起来,这是我印象最深的一个人。

1940年,日本对重庆实施了更大规模的"101号作战"战略轰炸。1941年,日军将战略轰炸改为小规模、多批次的疲劳轰炸。1941年6月5日傍晚,在日机对市区长达5个多小时的轰炸中,市民仓皇奔入就近的防空工事。一时间,蜂拥进入十八梯大隧道内的避难市民大大超出了正常容量。由于这次空袭时间过长,隧道内空气严重不足,造成了避难市民的窒息及相互踩踏,酿成了震惊中外的"六五"隧道惨案。这也是抗战时期中国的三大惨案之一。

1941年,由美国军人陈纳德任指挥官的"中国空军美国志愿援华航空队"(又称"飞虎队")在云南昆明成立,整体作战的指挥中心设在重庆。这支志愿航空队在1941年底正式升空作战,大大增强了中国空军的力量。在实际作战的短短半年之内,给侵华日军造成了有效的空中威慑。在陈纳德将军离开重庆的时候,上百万重庆市民特地赠送给他万民伞和金钥匙表示感谢。

【音频】陈纳德将军返国前夕重庆市民送万民伞和金钥匙的新闻录音

1941年太平洋战争爆发后,日军把主要军事力量特别是空战力量,放在了对抗太平洋的英美诸盟国身上,无力再继续对中国大后方发动大规模的空中袭击。到1944年12月19日日军轰炸重庆周边地区的梁山、万县为止,这场对重庆历时6年10个月的轰炸终于结束了。1945年8月10日,日本投降的消息传到重庆,饱受战争磨难的幸存市民们彻夜欢庆,以告别这场近7年的梦魇般的轰炸。

【音频】重庆市民庆祝日本无条件投降的新闻录音:8月10日晚上9点钟,日本无条件投降的消息传到了重庆,受尽了千辛万苦的老百姓像着了魔似的自动地庆祝起来了。只可惜我们拍影片的灯光不够,仅仅在"精神堡垒"一带记录了十几万市民狂欢的一幕。

(郑榴榴)

"五三"重庆大轰炸后的城市废墟

五月

4

海明威因《老人与海》
获普利策奖

"人可以被毁灭，但是却不可以被打败。"这是美国著名作家欧内斯特·米勒尔·海明威在小说《老人与海》结束篇章中的一句话，它不仅打动了读者，也征服了评论者。1953年5月4日，海明威藉此作品荣获普利策奖。

《老人与海》是海明威的代表作，创作于1950年，但其创作灵感却早在十几年前就萌发了。第一次世界大战结束后，海明威移居古巴，认识了老渔民格雷戈里奥·富恩特斯。1930年，海明威乘坐的船只在暴风雨中沉没，富恩特斯搭救了他。从此，海明威与富恩特斯结下了深厚的友谊。富恩特斯正是小说《老人与海》的原型人物。1936年，富恩特斯出海捕到了一条大鱼，结果在归程中被鲨鱼袭击，只拖回了一副鱼骨架。当时这件事给了海明威很深的触动，他觉察到这是很好的小说素材，但一直没有机会动笔写它。14年之后，海明威有了强烈的创作欲望，开始动笔写《老人与海》。他前后仅用了八周就完成了初稿。小说一出版就创下了出版史上一个空前的纪录：48小时内售出530万册。

中文版《老人与海》书籍插图

《老人与海》曾数次被改编成电影，其中最著名的是1958年由奥斯卡影帝斯宾塞·屈赛主演的版本。该片在当年的奥斯卡获得最佳原创音乐奖，还获得最佳男主角和最佳摄影提名。以下片段描述的是老人跟大马林鱼搏斗一天之后，虽然精疲力竭，仍不忘自我解嘲并鼓励自己。老人说："鱼儿虽然是我的朋友，但我必须捉住它，很幸运，我不用去捕捉星星、月亮或者太阳，因为它们会逃走，而我只需要捕到这条大鱼就够了。"

【音频】1958年版电影《老人与海》录音片段

1954年，因为海明威"精通于叙事艺术，突出地表现在他的近著《老人与海》之中，同时也因为他在当代风格中所发挥的影响"，海明威又获诺贝尔文学奖。海明威本人也认为这是他"这一辈子所能写出的最好的一部作品"。

海明威写作的信条之一就是"每一句话和每一个段落，都要尽量写得简洁"，这使得他的作品改编成电影的数量比任何其他一位诺贝尔奖获得者都要多。第一次世界大战期间，海明威曾志愿赴意大利当战地救护车司机。1929年，反映第一次世界大战的长篇小说《永别了，武器》给海明威带来了巨大的声誉。小说讲述美国青年亨利在一战期间志愿到意大利担任救护车驾驶员，其间与英国护士凯瑟琳相恋，后来亨利不幸被列为所谓的擅离职守的军官并遭到追捕，亨利找到凯瑟琳并一起度过了一段幸福的逃亡路，但最终凯瑟琳在难产中死去，留下亨利独自飘零。

1932 年，《永别了，武器》被改编成电影。但是由于当年美国严格的电影检查法不允许在电影中出现未婚先孕之类的情节，编导被迫对原作做了重大修改，海明威因此对该片作出了"犹如往啤酒杯里撒了泡尿"的著名评语。到了 1957 年，经过二次大战冲击的世界发生了巨大变化，再次新拍的《永别了，武器》中，男女主人公终于没有因怀孕问题而"被迫结婚"了。该片由五度获奥斯卡提名的珍妮弗·琼斯担任主角。

20 世纪 30 年代初，海明威到非洲旅行和狩猎。1936 年，他创作了以非洲为背景的中篇小说《乞力马扎罗的雪》。小说讲述的是作家哈瑞去非洲狩猎，途中染上了坏疽病，最后哈瑞死于自己的梦境：他乘着飞机，向非洲最高峰——乞力马扎罗的山顶飞去。小说对一个临死前的人作了精彩描绘。1952 年该小说被改编成电影，由著名影星格利高里·派克主演。

1940 年，海明威以自己多次亲临西班牙内战前线的经历，在炮火中创作了美国人参加西班牙反法西斯战争题材的长篇小说《丧钟为谁而鸣》。1943 年二战期间，小说被改编成电影《战地钟声》，男女主角分别由奥斯卡影帝加里·库珀和影后英格丽·褒曼出演。在电影接近尾声的时候，罗伯特为掩护战友突围，也为保护恋人玛丽亚及腹中的小生命，要与玛丽亚诀别。罗伯特说："现在你我骨肉相连了，如果你走了，我也会走的……我们的时光是现在，永远不会结束，现在你就是我，我就是你。没有再见，玛丽亚，因为我们永不分离。"

【音频】1943 年版电影《战地钟声》录音片段

1941 年底太平洋战争爆发后，海明威将自己的游艇改装成巡逻艇，侦察德国潜艇的行踪，为盟军提供军事情报。在苏联情报局解密的档案中，记录海明威曾于 1941 年被招募为克格勃间谍，代号"阿尔戈"。

二战结束后，海明威客居古巴，潜心写作。古巴爆发革命后，海明威迁居美国爱达荷州。他身上有多处旧伤，百病缠身，并伴有精神忧郁。由于身体和精神的双重困扰，海明威最终选择了与《老人与海》中的那个老人完全相反的生活态度。1961 年 7 月 2 日，海明威死于自己心爱的猎枪之下。

（肖定斌）

海明威

"南京路上好八连"命名大会

"南京路上好八连"命名大会

"南京路上好八连"可谓声名远扬。在 20 世纪 60 年代,这个连队牢记毛主席的"两个务必",是全国军民发扬艰苦奋斗精神的一面旗帜。1963 年 4 月 25 日,国防部颁布命令,授予八连以"南京路上好八连"的荣誉称号。同年 5 月 5 日,南京军区在上海隆重举行了"南京路上好八连"的命名大会。

【音频】1963 年"南京路上好八连"命名大会新闻片段

1947 年 8 月 6 日,在山东莱阳城西水头沟小园村,解放军华东军区把招来的几十个胶东农民子弟编在一起组成了辎重连。1949 年 6 月,该连进驻上海南京路执勤后被编为三营八连。自从跨进南京路后,八连便不再普通了。当时,国民党布下的反动残余采取"腐蚀拉拢加破坏暗杀"的策略进行抵抗。他们四处扬言,说上海是个大染缸,你解放军红的进来,就要黑的出去。而南京路是旧上海的一个缩影,素有"十里洋场"之称。这里酒绿灯红,歌柔舞艳,繁华喧闹中弥散着巨大的诱惑,暗藏着一个个陷阱。

老指导员王经文还记得当时一些战士的言行确实受到了影响:

【音频】王经文:他就是几句话使指导员注意了。第一,他说"南京路上的风都是香的";第二,他要求站岗站夜班,他说"站一班岗比看电影都刺激"。

连队干部此时保持着清醒的头脑,他们指出南京路是一个没有硝烟的战场,来到这里就没有退路了,要全连保持高度的警觉性。全连一遍又一遍地学习领会毛泽东同志在七届二中全会上的报告,报告中"务必使同志们继续地保持谦虚、谨慎、不骄、不躁的作风,务必使同志们继续地保持艰苦奋斗的作风"的话语让官兵们觉得真像是专对他们讲的,大家纷纷表示一定要遵照毛主席的教导,牢记"两个务必"。

之后,官兵们自制针线包,衣服破了缝缝补补再穿;他们脚上穿着用破布麻绳打的草鞋,行走在南京路上;他们扛着铁锹、推着粪车,步行到十几里远的郊区开荒种菜;他们还开展节约一粒米、一滴水、一度电、一块布等竞赛活动。八连豪迈地喊出了这样的口号:"革命战士穿草鞋,香风臭气脚下踩!"日复一日、年复一年,八连在艰苦奋斗的烈焰中锤炼出了"拒腐蚀,永不沾"的金刚之体。

八连的情况吸引了一位有心人的目光,他就是当时上海警备区俱乐部的主任吕兴臣。吕兴臣经常到八连体验生活,为战士们拍照,他将八连的故事写成了报道和通讯,成为第一个报道八连先进事迹的人。

吕兴臣业余爱好摄影,1949 年他随部队进入上海,拍摄了不少反映部队生活的作品,1954 年起,吕兴臣成为《解放日报》的通讯员。当年,他常常拿着笔记本、提着照相机到八连采访,同战士们在一起摸爬滚打,脑中装进了许多八连的故事。从此,吕兴臣开始用文字将八连的事迹一一记录下来,针线包、工具箱、理发箱这些八连的传家宝都被吕兴臣写成一个个生动活泼的小故事。这些文章当年由张锦堂编发在《解放日报》的子弟兵专栏上,成为宣传八连事迹的最初报道。后来,吕兴臣将这些八连小故事融汇成一篇完整的大通讯。1959 年 7 月 23 日,《解放日报》以头版头条的显著位置刊发了这篇题为《南京路上好八连》的通讯。通讯全文 6900 字,以八连艰苦奋斗,拒腐蚀、永不沾的精神作为宣传报道的主线,生动刻画了八连的先进事迹。报社同时还配发了社论,形成了强大的宣传力度,这也是"南京路上好八连"的先进事迹首次被完整地报道出来。

《南京路上好八连》这篇通讯发表以后,八连的先进事迹传遍了神州大地。1961 年春,南京军区政治部文化部部长、剧作家沈西蒙等人奉命深入好八连体验生活,在《解放日报》通讯的基础上创作了话剧《霓虹灯下的哨兵》。1963 年,该剧在中南海怀仁堂上演,毛主席观看该剧时十分投入。当剧中童阿男受到批评离开连队时,他十分着急,喃喃自语道:"童阿男,你可不能走啊!"当看到童阿男受到教育后重新回到连队时,他面带笑容,微微点着头说:"回来就好,回来就好。"根据毛主席的讲话精神,1964 年,上海天马电影制片厂将话剧《霓虹灯下的哨兵》改编拍成了电影。电影中童阿男离队的这个经典片段表现如下:

【音频】电影《霓虹灯下的哨兵》片段

1963 年 8 月 1 日,毛主席为八连写了诗篇《八连颂》,热情赞扬了好八连的革命精神。半个多世纪过去了,好八连的精神历久弥新,这首《八连颂》也是激励一代代好八连官兵保持艰苦奋斗传统的最好礼赞。老指导员王经文在近年的一次采访中仍能一字不差地将《八连颂》背诵出来……

【音频】王经文背诵《八连颂》

(倪嘉铭)

电影《霓虹灯下的哨兵》海报

"兴登堡"号飞艇失事

五月 6

05O6A1

"兴登堡"号飞艇和它的船长雨果·埃克纳

1937年5月6日,在新泽西州克雷赫斯特的天空上出现了一个银色的庞然大物,它就是当时世界上最大最豪华的飞行器——"兴登堡"号飞艇。飞艇搭载着97人抵达莱克湖上空,这里是它跨越大西洋飞行的终点。为了一睹飞艇风采,许多人提前聚集在降落场地。就在"兴登堡"号即将着陆的时刻,这架号称世界上最安全航天工具的飞艇突然着火。人们眼睁睁地看着700万立方英尺的氢气囊被烈焰吞没,成了一团巨大的火球,燃烧着的骨架落地后跌得粉碎。"兴登堡"号在短短34秒内化为灰烬,火焰还吞噬了数十条生命。当时,正在现场报道的美国电台主持人赫伯特·莫里森亲眼目睹了这幕惨剧,他的叙述由起初的平静转为泣不成声。此次报道成为了"兴登堡"号飞艇失事的历史见证。

【音频】赫伯特·莫里森:着火了,着火了!女士们,先生们,这是一场可怕的事故!五百英尺高空中都是火焰和烟雾以及人们恐惧的尖叫声。哦天哪,飞船的金框架掉落了。上帝,女士们,先生们,我说不出话了。天哪,冒着烟的飞艇残骸就掉在那里,在场的每个人都几乎无法呼吸和交谈,他们在尖叫着。我要进去看一下,这里什么也看不到。听着,伙计!我要在这里停留片刻,我什么也说不出。这是我见过最糟糕的事情了!

"兴登堡"号飞艇由德国的齐柏林公司设计并建造,是"齐柏林"系列飞艇中最大的一艘,其尺寸几乎与一艘万吨级轮船相当。飞艇的时速可以达到每小时135公里,其平稳舒适的飞行体验和奢华的内部设计,吸引了当时众多富商显贵登乘。1936年3月,"兴登堡"号飞艇正式投入运营,3月4日从腓特烈港起飞,开始了它的首次航行。这次航程由齐柏林公司的董事长雨果·埃克纳担任总指挥官,8名船长、47名船员以及30名造船工人则是这趟飞行的乘客。齐柏林公司的员工讲述了他在进行飞艇降落作业时,乍然见到董事长雨果·埃克纳时的激动心情:

【音频】齐柏林公司员工:雨果·埃克纳博士正在船舱下面接受采访,我看见他就像看见齐柏林飞艇的大脑,就像见到一尊神。他就在那驾驭着飞艇,真了不起!

1936年,在6次试飞之后,"兴登堡"号进行了历时3天的环德国宣传飞行任务,完成了它的第一次商业载客飞行,同时创下了在5天19小时51分钟内穿越大西洋往返旅行的纪录。在这一年里,"兴登堡"号飞艇总共完成了17次跨大西洋的往返旅程。齐柏林公司一位职员的妻子爱迪丝·迪克曼讲述了她首次乘坐"兴登堡号"飞越大西洋时遇到的趣事:

【音频】爱迪丝·迪克曼：游轮船长与埃克纳博士联系，要求他偏离航道，以便从游轮上空飞过去。埃克纳博士很高兴就答应了，他甚至还想放一瓶香槟到船上。第一瓶被打碎了，但第二次他成功了。

在"兴登堡"号完成了一整年的安全飞行之后，德国人普遍认为它是当时世界上最安全的航天工具。齐柏林公司的董事长雨果·埃克纳曾公开发表讲话，说明"兴登堡"号的安全性。

【音频】雨果·埃克纳：我相信在任何气候条件下，即使是最差最恶劣的天气，我们也能够安全地、有规律地飞行。

然而就在齐柏林公司董事长发表言论的半年后，"兴登堡"号发生了意外。1937 年的 5 月 3 日晚，"兴登堡"号由法兰克福飞往莱克湖。尽管当时强烈的逆风延缓了飞艇的飞行速度，但艇长马克思·普拉斯仍然决定 3 日后在莱克湖降落。5 月 6 日这一天，"兴登堡"号为了避开并越过莱克湖上空的雷暴，不得不推迟降落时间。晚上 7 点左右，艇长马克思·普拉斯准备在海军航空站上空降落，他命令地面上的工作人员抓住从舰头抛下的降落绳。7 点 25 分，飞艇突然变成一团火球并在 30 多秒内迅速焚毁。当时人们提出了很多种理论来解释飞艇起火的原因，其中包括静电、雷击和引擎故障等，甚至有人认为飞艇是遭到蓄意破坏而起火。而官方报告上说的是一个火花点燃了泄露的氢气，随后迅速将飞艇燃烧殆尽。劫后余生的特级飞行员约瑟夫·斯帕每每谈及那次事故，仍是后怕不已。

【音频】约瑟夫·斯帕：当时事情发生得太过突然，能活着就应该感到高兴。

在"兴登堡"号空难之后，人们从中吸取教训，此后再也没有公司用氢气来填充客运飞艇。齐柏林公司则立即设计了类电车，用来检测大气中的电活动。这也是航空史上第一次用仪器来精确分析雷暴天气。由于飞艇造价昂贵飞行速度过低，加之"兴登堡"号的空难，飞艇时代宣告结束，商用飞艇退出了历史舞台。空中运输业的位置逐渐被日益完善的飞机所取代。两年后的 1939 年，第一架满载着乘客的商业飞机安全地越过了大西洋。

（金 之）

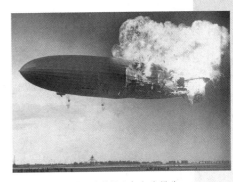

"兴登堡"号飞艇起火燃烧

《永不消逝的电波》电影原型
李白牺牲

【音频】电影《永不消逝的电波》片段

这是电影《永不消逝的电波》片段,影片中主人公李侠在被捕前镇定地向战友们发出紧急信号:"同志们,永别了! 我想念你们!"就在他将密电码塞进嘴里吞下的时候,一个身穿黑衣的国民党特务带着一群张牙舞爪的军警出现在他的面前……电影中李侠的原型正是革命先烈李白。1937 年 10 月,李白受中共党组织派遣,化名李霞,赴上海担任党的秘密电台联络工作。1949 年 5 月 7 日,上海解放前夕,正在执行发报任务的李白被国民党特务发现并逮捕,之后被秘密杀害,牺牲时年仅 39 岁。

李白一家

李白出生于湖南省浏阳市张坊镇板溪村一个贫苦农民家庭。15 岁时他就加入了中国共产党。20 岁那年加入中国工农红军,被分配到红军第四军做宣传员,之后又被选送去总部参加无线电训练班。从此,李白和无线电通信事业结下了不解之缘。从训练班毕业后,李白被调到五军团十三军无线电队担任政委。在之后的红军二万五千里长征中,李白向全体无线电队员发出了"电台重于生命"的号召,这也成为了他终生的座右铭。

抗日战争全面爆发后,李白奉党中央之命到上海从事与中央的秘密通信工作。从延安出发去上海之前,李白依依不舍地望着战友们。电影《永不消逝的电波》还原了当时李白与战友惜别时的情形。

【音频】电影《永不消逝的电波》中李白与战友惜别的片段

来到上海的第二年春天,李白设立了第一个秘密电台。从此,一座无形而坚固的"空中桥梁"架设在上海与延安之间。为了不被敌人察觉,他设法减小发报机功率,奇迹般地用仅有 7 瓦功率的电台保持着与党中央的联络。李恒胜讲述了父亲是如何减小电台的功率:

【音频】李恒胜:当时在上海的电台功率太大,往往在晚上发报会影响隔壁邻居,所以我父亲经过他老师涂作潮同志的教学,渐渐地把发报机功率逐渐减小。这样对隔壁的电灯什么都没有影响。

遵照中共党组织的指示,1942 年 7 月,李白夫妇临时转移到建国西路福禄村 10 号。当时日寇进占租界,大肆搜捕共产党人,镇压人民的抗日运动。虽然李白把电台功率减到了最小,但仍被日军侦测出来。然而，日本人发现李白只有发报机，不见收报机，感觉很奇怪。原来李白和师傅涂作潮将普通收音机改装成了收报机，就在日本特务即将破门而入的几秒钟内，李白从收报机的电子管插座上，用力拉掉了两个临时焊接的小线圈，把它们拉直揉乱，丢在一边。这样，他的收报机又复原成收音机，完美掩饰并迷惑了敌人。李恒胜讲述了父亲的这一机智做法：

【音频】李恒胜：一般的无线电是收不到电报的，因为它频率不在无线电接收的范围里面。所以在这个情况下，我父亲自己制作了这个线圈，使得频率能够达到延安发过来的信号的频率。

抓不到证据的日本宪兵还是不罢休，他们将李白夫妇分别关押在两处进行刑讯逼供。夫妇俩受尽了种种酷刑，可始终保守着党的秘密，不暴露身份、不出卖同志。《李白烈士的故事》一书的作者周兆良描述了李白遭受酷刑时的坚毅：

【音频】周兆良：在敌人面前他什么苦都能吃得起，老虎凳、上电刑、手指甲都拔下来了，一般的人是受不了的。

1943 年 5 月，经党组织营救，李白终于获释。抗日战争胜利后，李白以国际问题研究所职员的身份偕夫人住进了黄渡路 107 弄 6 号，电台也设在这里。他白天正常上班，晚上从事秘密电台工作。1948 年是解放战争形势迅猛发展的一年。国民党反动派预感到末日将临，他们竭尽手段，通过分区停电、暗中抄收信号来侦测中共地下电台。此时的李白处在危机四伏之中，然而上级交予的重要情报又必须及时传送到党中央。李白被捕前的最后几则电报是关于国民党的江防计划以及国民党将领起义的重要情报。

【音频】李恒胜讲述父亲被捕时正传递重要情报内容

1948 年 12 月 30 日凌晨，李白正在发送这份重要情报的时候，敌人突然包围了他的住所。国民党特务把李白押到淞沪警备司令部刑讯室里，他们发疯似地对李白进行了长达330 多个小时的连续审问，使用了 30 余种刑具，把李白折磨得死去活来。然而这些都不能摧毁这位真正共产党人的坚定信念，李白拒不吐露半个字。5 月 7 日晚上，李白被秘密杀害，此时距离上海解放仅仅还有 20 天。1958年，八一电影制片厂拍摄了以李白烈士为原型的影片《永不消逝的电波》，真实再现了烈士的一生。

（贺 僖）

电影《永不消逝的电波》海报

一代歌后邓丽君逝世

五月
8

邓丽君

【音频】邓丽君演唱的《在水一方》

"绿草苍苍，白雾茫茫，有位佳人，在水一方……"这位唱歌的佳人是20世纪后半叶最负盛名的华语歌手。她的歌曲在华人社会广泛的知名度和经久不衰的传唱度为她赢得了"十亿个掌声"的美誉。她的浅吟低唱曾是一代人的流行音乐启蒙和心灵慰藉。她就是邓丽君，华人心中永远的歌后。1995年5月8日，邓丽君在泰国因病猝逝，年仅42岁。与邓丽君有过长期合作的词作家庄奴以"空前绝后"之意评价邓丽君。

【音频】庄奴：有句老话"前无古人，后无来者"，在邓丽君之前没有邓丽君，在邓丽君走之后，也不会再出现一个邓丽君。

1953年1月29日，邓丽君出生于台湾云林县。父亲给她取名邓丽筠。由于家里人将"筠"误作"君"，周围的人也都叫她"丽君"，所以就有了后来的"邓丽君"这个艺名。邓丽君从小就有表演天分，她总爱跟着收音机里的歌声唱唱跳跳，还喜欢在家人和邻居面前表演。1961年，8岁的邓丽君遇到了一位拉二胡的先生，从而踏上了演艺之路。

【音频】邓丽君：我在一个很偶然的机会遇到一位拉二胡的先生，那时我才8岁，他很欣赏我的声音，跟着教我唱歌，我就是这样开始我的歌唱生涯的。

1963年，年仅10岁的邓丽君去参加黄梅调比赛，没想到竟一举夺魁。3年后，邓丽君再下一城，以一曲地方小调《采红菱》夺得金马唱片公司举办的歌唱比赛冠军。1967年，14岁的邓丽君加盟宇宙唱片公司，当年即推出她的第一张唱片《凤阳花鼓》。两年后，邓丽君出演了她的第一部电影《谢谢总经理》，片中大量的歌曲均由邓丽君自己演唱。同年，她为台湾首部电视连续剧《晶晶》演唱同名主题曲并主持中视的《每日一星》节目，还应新加坡总统夫人邀请首度出国作慈善义演。

【音频】邓丽君演唱的《空港》

1973年，已经红遍东南亚的邓丽君签约日本宝丽多唱片公司，开始进军日本乐坛。第二年，邓丽君以单曲《空港》拿下当年的"日本唱片大奖最佳新人奖"。在日本的5年间，邓丽君每天工作12个小时，前后共推出8张大唱片和12张小唱片，每张唱片都进入了日本歌曲排行榜的前30名。台湾台视大乐队的指挥杨永金讲述了邓丽君在日本的受训经历对她歌唱的影响：

【音频】杨永金：她的《空港》得了日本全国第一名的时候，我发现她转音特别厉害，而且很柔美。我相信邓丽君在日本受训的时候，一定是把日本以前那种老歌唱法，婉转柔软的唱法揉进她自己的歌声。所以她成功的地方就是自成一格，可以说是邓氏的唱法。

20 世纪 70 年代后期，邓丽君红遍了整个亚太地区。她把歌手、舞者、和声、乐队整体配合的舞台表演形式带回中国，在当时的华语乐坛开创了令人耳目一新的演艺方式。同时，邓丽君的歌声也飞到了海峡的另一边，拨动了对岸人们的心弦。

1979 年，邓丽君荣获台湾金钟奖"最佳女歌星奖"。两年后，她的 5 张大碟在香港同时获得"白金唱片奖"。此外，邓丽君还先后受邀于洛杉矶音乐中心、美国林肯中心、拉斯维加斯凯撒皇宫举行个人演唱会，成为首位登上国际舞台的华人歌手。1986 年，邓丽君被美国《时代》周刊评为"世界七大女歌星"和"世界十大最受欢迎女歌星"，成为唯一同时获得这两项殊荣的亚洲歌手。从"娃娃天后"到"国际巨星"，邓丽君走出了一条璀璨的星光大道。这一切都源自于她对音乐的热爱，她把自己内心的感受都用歌声来表达。

【音频】邓丽君：我是歌星，我唱歌的时候把我所有的感情，所有的 feeling 都用我的歌声表达出来了。内心的感受，不管是欢乐也好、寂寞也好、痛苦也好，我只是用歌声来表达。

1996 年，在邓丽君去世后的第二年，一部以她的歌曲《甜蜜蜜》命名的电影上映。影片由张曼玉和黎明主演，全片贯穿了邓丽君演唱的《甜蜜蜜》《泪的小雨》《再见我的爱人》《月亮代表我的心》等经典歌曲，而剧情也结束于 1995 年邓丽君骤逝的当天。

【音频】电影《甜蜜蜜》片段

在邓丽君的歌声里，始终洋溢着对人生、对爱情的衷心赞美。几十年过去了，她的歌声依旧流传在人们耳畔，萦绕在人们的心中。正因为她点缀了那个时代，所以被人们永远怀念。

（舒　凤）

邓丽君

崔健在北京工体首演《一无所有》

对于中国的摇滚乐来说,1986 年的 5 月 9 日是值得纪念的日子。那天,在北京工人体育馆,为了纪念国际和平年,举办了一场名为"让世界充满爱"的百名歌星演唱会。在参加演出的众多明星中,有观众熟悉的韦唯、毛阿敏、蔡国庆等流行歌手,但只有崔健上台的那一刻才真正成为了历史性的时刻。

崔 健

【音频】1986 年崔健在北京工体演唱《一无所有》的实况

崔健在 1986 年北京工体演唱会上表演的《一无所有》是中国音乐史上一次革命性的、里程碑式的作品,它被誉为中国摇滚乐的开山之作。凭借着这首歌,当年还名不见经传的崔健也一跃成为"中国摇滚第一人"。歌唱家王昆是当时负责演唱会歌曲审查的评委之一,她把这首歌看作一首爱情歌曲,认为它很能打动人心并极力促成了崔健的登台演出,间接造就了当年这场轰动一时的"神话"诞生。

有乐评人指出,崔健的《一无所有》在那个年代,开启了中国人当时被压抑的、未曾显露的自我认知。他以呐喊的形式,第一次把"我"的内心想法通过歌声表达了出来。因此,这首歌所带来的冲击是如此振聋发聩,以至于人人都觉得崔健唱的就是"我"的事情、"我"的感觉。对于这种反响和共鸣,崔健本人是有所预料的。

【音频】崔健:其实我当时写这首歌的时候,很多感受其实都是预想到的。我有这种感觉,就是这首歌,你们要是不听,你们听什么呢?我确实是自己掏心掏肺地拿出了我想跟你分享的一些东西,而其他的歌基本上不是这种状态写出来的。大家都是主旋律啊,或者说空泛的一些爱的歌曲。我的这种东西是苦的东西,但却是真的。所以我当时觉得你们能跟我分享这首歌实际上是正常的。

古人说"唯乐不可以伪"。崔健正是秉承着这种"求真"的理念,真实地用音乐表达着、歌唱着、寻找着。他总是"问个不休",他问"为何我总要追求",也说"不是我不明白,这世界变化太快"。

1989 年 3 月,崔健在北京展览馆剧场举办了个人大型演唱会并再次轰动京城。同年,其个人首张专辑《新长征路上的摇滚》上市。这是中国有史以来第一张摇滚专辑,其中收录了《一无所有》《不是我不明白》等多首崔健经典的摇滚名作,而这张专辑在海外发行时一律都改名叫做《一无所有》。此后,越来越多的人认识了崔健、感受到了摇滚歌曲的力量。

1991 年,崔健发行第二张专辑《解决》,它是崔健音乐生涯中承前启后的作品,用崔健自己的话来题解这张专辑就是:"我的摇滚乐始终都是乐观的,我相信今后的一切都会得到解决。"与以《一无所有》为代表的前一张专辑相比,《解决》不再只是单纯的个人意识觉醒,而是开始对这种意识的某种自我消解。其中有一首《投机分子》很能代表崔健对于凭借《一无所有》突然成名的一种自我反思和执着到底的韧劲。歌词里唱道:"机会到底是什么,一时还不太清楚,可行动已经是雷厉风行,而且严肃。我们根本没有什么经验,我们也不喜欢过去,可是心里明白干下去,一定会有新的结果。"

1994 年 8 月,崔健发行了第三张专辑《红旗下的蛋》。这是崔健最具争议的一张唱片,同时也是他最后一张被歌迷广泛接受的专辑。在中国摇滚乐的历史进程中,崔健的启蒙任务已经完成。随后的日子里,他和他所代表的中国摇滚乐一起进入了被边缘化的状态。在蛰伏的日子里,崔健一直很少发声,因为他认为不违心是摇滚人的本色。

【音频】崔健:唱片公司包装了一个歌手,你只管唱歌。找一个制作人,你管制作。他去操办那些整个的运营到创作。最后取一个好的名字,这样好卖。完了找一个市场调研,找一个销售的人,去说这个东西,怎么样包装更能赚钱。大部分唱片工业是这么完成的。最后出现了一个所谓的明星。但我觉得我们不一样,摇滚乐可能都不是这样。摇滚乐是不屑一顾这种做法的,而且它也不愿意听别人说话。所以摇滚乐不愿意做宣传,不愿意做违心说话的人。

崔健在歌曲《盒子》里不断追问"我的理想在哪儿?"却只能确认"我的身体在这儿"。与其说崔健是一个固执的理想主义者,不如说他其实是个倔强地追寻理想的孩子,用赤子之心感受着这世界,追问着自己生命最真实、真诚的意义所在,并不惜为此而"一无所有"。

(郑　麟)

《一无所有》专辑封面

首届"上海之春"音乐会演开幕

五月 10

1960年5月的上海,时而阳光艳丽,时而细雨延绵,让人们感受到浓郁的春意。从5月10日开始,连续九天的晚上,上海音乐厅门前人头攒动。大家争着购买门票,细看节目单,或热切地对演出节目发表自己的见解。究竟是什么演出吸引了那么多的音乐爱好者?让我们听听当时的新闻报道。

【音频】1960年"上海之春"音乐会演新闻报道片段

"上海之春"音乐会演汇集了上海音乐学院、上海交响乐团、上海民族乐团等几乎所有的本地专业院团。上海民族乐团的大型民族管弦乐合奏《东海渔歌》是这次会演中最精彩的节目之一。这首乐曲充满了强烈的戏剧性和斗争精神,描写渔民的劳动以及他们和惊涛骇浪战斗的场景。作品在扩展民族器乐表现力方面贡献很大,在乐曲中可以听到打渔号子和汹涌波涛的声音。特别是最后阶段,当演奏加进了吆喝和呼号,用人声来衬托渔民的战斗时,十分激动人心。这首乐曲也将当时民族管弦乐合奏提高到一个新的水平上。

上海音乐厅

【音频】《东海渔歌》片段

在当年的节目单上,有一个如今大家都熟悉的名字:屠巴海。屠巴海参加首届"上海之春"演出时,还是一名上音附中大提琴专业的学生,当时他和同学们演出的作品是《找窍门》。屠巴海讲述了《找窍门》的创作过程:

【音频】屠巴海:《找窍门》题材来源也是取自生活中,当时我们经常下工厂、下农村演出。到工厂去的时候,工人都在搞技术革新,他们在工人的文艺节目之中也有所反映。他们采取的手法比较老,是京剧和戏曲中的一些过门音乐,不是主旋律,不是板腔体,都是过渡音乐。当时觉得这种形式还不错,马上把它转换了,从戏曲音乐如京剧、越剧中的过门音乐寻找灵感,再加上一个形态,这个形态就是在寻找窍门。曲子出来以后,得到很多人如音乐学院的老师、领导还有组委会的肯定。

这次经历改变了屠巴海一生的选择,他从一名大提琴专业的学生,成长为一名颇有成就的作曲家,是首届"上海之春"给了他一处崭新的舞台。

除了青年团体参加演出,首届"上海之春"的舞台上还出现了小学生的身影。他们不仅参与演出,还参与作品的创作,麦紫婴便是其中之一。当年参加演出时,她还是上音附小的一名学生,而今她自己也已成为上音附中的教师。回忆当年演出的情景,麦紫婴说就像节日一样开心而不紧张。

【音频】麦紫婴:我们全班的同学参加了三个节目,一个是比较大的,就是《红领巾大合唱》;还有两个小节目,一个就是我们自己创作自己演奏的钢琴八手联弹,两架钢琴四个同学一起弹,还有就是民乐合奏。好像有个意思是让孩子来指挥,那时我还小,老师就挑了我,手把手地教,怎么用拍点,指挥棒前面这个点怎么打出节奏来,这样手把手教我。平时上课是老师上,到了最后一遍让我上去指挥。小时候没有紧张的感觉,觉得很开心,觉得这是一个节日,所以我们很愿意、很希望演出,非常希望多演几场,有这种感觉。当然这段经历对我以后的指挥和创作起到的作用挺大的。

首届"上海之春"音乐会演共演出了 168 个节目,留下了许多优秀作品。其中,最为人们所熟悉也是影响最深远的当推小提琴协奏曲《梁山伯与祝英台》。尽管它的首演是在 1959 年,但是经过"上海之春"这个舞台的传播,更多人被这美妙的旋律所打动。

其实,"上海之春"的诞生也与《梁祝》有着密不可分的关系。首届"上海之春"举办的前一年,也就是 1959 年的 5 月,为庆祝国庆十周年,同时展示和检阅上海年度音乐和舞蹈的创作成果,曾举办了"上海市音乐舞蹈展演月"。小提琴协奏曲《梁祝》在展演月上的首演引起了轰动。这次展演的成功也给当时音乐、舞蹈界的领导者们以莫大的鼓舞。于是不少人建议,这样的演出最好能固定下来,每年举办一次。时任上海音乐学院党委书记的孟波,根据自己参与的 1956 年中国音乐周的经验,结合上海情况,着手计划以上海城市为依托的音乐节,以此来推动音乐创作与评论、促进新人才的培育成长。而春天,象征着美好、万物复苏和欣欣向荣,于是"上海之春"便成了最恰当的名字。此建议上报后得到批准,上海市委同时决定将南京大戏院改建成上海音乐厅,作为"上海之春"的主要演出场地。

当 1960 年 5 月 10 日晚的第一声乐音在上海音乐厅奏响时,音乐开始在这个城市空前繁荣。无数音乐新人在这个舞台上迅速成长并成熟起来,一系列优秀作品被人们广为传唱。自 2001 年开始,"上海之春"与国际广播音乐节合并,在新世纪以一种全新面貌继续焕发光彩。

(倪嘉铭)

第一届"上海之春"音乐会演

作曲家冼星海诞生

五月 11

【音频】歌曲《黄河船夫曲》

气势恢宏的《黄河船夫曲》是《黄河大合唱》的第一乐章。《黄河大合唱》这部不朽经典的作曲者是有"人民音乐家"之誉的冼星海。

1905 年的 5 月 11 日,冼星海出生于澳门的一个渔民家庭,早年生活困顿。13 岁那年,冼星海进入岭南大学学习音乐。他常常利用课余时间帮学校的乐队擦拭乐器,后被吸纳成为乐队的"编外乐手"。学习一个多月以后,他就能将单簧管吹奏得很有韵味,由此得到了"南国箫手"的雅号。1926 年春,冼星海考入了北大音乐传习所。两年后进入上海国立音乐学院主修小提琴和钢琴,并发表了著名的音乐短论《普遍的音乐》。

1929 年,冼星海去巴黎勤工俭学。他靠在餐馆跑堂、在理发店做杂役等维持生活,常常早上 5 时起床,工作到晚上 12 时才休息。由于过度劳累,冼星海曾在街上晕倒过好几次。

冼星海

1931 年,冼星海以优异的成绩考入巴黎音乐学院高级作曲班,他是该班几十年来的第一个中国学生。进校时,冼星海因为衣服破旧差点被门卫拒之门外,幸而遇到了当时的老师保罗·杜卡。

【音频】音乐史学家向延生回忆冼星海在巴黎音乐学院的入校经历

在巴黎音乐学院学习期间,冼星海根据唐代诗人杜甫的《茅屋为秋风所破歌》创作了奏鸣曲《风》,并凭借此曲入选了巴黎音乐学院新作品演奏会,这在巴黎音乐学院是破天荒的第一次。此外,他还创作了《游子吟》《d 小调小提琴奏鸣曲》等十余首作品。

1935 年,冼星海从巴黎音乐学院毕业。回国后,他积极参加抗日救亡运动,先后创作了《救国军歌》《游击军歌》等大量战斗性的群众歌曲,并为进步影片《壮志凌云》《青年进行曲》和话剧《复活》《大雷雨》等谱写音乐。人们耳熟能详的儿童歌曲《只怕不抵抗》也是在此期间创作完成的。

【音频】儿童歌曲《只怕不抵抗》

1937 年,全国抗战爆发,冼星海参加了上海救亡演剧二队,随后去武汉负责开展救亡歌咏运动。他深入学校、农村、厂矿,向群众教唱抗日歌曲,举办抗战歌咏活动。在此期间,他创作了《保卫卢沟桥》《游击军歌》《在太行山上》《到敌人后方去》等抗日歌曲,流传甚广。当时,朱总司令听到《在太行山上》这首展示人民战争壮美图画的歌曲后十分喜欢,他要求八路军总部机关人人都要会唱。

【音频】歌曲《在太行山上》

1938 年，冼星海前往延安担任鲁迅艺术学院音乐系主任。在延安的一年时间里，冼星海进入了创作的巅峰期，他谱写了《军民进行曲》《生产运动大合唱》《黄河大合唱》等作品。其中最有名的就是经他谱曲、诗人光未然作词的《黄河大合唱》。

1939 年 4 月 13 日，《黄河大合唱》在延安陕北公学礼堂公演。5 月 11 日，在庆祝延安鲁迅艺术学院成立一周年晚会上，毛泽东等中央领导观看了由冼星海指挥演出的《黄河大合唱》后，连声称赞。之后，周恩来为其题词："为抗战发出怒吼，为大众谱出呼声！"这部充满革命英雄主义气概的音乐史诗，激励着无数热血青年投身民族解放的行列，奔向抗日最前方，对全国军民的抗日斗志起了极大的鼓舞作用。

【音频】歌曲《保卫黄河》

冼星海不但用音乐发出民族解放的呐喊，还以此传递和架起了中外人民的友谊之桥。1940 年 5 月，他前往莫斯科为纪录片《延安与八路军》配乐。后因战争原因，不得不辗转来到哈萨克斯坦的阿拉木图。初到阿拉木图的冼星海举目无亲，就在他贫病交加之时，哈萨克斯坦音乐家拜卡达莫夫向他伸出了援助之手。拜卡达莫夫的女儿讲述了父亲与冼星海的友谊：

【音频】拜卡达莫夫的女儿：您知道有种说法叫惺惺相惜、心心相印。他们之间就是这样的友谊，既是兄弟，又是朋友，也是志同道合的同事。

在此期间，冼星海不顾重疾缠身，创作了交响曲《民族解放》《神圣之战》，管弦乐组曲《满江红》等音乐作品。他与哈萨克斯坦人民一同投身到反抗法西斯侵略的火热斗争中，用不朽的乐符在中哈人民之间构筑起坚固的友谊之桥。

1945 年 10 月，冼星海病逝于莫斯科，年仅 40 岁。为纪念冼星海，哈萨克斯坦在阿拉木图不仅命名了冼星海大街，还建造了冼星海纪念碑和冼星海故居，它们成为中哈两国人民友好的象征。

冼星海曾说："在这大时代里，我们要把自己的所能贡献给民族、贡献给党，不要时常挂怀着自己的幸福，因为我们的幸福是以解放民族、解放人类为目的。"他为理想坚定追求和竭诚奉献的言行，曾激励过一代又一代以民族大义为重的中国音乐人。

（陈晓辰）

冼星海一家

新中国第一辆国产轿车
"东风"试制成功

"乘东风,展红旗",这句20世纪50年代的口号对应了我国汽车工业发展史上最重要的两款轿车——"东风"和"红旗"。1958年5月12日,新中国第一辆国产轿车"东风"在第一汽车制造厂试制成功。这是自新中国第一辆"解放"牌卡车诞生之后,民族汽车工业技术水平提高的又一新标志。"东风"牌轿车的试制成功,揭开了新中国民族轿车工业的历史篇章,为之后"红旗"牌轿车的制造提供了宝贵经验。

1949年12月,毛主席访问苏联,中苏双方商定,由苏联全面援助中国建设第一个载重汽车厂。第一汽车制造厂于1953年奠基兴建,3年后建成并投产。1956年7月13日,新中国第一辆国产汽车

毛主席在怀仁堂检视"东风"牌轿车

开下了总装配线。由于当时是解放后不久,这辆汽车就被命名为"解放"牌。中央新闻纪录电影制片厂于1956年出品了纪录片《第一辆汽车》。

【音频】纪录片《第一辆汽车》片段

就在"解放"牌汽车诞生的前夕,毛主席在作《论十大关系》的报告时提到,哪一天开会的时候能坐上自己生产的小轿车就好了。1957年5月,第一机械工业部给第一汽车制造厂下达了要求生产轿车的指示,并提出"越快越好"。对于开发国产轿车,"一汽"当时的条件堪称"四无"——无资料、无经验、无工装、无设备,一切都要白手起家。当时的设计原则是"仿造为主,适当改造"。整个车身的制造和各种钣金件的加工,几乎都采用手工工艺,照图纸的要求敲打成型。

1958年2月,毛主席到第一汽车制造厂参观视察,再次提出"什么时候能坐上我们自己造的小汽车呀?"1958年4月,"一汽"组织突击队赶制样车,准备把这辆轿车作为向中共八大二次会议的献礼。经过一个多月的突击,1958年5月12日,新中国第一辆轿车试制成功。根据1957年毛主席对于世界形势的著名言论"东风压倒西风",这辆轿车被命名为"东风",它的车型编号是CA71。原中国汽车工业公司总经理陈祖涛回忆说,"东风"牌轿车仿造了法国的西姆卡,但是外形是我们中国的,很漂亮。

"东风"轿车试制成功后被运往北京,它一开出北京站就吸引了众多目光。这部轿车的车身上部为银灰色、下部为紫红色,侧面镶嵌着"中国第一汽车制造厂"字样,尾灯是具有民族风格的宫灯造型。1958年5月21日,在八大二次会议的休会期间,毛主席和与会代表们在中南海怀仁堂后花园参观了这辆轿车,之后毛主席和中央政治局委员林伯渠一同乘坐了这部新中国首辆国产轿车。一段老纪录片记录了当时"毛主席含笑乘'东风'"的一幕。

由于历史原因，"东风"牌轿车在样车出产后不久就停产了，而与它紧密相连的另一款车型就是后来的国产高级轿车"红旗"。1958年7月1日，高级轿车项目正式在"一汽"上马，计划一个月内完成。这次的研制仍然是以外国车作为蓝本，采用的是"人海战术"。原中国汽车工业公司总经理陈祖涛回忆了当时发动职工参与制造零件的情形：

1958年8月，第一辆带有民族风格造型的国产"红旗"牌高级轿车诞生了。经过5轮修改后，"红旗"轿车最终定型，样车的车型编号为CA72。1959年，首批"红旗"轿车参加了建国10周年的检阅仪式。1960年，"红旗"CA72轿车送莱比锡国际博览会参展并被编入《世界汽车年鉴》。随着"红旗"高级轿车其他车型的问世，"红旗"的各项技术逐渐完善，"红旗"高级轿车一度被规定为副部长以上首长专车和外事礼宾车。1984年国庆35周年的阅兵仪式上，邓小平乘坐"红旗"牌活动顶篷高级检阅车，进行国庆大阅兵。

1999年10月1日，在国庆50周年阅兵式上，时任中央军委主席江泽民乘坐"红旗"特种检阅车检阅了陆海空三军部队将士。10年后，在国庆60周年庆典上，时任国家主席胡锦涛检阅三军时乘坐的仍然是"红旗"特种检阅车。从发动机到底盘，再到防弹技术，这一特种检阅车的技术基本实现自主研发。

"东风"是我国第一辆轿车，"红旗"则是我国第一辆量产轿车。从"东风"到"红旗"，我国的汽车工业经历了从诞生之初的手工敲打到采用借鉴国外技术，再到全面自主开发的新阶段，中国汽车企业的自主研发实力实现了质的飞跃。

（郑榴榴）

国庆35周年阅兵式上邓小平乘坐"红旗"牌检阅车

"江亚轮"打捞工作正式开始

五月 13

可能许多人会以为,"泰坦尼克号"冰海沉船是世界上最大的海难,其实不然。1948 年发生在长江口的"江亚轮"爆炸沉没事件,罹难人数达 3000 余人,是"泰坦尼克号"遇难人数的两倍,而其事故原因也众说纷纭。事故发生 8 年之后的 1956 年,上海市人民政府为了清理航道,决定打捞"江亚轮"。5 月 13 日,打捞工作正式开始。160 余天之后,沉埋江底的"江亚轮"终于重见天日。以下是当年关于"江亚轮"惨案的新闻片段。新闻里提到,招商局得知惨案后,立即组织了死难旅客的打捞与善后工作。

关于"江亚轮"沉没的报纸新闻

【音频】"江亚轮"惨案新闻纪录片录音片段

"江亚轮"原为日本 1939 年建造的"兴亚丸"号客货轮,抗战胜利以后被中方接收。为补偿国营招商局在抗战期间沉船封港的损失,交通部将五艘轮船拨交由招商局营运。经改造后,该船可载旅客 2250 人,是上海招商局的六大新型客轮之一。"江亚轮"从 1946 年开始行驶于上海至宁波间的短程航线。

1948 年 12 月 3 日下午 4 时,"江亚轮"自上海十六铺 3 号码头起航,驶往宁波。当时,淮海、平津两大战场战事正酣,上海滩也谣言四起,一时间人心惶惶,一些宁波籍的上海人纷纷登船南迁。根据当日出口报告单所填,船上有乘客 2607 人,载货 175 吨。这些记录在案的数据显示它已大大超出了额定的最大运载能力。事后,据"江亚轮"惨案善委会的调查统计,当时船上还有众多无票乘客和儿童,实际载客达 4000 人以上。

就这样,"江亚轮"载着几千条鲜活的生命驶向了不归路。是日 18 时 45 分,轮船行至吴淞口外水道,右舷后部第三舱骤然传出炸雷似的一声巨响,船体随之发生剧烈震动,所有电灯顷刻熄灭。与爆炸处紧挨的电报房瞬时坍塌,两位无线电员被炸得血肉横飞,收发报机损毁,呼救电报也未及发出。首先遭到灭顶之灾的是三、四等舱的旅客,因为爆炸前正准备查票,铁门被锁上而无法逃生。十几分钟后,汹涌的海水已盖没甲板。多数人无法在短短几分钟内爬上最高的甲板待救而溺死于舱中。由于失事地点恰为一浅滩,因此烟囱、桅杆以及悬挂的救生艇仍露出水面,然而慌乱之中,加之天黑,竟无人去解开救生艇的缆绳。时任"江亚轮"业务主任的郑守业回忆当时的情况仍心有余悸。

【音频】郑守业:六点三刻船开始沉了,"咣"的一声,电灯都看不见了,船上的东西一下都倒了下来,马上就是一片漆黑。这时一片混乱,不要说是普通乘客,连船员都乱了。这么大的威力是什么东西呢,大概就是鱼雷、水雷之类的东西。但鱼雷从什么地方来的,现在也没人讲得清楚。

19 时 30 分,正在附近的渔轮"华孚号"闻声来救。"华孚号"代"江亚轮"发出 SOS 求救信号,并救起浮在水上的旅客 26 人。21 时 30 分,"金利源"号机帆船经过,船主张翰庭率领船员将船头靠上"江亚轮",让顶甲板上待救的人员按顺序登上机帆船。等到快装满时,船主命人将所载桔子等物抛海,并调头再度施救。该船共搭救 453 人,"金利源"号船主张翰庭因此获得上海市首位"荣誉市民"的称号。

据估计,"江亚轮"获救人数为 811 人,而罹难者多达 3000 人以上,远远超过"泰坦尼克号"海难。"江亚轮"惨案发生之后,虽大多数人倾向于是因轮船误触鱼雷而至爆炸沉船,但均属推断,没有人能够提供确切佐证。直到解放后,原招商局经理胡时渊,方才对失事原因作出了另一种解释。据称,1948 年 12 月,国民党上海海军航空兵的轰炸机飞往海州执行任务后返回,飞至吴淞口外上空时,机上悬挂的一枚 500 磅炸弹因安放欠妥而脱钩坠海。而此时江亚轮恰好驶经这片水域,结果被炸沉没。但此说究竟属实与否,仅凭一人之言,似乎仍然难以判定。"江亚轮"事件仍然是个未能完全解开之谜。

1956 年 5 月 13 日,为清理航道,上海市政府决定打捞"江亚轮"。1958 年 11 月 30 日,客船完成恢复性修理。1959 年 2 月 4 日上午,修复一新的"江亚轮"出现在张灯结彩的十六铺码头。船上载着当年罹难旅客的家属和上海各界代表 400 余人。上午 9 时整,随着一声汽笛的鸣响,新生的"江亚轮"正式启航。

此后,新生的"江亚轮"被改为长江内河客货轮,往返于上海与武汉之间的航线上。1966 年 11 月,"江亚轮"改名为"东方红 8 号"。1983 年,"东方红 8 号"退役。2001 年,"东方红 8 号"被拆解,原"江亚轮"上仅存的一只木舵被保存下来,成为印证那次特大海难历史的唯一实物标记。该木舵现已被浙东海事民俗博物馆收藏。

(肖定斌)

江亚轮

"白人爵士歌王"辛纳屈逝世

弗兰克·辛纳屈

【音频】辛纳屈演唱的《Fly Me to the Moon》

这首《Fly Me to the Moon》曾在 1969 年随着"阿波罗 11 号"飞船飞上月球,成为第一首在月球上播放的人类歌曲。演唱这首歌的是 20 世纪五六十年代爵士乐的代表人物弗兰克·辛纳屈。1998 年 5 月 14 日,辛纳屈因病去世,终年 82 岁。辛纳屈享有"白人爵士歌王"的美誉,他改变了"白人唱不好爵士乐"的传统论调,是爵士乐迷心中的传奇偶像。

1915 年 12 月 12 日,辛纳屈出生于美国的新泽西州。年少时,他的理想就是当歌唱家。1935 年,辛纳屈参加了霍博肯四人演唱组。其后,他以"霍博肯四杰"成员的身份在电台的表演比赛中胜出,与乐队成员进行了全国巡回表演。辛纳屈的儿时好友尼克讲述了辛纳屈的儿时理想:

【音频】尼克:他曾告诉我想去纽约。平·克劳斯比是他心目中的偶像,他想和他一样辉煌。

1938 年,辛纳屈在新泽西州一家名为"农村旅店"的旅馆任职司仪、歌手兼侍应长。在此期间,他进行了不少歌唱表演。1939 年,小号手哈利·詹姆士发现了辛纳屈的才华,聘请他担任乐队主唱。同年年底,辛纳屈转入了当时小有名气的汤米·多尔西演唱团。

1940 年,辛纳屈和乐队成员演唱的一首《I'll Never Smile Again》,登上了美国《公告牌杂志》首设的畅销音乐龙虎榜的榜首,其榜首地位持续了两个多月之久。辛纳屈的歌声从此传遍美国,他也因此成为了当时流行爵士乐的一颗新星。

1942 年,辛纳屈开始了他的独立演艺事业。这年 12 月,辛纳屈在纽约时代广场举行了个人演唱会,他的魅力吸引了当时被称为"波比短袜派"的一批年轻少女。1942 年的"美国小姐"冠军乔·卡罗尔·丹尼森回忆了这次演唱会的情形:

【音频】乔·卡罗尔·丹尼森:成千上万的女孩大声尖叫,空气都在震动。音乐棒极了,现场的人都疯了,史无前例。用任何语言来比喻都不夸张,我从未见过有人像弗兰克那样拥有这么多的歌迷。

1943 年,辛纳屈与哥伦比亚唱片公司签约,陆续在美国各地进行歌唱表演。1944 年,辛纳屈开始涉足影坛,出演了不少以年轻观众为对象的轻歌舞片。1953 年,辛纳屈因在电影《乱世忠魂》中成功塑造了一个令人同情的小人物而获得第 26 届奥斯卡金像奖最佳男配角奖。在颁奖礼上,辛纳屈幽默地表达了他当时的心情。

【音频】辛纳屈:我很高兴,如果要感谢什么人的话,我需要一个卷纸机。

从 20 世纪 40 年代到 60 年代,辛纳屈总共出演了五十多部电影,影片类型包括动作片、战争片、悬疑片和文艺片等。1955 年,辛纳屈因主演电影《金臂人》而被提名奥斯卡最佳男主角。辛纳屈讲述了自己的电影之路:

【音频】辛纳屈:你会发现在许多电影里弗兰克·辛纳屈的角色有些糟糕,有些搞笑。但这是我初次作为电影演员的感受,以后我就开始尝试了不同风格的演绎。

在音乐事业上,辛纳屈在 1950 年代和不少重量级的音乐人都有过合作,其中包括诺曼·格兰兹、戈登·詹金斯和比利·梅等等。1960 年,借助在乐坛上的成功,辛纳屈创办了 Reprise 唱片公司,许多歌手都在他的帮助下走上了成功的道路。

辛纳屈曾多次获得格莱美奖。他在 1959 年、1965 年、1966 年三次拿下格莱美年度专辑大奖,1966 年发行的歌曲《Strangers in the Night》同时还获得了年度最佳单曲。1965 年,50 岁的辛纳屈获得格莱美终身成就奖。1994 年,79 岁的辛纳屈又获得了格莱美传奇奖。就在这一年,帕瓦罗蒂、多明戈和卡雷拉斯这三大世界男高音在洛杉矶的"三高"音乐会上演绎了辛纳屈的经典名曲《My Way》。

弗兰克·辛纳屈是 20 世纪最重要的流行音乐人物,留下了无数的经典歌曲。在辛纳屈去世的第二年,歌手席琳·迪翁通过科技手段与辛纳屈合唱了一曲《All the Way》,并将这首歌收录在自己的 10 周年纪念大碟中,以此来向这位 20 世纪的爵士巨星致敬。

(舒 凤)

弗兰克·辛纳屈(中)主演的电影《金臂人》剧照

五月 15

埃菲尔铁塔在世博会上正式对外开放

1889 年,第四届世界博览会在法国首都巴黎举行,埃菲尔铁塔正是为此而设计建造,它的诞生展现了当时法国顶尖的工业技术和高超的艺术成就。1889 年 5 月 15 日,埃菲尔铁塔在巴黎世博会上正式对外开放。对于世博会数以千万计的游客而言,高达 300 多米的埃菲尔铁塔成了最引人瞩目的展品。埃菲尔铁塔体现了当时建筑技术所能达到的最高成就,直到 1930 年它仍是全世界最高的建筑。

当 1889 年世博会确定在巴黎举办之后,法国人就想建造一座能够超越英国"水晶宫"的标志性建筑。于是法国政府在 1886 年开始征集设计方案,其宗旨为"创作一件能象征 19 世纪技术成果的作品"。当时关于建筑的应征作品达到 700 多件,最终由建筑师居斯塔夫·埃菲尔设计的 300 多米高铁塔方案被选中。当时的埃菲尔在法国已是声名显赫的建筑大师,其作品包括波尔多加隆河铁道桥、索尔河高架桥和自由女神像的内部钢铁架构等等。

令巴黎市政府和埃菲尔都未曾料想到的是,在建造铁塔的过程中,最大的困难不仅仅是来自于创新的技术难题,还有来自铁塔所引起的社会争议以及附近居民的担忧。其中最大的反对意见来自于巴黎的文学艺术家们。就在 1887 年组委会与埃菲尔签约一个月之后,以作家莫泊桑为首的 47 位文化名士发起了一项反对铁塔建造的签名活动。法国国家研究中心现代建筑研究所主任 B·勒莫瓦纳讲述了这些名家反对的理由:

> 【音频】B·勒莫瓦纳:其中有作家莫泊桑、音乐家朱诺、画家梅索尼埃,设计过巴黎歌剧院的建筑师加尼尔等。这些艺术家联名反对建造埃菲尔铁塔,称它的钢铁结构就像工厂的烟囱,过于技术化,不仅会破坏巴黎用石块堆砌的艺术感,还将使工业建筑在这座城市中占据一定空间。

不过居斯塔夫·埃菲尔和巴黎市政府并没有理会这一抗议,建造工作仍旧继续进行。但是铁塔在 1889 年 5 月 6 日博览会的开幕当天并未顺利展出,由于塔载电梯发生了故障,直到世博会第 9 天,也就是 5 月 15 日,埃菲尔与世博会官员才得以一起登上塔顶,并发射了 21 响礼炮以示庆祝。这届巴黎世博会于 10 月 31 日闭幕,有 35 个国家参展,参观者达到 3200 多万。铁塔的主要投资者埃菲尔和他的建筑工程公司在博览会结束前就赚回了资金。时任埃菲尔铁塔总经理的克里斯汀·马雷基耶认为铁塔使得埃菲尔先生成了大富翁。

埃菲尔铁塔

值得一提的是，在那届巴黎世界博览会上，爱迪生的一项发明——电灯，被装饰在了整座埃菲尔铁塔上。夜晚铁塔的灯光不仅成为世博会上令人惊叹的美丽景观，更成为巴黎都市浪漫生活的组成部分。由于采用了电灯照明技术，这届世博会首次在晚上继续开放。大发明家爱迪生自己就身处埃菲尔铁塔附近，用他新发明的留声机滚动播放着他自己的声音。1889年11月6日，在巴黎世博会的闭幕仪式上，爱迪生用他新发明的留声机，播放了埃菲尔宣布闭幕的录音。在1927年纪念留声机诞生50周年仪式上，爱迪生曾提到自己在1889年世界博览会上录在留声机里的声音内容。

1909年，根据20年前签订的协议，为世博会而建造的埃菲尔铁塔应被拆除。但由于铁塔在世博会展出后又增设了广播电视天线，这使其幸免于被拆毁的命运。当时塔顶的天线于第一次世界大战期间曾在对敌监听和侦察方面起到重要的作用，因此法国人再也没想过拆除它。而这座铁塔也随着它变换的高度而被人们赋予了不同的命名，直到最后才以设计者居斯塔夫·埃菲尔的名字来命名。埃菲尔的曾孙女笑说估计曾祖父也未曾料到这座塔的最终命名。

历经百年风雨的埃菲尔铁塔如今依旧屹立在塞纳河畔，它不仅展示着法国人民的智慧，也是巴黎的城市象征，每年吸引着世界各地的游客前往观光。

（金 之）

埃菲尔铁塔设计制造者居斯塔夫·埃菲尔

戈尔巴乔夫访华，中苏关系实现正常化

戈尔巴乔夫访华

1989年5月16日，中共中央军委主席邓小平与苏联最高苏维埃主席团主席、苏共中央总书记米哈伊尔·戈尔巴乔夫在北京人民大会堂举行了历史性的会晤，双方共同向世界宣布中苏两国关系实现正常化。这标志着中苏两大邻国在对抗了30年之后终于走向和解，此事也成为20世纪最具影响力的国际事件之一。

1969年，中苏两国关系降到冰点。在相当长的时间里，莫斯科和北京的两国大使馆内双方大使都缺位，仅有临时代办维持着馆务。双方外交人员的见面也基本上是为了抗议和反抗议。1969年10月，中苏开始边界会谈。1979年9月，双方又把会谈扩展到两国关系正常化的议程上来。

1986年7月，戈尔巴乔夫在符拉迪沃斯托克市发表长篇讲话，表示苏联愿意在任何时候、以任何级别同中国领导人十分认真地讨论建立睦邻关系的"进一步措施"。他宣布在年底前从阿富汗撤出苏联6个团，还表示愿同中国讨论削减中苏边境地区的陆军。同时他也谈到了柬埔寨问题，声称越柬问题的解决取决于中越关系正常化，是中越双方的事，苏联希望中越恢复对话言归于好。

对此，中国方面也作出了回应。1986年9月2日，邓小平在中南海紫光阁接受美国哥伦比亚广播公司《60分钟》节目记者迈克·华莱士的独家电视采访时谈到了中苏关系。邓小平说，如果戈尔巴乔夫在消除中苏间的"三大障碍"，特别是在促使越南停止侵略柬埔寨和从柬埔寨撤军的问题上走出扎扎实实的一步，我本人愿意跟他见面。

【音频】邓小平对于改善中苏关系的看法

1988年秋天，随着牵制中苏关系正常化的"三大障碍"逐步得到消除，特别是柬埔寨问题的解决开始有了眉目，作为这一"正常化"标志的中苏高级会见自然就被双方提到了议事日程上来。

为了这次高级会见，时任中国外交部长钱其琛半年前就访问了莫斯科，当面向戈尔巴乔夫转达了国家主席杨尚昆欢迎他于1989年访华的邀请。仅仅两个月后，苏联外长谢瓦尔德纳泽回访北京，确定了戈尔巴乔夫访华的具体日期。

1989年5月15日，戈尔巴乔夫乘坐专机到达北京。欢迎仪式上，军乐队在21响礼炮声中高奏苏联国歌和中国国歌，杨尚昆陪同戈尔巴乔夫检阅了中国人民解放军三军仪仗队。

此次戈尔巴乔夫访华的重头戏是与邓小平的会面。5月16日，邓小平在北京人民大会堂东大厅会见戈尔巴乔夫。当中苏两位领导人的手紧紧握在一起时，大厅内响起了热烈的掌声。那一握长达 1 分 30 秒，上百盏镁光灯顿时闪成一片"银海"。这是自 1959 年以来，中苏两国最高领导层之间的第一次会晤。随后，邓小平和戈尔巴乔夫举行正式会谈。邓小平提出的"结束过去，开辟未来"主张，得到了双方的一致认可。时任苏联副外长罗高寿见证了中苏两国和两党关系正常化的历史瞬间。

【音频】罗高寿：为什么我们叫历史性的时刻呢，因为他说了一句话："结束过去，开辟未来。"我想邓小平同志是 20 世纪很伟大的活动家。

这次中苏高级会晤历时 2 小时 30 分钟，比原定的"超长"会晤时间还超出了半个小时。正是这次重要会谈，增进了中苏两国之间的相互了解，双方也对两国之间曾经的问题作出了反思。当天中午，邓小平在人民大会堂宴请了戈尔巴乔夫一行。在宴会上，双方共同举起了酒杯，邓小平提议干杯。

【音频】邓小平：为了我们两国和两党关系正常化，祝贺这个正常化，大家干杯！

第二天，戈尔巴乔夫在接受中国记者采访时表示这次访问的意义重大，对于中苏关系他非常乐观。

【音频】戈尔巴乔夫：在这几天我感到，我们有很多话对对方说，我们有很多共同的话。我想，我们保留的友好之情有助于我们互相用对方的经验，互相交流经验，为避免重新犯错误，而且还可以互相帮助。我抱着很大的乐观主义态度，看待我们的关系，看待我们两国人民未来的和睦关系。我们两国都可以满意地说，这次访问结果是重大的，我们已经进入新的阶段，已经结束了过去。在我们面前，开辟了广泛的合作前途。

1989 年的中苏高级会晤确立了中苏关系正常化的新框架，为双方建立超越意识形态的睦邻友好关系奠定了基础。在长达数十年的紧张对峙结束后，七千多公里边界线上的人们又恢复了传统的友谊。

（韩　芳）

邓小平会见戈尔巴乔夫

电影《魂断蓝桥》美国首映

五月 17

电影《魂断蓝桥》海报

　　这是电影《魂断蓝桥》的主题曲《友谊地久天长》。伴随着这优美婉转的曲调,女主角玛拉和男主角罗伊在烛光中翩翩起舞,含情脉脉。1940年5月17日,电影《魂断蓝桥》在美国首映。影片讲述了陆军上尉罗伊在休假中与芭蕾舞女演员玛拉坠入爱河并互定终身,却在战争年代和陈腐观念摧残下天人永隔的故事。《魂断蓝桥》是美国百部经典名片之一,在中国也有着广泛影响。

　　《魂断蓝桥》由奥斯卡影后费雯·丽出演女主角,男主角则由成功演绎《茶花女》中阿芒一角而为观众熟知的美国男演员罗伯特·泰勒出演。在滑铁卢桥上,罗伊和玛拉这两个陌路人,因为玛拉掉落在路边的吉祥符而相识,然而故事的结局却更像是一场无情的捉弄,历经磨难的玛拉绝望地走向了桥上驶来的卡车。多年后,罗伊依旧难以释怀,站在大桥上凝视着玛拉留下的吉祥符黯然神伤。《魂断蓝桥》就是从这一幕开始,倒叙了一个凄美的爱情故事。

　　《魂断蓝桥》情节跌宕起伏、结构紧凑,全片围绕几个关键元素展开。

　　滑铁卢桥是本片的关键地点。罗伊在桥上追思故人、两人在桥上初遇、玛拉在桥上结束生命。滑铁卢桥是一切开始的地方,也是一切结束的地方。

　　玛拉的吉祥符则是本片的关键线索。电影开头,中年罗伊从衣袋里掏出珍藏的吉祥符,回想起初遇玛拉时她不顾危险去捡吉祥符的情形。在两人第一次分别时,玛拉将其转赠给即将奔赴战场的罗伊,希望能保佑他平安归来。

　　重逢后,以为两人再也不会分开的罗伊又将其回赠给玛拉。玛拉最后疾步走向迎面而来的卡车,结束了自己年轻的生命。散落了一地的杂物中,镜头再次聚焦在吉祥符上。吉祥符贯穿于玛拉和罗伊的几次分分合合中,为他们牵起了红线,又在每次转手时成为分别的预兆。

　　《友谊地久天长》的旋律则是听觉元素,它反复出现在电影中,以不同的处理方式来表达不同的情绪,渲染出或浓情蜜意、或恋恋不舍的气氛。

　　玛拉到火车站送别罗伊时,《友谊地久天长》的旋律在列车开动的隆隆声和汽笛的鸣响声中响起,营造了与两人共舞时截然不同的紧张气氛。《魂断蓝桥》藉由对音乐的出色运用而获得了1941年第13届奥斯卡奖最佳配乐的提名。《友谊地久天长》本是一首非常有名的苏格兰文诗歌,直译为"逝去已久的日子",是18世纪苏格兰诗人罗伯特·彭斯根据当地父老口传录下的,后来被谱上了乐曲。

影片的最后一个关键元素就是"战争"。《魂断蓝桥》的时代背景设置于第一次世界大战期间,玛拉和罗伊的爱情成为悲剧,其根源便是无情的战争。罗伊战死的消息使绝望的玛拉为生存而沦为应召女郎。影片揭示了战争对普通人命运的摧残,表达了人们对和平的渴望。

《魂断蓝桥》上映的这一年,也是英国著名女演员费雯·丽与一生挚爱劳伦斯·奥利弗结为夫妇的一年。据说费雯·丽希望在自己的葬礼上播放《魂断蓝桥》的主题曲《友谊地久天长》。

在西方没有获得足够关注的《魂断蓝桥》,却在东方觅得了知音。1940年底该片在我国上映后,旋即引发了热捧。影片英文原名《Waterloo Bridge》,中文译名"魂断蓝桥"取自中国古代一个民间故事:少年尾生与他心仪的姑娘相约于蓝桥下会面,但姑娘因故未能赴约。后来河中涨起了洪水,尾生恪守信约,坚持不走,抱着桥中石柱,直至溺死。水退后,姑娘匆匆赶来,见此情景也殉情而死。

《魂断蓝桥》能在国内久映不衰的另一个原因也得益于配音演员的完美演绎。上海电影译制厂的配音艺术家刘广宁和乔榛的组合是个中经典,他们的声音与影片中的人物浑然一体,比之演员的原声也毫不逊色,表现了人物的喜悦与悲伤、希望与绝望。

【音频】电影《魂断蓝桥》片段:罗伊兴高采烈地向玛拉求婚,玛拉绝望地向玛格丽特夫人坦白自己的遭遇。

电影上映后不久,上海沪剧社将《魂断蓝桥》改编为沪剧并于1941年首演。此剧几经改编,已成为沪剧的经典剧目,常演不衰。1983年推出的由茅善玉出演玛拉的版本轰动一时。最新版本的沪剧《魂断蓝桥》则在2014年上演。

【音频】沪剧选段《诀别》

无论是电影还是沪剧,《魂断蓝桥》都让人们在凄美的爱情故事里感受到了真爱的永恒。

（唐诗思）

电影《魂断蓝桥》剧照

通俗小说大师张恨水诞生

五月 18

【音频】电视剧《金粉世家》主题歌《暗香》

　　沙宝亮演唱的《暗香》是电视剧《金粉世家》的片头曲,此剧改编自张恨水的同名小说。近年来,随着《金粉世家》《啼笑因缘》等电视剧的热播,张恨水的名字又逐渐走入大众视线。张恨水是由旧派小说向现代小说过渡的代表性作家,被称为现代文学史上的"章回小说大家"和"通俗文学大师"第一人。张恨水1895年5月18日诞生,一生创作了一百多部小说和大量的散文、诗词、游记等,其代表作《春明外史》《金粉世家》《啼笑因缘》等风靡全国,倾倒无数文艺男女。

　　张恨水原名张心远,笔名"恨水"出自南唐李煜的名句"自是人生长恨水长东"。张恨水的女儿张明明讲述了父亲笔名的由来:

【音频】张明明:他的名字有什么来源?其实是从南唐李后主的《乌夜啼》。"恨水"的意思就是鞭策自己要珍惜时间,时间和光阴就像水一样东流不止。

张恨水

　　张恨水从小就喜欢看《西游记》《红楼梦》等古典小说。24岁时,他到芜湖《皖江报》任总编辑。除了编辑和新闻写作工作以外,张恨水还发表了第一篇小说《南国相思谱》,初步展露了他的才华。

　　1924年,张恨水加入由成舍我创办的《世界晚报》,后任该报副刊《夜光》的主编,并开始在《夜光》上连载他的第一部有影响力的长篇小说《春明外史》。《春明外史》是一幅20世纪20年代的北京风俗图,自见报第一天就引起了轰动。有些读者为了先睹为快,甚至每天下午到报馆门口排队等报。《春明外史》连载5年,读者就这样风雨无阻地排队买了5年。当小说中女主人公的命运危在旦夕之时,读者纷纷来信为其请命。自此以后,张恨水声名鹊起。

　　1925年,成舍我又创办《世界日报》,其副刊《明珠》的主编依然是张恨水。正是在此副刊上,张恨水连载了他的又一部长篇小说《金粉世家》,一时间洛阳纸贵,倾倒无数小说迷。这部小说被誉为20世纪《红楼梦》,是一部豪门贵族飘摇岁月的兴衰史。在《金粉世家》单行本的自序里,张恨水说,曾有人评论此书"颇似取径《红楼梦》,可曰'新红楼梦'"。

　　1929年,张恨水应上海《新闻报》副刊主编严独鹤之约,在《快活林》上连载小说《啼笑因缘》,读者的反响非常强烈。小说的单行本多次再版,并被改编为数个版本的电影和电视剧。米雪和刘松仁的香港版、孙启新和王慧以及胡兵、袁立的两个大陆版都曾引发收视热潮。

　　张恨水在《我的小说过程》一文中说:"我作这书的时候,鉴于《春明外史》、《金粉世家》之千头万绪,时时记挂着顾此失彼,因之我作《啼笑因缘》就少用角儿登场,乃重于情节的变化,自己看来,明明是博而约了。不料这一部书在南方,居然得许多读者的许可,我这次来,上至党国名流,下至风尘少女,一见着面,便问《啼笑因缘》,这不能不使我受宠若惊了!"《快活林》主编严独鹤的孙子严建平讲述了《啼笑因缘》在当时受欢迎的程度:

【音频】严建平:大概第一天登了以后就有很大的反响,蛮轰动的,一时出现了《啼笑因缘》迷,迷上了《啼笑因缘》。一部连载小说能够产生这样的效应是很少见的。

除了创作小说以外,张恨水还有大量的杂文见报,多为针砭时弊之作,而他本人也和其杂文一样爱憎分明。面对国难时,张恨水说:"抗战是每一个人的责任,国亡不保,何以家为?"

1931 年"九一八事变"后,张恨水创作了《太平花》《八十一梦》《虎贲万岁》等以抗战为题材的作品。其中的《虎贲万岁》以最真实的史料和战争亲历者的口述,全程再现了震惊中外的常德保卫战。当时,"虎贲"师的师长余程万派副官和参谋去找张恨水,希望他能够写下"虎贲军"的感人故事。其后,张恨水在收到行军日记、地图、笔记和照片等材料后创作了《虎贲万岁》这部纪实小说。张恨水的儿子张伍讲述了张恨水创作《虎贲万岁》的过程:

【音频】张伍:这两位武装同志在第一次跟我父亲商谈之后,隔了两三个月又来了。这两位朋友说了一句话,让我父亲感动到无可推辞。他们说:"我们这些后死者为先死者请命,张先生,您不能不写。"这句话让我父亲感动了。这两位武装同志几乎是一个月来一次,我父亲就问他这个枪怎么打,枪打出去的响声是什么样,那晚上打出那枪的火花是什么样,风刮起来打枪是什么样,问得非常非常详细,这两个人帮助我父亲逐字逐句详解。

老舍曾称张恨水是"国内唯一的妇孺皆知的老作家"。据说,鲁迅的母亲就是张恨水的小说迷,每逢有张恨水的新书出版,鲁迅一定会买回去给母亲看。直到 21 世纪,张恨水的著作还在以各种形式出版,不少作品一再被改编成影视剧和戏剧,深受大众欢迎。

(舒 凤)

张恨水

美国前第一夫人杰奎琳·肯尼迪逝世

五月

19

1994 年 5 月 19 日,美国第 35 任总统约翰·肯尼迪的遗孀杰奎琳·肯尼迪在纽约第五大街的公寓里逝世。也许杰奎琳没有绝世的美貌,但她以充满智慧、富有创造性的鲜明风格,成为美国历史上一位富有传奇色彩的"第一夫人"。

杰奎琳 1929 年出生于美国东汉普顿的一座英式庄园里,原名杰奎琳·李·布维尔。她的父亲是一个股票商人,母亲出生于银行家家庭。杰奎琳从小受到良好的教育。1953 年,杰奎琳与 36 岁的马萨诸塞州参议员约翰·肯尼迪结婚。由于懂得英语、法语、西班牙语、意大利语,在肯尼迪的竞选过程中,杰奎琳在争取选民中发挥了很大的优势。在一次竞选游行中,肯尼迪说:"今天是哥伦布纪念日,我们是不是应该用意大利语?"随后便是杰奎琳的意大利语发言。

肯尼迪与杰奎琳在达拉斯的机场(肯尼迪遇刺当日)

【音频】杰奎琳在竞选游行时用意大利语发言

1960 年,约翰·肯尼迪在总统大选中获胜,成为美国第 35 任总统。在次年 1 月 20 日的总统就职典礼后,肯尼迪夫妇入驻白宫。从这一天起,杰奎琳将品位和优雅带给了白宫乃至美国。杰奎琳曾获艺术学士学位,对艺术有独到的品位。进入白宫后,她进行了大规模的整修和装饰,使白宫这座历史性的建筑物变成了国家纪念碑式的楼宇。1962 年 2 月,杰奎琳主持了由美国哥伦比亚广播公司制作的《白宫之旅》电视节目,向公众展示了焕然一新的政府办公楼。杰奎琳在节目中说:"我强烈感到白宫应当尽可能多地陈列美国绘画的精品。"

【音频】杰奎琳在《白宫之旅》电视节目中的讲话

1963 年 11 月,杰奎琳随同肯尼迪到德克萨斯州作政治旅行。11 月 21 日下午,他们抵达位于达拉斯以西 30 英里的沃斯堡。22 日中午时分,肯尼迪夫妇乘车前往达拉斯。在车队即将驶入市中心西部的迪利广场时,在场的所有人都听见三声惊人的枪响。肯尼迪总统的后颈部和头部被击中,同车的德克萨斯州长纳利也被击中。他们被火速送往达拉斯的帕克兰纪念医院。下午,医生宣布了肯尼迪的死讯。在当天下午的电视节目中插播了这条令全美无比震惊和哀痛的消息。哥伦比亚广播公司的新闻主播沃尔特·克朗凯特播报了总统遇刺的消息。

【音频】沃尔特·克朗凯特:根据达拉斯官方消息,肯尼迪总统于中部时间 1 点,东部时间 2 点死亡,也就是约 38 分钟之前。

依照美国的宪法,在任总统如果去世,由副总统接任。当天,在美国总统专机"空军一号"的机舱里,副总统林登·贝恩斯·约翰逊宣誓就职。成千上万的美国民众通过电视转播,看到了杰奎琳穿着那套沾染着血迹的粉红色套装参加了新总统就任仪式,杰奎琳向民众展现了她非凡的勇气和她的大气沉着。

【音频】林登·贝恩斯·约翰逊在"空军一号"机舱内宣誓就职的现场录音

1963 年 11 月 25 日,肯尼迪总统的葬礼在华盛顿的圣·马太大教堂举行。由于通过新的通信卫星向世界范围进行广播电视报道,这场葬礼举世瞩目。杰奎琳手牵着一对年幼的儿女出席了葬礼。整个仪式庄重而肃穆,杰奎琳以惊人的勇气、坚定的意志和高贵的气质,再次向世人展示了她不凡的气度。

肯尼迪遇刺后,杰奎琳带着儿女搬离了白宫。1968 年 3 月,约翰·肯尼迪的弟弟罗伯特·肯尼迪宣布竞选美国总统。6 月 5 日凌晨,罗伯特·肯尼迪在竞选总部的所在地遭枪击身亡。

罗伯特·肯尼迪的遇刺给杰奎琳·肯尼迪带来了巨大的打击,于是她决定离开美国。1968 年 10 月 20 日,杰奎琳·肯尼迪嫁给了希腊船业巨头亚里士多德·奥纳西斯。奥纳西斯曾经拥有世界上最大的私人商船队,是一名富可敌国的亿万富翁。这桩婚姻被人们普遍视为令人难以置信的悲剧,但杰奎琳曾向亲友透露,在 1973 年 1 月奥纳西斯的儿子亚历山大死于空难之前,他们的婚姻是美满的。1975 年 3 月 15 日,奥纳西斯在法国巴黎因病去世。重返纽约的杰奎琳作出了一个人生中十分重要的决定——成为一名职业妇女。杰奎琳进入出版业,从一个不怎么懂得编书的人起步,最终成为一名出色的编辑。

1979 年,杰奎琳筹建的肯尼迪图书馆在历时 15 年之后终于落成。肯尼迪图书馆采用了华裔建筑师贝聿铭的设计方案,造型新颖大胆,建造技术高超,在当时引起轰动,是美国建筑史上公认的杰作之一,贝聿铭也从此声名鹊起。

1994 年 5 月 19 日,杰奎琳·肯尼迪·奥纳西斯走完了近 65 年的人生之路。她被安葬在美国阿灵顿国家公墓,她的第一任丈夫约翰·肯尼迪的墓旁。美国总统克林顿在安葬仪式上发表演讲,他说:"她教我们懂得什么叫做艺术的美感、文化的意义、历史的经验教训、勇气的力量以及公众服务的高尚,最重要的是,家庭的神圣。"

【音频】美国总统克林顿在杰奎琳葬礼上的讲话片段

(郑榴榴)

杰奎琳·肯尼迪(右二)

中国首批国家级非物质文化遗产名录公布

【音频】歌曲《给你一点颜色》

2015年,一首令人惊艳的《给你一点颜色》被网民和媒体称为"民艺摇滚",这首歌曲由华阴老腔艺人们和歌手谭维维合作完成。在听到这首歌之前,也许很多人都不太了解华阴老腔这一起源于陕西的民间戏曲。其实早在2006年,华阴老腔就已被列入首批国家级非物质文化遗产名录。2006年的第一批国家级非物质文化遗产名录由国务院于5月20日公布,包括华阴老腔在内共计518项。

"中国非物质文化遗产"标识

非物质文化遗产是民族的文化印记,是民族智慧的结晶,对传承中华优秀传统文化具有重要意义。剧作家苏叔阳和中国文联副主席冯骥才讲述了非物质文化遗产的保护与传承问题:

【音频】苏叔阳:非物质文化遗产是我们民族灵魂所系、命运所系,是你之为中国人、中华民族一部分的那些根本的东西。**冯骥才**:一个民族,我觉得最关键就是,你创造了文明,你还得要保护你自己的文明,还要传承你的文明,你才能永远是一个文明的大国。

我国是非物质文化遗产大国。无论从中华民族五千年文明史的纵向发展看,还是从中华民族由多民族组成的民族大家庭的多样性文化特点看,非物质文化遗产作为人类文明的创造成果,在中华民族传统文化的构成中占有重要地位。然而,随着现代化进程的加速,受许多条件与因素的影响,我国原本丰富的非物质文化遗产遭受了猛烈的冲击,加强非物质文化遗产的保护工作刻不容缓。

20世纪50年代初,一些有识之士意识到民间艺术保护的重要性,尝试以多种方式来记录和保存这些传统文化。二胡名曲《二泉映月》就是由杨荫浏等音乐家于1950年对民间艺人华彦钧(阿炳)的传谱和演奏技艺进行采录和整理的作品。华彦钧于当年12月逝世,杨荫浏等人为《二泉映月》所制作的录音资料成为一代民乐大师之绝响。中国艺术研究院非物质文化遗产研究保护国家中心主任田青讲述了阿炳与《二泉映月》的相关情况:

【音频】田青：像瞎子阿炳这样的盲人艺术家，在过去旧社会就是乞丐，二胡只不过是他讨饭的工具，像他这样的人在旧中国不知道有多少。如果我们再把眼光放远一点，看整个中国的历史，像这样不知名的音乐家，他们默默地来，默默地创作，最后默默地离去。随着他们生命的消失，这些艺术品都消失了。有多少像《二泉映月》这样的精品消失在历史之中，我们无法统计。但是，正因为有杨荫浏，他把瞎子阿炳的声音录了下来，把他的谱子记了下来，流传到了今天。

1998年，联合国教科文组织发布了"人类口述和非物质遗产代表作条例"，正式提出"人类口头和非物质遗产"的概念。联合国教科文组织提出非遗保护的科学理念具有划时代意义，它不仅意味着人类对文化遗产的认识从有形上升到了无形的高度，也向全世界发出了抢救和保护这些无形之珠的呼唤。

2000年，联合国教科文组织开始正式实施"人类口述和非物质遗产代表作"计划，组织各国开展申报工作。2001年，联合国公布首批"人类口述和非物质遗产代表作"名单，共有19个申报项目入选，中国的昆曲艺术位列其中，这使得一度濒危的昆曲终于有了"保护伞"。昆曲表演艺术家、上海昆剧团团长蔡正仁讲述了昆曲艺术存在的危机和传承问题：

【音频】蔡正仁：联合国感觉到，昆曲不仅是中国的，它也是全世界、全人类的。联合国要让全人类都明白，在中国这个地方有这样一个昆曲已经是很危险很危险了。全国从事昆曲的人不满一千个，只有六七百个人，所以昆曲仍然有可能在若干年后逐渐消亡。这就是联合国要提醒全人类注意的问题。

非物质文化遗产的发掘整理和保护行动有时会落后于它的消亡速度。2008年，被确定为"东北二人转"传承人之一的李秀媛因病去世。"东北二人转"为国家级非物质文化遗产，李秀媛所演唱的几十部二人转剧目只用视频保存了3部。在"东北二人转"于2006年入选首批国家级非物质文化遗产名录时，李秀媛讲述了保护非遗传承人的紧迫性：

【音频】李秀媛说传承工作

中华文化，薪火相传。本世纪以来，我国的非物质文化遗产保护工作逐步开展。2005年12月22日，国务院决定从2006年起，每年6月的第二个星期六为我国的"文化遗产日"。2006年5月20日，国务院公布了第一批国家级非物质文化遗产名录。2011年6月1日，《中华人民共和国非物质文化遗产法》正式颁布施行，这标志着我国的非物质文化遗产保护进入有法可依的时代。新的历史条件下，我国非物质文化遗产的保护和传承工作依然任重而道远。

（舒　凤、王敏丽）

青春版昆曲《牡丹亭》

283

印度前总理拉吉夫·甘地遇刺

五月 21

1991 年 5 月 21 日，印度南部泰米尔纳德邦的一次竞选集会上人山人海，人们竞相向前涌去，想要更接近自己支持的政治领袖。然而就在这时，集会的核心区域传来一声巨响，人群顿时惊恐万分，四向散去，巨大的爆炸威力夺走了包括凶手在内的十几条人命。这次被袭击的目标人物——年仅 47 岁的印度前总理拉吉夫·甘地当场身亡。

拉吉夫·甘地是印度尼赫鲁·甘地家族里的第三位总理，他与外祖父尼赫鲁以及母亲英迪拉长期统治着印度独立后的政界。对于尼赫鲁·甘地家族是否与"圣雄"甘地存在血缘关系，即便是在印度，也常常有人表示疑惑。其实尼赫鲁·甘地家族与"圣雄"甘地并无任何血缘，不过这两个家族私交甚笃却是事实。尼赫鲁家族来自克什米尔的婆罗门，拉吉夫·甘地的外祖父贾瓦哈拉尔·尼赫鲁曾在印度独立运动中扮演着关键角色，同时得到甘地的信任而得以成为他的继任者。后来他被选举为第一任国大党主席并成为印度第一任总理。他不仅是印度独立运动的参与者，主张印度要从大英帝国殖民统治下独立，同时他还是不结盟运动的创始人。1947

拉吉夫·甘地

年 8 月 15 日，印度与巴基斯坦实现分治，印度终于摆脱了几百年的英国殖民统治，尼赫鲁在庆祝大会上留下了珍贵的讲话录音。

【音频】尼赫鲁：很久以前我们和命运有约，现在是赎回约定的时候了。以往，我们饱受屈辱，但印度将在自由中觉醒。

尼赫鲁只有一个女儿英迪拉。1942 年英迪拉打破传统习惯，与信奉拜火教的帕西人费罗兹结婚。为了解决新婚夫妻的姓氏问题，"圣雄"甘地给了他们"甘地"的姓，英迪拉由此获得"甘地"这个充满政治价值的姓氏。在父亲尼赫鲁执政期间，英迪拉不仅成为国大党主席，同时兼任父亲的幕僚长，陪同尼赫鲁访问过美、中、苏、法等国，还参加了万隆会议以及其他众多国际会议。这段经历，使英迪拉积累了丰富的政治和外交经验。1964 年，尼赫鲁逝世。1966 年，英迪拉女承父业，成为印度总理。在任职期间，她推动了印度工业的腾飞，使印度晋升为世界第六个核国家；她发起"绿色革命"，使印度由长期粮食短缺转变为粮食出口国；她用"白色革命"向学童提供牛奶，有效解决了营养不良问题。她政治方针硬朗、立场坚定，也被人称为"印度铁娘子"。不过，即便是这样一位"铁娘子"，在谈及大儿子拉吉夫·甘地时，英迪拉的言语之间却充满母爱的柔情："作为一个孩子，他很让人不省心。刚出生的时候，他日夜不停地哭了一个月，我和我的姑姑一起照看他。"

1984年10月31日,因印度政府武装镇压锡克教极端分子,英迪拉在总理府内被她的两个锡克教警卫开枪刺杀身亡。母亲遇刺后,拉吉夫强忍悲痛,他呼吁人们在前总理遇刺后的悲痛时刻,保持镇静和最大限度的克制,他说"她不仅是我的母亲,也是全国人民的母亲,她服务于印度人民,直到生命的最后一刻"。

拉吉夫·甘地是英迪拉的长子,他从小对政治没有多大兴趣,愿望是成为一名飞行员。但是弟弟桑贾伊在一次飞机特技表演中因飞机失事遇难,使得拉吉夫不得不遵从母亲的意愿,开始了他的政治生涯。1981年2月拉吉夫·甘地在其弟弟原来的选区被选入印度国会。1984年10月,母亲英迪拉·甘地遇刺身亡仅数小时后,拉吉夫·甘地就被印度国大党推举为新总理,成为尼赫鲁·甘地家族中的第三位总理。

1987年7月,为遏制印度国内泰米尔人日益严重的分裂活动,拉吉夫批准印度派遣五万人维和部队进驻斯里兰卡。后来印军卷入斯里兰卡内战,多次同泰米尔猛虎组织发生冲突,以致拉吉夫在访问斯里兰卡检阅海军仪仗队时,被其中一名泰米尔族士兵抡起枪托袭击。即使面对这样的险境,拉吉夫仍然没有动摇对印度民族统一的坚持。

【音频】拉吉夫·甘地:没有比民族统一和完整更重要的了。印度是不可分裂的,世俗主义是我们的理念,我们要彼此宽容和理解。

1989年拉吉夫因贿赂丑闻在国民大会选举中失败,印度军队从斯里兰卡撤回。两年后,拉吉夫率领印度国大党卷土重来,再次竞选印度总理。由于惧怕拉吉夫重新上台执政出兵斯里兰卡,泰米尔猛虎组织于1991年5月21日组织策划刺杀了拉吉夫。拉吉夫遇刺身亡,国大党失去了他们的掌舵人,声名显赫的尼赫鲁·甘地家族对印度政界近半个世纪的掌控也由此结束。

(肖定斌)

拉吉夫·甘地被斯里兰卡士兵袭击

首届电影"百花奖"颁奖

五月 22

20 世纪五六十年代,看电影是人们普遍喜爱的一种休闲娱乐方式。为促进中国电影艺术的"百花齐放"和进一步提高影片质量,《大众电影》杂志在中国电影工作者协会的倡导下,于 1962 年创办了新中国的第一个电影奖项——"百花奖",以百花盛开象征影坛繁荣,鼓舞电影工作者为大众创作出更好的影片。1962 年 5 月 22 日,首届电影"百花奖"颁奖典礼在北京举行。中央新闻纪录电影制片厂的《新闻简报》对颁奖情况作了介绍:

【音频】1962 年中央新闻纪录电影制片厂的《新闻简报》片段

首届《大众电影》"百花奖"授奖大会会场

1956 年,毛主席提出将"百花齐放,百家争鸣"作为发展科学、繁荣文学艺术的指导方针。1961 年 6 月 19 日,周总理发表《在文艺工作座谈会和故事片创作会议上的讲话》,提出"艺术作品的好坏,要由群众回答,而不是由领导回答"。由此,《大众电影》杂志在当年举办了以"百花奖"命名的观众投票评奖活动。中国电影家协会秘书长张思涛讲述了"百花奖"的由来:

【音频】张思涛:会议中间,周恩来总理有个报告里面强调,评判一个文艺作品的好和坏,最高的最权威的评判者是群众。周总理进一步提出要搞一个由群众来评定影片的奖项,后来经过中国电影家协会的书记处讨论,确定这个奖项定名为"百花奖"。

首届电影"百花奖"设置了最佳故事片、纪录片、美术片和最佳导演、最佳编剧、最佳男女演员等 15 个奖项。1961 年 10 月,《大众电影》杂志正式刊登了"百花奖"的评奖启事与选票,随之而来的便是广大观众参与评选的热潮。短短几个月,《大众电影》的编辑部就收到了 11 万多张选票。在今天看来,也许 11 万张选票并不算多,但在那个年代,每一张选票的背后代表的可能是一群人。《大众电影》杂志的编辑沈基宇认为当时的选票含金量非常高。

【音频】沈基宇:我举个例子,沈阳玻璃厂有四千多个工人,四千多人只有一本《大众电影》。他们用红纸把片名写出来,大家集体讨论,集体预投,等于是集体参加了。

可以说,每一张"百花奖"的选票都凝聚着广大民众对国产电影的真诚支持和对优秀演员的由衷喜爱。而统计这 11 万多张选票,在当时也是一项十分艰巨的任务。《大众电影》杂志的主编蔡师勇讲述了当时统计选票的情况:

【音频】蔡师勇:那个时候比较有意思,当时因为没有电子计算机,所以请了很多中学生拿算盘统计选票。

1962 年 4 月 27 日，首届电影"百花奖"获奖名单正式公布，15 个奖项各归其主。由谢晋执导的电影《红色娘子军》成为最大赢家，一举包揽了最佳故事片、最佳导演、最佳女演员和最佳配角四项大奖。

5 月 22 日，首届电影"百花奖"在北京政协礼堂隆重颁奖。授奖大会由中国电影工作者协会副主席田方主持，中国文学艺术联合会主席郭沫若发奖。第一次出演电影的祝希娟因在影片《红色娘子军》中出色饰演女主角吴琼花而获得最佳女演员奖，在片中饰演大反派南霸天的陈强也凭借入木三分的表演荣获最佳配角奖。

【音频】祝希娟：我没想到给我发奖的是郭沫若同志，郭沫若同志专门为我的琼花题了一首诗。我当时觉得我都晕了，我都不知道我是在做梦还是在现实生活里头。

【音频】陈强：听到得奖，我当然非常激动。因为这在全国是第一次，我也是第一次拿到这样的奖。会场那是全部爆满，甚至在市内有很多知道的人都跑到这个剧场外就听消息，哪个得奖的。当然这是起到鼓励作用了，我这一生在电影事业上一直在努力。

值得一提的是，首届电影"百花奖"没有设置奖杯，更没有奖金，15 项大奖的奖品都是由国家领导人或文艺界知名人士题写的字幅。对于获奖者来说，最大的幸福还是参加了当天晚上举行的庆祝晚会。在晚会上，有幸和周总理跳第一支舞的是"百花影后"祝希娟。

【音频】祝希娟：乐曲一开始，大家都拥上去请总理跳舞。我是上海来的，傻乎乎的，坐那儿也不敢动。后来我们团长说你去请，那我就去请。最后总理说，都不要跳，我要跟那个得奖的百花奖演员跳。结果我就跟总理跳第一个舞，我觉得幸福得不得了。那时候我才 22 岁，第一次见这么大的世面，老踩他的脚。后来陈老总说，没有关系，我们大家是音乐散步。

首届电影"百花奖"极大地调动了我国电影工作者的创作热情，促进了中国电影的发展。从 1981 年起，"百花奖"群众选票从每届的几十万张增至 200 多万张。1992 年，中国电影家协会在大众电影百花奖和中国电影金鸡奖颁奖活动的基础上创办了中国金鸡百花电影节。

（舒　凤）

郭沫若为祝希娟颁奖

287

会说话的米老鼠诞生

五月 23

它聪明、善良、乐于助人，它独立、机智、勇于冒险，它可爱的形象深入人心，至今仍然风靡全球，它就是世界上最受欢迎的老鼠——米老鼠。米老鼠由华特·迪士尼与他的团队创造，华特·迪士尼曾这样评价它：米老鼠是一位好好先生，从不害人。虽然它常常身陷困境，但最后总能面带笑容地化险为夷。米老鼠于1928年11月18日正式出现在有声片中，但它只能通过大笑、大哭、吹口哨等方式来表达自己的情感。直到1929年5月23日，在《嘉年华小孩》一片中，米老鼠才第一次真正开口说话。

【音频】米老鼠在《嘉年华小孩》中的对白

动画片《蒸汽船威利号》

米老鼠诞生之前，华特·迪士尼曾经创作过一只叫奥斯华的长耳朵卡通兔形象，很受观众欢迎。到1928年，也就是米老鼠诞生的这一年，迪士尼和设计师们一起讨论，如何创作一个更可爱的卡通形象。于是他们开始修改这只兔子：先把耳朵变圆，然后把尾巴变短，给短裤加上纽扣，给大脚穿上鞋子，双手戴上手套，再加上一条可爱的尾巴。不一会儿，一个可爱的老鼠形象跃然纸上。华特·迪士尼眼前一亮，"就是这只小老鼠了"！他的夫人也非常喜欢，于是给它取了一个响亮的名字"米奇"。我们现在所熟悉的"米老鼠"这三个字，就是从"米奇老鼠"简化而来的。

米老鼠的形象诞生之后，华特开始用它来创作动画片。很快，米老鼠先后在《疯狂的飞机》与《骑快马的高卓人》中亮相。虽然这两部影片反响平平，但华特并未因此而放弃。1928年11月18日，世界上第一部米老鼠系列的有声卡通电影《蒸汽船威利号》在纽约上映。主人公米老鼠出演一个淘气可爱的海员。尽管这部8分钟的卡通短片只在其他电影正片前放映，但却获得了意外的好评。人们慕名而来，纷纷涌向电影院观看这部有声动画片。各大报业也争相报道，媒体对此片的评价是："在8分钟的时间里，音乐和动作配合得天衣无缝。"这在当时可谓是对有声电影音画质量的最高评价。

【音频】米老鼠在《蒸汽船威利号》中弹奏的一段轻快的音乐

《蒸汽船威利号》使米老鼠成为家喻户晓的卡通明星。1932年，《蒸汽船威利号》获得了奥斯卡特别奖。这部影片的成功，离不开华特·迪士尼与他团队的共同努力，尤其这是第一次尝试有声卡通片。华特·迪士尼在介绍该片的制作过程时说："当时我们是无法配音的，所以我们必须一次性把一切搞定，我们有各种声效，我们有具备各种声音的人，我们还有管弦乐演奏，大家必须保持同步。"

【音频】迪士尼介绍制作《蒸汽船威利号》卡通片的过程

　　1929 年 5 月 23 日,卡通片《嘉年华小孩》上映。在这部影片中,米老鼠第一次有了自己的对白。它的第一句台词是"Hot dog"(热狗),而为它配音的正是华特·迪士尼本人。此后,米老鼠陆续出现在百余部电影中,包括《勇敢的小裁缝》《米奇音乐会》《指挥者》《幻想曲》等。米老鼠的 9 部卡通片曾被提名奥斯卡最佳动画短片奖,其中《伸出爪子》于 1942 年获奥斯卡奖。米老鼠在影片中扮演着不同的角色,如侦探、牛仔、泥瓦匠等,它多才多艺,能歌善舞,深受小孩与大人们的喜爱。

【音频】米老鼠的一段歌唱表演

　　迪士尼公司之后虽也推出众多的卡通形象,如脾气暴躁的唐老鸭、笨拙可爱的高飞、忠诚冷静的布鲁托等,但米老鼠依然称得上是迪士尼卡通形象中最具代表性的一个。之后迪士尼将经营范围拓展到了方方面面,如玩具、图书、电子游戏、主题公园等,其中影响最大的无疑是迪士尼乐园。1955 年,全球第一家迪士尼主题乐园在美国洛杉矶开幕,开园仅一星期,便有超过 100 万游客光顾。走在乐园里就像漫步在童话世界中,人们穿梭在老式马车之间,与演员装扮的米老鼠、唐老鸭一起翩翩起舞……正如华特·迪士尼在开幕仪式上说的那样,每个人都希望来到这里,迪士尼乐园就是大家的乐园。

【音频】华特·迪士尼在开幕仪式上发言

　　1978 年,米老鼠迎来了自己 50 岁的生日。正是在这一年,它幸运地成为第一个在好莱坞星光大道上留下名字的卡通人物。米老鼠已经成为迪士尼王国的一个标志,这只世界上最出名的小老鼠陪伴着一代又一代的孩子快乐成长。

【音频】华特·迪士尼:在过去的几年里,我们创造了许多形象,我们也有很多机会与很多很棒的人一起工作,但是我希望我们不要忘记一件事情:这所有的一切都开始于一只老鼠。

(王　依)

华特·迪士尼

中国羽毛球队完成大满贯

第五届羽毛球世锦赛男单冠军杨阳

【音频】第五届世界羽毛球锦标赛男单决赛的实况录音

这是 1987 年在北京举行的第五世界羽毛球锦标赛男单决赛的实况录音,最终中国选手杨阳以 2 比 1 战胜丹麦选手弗罗斯特,夺得冠军。1987 年 5 月 24 日,第五届世界羽毛球锦标赛落下帷幕。中国羽毛球代表团获得了包括男单、女单、男双、女双以及混双比赛的全部 5 枚金牌,第一次完成大满贯,在中国羽毛球史上留下了光辉的一笔。

世界羽毛球锦标赛由国际羽联组织,是代表世界羽毛球最高水平的单项比赛。1987 年的第五届世界羽毛球锦标赛云集了来自 28 个国家和地区的 200 多名羽毛球高手。除了男单比赛外,为中国夺得冠军的其他 4 个项目和运动员分别为:女单比赛中击败队友李玲蔚的韩爱萍,男双比赛中战胜马来西亚西德克兄弟的李永波、田秉毅组合,女双比赛中击败队友李玲蔚、韩爱萍的林瑛、关渭贞组合,混双比赛中击败韩国李得春、郑明熙的王朋仁、史方静组合。这一成绩展示了中国羽毛球在世界羽坛的绝对优势。

就在一年前的 1986 年,中国羽毛球男队和女队刚刚第一次同时获得了汤姆斯杯和尤伯杯。这两座奖杯分别代表了世界最高水平的男子团体赛和女子团体赛的冠军,中国也是除印尼以外第二个同时夺得汤姆斯杯和尤伯杯的国家。当时的电视节目介绍了两场比赛的赛况。

【音频】两场比赛赛况的电视新闻报道

中国羽毛球运动起步较晚,直至 1987 年夺冠,中国羽毛球的发展可谓一波三折。

新中国刚成立不久,羽毛球这一运动项目基本还是一片空白。此时,一大批远游印尼的华侨回到了祖国,其中就有掌握着先进羽毛球技术的王文教、侯加昌、汤仙虎、陈玉娘等人,正是他们成就了中国羽毛球后来的辉煌。汤仙虎当时提出的回国要求仅仅是三个字——“每天练”。

这些归侨抱着赤子之心,带来了国外羽毛球运动的先进技术与新颖打法,组建了新中国第一代羽毛球队。而这句“每天练”也是当时汤仙虎、侯加昌等羽毛球国手刻苦训练的真实写照。在他们的带领之下,中国羽毛球水平开始突飞猛进。1963 年,印尼羽毛球队来华访问,这个以两届汤姆斯杯夺冠主力为阵容的王者之师出人意料地败给了中国队。

此后至 1964 年的两年间,中国羽毛球队又两次击败印尼队。1965 年中国羽毛球队出访欧洲羽毛球王国丹麦和羽毛球强国瑞典,中国羽毛球运动员以先进的技术风格、快速的打法和灵活多变的战术取得 34 场比赛全胜的辉煌战绩,震惊了世界。由于当时的政治原因,中国国家队被国际羽联排除在国际赛事之外,但世界羽坛却流传着中国才是羽毛球"无冕之王"的说法。

然而中国这个"无冕之王"的加冕之路却远比想象中要长。直到 1974 年,中国羽协才正式成为亚洲羽联的会员。同年在伊朗举行的第七届亚运会,中国羽毛球队表现出色,获得了全部的 5 枚金牌,"无冕之王"此番成为了真正的亚洲冠军。1977 年,在中国等国家的倡导下,亚羽联在伦敦召开会议,决定成立新的羽毛球世界组织——世界羽毛球联合会。中国等 20 多个国家和地区的羽毛球协会纷纷加入,霍英东担任该组织的名誉主席。1981 年,国际羽联和世界羽联宣告联合,中国羽协这才得以正式参加国际羽毛球赛事。此时,60 年代的国手侯加昌已经成为中国羽毛球队的主教练,正是在他的带领下,中国队在 1987 年世界羽毛球锦标赛上完成了大满贯的壮举。

【音频】1978 年至 1987 年间中国羽毛球队成绩的电视新闻回顾

在实现世界羽毛球锦标赛大满贯之后,中国羽毛球创造了一项国际羽坛史无前例的纪录:由一个国家同时获得并保持世界羽毛球比赛男女团体赛和 5 个单项个人赛的全部 7 项冠军。随后的 1988 年和 1990 年,中国羽毛球又接连两届双获汤姆斯杯和尤伯杯。可以说,整个 20 世纪 80 年代是中国羽毛球所向披靡的黄金时代。

到了 20 世纪 90 年代,中国羽毛球水平却出现了大幅下滑。众多国际比赛中,中国队都与金牌无缘。1993 年,退役后的李永波临危受命,担任中国羽毛球队主教练,中国队由此开始重新振作,再次走向辉煌。至今中国已经多次在世界羽毛球锦标赛上完成大满贯,然而 1987 年的首次大满贯却尤为来之不易,它寄托了中国运动员的强国心愿,体现了那代运动员的拼搏精神,也让所有中国人引以为傲。

(王永平)

教练侯加昌

电影《星球大战》美国首映

五月 25

乔治·卢卡斯

这段澎湃激昂的旋律选自广为人知的科幻影片《星球大战》。1977 年 5 月 25 日，乔治·卢卡斯导演的首部《星球大战》在美国首映。《星球大战》创造了一个前所未有的太空世界，它标志着电影正以惊人的速度进入数字化时代。《星球大战》最初在 37 家电影院上映，打破了其中 36 家影院的票房纪录。观众为这部电影而疯狂，所有上映该片的电影院外都排起了购票长龙。

首部《星球大战》在 1978 年获得了 10 项奥斯卡奖提名，最终获得了最佳视觉特效、最佳音效、最佳剪辑等 7 项大奖。虽然与最佳电影奖擦肩而过，但对于乔治·卢卡斯来说，能够获得提名已是胜利。三位影片主演也一夜之间从无名小卒成为家喻户晓的大明星。饰演汉·索罗的哈里森·福特曾在采访中谈起自己当时的心情：

【音频】哈里森·福特：我的感觉是，太好了，今后我的片约会不断，我终于可以靠着这部电影的光环，开始我的演艺生涯了。

作为当时最卖座影片的导演，乔治·卢卡斯不仅取得了拍摄影片续集的权利，还获得了更加大胆尝试的机会。由于在拍摄首部《星球大战》时卢卡斯并没有完整讲述他头脑里幻想出来的全部故事，因而他决定在续集中完成自己的梦想。吸取了拍摄前一部《星球大战》时的教训，此次拍摄，卢卡斯自行筹集了 3300 万美元，从而彻底拥有了对影片的主导权。除了从银行贷款的 2500 万美元，他还将自己从第一部《星球大战》中赚到的钱全部投入了续集的拍摄中。《星球大战：帝国反击战》系列以及他个人的成败都在此一举。

这一次，乔治·卢卡斯因为担任制片人，故而请来了自己的老师伊文·科舒纳担任影片导演。科舒纳当时还差点拒绝了这份邀请。

【音频】伊文·科舒纳：一开始我并不愿意，因为第一部影片太成功了，续集永远是续集，永远比不上第一部，因为第一部是个突破。我把这件事告诉我的经纪人，他说，你疯了！接下它！

第二部的场景和规模都要比第一部大得多，科舒纳深感自己身上的压力，如果这部影片失败了，就不会再有星战的续集了。科舒纳在这部续集中成功加入了更多的人性冲突和剧情冲突，使得《星球大战：帝国反击战》成为《星球大战》系列中最成功的一部。

此时,乔治·卢卡斯创立的工业光魔特效公司也羽翼渐丰,在电影特效镜头方面越来越成熟,《星球大战:帝国反击战》中的特效镜头数量和效果都大大超越了第一部。影片中大量使用了精致的微型模型,结合了逐格摄影和蓝屏抠像技术,将片中出现的庞大的步行机器战车和实景拍摄的镜头无缝衔接在一起,在银幕上营造出了令人惊讶的视觉效果。

《星球大战:帝国反击战》在1980年5月上映,影片不负众望,刷新了首部《星球大战》的成绩。乔治·卢卡斯3300万美元的投入也在3个月内全部收回。在此之前,好莱坞很少有成功的续集电影,而《星球大战:帝国反击战》不但继承了第一部《星球大战》的惊人想象力,同时对电影主人公的性格和命运作了令人信服的阐述。

又一次获得成功的乔治·卢卡斯并没有放下追逐梦想的脚步,他又开始筹备拍摄第三部《星球大战》,这一次他又将全部身家压了上去。1983年5月25日,《星球大战:绝地武士归来》首映,影片获得了预料中的成功,而这一天也正是1977年第一部《星球大战》上映6周年的纪念日。影片在狂热影迷的拥护中,一举打破了美国首映票房、周末票房、总票房在内的多项纪录。乔治·卢卡斯曾谈及自己创作《星球大战》的初衷:

【音频】乔治·卢卡斯:《星球大战》真正开始还是我在大学的时候,我所学的人类学课程非常强调神学等诸如此类的内容,我就对神话和神话学非常感兴趣,所以我有了一个做现代神话故事的想法,我想唯一能让人接受的就是外太空,这也是我们唯一还不了解的地方。

《星球大战》三部曲在商业上获得了巨大的成功,同时,乔治·卢卡斯也为电影工业本身带来了空前的革命。他创立的工业光魔公司不但改变了电影制作观念,而且由此诞生的非线性剪辑设备从此改变了电影的剪辑方式。公司的电脑动画部门后来独立成为皮克斯公司,首先开创了电脑动画三维技术,在出售给史蒂夫·乔布斯后,逐渐成为好莱坞动画史上新的传奇。

从1999年开始,也就是20余年之后,乔治·卢卡斯又陆续拍摄了《星球大战前传》三部曲。前传三部曲大量利用数字技术拍摄,又一次以革命般的制作观念冲击了电影制作行业。虽然在今天看来,乔治·卢卡斯《星球大战》三部曲的画面特技效果远不及后来生产的其他科幻大片,但这个电影系列在当时是超越时代的。对于《星球大战》系列的电影观众来说,这是一个已经横跨近半个世纪仍在被不断书写的银幕传奇。

(倪嘉铭)

电影《星球大战》海报

钢铁工人邱财康因公烧伤，
广慈医院全力抢救

五月 26

邱财康

1958 年 5 月 26 日深夜，上钢三厂的转炉车间发生一起工伤事故，有三名工人被摄氏 1300 度的钢水烫伤。伤者被立即送到上海第二医学院附属广慈医院，也就是后来的瑞金医院进行抢救。青年司炉长邱财康全身烧伤面积达 89%，除了头皮、臂膀、脚底以及腰部束皮带处以外，全身其余部分均被烧伤。有些烧伤深入到皮下层、筋膜、肌肉以至肌腱，三度烧伤面积达 23%。根据当时国外医学界所认定的说法，烧伤面积超过 80% 无法治疗，许多医护人员都认为救治的希望微乎其微。

在上钢三厂党委的坚持和市委领导的关怀下，广慈医院党委迅速组织了一个由多名专家组成的抢救小组，搭配一个得力的青年护理队，对邱财康进行全力抢救。严重烧伤后的病人要经历三个生死关卡：休克关、感染关和植皮关。由于烧伤后创面大量体液流失，对病人补充体液使其度过休克关非常关键。但邱财康的情况危重，传统的补液量公式已经不适用。医护人员打破常规，创新地提出增加补液尤其是血浆的方法。在日夜精心的守护下，邱财康闯过了休克关。紧接着，感染的问题接踵而来。在烧伤一周以后，邱财康全身开始出现败血症的初步迹象。由于细菌在治疗过程中产生了耐药性，邱财康面临腿部被截肢的危险。细菌学专家采用了用噬菌体液以毒攻毒的办法，终于使病情得到了控制。由于邱财康的烧伤创面大，一旦发生感染危害极大，因此无菌环境是必需条件。为了让邱财康有一个更安全的治疗环境，护理人员们也作出了牺牲，有些护理人员甚至为此剪掉了自己的长发。

最后也是最难的一关，就是植皮关。到邱财康烧伤第三周前后，他身上三度烧伤的死皮几乎都脱落了，植皮手术迫在眉睫。由于自身可用的皮肤远远不够，外科主任带头捐皮，许多医护人员积极报名，群众也反应热烈。虽然最终没有采用这个方法，但这给邱财康带来很大的精神支持。后来，医生们根据皮肤生长的特性，设计了一个在异体植皮移植成活后，嵌入新鲜采集的自体皮的方案。这个方案使得邱财康双下肢的创面在异体皮和自体皮相互替代的过程中获得了治愈，而这已是他烧伤后两个多月的事了。1958 年 7 月 28 日，上海人民广播电台记者在广慈医院的隔离病房见到了邱财康，让关心邱财康病情的社会各界听到了他的声音。邱财康表示想要早点恢复，回到岗位上去。

【音频】记者在广慈医院的隔离病房采访邱财康的录音片段

为了挽救邱财康的生命,广慈医院的医护人员们使尽全身解数。为了让邱财康补充营养,护士们甚至想到了巴甫洛夫的条件反射学说,把各种名牌菜馆的菜单念给他听,以增进他的食欲。当时整个社会的力量也在支持着广慈医院的抢救工作。为了防止邱财康发生皮肤感染和褥疮,也帮助他减轻翻身的痛苦,医生们设计了我国烧伤治疗史上的第一张翻身床,委托上海医疗器械厂制作。经过紧张的赶制,一架由骨折台改装成的特殊病床被送到了广慈医院。这一切都令邱财康非常感动。

经过100多个日夜的奋战,在"打破权威、突破极限"理念的指导下,在医护人员超乎常人的全力付出以及各界群众的多方支持下,邱财康终于被成功抢救。1958年11月21日,邱财康康复出院了,这引发了国内外医学界的轰动。原本几乎没有生还可能的他,竟神奇地痊愈了。

【音频】1958年邱财康出院的新闻片段

在出院后厂里举行的欢迎会上,邱财康说医护人员的全心付出不仅是为了他一个人,更是为了全体炼钢工人。

【音频】1958年11月,邱财康在上钢三厂欢迎会上的发言

1961年,邱财康回厂上班。爱岗敬业的他曾被评为全国劳动模范,1988年光荣退休。"钢铁英雄"邱财康曾是许多影视文学作品的主角。巴金曾专程到医院看望邱财康,创作了报告文学《一场挽救生命的战斗》。1959年9月,由柯灵编剧、桑弧执导,反映抢救邱财康事迹的电影《春满人间》在全国上映。

"成功救治邱财康"是一个烧伤科专业无法绕过的专业案例。在抢救过程中,我国医护人员探索出救治大面积烧伤病人方法的雏形,从而奠定了我国烧伤外科治疗水平国际领先的基础,并在世界范围内将大面积烧伤的救治水平推进了一大步。就在邱财康回厂上班的那一年,广慈医院改名为瑞金医院并成立烧伤科。经过多年的探索,瑞金医院烧伤科成功创立了具有特色的大面积烧伤救治方法,形成了国际医学界公认的中国烧伤治疗模式。

(郑榴榴)

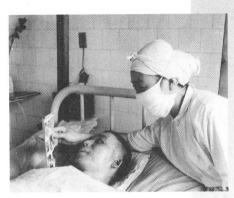

邱财康在医院

上海人民广播电台成立

五月 27

1949 年 5 月 27 日,硝烟弥漫多日的上海迎来了久违的平静,进入上海的解放军与残余的国民党守军激战已经结束。然而,偶尔响起的几声枪炮声,让市民们仍然不敢冒险走出家门。此刻,日夜盼望着上海解放的市民只能守候在收音机旁,等待收听最新的消息。晚上 7 点,收音机里传来了连续三声崭新的呼号:"上海人民广播电台!""上海人民广播电台!""上海人民广播电台!"这不仅向千千万万听众宣告了上海已经全部解放,也宣告了上海人民广播电台正式成立。当时担任播音的上海人民广播电台第一代播音员夏之平对那一刻的情形仍然记忆犹新。

邹凡扬

【音频】夏之平:第一项就是正式宣布我们广播电台的名字,一上来我就连续呼三次"上海人民广播电台"。当呼这个声音的时候,我自己就好像眼里能看到上海的听众围在收音机前面等着听好消息的样子。

其实,早在上海全面解放的前两天,人们已经从电波中感觉到胜利即将到来。1949 年 5 月 25 日这一天拂晓的上海,战事虽然还在进行中,但光明即将驱散黑夜。邹凡扬作为上海新闻界的地下党员,早在 1946 年就奉命打入国民党办的报纸,到 1949 年他已担任国民党的通讯社总编辑。1949 年 5 月 24 日夜里,邹凡扬一夜未眠,趴在窗前看马路。天蒙蒙亮时,他看到有国民党的败兵向东逃窜。10 分钟后,穿着蓝灰色军装的解放军战士紧贴着沿街房屋搜索前进,一枪未发。战线迅速东移,上海解放了。5 月 25 日清晨,邹凡扬带着《解放军入城布告》从永嘉路赶去常熟路,在车上,邹凡扬写下了共 23 字的稿子——"中国人民解放军今日凌晨攻入上海市区,大上海解放了"。邹凡扬到达电台后,原有的播音被终止,改播他的广播稿,即解放上海的 23 字新闻和《解放军入城布告》。

上海即将解放的广播新闻电波不仅传进了上海的千家万户,也传到了距离上海两百多公里的江苏丹阳。在这里,将要接管上海的中国人民解放军军管会成员和入城部队正在进行集结和培训,学习中国人民解放军的《入城守则》和《约法八章》,同时聆听了陈毅司令关于解放上海的政策报告。在集训的队伍中,有即将要接管旧上海国民党电台的军管会成员周新武和他领导下的华东新华广播电台的工作人员。当时,随军南下的华东新华广播电台为了接管上海电台,驻扎在丹阳为接管做各项准备工作,一旦上海解放,他们将立即赶赴上海,开展革命宣传工作。

在确认了上海即将全面解放的消息后,负责接管上海电台的上海军管会成员风雨兼程挺进上海。5 月 27 日,顺利进入电台之后,播音员夏之平与苏佩就开始熟悉播音室的设备情况。上级对这第一天的播音要求十分严格,绝对不许出错。在播出了"上海人民广播电台"的新台名之后,夏之平当晚的第二项任务是播出三个公告。在丹阳时,夏之平就拿到了这三个文件反复阅读和领会,但夏之平认为最大的困难是当时只能直播。在一个新的环境里,在那样重要的时刻,面对千千万万听众,要做到一字不差地把三个文件全部顺利播出,谁都没有百分之百的把握。但到了播出时,夏之平沉着镇静地反复播出这三个公告,没有出现一次差错,最终圆满完成了任务。在1959年反映解放上海的老电影《战上海》中,情景再现了当时的上海人民广播电台第一次播音的情形:

【音频】1959年版电影《战上海》录音片段

中国人民广播事业开创于抗日战争时期的1940年,新华社在当年中国革命的心脏地区延安创建了延安新华广播电台。到了解放战争时期,随着解放大军的南征北战,各地纷纷建立了新华广播电台。1948年,创建于山东解放区的华东新华广播电台跟随着解放大军南下,先后接管了包括上海在内的华东地区各座城市的广播电台。华东新华广播电台既是延安新华广播电台的一条支脉,也是上海人民广播电台的前身。就在解放上海的前夕,中共中央为新中国的广播电台起了一个响亮的名字——人民广播电台,由此,上海人民广播电台也成为新中国第一家被命名的电台。

上海人民广播电台成立后,历经几代广播人的努力,取得了丰硕的成果,不仅创造性地运用广播大会、录音报道等形式做好宣传工作,还创办了一大批深受听众喜爱的栏目。正如第一任台长周新武在上海人民广播电台成立五十周年时所说,上海人民广播电台与听众建立了广泛的亲密的联系。正是有了这样的基石,上海人民广播电台在发展之路上越走越宽。

（肖定斌）

接管上海广播电台后留影

"东方快车"号列车重新运行

五月 28

有一辆列车,曾满载着思乡的愁绪,满载着各国的王子公主,还附带着不少的间谍和诈骗罪犯,在亚欧大陆横贯行驶。它的营运曾留下了无数传奇故事,这就是世界上第一列横穿欧洲的洲际列车——东方快车。1982年5月28日,东方快车在停运将近5年后重新投入运行。

历史上东方快车曾有不同的路线,但大致不离最初横贯东西的起讫点。虽然东方快车最初是指通往欧洲东部的国际列车,但后来在各种通俗文学中均用以指代激情的异国之旅或豪华旅游,许多小说和电影都取材于该列车。1934年,侦探推理小说家阿加莎·克里斯蒂发表了侦探小说《东方快车谋杀案》。小说讲的是大侦探波洛在东方快车上巧破一桩谋杀奇案的故事。1974年,小说《东方快车谋杀案》被改编成电影,以下就是上海电影译制厂配音的电影片段:

东方快车路线图

【音频】《东方快车谋杀案》电影录音剪辑

东方快车最早运营于1883年。这年的10月4日,第一辆东方快车驶离巴黎火车站,带着氤氲蒸汽,一路穿越阿尔卑斯山脉,经过布达佩斯、布加勒斯特,最终抵达伊斯坦布尔。1906年,位于瑞士和意大利之间的辛普伦山岭铁路隧道开通后,东方快车开始固定运行在巴黎、米兰、威尼斯一线,后来又加上卧铺,延伸至南斯拉夫、希腊直到土耳其的伊斯坦布尔,可谓横跨欧洲大陆,如果日夜兼程,完成旅行共需四天。法国展览馆馆长克劳德·莫拉德曾用"一场舞台剧"来形容这段旅程。

【音频】克劳德·莫拉德:当时,在四天旅行中,东方列车上的乘客只需要尽情享受旅行、聊天并结交其他一些乘客,因此这趟旅行就像是一场舞台剧,而你就是这场剧中的主角。

在欧洲,东方快车以极度奢华而闻名,每一对情侣都拥有一个单独的车厢,他们可以处在其中尽享浪漫旅途。不过,这样浪漫的代价是昂贵的,因为仅从巴黎到威尼斯的单程车票就高达1200英镑。此外,世界上许多富豪和名人都热衷于这列火车。军火大亨扎哈罗夫,石油巨头、壳牌石油和英国石油的创始人古尔班·基安,很多欧洲王室成员等经常乘坐这趟列车。即便是普通的乘客,一旦乘坐过东方列车,对他们而言都是一场终生难忘的经历。一位曾经搭乘过东方列车的巴黎游客有感而发:

【音频】法国巴黎游客:我读过的很多书中的故事,都是发生在东方快车上的,连做梦都是东方列车,而且我真的很喜欢中东地区,我已经爱上那里了,时常梦到它。

自 1883 年开出第一班列车后，东方快车的知名度与日俱增，路线也不断延展。1919 年，位于瑞士和意大利之间的辛普伦隧道重新贯通后，允许列车使用南行路线经过米兰、威尼斯直到意大利东北部边境港口城市里雅斯特，这段线路被称为辛普伦·东方快车。1930 年代，又新开辟了亚尔堡·东方快车，它行驶于苏黎世、因斯布鲁克至布达佩斯，设有卧车，直通布加勒斯特和雅典。全盛时期，三段线路同时运行。在此期间，东方快车提供卧车和餐车，以舒适及豪华的服务享负盛名，各国皇室、贵族、外交家、商人纷至沓来。东方快车的列车负责人介绍了当时的服务情况：

【音频】东方快车列车负责人：我们的旅客来自世界各地，火车上的装饰很漂亮，沿途的风景也是。即使现在有时速达到 300 公里的火车，不幸的是服务却跟不上去。东方快车的优势和王牌就是在列车上提供最好的服务。

　　1914 年第一次世界大战爆发后，东方快车停驶。一战结束后，应法国政府的要求，东方快车的第 2419 号车厢被改装成福煦将军的办公室。1918 年 11 月 11 日，一战停战协议就在这节改造后的车厢里签署。1939 年第二次世界大战开始之后，东方列车再度中断运营。在冷战时代，东方快车虽维持通行，但因华沙公约国要求尽量使用自己的列车行驶，因此整个旅程需要多次换乘列车。此后，由于收益未能支付老旧列车的维修翻新，1977 年，最后一列从巴黎开往伊斯坦布尔的列车到站后，直通东方快车的业务完全停止。

　　1982 年，东方快车再度行驶于伦敦与威尼斯之间，这趟复活的东方快车属于威尼斯——辛普伦东方快车的老板詹姆斯·舍伍德。詹姆斯·舍伍德在拍卖会上拍得了两节东方快车车厢。事实上这两节车厢大有来历，因为 1974 年的电影《东方快车谋杀案》就是在这两节车厢里拍摄的。詹姆斯·舍伍德不断寻觅退役的旧车厢，并恢复了东方快车特有的漂亮外观，还与 8 个国家进行商谈，讨论穿越各国的事宜，这趟睽违 5 年之久的东方快车最终得以重新投入运营。

（肖定斌）

1883 年的东方快车手绘图

首位踏足中国的奥斯卡影后
玛丽·璧克馥逝世

五月
29

玛丽·璧克馥

【音频】吉恩·凯利:对于整整三代影迷来说,大屏幕上的这张脸,是世界上最受欢迎的女人的脸。她在 1917 年主演电影《太阳溪农场的丽贝卡》之前就已经拍摄了超过 160 部电影,"美国甜心"这个经典称号正是来自她的银幕创造……

1975 年第 48 届奥斯卡颁奖典礼的现场,在发言人吉恩·凯利身后的大屏幕上,不断变换着一位美丽金发女子的照片。这位被吉恩·凯利称作"美国甜心"的女子即将获得由该届奥斯卡颁出的特别荣誉奖,以表彰她对美国电影事业所作出的卓越贡献。

在表演上,她是默片黄金时期的头号女影星,也是美国电影史上第一位真正意义上的国际巨星;在生活中,她嫁给了当时好莱坞的金童道格拉斯·范朋克,夫妇共谱了一段影坛佳话和传奇;在事业中,她与查理·卓别林等人一起创办了改变电影工业的联美电影公司,成为"缔造好莱坞的女人"。她就是第二届奥斯卡影后玛丽·璧克馥。1979 年 5 月 29 日,87岁高龄的玛丽·璧克馥病逝,结束了其辛劳而荣耀的一生。

1892 年 4 月 8 日,玛丽·璧克馥出生于加拿大多伦多市,原名格拉迪斯·路易斯·史密斯。在她 5 岁时,父亲因工伤事故去世,家庭经济支柱的离世给一家人带来了巨大的打击。

为了挑起维持家庭生活的重担,小格拉迪斯 8 岁时就参加了巡回演出团,足迹遍布加拿大和美国。14 岁时,她又进军百老汇,"玛丽·璧克馥"的艺名就是在那时诞生的。1909 年,17 岁的玛丽又突然冒起了向电影市场转型的念头。她成功征服了当时比沃格拉夫电影公司的老板格里菲斯,获得了在电影《冷落的别墅》中出演女主角的机会,由此开启了她的电影生涯。

1909 至 1912 年间,她参加拍摄的影片多达 185 部。一方面是市场对电影的狂热需求,一方面是玛丽·璧克馥姣美的容颜和出众的演技令观众为她神魂颠倒。她很快名声大振。在与多家知名电影制作公司相继签约后,她的身价也与日俱增,很快成了好莱坞第一位百万身价的女演员。

与她在生意上的精明相比,玛丽·璧克馥所塑造的银幕人物则更接近她真实的年龄,那是一些可爱、天真、淘气、顽皮的小女孩。其中,拍摄于 1917 年的《太阳溪农场的丽贝卡》等一系列影片奠定了她作为"美国甜心"的标志性形象。

到了 1919 年,玛丽·璧克馥又干了一件影响历史的事情。她和老东家格里菲斯和大明星查尔斯·卓别林以及道格拉斯·范朋克携手，共同创办了联美电影公司。这家公司改变了当时整个电影工业的垄断格局，为艺术家争取到了更大的创作自由和更多利润。

联美公司成立后的第二年，玛丽·璧克馥嫁给了道格拉斯·范朋克，一对生意上的伙伴变成了生活中的伴侣，而玛丽的艺术生涯也在这一期间达到了巅峰。

20世纪20年代末，随着有声电影的崛起，玛丽·璧克馥也遇到了许多默片大师们所遭遇的危机。1928年，35岁的璧克馥深感再靠"少女风情"去吸引影迷已无可能，决定改变自己的形象。她剪掉了标志性的金色长发，改蓄当时流行的短发并在电影《风骚女人》中扮演起"摩登"女郎来。

《风骚女人》是玛丽·璧克馥拍摄的第一部有声影片，虽然成绩平平，却为她赢得了第二届奥斯卡最佳女主角的殊荣。不过许多历史学家认为她当年是通过贿选夺得影后的，因此这次得奖也成了她个人履历中的黑历史。

在拍摄完《风骚女人》之后，玛丽·璧克馥与丈夫范朋克合演的《驯悍记》惨遭失败。影评人曾挖苦说，此片唯一值得注意之处是片头字幕上有"编剧：莎士比亚"的字样。但是这对璧人并没有意志消沉，1930年两人还相伴展开了一场环球旅行，所到之处受到世界各地影迷的欢迎，其中也包括上海之行。这次旅行让玛丽·璧克馥成了首位踏足中国的奥斯卡影后。

旅行结束后，玛丽·璧克馥又拍摄了两部有声电影，可惜仍相继失败。其中1933年的影片《秘密》是她的最后一部作品。同年，她宣布退出影坛，一代默片巨星就此从银幕上消失。

岁月荏苒，当1975年奥斯卡为玛丽·璧克馥颁发特殊荣誉奖时，她已步入耄耋之年。这是玛丽·璧克馥人生中的第二尊奥斯卡小金人，这一次，实至名归。

【音频】颁奖者：再次拿到又一尊小金人很棒不是吗？

玛丽：那当然咯。

颁奖者：这小金人一直以来都没怎么变样，是吧？

玛丽：哦，我希望它还是老样子。

颁奖者：是的，它真没怎么变。虽然这么多年来，它几经人手，但现在又重新回到你的手中啦。

玛丽：是的，要感谢所有人，给我这份荣誉，特别是你，谢谢你。

颁奖者：也感谢你，感谢你为我们所作出的杰出贡献。

玛丽：我会永远珍惜它的。

（郑　麟）

范朋克夫妇

五卅运动爆发

在上海人民公园的东北部，有一座为纪念五卅运动而建的纪念碑，时刻提醒着人们不要忘记那段历史。1925年5月30日，上海的南京路上发生了英国巡捕野蛮射杀中国示威学生和群众的血腥事件，酿成致数十人死伤的五卅惨案。五卅惨案是反帝国主义爱国运动五卅运动的导火线。五卅惨案的亲历者徐大妹回忆了1925年5月30日那天南京路上的情形：

【音频】徐大妹：这一天组织我们到上海来，到南京路一直朝前走。走到西藏路的时候，帝国主义就恐慌了，就动武了，他们就开枪了。有一个学生穿着长衫，穿了一双黄色的皮鞋，眼睛还是朝天睁开的，血一直流到我的脚边。那个时候，我也不觉得怕了，就觉得很愤怒。

五卅运动纪念碑

上海自1843年正式开埠后，英、美、法等国相继在沪开办近代企业，江浙一带的农民和手工业者来沪成为被雇劳动者或独自谋生。当时的上海工人谋生非常艰难，不但没有养老、医疗保险和职业保障，还有可能被资本家随意解雇。外籍职工、中国高级职员和一般职工的工资差距很大，资本家还以包工制度、徒工制度等各种形式和用存工、扣工等各种办法来加重对劳动者的剥削。一般职工的栖身之处以简陋平房、亭子间、阁楼、甚至棚户、茅屋为主，以致在杨树浦、闸北、小沙渡、肇嘉浜一带形成了许多贫苦工人集居的"滚地龙"。

此外，上海职工还被剥夺一切集会、言论和罢工的自由。许多码头、工厂实行封建把头制度，有的工厂还设立监狱，派出厂警镇压工人，工人动辄被五花大绑在厂内游行示众，或被投入监牢。面对帝国主义、封建主义和官僚资本主义的压迫和剥削，上海的工人阶级不断地进行反抗，自19世纪60年代起就自发举行罢工斗争。

20世纪20年代，上海是帝国主义进行经济侵略的重要据点，日本在上海开设了十几个纱厂。为了榨取更多的利润，日本资本家肆意虐待中国工人。帝国主义的压榨使工人们无比愤恨，于1925年5月15日举行罢工。资本家以关厂停工相威逼，声言"用关厂来饿死中国工人"。愤怒的工人们冲进工厂，要求资本家发工资，年仅20岁的工人共产党员顾正红惨遭枪杀。5月30日，上海的几千名学生和部分工人涌上街头示威抗议，以英国为首的租界当局出动武装巡捕先后逮捕上百人。对于帝国主义的野蛮行径，学生、市民极为愤怒。当天下午，数千群众奔赴公共租界里的老闸捕房前要求释放被捕者。英国巡捕向群众开枪射击，当场打死十多人、打伤数十人，造成了震惊中外的五卅惨案。

帝国主义的屠杀点燃了中国人民对帝国主义侵略郁积已久的仇恨怒火。上海人民不惧帝国主义的武力镇压，相继有二十余万工人罢工、五万余学生罢课，公共租界的商人全体罢市，连租界当局雇用的中国巡捕也响应号召宣布罢岗。

6月1日，上海总工会宣告成立。6月4日，上海总工会与全国学联、上海学联、各马路商界总联合会共同组成的上海工商学联合会宣告成立，上海各界民众结成反帝联合战线。为了打破帝国主义的舆论封锁，推动反帝爱国运动，中共中央创办《热血日报》，由瞿秋白任主编。《热血日报》及时向广大群众传达党指导运动的方针、政策，揭露帝国主义的罪行。6月5日，中共中央发表《中国共产党为反抗帝国主义野蛮残暴的大屠杀告全国民众书》，指出"全上海和全中国的反抗运动之目标，决不止于惩凶、赔偿、道歉等"，"应认定废除一切不平等条约，推翻帝国主义在中国的一切特权为其主要目的"。

在中国共产党的领导和推动下，五卅运动迅速席卷全国，各阶层广大群众积极参加反帝爱国运动，北京、广州、青岛等几十个大中城市和唐山、焦作等矿区都举行了成千上万人的集会、游行和罢工、罢课、罢市。6月11日下午，上海工商学联合会在西门公共体育场召开市民大会，有五百多团体、近十万民众参加这次反帝集会。原沪南体育场场长曾锦铭讲述了上海民众悼念五卅烈士的集会情况：

【音频】曾锦铭：十万人不仅站满了公共体育场，从老西门到斜桥的马路上也都站满了人。为了悼念在五卅运动牺牲的烈士，会场还设立了安放烈士像的亭子和展示烈士血衣的"血衣亭"。

中国人民的反帝斗争得到了国际革命组织、海外华侨和各国人民的广泛同情和支援。近一百个国家和地区的华侨举行集会和发起募捐，声援五卅运动。

五卅运动沉重打击了帝国主义，对中华民族的觉醒和国民革命运动的发展起了巨大的推动作用。五卅运动之后，中国共产党在全国人民中的政治威望迅速提高，共产党及其领导的革命力量空前壮大。就在这样的时代背景下，"打倒列强、除军阀"的国民革命拉开了大幕。

（王敏丽、舒　凤）

上海总工会、上海各界群众的游行队伍

小荧星艺术团成立

【音频】《歌声与微笑》1986年版

1986年的童声合唱版《歌声与微笑》首演于1986年上海国际友好城市电视节。纯净的童声伴着轻快优美的旋律，使得此歌一经问世立刻受到大众的喜爱，《歌声与微笑》也因此被确定为之后历届上海电视节的节歌。演唱这首歌的合唱团在此前一年的1985年5月31日刚刚成立，这个合唱团就是小荧星艺术团。

小荧星艺术团的前身是设立于1974年的上海电视台少儿演播小组，其宗旨是为适应电视事业发展的需要，给电视节目输送小演员。1984年秋天，在上海举行的首届民族杯小歌手邀请赛上，上海小选手中涌现出一批极具潜质的好苗子，引起上海电视台领导的重视。经过积极筹划与挑选，由40名儿童组成的少儿合唱团于1985年建立，定名为"上海电视台小荧星艺术团"。当时合唱团的指挥林振地曾在节目里谈起"小荧星"名称的由来：

小荧星演出

【音频】林振地：团已经建立了，名字还没有，马上播出了总要有个名字吧。后来我们想来想去，觉得小荧星蛮好，小就是孩子，荧就是荧屏，星就是明星，这三个字非常简练，把所有意思都包括了，我到现在还想不出比小荧星更确切的名字。

虽然成立时间不长，但当时的团里已经聚集了一批荧幕上的小明星，其中就有后来演唱《邋遢大王奇遇记》主题歌的曹蕾。由于参加首届全国民族杯小歌手邀请赛获得一等奖，曹蕾当年被小荧星特别录取为第一批成员。小曹蕾那可爱的模样、清澈的声音在随后几年的电视荧屏上频频亮相，成为一代人的甜美记忆。许多年之后，人们说起小荧星，总是第一个想起曹蕾的名字。

【音频】曹蕾演唱的《邋遢大王奇遇记》主题歌

小荧星成立后的影响力与日俱增，这从历年的招生场面可见一斑。由于面向全市公开招生，对象年龄跨度为3至15岁，因此合唱队、舞蹈队、影视剧团每一次招生都吸引了成千上万名儿童报名应试，场面极为热烈。1989年的影视剧团"招生启事"在电视中播出后，3.5万名儿童迅速报名，一时间考场周围人群簇拥、交通堵塞，公安出动了40多名警察维持秩序。最后此次招生共设立了10个考场，每天分3班考试，整整考了9天才结束。此次招生共录取103人，分正班和预备班，分别在当年和次年上课。合唱团指挥林振地至今还能回忆起小荧星最初招生时的场景：

【音频】林振地：第一次招生就是 1985 年 1 月份，没有想到第一次影响那么大。从南京路西藏路口，排队一直排到人民广场。因为当时我们也没有经验，一下子那么多人，后来惊动了公安局，他们就来问怎么那么多人挤在人民广场，我们只能赶紧打招呼。

小荧星合唱团是艺术团中最早成立的。合唱团在弘扬经典艺术作品的基础上，特别注重对本国本地区歌曲的推广和传唱。除了唱遍大江南北的《歌声与微笑》和《走进十月的阳光》等歌曲之外，生动活泼的《济公》和《上海叫卖小调》等歌曲所展现的精湛演唱也倾倒了无数听众。小荧星一时间在上海可谓家喻户晓。下面就是 1988 年小荧星合唱团演唱的《上海叫卖小调》：

【音频】小荧星合唱团演唱的《上海叫卖小调》

从小荧星影视团里走出的明星非常多。国内知名的影视明星陆毅、胡歌、黄圣依、冯绍峰、董蓉蓉都出自小荧星影视团，因此小荧星也被誉为"明星的摇篮"。电视剧《孽债》中饰演小美霞的董蓉蓉曾在采访中谈起自己当年拍摄电视剧的感受：

【音频】董蓉蓉：我是五年级左右进的小荧星，应该说那个时候什么都不知道。我是小荧星里开始学表演比较晚的一个，但是我很幸运，一进小荧星我就有机会去参加一些电视剧和演出。拍戏真的蛮辛苦的，大家在一起很努力地想把一部片子做好，这其中一定要付出很大的代价。但我觉得最开心的就是，拍好一部戏，有人能够认同你。我记得刚拍好《孽债》的时候，第一次走在马路上，别人走过来指着我说："哎，那个小姑娘是董蓉蓉，《孽债》里边的小美霞。"那个时候，偷笑一下，感觉不错。

除了合唱团，小荧星艺术团中还设有舞蹈团和歌舞团。舞蹈团频频活跃于各大文艺演出的舞台上，他们的表演形式和风格多种多样，包括民族舞、芭蕾舞、拉丁舞、爵士舞、踢踏舞等。而艺术团中最年轻也是最具现代感和时尚气息的当属歌舞团，主要排演音乐剧和歌舞组合。成立至今，歌舞团承担着政府及广电系统重要的演出任务，多次参与上海世博会开闭幕式等重要的大型演出及出访活动。

自 1985 年建团以来，许许多多的孩子从小荧星走向电视荧屏和表演舞台，一展他们的歌舞、演奏和表演风采。他们中有的在往后的日子里成为了璀璨的明日之星，更多的孩子则在这里得到艺术的熏陶和培养，这些都成为他们孩童时代难忘而快乐的记忆。

（倪嘉铭）

曹蕾演唱《邋遢大王奇遇记》主题歌

新中国第一个国际儿童节

1950年6月1日是新中国的第一个儿童节。这一天，上千名儿童聚集在北京中山公园音乐堂庆祝自己的节日。儿童节是孩子们期待的快乐日子，但你是否知道儿童节的起源与二战中的一个事件有关？另外，中国的孩子是怎样过儿童节的？还记得那些年少年宫的儿童节活动吗？今天就让我们来重温这些记忆。

1925年8月，在瑞士日内瓦举行的"儿童幸福国际大会"通过了《日内瓦保障儿童宣言》，呼吁世界各国设立"儿童节"，中国也是54个与会国之一。1931年，中华慈幼协会建议将每年的4月4日确立为儿童节，这个建议获得了国民政府批准，因此那时中国的儿童节是4月4日。时任中央研究院院长蔡元培对慈幼事业非常关注，1934年，他在上海市第四届儿童节纪念会的演说中将"双四节"解释为"两种事、四件事、八个字"：衣、食、住、行是父母的供给，德、智、体、美是大人的教育。蔡元培之子蔡怀新回忆了父亲是如何陪伴他们度过儿童节的：

上海市少年宫在20世纪50年代举行的迎"六一"活动

【音频】蔡怀新：儿童节他都写诗、写歌，给我们组织活动。实际上也就是启发我们关心国家，因为那个时候，中国是苦难深重的时候。

1942年6月10日，德国法西斯为了报复党卫军头目莱因哈德·海德里希被暗杀，在捷克的利迪策村制造了屠杀包括儿童在内的无辜平民的惨案。为了悼念利迪策村和全世界所有在战争中死难的儿童，反对虐杀和毒害儿童以及保障儿童权利，1949年11月，国际民主妇女联合会在莫斯科举行理事会议，决定每年的6月1日为国际儿童节。1949年12月，中央人民政府政务院发出通令，废除原来的"四四"儿童节，将6月1日作为我国的儿童节，与国际儿童节统一起来。为了筹备新中国的第一个儿童节，我国11个人民团体和中央人民政府有关部门专门组成了筹备委员会，毛泽东、朱德、刘少奇、周恩来、宋庆龄、邓颖超等党和国家领导人也为孩子们题词。尽管解放初期物质条件不足、困难重重，党中央仍很重视儿童的全面发展。从一段20世纪50年代在上海市少年宫举行的迎"六一"活动的电视新闻里，我们可以了解到那个时候的少年儿童是怎样过"六一"的。

【音频】新闻解说："六一"前夕，少年宫里打扮得五彩缤纷、金碧辉煌。全市5000多个儿童，在这里欢度自己的节日。少年宫舞蹈队表演了庆祝"六一"舞。游戏宫里各式各样的游戏，吸引了许多小朋友。

全国的少年儿童有了属于自己的节日，孩子们期待在"六一"那天得到自己的礼物，或者和爸爸妈妈一起游玩。联欢会、游园会、营火晚会、联谊会等生动活泼、形式多样的集体活动也是儿童节必不可少的活动内容。少年宫常常是举办儿童节活动的地方,1953 年,全国第一家少年宫在上海成立,它就是由国家名誉主席宋庆龄亲手创办的中福会少年宫。上海有多届儿童节的庆祝活动是在这里举行的。以下是 20 世纪 70 年代末,在中福会少年宫举办的庆祝"六一"国际儿童节联欢晚会的新闻片段:

【音频】新闻解说:5 月 31 日晚上,本市 3000 余民少年儿童兴高采烈地聚集在中国福利会少年宫,举行庆祝"六一"国际儿童节联欢晚会。晚会上,生动有趣的游艺、精彩的电影和科技作品展览给少年宫增添了节日的气氛,到处洋溢着少年儿童的欢声笑语。

上海创办少年宫后,首都北京也开始行动。1956 年元旦,北京市少年宫在昔日的皇家园林景山公园内的寿皇殿内正式成立。时任北京市副市长吴晗在会上向北京市的少年儿童宣布说,"今天,我代表市人民政府把这座美丽的少年宫送给你们"。北京市少年宫成立后,许多党和国家领导人、老一辈无产阶级革命家和社会各界知名人士都十分关心。这里也曾举办过多届盛大的儿童节活动。

为了丰富全国儿童的业余文化生活,繁荣儿童影片的创作,在 1981 年的"六一"国际儿童节这天,北京儿童电影制片厂成立,这是我国第一家专门生产儿童故事片的电影制片厂,1987 年更名为中国儿童电影制片厂。儿影厂生产了许多深受少年儿童喜爱的影片,有的还在国际上获奖,如《四个小伙伴》《五虎将》《少年彭德怀》和《哦,香雪》等。

儿童节不仅是少年儿童们的节日,也提醒人们要为儿童营造一个幸福快乐的成长环境。在 2008 年汶川大地震后的第一个儿童节之际,一名记者在上海的街头采访了几个小朋友。在那个特殊的儿童节,对灾区小朋友的祝福和关爱,让人们对儿童节的意义有了更深的理解。

(郑榴榴)

毛主席为儿童节题词

电视直播英女王加冕典礼

六月
2

1953 年 6 月 2 日上午 10 点 15 分，英国 BBC 电视台的女播音员西尔维娅·彼得斯准时出现在了小小的电视荧屏上，她向守在电视机前的数百万观众报告女王陛下已从白金汉宫出发前往威斯敏斯特大教堂，准备进行加冕仪式。

这是一个历史性的重要事件，古老而神秘的加冕仪式在历史上第一次通过电视媒体被全世界见证。从这天开始，伊丽莎白二世正式实现了个人身份的转换，英国历史也由此翻开了"女王时代"的崭新篇章。

伊丽莎白二世出生于 1926 年，登基时年仅 27 岁。幼年时，她从未想过自己有朝一日会成为英国女王，因为那时她的伯父爱德华八世是英国国王。出人意料的是，爱德华八世放弃了他所应承担的责任，改由伊丽莎白的父亲——乔治六世顶替其位。于是，伊丽莎白也顺理成章成了皇室日后的接班人。

1952 年 2 月 6 日，乔治六世病逝，伊丽莎白作为长女继承王位。她的正式加冕在第二年举行，堪称二战后英国规模最大的庆典。最重要的是，这是一场面向公众且由电视直播的加冕典礼，伊丽莎白

在威斯敏斯特大教堂内举行的女王加冕仪式实景

二世将这一古老仪式带出了教堂，通过电视这一当时新兴的传播媒体，让全世界的人们都能感受到那曾经秘而不宣的"神圣光辉"。

不过，电视直播女王加冕礼的决定并非一帆风顺。事实上，在正式对外宣布这个消息之前，首相丘吉尔以及将要主持加冕仪式的坎特伯雷大主教都对此持反对意见。不过女王的决心十分坚定，据说她还曾对政府发话："要加冕的不是内阁，是我。"最终，丘吉尔和坎特伯雷大主教都让步了。当年负责女王加冕礼直播的 BBC 执行制片人彼得·迪马克曾经谈及当时等待直播申请审批时的心情：

【音频】彼得：我们知道，这场加冕礼对电视直播来说是一次绝佳的机会。这正是我们想要去做的，我们一直痛苦地等啊等啊等啊等，可就是没有结果。然后终于又过了几天，好消息就突然从天而降，是的，我们终于被允许电视直播女王的加冕礼了。

得到特别许可后的 BBC 开始全力以赴地进行准备，他们调动了全国所有的资源参与到这次电视直播中。和电视工作者一样倾尽全力的也包括这场仪式的策划人和设计者们。负责仪式现场布置的是大卫·埃克尔斯爵士，他戏称自己在这项任务中就像一名勤杂工。

仪式现场的布置固然重要,女王当天的着装更不容忽视。为此,皇室特别邀请了诺曼·哈特奈尔爵士为伊丽莎白二世量身定做加冕礼服。

诺曼·哈特奈尔是英国皇室的御用时装设计师,伊丽莎白早先在结婚典礼上所穿的婚纱礼服就出自他的手笔。由他设计的女王加冕礼服采用了和她结婚礼服同一样式的象牙色锦缎长袍,上面绣满各种美丽的花卉,它们象征着大不列颠各地以及英联邦其他国家。能够在加冕礼上看见女王身着绣有当地代表性植物的衣袍,可以让民众充分感受到女王对他们的重视。

1953年6月2日这一天,上至皇亲国戚、权臣首相,下至贩夫走卒、艺人明星,大家都兴致勃勃、目不转睛地瞧着这位年轻、美丽的女子一步一步登上自己的宝座。他们并未感到贵族的腐败,而是从新晋女王身上看到了新的希望。

据有关数据统计,当时英国3600万人口中,56%的人通过电视观看了女王的加冕盛典,其余的人则大都站在女王马车所要经过的主要街道两旁,等候亲眼目睹女王的风采。当天,虽然空中还飘着蒙蒙细雨,但却浇不灭人们的热情。伊丽莎白二世乘着皇家敞篷马车,由白金汉宫前往威斯敏斯特大教堂,随后在坎特伯雷大主教的主持下进行了将近3个小时的加冕仪式。

在庄严肃穆的颂唱声中,伊丽莎白二世先后进行了宣誓、涂圣油、授国剑和节杖等标准流程,最终戴上王冠、黄袍加身。在千年不变的加冕仪式中,女王正式登基。仪式结束后,伊丽莎白二世等皇室及军人一行开始进行加冕游行,他们的队伍足足行进了几个小时。对于电视媒体和公众而言,这是难得一遇的大事。对于女王,这则是一个神圣的时刻,在当晚临近典礼结束的时候,她发表演说,衷心感谢所有人给予她的支持。

(郑 麟)

黄袍加身的伊丽莎白二世

"圆舞曲之王"约翰·施特劳斯逝世

六月

3

【音频】电影《翠堤春晓》插曲《当我们年轻时》

电影《翠堤春晓》中的插曲《当我们年轻时》由约翰·施特劳斯作曲,汉默斯顿填词。《翠堤春晓》是一部关于约翰·施特劳斯的音乐传记片,片中穿插了施特劳斯创作的《维也纳森林的故事圆舞曲》《蓝色多瑙河圆舞曲》《春之声圆舞曲》等作品。约翰·施特劳斯是19世纪奥地利著名的作曲家、指挥家和小提琴演奏家,被誉为"圆舞曲之王"。他创作的圆舞曲是每年维也纳新年音乐会的主要曲目,其中《蓝色多瑙河圆舞曲》被视为奥地利的"第二国歌"。1899年6月3日,约翰·施特劳斯逝世,维也纳为他举行了十万人出席的盛大葬礼。

约翰·施特劳斯出生于维也纳的一个音乐世家。他与父亲同名,是施特劳斯家族最杰出的代表。他的父亲被誉为"圆舞曲之父",《拉德茨基进行曲》就出自他父亲的笔下。

约翰·施特劳斯画像

约翰·施特劳斯自幼爱好音乐,但父亲希望他将来成为银行家而不是音乐家。尽管如此,热爱音乐的约翰·施特劳斯还是坚持自己的选择。他7岁开始创作圆舞曲,19岁就举办了一系列音乐会,轰动维也纳。中央民族大学钢琴教研室主任崔高霞讲述了童年时期的约翰·施特劳斯对音乐的热爱和创作情况:

【音频】崔高霞:约翰·施特劳斯对音乐的敏感性在很小的时候就已经体现了出来。每当爸爸的乐队进行排练的时候,他都非常认真地倾听,而且他也想学小提琴。约翰·施特劳斯的母亲以前学过一点吉他,对很简单的音乐知识也知道一二,所以她就把儿子最早弹出来的两首圆舞曲旋律记录下来,这个时候是1832年,约翰·施特劳斯才7岁。

【音频】维也纳爱乐乐团演奏的《蓝色多瑙河圆舞曲》

《蓝色多瑙河圆舞曲》创作于1866年,是约翰·施特劳斯的圆舞曲中最著名的一首。这一年,奥匈帝国在普奥战争中惨败,帝国首都维也纳的民众陷于沉闷的情绪之中。约翰·施特劳斯接受维也纳男声合唱协会指挥赫贝克的委托,为他的合唱队创作了一部"象征维也纳生命活力"的合唱曲。第二年,约翰·施特劳斯将这部合唱曲改为管弦乐曲。同年,他在巴黎世博会上指挥该曲并获得了极大的成功。时至今日,被视为奥地利"第二国歌"的《蓝色多瑙河圆舞曲》依然深受世界各国人民喜爱。中国艺术研究院研究员王纪宴讲述了《蓝色的多瑙河圆舞曲》的知名度：

【音频】王纪宴：有个略带夸张和诗意的说法，在全世界范围内第一支特别流行的乐曲应该是《蓝色多瑙河》，因为它被认为是奥地利的"第二国歌"。如果你要问很多音乐爱好者奥地利的国歌怎么唱，我相信可能很多人不知道，但你如果问《蓝色多瑙河》是不是知道，几乎所有人都能把它第一主题的开头唱出来。

　　1872 年，约翰·施特劳斯应邀赴美演出，这次演出使他由一位欧洲音乐家成为世界级的音乐家。一百多年后，一部有关约翰·施特劳斯的音乐戏剧《美丽的蓝色多瑙河——一八七二年约翰·施特劳斯访美的故事》于 2012 年 9 月登上了中国国家大剧院的舞台。该剧改编自《李岚清音乐笔谈》的相关内容，再现了约翰·施特劳斯当年在美国波士顿万人剧场演出的盛况。原中共中央政治局常委、国务院副总理李岚清在《音乐·艺术·人生》讲座上讲述了约翰·施特劳斯的访美经历：

【音频】李岚清：我觉得他的音乐走向了大众，很美。我在写《音乐笔谈》的时候做了一份艰苦的考证，就是世界上唯一的一个音乐家用他的音乐征服了美国。1872 年，美国举行了一个世界和平庆典和音乐联欢节，就想到欧洲请几位音乐家去参加，其中包括约翰·施特劳斯。这个音乐会开始并没有把他作为一个主角，他被排在第十四个，但是他的《蓝色多瑙河》一演奏以后，轰动了整个美国。

　　除了《蓝色多瑙河圆舞曲》，《春之声圆舞曲》也是约翰·施特劳斯最具代表性的名作之一。创作《春之声圆舞曲》的时候，约翰·施特劳斯已年近六旬，但他笔下的旋律依旧充满青春的气息。据说，约翰·施特劳斯只用了一个晚上就在钢琴上即兴创作出此曲，后经剧作家填词成为声乐圆舞曲，从此它就成了许多花腔女高音的保留曲目。后来，约翰·施特劳斯将它改编为管弦乐曲，至今仍广为流传。

【音频】中国交响乐团演奏的《春之声圆舞曲》

　　约翰·施特劳斯是一位多产的杰出作曲家，他一生创作了圆舞曲、波尔卡舞曲、进行曲及轻歌剧等数百首作品。百余年来，他的大部分作品一直是世界各国乐团的保留曲目。

（舒　凤）

约翰·施特劳斯金色雕像

李娜成为亚洲第一个
大满贯单打冠军

六月

4

2011年6月4日，在罗兰·加洛斯球场鲜艳的红土上，李娜捧起了苏珊·朗格朗杯。这是首次由亚洲选手获得代表网球最高水平的四大满贯赛事的单打冠军，也是李娜的第一座大满贯奖杯。

李娜于1982年出生在湖北省武汉市，1996年进入湖北省队，1999年加入国家队。初出茅庐的她很快展现了出众的网球天赋，在被视为衔接WTA赛事的基础赛事ITF中屡获冠军。2000年更是在WTA巡回赛乌兹别克斯坦塔什干站中和搭档李婷一起获得了女双冠军，这也是中国选手首次在WTA巡回赛中夺冠。2000年，在上海举行的喜力公开赛上，有记者问及李娜对自己的期望，年仅18岁的李娜回答说希望进入到世界前30。

姜山和李娜

【音频】李娜：我希望是世界前30。

虽然李娜的回答似乎没有什么底气，但是她的成绩说明了一切。2001年在北京举行的大学生运动会上，李娜囊括了女单、女双以及混双的全部三枚金牌。同年的第九届全国运动会上，她夺得女单、女双两枚金牌。当时年仅19岁的李娜在中国女子网球界可以说已无敌手。2002年，李娜的世界排名只在296位，可时任中国网球队主教练的马克却看到了这个湖北姑娘的巨大潜力。马克曾在公开采访中说，李娜有非常出色的比赛意识，她有进入全球15强的能力。

【音频】马克：李娜有非常好的比赛意识，她有进入世界前15名的能力。她能够用脑子打球，而其他的3位队员则存在着不同程度的弱点和失误。我希望能够帮助她们调整击球的路线、改变以往惯用的手法，建立起一种新的比赛风格。

然而不久之后，李娜突然宣布退役。退役原因众说纷纭，在李娜的自传《独自上场》中，她道出了真相。在2001年全运会时，她和省队的配对安排意见相左。自那时起，由于巨大的心理压力，李娜的健康每况愈下。2002年釜山亚运会前，她的身体已经无法进行常规训练。退役后，她和相恋多年的恋人，同样曾是网球国手的姜山一起进入华中科技大学深造。

2004年，在新上任的网管中心主任孙晋芳的说服下，李娜复出了。复出后的李娜在同年的WTA广州国际女子公开赛夺魁，成为第一个在WTA赛事中夺得单打冠军的中国选手，也因此跻身世界排名前100位。经过两年的沉淀，李娜开始为自己打球，重新在网球中找到了快乐。

之后的几年时间,李娜的成绩一直很平稳。然而国家队长时间密集的赛事安排,一来难以保证李娜身体的健康,她的肋骨和膝盖接连在比赛中受伤;二来对于自身发展而言,她也没有办法选择更高级别的赛事进行比赛。当李娜这样的天才选手需要更大的平台、更加职业化的团队时,必然会和现有的训练机制以及赛事选择产生冲突。2008年北京奥运会上,刚刚做完膝盖手术的李娜获得女子单打第四名,创造了中国女网奥运会最好成绩。

2009年,在时任网管中心主任孙晋芳的推动下,中国网球项目进行了改革。同年9月,李娜历史性地首次挺进美网8强,2010年更是在澳网闯入4强,她的世界排名全年稳定在世界前15内。2011年,李娜在WTA顶级巡回赛澳大利亚悉尼站上击败赛会第3号种子克里斯特尔斯,赢得了她职业生涯的首个WTA顶级巡回赛冠军。

2011年5月的法国网球公开赛,世界最顶尖的网球选手齐聚巴黎,李娜先后击败斯特里科娃和埃斯皮诺萨。两盘比赛,李娜都是在0比3落后的情况下逆转比赛。第三轮晋级赛上,李娜状态回升,仅用一个小时直落两盘战胜科斯蒂亚,晋级16强。在随后的8强席位争夺赛中,李娜再次上演逆转好戏,战胜了科维托娃。此后,李娜愈战愈勇,在八分之一决赛上,她一举斩落赛会4号种子阿扎伦卡晋级4强。在半决赛上,她又击败了3届大满贯冠军莎拉波娃。最终在6月4日的决赛上,李娜连下两盘完胜卫冕冠军斯齐亚沃尼。至此,29岁的李娜终于站上了世界之巅。

夺得法网冠军后,李娜又在3年后的2014年获得另一大满贯赛事——澳大利亚网球公开赛的冠军。2014年9月19日,李娜宣布退役。李娜在职业生涯中共获得两届大满贯冠军,世界排名最高到达世界第二,年终排名最高为世界第三,六度进入大满贯四强,四度闯入大满贯决赛,是亚洲网球当之无愧的传奇。

(王永平)

李娜成为亚洲第一个大满贯单打冠军

六月
5

第一次国际环保大会"联合国人类环境会议"召开

20世纪五六十年代是工业高速发展同时环境问题频发的年代。伦敦烟雾、日本水俣病等环境公害事件接踵而至,在震惊世界的同时,迫使人们不得不反省,人类究竟应该怎样对待自然环境。1972年6月5日,第一次国际环保大会——"联合国人类环境会议"在瑞典斯德哥尔摩举行。这是人类历史上第一次在全世界范围内研究保护人类环境的会议,标志着人类环境意识的广泛觉醒。大会秘书长莫里斯·斯特朗在会议开幕式上致词。

1972年"联合国人类环境会议"会场

0605A

【音频】莫里斯:非常感谢大家聚集到此开会,对我们来说这是非常重要的。这次会议将历时10天,各国政府代表来到此,要做人们想要我们做的、强烈要求我们去做的事情。

出席此次会议的有来自113个国家的1300多名代表,除了政府代表团以外,还有民间科学家、学者参加。会前,秘书长莫里斯·斯特朗委托58个国家的152位科学界和知识界的知名人士组成了一个大型委员会,为大会起草了一份非正式报告——《只有一个地球》。这次会议提出了响遍世界的环境保护口号"只有一个地球"。回忆起这个口号,后来任联合国副秘书长的莫里斯·斯特朗非常激动。

【音频】莫里斯:我们说只有一个地球,就是说,这是我们所知道的唯一一个可供我们生活的地方。我们只有一个地球,我们必须保护好它。我们的主旨就是提醒人们,除了地球,我们无他处可去。

这次会议经过12天的讨论交流以后,形成并公布了著名的《人类环境宣言》和具有109条建议的保护全球环境的"行动计划",呼吁各国政府和人民为维护和改善人类环境,造福全体人民,造福子孙后代共同努力。会议提出建议,将这次大会的开幕日作为"世界环境日"。

根据会议的精神,同年召开的联合国第27届大会把每年的6月5日定为"世界环境日"。每年在此期间,联合国环境规划署都要举行纪念活动,发表《环境状况年度报告书》,表彰"全球500佳",并为每年的"世界环境日"分别设定一个主题,作为会议的指导方针。莫里斯·斯特朗对这次会议的成果感到非常欣慰。

【音频】莫里斯：在此之前，环境问题一直被认为是某个地域或某个国家的问题，而不是全球性的问题，斯德哥尔摩会议的召开，使人们认识到环境问题确实是全球性的问题，需要依靠全球合作才能解决。

　　1970年之前的中国，还没有广泛使用"环境保护"这个概念，对于西方国家出现的环境污染问题，主要用一个来自日本的词语"公害"进行描述。1972年，中国政府决定派团出席联合国人类环境会议。当时，一般认为环境污染危害人体健康是个卫生问题，所以一开始就组织了一个以卫生部为首的代表团。名单报到国务院以后，周恩来总理说："这不行，环境问题不仅仅是个卫生问题。"后来，代表团根据总理的意见调整了名单。最终，代表团由国家计划、外交、冶金、轻工、卫生、核工业、石油化工、农业等部门和北京、上海以及科技界的40多人组成。正是周总理高瞻远瞩的决定，让曾经闭目塞听的中国人有机会走出国门看看世界，了解世界环境状况，并以此为镜，认识中国环境问题的潜在威胁。当时的代表团成员、后任中国环保局首任局长的曲格平对此记忆犹新。

【音频】曲格平：当时通过这个会议暴露出来的一些问题以及讲到的一些措施，对我们影响很大，至少对我有很大震动，我觉得我们一对照他们讲的所谓非常严重的环境问题，在中国差不多都存在。

　　受这次会议的精神以及官厅水库污染事件等的影响，周总理排除干扰，毅然决定于1973年8月以国务院的名义在北京召开了第一次全国环境保护会议。他特别指出，这个问题，不只国家有关部门要重视，还得让全国各级领导都重视。会议审议通过了第一个具有法规性质的环境保护文件——《关于保护和改善环境的若干规定》，开创了中国环境法规建设的先河，标志着党和政府已将环境问题作为一个重要社会问题予以重视。

　　中国从1985年6月5日开始举办纪念世界环境日的活动。自此之后，每年的6月5日，全国各地都要举办各类活动。1993年，北京被选为世界环境日举办纪念活动的城市，当年环境日的主题是"打破贫穷与环境的怪圈"。中国在短短几十年时间里，走过了发达国家几百年才完成的工业化、城镇化过程，但发达国家一两百年间逐渐出现的环境问题也在我国"高度浓缩"，短时间内污染物压缩、复合交织。近年来，以雾霾为代表的环境问题日益凸显，各级政府正以更大的决心和力度积极进行污染治理。蓝天白云映照、青山绿水环绕，这样宝贵的自然环境，是人类共同的期盼。

（肖定斌）

莫里斯·斯特朗

盟军在法国诺曼底登陆

六月 6

战争中因为环境特殊,人们总会觉得一天特别漫长,甚至有度日如年的感觉。但是在世界军事史上,只有一个日子才能被称为"最长的一天",那就是 1944 年的 6 月 6 日,盟军在法国诺曼底登陆的日子。

1943 年初,当地中海战事正酣,盟军登陆法国开辟第二战场的计划就已着手进行。由于登陆的海滩需要平坦开阔,便于后勤支援,加莱和诺曼底成为可供选择的两个登陆点。经过统帅部的反复比较,登陆地点最终定在诺曼底。军事史专家、国防大学教授马骏对盟军确立登陆点有过分析:

反映诺曼底登陆的二战著名照片

【音频】马骏:诺曼底第一个优势是地幅宽,一旦登陆,便于展开兵力向纵深发展进攻;第二个优势是距离英国的西海岸比较近,便于部队的集中;第三个是康坦丁半岛屏障下的塞纳湾把大西洋的西风给挡住了,便于部队航渡过程中风平而浪静;第四就是德军防御薄弱,便于突破上陆。所以说,诺曼底有这四大优势。

1943 年 11 月,罗斯福、丘吉尔和斯大林三巨头在德黑兰会议上,就开辟第二战场达成协议,决定于 1944 年 6 月在法国北部实施登陆作战,代号为"霸王行动"。盟军在 1943 年底开始了秘密大集结,整个英国成为一个大军营。美国的艾森豪威尔将军被任命为盟军总司令,统一指挥诺曼底登陆行动。到 1944 年 5 月,近 300 万大军在英国完成集结。根据作战计划,盟军先头部队五个师将同时在诺曼底海岸登陆,分别突击名为犹他、奥马哈、黄金、朱诺、宝剑的 5 个海滩。

艾森豪威尔此时面对的最大难题并不是德军坚固的防御工事,而是登陆日期的选择。根据当时的潮汐和月光情况,只有 6 月的 5、6、7 三日可供选择。艾森豪威尔原本选定 5 日为行动日,然而 6 月初的强风带来了海上的巨浪,艾森豪威尔于是决定将行动时间顺延 24 小时,即 6 月 6 日为行动日。1962 年上映的美国影片《最长的一天》讲述了诺曼底登陆前后所发生的事情,从片中盟军司令部决定登陆日期的片段,能感受到登陆前的紧张氛围。

【音频】美国电影《最长的一天》录音片段

1944 年 6 月 6 日凌晨,盟军的伞兵部队首先发动攻击。盟军 3 个空降师搭乘 239 架运输机和 867 架滑翔机从英国起飞,庞大的机群在空中编队后飞越英吉利海峡,直扑德军后方。凌晨 1 点 15 分,登陆行动正式展开,2000 多架盟军轰炸机首先对德军海岸工事和滩头障碍物发起猛烈轰炸,一共投下 7000 多吨炸弹。5 点 50 分,海军重炮开始轰击德军海岸炮台和混凝土防御工事。密集的炮击整整持续了 1 个小时,当弹幕逐渐向内陆延伸时,盟军第一波攻击部队搭乘 4000 多艘登陆艇,在海军炮火和 10 个战斗机中队的掩护下接近 5 个目标海滩。盟军的登陆艇和水陆两栖坦克在波浪和硝烟中冲上海滩,向德军火力点发起攻击。以下这段发生在德军防线军官和上级军官之间富有戏剧冲突的对话,同样选自电影《最长的一天》,面对突然出现在海岸线上的盟军登陆艇时,德国人慌了手脚。

【音频】美国电影《最长的一天》录音片段

盟军的 5 个滩头阵地作战情形各有不同。在犹他滩头,由于判断失误,盟军登陆点向南偏离 1 英里,不料却因祸得福。因为德军在此地的防御力比预定地点薄弱得多,盟军轻松控制了第一个桥头堡。在朱诺、黄金、宝剑 3 个滩头阵地,盟军相互配合,很快就肃清了德军在海滩上的抵抗,直插德军内部防线。但是仍有许多孤立的德军据点在海岸边顽固死守,盟军为消灭这些据点付出了极大的伤亡代价。

而在奥马哈滩头,德军的防御力量远比预计的要强,双方的争夺最为激烈。美第 5 军的两个团遭到德军 352 师的顽强抵抗,激战 6 小时后美军仅前进了 10 码,最后不得不请求海军对德军阵地实施火力攻击。美军士兵冒着被自己海军炮火杀伤的危险且战且进,在付出了 2500 人阵亡的代价后才夺取了滩头阵地。

为了分散盟军的注意力,从 6 月 12 日到 13 日夜间,几千枚德国最新研制的飞弹像雨点一样落到伦敦,希特勒希望盟军会因此停止在法国的作战。但盟军的战斗意志并未因此减弱,英国首相丘吉尔也冒着危险来到诺曼底,他的到来使盟军士气大增。希特勒又一次的战争冒险破产了。

到 7 月 24 日战役结束时,盟军共投入 288 万人、5300 多艘战舰和 13700 多架战机。德军投入的兵力 51 万人。战役中,盟军共消灭德军 11.4 万人,击毁坦克 2117 辆、飞机 245 架。盟军方面有 12.2 万将士献身疆场。此后,盟军继续向欧洲腹地推进,在 3 个月的时间里相继解放了法国和比利时等国,并攻入德国本土。

诺曼底登陆战是世界历史上规模最大的两栖登陆战役,为开辟欧洲的第二战场奠定了基础,减轻了苏军的压力。纳粹德国自此陷入了两面作战的困境,加速了灭亡的脚步。

（倪嘉铭）

丘吉尔

举重运动员陈镜开首创新中国
体育世界纪录

1956年6月7日，一场中苏举重友谊赛在上海卢湾体育馆举行。中国举重运动员陈镜开成功举起133公斤重的杠铃，打破了当时由美国运动员温奇保持的最轻量级挺举项目世界纪录，创造了新中国体育史上的第一个世界纪录。中央新闻纪录电影制片厂于当年制作了第46号新闻简报——《世界纪录创造者陈镜开》，对此事进行报道。陈镜开接受记者采访时说，这仅仅是个开端，他还要刻苦锻炼，为祖国争取荣誉。

【音频】新影厂1956年第46号新闻简报《世界纪录创造者陈镜开》片段

陈镜开打破最轻量级挺举世界纪录

陈镜开是广东东莞石龙镇人。年少时的陈镜开很喜欢玩当地一种叫做"拱石担"的传统游戏，这种游戏很像举重杠铃。到广州读书后，陈镜开被正在搜罗新人的解放军中南军区体工队举重教练李启龙发现，招入麾下。1955年3月，陈镜开成为第一支中国国家举重队的队员。次年6月7日，陈镜开一举打破世界纪录，首创新中国体育世界纪录。

当年11月，陈镜开又连续打破最轻量级挺举的世界纪录，《人民日报》立刻向世界公布了这一消息。但由于这几次世界纪录都是在国内创下的，一些西方国家对此产生了质疑，表示拒绝承认。陈镜开回忆了当年他面对这些质疑时的想法：

【音频】陈镜开：他们都不太相信我能够破世界纪录。我破了世界纪录以后，西方很多报纸讲，中国这个纪录是不实的、是假的，他不可能破世界纪录，他这个纪录是写出来的，不是举出来的。因此在这个情况下，更激发自己，要创造世界纪录，要拿到冠军。

1957年8月在莫斯科举行的第3届国际青年友谊运动会，为澄清对陈镜开的质疑提供了机会。当时的比赛形势对陈镜开并不十分有利，他的成绩暂列第二，与第一名之间有一定的差距。为了打破世界纪录，为了夺得金牌，陈镜开向裁判示意他要尝试挺举140公斤的重量。这是一次孤注一掷的冒险行为，在先前冲击130公斤成功时，他的腿部已出现抽筋，并且他的手腕、肩、腰也有伤。主办方认为陈镜开冲击成功的希望不大，比赛还未结束已开始按已有名次悬挂国旗。看到这一切，陈镜开的心被深深地刺痛了。

陈镜开镇静地上场，把杠铃举到胸前。虽然腿部已经开始抽筋，但是他仍然成功地举起了杠铃,这出人意料的结果让在场的人都震惊了。现场的观众们被陈镜开的拼搏精神所感动,起立为他鼓掌。当国歌在赛场上奏响的时候,陈镜开自豪地踏上了领奖台。那一次的成功向国际体坛证明了中国的举重实力,再也没有人敢质疑陈镜开所破的世界纪录。陈镜开的侄子陈伟强回忆了这"最后一举"之前陈镜开说过的话:

【音频】陈伟强:你看准,如果我给杠铃压趴下,你们就跑过去把我抱回来,就是说等于去拼死。

　　然而长期超负荷训练对陈镜开的身体产生了损伤,他的第二、第三节腰椎骨骨裂,躯干神经线几乎暴露在碎骨外面,随时可能因损伤神经线而导致半身不遂,甚至危及生命。医生建议他休息3年治疗,但他只治疗了3个月。1964年12月30日,陈镜开在《中国体育报》发表了《战胜伤痛,献身祖国》的文章,在全国引起反响。时隔多年之后,年过半百的陈镜开述说了为何当年带伤仍能打破世界纪录的原因:

【音频】陈镜开:当年作为我们运动员来讲,是国家培养的。为了国家的荣誉,为了在世界上给人家看我们体育的地位是比较高的,因此自己不顾一切,坚决锻炼。其实1959年以后,我的腰部就受伤了,曾经一共4个腰椎裂了6道缝。

　　从1956年到1964年,陈镜开先后10次打破世界举重纪录。1964年5月18日,在上海举办的全国举重比赛上,陈镜开以151.5公斤打破了次轻量级挺举世界纪录,那是他最后一次破纪录。同年他宣布提前退役,之后担任中国举重队教练。1964年的新闻纪录片记录下了陈镜开举重职业生涯中的最后一次辉煌。

【音频】1964年陈镜开再次破世界的新闻纪录片片段

　　陈镜开退役后,举重的接力棒由他的弟弟陈满林接过。1965年在全国举重比赛中,陈满林以118公斤的成绩首次打破了56公斤级推举的世界纪录。从1965年至1966年,陈满林曾3次打破最轻量级、次轻量级推举的世界纪录。而陈镜开的侄子陈伟强则为这个家庭带来了第一枚奥运金牌,那就是1984年洛杉矶奥运会60公斤级总成绩金牌。陈镜开和他的弟弟陈满林以及侄子陈伟强,被称为体育界的"陈氏三杰"。

　　陈镜开担任举重教练以后,培养了许多优秀的举重运动员,为我国举重运动的发展作出了重要贡献。1987年,为表彰他致力于奥林匹克运动的推广和为发展中国体育运动所作的杰出贡献,国际奥委会授予陈镜开奥林匹克银质勋章,这是中国运动员第一次获此殊荣。

（郑榴榴）

陈镜开(右)荣获奥林匹克银质勋章

作曲家舒曼诞生

舒曼（左）与克拉拉

【音频】舒曼钢琴曲《蝴蝶》

这首钢琴名曲《蝴蝶》是作曲家罗伯特·舒曼在 1829 年创作的，这是他创作生涯中最早的代表作。1810 年 6 月 8 日，罗伯特·舒曼生于德国的茨维考城。舒曼是浪漫主义音乐成熟时期的代表人物之一，他的代表作有《蝴蝶》《狂欢节》《童年情景》等数十部。

舒曼的父亲是位小说翻译家，舒曼自幼便受到父亲在文学方面的影响。他从小就写诗作剧，中学时代便可独立创作。同时，他在音乐方面显露出的才华也不同凡响。舒曼 6 岁开始接触音乐，7 岁时就写出一些钢琴小品并能在钢琴上即兴演奏，13 岁便能出色地指挥管弦乐队与合唱团的音乐会。1819 年，他欣赏了莫薛勒斯的演奏之后，立志成为钢琴家，从此努力不懈。

【音频】舒曼作品《幻想曲集》

1826 年，舒曼的父亲去世。1828 年 3 月，舒曼在母亲的要求下前往莱比锡大学改学法律。然而舒曼对法学毫无兴趣，所以他说服母亲，选择了音乐艺术的道路。1830 年，他搬进了钢琴家维克的家中潜心学琴。为了迅速提高技能，他别出心裁地用一根细绳把手指吊挂在天花板上偷偷练琴，试图以此加强手指触键的灵活性与力度。但是，错误的方法使他的手指受到了严重损伤，他想成为钢琴家的理想从此破灭了。这个意外的不幸对他是个沉重的打击，但是挫折并没有把他的精神与毅力摧毁。不久，他把目标转向音乐创作与音乐评论，在新的音乐领域中开拓自己的艺术道路。

【音频】舒曼作品《童年情景：梦幻曲》

20 世纪 30 年代是舒曼钢琴创作最活跃的全盛时期，许多钢琴小品与曲集都是他这一时期的作品。其中旋律轻柔的钢琴曲《童年情景：梦幻曲》就是舒曼浪漫派的诗化曲式代表作之一，也是舒曼写给克拉拉的求爱之曲。舒曼同维克老师的女儿克拉拉相恋多年，但却遭到维克的坚决反对。直到 1840 年 8 月 1 日，莱比锡法庭裁决了他们的婚姻案件，使这对有情人终成眷属。舒曼的音乐创作十分注重人物内在感情的描写。他喜欢诗化音乐，并经常描写一些梦幻的世界。他的钢琴作品形式短小，但在旋律、和声、节奏上都有自己鲜明的个性和独到之处，充满了浪漫主义色彩，因此他被称为"音乐诗人"。

此外，舒曼在音乐评论方面也成绩卓著。1833 年底至 1844 年这 10 年间，他在自己创办的《新音乐杂志》上发表了一系列生动泼辣、尖锐犀利的音乐评论文章。《新音乐杂志》对改变当时陈腐的乐界氛围，促进浪漫艺术的发展起到了重要的作用。中央民族大学导师崔高霞讲述了《新音乐杂志》对当时公众的影响：

【音频】崔高霞：尽管当时的条件十分恶劣，但舒曼还是凭借自己的努力把这本杂志办了下去。这个杂志很快就在当时的民众当中引起了共鸣，影响越来越大。舒曼花了大量的时间对那些著名的作曲家的作品进行评论，并提出自己的意见。虽然舒曼当时很年轻，但他已经成了一名大众教师。他的杂志影响了一大批音乐的门外汉，对他们起到了启示的作用。舒曼的评价方式既简单又具有革命性，他成了音乐鉴赏革命的一个鉴赏家。

【音频】玛丽·安德森演唱的《桃金娘之歌》之"胡桃树"

　　这首由美国黑人歌唱家玛丽·安德森演唱的《桃金娘之歌》是舒曼在 1840 年创作的。这一年，舒曼创作了一百多首歌曲，这些歌曲被称为"歌曲文萃"，《桃金娘之歌》就是其中的代表曲目之一。

　　作为 19 世纪上半叶德国音乐文化史上最突出的人物，舒曼在生活和艺术创造上都深刻地反映出德国浪漫主义的特点。他在推动发展德国进步浪漫主义传统的同时，使得幻想曲、随想曲具有了从未有过的重要性。舒曼借用了舒伯特创作的声乐套曲的形式，如同诗人将感情浓缩在数行诗中，将他的自身经历像日记般记载在精简而富有特性的小品上，然后将之连成套曲，表达完整的诗意。他首创了钢琴小品套曲这一体裁形式，这成为他区别于同一时期其他作曲家的重要标志。舒曼钢琴小品套曲的创作风格、创作技法和节奏运用等手法，对 19 世纪中后期各个乐派的众多作曲家在创作上产生了深远的影响。

（金　之）

罗伯特·舒曼

安东尼奥尼来上海拍摄《中国》

【音频】纪录片《中国》片段

"穿越上海的河叫黄浦江,江上到处是舢板和来自世界各国的运输船只。在这个河岸港口,通往中国内陆和沿河城市的交通流量很大,上海为全中国生产和制造。"这是纪录片《中国》里关于上海的一段记录。1972年,意大利导演米开朗基罗·安东尼奥尼受中国政府之邀来华拍摄纪录片《中国》。6月9日,这位意大利导演来到上海,开始对他眼中的上海进行拍摄。纪录片《中国》在西方世界获得了很高的评价,导演贝托鲁奇认为它是"真正描绘中国城乡诗篇"的纪录片。作家马原评价此片是记录中国历史的杰作。

安东尼奥尼(左)拍摄《中国》

【音频】马原:我看安东尼奥尼的《中国》的时候特别激动,就在于他捕捉到那么多我们平时麻木、根本引不起兴趣的面孔背后的情绪与心境。这是一部很好地把那段中国历史记录下来的杰作。安东尼奥尼真的是一位有远见卓识的大师,他为我们记录我们曾经有过的时代。

安东尼奥尼是意大利新现实主义电影导演,也是公认在电影美学上最有影响力的导演之一。20世纪70年代,60岁的安东尼奥尼对"红色中国"充满了浪漫的向往。在拍摄纪录片《中国》之前,安东尼奥尼曾提出一个时间跨度达半年之久、纵横中国东西的拍摄计划。但是,1972年的中国还处于封闭之中,中国官方只同意他拍摄北京、林县、苏州、南京、上海5个地方。

安东尼奥尼曾经说过,纪录片《中国》是一部关于中国人的电影,他想把中国人、家庭和群体的生活作为记录的目标。所以,他在拍摄的时候没有刻意捕捉,而是比较客观真实地记录了当年中国人的生活状态。原意大利驻中国大使孟凯帝回忆了安东尼奥尼拍摄《中国》的初衷:

【音频】孟凯帝:我记得在这儿见到的不止米开朗基罗·安东尼奥尼,还有恩丽卡以及科隆布所有随行人员。我也像陪同一样,想向他宣传中国。大师马上说:"每个人都有他自己的中国,加注了个人色彩,不是历史。历史,我已经读过,但要理解需要很多年,我没有兴趣听别人阐述中国,你们让我自己看而不加任何人的色彩。"

对于安东尼奥尼来说,拍摄纪录片《中国》并不是一般意义上的猎奇,而是要观察另一种生活。后来成为安东尼奥尼妻子的恩丽卡回忆了当时安东尼奥尼拍摄《中国》时的情景:

【音频】恩丽卡:他总是什么都想拍,一天就想拍 80 个镜头。以往他是非常缓慢的,一天只拍两三个镜头。当时,他拍摄起来就像一个年轻的导演。

1972 年 6 月 9 日,在完成北京、林县、南京等地的拍摄之后,安东尼奥尼和他的摄影队来到了上海。从街景到中国共产党诞生地,从新建的居民楼到殖民地时期的"滚地龙",从茶馆到大工厂,从外滩到黄浦江上的船户,安东尼奥尼拍摄了许多关于上海的珍贵镜头。如今,它们已成为体现上海城市变迁的珍贵历史影像资料。不过,在影片里却没有出现被称为"万国建筑博览会"的外滩高楼。纪录片《中国》摄制组的上海陪同人员朱黔生回忆了安东尼奥尼拍摄外滩时的情景:

【音频】朱黔生:他建筑实际上拍得并不多,他主要拍人的活动、人的情绪、人的表情。他认为感兴趣的东西,就是你们中国现在是什么个状况。这些高楼大厦是外国人的建筑,对他来讲没有多大兴趣。

短短的 22 天,安东尼奥尼用 2 台摄影机拍摄了 3 万米的胶片,最后制作成一部时长近220 分钟的大型纪录片。在影片的旁白中,安东尼奥尼说他只是看了中国一眼,但就是这一眼,使他对中国有了感情和依恋。在安东尼奥尼的绘画作品中,有很多都与中国的山水画有着莫名的相似,安东尼奥尼的好友卡罗·迪卡罗对此作了回忆:

【音频】卡罗·迪卡罗:真有东方韵味,那神秘的感觉,这些绘画叫做"梦幻山峦"。那种感觉是迷幻的,他总是怀念中国的山。当他从中国回来时,看到撒丁岛的一些山峦,他说这些景色让我想着中国。我现在到过中国,我明白他所指的了。

1973 年,纪录片《中国》在意大利罗马首映,在西方世界引起巨大反响。然而在中国当时的特殊政治环境下,《中国》一片却遭到了误解与批判。2004 年,意大利驻华使馆和和北京电影学院举办"安东尼奥尼电影回顾展",纪录片《中国》在中国正式首映。正因为有了安东尼奥尼那一年用人文的眼光对中国的全景式记录,今天的我们才得以由真实的影像来回望和探究 20 世纪 70 年代初的中国。

(舒 凤)

纪录片《中国》海报

朱建华第三次打破跳高世界纪录

朱建华这个名字在 20 世纪 80 年代可谓家喻户晓,他在当时的知名度丝毫不亚于 20 年后的刘翔。1984 年 6 月 10 日,朱建华在联邦德国埃伯斯塔特举行的国际跳高比赛中以 2.39 米的优异成绩第三次打破世界纪录,成为在 1 年时间内连续三次打破男子跳高世界纪录的体育明星。

朱建华出生于上海。他在 10 岁之前从未接触过跳高训练。幸运的是,他遇到了教练胡鸿飞。1973 年,10 岁的朱建华被著名教练员胡鸿飞选中,进入上海市南市区体校。胡教练针对朱建华的身体特点对其进行"背越式"跳高训练,这一练便是 17 年。在朱建华 17 年的跳高生涯中,不管是从业余体校进入市队,还是后来进入国家队,他始终未换过教练。多年后,他在参加一次电视访谈节目时讲了恩师胡鸿飞和自己的深厚感情。

朱建华跳高瞬间

【音频】朱建华:一般从业余体校成长起来的运动员,几乎每个都会换教练。很多在业余体校训练的运动员升到市队以后,可能就由市队的教练来接手了,到国家队之后,就由国家队的教练接手了。像我呢,我训练从 10 岁开始,就一直跟着我们教练训练,然后我到市队我们教练也去市队,然后我去国家队训练的话,教练也一起去了国家队。所以到我退役……17 年当中从未换过一次教练。

朱建华在国际田联崭露头角是在 1981 年 6 月日本东京的第 4 届亚洲田径锦标赛上。在那届赛事上,朱建华征服了 2.30 米的高度,打破了由倪志钦保持了 11 年之久的 2.29 米的亚洲纪录。但他的更高目标是打破 2.36 米的世界纪录。1982 年,朱建华接连在北京、上海和新德里跳过 2.31 米、2.32 米、2.33 米的高度,并摘取新德里亚运会金牌。虽未打破世界纪录,但他已成为当年世界上跳得最高的人。

1983 年 6 月 11 日下午,北京工人体育馆正进行第 5 届全运会田径预赛。赛场上观众与记者寥寥无几,原因一是此次比赛规模小、层次不高,二是多数人未预料到朱建华会有出色表现。横杆升到 2.34 米,朱建华第一跳不慎将横杆擦落。只见朱建华一挥胳膊,声如洪钟:"2.34 米不要了,加 2.37 米!"之后的这一跳极为经典,朱建华仿佛一道白色闪电从横杆上亮起飞过,过杆后又高速砸向海绵包。朱建华跳过了 2.37 米,创造了新的男子跳高世界纪录!这一成绩打破了由民主德国选手韦西格保持了 3 年之久的 2.36 米的世界纪录,朱建华也成为继郑凤荣、倪志钦之后我国第三位打破世界纪录的田径运动员。

属于朱建华的辉煌时代终于到来了。打破了世界纪录的朱建华却没有任何骄傲的情绪。赛后，他很谦虚地发表了获奖感言，表示会向新的高度冲击。

【音频】朱建华的获奖感言

朱建华这么说了，也是这么做的。3个月后的9月22日，在上海虹口体育场第5届全运会田径决赛场上，朱建华决心再攀世界顶峰。面对新的世界纪录——2.38米的横杆，朱建华从容不迫。然而第一跳并未成功，他回到长条凳上休息，神态如常。胡鸿飞教练在旁指导了一番，他轻轻点头，目光紧盯着那高高在上的横杆。第二次飞跃，横杆纹丝不动，朱建华成功了！时间定格在17时18分，朱建华再次打破了世界纪录。

【音频】中央人民广播电台实况转播：朱建华举起了右手，向裁判示意，准备起跳。开始助跑啦，助跑快速有力，起，过，过去了，成功了！朱建华再一次打破了世界纪录！

1984年6月初，朱建华去联邦德国埃伯斯塔特参加"世界跳高精英赛"，那是世界闻名的跳高专项比赛，云集了世界名列前茅的各国高手。为了能够再一次打破世界纪录，朱建华直接要了2.39米的高度。他在第二次试跳中成功越过横杆，又一个新的世界纪录诞生了！朱建华向全世界证明了自己的实力。完成动作后朱建华兴奋地站了起来，伴着观众们兴奋的掌声，在海绵包上高举双手就地蹦了5次。十多年后，朱建华回忆说在德国的这次比赛他的记忆最为深刻。

【音频】朱建华：在埃伯斯塔特去比赛那天，自己感觉各方面情况都不错，那次比赛最后一次我还是跳过了2米39，取得了第一名，又打破了世界纪录。

然而，由于各种原因，在1984年8月洛杉矶的第23届奥运会上，朱建华未能如人们所愿冲击2.40米的高度，仅以2.31米的成绩获得了铜牌。尽管如此，这枚铜牌却实现了中国田径在奥运史上零的突破。

在奥运会之后的全国田径邀请赛上，朱建华又向2.40米的高度发起了冲击，但却失败了。虽然这位跳高天才未能续写辉煌，但他至今仍是跳得最高的中国人。

（李俊杰）

朱建华在领奖台上

南非代表非洲首次主办世界杯

六月 11

2010 年的 6 月 11 日晚,第 19 届世界杯在南非最大城市约翰内斯堡开幕,这是世界杯历史上第一次走进非洲大陆。开幕式上,很多人的目光都在搜寻着球场看台的每一个角落,期盼能找到一张熟悉的面孔。然而最终南非前总统纳尔逊·曼德拉都没出现在开幕仪式上,这个结果就像东道主南非战平墨西哥的揭幕战比赛一样,少了点激动和振奋人心,给抱有巨大热情的非洲人民带来了些许遗憾。

2004 年,准备最为充分的南非在其他四个非洲竞争对手埃及、利比亚、突尼斯和摩洛哥之间脱颖而出,顺利获得非洲大陆的首次世界杯主办权。时任国际足联秘书长布拉特在苏黎世总部宣布了这个历史性结果。

南非世界杯会徽

【音频】布拉特宣布南非获得世界杯主办权

一项世界瞩目的足球赛事与一块神秘绚丽的大陆结合在一起,总会让人产生美妙的幻想。外界往往会因为非洲的贫困、战争以及疾病,忽略一个关键的问题——这是一片最热爱足球的土地。就足球崇尚快乐和追逐希望的本质而言,非洲才是足球真正的家。每个非洲人都在享受足球,每个足球也都在非洲人脚下被赋予了深刻的含义。法国教练勒鲁瓦曾带领喀麦隆闯进 1990 年世界杯八强,他看到了非洲广阔的足球土壤。

【音频】勒鲁瓦:你知道在非洲,孩子们每天在村子里、在街上踢球超过 6 到 7 个小时,有时甚至 8 个小时。他们每天都和球有这么长时间的接触,自然地从中获得了一些技巧。而且他们经常步行,因为在村庄与村庄之间、村庄与城市之间没有汽车乘坐,主要依靠步行,他们也因此提高了自己的身体素质。

非洲和足球的渊源始于 19 世纪中叶。英国、法国和比利时殖民者将足球带入了非洲,从地中海沿岸的摩洛哥卡萨布兰卡一直延伸到非洲大陆最南端的南非开普敦。非洲人最初在一旁看,然后开始自己踢,很快就技艺大增。20 世纪初,殖民帝国纷纷瓦解,足球让新的国家迅速融合,也给弱势国家带来了公平。非洲大陆有着数不清的语言和民族,只有足球,能够将基督徒和穆斯林队友们团结在一起。他们并肩作战,一起唱歌,一起祈祷。

在世界杯的历史上,非洲球队曾有过不错的战绩和许多的曲折故事。1934 年,埃及成为首支入围世界杯决赛圈的非洲球队,但他们在第一轮以 2 比 4 输给匈牙利后打道回府。40 年后的 1974 年,扎伊尔成为第二支晋级世界杯决赛圈的非洲球队,但是他们因为奖金分配问题,3 场比赛丢了

14 球,其中 0 比 9 输给南斯拉夫成为世界杯历史上比分差距最悬殊的比赛。1986 年,摩洛哥力压英格兰、葡萄牙和波兰,1 胜 2 平成为那届世界杯首支拿到小组第一并晋级复赛的非洲球队。1990 年,喀麦隆在小组赛第一场击败了卫冕冠军阿根廷,八分之一决赛加时以 2 比 1 击败哥伦比亚,成为第一支打入世界杯 8 强的非洲球队。当年已经 38 岁的罗杰·米拉一共斩获 4 粒进球,成为非洲足球的象征,回到家乡的他甚至被人们当作民族英雄。4 年后的 1994 年,42 岁的米拉大叔再度代表喀麦隆参赛,并在对阵俄罗斯的比赛中打入一粒进球,成为世界杯历史上年龄最大的出场球员和进球者。

1998 年,世界杯决赛圈参赛球队增加到 32 支,非洲得到 5 个席位,南非也历史上首次闯进了世界杯。12 年后,南非又一次开创了历史。作为这个世界上发展最快、资源最为丰富的新兴国家之一,整个南非期待着利用举办世界杯的机会在国际社会上重塑自身形象。美轮美奂的 10 个球场是 2010 世界杯的"面孔",其中 6 个是新建的。约翰内斯堡的足球城以及开普敦和德班的新球场,在世界杯开始前已经进入世界十大球场之列。全新的设计和独特的建筑风格,带给全世界球迷非同一般的感觉。时任国际足联主席布拉特也对南非新建球场给予了五星级赞誉,认为可媲美伦敦温布利大球场。

2010 年 7 月 11 日,随着西班牙依靠整体控球打法击败荷兰首夺大力神杯,首次落户非洲大陆的世界杯也圆满结束。虽然南非没有延续东道主进入淘汰赛阶段的传统,但是无论从球场到公共交通系统还是从通讯网络到接待设施,这个国家在另一个赛场已向世界交出了人人满意的答卷,也为非洲树立了一个更为积极的形象。

在闭幕式的庆典节目中,大家惊喜地发现了那张熟悉的面孔,已经 92 岁高龄的纳尔逊·曼德拉坐着礼宾车绕场一周,微笑着向观众致意,现场刹那间沸腾了。这是曼德拉生前的最后一次对外公开活动。曼德拉曾说:"体育具备改变世界的力量。"这届成功的足球世界杯已成为这段话的最佳注解。

(倪嘉铭)

曼德拉与南非世界杯

安妮·弗兰克开始写《安妮日记》

六月 12

　　1959 年上映的电影《安妮日记》是根据犹太少女安妮·弗兰克的个人日记所改编,该片获得了当年度的 3 项奥斯卡奖。安妮·弗兰克在二战中遗留下来的一本个人日记,真实地记录了她与家人以及其他四位犹太人为躲避德国纳粹的迫害藏身于密室长达两年的生活点滴。1942 年 6 月 12 日,13 岁的安妮·弗兰克开始在她的生日礼物——日记本上写下第一篇日记。作为反战文学的经典之作,《安妮日记》感动了一代又一代的读者。几十年来,《安妮日记》成为人性、和平、反战和反种族歧视的教科书,成为二战史的"活课本"。

　　1929 年 6 月 12 日,安妮出生于德国法兰克福的一个犹太人家庭。她出生时名为安内利泽·玛丽,家人和朋友都以昵称"安妮"来称呼她。1933 年,以希特勒为首的纳粹党在德国掌权,排犹运动在各地迅速扩张。为躲避纳粹的迫害,安妮一家离开德国来到荷兰的阿姆斯特丹。安妮的父亲奥托·弗兰克讲述了他们当时离开德国的原因:

安妮·弗兰克

【音频】奥托·弗兰克:我们在 1933 年离开德国,因为我不希望我的孩子受到歧视性的教育。她们再也不能见到那些信仰基督教的朋友了,在荷兰情况就不一样。

　　1942 年 6 月 12 日,也就是安妮 13 岁生日这天,她收到了一份特殊的礼物,那是一本红白彩格封面的日记本。安妮的朋友杰奎琳·马尔森一直都记得安妮收到日记本时的兴奋表情。

【音频】杰奎琳·马尔森:她的眼睛闪闪发光,看着礼物,不过她最喜欢的还是这个日记本,这一点我记得非常清楚。后来等大家都出去了,我们俩一起整理她的礼物,我就找不到那本日记本了,她已经把它藏起来了。

　　"我希望能对你吐露我全部的心思,这样的事以前我从没有对别人做过;我还希望对于我,你是无限的支持和安慰。"这是安妮在 13 岁生日当天所写的第一篇日记。

　　1942 年 7 月,就在安妮过完生日不到一个月的时候,纳粹当局捕捉犹太人的行动日益严重,安妮一家搬入了她父亲奥托所在公司的一间密室里。在此期间,安妮将日记本当作可以进行私密交流的特殊朋友。她在日记本里记录了一个少女对人生的感悟、对生活的思考以及她在那段最黑暗的日子里努力不使希望破灭的历程。安妮父亲的助理米耶普·吉斯回忆了她见到安妮写日记的情形:

【音频】米耶普·吉斯:有一次,我正好碰上她在写日记,那一刻我永远也忘不了,因为她就好像变了一个人似的。

　　1944 年 8 月,安妮一家因被人告密而遭到德国警察逮捕。安妮父亲的助理米耶普·吉斯发现安妮的日记散落一地,便将日记收好藏在抽屉中。

　　不久,安妮一家在被转送到荷兰的韦斯特博克集中营后又被转到波兰的奥斯维辛集中营。在奥斯维辛集中营里,犹太人被区分对待,老年人、病人和儿童被送往毒气室。所幸,安妮躲过了这一劫,因为她看起来比实际年龄要大一点。两个月后,安妮和姐姐玛格特被转到伯根-贝尔森集中营。这里虽然没有毒气室,但是对数万名囚犯来说,这里的环境同样是致命的。大屠杀的幸存者杰克·波拉克回忆了他们当时在伯根-贝尔森集中营里恶劣的生活状况:

【音频】杰克·波拉克:*生活条件极其恶劣。首先,木制营房的床根本算不上是床,有些就是木板,有些倒是铺了张毯子。糟糕的是,每张毯子上都有虱子,睡觉之前先得把虱子清理干净,因为不把虱子清理干净,我们都没法睡觉,而我们都缺乏睡眠。*

　　虱子会传播伤寒,安妮和姐姐玛格特因此出现了寒战、发热等症状。不久,玛格特就虚弱得起不来床了。看着姐姐的状况越来越糟,安妮也失去了活下去的信心。

　　1945 年 2 月下旬,安妮的姐姐玛格特过世了。几天后,年仅 15 岁的安妮也离开了人世,此时距离伯根-贝尔森集中营被英军解放不到两个月的时间。安妮·弗兰克故址管理人汉斯·维斯塔讲述了当时的情况:

【音频】汉斯·维斯塔:*我们知道至少有五名证人说,安妮就死在她们怀里。我们知道其中两名护士在韦斯特博克集中营就认识安妮姐妹了,后来她们也到了伯根-贝尔森集中营,她们很可能是最后和安妮以及玛格特交谈过的人。可以肯定地说,安妮是在她姐姐死后孤独死去的,她以为自己在这世上已经没有亲人了。*

　　二战结束后,安妮的父亲奥托·弗兰克通过助理得到了女儿安妮的日记手稿。他几经考虑,决定公开女儿的心声。1947 年,安妮的日记出版,书名为《密室》。1952 年,美国版的《安妮日记》发表,名为《一个年轻女孩的日记》。3 年后,这本书获普利策奖,改编的话剧也在百老汇上演。1959 年,好莱坞把安妮的故事搬上了银幕。此后,安妮的日记和故事多次被改编为电影、纪录片、动画和舞台剧等在世界范围内广泛流传。

(舒　凤)

安妮·弗兰克

震惊美国的辛普森案发生

1994年6月13日凌晨,震惊美国的辛普森案在洛杉矶发生,前美式橄榄球星O·J·辛普森的前妻妮可·布朗及其男友罗纳德·戈德曼被人杀害,两人死前都曾遭利器刺伤。

案发后,警方锁定辛普森为命案嫌疑犯并准备对他实行逮捕。在律师的沟通下,警察延迟了逮捕时间并同意辛普森在参加完妻子葬礼后前往警局自首。然而,辛普森竟于原定自首的日子逃跑了!在经历了一场耗时数小时的追车风波之后,最终他被劝服并投案自首。随后,整个案件进入标准的刑审流程,直到第二年的1月23日,庭审正式开始并通过电视进行直播。这是同级别的审判第一次在电视上播出,也是美国历史上最受公众关注的一场刑事审判,历时长达9个月,后被人称作"世纪审判"。

O·J·辛普森1947年出生于美国旧金山一个黑人家庭,他依靠个人奋斗,从一个普通黑人小孩,最终成长为驰骋球场的体育明星。辛普森与妮可·布朗在1985年结婚,1992年两人因激烈冲突导致离婚,但辛普森始终对前妻念念不忘。

辛普森

正式审判开始后,检察官就指出辛普森具有明显的作案动机——他与妻子妮可离异后,一直希望破镜重圆,因此会对前妻及其现任男友怀恨在心。同时,检方还出示了一盘早年妮可向当地警方拨打求救电话的录音,以此证明辛普森有家庭暴力史。

有了犯罪动机和家暴前科,检方继而展示了一系列证据以坐实他们对辛普森犯下凶案的推论:首先,命案现场两处发现辛普森的血迹;其次,命案现场和辛普森住宅内发现的血手套属于同一副,而两只手套上都有受害者和被告的血液;再者,在辛普森住宅门前车道及汽车上都发现了辛普森和被害者的鲜血……在这个案子中,警方搜查到的罪证之多可谓"铁证如山"。

但是,辛普森在受押后花巨资聘请了一支被媒体称作"梦之队"的律界精英团队来为自己进行"无罪"辩护。他们认为检控方提出的证据存在很多疑点。

辩方反攻的焦点首先集中在警官福尔曼身上。福尔曼在案发当天率队搜查凶案现场及辛普森的住宅,许多关键性证据都是由他单独发现的。然而辩方发现这位警官是个种族主义者,而被告辛普森恰巧就是一名黑人明星,这给了辩护团使用"种族牌"策略进行辩护的可能。

【音频】律师:你曾发誓,说你在过去10年内从没管任何黑人叫做"黑鬼"或者使用过这个词语,我说的对吗,福尔曼警官?

福尔曼:我是这么说的。

律师:所以任何人如果跑到法庭上指认你曾经这样说过,他就一定是在说谎,是吗?

福尔曼：是的。

律师：所有人？

福尔曼：是的，所有人。

　　当年，辩方律师 F·李·贝利对证人福尔曼警官进行盘问，他以出色的盘诘技巧将对手逼至绝境。随即，他又拿出一盘录音带，其中录有福尔曼在一次采访中多次称呼黑人囚犯为"黑鬼"的言语让福尔曼顿时哑口无言。

　　福尔曼的谎言使警方的证词不再可靠，而本案的另一项关键物证——手套也出现了漏洞。辛普森在法庭上试戴血手套却始终戴不上，辩方由此指出手套不属于辛普森，而"如果手套不合适，那么你们就必须判他无罪"，这句话也成了辛普森辩护律师约翰尼·科克伦的一句经典辩护。

【音频】约翰尼·科克伦的经典辩护

　　法庭上控辩双方交锋激烈，外界社会支持或反对辛普森的也分成两大阵营。当年参与此案举证的华人侦探李昌钰回忆了当时美国社会在此案中黑白两极分化的情况和自己的中立态度：

【音频】李昌钰：当时这个案子发生以后，美国社会所有白人都认为他有罪，所有的黑人都认为他没有罪，所以我们处理这个案件就非常烫手。他们常常开玩笑说，整个案情，从头到尾，这些陪审团和社会当中唯一相信的只有我的证词。因为你要站在绝对中立的位置，有什么证据讲什么话。

　　作为权威人士介入的李昌钰以科学严谨的态度令检方的证据暴露出更多漏洞，其中包括对案发现场所发现的辛普森血迹的疑点。结合之前福尔曼警官的种族歧视，外界产生了是否有可能是警方故意制造假证陷害辛普森的疑惑。

　　1995 年 10 月 3 日，这场官司的审判结果终于要宣布了。据统计，当天有 1.5 亿美国人停下手中的工作盯着电视屏幕，等待最终的宣判。

【音频】宣判：我们陪审团一致裁定，辛普森谋杀罪名不成立。

　　在"无罪"的宣判声中，"世纪审判"落下帷幕。有些人为之欣喜，也有人黯然神伤。至于辛普森到底有没有杀人，则成了一个悬而未解的谜。但这个案件给美国司法系统敲响了一次警钟，其后美国警方也加强了对警员刑侦办案时证据采集和鉴定流程的严格培训。在美国以外的许多国家，辛普森案也被列入法律教科书，供后人借鉴学习。

（郑　麟）

辛普森与前妻妮可·布朗

六月

14

导演蔡楚生

中国首部国际获奖影片
《渔光曲》首映

1934 年夏初,上海正处于有气象记录以来 60 年未遇的高温。闷热的天气让人们对看电影这种当时时髦的消遣娱乐也避之不及,原本熙熙攘攘的上海各大影院变得异常冷清。然而就在酷暑中的 6 月 14 日,一部国产电影《渔光曲》悄然在上海金城大戏院首映。此后,它的观影热潮如同高温天气一样持续不退,创下了当时国产电影连续放映的新纪录。电影《渔光曲》是中国历史上第一部在国际上获奖的故事影片,它的同名主题曲也成为传唱至今的经典名曲。

20 世纪 20 年代末期的中国电影大都是"神怪武侠"之类脱离社会现实的商业片。1931 年 9 月,中国共产党领导的左翼作家联盟开始关注中国电影,他们试图摆脱中国电影肤浅庸俗和哗众取宠的现状,从而掀起了轰轰烈烈的"左翼电影运动"。蔡楚生从小生长在海边,对渔民的生活比较熟悉,对渔民的悲惨遭遇寄予同情。接触到进步思想后,他产生了强烈的创作欲望,要继续实践"最低限度要做到反映下层社会痛苦"的诺言。于是蔡楚生编导了《渔光曲》,首次在银幕上展示了那个年代中国底层劳动人民的悲苦人生。《渔光曲》讲述了一个贫苦渔民家庭的悲惨故事:渔民儿女小猴和小猫在家庭破产后,与生病的母亲投奔在上海以卖艺为生的舅舅,后来母亲与舅舅丧身火灾,两人又受雇于人,在轮船上开始了更为辛酸的捕鱼生活。《渔光曲》的问世,在当时的中国电影界引起了巨大的反响。对于蔡楚生的创作,蔡楚生之女蔡晓云认为这跟父亲从小的生活不无关系。

【音频】蔡晓云:他 12 岁的时候家里就让他到汕头商店里去当学徒,当学徒完全就是干那些杂活,包括倒痰盂、打扫房间之类的工作,他都做。我父亲从小就是在这种氛围下长大的,所以他对下层的店员、农民都是非常熟悉、非常有感情的。

《渔光曲》采取外景实拍,并采用国产设备录音,因此拍摄周期达 18 个月之久。《渔光曲》不仅拍摄周期长,在拍摄过程中还多次面临险境。1933 年夏末某夜,开拍《渔光曲》中火烧茅屋的一场戏,当时正在刮东风,茅屋的位置坐东南朝西北,导演的指挥台恰好在下风。蔡楚生一声令下,茅屋立刻熊熊燃烧起来,救火之声四起,几十个人担水穿梭抢救,一片紧张气氛。站在下风口的蔡楚生被阵阵浓烟熏得喉干、鼻塞、眼泪直流,但仍固守岗位,坚持指挥,最后因眼花从近 3 米高的指挥台上摔了下来,闪了腰部。联华影业电工金传松在为《渔光曲》配音时不慎从高空跌下摔伤致死,蔡楚生对此感到非常悲痛。《渔光曲》拍成后,他特地在片前加上一条字幕:"纪念殉职工人金传松!"

《渔光曲》最终以它的魅力征服了观众。影片在上海金城大戏院首轮放映了40多天，而一般影片也就放映约10天。《渔光曲》的轰动效应导致一票难求。电影主题歌《渔光曲》由安娥作词、任光作曲，十几万张唱片一抢而空。在《渔光曲》连映的日子里，金城大戏院门口天天挤得水泄不通，成为上海滩一大奇观。各家报纸对此作了连续报道，所拟标题往往令人过目难忘："人活80岁罕见，片映80天绝无！""街头巷尾无人不谈《渔光曲》，无人不唱《渔光曲》"，"由夏而秋拷贝三易，卖座如一空前绝后"。对此，当时还是中学生的电影表演艺术家张瑞芳印象深刻。

【音频】张瑞芳：《渔光曲》是30年代初拍摄的，在苏联还得了奖。当时我们还是中学生，为他们感觉特别自豪，所以里面的歌曲到现在我都可以完全唱出来，我没看歌谱，我一唱就可以唱两段。当时的歌都是这样，是我们生活中不可缺少的。

《渔光曲》不仅在上海引起轰动，也受到欧美人士关注。法国作家联合会副会长德瓦勒氏重金购买了全欧放映权。1935年2月，在苏联举行的"莫斯科国际电影展览会"，共有20多个国家的代表和影片参加，送展影片近百部。其中20多部影片参加了评选，《渔光曲》就是其中之一。最终《渔光曲》位列第9名，获颁荣誉证书，被评价为"优越地、勇敢地尝试了中国人民的生活与优良性质的现实主义的描写"。这是中国电影第一次在国际电影节上获奖，所以《渔光曲》成为中国历史上第一部在国际上获奖的故事影片。

《渔光曲》开创了中国现实主义电影的先河，它的故事情节动人，画面编排精练，格调凄婉压抑，节奏缓慢抒情，全片完全脱离了中国传统戏曲的影响，整体风格迥异于以往的中国电影。朗朗上口的同名主题曲更是传遍了大街小巷，传唱不息。片中女主角王人美从上海开始红遍全国，导演蔡楚生也成为第一位享誉世界的中国导演。

（肖定斌）

电影《渔光曲》剧照

《三毛流浪记》开始在上海《大公报》连载

1948 年电影《三毛流浪记》海报

1947 年 6 月 15 日，由我国著名漫画家张乐平创作的《三毛流浪记》在上海《大公报》上开始连载。一时间"三毛"成了沪上家喻户晓的漫画人物。"笑中有泪"是这部漫画最突出的艺术特征，"三毛"也由此受到了当时广大读者的同情与喜爱。

"三毛"这个漫画形象的诞生其实还要追溯到更早之前。20 世纪 30 年代是上海漫画的黄金时期，彼时沪上的漫画家、漫画作品以及出版的漫画刊物之多如恒河沙数，作品的题材、形式和风格也是五花八门。然而在众多漫画作品中，以儿童为主角的漫画却是凤毛麟角。正是在这样的情况下，张乐平独辟蹊径，于 1935 年创作了"三毛"这个崭新的儿童漫画人物，弥补了这一类型的缺口。晚年的张乐平在谈及这一创作时表示，"三毛"的诞生绝非凭空想象，而是和自己的身世有所契合。

【音频】张乐平：我画三毛是 1935 年，这些三毛绝不是凭空想象，特别是《三毛流浪记》，因为我的身世啊，有些地方类似三毛，所以画起来比较深刻……

张乐平 1910 年出生于浙江海盐县，在母亲的熏陶下，他从小酷爱画画，长大后进入私立美术学校进行过专业学习。不过，张乐平的家境并不富裕。在很小的时候，他就曾在一家木行当过学徒，他所说的身世与三毛类似之处可能正来源于这段学徒的记忆。而三毛的人物造型，根据张乐平夫人冯雏音女士的回忆，很可能只是张乐平一次无心插柳的意外收获。

【音频】冯雏音：开头画的三毛是光头，但看上去不大好看，他无意当中想出把三根毛加上去，然后看看还不错，就这样继续画下去了。

1937 年抗日战争爆发，青年张乐平与上海一些漫画同仁迅速成立了救亡漫画宣传队，在祖国各地进行抗日宣传。张乐平的三毛漫画创作停止了一长段时期，直到抗战胜利后的 1945 年，他回到上海，才重新执起画笔，再一次讲述三毛的故事。

新创作的三毛漫画融入了张乐平在抗战时期的许多体验，最终串联成了后来广为人知的《三毛从军记》。与多年前偏重生活趣味的三毛形象相比，《三毛从军记》中的三毛既表现了社会混乱之下民众的种种苦难，也揭露了腐败的政府和军中的丑陋现象，从而在早先的幽默风趣外平添了一股辛辣的讽刺。1992 年，上海电影制片厂根据张乐平漫画改编拍摄了电影《三毛从军记》，一举获得了中国电影金鸡奖最佳儿童片等奖项。

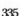

《三毛从军记》完成后不久，张乐平又开始酝酿另一个有关三毛的题材，那就是《三毛流浪记》。1947年的十里洋场上海滩是不少流浪儿的集中地，张乐平决定延续《三毛从军记》针砭时弊的手法，将这些苦难的孩子作为自己笔下三毛的原型。那时候，英、法租界分界处的郑家木桥，也就是现在的延安东路福建中路路口，是流浪儿的一个聚集区。据说，张乐平会穿上破旧的衣服，买一些大饼油条，去那里主动和流浪儿搭讪，向他们讲述自己小时候当学徒的故事，而流浪儿也纷纷向张乐平倒吐生活的苦水。正是这些流浪儿的亲口述说，日后成了《三毛流浪记》里最生动的素材。

自1947年6月15日开始在上海《大公报》上连载，《三毛流浪记》引起了当时社会强烈的反响，读者人数也远超之前的三毛作品。基于这样的成功，这部漫画很快获得了电影制作公司的青睐并被搬上了银幕，当时还是"无名小子"的王龙基有幸出演了"三毛"这个角色。

【音频】王龙基：《三毛流浪记》选我是比较偶然的，当时负责找演员的是严恭。他找了好多时间没找到，有一次在昆仑影片公司，就是现在上海电影制片厂前身，看到三个孩子在打弹子，他没事儿就在那儿看一看，他是很无意的。其中两个比较大，一个比较小。结果小的赢了呢，两个大的不肯给，结果小的用武力把两个大的制服了，最终得到了他应有的一份。然后严恭叔叔很感兴趣，觉得这个人很倔，再看形象，头大脖子细，就领着他去试镜头，试完镜头以后，包括张乐平伯伯和其他一些老同志都说三毛就是他。而那个小孩呢，就是我。

虽然三毛的创作背景已很遥远，但它的艺术生命却并没有随着时间而衰退。20世纪90年代中期，22集电视连续剧《三毛流浪记》在沪播出，吸引了一大批80年代成长起来的少年观众。步入新世纪后，新版动画片、动画电影乃至音乐剧《三毛流浪记》又纷纷亮相，继续向新时代的儿童们展示着这一中国动画明星的持久魅力。

（郑　麟）

张乐平

人类历史上首位女性登上太空

六月
16

2012 年 6 月 16 日，我国首位女航天员刘洋乘坐"神舟九号"飞船进入太空，和指挥长景海鹏、刘旺一起参与执行"神舟九号"与"天宫一号"交会对接任务。而此时在俄罗斯有一位 75 岁的女性也感同身受地关注着这历史性的一刻，她就是瓦莲京娜·捷列什科娃。就在 52 年前的这一天，也就是 1963 年 6 月 16 日，由这位苏联女航天员驾驶的第一架宇宙飞船"东方 6 号"顺利升空，捷列什科娃也因此成为人类历史上第一位进入太空的女性。在人类航空史上，两个年份的 6 月 16 日都被赋予了里程碑式的意义。捷列什科娃在接受中国央视记者的采访时激动地说："中国航天事业将成为人类探索太空空间精彩的一页。刘洋作出了自己的贡献，我为她感到高兴，她是在 6 月 16 日升空的，这一天是我们共同的幸运日。"

【音频】捷列什科娃谈对神州九号发射感想

瓦莲京娜·弗拉基米罗夫娜·捷列什科娃

1937 年，捷列什科娃出生在苏联一个工人家庭，父亲是拖拉机手，母亲是纺织厂女工。不幸的是，二战让小小的捷列什科娃失去了父亲。为了减轻家庭负担，她白天也在纺织厂干活，晚上去夜校学习。捷列什科娃当时的梦想是当一名工程师，不过出于爱好，她加入了航空俱乐部。22 岁那年，她首次在俱乐部接触到了改变了其一生命运的运动——跳伞。1961 年，苏联宇航员加加林乘坐"东方 1 号"宇宙飞船，进入太空 1 小时 48 分钟，完成了世界上首次载人宇宙飞行，实现了人类进入太空的愿望。这一壮举无疑给无数有着航空梦的国家和人民以极大的鼓舞和激励。当时 24 岁的跳伞运动爱好者捷列什科娃也为之所动，她和航空俱乐部的女友们联名给有关部门写了一封信，强调男女平等，呼吁选派女性登上太空。

20 世纪 60 年代正是美国和苏联全球争霸时期，两国也展开了军备竞赛。1961 年 12 月，也就是加加林首次飞上太空 8 个月后，苏联试图着手组建女子宇航员中队，从各地的航空俱乐部中挑选女性运动爱好者。经过层层筛选，5 位女性脱颖而出，接受了长达一年严苛的封闭训练。比起男性宇航员，女性无论从生理还是心理素质上都要付出更大的努力。最终，26 岁的纺织女工捷列什科娃被确定为遨游太空的人选。回忆起训练的一年，她只用了"残酷"两个字来形容。据一起训练的约尔金娜回忆，在训练基地最可怕的装置就是离心机，只要一进到里面，身上就会被模拟加上太空中 600 公斤的重力，使人动弹不得。有一次，捷列什科娃在离心机里失去了知觉，醒来后却继续咬牙坚持其他的练习。捷列什科娃学历并不高、跳伞资历也不深，训练成绩也并非名列前茅，但出于对梦想执着的追求，平民出身的她忍受了许多常人难以想象的艰辛。

1963 年 6 月 16 日，捷列什科娃驾驶"东方 6 号"飞船进入太空，成为人类历史上第一位女性宇航员。各种项目安排得非常紧凑，捷列什科娃始终忙碌着拍摄照片视频、做科学实验。在狭小的空间里,她只能采取半躺的姿势呆上 3 个昼夜。然而飞船在运行过程中遇到了可怕的问题,它的自控系统出现了偏差,执行下降程序时,飞船不降却反往上升。如果不纠正差错重返轨道,捷列什科娃就不可能返航。幸而她及时向地面作了汇报,专家提供了正确的数据,使飞船得以安全着陆。回忆起这段隐藏了多年的秘密,捷列什科娃同样记忆犹新:

【音频】捷列什科娃:当时风非常大,所以将是很强的硬着陆,我在距离地面 7 公里的地方弹射了出来,用降落伞着陆,而飞行器则用自己的降落伞降落。

"东方 6 号"总计绕地球飞行 48 圈,历时约 70 小时 50 分。1968 年后,捷列什科娃被任命为苏联妇女委员会主席和苏联对外友协主席。苏联解体后又担任俄罗斯国际科学文化合作中心主席等职。她对中国怀有深情厚意,非常重视对华友好工作。2004 年,年近七旬的捷列什科娃到北京中国科技馆的载人航天科普展参观访问,她兴致勃勃地观看了"长征"运载火箭、"神舟"飞船等各种航天器模型,在对中国航天员表达祝福的同时,也谈起了自己作为世界首位女性进入太空的不寻常经历:

【音频】捷列什科娃:女人如果要成功,就摆脱不了那些教科书式的规则,首先你要有努力的目标,然后就不断地学习、学习、学习,当然在选择职业时要听从自己内心的选择,这样你每天上班的时候,才能感觉到像去庆祝节日一样。加加林的太空飞行后,我认为我们国家没有哪个男人或者女人不在想重复他的英雄壮举,那些喜欢空中运动的人们,都认为自己是最适合太空飞行的人。

至今,捷列什科娃仍然是世界上唯一一位在太空单独飞行了 3 天的女性,并因此荣获了"苏联英雄"称号。此外,她两次被授予列宁勋章,荣获联合国和平金奖以及世界许多国家授予的高级奖章。她还是世界上十几个城市的荣誉市民。另外,月球背面的一座环形山也是以捷列什科娃的名字来命名的。

(陈晓辰)

宇航员瓦莲京娜·弗拉基米罗夫娜·捷列什科娃

科学家彭加木在罗布泊地区考察时失踪

六月 17

1980 年 6 月 17 日,在南疆罗布泊地区的炎热沙漠地带,已经濒临断水断油的中国科学院新疆分院的考察队正在等待救援。中午时分,考察队收到了当地驻军要求"原地待命"的回复电文。副队长想要把消息通报给队长,却没有找到人,只见到一张纸条,上面写着:我往东去找水井。落款是"彭"。当时的气温高达摄氏 50 多度,地表温度超过摄氏 60 度。然而一直到天黑,队员们也没有找到队长。当天深夜,队员们把队长"一人外出未回"这一紧急情况通报了当地驻军。这位失踪的科考队队长就是著名科学家彭加木。

彭加木

【音频】彭加木 1964 年的讲话录音:在祖国的边疆地区,因为过去,去的人比较少,很多资源没有开发。你一去以后,的确能够体会到祖国的地大物博。这样大的地区,这样多的资源摆在那儿,现在都没有利用,这不是非常可惜的,是吗?

彭加木 1947 年夏天从中央大学农化系毕业。解放后,在中科院上海分院生理生化研究所担任助理研究员,主要从事酶、胶原蛋白等课题的研究。

1956 年初,中共中央发出了"向科学进军"的号召,科学院内一片振奋。彭加木当时面临两个选择,一个是被派送到莫斯科留学,另一个是申请加入中科院开发边疆资源的综合考察委员会。彭加木选择了后者。5 月,彭加木告别了工作多年的研究所、温暖的小家和年幼的儿女,踏上了新的征途。野外的科考工作很艰苦,常常是饱一顿、饥一顿,有时渴了就喝一点河里的冰水,但他却乐此不疲。就在这时候,一个意想不到的打击降临了。1957 年 3 月,彭加木被确诊患了肿瘤。

带着惊人的毅力和乐观的态度,彭加木进行了积极的治疗。经过四五个月的精心治疗,彭加木居然战胜了"不治之症",肿瘤已明显萎缩。医生们会诊后同意他出院回家休养。虽然医院和组织上明确要求彭加木"不得离开上海",但是他接二连三地向组织请求回边疆工作。1958 年 2 月,经组织批准,彭加木再次踏上了征途。在新疆期间,彭加木为新疆科学事业的建设和交流做了大量工作。此外,他还在北京指导建成了中国科学院综合考察委员会中心化验室,在上海、广州、福州、乌鲁木齐等地建立了电子显微镜实验室。1964 年,彭加木受到中共上海市委的表彰。

1979 年冬,彭加木被任命为中国科学院新疆分院副院长。与此同时,彭加木着手制订了向罗布泊地区进军的规划。罗布泊位于塔里木盆地东部,曾是中国第二大内陆湖,干涸后成为盐泽,四周被塔克拉玛干沙漠包围,是一个气候条件恶劣但蕴含丰富自然资源的地方。早在 1959 年和 1964 年,彭加木就曾两度进入罗布泊。1979 年 11 月,他第三次进入罗布泊考察,发掘填补了我国一些重大科研领域的空白,纠正了外国探险者的一些谬误。之后,彭加木拟定并上报了四进罗布泊的计划。1980 年 4 月,那是彭加木的女儿彭荔最后一次见到父亲,彭荔回忆起了父亲临行前与她告别的情形。

【音频】彭加木女儿彭荔回忆父亲临行前与她告别的情形

1980 年 5 月 9 日,彭加木带领一支由化学、水文地质及动植物研究的各类专业人员和后勤、通讯联络人员等共 11 人组成的综合考察队进入罗布泊。6 月 5 日,史无前例的纵贯罗布泊湖底的任务,首先被中国科学考察队胜利完成。6 月 16 日,考察队在疏勒河南岸的库木库都克扎营,发现汽油和水只能再维持两天。于是,考察队给罗布泊地区附近的中国人民解放军马兰基地的电台发出了求援电报。原考察队队员马仁文回忆了电报最后的内容。

【音频】马仁文:16 日晚的那个电报的内容就是我们到了库木库都克了,已经缺水了。在电报上要不要让基地送水,这个也是讨论过的。彭先生的意见就是我们能找到水,我们自己解决,自力更生。

6 月 17 中午,考察队队员发现彭加木失踪,他留下的纸条上标注的时间是 6 月 17 日 10 点半。事发后,从 6 月 18 日一直到那一年的 12 月 20 日,国家曾经先后组织了四次大规模寻找彭加木的行动。然而,除了第一次在出事地点东北约十公里处发现过彭加木的脚印、坐印以及他丢弃的糖纸外,没有发现其他的线索。

多年来,官方和民间多次发起对彭加木的搜寻,均无所获。关于他失踪的原因,也曾经有过各种说法和猜测,有人认为彭加木可能在找水过程中因体力不支迷路昏倒,被狂风吹动的流沙所掩埋。1996 年 6 月 18 日,探险家余纯顺在罗布泊遇难的消息传出,使人们又一次想起了多年前在那里失踪的彭加木。为了纪念彭加木,中科院新疆分院罗布泊考察队在他的失踪处库木库都克立起了纪念碑。1981 年,上海市人民政府授予彭加木"革命烈士"称号。

(郑榴榴)

中科院新疆分院在彭加木失踪地树立的纪念碑

戴高乐发表抗纳粹宣言，"自由法国"运动开端

"自由法国"是第二次世界大战期间戴高乐领导的法国反纳粹德国侵略的抵抗组织。1940年6月18日，戴高乐在英国伦敦发表了著名的抗纳粹宣言——《告法国人民书》，号召国土遭沦陷的法国人民团结起来抗击纳粹德国的侵略，这也标志着"自由法国"运动的开端。

吉罗、罗斯福、戴高乐、丘吉尔（从左至右）

【音频】戴高乐：在目前这场世界大战当中，法国在捍卫自由的最前线上被打败了。但是自由的法国人不甘心这个失败，不会让自己的国家在所谓大欧洲制度的幌子下变成敌人的桥头堡。在战争中使法国重新团结起来，解救祖国，并为重建世界的自由作出贡献，这就是我们唯一的目标和抱负。

1939年9月1日，法西斯德国进犯波兰，第二次世界大战全面爆发。希特勒攻占波兰后，又占领了丹麦、挪威、荷兰、比利时、卢森堡，顺利地绕过"马奇诺防线"，攻入了法国。1940年6月14日，巴黎沦陷。三天后，号称"欧洲陆军第一强国"的法国向纳粹德国投降，成立以贝当为主的"维希"傀儡政府。然而，法兰西独立自由的精神并没有终结，一位法国将军吹响了继续战斗的号角，他就是世界反法西斯英雄、"自由法国"领袖、法兰西第五共和国的缔造者夏尔·戴高乐。6月22日，流亡英国的戴高乐在英国广播公司再次发出号召，集结不甘屈服的法国各届人士抵抗法西斯的入侵。

【音频】戴高乐：我，戴高乐将军，在英国负起全民族的使命。我向法国陆海空三军指战员们，向军事工业的工程师们和工人们发出号召。如果你们在英国或者有办法达到这里，请你们与我汇合。法国陆海空三军的军官、士兵、水手或飞行员们，无论你们在什么地方都请与我取得联系。我呼吁所有热爱自由的法国同胞们，响应我的号召，跟随我一起行动起来。光荣与独立的法国万岁！

1940年10月27日，"自由法国"国防委员会在法属刚果首府不拉柴维尔宣告成立，戴高乐被选为主席。1941年下半年，苏联和美国相继卷入战争。为了更好地配合盟军的战斗，1942年戴高乐把"自由法国"更名为"战斗法国"，他决心让这支他领导的武装力量在世界反法西斯战场上发挥更大的作用。同年11月8日晚上，戴高乐向法属北非的全体军民发表了军政演说。

同一天,英法美加四国军队发起了代号为"火炬"的北非登陆行动。3 天后,盟军收复法属殖民地卡萨布兰卡,北非登陆行动大获成功。但是随着北非解放,戴高乐却被卷入一场由罗斯福主导、丘吉尔参与的政治斗争中。1943 年 1 月 23 日,在卡萨布兰卡最后一次全体会议上,戴高乐与法国将军吉罗在罗斯福和丘吉尔面前作了一次"勉强的握手"。两人同意组成法兰西民族解放委员会,同任主席。仅仅 5 个月之后,缺乏政治才干的吉罗就不得不放弃自己的政治优势,邀请戴高乐将"战斗法国"总部迁往北非阿尔及利亚。至此,戴高乐终于成为法国无可争议的领袖。

1944 年 6 月 6 日,由艾森豪威尔所率领的盟军部队在诺曼底登陆,成功开辟了第二战场。当天,艾森豪威尔向全体法国人民发出要服从盟军的命令,但晚上戴高乐就以法国临时政府的名义发表了声明:"法国人民应该服从法国临时政府的命令,立即向德国法西斯展开攻击。"他在抵达最先解放的小镇巴约后,打算组建法国临时政府,但遭到了罗斯福的反对。然而几乎所有的法国人都支持戴高乐,这使得一向反对戴高乐执政的罗斯福被迫承认了法国临时政府。国防大学马骏博士认为戴高乐发表声明表现了其鲜明的个性。

8 月中旬,"战斗法国"的第二装甲师前锋直逼巴黎。8 月 25 日,身为"战斗法国"最高统帅的戴高乐在将领们和抵抗运动领袖的簇拥下,随法军从奥尔良重返巴黎,并宣布巴黎解放。成千上万的巴黎市民高唱着《自由法国之歌》向这位民族英雄欢呼致敬。

"自由法国"运动成就了当时法国的民族英雄戴高乐,也是"自由法国"运动帮助法国建立起一支重要的武装力量。它对于拯救和维护法国民族独立起到了至关重要的作用,也为彻底结束德国法西斯对法国的侵略作出了巨大的贡献。

(金 之)

戴高乐

341

小提琴家斯特恩来沪与上音附小学生交流

六月 19

1979 年 6 月 19 日，上海音乐学院附小迎来一位尊贵的客人，他戴着墨镜，身着橘红色衬衫，在人群中格外显眼，他就是世界著名小提琴家艾萨克·斯特恩。在上音附小，他不仅与学生面对面交流，更手把手地耐心指导学生。斯特恩用生动的教学方法与精湛的演奏技巧，深深地感染了在场的每一位师生。

李德伦（左）和斯特恩（右）

【音频】斯特恩在上音附小教学的录音片段

艾萨克·斯特恩 1920 年出生于音乐世家。他是俄国犹太人后裔，未满 1 岁就随父母移居美国。斯特恩 6 岁开始学习钢琴，8 岁开始练习小提琴，师从当时旧金山交响乐团的首席小提琴手布林德。他曾在美国许多大城市进行了公开表演，博得广泛好评。1944 年，斯特恩的演奏引起了音乐界的巨大轰动。这一年，他在卡内基音乐厅举办了独奏音乐会，他为观众演奏了贝多芬的《c 小调小提琴奏鸣曲》、巴赫的《d 小调无伴奏组曲》等作品。斯特恩以娴熟的技艺与丰富的表现力征服了每一位观众，演出大获成功，从此他跻身美国著名的小提琴演奏家行列。斯特恩对小提琴演奏有着自己独特的见解：

【音频】斯特恩：演奏者应该很清楚自己在做什么、想要表达什么，而不是别人来教你怎么做，要知道通向成功的路上只有靠你自己。

之后的几年中，斯特恩前往澳大利亚、日本、以色列和南美洲等国家进行访问演出。这位才华横溢的音乐家带给听众的不仅仅是专业的表演，更是自己对小提琴的狂热与专注。1979 年 6 月，斯特恩首次访华，这次中国之旅可谓意义非凡。他与家人在中国待了近一个月，在北京和上海两地进行了公开教学与演出。6 月 19 日，斯特恩来到上海音乐学院附小，与学生们近距离交流，他幽默的教学方式给师生们留下了深刻的印象。学生们也为这位音乐大师带来了自己的演奏曲目，其中年仅 10 岁的王健引起了斯特恩的注意。斯特恩对王健的大提琴演奏颇为赞赏，称他"具有超凡演奏才能，是东方最有希望的音乐家"。

【音频】王健当时的大提琴演奏

斯特恩虽然不是职业教师，但是他非常注重对卓越人才的培养与发展。在他的鼓励与支持下，王健踏上了赴美学习之路。如今的王健已经是享誉国际乐坛的大提琴演奏家，在世界各国举行过音乐会。斯特恩在回忆录中提到有人认为他是想当"教父"，他自己是这样说的："我仅仅是将过去岁月中朋友们曾经赋予我的东西传给他们。"回答如此简单却又真实。

除了巡回授课交流，斯特恩在中国还进行了盛况空前的演出。当时，李德伦先生作为中国著名的指挥家，与斯特恩在北京合作演出了莫扎特的《G大调第三小提琴协奏曲》。这对完美的组合给观众带来了听觉与视觉上的盛宴。

在斯特恩访华期间，随同的电影摄制小组还拍摄了一部意义非凡的纪录片——《从毛泽东到莫扎特：斯特恩在中国》，详细记录了斯特恩在中国的所见所闻，向世界展示了中国年轻音乐家的才华，也让中国走向了世界。这部影片引起各界强烈的反响，最终获得1981年奥斯卡最佳纪录片奖。

斯特恩能走上世界音乐的舞台并非一蹴而就，他是一位勤奋、认真而又充满激情的艺术大师，而他的成功更离不开家人的理解与支持。在一次采访中，斯特恩说："我的孩子们可爱、聪明、有趣，我们的感情很深，他们也很理解我，每当我们自娱自乐共同完成一首曲子时，就觉得非常幸福。"在他儿子大卫·斯特恩的眼中，父亲对于音乐事业有着极强的责任感，他通过自己的音乐语言打动听者，最能令他愉悦的方式就是演奏。如果想了解他父亲是什么样的人，最好就是去听他的音乐会。斯特恩的演奏自然却不乏激情，柔美却不失张力，音乐从他的琴声中飘出，就如同泉水流动一般顺畅自如。

【音频】斯特恩的小提琴表演

2001年，斯特恩因心脏病发在纽约与世长辞。时至今日，人们都无法忘记他对世界音乐事业所作出的贡献。而那些他亲自指导过的音乐学子们，应会永远记得曾经得到大师的点拨而在音乐路途上走得更有自信。

（王　依）

斯特恩之子大卫·斯特恩

南浦大桥主桥合龙

清末小说家、上海青浦人陆士谔在 1910 年,也就是宣统二年出版的一部幻想小说《新中国》描绘了这样一个故事:宣统二十年,万国博览会在浦东举办,黄浦滩建成了浦江大铁桥,小说主人公前去游玩,一跤跌醒,方知是梦幻一场。80 年后,这个梦在 20 世纪末的上海成为了现实。1991 年 6 月 20 日,南浦大桥主桥胜利合龙,将黄浦江两岸真正连为一体。

【音频】南浦大桥和龙新闻片段

上海建城已有 700 多年历史,这座城市因江而兴、因江而盛。发达的江海经济使上海步入了太平洋西岸国际大都市的行列。然而,正如有人分析的"功亦浦江,弊亦浦江",黄浦江虽然一直是上海经济发展的重要条件,却也在一定程度上成为上海经济发展道路上的一个坎。20 世纪 80 年代末的浦西已是高楼林立,入夜时分可见万家灯火,而浦东除了沿岸一些码头、仓库、船厂外,仍然是阡陌纵横,灯火寥落,与隔江的市区形成明显的反差。

开发开放浦东作为 20 世纪 90 年代的重大决策,不仅对恢复上海远东最大金融与工商业中心的地位有着重大的意义,而且对推动长江三角洲、华东乃至全国经济发展具有深远的战略意义。要使浦东真正成为现代化新区,而且带动浦西老市区的改造与发展,仅仅依靠已有的 2 座过江隧道、15 条人渡线和 3 条车渡线是远远不够的。因而,连接浦东、浦西的越江大桥是一项必须先行的基础工程。经过几轮研究与讨论,确定了越江大桥可建在南码头地区,此处江面宽 360 米,是黄浦江下游流经市区的最窄处。对几种桥型方案进行比较后,最后选定的方案,主桥为双塔双索面叠合梁斜拉桥,主跨 423 米,浦西引桥采用螺旋形。1988 年 3 月 31 日,市长朱镕基宣布大桥年内开工。按市批复,大桥定名为南浦大桥。

南浦大桥工程当时为亚洲开发银行贷款项目,由亚洲开发银行指定外国专家组对中国工程设计进行重点审查。经过对设计图纸及大量设计资料和计算书的严格审查,外国专家一致认为南浦大桥是安全可靠的。

1988 年 7 月,国务院批准大桥可行性研究报告。同年 12 月 15 日,南浦大桥工程终于历史性地打下了第一根长 52 米的钢管桩。不到 3 年的时间,经过 7000 余名工人、干部、工程技术人员艰苦奋斗,1991 年 6 月 20 日,南浦大桥主桥胜利合龙。12 月 1 日,南浦大桥建成通车。整个工程推广应用了 41 项新材料、新技术和新工艺,凝聚了一大批科技人员的心血。总设计师林元培为解决叠合梁桥技术关键,赴国外考察同类型桥梁并作深入调查研究,对南浦大桥工程设计作了不少改进。主桥设计负责人张介望日夜奋战,解决了钢结构构件工作应力水平等一系列难题。总指挥朱

南浦大桥

志豪在大桥施工中，日夜操劳，抱病工作。1991 年的春节，时任上海市市长朱镕基冒雨来到大桥建设工地，慰问加班加点的大桥建设者。

【音频】朱镕基：黄浦江大桥是党中央、国务院关于开发浦东、进行上海建设的头号工程。同志们，大桥不通，开发建设什么浦东啊？一句空话。一定要马上完成，现在的计划是 6 月底合龙。年底通车，这等于是党中央国务院给我们下的命令。同志们，我们一定要努力完成，所以我们才春节叫大家在这里加班。英雄的上海人民就是你们，希望发扬上海工人阶级的优秀传统。

建成后的南浦大桥总长 8346 米，通航净高 46 米，一天能通行 5 万辆汽车，相当于当时 3 个车渡和 2 条隧道车辆通行能力总和的 1.8 倍；桥面可并排行驶 6 辆铰接式公交车。从浦西到浦东只需要 7 分钟，桥下可通 5.5 万吨巨轮。南浦大桥主桥两侧各设 2 米宽的观光人行道。浦西引桥长 3754 米，以复曲线成螺旋形、上下两环分岔衔接中山南路和陆家浜路，浦东引桥长 3746 米，向东直通杨高路并以两个复曲线长圆形环与浦东南路两头相连。另外，大桥东西两岸还建有电梯楼，供市民和来宾游览观光。

南浦大桥是一座特大型城市桥梁，在设计、施工、制造、科研、组织管理等方面均跻身国际先进行列。南浦大桥的建成，使浦江两岸陆家浜路、中山南路、浦东南路、杨高路等主要干道连接贯通，缓解了"过江难"问题，对开发开放浦东具有重要作用。由渡口过江的货车，一般候渡 2 小时以上，而驱车过桥只需 7 分钟。

南浦大桥发挥了重要的过江交通枢纽作用，上海人近一个世纪的大桥梦终于成为了现实。随着浦东开发开放和上海世博会的举办，黄浦江上又相继建成了杨浦、徐浦、卢浦等多座大桥以及多条越江隧道，为城市交通和经济发展发挥了巨大作用。

（倪嘉铭）

建设中的南浦大桥

我国政府宽大释放
第一批日本战犯

【音频】1956年6月21日最高人民检察院对关押在抚顺战犯管理所的日本战犯进行宣判

　　1956年6月21日,最高人民检察院对关押在抚顺战犯管理所的日本战犯进行宣判,对在押的上中正高、大矢正春、川田敏夫等335名日本战犯免予起诉。该决定是根据全国人大《关于处理在押日本侵略中国战争中战争犯罪分子的决定》作出的。中国红十字会代表将这些日本战犯移交给日本。中国政府宽大释放日本战犯的这一决定令世界惊叹,而所有日本战犯则都对所犯罪行供认不讳、甘愿服法,甚至主动要求以死谢罪。

战犯们在法庭上向中国人民低头认罪

　　关于这批日本战犯,还要从1950年7月19日说起。这天,一列由苏联开来的列车驶入了中国边境小城绥芬河的火车站。密不透风的列车中装载着一批神秘的乘客,他们衣衫不整、汗流浃背、蓬头垢面、神情紧张。这些人是苏联红军1945年8月出兵中国东北时俘虏的日本关东军。新中国成立后,苏联方面认定其中的969名日本战犯"犯有反对中国人民的重大罪行",决定移交给中国,按照新中国的法律进行判决。

　　来到抚顺战犯管理所后,日本战犯们很快认出了自己所处的建筑正是1936年日本关东军修建的"抚顺典狱"。14年前的监狱建造者,14年后却沦为了狱中囚犯。历史的巧合还不止于此。这一行人中有名战犯叫大村忍,曾在抚顺典狱担任了10年典狱长,他对监狱的情况再熟悉不过了。原本以为会受到严酷的刑罚,谁知一进监狱就愣住了:原本恐怖血腥的监狱被修葺一新,当年的杀人场已改成了运动场,当年折磨抗日战士的刑讯室已改成了浴室和理发室,另外还兴建了俱乐部、图书室、锅炉房等等。

　　抚顺战犯管理所对战俘进行了人性化的管理,将原本怀揣顽固军国主义思想的日本战犯们,从"杀人恶魔"逐渐转化为和平使者。中国的人道精神管理与日军对待战争俘虏的非人道方式形成了鲜明的对比。几乎所有的日本战犯都经历了这样一个过程:他们起先否认自己的罪行,为自己进行辩解,最后承认罪过,并悔恨自己犯下的罪恶。原伪满洲国警察官岩崎贤吉讲述了在战犯管理所内写认罪书的经历:

【音频】岩崎贤吉：当时在战犯管理所被要求写认罪书的时候，刚开始觉得很不习惯。大家被要求写完后要互相进行评价，然后接受管理人员的指导，很多人都写了三次。第一次写的时候不是特别诚恳。第二次虽然道歉，但是写了很多辩解的理由，比如日本法律的规定、上级的命令等，觉得自己没什么错。第三次是真心认罪，不管受到什么惩罚都没有怨言。而且一想到被杀死的中国人和他们的遗孤，就觉得自己活着是一种罪过。

土屋芳雄是关押在抚顺管理所中罪行比较严重的战犯，他在侵华期间因屠杀和破坏中国抗日人员和组织有功，多次被日军授予勋章。对于自己所犯下的罪行，土屋芳雄供认不讳。在管理所改造期间，他忏悔自己的罪行，向管理所班长谢罪，表达自己深深的悔意。

【音频】土屋芳雄：谢罪是对一个人良心的真正唤起，我心里也在斗争，由原来的魔鬼重新变成人，这种心灵的搏斗也是十分痛苦的。我感到应该谢罪。最先是向刘班长谢罪，这是认罪运动开始前半年。在抚顺监狱，在走廊，我伏地忏悔，说是我不对，是我不对。当时心想把我怎么样都行。

像土屋芳雄这样的日本战犯还有许多，他们认识到自己在侵华期间所犯下的罪孽不可饶恕，唯有以死谢罪，断定自己会被判处死刑。然而中国政府的宽容大度使他们意外而感动，仿佛给予了一次重生的机会。回到日本后，战犯们自发组织起了"中国归还者联合会"。土屋芳雄也加入其中，并接连出版了《半生的悔悟》等书籍，对自己当初在中国的暴行感到后悔，并且致力于告诉世人当初日本人在中国东北的残酷行为。

中国政府仅对武部六藏等45名战犯判了12年至20年的徒刑，对其他的1017人免予起诉，分三批释放回国。对于政府这一宽大决定，抚顺战犯管理所原所长金源清楚地记得周总理说过的一句话："日本战犯一个不杀、一个不判处无期徒刑。"

中国政府在当时的国际形势下，对日本战犯采取了宽大处理的方针，有助于中日关系正常化和国际形势走向的缓和。

（贺　僖）

最高人民检察院的工作人员把免予起诉决定书发给被免予起诉的日本战犯

新中国第一台万吨水压机在
上海试制成功

1962年6月22日,上海江南造船厂经过4年努力制造的1.2万吨自由锻造水压机,在上海重型机器厂试车成功。这是新中国第一台万吨水压机,它能够锻造几十吨重的高级合金钢锭和300吨重的普通钢锭。它的研制成功,标志着我国重型机械制造进入了一个新的历史阶段。相声大师侯宝林、郭全保1965年合说的相声《万吨水压机》中提到的就是新中国的这第一台万吨水压机。

【音频】侯宝林、郭全保1965年《万吨水压机》相声片段

水压机主要用来锻造大型高强度部件,如船用曲轴、重达百吨的合金钢轧辊等。就像做馒头要揉面一样,水压锻造不仅是金属成型的一种方法,也是锻合金属内部缺陷、改变金属内部流线、提高金属机械性能的重要手段。自从1893年世界第

新中国第一台万吨水压机

一台万吨级水压机在美国建成以来,万吨级水压机作为大型高强度零件锻造核心装备的地位就一直没有动摇过。随着近代工业技术发展,大型水压机成为工业化国家竞相发展航空、船舶、重型机械、军工制造等产业的关键设备,也成为一个国家工业实力的象征。到二战结束前,苏联已经拥有4台超过万吨的水压机,美国更是超过10台。

由于各种因素影响,我国早期在大型锻压设备领域长期处于落后地位。1958年5月,时任煤炭工业部副部长沈鸿写了一封信给毛主席,建议研制万吨水压机。这个建议得到了毛主席的支持,把信立即转交了时任总书记邓小平。但当时反对意见很多,有的人提出,要造万吨水压机首先得进口一台万吨级水压机,因为制造万吨水压机的4根立柱必须要用200吨大钢锭来锻制。沈鸿则反问道:"那世界上第一台万吨水压机又是怎样造出来的呢?"万吨水压机副总设计师林宗棠对此印象深刻。

【音频】林宗棠:很多人都反对,为什么反对呢,因为认为不可能,我们条件不够,好像超出了客观条件,有点蛮干,有点盲干。

1958年8月,中央正式批准上海研制万吨级水压机,由沈鸿负责组织实施,以江南造船厂为主设计制造,建成后安装在上海重型机器厂水压机车间。随后,上海马上成立了设计班子,沈鸿任总设计师,清华大学机械专业毕业的林宗棠任副总设计师,徐希文任技术组长。除江南造船厂之外,还有上海重型机器厂等几十个工厂参加大协作。设计班子中,除了沈鸿于1954

年在苏联见过万吨水压机外，另外一些设计人员甚至从未见过水压机。有人提议先购进一台，再照葫芦画瓢。但沈鸿坚持自己动手。他领着设计组人员，背上照相机、扛着画图板，跑遍了全国各地的中小型水压机车间，了解国外制造水压机的设计特点和使用状况。沈鸿不仅对自主研发充满信心，而且对上海能建成万吨水压机也信心十足。

1959年2月，江南造船厂举行万吨水压机开工典礼，成立了万吨水压机工作大队。万吨级水压机在原理上、结构上并无奥秘，难处在于它的零件非常大，因此制造它所需的设备也非常大。当时中国并没有这样的大型设备，技术人员发现国外有一种"电渣焊"新技术，能够焊接很厚的工件，工作组便考虑用拼接电焊方法，将不能做的零件先做成小件，然后将它们用电渣焊拼合起来。技术人员和工人们反复琢磨实验，经过一段时间的摸索，全面掌握了这门电渣焊的新技术。经鉴定，万吨水压机的焊缝质量完全符合技术要求。这一关过了，其它许多难题都迎刃而解了。正是依靠这种自力更生、艰苦奋斗的作风，工作大队创造性地使用了一些诸如"蚂蚁顶泰山"、"银丝转昆仑"的土办法，解决了大型设备吊装、焊接等关键性问题。对于这些土办法，技术组长徐希文时至今日仍然印象深刻。

【音频】徐希文：用千斤顶把大型零件顶起来叫"蚂蚁顶泰山"。顶起来以后，因为焊接过程中间需要各种部位，那么就把它摆在高架上进行转动，转到每一个不同的部位，所以就叫"银丝转昆仑"。

1961年12月13日，万吨水压机的46000多个零部件加工完毕，运至工厂陆续安装。接着，上海重型机器厂用2部重型行车将横梁吊装进4根立柱内，用了两个月时间完成总装。1962年，这台万吨水压机终于安装完成，开始进行超负荷试验。工人们把锻压能力加大到16000吨，水压机各个部件仍未发现任何不良迹象。工程技术人员还在200多个主要部位进行了多次应力测定，证明所有应力都同设计数据吻合。1962年6月22日，我国自行研制的第一台万吨水压机宣告试车成功。

（肖定斌）

全体建造人员合影

世界三大男高音为北京
申奥放歌紫禁城

六月 23

2001 年 6 月 23 日晚，北京紫禁城与全球数十亿观众一起，见证了世界三大男高音在国际奥林匹克日为中国申奥放歌，这是"三高"进入新世纪之后的第一次同台献艺。这一夜，帕瓦罗蒂、多明戈和卡雷拉斯分别演唱了《星光灿烂》《今夜无人入睡》《月亮河》等近三十首经典歌曲。这场音乐会是西方艺术精华和东方文化神韵的完美结合，也是中国申办 2008 年奥运会的华彩乐章。演唱会前夕，世界三大男高音通过视频给中国送来了他们的问候。

世界三大男高音多明戈、卡雷拉斯、帕瓦罗蒂(从左至右)

【音频】世界三大男高音向中国观众问好

作为国际歌坛最具号召力的三大男高音歌唱家，帕瓦罗蒂、多明戈和卡雷拉斯每个人的成就都足以代表西方歌剧艺术的高峰，而"三高"同台演出这一形式的实现则与卡雷拉斯有着直接的关系。1987 年卡雷拉斯被诊断出患有白血病，最终他战胜了病魔，继续自己的音乐生涯。1990 年，卡雷拉斯向帕瓦罗蒂和多明戈发出邀请，希望同台演出，为那些同样患白血病的人们募集资金，帕瓦罗蒂和多明戈欣然答应。卡雷拉斯讲述了他们三人同台演出的关键所在：

【音频】卡雷拉斯：我们三个人，不仅都对歌剧有着极强烈的爱好，对于高音演唱也是如此。所以，对我们来说，一起登台演出也就意味着享受。而我们三个人是真正的朋友，非常和谐。我想这就制造了一种化学现象，这只是我的观点，这好像是我们三个人能同台演出的关键所在。

1990 年 7 月 7 日，在第 14 届世界杯足球赛闭幕时，被冠以"世纪盛会"的三大男高音首次演唱会在意大利罗马举办，现场 6000 名观众和数亿电视观众目睹了这一盛况。从此，"三高"音乐会便和体育结下了不解之缘。歌唱家、声乐教育家饶余鉴对首次"三高"演唱会印象深刻：

【音频】饶余鉴：我印象最深的当然是第一次在罗马，第一次三个人合作。那时候能把这三个顶尖男高音凑在一起，已经是很不容易了。大家抱着非常大的热情去看，我那时候正好在意大利，但我没到罗马去看，我看的是电视现场转播，但非常有感染力。

世界三大男高音演唱会陆续在世界各地举办过多次，2001 年的北京紫禁城广场音乐会是"三高"的第 27 场同台演出。对于正在申办 2008 年奥运会的北京来说，此次音乐会是向世界展示北京的热情和魅力的一个机会。帕瓦罗蒂曾表达过他对中国申办 2008 年奥运会的支持：

【音频】帕瓦罗蒂:我认为北京应该得到这次奥林匹克主办权。中国作为世界上最古老的国家,我认为奥林匹克在中国举行,它将完全展现另一种生活和感觉,是中国为世界和平迈出的重要一步。当然,中国是世界和平的一支重要力量,必将为世界和平作出贡献。

2001 年,紫禁城午门广场首度向商业演出敞开了它庄严的怀抱。为保护这片古迹,600 余名工人日夜赶工,为两万平方米的地面铺上第二层皮肤。一座中国最庞大的舞台拔地而起,却没有在地上留下一个钉子洞。

6 月 23 日晚,举世瞩目的"世界三大男高音紫禁城广场音乐会"终于揭开了神秘的面纱。午门广场可容纳 3 万人的观众席座无虚席,会场四周树立起来的六个巨大屏幕播放着现场的盛况。中央电视台电视转播总导演赵安讲述了当时现场转播的情况:

【音频】赵安:中国中央电视台作为这次三大男高音紫禁城演唱会的主办单位之一,我们用两台转播车,一共 13 个机位,两个 50 米高的云梯,一共动用了将近 100 人。在国际奥林匹克日的当天,三大歌王可以说是为中国唱彩,为奥运放歌。

当晚 8 点整,音乐会在序曲《坎迪德》中正式拉开帷幕。三位"歌剧之王"身着黑色燕尾服,先后出现在紫禁城古老红墙之间的舞台上。从卡雷拉斯的《我知道这个花园》到多明戈的《星光灿烂》再到帕瓦罗蒂的《今夜无人入睡》,他们的歌声在空气中振荡出金属撞击般的质感,赢得了现场 3 万名观众的热烈掌声。音乐会的最后,三大男高音还第一次和三位中国的女高音歌唱家王霞、么红、马梅一起合唱了歌曲《饮酒歌》。

【音频】世界三大男高音和中国三大女高音合唱《饮酒歌》

在这个令人动情的夜晚,中国以一场东西文化交融的音乐盛会展示了其积极走向世界的宽阔胸怀。十年后,由戴玉强、魏松、莫华伦三位中国著名男高音组成的"中国三高"在北京宣告成立。在短短的几年中,"中国三高"不仅受到过英国女王伊丽莎白二世的接见和赞誉,也被"世界三大男高音"之一的多明戈誉为"真正属于世界的好声音",更成为了北京和中国文化"走出去"的一张文化名片。

(舒 凤)

"世界三大男高音紫禁城广场音乐会"现场

351

我国载人潜水器"蛟龙号"成功突破 7000 米深度

六月 24

2012 年 6 月 24 日,这是一个注定要载入史册的日子。上午 9 时 07 分,中国"蛟龙号"载人潜水器在 3 名潜航员的驾驶下顺利达到马里亚纳海沟 7020 米深的海底,在世界载人深潜的榜首刻下了中国人的名字。当天 12 时 55 分,我国"神舟九号"载人飞船与"天宫一号"目标飞行器成功实现手动对接,"蛟龙号"载人潜水器穿越漫漫海天的距离,在 7000 米深海向翱翔天宇的"天宫一号"致以问候。下面这段录音正是潜航员从 7020 米深的"蛟龙号"中发来的声音:

蛟龙号

【音频】蛟龙号在 7020 米深海域传送的声音片段

从 20 世纪末开始,世界上很多国家利用海洋高新技术进行资源勘探,陆续发现了深海丰富的资源品种,其储量是陆地上无法相比的。但海洋探索面临着巨大的困难,每下潜 100 米就增加 10 个大气压,且海底能见度极低,环境非常恶劣,人体和普通设备都很难在这种条件下完成沉船打捞、光缆铺设、资源勘探等工作。于是,科学家把海洋勘探的重任托付在载人潜水器上。"蛟龙号"海试现场总指挥刘峰认为,这类载人潜水器最大的特点是能够让科学家在海底进行直观的研究。

科技部于 2002 年将深海载人潜水器研制列为国家高技术研究发展计划,也就是"863"计划重大专项。早在 20 世纪 90 年代末,我国的一些专家和院士就已提出了建造中国自己的载人深潜器的必要性,并进行了初期的论证,这在当时的科技条件下,无疑是一种高瞻远瞩之举。原科学技术部部长徐冠华在采访中曾谈及这段历史:

【音频】徐冠华:在当时的条件下,是一项投入比较大、风险也很高的项目。在当时的背景下,国家要不要把这么多的钱、这么大的精力,投入到深潜器的发展,确实有一个认识的过程,有不同意见的交锋。这种意见的不同,有技术上的不同意见,但主要还是对海洋重要性的认识。

载人潜水器的研制当时面临着三种选择:一是全部国产、自主研发;二是自主设计、集成创新;三是全部依靠进口,直接买来潜水器。权衡之下,专项总体组选择了一条折中的自主设计、集成创新之路。这条路子既能研制出载人潜水器,也能培养和锻炼一批人才队伍,还能带动和辐射一大批与之相关的技术发展。

对于当时的设计人员来讲,他们只是看过外国研制的载人潜水器照片,谁都没有真正见过。

至于外国潜水器究竟配多少部件、某个部件什么样、重量多少、体积多少等等，完全没有详细资料。研制人员只有首先画好图纸、设计三维效果图，然后做成一个一比一的实物模型。他们用钢质结构代替钛合金框架和载人球舱，用木块代替设备，用塑料管代替液压管路，连接布置好，经过了无数次的修改才攻下了总体设计的难关。除了基础设计，"蛟龙号"还开创性地设计出水中悬停定位功能，这在世界同领域载人潜水器中是独一无二的。

正在"蛟龙号"紧锣密鼓研制的同时，另外一支队伍正在紧张寻找它的水面支持系统，也就是母船。"蛟龙号"要想入海，首先要有一艘功能齐全、符合条件的母船为它提供布放和回收平台。已经服役近30年的"向阳红九号"船，经过12个月的增改装工程和105项试验，基本满足担当"蛟龙号"海上试验母船的需要。

2009年8月，1000米级海试队乘坐"向阳红九号"船奔赴南海。第一次海试解决了水声通讯不通、水下救援无法保障等重大问题。海试总指挥刘峰通过关闭一台主机减小了水下噪音，从而解决了水声通讯的问题。

随后"蛟龙号"又连续完成了3000米和5000米海试，成功实现坐底、布放标志物、插国旗、测深等作业内容。

2012年6月3日，"蛟龙号"载人潜水器7000米级海试队第四次出征，任务就是突破7000米深度。此次出征的6次下潜中，"蛟龙号"3次超越7000米，最大下潜深度达到7062米，每次下潜都按照预定的试验内容实现了目标。试验取得了宝贵的地质样品、生物样品、沉积物样品和水样，摄录了大量海底影像资料，是当时世界科学家利用载人潜水器首次在马里亚纳海沟7000米深度海底获得的第一手宝贵资料。我国自行选拔培训的8名潜航员下潜深度全部超过7000米。

"蛟龙号"载人潜水器海试队从最初没有经验，到深海载人技术达到国际领先水平，由浅入深、循序渐进，一步一个脚印地完成了辉煌伟业，为中国培养和锻炼了一支能打硬仗的团队和第一批潜航员。这次7000米海试成功也昭示着中国用10年时间走过了西方发达国家50年的路，使我国具备了在全球99.8%的海洋深处开展科学研究、资源勘探的能力。

（倪嘉铭）

蛟龙号与母船

美国总统克林顿访华

六月
25

克林顿夫妇

1998 年 6 月 25 日，美国总统克林顿抵达西安，开始对中国进行为期 9 天的正式访问。这是他入主白宫 5 年之后第一次访问中国，也是 1989 年 2 月布什访华以来，美国在任总统的首次访华。克林顿总统的此次访华，是继 1997 年 10 月中国国家主席江泽民访美之后，中美关系的又一件大事。如果说江泽民访美为中美关系的跨世纪进程确立了战略框架的话，那么克林顿访华则是在此基础上为两国关系的进展提供新的动力。以下是克林顿访华的新闻报道：

【音频】电视台对克林顿访华的报道

1998 年 6 月 25 日晚，克林顿一行到达此次访华的第一站——西安。在当地，人们穿着唐代服装，打着灯笼，随着古乐翩翩起舞，以中国古代传统的欢迎仪式给了克林顿一个惊喜。第二天，克林顿一行参观了秦始皇陵兵马俑，随后走访了陕西的一个村庄，于晚间乘机飞抵北京。

6 月 27 日上午，江泽民主席在人民大会堂东门外广场主持仪式欢迎克林顿总统的来访。中国人民解放军军乐队先后奏响美中两国国歌。随后，克林顿总统在江泽民主席的陪同下，检阅了中国人民解放军三军仪仗队。欢迎仪式之后，江泽民主席和克林顿总统在人民大会堂举行了正式会谈，就中美关系和重大的国际和地区问题深入地交换了意见，达成了广泛而重要的共识。世界舆论认为，江泽民主席和克林顿总统这次举世瞩目的会谈，将进一步增进中美两国的关系，促进地区的稳定和世界和平。

28 日上午，克林顿及其家人参观了故宫，给出了"精彩绝伦"的评价。之后，他们在慕田峪长城又发出了"真美，太壮观了，简直令人惊叹"的称赞。克林顿深深地被中国劳动人民的智慧所折服。

29 日上午，北京大学办公楼礼堂迎来美国总统克林顿。10 时 15 分，克林顿在北大校长陈佳洱的陪同下步入会场，北大学生报以热烈掌声。克林顿的演讲以祝贺北大百年校庆为开端，他特意用中文向全场道一声"恭喜，北大"，引来满场热情的回应。演讲结束之后，学生们的提问相当犀利。他们直接向克林顿提出了对台军售、中美关系、民主自由人权等问题。克林顿没有回避，表示学生们提的这些问题对他有很大帮助。

【音频】克林顿:记得我刚才说过的本杰明·富兰克林的话吗:我们的批评者是我们的朋友,因为他们指出我们的缺点。你们今天向我提出了一些很好的问题,这些问题中有批评的成分。这些问题对我有很大帮助。这些问题帮助我了解不仅是在中国,而且全世界其他人如何看待我说的话,并帮助我在担任美国人民的总统并维护我们的信仰时,注重如何提高总统的效用。因此,我很高兴我们进行了这次交流。就我个人而言,提出的问题比我的讲演要重要得多。如果只是我一个人讲话,我就永远也学不到东西,我只有在倾听他人时才能学到东西。多谢各位。谢谢!

6月29日晚,克林顿一行飞抵上海。他们在两天的时间里参观了上海图书馆、上海博物馆、上海证券交易所等地,并参与了上海图书馆的座谈会及美国商会举办的早餐会。值得一提的是,克林顿还走进了上海人民广播电台《市民与社会》节目的直播室,与上海市民进行交流,这也使得他成为了与中国市民通过热线对话的第一位美国最高领导人。在上海人民广播电台的直播室,面对上海市民提出的关于贸易、教育、环保、交通等问题,克林顿谈了自己的看法。

【音频】克林顿:首先向市长表示感谢,谢谢您的欢迎。在这里,我的第一个早上过得非常愉快。我到了图书馆,跟我夫人一起会见了市民,他们在上海周围,以各种方式参与中国的令人瞩目的转变,他们给我们很大的帮助。同时我想向江主席表示感谢,我们在北京举行了非常好的会晤,并且使得我有可能跟中国的人民进行沟通,通过电视转播我们的联合记者招待会,还包括我昨天到了北京大学,跟学生交谈并回答问题,还有电视的转播。今天能够到上海——是全世界最令人兴奋的地方之一,有机会在这里访问,参加今天的电台节目是令人兴奋的,所以我不想多花时间,我很想听听听众的提问,和他们进行交谈。因为这样接触的时候,美国人民和中国人民能够更好地彼此了解。

克林顿一行之后又去桂林和香港等地进行访问,于7月3日晚间离港,结束访华行程。克林顿访华使得1989年后中美两国元首8年没有互访的状态得到突破,也使得中美建设性战略伙伴关系向前迈向了一大步,两国开始在对话中迎接新世纪的曙光。

(李俊杰)

江泽民宴请克林顿

美国首位诺贝尔文学奖
女作家赛珍珠诞生

赛珍珠

【音频】电影《大地》开场音乐

　　1937 年上映的电影《大地》改编自美国作家赛珍珠的同名诺贝尔奖获奖小说。赛珍珠是美国历史上第一位获得诺贝尔文学奖的女作家,也是世界上用英文写中国题材获此殊荣的第一人。赛珍珠 1892 年 6 月 26 日出生于美国弗吉尼亚州,她在中国长大并生活工作了 40 余年,深厚的中国情结伴随了她的一生。赛珍珠故居首任馆长孙威尔讲述了赛珍珠的中国情结:

【音频】孙威尔:她的中国情结太深厚了,她把镇江看成她的中国故乡。她有一本书叫《我的中国世界》,提到中国的美食如数家珍,提到中国的风土人情就像自己亲身经历的。

　　赛珍珠从小随父亲来到中国,她的童年是在江苏镇江度过的。和当时的中国孩子一样,赛珍珠从小就接受中国传统的私塾式教育,学习“四书五经”等传统中国文化。这些经历使她与中国结下了不解之缘,对她以后的文学创作产生了很大的影响。《赛珍珠研究》一书的作者刘龙讲述了赛珍珠在镇江生活的情况:

【音频】刘龙:赛珍珠在美国出生,才三个月就被父母带到中国来。奶妈经常带她走街串巷,她就在路边上吃一点镇江的小吃,馄饨、饺子、米糕都爱吃。她就是在这种环境里面长大的。

　　赛珍珠是首位真正意义上将中国介绍给西方世界的美国人,她所创作的最有影响的作品几乎都与中国有关,是当时美国人了解中国的重要来源,其中尤以长篇小说《大地》最受欢迎。该作品发表后立即成为畅销书,同时获得普利策小说奖和诺贝尔文学奖。在这部被瑞典皇家学院誉为“对中国农村生活”具有“史诗般描述”的小说中,赛珍珠以同情的笔触和白描的手法塑造了一系列勤劳朴实的中国农民形象,生动地描绘了他们的家庭生活,以饱含同情心的笔触写出了“农民灵魂的几个侧面”。赛珍珠故居首任馆长孙威尔介绍了赛珍珠在小说《大地》中所描写的中国农民:

【音频】孙威尔:《大地》写了王龙有追求自己幸福的权利。他很聪明,而且很诚实。比如说他全家逃荒到南京,他去拉黄包车,每天挣的那点微薄的工资都不能糊口。他的儿子饿得没办法,偷了人家一块肉回来。他一看,二话不说,把锅端出去就倒到外边,把儿子一顿揍。

这种细节的描写,对外国人、对美国人是种什么样的震撼,中国农民是跟我们一样的人,都是勤劳、朴实、诚实的人。

在《大地》之后,赛珍珠又相继创作了《儿子们》和《分家》,组成了《大地》三部曲,内容涉及军阀混战、革命起义、西为中用等当时中国社会中的许多重大问题。与此同时,赛珍珠还将中国的古典小说《水浒传》译成英文。她为《水浒传》英译本取的名字《四海之内皆兄弟》令人叹服。作家林语堂曾对赛珍珠说:"多亏你的译本,使这部名著全球闻名。现在国外甚至有人将施耐庵比作荷马,称赞中国也有《伊利亚特》《奥德赛》那样的作品。"

赛珍珠的作品语言都是英文,但她写作的时候往往先用汉字打腹稿,然后再翻译成英文。这样一种创作方式是从小长在中国的赛珍珠所独有的,她认为只有这样才能真正写出中国的传统和民风。全国美国文学研究会会长刘海平讲述了赛珍珠的写作特色:

【音频】刘海平讲述赛珍珠的写作特色

20 世纪 30 年代中期,赛珍珠回到美国定居。她虽然身居大洋彼岸,却依然关注着中国的一切。当日本发动侵华战争时,她公开发表著名政论《日本必败》。除了写文章开展宣传,赛珍珠还进行了大量的援华抗日活动。她应宋庆龄之邀出任"保卫中国同盟"荣誉委员,从海外募集资金和医药物品,支援中国抗战。她还与斯诺夫妇等签名上书美国总统,呼吁成立"美国中国救济事业联合会",并邀请总统夫人出任荣誉主席,为援华筹集了大量的资金。

1938 年 11 月,赛珍珠将她的《大地》系列等 7 部作品提交给诺贝尔文学委员会评选。这些作品以宏大的背景和全新的视角征服了众多评委。在诺贝尔文学奖的授奖大会上,赛珍珠深情地表达了她对中国的情感,并向世界宣告:"中国是不可征服的!"《赛珍珠传》的作者彼德·康讲述了赛珍珠为支持中国抗战所作出的贡献:

【音频】彼德·康:整个 20 世纪 30 年代,赛珍珠·布克都与人权、反战和反法西斯行动联系紧密,她是位杰出的代言人,例如她就曾为反对日本入侵的中国人仗义执言。

赛珍珠,这位长在中国的"美国珍珠"一生热爱中国,同情中国人民。自获得诺贝尔文学奖以后,赛珍珠又创作了《龙种》等一大批反映我国抗战内容的作品。这位身上流淌着美国血液却对中国文化的了解深入骨髓的女作家,以她的文学之杖搭起了一座沟通东西方的桥梁。

(舒 凤)

赛珍珠

海伦·凯勒诞辰

六月 27

1880 年 6 月 27 日,海伦·凯勒诞生在美国亚拉巴州北部的一个小镇。父母希望她能成为一个音乐家。然而在小海伦 19 个月大的时候,一场突如其来的病症夺去了她的听力和视力,于是不可避免地,小海伦也丧失了语言表达能力。从此以后,海伦·凯勒的世界一片黑暗和寂静。然而就是在这样的情况下,海伦·凯勒学习掌握了英、法、德等五国语言,写出了《假如给我三天光明》《我的生活》《我的人生故事》《石墙故事》等文学作品。而这一切,都要归功于海伦的启蒙导师安妮·莎莉文。在一次媒体的采访中,莎莉文回忆了她第一次见到海伦时的情形:

海伦·凯勒

【音频】安妮·莎莉文:当我第一次见到海伦的时候,她只有 6 岁 8 个月大。她在只有 19 个月的时候就丧失了视力、听力和说话能力。

1887 年 3 月 3 日,对海伦来说这是个极为重要的日子。这一天,家里为她请来了改变她一生的人——安妮·莎莉文小姐。莎莉文老师跟海伦·凯勒很投缘,她们认识没有几天就相处融洽,而且海伦·凯勒还从莎莉文老师那里学会了认字,使她能与人沟通。从莎莉文老师那里,海伦陆续学会了鲜花、水、太阳等表达方式,并认为爱就是温暖的阳光。其后,莎莉文老师又教会了海伦用手指点字和基本的生活礼仪。海伦·凯勒的作品《我的生活》一书的主编罗杰·沙特克叙述了海伦的学习过程。

【音频】罗杰·沙特克:经过一番启蒙指导,海伦·凯勒第一天就学习了 30 个特殊的手语单词,记住了周围人的名字,包括安妮,这个词后来对她来说已经成为老师的代名词。

尽管教会了海伦写字,但莎莉文还是希望海伦能够开口说话。1890 年,莎莉文老师替海伦·凯勒找了霍勒斯曼学校的校长莎拉·傅乐瓦。莎拉校长教导海伦利用双手去感受别人说话时嘴型的变化,尽管这很难,但是海伦·凯勒还是做到了。

以下这段录音是海伦·凯勒的真实讲话,虽然她所讲的内容需要认真去辨听,也许需要借助翻译我们才能了解得更加清晰,但那确实是一个没有视力和听力的人最真实的自我表达。

【音频】海伦·凯勒:并非是失明和聋哑给我带来黑暗,而是不能正常地说话让我非常难过。要是我能够像正常人那样说话那该有多好,如果没有这些缺陷,我将更能体会到普通人的生活方式,并拥有雄心和无限的能力。

1894 年夏天,海伦出席了美国聋人语言教学促进会,并被安排到纽约赫马森聋人学校上学。1898 年,海伦·凯勒进入了位于马萨诸塞州的剑桥女子学校。1900 年秋季再申请进入哈佛大学拉德克利夫学院就读。4 年之后,海伦以优异的成绩从拉德克里夫大学院毕业。这些对于一个失明和失聪的人而言,都让人难以置信。

1924 年,海伦·凯勒组建了以她名字命名的基金会,并加入美国盲人基金会。作为美国全球盲人基金会国际关系顾问,她开始在世界各地争取兴建盲人学校。同时她也为贫民和黑人争取权益,提倡世界和平。二战期间,海伦访问了多所医院,慰问失明士兵。她的精神受人们尊敬,她也成为全世界的楷模。美国作家吉恩·休斯顿用"散发着光芒的女人"来形容海伦·凯勒。

【音频】吉恩·休斯顿:她是一个散发着光芒的女人,她热爱身边的每个人和每件事情,她也许是我见过的最充满活力的人。

在繁忙的工作之余,海伦·凯勒始终没有放下手中的笔,她先后完成了 14 部著作,其中在 1933 年完成的《假如给我三天光明》是她的散文代表作。在书中,海伦·凯勒完整地描述了自己富有传奇色彩的一生,以一个身残志坚的女子的视角,告诫身体健全的人们应珍惜生命,珍惜造物主赐予的一切。

除此之外,海伦的作品《我的一生》《石墙之歌》《走出黑暗》《乐观》等,也都在世界范围内产生了巨大的影响。首位登上珠穆朗玛峰的盲人作家艾瑞克·维汉梅尔对海伦·凯勒的影响力曾有过如下的分析:

【音频】艾瑞克·维汉梅尔:我想,在人类历史中,没有人比海伦·凯勒更能帮助我们改变对于"残疾"一词的看法了。当她说话或者写作的时候,让人禁不住想起她目不能视、耳无法听。但是,其实我们是一样的。以这样的方式,她告诉我们人性彼此相联,也由此重新定义了现代概念中人生的意义所在。

1964 年海伦·凯勒被授予"总统自由勋章",并被美国《时代周刊》评为美国十大英雄偶像。1968 年 6 月 1 日,海伦·凯勒这位谱写出人类文明史上辉煌生命赞歌的盲聋学者、作家、教育家,在鲜花包围中告别了人世。然而,她那不屈不挠的奋斗精神,她那带有传奇色彩的一生,却永远载入了史册。

(金 之)

海伦·凯勒(左)和莎莉文老师

荷兰电影导演
尤里斯·伊文思逝世

六月 28

1989 年 6 月 28 日，被称为"纪录电影先驱"的荷兰电影导演尤里斯·伊文思在巴黎逝世。在 70 余年的从影生涯中，他创作了许多反映时代风云和人民生活的艺术杰作，他的镜头也给中国半个多世纪的风云变化留下了大量珍贵影像。

1898 年，伊文思出生在荷兰奈梅亨一个经营照相器材的商人家庭。1929 年，伊文思在阿姆斯特丹完成了充满诗意的纪录片《雨》。《雨》和他早期另一部获得好评的纪录片《桥》，以深邃的诗意和清新的风格被公认为欧洲先锋电影的代表作，是这个时期实验电影中最具持久生命力的纪录片。

1936 年 7 月，西班牙爆发内战。伊文思想拍摄一部电影，向美国人民解释在西班牙进行的反法西斯战争的意义。在拍摄了约一

尤里斯·伊文思

个月后，伊文思遇到了准备以战地记者身份赴西班牙的海明威。经过探讨，海明威决定和伊文思合作，为影片撰写解说词。这部名为《西班牙的土地》的影片是伊文思的第一部战地纪录片，在当时的世界产生了重大影响。海明威亲自为影片配了解说词。

【音频】海明威：他们告别时都说着听起来相同的话。妻子说，我会等你回来的。丈夫说，我会回来的。丈夫知道妻子会等待他，但谁知道以后会发生什么事。每个人都知道，他们马上就要坐上这些卡车奔赴前线。

1938 年，伊文思辗转由香港来到中国内地拍摄一部反映中国抗战的影片《四万万人民》，这部影片留下了收复台儿庄等具有历史意义的场景和镜头。《四万万人民》是伊文思的代表作之一，在当时为中国的国际宣传提供了有力的支援，让欧美观众看到了有关中国的新形象。伊文思所作的贡献还不止于此。在离开中国时，他还设法秘密将一台摄影机和一部分胶片转赠给延安的电影工作者。正是用这台摄影机，初创时期的延安电影团为中国抗战拍下了一些宝贵的历史资料。值得一提的是，在影片中，伊文思记录了八路军在汉口的一次有周恩来、叶剑英等领导人出席的重要军事会议。叶剑英在会上讲解了战略方针和军事形势：

【音频】叶剑英：现在我们的部队在敌人后方，应与各方互相联络。

20 世纪 40 年代，伊文思拍摄了《电气化和土地》《印度尼西亚在呼唤》和《最初的年代》等反映国家建设和民族解放运动的影片。1957 年，伊文思被聘为中央新闻电影制片厂的顾问，向中国电影工作者授课。访华期间，伊文思决定拍摄一部表现中国社会

主义建设的影片。这部以内蒙、南京和无锡三地为主要拍摄地的影片,记述了我国南方、北方在冬季、春耕时分和春节期间的社会风貌。片中内蒙古海拉尔风雪中套马,太湖上的鸭子嬉戏,春节前孩子们的游艺活动等场景,以浓厚的生活气息和抒情色彩向世界展现了新中国人民生活的情况。这部影片后来被定名为《早春》,著名演员谢添为它配了解说。

【音频】纪录片《早春》片段

20世纪60年代,伊文思辗转欧洲、非洲、北美洲、南美洲、亚洲,拍摄了十余部纪录片。1971年,伊文思和法国电影工作者罗丽丹一同访华。伊文思接受了周恩来的建议,开始筹拍大型纪录片《愚公移山》。在拍摄过程中,伊文思坚持深入现场来熟悉生活和拍摄对象,他和罗丽丹的足迹遍及大庆、上海、南京、青岛、新疆等地,广泛接触了各个阶层,以直接采访的形式表现了那段历史时期人们的生活、劳动、学习等情况。这部影片让西方人了解了封闭已久的中国,上映后在欧美等地受到了热烈欢迎和广泛好评。《愚公移山》和意大利导演安东尼奥尼的《中国》一起,成为在国际产生广泛影响的反映"文化大革命"时期中国风貌的影片,也是关于那一时期中国社会的珍贵影像资料。《愚公移山》由12部各自独立的影片组成,其中最长的是《上海汽轮机厂》,最短的为《秦教授》。

从1984年至1988年,80多岁的伊文思多次来到中国拍摄他酝酿已久的影片《风的故事》。《风的故事》是伊文思的最后一部作品,讲述一位西方电影人追寻中国文化、追寻风的过程。片中出现了孙悟空、嫦娥、李白、兵马俑这些中国历史或传说故事中的人物,长城、黄山、沙漠等镜头。据后来成为他妻子的罗丽丹介绍,在这部影片中,伊文思希望通过"风"架起中西方文化沟通的桥梁。

伊文思一生中的大部分时间都是在其他国家度过的,他用摄影机记录了他们的民族解放、建设成就和人民生活,他始终把镜头对准普通人。伊文思对中国有着深厚的情谊,曾经称中国为他的"第二故乡",他为西方社会了解中国以及中国的电影事业建设作出了很大的贡献。伊文思用摄像机为世界和中国人民留下了珍贵的财富,其历史意义不可估量。

(郑榴榴)

尤里斯·伊文思(中)与后来成为他妻子的罗丽丹(左)

诺贝尔基金会成立

六月 29

诺贝尔

这是由瑞典斯德哥尔摩皇家爱乐乐团现场演奏的《国王之歌》，每年的诺贝尔奖颁奖仪式都会在这段乐曲声中拉开帷幕。诺贝尔奖是以瑞典化学家阿尔弗雷德·贝恩哈德·诺贝尔的部分遗产作为基金创立的。1900年6月29日，瑞典政府正式批准设置诺贝尔基金会，并由其董事会管理和发放奖金，以奖励那些为人类的幸福和进步作出卓越贡献的科学家和学者。诺贝尔基金会的成立对推动科学研究和造福人类起到了巨大的作用。

诺贝尔是位杰出的化学家，他于1833年10月出生于瑞典首都斯德哥尔摩。诺贝尔一生中有许多发明，其中最为主要的是安全炸药。这项发明不仅使他获得了"炸药大王"的称号，也使他成为了百万富翁。诺贝尔希望他的这项发明能够为促进人类生活的繁荣作出贡献，但事与愿违，炸药被广泛地使用于战争。为此，诺贝尔深感失望和痛苦。1895年，诺贝尔立下遗嘱，将其大部分遗产约3100万瑞典克朗用来设立一个基金投资于安全证券，基金的投资收益作为奖金每年授予世界各国在物理、化学、生理或医学、文学及和平领域对人类作出贡献的科学家和学者。

1900年6月29日，瑞典政府正式批准设置诺贝尔基金会。1901年12月10日，在诺贝尔逝世五周年纪念日之际，诺贝尔基金会首次颁发了诺贝尔奖。科学家伦琴是诺贝尔物理学奖的第一位获得者，他的贡献是发现了X射线。中国科技馆馆长王渝生讲述了X射线的发现对20世纪的科技发展所产生的深远影响：

在1901年首次颁发诺贝尔奖之后，除因战争等原因中断外，每年的12月10日，诺贝尔基金会都分别在瑞典首都斯德哥尔摩和挪威首都奥斯陆举行颁奖仪式。诺贝尔奖分设物理、化学、生理或医学、文学、和平五个奖项，包括金质奖章、证书和奖金。1968年，瑞典国家银行在成立300周年之际捐资增设"瑞典国家银行纪念诺贝尔经济科学奖"，该奖于1969年首次颁发，人们习惯上称这个额外的奖项为诺贝尔经济学奖。

"能够让诺贝尔奖金永远发下去"是诺贝尔基金会在过去一个多世纪中最为重要的任务。基金会的起始资金是诺贝尔捐献的980万美元。根据诺贝尔的遗嘱,基金会章程在最初是将基金的投资范围限定为"安全的证券"。根据当时人们的理解,"安全的证券"即为"国债与存款"。随着每年的奖金发放、运作开销及税收等因素,历经50多年后,该基金会的资产只剩下300多万美元。面对基金枯竭的危机,诺贝尔基金会的理事们在1953年将基金管理章程更改为以投资股票、房地产为主,从此扭转了诺贝尔基金的命运。到1993年,诺贝尔基金的总资产已滚动至2亿多美元。

诺贝尔奖自颁发以来,评选的标准和流程从未改变过。在评选的整个过程中,获奖人不受任何国籍、民族、意识形态和宗教信仰的影响,评选的唯一标准是成就的大小。诺贝尔基金会负责监督整个评选过程,保证不违背诺贝尔的遗嘱。诺贝尔基金会理事拉曼尔讲述了诺贝尔奖的评选标准:

【音频】拉曼尔:我们不强调国籍,我们着重个人,重要的是他为人类作了什么贡献。比如说爱因斯坦,他也许是有史以来世界上最著名的科学家,他是哪一国人,为他挂什么国旗呢?可以挂许多旗,但他不属于任何国家,他属于人类。

1957年,杨振宁与李政道因共同提出弱相互作用中宇称不守恒原理而获得诺贝尔物理学奖,成为最早获得诺贝尔奖的华人。对于他们的成就,美国科学界认为,两位青年学者的辉煌成就证明在人类高度智慧的阶层中,东方人和西方人有完全相同的创造能力。杨振宁讲述了他获诺贝尔奖时的感受:

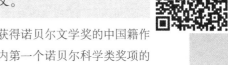

【音频】杨振宁:站在诺贝尔得奖典礼台上的时候,我深深地觉得,得奖这件事情不是我一个人的事情,当时这个典礼远远超出我个人的意义。

2012年,中国作家莫言获得诺贝尔文学奖,成为第一个获得诺贝尔文学奖的中国籍作家。2015年,中国药学家屠呦呦获得诺贝尔医学奖,成为国内第一个诺贝尔科学类奖项的获得者和第一个获得诺贝尔奖的中国籍女性。如今,诺贝尔奖已成为"世界顶尖级成就"的同义词,获得诺贝尔奖成为世界各国科学家和学者的最高荣誉和最大激励。

(舒 凤)

诺贝尔奖奖项设置

毛主席赋诗贺江西消灭血吸虫病

1958 年 6 月 30 日,《人民日报》头版以"第一面红旗"为题,向全世界宣告,曾是血吸虫病重度流行区域之一的江西省余江县消灭了血吸虫病。看到这一消息后,毛主席喜不自禁,写下了著名的诗篇《七律(二首)·送瘟神》:

【音频】《七律(二首)·送瘟神》朗诵版:绿水青山枉自多,华佗无奈小虫何!千村薛荔人遗矢,万户萧疏鬼唱歌。坐地日行八万里,巡天遥看一千河。牛郎欲问瘟神事,一样悲欢逐逝波。春风杨柳万千条,六亿神州尽舜尧。红雨随心翻作浪,青山着意化为桥。天连五岭银锄落,地动三河铁臂摇。借问瘟君欲何往,纸船明烛照天烧。

毛主席

诗中被称为"瘟神"的血吸虫病,民间也叫做大肚子病,是一种危害甚烈的寄生虫传染病,在我国历史久远,盛行于江南地区。血吸虫的幼虫寄生在钉螺内,遇到入水的人畜,可在十秒钟之内钻入其皮肤,并在其体内发育为成虫,危害肝脾等脏器。此病到了晚期,患者骨瘦如柴却腹大如鼓,丧失劳动力乃至死亡。很多人为了缓解痛苦,甚至用刀子刺破自己的肚皮,把腹水放出来。毛主席的这首两联诗的第一首,正是描绘了血吸虫病在旧社会长期流行和猖狂肆虐的情状。解放前,血吸虫病的流行造成了许多农村人烟稀少、田地荒芜,还出现了不少"寡妇村"和"无人村"。

消灭血吸虫和医治血吸虫病人,是毛主席十分关切的大事。1955 年 10 月,风景如画的西子湖畔,一个将改变亿万人命运的决定正酝酿成熟。在了解到杭州血吸虫病猖獗情况后,毛主席对血防工作作了一系列指示,11 月发出了"一定要消灭血吸虫病"的号召。原中共中央防治血吸虫病领导小组办公室主任鲁光介绍了毛主席是如何重视这项工作的:

【音频】鲁光:大概十一、十二月份杭州会议的时候,在研究农业发展纲要四十条时谈到血防,主席打电话叫卫生部党组书记、副部长徐运北也赶快到杭州去。当时因为参加会议有七个省,上海魏文伯参加,九个人,那么就叫九人小组吧。1956 年的一、二月份,中央批文件的时候,已经明确地批了,从中央到地方一直到公社,层层都要建立领导小组,要有一个副书记兼组长,下边设专职办公室。

1956 年 2 月 17 日,毛主席又在最高国务会议上发出"全党动员,全民动员,消灭血吸虫病"的战斗号召。此后,有计划、有组织、大规模地防治血吸虫病的群众运动在各个疫区积极开展。

位于江西省的余江县,正是当时血吸虫病流行的重灾区。1956 年春传达毛主席消灭血吸虫病的号召后，余江县委紧急动员，制定"半年准备、一年战斗、半年扫尾"的消灭血吸虫病规划。由于血吸虫唯一的寄生处是钉螺，于是余江百姓采取了填埋旧沟、开挖新沟的办法来消灭钉螺，以此隔断血吸虫的生活链条。新中国成立后，余江人民填平了300多条有钉螺繁殖的旧沟渠和500多个旧水塘，并且配合播撒药物来改善卫生环境。在患者治病方面，采取设组驻村、就地治疗的办法，还革新了治疗技术，推行短程疗法，加快了治病进程。全国各地也伸出了援助之手，在人力物力等方面给予了无私支援，更加鼓舞了灾区人民的信心和决心。经过两年苦战，疫区发生了根本变化，出现了劳力增强、产量提高的新气象。经过9年时间，余江在政府领导组织下，终于使血吸虫病得以根除。

到1958年底，全国已治疗血吸虫病患者430余万人，许多地区杜绝了血吸虫的危害。我国在血吸虫病的防治方面也取得重大突破。血吸虫病的防治，大大提高了人民群众的思想觉悟和科学知识水平，人们普遍认识到"求神不如防病治病"，再不去迎神送鬼。老百姓们说："神仙难医的大肚子病，难不住共产党。有了共产党，没有办不到的事情。"上海青浦区任屯村李根泉老人就是解放后经过四次治疗幸存下来的血吸虫病患者。

【音频】李根泉：解放以后就治疗，我治疗过三四次，不是一次就治好的。治疗隔了一年以后又治疗，后期看还有没有，有就治疗，我治疗了四次。治疗一期总是20天到一个月，后来毛病就没有了，血吸虫没有了就好了。

在毛主席《送瘟神》诗篇的鼓舞下，余江县委把巩固血防成果当作保障人民健康、造福子孙后代的一件大事来抓。从1958年起，年年坚持复查、严格监测，不放松警惕。到余江考察访问的国内外医学专家学者实地考察后认定，余江县内传播血吸虫病的各个环节已切断，血吸虫病在余江早已终止流行。

毛主席一直在关注着这项工作的进展情况，他一面号召、部署和检查这项工作的贯彻执行情况，一面又向有关专家学者调查研究彻底消灭血吸虫病的意见与科学方法。1970年，上海电影制片厂制作了一部科教片《送瘟神》，全面介绍了全国治理预防血吸虫病的情况和取得的成果。片尾主题曲即是毛主席的七律《送瘟神》。

【音频】科教片《送瘟神》片段

（周 云）

毛主席观看防治血吸虫病的规划图

上海音像资料馆
上海广播电视台版权资产中心　编

那年今日 听历史说话

（下）

上海书店出版社
SHANGHAI BOOKSTORE PUBLISHING HOUSE

《那年今日，听历史说话》
编委会名单

七月 · July

目 录
CONTENTS

八月 · August

目 录
CONTENTS

九月 · September

目 录
CONTENTS

十月 · October

目 录
CONTENTS

十一月 · November

目 录
CONTENTS

十二月 · December

目 录
CONTENTS

那年今日，听历史说话（下）

中英两国政府香港政权交接仪式

1997年7月1日零时整，五星红旗在中英两国政府香港政权交接仪式的会场上冉冉升起。香港在经历英国150多年的殖民统治后，被正式交还中华人民共和国，邓小平"一国两制"的创造性构想成功实现。时任中华人民共和国主席江泽民在交接仪式上，庄严宣告中国对香港恢复行使主权。

中英香港政权交接仪式现场

【音频】江泽民：根据中英关于香港问题的联合声明，两国政府如期举行了香港交接仪式，宣告中国对香港恢复行使主权。中华人民共和国香港特别行政区正式成立。

1997年6月30日，在香港岛中环半山上的原港督府，英国方面的告别仪式拉开了序幕。下午4时30分，在蒙蒙细雨中，第28任香港总督彭定康面色凝重地注视着英国国旗徐徐降下旗杆。降旗仪式结束以后，一名军官将英国国旗交到彭定康手中。下午4时40分，英国历史上最后一任香港总督彭定康带着这面刚刚降下的国旗，乘专车离开原港督府。

傍晚6时15分，象征着英国结束管制香港的告别仪式在距离驻港英军总部不远的添马舰临时搭起的露天会场举行。参加这个仪式的有英国王储查尔斯、英国首相布莱尔、外交大臣库克、前首相撒切尔夫人及末任港督彭定康。仪式包括传统的英军日落告别仪式，港督彭定康发表临别致辞及英国王储查尔斯代表英女王致告别辞。

1997年6月30日晚，中英两国政府香港政权交接仪式在香港会展中心五楼大会堂举行。23时42分，交接仪式正式开始。在中英仪仗队入场后，中华人民共和国主席江泽民、国务院总理李鹏、国务院副总理兼外交部长钱其琛、中央军委副主席张万年和香港特别行政区首任行政长官董建华步入会场，登上主席台主礼台。英方同时入场并登上主席台主礼台的有英国王储查尔斯、英国首相布莱尔和离任港督彭定康等军政要员。在仪仗队举枪礼之后，英国王储查尔斯讲话。他说，这一重要而特殊的仪式标志着香港在150多年的英国统治之后，交还给中华人民共和国。他向那些把"一国两制"构想变为《中英联合声明》的人致敬，并对那些为谈判《联合声明》的实施细节而辛勤工作的人们表示敬意。

【音频】英国王储查尔斯在中英香港政权交接仪式上的讲话

23时59分，随着英国国旗和香港旗在英国国歌声中缓缓降落，英国在香港一个半世纪多的殖民统治宣告结束。7月1日零点整，中国人民解放军军乐队奏起中华人民共和国国歌。

【音频】1997 年 7 月 1 日零时整香港会展中心五楼大会堂现场奏响国歌

中华人民共和国国旗和香港特别行政区区旗一起徐徐升起,在场的数千双眼睛一同见证了这庄严的历史时刻。

就在中英两国政府香港政权交接仪式举行的同时,中国人民解放军驻港部队与驻港英军在添马舰军营举行了防务交接仪式。我驻港部队于 7 月 1 日零时开始正式履行香港特别行政区的防务职责。在简短庄重的防务交接仪式中,我方指挥官谭善爱向英方指挥官所说的接管词有力也有礼。

【音频】谭善爱:我代表中国人民解放军驻香港部队接管军营,你们可以下岗,我们上岗。祝你们一路平安。

升旗仪式后,中华人民共和国主席江泽民致辞。

【音频】江泽民:1997 年 7 月 1 日这一天,将作为值得人们永远纪念的日子载入史册。经历了百年沧桑的香港回归祖国,标志着香港同胞从此成为祖国这块土地上的真正主人,香港的发展从此进入一个崭新的时代。

讲话结束后,中英两国领导人握手并走到主席台前合影。零时 12 分,中英两国政府香港政权交接仪式结束。凌晨 1 时 30 分,香港特区第一届政府成立暨特区政府宣誓就职仪式在香港会展中心新翼七楼举行。江泽民、李鹏、钱其琛等中央代表团成员在主席台就座,钱其琛主持仪式。香港特别行政区第一任行政长官董建华首先宣誓。

【音频】董建华:本人就任中华人民共和国香港特别行政区行政长官,定当拥护《中华人民共和国香港特别行政区基本法》,效忠中华人民共和国香港特别行政区,尽忠职守,遵守法律,廉洁奉公,为香港特别行政区服务,对中华人民共和国中央人民政府和香港特别行政区负责。

接着,特区政府主要官员、行政会议成员、临时立法会议员和终审、高等法院法官也分批上台进行了宣誓。自此,"一国两制"、"港人治港"、高度自治的基本方针在香港正式实施。

香港回归祖国是我国统一大业的重要一步,也标志着香港从此进入了历史新纪元和发展新时代。这一切与创造性提出"一国两制"伟大构想的邓小平密切相关。虽然他未能亲眼目睹香港的正式回归,但他为此历史性之举所倾注的巨大心血和所作出的卓越贡献将被历史永记。

(郑榴榴)

人们欢呼香港回归祖国

3

1997 年 7 月香港恒生指数大跌

亚洲金融危机爆发

1997 年 7 月 2 日，当在泰国的外国游客惊喜地发现自己用 1 美元兑换的泰铢突然变多的时候，他们没有想到，一场规模空前的金融风暴正在这里登陆。这一天，泰国宣布放弃固定汇率制，实行浮动汇率制，亚洲金融危机由此爆发。泰国金融危机是亚洲金融危机的导火索，亚洲金融危机给亚洲各国乃至世界经济都带来了巨大的冲击。

亚洲金融危机从泰国开始，这并不是一个偶然。20 世纪 90 年代，亚洲被世界上公认为新千年的一个巨大新兴市场。当时的泰国和许多亚洲国家一样经济发展很快，但却存在很大隐忧，金融市场也出现了虚假繁荣，加之其金融监管、汇率政策都存在严重问题，于是就给了国际金融炒家乘虚而入的机会。经济学家厉无畏讲述了当时泰国存在的种种经济问题：

【音频】厉无畏：金融体制不完善，金融市场也不规范。经济结构本身也出了一些问题，比如说过多地投资房地产业和股票市场造成经济中的一些泡沫。另外，在外债结构上，短期的外债比较高，没有真正引导投资到提高技术水平的基础性产业上去。

1997 年初，以索罗斯的"量子基金"为代表的国际炒家们开始拼命做空泰铢。由于多方面的原因，泰铢贬值压力越来越大，外汇市场上的投资者不断抛售泰铢购入美元。7 月 2 日，泰国政府被迫宣布放弃长达 13 年之久的泰铢与美元挂钩的固定汇率制，实行浮动汇率制。财经作家吴晓波讲述了亚洲金融危机爆发的情况：

【音频】吴晓波：1997 年爆发了著名的亚洲金融风暴，一个叫乔治·索罗斯的美国金融家领导的"量子基金"开始狙击经济发展过热的泰国，使得泰铢对美元的汇率急剧地波动。索罗斯在泰国得手以后，迅速地转战到亚洲的另外一些国家，像菲律宾、马来西亚、印度尼西亚、韩国，一直到台湾地区，袭遍整个东南亚地区，使得东南亚地区的经济在 1997 年的很漫长的夏季到秋季处在非常动荡和恐慌的一个时间点。

受多米诺骨牌效应的影响，与泰国经济金融联系密切的东南亚各国，包括金融体制健全的新加坡都相继陷入金融危机。1997 年 10 月下旬，也就是香港回归后不久，国际炒家移师香港，矛头直指香港联系汇率制。面对国际金融炒家的猛烈进攻，香港特区政府重申不会改变现行汇率制度。中国社会科学院亚太研究所所长张蕴岭讲述了亚洲金融危机对香港的影响：

【音频】张蕴岭：我们知道亚洲金融危机最根本的危机就是外国大量的投资资金去投机一个国家的货币，然后强制性地使你大幅度贬值，他们从中赚取大量的利润。如果港元发生大量的贬值就会造成什么后果？一个是香港人的收入和存款马上变得一钱不值；第二个就是金融机构的负债势必危及香港作为金融中心这样一个稳定的地位，银行就会垮掉；再一个就是香港人民的收入没有了，生活就会一下变得一贫如洗。这个事情当时已经在东南亚发生了。

1997年底，韩国和日本也被卷入了金融危机。与东南亚国家金融危机状况基本相似，韩日两国的货币急剧贬值，汇率下跌，股价一路狂泻。1997年下半年，日本一系列银行和证券公司相继破产。

1998年8月初，以索罗斯为首的国际炒家们对香港发起新一轮的进攻。香港的金融、地产和内部消费纷纷亮出红灯，尤其是楼市的成交量大幅下滑，地产业从风暴前的高峰一下子坠入低谷。香港特别行政区政府财经事务及库务局政府经济顾问邓广尧讲述了亚洲金融危机对香港房地产的影响：

【音频】邓广尧：亚洲金融风暴在1997年后期和1998年差不多大部分时间里，都对整个亚洲区内包括香港构成比较大的影响。当时，有一定程度是有泡沫经济的情况，尤其是我们的房地产的泡沫经济，金融风暴的打击使这个泡沫破了。

虽然香港在金融危机中遭受重创，但金融大鳄们的嚣张气焰却在香港遭受到了顽强的抗击。在香港抵御金融风暴的整个过程中，中央政府给予了大力的支持，中央坚持人民币不贬值。在与国际炒家决战的关键时刻，中央政府派出了两名央行副行长到香港，要求香港的全部中资机构全力以赴支持香港特区政府的护盘行动，成为香港战胜金融风暴袭击的坚强后盾。中国社会科学院亚太研究所所长张蕴岭讲述了中国政府支持香港特区政府捍卫港元的情况：

【音频】张蕴岭：香港当局的第一个任务是什么，捍卫港元，来阻止投机资金对香港货币的攻击。那么怎么来阻止，那你就得有大量的钱来购买港元。当时，我记得中央非常明确地表示，要支持香港的稳定。

1998年8月28日，在双方投入巨资"激战"约两周后，索罗斯攻击港元的行动以港府的胜利而暂告段落。事后索罗斯承认，他不是败给香港，而是败给中国。1999年，亚洲金融危机结束。

（舒　凤）

索罗斯

5

新中国第一架飞机首飞成功

七月 3

1954年7月3日下午5时15分，这是一个令中国人民引以为豪的时刻，新中国制造的第一架飞机"初教5"在江西南昌冲向祖国的蓝天。飞机完成预定飞行科目后安全着陆，试飞员一走出驾驶室就兴奋地说："机件性能良好，试飞一切顺利。"半个月之后，国家试飞委员会作出审查结论证明，这架飞机完全合乎标准。从此中国不能制造飞机的历史宣告结束，中国航空工业由修理走向制造，迈出了极为关键的第一步。事后毛主席称赞这次成功，在"建立我国的飞机制造业和增强国防力量上都是一个良好的开端"。我国著名飞机设计专家、中国工程院院士陆孝彭对此印象深刻。

新中国第一架飞机

【音频】陆孝彭：毛主席专门写了嘉勉信给"三二〇"厂，从那时候开始，中国能够自己做飞机了。

新中国成立后百废待举。东北边境在抗美援朝中屡遭美国飞机狂轰滥炸，共和国没有制空权怎么办？时任重工业部代部长兼航空工业局长的何长工在中央财政工作会议上首先"放炮"，急切地提出创建我国航空工业的构想。毛主席高兴地说："'何铁嘴'这一炮放得好啊！应当尽早抓起来。"为获得苏联的技术援助，周恩来任命何长工为"中国赴苏联谈判代表团"团长，于1951年1月飞往莫斯科。

苏联外交部长维辛斯基是个久经沙场的外交"狐狸"，他先用俄语藐视我国："搞航空、造飞机，你们没有基础。"然后又用英语鄙视地说："中国连生产飞机轮胎都不行，还谈什么航空工业，岂不是笑话。"何长工懂得四国外语，他沉住气，先后用俄语、英语、德语三种语言辩驳回敬了维辛斯基，最后则机智地用法语说道："你不肯帮助，我要向斯大林大元帅告你的状。"维辛斯基见何长工能娴熟地讲几种外语，而且口若悬河，这种人才连苏联外交部都不多见，深感"来者不善"。经过18天的艰难谈判，苏方答应派遣一批专家，携带各种图纸资料前来中国，帮助仿制苏联雅克18型教练机。何长工一行回国后，中央于1951年4月作出了《关于航空工业建设的决定》。国家航空工业局原局长段子俊回忆了当时我国的航空工业发展方针：

【音频】段子俊：一直到朝鲜战争开始半年以后，中央才下决心建设航空工业，总理亲自召集会议，听取各方面的意见。总理讲，我们航空工业的方针是：先修理后制造，由小到大地发展。

当时中央考虑到南昌有一定的航空工业基础，比如1933年国民党曾跟意大利合作，在南昌建造了飞机厂，解放后新中国又在南昌接管了30多台设备、4万多平方米厂房和办公楼以及一条

6

1500 米长的飞机跑道。于是中央决定将航空工业重心建在南昌,对内叫番号"三二〇"厂,对外称"洪都机械厂"。"三二〇"厂以教练机的修理和研制为主,修理来自朝鲜战场上损坏的苏联雅克 18 型飞机。

由于缺少图纸和资料,飞机修理全凭经验。有些钣金件和蒙布损伤,无法更换,只能采取挖补的办法。到 1953 年底,经过为时 3 年的修理,"三二〇"厂已在设计、工艺、工装、机加、装配、总装等方面具备了自制飞机的条件。此时,中央要求"三二〇"厂在 1955 年造出第一架国产飞机。从修理到制造,这是一个飞跃。要造出飞机,必须有较高的管理和技术水平,这对新中国第一代航空人来说困难重重,但是他们坚信,困难再大,也要想办法把飞机制造出来。1954 年 2 月,雅克 18 型飞机图纸、技术资料到厂。同年 3 月 31 日,航空工业局向"三二〇"厂下达了提前试制仿雅克 18 型"初教 5"飞机的命令,要求提前 1 年试制出来。"初教 5"飞机设计组长、南昌飞机公司原总工程师徐贻庭对赶制工作记忆犹新。

【音频】徐贻庭:当时想 1954 年是造不出飞机,因为我们 1952、1953 年还在修理飞机,还在搞配件。但是不到一年半的时间我们就把第一架飞机真的做出来了,只用了不到一年时间就把背景资料、设备配套、补齐、修正,搞出来雅克 18 型飞机。

尽管条件艰苦,然而这正是新中国航空制造业发展和壮大的起点。1954 年 6 月 9 日,首架"初教 5"飞机开始初装,6 月 28 日总装结束。当时的研制进度是以小时为单位推进的,那股拼搏奋进、日夜苦战的劲头,让很多人记忆一生。1954 年 7 月 3 日这一天,首架"初教 5"飞机在对外保密的状态下,成功进行了具有划时代意义的试飞。

"初教 5"飞机从资料来厂到试飞成功,只用了 133 天。连同修理过渡期,也不到 3 年。"初教 5"飞机的试制成功,为几年后我国向喷气式飞机过渡奠定了良好的基础。至 1958 年,"初教 5"飞机共生产交付 379 架。此后,"初教 5"飞机被自行设计制造的"初教 6"飞机所取代,完成了它的历史使命。

(肖定斌)

毛主席亲笔签署的嘉勉信

上海电视台首播《姿三四郎》

1981年7月4日晚，一部日本电视连续剧的播出吸引了众多的上海市民。这部26集的日剧是中国引进的第一部外国电视连续剧，也是上海电视台的第一部电视译制片——《姿三四郎》。那时候，每到《姿三四郎》的播出时间，申城的马路上便可谓万人空巷，《姿三四郎》那深沉的片头曲从家家户户传出来。

【音频】《姿三四郎》主题曲选段

电视剧《姿三四郎》海报

《姿三四郎》主要讲述日本明治年代一位柔道家的传奇故事。或许很多人不知道，这部日剧其实是作为广告副产品而引进的。当时，上海电视台与日本方面正在商谈日本广告项目，对方要求必须附带播出一部日本电视剧，也就是《姿三四郎》。为了该剧能在上海顺利播出，上海电视台组织了一支专业译制队伍，其中苏秀、毕克担任译制导演，男女主角分别由晨光和张欢配音。该剧的播映大获成功，主人公姿三四郎那谦逊、刻苦、正直、忠贞的形象深入人心，为其配音的晨光也在一夜间尽人皆知。其实，由于晨光是位播音员，时常夹带播音语调，使得他最初的配音进程并不顺利，于是他求教于著名配音艺术家童自荣。在童老师的指导下，晨光逐渐领会了配音中把握人物性格的重要性，最终将姿三四郎的声音塑造得惟妙惟肖。

【音频】晨光回忆向童老师求教的过程

晨光的大红大紫连他自己也始料未及，主持人曹可凡曾说："晨光本身形象就很帅，跟姿三四郎有几分相似，因此观众就把他当作姿三四郎去爱了。那时候他每天收到的求爱信能有两大麻袋那么多。"晨光在一次采访中也肯定了这样的说法。

【音频】晨光接受采访

另一位配音演员张欢在《姿三四郎》播出后，也成了上海家喻户晓的人物。当时张欢在剧中为两个角色配音，一个是温柔善良的早乙美，另一个是傲慢高贵的高子。由于这两个人物在不同的家庭环境中成长，因此她们的性格与气质截然不同，张欢用自己娴熟精湛的配音技巧将这两个不同的声音特征生动地展现出来。

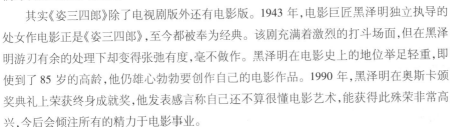

【音频】张欢为两位女主角配音的片段

《姿三四郎》在当时的火热程度可能至今都没有其他电视剧可与之比拟。有这样一件发生在上海的真实事情：当时《姿三四郎》正在播出，一辆公交车恰巧停在一家商店门口，而商店里正在播放该剧，于是乘客纷纷要求驾驶员停留几分钟，只为不错过《姿三四郎》，而驾驶员也欣然同意，于是所有人便在公交车上观看了《姿三四郎》。这足以可见当时人们对该剧的热情与痴迷。

其实《姿三四郎》除了电视剧版外还有电影版。1943年，电影巨匠黑泽明独立执导的处女作电影正是《姿三四郎》，至今都被奉为经典。该剧充满着激烈的打斗场面，但在黑泽明游刃有余的处理下却变得张弛有度，毫不做作。黑泽明在电影史上的地位举足轻重，即使到了85岁的高龄，他仍雄心勃勃要创作自己的电影作品。1990年，黑泽明在奥斯卡颁奖典礼上荣获终身成就奖，他发表感言称自己还不算很懂电影艺术，能获得此殊荣非常高兴，今后会倾注所有的精力于电影事业。

【音频】黑泽明在奥斯卡颁奖典礼上的获奖感言

《姿三四郎》有多个电视剧版本，主演有如藤田进、竹胁无我、三浦友和、加藤成亮等，而中国人最熟悉的无疑是1981年上海引进版的男主角——竹胁无我。竹胁无我俊朗的外形吸引着大量观众的视线，更重要的是，他所塑造的积极向上的人物形象令人记忆深刻。片中的姿三四郎刻苦勤奋、为人正直，成为当时人们效仿的榜样，而他与早乙美之间那段缠绵的爱情故事也让人回味无穷。配音演员晨光在当时译制座谈会上，对姿三四郎这个人物作了评价：

【音频】晨光：作者赋予了姿三四郎有很大的理想、有很坚定的信念、有很顽强的精神以及很倔强的性格。为姿三四郎配音让我感受最深的一点，还是他那永不自满、永远朝前看的精神。比如说比武中他即使取胜，仍觉不够，还要继续锻炼。这点让我收获最大。

《姿三四郎》播出以后，优秀的外国影视剧借势蜂拥而至。1984年，上海电视台成立了译制组，之后译制播出了大量的优秀电视剧与专题片，如《神探亨利》《成长的烦恼》《东京爱情故事》等等，受到了广大观众欢迎与喜爱。而《姿三四郎》造就的收视狂潮、明星效应和时代烙印，难以被复制与超越。

（王依）

竹胁无我

张艺谋独揽"金鸡""百花"最佳男主角奖

张艺谋

1988年7月5日，第8届中国电影金鸡奖、第11届大众电影百花奖典礼隆重举行，那一年张艺谋无疑是最大的赢家。当时以电影导演、摄影师身份活跃于影坛的张艺谋，除了凭借电影《红高粱》获得最佳故事片奖，还凭借电影《老井》一人捧走了金鸡奖和百花奖最佳男主角的奖杯。这是他第一次以演员的身份参与电影拍摄并荣获大奖。

张艺谋在电影《老井》中扮演了踏实肯干的青年孙旺泉，他生活在黄土高原的老井村，那里祖祖辈辈打不出一眼井，为了让家乡人喝上水，孙旺泉将全部精力都投在打井上。

【音频】张艺谋主演电影《老井》片段

为何会选择张艺谋来扮演孙旺泉的角色？电影《老井》的导演吴天明作了解释：

【音频】吴天明（时任西安电影制片厂厂长）：我就说找一个像张艺谋这样的，瘦瘦的，脸上有刀刻的那种皱纹，一看要像太行山上的石头一样。后来我和张艺谋私下谈了一下。我说你来演男主角。张艺谋愣了，说这不行。他说我从来没学过表演。

对于没有学过表演的张艺谋来说，导演吴天明的提议给他出了道难题，然而自身与男主人公形象颇为贴切这一特点，使他下定决心接下这一角色。为了演好孙旺泉，张艺谋下了不少功夫。

【音频】张艺谋谈表演《老井》时苦下功夫搓手、背石板走山路

搓手、背石板走山路，为的是使自己更贴合打井工人的形象。外加担任导演、摄影师时积攒下的专业经验，使得张艺谋能更精准地拿捏角色。一部优秀的剧本遇到了适合的演员，再加上演员后天的努力，电影《老井》大获好评。除了金鸡、百花奖，张艺谋还凭借此片获得第2届东京国际电影节最佳男演员奖，成为我国第一位国际A类电影节影帝。

作为导演的张艺谋，他执导的电影作品总是有着华美的画面、绚丽的色彩和新颖的构图，这归功于他扎实的摄影基础。他回忆了当初为何选择学摄影：

【音频】张艺谋：学照相是1974年，是自己学的。因为在工厂里觉得很无聊，除了工作之外，没有特别的意思。那时候年轻，我觉得不能荒废青春年华，但是又不知道干什么好，后来就慢慢觉得照相挺喜欢的，就开始学照相。

张艺谋在全国恢复高考招生后的1978年进入北京电影学院摄影系,开始接受正式的摄影技术学习和训练。大学毕业后,他和其他三位同学被分配到了当时刚刚建立的广西电影制片厂。1984年由张艺谋担任摄像的第一部电影作品《一个和八个》诞生了,这是一部关于冤屈和忠诚的影片。

【音频】张艺谋谈自己第一部担任摄像的电影作品《一个和八个》

继《一个和八个》之后,由张艺谋担任摄像的《黄土地》《大阅兵》等影片也陆续进入人们的视线。在此之后,张艺谋开始执导影片,以导演的身份蜚声海内外,成为中国电影"第五代导演"代表人物之一。1988年他执导的《红高粱》获得第38届柏林国际电影节金熊奖,成为首部获得此项大奖的中国电影。该影片也是张艺谋获得国内外大奖最多的作品之一。

【音频】电影《红高粱》插曲《妹妹你大胆地往前走》

1997年张艺谋从农村题材转向城市题材,执导了影片《有话好好说》。有趣的是这部影片让人印象深刻的居然是一个戴着草帽、身穿红色衣裳的男子,操着一口方言在大楼底下放声高喊的片段。

【音频】张艺谋客串《有话好好说》片段:安红,我想你!

这个放声高喊的男子并非主角,而是张艺谋本人客串的一个小角色。当时作为导演的张艺谋在给演员示范这出戏时,由于表演得太生动,被其他工作人员公认为最适合出演该角色的人。于是张艺谋在自己的电影作品中客串了一次。

张艺谋从1987年至1999年执导了《红高粱》《菊豆》《大红灯笼高高挂》《秋菊打官司》《活着》《一个都不能少》《我的父亲母亲》等影片。2002年后转型执导商业片《英雄》《十面埋伏》《满城尽带黄金甲》《金陵十三钗》等。2013年执导的电影《归来》是时隔多年后张艺谋再次回归文艺路线的作品。

(贺　僖)

《红高粱》电影海报

上海百万军民走上街头庆祝解放

电影《霓虹灯下的哨兵》中有一个片段，是根据真实事件改编的：一辆美国人驾驶的吉普车闯入上海军民的游行区域，阻断了队伍的行进，正在此处站岗的八连战士迅速上前干涉。这个美国人却叼着烟，连车门都不开，态度十分傲慢。

【音频】电影《霓虹灯下的哨兵》相关片段

电影片段中提及的这次游行，就是 1949 年 7 月 6 日上海纪念"七七"庆祝解放大游行。这是上海有史以来规模空前的一次大游行和大示威，是上海人民力量的总检阅。参加这次游行的，有人民解放军第三野战军的三个步兵师和十一个特种兵团，三十万有组织的人民团体队伍和约百万市民，总数近一百五十万人。在这一天，全市欢腾如狂，红旗招展，人山人海，锣鼓喧天。

上海纪念"七七"庆祝解放大游行

在取得辽沈、淮海、平津三大战役的完胜后，解放军基本歼灭了国民党军队的主力，控制了中国北方大部分城市。1949 年 3 月，中共七届二中全会在河北平山县西柏坡村举行。此时，中国革命正处于夺取全国胜利的关键时刻，中国共产党即将成为掌握全国政权的执政党。毛泽东在会议上指出："党的工作重心由乡村移到了城市，必须用极大的努力去学会管理城市和建设城市。我们不但善于破坏一个旧世界，我们还将善于建设一个新世界。"这次会议期间，中央还讨论了解放后上海市政府的领导班子，陈毅担任市长。时任陈毅秘书的陈鼎隆提到陈毅从西柏坡回来后对顺利接管上海考虑得很多。

【音频】陈毅秘书陈鼎隆的回忆

5 月初，陈毅在江苏小镇丹阳为准备接管上海的几千名军政干部做了入城纪律报告，对如何妥善接管上海政务系统作了安排。这些接管干部来自部队、北方根据地、上海地下党等各个方面。许多人没有接收和管理城市的经验，有些人甚至没有到过城市。他们在丹阳反复学习了《入城纪律》《外交纪律》和《上海概况》。时任 29 军机炮连指导员的陈守律回忆了当时在丹阳的准备过程：

【音频】陈守律：纪律都规定的，有一条，进城以后不能随便到居民家里去住，因为城市和农村不一样，居民家里地方小。另外一条，不能随便拿居民家里的东西。

1949 年 5 月 12 日，以解放大上海为目标的"上海战役"启动。解放军为了保存城市的完整、保护上海人民的生命财产，制定了既要将敌人消灭、又不把城市打烂的作战方针。陈毅曾将这一仗形象地比喻为"瓷器店里打老鼠"。国民党原本宣称可以固守 6 个月的上海，在短短 15 天的时间里就被解放了。解放军进入上海后,严格遵守在丹阳定下的纪律。他们"夜宿街头、不入民宅"的动人一幕,也成为共产党送给上海市民的一份见面礼。5月28日,上海市人民政府宣告成立,陈毅成为首任市长。陈毅之女丛军曾提起父亲此生最为激动的事情之一就是解放上海、进上海。

【音频】陈毅之女丛军的采访

在恢复生产和稳定经济后,上海迎来了7月6日的全市军民大游行。当天四时整,陈毅偕同上海党政军各首长、各机关各团体代表在北四川路港口司令部检阅部队。当受阅部队接连前进时,检阅台上的各界代表和两旁的观众不断发出热烈欢呼,特别是看到无坚不摧的新式大炮滚滚而过,人们更是兴奋不已,"中国共产党万岁""中国人民解放军万岁"的口号声响彻云霄。新影厂拍摄于1949年的纪录片《大上海欢庆胜利》记录下了这具有重大意义的一天。

【音频】纪录片《大上海欢庆胜利》片段

检阅过后,游行随即开始。人民机械化部队投入游行的洪流里。游行队伍经北四川路、杨树浦工人区、南京路、戈登路、劳勃生路、霞飞路、爱多亚路等,延绵不绝地前进着。5时许,大雨如注,但游行的人们更加抖擞起精神前进,欢呼的人群不顾雨水,他们涌过来,成千成百的手伸向卡车上的解放军战士们。

前面提到的那个态度傲慢的美国外交官,就是在此时驾车闯入游行队伍的。陈毅市长获悉此事后,马上指示公安部门负责人依法将其拘留,并表示:不管他是美国人还是英国人,只要在中国违反了中国的法令,就要接受制裁!尽管美国方面提出了抗议,大使司徒雷登也在南京发出了声音,但都没能吓住中国政府和人民。这个名叫威廉·欧利夫的美国外交官最后被处拘留3天,获释前还老老实实地向警方递上了一份道歉书。这起涉外事件伴随着上海百万军民庆祝解放的大背景,不仅轰动了上海,也轰动了世界。它向世界宣告:上海人民、中华民族已经站起来了!

(倪嘉铭)

上海纪念"七七"庆祝解放大游行队伍

七月

7

"卢沟桥事变"爆发

【音频】《国民革命军29军军训团军歌》

"风云恶,陆将沉,狂澜挽转在军人!"这首荡气回肠的《29军军训团军歌》源自1995年上映的电影《卢沟桥事变》。1937年7月7日,在宛平城外的卢沟桥,发生了震惊世界的"卢沟桥事变"。从此,日本法西斯开始了全面侵华战争,而中华民族英勇抗敌、保家卫国的抗日战争,也轰轰烈烈地拉开了序幕。国防大学战略教研部的卢勇副教授讲述了"卢沟桥事变"爆发的背景:

守卫卢沟桥的战士在掩体后准备战斗

【音频】卢勇:说起"卢沟桥事件"的背景,我们知道这段历史的人往往有这种感觉,1937年7月7日这天发生了这么一件事儿,结果全国抗战就爆发了。好像非常突然,实际并不突然。因为日本发动全面战争是以这一天标志开始的,但实际上1927年到1928年左右,日本有个东方会议,日本首相田中义一提出了一个臭名昭著的"田中奏折",里面提出两句话:欲先征服中国,必先征服满蒙;欲先征服世界,必先征服中国。也就是说他把多年来日本想征服世界的野心和侵略步骤,就在这一句话里面表露出来了。"九一八"事变是第一步,之后对华北的侵略就是第二步。

日本在明治维新后,逐渐走上对外扩张的道路。自1874年出兵台湾开始,日本发动了一系列侵略中国的战争。1931年9月18日,日军挑起"九一八"事变,侵占中国东北,并一手炮制了伪"满洲国"。中国人民抗日战争纪念馆副馆长李宗远讲述了日本侵华的根本目的:

【音频】李宗远:这张地图是1937年7月25日印刷的。中国各地方盛产什么,如农作物包括动物,都标识得很清楚。从这张图上可以看到日本不仅仅是从军事上来占领中国,更主要的目的是掠夺中国的资源。日本做好了充分的全面侵华的准备。

1936年12月12日西安事变之后,蒋介石国民党政府接受了中国共产党关于共同抗日的主张,抗日民族统一战线得以初步形成。1937年7月7日下午,日本华北驻屯军荷枪实弹开往紧靠卢沟桥中国守军驻地的回龙庙到大瓦窑之间的地区。晚7时30分,日军开始演习。22时40分,日军声称演习地带传来枪声并有一名士兵"失踪",强行要求进入中国守军驻地宛平城进行搜查,但遭到29军的严词拒绝。次日凌晨5时左右,日军突然发动炮击,中国第29军司令部立即命令前线官兵"确保卢沟桥和宛平城","应与桥共存亡,不得后退"。守卫卢沟桥和宛平城的第219团第3营在团长吉星文和营长金振中的指挥下奋起抗战。

日军挑起"卢沟桥事变",在全国引起强烈反响。中国共产党中央委员会第二天就通电全国呼吁:"全中国的同胞们,平津危急!华北危急!中华民族危急!只有全民族实行抗战,才是我们的出路!"并且提出了响亮口号:"不让日本帝国主义占领中国寸土!""为保卫国土流最后一滴血!"就连一直消极避战的南京国民政府,态度也发生了转变,要求29军"恪守严防,步步留神"。国防大学战略教研部卢勇副教授讲述了"七七事变"和中国抗战的关系:

【音频】卢勇:我们以前所说的 8 年抗战就是全面抗战。而从抗日战争全过程来看,我们应该是 15 年抗战。从 1931 年"九一八"开始到 1945 年我们把日本人赶出去。

【音频】歌曲《大刀进行曲》

"卢沟桥事变"发生后,中国人民压抑许久的抗日情绪如火山一般爆发了。举国上下,同仇敌忾。上海作曲家麦新仅用 3 天的时间就创作出了抗日救亡歌曲《大刀进行曲》。不少百姓自发地为前线运送粮食和燃料,甚至为 29 军大刀队送去了磨刀石。

与此同时,日军的进攻遭到了中国军队的顽强抵抗。日军见占领卢沟桥的企图实现不了,便玩弄起"现地谈判"的阴谋。一方面想借谈判逼迫中国方面放弃抵抗,另一方面则借谈判之名争取调兵遣将的时间。1937 年 7 月 11 日这一天,日本华北驻屯军与冀察当局口头签订了停战协议,但日本首相近卫文麿在内阁会议上却正式宣布向中国增派军队。在这种形势下,蒋介石于 7 月 17 日在庐山发表谈话,宣布对日作战。

中国抗日战争作为世界反法西斯战争的重要组成部分,抗击和牵制了日本陆军总兵力的三分之二以上,中国军民伤亡达 3500 多万人。经过 8 年的浴血奋战,中国人民终于取得了抗日战争的伟大胜利,也为世界反法西斯战争的胜利作出了不可磨灭的贡献。1945年 8 月 15 日,日本宣布无条件投降。

(金 之)

宛平城守军奔赴战场

英国女演员费雯·丽逝世

费雯·丽

1967 年 7 月 8 日,整个伦敦的剧院熄灯一分钟,演员和观众集体默哀。同时,剧院区的路灯也熄灭一个小时。这些都为纪念当天一位女演员的逝世,她就是费雯·丽。

自 1935 年初登银幕起,费雯·丽出演过近 20 部电影,留下了不少经典的银幕形象:她是《乱世佳人》里桀骜不驯的郝思嘉,是《魂断蓝桥》里甜美娇柔的玛拉,也是《欲望号街车》里敏感脆弱的布兰奇……好莱坞曾有影评人如此评价她:"既有如此的美貌,根本不必有如此的演技;既有如此的演技,根本不必有如此的美貌。"

才貌双全的费雯·丽 1913 年 11 月 5 日出生于印度。父亲是当时英属印度军队的一名官员。费雯·丽在 6 岁半时被送回英国,在伦敦附近一所女修道院内寄宿并接受正规教育。据她当时同校的密友莫琳回忆,那时候费雯·丽就已经有了当演员的理想。

不过费雯·丽正式接受表演训练是从 1932 年考入伦敦皇家戏剧学院开始的。也就在那一年,她接受了年长她 13 岁的律师赫伯特·李·霍尔曼的求婚并于 12 月 20 日举行了婚礼,两人的婚姻持续了近 6 年。在这期间,费雯·丽从戏剧学院毕业并开始了个人的表演生涯。更重要的是,她遇到了自己日后的真命天子。这段感情是费雯·丽人生命运的一次巨大转机,既为她带来了幸福与辉煌,也隐藏着之后的痛苦与背叛。这个费雯·丽一生所爱的男人就是劳伦斯·奥利弗。

1937 年上映的电影《英伦浩劫》是两人第一次在银幕上合作。片中,由费雯·丽饰演的西班牙海军上将的女儿向自己的爱人争辩两人理应拥有获得幸福的权利,而由奥利弗饰演的海军中尉隶属英国,故事中与西班牙是敌对国。正因为身处不同的阵营,导致两人互相爱慕却不能在一起。

电影中角色的境况似乎暗合了现实中两人的关系。当费雯·丽遇到劳伦斯时,两人都已有家室。但是爱情的火焰已在两人之间点燃,而费雯·丽并不是一个会在幸福面前退缩的女子。

电影《英伦浩劫》上映后 1 年,费雯·丽与丈夫霍尔曼协议离婚,奥利弗也同时向妻子提出了离婚的请求,但遭到了拒绝。当时伦敦的报刊杂志纷纷发表文章,对奥利弗的感情生活大加讨伐。压力之下,奥利弗不得不跑到美国以拍摄《呼啸山庄》的名义寻求暂时的清净。费雯·丽在不久后也秘密赴美与他会合,由此促成了她事业的第一次高峰——出演由文学名著《飘》改编的电影《乱世佳人》,并凭借所饰演的郝思嘉一角而荣获 1939 年第十二届奥斯卡最佳女主角。

如今,谁也无法说清到底是费雯·丽成就了《乱世佳人》,还是《乱世佳人》成就了费雯·丽。然而,她为这部电影所付出的却是永远无法重新获得的健康。影片拍摄时片场大量的红土尘灰令她染上了肺结核,当时她并没有想到此病会最终夺走她的生命。

1940 年,费雯·丽在美国拍摄的另一部电影《魂断蓝桥》也正式上映。这部电影被誉为影史三大凄美爱情影片之一。后来该片在中国上映反响热烈,远胜它在美国本土所得到的追捧。电影中有一段男女主人公雨中相逢的戏,浪漫的男主角在认识女主角玛拉没多久后就向她提出了结婚的请求。

【音频】电影《魂断蓝桥》片段

　　无独有偶,就在这一年,奥利弗也与妻子结束了漫长的离婚谈判并终于和费雯·丽结婚,一对金童玉女就此冲破世俗的阻碍携手步入了婚姻的殿堂。

　　然而,由于一次意外导致的流产,费雯·丽患上了神经衰弱,后来更演发为狂躁抑郁症,病情严重时甚至会对丈夫辱骂和动手。

　　1951 年,费雯·丽应邀出演改编自舞台剧的电影《欲望号街车》,该片讲述一个年华渐逝的昔日美女在欲望的挣扎中最终发疯的故事。悲剧的氛围和残酷的情节,加深了费雯·丽的精神疾病。费雯·丽所表演的每一个悲剧故事似乎都在损耗她的健康,先是肺结核,继而又是精神状况日渐衰退。而这病情在摧毁她肉体与精神的同时,也使她的婚姻出现了裂隙。

　　劳伦斯·奥利弗在日后个人的传记中坦诚表示,费雯·丽的病况让他很难再维持这段婚姻。1960 年 6 月,他向费雯·丽提出离婚的请求,面对这个自己仍然深爱但又选择离开自己的男人,费雯·丽的回答是:"当然,奥利弗夫人将满足他的一切要求。"

【音频】费雯·丽演唱的音乐剧选曲《唯一(The Only One)》

　　费雯·丽在 1963 年的音乐剧《同志》里有一段演唱,歌名叫《唯一》。对于费雯·丽而言,奥利弗始终就是那个"唯一"。1967 年 7 月 8 日凌晨,费雯·丽因肺结核病发,匆匆结束了她 54 岁的人生。在她永远长眠的那个夜晚,她床头摆放的,依旧是有着迷人微笑的劳伦斯·奥利弗的照片。

(郑　麟)

费雯·丽

美国国家安全事务助理基辛格
一行秘密抵达北京

9

叶剑英（左二）在机场迎接
基辛格（右三）

1971 年 7 月 9 日中午，一架巴基斯坦国际航空公司的波音飞机在北京郊外的南苑机场降落。停机坪上，中央军委副主席叶剑英及外交部的高级官员们正等候迎接一位重要来宾。不一会儿，从扶梯上走下一位戴着深框眼镜、身穿深色西装的外宾，他就是美国国家安全事务助理的亨利·艾尔弗雷德·基辛格，他此行是为美国总统尼克松的首次访华做秘密预备性会谈的。基辛格的到访预示着已经中断 20 余年的中美两国政府交往，即将进入一个新的阶段。

新中国成立以后，中美两国的关系长期处于紧张的对峙状态。1969 年尼克松就任美国总统以后，鉴于世界政治力量的对比发生变化，主张同中国改善关系。同年 10 月 1 日，周恩来总理带着美国记者斯诺夫妇登上天安门城楼，在毛主席身旁参加检阅一年一度的国庆游行。第二天《人民日报》把毛泽东主席和斯诺夫妇的合影刊登在头版显著位置，用含蓄的方式向美国传达了积极、友好的信号。第二年的 4 月 10 日，美国乒乓球代表团应邀抵达中国访问，"乒乓外交"得到了美国政府的积极回应。4 月 14 日，尼克松总统进一步放松了对华的贸易和旅行限制。5 月至 6 月，中美两国政府通过第三方巴基斯坦，明确了派遣先期秘密访华特使的人选和行程安排等。尼克松委派基辛格作为总统特使进行预备性会谈，为他的访华做准备工作。

基辛格，1923 年生于德国，犹太人后裔，毕业于哈佛大学，曾在美国陆军服役。1969 至 1974 年任尼克松总统国家安全事务助理。基辛格的这次访华，被要求在高度保密的情况下进行。多年后，基辛格谈到了其中的原因：

【音频】基辛格：如果在这次去中国访问之前大肆宣扬，一些反对者就会设定各种标准并密切关注，在这样的氛围下，要想与中国有良好的对话几乎是不可能的。

1971 年 7 月 8 日，基辛格到达巴基斯坦。他的这次出行，名义上是到越南南方去执行调查任务，之后前往巴黎，途中与泰国、印度和巴基斯坦的官员们进行会谈。实际上，这是一次与巴基斯坦总统叶海亚·汗事先商议好的掩护行动，以便基辛格能够从巴基斯坦暗中到北京进行秘密访问。为了不引起怀疑，会谈的时间被限定在 48 小时，以便基辛格按时赶回巴基斯坦。时任外交部翻译的过家鼎谈到了基辛格从巴基斯坦秘密前往北京的细节。

【音频】过家鼎：就跟别人说你肚子疼，大概因为我们伊斯兰堡天气太热，你到我北边的总统官邸去休息。对外就说，养病去了，休息去了。其实他没去，是秘密地戴着墨镜、戴着大檐帽，4个人就到机场。

7月9日凌晨，基辛格一行由伊斯兰堡起飞，于中午时分抵达北京。随后，他们被送往钓鱼台国宾馆。下午4点半，周总理与基辛格进行第一次会谈。在周总理到达之前，基辛格已率美方人员站成一排在过道厅等候。基辛格主动上前与周总理握手。基辛格后来谈了对周恩来的印象：

【音频】基辛格：他的优雅举止给我留下了深刻的印象。他通晓两国语言，头脑敏锐。我认为我面对的是一个非常杰出的领导人。

第一次正式会谈从7月9日下午4点半到晚上11点20分，共进行了约7小时。7月10日上午，中方安排基辛格一行参观了紫禁城，这也是他们当时在北京停留期间唯一的一项外出活动。中午，第二次正式会谈在人民大会堂开始，这次会谈一直持续到下午6点暂停。其间，周总理与基辛格商定了尼克松访华的时间为1972年春天。在公告草案的措辞上，中美双方发生了意见分歧，此事经通报毛主席获得批准修改，基辛格满意地接受了这个措辞。

7月11日上午，中美双方最终取得一致，商定了公告的全文。公告的起草工作完成后，周总理和基辛格确定了新的直达双方最高层的秘密联系渠道，双方还初步交换了对尼克松访华的想法。此后，基辛格一行返回巴基斯坦。华盛顿时间1971年7月15日晚10点30分，美国总统尼克松在美国全国广播公司宣读了这篇公告。

【音频】尼克松：尼克松总统曾表示希望访问中华人民共和国，周恩来总理代表中华人民共和国政府邀请尼克松总统访问中国。尼克松总统愉快地接受了这一邀请。

1972年2月21日，美国总统尼克松一行抵达北京，对中国进行了为期7天的历史性访问。2月28日，中美两国政府正式发表了《中美上海联合公报》，这标志着中美两国关系正常化进程的开始。基辛格陪同尼克松进行了这次访问。作为唯一见过毛主席、周总理等中国历代领导人的美国政治家，多年来，基辛格一直关心和支持中美关系的发展并多次访华。基辛格在中美建交中扮演的重要角色和所作出的历史性贡献，是中美关系发展史上必不可少的一部分。

（郑榴榴）

周总理接见基辛格

19

越剧电影《红楼梦》拍摄完成

越剧电影《红楼梦》剧照

【音频】越剧电影《红楼梦》片段

"天上掉下个林妹妹,似一朵轻云刚出岫……"这一风靡大江南北的经典越剧唱段源自1962年由徐玉兰和王文娟主演的越剧电影《红楼梦》。《红楼梦》作为中国古典文学的巅峰之作,曾被多个戏曲剧种改编搬上舞台,由上海海燕电影制片厂和香港金声影业公司联合出品的越剧电影《红楼梦》则堪称其中翘楚。1962年7月10日,越剧电影《红楼梦》在上海拍摄完成。这部电影不仅是越剧艺术史上的一部里程碑式的作品,也是中国电影史上的一部经典之作。

1957年,上海越剧院筹划将《红楼梦》搬上越剧舞台。上海越剧院的青年演员徐玉兰将《红楼梦》反复读了三遍后被贾宝玉的痴情所打动,毅然接下了演出任务。她的搭档王文娟则主动请缨饰演林黛玉。对于刚过而立之年的剧作家徐进而言,要将曹雪芹百万字的文学巨著《红楼梦》浓缩改编成3个小时的舞台剧本则是一个很大的挑战。

【音频】徐进:有位老领导阻止我,他说:"《红楼梦》小说有一百几十万字,你要把它改成一部戏,两三个小时,这个恐怕不可能。再说,即使你改好了、写好了,也没人演。"这个时候,旁边的王文娟挺身而出,真像是"天上掉下个林妹妹"。她说:"我来演林黛玉,如果演不好,把头砍给你。"也不知道她是开玩笑还是认真的,但是她的决心很大。

1958年,由徐玉兰、王文娟主演的舞台版越剧《红楼梦》于2月18日至3月31日公演于上海共舞台及大舞台,连演54场,场场爆满。

1960年,上海越剧院首次携《红楼梦》赴香港演出,立即引起轰动。当时,在香港电影导演朱石麟的提议下,上海越剧院、上海海燕电影制片厂决定与香港金声影业公司合作,把这出戏从舞台搬上银幕。越剧表演艺术家徐玉兰讲述了此剧赴港演出的轰动效应促成沪港两地合作拍摄越剧电影的情况:

【音频】徐玉兰:我们是1960年底到香港演出。《红楼梦》一口气演了18场,很轰动。后来有个叫朱石麟的大导演,他看了我们的《红楼梦》以后,想把越剧《红楼梦》拍成电影。后来我们大陆的领导讲,要拍,到大陆来拍。所以,当时就是香港和上海合拍的。

1961年11月,由上海越剧团二团出演的越剧电影《红楼梦》正式开拍。影片由曾跟随吴祖光拍摄过《梅兰芳舞台艺术》《程砚秋舞台艺术》等许多戏曲电影的导演岑范执导,徐玉兰、王文娟等领衔主演。导演岑范对与徐玉兰、王文娟的合作记忆犹新。

【音频】岑范:那时候,我们共同有一个目标,就是把这戏拍好。我跟徐玉兰、王文娟合作得非常好,我们现在还记忆犹新。

一部电影的成功,除了依靠艺术家精湛的演绎外,幕后的资金支持也十分关键。包括剧本费、人工费等在内,上海海燕电影制片厂最初拟定的影片预算为58万余元,后由于各种原因,拍摄总成本超出预算19万余元。为了弥补资金空缺,海燕厂还向银行申请借款以完成影片的拍摄。如此高额的电影投资,以现在的方式来计算,不亚于任何一部商业大片。越剧表演艺术家王文娟回忆了当时的拍摄情况:

【音频】王文娟:大家都是非常投入,包括怡红院的橱里放的古董都是真的。我们都在摄影棚里拍,有的人问:"你们在哪里拍的?里面有水啊,怎么有个花园?"其实都是搭出来的,都是在上海海燕电影制片厂的4号棚拍的。

1962年7月10日,越剧电影《红楼梦》在上海拍摄完成。同年11月21日起,该片在香港连续播映38天共计400余场,观众近40万人次。香港报纸在一个多月的时间内发表了文艺界人士撰写的评论文章达100多篇。然而由于各种原因,这部电影直到1978年才在内地公映。当年,许多地方的电影院都是24小时连续放映,有的观众甚至连看多遍。不少人因此片迷上了越剧,甚至成为了越剧演员。2007年新版越剧电影《红楼梦》中林黛玉的扮演者王志萍就是因为看了1962年版的越剧电影《红楼梦》才投身越剧表演事业的。

【音频】王志萍:电影上映以后,可以说是带动了几代人喜欢上越剧,包括我们这一批演员,都是看了电影《红楼梦》才去学越剧,才拜师学戏的。

【音频】越剧电影《红楼梦》片段

"花谢花飞飞满天,红消香断有谁怜?"这是越剧电影《红楼梦》里黛玉葬花的片段。越剧电影《红楼梦》文辞清新、雅俗共赏,影片各场中的主要唱段几乎全数成为名家名段而传唱至今。虽然此后《红楼梦》曾被多次搬上艺术舞台,但1962年越剧版的电影《红楼梦》仍被几代人奉为经典。

(舒 凤)

越剧电影《红楼梦》海报

昂山素季首次获释

七月 11

昂山素季

1995年7月11日,一位和丈夫、儿子相隔万里之遥、被缅甸军政府软禁了近6年的女政治家获释了。然而获释后,她却没有选择与家人团聚,因为她很清楚,一旦离开缅甸远赴英国探视家人,她就很有可能永远不能再次回到自己的祖国缅甸了。她选择了留下,从此与她的亲人天各一方,断断续续被软禁于其寓所中长达15年之久。她就是缅甸提倡非暴力民主的政治家昂山素季。多年之后,当昂山素季正式领取了她1991年就获得的诺贝尔和平奖时,她发表的获奖演说或许真实地表达了她的心境:

【音频】昂山素季:我遭到软禁时,经常感觉自己不属于真实世界,那栋房子就是我的世界。另外还有一个世界,里面的人也同样没有自由,他们一同被困在监狱里。最后才有一个自由世界。

昂山素季1945年出生,是领导缅甸独立的民族英雄昂山将军的女儿。她2岁的时候,父亲遭暗杀身亡。昂山素季是伴随着"完成父亲未竟的事业"这种强烈的信念长大的。1964年,昂山素季的外交官母亲把她送到英国牛津大学,学习政治、哲学和经济。在牛津,她与迈克尔·阿里斯相恋。当昂山素季接受阿里斯的求婚时,她也提出了一个条件:如果缅甸需要她,她就必须回去。阿里斯毫不犹豫地答应了。阿里斯对此记忆犹新。

【音频】阿里斯:她预料到我们的关系会遇上什么问题,就在20年前,我们结婚当晚,那并不是种直觉或是预感,她原本就知道,她有一天必须回去为人民服务。

在之后的16年,昂山素季收起了自己性格中的锋芒,极尽其能担当一个完美家庭主妇的角色。她甚至坚持给丈夫熨袜子,亲自打扫房间,令很多比她更有女人味的朋友们相形见绌。一切看起来风平浪静,昂山素季不显示任何直接卷入缅甸政治的迹象,似乎政治已经与作为妻子和母亲的昂山素季渐行渐远。昂山素季的英国友人克里斯多夫对此印象深刻。

【音频】克里斯多夫:我太太跟我以前常去牛津拜访他们,当时他们的小孩还很小,她常说很满意当时的生活。她每天熨衣服、摺被子,处理家庭杂务。她要带两个小孩,看上去是个典型的牛津家庭主妇。

然而,1988年3月一个安静的晚上,一通来自缅甸的国际电话打破了平静,昂山素季的母亲因为中风进了医院。就是这一次非常偶然的机会,昂山素季回到缅甸短期探亲,却陷入政治的漩涡之中。当时,缅甸一连串暴力反抗军队的事件让国家陷入停滞之中,而她在医院照顾母亲的事情不胫而走,"昂山将军的女儿回来了"这个消息在民间迅速扩散开来。之后,缅甸的请愿团体找到昂山素季,请求她担任缅甸和平运动领袖,昂山素季暂时允诺了,她觉得一旦事态平稳,她就有时间再回英国牛津。1988 年 8 月 26 日,缅甸仰光近百万群众在著名的大金塔集会,昂山素季第一次面对那么多的民众发表演说。在集会上,她那慷慨激昂的神态、铿锵有力的声调、掷地有声的言词,令所有在场的民众印象深刻。缅甸人民发现,他们盼望已久的领袖诞生了。

1989 年 7 月,为了遏制昂山素季的影响力,缅甸军政府以煽动骚乱为罪名对昂山素季实行软禁,而昂山素季拒绝了将自己驱逐出境而获自由的条件。此后,昂山素季有 15 年的岁月是在监狱或居家软禁中度过的。这也是一种非常特殊的监禁,她实际上可以在任何时候提出申请,返回英国和家人团聚。丈夫阿里斯多次要求到缅甸探妻,却屡屡遭到军政府拒绝。几经争取,多年间两人只短暂会面五次。1995 年 7 月 11 日,昂山素季被释放,但很快又再度被软禁。夫妻最后的相聚是在 1995 年底,此后阿里斯便不再被获准进入缅甸。1999 年 3 月,阿里斯因癌症在英国牛津逝世。"我永远不会站在你和你的祖国之间"。当年阿里斯这句爱的承诺,最后通过死亡来体现。对于母亲的这种坚持,昂山素季的小儿子金姆显得刻骨铭心。

【音频】金姆:她真的很坚强,即使连她最悲伤的时候她都知道,自己不能这样下去,她不会浪费时间流泪。

昂山素季的故事获得了世界广泛的同情和支持,著名导演吕克·贝松为了让昂山素季赢得更多国际声援,拍摄了由著名华裔影星杨紫琼主演的传记电影《以爱之名:昂山素季》。2005 年 6 月 19 日,这一天是昂山素季 60 岁的生日,全球 14 个国家举行了活动要求释放昂山素季。随着国际上释放昂山素季的呼声越来越高,缅甸军政府于 2010 年 11 月 13 日再次释放了昂山素季。这一次,她终于可以自由来往于世界各地与祖国了。2013 年 6 月,昂山素季宣布竞选缅甸总统。2015 年 6 月 25 日,缅甸联邦议会根据现行宪法裁定,昂山素季因家人的外籍身份而不能参选总统。2015 年 11 月,在缅甸 25 年来首次公开竞争的大选中,昂山素季领导的全国民主联盟胜出,依法获得单独组成新政府的权力。

（肖定斌）

昂山素季与丈夫阿里斯

刘翔打破男子110米栏世界纪录

2006年7月12日,在瑞士洛桑国际田联大奖赛上,刘翔打破男子110米栏世界纪录夺冠。在此之前的世界纪录是由英国运动员科林·杰克逊在1993年的斯图加特世锦赛上创造的12秒91。2004年雅典奥运会上,刘翔夺冠,追平了科林·杰克逊的纪录。仅仅两年后,刘翔就以12秒88的成绩打破了这个保持了近13年的世界纪录,成为历史上第一个在男子110米栏项目中跑进12秒90的人,这个纪录创造了中国乃至亚洲田径史的奇迹。刘翔在赛后接受记者采访时,兴奋之情溢于言表。

刘翔比赛中

【音频】刘翔在赛后接受采访

2004年雅典奥运会上,刘翔一飞冲天拿下奥运金牌,一时间国人为之欢呼雀跃。之后刘翔并没有停止他的步伐,"翔飞人"的传奇继续上演。2005年9月17日的上海田径黄金大奖赛上,他以13秒05夺冠,在家乡捧起奖杯。2006年7月12日瑞士洛桑国际田联大奖赛,刘翔又以12秒88的成绩打破了尘封13年的世界纪录,成为男子110米栏真正的第一人,将他的运动生涯推到了巅峰。

洛桑国际田联大奖赛汇集了除四次世锦赛冠军阿兰·约翰逊外的几乎所有顶尖110米栏高手。在比赛中刘翔的发挥堪称完美,起跑、途中跑和栏间技术的运用都无可挑剔,飞一般地冲过了终点。冲线后的刘翔激动不已,他脱下上衣赤裸上身绕着赛场飞奔,随即又把五星红旗披在身上。

这个纪录给中国田径带来无上荣耀的同时也让刘翔的人气更加如日中天,加上刘翔帅气的外表和张扬的性格,令他在全国上下拥有了数以万计的"翔迷"。广告商也看上了刘翔这个金字招牌,代言和商业活动不断。各类田径赛事也纷纷邀请刘翔参与来提高人气,"翔飞人"马不停蹄地往来在各种工作中。他在一次采访中坦言频繁的商业活动和比赛是"身不由己"。

【音频】刘翔:我觉得这是一种相互的,观众对你这么热情,你也应该好好回应观众。谢谢那么多观众对我长久的支持。现在上海也好、国家也好,都需要我出来比赛,所以"身不由己"总要出来一下。

虽说如此,刘翔依然在各类国际赛事中披荆斩棘,2007年刘翔在参加的10个国际田径赛事中拿到了8个冠军。8月31日在日本举行的世界田径锦标赛男子110米栏决赛上,刘翔以12秒95的成绩问鼎,成为男子110米栏项目有史以来第一个集奥运会冠军、世界纪录保持者、世锦赛冠军于一身的大满贯获得者。

然而观众看到的只是运动员夺冠的成功和喜悦,却不了解比赛之前运动员承受的压力,特别是刘翔盛名之下其实还未满 25 岁,却承载了常人难以想象的期望。在日本世锦赛决赛上,刘翔被分在了相对受干扰最大的第 9 道,这是对他极大的考验。对于种种压力,身为刘翔教练的孙海平最有发言权,他谈到决赛前的刘翔跟平时不太一样。

【音频】孙海平:在整个决赛的过程中,我也感到了他的压力,他是抱着必胜的决心去比赛的。在这种不利条件下又要想办法拿下比赛,加上对手也是非常的强大,确实有很大的难度。当时他使劲握着我的手,这种情况是以前没有过的,因此我感觉到了他的压力。

　　2004 年至 2007 年这 4 年间,刘翔在男子 110 米栏这一项目上几无对手,2008 年的北京奥运会,举国上下更对刘翔寄予厚望。然而,2008 年 8 月 18 日,在北京奥运会男子 110 米栏预赛中,刘翔因为跟腱受伤而中途退赛。但是刘翔并没有就此沉寂。2009 年 9 月 20 日,伤愈复出的他在家乡上海举行的黄金大奖赛上夺得亚军。之后 3 年间,他获得了包括全运会、亚锦赛、东亚运动会、亚运会、国际田联钻石联赛等比赛的共 7 个冠军,并刷新了由自己保持的亚运会纪录。这一系列成绩的背后实际上是刘翔整个跨栏技术的改变。为了重回巅峰,刘翔将原来惯用的起跑后 8 步上栏的技术改变为 7 步。这小小的一步虽然能够有效提高成绩,但也意味着对身体更高的压力和完全不同的训练方法。对于不再年轻而又经历过伤病的刘翔而言,说这是在用整个运动生涯来做赌注都不为过。2011 年上海国际田径黄金大奖赛,改变技术后首战告捷的刘翔向记者吐露了心声。

【音频】刘翔:我改 7 步上栏要比他们难,因为只有两三个月的时间。结果确实还不错,但接下来的训练还需要加强。我的改变也是为了在有限的职业生涯中超越自己。

　　然而英雄也总难免迟暮,对于"翔飞人"来说这一天似乎来得早了一些。重回巅峰的刘翔在 2012 年伦敦奥运会上旧伤复发,他单腿跳到终点然后亲吻了栏杆,留给全世界一个离去的背影。2015 年 5 月 17 日,刘翔在上海体育场举行告别仪式正式退役,一个中国田径史的传奇最终在此刻定格。

(王永平)

赛后举着五星红旗的刘翔

"拯救生命"摇滚慈善义演在英美两地举行

1985年7月13日，两场名为"拯救生命"的大型摇滚慈善义演在英国伦敦和美国费城先后相隔两个小时举行。这是一场横跨世界多个地区的伟大音乐会，旨在为发生于非洲的饥荒灾难筹集资金。

"拯救生命"摇滚慈善义演现场

当天中午，演唱会率先在伦敦的温布尔登体育场拉开帷幕，伴着高亢嘹亮的皇家号乐声，威尔士亲王与戴安娜王妃缓缓步入体育场看台。紧随其后的是一位身着皮夹克、留着卷曲长发、身材高挑的青年，他正是整个活动的发起者——英国著名摇滚歌手鲍勃·吉尔道夫。

陪伴在两位尊贵客人的身旁，鲍勃并没有显得拘束。因为他知道，今天的主角并不是这两位皇室嘉宾，而是他自己以及即将站到舞台上的摇滚巨星们。他侧过头，正准备向威尔士亲王耳语几句，却被现场突然爆发的呼喊声盖了过去，"现状乐队"上台了。作为整场演唱会的开路先锋，"现状乐队"刚一登场，就用激情澎湃的摇滚乐令现场观众沸腾了起来。歌名很应景，就叫做《全世界摇滚起来》。

据事后相关数据统计，"拯救生命"演唱会在英美两地的演出时间持续长达16个小时，并通过全球通信卫星网络向140多个国家播出了实况，共计吸引电视观众约15亿人次，的确可以称得上是令"全世界摇滚起来"的一场演唱会了。不仅如此，就参演艺人方面，这场演唱会也是世界级的，超过100位各国著名摇滚乐手加盟了这次义演。当政治家们还在喋喋不休进行演说、当国际会议还在没完没了进行讨论的时候，摇滚歌手们只是拿起他们的吉他，以实际行动展开了对远在非洲的人类同胞的救助行动。

当天，温布尔登球场内座无虚席，约有72000名观众来到现场观看演出，其中也包括日后凭借《哈利·波特》系列丛书成为世界畅销书作家的J·K·罗琳。在她看来，当天最闪耀的明星一定是活动组织者鲍勃·吉尔道夫。

【音频】J·K·罗琳：如果要我说的话，他是那天最大牌的明星，大家都很想看看这个促成这一切发生的人……

鲍勃·吉尔道夫演唱了的他的名作《我不喜欢星期一》。歌曲的灵感来源于20世纪80年代初美国发生的一起校园枪杀事件。和许多同时代的摇滚歌手一样，鲍勃那一代的乐手们似乎更愿意在自己的歌曲里寄托对于社会的批判与关注，而正是这种参与政治的热情最终促成了"拯救生命"演唱会这样的壮举。

在 1985 年 7 月 13 日那天之前，许多人对摇滚乐手的看法可能是憧憬的，视他们为偶像明星；也可能是鄙夷的，觉得他们生活糜烂，在舞台上好似跳梁小丑。但在这一天，更多的人视他们为英雄，因为正是这批音乐人完成了政府所没有做到的一切。舞台上，"华丽摇滚教父"大卫·鲍伊唱起了他的名曲《英雄》。歌词里写道"我们可以变作英雄，哪怕只有一天"。

无论是舞台上的英雄，还是舞台下的民众，在 7 月 13 日这一天，他们都是爱的奉献者。一如英国歌手埃尔维斯·科斯特洛在舞台上唱起的那首披头士的经典民谣《All You Need Is Love》，简单的歌词反复说着"你需要的只是爱，你需要的只是爱，爱是你所需要的全部"！

温布尔登体育场内的表演进行至近 5 个小时的时候，英美两地会场通过大屏幕进行了一次连线，将演唱会推向了高潮。鲍勃·吉尔道夫通过大屏幕向着连线中的费城会场打起了招呼，并希望那里的观众也能慷慨解囊，为非洲灾民们捐出一份自己的爱心。

或许是觉得隔空互动还不够带劲，伦敦会场的嘉宾之一——摇滚歌星菲尔·柯林斯在表演完毕之后又特地飞抵费城的约翰·肯尼迪体育场，进行了一场跨区表演。而他演唱的歌曲也似乎暗合了他飞来飞去的情境，名字就叫做《今晚在夜空》。

"我一生都在等待这一刻，哦，你能否感觉它从今晚夜空中袭来"。菲尔·柯林斯的歌曲伴随着夜幕的降临，两地的音乐会渐渐步入尾声。这时，美国会场响起了那首令人无比熟悉的《天下一家》的旋律。

【音频】众星演唱的《天下一家（We Are the World）》

这首单曲是在 1985 年初发行的，由流行天王迈克尔·杰克逊和莱昂纳尔·里奇共同作曲，迈克尔·杰克逊独自填词并引领美国 45 位歌星联合演唱。它的发行旨在呼吁世界帮助非洲饥荒人民。

"我们是世界，我们是世界的孩子，我们是创造光明的人，让我们伸出救援之手，我们在拯救自己的生命……"伴着动人的旋律，"拯救生命"慈善义演也落下了帷幕。这一天，全世界洋溢着美好而无私的奉献之情，正是一群音乐家用他们的热情和才华点燃了这一切。

（郑　麟）

演出成员

上海"大世界"开门营业

七月 14

1917年7月14日,一家崭新的游乐场在上海法租界正式开门营业。当时谁也不曾想到,这个砖木结构的花园式游乐场后来成了远东第一游乐场,它就是蜚声海内外的"大世界"。曾亲历过大世界早期繁荣景象的老艺人杨飞飞、熊志麟和刘敏对里面的吃喝玩乐以及哈哈镜等记忆深刻。

大世界(1937年)

【音频】**杨飞飞**:两毛钱一张门票,那时候我们一家门去,把饭盒带过去,里面吃午饭吃晚饭,八个铜板一只馒头,肉很多,山芋片、萝卜片、荸荠一串一串。**熊志麟**:哈哈镜,大概有十几面哈哈镜,照完以后人胖的、瘦的、高的、矮的,怪里怪气的全有。**刘敏**:里面有吃、有玩、有看、有唱、有跳,只要你想得出来的东西,里边都有。

上海兴盛的娱乐业起源于开埠后侨居的外国人,从19世纪50年代起,这些侨民陆续在租界内开辟和兴办了众多娱乐场所。而中国人自己开设的娱乐场所要从黄楚九创办的"楼外楼"开始。之后,黄楚九又与人合开了"新世界",但合伙人之间的矛盾使得黄楚九愤然退出。誓要重新办出一个游乐场与"新世界"竞争的黄楚九,最后相中了当时还略显偏僻的一块地。1917年7月14日,这块东起云南路、北临延安路、西至西藏路、南至宁海路,占地22亩的空地上,三层楼的"大世界"开始对外营业。

为了扩张自己商业版图和筹措改建的资金,"大世界"建成后的第二年,黄楚九在其西南侧用三间门面开了家"上海日夜银行"。这家银行规模虽小,但日夜对外营业却是上海滩首创。为使银行日进斗金,黄楚九又在报上大做"利息从优,存支两便"的广告。许多人得知日夜银行的老板就是兴办"大世界"的黄楚九时,纷纷前来存款,银行昼夜门庭若市。

此时,黄楚九暗中已将这些存款用于建造"大世界"游艺大楼。到1919年春天,黄楚九先后在西藏路延安路造起了两幢长形的楼房,并在它的东面竖起一个京剧场子。大楼落成后,黄楚九又在入场口的空地处搭起了一个杂技场,用以演出杂耍魔术,且在两幢主楼间架起天桥走廊。天桥四通八达,游客可在天桥上享受八面来风,俯瞰杂技演出。接着黄楚九又把楼房的顶层租给商人开店,把收来的租金全部用来装修内部和大门。这样一来,"大世界"就完全超过了"新世界"。曾撰写《大世界传奇》一书的作家沈寂先生认为其建筑结构非常有特色,尤其是其中天桥的设置。

【音频】沈寂谈"大世界"结构

黄楚九的这块进财宝地自然逃不过旁人的垂涎。1931年初,大上海笼罩在世界经济危机的阴影之中。在房地产领域投下重金的黄楚九也因为地价一落千丈和商铺无人可租导致债台高筑。早已有意染指"大世界"的黄金荣,此时将矛头对准了资金周转失灵的上海日夜银行。他动用大批手下造势,制造了日夜银行的挤兑危机。59岁的黄楚九因此被折磨得焦头烂额,最终一病不起,撒手归西。

1931年6月,黄金荣接手后的"荣记大世界"粉墨登场。除了其中的游艺设施和项目大多承续了黄楚九时期的基本模式之外,茶座舞厅、百样小吃、戏曲戏剧、电影歌舞、杂技杂耍、商场店铺等名目繁杂新奇百出,"大世界"也由此进入了另一段繁荣时期。上海师范大学苏智良教授认为黄金荣接收后的"大世界"生意更加红火。

【音频】苏智良谈"荣记大世界"

这一切随着日本帝国主义的入侵被打断。"八·一三"全面抗战的炮火甚至就在"大世界"的门前炸响。战斗中,中国军队一架战机被日军击中,慌忙撤退中误将携带的炮弹投在"大世界"门前的闹市街口,造成了空前的惨剧。"大世界"目睹了战争和鲜血,也在抗战期间因为自己特殊的地理位置成为涌入租界的难民的避难所。当时"大世界"的主要负责人潘瑞卿之子、评弹老艺人潘闻荫讲述了"大世界"安置难民的情形:

【音频】潘闻荫讲述"大世界"安置难民

解放后,1954年的7月2日,上海市文化事业管理局派出了一个由112人组成的上海市人民政府接管"大世界"工作组,正式将其接管并更名为"人民游乐场"。直到1958年又恢复原名"大世界"。1974年10月1日,已作外贸仓库使用多年的"大世界"改名"上海市青年宫"正式对外开放。1987年1月25日,作为实施上海文化发展战略的重要步骤,"大世界"完成恢复改建重新对外开放,上海市政府领导来到现场主持了仪式,"大世界"再度成为新闻。

随着时代的发展、电影电视的繁荣、文化娱乐生活的多样化,各类顶尖时尚地如雨后春笋般地出现。曾经作为上海娱乐休闲史上重要标志的"大世界"自身的光环也开始悄悄褪去,"大世界"被这个迅速变化的世界冷落了。2003年"非典"期间,"大世界"悄然关闭。此后十多年间,一直关注着的老上海们还在为每一次媒体报道的"大世界"改造计划而激动不已,期盼着"大世界"能早日归来。

(倪嘉铭)

大世界(2002年)

《小主人报》创办

七月 15

江泽民题写的报社名

【音频】创办《小主人报》时，孩子们给报纸起名投票的场景

1983 年 7 月 15 日，中国第一张 15 岁以下少年儿童在成人指导下自己采访、摄影、编辑的报纸——《小主人报》正式创办。

《小主人报》受到了小朋友们的欢迎，创办一年后发行量就达到 15 万份。这样一份由少年儿童完全负责制作的报纸，在全世界都是罕见的。这份报纸的创办，还蕴含着当时教育界对青少年儿童教育发展的深刻思考。《小主人报》的创始人朱杰士介绍了办报背景：

【音频】朱杰士：那个时候中国很多儿童教育工作者在探讨一个问题——随着独生子女越来越多，在对他们的教育上出现了一种现象，在家庭里叫做"保姆式教育"，在吃穿方面家长给孩子都安排得妥妥帖帖；在学校里存在着"木偶式教育"，开个大会老师安排好以后学生只是上去表演一下。学生在当家做主这方面不够。于是一些老的教育工作者提出在国外儿童有办报纸办广播的，我们是否有可能也这样做。

《小主人报》的编辑部全部由 15 周岁以下的少年儿童组成，他们在老师的指导下独立进行文字编辑、报头设计、选稿、采访、摄影等各种工作。编辑部的小朋友们组成编委会，通过会议讨论、民主投票的方式决定选稿、版面等各种问题。《小主人报》的第六任主编刘丽坤在接受记者采访时，略带腼腆地介绍了他们的工作流程：

【音频】刘丽坤：所有要出版的稿子都是经过我们编委会审过的，最后我们择优录取，谁写得好就登谁的。

随着影响力的上升，《小主人报》小记者们的采访范围和对象并不仅限于校园，他们开始更深入地探访社会。1985 年，《小主人报》的小记者就上海未来的发展规划问题，采访了时任上海市长的江泽民同志。十年后，参与采访的小记者回忆了当时的场景：

【音频】小记者：我们是第一次采访市长，当时江泽民市长笑嘻嘻地走进来和我们每个人握握手，然后他坐在沙发上还拿出一把小梳子梳了梳头发，说这次小记者还带了照相机，我上镜头一定要注意形象。他这样一说以后，我们大家紧张的心情很快就放松了。

根据《小主人报》的规定，小编辑、小记者工作到 15 周岁就要办"离休"手续。而此时，这些孩子往往已在《小主人报》工作了好几年，他们对于这片发挥自己创造力和工作能力的天地有非常深厚的感情。在《小主人报》"离休"会上，"离休"小记者们说起自己在报社的采访活动时，充满了依恋与不舍。

【音频】《小主人报》"离休"会

在《小主人报》的工作经历给这些孩子留下了珍贵记忆和深远影响，成为他们未来人生的宝贵财富。数以万计的小编辑、小记者、小通讯员在学习办报的实践中得到锻炼和培养。《小主人报》曾经的小记者、第22届国际物理奥林匹克竞赛金牌获得者任宇翔提起这段经历觉得受益良多。

> 【音频】任宇翔：《小主人报》对我的成长起了很大的作用，因为它不仅仅是教会了我们怎样写文章，教会了我怎样采访，更重要的是开拓了我的眼界，教会我如何在社会上独立工作，并且提高了我各方面的能力。

收获了巨大影响力的同时，《小主人报》也遭遇过危机。1987、1988年由于纸张价格上涨，《小主人报》曾经一度面临难以生存的困境。对于当时面对的艰辛，《小主人报》创办者朱杰士和第三任《小主人报》主编毛海蓉记忆犹新。

> 【音频】毛海蓉：我们刚创办《小主人报》的时候非常艰苦，没有场地，当时我们只能在食堂里面办公。如果要开会，只能在少年宫借一个会议室。后期纸张的问题也成为一个很大的难题，我们还到市委宣传部去申请平价纸。

【音频】朱杰士谈《小主人报》遇到的困境

作为完全由少年儿童自己创办的报纸，《小主人报》被列入了吉尼斯世界纪录。小记者们除了采访过联合国秘书长、法国总统、菲律宾总统、英国女王、荷兰女王等各国政要，还曾前往美国、法国、日本、澳大利亚、意大利、新西兰、新加坡等国进行采访。

《小主人报》的发行量最高曾突破100万份，并被国家新闻出版总署评为向全国少年儿童推荐的优秀少儿期刊。2001年1月，《小主人报》被共青团中央确立为中国少先队队刊。2005年1月起，《小主人报》从日报改为月刊，开始将运营模式推广到全国，成立了《小主人报》新闻教育集团，在全国各地开设小主人报新闻学校，推广《小主人报》的经验，为更多孩子们提供一个能力锻炼的机会。

（王敏丽）

小记者

蕃瓜弄新村迎来首批居民

七月 16

闸北区的上海火车站商圈,鳞次栉比的商场霓虹闪烁、纵横交错的高架路桥川流不息,在一派熙攘繁华之间掩映着一片红顶白墙的居民区。小区内绿树环绕,虽地处闹市却静谧祥和。这处不起眼的老式小区有一个有趣的名字——蕃瓜弄。蕃瓜弄曾是上海最大的棚户区之一,1963年开始改建。1964年7月16日,在震天的锣鼓声中,蕃瓜弄棚户区改造一期工程竣工,首批居民迁入蕃瓜弄新村。

棚户区改造后的蕃瓜弄居住新村

【音频】新闻报道:"日新月异"这四个字恰好用来比喻蕃瓜弄在短短一年左右时间里所起的巨大变化。蕃瓜弄改建第一期工程完工了。10幢淡灰色的五层楼房以整齐漂亮的姿态矗立起来了。解放前,他们祖祖辈辈住草棚和"滚地龙",今天他们是新社会的主人。那里还是蕃瓜弄的旧房子,它们不久也要拆除改建了。让我们永远不要忘掉旧社会苦难辛酸的日子。大喜的日子到了,第一批45户人家怀着激动心情向旧房子告别。

蕃瓜弄的前身姚家宅桥地处交通要道,商贾往来频繁,有致富里、同德里等17条旧式里坊弄,还有通和布厂、大中烛皂厂、绸布店和茶馆等商铺,十分繁华。正当姚家宅桥的商业发展欣欣向荣之际,日本侵略军开始了对上海的两次进攻,上海的门户闸北首当其冲。1937年"八·一三"事变,姚家宅桥被日军飞机炸成一片废墟,遍地弹坑,再无往日盛景。

【音频】时任天目西路街道党工委副书记傅松林介绍蕃瓜弄在解放前的情况

截至1949年,在蕃瓜弄这块面积不到100亩的土地上,已有各类棚屋近4000间,居民人数1.6万余人。蕃瓜弄成为了上海人口密度最大的棚户区。

这里的居民吃不起大米,就在空地上种植蕃瓜为食。相传有一年那里出产了一个特大蕃瓜,茎蔓卷曲似龙须、果面瘤状像龙眼,人称"蕃瓜龙",被视为吉祥物。后来人们就取其谐音,将这片地区改称"蕃瓜弄",这个名字沿用至今。棚户区虽有了吉祥的名字,但那时的居民却是生活条件恶劣,境遇悲惨。从小在蕃瓜弄长大的原居委会主任李凤英回忆了小时候住在"滚地龙"中的情景:

【音频】李凤英:住在"滚地龙"里真苦,叫"天当被子地当床",没被子没床就睡在地上。"风扫地、月当灯",没钱买扫帚,风一吹就扫掉了,晚上没电灯,没钱买蜡烛、火油灯,就是靠月亮。

上海解放后,以蕃瓜弄为代表的棚户区迎来了新生。1950年上海市第二届人民代表大会第一次会议通过了"改善工人贫民住宅区环境卫生"的决议。由人民政府出资填没了弄内的臭水浜、铺设碎石路、修建下水道、安装路灯、设立给水站,建造了公共厕所和垃圾箱,同时植树造绿,初步改善了棚户区的环境卫生和居住条件。从1952年起,这里陆续拆除了"滚地龙",翻建成草平房或瓦平房。

蕃瓜弄的环境在解放初期虽有较大转变,但由于当时弄内人口密集,住房环境拥挤,居住条件的进一步改善依然十分迫切。1961年,时任上海市副市长的曹荻秋和李干成到蕃瓜弄视察后,决定改建蕃瓜弄为工人新村,作为全市第一个成片棚户区改造的试点。蕃瓜弄改造工程于1963年10月正式开工。1964年7月16日,首批45户居民迁入蕃瓜弄新村——上海第一个五层楼房的工人新村。人们载歌载舞,欢天喜地地搬入新家。

【音频】最早入住改建后蕃瓜弄的居民王兰花回忆当年搬进新家的情景

蕃瓜弄小区于1965年12月正式竣工,共建成混合结构五层楼房31幢,迁入居民1818户、8024人。小区内道路均为水泥路,道路两旁遍植树木。小学、幼儿园等生活配套设施一应俱全。

蕃瓜弄旧貌换新颜,居民的生活也随之有了翻天覆地的变化。昔日穷苦居民先后就业,弄内居民还成立了50多人的文艺队和体育协会。从以前的暗无天日到如今的安居乐业,正如弄内居民所说:"这在解放前是想都不敢想的事情。"1999年夏,市政府再推"为民工程",对蕃瓜弄进行了"平改坡"试点、墙面刷新和水箱改造工程,根治了房屋长期存在的顶层渗漏、不隔热、不保暖的顽疾。

如今,蕃瓜弄所在的不夜城地区仍是上海的繁华地段之一。虽然蕃瓜弄的居住水平早已不能代表上海的发展速度,蕃瓜弄居民的老龄化也是一个不可改变的事实,但是置身其间,依旧能够感受到浓浓的生活气息。在阳光下打牌娱乐的老邻居、欢笑嬉闹的孩童、悠闲锻炼的居民,都充满了浓浓的人情味儿。

(韩　芳)

蕃瓜弄居民迁入新居

波茨坦会议召开

七月
17

1945 年 7 月 17 日，一个代号为"终点"的会议在德国柏林附近的波茨坦举行。美、英、苏三国首脑杜鲁门、丘吉尔和斯大林前来与会。这是战时同盟国首脑的第三次也是最后一次会晤。会议主要商讨战败后德国的处置问题、解决战后欧洲问题以及争取苏联尽早对日作战等议题，这就是历史上著名的波茨坦会议。

早在半年之前，三国首脑罗斯福、丘吉尔、斯大林已参加了雅尔塔会议，三巨头达成一致，加强反法西斯统一战线、协调对德日的作战行动。此后，战争局势迅速发展，5 月，法西斯德国缴械投降，盟军在欧洲大陆地区的战争宣告胜利结束。同时盟军也在亚洲大陆各战场发起了反攻，对日本法西斯的作战进入了最后冲刺阶段。丘吉尔在德国战败后的波茨坦会议召开之前，曾发表过一段胜利演讲。他说，即使德国战败了，我们仍肩负重任重塑世界格局，我们要为自己和我们的孩子而实现世界的和平和公正。

左起：丘吉尔、杜鲁门、斯大林

【音频】丘吉尔讲话

为了更好地解决战后矛盾与遗留问题，三国决定 7 月在波茨坦举行会晤。意外的是，1945 年 4 月 12 日，美国前总统罗斯福因脑溢血逝世，随后由杜鲁门继任美国总统一职。7 月 17 日至 8 月 2 日，杜鲁门代表美国参加波茨坦会议。其间正值英国大选，由于英国保守党在大选中失败，丘吉尔被迫下台，由新任首相艾德礼参加了最后几天的会议。虽然与会的三国首脑已不再是昔日的三巨头，然而会晤的核心并未因此而改变。

1945 年 8 月 2 日，苏、美、英三国在会上签订了《波茨坦协定》，其主要内容是解除德国全部武装，摧毁德国一切军事工业和纳粹组织，逮捕和审判战犯。而关于德国的赔偿问题，苏、美、英所提的赔偿要求，将以德国境内的物资及适当的德国国外资产予以满足。杜鲁门在波茨坦会议期间参加柏林上空美国国旗升旗仪式时曾表示：当我们在这里升旗的时候，必须记住，我们这样做是以美国人民的名义把它升起来的，美国人民正盼望着一个更美好、和平的世界。所有人民在这里都将有机会在一生中享有美好的东西。

【音频】杜鲁门发言

然而，会晤中在对日作战的问题上，苏联与英美两国产生了巨大的分歧。即便如此，中、美、英三国仍于 7 月 26 日共同发表了《波茨坦公告》。公告内容主要是：日本政府应立即宣布无条件投降，日本军国主义必须永久铲除。公告同时重申 1943 年《开罗宣言》的条件必须实施等。苏联并没有在公告上签字，日本政府也拒绝接受《波茨坦公告》。清华大学当代国际关系研究院副院长刘江永简要解读了《波茨坦公告》的内容：

【音频】刘江永简述《波茨坦公告》的内容

杜鲁门似乎已预料到斯大林对日作战的态度，因而他早就做好了准备。就在波茨坦会议召开的前一天，人类历史上第一颗原子弹在美国爆炸成功。这意味着，如果斯大林拒绝向日本宣战，美国完全有能力单独采取行动。当杜鲁门将成功制造出原子弹的事情告知斯大林之后，斯大林的表现异常淡定，只回答了一句：希望美国能将它用在合适的地方，可以拿去对付日本。

虽然美国总统杜鲁门对日本发出了最后通牒，但日本仍然誓死抵抗，导致大量盟军官兵伤亡，显然此时他们并不知道美国的原子弹已经试爆成功，更无法体会到原子弹的强大威力，最终杜鲁门作出了一个重大的决定。

1945 年 8 月 6 日，美国向日本广岛投放了第一颗原子弹。两天后，苏联在《波茨坦公告》上签字，宣布对日作战。至此，《波茨坦公告》成为四国对日的共同宣言。在第一颗原子弹爆炸之后，日本仍然保持沉默。于是 8 月 9 日，美国又向日本长崎投放了第二颗原子弹，造成大量平民和军人的伤亡。

之后，苏联军队进入中国东北向日本关东军大举进攻，原子弹爆炸与苏联突袭日军加速了日本法西斯的覆灭。1945 年 8 月 15 日，裕仁天皇通过广播宣布投降。日本政府通报盟军，愿意接受《波茨坦公告》的条款。9 月 2 日，美国战列舰"密苏里"号停泊在东京湾，日本新任外相重光葵代表日本天皇和政府在投降书上签字。至此，第二次世界大战以反法西斯同盟国的胜利而宣告结束。

【音频】上海交通大学日本研究中心主任王少普介绍天皇对于《波茨坦公告》的态度

波茨坦会议成为三国首脑在战争期间召开的最长的一次会议，对于夺取反法西斯战争胜利具有非常重大的意义。然而，随着战争接近尾声，英、美与苏联之间的关系也逐步恶化，不同社会制度之间的矛盾日益突出，这也成为战后一段时期内各国斗争的主要内容。

（王　依）

波茨坦会议召开

南非首位黑人总统曼德拉出生

七月 18

纳尔逊·罗利赫拉赫拉·曼德拉

1918年7月18日,纳尔逊·罗利赫拉赫拉·曼德拉出生于南非东南部一个部落酋长家庭。曼德拉是南非反种族隔离斗争的著名领袖,是南非的首位黑人总统,为新南非开创了一个民主统一的局面。曼德拉是一个标志,代表了历经千辛万苦、用人民的生命作为代价所换来的政治转型。对于新南非而言,他扮演了"国父"的角色。

在曼德拉出生时,南非这片土地作为殖民地的历史已延续了几个世纪。原著居民南非黑人在种族歧视与隔离制度下,饱受西方殖民者和当地白人的压迫和虐待。曼德拉9岁时父亲病逝,他被托付给部落的大酋长抚养,并被培养为酋长的接班人。1938年,曼德拉考入培养黑人精英的学府——黑尔堡大学。为了逃避一场家族安排的婚姻,他和一个好友逃到了约翰内斯堡,并在那里找到了一份在金矿上做警察的工作。在一个远房亲戚的介绍下,曼德拉结识了对他政治生涯影响最大的人,也就是南非后来的领导人之一——沃尔特·西苏鲁。那时候,西苏鲁已经是一名有影响力的地方领导人。西苏鲁讲述了他对曼德拉的印象:

【音频】西苏鲁:他一下子给了我很深的印象,他的举止风度打动了我。他是个聪明而且充满活力的年轻人。

1944年,西苏鲁介绍曼德拉加入了第一个非洲人全国性政治组织——南非非洲人国民大会。1948年,丹尼尔·马兰出任总理,南非开始进入一个最黑暗的种族隔离时代。1952年底,曼德拉与好友坦博开办了曼德拉-坦博律师事务所,这是当时唯一一所非洲人律师开办的法律事务机构。他们尽其所能帮助受到欺压的黑人同胞。尽管他们本身在工作中也受到种族歧视和不公待遇,但曼德拉并未因此折服。他的好友兼律师乔治·比佐斯回忆了当时的曼德拉质问对方证人的情况:

【音频】乔治·比佐斯:他是我们中穿得最讲究的一个,走起路来昂首挺胸,极自信地质问对方的证人,这让一些执法官很不安。

1961年,非国大的军事组织"民族之矛"成立,曼德拉被任命为第一任总司令。1962年8月初,刚结束秘密国外活动不久的曼德拉因煽动罪和无护照出国罪被判共5年的监禁和苦役。1963年7月11日,南非警方对"民族之矛"在约翰内斯堡郊外利沃尼亚地区的重要据点进行了突袭,搜获了重要记录和大量文件,曼德拉作为"民族之矛"领导人的身份因此暴露。1963年10月9日,震惊世界的利沃尼亚审判开庭。第二年的4月20日,曼德拉在法庭辩论中发表了著名的法庭供述。

他说:"我怀有一个建立民主和自由社会的美好理想,在这样的社会里,所有人都和睦相处,有着平等的机会。我希望为这一理想而活着,并去实现它。但如果需要的话,我也准备为它献出生命。"

【音频】曼德拉重述 1964 年法庭供述的片段

1964 年 6 月 12 日,法庭作出了最后宣判:曼德拉等 8 名被告被判终身监禁。此后,他们被送往当时南非最大的秘密监狱——罗本岛。

在曼德拉被囚期间,国际社会不断呼吁南非当局释放曼德拉。20 世纪 80 年代中期之后,整个世界的形势发生了巨大的变化,仍旧坚持种族隔离制度的南非当局日益成为国际社会的弃儿。1989 年 9 月 20 日,德克勒克正式宣誓就任南非总统。上任后,他采取了一系列缓和南非种族冲突的措施。1990 年 2 月 10 日下午,德克勒克举行记者招待会,宣布将于第二天无条件释放曼德拉,这条消息一时轰动了世界。1990 年 2 月 11 日下午 4 点,年近 72 岁的南非黑人民族领袖曼德拉,在经历了近 27 年的监禁之后,牵着妻子的手走出监狱的大门,回到他的人民中间。以下是曼德拉随后在开普敦市政厅前广场发表的讲话,约有十多万人到场聆听了这次演讲。曼德拉高呼:"权利!"人们再一次回应道:"属于人民!"

【音频】曼德拉在开普敦市政厅前广场的讲话

出狱后,曼德拉致力于推动种族和解。1990 年 5 月至 8 月间,曼德拉率领的非国大代表团与德克勒克率领的南非政府代表团举行了两次历史性的会谈,就一系列重大问题达成协议。1991 年 6 月,支撑南非种族隔离制度的所有法律和法令全部被废除。1993 年,曼德拉与德克勒克共同获得诺贝尔和平奖。1994 年,南非首次组织不分种族的全国大选,曼德拉当选为南非首位民选黑人总统。1996 年 12 月 10 日,曼德拉在沙佩维尔正式签署了新宪法,这标志着南非政治过渡的完成。新宪法为南非平等和民主政治体制的确立和今后民族国家的建设奠定了法律基石,它是新南非诞生的标志。曼德拉看到了理想的实现。正如他在总统就职典礼上所说:在这片美丽的土地上,永远、永远、永远也不要再经历互相压迫并遭受在世界上被人瞧不起的屈辱。自由永存。

【音频】1994 年曼德拉在总统就职仪式上的讲话

(郑榴榴)

曼德拉(左)在获释后和妻子
携手向支持者致意

埃德加·斯诺诞生

他曾是燕京大学新闻系讲师，他亲眼目睹了中日战争的开端，他的本职工作是一名记者，他的足迹踏遍中国大地，先后访问了东北和上海战线，并以自己的所见所闻发表大量的通讯报道。晚年他在自传中写道："当时中国的事业就是我的事业。这个态度，是源于我决意反对一切法西斯主义和帝国主义。"他就是中国人民的真挚朋友——美国记者埃德加·斯诺。

1905年7月19日，埃德加·斯诺诞生。出生于美国密苏里州堪萨斯城的斯诺，从小就喜欢阅读马克·吐温的书籍，因此脑海里总是充满了对各种冒险的渴望和想象，14岁那年他就和同窗好友驾车去了美国西海岸。斯诺的这位昔日同窗查尔斯·怀特在年近百岁的时候仍记得斯诺当年的豪言壮语。

埃德加·斯诺

【音频】查尔斯·怀特：斯诺面对当时的太平洋说："总有一天我会到大洋的那一边去！"正如你们知道的那样，他用自己独特的方式，实现了这个诺言。用他自己的方式去了东方，这就是他的个性，一种热爱探险的个性。

1928年，斯诺来到了上海。初到上海的他感受到了这里物价便宜、生活优越。身为一名外籍人士，斯诺在《密勒氏评论报》担任编辑，按照当时每月180美金的优厚待遇，他完全可以过得无忧无虑、逍遥自在，但他始终保持着一颗新闻工作者追求正义的初心。当时密勒氏报租用的办公楼有规定，只有洋人可以乘坐正门电梯上楼，而中国人却只得步行，这让前来办事的中国人十分苦恼。斯诺得知后，立马洋洋洒洒写下一篇题为《中国人请走后门》的评论报道，为受到歧视的中国人伸张正义。报道一经发出，立刻引起了巨大的反响，办公楼迫于压力不得不废除"电梯政策"。对于斯诺的这一举动，《密勒氏评论报》主编鲍威尔的儿子在几十年后接受央视采访时说，斯诺当时给报社带来了不小的麻烦。

【音频】鲍威尔之子：斯诺在报上撰文报道了那件事，大楼的英国主人很快就把《密勒氏评论报》赶出去了，所以我父亲出差回来还得先去找房子。斯诺和我的父亲鲍威尔在美国就不是上层社会的人，他们都是普通人，用中国话来说就是"老百姓"，所以他们也非常同情中国下层人民。

1935年，北平大中学生准备举行一场抗日救国示威游行，反对华北自治，反抗日本帝国主义和国民党军队的不抵抗。当时，斯诺特地自己购买了一台摄影机，为的是真实地记录这场被后人称作为"一二·九"的学生运动。他甚至不顾军警的镇压，走进学生群，切身参与到他们的爱国运动中。

也正是在这场运动中，斯诺感受到了中国共产党在人民心中的感召力，产生了去陕西采访红军的念头。在宋庆龄的帮助下，斯诺得以来到了陕北苏区，与毛泽东、周恩来、朱德、彭德怀等革命领袖进行了面对面的交谈。他还多次和毛泽东聊到深夜。在聊天的过程中，毛泽东常常问起斯诺美国的情形，说很想在有生之年去一次美国，去密西西比河里游泳，去黄石国家公园玩一玩。

1936 年西安事变发生后，通过共产党的斡旋，国共两党将实现合作。卧病在床的斯诺无法躬行践履，只得让妻子海伦代替自己深入前线，将信息反馈给他，以便写在书里。1937 年"卢沟桥事变"前夕，斯诺完成了著名的《西行漫记》，第一次向全世界真实地报道了中国共产党和工农红军的光辉形象。同年 10 月，《西行漫记》出版。此后的几年里，该书印数超过 10 万册，并被译成六国语言，传播到世界。1941 年 1 月，国民党发动皖南事变，斯诺冲破重重阻力向外界报道事件真相。为此，国民党当局取消了斯诺的采访权，斯诺被迫离开了中国。至此，起初只准备在中国待 6 周的斯诺，已经在这片土地上停留了整整 13 年。

1970 年 10 月 1 日，毛泽东在天安门城楼观看国庆典礼，人们发现有位白发的外国老人站着他的身边，他就是已经年近七旬的美国记者埃德加·斯诺。时任中国外交部翻译的冀朝铸在接受采访时说，埃德加·斯诺是中美放下成见、建立友好关系的关键人物。

【音频】冀朝铸：当时中美两国都想着直接联络对方，但又都想保持体面，中国和美国都不愿意第一个站出来说我们做朋友吧，这时候斯诺来了，这是一个绝好的机会，两个曾经的敌人，终于有可能走到一起了，这也是毛主席要斯诺站在他身边的原因。

1972 年埃德加·斯诺在瑞士日内瓦因患癌症病逝。他在遗嘱里写下了自己对中国的情感：美国栽培养育了我，但我爱中国！

(陈晓辰)

埃德加·斯诺与毛泽东

人类首次成功登月

七月
20

1969 年，休斯顿时间 7 月 20 日下午 4 时 17 分，美国"阿波罗 11 号"成功登月，宇航员阿姆斯特朗在月球上首次留下人类足迹。阿姆斯特朗登上月球时的那句话——"这是个人迈出的一小步，却是人类的一大步"，成为人类航空史上的名言。为纪念人类第一次成功登月，人们将每年的 7 月 20 日定为"人类月球日"。

【音频】阿姆斯特朗：这是个人迈出的一小步，却是人类的一大步。

一百多年前，俄国著名科学家齐奥尔科夫斯基曾经预言："地球是人类的摇篮，但人们不能永远生活在摇篮里，他们不断地争取着生存世界和空间，起初小心翼翼地冲出大气层，然后就是征服整个太阳系。"人类冲出地球的理想和愿望，终于在 20 世纪下半叶变成了现实。1957 年 10 月 4 日，苏联成功发射了世界上第一颗人造地球卫星"斯普特尼克"，宣告了人类空间时代的到来。

"登月第一人"阿姆斯特朗

面对苏联在月球探测竞赛中的领先优势，美国也不甘示弱。8 年后的 7 月 20 日，美国"阿波罗 11 号"航天飞船成功在月球表面登陆。"阿波罗 11 号"是美国国家航空航天局的阿波罗计划中的第五次载人任务，也是人类第一次登月任务。三位执行此任务的宇航员分别为指令长阿姆斯特朗、指令舱驾驶员迈克尔·科林斯与登月舱驾驶员巴兹·奥尔德林。10 年后，登月第二人的奥尔德林回忆了登陆的惊险过程：

【音频】巴兹·奥尔德林：尼尔不喜欢预定降落点，他选择了一条更理想、顺畅的路线，但需要更多的燃料，因为飞行时间更长。因此当我们距离月球表面约 100 英尺时，警灯亮了。我们听控制中心说 60 秒、后灯、关引擎。在燃料只够维持 15 秒时，我们顺利着陆。

"阿波罗 11 号"的发射现场吸引了超过 100 万的人群，全世界收看发射现场直播的观众人数也达到了创纪录的 6 亿人。"阿波罗 11 号"的登陆点在宁静海南部。登陆之后，阿姆斯特朗把登陆点称作"静海基地"。

4 天后宇航员们返回地球，他们降落在太平洋上。尼克松总统乘坐"赫尔奈特"号航空母舰前往降落海域迎接宇航员们。当晚总统在洛杉矶为"阿波罗 11 号"成员举行了国宴，出席的有国会议员、44 位州长、首席大法官和 83 个国家的大使。总统尼克松和副总统斯派罗向每位宇航员颁发了总统自由勋章。这次庆典只是一个长达 45 天的名为"一大步"的巡游的开始，在这次巡游中宇航员们去了 25 个国家，其间还拜访了许多著名人物包括伊丽莎白二世。美国前总统尼克松对"阿波罗精神"十分赞许。

【音频】尼克松：两天前，这两名美国人实现了在月球上行走。地球上的人类和他们一同前进。阿波罗号的这种精神将帮助美国处理与其他国家的关系。阿波罗精神将消除疆界和政治分歧，它将帮助人类维护和平。

之后的 3 年中，美国又陆续发射了"阿波罗 12 号"至"阿波罗 17 号"飞船，其中除"阿波罗 13 号"因设备损坏未能登月外，其余五艘飞船均登月成功。"阿波罗 15 号"至"阿波罗 17 号"飞船的航天员还驾驶月球车在月球表面活动，采集岩石。1972 年 12 月"阿波罗 17 号"飞船返回地球后，美国结束了"阿波罗"登月计划。

其实自"阿波罗 11 号"的两名美国宇航员登上月球至今，一直有人质疑"阿波罗"载人登月的真实性，"阴谋论"者列举了大量的"证据"，认为"阿波罗 11 号"登月事件是弥天大谎，完全是美国宇航局的阴谋。苏联情报局探员迪米特里·莫福里讲述了登月照片和画面中的疑点：

【音频】迪米特里·莫福里：你们有没有注意到沙子里脚印的深度，像只有六分之一体重的人留下的吗？月球上不能使用闪光灯，但是宇航员的头灯反射了东西，因为能看到拍照片的人。宇航员这个位置是逆光拍摄，但是宇航服上的每个细节都很清晰。这张美国宇航局未能修改的照片暴露了垂直光线的来源：两盏摄影棚照明灯。

然而"阴谋论"的观点不能成为主流。如果这是美国 NASA 长期制造的骗局，那他们要怎样才能控制参与"阿波罗"计划的 2 万家企业、200 多所大学、80 几个研究所和 40 余万科技人员来共同维护这个骗局长达 40 年之久呢？何况全世界许多国家的科学家都研究过"阿波罗"宇航员采集的月球样品，除了苏联之外，没有其他国家的科学家站出来质疑。

首次登上月球，是人类对外太空进行探索而迈出的第一步，为人类探索月球资源及移民火星提供了参考的价值，意义深远，这也正是人们将这天定为"人类月球日"的原因所在。

（金 之）

被质疑的登月照片

中华骨髓库上海分库正式启动

20 世纪 80 年代，一部由山口百惠主演的日本电视剧《血疑》风靡中国。剧中美丽善良的女主角不幸被白血病夺去了年轻的生命，无数观众为此落泪。白血病俗称"血癌"，是一种恶性程度极高的血液病，而造血干细胞移植是国际公认的白血病及其他恶性血液病的有效治疗手段之一。造血干细胞移植俗称"骨髓移植"，要完成骨髓配对和移植，其前提是必须有一个庞大的骨髓库。1997 年 7 月 21 日，中华骨髓库上海分库正式启动，目标是建立十万人规模的骨髓库，为血液病患者重新点燃生命的希望。

20 世纪 60 年代，国际上开始将骨髓移植运用于白血病的治疗，并取得了良好的效果。80 年代起，造血干细胞移植术在临床应用中获得成功，而且可以治疗其他血液病。但由于独生子女的普遍性和人种间的差异，中国患者寻找配型相合捐献者的最大希望只能是我们自己的同胞。虽然无关人群中配对相符率只有五千至一万分之一，但是只要有足够多的志愿捐献者，还是能为大多数病人提

"中国造血干细胞捐献者资料库"标志

供治愈的机会。

1992 年，中国红十字会正式成立"中华骨髓库"，首批开展宣传征募工作的仅北京、上海、浙江、陕西、辽宁和厦门等地。当时，由于人们普遍存在畏惧心理和认知不足，加上人力、物力、财力的短缺，所以大部分试点省市相继暂停了宣传与征募工作，仅上海一地始终坚持。时任上海市红字会会长的谢丽娟讲述了上海红十字会建立骨髓资料库的情况：

【音频】谢丽娟：上海红十字会在造血干细胞移植这方面来讲，造血干细胞的资料库以前也叫做骨髓资料库，我们这个资料库的建立是在 1992 年，在全国来说是最早的。刚开始的时候当然是人数很少，起步的时候很艰难。上海在无偿献血方面也是走在全国前头的，因此我们就考虑从无偿献血的这些志愿者队伍里面去做一些宣传、动员，看他们能不能来报名。

1995 年，一位白血病患儿通过电视等媒体发出呼救，在上海引起了强烈反响，骨髓库库容迅速突破千名。1996 年，杭州一名 11 岁男孩高天翀不幸患上了白血病，他被父母带到上海市红十字会寻找最后的希望。幸运的是，在骨髓库仅有的一千多份资料中，高天翀居然找到了一个完全相符的配对者，他就是上海建设银行的职员孙伟。

【音频】孙伟：那是在 1995 年 10 月份的一个周末，电视、报纸等媒体都在报道一个小男孩生了白血病，他的亲朋好友都去报名为他配对，但是配不上，正好第二天我休息就去了。为什么会去呢？我以前看过一部电视剧《血疑》，这里面的女主角就是生了白血病，非常可怜的。再说他一个小男孩在电视上跟着大人说"我生了白血病，哪个叔叔阿姨能来救救我"，他完全不懂生了白血病是什么含义，所以这个反而让我看了觉得非常难受。第二年，红十字会的医生通知我说有一个小男孩和我配对成功了，问我是不是还愿意来报名捐献，他说不是上次我报名的那一个，这次是一个外地的病孩，我说这完全没关系，本来就是救病人，无所谓是上海还是外地的。

1996 年 8 月 12 日，我国首例非血缘关系外周血造血干细胞移植手术在上海华山医院成功施行。孙伟的捐献事迹经媒体广为报道后，造血干细胞捐献的相关知识开始为人们所知，外周血采集的方式也普遍为人们所接受，许多市民、大学生、在沪的境外人士等纷纷报名加入造血干细胞捐献志愿者的行列。

1997 年，高天翀送给中华骨髓库一份特殊的礼物，那就是他在 1995 年度所获得的奖学金。高天翀说他只是想挽救更多像他一样的白血病患者。

【音频】高天翀：我想到在我身边有很多小朋友和我一样生这个病，而我又是很幸运的在一千多人中配到了，我就想到把这个钱捐给中华骨髓库，让大家来捐骨髓、捐钱。

1997 年 7 月 21 日，中华骨髓库上海分库正式启动。1999 年 6 月 5 日，上海成立全国第一家造血干细胞捐献志愿服务组织——上海市红十字造血干细胞捐赠志愿者俱乐部。俱乐部成立当年，上海骨髓库首个"一万名"志愿者产生，并累计为 6 位白血病患者检索到相配的捐献者。2007 年，同济城市规划设计研究院的青年设计师葛春霞为一名南京军人捐献造血干细胞，上海成为首个诞生"第 100 例捐献者"的省市。五年后，上海青年孙继成为第 200 例造血干细胞捐献者，上海成为全国首个捐献达 200 例的省市。

近年来，随着造血干细胞捐献原理和知识的不断深入人心，上海市红十字会造血干细胞捐献志愿者队伍日益壮大，移植量也呈逐年递增态势。造血干细胞捐献移植是献出大爱，延续生命的一种表达，正如歌中所唱"只要人人都献出一点爱，世界将变成美好人间"。

【音频】韦唯演唱的《爱的奉献》

（舒　凤）

骨髓捐献公益漫画

美军观察组第一批人员抵达延安

1944 年 7 月 22 日，一架美国空军飞机在延安降落。机上有 9 名美国人，他们是美军派驻延安观察组的第一批成员。美军观察组是由中缅印战区司令部派来和中共建立联系的小组，是第一个与中国共产党最高层接触的美国官方组织，它的主要任务是收集华北日军和中共方面的情况，分析中共对战争所能作出的贡献以及为美国海空军作战提供气象资料等。

太平洋战争爆发后，美国出于对日战争的总体考虑，迫切需要中国战场拖住日军更多的兵力。但是美国扶蒋抗日的努力并没有达到预期的效果，而中共在抗日战争中的表现引起了美国的广泛关注，所以一批美国外交官员和军队中的有识之士有意直接与中共建立联系。与此同时，中共也明确提出了与美英建立反法西斯统一战线的方针。

周恩来（右）与美军观察组组长第一任组长包瑞德（左）

1943 年 1 月 23 日，美国驻华使馆二等秘书约翰·谢伟思、约翰·戴维斯乘回国述职之机，向美国政府提出了派代表团访问中共根据地的建议。1944 年 2 月 9 日，罗斯福总统致电蒋介石，提出美国直接派观察团去延安的要求。在巨大压力下，蒋介石最终不得不同意了美方的要求。

美军观察组又名"迪克西使团"，组长是包瑞德上校，其他成员分别来自美国陆军的步兵部队、航空兵部队、通讯兵部队和美国海军等，其中大多数人是精通中国语言文化的"中国通"。

考察敌后抗日根据地是美军观察组的一项重要任务。他们到达延安后，中共有关方面将详细情况向美军观察组作了介绍。毛泽东、周恩来、朱德等中共中央领导人也经常不拘形式地同美军观察组成员进行会见和交谈。1944 年 7 月至 1945 年 4 月间，毛泽东向观察组详细介绍了中共对形势、任务以及对中美、国共关系的看法。

美军观察组还有一项任务是为美国海空军的作战提供气象资料。此外，他们还培训中共方面的人员，教会他们如何测量气温、估算云量并且在预期的时间内将数据送回。在到达延安几天后，美军观察组的成员们就架起了天线、开动发电机，迅速投入到通信联络和气象探测的工作中。1944 年 10 月，观察组的相关人员开始对八路军的 12 名通讯员进行气象知识培训，这一课程进行了三到四周。原延安气象培训班学员周鲁女回忆了他们在培训中因为语言不通而与美军人员用字典交流的事：

【音频】周鲁女：我们当时的英语水平，也只能说简单的几个词，整个儿还听不懂人家的话。讲课听不懂，怎么办呢？给我们当教员的美军，人家很耐心，他就把单词写下来，然后我们就查字典，这样来领会。

在日常生活方面，尽管延安的物质条件较差，中共方面还是尽力为观察组提供干净舒适的工作、居住场所和丰富的饮食，并配备了专门的服务人员。在工作之余，观察组的成员们也被邀请去参加为数不多却十分热闹的娱乐活动，比如话剧演出、扭秧歌表演和露天舞会等。1944年，美军观察组在延安度过了第一个圣诞节。那个圣诞夜，观察组的驻地非常热闹。周苏菲是当时中共外事组顾问的外籍医学专家马海德的妻子，她回忆了观察组成员把圣诞树上的小挂件分送给大家的情形：

【音频】周苏菲：毛的做出来的小狗、小猫、小圣诞老人，都挂在树上，就一个一个地给大家分享，送给大家。

　　自1944年起，美军观察组成员就从延安向美军司令部和美国国务院发回了大批军事、政治报告，比较客观地反映了抗日根据地在军事、政治、经济、文化方面的情况和中共的各项方针政策。1944年7月至1945年2月期间，仅政治顾问谢伟思一人就写了77份政治报告。但遗憾的是，美国政府不但没有听取谢伟思等人关于抗日根据地情况的报告和由此得出的重要结论，还以"亲共"为名，使他们受到了不公正的对待。其后，谢伟思还受到了二战后美国政治生活中出现的极端反共、反民主的政治潮流"麦卡锡主义"的严重迫害。他的儿子鲍勃·谢伟思谈到了父亲对此事的态度，他认为父亲没有为递交这份报告而后悔过。

【音频】鲍勃·谢伟思：他们当时并没有想到这份报告带来的后果以及他们因此受到麦卡锡迫害的可能性。这确实是无人能预见的，也是他们所不能左右的。但是他相信他报告的是事实，所以我想他从没有为递交这份报告而后悔过。

　　中国的抗日战争结束后，美军观察组成员陆续离开延安。虽然由于历史和现实的种种原因，美军观察组未能促成美国政府与中共的进一步合作，但是观察组成员的报告对美国更加真实地了解中共及其领导的抗日军队具有重大的意义。观察组中的一些有识之士最后都成了中国人民的好朋友。他们对促进中美两国人民的友谊和两国关系的健康发展所作的努力和贡献将会被两国人民所铭记。

（郑榴榴）

毛泽东、朱德与美军观察组成员

宋庆龄发表反对内战的声明

1946 年夏天，蒋介石撕毁了与共产党的和平协议，向解放区发起了全面进攻。刚刚从日本侵略者铁蹄下摆脱出来的中国，再一次被内战的阴影所笼罩。7 月 23 日，面对内战已不宣而战的局面，民主爱国人士宋庆龄向报界发出了《关于促成组织联合政府并呼吁美国人民制止他们的政府在军事上援助国民党的声明》。她指出"国民党必须通过联合政府、人民民主和土地改革来推行它的历史任务"。这是宋庆龄在解放战争时期公开发表有关内战问题的唯一声明，她再一次用实际行动表明了自己的政治态度。

宋庆龄

1893 年 1 月 27 日，宋庆龄出生在上海，她的父亲宋耀如是成功的实业家，也是孙中山先生民主革命的支持者。1913 年秋天，在美国获得文学学士学位的宋庆龄前往日本，见到了正流亡日本的孙中山，共同的革命理想超越了他们之间的年龄差距，1915 年 10 月 25 日，22 岁的宋庆龄和 49 岁的孙中山正式结婚。婚后，宋庆龄成为孙中山最坚定的支持者和晚年最重要的助手，无论多么艰险困苦，她一直陪伴在孙中山的身边，为维护孙中山革命思想做着不懈的奋斗。1925 年 3 月 12 日，身患重病的孙中山在北京去世。他的孙子孙治平在祖父临终前赶到他的病床前探望，他清楚地记得宋庆龄对祖父无微不至的照料。

【音频】孙治平：她就很苦了。她在我祖父的床旁边，一个矮矮的帆布床，整天在那里。她没有出来，没有离开他。有时候我祖父要和她讲话，因为病床比较高，她又比较矮，她一站起来，祖父就会看着她，那时候祖父讲话声音很轻，她就低头听他讲什么。她就这样像护士小姐整天陪着他，日日夜夜地陪着他。

孙中山逝世后，宋庆龄在国民党二大上当选为国民党中央执行委员，独自走到了中国的政治舞台上。1927 年，蒋介石发动"四·一二"反革命政变，公开屠杀共产党人和革命群众。对国民政府心灰意冷的宋庆龄为表明自己的立场，写下了《七·一四声明》，她表示"如果党内领袖不能贯彻他的政策，他们便不再是孙中山的忠实信徒，党也就不再是革命的党"。7 月 16 日，宋庆龄正式退出武汉国民政府，退出国民党中央执行委员会。

1932 年 12 月，宋庆龄主持成立了中国民权保障同盟，在白色恐怖下积极营救民主人士和中共党员。1938 年上海"八·一三"抗战失败后，宋庆龄被迫转移到香港，她主持成立保卫中国同盟支援抗战。1941 年 12 月 7 日，香港沦陷。在八路军驻重庆办事处的帮助下，宋庆龄恢复了保卫中国同盟的工作，继续为中国共产党领导的抗日根据地运送最急需的药品和物资，同时安排许多国际友人到那里,为中国的反法西斯战争服务。

1949年8月,宋庆龄接受了中共中央的要求,来到北平参加新政协会议的筹备工作。在随后进行的中国人民政治协商会议上,宋庆龄当选为中央人民政府委员会副主席。10月1日,她参加了开国大典。新中国成立后,宋庆龄以极高的热情投入到各项崭新的事业中。1952年,宋庆龄倡议召开了亚洲和太平洋区域和平会议,27个国家的代表推选她为亚洲及太平洋区域和平联络委员会主席。宋庆龄在大会上发表了演说:

【音频】宋庆龄在1952年的太平洋区域和平会议上的讲话录音片段

友好出访是宋庆龄当时最重要的国务活动之一。每到一个国家,她都受到隆重的礼遇和热情的欢迎。柬埔寨前国王西哈努克曾在采访中谈及和宋庆龄的深厚友谊:

【音频】西哈努克:我的夫人和我本人与宋庆龄女士有着深厚的友谊,我们之间的这种友谊、感情和相互理解、相互尊敬,是连接两国人民和两国领导人关系的纽带。

宋庆龄曾说,为孩子们做事是她最恰当的岗位。几乎每一个六一节,她都要写文章向孩子们问好,叮嘱他们要具备勇敢、诚实和集体主义的优秀品质。1956年秋天,在中国共产党第八次全国代表大会上,宋庆龄作为特邀代表列席会议并作了发言,她表示"中国人民积了几十年惨痛的经验教训,终于在中国共产党正确的领导下,取得了社会主义革命的决定性的胜利"。

【音频】宋庆龄在1956年中国共产党第八次全国代表大会上的讲话录音片段

1979年春天,宋庆龄和邓小平一起出现在美国波士顿交响乐团访华演出的观众席上,中国迎来了改革开放的新时代。80多岁高龄的宋庆龄又开始出现在各种重要场合,一如既往地受到人们的尊重和爱戴。1981年,加拿大维多利亚大学决定授予宋庆龄荣誉法学博士学位,身患重病的宋庆龄不顾医生反对,坚持亲自出席仪式,并用流利的英语致辞。两天后,宋庆龄的病情开始恶化,根据她最后的要求,中共中央批准她成为中国共产党的正式党员,同时全国人大常委会决定授予宋庆龄中华人民共和国名誉主席的称号。1981年5月29日,宋庆龄逝世,享年88岁。

(倪嘉铭)

宋庆龄和少年儿童

上海第一届文学艺术工作者代表大会召开

七月 24

1950年7月24日，上海虹口解放剧场门口人头攒动、热闹非凡，一大批文艺界人士聚集于此。他们中有梅兰芳、周信芳这样的名家，也有刚从音乐学校毕业不久的小青年，还有舞台上跑龙套演员，甚至街头艺人。就在这一天，在陈毅市长的关怀下，由夏衍、巴金、贺绿汀、冯雪峰、梅兰芳、周信芳等老一辈文艺家发起，上海召开了第一届文学艺术工作者代表大会。大会以"团结、创造"为主题，当时的新闻纪录片对此作了详细的记录。

李慧芳、言慧珠、梅兰芳、周信芳（从右到左）等与会代表

【音频】上海第一届文代会新闻纪录片片段

首届市文代会的召开，时值上海解放一年零两个月。此时新上海的文艺工作已有了初步基础，形成了大致框架。这次大会的主题之一是"团结"。强调团结，既体现在代表人数上，更体现在他们的代表性上。与会的531名代表，代表了当时上海近一万七千名文学艺术工作者，老中青、左中右、领导、职工乃至基层艺人都有代表。比如其中有音乐界的小青年陈贻鑫、杨秉荪，也有国民党党歌作曲者程懋筠，还有写流行歌曲的黎锦晖，而戏曲界除了梅兰芳、周信芳，也有跑龙套的姜振海，以至街头艺人徐和其、方钧，等等，代表了大大小小十几个剧种。仅从代表名单来看，已可见这次会议是以高度团结为主旨精神的。大会的总主席是夏衍，副主席是冯雪峰、巴金和梅兰芳。夏衍以筹委会主任的身份，向大会作了主旨报告《更紧密地团结，更勇敢地创造》，表明了代表大会的主要任务和今后的方向。上海音像资料馆研究员张景岳对上海首届文代会"团结"主题作了解读：

【音频】张景岳：夏衍主席就号召大家一定要最广泛地把上海文艺工作者团结起来，要热情地帮助他们、引导他们走上正确道路，因为当时除了一部分解放区来的革命文艺工作者之外，有不少是原来国统区的，他们感到自己是不是思想落后、跟不上形势，有点自卑，所以夏衍同志就号召一定要热情地帮助他们、团结他们、引导他们，一起走上革命的道路。

大会进行到第三天时，大会执行主席熊佛西激动地向大家宣布了一个好消息：陈毅市长在百忙中抽出宝贵时间，特地来为大家做形势报告。当陈毅市长身着短袖军便装、满面笑容地走到会场中央，代表们报以长时间的雷鸣般掌声。陈毅市长举手表示感谢，掌声才慢慢停息下来。陈毅市长以浓厚的四川方言朗声说道："各位代表同志们，我不是来做报告的，我是来和同志们拉拉家常、说说心里话、讲讲悄悄话的……"风趣的开场白，引起全场笑声，发自内心的掌声再次响起。

【音频】上海第一届文代会新闻纪录片录音片段

以今天的眼光来看，这次大会还有一个"亮点"，就是张爱玲的出席。已故作家柯灵在《遥寄张爱玲》一文中，曾记录了当年张爱玲参加文代会的情景："一九五零年，上海召开第一次文学艺术界代表大会，张爱玲应邀出席。季节是夏天，会场在一个电影院里，记不清是不是有冷气。她坐在后排，旗袍外面罩了件网眼的白绒线衫，使人想起她引用过的苏东坡的词句，'高处不胜寒'。那时最时髦的装束，是男女一律的蓝布和灰布中山装，张爱玲的打扮，尽管由绚烂归于平淡，比较之下，还显得很突出。"

至于张爱玲为何会出席文代会，柯灵这样说："老作家夏衍是张爱玲的读者之一，抗战结束，夏衍从重庆回到上海，就听说沦陷期间出了个张爱玲，读了她的作品。夏衍从不讳言自己爱才，上海电影剧本创作所成立，夏衍亲自兼任所长，他告诉我，要邀请张爱玲当编剧，我来不及把消息透露给张爱玲，就听说她去了香港。夏衍一片惋惜之情。"柯灵的夫人陈国蓉对这段往事记忆犹新。

【音频】陈国蓉：夏衍很喜欢她的作品，在解放以后的第一次文代会期间，也邀请张爱玲出席了文代会。她也出席了，柯灵的文章里也写到，她穿了一件白的网眼的外衣。那个时候，夏衍就跟她说，他很想把张爱玲吸收到上海剧本创作所去，可惜暂时还有人反对，还不能取得大家一致的同意，所以要等一等。就在这个时候听说张爱玲去了香港，这一去就断了线。

大会结束前，与会的各组代表就成立上海市文联第一届理事会进行了投票。根据各协会投票的统计，选出了第一届上海市文联理事会成员，其中包括正式理事75人，候补理事31人。在热烈的气氛中，夏衍同志当选为上海市文联首任主席，宣告了上海文联的成立，这标志着上海文艺工作者在党的领导下，以主人翁的姿态迈入了社会主义新时代。

（肖定斌）

上海市第一届文学艺术工作者代表大会

49

人类首个"试管婴儿"诞生

1978年7月25日23时47分,一个重约2.6公斤的女婴通过剖腹产,诞生在英国曼彻斯特郊外的奥尔德姆总医院。她就是世界首个"试管婴儿"路易丝·布朗。当路易丝还在母亲腹中的时候,她就受到了媒体的高度关注,因为她是史无前例的试管婴儿,她诞生的那一刻开创了人工辅助生育的历史。路易丝的母亲莱斯莉·布朗回忆了自己怀孕时媒体对她的报道:

【音频】路易丝·布朗的母亲:我真的没有想到我会从报纸上看到关于我的报道:"一个来自布里斯托尔的女人,走出了我们未曾想象的第一步,我们从ISI多元化的数据库得知那称之为试管婴儿。"那个时候我才知道他们谈论的是我。

"试管婴儿之父"爱德华兹、路易丝的母亲、路易丝(从左到右)

20世纪六七十年代,路易丝的母亲莱斯莉因输卵管有病无法生育,医治9年无效后,她和丈夫决定进行世界上首例"试管受精"。1977年,英国科学家罗伯特·爱德华兹和妇科专家帕特里克·斯蒂普特从莱斯莉的体内提取出卵子,与她丈夫约翰的精液一起放入一个培养器内,使卵子受精,然后将受精卵重新移入莱斯莉的子宫中。9个多月后,首个"试管婴儿"诞生了。

路易丝的诞生轰动了全世界,她的照片登上了各报的头条,而她则被称为"世纪之婴"。据说就连一向反对非自然生育的梵蒂冈教廷都受到了影响。教皇保罗一世亲自向布朗夫妇发去了贺电,希望小路易丝能够健康成长。

出生10个月后,路易丝开始学习走路,3岁时就可以乱跑,聪明活泼的她改变了大多数英国人对"试管婴儿"的观望和反对态度。在小路易丝牙牙学语时,她与父母一起参加了芝加哥一家电视台的节目,算是正式与观众"第一次亲密接触",当了一回小小的"电视明星"。在路易丝出生后,大约30万英镑的抚养费由英国一些媒体支付,而这些媒体可以获得对路易丝成长故事的报道权。此后,连续多年的7月25日这一天,路易丝都备受世界媒体关注。

【音频】记者:人们向你提的最多的问题是什么?路易丝:你是第一个试管婴儿吗?我说是的。记者:别的孩子喜欢的你喜欢吗?路易丝:是的,我喜欢家庭作业。

成人后的路易丝住在英格兰西部,在一个幼儿园当教师,安静害羞的她非常适合这份工作。她看上去与一般年轻女性没有什么两样,喜欢到附近的酒馆坐坐,偶尔来场飞镖比赛。虽然路易丝认为自己很"普通",但无法否认她的存在在人类生育史上具有划时代的意义。在路易丝25岁生日那天,上千名试管婴儿共同参加了这场特别的聚会,在生日宴会上,路易丝向记者表达了自己对科学家罗伯特·爱德华兹的感激之情。

【音频】路易丝·布朗：如果母亲没有爱德华兹的帮助，也不会有我，或者是世界各地的几千名儿童。就像我在报纸上和其他采访中说的，对我来说，他就像是外公。从我出生起就一直在。虽然我们没法一直见面，因为住得远，但是尽量保持联系。当我发现自己怀孕的时候，第一个就告诉他了。因为他就像一个亲人。

在一项长达 12 年的调查中，研究人员发现这些通过人工受精孕育的试管婴儿们具有更良好的适应性。他们心理健康，同父母的关系甚至比正常受孕生育的孩子更好。这些孩子长大成为父母后，要比一般的父母更加珍爱自己的孩子。此外，试管婴儿们享受快乐生活的另一个重要因素是公众的接受。而开创这一美好局面的，正是被称之为"试管婴儿之父"的英国剑桥大学生理学家——罗伯特·爱德华兹。

早在 1950 年，爱德华兹就认为人类试管授精有助于不育症的治疗。通过系统的研究工作，他发现了人类受精的重要原理，并成功实现人类卵细胞在试管中受精。当时他发明的"试管授精"技术在国际医学研究课题中都属于领先地位，其研究一度引发了巨大的伦理争议。在路易丝出生前，人们担心试管婴儿的诞生会破坏已有的伦理关系，威胁到社会最基本单元的家庭，有人甚至担心"试管"中培育出的会是畸形怪物。当年的报纸纷纷惊呼"人类在扮演上帝"、"再一次打开了潘多拉的盒子"、"违反了伦理道德"之类的谴责。然而爱德华兹在接受采访时表示了不同的看法，他希望这项技术可以帮助更多的病人。

【音频】罗伯特·爱德华兹：我们头一次知道了"试管婴儿"这项医学技术并果断介入其中，希望这项技术能更多地帮助人们解决医学中包含的疾病、疑难杂症和胚胎研究。

随着越来越多的"试管婴儿"出生并健康成长，大众的态度和观念开始转变。全世界大约有 10% 的夫妇遭受不育症的折磨，这一切都随着体外受精技术的问世而得到解决。爱德华兹也因此获得 2010 年诺贝尔生理学或医学奖，诺奖评委称 85 岁的爱德华兹是"为全世界不育者带来福音的使者"，他的研究成果"是现代医学发展的里程碑"。

（金　之）

路易丝的母亲抱着出生不久的路易丝

李小龙电影《龙争虎斗》香港上映

李小龙的电影《龙争虎斗》1973 年 7 月 26 日率先在香港上映，随后席卷好莱坞并风靡全世界，成为影史最卖座的动作电影之一。同时它是第一部好莱坞和香港联合制作的电影、第一部英语功夫片，也是李小龙生前所拍摄的最后一部完整的电影，堪称他全盛时期的巅峰之作。2009 年，英国权威的《全面电影》杂志评选出了 67 部改变世界的电影，《龙争虎斗》名列第 45 位。

在电影中，和李小龙交手的有各国的武术精英，由于是中美合拍片，也不乏来自香港的武行演员，其中就包括两位日后在华语功夫片中独领风骚的人物，那就是成龙与洪金宝。

不过，洪、成两人在拍摄《龙争虎斗》时名气还不大，尤其是成龙，当年只不过是一个武戏替身。在一场动作戏的拍摄中，李小龙不慎失手将他打伤，但这却成了成龙日后回忆里人生最棒的一段经历。

李小龙剧照

【音频】成龙：当时我人在镜头后面，一直等着，我就看见李小龙在那边"啪啪"、"砰啪"的打斗，然后我就"啊"地冲出去，然后他就"砰、啪"两声，突然间，我就眼前一黑了。因为他一棍正好打在我的脑袋上。他没拿捏好，但我当时就什么也没做，只觉得头有点晕晕的，但也没什么大碍，我就抬头看李小龙。李小龙他完全没有任何表示，只是四处望了望大家，只管接着演戏。一直到导演喊"停"，他才立马将棍子一扔，转身过来，对着我说："哦，天哪！"他一路跑到我身边，把我扶起来，一边说："对不起啊！对不起！"其实我当时已经不疼了，因为当时我那么年轻一小伙子，身体壮实着呢。但在那个瞬间，不知为何，我就装得自己很疼，我只想让李小龙抱我抱得越久越好。

相比成龙的误遭棍打，洪金宝在《龙争虎斗》中算是真正和李小龙交上了手。电影一开场，我们就能看到在电影中饰演少林同门弟子的两人进行了一番公平对决，最后洪金宝被锁住关节，不得不举手投降。与电影类似的是，李、洪两人戏外也曾有过一次简短的切磋，那一次，李小龙也是凭着闪电般的反应和速度让洪金宝输得心服口服。

【音频】洪金宝回忆与李小龙过招往事

正如洪金宝所说，对于像他们这样武行出身的演员来说，年轻的李小龙就是一个光辉耀眼的偶像。在他之前，香港古装武侠片里身手非凡的大侠们多半靠的是威亚、特效、喂招与替身，而自他起，硬桥硬马的真功夫被带入了电影，也由此开了日后香港时装功夫片的先河。

然而,顶着如此光环的李小龙在《龙争虎斗》之前其实只不过拍了 3 部功夫片,分别是 1971 年的《唐山大兄》、1972 年的《精武门》与《猛龙过江》。尽管数量稀少,但每一部都是动作片中的精品。至今人们提起李小龙,仍然难忘他在《精武门》中扮演陈真独闯日本空手道道场踢馆的那场以一敌多的精彩打斗,以及战斗结束后狠狠撂下的那句"中国人不是东亚病夫"!

对于李小龙而言,武术,既是一种强身健体的修炼,也是一种思维方法、生活哲学。在一次电视采访中,李小龙曾就武术的最高境界进行了一番"上善若水"的哲理讲解。

【音频】李小龙:清空你的思想,如水般无形。水入杯,即为杯状,水入瓶,即成瓶形,水入茶壶,即作茶壶。水可流动,亦可冲击。像水一样吧,我的朋友。

电影《龙争虎斗》的出色源于李小龙对这部电影的期待和精益求精,据李小龙妻子琳达·埃莫瑞口述,在拍摄《龙争虎斗》期间,李小龙的压力非常大,因为他对一切都要求完美。

【音频】琳达:因为他希望通过这部电影进军美国电影市场,他是个十足的完美主义者,对于电影的剧情、他想塑造的角色、打斗场景的编排等等都力求完美,所以他参与了那部电影的各个环节。

李小龙曾在一本书中写道:"一个人的深切期望不但可以创造自己的机会,甚至可以创造自己的天才!"最终,《龙争虎斗》果然大获成功,仅凭 80 多万美元的投资,在美国上映一周就收获了 300 万美元的票房,最后全球狂揽 2.3 亿,挫败了同一时期好莱坞众多斥巨资拍摄的大片。更有甚者,他还在美国乃至世界上掀起了一阵学习功夫热的狂潮。

尽管《龙争虎斗》这部电影取得了巨大的成功,但可惜的是,李小龙自己却再也无法亲身体验这一荣光。1973 年 7 月 20 日,也就是《龙争虎斗》在香港上映的一周前,正在当地赶拍下一部电影《死亡游戏》的他突然猝亡,年仅 33 岁。关于李小龙的死,坊间有着太多扑朔迷离的猜测,而对于全世界喜爱他的影迷们来说,疑问之下长存的是对一位当世英杰早逝的遗憾与怀想,人们永远记住的也是他那战斗于银幕之上的英勇身姿。

(郑　麟)

《龙争虎斗》电影海报

《朝鲜停战协定》签订

1953 年 7 月 27 日,《朝鲜停战协定》在朝鲜板门店签订,确定以三八线附近的实际控制线为军事分界线,朝韩双方各由此后退两公里,建立非军事缓冲区。停战协定的签订,表明了美国独占朝鲜的企图全面破产,标志着第二次世界大战后美国争夺世界霸权的第一场战争以失败而告终。

1945 年 8 月,在朝鲜半岛实行殖民统治的日本宣布无条件投降,美国和苏联商定以北纬 38 度线为界,分别以半岛的南北两段作为自己的受降区域。1948 年,在美国的扶植下,朝鲜南部成立了以李承晚为总统的大韩民国。在苏联的支持下,朝鲜北部成立了以金日成为国家元首的朝鲜民主主义人民共和国。至此,朝鲜半岛出现了两个对立的政权。军事专家陈虎大校讲述了当时的情况:

《朝鲜停战协定》签订现场

【音频】陈虎:第二次世界大战之后,以美国为首和以苏联为首形成了东西方两大阵营,这两大阵营在世界范围内可以说是相互较量,反映到了朝鲜半岛,就是围绕着三八线的直接的对峙。

1950 年 6 月 25 日,朝鲜得到苏联默许,不宣而战进攻韩国,朝鲜战争爆发。6 月 27 日,美国政府宣布武装干涉朝鲜内政,并令其海军第七舰队侵入我国的台湾海峡,且不顾我国政府的多次声明和警告,将战火烧到我国东北边境,严重威胁了我国的安全。对此,中共中央作出"抗美援朝、保家卫国"的战略决策。10 月,中国人民志愿军开赴朝战场,与朝鲜人民军并肩作战。11 月 28 日,中国政府特派代表伍修权在联合国安理会发言,控诉美国武装侵略中国领土台湾的罪行。

【音频】伍修权:我现在带来了中华人民共和国中央人民政府的命令,代表全中国四万万七千五百万的人民在这里控诉美国政府武装侵略中国的领土台湾是非法的和犯罪的行为。

中国人民志愿军入朝作战后,美国空军对中、朝地面部队及后方交通运输线进行狂轰滥炸,志愿军因此伤亡很大,补给困难。为此,中央军委决定组织志愿军空军赴朝参战。当时,中国人民解放军空军刚组建不久,飞行员的平均飞行总时间不足 100 小时,在喷气式战机上的飞行时间也只有 15 小时左右。而以美国为首的所谓"联合国军"的飞行员,大多参加过第二次世界大战,飞行时间最多的达 3000 小时。

1951 年 1 月 21 日,中美首次空战,志愿军空军第 4 师第 10 团第 28 大队的大队长李汉率 6 架米格喷气式战斗机在清川江大桥上空向美军攻击。在这次战斗中,我军击落、击伤敌机 3 架,我方无一损失,首战告捷。国防大学战略教研部教授、少将徐焰讲述了当时志愿军空军的情况:

【音频】徐焰:1951 年 1 月,中国空军飞行大队长李汉首创击落美军 F-84 的纪录。李汉生前我是见过他的。第一次同美军空战的时候,空中战术他几乎不懂什么,就是英勇顽强。那一代中国飞行员确实是世界上最独特的飞行员,他们是从陆军战斗英雄中选拔的,在地面上钻铁丝网、送炸药包,都已经是家常便饭了。所以到了空中,他把这个英勇顽强的精神发扬在空战中间。世界各国飞行员都不具备这种素质。

到 1951 年 5 月下旬,中国人民志愿军和朝鲜人民军一起先后连续进行了 5 次大的战役,共歼敌 23 万余人,将战线稳定在三八线附近地区。同时,党和政府在国内掀起了一场声势浩大的全国人民抗美援朝运动。全国各阶层人民踊跃参军参战,捐献飞机大炮,订立爱国公约,开展增产节约运动,有力地支援了前方作战。

1951 年 7 月,朝鲜战争进入"边打边谈"阶段。以美国为首的联合国军在屡遭挫败的情况下被迫提出停战谈判,朝鲜人民军最高司令官金日成、中国人民志愿军司令员彭德怀联名答复侵朝联合国军总司令李奇微,表示同意举行停战会议。事实上,朝鲜停战谈判的真正关键性问题是停战分界线究竟怎么划分。参加朝鲜停战谈判翻译工作的过家鼎回忆了当时的情况:

【音频】过家鼎:大家都寄希望于能够从谈判桌上得到战场上所得不到的东西,谁都不愿意放弃一点自己得到的利益。主要问题是军事分界线怎么划,划在什么地方,对谁有利。所以划军分线,多划一度、多划一个角都要争论。

此后,朝鲜战争形成了一个长期边谈边打、军事斗争和政治斗争交织的复杂局面。中朝方面通过会场上的不懈斗争和战场上的不断胜利,逐次击破了美方的军事压力和拖延谈判的阴谋,迫使美方先后在军事分界线问题上放弃了"海空补偿"的要求和索取开城的企图,并在战俘问题上让步。1953 年 7 月 27 日,中朝方在板门店终于迫使美方在历史上第一个没有获得胜利的停战协定上签字。至此,朝鲜战争在交战双方付出了数百万人员伤亡和无数物质财产损失、战线移回到战前的位置后宣告结束。

(舒 凤)

《朝鲜停战协定》文本

唐山大地震

七月
28

1976 年 7 月 28 日凌晨，夜幕笼罩下的唐山市，万籁俱寂。陡然，一道蓝光刺破夜空，紧接着，天穹旋转、大地抖动。街道、铁路、楼房在强烈的摇撼之中错位、变形、倒塌。废墟中的时钟永远定格在了 3 时 42 分 53 秒。

【音频】中央新闻纪录电影制片厂纪录片中对唐山地震的报道：1976 年 7 月 28 日凌晨 3 时 42 分，在我国唐山丰南一代发生了 7.8 级强烈地震。同日下午 18 时 45 分，又发生 7.1 级地震。

唐山大地震震后废墟

在 7.8 级强震面前，这个拥有百万人口的华北著名的工业城市显得是那么的脆弱。仅仅是在一瞬间，整个唐山便被夷为平地，变成了一片废墟。这次地震灾情之重、损失之大，世所罕见，后被视为"20 世纪全球十大灾难之一"。对于亲身经历并幸存下来的唐山人，这次地震在他们记忆中留下了无法消退的痛苦与难以言表的恐惧。

在地震发生时，原 255 医院值班护士李洪义由于在外乘凉，幸运地躲过一劫。后来他谈到了震前所体会到的那种异样：

【音频】李洪义：因为晚上屋里热得睡不着觉，就到外面的小石台上坐一会儿……在那个小石台旁边我就站起来了，两只手叉着腰，望着天，我说这个晚上怎么这么亮呢？这时我就注意听了一下周围，这个时候周围相当地静啊，它这一静啊，身上就嗖嗖的冒凉气一样，有点恐惧的感觉。

灰蒙蒙的城市天空下，到处是房屋坍塌扬起的尘埃，到处是扭曲的、折断的水泥预制板，到处是伤者的哀鸣呼号和逝者的横七竖八，城市陷入了空前的绝望之中。最先从废墟中爬出来的人们，通过不同的渠道向外界报告了灾情。其中有一条渠道便是开滦唐山矿工会副主席李玉林等人驾驶着矿山救护车直奔北京中南海向党中央汇报灾情。

【音频】李玉林回忆其到中南海汇报地震灾情的情景

在地震发生后，悲痛的唐山人抹干眼泪，硬是凭着自己的双手，救活了 30 余万人。值得一提的是，在这些救援大军中，有一支特殊的救援队伍，他们是唐山市看守所幸存下来的 200 多名在押犯。地震发生后，他们在征得看守军人的允许下，奋不顾身地展开了营救工作，救援结束后则全部归队，无一逃逸。原唐山市看守所干部田国瑞讲述了囚犯救人的成果。

【音频】田国瑞：总共我们算了算，救活了的老百姓和干部家属，一共救活了112人。这些人包含在看守所内往外转移表现好的，我们从轻从宽处理了40多个犯人。

一方有难，八方支援。唐山人民在自救的同时，数以万计的人民子弟兵也在党中央的指令下加入了这场救援。紧随其后的还有来自北京、上海、沈阳等地的万人医疗队。回忆当年，很多幸存者都说，当时唐山的情景比战争更惨烈。而当时军队没有足够的救援设备，为了不伤及幸存者，大家都是用手在瓦砾里挖掘，十指都烂了，满手的鲜血。唐山大地震幸存者王正印和常青讲述了当年救援的困难：

【音频】王正印：当时都是赤手空拳，就地取材，这找一根破铁管子，要不找一个什么破绳子，都是这样。
常青：很多都是解放军用手来挖的，很多解放军手都是磨破的，十指都出血，包一包以后继续抢救。

救援虽然困难重重，但这次地震中也不乏奇迹。8月11日，唐山大地震后第15天，开滦赵各庄矿技术科通风技术员罗履常又一次下井了。一同下井的还有一个同事和7名救护队员。但这回下井，主要目的已不是寻找井下矿工，而是为矿井恢复生产做进一步的排险调查和准备工作。罗履常说，几乎没有人再对井下有人生还抱有希望，他也一样。但突然间似乎心有感应，他和随行的救护队员说："你们在这稍等我一下，我趟水往里看看。"

【音频】罗履常回忆矿井下救援被困15天矿工的情形

唐山地震破坏力之大，以至于震后西方媒体断言"唐山从此在地球上消失了"！然而，唐山不仅没有被抹掉，而且以更加娇美的身姿、更加靓丽的容貌重新矗立在祖国的冀东大地上。唐山人永远感恩全国军民的无私援助，也许是因为他们有过痛苦的经历，所以更加明白生命的意义和爱心的力量。2008年2月，我国南方遭遇历史罕见的雨雪冰冻灾害，由13名唐山农民组成的抗灾小队当天下午就踏上了奔赴重灾区湖南的征程。同年5月12日，四川汶川特大地震发生后，唐山市委、市政府第一时间派出专业医疗队、抢险队和心理咨询队，火速筹集救灾物资，迅即奔赴灾区抗震救灾。唐山人用行动一次又一次深刻体现了"一方有难、八方支援"的民族精神，升华着一个时代的丰富内涵。

（李俊杰）

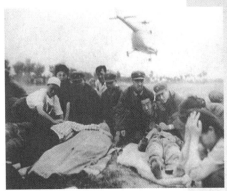

唐山大地震救援现场

许海峰夺得中国历史上
第一枚奥运金牌

1984 年 7 月 29 日,第 23 届洛杉矶奥运会上,中国运动员许海峰获得了男子自选手枪 60 发慢射冠军,成为洛杉矶奥运会首枚金牌得主。同时,许海峰也成为中国历史上的首位奥运冠军,实现了中国奥运史上金牌零的突破。

【音频】许海峰首获金牌的现场实况

许海峰

参加这届奥运会男子手枪慢射比赛的有来自 37 个国家和地区的 55 名射手,云集了包括前世界冠军瑞典选手斯卡纳克尔在内的顶级神枪手。比赛距离是 50 米,运动员要在两个半小时内共打完 60 发子弹。许海峰并没有急着击发,他瞄准了一段时间后才打出第一组 10 发子弹,状态十分稳定。比赛最后,他以一环的优势战胜了斯卡纳克尔。而获得季军的选手是同样来自中国的射手王义夫。

萨马兰奇为许海峰颁奖的时候说,这是中国体育最伟大的一天。许海峰奥运会上一战成名,成了举国瞩目的民族英雄。那一年,他 27 岁,正式练习射击只有两年零一个月。进入省队前,他只是一个在安徽下乡的知青,工作是化肥供销员。在夺冠之后,很多有关他神枪手的趣闻被媒体挖掘出来,例如他曾一天打下上百只麻雀。

【音频】许海峰:对射击比较感兴趣后买了一支枪,利用休息的时候出去打麻雀,一天晚上打一两百只还是比较正常的。

许海峰的传奇,虽说跟他的天赋不无关系。然而半路出家直到夺取奥运冠军,更重要的是基于他的努力和对射击的热爱。许海峰在做化肥供销员时被化学气体熏伤了眼睛,右眼视力只有 0.5。他也曾经因为年龄太大差一点不被省队录取。然而许海峰并未气馁,他通过自己的刻苦训练最终在各项比赛中屡破省纪录,这才被破格录取。加入省队后他又用一系列优秀的成绩证明了自己的实力,最后被招收到国家队参加奥运集训。可以说,这个传奇是许海峰靠着自己的努力和拼搏造就的。关于这种艰苦奋斗,自强不息的性格,许海峰回忆说是受了他身为军人的父亲的影响。

【音频】许海峰说父亲的教育

1984 年奥运夺冠以后,许海峰续写着自己的辉煌。1986 年第 10 届汉城亚运会上,他以超世界纪录的 660 环成绩获自选手枪冠军,以及气手枪个人金牌和自选手枪团体冠军。1990 年,在北京举行的第 11 届亚运会上,许海峰获得男子个人自选手枪慢射 60

发比赛的冠军以及男子团体自选手枪慢射60发冠军。1991年又夺得世界气枪锦标赛冠军。1994在意大利米兰举行的第46届射击世界锦标赛上,许海峰与队友夺得男子10米气手枪团体冠军,同年在日本广岛举行的第12届亚运会上,许海峰与队友夺得男子手枪慢射团体冠军。令人难以置信的是,自1991年起,他的迁移性视网膜炎使视力下降到了0.2左右。对射击选手来说,这是致命的。可以想见这一系列成绩背后是多少常人难以想象的艰辛。1995年,许海峰因为眼睛的情况无法继续参加比赛而退役,同年他被任命为国家射击队女子手枪主教练。

自奥运首金后,射击一直是中国的传统优势项目。然而在1996年第26届亚特兰大奥运会上,中国射击队却突然哑火。前五天在其他项目的比赛中颗粒无收,直到许海峰的弟子李对红夺得女子运动手枪冠军。这块金牌可谓来之不易,而此时许海峰接手女子手枪组才一年。2000年,在27届悉尼奥运会上,许海峰的另一个弟子陶璐娜为中国代表团夺得"开门红",在女子气手枪项目上夺得首金,并获得运动手枪项目的银牌。陶璐娜1997年开始在许海峰的指导下进行训练和比赛。刚进队的陶璐娜年纪小,基本功差,训练和比赛都有不少问题,而许海峰认定她很有潜力一直用心栽培。对于有伯乐之恩的许海峰,陶璐娜感触颇多。

【音频】陶璐娜谈许海峰

这一系列的成绩让许海峰完成了从金牌运动员到功勋教头的华丽转身。2001年初,他被正式任命为国家射击队的总教练兼女子手枪组主教练,成为中国射击队有史以来唯一一位身兼两职的教练。在许海峰做总教练的两年时间里,中国射击队的成绩稳中有升。在2002年芬兰举行的世界射击锦标赛上,中国射击队战果辉煌,囊括17枚金牌,并打破5项世界纪录和4项青少年世界纪录。在釜山亚运会上,他们更是一枝独秀,获得27枚金牌,并打破3项世界纪录平1项世界纪录,成为中国代表团第一夺金大户。

2004年11月22日,许海峰被任命为国家体育总局自行车击剑运动管理中心副主任,主管现代五项,自此告别了他热爱的射击场。许海峰在1984年获得的中国第一枚奥运金牌如今被中国国家博物馆永久珍藏。

(王永平)

许海峰比赛中

刘长春代表中国首次参加奥运会

1932 年的 7 月 30 日，美国洛杉矶纪念体育场内人声鼎沸，这里正在举行第 10 届夏季奥林匹克运动会的开幕式。美国副总统柯蒂斯宣布奥运会开幕。

【音频】1932 年洛杉矶奥运会开幕式现场

在奥运历史上，在这届奥运会上，中国第一次派出官方代表团参加比赛，然而中国代表团的运动员只有一位，他的名字叫做刘长春。

1932 年春天，中国政府接到了参加洛杉矶奥运会的邀请。但内忧外患的中国根本无力组织自己的奥运代表队，因此最初打算只派遣一两位政府官员前往观摩。然而越来越多的消息说，伪"满洲国"正在为参加这届奥运会选拔运动员，日本也在游说国际奥委会接纳伪"满洲国"，企图造成国际社会接受伪"满洲国"的既成事实。

刘长春（东北大学时期）

在严峻的形势下，为维护民族尊严，当时的中华体育协进会认为，只有中国派选手参加奥运会才能击碎日本人的阴谋，哪怕参赛选手只有一个人。于是，来自东北的刘长春成了最合适的人选。刘长春 1909 年生于辽宁大连，他上小学时 100 米就跑进了 12 秒，显露出超人的体育天赋。18 岁时，刘长春考入东北大学，开始了正式却并不系统的体育训练。第二年，他以 10 秒 7 的成绩打破了男子 100 米全国纪录。中华体育协进会找到刘长春，希望他代表中国参加奥运会。这个背井离乡的血性男儿，终于找到了报国之门，他接受中华体育协进会的邀请。1932 年 7 月 8 日，刘长春和教练宋君复自上海新关码头登上美国邮轮"威尔逊总统"号前往洛杉矶，开始了中国奥运的首航。

中国许多报刊把刘长春比作单刀赴会的关羽，称刘长春赴美参赛是中国体育史上划时代的事件。经过 21 天的海上行程，邮轮在 7 月 29 日抵达洛杉矶，刘长春和教练受到了东道主和旅美华侨的热烈欢迎。第二天，奥组委以警车开道，将中国代表团送到奥运村，此时距奥运会开幕已经不足24 小时了。7 月 30 日，奥运会正式开幕，在全场 10 多万观众的欢呼呐喊中，2000 多名运动员先后列队进场。中国代表团在第 8 位出场，刘长春高举国旗走在最前面，后面是中华全国体育协进会的沈嗣良，再后面是为壮声势临时拼凑的四人队伍——除了教练宋君复外，还有留美学生刘雪松、旅美教授申国权和美籍人士、上海西青体育主任托平。这支队伍形单影只，有一种莫名的悲壮与孤独，但他们却是在创造历史。7 月 31 日下午是男子 100 米预赛，刘长春排在预赛第二组。发令枪响后，他的起跑动作很漂亮，前 70 米一马当先。然而毕竟在海上航行了 23 天，整日摇晃的甲板使他找不到脚踏实地的感觉，后 30 米他渐渐力不从心了。离终点不到 20 米时，所有的选手都追到他前面去了,最后他是作为失败的英雄冲过终点的。第一名超前他3米多,成绩10秒9。而2年前,刘长春在沈阳创造过全国体坛为之轰动的百米成绩10秒7的纪录。

休整一日后,8月2日,刘长春继续参加男子200米预赛。赛前他做过练习,并在休息室里请宋君复教练为他按摩。这一次,他在体力、技巧和心理上的准备要充足些。起跑后直到170米时,他还位居第二,眼看只差30米了,胜利在望,然而又一次心有余而力不足,被人追上,名列第四。中国在奥运会上的第一次亮相,就这样黯然落幕。事后,许多当事人惋惜地感叹,如果刘长春能够提前到达洛杉矶从而有几天的休息,如果他能找到一个田径场进行赛前热身训练,以他10秒7的个人最好成绩,进入决赛应该不成问题。刘长春之子刘鸿图也曾在采访中谈到父亲首次参加奥运会失利的遗憾:

【音频】刘鸿图:他虽然拼搏了,把自己全身的力气都用出来了,但他没有取得好的成绩,他非常遗憾。特别是他看到别国的国旗升起在奥林匹克赛场上的时候,我父亲流下了眼泪。

1932年这一年,两万东北抗联战士正在家乡抗击着二十万日本关东军。而在大洋的另一边,身着上白下黑运动装、象征白山黑水的刘长春则在奥运赛场上以独特的抗争展示着中国人的尊严,传达出一个古老民族追赶世界的坚定信念。

新中国成立后,刘长春曾当选全国政协委员,并担任过中国奥委会副主席。历史往往本身就很具有戏剧性,美国洛杉矶在1932年为中国提供了首演的舞台,半个世纪后的1984年,她又为中国体育健儿捧出了中国的第一枚奥运金牌。不幸的是,刘长春已于第23届洛杉矶奥运会的前一年去世。去世前,他还心系体育事业,对家人表示希望去上海看第五届全运会。

【音频】刘鸿图采访

虽然刘长春最终没能如愿,但他和那些当年支持他冲破重重阻力参加奥运会的人们已被历史所铭记。

(倪嘉铭)

刘长春(1980年)

《小王子》作者圣埃克苏佩里
执行飞行任务时失踪

《小王子》插图

1944 年 7 月 31 日上午 8 点半,一架 P－38 闪电式飞机从同盟国驻地法国科西嘉岛东北的博尔戈起飞,执行一项勘测任务。到了该返航的时间,雷达站却没有检测到飞机返航的踪迹。下午 2 点 30 分是飞机油量耗尽的极限时间,飞机仍然没有返回。3 点 30 分,值班官员在一份报告中写下"没有返航的飞行员,被假定为失踪人员"。这名被假定为"失踪"的人,就是法国作家、飞行员安东尼·德·圣埃克苏佩里,经典童话《小王子》的作者。

安东尼·德·圣埃克苏佩里 1900 年生于法国里昂,他的父母都是外省的没落贵族。在他 4 岁时,父亲病逝。此后,圣埃克苏佩里一家常到他的姨妈在圣莫里斯的城堡同住,那里是他童年的天堂。在母亲的培养下,他开始写诗,这或许是他文学生涯的起步。离圣莫里斯约 6 公里远是一个飞机场,圣埃克苏佩里经常骑着脚踏车去看飞机试飞。1912 年,一名飞行员被他的热情感动,带着他第一次飞上了天空。在 1996 年上映的圣埃克苏佩里传记电影中,开场是一个骑着带有双翼自行车的男孩,在一群孩子的追逐下试飞的场景,小伙伴们叫喊着:"快呀,安东尼,飞起来!"

【音频】1996 年法国电影《圣埃克苏佩里:最后的任务》的开场音乐

1921 年,圣埃克苏佩里应征入伍,此后他开始学习飞行。1926 年他进入法国的一家航空公司工作,不久后被派负责从法国到非洲的邮政航线。1929 年 7 月,他的第一部小说《南线邮航》出版,其中的部分内容就来自于他的飞行经历。此后,圣埃克苏佩里应邀前往阿根廷,与法国著名飞行员梅尔莫兹、吉约梅一起开拓法国至非洲至南美洲的邮政航线。

从 20 世纪 30 年代开始,在圣埃克苏佩里的创作中就诞生并反复出现一个他用素描笔画的小男孩形象。这个小男孩有着一头乱蓬蓬的头发,有时身穿一件长长的带帽披风,这仿佛就是他日后的知名作品《小王子》主人公的雏形。

1939 年,圣埃克苏佩里的小说《人的大地》发表,获得了当年的法兰西学院小说大奖。1939 年 9 月 1 日二战全面爆发后,圣埃克苏佩里回到部队就任航空教员。11 月,他被编入侦察部队。根据在侦察部队执行飞行任务的经历,他创作了小说《空军飞行员》,英文版译名为《飞往阿拉斯》。这部小说 1942 年在美国出版后引起了轰动。它透过一个飞行员的眼睛向人们叙述战争中的悲惨景象和对战争的感悟。1943 年,圣埃克苏佩里出版了他生前最后一部完成的著作——《小王子》。1943 年 4 月 20 日,圣埃克苏佩里带着《小王子》样书到北非参加盟军作战。虽然已经超龄,但是在他的不懈努力下,他仍然被批准执行飞行任务。1944 年 7 月 31 日,圣埃克苏佩里执行一项飞行任务,从此再也没有回来。1950 年,圣埃克苏佩里被追认为空军牺牲将士。

圣埃克苏佩里的传奇生涯似乎到此结束了,但是《小王子》的成功才刚刚开始。二战结束后,各国开始重建家园,医治创伤。人们发现不顾精神价值、不顾人与人的交往、不顾环境的保护,世界将会是一片凄凉。人必须对我们的大地负责。这时大家认识到了《小王子》的价值,它其中的寓意也越来越被后人所关注。1974 年,派拉蒙影业公司将《小王子》搬上了银幕。这部影片曾获第 32 届美国金球奖的最佳电影配乐奖。影片中,男主人公小王子和飞行员在沙漠中找到了水源。

【音频】1974 年电影《小王子》片段:为什么沙漠曾经那么可爱? 为什么沙漠不再可爱? 因为水源隐藏,没人能看见,但如今水被喝进了我们的肚子。

与此同时,人们并没有忘记《小王子》的作者圣埃克苏佩里。为了纪念他,人们把他家乡里昂的机场以他的名字命名。在他逝世 50 周年时,他与小王子的形象被印在了 50 法郎的纸币上。2002 年,根据《小王子》改编的音乐剧在法国巴黎上演。在音乐剧《小王子》的尾声部分,飞行员与即将离去的小王子告别。

【音频】2002 年法国音乐剧《小王子》片段:在这片广大的沙漠上,我们总会再见面,这里事物的本质对于不用心灵去感知的人是不可见的。

2003 年 9 月 1 日,法国水下考古研究中心在马赛海域里乌岛东北部海底约 80 米深处发现了一部分飞机残骸。根据残骸部件上的编号,鉴定出这就是圣埃克苏佩里驾驶执行最后一次任务时的失事飞机。

圣埃克苏佩里一生都在飞行,他的作品则是他一生的行动实录与思想写照,其中探索了人生的意义、行动的价值和心灵的底蕴。短短几万字的《小王子》虽然用童话形式写成,但它也是一个写给大人看的故事。《小王子》从 1943 年发表以来,已被译成上百种语言在全世界发行超过 1 亿册,成为 20 世纪广为流传的经典童话。

(郑榴榴)

安东尼·德·圣埃克苏佩里

八一电影制片厂正式建厂

八一电影制片厂片头

当威武雄壮、激昂嘹亮的中国人民解放军进行曲响起,银幕上同时红星闪耀、光芒四射,这个镜头一定能唤起不少人的电影记忆,这就是八一电影制片厂的片头。银海浮沉、红星闪闪,1952 年 8 月 1 日,建军节 25 周年之际,中国人民解放军八一电影制片厂正式建立。在这之后,八一厂不仅用胶片记录了共和国人民军队的前行道路,也承载着几代中国电影观众的集体记忆。

八一电影制片厂的前身是八路军"延安电影团"。1952 年,八一厂成立之时,新中国成立还不到 3 周年,百废待兴,专业的电影人才屈指可数。为了筹建八一电影制片厂,只能由军队各个部门挑选出与电影稍微沾点边的骨干和能手。正是这样一批第一代八一电影人,在"延安电影团"的带领下,开始了在电影领域的新征程。八一电影制片厂著名导演严寄洲对成立之初的八一厂记忆犹新。

【音频】严寄洲:人家说我们都是土包子、老八路,是外行,我们当时确实都是外行,我呢还算好,从上海来的,看过电影还懂一点,有的从农村来的没看过电影。我是少校,当时少校全算是编剧、导演,有些搞艺术创作的是大尉,那就是副导演,部队里搞摄影的做摄像,探照灯部队来了搞照明,工兵部队的来了搞置景之类的。

时值新中国成立不久,解放前大大小小的战争是八一厂最鲜活的素材,也是当时的观众最迫切想看的故事。很快,八一厂就接到了拍摄第一部故事片《冲破黎明前的黑暗》的任务。担任该片导演的是新中国第一位女导演王苹。或许是第一次拍摄故事片,当时王苹一下子拍了 4 万米胶片,在那个物资匮乏的年代,这样一笔巨大的付出让王苹十分难过,然而更让她想不到的是,她的丈夫突然因病去世。但王苹没有倒下,她含泪顶住压力,以极大的毅力完成了八一厂第一部故事片的摄制工作。

1965 年,风靡全国的《地道战》拍摄完成。据导演任旭东回忆,军委总参指定八一厂拍摄《地道战》时,是当作民兵战术教学片来拍的,目的是要体现毛泽东的人民战争思想,还要让观众看完之后能学到一些基本军事知识和对敌斗争的方法。可就是这样一部战术教学片,几十年来在中国各城市、农村广泛放映,可谓家喻户晓、妇孺皆知,许多人看过几遍甚至十几遍。据不完全统计,该片在国内外共发行拷贝 8000 余部,观众人次近 39 亿,创造了世界电影史上观众人次的纪录。时至今日,《地道战》中的经典台词仍广为流传,"打一枪,换一个地方,不准放空枪""狡猾狡猾的""高!实在是高!"这些单纯的电影台词,早已演变为国人的流行用语。

八一厂除了拍摄深受观众喜爱的经典影片,他们还承担着涉及国家机密的秘密拍摄任务。这个鲜为人知的群体,在建国后全国人民安享和平时,多次奔赴生死前线,记录国家秘密实验与历次边界战争。从第一颗原子弹爆炸到抗震救灾、国庆阅兵,在民族危难之时,在国家重大事件背后,他们在幕后秘密执行拍摄任务,默默无闻地奉献着。从 1952 年建厂至今,没有任何一支部队能像他们这样有如此多的参战经历,没有任何人比他们更接近死神。新中国成立后,有"八一敢死队"之称的八一电影人,先后有 7 位烈士献出了宝贵的生命。曾参与拍摄我国第一颗原子弹爆炸的八一厂导演杨采对这段经历记忆尤为深刻。

【音频】杨采:因为中央领导不能到现场去看,就通过这部电影了解核试验场的情况,当时任务就是拍一部给中央领导汇报的影片,尽可能多地积累技术资料,为以后的科研提供材料。我们当时还不知道核试验到底有什么杀伤作用,只知道杀伤力大,我们没有想到过害怕的事,就想到高兴的事了,哎呀,我们有了这个玩意可了不得了,特别是我们这些当过兵的人。

八一厂成立以来先后培养了不少优秀的导演、演员、摄影师、编剧以及一批活跃在创作第一线的专业艺术、技术人员。1995 年世界电影诞生 100 周年之际,中国电影界权威人士评选出了导演、男女演员 45 人为"中国世纪影人",八一厂获此荣誉的就有王苹、李俊、王心刚、王晓棠、田华 5 位艺术家。

多年来,八一厂的作品斩获了 1000 多个国内外影视奖项。这些影片一方面书写了波澜壮阔的战争历史,一方面也承担着塑造英雄、宣传革命、鼓舞人民的任务。这些红色经典给无数观众带去了欢乐和感动,也让八一军徽刻在了几代人的脑海中。进入 21 世纪,面对新的形势,八一厂调整创作思路,先后拍摄了《冲出亚马逊》《士兵突击》等多部叫好又叫座的影视作品,继续走在中国军事电影探索的前列。

(肖定斌)

周总理视察八一厂

纪录片《毛毛告状》播出引发热议

八月 2

1993 年 8 月 2 日,上海电视台《纪录片编辑室》栏目的纪录片《毛毛告状》完整播出后,引起了巨大的社会反响,创下了罕见的高收视率。《毛毛告状》讲述的是一个外地来沪打工女子与一个上海残疾青年的纠葛。女方未婚生子遭到离弃,她通过法律途径取得亲子鉴定,使得男方最终认亲。片名中的毛毛是这个孩子的小名。这个夏天,一个瘦弱的外乡女子,一个重度残疾的青年,一个襁褓中的婴儿,这个家庭所经历的悲欢离合触动了无数上海人的心。

《毛毛告状》的拍摄其实出于一个看似偶然的机会。1993 年的初夏,上海电视台的编导王文黎正在拍摄关于民工潮的纪录片。6 月 10 日,摄制组忽然接到一个观众来电,说一个外地来沪的打工妹抱着孩子到上海找孩子的生父,被拒之门外,目前走投无路。由于符合当时题材的需要,王文黎准备与这位打工妹做一些接触。王文黎回忆了当时是如何开始拍《毛毛告状》的:

1994 年 1 月 19 日毛毛父母的婚礼

【音频】王文黎:本来是想作为我这个"民工潮"里的一个典型,或者是一个人物,后来一看,要是拍下去,说不定还能够成为一个完整的故事。就这样跟下去,最后就成为这样一个片子。这个事情的发展以及播出以后的影响,都是我始料不及的。

6 月 11 日,王文黎带着摄制组辗转找到了这位外地来沪打工的女子,她住在一家开在地下防空洞里的旅社。见到记者时,她正带着女儿毛毛。王文黎与她第一次见面时的问答被真实地记录了下来。

【音频】《毛毛告状》片段:

王文黎:这个小孩多大了?**女子**:三个多月。我出来的时候,三个月都不到。

王文黎:你带了孩子到这里来干什么?**女子**:就是帮她找爸爸。

王文黎:那现在找到了没有呢?**女子**:找了,他不要。

王文黎:怎么不要呢?**女子**:他说孩子不是他的。

王文黎:现在就是要求人家承认这个孩子是他的,然后要求人家跟你结婚,是不是这样一个意思?**女子**:不是。我只要他父亲抚养小孩。

王文黎:要他提供小孩的抚养费。**女子**:这没办法。

随着与这名女子的进一步接触,王文黎大致了解了事情的原委。女子要找的那个男人曾经与她在同一家工厂工作,经人介绍相恋后于 1992 年同居。不久女子怀孕,然而男方不肯承认孩子是他的。当时法院已经受理了这个案件,将在几天后开庭。经过联络,王文黎找到了男方。在王文黎的引导下,男方慢慢开始向她坦露心声。

【音频】《毛毛告状》片段:男方表态,他认为孩子不是他的,想要通过法律途径来解决这个问题。

1993 年 6 月 15 日,上海市长宁区人民法院北新泾法庭第一审开庭。原告毛毛由作为监护人的母亲抱着出庭,男方则拄着双拐艰难地入席落座。根据男方做亲子鉴定的要求,法庭决定等亲子鉴定的结论出来后再继续审理。7 月 12 日,长宁区法院北新泾法庭重新开庭。审判员当庭宣读了亲子鉴定的结果,结论表明可以认为男方与孩子之间存在着亲生血缘关系。

对此鉴定结果,男方没有提出异议。在短暂的休庭后,法庭继续审理,对毛毛的抚养费和案件审理相关费用的承担作出了判决。闭庭后,记者抱着啼哭的毛毛来到她的爸爸面前。让人意想不到的一幕出现了:原本在抚摸孩子胳膊和脚丫的毛毛爸爸,在愣愣地看着孩子一会儿后,突然抽泣了起来,与此同时,毛毛的妈妈也在一旁掩面哭泣。看到这一幕,在场的人无不动容。

7 月 13 日,就在法庭判决后的第二天下午,摄制组收到了一封毛毛爸爸的信,信中写道:"看来这一切的一切都是我造成的。现在事实证明是我错了。上帝既然给了我孩子,那我就应该去珍惜她,爱护她,关心她,抚养她,担负起父亲的责任。"在信中他还表示,想和毛毛妈妈重归于好,建立家庭。

1994 年 1 月 19 日,在单位领导的关心下,毛毛的父母举办了简朴而隆重的婚礼。《毛毛告状》摄制组也受邀出席,王文黎还作为证婚人讲话,全场洋溢着温情而喜气的氛围。原本一出妻离子散的悲剧,现在能有这样一个结果,让很多人感到欣慰。

1993 年夏天,纪录片《毛毛告状》的轰动并不是偶然的,它有特定的时代背景因素。这部纪录片中所涉及的民工潮问题、上海人地域和婚恋观念的改变以及公民的法律意识,都从一个侧面反映出上海的巨大变化。

2003 年和 2013 年,在《毛毛告状》播出后的 10 年和 20 年之际,上海电视台的编导又对毛毛的家庭进行了采访。在 2013 年的采访中,记者得知毛毛已到国外读书,是一个大三的学生。毛毛的爸爸妈妈也过着平静而充实的生活。20 多年前与他们相关的那部纪录片,由于以普通人的情感和命运折射出社会大背景而发人深思,至今看来仍然触动人心。

(郑榴榴)

纪录片《毛毛告状》场景(审判员当庭宣读亲子鉴定的结果)

67

八月

3

上海市第一届各界人民代表
会议召开

1949 年 8 月 3 日,在上海复兴中路 597 号的逸园饭店,召开了为期三天的上海市第一届各界人民代表会议。当时上海市人民政府邀请了包括党、政、军、民主党派、近郊农民、青年、妇女和文化、教育及产业界等在内的上海各界代表参加此次会议。出席的职工代表共一百二十人。由于当时上海处于军管时期,各界人民团体基层组织还未完整建立,因此还不能召开由各界人民直接选举的人民代表大会,而是以政府邀请的方式来举行此次会议。像这样的上海市各界人民代表会议一共举办了三届、九次会议。在上海解放初期,这样的会议使人民政府能够进一步加强与各界人民的沟通联系,听取各界对市政的意见。当时的副市长潘汉年认为,"这是一个必要的过渡组织形式,过渡到用普选产生的上海市人民代表大会"。

陈　毅

解放初期的上海,形势动荡,国民党统治时期残留的腐朽势力仍旧存在。对于新建立的上海人民政府来说,无论是人民的物质生活还是思想意识,都需要进行引导和改善。那时上海街头仍旧可见妓女、流氓,抢劫、盗窃案件也不断发生。在国民党统治时期的歪曲宣传蛊惑下,普通民众中对共产党的片面认识有所存在,思想意识的偏差也对上海解放初期的治安管理造成了困扰。原上海市公安局政保处长王征明回忆了上海解放初期治安管理方面的困难:

【音频】王征明:广大群众也不是像现在都是那么清楚的,这个你要考虑到的。国民党的飞机来了,上海一个中学有谁瞎起哄,跑到外面学生一起欢呼,对国民党飞机欢呼。一个电影院演石晖电影《我这一辈子》,电影里有个蒋介石出场,不晓得哪个人带头鼓起掌来。所以说刚刚进入上海不像现在。在国民党反动宣传统治之下,共产党的形象被扭曲了。

在新上海建设期间,上海军管会还收到过恐吓信,里面装有两颗子弹。原市长秘书沈北乐回忆了市军管会主任、市长陈毅当时的机智应对:

【音频】沈北乐:大概在 29 号、30 号这几天吧,军管会收到一封恐吓信。接着呢,陈老总就讲啊,马上召开个会,让我来讲一次话。他很风趣地讲:"我陈毅啊,打淮海战役,消灭敌人五六十万人。头上有飞机,前面有国民党的大炮都不怕,我还怕你两粒花生米啊!岂不笑话吗?"听起来很风趣。他说大家一定要安心工作,我们解放上海,就是要组织人民政府为人民服务。

就是在这样的情形之下,还处于军管时期的上海召开了第一届各界人民代表会议。会议听取了《关于粉碎敌人封锁和建设新上海的方针的报告》。报告指出:"我们建设新上海的方针,就是要把过去帝国主义买办官僚剥削压榨中国人民的旧上海,变成为国内生产与为中国人民服务的新上海,就是要把过去畸形发展的旧上海,改造成为真正健全繁荣的新上海。但是要完成这一伟大的改造工作,就必须在上海摆脱对帝国主义经济的依赖。"

在上海解放初期的建设工作中,时任市军管会主任和市长的陈毅花了不少功夫。在第一届各界代表会议上,陈毅做了《关于上海市军管会和人民政府七、八两月的工作报告》。报告阐述了解放上海的经过、解放后两个月来接手的工作、军管时期所做的工作以及今后应做的工作。与此同时,陈毅市长对工商界人士给了了热情鼓励,希望结合工商界的力量一起解决上海的生产问题。

【音频】陈毅:我要对于工商界的代表同志们,全上海工商界的朋友们,我给你们鼓励,团结一心地搞好生产,所以我们今天要在这里开会。

以"工商界的朋友们"的友好称呼代替"资本家"的旧称,表明了陈毅市长以平等的态度对待社会各界人士,以建设新上海经济生产为首要任务。时任上海市接管干部的范征夫回忆当年的会议,说陈毅市长开口的第一句话就让大家心定了。

【音频】范征夫:第一句话就把他们征服了,"各位工商业的朋友们、财经界的朋友们",就是没有说"资本家","资本家"几个字就回避掉了。实际上一回事,但是这句话讲出来以后,一下子他们心定了。没有把我们当敌人看待呀!

就是在这种祥和的气氛之下,代表们表示一致拥护中共中央华东局和上海市委提出的关于"粉碎敌人封锁和建设新上海"的方针,一致同意上海市军管会和市人民政府的工作报告,表示愿为克服目前困难而一起奋斗。

四个月后,在逸园饭店又迎来了第二届上海各界人民代表会议,会上总结了第一届会议之后上海市政财经方面的建设情况。

各界人民代表会议在上海只举办了三届,然而作为一种过渡组织形式,它对于处在起步阶段的新上海市政经济建设以及之后由普选产生的上海市人民代表大会来说,起到了承上启下的作用。

(贺倩)

范征夫

八月 4

爵士乐之王路易斯·阿姆斯特朗出生

路易斯·阿姆斯特朗

他是爵士乐坛无人不知、无人不晓的人物，是当之无愧的爵士乐之王。每一本关于爵士乐的书，都会提及他的名字。他对于爵士乐的重要意义，就好像古典音乐的巴赫、摇滚乐的猫王，这个人就是路易斯·阿姆斯特朗。

1901年8月4日，路易斯·阿姆斯特朗出生在美国南部路易斯安那州新奥尔良市最贫穷落后的黑人居住区。阿姆斯特朗从小就喜欢唱歌，但是贫穷使他没有机会学习正规的声乐，人们也不会认为一位黑人会成为伟大的歌唱家。他有时参加少年合唱队在街头演唱，挣些零花钱，有时会在教堂唱诗班中一展歌喉。对于阿姆斯特朗来说，唱歌是他童年最快乐的事情。

一年除夕之夜，阿姆斯特朗从小伙伴那里搞到一把真的手枪。好奇的阿姆斯特朗感到前所未有的兴奋，他朝天鸣枪，希望以此送走过去一年的不幸，迎接新的一年到来。然而，寂静的夜空中枪声显得格外响亮，不但吓坏了周围的小伙伴，而且惊动了警察。警察在调查后，不认可这只是少年的玩笑举动，他们以"非法持有枪支"的罪名，将他送进了感化院，这一年，阿姆斯特朗只有10岁。然而他在感化院里却幸运地遇上了他的小号启蒙老师彼得·戴维斯，这成为他人生的最初转折点。阿姆斯特朗后来这样回忆他在感化院里的岁月：

阿姆斯特朗人生中第二次转折点发生在18岁离开感化院之后。他加入了一支乐队，并且得到该乐队中的著名小号演奏家金·奥利弗的赏识，带着他四处参加演出。1918年，金·奥利弗去了芝加哥，而17岁的阿姆斯特朗则被任命接替他在乐队中的位置。随后他在密西西比的航船上演奏，他的表演吸引了大量的观众，阿姆斯特朗开始小有名气。一些音乐界的名人也在船上听到了他的演奏。不久后，金·奥利弗又给了他一次展现自己的机会，邀请他去芝加哥的林肯公园参加演出。

【音频】阿姆斯特朗：1919 年我在密西西比的航船上演奏，1922 年参加德克萨斯的一支乐队，在那期间奥利弗又给了我一次机会，让我在林肯公园演出。我当时非常高兴，出乎意料。

【音频】路易斯演唱的《玫瑰人生(La Vie En Rose)》

之后，阿姆斯特朗迎来了演艺生涯的高峰期。1925 年，他在芝加哥已被认为是世界上最伟大的小号演奏家之一。1931 年，他带领他的乐团远赴英国和欧洲演出，取得了巨大的成功。此时的阿姆斯特朗成为了世界公认的著名爵士乐演奏家。他在 1923 年到 1967 年中录制的 34 首曲目，被称为"爵士圣经"。这首由阿姆斯特朗演绎的歌曲《玫瑰人生》更是经典中的经典。

作为一名出色的即兴演奏家，阿姆斯特朗最大的特点是将节奏的感觉与旋律感相结合，他的演奏融合了高超的技艺、良好的节奏感、精湛的即兴演奏、迷人的音色和大跨度的音域。在 20 世纪 20 年代，没有多少人可以在小号上吹奏高音 C，而阿姆斯特朗却表演得游刃有余，并且时不时地在演奏中会出现高音 F，这在当时是足以使他笑傲乐坛的。

【音频】裘·默兰：我很喜欢路易斯，现在所有的小号手都在模仿他。路易斯的特点是起调很高，还有他的节奏也是一大特色，要模仿他很难。

【音频】阿姆斯特朗在电影中的表演

阿姆斯特朗也是爵士史上伟大的歌唱家之一。他十分重视与观众的交流，力图能使听众愉快，这使他成为一名具有喜剧色彩的表演大师。他也是个天生的表演天才，他早期在电影中穿着一身豹皮衣服吹着小号的形象，成为当时舞台上的亮点。

1971 年 7 月 6 日，阿姆斯特朗与世长辞。一年后，美国国家唱片艺术及科学学会授予他"格莱美终身成就奖"。这项特殊贡献奖由唱片协会国家受托人投票决定，代表着受奖者一生中在唱片领域作出了创造性的杰出贡献。

（金　之）

路易斯·阿姆斯特朗早期电影中的经典形象

玛丽莲·梦露巨星陨落

八月
5

玛丽莲·梦露

她是20世纪50年代好莱坞电影最卖座的性感女星,金发、碧眼、红唇以及被风吹起的白色裙子是她留给世人永恒的印象。从影十几年,她拍摄了《绅士爱美人》《七年之痒》《热情似火》等30余部影片。她就是影迷心中永远的性感女神——玛丽莲·梦露。1962年8月5日,年仅36岁的梦露突然香消玉殒,死因至今仍是个谜。

1926年6月1日,梦露出生于美国洛杉矶,原名诺玛·琼·贝克。因为生父身份不明,母亲患有精神疾病,所以诺玛·琼的童年是在不同的寄养家庭和孤儿院之间辗转度过的。初中理科老师梅布尔·艾伦·坎普贝尔讲述了她记忆中的诺玛·琼:

【音频】梅布尔·艾伦·坎普贝尔:她是一个很小就显得老成的孩子,不在乎别的东西,但她的着装让她显得有些与众不同。她学习成绩不是很优秀,却是个很好的孩子,而且性格内向,一点儿也不活泼。

第二次世界大战期间,18岁的诺玛·琼在一家军工厂工作时被前来拍摄女工支援前线照片的摄影师发现并推荐给模特经纪公司。在模特经理人艾梅琳·施奈普莉的指导下,好学的诺玛·琼很快成长为一名成功的模特。这位模特经理人回忆了她指导诺玛·琼进行模特训练的情况:

【音频】艾梅琳·施奈普莉:诺玛·琼有着邻家女孩一样的气质。我们教她作为一个平面模特如何去摆造型,怎么去处理姿势和微笑。她的膝盖有些与众不同,如果放松地走路会有些跳,只有特别注意脚步时才能走得平稳。

1946年,诺玛·琼与20世纪福克斯电影公司签订了第一份为期6个月的合同。她将自己的名字改为"玛丽莲·梦露",将头发染成金色,从此踏上了她所向往的演艺之路。当时的梦露只是在电影中出演一些小角色,银幕镜头屈指可数,因而当她与福克斯公司的合约到期后就被解雇了。梦露的第一位影片代理人哈利·利普顿回忆了当时的情况:

【音频】哈利·利普顿:她被很多人认为是个笑料,我觉得这深深伤害了她,因为她的态度特别认真。我告诉她福克斯公司解雇她以后,她的第一反应并没有痛哭流涕,她只是摇摇头说没关系。

往后的两年间,梦露的星途未有很大的进展。终于在1948年,哥伦比亚工作室让她在音乐剧《热女郎》中扮演女二号。虽然该片市场反响平平,但是梦露终于开始从"路人甲"的纯摆设角色转向了配角。

在出演《热女郎》之后，梦露成功跻身好莱坞的新星行列。她在参与拍摄了《夜阑人未静》《彗星美人》等影片后，于1951年与20世纪福克斯电影公司签订了第二份合约，此合约为期7年。这一次，福克斯为梦露打造了许多性感金发美女的角色。1953年，梦露出演了《绅士爱美人》，她在片中摇曳着身姿吟唱《钻石是女孩最好的朋友》，这段表演成为了好莱坞电影黄金年代的经典。

【音频】电影《绅士爱美人》片段

回到好莱坞，梦露主演了电影《七年之痒》，这部电影奠定了她在影坛性感女神的地位。影片中穿着象牙色百褶连衣裙的梦露站在地铁出风口白裙飘扬的一幕被世人视作经典，福克斯的宣传团队将梦露捂裙造型的照片放大成52英尺高的巨幅宣传画，于影片公映当天矗立在时代广场勒夫大国家剧院前面，引起了巨大轰动。

1955年1月，梦露与摄影师朋友格林合伙组建了"玛丽莲·梦露制片中心"，并解除了与20世纪福克斯公司的合约。由于深陷与福克斯的官司，梦露在这一年没有拍电影。不过在纽约期间，梦露参加了由李·斯特拉斯伯格和宝拉·斯特拉斯伯格指导的演员培训班。梦露决心让自己的演艺生涯进入一个新的阶段，她要做永远的玛丽莲·梦露。梦露的表演课老师李·斯特拉斯伯格讲述了梦露当时的梦想：

【音频】李·斯特拉斯伯格：玛丽莲一直在努力做个好演员。她的梦想就是成为明星，她时刻铭记她的梦想。所以，尽管她已经成为史上最非凡、最杰出的明星之一，但她对自己从来不满意。

1956年，梦露重返好莱坞，与20世纪福克斯公司重新签订合同。这一次，梦露拥有了对剧本和导演的审核权。她陆续出演了《巴士站》《游龙戏凤》《热情似火》等电影名作。1960年，梦露凭借《热情似火》获得金球奖音乐及喜剧类最佳女主角。

1962年5月19日，美国总统肯尼迪在纽约的麦迪逊广场花园举办生日宴会，梦露受邀在宴会上为肯尼迪献唱生日歌。这个经典片段是梦露人生中公开亮相的一个句点。

【音频】梦露为肯尼迪总统献唱生日歌的录音片段

梦露一生经历过三次婚姻。在她去世后，前夫之一的乔·迪马吉奥信守着与梦露婚礼上的誓言，每周三次将红玫瑰插入梦露墓碑旁的黑色金属花瓶内。对于影迷来说，玛丽莲·梦露的名字并没有随着时光的流逝被淡忘，她的电影作品和独特风姿始终为人们所津津乐道。

（舒　凤）

电影《七年之痒》剧照

美国在日本广岛投掷原子弹

1945年8月6日清晨,美国的埃诺拉·盖伊号轰炸机从太平洋上的提尼安基地飞往日本。这架轰炸机载着世界上第一颗原子弹,轰炸目标是日本的军事重镇广岛。这种新型恐怖武器的使用,是人类历史上一个关键的转折点,国际政治由此步入一个新的历史阶段。

这次原子弹攻击要追溯到1941年的12月7日,日本在未向美国宣战的情况下突袭珍珠港,造成美国海军重大伤亡。这次事件将美国卷入了第二次世界大战的正面战场,也埋下了美军复仇的种子。珍珠港事件发生后的第二天,时任美国总统罗斯福在国会发言,要求宣布参战。

【音频】罗斯福:日本于1941年12月7日周日的袭击没有正式宣战,卑鄙的攻击会永远承担不名誉的罪名,美国人民必然获得最后胜利,我们不单要尽力防卫,更要使这种卑鄙的行为再也无法危及我们。在此本人谨要求国会宣布参战。

广岛原子弹爆炸圆顶屋

二战的太平洋战场到了1945年仍在持续,美军遭受到惨重的伤亡。从1944年6月至1945年6月间,大量美军战死,其中1944年12月达到最高峰,当月伤亡人数达到88000人。1944年底,美国海军陆战队经过浴血苦战,付出重大代价后攻陷塞班岛,全面占领马里亚纳群岛。这里距东京两千多公里,美国第一次能够从海岛基地空袭日本本土。

1945年4月12日,一位画家在美国白宫为罗斯福总统画肖像时,总统突然昏迷,并于当天下午去世。当天晚上,副总统杜鲁门宣誓就职,继任美国总统,典礼只进行了一分钟。就在这个晚上,新上任的总统得知一件他从来没有听说过的事情。几年前,罗斯福总统接受了著名物理学家爱因斯坦的一项建议,决定开始研制一种威力空前巨大的新式武器。英美有关科学家被组织起来,在分布于全国的实验室进行工作。计划保持绝对的机密,除了极少数人以外,从事这一工作的所有人都不知道他们的研究将被用于哪里,也不知道他们生产的产品是做什么用的。这个能彻底扭转整个战局的武器在4个月后就会被研制出来,它就是原子弹。

1945年2月,美军在太平洋战场的硫磺岛战役上获得了胜利,但为此付出了沉重的代价:6871人阵亡,21865人受伤。同年4月,美军发动冲绳战役,又有70000余人伤亡。此时,美军已经制订了在日本九州登陆的"冠冕"行动和在日本关东登陆的"奥林匹克"行动计划。硫磺岛和冲绳战役的结果使得美军对日军的抵抗能力和己方可能的伤亡重新作出评估。美军方面预计伤亡将在100万人以上,这是他们所难以承受的。

为减少美军伤亡,加速战争进程,迫使日本投降,同时抑制苏联在远东的扩张,美国总统杜鲁门决定在日本投掷原子弹。经过考虑,美军把核攻击目标选定为广岛和长崎。广岛是日本的陆军之城,是日本防卫本土的第二总军司令部所在地,长崎则是日本工业特别是造船业的重要基地。

1945 年 8 月 6 日早晨 8 时整,3 架 B - 29 美机从高空进入广岛上空。9 点 14 分 17 秒,那架装载着原子弹的美机上的视准仪对准了广岛一座桥的正中时,自动投弹装置被启动了。60 秒钟后,原子弹从打开的舱门落入空中。这时飞机作了一个 155 度的转弯,俯冲下来。一瞬间,飞行高度下降了 300 多米,这样做是为了尽量远离爆炸点。45 秒后,原子弹在离地 600 米空中爆炸,发出令人眼花目眩的强烈白色闪光,广岛市中心上空随即发生震耳欲聋的大爆炸。顷刻之间,城市卷起巨大的蘑菇状烟云,接着竖起几百根火柱,广岛顿时沦为焦热的火海。

原子弹爆炸的强烈光波使成千上万人双目失明;6 千多度的高温把一切化为灰烬;放射雨使一些人在以后 20 年中缓慢地走向死亡;冲击波形成的狂风把所有建筑物摧毁殆尽。处在爆心极点影响下的人和物,像原子分离那样分崩离析。离中心远一点的地方,可以看到在一刹那间被烧毁的男人、女人及儿童的残骸。更远一些的地方,有些人虽侥幸生存,但不是被严重烧伤就是双目被烧成两个窟窿。在 16 公里以外的地方,人们仍然可以感受到闷热的气流。

美军轰炸广岛后,美国总统杜鲁门发表声明,宣布使用新型武器的消息。

【音频】杜鲁门:今天在日本广岛市的一处军事基地上成功爆炸了世界上第一枚原子弹,我们在和德国的原子弹发明竞争中取得了胜利。为了减少战争中的牺牲,拯救成千上万年轻的美国生命,我们将继续使用原子弹进行攻击,直到日本丧失发动战争的能力。

然而,如此惨烈的广岛事件并未使日本立即同意无条件投降。他们竭力掩盖广岛遭袭真相,对外宣称只是有一枚陨石降落。广岛原子弹爆炸三天后,美国又在长崎投下第二颗原子弹。长崎全城 27 万人,当日便死去 6 万余人。1945 年 8 月 15 日,昭和天皇向日本全国以录音广播的方式发表《终战诏书》,宣布日本政府决定无条件投降。

(倪嘉铭)

广岛原子弹爆炸

中国女排取得"三连冠"

【音频】宋世雄直播女排奥运夺冠实况

1984年8月7日，在美国举行的第23届洛杉矶奥运会上，正值巅峰状态的中国女排以3:0的比分完胜东道主美国队，夺得冠军。此次夺得的奥运冠军，加上三年前的女排世界杯冠军和1982年的女排世锦赛冠军，中国女排已取得世界女排大赛的"三连冠"。此后中国女排姑娘在1985年女排世界杯、1986年女排世锦赛上卫冕成功，成就了世界排球史上前无古人的"五连冠"。这是中国女排的黄金时代，作为中国体育史上不可不提的辉煌时期，成为国人的难忘记忆。

1984年的中国女排

1984年的洛杉矶奥运会是新中国第一次全面参与的夏季奥运会。在这届奥运会上，中国体育代表团捷报频传，共获得15枚金牌，名列金牌榜第4位。中国女排的这枚金牌是中国体育代表团获得的第14枚金牌，然而赢来并不轻松。8月3日，小组赛中战胜了巴西和联邦德国队的中国队迎来了和美国队的第一次交锋，美国女排采用了计算机科技辅助训练，主攻手海曼拥有强大的扣杀和弹跳能力，坐拥主场的优势更使美国队志在夺冠。小组赛上虽然中国女排整场都处于优势，但是频频被美国队反击成功，第一次较量中国队以1比3败北。多年后，郎平回忆了女排队员们输球后是如何调整自己心态的：

【音频】郎平：输了以后大家多多少少都受到了一些影响，因为那本是可以赢的比赛。当时的局势对我们非常好，是我们自己没有把握住机会，所以那时候大家都很懊悔。在这个时候教练就鼓励我们，对我们说比赛就要拿得起、放得下，一支好的队伍要经得起各种挫折。

调整好心态的中国女排在半决赛上3比0轻取日本队，而美国女排也战胜了另一个强大的对手秘鲁队，中美两队将在决赛中再次交手，一决胜负。8月7日决赛打响，第一局中国队一度14比9领先，不料被对方追至14平。关键时刻主教练袁伟民换上了侯玉珠，上场后侯玉珠发球直接得分，15比14。侯玉珠第二个发球又造成美国队垫球失误，郎平看准时机大力扣杀，拿下首局。第一局出奇制胜后，中国女排越战越勇，仅用49分钟就拿下后两局，以3比0完胜美国队，问鼎奥运冠军。时任国际排协第一副主席的魏纪中回忆了那关键的一局：

【音频】魏纪中：第一局至关重要，无论谁拿下对后面的局势都很有帮助。而一开始我们被压着打，教练袁伟民果断换上侯玉珠发球。侯玉珠的发球古怪刁钻，一般人很难适应她的发球。而且她之前也一直被雪藏，不被对手熟知。最后就靠着她的三个发球拿下了第一局。

排球世界杯、排球世界锦标赛和奥运会排球赛是代表世界最高水平的三大排球赛事。中国女排姑娘们继1981年世界杯冠军、1982年世锦赛冠军之后，最终圆梦洛杉矶奥运会。奥运夺冠以后，中国女排又接连在1985年日本举办的第4届女排世界杯和1986年前捷克斯洛伐克举办的第10届世界女排锦标赛上夺魁，创造了世界排球史上第一个"五连冠"。

自首个世界冠军后，中国女排一直是全国人民关注的焦点，"五连冠"更是把这股"女排热"推向了高潮。电视节目中播放着中国女排刻苦训练的画面和夺冠的新闻，女排运动员陈招娣的事迹《苦练》被编入中学教材，中国邮政还专门发行过中国女排的邮票，孙晋芳、郎平、张蓉芳、杨锡兰等运动员也成了家喻户晓的英雄人物。中国女排的辉煌战绩远远超出了运动本身的含义，激发了群体性的民族自豪感和自信心，她们比赛中的拼搏精神被投射到更广泛的领域中。时任国际排协第一副主席的魏纪中回忆了当年女排的"拼搏精神"鼓舞了全国上下的士气：

【音频】魏纪中：1981年女排拿到了一个世界冠军，是中国排球史上的第一次冠军。当时正是我国改革开放刚刚开始，什么都是百废待兴之中。这个时候就需要有东西来鼓舞士气。继男排拿了亚洲冠军后，女排又拿了一个世界冠军。这个时候就总结出了一个词叫"拼搏精神"。那什么是"拼搏精神"？就是艰苦奋斗、不怕苦难的精神。

到了90年代，由于老一代运动员相继退役，中国女排呈现出青黄不接的态势，比赛成绩有所下滑。2000年陈忠和接手女排，在他的指导下，中国女排夺得了2003年日本女排世界杯和2004年雅典奥运会的冠军。

2013年4月25日，郎平正式出任中国女排主教练，这距离1984年中国第一代女排圆梦洛杉矶奥运会已过了近30年。纵观这30年中国女排的起起伏伏，被赋予了太多的情绪和压力。也许，回归体育运动本身的中国女排，更多需要的是祝福。

（王永平）

郎　平

京剧大师梅兰芳病逝

八月
8

他时而是俊朗倜傥的男子,时而又是华贵妩媚的女子。在50多年的舞台实践中,他对京剧旦角的唱腔、念白等各方面都有创新和发展,形成了独特的"梅派"艺术风格。他和杨小楼、余叔岩并称"三大贤",又与尚小云、程砚秋、荀慧生一起被誉为京剧"四大名旦"。他就是京剧大师梅兰芳。1961年8月8日,梅兰芳在北京病逝,终年67岁。在中国京剧艺术发展史上,梅兰芳是承前启后、继往开来的一位表演艺术家。他的贡献不仅在于他将京剧艺术推向了一个新的高峰,还在于他将中国戏曲舞台艺术推向国外,增进了各国人民对中国戏曲的了解。梅兰芳之子梅葆玖回忆了他的父亲:

【音频】梅葆玖:我父亲是一个喜欢求新、出新的人。他当年去访问演出的时候,自己就带了摄影机,拍了不少的资料镜头,我从小就看到过。有时候打火机坏了,他也会修理。他喜欢穿西装,但是在骨子里他却是一个被中国文化深深滋养的人。

梅兰芳

梅兰芳出生于北京的一个梨园世家。他早年父母双亡,由伯父抚养成人。1902年,8岁的梅兰芳拜吴菱仙为师,正式迈入梨园,攻习旦角。梅兰芳的关门弟子毕谷云讲述了幼年的梅兰芳为了能在舞台模仿旧社会女性的三寸金莲而苦练跷功的事情:

【音频】毕谷云:像梅老师说的,冬天练的时候,他在外面洋灰地上泼上水、冻上冰,就在这上面跑圆场,那是多深厚的功啊。所以,他到老了以后,走什么高难度的动作还都是运用自如。

1913年,梅兰芳第一次和南北驰名的须生王凤卿应邀去上海丹桂第一舞台演出《彩楼配》《玉堂春》等戏。在王凤卿的举荐下,梅兰芳第一次表演了压大轴的新排戏《穆柯寨》,轰动上海。梅兰芳之子梅绍武讲述了当时的情况:

【音频】梅绍武:上海观众也觉得很奇怪,他这个唱正工青衣戏的也能演刀马旦戏,佩服得不得了,他一下子在上海红起来了。

回到北京后,梅兰芳在京剧唱腔、念白、舞蹈、音乐、服装上均进行了艺术创新,巩固并发展了"花衫"行当。他综合青衣、花旦、刀马旦的表演方式,创造了自己特有的唱腔,形成了独具一格的"梅派"。从1915年4月到1916年9月的一年多时间里,梅兰芳连续编演了《宦海潮》《一缕麻》《邓霞姑》等时装戏和《嫦娥奔月》《黛玉葬花》等古装戏,这些剧目都是在过去京剧舞台上从未见过的。戏剧评论家刘曾复讲述了梅兰芳对京剧的改革：

【音频】刘曾复：他这个扮相、剧本都是跟从前不一样，甚至化妆和从前也不同。从前梳那个大头，他现在梳古装的头，他最初自己在家里梳，梳完之后到后台给别上。所以化妆、内容、甚至表演的风度全有新的，跟过去那个完全不一样。

【音频】梅兰芳表演的京剧《霸王别姬》选段

　　1921年，梅兰芳编演了新戏《霸王别姬》，这是梅派经典名剧之一。当时霸王的扮演者杨小楼曾笑称这出戏像"姬别霸王"，因为梅兰芳所扮演的虞姬是观众最欣赏也是最出彩的角色。与梅兰芳合作演出十二年的琴师姜凤山一直记得他第一次看《霸王别姬》时的惊艳感受：

【音频】姜凤山：我第一次看梅先生的戏叫《霸王别姬》，跟杨小楼，那好得不得了，扮相那个漂亮啊。

　　梅兰芳曾多次出国访问演出，国际文艺界因此逐步认识到中国戏曲的绚丽多彩和博大精深，从而对中国戏曲刮目相看。1935年3月至4月间，应当时的苏联对外文化协会邀请，梅兰芳率团赴莫斯科和列宁格勒两地进行演出，掀起了一股"中国京剧热"。苏联著名导演爱森斯坦专门在莫斯科电影制片厂的摄影棚里将梅兰芳和朱桂芳主演的京剧《虹霓关》之"对枪"一折拍成电影，并将京剧中的各种元素融入到他以后的电影创作中。这次访问演出进一步宣传并确立了京剧这一古老的东方戏剧艺术在世界文化中的地位，是中国戏曲艺术对外传播最成功的范例。

【音频】电影《虹霓关》片段

　　梅兰芳性情温和，但在大是大非面前却是格外分明和坚决。1931年"九一八"事变后，梅兰芳在上海排演《抗金兵》《生死恨》等剧来支持抗日。1937年抗日战争爆发，身居沦陷区的梅兰芳为了表示对日寇的抗议和坚决不给侵略者演戏的决心，蓄须明志长达八年。他先后隐居于香港和上海，靠写字卖画乃至典质举债度日，一直坚持到抗日战争胜利。中国梅兰芳文化艺术研究会副会长吴迎讲述了梅兰芳排演的爱国名剧《生死恨》对抗日的作用：

【音频】吴迎：他这出戏演出起到的效果绝对是激发起了老百姓很强烈的抗日民心。《生死恨》到了南京演，那时候不得了了，连大华电影院那个玻璃门都挤破了。

　　在半个世纪的京剧舞台生涯中，梅兰芳塑造过杨玉环、虞姬等许多优美丰富的艺术形象，他的永恒艺术魅力和改革创新精神使他的名字成了艺术巅峰的象征。

（舒　凤）

梅兰芳在京剧《贵妃醉酒》中扮演杨贵妃

黑人歌后惠特尼·休斯顿出生

【音频】歌曲《我将永远爱你(I Will Always Love You)》

《我将永远爱你》这首歌是电影《保镖》的插曲。该片的主演和此歌的演唱者拥有11首全美冠军单曲、7个格莱美奖和超过400个音乐大奖，她就是1963年8月9日出生的黑人女歌手惠特尼·休斯顿。惠特尼·休斯顿出生于音乐世家，她的父亲是颇有成就的演艺经纪人，母亲是著名的福音歌手。20世纪70年代美国最受欢迎的女歌手沃瑞克则是惠特尼的表姐，而一代灵歌皇后阿瑞萨·弗兰克林与休斯顿一家更是世交，她也是惠特尼的教母。

惠特尼·休斯顿

【音频】歌曲《最伟大的爱(The Greatest Love of All)》

1985年，年仅22岁的惠特尼·休斯顿被善于提携新人的阿瑞斯塔公司老板克莱夫·戴维斯一眼看中，同年推出的处女作《惠特尼·休斯顿》让她一夜成名。该专辑销量高达1300万张，创下女歌手唱片销量的空前纪录。当时很多听众根本不相信，这位刚20出头的新人歌手能将爱情歌曲演绎得如此成熟、老道，特别是专辑歌曲《最伟大的爱》将她宽广的音域展现得淋漓尽致。

这张专辑让惠特尼·休斯顿一夜之间成为超级明星。专辑中的多首单曲连续占据Billboard榜首。在1986年的格莱美颁奖典礼上，她凭借《把我所有的爱给你》击败麦当娜等众多强劲对手，成为当年的最佳流行女歌手。

1987年，更多的成就接踵而至。惠特尼发行了以自己名字命名的第二张专辑，一经推出便登上Billboard专辑榜冠军位置并蝉联七周，这一纪录打破了披头士乐队创下的六周记录。《伤心何处去》是专辑中传唱甚广的名曲。这时的惠特尼已能成熟驾驭自己的嗓音，通过宽阔的唱腔与其优雅的形象相结合，展现了一个温婉抒情的自己。

【音频】歌曲《伤心何处去》

20世纪90年代初，惠特尼·休斯顿开始涉足影坛，希望通过电影带动自己的歌唱事业更上层楼。上帝再次眷顾了这个幸运儿。1992年她与奥斯卡影帝凯文·科斯特纳联袂主演的电影《保镖》获得空前成功。其实，当凯文第一次邀请惠特尼参演《保镖》一片时，惠特尼以对剧本并不感兴趣的理由拒绝了他的好意。但是，凯文·科斯特纳坚信惠特尼的声音一定能为电影创造很精彩的原声唱片，再加上惠特尼自身不俗的演技，是女主角的不二人选。因此，凯文很执着地不断向惠特尼抛出橄榄枝。最终,惠特尼接受了凯文的请求,才有了我们今天所看到的这部电影。

【音频】电影《保镖》片段

　　虽然电影最终未能问鼎奥斯卡大奖,但对于惠特尼个人来说,这部电影让更多的人了解了她。也正是因为这部电影,广大的中国观众开始了解到这位来自美国的歌星和影星。惠特尼·休斯顿在该片中的歌舞场面比比皆是,自然又诞生了不少热门歌曲。该电影原声大碟获得了第36届格莱美年度专辑奖。惠特尼也成为炙手可热的明星。在一次采访中她谈了自己对"diva",也就是"知名女艺人"这个词的认识,她认为除非成为第一,否则她不能接受他人称自己为"diva"。

【音频】惠特尼谈"diva"

　　1992年7月,惠特妮与美国R&B歌手鲍比·布朗结婚。但是,婚后不久便传出她在丈夫的影响下开始吸毒。使用禁药和婚姻暴力的传闻使惠特尼唱片销售量下降,公众形象也大打折扣,她停止了在公开场合现身。虽然最后她结束了15年的婚姻,也几度尝试复出演艺事业,但是由于吸食毒品,她的嗓音大不如前。

【音频】动画电影《埃及王子》主题曲《When You Believe》

　　1998年,梦工厂拍摄动画巨制《埃及王子》,邀请到当时歌坛的两大天后惠特尼·休斯顿和玛丽亚·凯莉合唱电影主题曲《When You Believe》,引起世界流行乐坛的极大轰动。这次流行天后的合作本属无意,两人分别被介绍到影片剧组,在很偶然的机会下促成了此番的世纪合演。两位天后在合作中毫无门派之见,各自拿出了最佳状态,把《When You Believe》演绎得超乎想象的完美。

　　2012年2月,惠特尼在比弗利山庄希尔顿酒店因药物过量引致心脏病发滑入浴缸溺水而意外去世,年仅48岁。

【音频】惠特尼演唱的《His Eye Is on the Sparrow》

　　《His Eye Is on the Sparrow》是惠特尼的遗作——影片《闪耀的花火》的电影插曲。2012年8月《闪耀的花火》公开上映。这部影片是惠特尼·休斯顿自1996年主演电影《牧师的妻子》后的最后一次"触电"。

　　　　　　　　　　　　　　　　　　　(陆一文)

惠特尼·休斯顿演出照

81

麦当娜个人专辑破销量纪录

八月 10

08-10A

麦当娜

这是美国女歌手麦当娜在 1984 年底所发表的个人第二张专辑《Like a Virgin》中的同名主打歌。到 1985 年 8 月 10 日为止，在短短不足 1 年的时间里，这张专辑在美国本土的销量就突破了 500 万大关，获唱片业界白金认证。这一天成了足以令人铭记的时刻，这是美国历史上第一张销量破 500 万的女子个人专辑，并且这个数字还远远没有到停止增长的时刻。最终，专辑卖出了 1000 多万张，成了 20 世纪 80 年代最具代表性的流行音乐之一，也让麦当娜红遍了全球。

麦当娜 1958 年 8 月 16 日出生于美国密歇根州的底特律市。1977 年，她来到纽约追逐自己的梦想。在 1984 年她刚出道时的一次采访中，记者问麦当娜"是什么促使你来到纽约"，她声称这是自己 5 岁时一觉醒来后所萌发的誓愿，而当记者继续追问她来纽约有什么目标时，麦当娜略显羞涩地回答说"扬名立万"。

随着专辑的大卖，经纪公司趁热打铁，决定让麦当娜举办一场全美巡回演唱会，名字就叫"处女首航"。在为演唱会录制宣传片时，我们可以听出，麦当娜的言辞已由当初的羞涩转变为热烈的兴奋，她快速、激动地陈述着自己的梦想并宣告"我的梦想已经成真"！

在专辑《Like a Virgin》中，除同名主打歌成功外，其他多首歌曲也顺利打入美国公告牌单曲排行榜前五的位置，一同为麦当娜的"梦想成真"起了推波助澜的作用。其中包括日后很长一段时间内几乎成为麦当娜个人代名词的《物质女孩》。在这首歌曲的 MV 中，她身穿梦露式的露肩礼服，于男人们的簇拥下挥洒金钱，给人留下了拜金女孩的深刻印象。

无论是《物质女孩》里的拜金，还是《Like a Virgin》中明显的性暗示，麦当娜的这张专辑无疑充满着大胆而挑衅的气质。《Like a Virgin》的词作者汤姆·凯利回忆了当时歌曲写完后无人问津的窘境：

【音频】汤姆：我不知道是不是还有人记得，虽然现在看来这不是什么令人吃惊的歌词，可放在1984年，没人敢碰它，谁会来唱这样的歌呢？我们后来把这首歌的demo拿给迈克尔·奥斯汀听，他在华纳兄弟公司工作。当时麦当娜刚发表自己的第一张专辑，唱过例如《边界线》《幸运星》这些歌曲，算是刚冒泡的新人吧。然后迈克尔听后，就说这首歌是麦当娜的，她就喜欢这些"垃圾"内容，她就希望能够有一些有争议的东西。

对于麦当娜来说，专辑的成功不仅仅局限于音乐领域，也让她成功敲开了好莱坞的大门。专辑中另一首热门歌曲《为你疯狂》即来自1985年由她参演的一部电影《夺标27秒》，麦当娜在片中饰演了一个酒吧歌手的小角色，但这首电影插曲却让她获得了翌年第29届格莱美最佳流行乐女歌手的提名，这是其人生第一次获得格莱美奖项的提名，虽然之后的岁月里她多次问鼎这项美国流行乐的最高奖项。

曾有记者问麦当娜：音乐或者电影，哪一个对你来说更加具有挑战性？麦当娜回答：当然是电影。她说音乐对于自己而言就是一种自然而然的天赋，但电影却要求投入更多，因为拍摄片场所有灯光、摄像、录音等设备都面对着你，这场景令你不得不全神贯注、提高注意力，同时也在告诉自己你在扮演着另一个人。

1997年第54届金球奖颁奖典礼上，麦当娜凭借她在电影《贝隆夫人》中的出色表演荣膺音乐喜剧类电影最佳女主角的殊荣。这是一部完美地将她歌唱天赋与表演才华相交融的作品。电影中，她所扮演的艾薇塔登上阳台，向民众声情并茂演唱一曲《阿根廷，别为我哭泣》的场景尤为经典，曾令无数观众感动落泪。

格莱美曾经不喜欢麦当娜，说她只会脱衣不懂唱歌，但最终把奖项颁给了她；奥斯卡一直讨厌麦当娜，说她不会演戏，却阻止不了金球奖将最佳女主角的荣誉授予她。而普罗大众中有很多人一直都喜欢麦当娜，买她的唱片，听她的演唱会，看她的电影，模仿她的穿衣打扮，视她为精神偶像。

2003年美国MTV音乐颁奖礼上，乐坛后辈"小甜甜"布兰妮和克里斯蒂娜·阿奎瑞拉合作演唱麦当娜的名曲《Like a Virgin》，这似乎就是一个很有意味的致敬。正如布兰妮在一次采访中所说的那样，她那一代人"每个人都想成为麦当娜"。作为一个典范，叱咤乐坛多年的麦当娜以其特立独行的言行，向人们传达着这样的观点：忠于自我，不在乎他人的看法，不要只为愉悦他人而活。

【音频】布兰妮和克里斯蒂娜合唱的《Like a Virgin》

（郑　麟）

麦当娜

八月 11

《文汇报》发表卢新华小说《伤痕》

1978 年 8 月 11 日，上海街头的几乎每个报栏前都围着很多人，大家争相阅读《文汇报》笔会副刊上一篇不到 9000 字的短篇小说。这篇小说，当天的《文汇报》连续加印至 150 万份，但还是供不应求。这就是开启中国文学新时代的小说《伤痕》。时任《文汇报》文艺部主任史中兴谈起《伤痕》引发的社会轰动仍然非常激动。

【音频】史中兴：发表了这篇小说，影响之大远远超出我们的想象。三四个月之后我们去北京出差，住在前门饭店，行李放好之后我们上街去，一个开店的小姑娘问我们从哪里来的，我们说上海，她又问上海什么单位，一听说我们是《文汇报》社的，她就说"两个月前来我们要赶你们走，现在欢迎，为什么欢迎，因为你们登了小说《伤痕》，登这样小说的报社我们能不欢迎吗"。就这样一篇小说《伤痕》，居然改变了这个小姑娘"文化大革命"期间文汇报给她造成的恶劣影响。

卢新华

《伤痕》的作者卢新华当时还是复旦大学中文系的新生。1978 年 5 月的一天，在听老师分析鲁迅的小说《祝福》时，他意识到人性中的真正伤痕绝对不会只是停留在表面，而是深入心灵的"伤痕"。这堂课给了卢新华极大震动，激发了他内心深处的创作冲动。之后卢新华花了一整晚的时间，在小阁楼的缝纫机上，流着眼泪一气呵成写就了小说《伤痕》。小说讲述了"文化大革命"时期，黄浦江畔一对母女因为政治原因分离直至永别的故事。多年后，作者卢新华回忆了当年的创作感受：

【音频】卢新华：感觉不是自己在写作，而是记录。每一句话，每一个标点符号，每一个情节，每一个细节就像在记录，就像有一个人在跟你讲这件事情，一气呵成。当年写的题目不叫《伤痕》，叫《心伤》，就是心头的伤痕，强调的是心头的伤痕，到后来发现这个伤痕不管是心上、思想和精神各方面都有，肉体也有，所以不能光是一个心伤。

小说《伤痕》完成后，老师和同学们最初提出的一大堆质疑一度使卢新华十分灰心。之后，《伤痕》发表在复旦大学中文系的墙报《百花》上。想不到的是，小说竟引来了复旦学子们纷纷流泪传抄，一时蔚为校园奇观。这样的轰动也引起了女教师孙小琪的重视，她将小说辗转传给了《文汇报》的编辑钟锡知先生。之后很长一段时间，卢新华并没有获得来自《文汇报》社的任何反馈消息。于是卢新华又把小说投给了《人民文学》。一个多月后他收到了《人民文学》一纸铅印的退稿信。好在此时《文汇报》方面有了消息，提出了 16 条修改意见，让卢新华做了修改。1978 年 8 月 11 日，

《伤痕》终于在《文汇报》上正式与读者见面了。小说发表后，当天就引起了社会轰动。看到这篇小说的人，几乎都为之流泪。有人说，读《伤痕》，全中国人所流的眼泪可以汇成一条河。时任《文汇报》总编辑马达是当时拍板发表小说《伤痕》的领导之一。

【音频】马达：当时不像现在，现在讲一句话很容易，那时候讲一句话不容易，现在发表一篇文章不算什么，那时候发表一篇文章非常不容易。不在于这篇小说写得好不好，从艺术上讲这篇小说写得并不是特别好，但是他把握了时代的脉搏，反映了人们的心声，从这点来说是非常了不起的。他思想闪光的地方就是把亿万青年的命运和自己的命运联系在一起，他把社会责任和个人责任联系在一起了，所以它能发出这样的呼喊。

24 岁的卢新华几乎一夜成名，读者的来信如雪片般飞来，许多人在信中述说了自己和小说主人翁类似的遭遇。一时间，全国各大报纸、广播纷纷转发和播出《伤痕》。新华社、中新社先后播发新闻，法新社、美联社的驻京记者也紧随其后对外做了报道。其中，美联社在报道中更是提到了"中国出现了伤痕文学"。"伤痕"一词也成了追溯"文化大革命"记忆文学思潮的代名词。

此后，以刘心武的《班主任》为发端，以卢新华的《伤痕》命名的崭新的文学创作思潮开始了。一大批属于"伤痕文学"范畴的短篇小说呈现在读者面前。这些作品都直面"文化大革命"制造的苦难，引起了读者的强烈反响和共鸣。

经过几十年的发展历程，中国的文化环境和文学格局都发生了巨大的变化，但"伤痕文学"的作家们突破创作禁区，真实而质朴的文字曾经深深叩动了一代人的心弦。

（肖定斌）

连环画《伤痕》封面

中国大陆记者首次赴台湾采访

1991年8月12日下午，一架由香港起飞的国泰航空公司班机抵达了台北桃园机场。当一男一女2名旅客率先出现在飞机的空桥上时，他们立刻被大批蜂拥而上的记者包围了。这2名成为"新闻人物"的旅客本身就是新闻记者，他们是新华社记者范丽青和中新社记者郭伟峰，这次来台湾是为了报道约20天前发生的"闽狮渔"两岸渔事纠纷事件。这是自1949年两岸隔绝以来，大陆记者第一次进入台湾岛内采访。这次历史性的访问，翻开了两岸新闻交流关系史上的全新一页。

事情要从当年的7月说起。7月21日，福建省石狮市"闽狮渔"2294、2295号两艘渔船在台湾海峡正常作业时，与高雄籍渔轮"三鑫财"号发生纠纷。由于台渔轮报警，台军方出动舰艇拦截，打伤大陆渔民1人，并将"闽狮渔"两艘船和船上18名大陆渔民强行带往台中港。7月31日，台中地检署以"海洋行劫罪"起诉18位渔民中的7人。台方还决定，未被起诉的另11名渔民及其渔船将用

1991年8月12日范丽青（左）与郭伟峰抵达台湾桃园机场

军舰遣送至金门。根据事先协商，大陆方面拟派中国红十字会总会2位代表赴台看望18位渔民，由新华社、中新社的2名记者随行采访报道。8月12日，新华社记者范丽青和中新社记者郭伟峰由北京出发，从香港转机抵达台湾。8月13日上午，范丽青和郭伟峰在海峡交流基金会办公室采访了海基会秘书长陈长文。陈长文是这次事件交涉的主要负责人之一，郭伟峰采访时提到了相关报道中的"遣返"一词。

【音频】郭伟峰：从金门遣返，我记得你报道的时候一直用"遣返"这个词。
陈长文：既然不起诉这11个人，当然尽快地让他们回家，我刚才已经讲到。我觉得让他们回去，这是我们的一个心愿，也是他们的心愿。刚才你讲，把他们当作"遣返"，所以是当作犯罪的，我觉得这是误会。

经过紧张的协调和联络，红十字会总会的2位代表，中国红十字会总会副秘书长曲折和中国红十字会总会政策理论研究室副主任庄仲希于8月20日抵达台湾。这是海峡两岸隔绝42年后大陆公务人员第一次正式赴台。他们的到来在台湾引起了轰动，大批媒体记者到场报道。范丽青说，能在这里采访到我们大陆红会的人，我想对于大陆新闻界来讲也有很大的意义。

【音频】范丽青谈在台湾采访大陆红十字会人员的感想

8月22日，《返乡事宜备忘录》签署。双方就如何将渔民送回大陆等问题达成一致。23日，曲折一行4人离开台湾返回大陆。自此，"闽狮渔"事件得以圆满解决。

就在范丽青和郭伟峰首访台湾的第二年,海峡两岸分离43年后的首个大陆记者团踏上了台湾的土地,这标志着两岸新闻双向交流的大门正式开启。这次台湾之旅,大陆记者团还采访到了大陆民众普遍关注的2位重量级人物——前东北少帅张学良和国民党元老陈立夫。张学良抱病在台湾首次接受大陆记者的采访,这在海峡两岸引起了轰动。9月10日下午,4位大陆记者抵达了张学良在台北的寓所,他们就两岸统一问题采访了张学良。

【音频】**记者:**张先生,我提个问题。两岸大多数的中国人都希望统一,我想知道您老人家是怎么想这个问题的。

张学良:大多数,我也是大多数之一就是了。

记者:那您对统一的前景怎么看?

张学良:那我看,是时机到了就一定会统一的,这个国家当然会统一。尤其历史上,我从来是赞成统一的一个人。我为统一奔走也很多了,现在老了,也没有这个力量了。

自20世纪90年代初以来,两岸的新闻交流日趋活跃。迫于两岸新闻界的强大压力,2000年11月10日,台湾当局宣布开放新华社、《人民日报》、中央人民广播电台和中央电视台4家大陆媒体的记者,以轮替的方式来台驻点采访。2001年2月8日,大陆首批2位赴台驻点记者启程前往台湾,一位就是10年前首批赴台采访的大陆记者之一、新华社港台部副主任范丽青,另一位是专责从事台湾及两岸关系新闻报道的新华社记者陈斌华。驻点采访使记者能够深入了解台湾社会,更广泛地接触台湾各阶层,因而记者采访的层面也更加贴近台湾社会。

2008年12月15日,两岸"三通"全面实现。12月18日,4名福建媒体记者从福州直飞台北。他们是首批大陆地方媒体驻台记者,这成为两岸新闻交流史上又一件具有积极意义的标志性事件。

1991年大陆记者首次赴台采访,是两岸在新闻双向交流方面跨出的第一步,在海峡两岸交流史上是一个突破。范丽青和郭伟峰在台湾采访同时又被采访的12天,在中华民族历史上仅仅是极其短暂的一瞬间,但对两岸人民来说却是难得和珍贵的一瞬间。它表达了两岸同胞互相增进了解与沟通的愿望,因而有着承前启后的深远意义。

(郑榴榴)

1992年张学良在台北的寓所接受大陆记者的采访

淞沪会战爆发

八月 13

1937 年,日本帝国主义在北平挑起卢沟桥事变后,又在上海制造了震惊中外的"八一三"事变,把侵略战火从华北扩大到了华东。在全国人民的抗日怒潮中,中国军队进行了英勇抵抗,坚守上海三个月,粉碎了日本企图三个月灭亡中国的妄想。

1937 年 8 月 9 日,日本驻上海的海军陆战队第一中队队长大山勇夫领着一名水兵开车强行驶入了上海虹桥军用机场的警戒线内,挑起事端之后,他们不仅不听劝阻,反而向中国哨兵开枪,中国哨兵被迫还击,当场将两人击毙,史称"虹桥机场事件"。事件发生后,中国政府已经看清了日军准备进攻上海的战略企图,但这时中国军队面对日本政府下一步作战方向和战略意图仍然缺乏足够的分析和判断。

同年 8 月 13 日,日本海军陆战队在坦克掩护下沿宝山路进攻,中国守军第八十八师予以还击,淞沪会战由此开始。第九集团军主力在炮火支持下,在虹口及杨树浦地区与日军反复争夺,战斗极为惨烈。8 月 22 日,从日本国内调来的日军第三师团、第十一师团抵达上海。8 月 23 日,他们在川沙河口、狮子林、吴淞一带强行登陆,中国守军与之展开激战后未能阻止日军进攻。日军后续部队陆续上岸,即向吴淞、宝山、罗店、浏河一带发起进攻。第九集团军总司令张治中立即抽调第八十七师、第九十八师、第十一师增援。第十一师在日机不断的轰炸下收复了罗店,保证了后续部队的陆续增援。8 月 24 日,罗店守军与日军反复巷战,罗店几易其手,终因守军伤亡过重而被日军夺占。抗战老兵王楚英就是在这场战役中临危受命成为排长。

中国守军在罗店

【音频】抗战老兵王楚英谈战场经历

9 月下旬至 10 月初,日军增援部队陆续在上海登陆。日军的主战方向转向中国第十五集团军阵地,中国军队遂由攻势作战转为守势作战,形成阵地对峙的胶着状态。由于日军不断增兵,战争逐步升级。国防大学徐焰教授认为,战争一开始,双方都错误地估计了对方。

【音频】国防大学教授徐焰分析淞沪会战局势

10 月 1 日,中日双方在蕴藻浜南岸地区开始了淞沪战场会战中最为激烈的争夺战。中国军队也陆续增兵,不断调整部署。10 月 8 日,日军在猛烈的火力支援下发起总攻,在陈家行突破蕴藻浜北岸,强渡成功。10 月 26 日,大场失陷。中央作战军遂放弃北站至江湾之间的阵地,向苏州河南岸转移。10 月 27 日,第八十八师五二四团一个营在副团长谢晋元的指挥下,奉命据守苏州河北岸的四行仓库,继续阻击敌人。四行仓库是位于上海闸北区的一座混凝土建筑,墙体很厚,是该地区的制高点,河对岸就是英租界。谢晋元率官兵在这里与日军血战了四个昼夜,击退了日军数十次进攻,打死日军二百余人,伤者数倍。营长杨瑞符与十余名战士壮烈牺牲,三十余人负伤。谢晋元团的英雄壮举使上海市民深受鼓舞,他们给守军送去物资和慰问信,支援守军作战。10 月 31 日,谢晋元奉命率部离开阵地,退入英租界。以下是两位守护四行仓库的老兵杨养正和郭兴发对这场保卫战的回忆:

【音频】抗战老兵杨养正、郭兴发谈四行仓库保卫战

　　日军占领苏州河北岸后即发起攻势,但遭到守军的英勇抵抗。至 11 月 4 日,日军仍未能突破苏州河。从 9 月下旬至 10 月初,在中国军队的英勇坚持下,淞沪会战已经延续了两个多月,日军每前进一步都要付出重大代价,这对其速战速决的战略无疑是个沉重的打击。10 月 20 日,日本参谋本部决定增派第十军在杭州湾北部登陆,攻击上海守军侧背。10 月 30 日,日军又从华北抽调第十六师等部,编入日军上海派遣军的战斗序列。至此,进犯淞沪地区的日军已达三十万。11 月 5 日,日军在金山卫附近登陆,击破中国守军后,分别向沪杭铁路、松江进攻。11 月 7 日,日本参谋本部将日军上海派遣军与第十军编组为华中方面军,于次日拂晓渡过黄浦江,与中国军队一零八师激战。松江县是日军切断中国军队退路的必经之地,为掩护上海方面中国军队顺利撤退,第八集团军第六十七军于 11 月 6 日至 8 日,在松江与日军展开激战,击退日军多次进攻,在完成死守三日的任务后撤离,军长吴克仁壮烈牺牲。11 月 12 日,上海沦陷。至此,淞沪会战结束。军事专家陈虎认为,这场战役影响了日本军队的主攻方向。

【音频】军事专家陈虎分析淞沪会战的影响

　　淞沪会战从 1937 年 8 月 13 日开始,至 11 月 12 日上海市区沦陷为止,历时三个月,是中国全国抗战开始以来时间最长、规模最大的一次战略性战役。中国军队以伤亡二十五万余人的巨大代价,毙伤日军四万余人,坚守上海三个月,击碎了日本三个月灭亡中国的妄想,也为国家转入战时体制赢得了宝贵的时间。

（倪嘉铭）

日军轰炸后的上海

89

德国戏剧家布莱希特逝世

他是德国戏剧家、诗人，与中国的梅兰芳、苏联的斯坦尼斯拉夫斯基并称为 20 世纪世界戏剧三大表演体系的代表人。他的代表剧作《四川好人》《高加索灰阑记》都充满着中国元素。他就是德国戏剧家布莱希特。1956 年 8 月 14 日是布莱希特逝世的日子。作为一个德国人，布莱希特为何会被人称为"中国的布莱希特"，他与中国又有着怎样的不解之缘？

布莱希特 1898 年出生于德国一个中产阶级家庭。他的父亲是一家造纸厂经理，不属于有钱人，但还算得上小康，这使得布莱希特足以受到完整的教育。布莱希特 16 岁时，第一次世界大战爆发了，那时他正在读中学。1916 年布莱希特中学毕业，因为成绩和表现不好，差点没有获得毕业证书。1917 年布莱希特到慕尼黑大学学习，选择的专业是哲学，但是为了避免上战场，他又转修医学。然而布莱希特在大学里最感兴趣的，却是戏剧学。1918 年秋他被征募

《三分钱歌剧》剧照

入伍，大学生涯被迫中断。布莱希特被分配到奥古斯堡的军医院，负责照顾伤员，这使他亲眼目睹了战争的残酷，从而形成了一生的反战态度。三个月后战争结束，他重返大学完成了学业，并写下了反战歌曲《阵亡战士传奇》。

【音频】歌曲《阵亡战士传奇》

布莱希特从 16 岁开始文学创作，真正引起人们注意的是他于 1918 年创作的《巴尔》。布莱希特笔下的巴尔是一个酗酒、纵欲、参与凶杀的流浪诗人。布莱希特的许多创作特质已在《巴尔》中初露端倪。《巴尔》以及布莱希特的早期诗作都明确地表现了他对小市民心态的批判以及对资产阶级道德虚伪性的抨击。

在柏林，布莱希特像魏玛共和国时代的许多知识分子一样具有"左倾"倾向，同情以李卜克内西和罗莎卢森堡为代表的德国共产党，同时还参加马克思主义工人学校和工人运动，为工人街头演出写作教育剧，宣传社会主义思想，研究科学社会主义。同时，为了反抗希特勒政府的激进思想和独裁专政，布莱希特辛辣嘲讽了当时社会的《三分钱歌剧》。

【音频】1931 年由乔治·威廉·巴布斯特导演的电影《三分钱歌剧》唱段选段

1933 年，希特勒上台，开始集权和暴力统治，并大规模迫害社会民主党和共产党人士。2 月 28 日，也就是希特勒制造国会纵火案的第二天清晨，布莱希特携妻子出逃柏林，开始了流亡生涯。

直到 1949 年初，布莱希特才举家重返家园，在德国东柏林定居。在这一时期，布莱希特得以发展和实践他的戏剧理论，并拥有了自己的艺术领地——柏林剧团。当年的媒体报道了布莱希特的《勇敢的母亲和她的孩子们》在德国剧院开演的新闻：

【音频】新闻报道：在柏林的德国剧院，布莱希特的《勇敢的母亲和她的孩子们》被恩里克·恩格尔搬上了舞台，这是战后德国剧院的一件盛事，保罗·拜克和吉尔达·穆勒作为剧团的成员，甚至像布莱希特和恩格尔一样获得国家奖提名。

布莱希特一生都迷恋着中国文化，但却从未到过中国，也鲜有机会接触中国人。除了在莫斯科的公众场合见过梅兰芳外，他生前只与两个中国人有过比较密切的来往。一位是他流亡美国期间遇到的旅美华人作家蒋希曾。他们初次见面，蒋希曾便以赞赏的口吻称他为"史诗剧的创始人"。另一位中国人是德籍华裔翻译家袁苗子先生。袁苗子还为布莱希特书写了毛泽东诗词《沁园春·雪》，据说这幅书法作品至今还悬挂在布莱希特的柏林故居里。

晚年的布莱希特由于长期接受中国文化熏陶，在待人接物方面谦和得像个中国知识分子。韩国学者宋云耀就曾称赞他道："作为诗人和剧作家，你简直就是个中国的布莱希特。"布莱希特的大女儿芭芭拉形容父亲"才华横溢、谦和有礼但性格复杂"。

【音频】芭芭拉·布莱希特·绍尔：他魅力非凡、才华横溢，他特别地聪明、和善，但易怒。处事有时公正但有时偏颇。他是一个非常复杂的人，我非常爱他，现在比以前更爱他了。

作为时代的幸存者，布莱希特对自己的人生有意保持了沉默，以至于很少有人能从他的人生经历中发掘他的天赋。他身上最多的标签是剧作家、戏剧理论家，也许还有马克思主义者、流亡者，等等。但这就是真实的他吗？布莱希特有一首在流亡时候所作的诗，真切地向自己和后人道出了他的心声："你们兴起的波浪把我们淹没。想一想，当你们在谈论我们的弱点的时候，我们已经从这个黑暗的世界走了出来。我们超越了阶段斗争。国家像鞋子一样不断更换，我们知道造反并不能改变社会的不公正。我们早就知道。悲惨的怨恨产生皱纹，不公的愤恨让喉咙沙哑。哦，我们是努力耕耘友谊的土地，我们并不自信能真的产生友谊。但是你们，当人帮人的时刻来到的时候，请带着宽容想想我们。"

（金之）

布莱希特

日本宣布无条件投降

八月 15

【音频】天皇裕仁宣读《终战诏书》

1945 年 8 月 15 日东京时间中午 12 时，日本天皇裕仁通过广播发表《终战诏书》，宣布日本接受《波茨坦公告》，无条件投降。日本的无条件投降，宣告了法西斯轴心国的彻底覆灭，标志着中国全民族抗战暨世界反法西斯战争取得最后胜利，人类历史上漫长而血腥的第二次世界大战画上了句号。

1939 年 9 月，德国对波兰不宣而战，第二次世界大战爆发。1945 年初，苏军和英、美军队分路攻入德国本土。同年 5 月，德国宣布无条件投降。至此，欧洲战争结束，第二次世界大战进入最后阶段，盟军作战重心迅即东移，全力对付日本法西斯。日本为了保住本土和朝鲜，进行了空前的战争大动员，叫嚷"本土决战"。上海交通大学日本研究中心主任王少普讲述了日本在德国投降之后的情况：

日本天皇裕仁宣布日本正式投降

【音频】王少普：1945 年 5 月，德国投降。在这样的情况之下，日本在国际上更加孤立。它原来曾寄希望于由苏联出来斡旋，和英、美实行所谓体面的媾和。但是实际上，苏联已经准备对日作战。同时，日本国内也陷入兵员枯竭、资源穷尽的这样一个情况。那个时候，日本不得不动员老少妇幼上阵，甚至于拿松树根来提炼航空油。

1945 年 7 月 26 日，中、美、英三国发表《波茨坦公告》，要求"日本政府立即宣布所有日本武装部队无条件投降"，并指出"除此一途，日本即将迅速完全毁灭"。但是，日本军国主义统治集团仍然执迷不悟，继续负隅顽抗。国防大学副教授刘波讲述了当时的日本军国主义分子拒绝投降的情况：

【音频】刘波：日本投降的时间已经是指日可待了，但这个时候还有一些军国主义分子，他不愿意投降，他想绑架日本的整个国民，以更大的牺牲来换取他们所谓的"玉碎"。

1945 年 8 月 6 日，美军在日本广岛市区上空投下了一颗原子弹。广岛市的建筑全部倒塌，死伤总人数达 20 余万，城市化为一片废墟。8 月 8 日，苏联召见日本驻苏大使，通告苏联参加《波茨坦公告》并宣布对日作战。8 月 9 日，苏联出兵我国东北，对日本关东军发动全面进攻。同日，毛泽东发表《对日寇的最后一战》的声明，中国军队向日军发起最后的猛攻。也是在 8 月 9 日，当日本军方仍然叫嚣要死战到底的时候，美国在日本的长崎投下了第二颗原子弹。当天深夜，裕仁天皇不得不在御前会议上作出决定，接受《波茨坦公告》。

8月14日，日本政府正式照会中、美、英、苏四国政府，表示接受《波茨坦公告》。但是，日本陆军省中以少佐畑中健二和中佐椎崎二郎为代表的少壮派军官却不甘就此灭亡。他们策划了直捣天皇皇宫的"决死兵变"，力图阻止天皇发布《终战诏书》。上海交通大学日本研究中心的主任王少普讲述了畑中健二等日本军官阻止天皇宣告投降的原因：

【音频】王少普：畑中健二等这些少壮派军人，在军国主义思想和军国主义纪律的长期灌输和管束之下，他们实际上已经形成了对天皇的一种绝对崇拜。那么在这样的情况之下，当时天皇决定要接受《波茨坦公告》，他们认为这不是天皇的意见，而是天皇受那些软弱政客的蛊惑和煽动而作出这样的一个决定。因此，他们企图煽动或者策动强迫东部军和近卫师团来实行兵谏。

8月14日深夜，裕仁天皇完成了《终战诏书》的录音。8月15日凌晨，以畑中健二为首的叛军冲进宫城四处搜查录音盘，凡是上了锁的屋子，他们都用消防斧砸开。这些平常没有机会进入内廷的大兵，没头苍蝇般地折腾到天亮。最终，他们没有找到录音盘。复旦大学历史系冯玮教授讲述了叛军进入宫城寻找录音盘的情况：

【音频】冯玮：他们进入宫城以后简直就像进了一个迷宫。那些名称对他们来说，很多都可以说是闻所未闻的，比如宗秩寮、内舍人室、掌典职还有御歌所。这些地方他们看得都是一头雾水，然后在里面转晕了方向，根本找不到这个录音盘。

8月15日上午，畑中健二和椎崎二郎在皇宫前的草坪上饮弹自尽。当天，共有600余名军官选择自杀来逃避投降的命运。中午12时，裕仁天皇以广播《终战诏书》的形式向公众宣布无条件投降。

1945年9月2日，日本向同盟国投降的签字仪式在停泊于东京湾的美国战舰"密苏里"号上举行，日本外相重光葵代表天皇和政府在投降书上签字。9月9日，中国战区的日军投降仪式在南京举行，日本中国派遣军总司令冈村宁次在投降书上签字，并交出随身佩刀，以表明侵华日军正式向中国缴械投降。至此，中国在历经8年艰苦卓绝的抗日战争之后终于取得胜利，第二次世界大战落下帷幕。

（舒　凤）

中国接受日本递交的投降书

摇滚歌手"猫王"逝世

八月 16

猫 王

1977年8月16日晚,摇滚歌手"猫王"埃尔维斯·普雷斯利在自己位于田纳西州孟菲斯的公寓内因心脏病发去世,时年42岁。

"猫王"是美国摇滚乐历史上最具影响力的歌手之一,他使摇滚乐在世界范围内的流行普及化,享有"摇滚乐之王"的美称。"猫王",The Hillbilly Cat,是狂热的美国南方歌迷为埃尔维斯取的昵称,因为他早年在南方表演时穿着华丽的服装、留着独特的鬓角,而且舞蹈常伴有激烈的扭臀动作,由此得名。"猫王"埃尔维斯·普雷斯利也是美国电影史上第一个进军影坛的歌手,他发行过14张专辑,出演过31部电影,参与过7档电视节目的录制。"猫王"的去世只是其人生旅程的终结,而他所创造的传奇远没有就此落幕……

埃尔维斯·普雷斯利,1935年1月8日出生于美国密西西比州的一户农场工人家庭。他虽生长于贫民窟,但少年埃尔维斯没有在生活的"污泥"中沉沦,反而从中培养出日后使其独树一帜的特质来。

很小的时候,埃尔维斯就沉迷于福音音乐。贫民窟中流行的节奏强烈的黑人音乐以及蓝调、民谣等也深深打动了年幼的他。教堂的唱诗班演唱给予他必要的音乐启蒙,而教徒们充满激情的歌舞则对他影响至深,其标志性的扭胯动作很大程度上即脱胎于此。

1948年,埃尔维斯·普雷斯利举家迁到了孟菲斯。在那里他遇见了太阳唱片公司老板萨姆·菲利普斯的助手马里恩·凯斯克并深得对方赏识。这位唱片制作人为埃尔维斯安排了几次录音并邀请本地几位有名的乐手为他伴奏。起初这个临时组合的效果并不理想,直到埃尔维斯唱起那首著名的布鲁斯歌曲《好极了》时,一切开始渐入佳境。

《好极了》这首歌最终成了"猫王"在太阳唱片公司的首张单曲唱片并征服了当地的歌迷。1955年,公司老板把埃尔维斯的合约转让给美国广播唱片公司。新唱片公司在第二年初发行了专辑《伤心旅馆》,同名主打歌立刻在全美市场上成为畅销曲,这也是"猫王"第一张销售突破100万张的唱片。

随着唱片的陆续推出,"猫王"走上了成功之路。20世纪50年代后期,"猫王"在歌唱领域已经红极一时。然而就其个人来说,他最大的愿望并不是成为一名歌手,而是一名电影演员。

1956年,"猫王"与派拉蒙电影公司的电影制片人哈尔·沃利斯签署了一份长达7年的戏约。签下协议后的埃尔维斯难抑自己的兴奋之情:

【音频】猫王:这真的是美梦成真。许多人问我在片中会唱歌吗?我不会的。我很认真投入演戏,事实上我不在乎在电影中演唱与否。

埃尔维斯的第一部电影作品是《温柔地爱我》。尽管"猫王"自己表示不在乎是否在电影中演唱,但对于电影制作方来说,又怎会错过让这个世界顶尖歌手为电影增添光彩的机会呢?最终,"猫王"为这部个人电影处女作创作了同名插曲。

【音频】"猫王"演唱的《温柔地爱我(Love Me Tender)》

1年后,埃尔维斯又参加了歌舞片《监狱摇滚》的拍摄并在片中担任主角。相比《温柔地爱我》,这部电影更能展现"猫王"的歌唱才华与华丽舞技。

1958至1960年,"猫王"受征召入伍,从其如日中天的事业中离退。江山代有才人出,当"猫王"多年后退伍归来,其影响力已经今非昔比,但他的支持者们却依然视他为偶像巨擘。60年代在美国刮起英伦摇滚风潮的披头士就是"猫王"的忠实拥趸。1965年8月27日晚,两代巨星第一次也是唯一一次进行了会面。披头士乐队的成员乔治·哈里森、保罗·麦卡特尼和约翰·列侬后来回想起当时的见面,仍记得大家的激动和不知所措。

【音频】乔治:当抵达"猫王"住处的时候,我们都忘了自己究竟要去哪儿,不过去哪儿都没有关系了。

保罗:那是"猫王"啊,他看上去和"猫王"一模一样。

列侬:他就是摇滚之王——"猫王"。

可能是这次会面给"猫王"留下了好印象,又或者是为了顺应时代的潮流,1970年埃尔维斯在赌城拉斯维加斯的国际饭店举行演唱会时就选唱了一首披头士的金曲《昨天》。不知道他演唱时是否也多少有些"弃我去者,昨日之日不可留"的感慨呢?

自拉斯维加斯的演出后,直至1977年8月16日逝世,"猫王"在经纪人的安排下一直疲于奔波演出,身心备受压力但也没有恢复昔日的荣耀。尽管如此,"猫王"在摇滚史上的地位仍无可替代。他借助自身的魅力站到了开创者的神坛上,以白人身份把带有种族色彩的黑人节奏布鲁斯介绍给了白人。从历史传承的角度看,他也为后来出现的摇滚巨星如披头士乐队等担当了开路先锋的角色,这扇由他推开的沉重的摇滚之门在日后派生出了更具爆发性的力量。

(郑 麟)

猫 王

中国民间音乐家华彦钧诞生

【音频】阿炳演奏的《二泉映月》原声

这段回味悠长的二胡名曲《二泉映月》由作曲者本人演绎,这位民间音乐人名叫华彦钧。华彦钧因病失明,因此也被称为"瞎子阿炳"。录制这段音乐时,华彦钧已经年过五旬,并且因为一些不良生活习惯导致身体每况愈下。然而他在自己颠沛流离的一生中汲取了各种民间音乐曲调,即使生活潦倒,依然致力于民乐的创作和开拓,为中国民族音乐史画上了浓墨重彩的一笔。1893 年的 8 月 17 日是华彦钧诞生的日子。

阿炳的父亲华清和是无锡洞虚宫"雷尊殿"的当家道士,阿炳的母亲生下他后不久就病故了。在乡间族人眼中,阿炳是一个"野孩子",不时遭到同龄人的欺负。在不得已的情况下父亲将年幼的阿炳接到了"雷尊殿",父子两人以师徒相称。身为道士,有"铁手琵琶"之称的华清和精通音律。无锡电视台的艺术指导宋一民先生介绍了江南民间音乐和道士的关系:

华彦钧

【音频】宋一民:可以说我们江南的民间音乐大部分都保留在无锡的道士的脑子里。道士和和尚是有区别的。当时无锡的道士主责不是念经,而是搞音乐。

阿炳跟着父亲学习各种乐器。在吹笛子时,父亲要求他在笛尾上挂铁圈以增强腕力,后来更是索性将铁圈换成了秤砣;练二胡时,由于阿炳用的外弦要比一般弦粗壮,手指磨出了厚厚的茧。夏夜时分拉胡琴,为了防蚊虫叮咬,阿炳还将脚泡在水里进行刻苦练习,而到了冬天弹奏琵琶,他竟然用冰块摩擦双手来加强指功。12 岁起阿炳经常参加诵经、奏乐等活动。由于在音乐道路上敢于突破、精益求精,18 岁的他就被无锡道教音乐界誉为演奏能手,也被称作为"小天师"。据后人回忆,这段时期的阿炳一表人才、风华正茂,平日里拉琴操鼓,生活平静。

父亲华清和的去世是阿炳生命中的转折点。他子承父业成了雷尊殿当家道士。当时有一种说法,当地浴室的老板看中了阿炳手上的田产,引诱他吃上了鸦片。加上寻花问柳的不良习性,阿炳染了病,导致数年间就双目失明,无法继续做道士,生活也因此变得困苦不堪。为了生计,他身背胡琴,走街串巷,化身街头艺人。

道教音乐并不适合卖唱,阿炳就靠着天赋将当时无线电里播送的"广东音乐"曲谱记下,加以操练,很快就上手了。除此以外,他还钻研国乐、江南丝竹,等等。当然,地道的无锡人最喜欢听的还是阿炳的"说唱新闻",但凡有重大或者热门的社会事件,阿炳就会不厌其烦刨根问底,把它们作为说唱材料的主要来源。他选材多样,紧贴时事,又敢于抨击恶势力和社会黑暗面,唱得可谓深得民心。由于录音技术有限,当年的原声已经不复存在,我们现在只能聆听后人还原的阿炳说唱,这是为"一·二八"事变所创作的《十九路军在上海英勇抗击敌寇》:

【音频】阿炳编剧的说唱选段

南京师范大学教授黎松寿曾和阿炳是孩童时期的邻居,年少时两人常在二胡演奏上切磋技艺,黎松寿后来考上了南京艺术学院民乐系。有次他随手拉了首阿炳的曲子,被当时中央音乐学院教授杨荫浏听到后询问出处,杨教授说自己正在收集民乐,很需要这样曲调优美的地方音乐。就这样,黎松寿和杨荫浏教授约好一同去无锡采集这位民间音乐家创作的歌曲和当地的道教音乐。

1950 年 9 月,他们带着一台国外进口的钢丝录音机和阿炳见面了。阿炳摆开架势,洋洋洒洒一曲奏罢,杨荫浏询问这歌叫什么名,阿炳轻声回答没有名字。录制完毕后,杨教授表示可以回听试试,阿炳生平第一次从录音机里听到自己演奏的曲目,激动万分。这之后,阿炳又录制了《听松》《寒春风雨》两首二胡曲以及《大浪淘沙》《昭君出塞》和《龙船》三首琵琶曲,所有演奏均一气呵成。据说阿炳熟练掌握的歌曲多达七百多首,还不包括他的民间说唱,可因为条件所限无法一一录下,杨教授表示来年再为阿炳补录。无锡人民广播电台主任编辑姚德云在多年后接受采访时这样描述阿炳的乐器:

【音频】姚德云:他这个乐器有特色,弦都是打过结的。但即使是这样他也能够拉出美妙的旋律。有很多人把他的这个二弦音乐叫做"关门音乐",也有叫做"赞美曲"。

然而阿炳在录完自己作品的三个月后就去世了,抢录下的六首曲子成了他的遗作和传世佳作。1951 年,阿炳的唱片出版,立即轰动全国。1954 年,他的曲集也相继面市。至此,阿炳这位民间音乐家的作品终于走出小巷、登上舞台、传遍全国、名扬世界,甚至成为一些世界级交响乐团的经典演奏曲目。

(陈晓辰)

华彦钧画像

巴尔扎克逝世

八月 18

巴尔扎克

"各位先生：现在被葬入坟墓的这个人，举国哀悼他。对我们来说，一切虚构都消失了。从今以后，众目仰望的将不是统治者，而是思想家。一位思想家不存在了，举国为之震惊。人民哀悼一位天才之死，国家哀悼一位天才之死。"这是法国作家维克多·雨果在拉雪兹公墓的一段著名演说，葬词中所提到的这位"天才"是他的挚友——法国批判现实主义巨匠奥诺雷·德·巴尔扎克。1850 年 8 月 18 日，巴尔扎克因病结束了他 51 年的生命，也结束了他长达 20 余年的文学创作生涯。

巴尔扎克 1799 年出生于法国中部图尔城，年轻时进入法律学校学习。毕业后，巴尔扎克拒绝了家人为自己安排的公证人事务所内的职位，而是坚持要走毫无生活保障的文学道路。然而他的文学创作初期并不顺利，辛苦完成的诗剧《克伦威尔》并没有达到理想的结果。为了给自己的创作寻求稳定的经济来源，巴尔扎克决定暂时弃文从商。他尝试过出版业，开办过印刷厂、铸字厂，然而每次都以失败告终。走投无路的巴尔扎克只好重新进入文学创作领域。生活中的一切挫折都在他的笔下转化为创作素材。

1829 年，巴尔扎克发表长篇小说《朱安党人》，就此迈出了现实主义创作的第一步。1831 年出版的《驴皮记》使他声名大震。30 至 40 年代，他以惊人的毅力创作了大量作品，写出了 91 部小说，塑造了 2400 多个栩栩如生的人物形象。这 91 部小说最后组成了合集，巴尔扎克将其命名为《人间喜剧》。该合集通过贵族衰亡、资产者发迹、金钱罪恶三大主题，展示了法国社会的整个面貌，被誉为"资本主义社会的百科全书"。

《欧也妮·葛朗台》是《人间喜剧》中最出色的小说之一，成功塑造了葛朗台的吝啬鬼形象。他的一句话"人生就是一场交易"，反映了资本主义社会人与人之间赤裸裸的金钱关系。葛朗台是法国索窦城的首富，虽然他家财万贯，但十分吝啬。这个吝啬鬼的形象在巴尔扎克的笔下十分生动，他贪婪、阴险、狡诈的性格被描绘得栩栩如生，成为了世界文学史上"四大吝啬鬼"之一。1994 年根据该小说改编的法国电影，还原了小说中的经典桥段和对白。

【音频】电影《欧也妮·葛朗台》中葛朗台让女儿欧也妮放弃母亲继承权的经典片段

除了嗜钱如命而不顾亲情的葛朗台之外，巴尔扎克在小说《高老头》中塑造了另外一个父亲形象，向读者展示了一份特别的父爱。高老头将两个女儿当作天使，乐于牺牲自己来满足她们的种种奢望。为了女儿的体面，他放弃了生意，只身搬进公寓；为了替女儿还债，他当卖了金银器皿和亡妻的遗物，出让了养老金，弄得身无分文。小说中的两个女儿则成了贪婪的代名词，为了欲望，不惜榨干父亲的所有积蓄，大女儿往往用勒索的手段向父亲高老头要钱，小女儿则善用撒娇哄骗的办法来达到同样目的。

小说《高老头》中还有一个人物值得一提，他就是青年野心家拉斯蒂涅。他出身没落贵族，为了改变自己的贫困境地，早日实现飞黄腾达的梦想，他抛弃道德、良知，利用各种手段，不顾一切向上爬。拉斯蒂涅还是巴尔扎克"人物再现"这一独特写作手法的代表人物，让人物在不同作品中连续出现，每出现一次就展示其性格的一个侧面，最后将这些作品情节贯穿起来，就形成了人物的发展轨迹。作家叶辛对拉斯蒂涅这个人物有自己的理解：

【音频】叶辛：大家都知道19世纪的法国有一个很有名的作家巴尔扎克。他写的《人间喜剧》对我们这一代人影响很大。在巴尔扎克的作品《高老头》当中有一个叫"拉斯蒂涅"的穷小子，他每个月都要为住房和吃饭的钱发愁。但在巴尔扎克后期的作品中，"拉斯蒂涅"已经成为一个跻身上流社会的伯爵。我们仔细理一理这个人物的人生轨迹，不难发现其实巴尔扎克把自己的希望寄托到了"拉斯蒂涅"身上。

善于观察社会风情的巴尔扎克，还将笔头指向了法国贵族阶层妇女的生活状态。《朗热公爵夫人》和《幽谷百合》就是其中的代表作，描绘了在社会地位和封建道德的束缚下不敢享受真正爱情的贵妇形象。1995 年小说《朗热公爵夫人》被改编成电影，其中朗热公爵夫人表达对蒙特利沃将军爱慕之情的话语成为了影片的经典片段之一。她无比热爱将军，但因公爵夫人的身份而无法与他在一起，希望双方都克制住感情。

【音频】电影《朗热公爵夫人》片段

巴尔扎克善于在典型环境中塑造典型人物，而这些典型人物多以贵族为主。他利用这些人物的命运，告诉当时的读者法国社会正要发生的命运——金钱逐渐代替贵族头衔，资本主义必然会代替封建主义。巴尔扎克在20 余年中完成了 91 部小说，塑造了如此之多的经典人物，这在文学史上并不多见。

（贺　僖）

电影《欧也妮·葛朗台》DVD 封面

时尚女王香奈儿诞生

八月 19

香奈儿

她被称为"法国时装之母",她掀起了一场20世纪女性着装的革命。毕加索称她是"欧洲最有灵气的女人",萧伯纳给她的头衔是"世界流行的掌门人"。这位女性就是时尚女王嘉柏丽尔·香奈儿。

1883年8月19日,香奈儿出生于法国的一个小镇。在人们心中,"香奈儿"不仅是一个优雅时尚的品牌,更是自信、独立、现代新女性的标志。这位曾为现代时装史带来重大革命的时尚领袖是这样理解时尚的:

【音频】香奈儿:时尚是瞬息万变的。首先,我从来不会彻彻底底完成一件服装的设计,所以我没法告诉您最后它是什么样子的。其实一直到作品完成的最后一刻,我仍然在对它进行创作。您甚至可以说直到递交作品的前一个晚上,我依然在进行设计。一些我原本添加上去的元素,后来我又觉得它们没有意义,就又不断地把它们拿掉。

1895年,12岁的香奈儿因母亲离世、父亲出走而住进了一家修道院,她在那里学到了一手扎实的缝纫技术。成年后,香奈儿离开修道院来到穆兰。为求生计,她白天在一家缝纫店工作,晚上和同伴到咖啡厅献唱。因为香奈儿经常唱《谁见过可可》,所以大家都叫她"可可"。

1910年,香奈儿在巴黎康朋街21号开设了自己的第一家女帽店,以"香奈儿时尚"为名制作帽子。她一改当时夸张繁复的风格,设计出款式简洁且美观耐看的帽子,明星和时尚女士们纷至沓来。

3年后,香奈儿在法国杜维埃开设了一家服饰店。她以"我解放了身体"的哲学挑战传统,进行首次革新性的服装尝试。她不仅用男装的面料与线条制作女装,还革命性地为女性设计了长裤套装。她利用当时只用于做内衣的针织布料来设计制作女性套装,轰动了整个上流社会。在第一次世界大战期间,女性在社会上的活动越来越多,香奈儿以实用和舒适为前提所剪裁的套装符合了当时的实际需求。

几年后,香奈儿分别在法国的比亚利兹和巴黎的康朋街31号开设了品牌时装屋和精品店。1921年,香奈儿推出了自己的第一款香水——香奈儿 N°5。好莱坞影星玛丽莲·梦露对 N°5 情有独钟,她耐人寻味的一段话揭示了她与 N°5 之间的亲密关系:"有人问我'你睡觉的时候会穿什么?你会穿睡衣式上衣、睡裤还是一件睡袍?'我说'香奈儿5号',因为这是真的。但是我并没有说我

'裸体',这是事实。"

【音频】梦露讲述她与香奈儿 N°5 之间的亲密关系

  香奈儿摒弃当时花花绿绿、繁复累赘的流行风格,不断在面料、设计细节与制作技巧上求新求变,于 1926 年推出了简洁而奢华的"小黑裙"。尽管之前也有黑裙,但香奈儿设计的款式、廓型是前所未有的,这种简洁而大胆的风格给时装界带来了革命。美国的《VOGUE》杂志将这一创新设计奉为经典,称之为"香奈儿的福特裙,一款必将风靡世界的连衣裙"。

  第二年,香奈儿开始在时装中大胆使用粗花呢面料,再次掀起一股前所未有的时尚风潮。到了 20 世纪 30 年代,"香奈儿旋风"刮过英吉利海峡,风靡英伦三岛,甚至远渡重洋,征服了美国的好莱坞。1931 年,在好莱坞制作大亨塞缪尔·戈德温的邀约下,香奈儿开始为好莱坞的银幕巨星创作戏服。当时,请她制作服装的包括葛丽泰·嘉宝和玛琳·戴德丽等大牌影星。时装设计师卡特琳·勒泰里耶讲述了当时的情况:

【音频】卡特琳·勒泰里耶:30 年代的时候,她已经成了一个巨星。塞缪尔·戈德温是个头脑异常灵活、神通广大的星探,他给香奈儿开出了 100 万美元的价码,请她每年在好莱坞待上六个星期,为那些一流的女演员设计戏装和时装。

  香奈儿一生未婚,但她与多位同时代的艺术家交往密切,其中包括画家毕加索、诗人尚·考克多、作曲家斯特拉文斯基等。香奈儿同这些大师始终保持着智慧的交流,从而淬炼出她独特的美学风格。法国法兰西学院的莫里斯·兰斯教授这样评价这位影响了时装界半个多世纪的时尚女王香奈儿:

【音频】莫里斯·兰斯:她具有非凡的国际声望,散发出女人那种难以阻挡的魅力,她真像女妖美杜莎。她的确美得让人无法抗拒,让人日日牵挂,但令人折服的还是她的才华。她的个性是多种因素的融合,天资、魅力、美貌、幽默还有神秘,太完美了。

  "时尚转瞬即逝,而风格永存",这是香奈儿留给世人的一句话。香奈儿对于时尚之外的意义,便是她自身的风格,即对智慧和美的探索和对自由与独立的追求。这样的风格,对于后世女性而言,或许比香奈儿时装更为珍贵。

(舒 凤)

香奈儿

八路军发起"百团大战"

1940年8月20日晚,在长达2千多公里的华北敌后抗日战线上,数十万中国军民似乎一夜之间突从天降,他们炸铁路、毁桥梁、攻厂矿、拔据点,一时间,侵华日军在华北的交通、通讯陷入瘫痪。在接下来的4个月里,八路军共100多个团从敌后根据地对日寇发起了反击,近百万民众予以支援。这就是抗战历史上由中国共产党领导的"百团大战"。时任八路军总部情报参谋的魏国运回忆说"百团大战"沉重地打击了日寇的嚣张气焰:

【音频】魏国运:日本人也震惊了。华北100多个团,那么多人一夜之间神不知鬼不觉地就打了起来。敌人也是很慌张,为什么这么大的部队、这么大的行动,自己一点都不知道。最后他们把百团大战总结叫"挖心战",敌人也觉得这是个教训。

彭德怀亲临前线指挥"百团大战"

1940年,全面抗战进入第3年后,日军已在华北建立了3千余个据点、1万多个碉堡、5千余公里铁路和3万多公里公路。日军通过"以铁路为柱,以公路为链,以碉堡为锁"的"囚笼政策",妄图将八路军封锁在穷乡僻壤,而国民党内妥协投降的论调也空前泛滥。为遏制这股逆流,鼓舞中国人民的斗志,中国共产党领导的八路军决定对华北日寇展开一次大规模的进攻战。于是击破日军赖以生存的铁路生命线成为这次战役的突破点。

"百团大战"的称呼并不是开战之前就拟定的,按八路军总部的军事部署,只是拟投入不少于22个团的兵力到正太战役,奇袭日军交通线,以破袭正太铁路为重点,破击日军"囚笼政策"。但战役发起后,由于八路军广大指战员和抗日根据地民众痛恨日军的"囚笼政策",参加破击战的积极性非常高,参战兵力迅速增至105个团之多。当时彭德怀、左权正在八路军总部作战室听取战役情况汇报,在得知实际参战兵力达到105个团时,左权兴奋地说:"好!这是百团大战。"时任八路军总部作战科科长的王政柱对"百团大战"这一称呼的来历记忆犹新:

【音频】王政柱:那时我给彭总司令、左权参谋长汇报参战部队番号,在我念到104、105个团的时候,左权参谋长就打断我的话,他说不要再往下念了,我们就叫"百团大战"好了。马上彭老总也说,这个很好,我们就叫"百团大战"。

战斗打响后的几天内,战区内日军处于被动挨打的局面,八路军完全控制了战场上的局势。随后日军为了对"百团大战"实施报复,发起了对华北抗日根据地灭绝人性的扫荡。在这种背景下，"百团大战"转入反"扫荡"阶段。日军在"扫荡"中惨无人道地推行杀光、烧光、抢光的"三光政策"，制造了多起惨案，甚至灭绝人性地施放毒气，进行细菌战。在东起山海关、西至古北口的长城沿线，制造了东西长350余公里、南北宽40余公里的无人区。1941年1月，日军血洗河北省丰润县潘家峪村，一次集体屠杀群众1300余人，焚烧房屋千余间。在对冀中区的大"扫荡"中，日军残杀、伤害、抓走群众多达5万余人。当时的华北地区，呈现出"无村不戴孝，处处是狼烟"的惨景。潘家峪惨案幸存者潘广林多年后回忆起这场屠杀惨案，仍然义愤填膺。

【音频】潘广林：我叫潘广林，我家祖祖辈辈就住在潘家峪这个地方。当年日本帝国主义在潘家峪制造的屠杀中国人民的惨案，我是受害者也是见证人。我家4个亲人都死在这个大院里，我70多岁的老奶奶被敌人的手榴弹给炸死了，我妈妈和我妹妹在和敌人搏斗的时候被敌人用刺刀给刺死了，还有一个8岁的妹妹看我母亲被刺死，她就大骂敌人，最后她也被敌人杀害了。在和敌人冲杀中，虽然有许多亲人牺牲了，但是剩下的人还是不屈不挠地跟敌人进行了英勇的斗争。

与日军的残暴相比，八路军战士在"百团大战"的枪林弹雨中勇救日本小姑娘的故事，书写了人类战争史上人性光辉闪耀的篇章。在"百团大战"一场激烈的战斗中，聂荣臻所率部队从炮火中救出两个日本小姑娘。经多方考虑，聂荣臻决定送两个小女孩回日军占领下的石家庄。1980年，《人民日报》发表了一篇题为《日本小姑娘，你在哪里？》的文章和著名的《将军与孤女》组照。这篇报道立即在中日两国引起很大的反响，由此引发了中日两国寻找日本姑娘美穗子的热潮。1980年7月，美穗子终于再次见到了聂荣臻，双方紧紧地握住了手。美穗子泪流满面，以额头触聂荣臻的手，表示最大的敬意。

"百团大战"历时5个月，至1940年12月5日，战斗逾1800次，毙伤俘敌2.9万余人，破坏铁路、公路1900余公里，沉重地打击了华北日军，打乱了日军的侵华部署。同时有力策应了国民党正面战场，抑制了国民党顽固派的投降逆流，是我国抗日战争史上光辉的一页。

（肖定斌）

破袭敌人堡垒

意大利女记者法拉奇首次采访邓小平

八月 21

1980年8月21日，时任国务院副总理的邓小平在人民大会堂首次接受了意大利女记者法拉奇的采访。在当天以及一天后的采访中，邓小平对法拉奇的20多个尖锐问题进行了坦率、深入的阐述。这篇采访在国际舆论引起了巨大的反响，它使世界第一次对中国共产党第二代领导人有了全面的认识，也向世界表明了在关键历史时期中国对于一些重大问题的看法和声明。

正在采访邓小平的法拉奇

1978年中共十一届三中全会召开后，改革开放政策开始实施，全国的工作重心也从以阶级斗争为纲转到以经济建设为中心上。邓小平作为党的第二代核心领导的地位也逐步确立。这时，素以抓住关键时机采访风云人物著称的意大利女记者法拉奇把关注的目光投向了邓小平。1980年8月18日，法拉奇飞抵北京，入住民族饭店。由于法拉奇要求先与翻译见面，于是时任外交部翻译的施燕华在8月20日下午在民族饭店见到了法拉奇。

【音频】施燕华：一身黑的，嗓门有点哑，穿着牛仔裤，好像很自由派的，就跟我谈。谈的时间不是太长，到最后就拍拍我的肩膀，好，"I trust you"，就是"我信任你"。

奥琳埃娜·法拉奇是意大利《晚邮报》的记者，也是当时世界各国重要报纸的自由撰稿者。她采访过基辛格、英迪拉·甘地、卡扎菲、阿拉法特等众多世界知名人物。她对于想要了解的问题，会刨根问底穷追不舍，有时甚至到了尖刻、失礼的地步。采访前，法拉奇必定要查阅大量有关资料，仔细研究被采访对象，充分准备提出的问题。8月21日，在人民大会堂的福建厅，邓小平接见并接受了法拉奇的采访。施燕华回忆了法拉奇采访时的开场白：

【音频】施燕华：第一句话就说："明天是你的生日，我想祝贺你。"邓小平说："明天是我的生日吗？我这70多岁的人了，没什么好祝贺的，是到了走下坡路、衰退的年龄了。"法拉奇倒是也挺聪明的，她说："我爸爸跟你同岁，要是我跟我爸爸说你到了衰退的年龄，他肯定要打我"，就套近乎了。邓小平就说："当然了，你不能跟你爸爸这么说。"气氛就活跃起来了，很好。

开场白之后，法拉奇单刀直入，直奔主题。在第一次的采访中，法拉奇的问题主要还是围绕着对毛主席个人评价和"文化大革命"的主题展开，并涉及对邓小平本身的评价、四个现代化与私人投资问题上。她像连珠炮似的一个问题接着一个问题，邓小平胸有成竹，从容回答，双方交流十分快捷。

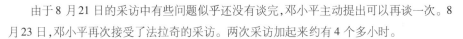

【音频】法拉奇采访片段

施燕华（外交部翻译）：会见的时候，你曾经谈到，还有其他人对毛泽东思想也作过贡献，她希望能够提一些名字。

邓小平：就是我们老一辈革命家，周恩来、刘少奇、朱德，等等。

由于 8 月 21 日的采访中有些问题似乎还没有谈完，邓小平主动提出可以再谈一次。8 月 23 日，邓小平再次接受了法拉奇的采访。两次采访加起来约有 4 个多小时。

1980 年 8 月 31 日和 9 月 1 日，美国的《华盛顿邮报》连载了邓小平与法拉奇的谈话。谈话内容立即引起了巨大的反响。各国报纸纷纷转载，评论称"这是邓小平历史性的、出色的答记者问"。法拉奇也说："我所采访的世界领导人中，没有一个人能像邓这样坦率、深入地谈论历史问题。"

中国领导人接受外媒专访已不是新鲜事。从第一位走进苏区的外国记者埃德加·斯诺，到美国新闻主持人迈克·华莱士，他们都在关键的历史时期对中共领导人有过重要的采访。

斯诺是为中美友谊作出过重要贡献的美国记者。他的著作《红星照耀中国》报道了抗战时期中共领导的革命根据地的真相，成了当时人们了解中国共产党的一个窗口。1964 年，中国刚从"大跃进"等一系列严重困难中大体恢复不久，斯诺作为法国《新直言》周刊的记者第二次访问了新中国。12 月 16 日，周总理在人民大会堂会见了老朋友斯诺，并接受了采访。

【音频】斯诺：周总理，我这次来，看到中国今天的经济状况与 1960 年我来时大不一样了，我是否可以认为，目前中国国民经济已经达到了历史最好水平？

周恩来：是啊，现在可以说，我们国民经济的情况，是全面好转了。

在 1986 年 9 月，美国哥伦比亚广播公司《六十分钟》节目记者华莱士采访了邓小平。在采访中，邓小平谈到了中苏关系、中美关系、中国统一和国内情况。华莱士成为继法拉奇之后第二位采访邓小平的西方记者。

中国领导人在重要历史时期接受西方记者的采访，向世界阐述中国在一些重大问题上的原则和立场，让世界更全面地认识了解中国，同时也向世人展示了中国领导人的个人风采。这样的采访堪称中国对外传播的典范之作。

（郑榴榴）

邓小平与法拉奇

世界名画《蒙娜丽莎》
在巴黎发现被盗

《蒙娜丽莎》

《蒙娜丽莎》是意大利文艺复兴时期的画家列奥纳多·达·芬奇所绘制的肖像画杰作。长久以来，它一直被收藏于法国的卢浮宫内，供慕名而来的世界各地游客们观摩。然而，正是这幅镇馆之宝，却曾在20世纪初期被人盗出长达2年之久。

那是1911年8月22日一个周二的上午，卢浮宫按照惯例在10点钟开馆迎客。当天的第一批游客中有一位画家路易·贝劳德，是他首先发现原本悬挂《蒙娜丽莎》画作的地方如今只剩一面空墙和四个铜挂钩，而卢浮宫内的管理人员却还懵然不知。

在电影《达·芬奇密码》的开篇，一名教宗狂热分子在卢浮宫内追杀博物馆馆长。奔逃中的馆长情急之中搬下了墙上悬挂着的一幅画作，随着"哗"的一声，机关栅栏应声而落，将他和杀手阻隔开来。

在丹·布朗创作的原著小说中，曾简要描述了这种被现代大型博物馆所普遍采用的"封闭保护"的措施，书中写道："封闭装置在闭馆后启动。如果侵入者拿走一件艺术品，自动封闭的出口就会将画廊封死……这种措施所遵循的原则是：别想着不让贼进来，要让他们出不去。"

可是，20世纪初的卢浮宫还没有如此先进的现代技术，管理上也非常松懈，别说不让盗贼进来难做到，就是进来得手后再出去他们也毫不知情。1931年上映的德国默片《蒙娜丽莎窃案》就用艺术手法再现了整个窃案的过程。

盗画者名为文森佐·贝鲁吉亚，是一名意大利玻璃装镶工。他曾为馆内收藏的多幅名画镶嵌玻璃防护板，因此对馆内路径、画作位置及其装卸方法轻车熟路。窃案被发现的前一天是闭馆休整日，贝鲁吉亚正是在这一天身穿工作服混入馆内实施偷盗计划。他只用了几分钟便将《蒙娜丽莎》从墙上卸下，拆掉画框并将画藏在工作服内，从容不迫地离开现场。他接下来所做的就是躲在博物馆内等待第二天开馆后扬长而去。这可能是史上最不费吹灰之力的一次盗窃，而所盗之物却价值连城。

在那个没有监控录像的时代，警察虽奋力调查也无计可施，《蒙娜丽莎》的失窃就此成了一个悬而未决的疑案。

实际上，达·芬奇的这幅《蒙娜丽莎》本身就存在着很多难解之谜。例如画中女子的原型是谁，历来众说纷纭。与身份之谜同样吸引大众的还包括肖像人物那神秘莫测的微笑之谜。

几百年来，人们一直对"蒙娜丽莎"的微笑莫衷一是。有时觉得她笑得温柔，有时又显得严肃，有时像略含哀伤，有时则显出讥嘲和揶揄。有专家认为，这主要是因为达·芬奇在绘制《蒙娜丽莎》时采取了一种叫做层次渲染的手法，使得人物的嘴角和眼角等部位相对模糊，由此营造出了那令人捉摸不定的笑容。

《蒙娜丽莎》的被盗使这幅本已神秘难解的名画新添了一道传奇。巴黎当地的报纸在8月23日刊登了《蒙娜丽莎》的巨大画像，上面印着大字号的标题"乔孔多夫人逃离卢浮宫"，标题下是一段讽刺性的评论，结语里提到"至少我们还有画框"。

讽刺性的明信片也很快出现在市场上，其中一张明信片上画着咧嘴笑着的蒙娜丽莎，旁边写道："我真高兴，400年后我终于自由了。"小说《蒙娜丽莎被盗的日子》作者西摩·雷特讲述了当时法国民间对于《蒙娜丽莎》被盗的不满和揶揄：

【音频】作家西摩·雷特谈法国民众的反应

案情的真正突破口要等到《蒙娜丽莎》失踪2年后才出现。当时一位意大利收藏家在佛罗伦萨收到一封信，发信人自称《蒙娜丽莎》在他手上，他自诩是意大利爱国分子，被一种强烈的"归还国宝的热情"驱使，下定决心要"夺回"这幅被法国人掠走的国宝。他提出，虽不愿高价"出卖"《蒙娜丽莎》，但作为一个负资产者，他也不会拒绝意大利对于一个爱国者的补偿。

收藏家同意了这次交易。当他拿到画作时，发现背面卢浮宫的编号和印戳，激动地相信可能真的遇到了真品。收藏家旋即又将画作拿到乌菲兹美术馆作进一步检测，最终认定了它正是丢失已久的达·芬奇真作，而贝鲁吉亚也旋即被捕。

在狱中，贝鲁吉亚对自己的罪行供认不讳。然而令人啼笑皆非的是，这名偷盗者却掳获了部分意大利民众的心，在他们眼里，贝鲁吉亚成了一名爱国英雄。也许正是因为民心所向，贝鲁吉亚只被法庭判处监禁7个月零9天，但《蒙娜丽莎》最终还是要归还法国。1914年1月4日，带着神秘微笑的"蒙娜丽莎"又回到了她在卢浮宫的"家"中。

（郑　麟）

《蒙娜丽莎》回归后放在双层防弹玻璃里

斯大林格勒会战打响

八月 23

1942 年 8 月 23 日,德国第四航空舰队的轰炸机在苏联斯大林格勒的上空投下了超过 1000 吨的炸弹,德国第六集团军主力部队则渡过顿河准备一举拿下这座城市,斯大林格勒会战这场 20 世纪最为惨烈的战役就从这一天开始了。

1941 年 6 月 22 日,德国不宣而战,撕毁苏德互不侵犯条约,突然入侵苏联国境。德军沿列宁格勒、莫斯科和基辅三个方向大举进攻。苏军进行了英勇顽强的防御作战。经 1941 年夏、秋战局,德军的进攻基本上被阻止在列宁格勒、莫斯科和罗斯托夫一线。德军在莫斯科会战失败后,被迫放弃全面进攻计划。德军统帅部趁欧洲尚未开辟第二战场之机,继续增强苏德战场上的德军兵力,并于 1942 年夏在苏德战场南翼实施重点进攻,企图迅速攻占高加索和斯大林格勒,然后北取莫斯科,南出波斯湾。其实这次进攻计划在德军内部也有不同意见,当时的德国陆军参谋长弗朗兹·哈尔德在 1962 年的一次采访中曾提到过希特勒不顾反对意见,坚持将战线拉长。

斯大林格勒会战

【音频】弗朗兹·哈尔德:希特勒发怒了,不顾大家的劝阻,还是确定了进攻方案,一个目标是斯大林格勒,另一个目标是高加索油田。任何懂军事的人都知道这行不通。

针对德军的企图,苏军最高统帅部组建了斯大林格勒方面军,先后在通往斯大林格勒的接近地和斯大林格勒市及其以南实施了两次防御作战,共持续了 125 天。通过斯大林格勒接近地和市区的激战,德军的进攻力已消耗殆尽,但德国纳粹的宣传机器却已经开始宣称夺取了胜利。

然而,苏军最高统帅部在防御战役过程中就制定了斯大林格勒的反攻计划。11 月 19 日,经过猛烈的炮火准备,西南方面军和顿河方面军发起了进攻,拉开了反攻的序幕。次日,斯大林格勒方面军开始进攻。经过两天战斗,苏军各方面军都突破了德军防御,坦克军和机械化军得到了向战役纵深发展进攻的机会。23 日,西南方面军坦克第四军和斯大林格勒方面军机械化第四军在苏维埃农社会合,封闭了在顿河和伏尔加河中间地区对德军第六集团军及坦克第四集团军一部共 33 万人的合围圈。继而西南方面军和斯大林格勒方面军一边逐步压缩包围圈,同时建立了合围的对外正面工事,以保障顺利地肃清被围之敌。

德军统帅部为了给被围德军解围,建立了"顿河"集团军群。该集团军群司令官原打算在托尔莫辛和科捷利尼科沃建立两个突击集团以解救被围德军,但预感到德军在斯大林格勒附近面临灭亡的希特勒,催促司令官不等部队全部集中完毕就发起进攻,于是科捷利尼科沃德军集团沿通往斯大林格勒的铁路于 12 月 12 日向苏军发起进攻,然而进展缓慢,随后被迫转入防御。24 日,苏军对德军科捷利尼科沃集团发起坚决进攻并将其粉碎。16日，西南方面军和配属部队发起了进攻，消灭了顿河中游地域的德军并挺进到德军托尔莫辛集团的后方。德军统帅部为制止西南方面军的迅猛突破，被迫耗尽了用于进攻斯大林格勒的预备队。这一进攻迫使德军最高统帅部最后放弃了解救被包围于斯大林格勒的德军的企图。

1943年1月初，压缩在包围圈中的德军态势急剧恶化，已经没有任何被解救的希望。为了停止流血，苏军最高统帅部命令顿河方面军领导人向德军第六集团军发出最后通牒，要德军根据惯例条件投降，但遭到德军拒绝。10日，顿河方面军开始了旨在分割并各个消灭被围德军的进攻，德军被分割成两部分。31日军南集群被消灭，以第六集团军司令鲍罗斯为首的残部投降。2月2日德军北集群残部投降，斯大林格勒会战结束。苏军消灭了德军在苏德战场的四分之一总兵力，约150万人。当时世界上规模最大的集团军德军第六集团军彻底遭到覆灭。

同时，苏联也为这场胜利付出了沉重的代价，苏联红军具体伤亡人数为：47万人死亡，65万人受伤或被俘。在德军攻入城区的短短一周内，超过4万苏联市民被杀，而在整个战役中伤亡的平民人数没有准确的统计，但可以说远远超过这个数字。在这场会战中带领苏军夺取胜利的叶廖缅科元帅曾在电视讲话中表示，英雄的苏联军民是不可战胜的。

【音频】叶廖缅科：这样的英雄主义只能在我们国家存在，苏维埃社会主义联盟共和国是由列宁和斯大林领导的，是一个不可战胜的多民族国家。

苏联在斯大林格勒会战中取得的胜利具有重大的政治、军事意义。这次胜利，对赢得苏联伟大卫国战争乃至整个第二次世界大战的根本转折起到了决定性的作用。斯大林格勒会战的结果，使苏军从德军手中夺取了战略主动权，并一直保持到战争结束，同时它鼓舞了各国人民同法西斯占领者进行更加坚决的浴血斗争。

（倪嘉铭）

苏联红军挥舞旗帜

美英同意在荷兰开审洛克比空难案

1988 年 12 月 21 日，格林威治时间晚上 7:03，泛美航空公司 103 号航班在空中爆炸解体。巨大火球从天而降，砸在苏格兰小镇洛克比的谢伍德新月广场上。航班上 259 名乘客和机组人员无一幸存，地面上 11 位居民死于非命。此次事件是在"9·11"之前，全球最严重的一次恐怖袭击事件，史称洛克比空难。然而直到 1998 年的 8 月 24 日，美英两国才宣布在荷兰海牙审讯涉嫌制造空难的两名利比亚人。这期间究竟发生了什么事情，使得两名嫌疑人逍遥法外了近 10 年的时间？

事发当天晚上的 6:30，泛美航空公司 103 号航班从伦敦西斯罗机场启航飞往纽约。半小时后，航班在苏格兰空管局的雷达上出现。由于跨越大西洋，需要得到空管局的批准，因此此 7:01 航班机长曾向空管局发出申请。然而当空管局刚答应之后，103 航班信号就从雷达上消失了，与航班的联络也突然中断。航班机长在通讯设备上留下了这样一句话："目前飞行水平 310。"然后就发生了飞机在空中爆炸的一幕。

洛克比空难失事飞机残骸

【音频】机长留下的最后的声音

空难发生后，美英两国情报机构组成的调查组立即展开工作。他们共调查了 52 个国家，行程达 150 万英里。12 个英国皇家警察局、335 名美国联邦调查局探员以及 5 个德国警察机构参与了侦破工作。调查持续了近 3 年时间，光侦破经费就花去了数亿美元。联邦调查局派驻在世界各地的探员几乎都参加了调查工作。英国航空失事调查局调查长米克·查尔斯讲述了当时事故现场的混乱情况：

【音频】米克·查尔斯：我们首先到达的现场之一是坑洞。一开始还弥漫着飞行燃油的味道，到处散落飞机的残骸，有时也发现人体组织。当时，事件刚刚发生，到处都是人，从某种程度来说有些混乱。

1991 年 11 月 14 日，美英两国宣布了洛克比空难的调查结果：空难由两名利比亚人制造，他们是前利比亚航空公司驻马耳他办事处主任拉明·哈利法·弗希迈和利比亚特工阿里·穆罕默德·迈格拉希。

美、英两国政府要求利比亚政府把这两名利比亚人交给美英审讯。次日，法国总统密特朗也公布了 1989 年法国航空公司 772 次航班爆炸事件的调查报告。密特朗宣布，有 4 名利比亚人涉嫌此案，并向利比亚提出了引渡要求。11 月 27 日，美、英、法发表联合声明，要求利比亚在三国调查飞机爆炸事件时与三国司法部门合作。但是卡扎菲对西方三大国的指控并不在乎，他的理由很简单:利比亚政府与洛克比空难没有关系。

1992 年,联合国安理会以利比亚拒不交出洛克比空难事件两名嫌疑人为由,同意对利比亚实行全面制裁。1998 年 8 月 24 日,美英和利比亚都同意把荷兰作为"中立的第三国",在荷兰海牙设立法庭审讯洛克比空难的两名利比亚籍嫌疑人。阿拉伯联盟和非洲统一组织要求在保证安全的前提下对这两名嫌疑人进行公开审判,并要求取消对利比亚的制裁。1999 年 4 月 5 日,两名利比亚籍嫌疑人被押至荷兰,联合国宣布从当日起停止对利比亚的制裁。2001 年 1 月,法庭判处其中的利比亚特工迈格拉希无期徒刑。2002 年利比亚政府正式接受洛克比空难相关责任,并支付遇难者家属共 27 亿美元的巨额赔款。

【音频】利比亚接受洛克比空难相关责任的新闻

然而事情并未就此结束。迈格拉希本人不停地上诉,坚称自己是空难的第 271 名受难者。2003 年 11 月 24 日,依据《欧洲人权法》,苏格兰最高法院将迈格拉希的无期徒刑减为 27 年。2009 年 8 月,迈格拉希又被诊断为前列腺癌晚期,3 名主治医生一致认定他活不过 3 个月。苏格兰司法部长麦尔斯基尔宣布释放因制造洛克比空难而在英国服刑的迈格拉希。

【音频】麦卡斯基尔:我决定,基于人道考虑,准予释放因涉嫌制造洛克比空难而从 2001 年开始服刑的阿里·穆罕默德·迈格拉希。他目前患有晚期前列腺癌,可以回国度完余生了。

至此,洛克比空难再次引起全世界的关注。据美国媒体报道,迈格拉希回国后在机场受到几千名青少年的欢迎。利比亚领导人卡扎菲的儿子赛义夫陪伴他离开飞机。美国总统奥巴马对此发表谈话,批评英国苏格兰司法部门提前释放迈格拉希是一个"错误",并且要求利比亚政府对获释后的迈格拉希实施软禁。

【音频】奥巴马:我们已经同苏格兰地方政府进行了接触,反对他们释放迈格拉希的举动。这个举动是错误的。

2015 年 5 月 20 日,迈格拉希在利比亚的家中去世。虽然他死前并未透露关于洛克比空难的实情,但他在病床上留下的一段话值得人们深思:"我将在来日无多的有生之年,写下洛克比空难的真相。而这一真相也许可以告慰那 270 名死难者的冤魂。你们的痛苦我已感同身受。"

(金 之)

空难发生后的洛克比小镇

上海市合流污水治理一期工程开工

八月 25

苏州河是上海的"母亲河",承载着几代老上海人的美好记忆。但是从20世纪20年代起,原本清澈的苏州河就逐渐被工业废水、生活垃圾所污染,它像一条黑色的带子,漂浮在上海的胸口。为了整治苏州河的污染问题,1988年8月25日,上海市合流污水治理一期工程开工。这项工程是当时我国规模最大的污水治理工程,也是上海第一个利用世界银行贷款的重大市政工程。时任上海市市长朱镕基在工程开工典礼上发表讲话:

上海市合流污水治理一期工程示意图

【音频】朱镕基:今天,我们在这里举行合流污水治理一期工程的开工典礼。这是上海城市建设中的一件大事,这项工程是上海继上游饮水一期工程、延安东路隧道、铁路新客站之后又一项改善投资环境、改善生活环境的重大工程。我代表江泽民同志和上海市人民政府向工程的设计者、组织者和建设者们致以热烈的祝贺!

20世纪初,苏州河水清质好,鱼虾繁多,当时的闸北自来水厂及沿河工厂都曾以苏州河水作为水源。但是,在上海都市化、工业化的步伐下,苏州河的污染逐年加重。到70年代末,苏州河在上海境内全部遭受污染,市区河段终年黑臭,鱼虾绝迹。上海市合流污水治理一期工程原总工程师周宇澄讲述了苏州河由清变浊的过程:

【音频】周宇澄:我是在上海长大的,我的家原来就住在苏州河的附近,经常从苏州河边过。记得50年代初,我还看到苏州河里有人在游泳。但是后来,污水经常放出来,苏州河就越来越脏了。

1983年,上海市政府对污水治理提出"综合治理,管治并举"的方针,采取分流制和合流制并存,集中和分散相结合的原则,以集中治理为主进行建设。当年4月,上海市政府与世界银行及澳大利亚发展援助局商定,就上海市污水治理工程项目进行联合研究,并由澳大利亚政府赠款提供技术咨询服务,待项目确立后向世界银行申请部分贷款。

经过4年多的考察与评估,世界银行最终决定把彩球抛给上海。上海市合流污水治理一期工程共获得世界银行贷款1.45亿美元,此项工程成了上海市政建设中第一个利用外资贷款的基建项目。

根据贷款协议,造价超过600万美元的土建工程和设备总价超过200万美元的采购合同要进行国际招标。因此,上海市合流污水治理一期工程采用国际和国内竞争性招标来选择工程施工单位和设备制造安装单位。上海市合流污水治理一期工程的总工程师俞亮鑫讲述了项目的招标情况：

【音频】俞亮鑫：根据世界银行贷款项目实施的三大原则，也就是节约有效、公平竞争和促进发展这三大原则，我们把工程分成15个国际招标项目和14个国内招标项目，通过招标来选择资格合格、方案合理和费用最低的承包商。

1988年8月25日，上海市合流污水治理一期工程开工。这是上海有史以来最大的一项城市基础设施工程，它实际上是在苏州河的一侧再造一条地下苏州河，先将原先排入苏州河的所有生活污水、工业污水、雨水一律截断，再将污水从迷宫般的沟渠管道中全部集中到排污总管里，经预处理后通过深水扩散管排入长江大水体中进行扩散稀释。那么，排入长江的污水会不会污染长江，破坏新的生态环境呢？上海市合流污水治理一期工程副指挥郑贤谷介绍说：

【音频】郑贤谷：长江水可以容纳这些污水，因为长江里有氧气，可以氧化污水里的有机物。另外，我们在工程上也采取了一个措施，就是把这些污水排放到长江边1400多米、水面以下13米到15米的地方。经过实验，长江那里是能够容纳这些污水的。

上海市合流污水治理一期工程西起丹巴路，东至浦东竹园长江边，全长33.39公里。当时，位于浦东高东乡竹园长江水域的排放口一带土层较软，既有沼气又有流沙。所以，工程建设者们在这里施工就像在豆腐里打洞，风险很大。

在隧道盾构的过程中，施工人员曾多次遇到险情。最严重的时候，隧道里三分之一都是水，人的膝盖以下都在泥水中。当盾构掘进到1409米时，隧道内还突然出现了沉陷，大量泥浆无情地涌进了工作面。当时，发着高烧的突击队长梅利强和工人们向喷浆的地方冲上去，五次注入防水浆料五次失败，所幸第六次终于成功。盾构推进突击队长梅利强回忆了当时的抢险情形：

【音频】梅利强：险情形成以后，我们施工队、指挥部全体参与的同事都到下面，用聚氨酯、水泥甚至用身体堵上去了。在那个时候，沼气爆炸、隧道下沉这些危险，同志们都不顾了。

1993年12月29日，经过国内外上百个单位万余名建设者5年多的奋力拼搏，上海市合流污水治理一期工程终于建成通水，苏州河治理首战告捷。此后，上海的治污工程从未间断，合流污水治理工程二期、三期和苏州河环境综合整治工程等一一实施。

（舒　凤）

苏州河

113

李宇春获第二届《超级女声》年度冠军

【音频】2005年《超级女声》总决赛，李湘、汪涵宣布名次

　　2005年8月26日晚上8点，全国电视观众对于第二届《超级女声》这档选秀节目的热情沸腾到了最高点。根据央视索福瑞的数据，这场总决赛的平均收视率超过了11%，估算收视人群接近3亿，这个数字在当时创造了纪录。节目中的海选、歌手PK、短信投票等环节，也在之后的同类型节目中被广泛使用。同时由于这档节目的火爆，引发了诸如"粉丝文化"等各式各样的社会现象。

夺冠时的李宇春

可以说，2005年的《超级女声》对日后的中国电视行业以及中国娱乐圈，都产生了不小的影响。

　　一群平凡的年轻女孩，通过参加这档节目，在短短几个月的时间里，变成了家喻户晓的偶像明星。其中最为典型的，应属当年的冠军——李宇春。李宇春以她独具个性的外形和舞台风格，在当时成为《超级女声》节目当中最具话题性的选手。

　　李宇春的粉丝团"玉米"是她成功的一个重要因素。"玉米"们不仅接机、到现场加油，还为李宇春成立慈善基金会。他们对于李宇春近乎狂热的支持和强大的行动力，让人为之侧目。总决赛之夜，"玉米"们通过手机短信为李宇春投了352万多票，使得李宇春获得了冠军。对于自己得到粉丝们的如此厚爱，李宇春也有自己的看法。

【音频】李宇春：一般的情况下，喜欢一个歌手是先喜欢他的音乐，再喜欢这个人。但我的粉丝们不是那样的，他们是陪伴着我一起成长的。当我还没有成名的时候就一直支持着我，这种感情是不一样的。

　　李宇春和她的"玉米"成为了选秀节目"粉丝文化"最具代表性的现象，这种现象的背后，是当代中国人对于个性和独特审美的深层需求。

　　夺冠当年，李宇春登上了美国《时代》周刊的封面。她的夺冠，成为中国社会对于个性认同的标志。但是，一夜成名的压力是巨大的，从参加比赛开始，围绕李宇春的争议和关注从未停止。各种各样的声音始终围绕在她周围，对于当时一个尚未大学毕业的女生来说，舆论的压力需要时间去适应和消化，李宇春有她独特的处理方法。

【音频】李宇春：刚开始的时候可能会比较生气，后来也就一笑了之，到现在对我已经没有多大的影响了。

李宇春夺冠后签约太合麦田,和著名制作人张亚东合作发行自己的第一张专辑《皇后与梦想》。在被问到当时为什么要签下李宇春的时候,太合麦田的首席执行官宋柯曾表示他看好李宇春的未来。

【音频】宋柯:我第一次见到她就觉得这个小姑娘很不简单,她有一种想让人看的气场,那是一个大牌巨星的气场。这一届的前四名都非常出色,但为什么李宇春是冠军呢?我觉得她天生就是有一种舞台气质,只要一上台立即就会变成一个"光芒四射"的歌手。

签约太合麦田标志着李宇春的歌手梦想开始实现。2009年,李宇春参演电影《十月围城》再一次引发了大众话题,公众对于李宇春的表演能力不无质疑。对于为什么选择李宇春出演,该片导演陈可辛在新闻发布会上表示,对于这个带点叛逆的年轻义士的角色寻找了很久,一开始只是想请李宇春演唱电影的歌曲,见面之后发现她很符合角色特质,于是努力说服她加入剧组。

【音频】陈可辛:和李宇春见面的时候发现她好像我心目中的那个角色,于是就游说她是不是试试看演戏。而且我花了很长时间才说服她,让她对演戏有信心。

此时演艺生活已经步入正轨的李宇春,各方面已经相对成熟,回顾当时,她对自己的状态作出了一个平静的总结。

【音频】李宇春:出道至今,我觉得就2005年有些辛苦。可能是刚出道的原因,一开始不太适应被人安排着。到2006年我就可以做主一些事情,对有些活动说"不"了。经过这5年,我对于还能从事我喜欢的音乐事业,我还是很开心的。

《十月围城》一片让李宇春获得香港电影节最佳新人奖提名,使观众和她的粉丝们认识到了她的另一面。之后她又参演了徐克导演的电影《龙门飞甲》和刘伟强导演的电影《血滴子》。在登上大银幕的同时,2013年李宇春携手台湾戏剧大师赖声川主演了史诗话剧《如梦之梦》,并进行了亚太巡演。在频频跨界的同时,李宇春仍然保持着一年出一张专辑的频率,继续着自己的音乐事业。

2005年的《超级女声》让中国的电视观众深刻认识到了选秀节目的魅力,同时也掀起了席卷荧屏的选秀节目风潮。从那以后,各地方台纷纷推出选秀真人秀节目,最多的时候达到一百多档。熟悉了游戏规则的观众们对于选秀节目的要求也变得越来越高。与此相对应的是"选秀明星"大批出炉,和当年《超级女声》里的很多选手一样,他们当中有的如同流星一闪而过,有的在演艺圈风生水起。选手、节目和观众三方的不断成熟,使得形式多样的选秀活动逐渐成为中国电视和网络娱乐文化的一个重要组成部分。

(王敏丽)

童年时期的李宇春

115

特蕾莎修女出生

1910年8月27日,在奥斯曼帝国科索沃省的斯科普里,一个女婴呱呱坠地,谁都不会想到这个女孩之后会成为世界上非常有影响力的人物。她一生清贫,将毕生的精力都献给了穷人、病人、孤儿、无家可归者和临终病困者。她,就是特蕾莎修女。1979年,特蕾莎修女获得了诺贝尔和平奖。1999年,她被美国人民投票选为20世纪最受尊敬人物榜单之首。

特蕾莎原名艾格尼丝,她的父母都是虔诚的天主教徒,他们一家经常给当地贫困的人分发食物和钱。在家庭环境的影响下,艾格尼丝从小就怀有一颗善良火热的心。1924年,艾格尼丝加入了斯科普里一个圣母会的分会。在教会中,她得知印度孟加拉有一个罗雷托修会,当时她唯一的心愿就是成为其中的一员。在家人的支持

特蕾莎修女和儿童

下,艾格尼丝得偿所愿,被派往印度大吉岭接受传教士的训练工作。

传教士训练结束后,艾格尼丝被派往印度加尔各答,在教会学校任教。1931年,艾格尼丝正式宣誓成为修女。1937年5月,她决定将修女作为自己的终身职业,改名为特蕾莎。不久,特蕾莎修女在圣玛莉罗雷托修会中学担任校长一职。学校的林恩修女说特蕾莎修女在担任校长职务时,做事非常有效率且严格。

【音频】林恩:在圣玛莉时,她是一位有效率且严格的校长,她做事迅速,而有效率到一定程度之后就等同于严苛,她太专心钟爱上帝,任何可能分散她注意力的东西如友谊或者娱乐活动,她都不会花心思在上面。

1947年,东巴基斯坦脱离印度独立,加尔各答涌入了数以万计的难民,各种传染病在街头巷尾爆发。这一切让特蕾莎修女感到不安和难受,她请求离开学校去帮助更多的人。直到1948年,特蕾莎修女终于获得特许,可以自由修女身份在学校之外行善。

其后,德蕾莎修女在最破的贫民窟里用几卢比租下一间房子,让她可以接待贫民窟里饥寒交迫的孩童。为了这些孩子,她自己到街上乞讨食物并送药,帮助孩子们清洗身体。她的屋子里没有桌子、椅子,也没有黑板。于是她以地板为黑板,教孩子们一些孟加拉字母。

1950年,特蕾莎修女在印度成立了仁爱传教修女会,又称博济会。博济会起初只是加尔各答的一个小修会,仅有12名修女。这些修女在接受专业医疗训练后,穿上镶朴素蓝边的白布莎丽服,救治了很多病患与流浪者。一名修女在接受采访时回忆了自己进入仁爱传教修女会后的体会:

【音频】修女:物质欲望会阻挡我们的视野,就像电视或者其他东西,有人说,车子就像男人的上帝,不过如果你想找到真理,就必须把这些东西放弃。任何人只要你真诚,就一定能找到真理,因为主在每个人的心里。

之后，特蕾莎修女又创建了临终关怀医院，为垂死者和贫病者提供安息之地。在临终关怀医院刚刚建立的时候，经常有人把孩子丢在门口，特蕾莎修女便在院旁成立了一个儿童之家。儿童之家除了收养弃婴，还兼作产科医院和学校。

随着社会上参与博济会的人员的增多，特蕾莎修女扩展了帮助的范围，成立了麻风病收容中心、国际合作协会等。1980年，博济会的所有收容之家开始向吸毒者、娼妓和受虐待的妇女开放。特蕾莎修女在一次采访中表达了自己开办修会的宗旨，就是让穷人们感受到爱和喜悦。

【音频】特蕾莎接受采访表达自己开办修会的宗旨

1979年12月，特蕾莎修女获得了诺贝尔和平奖。诺贝尔奖评委会在给她的颁奖词中写道："那些最孤独的人、处境最悲惨的人，得到了她真诚的关怀和照料。这种情操发自她对人的尊重，完全没有居高施舍的姿态。"

毫无悬念，特蕾莎修女将这笔奖金全部捐赠了出来。当评奖委员会准备设宴庆贺时，特蕾莎修女坚持要求取消宴会，并将花费不薄的宴会餐费用于加尔各答的穷人身上。特蕾莎修女在诺贝尔颁奖典礼上代表穷人发表的简单感言，词句里充满了爱与感谢。

【音频】特蕾莎修女在诺贝尔颁奖典礼上发言

步入老年后，特蕾莎修女由于劳累过度，健康每况愈下，但她依然坚持慈善工作。直到1997年3月，在身体状况已不允许她全天照顾病患的情况下，特蕾莎修女才向博济会提出辞职。同年9月5日，加尔各答大雨倾盆，这位被穷人所挚爱的伟大修女与世长辞，终年87岁。去世时，她的个人财产只有一张耶稣受难像、一双凉鞋和三件粗布莎丽服。印度政府为特蕾莎修女举行了国葬，全国哀悼两天。印度总理亲自前往加尔各答敬献花圈、发表吊唁演说。

特蕾莎修女曾说过，"有时候我觉得悲伤，因为我们做得这么少。许多人赞扬我们的工作，但我们所做的不过是沧海一粟，而人类的痛苦却无边无际。"在她的影响下，世界上越来越多的人，已经或者正在参与到纯粹奉献爱心的慈善事业中。

（王　依）

特蕾莎修女国葬

毛泽东抵达重庆参加国共谈判

1945年8月28日下午3时45分左右,一架草绿色美式飞机缓缓降落在重庆九龙坡机场。当机舱门打开时,机场上立刻爆发出热烈的掌声。一个身穿蓝灰布中山服、头戴灰色盔式帽的高大身影出现在舷舱门口,他就是毛泽东。在周恩来、王若飞等中共领导人的陪同下,毛泽东一边徐徐走下飞机,一边手拿盔式帽频频向欢迎的人群招手致意。毛泽东这次到重庆是应蒋介石的邀请商讨抗战结束后国共双方的"团结建国大计"的,此次商谈史称"重庆谈判"。

1945年抗日战争结束后,以蒋介石为首的国民党妄图独吞抗战胜利果实,维持大地主和大资产阶级专政的半殖民地半封建的旧中国。蒋介石企图利用"和谈",争取时间作好军事部署,同时争取有利的舆论,混淆视听。在8月14日至23日的10天中,蒋介石3次发电报邀请毛泽东赴重庆"共商国是"。中共中央经过多次讨论和研究,最终同意毛泽东赴重庆谈判。

8月28日晚,毛泽东出席蒋介石在重庆西郊的山洞官邸举行的欢迎宴会。8月29日,毛泽东同蒋介石进行了第一次商谈,并确定了双方的谈判代表:中共方面是周恩来和王若飞,国民党方面是

重庆谈判期间毛泽东与蒋介石的合影

张治中、张群、王世杰和邵力子。

重庆谈判是一场复杂而艰苦的斗争。由于国民党对这次谈判并无诚意,也未估计到毛泽东真会这样快地应邀来到重庆,所以他们根本没有准备好谈判方案,只能由共产党方面先提出意见。9月3日,周恩来、王若飞将中共方面拟定的包含"确定和平建国方针"等十一项内容的谈判方案,交给国民党代表转送蒋介石。9月4日下午,国共两党会谈正式开始。整个谈判过程几经周折,充满着激烈的政治斗争。这一阶段的谈判焦点在于军队数量、省区划分、政治会议和国民大会四大问题。

9月8日,国民党政府代表根据蒋介石亲拟的《对中共谈判要点》,对中共的十一项方案提出书面答复。与此同时,在谈判桌外,蒋介石一边加速向前线调运兵力,一边下令对中共发动军事进攻。对此,共产党方面进行了针锋相对的斗争。9月上旬,在山西上党发起的自卫反击战中,中共军队一举歼灭了入侵的阎锡山所派部队十三个师3万余人,这给国民党统治集团带来很大的震动,也加强了中共代表团在重庆谈判中的地位。华东师范大学冷战国际研究中心教授章百家谈到了在上党发生战役的原因:

【音频】章百家:之所以首先在上党打起来,是因为抗日战争期间,国共两党都在山西有比较大的势力。国共两党在山西是离得很近的。所以,抗战一结束,国共两党发生冲突,一个最激烈的地方之一,就是在山西,所以恰恰是上党战役发生的地方。

在 9 月 10 日至 15 日之间,国共代表接连举行了四次正式会谈。尽管在国民大会及政治会议等问题上双方都作了一些妥协,但在核心的问题上仍无进展。9 月 19 日,国共双方再度会谈。周恩来等代表中共方面正式提出在公平合理地整编全国军队的原则下,中共愿按与国军 1 比 6 的比例把军队缩编至 24 个或至少 20 个师,并主动表示可以把广东等八个解放区的部队撤退到苏北、皖北及陇海路以北地区。然而国民党方面仍旧毫无所动。在 21 日的会谈中,国民党代表除了把军队数目由原来最多允许编 12 个师增加到可以编 16 个师以外,其他一概拒绝。双方的谈判因此再度陷入僵局。

在这次谈判的国共双方代表中有一对老相识,这就是周恩来与张治中。1924 年,张治中在黄埔军校任职时与周恩来结下了深厚的友谊,在后来数十年的风雨中,他们在谈判桌上有过数次对峙。尽管属于不同的阵营,但他们都痛惜内争分裂,致力于国共合作和抗日统一。张治中的秘书余湛邦回忆说,重庆谈判中虽然张治中与周恩来有过激烈的争论,但是张治中在桂园的家中最常来的客人正是周恩来。

【音频】余湛邦回忆重庆谈判中张治中与周恩来的争论

10 月 10 日,国共双方代表共同签署了《政府与中共代表会谈纪要》,即《双十协定》。《双十协定》就和平建国的基本方针、政治民主化、国民大会等 12 个问题阐明了国共双方的见解。10 月 12 日,《双十协定》正式公布。

然而,《双十协定》在实质上并没有解决两党之间的核心矛盾,因此未能改变分裂局面。10 月 13 日,在《双十协定》正式公布的第二天,蒋介石正式发布了剿共密令。内战的公开化,将曾给中国民众带来一线和平民主曙光的《双十协定》撕得粉碎。

尽管如此,重庆谈判的举行和《双十协定》的发表仍有着积极的意义。《双十协定》的签订,表明国民党方面承认了中共的地位,承认了各党派的会议,使中国共产党关于和平建设新中国的政治主张被全国人民所了解,从而推动了全国和平民主运动的发展。

(郑榴榴)

《双十协定》的签署地——桂园客厅

复旦大学称雄首届
"国际大专辩论会"

辩论会决赛现场

【音频】决赛自由辩论开场实况

大专辩论会最早于1986年在新加坡首创,参赛者都是大学和专科院校的学生,故称"亚洲大专辩论会"。1993年我国央视正式成为辩论会的主办方之一,赛会也更名为"国际大专辩论会",仍为两年举办一次。

1993年8月29日,由新加坡广播局和中国中央电视台联合主办的首届"国际大专辩论会"决赛在狮城举行,对决双方分别是来自复旦大学和台湾大学的学子。复旦辩论队由复旦大学国际政治系主任王沪宁教授担任顾问,哲学系教授俞吾金担任带队老师兼教练,他们带领着由姜丰、季翔、严嘉和蒋昌建所组成的辩论队,一路过关斩将晋级决赛。在决赛中,复旦大学队以抽签所决定的反方立场,将"人性本恶"作为论点,与台湾大学队展开激烈辩论。经过一番唇枪舌战,复旦队以5比0的绝对优势完胜台大队,夺得首届"国际大专辩论会"的冠军,四辩选手蒋昌建获得"最佳辩手"称号。作为当时的坐镇评委,来自哈佛大学的教授杜维明在点评中称赞复旦队配合默契、辩论过程错落有致、引经据典、妙语连珠,体现了"流动的整体意识"。赛后,俞吾金教授回顾介绍了复旦大学辩论队的比赛过程:

【音频】俞吾金:我们在新加坡进行了三场辩论,分别在25号、27号和29号。第一场是和英国剑桥大学辩论,命题是"温饱不是谈论道德的必要条件";第二场是和悉尼大学辩论命题"艾滋病是社会问题,不是医学问题";第三场就是和台湾大学的决赛,辩题是"人性本善,还是人性本恶"。我们复旦在辩论过程中很大一个特点就是出色的配合,所以美国哈佛大学教授杜维明评价复旦的辩论队是一个"流动的整体"。

担任复旦辩论队领队的张霭珠老师认为,这一赛事对于推广华语和向世界展现我们国家博大精深的文化很有意义。在赛前集训期间,复旦大学请来了包括朱维铮、陆士清、张汝伦、葛剑雄等在内的30多位重量级教授,给辩论队员们讲授文学、历史学、哲学、政治学、社会学、法律、宗教、音乐、美术等各类课程。辩论队成员姜丰曾直言,辩论赛集训时的"恶补","像吃快餐一样把各门学科的概况和最新进展都听了个遍"。领队张霭珠老师介绍说,为了展现华语的魅力,辩论队成员还接受了语言训练。

【音频】张霭珠:在训练的过程中,我们不仅在理论基础、知识涵养各个方面对队员进行训练,还很重视对语言运用的训练。在训练的时候,我们经常玩成语的接龙游戏。这样使得我们队员对华语的掌握是非常有帮助的。在新加坡的时候他们曾经问过这样的问题："你们是如何准备陈词的？是不是专门去准备的？"我们教练回答他："如果你们举办一次演讲或背诵诗词，那我们每一个同学都可以胜任。"

在"国际大专辩论会"决出冠军的同时，还会根据参赛队中成员的个人表现评选出最佳辩手。复旦大学国际政治系硕士研究生蒋昌建获得了此项殊荣。在双方自由辩论结束后，蒋昌建的总结陈词无疑是整场比赛中最精彩的部分。严密的思维、气势磅礴的辩词，尤其是结尾处引用了顾城的诗句，将气氛推向高潮，博得了全场热烈掌声。

【音频】四辩蒋昌建总结陈词

对于参加辩论会的各位成员来说，他们对辩论有着更多更深的理解。被称为"辩手之花"的一辩选手姜丰当时是复旦大学中文系硕士研究生，她表达了自己对辩论的理解：

【音频】姜丰：我个人认为人性无所谓善恶的，尤其是在辩论中。我个人的体会认为最主要的是要克服自己的心理障碍，忽视自己从小到大所接受的信念，要站在辩论的立场上去表达你的意见。如果做不到，那么在辩论过程中就会出现底气不足、不坚定的情况，是不可能获得胜利的。

二辩选手季翔当时是复旦大学国际经济法系的学生，他讲述了自己与辩论这项活动的不解之缘：

【音频】季翔：谈到新加坡那次辩论的感觉，现在我回想起来就好像做了一场梦一样。我从1988年看到复旦大学和台湾大学进行亚洲大战决赛的时候，就已经开始做一个辩论的梦了。从那以后我参加了很多的辩论比赛，辩论给了我很多的机会，让我经历了很多终生难忘的人和事。

对于每一位复旦队成员来说，这样的经历是难得的，更是难忘的。二辩选手季翔将辩论的经历比作做梦，同为国际经济法系学生的三辩选手严嘉则将辩论比作游戏：

【音频】严嘉：在新加坡参加辩论比赛，当时在场上是很紧张。但是辩论并非是完完全全的辩真理，论点是抽签所决定的。在这种情况下它是一种游戏，当然它是智慧的较量。而在新加坡的这段时间对我来讲就像是"一场游戏一场梦"。

复旦辩论队夺冠的消息轰动了全国，也让世界上更多的人感受到了汉语表达的独特魅力。蒋昌建、姜丰、季翔、严嘉由此成为了当时大学校园的风云人物，全国各大高校、各行各业也掀起了一股辩论热潮。

（贺　僖）

复旦大学辩论队成员及带队老师俞吾金教授

世界首次电视直播

1936 年 8 月 30 日可以说是世界电视发展史上具有重大意义的日子。这一天,英国广播公司在伦敦郊外的亚历山大宫举行了一场小型的歌舞表演。此时在伦敦市中心的广播电视博览会上,人们惊奇地发现通过电视屏幕居然可以同时欣赏到女歌手海伦那曼妙的歌声和妩媚的笑容。伦敦人就是这样在无比的惊奇中见证了人类历史上的第一次电视直播。

世界首次电视直播画面

【音频】世界首次电视直播的实况音频

当天的电视直播试播非常成功。两个月后的 11 月 2 日,作为世界首家电视台的英国广播公司开始了正式的电视播送服务,当时播出的节目仍旧是歌舞表演。

【音频】英国广播公司正式开播电视节目实况声

电视直播跨越了时空的界限,极大地加速了信息的传播。电视直播技术也在短短数十年间飞跃发展。

在 1939 年 4 月 30 日的纽约世博会开幕式上,美国第一次进行了电视直播。人们听见了富兰克林·罗斯福总统充满和平希望的演讲。虽然春寒料峭,而且战争的浓雾越积越厚,但罗斯福的演讲和博览会的盛况,仍然给人们暂时的热情。

【音频】1939 年纽约世博会开幕式上罗斯福致辞:所有来参加纽约世博会的人,都将会受到最热烈的欢迎。引领我们的依然是友谊与国际间的善意,更重要的是和平。

这次电视直播使富兰克林·罗斯福成为第一个在电视直播屏幕上出现的美国总统,轰动一时。电视机成为这届世博会最耀眼的明星展品,许多参观者在 RCA 电视展览馆流连忘返,热切盼望自己可以在荧屏上一露头脸。在这次世博会之后,电视机得到了快速的普及。

1939 年 9 月,第二次世界大战爆发,欧洲诸国陷入了战争的泥沼之中。电视直播业务也曾一度中断,直到战争结束后才逐渐恢复。值得一提的是,1953 年 6 月,英国广播公司现场直播伊丽莎白二世在伦敦威斯敏斯特教堂的登基大典,全英国有超过两千万的民众通过电视观看了女王加冕典礼的现场实况。

在此之后,备受瞩目的电视直播应该就是对"阿波罗 11 号"登月的直播了。1969 年 7 月,"阿波罗 11 号"成功登月。美国通过电视直播,让全世界数以亿计的观众同时收看了登月实况。当月球的电视图像穿越了种族和国界,第一次展现在世人眼前的时候,再没有人能否认电视直播那无可比拟的巨大震撼力。

【音频】阿姆斯特朗:向下 30 英尺,荡起了一些尘土。30 英尺,向下 2.5,微微向前,再向前,向右偏,向下 0.5,30 秒结束,30 秒结束。**直播解说**:当登月舱避开一个深深的火山口,降落在月球上一块安全所在时,这是多么紧张和戏剧化的时刻。摄像机镜头指向登月舱的右边窗口,人们可以清楚地看到几英尺前月球上因登月舱降落而飞扬起来的尘土。引擎停止运行,关闭引擎,这是降落的时刻。**阿姆斯特朗**:我站在舷梯最下级,我现在要离开登月舱。这是我个人的一小步,却是人类的一大步。

与国外相比,我国的电视事业起步较晚,但发展迅速。1958 年 5 月 1 日,作为中央电视台前身的北京电视台开始试播,经过 4 个月的试播后于当年 9 月 2 日正式播出。同年 10 月 1 日,北京电视台对国庆活动进行了首次电视直播。在此之后,凡是有重大事件,基本都会采用电视直播的方式。

迈进 21 世纪,各种媒体形式的不断涌现,使得人们获取信息的方式也有了更多的选择。当前新媒体发展也已呈现出赶超电视之势,但不可否认,电视直播仍是普通大众及时了解事件真相的重要手段之一。

(李俊杰)

纽约世博会

123

戴安娜王妃魂断巴黎

八月 **31**

1997 年 8 月 31 日零点 23 分，一辆行驶在巴黎塞纳河畔公路隧道里的豪华奔驰轿车突然失控，以约每小时 150 公里的速度撞向了一根水泥柱。包括司机在内的两名男士当场殒命，剩下两名乘客身负重伤，随后被送往医院进行抢救。凌晨 4 时，其中的一位女性乘客终因大出血也不治身亡，她的突然离去使整个世界为之震惊！她就是有着"英伦玫瑰"之称的英国王妃，年仅 36 岁的戴安娜。

作为爱德华斯宾塞伯爵的小女儿，戴安娜从小衣食无忧。她热爱自然，生性善良。相比祖父的豪华住宅和幽深的长廊，戴安娜更中意自己温馨舒适的童年故居公园，因为那里有青翠的田野和娇艳的花朵。然而，美好的童年在 9 岁那年被打破了。因为父母分居，年幼的戴安娜被送到一所寄宿学校，这让她倍感孤独。随后的几年里她只能穿梭往来于父母之间。戴安娜 16 岁那年，斯宾塞家族举办了一场舞会，邀请了一些王室成员，其中包括查尔斯王子。在满堂绅士淑女的衣香鬓影间，不施脂粉、身材微胖的戴安娜引起了查尔斯王子的注意，也许正是她的随性自如让王子觉得与众不同，而

戴安娜与查尔斯

渴望关爱的戴安娜也自然对这位绅士爱慕有加。之后，两人开始约会，很快便坠入爱河。4 年之后，两人盛大的世纪婚礼在筹备了六个月之后揭开了神秘的面纱。

【音频】戴安娜与查尔斯婚礼同期声

单纯善良的戴安娜并不知道自己将要面对的婚姻生活也会和盛大的婚礼一样，拥有华丽璀璨的光鲜外表，却要付出无尽的妥协。王室的生活是注定要被闪光灯包围着的，这给两个年轻人带来了不少的困扰和烦恼。事实上，新婚不久的查尔斯与旧情人卡米拉始终藕断丝连，因此戴安娜和查尔斯的婚姻从一开始就埋下了"不幸"的导火索。1982 年，戴安娜诞下了第一个孩子威廉王子，2 年后哈里王子也出生了。

然而戴安娜与查尔斯的关系并没有因为孩子们的降临而好转，反而愈发紧张。在生下哈里后，戴安娜变得有些抑郁，加上不规则的饮食习惯，身体情况越来越糟。对于丈夫与卡米拉之间的亲密关系，戴安娜一直感到恐惧、伤心和无助。当查尔斯王子和卡米拉约会时，戴安娜也向其他男士倾诉着自己的烦恼。与此同时，她开始投身于公益事业。因为热衷慈善，戴安娜走访了许多国家的医院和学校，她发起筹款项目，经常募集到超额的善款，使当地人的生活得以明显改善。她还特别关心那些艾滋病患、瘾君子、麻风病人、无家可归者和受虐待的儿童。脊髓方面的研究人员西蒙和残障人士丹尼回忆起戴安娜的造访都十分感慨：

【音频】西蒙和丹尼:她走过来,跟我们每个人讲话,她人很好,还跪了下来,这样我们就在同一水平线上了。她贵为王妃,我们受宠若惊,但她十分平易近人,那是她真正的性格,关爱人且有主见,她极易和人群打成一片,让周围人感觉很自然,她也更喜欢别人和她自然一些,很快我们便熟悉起来并建立了友谊。

1992年,英国首相约翰梅杰正式对外宣布戴安娜与查尔斯分居的消息。4年之后,在英国女王的准许下,这对王室夫妇解除了婚约。离婚后的戴安娜站在了风口浪尖,她的生活也整日被长枪短炮所围追堵截,人们热衷于看到她的一切活动。然而没有人能料到,这个深受爱戴的前英国王妃会因为一场车祸而香消玉殒。

戴安娜的殒命引发了舆论的一片哗然,人们纷纷猜测这是突如其来的意外还是另有隐情。调查紧锣密鼓地展开,法国警方在戴安娜乘坐的奔驰车车头发现了白色油漆,同时在公路隧道口找到了一些属于一辆白色菲亚特乌诺的尾灯碎片,因此推断这辆白色菲亚特与戴安娜乘坐的奔驰车曾发生碰撞。《新闻调查》记者马丁·格里高利描述了这一情况:

【音频】格里高利:有人曾在事故时的隧道口看到很亮的闪光,警方推断很有可能来自这辆白色菲亚特后部。

当时还有一种猜测,警方在事故发生后对司机亨利保罗的血样进行抽检,发现其酒精浓度高达1.87%。消息传出引发热议,真相似乎又多了一种可能。然而多年以来各方的调查却始终没有一个定论,戴安娜的离世真相直至今天仍是个谜。不管怎样,英年早逝的戴安娜给世人留下了太多美好的记忆。她去世后,整整六天六夜,白金汉宫前都有来自各行各业的人们守候祭奠,鲜花堆积如山。英国降半旗为其举办隆重葬礼。

戴安娜,一个本可以游走于时尚界与音乐界的可人儿,无论衣着军装、头戴王冠,或是帮助弱者,她都是那样地平易近人。她受人爱戴的原因不仅在于她的典雅气质,更因为她拥有敢于摆脱王室枷锁、追求自由的心。她虽去了天堂,但在人们心里,她是英国永远的王妃。

(陈晓辰)

戴安娜王妃葬礼

纳粹德国入侵波兰

1939 年 9 月 1 日的凌晨,纳粹德国突然出动 58 个师、2800 辆坦克、2000 架飞机和 6000 门大炮,向波兰发起"闪击战"。9 月 3 日,英法被迫对德宣战,第二次世界大战就此全面爆发。

希特勒本来对波兰采取了较为缓和的政策,在 1934 年,双方签订了十年互不侵犯条约。但是纳粹德国 1938 年吞并了奥地利和捷克斯洛伐克后,位于德国东面的波兰开始受到希特勒的关注。除了在外交上对波兰政府施压,纳粹德国在 1939 年 4 月已经准备好了名为"白色方案"的入侵波兰计划。希特勒和他的亲信认为英法不会为了波兰向德国开战,于是在 1939 年 4 月 28 日提前终止了《波德互不侵犯条约》。由于德国需要苏联不与德国为敌的保证,两国外长在 1939 年 8 月 23 日秘密签订了《苏德互不侵犯条约》。这个条约中的秘密条款将波兰和波罗的海国家分为德国和苏联控制区。首都师范大学梁占军教授分析了这份条约背后两国的军事动机:

在华沙的波兰守军

【音频】首都师范大学教授梁占军谈《苏德互不侵犯条约》

1939 年 9 月 1 日凌晨 4 时 45 分,德军轰炸机群呼啸着向波兰境内飞去,目标是波兰的部队、军火库、机场、铁路、公路和桥梁。约 1 小时后,德军地面部队从北、西、西南三面发起了全线进攻。同时,停泊在但泽港外伪装友好访问的德国战舰"荷尔斯泰因"号也突然向波军基地开炮。波军猝不及防,500 架第一线飞机没来得及起飞就被炸毁在机场,无数火炮、汽车及其它辎重来不及撤退即被摧毁,交通枢纽和指挥中心遭到破坏,部队陷入一片混乱。德军乘势以装甲部队和摩托化部队为前导,很快从几个主要地段突破了波军防线。

9 月 1 日德国入侵波兰后,英国首相张伯伦仍试图以调解的方式解决波兰战事,然而在议会各成员的巨大压力下,张伯伦于 9 月 3 日上午 11 时发布广播宣战讲话:

【音频】张伯伦:今天上午英国驻柏林大使向德国政府提交了最后通牒,通知德国如果不在上午 11 点之前从波兰撤军,英德两国将会正式开战。我现在必须告诉大家,我们没有收到任何退军的承诺,这意味着我国已经与德国处于战争状态。

下午 5 时,法国也向德国宣战。除了欧洲主要国家,这场突如其来的侵略战争也在大西洋对岸产生了激烈反应。美国总统罗斯福也发表了电视讲话:

【音频】罗斯福:我们的国家会保持中立,但是,我无法要求美国的公民在思想上无动于衷。即使是中立者,也有权辨明事实;即使是中立者,也不能因为受到胁迫而停止自己的思想、无视自己的感受。

　　德军闪电式的进攻使波军完全陷入了被动挨打的境地,这是波兰人也是全世界第一次领教"闪击战"的滋味。波军统帅部原以为战争会像以往那样缓慢地展开,德军会先以轻骑兵进行前卫活动,然后以重骑兵进行冲击,对德军大量使用坦克和航空兵的"闪击战"毫无准备。波军统帅部又对自己的军事力量过于自信,并指望英法的援助,因此便把部队全部部署在德波边境,以为只要实施坚决的反击,就可以取得胜利。这种毫无进退伸缩弹性的部署,使波军在德军高速度、大纵深的推进下不是被歼灭就是被分割包围,成为留在德军后面的孤军,波军的抵抗迅速土崩瓦解。国防大学欧阳维教授分析了波军防线的问题所在:

【音频】国防大学教授欧阳维谈波军防线

　　9月6日,波兰政府仓皇撤离华沙迁往卢布林,大局已基本确定,从军事角度看,战争已经结束。至9月7日,德国伦德施泰特的南路集团军重创波军"罗兹"和"克拉科夫"两军团,占领了波兰工业中心罗兹和第二大城市克拉科夫。9月17日,德军在完成对华沙的合围后,限令华沙当局于12小时内投降。而波兰政府和波军统帅部已于16日越过边界逃往罗马尼亚。

　　因与波兰签有互不侵犯条约而始终不便动手的苏联,在波兰政府出逃后,终于找到了"体面"出兵波兰的借口。苏联政府宣称:由于波兰政府不复存在,因此《苏波互不侵犯条约》不再有效。为了保护乌克兰和白俄罗斯少数民族的利益,苏联决定进驻波兰东部地区。9月17日凌晨,苏联白俄罗斯方面军和乌克兰方面军分别在科瓦廖夫大将和铁木辛哥大将的率领下,越过波兰东部边界向西推进。9月26日,德国空军开始轰炸华沙。9月28日,华沙守军司令向德第8军团司令布拉斯科维兹上将正式签署了投降书。至10月2日,进行抵抗的最后一个城市格丁尼亚停止抵抗。第二次世界大战爆发后的第一个战役仅用了一个月的时间就结束了。

　　在这场战争中,波军伤亡20万人、被俘40余万人。德军亡1万余人、伤3万余人、失踪3400人。1939年10月,波兰全境的领土被分割给德国、苏联、斯洛伐克和立陶宛。然而,这还只是波兰人民尤其是波兰籍犹太人在二战中悲惨遭遇的开始。整个波兰在二战中最终死去的人数达到600万人,其中包括了300万波兰籍犹太人。

（倪嘉铭）

德军入侵波兰

127

新中国首个国家电视台正式开播

1958 年 9 月 2 日晚上 7 时,随着北京复兴门外的广播大厦发射出第一个电视信号,在场的每一位工作人员都见证了一个历史性的时刻——新中国首个国家电视台正式开播了。由于当时的发射范围只覆盖了北京部分地区,因而它被称为北京电视台。北京电视台是中央电视台的前身,它的正式播出标志着我国电视事业的诞生。

20 世纪 50 年代,新生的中华人民共和国百废待兴。为了推进社会主义建设事业的发展,新中国的领导人决定创办我国自己的电视台。1955 年 2 月,中央广播事业局向国务院报告,提出于 1957 年在北京建立一个中等规模电视台的计划。周恩来总理立刻在报告上批示:"将此事一并列入文教五年计划讨论。"从此,新中国的电视事业进入了筹备期。原国家广播电影电视部副总工程师章之俭讲述了新中国电视人才的培养情况:

中央电视台旧址

【音频】章之俭:当时已经看到将来我们要发展电视广播,所以积极地准备人才的培养。我们 1953 年从全国抽调了 10 位同志到捷克去学习。后来,我知道 1954、1955 年也陆续地派了几个代表团到苏联等一些国家去了解学习电视广播的技术。

1958 年 5 月 1 日,北京电视台在当时十分简陋的条件下开始试播。尽管只是一次试播,但却标志着新中国崭新的电视事业迈开了第一步。原中央电视台副台长孟启予讲述了新中国电视事业起步的情况:

【音频】孟启予:虽然当时我们起步较晚,条件也非常差,但是有党中央的领导和关怀,有社会各界的帮助和合作,有广大人民的支持,相信中国的电视事业必定能够很快地发展壮大起来。

在试播期间,北京电视台每周播出两次节目,每次二至三小时,除纪录片、科教影片以外,其他节目全是直播。1958 年 6 月 15 日,北京电视台在其演播室内直播了根据同名小说改编的电视剧《一口菜饼子》,拉开了中国电视剧的序幕。由于当时没有磁带录像设备,《一口菜饼子》是由演员们在摄像机前表演,电视信号直接发射出去的,因此该剧没有视频影像的留存。当年参与演出的中央广播实验剧团演员余琳回忆了该剧的播出情况:

【音频】余琳:现场直播,不能错一个字,不能出一点杂音。那时候机器非常笨重,下面一个三角台子、一个柱子,摄像师都是用手控镜头,推近景都是手控。

1958 年 9 月 2 日,在顺利试播四个月后,北京电视台正式开播。当时,北京电视台的发射半径只有 25 公里,北京全市能收到节目的电视机仅有几十台。在开播后的很长一段时间里,北京电视台的播音员只有沈力一个人。身为中国电视播音主持第一人的沈力回忆了她当年的播音情况:

【音频】沈力:建台初期,只有一个播音员,要担负每天所有节目的播出任务。当时条件比较差,只有一个 60 平方米的演播室。播音员要在这个机位前介绍完节目马上跑到另外一个机位去播新闻。新闻播完了以后,马上要回来介绍下一个节目,没有你再去熟悉稿子的时间了。我记得那些年,每天几乎是四点钟起来背稿子。面对这样一个新事业,那时候心气是非常高的,是一种探索。

1958 年 10 月 1 日,北京电视台首次使用自己研制生产的第一辆黑白电视转播车转播了天安门广场庆祝建国 9 周年的阅兵典礼和群众游行。此后,北京电视台又进行了许多次实况转播。首次实况转播的收视高潮是在 1961 年春天对第 26 届世乒赛的现场直播,这次转播使北京电视台声名鹊起。那时,一台电视机前围观的大多在 20 人以上,几乎每台电视机都成了一个小型看台,北京万人空巷,欢呼和喝彩声此起彼伏。由此,人们对电视的需求与日俱增,许多单位开始购置电视机、开设电视室。以下是北京电视台在 1961 年转播第 26 届世乒赛的实况录音片段:

【音频】第 26 届世乒赛转播实况片段

1964 年 2 月,毛主席亲题"北京电视台"五个字。1973 年 5 月 1 日,北京电视台开始试播彩色电视节目,完成了从黑白到彩色的飞跃。1976 年 7 月 1 日,根据全国省级电视台共同协商的意见,北京电视台第一次试播全国电视新闻联播节目,向全国 10 多个省、直辖市电视台传送信号,该节目成为《新闻联播》的雏形。1978 年 1 月 1 日,《新闻联播》正式开播,收视观众之多堪称世界之最。

1978 年 5 月 1 日,经中共中央批准,北京电视台正式更名为中央电视台,对外称作中国中央电视台,英文名 China Central Television,缩写为 CCTV。改革开放以来,中央电视台发展迅猛,节目信号覆盖全球,内容几乎涵盖社会生活的各个领域,成为中国最具影响力和竞争力的主流媒体之一,在国际上的影响力也日益增强。

(舒 凤)

北京电视台(中央电视台前身)正式开播

中国人民抗日战争胜利庆祝日

九月

3

在中国的抗日战争史上，有一系列的重要日子刻下了深深的烙印。对于所有中国人来说，9月3日则是一个最具纪念意义的日子。1945年的9月3日，随着此前一天日本在投降书上签字，标志着中国人民抗日战争胜利结束，世界反法西斯战争也取得了彻底的胜利。当时的国民政府下令举国庆祝3天，并从第二年开始以每年9月3日为抗日战争胜利纪念日。

1945年8月15日日本天皇发表了无条件投降的诏书，但依据国际法理，战争胜利要以战败国投降书的签字即投降法律手续的完成为标志。1945年8月21日，在偏远的湘黔交界处的芷江城里，日本投降代表、驻华日军副参谋长今井武夫前来与中国及美军有关人员举行洽降会谈，并在日本《投降时注意事项备忘录》上签字。"芷江受降"标志侵华日军开始同中国政府接触讨论投降的具体细节。

中国战区日军投降签字仪式

随着中国以及太平洋各战场的洽降会谈推进，1945年9月2日上午9时，日本无条件投降签字仪式在停泊于日本东京湾的美国战列舰"密苏里"号上举行。麦克阿瑟以盟国最高司令官的身份签字，接受日本投降。然后是接受投降的9个盟国代表分别代表本国依次签字。当年的新闻纪录片对投降签字仪式作了记录，麦克阿瑟将军代表同盟国讲话，他说：

【音频】麦克阿瑟：我的同胞们，今天不会再有枪声，一场大悲剧已经结束，我们迎来了伟大的胜利。天空不再有炸弹落下，人们可以无忧无虑地在阳光下散步，和平已经悄悄降临于这个世界。

中国战区的投降仪式于9月9日在南京举行。日本中国派遣军总司令官冈村宁次如丧家之犬在投降书上签字，并交出了他的随身佩刀，表示侵华日军正式向中国缴械投降。时隔多年，时任国民党新六军作战科长的王楚英老人依然清晰记得当天的情景。当时王楚英担任现场的警卫工作，他离冈村宁次的距离不过6米：

【音频】王楚英：冈村宁次那个样子我觉得很可悲，他虽然是个大将，过去侵略中国都是耀武扬威的人，这个时候把头低下来，他下面的人都是把头低下来，就像家里死了人似的哭丧着脸。我心里在想，冈村宁次虽然没有流泪，但心里一定在流血，那时候他也就四五十岁的样子，但是这个时候好像很笨，弄了半天皮包的扣子都解不开，最后还是参谋长帮他解开，把图章拿出来，他自己站在那儿，手像发抖一样，盖章的时候，他盖下去拿起来脸色就变了，因为图章盖歪了。

战后盟国在东京设立了远东国际军事法庭,对 25 名日本甲级战犯进行了审判。中国法官梅汝璈代表中国方面参加东京审判,任中国驻国际法庭法律代表团团长、首席检察官和首席法官。审判中,日本战犯百般抵赖,妄图为自己开罪。中国检察官们千方百计提出有力的证据。最后法庭不仅判定东条英机等 7 人犯战争罪和违反人道罪处以绞刑,而且判决书也明确列举了日本侵略军所犯的暴行,如南京大屠杀,对太平洋各国的屠杀等,向全世界确认和宣告了日本所犯下的战争罪行。时任远东国际军事法庭检察官秘书高文彬对此记忆犹新:

【音频】高文彬:最困难的就是土肥原和板垣,他们做了很多坏事,但他们的活动都是在内部的,所以证据很难找。审判的时候,我们一提出他们犯了什么罪,马上就有美国和日本的律师反驳,提证非常困难,完全出乎我们的意料。明明我们中国人都知道他们犯了什么罪,但如果提不出具体的符合英美法律的证据,都被他们驳掉,等于没用。这是我们原来根本没想到的,个人审判的时候我们再不乘这个机会补充证据,那他们两个人就要溜掉了,溜掉了我们真的就无脸回来了。最后我们想了一个办法,向盟军总司令麦克阿瑟申请打开日本国会的秘密档案,里面证据太多了,这样这两人没办法逃脱,最后被判绞刑。

除在东京设立远东国际军事法庭审判日本甲级战犯外,中国作为战胜国,也是日本侵华的最大受害国,分别在上海、南京、广州、武汉、台湾等地设立审判战犯的军事法庭,审判在侵华战争中犯有严重罪行的日本乙、丙级战犯,其中就包括南京大屠杀的主犯之一谷寿夫、屠杀中国平民 300 余人的刽子手田中军吉、在南京进行杀人比赛的向井敏明和野田毅,最终他们都罪有应得,被判处死刑。

新中国成立后,为纪念中国人民抗日战争的胜利,1951 年 8 月 13 日,政务院发布了规定 9 月 3 日为抗日战争胜利纪念日的通告。2014 年 2 月 27 日,全国人大常委会第七次会议立法通过将 9 月 3 日确定为中国人民抗日战争胜利纪念日,这集中反映了中国人民的意志,使我们牢记历史,不忘过去,珍爱和平,开创未来。

(肖定斌)

人民欢庆抗战胜利

联合国第四次世界妇女大会
在北京开幕

联合国第四次世界妇女大会会场

1995 年 9 月 4 日,联合国第四次世界妇女大会在北京隆重开幕。这是联合国历史上规模空前的一次盛会,也是中国政府当时承办的规模最大的一次全球性国际会议。大会通过的《北京宣言》和《行动纲领》,提出了解决全世界妇女问题的战略目标和实现这些目标应采取的行动。这次会议是联合国妇女工作史上的一个里程碑。

妇女问题一直是联合国在社会和发展领域关注的重点。1975 年 6 月至 7 月,在墨西哥首都墨西哥城召开了联合国成立以来第一次专门讨论妇女问题的世界性政府间会议,也就是第一次世界妇女大会。会议通过了《墨西哥宣言》和《世界行动计划》。中国政府派代表团参加了这次大会。代表团成员李淑铮回忆了这次大会的情况:

【音频】李淑铮:这个会开得非常热烈,各种不同的意见充分地在会议上展开。争论最集中的一个问题就是妇女解放的道路,怎么样去争取妇女真正的平等,让她享有和男子同样的权利。

1980 年 7 月,在丹麦首都哥本哈根召开了第二次世界妇女大会。大会拟定并通过了《联合国妇女十年后半期行动纲领》。1985 年 7 月,第三次世界妇女大会在肯尼亚首都内罗毕召开,大会讨论并通过了《内罗毕战略》。《内罗毕战略》是国际公认的提高妇女地位的纲领性文件,在它的推动和影响下,世界妇女事业取得了前所未有的新进展。1995 年在北京召开的第四次世界妇女大会的宗旨是:全面监测、审查和评价《内罗毕战略》的执行情况,以推动国际社会和各国政府重新作出政治承诺,以行动谋求平等、发展与和平。

第四届世界妇女大会规模空前,与会者有 1.5 万多名。9 月 6 日上午,美国总统克林顿的夫人希拉里·克林顿在怀柔国际会议中心发表了《妇女的权利也是人权》的著名演讲,后来成为在全球范围内影响巨大的有关妇女权利的重要演讲之一。

【音频】希拉里:如果这个大会想要对世界发出一条讯息,那该是"人权即是女性的权利,女性的权利即是人权",这就足够了。

第四次世界妇女大会的召开时间为 9 月 4 日至 15 日。有两部分工作同时展开:一是举行全体会议。这次世妇会共召开了 16 次全体会议,代表们就消灭贫困、制止战争、制止对妇女施行暴力、消除男女不平等问题展开了热烈辩论,取得了较为一致的意见。二是由主要委

132

员会负责文件的起草工作。两个委员会分别负责磋商《北京宣言》和《行动纲领》。《北京宣言》着重反映了发展中国家关心的贫困、保健、教育和对妇女施行暴力等问题。《行动纲领》则详细阐述了各国妇女面临的主要问题,确定了解决这些问题的战略目标和措施。9月15日是大会的最后一次全体会议,会上通过了加速执行《内罗毕战略》的《北京宣言》和《行动纲领》这两项决议的草案。大会主席陈慕华宣布决议草案获得通过。

【音频】陈慕华宣布决议草案通过

在第四次世界妇女大会期间还举办了"非政府组织妇女论坛"。这个论坛于8月30日至9月8日在北京怀柔召开,这是世妇会的辅助性会议,是民间组织讨论妇女问题的主要场所。论坛围绕"平等、发展、和平"这一主题,开展了形式自由活泼的讨论和协商会,举办了图片、书籍、展览、表演等活动以及妇女实用技术、电影论坛等项目活动,还安排了参观北京农村、学校、医院和社会福利机构等活动。论坛以各种形式讨论了全球妇女关注和涉及妇女的各类问题,同时对进一步实现"平等、发展、和平"提出了许多有益的建议。

第四次世界妇女大会对于提高各国妇女地位、增进各国人民特别是妇女间的了解和友谊、促进人类进步事业等都有着重大意义。大会首次认定了推动妇女事业进步和妇女发展的12个领域,具有突破性意义。这次大会的成功举办,也使作为东道国的中国获得了普遍好评。大会闭幕后,在大会组委会举行的新闻发布会上,组委会主席彭珮云发表了讲话。

【音频】彭珮云:我相信,在联合国成立50周年之际举行的这一次大会,必将成为全球进一步实现男女平等,推动和平与发展的一个重要的里程碑而载入史册。

【音频】韦唯演唱的《大地芬芳》

为纪念第四次世界妇女大会,作曲家谷建芬和词作家乔羽共同创作了歌曲《大地芬芳》。正如歌中所唱"我们聚会在美丽的北京,献出我们的智慧和爱心",第四次世界妇女大会表达了全世界妇女的共同心声,集中体现了各国代表和妇女的意志和智慧。

(郑榴榴)

陈慕华在联合国第四次世界妇女大会上宣布
通过《北京宣言》

慕尼黑奥运会恐怖袭击事件

"慕尼黑惨案"中遇害的 11 人

1972 年 9 月 5 日,慕尼黑奥运会出现了残酷杀戮的一幕,巴勒斯坦恐怖分子持枪袭击了运动员村,当场杀害 2 名以色列运动员、劫持 9 名人质,比赛全部停止,奥运村一片混乱。当恐怖分子行凶时,世界各大电视台正在向全世界直播,这无疑加重了恐怖气氛。整个事件最终以极为惨烈的结局收场。这桩流血惨案,被称为"慕尼黑事件"或"黑九月事件"。

这一惨案发生之前,人们沉浸在奥运盛会祥和与欢乐的氛围之中。然而,在这场和平盛会的背后却掩藏着巨大的隐忧。当时的西德决策官员为满足购买先进体育器材的巨大投资需要,不得不缩减了警卫人员和安全设施的开支。对于呕心沥血主办这届奥运会的西德官员来说,他们希望这次运动会能让世人相信,西德已经恢复了一个文明国家的形象,人们应抹去二战以及希特勒时代的 1936 年柏林奥运会所留下的阴影。西德的边防人员和重要的运输站口都普遍放松了对进出人员的检查,这给了恐怖分子一个可乘之机。

1972 年 9 月 5 日凌晨 4 时,8 个隶属于"黑九月"的恐怖组织成员带着冲锋枪和手榴弹越过栅栏,直奔既定目标——以色列选手居住的 31 号建筑物。他们事先了解过,一些运动员在外面喝醉回来时,常常攀越这段 2 米高的栅栏,保安根本不会阻拦。此外,奥运村内没有摄像头、探测器或者路障,建筑物的门口仅有几名没有配备武器的保安。奥运会组织委员会委员沃尔茨·特罗格解释了当时奥运会的安保问题:

【音频】沃尔茨·特罗格:当时我们的保安概念是不佩带武器,并要求警卫穿便服。不佩带武器的原因是我们想让人看到西德是友善和平的。

这些恐怖分子事前也做了周密准备。有一名恐怖分子曾在建设奥运村时当过建筑工,对奥运村的建筑格局了如指掌。另一名恐怖分子则在事发前一天潜入过奥运村,详细侦察了以色列运动员居住的楼层。这些恐怖分子到达目的地后,用事先准备好的钥匙打开门,在被屋内一名以色列运动员察觉后,双方展开了搏斗,结果 2 名以色列运动员被打死,其余 9 人被劫为人质。

当日凌晨 5 时,西德当局接到报警电话,随后开始拯救人质的行动。在双方对峙过程中,"黑九月"下达了最后通牒,他们要求释放被关押在以色列的 234 名囚犯和西德监狱中的另 2 名囚犯。当日 18 时 35 分,双方进行了第一次直接接触。西德内政部长、慕尼黑警察局局长和奥运村村长进入 31 号建筑物,亲眼目睹了劫持者孤注一掷的决心。于是,他们决定改变冲入大楼营救人质的计划,答应歹徒提出的要求,用飞机把他们和人质转送到埃及,在机场实施营救行动。

当恐怖分子和人质乘坐的直升飞机抵达预定转机的空军基地后,西德负责这次行动的指挥官下令开火，双方展开激战。枪战持续了一个多小时才结束，警察在清点尸体时发现，有5名歹徒被击毙，1名西德警官死亡，几名警察受伤，而9名以色列人质则已全部被恐怖分子杀害。在营救人质的过程中，西德警方自始至终都没有得到恐怖分子的详细资料和图像。他们不知道恐怖分子的长相和人数，以至于最后狙击手在机场狙击恐怖分子时，把恐怖分子的人数少算了2个人，形成了与恐怖分子对打的局面。最终，营救行动以彻底失败告终。

9月7日上午9时45分，在《葬礼进行曲》的肃穆旋律中，11名被杀害的以色列运动员的灵柩从飞机上被抬了下来，灵柩上盖着以色列国旗，死者的亲属们失声痛哭。以色列总理梅厄夫人在记者发布会上发表了反恐复仇声明，以此向世人宣告以色列与恐怖分子对抗到底的决心。

【音频】梅厄夫人：各位以色列国会成员，我们有责任要与反以色列的恐怖组织作战到底。恐怖主义不断改变策略和行动，我们必须做好应战的准备，其程度甚至超过之前的所有准备。

惨案发生后，梅厄夫人领导的以色列政府决心让策划慕尼黑惨案的恐怖分子付出生命的代价，拟定了名为"上帝之怒"的复仇计划。为了给被杀害的11名运动员抵命，这份"死亡名单"也凑足了11个人。一场历时9年的追杀行动以将死亡名单上的11名"黑九月"恐怖分子全部处死而结束，这一暗杀行动也伤及了大量无辜。

"黑九月"成员在慕尼黑奥运会上发动恐怖袭击，希望以此引起世界对巴勒斯坦问题的关注，然而他们却为这种极端行为付出了惨重代价。以色列采取以恐怖制裁恐怖的政策，对巴勒斯坦人实施猛烈而残酷的报复行动，这使得巴以冲突越发升级。一起起惨案告诉人们，以暴制暴只会造成更多的流血与冲突。2005年12月，由导演斯皮尔伯格拍摄的电影《慕尼黑》在美国上映，影片除了再现当年的那场杀戮与复仇，也引起人们的反思：必须有人站出来为和平呐喊。

（金　之）

以色列前总理梅厄夫人

135

电影大师黑泽明去世

九月 6

1998 年 9 月 6 日，一代电影大师黑泽明离开了人世。黑泽明一生执导过 31 部影片，是第一位打破欧美电影垄断的亚洲导演，并引领了 20 世纪五六十年代的电影潮流。他的作品频频在威尼斯、戛纳与柏林诸影展中得奖，80 岁那年还在美国领取了奥斯卡金像奖特别荣誉奖。许多亚洲乃至欧美的大导演都深受黑泽明的影响，打上了黑泽明电影叙事的烙印。曾执导过《教父》三部曲的美国导演弗朗西斯·福特·科波拉称赞黑泽明留给世人的不仅仅是一两部杰作，而是整整 8 部。

黑泽明出生于东京。初中毕业后，热衷于绘画的他立志当一名画家。由于受到家庭变故的影响，1934 年，黑泽明进入电影公司考取了助理导演，并拜导演山本嘉次郎为师，学习导演和编剧。在老师的教导和帮助下，黑泽明得到了真正的锻炼，从第三副导演晋升

黑泽明

为第一副导演。之后，他又以剧作家的身份发表了《达摩寺里的德国人》《寂静》和《雪》，得到广泛的好评。

1943 年，黑泽明独立执导了处女作《姿三四郎》，这部作品使他一举成名。当时，黑泽明与《海港花盛开》的导演木下惠介同被视为日本电影的新希望。1948 年，黑泽明再执导筒，拍摄了《酩酊天使》，第一次启用三船敏郎担任他影片的男主角。

【音频】《罗生门》开场配乐片段

1950 年，黑泽明根据芥川龙之介的小说《筱竹丛中》改编拍摄了令他蜚声国际的影片《罗生门》，该片为他赢得了 1951 年的威尼斯电影节金狮奖。《罗生门》是第一部闯入欧洲影展的亚洲作品，打破了欧洲影展被欧美影片垄断的局面。由此，黑泽明成为第一位受到国际承认的日本导演。美国《时代》周刊曾推选出 20 世纪亚洲最有影响力的人物，艺术界的代表是黑泽明、泰戈尔和时装大师三宅一生。那一次，中国导演张艺谋也在《时代》周刊撰文表达了对黑泽明的仰慕，他说第一次看《罗生门》就被其深深迷住。在张艺谋后来拍摄的电影《英雄》里，同样是一个故事多种叙述角度，可以清晰看到《罗生门》的影子。

1952 年，黑泽明执导的《生之欲》成为战后日本最佳影片之一，甚至被许多人认为是有史以来最优秀的影片之一。1954 年，黑泽明又导演了《七武士》，这是一部融合了武打以及幽默的娱乐片，但同时也表达了深刻的哲理，从而成为一部经典影片。《七武士》之后，黑泽明进入了他创作的高峰时期，他先后拍摄了改编自莎士比亚戏剧《麦克白》的《蜘蛛巢城》、改编自陀斯妥耶夫斯基小说《白痴》的同名电影等多部佳作。而与其搭档的三船敏郎也凭借在黑泽明影片《大镖客》和《红胡子》中的精彩表演获得威尼斯电影节最佳男主角奖，达到自己演员生涯的最高点，当时甚至有"国

际的黑泽,世界的三船"的说法。

1975 年,黑泽明导演的影片《德尔苏·乌扎拉》先后获得莫斯科影展金牌奖和奥斯卡最佳外语片奖。1980 年,由黑泽明与仲代达矢合作拍摄的《影武者》获得戛纳电影节金棕榈奖,充分表现了其电影大师的实力。1985 年,黑泽明再次改编了莎士比亚名作,这部根据莎士比亚《李尔王》改编的影片名叫《乱》。此后,黑泽明还接连拍摄了《梦》和《八月狂想曲》。1990 年,80 岁高龄的黑泽明出席奥斯卡颁奖典礼,接受了奥斯卡终身成就奖的荣誉。

【音频】黑泽明:这次我能领到这个奖项非常荣幸,但我有些担心,我是否够格领奖。因为我还不懂电影,应该说我还没有完全把握好。电影是一门非常精彩的艺术,要完全掌握好是有难度的,但我今后也会为它倾注我的全力。这是我用来报答这个奖项的最好办法。

1993 年,黑泽明执导了影片《一代鲜师》,作为他对自己一生进行的反思,也是他的电影谢幕作。片中男主角内田百闲是一位生性豁达、看破生死离别的教师,所以在面对死亡的时候,他总是调皮地对死神说"还没哦,我还不想离开这个人世间"。以下是影片《一代鲜师》里学生们问老师"准备好了没",老师回答"还没有"的片段:

【音频】电影《一代鲜师》片段

黑泽明曾说自己深受美国电影大师约翰·福特的影响,在叙事方式上擅用好莱坞的经典叙事法来处理。所以,他的电影和其他日本电影大师相比更加融合了西方特色,较容易为西方观众所接受,1985 年的《乱》就完全体现了东西合璧的艺术表现力。

黑泽明曾在 1987 年写就自传《蛤蟆的油》,那是关于他 1950 年之前的故事。之所以把自传的时间截止到执导《罗生门》,他这样解释:"写自传的我不能穿过这个门再前进了。《罗生门》以后的我,要从《罗生门》之后我作品中的人物中去认识。"1998 年 9 月 6 日,黑泽明因脑溢血在家中去世,享年 88 岁。

(倪嘉铭)

黑泽明(中)获得奥斯卡终身成就奖

迈克尔·杰克逊"历史"世界巡演拉开帷幕

1996 年 9 月 7 日,捷克共和国首都布拉格的莱特纳公园,"流行天王"迈克尔·杰克逊的第三次世界巡演拉开了帷幕。这次巡演的名字叫"History"——"历史",从布拉格这一场开始,直到第二年的 10 月 15 日在南非德班举行最后一场演出,整个活动历时一年多,横跨五大洲,足迹遍布 20 多个国家,共计 82 场演出,约有 450 多万名歌迷参加。

在布拉格当天的演唱会上,迈克尔·杰克逊演唱的第一首歌叫做《挑动事端(Wanna Be Starting Something)》,它选自杰克逊 1982 年的热门专辑《颤栗》。也许是由于名字中含有"开端"一词,在历次迈克尔·杰克逊的演唱会中,这首歌都会被安排在表演曲目的首位。

迈克尔·杰克逊

迈克尔·杰克逊 1958 年 8 月 29 日出生于美国印第安纳州的加里市,是家中的第 7 个孩子。说到音乐事业的"开端",他的起步是很早的。5 岁时,他就与哥哥们一起,以"杰克逊五人组"的名义初次登台表演了。到了 1971 年,13 岁的他开始发行个人单曲,两年后已独自站到奥斯卡颁奖典礼这样高级别的舞台上进行演唱。

20 世纪 80 年代初,迈克尔·杰克逊逐渐成为流行乐界的主导人物。他 1982 年所发行的专辑《颤栗》在全球总销量突破 1 亿,是当时销量最高的专辑。专辑中收录有《Wanna Be Starting Something》以及《Beat It》等多首经典歌曲。这张唱片也最终助杰克逊在第 26 届格莱美上收获 7 项大奖。

《颤栗》发行 5 年后的 1987 年,迈克尔·杰克逊开启了他的个人巡演之路。在 1996 年的"历史"巡演之前,他一共举行过两次世界巡演,分别是 1987 至 1989 年的"飚"世界巡回演唱会和 1992 至 1993 年的"危险"世界巡回演唱会。与"历史"演唱会一样,这两次巡演也分别对应了当时杰克逊所推出的同名专辑,可以看作是为唱片所进行的一次全球宣传。

专辑《飚》,英文名《Bad》,是继《颤栗》之后迈克尔·杰克逊所推出的又一张商业上极其成功的专辑。当年,制作公司甚至请来好莱坞电影导演马丁·西科塞斯,为杰克逊录制音乐录影带。MV 中,迈克尔饰演一名离家前往私立学校读书的穷学生。拍摄过程中,他们一度来到贫民窟取景,据马丁·西科塞斯回忆,当时那里恶劣的居住环境深深震撼了迈克尔·杰克逊。

【音频】马丁·西科塞斯:他把我拉到一边问我,这里真的能住人?我说,是呀,这还算好的呢,我们还去过其他一些地方,那的环境就……对他来说,我想他一定是被眼前所见震撼到了。

音乐之外，人们常以慈善家、人道主义者、和平主义者这样的称谓来描述迈克尔·杰克逊，正如马丁·西科塞斯导演在采访中提及的那样，迈克尔·杰克逊曾被亲眼所见的疾苦所震撼，这激发了他日后将自己的金钱、精力和影响力投入到公益事业之中，其中尤以儿童所遭受的苦难最为牵动迈克尔的心。

【音频】迈克尔·杰克逊演唱的《拯救世界(Heal the World)》；迈克尔·杰克逊谈对孩子的爱

《拯救世界》正是一首体现迈克尔·杰克逊理想的歌曲，在动人的旋律中他呼吁大家为了孩子们，积极去创造一个更美好的世界。他表示，自己对孩子所遭受的苦难及其所面临的家庭问题等最感同身受，所以自己将竭尽所能去提供帮助。因为如果这个世界上没有了孩子，那么他自己也将彻底完蛋。

迈克尔·杰克逊不止一次向各类资助贫苦儿童或反儿童虐待的组织和基金捐赠巨款，同时，他也成立了名为"拯救世界"的基金会，用以救助那些患有艾滋病和青少年糖尿病的儿童。在进行世界巡演的途中，他每经过一个国家，也往往会走访当地的医院、孤儿院、学校等地，看望他所关爱的孩子们。

然而，即使是这样无私的爱仍然抵挡不了外界的恶意与中伤。1993年，正当迈克尔·杰克逊在全球进行"危险"巡演的时候，他也不幸落入了他人"危险"的陷害之中。案件的起因是一名曾经到过杰克逊住所的小歌迷乔丹·钱德勒的父亲向法院指控，称迈克尔对他的孩子进行了性侵犯。

此案被认为是对迈克尔·杰克逊名声伤害最大的一宗负面新闻。直到2005年6月13日，法院认定被告钱德勒为诬告，迈克尔·杰克逊终获清白。可经历了此案之后的迈克尔·杰克逊精神上受到很大打击，并逐渐开始依赖于镇静剂。也正是过量的镇静剂，最终在2009年的6月25日，夺去了这位流行乐界天王的宝贵生命。

【音频】迈克尔·杰克逊演唱的《转瞬即逝(Gone Too Soon)》

由于迈克尔·杰克逊突然辞世，他原定于2009年7月举行的第四次个人巡演"就是这样"最终没能实现，这也让1996年始于布拉格的那场"历史"巡演成了他人生最后的世界巡演。也许，我们可以用迈克尔·杰克逊自己的一首歌来形容这种哀婉的痛惜，那是他在"历史"巡演启动前3年所创作的一首抒情歌曲，《Gone Too Soon》，歌词里写道"像一颗流星，燃烧着划过天空，转瞬即逝"。　　　　　　　（郑　麟）

迈克尔·杰克逊在布拉格

张爱玲寂寂离世被发现

九月 8

张爱玲

1995 年 9 月 8 日,在美国洛杉矶一幢普通的公寓里,人们发现一位体态瘦小、身着赫红色旗袍的华裔老太太十分安详地躺在屋中一张精美的地毯上已然长逝,她的身旁是一叠展开的稿纸和一支未合上的笔。这位逝者就是 20 世纪风靡华文世界的作家张爱玲。张爱玲以一双早熟的慧眼洞彻了人性的弱点和世间的荒诞,以生花妙笔展示给世人。她的生命正如她自己所说,是"一袭华美的袍",这衣袍曾经光艳照人、风情万种,但最终还是被"虱子"吞没了。

张爱玲出生于上海康定东路 87 弄 3 号的大宅里。她的祖父张佩纶是清末名臣,祖母李菊耦是晚清重臣李鸿章的长女。虽然出身于名门望族,但是家道中落和父母离异却给张爱玲的童年蒙上了一层阴影。

1938 年,张爱玲以远东区第一名的成绩考入英国的伦敦大学。但是,日本侵华的炮火阻断了她远渡欧洲的行程。最终,张爱玲以考取伦敦大学的成绩单入读了香港大学。在那里,她的学习成绩一直名列前茅。

1942 年日军占领香港后,张爱玲被迫终止学业,回到上海以文为生。潜心写作一年之后,张爱玲主动向《紫罗兰》杂志的主编周瘦鹃推荐了自己的第一篇小说《沉香屑·第一炉香》。两个月后,身穿碎花旗袍的张爱玲又夹着一个油纸包叩开了《万象》杂志编辑室的大门。《万象》杂志主编柯灵的夫人陈国蓉回忆了张爱玲来找柯灵的情形:

【音频】陈国蓉:张爱玲见柯灵这件事情也真是一个意外的收获。柯灵刚好接编了杂志《万象》,他偶然在周瘦鹃编的刊物《紫罗兰》上看到张爱玲写的一篇文章,觉得非常好,他就很想找张爱玲写文章。刚好在发愁怎么找到张爱玲,张爱玲自己来了。这是个喜出望外的事情。

其后,张爱玲的作品陆续在《万象》等杂志上发表。她独特的文风成了众多作家模仿的对象,甚至形成了一个"张派"。与此同时,张爱玲独特的气质与标新立异的衣着也几乎与她的文章齐名。当时,上海人习惯把所有着装奇异的时尚女性一概称为"张爱玲式"。曾见过张爱玲的"张派"作家李君维回忆了张爱玲当时的着装风格:

【音频】李君维：那次她穿了一件民国初年的短袄，是大圆角的，大概是绿颜色，底下穿着裤子。就像那时候演的话剧《秋海棠》的女主角罗湘绮。可是当时我看了也不是太惊奇，因为我知道她喜欢穿这种服装，反正她和一般人是不一样的。

1943年，张爱玲结识了当时汪伪政府文化部的官员胡兰成，在世人诧异的眼光中与胡兰成相爱了。其后，张爱玲陆续写出了《倾城之恋》《金锁记》《爱》《红玫瑰与白玫瑰》等一批与婚恋相关的作品以及《太太万岁》《不了情》等多部电影剧本。

"见了他，她变得很低很低，低到尘埃里。但她心里是欢喜的，从尘埃里开出花来。"张爱玲曾这样描绘她与胡兰成这段影响了她一生的感情。遇到胡兰成之后的张爱玲像寻常女子一样经历了恋爱的欣喜与烦恼，虽然这段恋情只有短短的两年，但是张爱玲自己曾表示，让她真正感到快乐的就是与胡兰成在一起的两年。47年之后，作家三毛根据张爱玲和胡兰成的故事编写了电影剧本《滚滚红尘》。林青霞、秦汉、张曼玉主演了该片，同名电影主题曲《滚滚红尘》由罗大佑创作，久唱不衰。

【音频】陈淑桦、罗大佑演唱的电影《滚滚红尘》同名主题曲

1955年，张爱玲移民美国。第二年，她与美国作家赖雅结婚。不幸的是，赖雅在婚后不久就中风了。为了照顾赖雅，张爱玲无法专注写作，她始终游离在美国文学圈之外，直至1967年赖雅去世。从此，张爱玲索性将外部世界拒之门外，过起了居无定所、孤独封闭的生活。

自1968年起，张爱玲陆续创作和发表了《半生缘》《色戒》《小团圆》等作品。《小团圆》是张爱玲创作的最后一部长篇小说，定稿于1976年，但是直到1992年仍未修改完成。1995年9月8日，在发现张爱玲逝世的那天，《小团圆》的文稿静静地躺在她当书桌用的箱子上。《小团圆》的结局是一个美梦，九莉在小松林里被邵之雍牵着手走进了小木屋，身后是他们的几个孩子。对于张爱玲来说，也许在现实中没有实现的，已经在回忆和梦幻中得到了解脱和圆满。张爱玲研究专家陈子善带我们走进张爱玲的《小团圆》：

【音频】陈子善：实际上整个小说就是她内心的一个感受，写她对自己以前的生活、30年前生活的一种追忆，一种回顾，而这种回顾，这种追忆是很痛苦的，很复杂的。

张爱玲有一本小说集叫《传奇》，其实用"传奇"来形容张爱玲的一生是最恰当不过的。她的才情、她对世事人情的透彻领悟、她不屑于世故的特立独行以及她给世人留下的众多经典作品，都成为了人们心中永远的传奇。

（舒　凤）

张爱玲

毛泽东主席逝世

毛主席葬礼

1976 年 9 月 9 日下午 4 时,中央人民广播电台以万分悲痛的语调对外宣布,中国人民的伟大领袖、伟大导师毛泽东主席于当天凌晨零时十分在北京逝世。联合国总部在毛主席逝世的当天降半旗致哀。联合国秘书长瓦尔德海姆在联合国全体大会上发言时盛赞毛泽东"是一位伟大的政治思想家、哲学家和诗人","他实现自己理想的勇气和决心将继续鼓励今后的世世代代"。当届的联合国大会主席高度评价毛泽东是"我们时代最英雄式的人物","他改变了世界历史的进程"。

让我们重温毛主席在新中国成立前后几个重要历史时期的讲话,共同回味那些曾影响和改变了世界的时刻。

1949 年,经历了 8 年抗战的中国百废待兴,工业设施薄弱,农业原始,人民生活水平低下。6 月 15 日,毛主席在第一届中国人民政治协商会议筹备会上的讲话中说道:

【音频】毛主席:中国必须独立,中国必须解放,中国的事务必须由中国人民自己作主张,自己来处理,不容许任何帝国主义国家再有一丝一毫的干涉。中国人民将会看见,中国的命运已经操在人民自己的手里,中国就将如太阳升起在东方那样,以自己的辉煌的光焰普照大地,迅速地荡涤反动政府留下来的污泥浊水,治好战争的创伤,建设起一个崭新的、强盛的、名副其实的中华人民共和国。

1949 年 9 月 21 日,全国政协会议第一届全体会议召开。这次会议决定了中华人民共和国国旗为五星红旗,国歌为《义勇军进行曲》,中华人民共和国定都北京,纪年采用世界公元,10 月 1 日为国庆节。会议上,毛主席豪迈地说:"占人类总数四分之一的中国人,从此站起来了。"

【音频】毛主席在全国政协会议第一届全体会议上的讲话片段

1949 年 10 月 1 日,首都北京天安门广场举行了开国大典,在隆隆的礼炮声中,中央人民政府主席毛泽东庄严宣布中华人民共和国成立:

【音频】开国大典上毛主席宣布新中国成立

毛主席亲自升起第一面五星红旗。聚集天安门广场的三十万军民进行了盛大的阅兵和庆祝游行。毛主席在群众一阵又一阵的掌声中宣读中央人民政府成立公告。他用强有力的语调向全世界发出新中国的声音。他向全世界宣告了新中国的成立,公布了主席、副主席的名单,同时向各国政府宣布,中华人民共和国中央人民政府是代表中华人民共和国全国人民的唯一合法政府。凡愿遵守平等、互利及互相尊重领土主权等原则的任何外国政府，本政府均愿与之建立外交关系。

【音频】开国大典上毛主席宣读中央人民政府成立公告

　　新中国的建立，实现了中华民族的独立和解放，开创了中国历史的新纪元。然而刚刚成立的新中国内忧外患，国际局势很不明朗。1950 年 6 月 25 日，朝鲜战争爆发。6 月 27 日，美国宣布出兵朝鲜，实行武装干涉，并派遣海军第七舰队驶入台湾海峡，"阻止对台湾的任何进攻"，公然干涉中国内政。1950 年 10 月 8 日，应朝鲜政府"出兵援助"的请求，中国作出"抗美援朝、保家卫国"的重大历史性决策。10 月 25 日，志愿军发起抗美援朝战争第一次战役，将以美军为主的"联合国军"从鸭绿江边驱逐到清川江以南，挫败了他们企图在感恩节之前占领全朝鲜的计划，初步稳定了朝鲜战局。1951 年毛主席就抗美援朝发表讲话，慷慨陈词：朝鲜战争美国要打多久我们就打多久，一直打到完全胜利。

【音频】1951 年毛主席就抗美援朝发表的讲话

　　最终，美国政府由于军事失败和国内国际的压力，不得不从 1951 年 7 月 10 日开始同朝中方面在开城进行停战谈判。1953 年 7 月 27 日，交战双方签署了停战协议。

　　1954 年 9 月 15 日，第一届全国人民代表大会第一次会议在北京隆重开幕。会议上毛主席明确了中国现阶段的主要任务："准备在几个五年计划之内，将我们现在这样一个经济上、文化上落后的国家，建设成为一个工业化的、具有高度现代文明程度的伟大的国家。"

【音频】毛主席在第一届全国人民代表大会第一次会议上的开幕词

　　毛主席等老一辈无产阶级革命家，领导中国人民开辟了社会主义现代化建设道路，从他这几次重要的讲话中，都能感受到伟人澎湃的激情和坚定的信念，作为新中国的缔造者，毛主席为社会主义中国的建立和发展作出了历史性的贡献，为中华民族的伟大复兴筚路蓝缕、开基立业。

　　邓小平同志曾在 1978 年 12 月召开的中共中央工作会议闭幕会上说："回想在一九二七年革命失败以后，如果没有毛泽东同志的卓越领导，中国革命有极大的可能到现在还没有胜利，那样，中国各族人民就还处在帝国主义、封建主义、官僚资本主义的反动统治之下，我们党就还在黑暗中苦斗。所以说没有毛主席就没有新中国，这丝毫不是什么夸张。"

（王永平）

毛主席在开国大典上

东航班机在虹桥机场紧急迫降

1998 年 9 月 10 日晚上 7 时 38 分,载有 120 名中外乘客的东航 MU586 航班从上海虹桥机场起飞。和以往的航班一样,在机长倪介祥、副驾驶严宝弟、机械师赵永亮和报务员鲁舸的密切配合下,编号为 2173 的麦道 11 大型客机很快融入了夜空。然而,这趟航班上的乘客和机组人员都没有料到之后的行程会变得如此惊心动魄。

飞机起飞后不久,机长倪介祥在收起落架时发现前起落架红色信号灯不灭,这说明前起落架没有收好。当飞机升到 900 米时,他按照检查单的程序又做了一次收起落架动作,只见红色信号灯仍在闪亮。倪介祥意识到了飞机故障的严重性,经地面塔台同意,决定返航。同时他通知正在机舱内忙碌的主任乘务长徐焕菊,把返航的消息告知乘客。

受伤空姐

当航班返回至虹桥机场准备降落的时候,机长倪介祥首先按照正常程序下放起落架,后又采用应急放轮,但是红色警示灯仍然亮着,表明前轮未正常放下。但是前起落架此刻究竟处在何种位置,机组人员却不清楚。于是机长倪介祥尝试低空"通场",让塔台观测起落架的情况。事后他在飞机驾驶室接受采访时也讲到了这三次低空"通场":

【音频】倪介祥:我们第一次保持 300 米通场,叫塔台给我们看一下,前起落架没有放下,到底在什么位置,是什么一种形态。当通场 300 米以内,因为晚上,他说天黑看不清;第二次我下降到 100 米通场让他看,100 米通场他看了以后说:好像没有放下来,没有确定;第三次我要求他们到跑道头,我下降到 30 米拉升复飞,最后他们看清楚了,我到 30 米又加油门起来了。他们看清楚了,前起落架完全没有放下来,舱门还是关着的。

明确了问题所在之后,机组人员开始在地面指挥的配合下,采取一系列的解决办法。首先,机长尝试了在空中"甩放"的办法。一套急上升、侧滑、大坡度盘旋动作做完了,但离心力作用并未能把前轮"甩放"下来。之后机长又按照地面麦道公司技术人员的方法,先后交替把 3 号、1 号液压系统关掉,然后放前起落架,但仍未成功。

此时,地面指挥让机长采用"试着陆"的方法,即驾驶飞机按正常着陆,试图让起落架在跑道上接地时靠"蹾"的力量把前起落架"蹾"下来。飞机再次升空。在地面人员的精心指挥下,机长倪介祥驾机转了两个大圈子,连续着陆"蹾"了两次,然而前起落架仍纹丝不动。

此刻没有其他办法,只能让机械师赵永亮冒险下到起落架上。他拿起一把斧子,用尼龙绳拴着腰部就钻了下去,使劲用斧子敲打前起落架被卡住的地方,费了很大的劲却不见松动。

【音频】赵永亮：敲了很长时间也敲不下来，我也就没有办法了。当时风很大，回想起来很后怕，但是当时一点也不害怕，考虑不了那么多了，因为那时候主要想着怎么能把飞机降落到地面，我们都是这么想的。

"甩放"不成，"蹾"也无果，斧头又敲不下来，所有能想到的方法都尝试了，最后只剩下迫降了。机长通知乘务长徐焕菊组织乘客尽量坐在中部和尾部，并反复教他们做好迫降的防护动作及迫降后的逃生注意事项。

地面人员迅速做好飞机迫降的准备工作，他们在虹桥机场的跑道上喷洒防火泡沫。同一时刻，飞机一直在机场上空盘旋以消耗燃油。机长对驾驶舱内的人员进行了分工：他自己驾驶飞机迫降；副驾驶严宝弟把持油门，并在旁边提醒自己，待主轮一接地立即拉第一发动机和第三发动机反喷至慢车位置；机械师赵永亮负责拉下减速板和所有发动机总开关，并对发动机实施灭火，当飞机停稳后立即接通紧急撤离电铃。

晚上11时07分，倪介祥驾驶飞机下滑，飞机以"轻两点"姿态着陆了，在机头擦地的一刹那，跑道上划出一道道闪亮的火星，所有人都把心提到了嗓子眼。在滑行380米之后，飞机稳稳地停在跑道上，像一匹烈马终于被驯服了。"迫降成功了！"早已在场待命的消防员们立刻向飞机喷水降温防止起火。当时飞机上的120名乘客和17名机组人员全部安全撤离现场。对于飞机迫降着陆，上影厂的电影《紧急迫降》中有着比较真实的还原：

【音频】影片《紧急迫降》中迫降的片段

当年9月30日，中国民航总局和上海市政府隆重举行"东航2173号飞机成功迫降"表彰大会。正如当时的市长徐匡迪所说，这次成功迫降在我国民航史上是首例，在世界民航史上也属罕见，为以后处理类似紧急事件提供了成功范例。

【音效】时任上海市市长徐匡迪在表彰大会上的讲话

（李俊杰）

英雄机长倪介祥

145

震惊世界的"9·11"恐怖袭击事件

"9·11"恐怖袭击事件是 2001 年 9 月 11 日发生在美国本土的一系列自杀式恐怖袭击事件,造成的遇难者总数高达 2996 人,是人类历史上非常严重的恐怖袭击事件。令人难以置信的是在此之前,美国反恐部门曾有多达 3 次的机会阻止该恐怖事件发生,但却一一错过。

2001 年 9 月 11 日早上 8 点 14 分,身处美国航空 11 号班机的默罕默德·阿塔和其他 4 名恐怖分子发起攻击。在劫机过程中,恐怖分子使用武器杀害了飞行员,并刺伤乘务员和乘客。在 11 号航班撞向世贸中心大楼之前的 20 多分钟,华裔空姐邓月薇冒着生命危险向地面拨通了报警电话。这段录音是邓月薇生命中的最后一段声音,对"9·11"事件的调查工作具有非常重要的价值。

【音频】邓月薇与地面运营中心的对话录音

上午 8 点 46 分,飞机撞上了世贸中心大厦北座。接着联合航空 175 号班机于上午 9 点 03 分冲向南座大楼。9 点 37 分,另一组劫机者控制美国航空 77 号班机撞入五角大楼。第四架飞机联合航空 93 号班机于上午 10 时 03 分在宾夕法尼亚州的尚克斯维尔附近坠毁。当晚 8 点 30 分,美国总统布什在白宫向全国发表了电视讲话。

【音频】布什:今晚,我要求你们一同祈祷,为所有处于灾难之中的人们,为那些美好世界被无情击碎的孩子,为所有那些安全受到威胁的人们……美国从前击败了它的敌人,这次我们也能够做到。没有人会忘记这一天,我们会继续捍卫自由,捍卫我们这个世界上美好和正义的事业。谢谢各位! 晚安! 上帝保佑美国!

"9·11"事件发生之后,美国联邦调查局首先确定了头号劫机犯默罕默德·阿塔的身份。他是一个来自德国汉堡的硕士研究生,之前没有犯罪记录。经过调查得知他的幕后支持者正是基地组织的首领奥萨马·本·拉登。紧接着联邦调查局又发现,1995 年美国国家安全局曾经接收过一个从菲律宾警方移交过来的笔记本电脑,里面有这样一个文档——"波金卡恐怖袭击计划"。该计划分为两个阶段:第一阶段是暗杀教皇保罗二世,然后炸毁 11 架从亚洲各大机场飞往美国的飞机。而第二阶段的计划就是"9·11"计划的原始版,世贸大厦、五角大楼、白宫、国会山都在其列。但当时美国国家安全局的报告认定 1993 年纽约世贸爆炸案的实施者伦姆兹·约瑟夫才是波金卡计划的策划人,他的叔叔哈立德·默罕默德则仅仅是他海外的支持者,所以把精力都用在了追捕伦姆兹·约瑟夫身上,并没有对该计划制定过任何的防御措施,也没有对身处卡塔尔的哈立德·默罕默德进行追捕。万万没有想到的是,就是这个哈立德·默罕默德将这个计划提供给了本·拉登,最终两人共同策划并制定了"9·11"恐怖袭击计划。就这样美国错过了第一次可能阻止事件发生的机会,而策划"9·11"事件的哈立德·默罕默德直到2003年才被美国抓捕归案。

之后调查委员又发现了一份尘封的美国联邦调查局报告《凤凰城备忘录》,是联邦调查局驻凤凰城办事处的特工写给在纽约的联邦调查局国际反恐小组的一份记录报告。该备忘录提醒总部和纽约反恐小组,奥萨马·本·拉登可能动用了一些手段,把一些学生送到美国民航学校学习飞行。凤凰城办事处已发现过多的人正在打算或者已经进入亚利桑那的飞行学校学习。然而这份备忘录最终没能引起上层的重视,这样联邦调查局再次失去了可能拯救美国的机会。

美国中央情报局在调查过程中还隐瞒了一个事实。2001年8月6日中情局提交了一份《每日总统简报》,题目是《本·拉登决意在美国发动袭击》。报告的第一条这样写道:"本·拉登的追随者们将会以世贸中心爆炸者伦姆兹·约瑟夫为榜样,给美国带来战争。"报告的第二条写着:"本·拉登告诉他的追随者,由于美国在阿富汗轰炸了他的基地,他打算在华盛顿实施报复。"最后一条则写道:"联邦调查局的情报显示,在美国可疑行动的形式往往与劫机或其他类型的袭击有关。"然而,政府中的一些人认为这些调查讯息仅仅是恐怖分子的虚张声势。根据他们的理论,本·拉登只是假装在策划袭击,以分散政府对萨达姆的注意力。如此美国错过了最后一次可能被拯救的机会。35天之后恐怖袭击计划变成了残酷的现实。

"9·11"事件发生2年之后,被美国反恐机构称为"反恐沙皇"的理查德·克拉克辞去了总统反恐顾问的职务。克拉克认为在"9·11"恐怖袭击事件的策划准备过程中,如果美国政府最高层能对所获情报给予足够的重视,把所有的漏洞都堵上,那么这起惨案是完全可以避免的。然而由于最高层的一再疏忽,所得知的那些文件、报告、备忘录等等在当时没有起到任何实际的作用,这些档案只是在惨案发生之后逐一被解密,这更增加了整个事件的悲剧性。

（金 之）

在白宫举行的"9·11"事件遇难者悼念仪式

第一艘台湾探亲船抵达上海

1988 年 9 月 12 日,由台湾"昌宏海运公司"经营的"昌瑞"号探亲客船缓缓地驶入上海外虹桥国际轮船客运码头。探亲船靠岸后,舷梯上走下了 60 多位乘客,他们大都是两鬓斑白的老人,有些人还没有出港区就隔着齐胸高的铁栏杆与岸上的人热泪相拥。他们是两岸隔绝近 40 年后,首批由台湾始发的经海上航线抵达大陆的台湾同胞。这艘"昌瑞"号客船是新中国成立后,第一艘来自宝岛的探亲船。

1949 年国民党退守台湾之后,海峡两岸长期处于隔绝状态,不少家庭因此相隔两地,无法团圆。在祖国大陆的努力推动下,台湾当局在岛内民众的强烈呼声中,不得不于 1987 年开放台湾居民赴大陆的探亲。1988 年 9 月 9 日,由台湾基隆途经日本那霸至上海的海上航线开航。9 月 12 日,台湾海运公司经营的"昌瑞"号客轮由基隆启航经那霸抵达上海外虹桥国际轮船客运码头。当时用照相

1988 年 9 月 12 日台湾探亲船"昌瑞轮"首航驶抵上海港

机和摄像机拍下这一历史性时刻的葛凤章回忆了载着首批台胞的"昌瑞"号到达上海时的情况:

【音频】葛凤章:大家都很兴奋,说"来了,来了,就是这个,就是这个"。上面的人比较小,船比较大,人看不清楚,大家都在寻找自己的亲人。上面的人也不管下面的人认不认识,大家都在招手,好像都认识一样。船靠码头时间是比较久的,这个时候,有点望眼欲穿的样子。

在"昌瑞"号上有一名特殊的乘客,他是在 20 世纪七八十年代台湾流行乐坛极具影响力的音乐人陈彼得。陈彼得生于成都,幼年时随父母到台湾。他曾创作过《迟到》《几度夕阳红》《一剪梅》等很多脍炙人口的歌曲。他也是把内地流行音乐《黄土高坡》等介绍到台湾的第一人。在台湾居民到大陆探亲开放后,陈彼得迫不及待地从台湾率团来内地进行探亲演出。为了这次回到故乡探亲,陈彼得创作了歌曲《归雁》。

【音频】歌曲《归雁》

1979 年元旦,全国人大常委会发表《告台湾同胞书》,内容包括商讨结束两岸军事对峙状态、实现两岸"三通"、扩大两岸交流等问题。《告台湾同胞书》表明了中国政府在对台政策上的重大改变,即由"和平统一"取代"解放台湾",它也被看成两岸关系由对立走向对话的第一步。从 1979 年 1 月关于上海台胞集会学习《告台湾同胞书》的新闻报道中,我们可以了解到台胞们对《告台湾同胞书》是如何回应的。

【音频】1979 年 1 月上海台胞集会学习《告台湾同胞书》的新闻报道

在祖国大陆的大力推动下,台湾新闻舆论界和民间要求实现两岸统一的呼声日益高涨。从 1986 年底开始,台湾出现了要求返乡探亲的热潮。1987 年春季,台湾"外省人返乡探亲促进会"成立。一群老兵们穿着写有"想家"等强烈诉求的 T 恤衫,进行散发传单和游行请愿活动。"促进会"还举办了座谈会进行演说呼吁。"返乡省亲运动"在台湾岛内外引起了巨大反响,对国民党当局造成极大的舆论压力。同年 10 月 15 日,台湾行政院通过了《台湾地区民众赴大陆探亲办法》。11 月 2 日,台湾红十字会开始受理探亲登记及信函转投。这是海峡两岸隔绝近 40 年后民间关系的一个重大突破,也是两岸开始交流的第一步。从 1987 年 12 月初的新闻报道里,我们可以了解到上海市有关部门热情接待来大陆探亲台胞的情况。

【音频】1987 年 12 月初上海有关部门热情接待台胞的新闻

1992 年,两岸双方达成各自以口头声明方式表述"海峡两岸均坚持一个中国的原则"的共识,也就是"九二共识",奠定了两岸协商的政治基础。1993 年 4 月 27 日至 29 日,第一次"汪辜会谈"在新加坡正式举行。"汪辜会谈"是 1949 年以来两岸高层人士以民间名义公开进行的最高层次的会谈,是海峡两岸高层人士在长期隔断之后的首次正式接触,它标志着两岸关系的发展迈出了历史性的重要一步。

2008 年 11 月 4 日,《海峡两岸空运协议》等四项协议在台北签署。12 月 15 日,两岸空运直航、海运直航和直接通邮正式启动,这标志着两岸"三通"基本实现。这天上午 10 时30 分,两岸海上直接通航上海航点的首航仪式在洋山深水港举行,时任上海市市长韩正宣布启航。

【音频】韩正:两岸海上直接通航,上海至台湾首航,现在启航。

在大陆方面的持续推动下,经过两岸同胞的共同努力,两岸各领域的交流与合作不断发展。"三通"的实现,也为两岸关系的和平发展创造了有利条件。继续促进两岸的各项交流和人员往来,符合包括台湾同胞在内的全体中国人民的根本利益,符合当今世界和平与发展的潮流,是人心所向,也是大势所趋。

(郑榴榴)

1993 年第一次"汪辜会谈"

巴以签署和平协议

九月

13

1993 年 9 月 13 日,在郁郁葱葱的美国白宫南草坪上,两位年近七旬的老人在三千多人雷鸣般的掌声中迎来了生平的第一次握手。在过去的几十年里,他们各自代表的民族相互仇视,都对同一块土地提出了排他性的主权要求,从而导致冲突不断。这次历史性的握手给长期动荡的中东局势带来了一丝和平的曙光。这两位老人就是以色列总理拉宾和巴勒斯坦领导人阿拉法特。这一天,巴以和平协议签字仪式在美国白宫举行,标志着中东和平进程获得历史性突破。拉宾在现场演讲中说出了响彻世界的名言"血和泪已经流够了"。

巴以签署和平协议

【音频】拉宾:我们曾经是你们巴勒斯坦的敌人,我们今天用响亮而又清楚的声音对你们说:血和泪已经流够了,够了。

巴勒斯坦和以色列的冲突是中东地区冲突的焦点之一,冲突的背后隐藏着深刻的历史根源,既有宗教的、文化的、民族的因素,也有大国干预等外部因素,这使得巴以冲突的复杂性非同一般。1948 年,根据联合国分治决议,在巴勒斯坦的 70 万犹太人建立了以色列国,阿拉伯人强烈反对分治决议和犹太复国主义。从此,历史上两个饱受压迫的民族开始了旷日持久的激烈冲突。巴勒斯坦始终处于劣势,但为了和平和家园,他们仍然进行着不屈不挠的抗争。1974 年 11 月,阿拉法特首次出席联合国大会,他在演讲中以象征和平的"橄榄枝"为喻,殷切地表达了对和平的期望。

【音频】阿拉法特:我来到这里,带着橄榄枝和自由战士的枪。请别让橄榄枝从我手中掉落。

1989 年阿拉法特当选为巴勒斯坦总统后,转变了对以色列的策略,主张和平。1991 年 10 月 30 日,举世瞩目的中东和会在西班牙首都马德里拉开帷幕。第一次坐到一张谈判桌上的阿拉伯各方和以色列仇人相见,分外眼红。在开始几天的陈述和发言中,双方全然不顾外交礼仪,针锋相对,有时甚至出现相互责骂。双方各执一词,无法取得进展。

眼看这场由美国主持的中东和谈陷入僵局,阿拉法特非常着急,他请巴勒斯坦谈判代表寻找新的突破口。以色列新任总理拉宾得知阿拉法特的诚意后,意识到这是难得的机会:一则可使自己在谈判中处于有利地位,二是双方有可能作出妥协促成和平协议的达成。所以,当巴勒斯坦解放组织通过一位实业家再次与拉宾联系时,拉宾打开了与巴勒斯坦解放组织直接谈判的绿灯,但拉宾对隐隐出现的和平曙光既抱有很大的希望,又意识到自己必须有所坚持。

【音频】拉宾：如果我们真心希望有机会能解决巴以问题，那就是现在，合作伙伴是巴解组织，但他们需要抛弃那些我所鄙视的原则。

1993 年，在挪威的热心牵线搭桥下，巴以双方开始就达成一项具有历史意义的和平协议进行了秘密的外交磋商。既然谈判是秘密的，拉宾和阿拉法特不仅要对各自的反对派甚至还要对各自的核心人物保密。虽然双方积怨较深、分歧很大，但是由于双方都有缩小分歧、寻求和解的强烈愿望，因而秘密会谈还是不断取得进展。问题越是接近解决，保密工作也就越显得重要。除了经常更换会谈地点外，以色列领导人的名字也都用上了代号。拉宾的代号为"爷爷"，佩雷斯的代号为"爸爸"，以方主谈的副外长则成了"儿子"。有时，巴方的代表打电话询问时往往会说出一句令外人莫名其妙的话来，如"爷爷要求爸爸向儿子传达什么"等等。这样的秘密会谈一直进行了十多轮，在以色列与巴勒斯坦解放组织互相承认的基础上终于取得了突破。

1993 年 8 月 20 日，在挪威首都奥斯陆，巴以双方代表草签了和平协议。9 月 4 日，阿拉法特宣布，巴解组织主流派法塔赫运动批准同以色列达成的协议。9 月 9 日，以色列和巴解组织相互承认。曾对巴以秘密接触不屑一顾的克林顿政府有些慌神了。为了使和平协议烙上美国的印记，克林顿总统建议双方于 9 月 13 日在华盛顿签署这一具有历史意义的和平协议。

1994 年，挪威诺贝尔委员会宣布将当年的诺贝尔和平奖授予巴勒斯坦领导人阿拉法特、以色列外长佩雷斯和总理拉宾，以表彰他们为中东和平作出的贡献。诺贝尔奖委员会的新闻公报说，阿以和巴以之间的冲突几十年来一直是国际政治中最难以调和的问题之一，它给双方都带来了深重的灾难。阿拉法特、佩雷斯和拉宾为巴以达成的历史性协议作出了重要贡献。

1995 年，拉宾被犹太激进分子刺杀身亡，阿拉法特也于 2004 年离奇病故。当年签署和平协议的另一主角以色列外长佩雷斯，之后作为以色列总理和总统继续为巴以和平尽力。此后，尽管巴以和谈遇到了不少障碍和阻力，甚至出现暂时的倒退，但 1993 年巴以和平协议所奠定的和平解决巴以冲突的总趋势将不可逆转。

（肖定斌）

巴以对峙

中国远征军光复腾冲县城

在中国云南省西部的腾冲县城西南一公里处有一座特殊的烈士陵园——"国殇墓园"。这里安葬着抗日战争时期中国远征军第二十集团军在腾冲战役中阵亡的将士。"国殇墓园"是中国现存规模最大、保存最完整的抗日战争时期正面战场阵亡将士的陵园。1944年9月14日,中国远征军在付出惨重伤亡代价后夺取腾冲县城,这座中国西南的边陲小城也因此成为中国在抗日战争爆发后第一座被光复的县城。

1941年12月,太平洋战争爆发。1942年初,日军进攻缅甸。当畹町失守、日军直逼腾冲而来时,地方官员逃离,腾冲全城3万人在混乱中疏散。5月10日,292名日军在混乱之中占领了腾冲城,与中国远征军隔怒江对峙。滇缅公路被日军截断后,援华物资只能由美军航空队及中国民航通过"驼峰航线"输送,运费昂贵,风险极

国殇墓园

大。为重新控制滇缅公路,中国远征军于1943年10月下旬发起了对缅北日军的反攻,1944年4月17日确定了强渡怒江的反攻计划。1944年5月5日,怒江东岸保山县中国远征军长官司令部内,司令长官传达了渡江攻击的命令,光复腾冲的重任落在了远征军右翼第二十集团军的肩上。

1944年5月11日,中国远征军第二十集团军下辖的5个师开始实施腾冲反攻战。当日黄昏后远征军强渡怒江成功,次日晨开始强攻高黎贡山。日军凭险死守,经过9天的血战,日军溃退,远征军攻占高黎贡山顶。又经过十余天的激烈战斗,远征军推进至腾北马面关、界头、瓦甸、江苴附近。日军深知如果丧失这些重要据点在战略上将意味着什么,于是急调兵力火速增援,疯狂反扑。

【音频】远征军198师特务连连长曹英哲讲述攻占高黎贡山时的艰险

中国远征军将士士气高昂,锐不可当,奋勇冲杀,并与日军进行白刃格斗。经过22天的战斗,远征军终歼敌半数,继而乘胜攻下腾北日军中心据点桥头、江苴,并沿龙川江南下,扫清了固东以北至片马的残敌以及龙川江两岸残敌,形成合围腾冲城之势。此时,所有由北而南溃逃的日寇与腾冲守城日军合编为一个联队,死守来凤山及腾冲城。

腾冲城是滇西最坚固的城池,兼有来凤山作为屏障,两地互为依托,易守难攻。加上日军经过两年多的经营,已经在两地筑起坚固工事及堡垒群,准备了充足的粮弹,是一块极难啃的硬骨头。守城日军奉命死守至10月底以待援军到来。

中国远征军决定先攻占来凤山,最后围歼腾冲城守敌。7月26日午时,我远征军在空军配合下,以优势兵力向来凤山5个堡垒群同时猛攻。官兵们以高昂的斗志投入战斗,血战三日,付出重大牺牲,最终攻占来凤山,旋即扫清南城外之敌,对腾冲城形成四面包围之势。

最后被围住的孤城腾冲城墙由巨石垒砌,高而且厚。城墙上堡垒环列,城墙四角更有大型堡垒侧防。8月初,我远征军先以云梯登城,但牺牲惨重,无法立足,随后又利用盟军空军从空中轰炸,将城墙炸塌十余处,从缺口强行登城。经过十余日的激战,城墙上的堡垒群终于被逐一摧毁。协助远征军空中支援的盟军总指挥史迪威将军的外孙伊斯特布鲁克讲述了轰炸城墙的细节:

8月14日,我远征军以4个整师兵力从南城墙突进市区,与守城日军展开激烈巷战。由于腾冲城内街巷稠密、房屋相连,日寇利用民房家家设防、巷巷筑堡,战斗打得异常惨烈。我远征军每前进一尺都要付出血的代价,正所谓"尺寸必争、血满城垣"。

远征军又将阻敌增援的130师投入攻城战役。经历42天的"焦土"之战,远征军将守城之敌全歼,于1944年9月14日光复腾冲城。沦陷了两年零4个月又4天的腾冲终于重新回到中国人民手中。

从1944年5月11日远征军二十集团军强渡怒江至9月14日攻克腾冲城,前后历时127天,所历大小战役40余次,日军2700余人被击毙,几乎全军覆灭。我远征军阵亡9千余人、伤1万多人,可见腾冲战役之艰苦与惨烈。

腾冲战役的胜利,粉碎了日本军国主义妄图长期占领滇西、威胁中国抗战西南大后方以挽救其失败命运的梦想,有力地促进了滇缅战场的胜利,在中国抗日战争及世界反法西斯战争史上谱写了光辉的一页。

(倪嘉铭)

腾冲战役中远征军救治伤员

153

第一届全国人民代表大会召开

1954年9月15日,第一届全国人民代表大会在首都北京中南海怀仁堂举行,中央人民政府主席毛泽东在大会上致开幕词:"我们的事业是正义的,正义的事业是任何敌人也攻不破的!我们正在前进,我们正在做我们的前人从来没有做过的极其光荣伟大的事业。我们的目的一定要达到!我们的目的一定能够达到!"

【音频】毛泽东主席在第一届全国人民代表大会上致开幕词片段

当选第一届全国人民代表大会的1226名代表,是中国有史以来第一次经过普选所产生的,因而此次大会又被称为"第一次真正的人民大会"。在这些代表中,包括了中国当时所有民主阶级和民主党派的代表人物,工农业劳动模范,武装部队的英雄人物,著名的文学、艺术、科学和教育工作者以及工商界、宗教界的代表人物。177名少数民族的代表出席了会议。这是中国历史上前所未有的团结统一的大会。

会议听取了中华人民共和国宪法起草委员会委员刘少奇《关于中华人民共和国宪法草案的报告》,制定和颁布了中国历史上第一部人民的宪法——《中华人民共和国宪法》。9月20日,周恩来总理在会议上宣布宪法通过。

【音频】周恩来宣布宪法通过

对于由人民当家做主的新中国来说,这部人民的宪法意义重大。周恩来总理在会议上对新宪法的作用寄予了深厚的期望。

【音频】周恩来:现在,全国人民代表大会已经通过《中华人民共和国宪法》。我们相信,即将由全国人民代表大会第一次会议产生的国家行政机关,根据这个伟大的人民的宪法所规定的目标,依靠全国人民的支持和全国人民代表大会的监督,一定能够尽到自己的责任,把我们国家的各项事业推向新的、更大的胜利。

人民的宪法从人民的利益出发,肯定了人民在国家中的地位。中国人民大学法学院教授胡锦光以法学的角度探讨了新中国第一部宪法的意义:

【音频】胡锦光:这个宪法首先确认了工人阶级的领导地位,确认了工农联盟是国家的阶级基础。也就是肯定了人民在这个国家中的地位,所以应该说它的意义非常重大。也就是说从宪法制定以后,人民在国家中的地位已经明确化了,这个在中国历史上是从来没有过的。

在该宪法的基础上,会议选举毛泽东为中华人民共和国主席、朱德为副主席,刘少奇为第一届

第一届全国人民代表大会现场

全国人民代表大会常务委员会委员长,董必武为最高人民法院院长,张鼎丞为最高人民检察院检察长。参加选举的总人数为1210人,毛泽东以全票当选第一届国家主席,刘少奇宣布了选举结果。大会根据毛泽东主席的提名,决定周恩来为国务院总理。

【音频】刘少奇宣布毛泽东以1210全票当选中华人民共和国第一届国家主席

从第一届起连续参加过多届全国人民代表大会的山西代表申纪兰当时只有25岁。她骑着毛驴走出大山,再转乘汽车、火车奔赴北京。第一次到北京开会时,申纪兰"紧张得不敢讲话"。她回忆说,我没有文化,连选票上"毛泽东"三个字都不认识,"我当时最大的任务就是完成父老乡亲们的嘱咐:'要把那个圈儿画得圆圆的、大大的,一定要把毛主席选上!'"

【音频】申纪兰讲述当时为毛泽东投票的情形

第一届全国人民代表大会一共举行了五次会议。除了1954年举办的第一次会议,其他四次于1955年至1958年每年各举行一次。在1955年第一届人民代表大会第二次会议上,正式通过了中国第一个五年计划。这个以1953年至1957年为时间段的国民经济发展计划,由1951年起开始编制,1954年基本定案,前前后后共修改过五次,终于在1955年的人大会议上通过。对于第一个五年计划,周总理在会上有过如下的发言:

【音频】周恩来:从1953年起,我国就开始了经济建设的第一个五年计划,着手有系统地、逐步地实现国家的社会主义工业化和对农业、手工业和资本主义工商业的社会主义改造。经济建设工作在整个国家生活中已经居于首要的地位。

第一个五年计划以实现社会主义工业化为中心,根据党在过渡时期的总路线和总任务而制定,也是在党中央的直接领导下,由周恩来、陈云同志主持制定的。第一个五年计划具有划时代意义,这是新中国国民经济发展计划的首次深入探讨,先前没有任何经验可以借鉴,因此"一五计划"是一边计划、一边实行的。中央党校教授范守信对此作了解释:

【音频】范守信:当时它的目的(第一个五年计划)就是通过五年建设,要在中国的工业化这个问题上打一个初步基础。

对于第一届全国人民代表大会的召开,1954年9月15日的《人民日报》社论指出:有了这样广泛的代表性,这个代表大会会议所讨论和决定的一切,就将完满地表达全国人民的意志,恰当地照顾到不同地区和不同民族的历史特点,照顾到不同阶级和不同阶层的特殊利益和要求。这就使得我们的全国人民代表大会和其他一切国家机关能够更广泛、更巩固地团结全国人民,胜利地完成建设社会主义社会的伟大事业。

(贺 僖)

第一届全国人大一次会议的代表举手表决

女高音歌唱家玛丽亚·卡拉斯逝世

【音频】卡拉斯演唱的《为了爱情,为了艺术》

这是普契尼的歌剧《托斯卡》中一首脍炙人口的咏叹调《为了爱情,为了艺术》。演唱者是美籍希腊裔女高音歌唱家玛丽亚·卡拉斯。卡拉斯被誉为20世纪最伟大的歌剧女皇。她一生参加过500多场演出,扮演过43个角色,其中,"托斯卡"一角一直是她最具标志性的舞台形象之一。1977年9月16日,卡拉斯在巴黎的寓所内去世。据医生鉴定,这位女歌唱家死于服用药物过度所引发的心力衰竭,而更多人则浪漫地相信,玛利亚·卡拉斯是心碎而亡的。

玛丽亚·卡拉斯

1923年,玛丽亚·卡拉斯的父母从希腊移民至美国。这年冬天,玛丽亚诞生了。她有一个大她6岁的姐姐以及一个在18个月大时就夭折了的哥哥。据说,在出发前往纽约时,她的母亲还希望肚中怀的是个男孩,而玛丽亚的出生无疑让她失望了,甚至于在出世的头几天母亲都不愿瞧她一眼、抱她一下。

幼年时的玛丽亚觉得自己笼罩在姐姐的光环之下,因而无法获得母亲的宠爱。不过她从小展示出的音乐天赋却引起了母亲的注意。1937年,玛丽亚·卡拉斯的父母离婚,她和姐姐一起跟随母亲回到雅典并在母亲的安排下进入雅典皇家音乐学院深造。卡拉斯曾经写道:"只有我歌唱时,才会感觉到被爱。"成名后的玛丽亚·卡拉斯曾语带轻松地回忆了她的童年:

【音频】卡拉斯:计划是无论如何我都应该成为一个歌唱家、一个艺术家。我的父母经常说,我们为你牺牲了那么多,所以你应该照我们说的做。我想这在大部分家庭里都很普遍吧。

1945年夏天,她孤身回到纽约与父亲团聚。随后,她开始在美国的一些歌剧院试音,这让她获得了受邀前往意大利维罗纳参加歌剧《歌女乔康达》演出的机会,而这场演出也让她遇到了对其一生产生至关重要影响的两个人。

玛丽亚·卡拉斯在维罗纳遇到的第一个重要之人是与她合作演出的指挥家图里奥·塞勒芬。他成了她之后两年音乐道路上的指导老师,是他真正激发了卡拉斯在表演和音乐方面的潜力。卡拉斯始终不忘塞勒芬对自己的谆谆教诲。

【音频】卡拉斯:他对我所说的令我印象最深刻一句话是,不要想着如何在舞台上表演,你唯一要做的只是去仔细聆听音乐。事实的确如此。

如果说指挥家塞勒芬提供了玛丽亚·卡拉斯最为专业的指导，那么另一个人——意大利工业家，同时也是歌剧迷的贝蒂斯塔·梅内吉尼则弥补了卡拉斯在家庭方面爱的缺失。1949年，卡拉斯嫁给了年长她20岁的梅内吉尼，后者也成了她日后10年的音乐经纪人和资助者。玛丽亚·卡拉斯的搭档、男高音歌唱家朱塞佩·迪·斯苔芳诺如此评价玛利亚与梅内吉尼的结合：

【音频】朱塞佩：卡拉斯那时候需要这样一个人，如果她和一个年轻人结婚的话，他势必不能带给卡拉斯金钱和精神上的安全感，为了在音乐上取得更大成就，她需要全身心地投入到自己的事业之中。

在两位"贵人"的相助下，卡拉斯的音乐事业从歌剧之乡意大利起步并就此一帆风顺。1951至1957年是玛丽亚·卡拉斯事业的鼎盛期，在这7年里，她是全世界歌剧界注目的焦点、唱片公司的摇钱树、媒体追逐的对象。在那个猫王与披头士都还没有成为明星的时代，卡拉斯是唯一的国际歌唱巨星。而她，即将为了那迟来的爱情而放弃所有的一切。

1957年9月，玛丽亚·卡拉斯在一次朋友的宴会上遇见了"希腊船王"奥纳西斯，后者开始疯狂追求卡拉斯。奥纳西斯的风流让卡拉斯感受到从未体验过的浪漫。两年后，卡拉斯夫妇受邀来到奥纳西斯的豪华游轮"克里斯蒂娜"号上参加聚会。正是在这条船上，卡拉斯正式宣布离开丈夫。她就像她所演唱的歌剧《卡门》中热情奔放的吉普赛女郎，不顾一切地投入了爱情的怀抱。

此后，玛丽亚·卡拉斯几乎停止了所有的歌唱事业，一心热恋着奥纳西斯。她迁居到巴黎的寓所，以便和奥纳西斯厮守并等待着他的迎娶。然而最终等到的却是1968年奥纳西斯迎娶美国总统肯尼迪的遗孀杰奎琳的消息。

1975年3月，奥纳西斯去世。两年后，玛丽亚·卡拉斯也告别了人间，去世时独自一人。卡拉斯在歌剧《茶花女》中曾有一首著名的咏叹调《永别了，快乐的梦》。相传，退隐巴黎后，她最大的嗜好就是听听自己过去的唱片录音，陶醉于昨日的美梦中。

【音频】卡拉斯演唱的《永别了，快乐的梦》

在迈向国际歌剧巨星的征途中，玛丽亚·卡拉斯以对剧中人的倾情演绎赢得了事业的成功；当她牺牲事业去赢取爱情时，却也不幸像自己曾经演过的那些女主角一样，以悲剧告终。这种宿命般的结局难免令人唏嘘。

（郑　麟）

玛丽亚·卡拉斯

世界首例人工合成牛胰岛素在上海研制成功

1965年9月17日,在中国科学院上海生物化学研究所的实验室里,中国的科学工作者们完成了结晶牛胰岛素的全合成。这是世界上第一次人工合成与天然胰岛素分子相同化学结构并具有完整生物活性的蛋白质,标志着人类在探索生命奥秘、促进生命科学发展的征途上实现了里程碑式的飞跃。当年,上海科学教育电影制片厂拍摄了关于人工合成胰岛素的专题片。

【音频】专题片《人工合成胰岛素生物活性试验》片段

人工全合成牛胰岛素动物试验获得成功的场面

自19世纪后期起,国际医学和科学界就致力于研究利用胰岛素来治疗糖尿病。1921年,加拿大外科医生弗雷德里克·班廷首次从狗的萎缩胰脏中提取出了胰岛素,并将初步纯化的动物胰岛素成功地应用于糖尿病患者的治疗。中国科学院院士张友尚介绍了胰岛素的发现过程:

【音频】张友尚:1921年,加拿大有两个人,一个叫班廷,还有一个叫贝斯特。班廷是一个外科医生,贝斯特是他的助手,他们首先从狗的胰脏里把胰岛素提取出来了。从那以后就可以用动物的胰岛素来治疗糖尿病,糖尿病就可以治了。

胰岛素的发现被认为是糖尿病研究史上的里程碑,它激发了各个相关领域科学家的兴趣。1955年,英国化学家桑格经过十年的努力完成了对蛋白质分子牛胰岛素结构的测定。此后,各国科学家都开展了胰岛素人工合成的探索。但由于胰岛素结构复杂、合成工作量繁复浩大,世界权威杂志《自然》曾断言"人工合成胰岛素在相当长时间内都未必能够实现"。

1956年,周恩来总理在关于知识分子问题的会议上发出了"向现代科学进军"的号召。1958年,我国科学家大胆提出了合成胰岛素的课题。其后,中国科学院上海生物化学研究所、中国科学院上海有机化学研究所和北京大学生物系三个单位联合组成协作组,在前人对胰岛素结构和肽链合成方法研究的基础上,开始探索用化学方法合成胰岛素。

1959年初,人工合成胰岛素的工作全面展开。人工合成胰岛素,首先要把氨基酸按照一定的顺序连结起来,组成A链、B链,然后再把A、B两条链连在一起。但当时的国内除了谷氨酸外还不能生产任何氨基酸,并且也没有合成多肽的经验,一切都得从零做起。时为北京大学化学系教师的陆德培是胰岛素A链合成的主要工作者之一,他讲述了当时氨基酸生产和氨基酸多肽分离、分解的相关情况：

【音频】陆德培：当时，国内基本上没有氨基酸工业，首先需要解决氨基酸原料的问题。我带了几个复员军人到上海生化所去学习这方面的经验，从牛的牛筋里面，有的就从蚕丝里面，从各种各样材料里面提取不同的氨基酸。

胰岛素合成是一项复杂的系统工程，工作量之大、难度之高，是当时生物化学与有机化学领域中前所未有的。时任中国科学院上海生物化学研究所研究员的龚岳亭一直记得当时艰辛的实验过程：

【音频】龚岳亭：很多很多试剂，有的是非常毒的。我们当时因陋就简，在老的大楼的屋顶上面搭起一个棚，戴了防毒面具去生产，就是一不怕苦、二不怕死的大无畏精神。当时很多科学家就讲，我们努力一把，跳一跳，把这个树上的果实能够摘下来。

1965年9月17日清晨，中国科学院上海生物化学研究所、中国科学院上海有机化学研究所和北京大学生物系三家单位的相关研究人员聚集在上海生物化学研究所里，他们终于在显微镜下看到了自己为之奋斗了六年零九个月的成果，那就是全合成牛胰岛素结晶。时任中国科学院上海分院党委书记丁公量和北京大学化学系教师施溥涛回忆了当时的情况：

【音频】丁公量：生化所的人不少，有机所的人好多，我也在，那时候大家情绪开始很紧张。

施溥涛：因为这个东西，结晶很难得，量很少。结晶里面有乱七八糟的杂质，要真正在里面看到它，结晶很小，显微镜下面才能看到。

国家科委先后两次组织科学家进行科学鉴定，证明了人工合成牛胰岛素具有与天然牛胰岛素相同的生物活力和结晶形状。1965年11月，这一重要科学研究成果以简报形式发表在《科学通报》杂志上。1966年12月24日，《人民日报》发表社论，宣布"我国在世界上第一次人工合成结晶胰岛素"。如今，结晶牛胰岛素已经广泛运用于医学研究和制药领域，当初那些简单的蛋白质分子结构为无数糖尿病、骨质增生症等患者带来了福音。

（舒　凤）

《人民日报》宣布"我国在世界上第一次人工合成结晶胰岛素"

"九一八"事变爆发

九月 18

9 月 19 日日军在沈阳外攘门上向中国军队进攻

1931 年 9 月 18 日，震惊中外的"九一八"事变爆发。短短 4 个多月，中国东北全部沦陷。从此，中国人民开始了抗日战争的历程。"九一八"事变是日本帝国主义武装侵略中国的开端，揭开了日本对中国进而对亚洲及太平洋地区全面武装侵略的序幕。

1927 年春，日本内阁召开了专门研究对华政策的"东方会议"，出台了《对华政策纲领》。该年 7 月，日本内阁首相田中义一向日本天皇呈递了"田中奏折"，宣称"欲征服中国，必先征服满蒙，欲征服世界，必先征服中国"。"东方会议"的召开和《田中奏折》的形成，十分清楚地表明了日本在中国东北地区建立军事侵略基地的狂妄政策。从此，日本加快了侵略中国的步伐。

1931 年初，驻扎在东北的日本关东军已经蠢蠢欲动。当年，先后发生了"万宝山事件"和"中村事件"。"中村事件"发生在 1931 年 6 月，日军参谋部大尉中村震太郎到中国东北从事间谍活动，6 月 26 日被当地驻防的中国屯垦军第三团官兵逮捕。由于间谍证据确凿无疑，团长关玉衡下令将中村等人处死。"中村事件"被日方认为是向东北出兵的"天赐良机"。《中村事件之谜》的作者李迅谈到了日本外务省的阴险意图：

【音频】李迅：日本外务省主张什么呢？主张经济侵略。他们要求东北当局答应一些条件，比如说道歉、赔偿损失、处理当事人，以此来和平解决"中村事件"。但是，外务省的如意算盘是，把这个事件解决了以后，他们会又向中国提出更多的要求。

1931 年 9 月 18 日晚上 10 点多，7 名日本关东军以巡查铁路为名，在柳条湖南满铁路的铁轨上装置了炸药并点火引爆。然后，日军在爆炸现场摆了几具身穿中国士兵服装的没有血迹的尸体，伪造了中国人炸铁路的假现场。同时，日军向其大队本部和特务机关诬称中国军队破坏南满铁路、袭击日本守备队。爆炸后不到 5 分钟，日军的炮兵阵地就向北大营开始射击。北大营是东北军第 7 旅驻地，而第 7 旅正是时任国民政府海陆空副总司令张学良的主力部队之一。1990 年，张学良在接受日本 NHK 电视台的采访时回忆了当晚的情况：

【音频】张学良：那个时候在北京，我是在医院养病，病刚好。那天我是请英国的大使，请他去看梅兰芳唱戏。我听到这个报告，就立刻回到家，下命令。我不明白这是怎么一个情形，所以我当时就是沉静一下，想好好看看这是怎么回事。

"九一八"事变爆发后，张学良在北平多次电报蒋介石请示，得到的答复是"不准抵抗"。国民政府一方面认为这次事变"只是一次暂时性的军事挑衅事件",另一方面期待日本政府制约军部的行动。同时,国民政府还打算向国际联盟申诉,以求牵制日军。由于东北军奉命不抵抗,到19日中午,日军已占领沈阳城以及郊区重要军事机关和设施。此后,日军迅速占领了东北三省。张学良1990年在采访中谈到了他当时对"九一八"事变的判断:

【音频】张学良:我当时想,假如日本要这么做,不但是于中国不利,也是于日本不利的,所以我想日本不会这样做。你知道,我对"九一八"事变判断错误了。所以,国人要是骂我"九一八"事变不抵抗,我是一点不认这个账,我没有错。可是你要骂我是"封疆大吏",没有把日本的情形看明白,那我承认。你知道我这个人是胆大妄为的,假如我真知道日本要这么办,我当时可能跟日本要拼的。

1932年1月,日军攻占锦州。3月,日本扶持的傀儡政权伪"满洲国"在长春建立。与此同时,国际联盟派遣了李顿调查团到中国进行调查。同年10月,国际联盟发表了李顿调查团的报告书。报告书认为,日本在作为"满洲事变"开端的柳条湖所采取的军事行动"无法被认为是合法的自卫性处置"。1933年2月,国联19人委员会一致通过李顿报告书,不承认伪"满洲国"。3月27日,日本正式退出国际联盟。李顿调查团在北平时,张学良曾会见调查团并介绍了情况。在此期间,张学良用中英文发表了一段抗日演说,控诉了日军在东北行动的非法性,他说道:"东三省素来是中国的一部分,在历史上可以考察的"。

【音频】张学良的抗日演说片段

1937年7月7日,日军在北平西南卢沟桥附近演习时,借口一名士兵"失踪",要求进入北平西南的宛平县城搜查。在遭到中国方面的严词拒绝后,日军向守桥的中国军队发起了猛烈进攻。中国守军奋起还击,震惊中外的"七七事变"爆发。

"九一八"事变是中国人民抗日战争的起点,"七七事变"则是中国抗日战争由局部抗战扩大为全国性抗战的转折点,是全国性抗战的起点。"七七事变"后,抗日民族统一战线正式形成。中国从此开始全民族抗战,开辟了世界上第一个反法西斯战场。

(郑榴榴)

被关东军炮火摧毁的北大营中国军队营房

中国女子游泳队首获奥运奖牌

九月 19

　　1988 年 9 月 19 日,在韩国汉城举办的第 24 届夏季奥林匹克运动会上,中国游泳女将的出色表现让所有中国人喜出望外。当时的中国女子游泳队新秀庄泳在女子 100 米自由泳决赛中荣获亚军,成为第一位获得奥运会游泳奖牌的中国选手。随着庄泳夺银的那一刻,中国女子游泳队开始了一波三折的奥运征程。

　　1988 年对于当时的中国游泳队而言是丰收的一年。中国女子游泳选手们不仅打破了奥运会游泳奖牌“零”的纪录,还获得了 3 银 1 铜的佳绩。她们分别是夺得女子 100 米自由泳银牌的庄泳、夺得女子 50 米自由泳银牌的杨文意、夺得女子 200 米蛙泳银牌的黄晓敏以及夺得女子 100 米蝶泳铜牌的钱红。这 4 位选手用出色的成绩向世人宣告了中国女子游泳队的崛起。

黄晓敏、庄泳、杨文意、钱红(由左至右)

　　1992 年 7 月 26 日,巴塞罗那奥运会拉开战幕的第一天,20 岁的庄泳在女子 100 米自由泳决赛中率先触壁,以 54 秒 64 的成绩战胜了赛前呼声甚高的美国名将汤普森和德国新星阿尔姆希克,勇夺中国游泳史上的首枚奥运金牌,并打破了当时该项目的奥运会纪录。时为中央电视台体育节目主持人的宋世雄解说了庄泳夺冠的全过程:

【音频】宋世雄解说庄泳夺冠全过程

　　同一天,林莉在女子 400 米混合泳比赛中获得 1 枚银牌,30 分钟后再度获得女子 200 米蛙泳项目的银牌。游泳开赛的第一天,中国奥运女团就斩获了 1 金 2 银。翌日,林莉在女子 200 米个人混合泳决赛中大放异彩,不仅以压倒性的优势摘得金牌,而且以 2 分 11 秒 65 的成绩打破了当时该项目的世界纪录,成为我国第一个在奥运会上打破世界纪录的选手。紧接着,王晓红也在女子 200 米蝶泳中获得银牌。7 月 31 日,中国游泳女队“双喜临门”,杨文意在女子 50 米自由泳赛中夺得金牌,同时也打破了该项目的世界纪录,为中国女子游泳队在巴塞罗那奥运会的征战画上了一个极为精彩的句号。在巴塞罗那奥运会上,中国女子游泳选手一举夺得 4 金 5 银,这是此届奥运会最轰动的新闻之一,而中国奥运游泳女团的“五朵金花”——庄泳、钱红、林莉、杨文意和王晓红,她们的美名更是享誉中外。

　　然而,盛极一时的“五朵金花”却在 1993 年的全运会上纷纷铩羽而归。在 1994 年的广岛亚运会上,中国游泳女队被爆出兴奋剂丑闻。之后,“五朵金花”除林莉之外,其余四人纷纷退役,“五朵金花”的时代彻底结束。1996 年亚特兰大奥运会,中国游泳女队夺得了 1 金 3 银 2 铜,但与上届奥运会相比成绩明显退步。2000 年悉尼奥运会,中国奥运游泳女队更遭遇滑铁卢,在所有项目中无一斩获,无缘奖牌。

2004 年雅典奥运会上，罗雪娟的夺金为中国女子游泳军团的奥运复兴之路种下了希望。作为两届世锦赛的冠军，罗雪娟在赛前的夺冠呼声最高，同时她也是中国游泳队最有希望的一个冲金点。决赛当天，罗雪娟不负众望，一路保持领先，最终以半个身位的优势获得冠军，而 1 分 06 秒 64 的成绩也打破了当时该项目的奥运会纪录。

在 2008 年北京奥运会上，中国女子游泳队终于呈现出了复苏的势头，刘子歌和焦刘洋包揽了女子 200 米蝶泳冠、亚军奖牌。在 2012 年伦敦奥运会上，中国 16 岁的小将叶诗文在 400 米混合泳比赛中以打破之前世界纪录的成绩夺得金牌，她最后 50 米的冲刺速度甚至快于美国男子游泳名将罗切特。北京时间 8 月 1 日凌晨，叶诗文又以打破奥运会纪录的成绩摘得 200 米混合泳金牌。然而，她的出色表现却遭到以英媒为首的一众外媒的强烈质疑，甚至有记者直接在发布会上质疑她是否服用禁药。叶诗文的回答坚定而有力："绝对没有！"

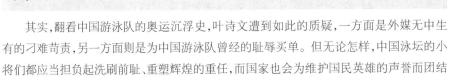

【音频】叶诗文：其他国家的运动员一个人拿好几枚金牌，我们从来都没有怀疑过，为什么我一个人拿了（金牌）大家就这么质疑呢？
英国记者：请问你是否服用过违禁的药物来提高运动成绩？
叶诗文：绝对没有！

其实，翻看中国游泳队的奥运沉浮史，叶诗文遭到如此的质疑，一方面是外媒无中生有的刁难苛责，另一方面则是为中国游泳队曾经的耻辱买单。但无论怎样，中国泳坛的小将们都应当担负起洗刷前耻、重塑辉煌的重任，而国家也会为维护国民英雄的声誉而团结呐喊。

（金 之）

中国小将叶诗文夺金

江南机器制造总局设立

江南机器制造总局（大门）

在上海的江南造船博物馆里存有一份古老的文物，那是1865年9月20日，两江总督李鸿章上书慈禧太后和同治帝的《置办江南机器制造总局奏折》。这份两千余字的奏折几乎就是一份缩微版的"可行性研究报告"，发黄的纸面上至今仍清晰可见"机器制造一事，为今日御侮之资，自强之本"等字样，这就是1865年李鸿章创建江南制造局的初衷，也是中国近代军事工业的发端。

当时，西方列强发动的两次鸦片战争袭开了中国的大门。为挽救摇摇欲坠的清王朝，以恭亲王奕䜣和曾国藩、左宗棠、李鸿章等为首的洋务派发起了购买和仿造洋船洋炮、加强军事实力的洋务运动，兴办了一批近代军事工业。1865年，李鸿章下令在上海虹口买下美商旗记铁厂，又将上海和苏州两个洋炮厂并入，再加上曾国藩派容闳从美国买来的机器设备，建成江南机器制造总局。后来有人开玩笑说，李鸿章是江南厂的"第一任厂长"。其实，这并非玩笑。当时，曾国藩、李鸿章、左宗棠、张之洞等大臣都担任过江南制造局的最高职位——督办，而其中李鸿章任职时间最长。

江南制造局先后建立了包括机器厂、轮船厂、枪炮厂、火药厂等13个厂和1个工程处，并建有泥船坞1座，中国的第一批机床、第一炉钢以及无烟火药、步枪、钢炮、铁甲炮艇等均始出于此。江南制造局的创办经费为54万两白银，自1867年起以江海关二成洋税为常年经费，每年约30至70万两不等。其机器设备及主要原材料基本上依赖外国，技术大权也掌握在外国人手中。1905年造船部分以"江南船坞"名字独立，辛亥革命后改称"江南造船所"。江南制造局于1917年改称"上海兵工厂"，抗战爆发前停办，所留厂房及部分机器在抗战中被日本人拆毁，厂地并入江南造船所。

除了单纯的制造外，为培养技术力量和传播科技知识，江南制造局附设有翻译馆。翻译馆聘请英国人伟烈亚力，美国人傅兰雅、玛高温等传教士翻译西书，徐寿、徐建寅、华蘅芳、华世芳等参加翻译和整理。1868年至1907年间，翻译馆共译西书160种，1075卷，内容涉及政治、经济、历史、科技等方面，其中科技书籍居多，内有部分介绍兵器和兵器制造的书，这些译书对帮助了解西方文化，特别是了解科学技术的发展起了重要作用。徐寿的后人徐星讲述了当时江南制造局翻译的版本对中国大量引进西方科学技术的重要性：

【音频】徐星：开始的时候，徐寿提出来他们俩要翻译大类，就是《大英百科全书》。李鸿章认为要翻译实用的，急用的。所以，他们又重新叫傅兰雅到英国去订书。订完书以后，他们先看、先选，选最新的版本。所以，江南制造局所翻译的东西很多都是当时比较新的版本。总的来讲，将西学特别是科学技术大量引进中国，那还是首创于徐寿他们这个江南制造局的翻译馆。

江南制造局在 1949 年解放之前的 84 年里,几经改名,屡遭磨难,但"江南"这两个字始终未改。除军舰之外,中国第一门钢炮、第一支后装线膛步枪,这些超脱了冷兵器痕迹的近代意义上的御侮之器都出自"江南"之手。但真正实现"江南"创立之初自强理想的还是在新中国成立之后的"新江南"时期。解放以后,江南制造局回到人民怀抱,1953 年改名江南造船厂。党和政府给予新生的江南厂极大关心。江南厂为新中国接连创造了几个第一:中国第一艘潜艇、第一艘护卫舰、第一台万吨水压机、第一艘自行研制的国产万吨轮"东风"号。上海科影厂拍摄的影片《黄浦江畔》中有对"东风"号下水仪式的记录。

【音频】科教电影《黄浦江畔》片段

改革开放后,江南厂更是勇攀科技高峰。1979 年完工交船的"远望 1 号"、"远望 2 号"是我国第一代综合性海上活动跟踪主测量船,它汇集了中国测量、通讯、航海、气象等科学技术方面的成就,船上使用的电力相当于 30 万人口的中等城市的日常生活用电量。这两艘高科技的船舶被誉为"海上科学城"。1980 年 5 月 18 日,"远望 1 号"、"远望 2 号"和远洋通讯船"向阳红 10 号"远航南太平洋预定海域,圆满完成了配合远程运载火箭的全程试验任务。

进入 20 世纪 90 年代,为了祖国的海疆安全,江南厂投入大量的人力、物力,研造新型导弹驱逐舰。1997 年春天,江南制造的 112 舰、113 舰等组成编队出访美洲四国和东南亚三国,开创了舰队成功进行横渡太平洋远航的先例,在世界上引起轰动。

经历了历史的变迁,中国的船舶制造连续十年跻身世界前三。中国的目标是成为世界第一造船大国。从 1865 年起步到 2008 年整体搬迁至长兴岛基地,江南造船正大步迈向新的时代。

(倪嘉铭)

江南机器制造总局(翻译馆)

165

中国人民政治协商会议第一届全体会议召开

九月
21

1949年9月21日晚上7点,北平中南海怀仁堂里旗帜飘扬,显得格外庄严。这天,毛泽东等领导人和各界代表660多人在怀仁堂参加中国人民政治协商会议第一届全体会议,毛泽东主持并致开幕词,他的讲话不时被热烈的掌声所打断,许多人抑制不住内心的激动而热泪盈眶,对于新中国的未来,大家都满怀憧憬。

【音频】毛泽东:诸位代表先生们,我们有一个共同的感觉,这就是我们的工作将写在人类的历史上,它将表明:占人类总数四分之一的中国人从此站立起来了!

中国人民政治协商会议第一届全体会议

新中国政协会议的设想最早是由毛泽东提出的。1948年4月,毛泽东主持召开中央书记处会议。会议期间,中共中央发布纪念"五一"节口号,提出"各民主党派、各人民团体、各社会贤达迅速召开政治协商会议,讨论实现召集人民代表大会,成立民主联合政府"。各民主党派立即纷纷响应。但是在他们各自发表的宣言或声明中,大多数将中共提议召开的"政治协商会议"改称为"新政协"。周恩来提出:"在人民民主国家中需要统一战线,即使在社会主义时期,仍然要有与党外人士的统一战线。要合作就要有各党派统一合作的组织。如果形成固定的统一战线组织,名称也要固定。"此后,新政协正式定名为"中国人民政治协商会议",简称"中国人民政协"。

1949年政协筹备会成立后,邀请进步人士参与政协成为最重要的工作之一。1949年6月19日,全国解放指日可待,毛泽东亲笔写信邀请宋庆龄赴北平参加政治协商会议。6月21日,周恩来也写了一封信给宋庆龄。之后,邓颖超带着毛泽东和周恩来的亲笔信,在民革命活动家廖仲恺之女廖梦醒的陪同下抵达上海与宋庆龄会面。宋庆龄见信后非常感动,欣然同意参加中国人民政治协商会议。宋庆龄的行动就像打开了一扇门,一大批进步人士陆续抵达北平准备参加政治协商会议。

除了邀请著名的进步人士之外,拟定参加会议的名单及其名额是相当繁琐的工作。各单位代表名单,按程序一般先由各单位提名,再听取各方意见,反复磋商后确定。代表名单产生后,还要经筹备会反复协商,郑重研究。为了使会议真正代表全国各民主阶级、各民族人民的愿望和要求,中共中央决定增加参加政协的成分、单位和名额,随后会议规模不断扩大。直到会议召开前一天,筹备会常委会举行会议,最后通过参加会议的单位共46个,全体代表包括中共和各民主党派、无党派民主人士、各人民团体、解放军、全国总工会、青年团、全国妇联、学联以及少数民族、国外华侨、宗教等各界共662人。作为会议组织和领导者的中国共产党在662人名单中仅占18人，其他644名代表来自全国各阶层人民，具有广泛的代表性，可谓名副其实的政治协商会议。这种代表性不仅体现在与会的人员名单上，在其后第一届政协会议上选举的新中国政府领导人构成上也得到了充分的体现。曾参与第一届政协筹备工作、后任全国政协副秘书长的沙里对此印象深刻：

【音频】沙里：开会的时候大家情绪非常高，确实是一个非常好的形式，好极了，团结面又广，中央人民政府委员会里面共产党员只有一半，副主席里头共产党员也大抵只有一半，像张澜，副总理里头像黄炎培等人都是党外的。另外21个政务院领导成员当中，民主人士有11个，政务院下面34个机构各个部委109个政府部长，民主人士有49个，正职的有15个，民主人士非常满意。

1949年9月21日，为期十天的中国人民政治协商会议第一届全体会议正式召开。这次会议代行了后来的中国立法机构——全国人民代表大会的职权，通过了具有临时宪法性质的《中国人民政治协商会议共同纲领》，制定了《中国人民政治协商会议组织法》和《中华人民共和国中央人民政府组织法》。会议决定中华人民共和国国旗为五星红旗，国歌为《义勇军进行曲》，中华人民共和国定都北平，北平改名为北京，会议还决定我国纪年采用世界公元，10月1日为国庆节。毛泽东在会议上宣布，在普选的全国人民代表大会召开之前，人民政协代行全国人民代表大会的职权。会议选出毛泽东为中央人民政府主席，朱德、刘少奇、宋庆龄、李济深、张澜等人为副主席，同时选举出了中央人民政府委员56人。会议还选出了由180人组成的政协第一届全国委员会。

会议制定通过的《中国人民政治协商会议组织法》，使中国人民民主统一战线在组织上完备和固定下来。1954年第一届全国人民代表大会召开后，人民政协不再代行全国人大的职权，它作为中国最广泛的爱国统一战线组织，在国家政治生活、社会生活以及对外交往中发挥着重要作用。

（肖定斌）

毛泽东在政协第一届全体会议上发言

"金嗓子"周璇病逝

周 璇

她是20世纪三四十年代蜚声中国影坛和歌坛的两栖明星,她是旧上海老唱片中最华美的音符。她一生出演了《马路天使》《长相思》《夜店》等43部电影,演唱了《天涯歌女》《夜上海》《何日君再来》等200多首经典歌曲。她就是有着"金嗓子"之称的周璇。1957年9月22日,周璇因病猝然离世,年仅37岁。她的一生犹如一首婉约凄凉的歌,华丽而又沉重。

1920年,周璇出生于江苏的一个贫困家庭。她对自己身世的最早记忆是从6岁开始的。当时,她的名字叫小红,被收养在上海一户姓周的人家里。关于周璇的出生和来历,她自己曾在一篇文章中这样写道:"6岁以前我是谁家的女孩子,我不知道,这已经成为永远不能知道的渺茫的事了!"

1931年,有着一副好嗓子的小红经人介绍加入黎锦晖创办的明月歌舞剧社习艺。一年后,她在歌舞剧《特别快车》中担任主演,由她演唱的歌曲《特别快车》则被灌制成唱片在电台播放。同年,她还参演了救国进步歌剧《野玫瑰》,在终场时演唱了歌剧的主题曲《民族之光》,其中一句歌词"与敌人周旋于沙场之上"得到了众人的赞赏。于是,黎锦晖提议小红改名为周璇。原明月社社长黎锦晖的遗孀梁惠芳讲述了周璇当年的情况:

【音频】梁惠芳:她不大说话,很文雅的。不过学习很认真的。她唱歌不是像现在的歌星唱得很用力,她是轻轻的,她嗓子的音域不是很宽。

1934年,周璇进入了新华歌剧社。在参加了新华歌剧社组织的多场演出后,周璇开始受到外界的关注,上海的多家电台经常邀请她去播唱,百代唱片公司还把她演唱的《五月的风》等多首歌曲灌制成了唱片。这一年,14岁的周璇在上海《大晚报》举办的"广播歌星竞选"中名列第二。报刊评论她是"新出现的小歌星,前程似锦",电台赞誉她的嗓音"如金笛鸣沁入人心"。从此,"金嗓子"的美誉伴随着"五月的风"吹遍了上海滩。作曲家陈钢讲述了周璇的演唱特点:

【音频】陈钢:她就那么小小的声音,可以有那么大的容量,有那么多人被她倾倒。她里面有一种说不出来的东西,我觉得就同她一生的坎坷一样。她表面上是很甜的,但是声音里甜酸苦辣都有。

1935年,周璇进入电影圈,同年出演《美人恩》《风云儿女》等电影。1937年,周璇与赵丹共同主演了反映社会底层小人物命运的电影《马路天使》,周璇在片中饰演在旧社会受尽侮辱和伤害但对前途仍抱有美好理想的歌女小红。因为和电影人物的命运相似,所以周璇的本色演绎非常成功。她在影片中演唱的两首歌曲《四季歌》和《天涯歌女》先后被百代唱片公司录制成唱片,传遍了大街小巷。17岁的周璇就此成为了上海滩炙手可热的明星。周璇的生前好友钱恫回忆了当时的情况:

【音频】钱恫:后来《马路天使》放出来不得了,电车上学校里就放"天涯海角"了,"春季到来绿满窗"这些歌词到处在唱,《马路天使》之后她红起来了。

【音频】歌曲《天涯歌女》

1941年,周璇被上海的电影界和报界评为"电影皇后",但她的情感生活却不如她的演艺生涯那么一片坦途。这一年,周璇与严华离婚。这场婚变激起的流言不断地向周璇袭来,她出现了神经衰弱的症状。与严华离婚后,周璇又经历了两次婚恋,但都未能美满。

1951年,周璇接拍了她人生中的第43部电影《和平鸽》。这是周璇在新中国成立后回到上海所拍摄的第一部电影,因此备受各界关注。然而谁也没有想到,就在影片拍摄即将结束的时候,电影中一个验血的情节触痛了周璇脆弱的神经,周璇因突发精神病而被送入医院治疗。电影史专家赵士荟讲述了周璇的病史:

【音频】赵士荟:周璇原来是有精神病史的。她在解放以前有神经衰弱症,后来就成了所谓的精神分裂症,严重一点了。在香港拍戏的时候也发过的。

在养病期间,周璇在日记里写下了这样一句话:"把人家的过错来惩罚自己是世界上最傻的傻瓜。"这或许是周璇在回顾了自己人生的悲欢离合、起起落落之后发自肺腑的一句感言。

1957年春天,周璇的病情有所好转。同年6月,中央新闻纪录电影制片厂到上海拍摄了有关周璇疗养生活的新闻简报片。其后,周璇在接受上海人民广播电台记者采访时讲述了她当时的心情和生活情况:

【音频】周璇:谢谢大家的关心,我近来生活得很好。特别是最近我又拍了新闻电影,我觉得很高兴,因为不久我就可以和大家在银幕上见面了。

就在人们期待周璇康复后能演绎出更多精彩的艺术作品时,她却因感染急性脑膜炎于1957年9月22日香消玉殒,留给人们无限的追思与惋惜。

(舒 凤)

周璇生前最后一次露面

动画片《黑猫警长》首集摄制完成

1984 版《黑猫警长》剧照

【音频】《黑猫警长》主题歌

对于许多人来说，这首动画片《黑猫警长》的主题歌《啊哈，黑猫警长》是幼年时无比熟悉的旋律。"眼睛瞪得像铜铃，射出闪电般的机灵。耳朵竖得像天线，听着一切可疑的声音……"，简单的歌词描摹出了故事主角"黑猫警长"的标志性形象。

1984 年 9 月 23 日，由上海美术电影制片厂摄制的动画片《黑猫警长》第一集制作完成，在这部作品中，"黑猫警长"率领手下干警侦破了一个又一个案件，令森林中的动物们得以过上安枕无忧的生活。《黑猫警长》从 1984 年至 1987 年先后播出五集，是全国第一部多集系列动画片。其中第一集在 1985 年获首届中国儿童少年电影金牛奖优秀影片奖。虽然集数不多，但《黑猫警长》凭着优质的内容纵横电视荧屏多年，成了一代人记忆中的经典。

国产动画片起步很早，也曾在世界舞台上占有过一席之地。但到了 20 世纪 80 年代，曾经的辉煌已渐渐淡去，海外动画尤其是日本动画开始迅速占领中国市场。

1981 年，中央电视台引进并播出了 52 集日本动画系列片《铁臂阿童木》，凭借离奇的情节和大胆的幻想，很快让中国孩子们着迷。之后，《聪明的一休》等日本系列动画片被相继引进。当时，每周日晚上《新闻联播》前的半个小时是固定的动画片时段，《七巧板》等少儿节目也开始插播动画片，电视成为动画片主要的传播途径。在中国传媒大学动画学院教授张骏看来，当时的国产动画由于自身缺陷错失了这一发展良机。

【音频】张骏：中国早期的动画片，片长都比较短，你要长久地在人们的脑子里面留下印象，不是非常容易，而这个电视的动画连续剧它就能做到这一点，比如它的电视主题歌，开始要唱、结束要唱，然后这个人物，很可能是一个人物要连续的 52 集来播，然后慢慢地它的形象、它的歌声都能够在观众的心目中留下印象。

在这样的形势下，时任上海美术电影制片厂导演的戴铁郎开始对中国动画片的发展方向进行了反思并萌发拍摄系列动画的想法。一次偶然的机会，他在地摊上发现了由上海作家诸志祥所创作的童话书《黑猫警长》，翻看之下觉得可以试着将它改编成动画片。

在担任动画导演之前，戴铁郎从事的是动画设计，因此他也负责了片中一些主要角色的造型设计，而这个过程在他看来已颇具日后"市场调查"的雏形。

【音频】戴铁郎谈设计"黑猫警长"形象的过程

由于美影厂制作流程所限，《黑猫警长》实际上是被分成几年陆续制作的。1984 年完成的是第一集《痛歼搬仓鼠》。动画片在院线率先播映后，孩子们津津乐道于片中各种新式的武器和大胆的想象，并迫切期待着故事的后续发展。当时《文汇报》以《使儿童入迷的黑猫警长》为题发表文章，文中写道："孩子们在看《黑猫警长》时，忽而被片中有趣的动作逗得发笑，忽而急得喊叫，忽而惊叹。以致最后要放映其他影片时，孩子们还齐声喊道：'我们要看《黑猫警长》。'"

尽管市场反响强烈，但《黑猫警长》从一开始就受到了来自不同层面的阻力。原上海美术电影制片厂厂长金国平回忆了首集摄制完成后所面对的批评之声：

【音频】金国平：做完之后，说实在的当时反应截然不同。有一些业内人士，甚至包括一些专家、领导，就是对这样一种风格、这样一种形式，有一些不同的看法，觉得过于商业化。

在当年的政治环境下，动画片制作多属国家交付的任务，还没有完全作为一个市场产物存在，因此商业化的操作会受到质疑也是在情理之中。除此之外，《黑猫警长》也面临着另一种责难，这种观点认为动画片的内容过于血腥，情节也屡多荒诞。例如在第一集里，"黑猫警长"射出的子弹怎么可能转个弯又击中了"一只耳"呢？这些评论认为，如此不合常理的设计对于孩子们来说是一种误导性教育。

尽管如此，导演戴铁郎还是在争议声中陆续完成了五集《黑猫警长》的摄制。也正是在这股由"黑猫警长"掀起的系列片热潮中，美影厂又陆续推出了《葫芦兄弟》《邋遢大王奇遇记》等几部日后广为人知的多集系列动画片。

无论是"黑猫警长"、"葫芦兄弟"还是"邋遢大王"，这些可爱的动画形象都成了那个时代孩子们不可磨灭的童年记忆，也见证了中国动画的第二个繁荣时期。在此后的岁月里，中国动画逐渐形成一个完整的产业。回想当初动画片结尾时那伴随四声枪响而出现的"请看下集"字幕，我们如今也许可以把它视作一种象征：它带来的不仅仅有期待，也有承诺——中国动画将以更多更好的作品奉献给广大观众。

（郑　麟）

1984 版《黑猫警长》剧照

171

剧作家曹禺诞辰

九月 24

曹禺

他所创作的《雷雨》《日出》《原野》等在中国现代话剧史上有着划时代的意义,因而当之无愧地成为了"中国的莎士比亚",他就是中国现代著名剧作家曹禺。

1910年9月24日,曹禺诞生在天津意租界的一幢小洋楼里。在他出生三天后,母亲因产褥热去世。曹禺从小跟随继母到各个戏院听曲看戏,并且阅读了大量古今中外的文学作品,因而疯狂地迷上了文学与戏剧创作。1922年,曹禺考入南开中学,在校期间他加入南开新剧团,也正是在这里,他萌发了对话剧的兴趣,并且得到了张彭春导师的培养。北京师范大学文学院教授刘勇讲述了南开中学对于培养曹禺话剧才艺的重要性:

【音频】刘勇:南开是中国新兴话剧的一个发源地。从南开校长张伯苓开始提倡话剧,这使南开有一种非常独特的话剧的气氛。曹禺在南开期间,可以说编、导、演集于一身。又编剧、又导演,还亲自演出。既演男的角色,又演女的角色。在南开期间,曹禺特别得益于一种舞台实践的经验。

之后,曹禺被保送至南开大学政治系学习。然而他对政治并没有兴趣,很快便转入清华大学的西洋文学系。在清华大学,他经常去图书馆钻研戏剧,其间开始酝酿自己的第一部话剧《雷雨》。通过反复构思,历经5年时间,23岁的曹禺于1933年完成了作品《雷雨》。稿件投给《文学期刊》后却被搁置了将近一年,直到被作家巴金看到。巴金对话剧剧本《雷雨》连连称赞,决定将其正式发表,从此曹禺与巴金也成为了好朋友。之后两人更是情同手足、亲如兄弟,经常通过书信往来相互鼓励与扶持。

话剧《雷雨》于1935年在东京首演。虽然这是曹禺的首部作品,却震动了整个文坛,堪称现代文学史上的经典之作。《雷雨》是一部悲剧故事,它讲述了资产阶级周家与城市平民鲁家之间错综复杂的命运关系。曹禺将每个人物的个性特征都塑造得非常鲜明与突出,如周朴园的虚伪、周冲的单纯、鲁妈的坚忍以及繁漪对爱情的偏执等等。《雷雨》上演后,培养了一代又一代的演员与观众,很多观众甚至能够将整段的精彩台词背诵下来,可见其影响力之大。曹禺对《雷雨》的剧情作了简单的介绍:

【音频】曹禺介绍《雷雨》的剧情

1984年,上海电影制片厂摄制了电影《雷雨》。著名表演艺术家孙道临担任导演,并饰演周朴园一角。

【音频】电影《雷雨》片段

首部作品《雷雨》的成功激发了曹禺更大的创作热情。在之后的短短6年中，他又先后创作了《日出》《原野》《北京人》等一系列震撼人心的作品。1935年，著名影星阮玲玉因不堪诽谤而服毒自杀，引起全国轰动。曹禺得知这一悲剧后非常义愤，于是开始执笔创作《日出》。为了能够获得最真实的材料，曹禺甚至混入妓院体验生活，结果挨了打，险些瞎了一只眼睛。曹禺之女万方讲述了父亲在创作中特别关注女性的原因：

【音频】曹禺之女接受采访

《日出》发表后引起巨大轰动，《大公报》曾评论道："《日出》是现代中国戏剧中最有力的一部。它可以当之无愧地与易卜生的社会剧杰作并肩而立。"1937年5月，《日出》获得《大公报》"文艺奖"。同年，曹禺又创作发表了另一部经典名著《原野》。这部作品与先前两部作品的风格截然不同，它借鉴西方表现主义的艺术手段，讲述了一个复仇的悲剧故事。曹禺首次以农村生活为题材，展现了受压迫农民觉醒和反抗的复杂心理。1988年，根据曹禺同名小说改编，由女导演凌子执导的电影《原野》在国内公映，同年荣获第11届《大众电影》百花奖最佳故事片奖，主演刘晓庆也因该片获得百花奖最佳女演员奖。

【音频】刘晓庆发表获奖感言

解放后，曹禺又先后创作并发表了《明朗的天》《胆剑篇》《王昭君》等一系列佳作。在曹禺的生命中，除了作品，家庭也很重要。1979年，曹禺与著名京剧旦角李玉茹结婚，这是他的第三段婚姻生活。其实早在40年代时，曹禺与李玉茹便已相识，虽然当时彼此都有爱慕之心，但由于李玉茹母亲的反对，他们并没有进一步发展。直到1978年，两人再次相遇，尘封已久的感情最终让彼此走到了一起。李玉茹陪伴曹禺走完了人生的最后一程。1996年12月，因长期疾病，曹禺在北京医院与世长辞，终年86岁。

【音频】1994年曹禺在住院期间接受采访

曹禺的离世对于话剧界是巨大的损失，他所创作的作品往往折射出社会的很多现实问题，也使中国话剧真正走向了成熟，成为了一个时代的标志。曹禺为推动我国现代话剧事业奉献了自己的一生。正如他曾说过的："一个真正的人，应该为人民用尽自己的才智、专长和精力，再离开人间。不然，他总会感到遗憾，浪费了有限的生命。"

（王　依）

曹禺年轻时

"狼牙山五壮士"英勇跳崖

在河北省易县狼牙山主峰棋盘陀上,高耸着一座"五壮士纪念碑",碑上刻着聂荣臻元帅的亲笔题词。1941年9月25日,5位八路军战士在狼牙山抗击日伪军的战斗中临危不惧,英勇阻击。子弹打光后,面对步步逼近的敌人,他们宁死不屈,毁掉枪支,义无反顾地纵身跳下数十丈深的悬崖,其中3位战士以身殉国。滔滔易水河传颂着战士的英名,巍巍狼牙山铭刻着英雄的战绩。

1941年8月,日军华北方面军调集十余万兵力,对我晋察冀边区所属的北岳、平西根据地进行毁灭性"大扫荡"。9月24日拂晓,3500多名日伪军在飞机、大炮的配合下,分几路向转战在狼牙山地区的晋察冀军区红一团进行围攻。通过对当时敌我形势的分析,部队决定冲出包围,转移到外线消灭敌人。

按照计划,七连奉命担任阻击任务,掩护主力部队、地方机关和当地群众突围。在完成任务撤离时,要留下一个班承担后卫阻击,掩护全连转移。七连和留下的民兵密切协同,分兵把口,在敌人必

狼牙山五壮士油画

经之路埋下地雷,从各个方向朝敌人射击,造成漫山遍野都是八路军的假象。在激战中,连长刘福山受了重伤。他带领的二班和机枪班大都牺牲了,情况危急。指导员命令六班的同志在山上掩护,争取让转移的同志走得更远些,保证连队的主力安全突围,坚持到中午,然后视情况撤退并到规定地点集合。指导员给六班补充了一些弹药,留下了所有的地雷。

此时的六班只剩下了班长马宝玉,副班长葛振林,战士胡德林、胡福才和宋学义5个人。为了给部队和群众转移争取更多的时间,马宝玉率领大家依据棋盘陀一带的险要地形,边打边退,诱敌上山。敌人误认为咬住了八路军主力,遂跟踪追击,发起了一次又一次的进攻。

在规定的时间完成掩护和牵制任务后,班长马宝玉带领大家准备撤离。可是看到面前的两条路时,大家都迟疑了。两条路中一条是大部队转移的方向,走这条路可以很快赶上大部队,但是敌人必定跟踪而来,主力部队和群众就会暴露;另一条是通往棋盘陀顶峰的路,那上边周围都是悬崖绝壁,但可保证主力部队和群众的安全。马宝玉思索片刻,迅速下定决心:"宁可牺牲自己,也要把敌人引向绝路!"他们沿着崎岖的小路,毅然决然地向棋盘陀爬去。八一电影制片厂的电影《狼牙山五壮士》对这一情节有着生动的演绎:

【音频】电影《狼牙山五壮士》中班长决定将敌人引至绝境的片段

5位战士临危不惧,占据有利位置,英勇阻击,又打退了敌人多次进攻。日伪军见强攻不下,于是调来了飞机助战。在飞机的掩护下,敌人又一次发起了进攻。五位战士边打边退,黄昏时刻登上了险峰之巅。此时三面是万丈悬崖,一面则堵满了鬼子兵,已无

路可退。经过长时间的战斗，五位战士的子弹已经打光，而敌人则一批一批往上涌，于是脚下的石头便成了阻击敌人的武器。电影《狼牙山五壮士》里面也再现了这一情节。

【音频】电影《狼牙山五壮士》中班长决定用石头阻击敌人的片段

最后连石头也没有了，班长马宝玉拔出仅有的一颗手榴弹，用异常严峻的目光望了望战友们，其余4人全明白，一齐靠向了班长。此时又有敌人爬了上来，班长大吼了一声，将那颗手榴弹甩向敌人，随着一声巨响，手榴弹在敌群中炸开了花。面对步步逼近的日伪军，他们毁掉枪支，然后纵身跳下数十丈深的悬崖。马宝玉、胡德林、胡福才壮烈牺牲，葛振林、宋学义则被山腰树枝挂住，身负重伤。被老乡们救起后两人幸免于难。50多年后，获救的葛振林老人在接受采访时回忆了当时跳崖前的情形：

【音频】葛振林：这个时候，班长开始把那手榴弹拉开弦。一拉弦，手榴弹哧哧地冒了黄烟，这个时候才可以丢出去。一丢，把几个老日本鬼子炸了四五个。班长说："我和葛振林都是共产党员，其他的同志跟我们一样。"意思是说不要投降，不要当卖国奴，这是毛主席领导的军队。大概意思就是这个了。这个时候班长就把枪给甩了，我也没有看见。但是我掉头一看，一看没有班长了。我就叫，我就着急。敌人又上来了，我们既没有子弹了，也没有手榴弹了。所以这个时候，我就拿了枪往山里头扔。那个山里是一层一层的树，这个树有这么的粗，我们把枪扔了就跳下去了。

马宝玉等5位八路军战士的英勇壮举，体现了崇高的爱国主义、革命英雄主义精神和坚贞不屈的民族气节，他们被人民群众誉为"狼牙山五壮士"。被救的战士宋学义后来转业到地方工作，1978年因病逝世，长眠于沁阳市烈士陵园。葛振林则于1981年7月离职休养，离休前任湖南省军区衡阳军分区后勤部副部长，2005年3月21日病逝于湖南衡阳。

（李俊杰）

狼牙山五壮士雕像

九月

26

全国首家24小时商店
"星火日夜食品商店"开张

1968年9月26日,全国第一家24小时服务的商店——上海星火日夜食品商店开张了。由于地处上海市区的交通要道,日夜商店夜间服务的开设给为数众多的三班制工人、菜农和旅客等人群提供了便利。在许多"老上海"的眼里,星火日夜食品商店是那个年代上海夜晚的一盏灯。"星火"的便民服务精神得到了周总理的充分肯定,其24小时全天候的服务切合了票证年代人们的生活需要。在1978年的配乐广播节目《上海星火日夜食品商店——星火映红心,日夜为民》中,我们可以感受到那个时代特有的气息。

1968年9月26日"星火"挂牌

【音频】1978年配乐广播节目《上海星火日夜食品商店——星火映红心,日夜为民》

在那个物资匮乏、没有票证就无法生存的计划经济时代,曾经有一个顺口溜,"太阳三尺高,门板都关牢,太阳一落山,东西买不到"。面对这种情况,星火商店的几个职工决定"扔掉排门板","今夜不打烊"。于是,星火日夜食品商店就这样应运而生了。时任星火日夜实业公司经理的张乐新讲述了当时人们到日夜商店购物的情形:

【音频】张乐新:因为当时是计划经济,你家如果一个人是半块肥皂的额度,如果肥皂票不去买掉,浪费掉,你洗衣服就没有肥皂了。一人六两白砂糖,你白砂糖的糖票不去买掉,下次要烧菜的时候,糖就没了。所以,一旦想起来了,哪怕睡衣、睡裤穿好了睡在床上了,爬起来也要来买。

星火日夜食品商店地处西藏中路、北京东路闹市的六叉路口,毗邻交通枢纽。商店为夜班工人、郊县送菜进城的菜农、夜间乘车船的旅客等提供了优质服务。这里是郊区的菜农夜里送菜到市区的必经之地,商店职工给菜农们准备了免费茶水、热水和毛巾,使他们在辛劳之后可以有个地方歇歇脚。星火日夜食品商店的退休职工王裕熙讲述了当时商店为农民们供应点心的情况:

【音频】王裕熙:开始的时候,我们供应他们面包,后来农民说面包好像不太耐饥。那么后来我们就想,黄松糕、赤豆糕、条头糕是糯米做的,吃了就耐饥了。所以,我们晚上11点钟骑了三轮车到糕点厂把它拉回来,农民十分欢迎。

根据地处闹市的特点,星火日夜食品商店以"小、特、快、便"四字作为服务方针。店中备有糕点、烟糖杂货等各类小商品800多种，除了蜡烛、火柴、针线包这样常用的小商品，还有修理自行车的气门芯和小橡皮，这也是免费便民服务项目之一。

"小、特、快、便"服务方针中的"特"是经营特色。星火日夜食品商店经营着一些特殊配方食品，如无糖糕点、奶痨糕等。这里的"奶痨"并不是人们常说的乳制品奶酪，而是一种婴幼儿消化功能紊乱、营养吸收障碍的疾病。星火商店的职工在医生的倡议下，与百年老店王仁和合作开发了这种无味、无色和无香的奶痨糕。原星火日夜实业公司总经理罗克勤谈到了"奶痨糕"的作用：

【音频】罗克勤谈"奶痨糕"的作用是为了配合"奶痨"的药物进行辅助治疗

"小、特、快、便"服务方针中的"快"就是快速供应，营业员手脚利落效率高。他们常把畅销的商品事先化整为零包装好，在接待顾客时，最快的营业员1分钟能接待8位顾客。"便"就是便民服务。每个柜组都有各具特色的方便台，有针线包、简易药箱等。当年店里的几部黄鱼车除了拉货外，还是街坊邻居众所周知的"免费出租车""紧急救护车"。商店代开罐头、代售邮票和代封信件，还有公用电话服务。

作为全国首家24小时商店，"星火"的诞生温暖了当时的无数个冷寂深夜，它不仅供应群众日常生活所需，还成了老百姓的求助站。一天晚上，一个男孩不慎咬断了嘴中的水银体温计。在送医院急救后，医生给出了一个可以解毒的土办法，就是把牛奶和生鸡蛋混在一起吞服。于是，男孩的家人深夜赶到了星火日夜食品商店，然而当时牛奶还未送到店里，菜场还未开市。商店经理王裕熙立刻骑上车到牛奶厂先买了两瓶牛奶救急，又到菜场再跟人家商量先买几个鸡蛋。20世纪70年代在上海风靡一时的沪剧《雪夜春风》就是根据这一真实的故事改编的。

【音频】沪剧《雪夜春风》片段

上海星火日夜食品商店做到分内事当仁不让，分外事也不遗余力，树立了服务行业的新风典范。在1972年的全国计划会议上，周恩来总理向大家介绍了上海星火日夜食品商店的先进事迹。此后，北京、天津先后开张了"燎原食品商店"，日夜服务商店就这样在全国开始兴起。在十年浩劫那个冰冷的年代里，星火日夜食品商店里依然洋溢着脉脉温情。雷锋所说的"多帮人民做点好事""为了使别人过得更美好"是星火日夜食品商店职工的座右铭。

（郑榴榴）

星火日夜食品商店

177

新中国第一次授衔授勋典礼

九月 27

在中国人民解放军的历史上有一个日子特别值得纪念,那就是1955年9月27日。当天下午5时,中国人民解放军首次授衔授勋典礼在北京中南海怀仁堂举行。中华人民共和国主席毛泽东将"授予中华人民共和国元帅军衔的命令状"授予朱德、彭德怀、林彪、刘伯承、贺龙、陈毅、罗荣桓、徐向前、聂荣臻、叶剑英10人。

【音频】"新中国第一次授衔授勋"新闻片段

这天,国务院还隆重举行了授予将官军衔仪式,国务院总理周恩来把将官军衔的命令状一一授予了粟裕等在京将官。陈毅元帅之子陈丹淮少将还清楚地记得自己12岁那年看到父亲穿着元帅制服时羡慕和崇拜的心情。

新中国第一次授衔

【音频】陈丹淮:一开始觉得他们特别帅。为什么?因为以前没有授衔的时候,军装很普通,黄衣服,很不规范,有的时候胸前戴个胸章就行了,有时候打两个星、两个八一,什么都没有,就帽子上有一个五角星、一个八一,看上去就是游击队。等到他一授衔回来,一看那个军装全变了,有型有模有样。

从南昌起义到三大战役,从农工革命军到三湾改编,中国人民解放军在艰苦的战争年代取得了一个又一个伟大的胜利。新中国成立后,时代又向人民军队提出了新的要求,那就是正规化、现代化的建设。军衔制是军队指挥关系的直接体现,是一个军队是否正规化、现代化的重要标志之一。抗美援朝战争爆发后,在志愿军与朝鲜人民军协同作战中,由于我军没有明显的衔级及标志,给行军作战带来许多不便。

1952年底,军衔制工作提上了中央军委的议事日程。经过3年周密细致的筹备,1955年2月8日,全国人大常委会第6次会议通过了《中国人民解放军军官服役条例》。《条例》规定,军官军衔设4等14级,最高的等级为"中华人民共和国大元帅"。《条例》确定后,全军军衔的评定工作随即展开。

正当全军上下紧张有序地对数以万计的候选人进行评定时,一份降衔申请书被连夜递到了毛主席面前。时任中国人民解放军装甲兵司令员的许光达在信中言辞恳切地说:几十年来,许多并肩战斗过的战友把满腔热血洒在了神圣的国土上,我这个幸存者今天得到如此高的荣誉,真是一将功成万骨枯。然而,经毛主席和中央军委慎重考虑后,仍然决定授予许光达大将军衔,并高度赞誉这是一面明镜,共产党人自身的明镜。

其实,除了许光达大将,还有两位元帅在得知自己将被授衔后也有过谦虚的表示。时任国家军委副主席、武装力量监察部部长的叶剑英就是其中一位,他的女儿叶向真曾提起过这段往事。

【音频】叶向真:当时中央在评定讨论谁是哪个衔位的时候,他曾经向毛主席他们表过态,他说我最多最多就是个大将好了,不要当元帅,他觉得自己贡献少。

另一位是时任国防委员会副主席、总政治部主任的罗荣桓,他因为负责主持整个评衔工作,所以较早就得知自己被评上元帅,但他认为自己不够资格。罗荣桓的女儿罗北捷在采访中表示谦虚是父亲一贯的作风:

【音频】罗北捷:他谦让他的元帅军衔不是一件突然的事情,是他一贯的作风。因为我父亲有一个很大的特征,他对所有的名利这些都特别的淡然。

1955 年 9 月 23 日,全国人大常委会第 22 次会议通过授予中华人民共和国元帅军衔的决议。同日,毛主席发布授予中华人民共和国元帅军衔的命令,并于 9 月 27 日正式授衔。毛主席还将一级八一勋章、一级独立自由勋章、一级解放勋章分别授予在土地革命战争时期、抗日战争时期、解放战争时期的有功人员。当年 37 岁的彭富九是当时在场的最年轻的将军,这位十几岁就参加革命的开国少将时任总参三部第一副部长。老将军彭富九对那次授衔仪式记忆犹新。

【音频】开国少将彭富九回忆授衔仪式相关情况

几天后的 1955 年国庆大阅兵是中国人民解放军首次实行军衔制后的第一次阅兵,受阅部队换上崭新的五五式军服,佩戴金光闪闪的肩章、领章、勋章,以焕然一新的军人仪表接受毛泽东等党和国家领导人的检阅,接受人民的检阅。然而由于特殊的历史原因,1955年开始的军衔制在实行十年后被取消了。尽管如此,军衔制的首次推行仍对解放军正规化建设产生了积极的影响,为后来重新实行军衔制提供了有益的借鉴。

1988 年 9 月 14 日,同样是在北京中南海怀仁堂,中央军委隆重举行授予上将军官军衔仪式,党和国家领导人向洪学智等 17 位上将颁发了军委主席邓小平签发的命令状。同年 10 月 1 日,中国人民解放军正式实行新的军衔制度,共授予尉官军衔40.5 万人、校官军衔 18 万人、将官军衔 1452 人。解放军中断了 23 年的军衔制得以全面恢复和重建,对改革开放年代人民军队的正规化、现代化建设起到了重大的推动作用。

(倪嘉铭)

毛主席为元帅授衔

孔子诞生

孔 子

【音频】歌曲《幽兰操》

"兰之猗猗,扬扬其香。众香拱之,幽幽其芳。不采而佩,于兰何伤?"这首王菲演唱的《幽兰操》是电影《孔子》的主题曲。孔子是我国古代伟大的思想家、教育家、儒家学派的创始人。公元前551年的9月28日,孔子出生于春秋时期的鲁国。孔子的思想和学说对后世产生了极其深远的影响,他被联合国教科文组织列为"世界十大文化名人"之首。

孔子名丘,字仲尼。他的远祖是宋国贵族,殷王室的后裔。孔子幼年丧父,家道中落,靠自学成才。他以《诗》《书》等文学经义为学习的主要内容,尤其关注礼、乐等当时重要的礼仪制度。孔子自述其学习常常"发愤忘食,乐以忘忧","学如不及,犹恐失之"。

30岁时,孔子去洛阳向大思想家老子请教历代礼乐制度方面的问题,并开始创办平民教育,收徒讲学。他打破"学在官府"的传统,倡导"有教无类"的教育主张,提倡不分长幼、不论贵贱、不分种族,人人享有接受教育的权利。在教学方法上,孔子主张"因材施教"。他通过谈话和个别观察等方法了解和熟悉学生的个性特征,在此基础上根据各个学生的具体情况采取不同的教育方法,培养出了德行、言语、政事、文学等多方面的人才。中国人民大学的冷成金教授介绍了孔子倡导的"有教无类"的教育主张:

【音频】冷成金:"有教无类"就是教育不分类别,你只要能够行一定的礼节,在当时比如说,以束修之礼,有一块干肉这样的礼物送给老师,行一个拜师礼,就可以入围了,无论是庶民子弟还是士大夫阶层。

公元前501年,鲁定公任命孔子为中都宰,时年51岁的孔子从此开始了为政生涯。孔子上任1年,行教化,劝农耕,百姓安居乐业,达到了"路不拾遗、夜不闭户"的安定局面。因治理有方,政绩卓著,孔子先后升任小司空和大司寇。为加强公室,抑制三桓,孔子向鲁定公提出"堕三都"的建议,并通过任季氏宰的子路去实施,但以失败告终。在政治抱负难以施展的情况下,孔子带着颜回、子路等十余弟子离开"父母之邦",开始周游列国。孔子先后经过卫、曹、陈、宋、蔡、郑、楚等十几国,向各国诸侯宣传自己的政治主张,却都没被采纳。

公元前484年,68岁的孔子在历经14年的颠沛流离后,终于回到了自己的故乡,但终不被重用。晚年,孔子致力于古文献整理和继续从事教育。在校勘、整理典籍方面,孔子修订了六经,即《诗经》《尚书》《礼记》《乐》《周易》《春秋》。在研究周礼时,孔子更进一步发掘并引申了"仁"的内涵,建立起了以"仁"为基础的礼论。他反复称:"仁者爱人"、"人而不仁,如礼何? 人而不仁,如乐

何?"中国社会科学院哲学研究所的王树人教授介绍了孔子思想的核心——"仁":

【音频】王树人:孔子学说当中最高的理念就是"仁","仁"的学说使中国从尊神尊命的文化转到以人为本位的文化这样一个阶段,这对中国文化的发展有非常重大的意义。

在深入探研礼乐的同时,孔子进一步广收弟子,并注重以君子人格教育学生。据史书记载,孔子一生培养弟子三千,成就最大的有七十二人。孔子去世后,其弟子及再传弟子将孔子及其弟子的言行语录和思想记录下来,整理编成了儒家经典《论语》。孔子的第七十六代嫡孙孔令仁讲述了孔子思想的传承:

【音频】孔令仁:孔子的伟大是因为他继承下来的古代文化,因为孔子而传之后世。这传之后世当然是根据他的著作,根据他所教授的学生而传播下来。

孔子是中华传统文化的代表,也被看作是中国文化的名片,在国际社会上有着广泛而深远的影响。1993年,孔子的名言"己所不欲,勿施于人"成为全球伦理宣言倡导的"黄金规则"。2005年9月,联合国教科文组织第172届执行局会议批准,以中国政府名义正式设立"孔子教育奖",让"有教无类"成为世界共识。原中国社会科学院研究生院院长方克立讲述了孔子的思想魅力:

【音频】方克立:孔子是中国文化的巨人,对后世影响很大。我主要把他看成是一个伟大的教师,他有教育理论,也有教育实践。孔子对中国古代文化的传播作出了很大贡献。孔子的思想学说其实是很朴实的,很贴近现实生活,主要是教人怎么样做人的学问,也就是按照古代先贤的教导,"兴于诗,立于礼,成于乐"。他的精神实质是"仁者爱人",就是教人要有仁爱之心,并且推己及人。

"逝者如斯夫!不舍昼夜。"这是孔子的一句名言。虽然时光像流水一样一去不复返,但是孔子的思想却并没有湮没在时间的长河里。儒家所提倡的"仁、义、礼、智、信"始终是中华文化价值体系中的最核心因素。

(舒　凤)

北京国家博物馆前广场的孔子铜像

"天宫一号"成功发射

九月 29

"天宫一号"发射

2011年9月29日21时16分,中国自行设计并制造的第一个目标飞行器和空间实验室——"天宫一号"在酒泉卫星发射中心成功发射,它标志着中国航天业迈入了"三步走"战略的第二步第二阶段。

1992年9月21日,中央正式批准实施中国载人航天工程,即"921工程"。在"921工程"设计之初,便确定了载人航天"三步走"的发展战略:第一步,实现天地往返,航天员上天并返回地面;第二步,实现多人多天飞行、航天员出舱和太空行走、飞船与空间舱的交会对接等多项任务,并发射短期有人照料的空间实验室;第三步,建立太空空间站。

1999年11月20日,中国成功发射第一艘无人试验飞船"神舟一号",初步实现了第一步的航天器天地往返。此后,中国又先后发射了神舟系列的4艘飞船。2003年,中国首次发射的载人航天飞行器"神舟五号"将航天员杨利伟送入太空,完成了中国航天"三步走"战略的第一步。首航英雄杨利伟在太空中把他的声音和录像信息发回了地球。

【音频】杨利伟:请首长放心,我一定不辜负全国人民的重托,以最饱满的精神状态去迎接这次挑战。我向祖国和人民保证,坚决完成任务。

2002年,在进行了论证和审查后,"天宫一号"目标飞行器的任务方案得到通过。那时的飞行器尚未定名,只是被简称为"目标飞行器"。之后的2005年和2008年,"神舟六号"和"神舟七号"相继发射,拉开了"三步走"战略第二步的序幕。

2006年,"目标飞行器"进入初样研制阶段。也是在这一年,科研人员将其正式命名为"天宫一号"。这是一个具有浓郁中国特色、寄托华人无限憧憬的名字。2009年,"天宫一号"的模型在央视春节晚会上惊艳亮相。

【音频】朱军:在这个荣幸的夜晚,我们将非常荣幸地向大家介绍一位即将加入太空之旅的中国航天新成员,它就是"天宫一号"!

2010年,"天宫一号"完成总装。第二年9月29日,"天宫一号"发射成功。11月,"天宫一号"迎来了首位"访客"——"神舟八号"载人飞船。"天宫一号"与"神舟八号"配合默契,圆满完成了我国首次空间自主交会对接任务。此外,作为组合体的控制主体,"天宫一号"还出色完成了组合体姿态的轨道控制、信息控制、能源控制和载人环境控制等多项任务。"天宫一号"与"神舟八号"飞船的成功对接,使中国成为世界上第三个自主掌握空间交会对接技术的国家。

2012 年 6 月，三位航天员乘坐"神舟九号"载人飞船光临"天宫一号"，"天宫一号"迎来了自己的首批太空贵客。在航天员们的精准操作下，"神舟九号"与"天宫一号"圆满完成了我国首次空间手控交会对接。

1 年之后，"天宫一号"又迎来了搭乘"神舟十号"载人飞船来访的航天员。作为我国首次应用性载人交会对接，"天宫一号"和航天员们承担了更多的使命，如"太空授课"、"在轨更换地板"、"中短期航天员驻留"、"舱内无线通信"等。随着这些在轨试验项目的顺利实施，"天宫一号"从"交会对接目标飞行器"，成功转变为"空间多用途载人航天试验平台"。当天晚上，央视新闻频道播报了"天宫一号"与"神舟十号"顺利对接的新闻。

【音频】新闻报道：在另一侧"天宫一号"的画面中可以看到，"天宫一号"时隔 1 年之后大门再次开启，迎来了"神舟十号"的航天员。

在等待与神舟载人飞船相会的日子里，"天宫一号"并未停止探索太空的步伐。其探测器上的"三合一"相机时时刻刻地聚焦着我国的生态环境和地理环境，为开展地质调查、资源勘查、土地荒漠化评估、水文生态监测以及环境污染成分和污染源头分析提供第一手的资料。

"天宫一号"的设计寿命是 2 年。2013 年 9 月，"天宫一号"作为一代"功臣"，圆满完成了它在太空中 2 年的探索使命。由于真空、辐射等环境因素，在太空里维持较长寿命是个难题，但在这方面"天宫一号"一直表现良好，科学家们认定可以延长它的"服役"期，为将来的空间站建设做更多的试验性工作。在交出一份完美的"体检报告"后，"天宫一号"正式转入拓展任务的飞行阶段。在拓展飞行的 1 年里，"天宫一号"开展了太阳电池翼发电能力测试、备份姿态测量和控制模式切换等一系列试验，为开展太空环境探测及对地观测创造了更加良好的条件。

（金 之）

天宫一号

人民英雄纪念碑奠基

1949 年 9 月 30 日，中国人民政治协商会议第一届全体会议决定在首都北京建立人民英雄纪念碑，纪念在人民解放战争和人民革命中牺牲的人民英雄。当天下午，出席会议的全体代表在天安门广场举行了人民英雄纪念碑的奠基典礼。毛泽东宣读了由他亲自撰写的碑文，并亲手执锹为纪念碑奠基石填土。

【音频】毛泽东：三年以来，在人民解放战争和人民革命中牺牲的人民英雄们永垂不朽！三十年以来，在人民解放战争和人民革命中牺牲的人民英雄们永垂不朽！由此上溯到一千八百四十年，从那时起，为了反对内外敌人，争取民族独立和人民自由幸福，在历次斗争中牺牲的人民英雄们永垂不朽！

毛泽东为人民英雄纪念碑奠基

1949 年 9 月 23 日，也就是在人民英雄纪念碑奠基的前一周，北京市琉璃厂著名的碑刻工坊"陈云亭镌碑处"迎来了一笔特殊的生意：碑文 150 余字，限期 7 日内完成。当时年仅 10 岁的陈光铭和所有家人一样，并不清楚这块石碑的意义。最终，陈光铭一家在 1949 年 9 月 29 日将石碑赶制完成。人民英雄纪念碑碑文篆刻师陈志敬的儿子陈光铭回忆了当时的情况：

【音频】陈光铭：政协的几个工作人员在这天的上午到我们家找到我父亲，提出要刻一座碑，150 多个字，要求必须在一周之内完成，而且要保证质量。

在人民英雄纪念碑奠基之后，北京市都市计划委员会开始向全国各建筑设计单位、大专院校建筑系发出征选纪念碑规划设计的通知。海外华侨也积极献计献策，侨领陈嘉庚组织华侨们绘制了图纸，并制作水泥柱头模型寄到人民英雄纪念碑建造工程处。1951 年 8 月，我国古建筑学者梁思成在致北京市市长彭真的信中详细阐述了他对纪念碑的设计意见，这封信奠定了纪念碑建造方案的基调。梁思成在结合了多处古建筑外形的基础上，设计形成了纪念碑的雏形，并在碑顶上破天荒地加了个"小屋顶"的装饰，这个极具特色的"小屋顶"后来被广泛运用到各种新建筑物之上。原北京市建筑设计院的高级建筑师阮志大讲述了人民英雄纪念碑的方案征选情况：

【音频】阮志大：征选的方案大概有高而集中、高而分散、矮而集中、矮而分散四种类型。做了五分之一的三个模型，1951 年国庆节在天安门广场陈列，征求全国人民的意见。

1952 年 5 月 10 日，首都人民英雄纪念碑兴建委员会成立。该委员会由时任北京市委书记彭真任主任委员，郑振铎、梁思成任副主任委员。下设工程处，集合了全国最具权威性的历史学家、建筑师和艺术家。

1952 年 8 月 1 日,人民英雄纪念碑正式动工施建。1953 年,在天安门广场临时搭建的占地 850 平方米的美术工作室里,雕塑家根据纪念碑文和碑形规定进行浮雕草图的设计。当年的六七月间,参与纪念碑浮雕画稿的画家完成了工作。之后,雕塑家分成 8 组开始浮雕创作。

在人民英雄纪念碑的建造过程中,一批不为人知的石工对纪念碑浮雕的雕刻同样起到了十分重要的作用。这批石工有 28 位,他们的传统雕刻技艺高超,但对西方雕刻技术并不了解,也没有形成比较统一的风格。在雕刻家刘开渠的指导下,这些石工接受了很长时间的培训。由于纪念碑浮雕所采用的汉白玉开采于北京房山,完整的大料不容易取得,为确保石料不被损毁,石工在练习人像雕塑的基础上再进行纪念碑人物试刻。经过 1 年多的练习,石工们熟悉了从粗刻到细雕的方法,有力地保证了纪念碑浮雕石刻的完成,他们也在实践中成长为新中国第一代兼通东西方雕刻技术的优秀石雕艺人。雕塑家陈淑光讲述了人民英雄纪念碑的浮雕创作情况:

【音频】陈淑光:能达到这么高的水平,是因为当时集中了全国最好的雕塑家。5 年的时间,从建碑到完成,这是不可想象的。

1958 年 4 月 22 日,人民英雄纪念碑建成,同年的 5 月 1 日举行了揭幕仪式。纪念碑的碑身高达 37.94 米,碑基占地约 3100 平方米,共用 1.7 万块花岗石和汉白玉石建成。纪念碑分碑身、须弥座和台基三部分。碑身正面雕刻着毛主席题写的"人民英雄永垂不朽"八个大字,背面刻着由毛主席起草、周总理题写的"人民英雄纪念碑"碑文。纪念碑下层须弥座束腰部镶嵌着八幅巨大汉白玉革命历史浮雕。人民英雄纪念碑是全国人民怀念革命先烈的崇高标志,1961 年 3 月被国务院确定为第一批全国重点文物保护单位。中国社会科学院近代史研究所的所长张海鹏讲述了人民英雄纪念碑的历史意义:

【音频】张海鹏:人民英雄纪念碑象征着中华人民共和国,它本身就是一部中国近代史,是中国人对中华民族进行爱国主义教育的象征性的建筑物。

(陈晓辰、舒 凤)

人民英雄纪念碑

185

上海电视台试播开播

1958 年 10 月 1 日晚上 6 时 30 分,上海电视台正式对外播放了测试信号,供当时全市 100 个接收点调试电视机,从这一刻起上海电视台的开播进入了倒计时。7 时整,上海电视台正式试播的第一个电视画面出现在了荧屏上。从上海电视台试播开播的那一刻起,上海电视进入了一个新纪元。

在上海创建电视台的筹备工作从 1956 年就开始了。1958 年 3 月,中共上海市委正式批准筹建上海电视台,编制为 30 人。电视台台址选在南京东路的新永安大楼。9 月 30 日,上海电视台建成。上海电视台是继 1958 年 5 月 1 日开播的北京电视台之后,我国成立的第二家电视台。上视开播初期仅有一个频道,每周播放两次,每次 2 到 3 小时,播出的均为黑白电视节目。

1958 年 10 月 1 日试播当天,上海电视台播出了由自己的记者拍摄的第一条电视新闻片——《1958 年上海人民庆祝国庆大会和游行》。当天还播出了由歌曲和曲艺构成的文艺节目。在歌曲部分中,女高音歌唱家周小燕演唱了《朵朵葵花向太阳》和《小扁担两头弯》两首歌曲,这使得她成为了第一位在上海荧屏放歌的演员。

上海电视台第一部电视剧《红色的火焰》拍摄现场

试播当天最后的节目是放映国产故事影片《钢人铁马》。晚上 9 时 30 分刚过,上海电视台的试播结束,整个播出过程没有发生任何差错和事故。原上海电视台编导许诺是试播那天担任导播的工作人员,她回忆了 7 点试播开始后的内容安排:

【音频】许诺:电视台的第一个画面,是我切出去的。我记得 19 点就是放台标,放《社会主义好》的音乐,前面有段祝词,就是庆祝国庆,播音员要播的。电视新闻就是我们上海电视台第一次自己拍的那个几分钟的电影,是 1958 年上海人民庆祝国庆大会。

1958 年 10 月 25 日,就在建台后的 20 多天,上海电视台以直播的形式播出了第一部自制电视剧——《红色的火焰》。它是根据上海一位工人的先进事迹创作的。在上海电视台电视剧的初创时期,没有专职的创作队伍,每次直播电视剧都是全台上下齐动员,许多人身兼数职,各方配合协作。当时的制作手段与技术设备也极其简陋,布景只能根据现有条件来搭,当时也没有录像设备,因此采用直播的形式。直播不能中断和重来,一切均需事先考虑周到,排练熟记,并且严格执行。原上海电视台主任编辑周宝馨讲述了这部电视剧创作时的情况:

【音频】周宝馨:我们到那个工厂去采访李志祥这个先进工作者,把他的事迹编写成一部电视剧叫《红色的火焰》。直播前要试要演,我们就到 11 楼去。那是个食堂,旁边有两个办公室,我们就在那个地方搭上景。当时真是肯干,即使没有条件也要创条件来完成这个任务。

上海电视台曾经开创了中国电视发展史上的多个第一，其中就包括中国第一部彩色电视片——《轻工业园地百花盛开》。这部电视片的诞生与 1972 年美国总统尼克松访华有关。当时，毛泽东主席指示上海的外事部门赠送美国代表团成员和随行记者每人 5 斤茅台酒心巧克力，《上海公报》的签署让毛主席很高兴，他指示每人再增加 5 斤。没想到毛主席的心意导致了美国客人回国时行李超重，许多美国记者、工作人员只得把多余的物品留在宾馆，其中就有一些彩色胶片。这些胶片被上海电视台的记者获得，他们就着手开始拍摄第一部彩色电视片。由于当时的上海轻工业产品比较丰富，色彩鲜艳，因而他们就把上海的轻工业作为第一部彩色电视片的拍摄题材。然而，这部彩色电视片首次播出时仍是黑白画面，直到 1973 年 8 月 1 日上海电视塔在威海路台址高高竖起，黑白电视信号转为真正的彩色电视信号，这一中国首部彩色电视片才恢复了它的真实色彩。

【音频】《轻工业园地百花盛开》片段

上海电视台还开办了全国第一个英语综合新闻报道栏目——《英语新闻》。1986 年10 月 1 日栏目开播。开播当晚，时任上海市市长江泽民在节目中用英语讲话，祝贺该节目的诞生和首次播出。

【音频】江泽民：得知上海电视台今晚开播《英语新闻》节目的消息，我感到非常高兴。借此机会我想说几句话。

20 世纪 90 年代初期，上海相继新建了两家市级电视台——上海有线电视台和上海东方电视台，进一步丰富了上海的电视荧屏。2001 年，上海电视台、上海东方电视台、上海有线电视台、上海人民广播电台、上海东方广播电台等单位合并组建上海文广新闻传媒集团，英文名称 Shanghai Media Group，简称 SMG。2014 年 3 月 31 日，上海广播电视台、上海文化广播影视集团有限公司揭牌，正式启动上海文广新一轮体制改革。整合后的 SMG 成为当时中国产业门类最多、产业规模最大的省级广电媒体及综合文化产业集团。

（郑榴榴）

上海电视台首播后全体工作人员合影

上海住房解困项目获"联合国人居奖"

"联合国人居奖"是全球人居领域规格最高的奖项，由联合国人居署于 1989 年创立，主要表彰为人类居住条件改善作出杰出贡献的政府、组织、个人和项目。在 1995 年 10 月 2 日"世界人居日"当天，上海住房解困办的代表在巴西接过了这个沉甸甸的奖——1995 年度"联合国人居奖"，当晚的电视新闻对此进行了报道。

上海获得的 1995 年度"联合国人居奖"奖状

【音频】上海获"联合国人居奖"的新闻报道

现代社会的居住环境在人口迅速增长的压力下不断恶化，人居问题越来越受到关注。许多发展中国家在人居领域面临着同样的问题：住房拥挤、提供基本服务的经费不足、适用的住房缺乏、基础设施每况愈下、居住环境日益恶化等等。

上海的居住难问题在历史上早已形成，旧上海的普通老百姓大多住在设施简陋的石库门里弄，而处在社会最底层的劳苦大众只能住在市区边缘的棚户区内。抗战初期来自各地的难民搭建了人称"滚地龙"的贫民窟，这使得上海的棚户区域更为扩大。改革开放后，上海的经济发展也带来了激增的人口，住房难成为当时上海人民生活的一个突出矛盾。20 世纪 80 年代的一部资料纪录片《上海市城市总体规划》记录了那个年代上海人民住房困难的实际境遇：

【音频】资料片旁白：小客厅里放了十只炉子，真是又挤又热。住房更是拥挤不堪。楼梯夹层中的房间——"二层阁"，楼上还有"三层阁"。楼中搭楼、屋中搭阁，一家挨着一家，上海人常称这样的楼房是"七十二家房客"。

1987 年，上海积极实施住房解困工程。经过 2 年的努力，市政府的解决了人均居住面积 2 平方米以下特困户的解困问题，使 1.5 万特困户飞出了"鸽子笼"，上海的住房矛盾一度有所缓和。

但到了 1989、1990 年，上海住房解困工作处于停顿待命状态，而市民要求继续解困的呼声十分强烈，仅 1989 年市政府就收到群众有关解困方面的信件约 5 千封，可见当时住房矛盾仍是上海的一个突出性问题。继续解决住房问题，不仅是大众的迫切愿望，也是上海维护社会稳定、加快改革开放的必要条件之一。

在上海市委、市政府的领导下，市解困办会同各职能部门，拿出了一个既体现政府干预、又符合市场经济规则的"三改"新方案：改"无偿解困"为"有偿解困"，改"单纯行政性解困为社会多元解困"，改"统一政策和办法解困"为"根据解困对象不同收入采取不同政策和办法解困"。到 1995 年，上海市区人均住房面积达到了 8 平方米，比 1979 年增加了近一倍。当年"有偿解困"的受益者、上海市第二车辆配件厂的辛师傅在接受采访表示，正是由于"三改"新策的实施，才让他有拥有了一套自己满意的住房。

【音频】辛师傅：当时第一次去不能接受有偿解困政策。后来解困办来找我耐心地谈话，告诉我什么叫"三结合"，随后我的思想也就逐步转变过来了。还是买房好。当时局里让我来这里的房子看，我一眼就看中了。后来又带了我的老婆来看，就决定买下来，而且自己拿点钱出来买的房子又称心。所以如果不是改革开放后实行那么好的政策，我怎么可能住那么好的房子。

此时在拉美、南亚等许多发展中国家的大都市，被称之为"城市之癌"的棚户区还大片存在。人口超越千万的上海在住房解困方面的做法和经验得到了国际社会的肯定。为了表彰上海市政府在改善百姓住房困难上作出的突出贡献，联合国人居中心将 1995 年度的"人居荣誉奖"颁发给了中国上海。

获奖后的上海并没有停止脚步。到了 1999 年，上海人均居住面积 4 平米以下的困难户全部完成解困。次年，365 万平方米成片危房、棚户和简屋彻底改造完毕。如今上海住房困难的问题已成为老一辈人在茶余饭后的谈资和回忆了。

中国与"联合国人居奖"的缘分从 1990 年就开始了。那一年为了表彰唐山市政府灾后重建的巨大成就，联合国人居中心为唐山颁发了"人居荣誉奖"，这也是中国获得的首个"人居奖"。此后，随着中国人居事业的不断发展，中国在人居领域不断取得了举世瞩目的成就，赢得了国际社会的广泛肯定。至 2016 年，中国已获得近 30 个此项殊荣。

纵观中国这些年获得"人居奖"的城市，既有上海这样的国际特大城市，又有中山这样的中型城市；既有沈阳这样曾经以污染出名的老工业城市，又有深圳这样迅速崛起的新兴城市；既有成都这样从容面对千古沧桑的历史名域，又有唐山这样遭遇一夜浩劫之后在废墟上重新站立起来的英雄城市；既有杭州这样的文化古都，又有包头这样的草原钢城……中国获得的"联合国人居奖"是几十年来中国城市发展进步的缩影，凝聚着中国政府和中国人民为改善城市居住条件，在住房建设、基础设施、旧城改造、城市可持续发展、灾后重建等诸多方面的不懈努力。

（金 之）

上海获得"联合国人居奖"

新中国第一所新型正规大学
举行首届开学典礼

十月

3

刘少奇出席人大首届开学典礼

【音频】中国人民大学校歌《中国人民大学之歌》

《中国人民大学之歌》是为庆祝中国人民大学校庆70周年而录制的,也是中国人民大学的校歌。中国人民大学是新中国创办的第一所新型正规大学,是国家"985工程"和"211工程"重点建设的大学之一,被誉为"我国人文社会科学高等教育领域的一面旗帜"。1950年10月3日,中国人民大学首届开学典礼在北京举行。在长期的办学实践中,中国人民大学发扬"始终奋进在时代前列"的优良传统,不仅为新中国培养了万千建国干部和大批建设者,而且为我国新型高等教育的奠基和发展作出了开拓性的贡献。

中国人民大学的前身是1937年诞生于抗日烽火中的陕北公学以及后来的华北联合大学和华北大学。1937年全面抗战爆发后,为了把大批爱国青年培养成优秀的抗战干部,中共中央于当年7月底创办了陕北公学。1939年夏,抗日战争的形势发生变化,日寇、国民党顽固派加紧进攻解放区,中共中央将陕北公学、延安鲁迅艺术学院、延安工人学校、安吴堡战时青年训练班四校联合成立华北联合大学。华北联合大学是中国共产党在敌后办起的第一所高等学府,被誉为"插在敌人心脏上的一把剑"。1948年,中共中央将华北联合大学和北方大学合并成立华北大学,以便集中力量扩大办学规模,为迎接全国解放培养大批建设干部。

新中国成立后,为了培养具有马克思列宁主义素养和专业知识的新中国建设人才,中共中央决定以华北大学为基础,合并中国政法大学,调来华北人民革命大学部分干部组建中国人民大学。1949年12月16日,中央人民政府政务院第十一次政务会议根据中共中央政治局的建议通过了《关于成立中国人民大学的决定》。1950年10月3日,以华北大学为基础合并组建的中国人民大学举行开学典礼。中央人民政府副主席朱德、刘少奇亲临祝贺并在会上讲话。中国人民大学法律系第一届学生王宗贤讲述了他参加中国人民大学首届开学典礼时的情况:

【音频】王宗贤:大家心里都挺激动的。早上我们都是按时起床,吃饭也都是集体吃饭。吃完饭以后就赶紧把发的制服穿得整整齐齐,包括女同学也都是穿灰色的列宁服,戴一个灰帽子,很多人都很愿意戴那个帽子,就跟解放军是一样的。

作为一所新型的、正规的社会主义大学,中国人民大学代表着新中国对高等教育的探索,代表着不同于以往的一种新的办学模式和发展道路。建校初期,学校聘请苏联专家来校指导工作。苏联专家在专业设置、人才培养、师资培训、教材编写、科学研究等方面给予的指导和帮助有效推动了学校在人文社会科学诸多领域学科地位的形成,为新中国高等教育体系的建立和发展奠定了基础。中国人民大学教授陆迅和原中国人民大学党委书记马绍孟讲述了人大在 20 世纪 50 年代的师资和招生情况:

【音频】陆迅:1950 年,苏联专家来了之后,就抽调相当一批人作为研究生学两年、学三年。有这么三批研究生,人民大学的教师队伍就建立起来了。

马绍孟:我是 1956 年从部队考到人民大学来的。人民大学当时还是提前招生,人民大学建校以后,一直到 1956 年以前都是比普通高校提前招生的。人民大学对学生政治素质的要求比较高。

随着学科体系的建立和完善,中国人民大学开始探索更加符合中国国情的学科建设模式,并将学习视角放眼于包括欧美在内的更广阔领域。学校通过与世界知名大学签订校际合作协议、举办国际会议、合作开展国际项目等途径,加强与国际学术界的全方位交流,提升学校的整体国际交流能力和水平。学校举办的 21 世纪世界百所著名大学法学院院长论坛、世界汉学大会、中欧合作论坛、亚太国际教育协会年会等学术会议也产生了广泛的国际影响。

20 世纪末,以"985 工程"实施为标志,我国启动了世界一流大学的建设。此后,一批重点建设大学的整体办学实力和水平明显提高,国际学术影响力显著提升。中国人民大学贯彻"人民、人本、人文"的办学理念,以"国民表率、社会栋梁"为人才培养目标,全面推进人才培养体系改革、"思想库"建设、国际影响力提升、学校形象建设和美丽校园建设的"五大战略",已经形成并初步完善了以全日制本科教育和研究生教育及成人函授教育为主要办学形式的多学科、多层次、培养各类高级专门人才的办学格局和体系,向着具有自身特色和重要国际影响的世界一流大学的目标迈进。

(舒　凤)

中国人民大学校徽

中国男排首次获得亚运会冠军

1986年10月4日,中国男排在汉阳大学体育馆以总比分3比0击败最后一个对手印度队,首次获得了亚运会的冠军。中国队的小伙子们取得胜利后激动地和主教练邹志华拥抱在一起。这场比赛也是老将汪嘉伟的告别赛,退役复出的他打满全场,不仅再展"亚洲飞人"英姿,他的多次飞身鱼跃救球也令人赞叹。

汉城亚运会排球比赛

【音频】中国男排获得亚运会冠军新闻片段

1976年,体育系统开始了"拨乱反正",国家体委重新组建国家男女排球队,戴廷斌被任命为中国男排主教练。接下来的任务就是逐步总结和学习各国的先进经验和战术打法,重新上路。1977年与1978年,中国男排连续取得了世界杯第五名和世界锦标赛第七名,这是男排有史以来取得的最好成绩。男排队伍也逐渐形成了一套独特的快攻战术打法,达到了一个新的水平。1979年,中国男排获得了亚洲冠军,结束了日本男排独霸亚洲的历史。中国男排也因此获得了参加1980年奥运会的资格,但由于历史原因,中国当时没有参加莫斯科奥运会,中国男排也因此失去了与世界劲旅一较高下的机会。

1981年3月,中国男排在香港参加了世界杯亚洲区预选赛,中国队与韩国队争夺决赛权的那场比赛给人们留下了深刻的印象。在这场比赛中,中国男排在大比分0比2落后的情况下连扳三局,最终反败为胜,以3比2的总比分击败老对手韩国队。这场比赛在刚刚改革开放的中国大地上,激扬起一股巨大的爱国热情。北大的学子们走上街头,喊出了"团结起来,振兴中华"的时代口号。30多年以后,这一刻依然定格在一代人的心中,成为一个时代的记忆。

【音频】中国男排获胜后的新闻和"团结起来,振兴中华"的时代口号

1981年秋天,中国男排怀着奖牌梦想奔赴日本参加世界杯。遗憾的是,第一场对阵古巴队的第一局,主力核心队员汪嘉伟扭脚受伤下场。突发情况干扰了全队的技战术发挥,中国男排最终以2比3负于古巴队。在随后的比赛中,球队及时调整比赛阵容和技战术对策,战胜了意大利、日本和突尼斯等队,但遗憾负于苏联、巴西和波兰,取得世界杯赛第五名。

1982年的阿根廷世锦赛是那一批中国男排在运动生涯中争取世界大赛奖牌的最后机会。主教练戴廷斌在上海备战时也表露出中国男排力争奖牌的信心。

预赛阶段中国男排势头很猛，分别战胜韩国、民主德国、加拿大等队，却以 2 比 3 负于日本队。最后一场在同阿根廷队争夺前四名的比赛中，中国男排发挥失常，以 0 比 3 告负，再次失去获得奖牌的机会，最终只获第七名。1982 年 12 月的印度新德里亚运会，中国男排虽然战胜韩国队，但却负于日本队，最后获得了亚军。1983 年戴廷斌教练下课，球队的许多老队员也随后离队。

由于苏联等东欧国家抵制洛杉矶奥运会，中国男排以替补身份搭上了 1984 年洛杉矶奥运会的末班车。在那届奥运会中，以新手为主的中国男排取得了第八名。之后，这一批中国男排历史上的"黄金一代"纷纷退役，离开了他们钟爱的排球赛场。

两年后，备战汉城亚运会的中国男排由于新手太多，缺乏大赛经验。邹志华教练与汪嘉伟当初的授业恩师戴廷斌写信到日本，请汪嘉伟重出江湖，回到国家队来传、帮、带，力争在亚运创造佳绩。当时的汪嘉伟 31 岁，已经退役 2 年，正在日本体育大学读研究生。这一次在中国男排最需要的时候，汪嘉伟毅然暂停了学业，回国重新披上国家队的战袍。但没有想到的是，在漳州国家队集训期间，他的食指骨折了。专家会诊认为不做手术就会落下永久性伤残，汪嘉伟得知手术后就无法参战亚运，断然拒绝手术，仅给伤指戴上护套，备战不懈。汪嘉伟后来回忆了这次曲折的复出经历：

中国队在复赛阶段遇到了实力最强的韩国队，在以 10 比 15 丢掉了第一局后，大家保持冷静，改变战术，以 15 比 10、15 比 1、15 比 5 连胜三局拿下了整场比赛。在这场比赛中，汪嘉伟虽有一根断指，但他仅直接拦网就得到了 8 分。此后汪嘉伟带领着中国男排又连胜日本和印度，取得了亚运会的冠军。这枚金牌也为这位排坛"亚洲飞人"的运动员生涯划上了圆满的句号。

可惜的是，在这届亚运会夺冠之后，中国男排陷入一段很长时间的低谷。主教练邹志华带队未能打进 1988 年汉城奥运会，沈富麟指挥时男排又接连两次无缘 1992 年巴塞罗那奥运会和 1996 年亚特兰大奥运会。直到 1997 年，汪嘉伟受命于危难之际，从日本归来出任中国男排主帅，他带领球队在 1997、1999 年亚锦赛上两夺冠军，再一次使中国男排站在了亚洲之巅。

（倪嘉铭）

汪嘉伟

"007"系列首部影片
《诺博士》上映

电影《诺博士》海报

1962年10月5日，第一部"007"电影《诺博士》公映。半个多世纪后，系列片中的这个代号007、名叫詹姆斯·邦德的英国特工已经成为传奇英雄。随着时代变迁和影视技术的提高，"007"换了枪，换了表，车也变了，当然随之变化的还有他的敌人和他身边的美女们。但是这些变化却丝毫没有改变"007"在电影中的年龄和形象。尽管主演数易，然而詹姆斯·邦德依旧风度翩翩地活跃在银幕上。

"007"的缔造者是英国悬念小说大师伊恩·弗莱明。弗莱明本人有过做特工的经历，二战中他曾在英国海军情报处供职，他当时看到的许多装备后来都在作品中有所体现。1953年，从弗莱明创作的第一部"007"作品《皇家赌场》，到1964年留下遗作《金枪客》后心脏病发去世，"007"系列小说共出版了14部。

书中主角的姓名，按照弗莱明的意思，应当"简洁而有力"。如何做到这一点，却令弗莱明大伤脑筋。就在他绞尽脑汁依然找不到答案的时候，忽然瞥见书桌上的一本书——《西印度群岛的鸟类》，书的作者叫詹姆斯·邦德。于是，后来闻名全球的007号特工"詹姆斯·邦德"的大名就这样"随意"地诞生了。弗莱明曾讲述邦德名字的由来：

【音频】弗莱明讲述邦德名字的由来

此后，有电影公司买断了"007"版权，由编剧承担了改编的任务。在弗莱明的构思中，詹姆斯·邦德毕业于剑桥，是英国军情六处的特务，代号007。他擅长射击、搏击、赌博、游泳、驾驶、社交，喜欢喝马提尼、吃鱼子酱。他永远能开炫酷的跑车，泡上最美的姑娘，遇上最刺激的事儿，满足所有男人的幻想。甚至连一些"007"常用语言也成为流行的日常用语，比如"007"的自我介绍："My name's Bond，James Bond.（我叫邦德，詹姆斯·邦德。）"

【音频】一组"007"的自我介绍

第一部"007"电影《诺博士》是在牙买加拍摄的，它为之后的"007"系列电影奠定了整体基调，比如说，异国情调、令人难以想象的故事情节，还有那些美丽迷人的邦德女郎。当时这部影片在美国和英国都获得了巨大成功。英国演员肖恩·康纳利扮演的第一任邦德懂得利用周围环境突出重围，他保留了老派的英国绅士风度，举手投足间满是优雅的神韵,同时面对敌方阴谋,他又总能洞悉对手的诡计,将对方一军。这些组成使肖恩·康纳利版的邦德被公认为最接近原著小说的人物形象。

第二任邦德乔治·拉赞贝的表现中规中矩,虽然没有模仿肖恩·康纳利,但缺乏突出的个人风格与魅力,仅仅是按照剧本机械地执行了导演的意图,使得一个精明干练的特工变成了初出茅庐的冒险家,让邦德迷们兴趣全无。一部影片之后他便主动辞演"007"这个角色,成为了任期最短的一任邦德。第三任邦德的演员罗杰·摩尔从形象上来看似乎更接近特工的本质。他继承了肖恩·康纳利的机智和果敢,又把职业特工的尽忠职守发扬光大。在1973年到1985年的12年间他所出演的邦德得到了影迷们的认可,被认为是"007"的黄金年代。蒂莫西·道尔顿饰演的第四任邦德仍旧像前几任一样,有着很强的办案能力,是一个敢于挑战邪恶的好特工,但沉默与刻板以及过多的暴力场景,让这个邦德给观众留下的印象可能更像一名杀手。第五任邦德皮尔斯·布鲁斯南主演了四部"007"电影,他出演的邦德既有罗杰·摩尔的英国绅士派头,又有肖恩·康纳利的硬朗风格,而且还带有些学者的气质,被形容为"刚柔并济"的完美邦德。而他的继任者是拥有浑身肌肉线条的丹尼尔·克雷格,他面无表情,效忠情报机构,被间谍首领M女士称为"一把钝器",却暗合了弗莱明原著小说的精神。

【音频】《诺博士》片头曲

"007"系列电影的主演换了好几拨,故事发生地点也几经变换,但电影的片头曲却始终是那具有标志性的"噔噔噔,噔噔噔……"的铿锵乐声,只是在每部电影中会以不同的乐器来表现。托尼奖提名作曲家蒙蒂·诺曼为《诺博士》编写了片头音乐,他在这段音乐的序曲中加入了电子和放克吉他。作曲家约翰·巴瑞后来用管弦乐团重新灌制的片头曲,那个片头音乐的版本后来被许多观众所熟知。

邦德是第一个真正意义上在全球文化下所产生的世界性英雄,这也是为什么在多年后的今天,"007"系列影片依然风靡全球的原因所在。英国"国宝级"特工"007"能纵横影坛40多年,不仅仅是出于怀旧,还因为他始终是一个非常酷而且时髦的英雄。当然这也要归功于他的制造者们。他们在不断地改变着系列影片的基调,让它们更加适合当时所处的时代。凭借影片紧张悬疑的情节和西方人颇为喜欢展现的个人英雄主义,"007"系列影片得以一部接一部地拍摄下去,受到世界影迷的喜爱。

(倪嘉铭)

伊恩·弗莱明(左)和肖恩·康纳利

电影史上第一部有声故事片《爵士歌王》首映

1927年10月6日，"华纳兄弟公司"出品的有声故事片《爵士歌王》在美国纽约首映。《爵士歌王》被视作电影史上第一部有声片。尽管影片中仅有歌唱和部分对白达到有声效果，可这是电影第一次真的"开口说话"了。《爵士歌王》是电影史上的一个里程碑，它代表着新类型电影与新类型娱乐已迈出决定性的一步。"等等，等等，你们还什么也没听到呢！"这是影片中的第一句台词，它是男主角在唱完一首歌曲后带给观众们的惊喜。

人们在纽约排队观看《爵士歌王》

【音频】《爵士歌王》男主角艾尔·乔森在影片中说的第一句台词

1895年电影诞生后，由于受声音技术的局限，在很长一段时间内电影都是无声的。为了弥补这个缺憾，人们想出了种种办法。电影先驱卢米埃尔、梅里爱等人曾经利用在银幕后面说话的办法，使电影带有声音，这是早期电影人对影像声音的初次尝试。后来，又有人想出了在电影放映现场进行音乐伴奏的办法，以钢琴、风琴甚至整个管弦乐团演奏的音乐伴随放映。此外，发明家们试图将银幕上的影像与留声机唱片的机械复制声音结合起来。这些系统在20世纪20年代中期以前并没有取得太多的成果，主要原因是声音和影像很难同步，而且扬声机和扩音器不能适应影剧院的放映厅。

"声画同步"这一视听艺术效果被美国的"西方电气公司"集团和德国的"克兰影片公司"解决了。"西方电气公司"曾向一些美国大电影公司提议用它的录音方法，但这些公司不愿接受这种危及好莱坞电影地位的有声电影，担心影片的销售问题以及英语台词是否会影响到该片在世界其他地区的影片销售。"西方电气公司"在失望之下，转向华纳兄弟接洽。当时"华纳兄弟公司"正濒临破产，在不得已的情况下，"华纳公司"决定冒险摄制一部由签约明星主演的歌剧片《唐璜》。这部影片仅有音乐没有对白，然而这次冒险获得了成功，这对"华纳兄弟公司"继续制作这类影片起了很大的鼓舞作用。

1927年10月6日，电影史上具有里程碑意义的影片《爵士歌王》首映。影片里不仅有音乐，还加入了一部分对白。该片讲述一个贫穷犹太歌手的成名经历，借此主题，片中穿插了许多著名的歌曲和小调。影片的大部分片段都只有管弦配乐，其中四场戏有男主角——著名歌手艾尔·乔森的演唱，其中一首《My Mammy》正是艾尔·乔森的知名歌曲，轻快的乐调配上艾尔·乔森饱含深情的演绎，感动了无数的影迷。听觉和视觉的双重享受使得影片受到追捧。该片获得了1929年第一届奥斯卡金像奖的荣誉奖以及最佳改编剧本奖提名。

【音频】电影《爵士歌王》中男主角艾尔·乔森演唱歌曲《My Mammy》（歌词大意：妈妈，太阳照亮东边的天空，太阳照亮西边的天空，但是我知道哪里的阳光最灿烂……）

当1927年美国出现有声片之后，电影观众基本对声音给予了欢迎的态度。但是，一些艺术家和电影理论家却对声音抱有质疑。这类观点认为，电影原本是在"无声无色"的条件下成为一种类似于"缺憾美"的新型艺术存在的，"无声无色"恰恰是使电影成为艺术的一个基本条件，而声音的闯入必然打破已经形成的"元素平衡"，使已趋成熟的影像艺术面临改型的危机。然而，这没能阻止有声电影的日趋普遍。1928年7月，当时被称为"百分之百讲话"的电影——《纽约之光》上映了。自此，有声电影全面推开。

早期的有声电影有"蜡盘发声"和"片上发声"两种技术。"蜡盘发声"是将声音刻录在唱盘上，放映时与影片同步播放，为电影配音。《爵士歌王》采用的就是这个方法。"片上发声"则是后来普遍被运用在胶片上录制声音的技术。

中国最早的有声电影——1931年上映的故事片《歌女红牡丹》，最先也是从蜡盘发声入手的。但由于当时的影片制作人员缺乏经验，忽略了应有的环境音效，使得影片只有对白和京剧唱段的声音，而周围的环境声音则完全没有。尽管如此，它公映的时候，仍然获得了轰动性的效应。蜡盘发声毕竟在技术上存在明显的不足，因而一些影片公司又开始尝试运用"片上发音"技术的制片工艺。《雨过天青》和其后的《歌场春色》两部影片是早期运用"片上发音"技术的有声片，它们都是租用国外的设备，并由外国人参与协助制作完成的。1933年，亨生影片公司用自己研制的录音设备拍摄了《春潮》一片，这是中国第一部用国产录音设备制作的"片上发音"有声影片。

有声电影的出现承载了电影语言的拓展、电影创作风格及美学叙事形式的演变发展等诸多使命，使得电影理论和电影实践都经历了一个质变的过程，对电影艺术和技术的探索、发展都产生了深远的影响。

（郑榴榴）

电影《歌女红牡丹》剧照

中国男子足球首次冲进世界杯

十月 7

2001 年 10 月 7 日,沈阳五里河体育场数万名现场观众的呐喊声此起彼伏,这里正进行着一场激动人心的足球比赛。当比赛进行到第 36 分钟时,球员于根伟抽射入网,中国队 1 比 0 领先! 这一进球瞬间点燃了亿万球迷的希望之火。21 时 21 分 17 秒,终场哨声响起,中国队以 1 比 0 击败阿曼队,终于实现了冲进世界杯决赛圈的历史性进步,中国人积淀了 40 多年的世界杯之情在这一刻迸发,这也将现场球迷与亿万中国观众的快乐推向了顶点。

中国男足赛前合影

【音频】2001 年 10 月 7 日庆祝中国队提前晋级世界杯的实况

这一天是中国足球史和中国体育史上一个难忘的日子,中国足球终于实现了几代人"冲出亚洲,走向世界"的梦想。从 1957 年中国男子足球首次冲击世界杯,到 2001 年成功晋级世界杯决赛圈,其间经历了 44 年漫长的等待和奋斗。中国队冲击世界杯的征战史可谓是一部血泪史,充满了悲情与愤怒,也有荒唐和闹剧。于国人来说,无论你是不是真正的球迷,是否看球、懂球,对于足球这一世界第一大球项目,人们在心中所承载的期许特别多。著名歌星那英对于中国足球和球迷也有自己的见解:

【音频】那英:我从来也没有对中国足球失去信心。大家都说热爱足球,但我没有感觉到那种团结的气氛,到现在我都不知道我们热爱足球的球迷,包括我们的官员有没有统一的,比如像着装之类的标志,用这种方式给我们的球员一种气势和精神力量。我觉得不应该过分批评国家队的球员,他们都已经尽力了,腿都快折了。

1957 年中国队历史上首次参加世界杯预选赛,小组赛中国队与印尼队同组。第一回合中国队客场 0 比 2 失利。第二回合中国队主场,刚开场不到 2 分钟,球员张宏根攻入了中国队在世界杯预选赛历史上的首个进球,最终中国队以 4 比 3 获胜。两队在第三方场地缅甸进行了附加赛,激战120 分钟,结果战平,中国队遭淘汰。

1979 年,国际足联和国际奥委会等国际组织正式恢复了中国的合法席位。阔别 20 多年,中国队重返 1982 年世界杯预赛,最后一轮比赛,只要沙特队不净负新西兰队 5 球或以上,中国队就将进入世界杯决赛圈。结果,沙特队恰好以 5 球惨败给新西兰队。本来已经放假的中国男足再次集结,结果在附加赛中以 1 比 2 输给新西兰队,冲击世界杯失败。作为当时国家队的队员,古广明多年后仍难以平复心中的遗憾。

【音频】古广明：当时我们都放假了，没想到最后出现这种问题，还得重新打一场比赛。我们觉得很遗憾，因为我们放假了又重新集合再训练，时间已经非常紧张了。所以最后参加那场比赛的时候，我们整个队伍的状态、训练的情况都不如原来。

其后两届世界杯预选赛则给国人留下了两个永远无法磨灭的标签——"5·19"和"黑色3分钟"。1985年5月19日成为了中国足球史黑暗时刻的代名词，在打平即可出线的情况下，国足全场28次射门只进1球，中国香港队全场5次射门打进2球。多年后，时任中国队主教练曾雪麟谈及那场刻骨铭心的比赛，情绪仍然略显激动。

【音频】曾雪麟："5·19"那天，说实话比赛场上我们已经有点失控了，太急了。队员一上场，眼睛都红了，恨不得一下就把香港队吃掉，所以思想、队形和打法都变了。像古广明原来打边锋的也跑到中路上去攻，后卫也全都上去攻了。输掉比赛后，大家一个多小时都没有出体育场，都没有喝水、洗澡，有的队员也哭了。球迷们在体育场场外堵着，大家也都出不去。

1989年，高丰文率领的中国队在最后一战中对阵卡塔尔队，中国队1比0领先对手整整87分钟，只要保持这个比分，中国队即可进军世界杯。孰料卡塔尔队3分钟连进2球将中国足球击倒！从此，"黑色3分钟"成了中国足球挥之不去的阴影。

1993年，当时中国足球首次请来洋帅施拉普纳，但没有想到这位洋帅小组赛过半就已让中国队彻底绝望。1997年，戚务生带领中国队2球领先强敌伊朗，似乎带来了世界杯的曙光，但其后被连进4球，最终以2比4败北。随后国足战绩一路走低，最终无缘法国世界杯。

2000年，世界著名教练米卢蒂诺维奇正式受聘担任中国国家队主教练，开始在中国推行"享受足球"理念。这位备受争议的教练用成绩证明了自己的价值。小组赛中国队6战全胜；十强赛中国队以不败战绩提前两轮获得2002年世界杯决赛阶段的入场券。

【音频】米卢蒂诺维奇：在比赛结束后，全国的球迷都在庆祝胜利的到来，而对我和全体的球员来说，这只是一个对十强赛期间一直鼓励支持我们的球迷最好的回报。

2002年，中国队最终连续3场失利止步世界杯决赛圈，但米卢仍不失为中国足球史上的一位"神奇教练"。

（肖定斌）

神奇教练米卢蒂诺维奇

钱学森冲破阻碍回到祖国

十月 8

钱学森

1955年10月8日上午11时，30多位中国留美科学家和留学生乘火车离开香港九龙，经深圳罗湖口岸踏上了祖国大陆。在他们当中，一位中年男士格外引人注目，他一手拿着吉他，一手牵着一个七八岁的小孩，偕夫人通过口岸。为了这一刻，他已经苦苦等待了5年，他就是后来被誉为"中国导弹之父"的著名科学家钱学森。当年负责在深圳罗湖口岸接待钱学森一家的中国科学院力学研究所研究员朱兆祥多年以后对这一幕仍然印象深刻：

【音频】朱兆祥：我们就在深圳这边等着，手里拿着钱老先生给我们的一张四人合照，因为不认识，就只好拿着照片对着人流看。钱先生一手拉着小孩，一手拿着一把吉他，那个吉他也有讲究的。后来蒋英告诉我，因为新中国是人民中国，音乐也要为人民要做好普及工作，而吉他在美国已经作为音乐普及的工具，所以钱先生就带了一把吉他回来。

钱学森1934年毕业于上海交通大学机械工程系，同年赴美，先后在麻省理工大学和加州理工学院学习，是世界著名空气动力学教授冯·卡门最得意的弟子。钱学森获得博士学位后留美任教。1938年7月至1955年8月，钱学森在美国从事空气动力学、固体力学和火箭、导弹等领域的研究，并与导师共同完成高速空气动力学问题研究课题和建立"卡门·钱近似"公式，在28岁时就成为世界知名的空气动力学家。作为钱学森的同学，中国两院院士罗沛霖对钱学森当时在该领域的成就非常佩服：

【音频】罗沛霖：他在美国导弹方面地位是很高的。他到美国东部去参加一个学术会议，提出将来从美国东部到西部三四千公里坐火箭只要20分钟，就为这样一个论点，《纽约时报》给他开了半个版面。

1949年，当中华人民共和国宣告诞生的消息传到美国后，钱学森和夫人蒋英按捺不住内心的喜悦，商量着早日赶回祖国，为自己的国家效力。然而，钱学森万万没想到，他的回国意愿竟酿成了一场劫难。作为美国国防部火箭研究四人小组核心成员之一，钱学森的去留备受关注。当时的美国海军次长金布尔说："钱学森无论走到哪里，都抵得上5个师的兵力，我宁可把他击毙在美国也不能让他离开。"1950年8月30日，在反共浪潮下，钱学森先是遭美国移民局驱逐出境，正当他准备启程回国时，却突然被美国联邦调查局扣留。很快，移民局又抄了他的家，将他拘留15天，直到收到加州理工学院送去的1.5万美金巨额保释金后才释放了他。对于这段经历，钱学森的夫人蒋英多年以后回忆道：

【音频】蒋英：到家里了，他一言不发，你问他什么，他点点头、摇摇头。我明白了，他失声了，不会说话了。体重在 15 天内掉了 15 公斤。

此后，钱学森每个月必须到美国移民局去登记，行动被限制，他也因此失去了自由。1955 年，一个偶然的机会，钱学森在报纸上看到父亲的好友陈叔通站在天安门城楼上的照片，他决定给这位长辈写信求救。由于美国当局对钱学森所有的来往信件都要检查，信写好了，还得摆脱盯梢的美国联邦调查局人员才能投递出去。一天，钱学森和夫人来到一家咖啡馆，他们按照事先商量好的计划，由钱学森缠住联邦调查局人员，蒋英乘着借口上洗手间的机会，终于把信秘密投进了邮筒。陈叔通接信后很快交给了周恩来总理，周总理立即转给外交部，并指示王炳南在中美大使级会谈中向美国进行严正交涉。经过中方的不断努力，甚至包括了释放 11 名在朝鲜战争中俘获的美国飞行员作为交换，钱学森终于在 1955 年 8 月 4 日收到了美国移民局允许他回国的通知。

50 年代的中国，导弹研究可谓一穷二白，随着钱学森的归来，新中国的导弹研制计划提上日程。1956 年，钱学森受命组建了我国第一个火箭研究院。1964 年，我国完全自行设计研制的第一颗中近程导弹——"东风二号"顺利发射。3 个月后，大漠深处又成功爆响了中国第一颗原子弹。1966 年，中国导弹与核弹头结合的发射试验在罗布泊成功，中国拥有了真正的核武器。1970 年，中国第一颗人造地球卫星"东方红一号"升空。"两弹一星"的成功，钱学森和他的同事们功不可没，钱学森自己也践行了归国时的报国梦想。

【音频】钱学森：我那时候在憋着一肚子气呢，中国人怎么不行呢？所以就回答很干脆，我说外国人能搞的难道中国人不能搞，中国人比他们矮一截？

钱学森被誉为"中国航天之父"、"中国导弹之父"、"中国自动化控制之父"和"火箭之王"。由于他的回国，中国导弹、原子弹的成功发射向前推进了至少 20 年。"五年归国路，十年两弹成。"钱学森不仅在航天领域为人类进步作出卓越贡献，也是新中国爱国留学归国人员中功勋卓著的国家建设者。

（肖定斌）

钱学森全家合影

披头士乐队主唱约翰·列侬出生

十月

9

披头士乐队，约翰·列侬（第一排右）

【音频】约翰·列侬演唱的《Hey Jude》

他是英国摇滚歌手，披头士乐队的灵魂人物，他的作品在 20 世纪六七十年代风靡世界。他之所以受到歌迷们的喜爱，不仅因为他的音乐，更因为他是一位倡导世界和平的和平主义者。他就是摇滚史上的传奇人物约翰·列侬。1940 年 10 月 9 日，约翰·列侬在英国利物浦出生。

约翰·列侬的出生正逢战火纷乱的年代。他 4 岁时父母离异，小列侬由姨母抚养成长。受猫王的影响，约翰·列侬在青春期迷上了摇滚乐。17 岁时，他花 10 英镑买了第一把吉他。尽管姨妈告诉他永远不可能靠吉他为生，但倔强的列侬还是每天抱着心爱的吉他弹个不停。

1960 年，列侬组建了披头士乐队，开始在各地的俱乐部演出。1962 年 5 月，披头士乐队正式与伦敦 EMI 旗下的一家小公司签下录音合同。同年 10 月，披头士乐队发行首支单曲《Love Me Do》。这首歌收录在他们次年发行的首张专辑《Please Please Me》，此专辑创下了连续 30 周位居英国流行音乐专辑榜榜首的纪录。

【音频】披头士演唱的《Love Me Do》

1964 年 4 月 4 日，披头士乐队创下包揽美国公告牌单曲榜前 5 名的纪录。同年凭借歌曲《A Hard Day's Night》获得第 7 届格莱美最佳乐队奖。1965 年推出的歌曲《Yesterday》成为乐队具有代表性的作品之一。1967 年发行的专辑获得第 10 届格莱美年度最佳专辑奖。1968 年发行的单曲《Hey Jude》连续 9 周位居美国公告牌榜首。

1966 年，列侬遇到了他一生中的至爱——日裔美籍先锋艺术家小野洋子。1969 年，他们走进了婚姻的殿堂。第二年，保罗·麦卡特尼宣布离开乐队，当时很多歌迷都认为小野洋子过多介入乐队事务是造成乐队解散的主要原因。对此，小野洋子在接受采访时讲述了她当时的心情以及这件事对列侬的影响：

【音频】小野洋子：起初我觉得自己很糟糕，后来我开始对他有了负罪感，因为他也确实受到了影响。他的唱片卖得也不是太好。从某种角度上说，这都是因为他和我在一起的原因。摇滚青年会常常出走，可他并没有。我想他反而担心我会这么做。他对此曾一笑了之，你知道我是搞艺术的，他觉得我可能不像其他女人那样在意乱七八糟的事情。可我对那些事情也并非那么无所谓。

披头士乐队解散后,列侬开始了他与小野洋子的艺术人生。1971 年,他们创作了歌曲《Imagine》。这是列侬独唱生涯中最受好评的歌曲,在《滚石》杂志"最伟大的 500 首歌"中位列第三。

【音频】歌曲《Imagine》

1969 年 5 月,在越战爆发时,作为一个坚定的反越战主义者,列侬为了向世界发出这种呼声,他采用了一种看似非常偏激的方式——和小野洋子在阿姆斯特丹举行了"爱与和平"的静坐示威。当时,列侬和已有身孕的小野洋子在酒店的床上待了 7 天,接受各大媒体的采访和拍照。他们高喊"给和平一个机会",他们的行为也引起世界的极大关注。也是从那个时候开始,列侬夫妇鲜明地将反战和宣扬和平的理念融进他们的艺术创作中。

【音频】列侬与洋子:我们在床上待了 7 天,而不是过私人的蜜月,这是一个私人的抗议,为这个世界上发生的暴力。我们感觉我们最好待在床上去抵制战争。我会一直留着头发,直到和平的到来。

1980 年 8 月,沉寂了多年的列侬与妻子开始录制他们最著名的专辑《双重梦幻》。他们计划从日本启程向西经过欧洲到纽约,向世界宣传这个专辑。但是,他们没能实现这个愿望。这一年的 12 月 8 日,列侬在纽约的寓所前被一名据称患有精神病的狂热美国歌迷枪杀,卒时年仅 40 岁。第二天清晨,闻讯赶来吊唁的人们把公寓楼四周围得水泄不通。美国 CBS 电视台的晚间新闻报道了列侬的死讯:

【音频】美国 CBS 电视台晚间新闻报道:这是来自华盛顿的报道,欢迎收看 CBS 为您报道的晚间新闻。晚上好! 一名摇滚歌手的死讯,令今晚其他所有来自波兰、伊朗和华盛顿的新闻都黯然失色。列侬的死讯震惊了世界,并在全世界引发了大规模悼念活动。

【音频】歌曲《Moonlight Shadow》

1983 年,一首为纪念约翰·列侬而作的歌曲《Moonlight Shadow》问世。在许多人看来,列侬从未真正离开。他的音乐,他在世时期所身体力行的和平宣言依旧影响着整个世界。"爱与和平"这四个字虽短,却是列侬一生所执着追求的两个最大愿望。

(金 之)

约翰·列侬(右)和小野洋子

辛亥首义——武昌起义打响

十月
10

1911 年 10 月 11 日革命党人在湖北成立中华民国军政府鄂军都督府

1911 年 10 月 10 日,在湖北武昌发生了具有划时代意义的一次起义。起义的胜利,使清朝逐步走向灭亡,为建立起亚洲第一个民主共和国——中华民国打下了坚实的基础。这就是辛亥革命的首义——武昌起义。辛亥革命是亚洲和中国走向民主共和的开端,在中国历史中具有里程碑意义。尽管当时的民主共和体制在后来并未真正贯彻实施,但辛亥革命推动了民主共和观念在中国的传播和确立。辛亥革命全面爆发的标志正是武昌起义。

自从 1840 年鸦片战争以后,随着帝国主义列强侵略的进一步加深,中国沦于半封建半殖民地的境地。帝国主义与中华民族的矛盾日益加剧,腐朽的清朝统治者对外妥协投降、对内横征暴敛,促使阶级矛盾空前激化。1905 年 8 月 20 日,由兴中会、华兴会、光复会等革命团体共同组成的同盟会在东京成立。同盟会推举孙中山为总理,通过了孙中山提出的"驱除鞑虏、恢复中华、建立民国、平均地权"的政治纲领,这可以说是辛亥革命以前"三民主义"的早期形态。

从 1895 年因泄密而夭折的第一次广州起义到 1911 年的黄花岗起义,以孙中山为首的资产阶级革命派宣传革命理论、组织革命政党,先后发动过十次武装起义。起义虽均告失败,但起到了宣传革命、振奋人心的作用。其中黄花岗起义是同盟会组织的规模最大也是最后一次武装起义,它是中国近代史上最惨烈的武装起义,虽然失败却震动了全国,大大激励了革命党人的斗志,成为辛亥革命的前奏,也为后来武昌起义的一举成功准备了条件。黄花岗起义的主要指挥者黄兴曾经抱着决死的念头写下了绝笔书。黄兴的嫡孙黄伟民谈到了祖父临行前的决心:

【音频】黄伟民:在这种情况下,如果说他自己不写绝笔书,不以这一种心态和这一种形式来表达他的决心,那怎么能够带领这一些人去冲锋陷阵呢?所以,他是冒着必死的决心去的。

1911 年 5 月 9 日,清政府实行铁路国有政策,宣布收回由民间出资建造的粤汉铁路和川汉铁路。这一举动引起湘、鄂、川、粤 4 省各阶层的强烈不满,掀起了 4 省保路运动,其中四川保路运动尤为强烈。9 月,四川总督赵尔丰制造"成都血案",枪杀请愿群众数十名,四川保路同志军举行起义。由于武汉新军大部被调入四川,致使武汉防务空虚,这为武昌起义的爆发提供了有利条件。

9 月下旬,革命党人感到形势紧迫,决定于 10 月 6 日中秋节发动起义,后因准备不足,起义推迟。10 月 9 日,秘密革命组织共进会负责人孙武在汉口试制炸弹时不慎爆炸,俄国巡捕前来搜查,起义的文件、旗帜等被搜走。10 月 10 日清晨,被捕的革命党人彭楚藩、刘复基、杨洪胜在督署门前就义。革命军大队长、新军工程第八营班长熊秉坤等人筹备当晚起义。10 日黄昏,在湖北新军工程第八营驻地,值班排长陶启胜在查铺时引发冲突。共进会支队长金兆龙一声高喊:"弟兄们还不动手,更待何时!"新兵程定国开枪射击,打响了武昌起义的第一枪,点燃了辛亥革命的烈火。2011 年公映的史诗战争片《辛亥革命》演绎了这段场景。

【音频】2011 年电影《辛亥革命》片段

10 月 11 日上午,武昌全部光复。起义军宣布成立中华民国军政府鄂军都督府,宣布改国号为中华民国,废除清朝宣统年号,改用黄帝纪元。12 日,武汉三镇全部落入革命军手中。在一个月内,有 13 个省及其他省的许多州县宣布起义,脱离清政府的统治。

1911 年 12 月 25 日,同盟会总理孙中山自海外归来。29 日,17 省代表会议推选孙中山为中华民国临时大总统。1912 年元旦,孙中山到南京就职,中华民国临时政府成立。江苏省孙中山研究会秘书长朱德希谈到了 1912 年元旦孙中山在南京宣誓就任临时大总统的情况:

【音频】朱德希:到夜间 10 点钟,孙中山先生和所有的组成人员来到西暖阁进行宣誓就职,就任中华民国临时大总统。

南京临时政府的成立遭到了北洋军首领袁世凯的干涉,孙中山被迫退让。2 月 12 日,清帝被迫退位,在中国延续了两千多年的封建帝制终于覆灭。此后,辛亥革命的成果被袁世凯篡夺,他取代孙中山担任临时大总统。北洋军阀政府从政治、经济和文化思想上对辛亥革命进行了全面的反攻倒算,中国又重新落入黑暗的深渊,陷入了军阀混战的局面。

辛亥革命是近代中国比较完全意义上的资产阶级民主革命,它在政治和思想上给中国人民带来了不可低估的解放作用。革命使民主共和的观点深入人心,反帝反封建斗争以辛亥革命为新的起点,更加深入地大规模开展起来。

(郑榴榴)

武昌城内紫阳湖东岸的陆军第八镇工程营旧址,武昌起义首先从这里开始

莫言荣获诺贝尔文学奖

2012 年 10 月 11 日,斯德哥尔摩当地时间下午 1 点,瑞典文学院常任秘书彼得·恩隆德代表诺贝尔奖评审委员会在瑞典文学院会议厅先后用瑞典语和英语宣布,将当年的诺贝尔文学奖授予中国籍作家莫言。瑞典文学院当天在一份新闻公报中是这样评价莫言作品的:从历史和社会的视角出发,莫言将现实与梦幻融合,在作品中创造了一个令人联想的感观世界。莫言也由此成为了诺贝尔文学奖有史以来第一位获奖的中国籍作家。两个月后,莫言在诺贝尔颁奖典礼上发表了自己的获奖感言。

莫言

【音频】莫言:女士们先生们,我的讲稿忘在旅馆了,但话都记在脑袋里了。我是一个来自中国的山东高密东北乡的农民的儿子,能够在这个庄严的殿堂里领取这样一个奖项,很像一个童话,但又毫无疑问是一个事实。

莫言原名管谟业,1955 年出生于山东高密。他小学时期便辍学,后来曾务农多年,做过临时工。1976 年应征入伍,之后开始尝试写作,主要作品有《红高粱家族》《丰乳肥臀》《蛙》《檀香刑》等。莫言的一系列乡土作品充满着"怀乡"和"怨乡"的复杂情感,被视为"寻根文学"代表作家之一。他称自己是"一个中国山东高密东北乡农民的儿子"。

儿时的莫言特别喜爱听说书。每逢集日,母亲便不再安排活儿给他,默许他去集市上听书。为了回报母亲的宠爱,也为了炫耀自己的记忆力,莫言会把白天听到的故事,绘声绘色地讲给母亲听。就这样,莫言开始了他的"讲故事"之旅。不久之后,莫言就不满足于复述说书人讲的故事了,他开始不断地添油加醋。他会投母亲所好,编造一些情节,有时候甚至会改变故事的结局。后来他的听众除了母亲,还有姐姐、婶婶和奶奶等人。

早早地进入成人社会的莫言,开始了"用耳朵阅读"的生涯。在集体劳动的田间地头,在生产队的牛棚马厩,在爷爷奶奶的热炕头上,甚至在摇摇晃晃地行进着的牛车上,他聆听了许许多多神鬼故事、历史传奇和逸闻趣事。这些故事都与当地的自然环境、家族历史紧密联系,使他产生了强烈的现实感。与此同时,这些故事也在潜移默化中锻炼了莫言的文学想象力。莫言在接受采访时讲述了他想象力的源泉:

【音频】莫言:十一二岁的时候整天地放牛和羊,那时候的想象力是最丰富的。当我躺在草地上的时候我想的都是许多非常奇妙的事情,比如我看到蚂蚱的时候并没有当成普通的昆虫来看待,我觉得它是有思想的、有生命力的,蚂蚱也是有语言的。

生长在农村的莫言极其渴望看看外面的世界，于是 21 岁那年他离乡背井，应征入伍。在军营的枯燥生活中，莫言终于迎来了 80 年代的思想解放和文学热潮。而他也从一个只用耳朵聆听故事、用嘴巴转述故事的孩子变成一个用笔来讲述故事的写作人。1984 年秋天，著名作家徐怀中在解放军艺术学院看到莫言的作品《民间音乐》后十分欣赏，破格给了当时已经 29 岁的莫言参加高考的机会。最终莫言顺利考入解放军艺术学院文学系。

在求学期间，莫言在恩师徐怀中的启发指导下创作了《秋水》《枯河》《透明的红萝卜》《红高粱》等一批中短篇小说，自此家乡"高密东北乡"成为了莫言小说创作中重要的时空背景。以家乡高密作为写作背景，如同文学流浪汉找到了自己安身立命的场所。围绕故乡的人和事，将这些素材融入到小说创作中，其中也不乏莫言本人的亲身经历。在瑞典文学院的诺贝尔文学奖演讲"讲故事的人"中，莫言就强调了"高密东北乡"这个词的重要性。

> 【音频】莫言：在《秋水》这本小说里，第一次出现了"高密东北乡"这个字眼，从此就如同一个四处游荡的农民有了一片土地。我这样一个文学的"流浪汉"，终于有了一个可以安身立命的场所。

除了小说创作，莫言之后也担任过影视剧的编剧。他的一些中短篇小说作品曾被改编成电影，如《红高粱》《白棉花》《白狗秋千架》等，其中最为观众所熟知的莫过于 1987 年张艺谋执导的电影《红高粱》，莫言本人也参与了剧本的改编工作。电影中的一首《妹妹你大胆地往前走》唱遍了当时的大街小巷。《红高粱》摘得了第 38 届柏林国际电影节金熊奖、第 8 届中国电影金鸡奖最佳男主角等多项荣誉。

> 【音频】电影《红高粱》原声《妹妹你大胆地往前走》

通过《红高粱》《欢乐》《天堂蒜薹之歌》《酒国》《丰乳肥臀》《檀香刑》《生死疲劳》等作品，莫言以一个作家特有的立场和方式，有效地介入了当下中国的现实。他的写作，见证了当代中国社会的巨大变化，同时也传达了古老中国的内在精神和声音。

（贺　僖）

莫言获奖鞠躬致谢

英女王伊丽莎白二世首次访华

十月 12

1986 年 10 月 12 日，一架从香港飞来的喷气式客机徐徐降落在首都国际机场，机上是来自英国王室的贵宾——女王伊丽莎白二世。只见她头戴礼帽、身着浅色套装、臂挎乳白色提包、手戴白色网织手套，微笑着步出机门，向欢迎的人群招手致意并慢慢走下舷梯。从这天起，英女王开始了她在中国为期一周的国事访问。这是历史上英国君主对中国的第一次访问，也是中英关系史上的一个里程碑。

两年前的 1984 年，中英两国签署《关于香港问题的联合声明》，协议解决香港问题，消除了两国关系中最大的障碍，中英各方面的合作加速发展起来，这在当时一度被誉为双方关系的"史上最佳时期"。正是在这样的政治背景下，英国女王接到了来自中国时任国家主席李先念的邀请。1986 年 10 月 12 日上午，李先念在北京人民大会堂东门外举行了盛大的仪式，热情欢迎伊丽莎白二世的到来。隔日的报刊媒体上，一张照片被纷纷引用，风靡一时。照片里，一身红衣的女王露出她标志

邓小平接见首次访华的英女王伊丽莎白二世

性的端庄微笑，李先念主席举起右手在向镜头致意。中国新闻社摄影记者贾国荣事后回忆了当年身处现场拍照时的感受：

【音频】中国新闻社摄影记者贾国荣回忆当年的拍照感受

午时，时任中共中央顾问委员会主任的邓小平在钓鱼台国宾馆设宴款待英女王及其丈夫菲利普亲王。当时，邓小平特意走到古色古香的庭院中迎接女王一行。两人亲切握手时，他还自谦地把自己叫做一个中国的老头子，引得在场众人开怀而笑。

借着邓小平的幽默，宾主间的生疏感顿消。席间，双方没有谈论太多的政治问题，只是互聊两国的生活风俗以及对彼此合作的期待。邓小平对女王说，以前香港问题是一个阴影，笼罩在两国的头上。现在这个阴影消除了，我们之间的合作和两国人民之间的友好关系前景光明。女王事后回忆说，邓小平虽然年事已高，但思维敏捷、充满活力，给她留下了非常深刻的印象。

会见期间还有一个小插曲：众所周知，邓小平的烟瘾很大，平时会见客人时通常烟不离手。但当他得知女王不吸烟后，整个宴会期间，他都没有吸过一支烟，表现出了极大的自制力，令宾客十分感动。当时在场的英国外相杰弗里·豪证实了这一点。

【音频】杰弗里：女王坐在邓小平对面，我坐在邓的附近。女王注意到邓小平似乎有点不自然，她想起邓的烟瘾很大，就倾过身来悄悄和我说，我想邓先生如果吸烟的话他会很高兴的，我告诉她的确如此。所以这么做真的很体贴，女王陛下也对此非常感激。

在北京，女王夫妇参观了气势宏伟的故宫，他们戴上眼镜仔细观赏当年从英伦三岛远渡重洋

来到东方的古老自鸣钟和天文仪器。两人还登上万里长城，互相为对方拍照留念。

女王访问的第二站是古城西安，对于当地著名的旅游景点秦兵马俑，她自然也不会错过。一般游客参观都只能采取自坑外向下俯视的角度，而女王的那次出行获得了额外的批准，允许她进入陵墓土坑内近距离与文物接触，兵马俑庄严威武的队伍深深震撼了这位花甲老人。

10月15日，伊丽莎白二世抵达上海，开始她为期两天的在沪逗留。英女王一行首先来到上海西郊宾馆。时任上海市市长江泽民在此设宴欢迎他们的到来，当江市长陪同贵宾步入宴会大厅时，乐队奏起了欢乐的迎宾曲。

宴会伊始，伊丽莎白女王发表了一段祝酒词，对她和亲王来上海所受到的盛情接待表示感谢。

【音频】英女王：首先我想对我和菲利普亲王来上海所受到的盛情接待表示感谢。我也非常期待着接下来能够好好参观上海这座著名的城市。女士们、先生们，让我们举杯，恭祝江泽民市长及其夫人王女士的身体健康，祝上海繁荣昌盛、人民生活幸福。

从当年的新闻报道中我们可以大致了解到女王在上海的行程。有豫园的江南丝竹、吴侬软语的旋律曲调，也有湖心亭精致诱人、芳香扑鼻的香茶小吃，女王一行陶醉于上海大都市内的古典秀丽之中。

离开上海后，女王又前往云南昆明，去到了素有高原明珠之称的滇池。在烟波浩渺的湖畔，女王为大自然的鬼斧神工而赞叹。临别前，伊丽莎白女王和丈夫在当地名胜大观楼外种下了三朵专程从英国带来的稀有玫瑰，象征着中英两国友谊之花长盛不衰。

30年后的2015年3月，女王的孙子——英国剑桥公爵、威廉王子抵京，开启了他为期四天的首次访华之旅。他先后走访了北京、上海、云南三地，所到之处与祖母当年的行程不谋而合，这也是自1986年英国女王伊丽莎白二世访华之后，英国王室成员对中国最高规格的访问活动，被媒体誉为又一次"历史性的远东之行"。

（郑　麟）

英女王伊丽莎白二世

中国少年儿童队成立

十月

13

入队仪式

【音频】少先队队歌《我们是共产主义接班人》

这首旋律高亢、充满革命激情的歌曲《我们是共产主义接班人》是1961年的故事片《英雄小八路》主题曲,后来被定为中国少年先锋队队歌。"中国少年先锋队"的前身是中国少年儿童队,1953年正式改名。

1949年10月13日,团中央公布了《关于建立少年儿童队的决议》和中国少年儿童队章程草案。从此,一个全国统一的中国少年儿童组织随着中华人民共和国的创建而诞生了。10月13日,也就成为中国少年先锋队的建队纪念日。

1953年6月,青年团第二次全国代表大会一致通过把"中国少年儿童队"改名为"中国少年先锋队",并于1954年6月1日正式公布了中国少年先锋队队章。伴随着庄严而朴素的入队仪式,一批批适龄的少年儿童加入了这个同共和国一起成长的少儿组织。他们戴上象征国旗一角的红领巾,作为自己的标志;以右手五指并拢、高举过头的动作行少先队队礼,表示人民的利益高于一切;以"时刻准备着,为共产主义事业而奋斗"作为自己的呼号,投入到火热的革命和生产学习中去。上海科学教育电影制片厂拍摄于1958年的影片《上海的少年儿童》记录了那个年代庄严的入队仪式。

【音频】1958年影片《上海的少年儿童》中入队仪式片段

到了1959年,全国的少先队员人数已经从成立时的几千人发展到了四千多万人。1959年中央新闻纪录电影制片厂拍摄了纪录片《庆祝建队十周年》,其中五十名与共和国同龄的少先队员进行了朗诵表演。

【音频】1959年影片《庆祝建队十周年》中的朗诵片段

提到少先队,很多人的记忆里都会有一段自己的故事:每天早上沐浴着和煦的阳光,佩戴着红领巾走在上学的路上;做早操之前向国旗行队礼;在少先队组织的各种课外活动中学习本领……这些远去的画面成为了每一个曾经的少先队员记忆中抹不去的印迹。1950年出生的著名相声演员姜昆也谈起自己的少先队时光:

【音频】姜昆:我们那个时候当少先队员,都要蓝裤子、白衬衫、红领巾,这叫队服。但是我的蓝裤子从来不蓝,洗得都发白了。而且蓝色也不正,上面老补着别的,所以特别梦想有一天能穿上一条特别新特别新的蓝裤子。我的小姨第一次发工资给我买的蓝裤子,我穿着特高兴。但是现在想起来,那条裤子为了能让我穿到五六年级,比正常的要长,所以卷着裤腿,就那样也好看。

在建国初期，少先队响应团中央的号召，开展了"除四害讲卫生"、"植树造林"、"讲普通话"三项活动。各地少先队广泛开展捕蝇、挖蛹、灭鼠活动，组织"少年卫生岗"、"绿化近卫军"、"红领巾采种队"，建立"少年苗圃"等。通过活动，广大少年儿童增长了知识，增强了热爱祖国、热爱社会主义的思想感情，也为易风易俗、绿化祖国出了力。在"三项活动"中，少先队员不仅动手，而且动脑，把学到的知识应用到劳动中，又在劳动中学到了更多的知识，劳动成了培养人才的大课堂。

进入改革开放时期以后，中国少年先锋队开始了重建。共青团十大一中全会通过了新修改的少先队章程，确定了《我们是共产主义接班人》为队歌。1979年10月，团中央举办第一届全国辅导员夏令营，同时召开了第六次全国少先队工作会议，并成立了中国少先队工作学会。这次会议标志着我国少年儿童运动进入了一个新阶段。会议确定了新时期少先队工作的任务：坚持德、智、体、美全面发展的方针，贯彻"五爱"教育，把全体少年儿童组织起来，把少先队工作活跃起来，为把少年儿童培养成为献身人民、热爱科学、具有民主精神和健壮体魄的新一代，为造就一支朝气蓬勃的四化建设预备队而奋斗。

1983年，邓小平同志发出了"教育要面向现代化，面向世界，面向未来"的指示。少先队也确立了"面向新世纪，造就新主人"的目标。1985年的全国教育工作会议上，邓小平同志还进一步就少年儿童的教育作了重要讲话。

【音频】邓小平：现在小学一年级的娃娃，经过十几年的学校教育，将成为开创21世纪大业的生力军。

在党和国家领导人的关怀下，从20世纪80年代开始，各级少先队组织普遍开展了"人人争戴新风尚小红花"、学习"十佳少先队员"、"劳动实践"、"我们爱科学"、"红领巾读书读报奖章"等活动，少先队员们走出校园，走向社会，走向大自然，在实践中增长知识，培养能力，全面发展。从20世纪90年代开始，为了配合基础教育从应试教育向素质教育的战略转变，少先队活动中关于培养少年儿童素质的内容逐渐增强，共青团中央、全国少工委还发起了"中国少年雏鹰行动"，培养广大少年儿童健康向上的人格意识和初步的生存、发展技能。

新中国成立以来，少先队在一代又一代少年儿童的成长中发挥了积极作用，它在少年儿童教育中的成就是新中国发展史中的重要篇章。

（倪嘉铭）

少先队员合唱

上甘岭战役爆发

上甘岭阵地的志愿军战士依托坑道
工事发起反击

【音频】郭兰英演唱的电影《上甘岭》插曲《我的祖国》

创作于 1956 年的歌曲《我的祖国》是电影《上甘岭》的插曲。《上甘岭》取材于抗美援朝战争中最著名的上甘岭战役。1952 年 10 月 14 日,上甘岭战役爆发。此战役是朝鲜战争阵地防御阶段进行的一场大规模的阵地攻防战,面对敌军的狂轰滥炸,英勇的中国人民志愿军克服了缺粮、缺水、缺弹等艰难困苦,顽强作战,守住了阵地。上甘岭一战,中国人民志愿军打出了国威军威,创造了世界现代战争史上坚守防御的典范。

上甘岭位于朝鲜的五圣山上,是志愿军中线的大门,也是扎进"联合国军"心窝的一把钢刀。1952 年 7 月,为了寻求朝鲜战争战俘问题的解决,中方谈判代表向美方提出了双方所俘获的武装人员全部遣返的原则。美方却坚持"自愿遣返"的主张,并于 10 月 8 日蛮横地单方面宣布停战谈判无限期休会。10 月 14 日,以美军为首的所谓"联合国军"突然向上甘岭志愿军两个连的阵地发动大规模进攻,上甘岭战役就此爆发。原志愿军 15 军 45 师 135 团 7 连连长张计发讲述了"联合国军"进攻上甘岭的目的:

【音频】张计发:上甘岭那个仗打得确实很大,敌人也确实下了很大的决心。因为他摆出一个架势,要把阵地拿下来,达到他的目的。他的目的就是把这个山打开,在志愿军和朝鲜人民的防御体系中间撕个口子。

在敌军有充分准备的大规模进攻面前,我军处于被动的不利地位,战斗十分激烈和残酷。"联合国军"白天进攻,志愿军夜间反击。两高地的表面阵地一次次被"联合国军"占领,又一次次被我第 15 军夺回。

当时,"联合国军"封锁了所有的路口和水源。为了减轻干渴的状态,战士们几乎吃光了所有的牙膏,甚至还采用咀嚼仁丹、舔湿润的岩石等办法来让自己舒服一点。原志愿军 15 军 44 师 130 团 3 营 9 连的班长章熙宁回忆了当时的情况:

【音频】章熙宁:四天以后,敌人抢占我山头。敌人在山上用水泥钢筋做碉堡,我们的洞口被铁丝网圈起来,不让我们出洞。山上面缺水、缺氧,最困难就是缺水。那时候没有办法,就用牙膏抹在嘴唇上。我是捡的敌人的牙膏,我们自己都很少发牙膏。岩石不是有水吗,我们就在山洞里的石头上舔舔,滋润一下。伤病员最困难的时候要喝水就是小便,就是"光荣茶",喝小便救命。

10月19日,志愿军部队在夺回597.9高地的西北山脚后,被美军占领的"0号"阵地的三个子母连环堡挡住了去路。在火力点久攻不下的危急时刻,志愿军第15军45师135团9连的通讯员黄继光主动要求参加攻坚小组。黄继光不顾自己多处负伤,在弹药用尽的情况下毅然跃身而起,顽强地向火力点直扑上去,用自己的胸膛堵住了枪眼,为冲锋的战友赢得了时间,我军得以夺取了阵地。

据黄继光的战友钟仁杰回忆,黄继光生前看过一本叫《马特洛索夫》的小人书,此书讲述了苏联红军战士马特洛索夫在卫国战争中舍身堵枪眼的故事。黄继光最终也选择了和马特洛索夫一样的方式,以生命为战友开辟了前进的道路。钟仁杰回忆了黄继光看《马特洛索夫》时的情形:

【音频】钟仁杰:黄继光经常把《马特洛索夫》这本书装在口袋里,走到哪里看到哪里。他经常这样讲,你看马特洛索夫为了祖国,用自己的胸膛堵住敌人的枪眼,你说他的贡献有多大。

10月20日,"联合国军"对上甘岭地区再次发起猛攻,两高地的志愿军部队全部转入坑道坚守。激烈的炮火使得整个上甘岭都被硝烟所笼罩,相隔百米就无法看到信号枪的光亮。在密集的火力下,志愿军守军一次次冲出坑道,利用废墟般的工事和弹坑向美军还击,坚守自己的阵地。原志愿军12军34师的侦察科长许克杰讲述了坑道战对朝鲜战争的贡献:

【音频】许克杰:我们搞这个坑道是敌人逼出来的。飞机、大炮、坦克打得实在没有办法,工事你前边做,费了很大的劲,后边天一亮,飞机一炸,一轰击就坏了。这个坑道战的发明是我们人民军队的一个伟大创举,按现在来说就是一个发明,一个创造。这个对朝鲜战争的贡献可大了。

1952年11月25日,志愿军完全收复了上甘岭两个高地的所有阵地。这一天之后,"联合国军"再也没有对上甘岭组织大规模的有效进攻。至此,为期43天的上甘岭战役宣告结束。中国人民志愿军用鲜血捍卫了军队的尊严,彻底让"联合国军"放弃了以进攻获得胜利的梦想。

上甘岭战役沉重地打击了"联合国军"的嚣张气焰,从根本上扭转了朝鲜战争的形势。半年后的1953年7月,《朝鲜停战协定》在板门店签订,历时3年多的朝鲜战争以中朝人民的胜利和美国的失败而告结束。

(舒　凤)

黄继光

武汉长江大桥建成通车

1957 年 10 月 15 日,数万名武汉市民来到长江边,他们手捧鲜花满怀喜悦地涌上一座新建成的大桥,在桥上欢呼庆祝。这一天,连接长江南北的第一座大桥——武汉长江大桥建成通车,数千年来长江天堑"有舟无桥"的历史一去不复还。当时的上海人民广播电台详细报道了武汉长江大桥建成通车典礼的盛况。

【音频】武汉长江大桥通车的录音报道

旧社会有这样一句话:"黄河的水长江的桥,治不好修不了。"几千年来,在武汉修建一座长江大桥是许多人的梦想。新中国成立之初,在国家优先发展重工业的背景下,铁路运输的重要性越发突显,建造跨越长江的大桥被提上了议事日程。曾参与武汉长江大桥设计的我国著名桥梁专家李家咸当时刚从上海交大毕业,在上海铁路局工作,当听说国家要建设武汉长江大桥时,他抑制不住自己的兴奋:

【音频】李家咸:这个时候我听到一个消息,说我们国家已经在考虑要修建武汉长江大桥,而且现在已经在积极做准备了,我听了这个消息后感到非常振奋人心。

1950 年 3 月由著名桥梁专家茅以升任组长的武汉长江大桥测量钻探队和设计组成立。大桥自 1950 年初中央人民政府指示铁道部着手筹备,到 1955 年 9 月 1 日正式开工,筹建工作就开展了 5 年。从大桥的选址到桥式、通航、建桥材料,甚至是桥头堡的设计,等等,都进行了反复的论证和试验。大桥桥头堡是制高点,为了寻求最佳方案,政务院指示在全国广泛征求美术方案。当时 28 岁的唐寰澄在大桥总体设计组工作,在苏联专家的鼓励和支持下,他将设计方案送审,排在全部方案的最后一位第 25 号,方案的署名被苏联专家写作"小唐斯基"。1955 年 2 月,武汉大桥技术顾问委员会主持评选会,唐寰澄的 25 号方案被评为三等奖。随后所有方案在中南海怀仁堂展出,周恩来总理却选中了第 25 号方案。唐寰澄回忆说,周总理认可此方案的原因是"造价最经济,也很美观"。唐寰澄回忆了设计方案的专家评鉴:

【音频】唐寰澄:方案出来以后,由专家委员会鉴评一下,分出一二三等来。按规定还有奖金,一等方案是一万块,二等是五千块,三等是三千块。我的 25 号方案被评为三等方案。苏联专家说武汉桥的方案是我的方案,用俄文讲就是小唐斯基的方案。我那时年纪比较轻,都叫我小唐。别人就笑我,说我变成俄国人了,是"小唐斯基"了。

为了建好这座桥,铁道部专门请来苏联桥梁专家、苏联科学院院士西林等人组成专家组。武汉长江大桥的初步设计是采用桥梁建设界惯用的气压沉箱基础。西林提出了管柱钻孔基础的创意,就是将空心管柱打入河床岩面上,并在岩面上钻孔,在孔内灌注混凝土,使其牢牢插结在岩石内,然后再在上面修筑承台及墩身。这是一项完全创新的技术。因为使用了这种施工方法,武汉长江大桥的建造时间减少了将近一半。曾参与该施工方法设计的我国著名桥梁专家周璞介绍了这一当时世界最先进的施工方法:

【音频】周璞:用水泥做管柱,做些特殊的设备,用一种特别的管柱下沉再合拢起来,意思就是人在水面以上,不到水下去能够完成水下的施工。

1955 年 9 月 1 日,大桥工程开工。十多万干部群众到工地义务劳动。在大桥的施工过程中,每个步骤大家都不敢有丝毫的马虎。1956 年 6 月,大桥钢梁铆了两个月后,工人发现有的铆钉不能全部填满眼孔而有松动。大桥局立即进行现场试验,证实了工人的发现,于是下令,在铆钉施工办法没有解决以前,停止铆钉铆合,钢梁停止拼接。直至 10 月,长江大桥钢梁铆合试验得出结论,铆钉完全填满眼孔,并高出国家指标 5%,大桥工程才重新启动。赵煜澄当时担任长江大桥施工组设计小组组长,他对解决关系大桥百年隐患的小铆钉问题记忆犹新:

【音频】赵煜澄:将原来的铆钉大概有两万多个,全部一个个铲掉,将铆钉头削掉,将铆钉杆捅出来,然后再换上试验成功的新铆钉。

早在 1953 年 2 月,新中国成立后毛主席首次来到武汉,就登上黄鹤楼视察规划中的大桥桥址。1956 年 6 月,毛主席从长沙到武汉,第一次游泳横渡长江,当时武汉长江大桥已初见轮廓,毛主席即兴写下《水调歌头·游泳》一词,其中广为传诵的一句"一桥飞架南北,天堑变通途",正是描写武汉长江大桥的宏伟气势和重要作用。

在全国人民大力支援下,经过两年多的艰苦奋战和科技攻关,1957 年 9 月 25 日大桥正式建成,10 月 15 日举行了隆重的通车典礼。武汉长江大桥不仅是连接中国南北的第一座大桥,也是古往今来长江上的第一座大桥。它的建成,凝聚了我国桥梁工作者的雄心、智慧和精湛的工艺,也承载了无数中国人的光荣与梦想。

(肖定斌)

武汉长江大桥通车典礼

上海十六铺农副产品交易市场恢复开放

1979 年 10 月 16 日，上海十六铺农副产品市场重新开放。这是改革开放后上海恢复的第一批农贸自由市场之一，也是其中最大的一个。农贸市场的发展，是改革开放初期上海加速市场化进程的表现之一，也是中国从计划经济向市场经济转变的起步。

十六铺自清代中叶起，就依托江海航运的发展，成为南北货、海味、水果、粮食、禽蛋等大宗货物在上海的集散地。十六铺这个巨大的商贸与物流中心是在沙船带来的南北物流的交汇下形成的。当时的十六铺不仅是中国的南北货运交融中心，还是东南亚周边国家大宗商品的物贸交易集散地。十六铺码头一度是上海的水上门户以及 20 世纪远东最大的码头。历史学者苏智良介绍了 20 世纪二、三十年代各种商品在十六铺集散的情况：

【音频】苏智良：20 世纪的二三十年代，就是上海成为"远东第一大城市"的阶段，很多的商品都是在十六铺集散。那个时候，有各种商行，比如说水果批发、海鲜、鸡鸭鱼肉、南北货、京广杂货，还有很多洋货，就是外国商品，云集到这里。据统计，各种各样的商店要超过一千家。

解放前，邑庙区十六铺一带商号林立，其中的海北桂（海味、北货、桂圆的合称）、糖、水果地货、蔬菜地货、油饼杂粮等商业在全市占重要地位。解放后，十六铺集贸市场的形成和它的几起几落，生动地反映出社会主义市场经济产生和发展的内在必然性，也显现出市场经济机制的确立所经历的许多艰难曲折。1956 年，中共中央决定允许"国家领导下的自由市场存在和一定程度的发展，作为国家市场的补充"。同年 12 月，邑庙区政府工商管理部门在十六铺建立大达码头副食品交易所，配合市场管理，指导正当交易。1958 年，"人民公社化运动"开展后，实行了计划经济，取消了市场经济。大达码头副食品交易所等集贸市场随之萎缩、关闭。

1961 年，中共中央提出国民经济"调整、巩固、充实、提高"方针，发布《人民公社工作条例》，允许和鼓励社员发展家庭副业，确定农民自留地政策长期不变。随着农业生产的恢复和发展，农民出售和商贩贩运的农副产品增多，1962 年，十六铺集贸市场率先重新开放，受到市民的欢迎。后因国内政治形势和政策变化，市场再次关闭。"文化大革命"期间，集贸市场销声匿迹，部分农副产品零星交易转入地下状态。1979 年，上海市工商行政管理局发出《关于恢复设立市区边缘地段集市贸易场所的通告》，上海恢复城乡农贸市场 300 多处。10 月，十六铺集贸市场恢复，并正名为十六铺农副产品市场。市场开放后，在全市乃至全国具有一定影响，同时得到国外人士的关注。1984

年国庆前夕的一则新闻报道了十六铺农副产品市场"货源充足、热闹非凡"的景象。

【音频】1984年国庆前夕关于十六铺农副产品市场的新闻报道

　　重新恢复开放的十六铺农副产品市场,区域范围包括外咸瓜街和老太平弄,面积约3500平方米。十六铺农副产品市场以个体所有制经济为主,每日进入市场设摊经营的有集体、个体工商户500余户,高峰时多达1000余户。经营的商品为南北货、水发、水产、杂粮、肉类、咸干海蜇、禽蛋、蔬菜地货、饮食等9大类200多个品种。商品大部分来自江苏、浙江、安徽等外省市各产地,由商贩自行下乡采购或由产地农民商贩运货至市场销售。交易方式为批零兼营,不少涉外宾馆和特色饭店、国营菜场也不定期前来进货。市场内商品价格总体上实行随行就市,由买卖双方自由议价协定,但会在节日期间或某一时间阶段,部分商品受国家限价约束。1985年4月的《生活之友》电视节目提到上海几个主要农副产品市场上成交价格的基本情况,说由于竹笋、毛笋上市比前几天多,价格也有所下降,竹笋这周的最高成交价比上周的1.6元下降了0.1元。

【音频】1985年《生活之友》节目片段

　　20世纪80年代中期开始的城市经济体制改革,推动了我国经济的高速增长和城镇居民收入的迅速增加,同时也出现了副食品供求矛盾加剧、物价上涨过快、通货膨胀压力加大的状况。1988年,农业部建议在全国实施"菜篮子工程"建设。"菜篮子工程"得到批准后,首先在北京、天津、上海这三大直辖市开始实施,继而在全国各大中城市全面推开。到20世纪90年代中期之前,"菜篮子工程"重点解决了市场供应短缺的问题。"菜篮子"产品持续快速增长,从根本上扭转了我国副食品供应长期短缺的局面。

　　随着消费习惯和生活方式的转变,在经济发达的地区或城市,传统的农贸市场逐步退出市场舞台。虽然很多当初的农贸市场已经淡出人们的视线,但它们却见证了副食品交易从计划经济走向市场经济的历史性转变。

(郑榴榴)

十六铺农副产品市场

文学巨匠巴金逝世

巴金是我国"五四"新文化运动以来最有影响力的作家之一，曾获意大利"但丁国际奖"，被国务院授予"人民作家"称号。2005年10月17日，巴金在上海逝世，享年101岁。巴金一生笔耕不辍，著作等身。他的《激流三部曲》《爱情三部曲》《寒夜》等作品是几代中国文青的必读书目，其反思"文化大革命"的随笔集《随想录》以"敢说话、说真话"而著称，被誉为"20世纪中国知识分子的良心"。这位走过一个世纪的文学巨匠是如何看待自己过往所取得成就的呢？

青年巴金

【音频】巴金：我得奖受之有愧，我现在觉得我写作60年成绩并不大。我现在写字也困难，行动也不方便，身体也不好，精力也不够，所以以后写东西恐怕不会很多。

巴金原名李尧棠，1904年11月25日出生于四川成都的一个封建官僚家庭。在"五四"新文化运动的影响下，巴金于1923年前往上海、南京等地求学，四年后留学法国巴黎。在法国期间，巴金阅读了大量的西方哲学和文学作品，还参与了营救被美国政府陷害的意大利工人领袖樊赛蒂、萨何的国际性活动，并受其影响写了第一部中篇小说《灭亡》。《灭亡》是巴金漫长文学生涯的起点，在这部小说的手稿上，他第一次用了"巴金"这个笔名。文学评论家、现当代文学专家陈思和讲述了樊赛蒂、萨何一案对巴金创作《灭亡》的影响：

【音频】陈思和：巴金到了法国以后，他以一个中国留学生的名义跟当时关在监牢里的两个意大利的工人写信，居然获得了其中一个工人叫樊赛蒂给他的回信。那封信写得很长，跟巴金讲了世界的大趋势，文化怎么进步，等等。当时，巴金就写下了日记《立誓献身的一瞬间》，这个日记是他最早的一部小说《灭亡》中间的一段。后来，这两个工人还是被判处死刑，巴金知道了以后非常激动，他有满腔的感情要倾吐，最后写就了小说《灭亡》。

1931年，巴金开始写第一部长篇小说《家》，并在《上海时报》连载。《家》是《激流三部曲》中的第一部，是巴金的代表作，也是我国现代文学史上最卓越的作品之一。小说描写了20世纪20年代初期四川成都一个封建大家庭的罪恶及腐朽，控诉了封建制度对生命的摧残，歌颂了青年一代的反封建斗争以及民主主义思想的觉醒。

小说《家》是巴金在大哥李尧枚的鼓励下创作的，书中的主人公高觉新也是以李尧枚为原型塑造的。然而可惜的是，就在巴金刚刚开始创作时，李尧枚却服毒自杀了。小说中的高觉新是封建家庭中的软弱者，是一个能清醒认识到自己的悲剧命运又怯于行动的知识分子形象和"多余人"。

在上海电影制片厂根据巴金的《家》改编拍摄的同名电影中,电影表演艺术家孙道临饰演被剥夺了学业与爱情的高觉新。以下就是电影《家》中觉新与父亲的一段对话:

【音频】电影《家》片段

20 世纪三四十年代,巴金奔走于南北,驰骋在文坛,完成了《激流三部曲》《爱情三部曲》《抗战三部曲》《人间三部曲》等作品的创作。新中国成立后,巴金多次深入到工厂、农村和革命老区体验生活,两次到战火纷飞的朝鲜战场,创作了大量的报告特写、散文随笔,并出版了反映朝鲜战争的短篇小说集《英雄的故事》《李大海》等。

改革开放后,已过古稀之年的巴金创作了一部全长 42 万字的杂文集《随想录》。他直面"文化大革命"带来的灾难,直面自己人格曾经出现的扭曲,以罕见的勇气"说真话",为中国的知识分子树立了一座丰碑。当剧作家曹禺收到巴金赠送的《随想录》时,他深深地为巴金字里行间的真情实感所打动。以下就是曹禺朗读《随想录》的录音片段:

【音频】曹禺:过去我吃够了"人云亦云"的苦头,这要怪我自己不肯多动脑筋思考。虽然收在这里的只是些"随想",它们却都是自己"想过"之后写出来的,我愿意为它们负责。

巴金一生创作和翻译了 1300 万字的作品,并且从事了 20 年的出版工作,担任众多期刊杂志的主编。他通过其主编的《文学丛刊》《收获》等平台培养和推出了曹禺、萧乾等一个又一个后辈作家。作家王蒙讲述了巴金对青年作家的扶持与鼓励:

【音频】王蒙:这并不是一个很好的比喻,他对青年作家简直就是跟老母鸡对小鸡的那个态度一样,发现了什么东西以后,嘬嘬一叫,希望所有的鸡都过来,希望他们能够过得好。他最爱说的一句话就是"多写一点、多写一点"。

"我唯一的心愿是化作泥土,留在人们温暖的脚印里。"这是巴金的心愿,他的一生也是竭尽全力这样做的。巴金以他的人格精神和艺术良知,与他相得益彰的文品,为 20 世纪的中国文学留下了一道独特而永恒的光彩。

(舒 凤)

老年巴金

219

发明家爱迪生逝世

1931 年 10 月 18 日，一位给世界带来电灯、留声机、电影以及上千项发明的人，于凌晨 3 点 24 分在美国新泽西州西奥兰治镇的家里溘然长逝，他就是有着"现实中的普罗米修斯"美誉和"发明大王"之称的美国发明家托马斯·阿尔瓦·爱迪生。2012 年，美国还原了 1878 年爱迪生的录音内容。这段录音声音嘈杂，却是迄今为止人们能听到的爱迪生最早的声音。

爱迪生和他发明的留声机

【音频】爱迪生留下的最早的录音

爱迪生出生于美国中西部俄亥俄州的米兰小镇。他出身低微、生活贫困，只上过 3 个月的小学，之后由母亲亲自教育。在母亲指导下，他阅读了大量的书籍，并在家中自己建了一个小实验室。为了筹措实验室的必要开支，他外出打工，当报童、办报纸，最后用积攒的钱在火车的行李车厢里建了个小实验室，继续他的化学实验研究。但是好景不长，由于化学药品保存不当，造成车厢失火，几乎将整节行李车厢的东西付之一炬。暴怒的行李员把爱迪生的实验设备都扔下车去，还打了他几记耳光，据说爱迪生因此而失聪。

对于年轻的爱迪生来说，1862 年 8 月发生的一件事是他人生中最重要的转折点。当时他在火车轨道上救下了一个小男孩，为此孩子的父亲培训他成为了一名电报员，以此报答他的救子恩情。从此，爱迪生便从电子电信领域踏上了科学的征途，开始了传奇的一生。

1868 年底，21 岁的爱迪生以报务员的身份来到了波士顿，并获得了第一项发明专利权。这是一台自动记录投票数的装置，也就是"投票计数器"，但这项发明却并不为人们所需要。1870 年，爱迪生把普用印刷机的专利权售给华尔街一家公司，获得了 4 万美元的创业基金。之后，他在新泽西州瓦克市的沃德街建了一座工厂，专门制造各种电气机械。1874 年 12 月，他的同步发报机研究工作接近尾声，西方联合公司答应付给爱迪生 5000 美元，并出价 2.5 万美元购买这项专利，此外公司还将付给他每天 233 美元作为这种设备的使用费，但是西方联合公司最后却未能践约。幸好美国铁路公司的总经理杰伊·古尔德以 3 万美元收购了同步发报机的专利，让爱迪生渡过了难关。

1876 年初，爱迪生一家迁至新泽西州的门罗公园，他在这里建造了一所实验室。1877 到 1879 这两年，爱迪生改造了贝尔的电话，并相继发明了留声机和电灯。之后，爱迪生又发明了摄像机，这让他再次为全世界瞩目的焦点。这些发明也让他在当时的世博会上大放异彩。1878 年巴黎世博会上，数以万计的参观者在一个神秘的黑匣子前排起了长队。这个"会说话的怪物"就是 1877 年爱迪生发明的留声机。在 50 年后的留声机诞生纪念仪式上，爱迪生回忆了他当年在留声机里录下的内容：

【音频】爱迪生：我在留声机里留下的话是一首大家平常熟知的儿歌，玛丽有只小羊羔，羊毛洁白如雪花，无论玛丽去哪里，羊羔都会跟着她。

在留声机发明仅仅一年之后，爱迪生又发明了电灯，这是人类文明的转折点。而在这之前，世界各地的科学家都在为此努力却无人能够成功。历史学家约翰·斯道登梅尔觉得爱迪生很神奇。

【音频】约翰·斯道登梅尔：一方面，世界各地的科学家们，不管是来自伦敦、纽约、华盛顿或者巴黎，他们都说要想制造一种可以持续燃烧的经济的白炽灯是不可能的。因为大家都试过了，都失败了。但另一方面我们还拥有像爱迪生这样的技术奇才。他长相普通得如同街边的小贩，但却又神秘、浪漫而且很神奇。他出现在人们面前说，我知道怎么去做。

1889 年，为了纪念法国大革命 100 周年，埃菲尔铁塔在巴黎建成，塔上亮起了爱迪生改良的白炽电灯。爱迪生的另一发明摄影机则在 1893 年芝加哥世博会上首次亮相。

爱迪生的发明改变了人们的生活。1882 年，上海告别了煤气灯。1898 年的除夕夜，中国第一家电厂——官办南市发电厂落成。第二天，工人们点亮了 30 盏灯为沿黄浦江的老太平码头照明。值得一提的是，南市发电厂的主厂房一百多年后被改造为 2010 上海世博会主题馆之一的"未来探索馆"。2009 年 12 月 17 日的新闻报道介绍了上海世博会"未来探索馆"的由来：

【音频】新闻报道：上海世博会"未来探索馆"今天竣工。"未来探索馆"是由百年老厂南市发电厂改造而成的。

爱迪生的一生留给世人的不仅仅是他对人类生活产生巨大影响的一系列发明创造，还有令他成功的三个要素：勤勉、努力和尝试。他告诉人们要学会坚持不懈，因为"停止就意味着生锈"，因为"天才就是百分之一的灵感加上百分之九十九的汗水"。

（金 之）

1898 年爱迪生公司在上海拍摄的《上海街景》

十月 19

鲁迅先生在上海逝世

1936年10月19日清晨5时25分,中国文化革命的主将、最富战斗性的伟大作家鲁迅,因肺病医治无效,于上海大陆新村9号寓所逝世,终年55岁。鲁迅先生文笔犀利、思想深刻,是中国"新文学"的奠基人,对中国人的影响力深远而不可估量。鲁迅逝世的消息传开后,在三天公开吊唁的时间里,前往瞻仰遗容的人络绎不绝,有工人、学生、小贩、报童、人力车夫、学者等不计其数。

鲁迅先生在上海的追悼会

【音频】著名作家黄源回忆鲁迅逝世当天发生的事

出殡当天,青年艺术家们抬着由司徒乔所画的鲁迅先生巨幅遗像,作为送葬队伍的前导。作家草明回忆了当时出殡的情景,说她扶着鲁迅夫人许广平,生怕这位刚失去丈夫的女子撑不下去。"左联"成员、胡风夫人梅志回忆了当时参加出殡仪式的情况:

【音频】梅志:当时这些场面、这些人的情绪令我印象深刻。有些人一面在鞠躬,一面眼泪不停地往下流淌,哭得很伤心。人群中有老的有小的,有青年有学生。

鲁迅先生的治丧委员会由蔡元培、内山完造、宋庆龄、史沫特莱、沈钧儒、茅盾、胡愈之、胡风、周作人、周建人等13人组成。在上海虹桥万国公墓举行的入葬仪式上,宋庆龄、邹韬奋、章乃器、田军、内山完造等讲了话,胡愈之致哀词。在哀乐声中,由宋庆龄、沈钧儒将一面绣着"民族魂"的白绸旗子覆盖在灵柩上。人群在暮色中默哀,向这位倔强的骑手和战士告别。灵柩徐徐下降,安放在墓穴中,人群又唱起了吕骥、冼星海临时谱写的《安息歌》。

鲁迅原名周树人,1881年出生于浙江绍兴。21岁留学日本学习医科,然而在一次课上看了一部影片,彻底改变了他学医的初衷。该电影讲述了日俄战争时期,日军抓获了一个中国人,说他是俄国间谍。刑场四周围了很多身强力壮的中国人在看热闹,脸上竟是麻木的神情……正在这时,观影者中有日本学生站起来狂呼"万岁"。这对鲁迅触动很大,他愤而离场。从此以后,鲁迅下定决心弃医从文。在小说集《呐喊》的自序中鲁迅写出了心声:"因为从那一回以后,我便觉得医学并非一件紧要事,凡是愚弱的国民,即使体格如何健全,如何茁壮,也只能做毫无意义的示众的材料和看客,病死多少是不必以为不幸的。所以我们的第一要著,是在改变他们的精神,而善于改变精神的是,我那时以为当然要推文艺,于是想提倡文艺运动了。"

1918 年 1 月，鲁迅参加了《新青年》的编务工作。同年 5 月他首次以"鲁迅"的笔名，发表第一篇白话文小说《狂人日记》。此后，鲁迅陆续发表《阿 Q 正传》等小说，出版了《呐喊》《热风》等专集，在新文化运动中产生很大影响。

在小说《狂人日记》中，作者赋予主人公多疑的性格，借助他的眼睛来观察周围的人，痴狂的话语中却揭示着当时中国社会的种种问题。话剧演员吕凉曾经饰演过鲁迅先生笔下的这个"狂人"。

【音频】吕凉话剧作品《狂人日记》片段

仁义道德是礼教虚伪的面具，戴着虚伪面具的礼教等同于吃人。鲁迅行文思路大胆，抨击了社会中人吃人的制度，揭露了家族制度和礼教的弊害。这是鲁迅对封建道德的定义，也是他多年来思考和认识的结果。鲁迅的《阿 Q 正传》同样也是他多年来对中国社会思考与认识的结果。小说以辛亥革命后的浙江农村为背景，塑造了一个贫苦、落后、愚昧的农民阿 Q 的形象。通过这个典型人物，揭示了当时一些贫苦的农民在封建地主阶级的政治和经济压迫及其思想的奴役下，生活上走投无路、精神上遭受严重摧残的悲惨命运，同时也含蓄地指出了资产阶级领导的旧民主主义革命不彻底的弱点。主人公阿 Q 被人打了却不反抗，说是"儿子打老子"，他俨然已成为精神胜利法和封建社会中奴性的代名词。著名表演艺术家严顺开于 1981 年主演了由小说改编的同名电影《阿 Q 正传》，演活了那个妄自尊大、自轻自贱、欺弱怕强、麻木健忘的阿 Q。

【音频】严顺开主演电影《阿 Q 正传》片段

"四·一二"反革命政变后，鲁迅移居上海，此后又创作了大量杂文和其他文学作品。他在作品中揭示了当时中国社会的种种问题，探讨了中国国民的劣根性。鲁迅以笔作为武器，与封建愚昧思想和腐朽的社会制度作斗争，用文字唤起中国人，对国民性进行改造。

北京师范大学中文系教授、鲁迅文学院兼职教授王景山专注于鲁迅作品的研究，他说鲁迅的形象可以用"横眉冷对千夫指，俯首甘为孺子牛"来概括。

【音频】王景山评价鲁迅

1947 年 9 月，在文化界进步人士和鲁迅生前好友的资助下，许广平改建了鲁迅墓。新中国成立后，在党和政府的关心下，鲁迅墓于 1956 年迁置于虹口公园，即后来的鲁迅公园。

（贺　僡）

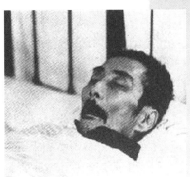

鲁迅先生遗容

东北抗联"八女投江"

十月
20

中国抗战史上，东北抗日联军的14年苦斗，其坚持之长久、环境之恶劣、斗争之惨烈，是令人动容的不朽篇章。英勇壮烈的"八女投江"，则是抗联历史上的悲壮一幕，八位女子用她们年轻的生命谱写了中华民族同敌人血战到底的英雄壮歌。

1937年冬天，日本侵略者陆续增兵于北满和吉东地区，对东北抗日联军进行"三江大讨伐"。为了冲出日伪军的军事包围圈，1938年7月，由抗联四军、五军等部队组成的约两千人西征部队，踏上了艰苦卓绝的西征之途。一路上部队受到日伪军的围追堵截，伤亡惨重。到了9月，抗联五军一师只剩下了一百多人。跟随部队行动的妇女团成员原本有二三十人，这时也仅剩下冷云、杨贵珍、安顺福、胡秀芝、郭桂琴、黄桂清、王惠民和李凤善八人了。于是部队决定返回牡丹江沿岸寻找第二路军总部。

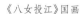

《八女投江》国画

经过一个多月的跋涉，这支部队于1938年10月19日夜到达牡丹江支流乌斯浑河西岸，准备过河东岸去找军部。这里平时是一处渡河道口，水浅，人车马匹都能涉水过去，是抗联秘密交通线的隘口。然而1938年的秋天气候反常，秋雨绵绵不绝，河水暴涨的乌斯浑河水流汹涌，深不可测。林口县博物馆馆长衣晓白讲述了当时的河面和水势：

【音频】衣晓白：八女事件发生的时候，这条河正赶上秋汛。秋汛时涨大水，河面宽达300米，是我们现在看到的三倍。她们为什么走这条道呢？因为这有一个抗联的秘密交通道，通过这能达到五军的留守处，所以这是必经之处，原来就是涉水就可以过。那个时候水深达一丈六到一丈八的这个深度，也就是大概水深十几米，那棵榆树基本上就没顶了。

夜间渡河已无可能，部队决定就地宿营。时值深秋，冷风刺骨，战士们单薄的夏装难以抵御风寒，于是大家点燃了篝火，围坐在一起取暖。夜间生火，对这支正在隐蔽疾行的队伍来说无疑犯了大忌，但这是他们露天宿营时捱过寒夜的唯一办法，火光也把敌人引到了他们的周围。东北烈士纪念馆原馆长温野讲述了生火取暖暴露行踪的经过：

【音频】温野：由于取暖，火光就暴露了他们的行踪。敌人的密探葛海禄当时还是在很远的地方，在一个山头上发现的，看到这地方有火光。那个时候山里面夜间一般是没有人烟的，拢起篝火的基本上可能是抗联战士。

日军不敢大意，调集了千余人的"讨伐队"，趁着夜幕悄悄地对露营的抗联部队形成一个半包围圈，只等天亮看清情况再发起攻击。拂晓时刻，浑然不知已经被包围的抗联战士们整装待发，准备渡河。师长命令参谋金世峰带领八名女战士先行渡河，之后大部队再转移。

因为女战士们不会凫水，金参谋先下到了河里。大概游过了一半的河面，枪炮声忽然在金世峰背后的河岸上响起来。在日伪军的疯狂攻击下再向东北渡河是不可能的了,日伪军依仗着人数、火力的绝对优势,撵着抗联的阻击线越来越逼近。危急关头,日伪军的侧后方忽然响起了密集的枪声——八位女战士开火了。

当时,敌人并没有发现河边的女战士们,如果她们继续隐蔽不动,就有机会脱离险境,就有活下来的希望。可是,她们见大部队被敌军死死拖住,难以突出重围,毅然从背后向敌人发起猛攻。电影《八女投江》再现了这一情节:

【音频】电影《八女投江》中冷云下命令掩护大部队撤退的片段

背后突遭袭击,敌人立时乱了阵脚,不得不分出大部分兵力向河边扑来。大部队及时抓住战机,突出重围进入密林。这时指挥员发现八名女战士已身陷重围,处境极其危险,立即命令部分队伍发起反冲锋。但是敌人已抢占了制高点,并以重火力控制住山口,几次反冲锋均未成功,部队伤亡加重。这时八名女战士大喊着让部队迅速撤离,"同志们,冲出去! 保住手中枪,抗日到底!"为了保存有生力量,大部队只得忍痛向密林深处撤去。

眼见追击大部队无望,日伪军所有火力都向冷云等人集中过来,周围的柳条和枯草被密集的炮火点燃了,弥漫的烟雾包围了冷云等八位女战士。经过一番战斗,女战士们有人负伤,有人打光了子弹,火力越来越弱。

前面是步步紧逼的敌人,后面是波涛汹涌的大河。女战士们只有两种选择:战死或被俘。八位女战士相互交换了一下眼神,她们不约而同地选择了前者,那就是有尊严地赴死。这份尊严,属于八位年轻的女战士,也属于饱受欺凌蹂躏却从未屈服的中华民族!

【音频】1949 年东北电影制片厂电影《中华女儿》中八位女战士宁死不做敌人俘虏的片段

一颗手榴弹从草丛里扔向了敌人,轰地炸响。那是八位女战士最后的武器。趁着手榴弹爆炸的间隙,她们背负起受伤的战友,挽臂踏入了波涛翻滚的乌斯浑河。敌人并没有放过她们,炮弹、子弹向着乌斯浑河飞扫。八位女战士在奔腾的河水中,在炮弹掀起的浪花里,时隐时现,最后消逝在汹涌不息的乌斯浑河中……

(李俊杰)

八女投江纪念雕像

中国恢复高考消息公布

十月 **21**

　　1977年10月21日，《人民日报》头版头条刊发了一条新华社消息——《高等学校招生进行重大改革》，这标志着中断了十年之久的中国高考制度正式恢复。消息一经传开，从农村到城市、从内地到边疆，无数青年奔走相告、笑逐颜开，对于他们来说，这是一次可以真正改变命运的机会。

　　1966年，"文化大革命"开始后不久，高等学校招生考试制度首先被废止了。1966年至1969年，中国大陆所有大专院校均停止招生，教师与学生被下放劳动，高等教育陷入全面瘫痪。全社会缺乏学习知识的动力和活力，国家出现了严重的人才断层。

　　虽然1970年开始北京大学、清华大学试招"新生"，但招生对象仅限于具有两年以上实践经验的初中以上文化程度的工人、农民和解放军官兵，也就是当时被称为"工农兵大学生"的青年群体。从1970年到1976年，按照"自愿报考，群众推荐，领导批准，学校复查"的原则，全国招收工农兵学员共七届94万人。由于废除了招生考试，工农兵学员的文化程度差别很大。据1972年5月北京市11所高校的调查，在校学员入学前文化程度：初中以上的占20%，初中的占60%，相当于小学程度的占20%。

恢复高考后的考场

　　1976年粉碎"四人帮"后，我国的教育事业迎来了新的春天。1977年6月29日，由教育部组织召开的全国高等学校招生工作会议在太原召开。但在当时"两个凡是"思想的束缚下，会议基本上维持了前几年的招生规定。8月4日，教育部向国务院报送了《关于全国高等学校招生工作座谈会的情况报告》。就在同一天，邓小平在北京饭店主持召开了科学和教育工作座谈会。会上，大家的议题很快从揭批"四人帮"破坏科学教育的罪行转到为振兴科学教育献计献策方面来，而提高教学质量、改革招生制度则成为其中的主要话题之一。

　　关于恢复高等学校招生考试制度，邓小平最初的设想是：1977年用一年时间作准备，1978年正式恢复高考。生源一半是应届高中毕业生，一半来自社会，然后逐步走向正规。然而在这次座谈会上，武汉大学的查全性教授提出了在1977年当年就恢复高考的建议。查全性的建议一经提出，马上得到了专家们的一致认同，这使邓小平受到很大震动，他问坐在身边的教育部长刘西尧是否来得及恢复高考。参与了这次座谈会的何东昌和查全性回忆了当时的场景：

【音频】何东昌和查全性的采访

　　随后，邓小平在科学和教育工作座谈会上发表了重要讲话，他明确提出："今年就要下决心恢复从高中毕业生中直接招考学生，不要再搞群众推荐。从高中直接招生,我看可能是早出人才、早出成果的一个好办法。"

1977 年 10 月 12 日,国务院批转了教育部《关于 1977 年高等学校招生工作的意见》,规定从 1977 年起,对高等学校招生制度进行改革,恢复统一考试制度。凡是工人、农民、"上山下乡"和回乡知识青年、复员军人、干部和应届毕业生,符合条件者均可报考。招生办法是自愿报名,统一考试,地市初选,学校录取。录取原则是德智体全面衡量,择优录取。招生考试于当年冬季进行,新生春季入学。

10 月 21 日,恢复高考的消息正式对外公布,它如同冬天里的一把火,顷刻间点燃了广大青年的读书复习热潮。一时间全国上下读书学习蔚然成风。图书馆、新华书店成为最拥挤、最热闹的地方。蒙满了灰尘的旧课本,一时间洛阳纸贵,人们还需要到处寻找。在全国拨乱反正的大潮下,高考成为当时社会最大的关注点。1977 年冬,积压了整整十年的考生拥进了各地的考场。全国有 570 万考生参加高考,加上 1978 年夏季的考生,两季考生共有约 1180 万人。

当年 30 岁的罗中立是一位来自四川达县炼铁厂的绘图工人,恢复高考后他顺利考入四川美术学院油画系。他在大学期间创作的油画《父亲》成为了中国新现实主义美术的代表作。后来成为四川美术学院院长的罗中立回忆了自己的高考经历:

【音频】罗中立:真没想到还能读书,学校都不办、都消失了嘛,都没有了,没想到十年以后还能再回来读书,那时候做梦也没想到。所以挤上那趟 77、78 级以后,我们回到学校就特别珍惜学习的时间。那个时候晚上熄灯,都是灯火管制,因为用电有限,但是每个人都有蜡烛和油灯,11 点以后,整个宿舍楼星星点点的,都亮起来了。每一个人都很清楚,这个灯亮起来了,我该做什么,该干什么。

1977 年恢复高考以后,像罗中立一样在全国各高校经过锻造的一代新人逐渐走向成熟,成为日后国家建设和改革开放事业的栋梁之材。

高考制度的恢复极大地改变了当时年轻一代沉闷的精神状态,激发了亿万青少年学习科学文化知识的热情。广大教师精神振奋,教育界重新焕发了生机和活力,全国的教育风气为之一新。高考制度的恢复激活了整个社会,中国的教育和人才培养由此走上了持续发展的轨道。

(倪嘉铭)

清华大学 77 级学生

红军长征胜利大会师

红军三大主力会师油画

1936年10月22日，位于原甘肃省静宁县将台堡东侧的一个广场上热闹非凡，这是中国工农红军第一、二方面军欢庆胜利会师的日子。10月22日的将台堡会师和10月9日红一、四方面军在甘肃会宁城的会师，是红军三大主力会师的两个重要组成部分。将台堡会师是红军长征中的最后一次会师。至此，中国工农红军长征胜利结束。1996年，中共中央将10月22日定为"红一、二、四方面军胜利会师纪念日"，将台堡也被作为红军长征的结束地而载入史册。

1933年，红军第五次反"围剿"作战开始，但屡战失利。1934年4月底广昌失守后，形势日趋恶化，中共中央、中革军委开始考虑红军主力撤离中央苏区的问题。10月10日，中共中央、中革军委率中央红军主力5个军团以及中央、军委机关直属队共8.6万余人，从瑞金、古城等地出发，开始了长征。从10月下旬至11月中旬，红军先后通过了国民党军的第一、二、三道封锁线。与此同时，蒋介石也部署了兵力对红军进行"追剿"并堵截，企图围歼中央红军于湘江以东地区。中央军委于是决定抢渡湘江。红军在湘江两岸经过浴血奋战，于12月1日渡过湘江。湘江战役是中央红军突围以来历时最长、规模最大、战斗最激烈、损失最惨重的一场战役。由于连续苦战，中央红军由长征开始时的8.6万余人锐减为3万余人。国防大学教授张星星谈到了湘江战役的激烈战况，他说红军一个师3千多人几乎全部壮烈牺牲。

【音频】张星星：红五军团第34师奉命阻击敌人，掩护中央机关和红军主力渡湘江。这个师打得非常英勇，打得也非常顽强，掩护了中央和红军主力突破湘江。这一个师完全陷入了敌人的重围，全师3千多人，几乎全部壮烈牺牲。

1935年1月15日至17日，中共中央政治局在贵州遵义举行了扩大会议。会议通过了《遵义会议决议》，明确指出红军第五次反"围剿"的失败以及退出苏区后遭到严重损失的主要原因，肯定了毛泽东关于红军作战的基本原则。遵义会议结束了王明"左"倾教条主义在中共中央的统治，确立了毛泽东在党和红军中的领导地位。这次会议在极端危急的时刻，挽救了党和红军，是中国共产党历史上一个生死攸关的转折点。

【音频】时任中国科学院院长胡绳谈中共的领导集体是从遵义会议开始逐步形成的

面对严峻的军事形势，毛泽东根据遵义会议精神采取高度灵活的运动战方针，指挥红军从1935年1月起进行了四渡赤水的作战，取得了战略转移中具有决定意义的胜利。5月中旬，中央红军长征先头部队强渡大渡河成功。为了使余下的部队迅速渡过大渡河，中革军委决定争取并控制泸定桥渡河点。5月29日，红军占领了泸定桥西桥头并与川军展开了激烈的夺桥战斗。当天黄昏，红军占领泸定城，控制了泸定桥，粉碎了蒋介石歼灭红军于大渡河以南的企图。长征红军马兆祥讲述了当时激战的情况：

【音频】马兆祥：敌人把木板大部分撤掉了，就剩铁链子架的桥。两个同志就掉下去了。我们的炮、机枪，就在对面打敌人的桥头堡，打得很激烈。

中央红军渡过大渡河之后继续北进，占领了天全，并乘胜突破了川军的芦山、宝兴防线，预期与红四方面军汇合。6月12日中央红军先头部队自四川省宝兴县的大碛碛地区出发，翻越长征途中的第一座大雪山——夹金山。夹金山海拔4000多米，终年积雪，空气稀薄，气候变幻无常。红军广大指战员在严寒、饥饿、疲劳、缺氧、恶劣气候以及艰险山路中艰难上行。很多红军穿的是单衣和草鞋，用来御寒的是辣椒和烧酒。凭借坚忍的毅力和团结互助的精神，中央红军陆续翻越了这座人迹罕至的大雪山，但是也有不少指战员长眠在了这里。长征红军钟明讲述了自己在翻越夹金山时的憋气和努力跟上队伍的情形：

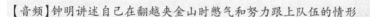

【音频】钟明讲述自己在翻越夹金山时憋气和努力跟上队伍的情形

1936年5月，红一方面军东征胜利回师陕北后，中共中央审时度势，作出三大主力红军会合的战略决策。10月9日，红一、四方面军在甘肃会宁城会师。22日，红二方面军总指挥部同红一军团的第一、第二师在将台堡胜利会师。两军首长和会师部队在将台堡东侧的广场举行了盛大的联欢。

红军三大主力在会宁、将台堡的会师，标志着历时两年、长达数万里的红军长征胜利结束。中国工农红军长征的胜利，是中国革命转危为安的关键。在整整两年的时间里，红军长征转战14个省，历经曲折，克服了重重艰难险阻，将中国革命的大本营转移到了西北，为开展抗日战争和继续进行中国革命事业创造了条件。

（郑榴榴）

大渡河上的泸定桥

229

弘一大师李叔同诞生

弘一大师李叔同

【音频】歌曲《送别》

"长亭外,古道边,芳草碧连天……"这首《送别》堪称传世之作,它的词作者是中国新文化运动的先驱李叔同,后来遁入佛门的弘一大师。1880 年 10 月 23 日,李叔同出生于天津的一个富庶家庭。在中国近百年的文化发展史中,李叔同是学术界公认的通才和奇才,他在音乐、戏剧、美术、诗词、篆刻、金石、书法、教育、哲学、法学等诸多文化领域中都有颇高的建树。从文艺先驱到弘一大师,从世家子弟到苦行僧人,李叔同的一生充满了传奇色彩。

李叔同自幼聪颖好学,8 岁已领悟"荣华尽头是悲哀"的寓意,15 岁就写有"人生犹似西山日,富贵终如草上霜"的诗句,17 岁随天津名士赵幼梅学诗词兼习辞赋、八股,同时师从书法篆刻名家唐静岩学习书法和篆刻。成家后,李叔同携母亲和妻儿南迁上海,于1901 年考入南洋公学,师从蔡元培,并成为蔡元培的得意门生。杭州师范大学"弘一大师·丰子恺研究中心"主任陈星教授讲述了李叔同从天津到上海之后的情况:

【音频】陈星:李叔同从天津到了上海之后参加了一些文化活动,比如参加"城南文社",参加戏剧活动和早期的歌曲创作,他在 1898 年春天已经初步在国内体现出他的艺术才华。

1905 年,25 岁的李叔同东渡日本求学。他是我国最早出国学文艺的留学生之一。第二年上半年,李叔同在东京创办《音乐小杂志》并寄回上海发行,揭开了中国音乐期刊发展史的第一页。同年 9 月,李叔同考入日本美术教育最高学府——东京美术学校,师从油画名家黑田清辉。他两次入选由黑田清辉主持的当时日本最高规格的白马画展,为中国入选此画展的第一人。浙江大学美学与批评理论研究所的胡志毅教授和传记作家金梅讲述了李叔同在日本留学的情况:

【音频】胡志毅:当时考这个专业的本科相当有难度,三十个人考试,有五个人被录取了,其中有两个中国人就是李叔同跟曾孝谷。

【音频】金梅:他的功课是相当优秀的。日本有个天马会,它每年举办一个油画展览,只有教授才有资格去参加,但李叔同参加了两次,那是破天荒的。说明老师们欣赏他,他的油画水平已经达到了一定的水平了。

1906 年,李叔同和曾孝谷等留日学生共同创立了旨在研究各种文艺的"春柳社"。第二年,为赈济国内的徐淮水灾,李叔同和春柳社的成员在东京义演法国作家小仲马的名剧《茶花女》第三幕,李叔同反串出演茶花女一角,受到日本戏剧家的好评。同年6月,春柳社将美国作家斯托夫人的小说《汤姆叔叔的小屋》改编成五幕剧《黑奴吁天录》搬上舞台,李叔同饰演美洲绅士解尔培的夫人爱密柳同时客串男跛醉客。《黑奴吁天录》的剧本按现代话剧分幕形式用口语写成,被戏剧家欧阳予倩称之为"可以看作中国话剧第一个创作的剧本"。杭州师范大学"弘一大师·丰子恺研究中心"主任陈星教授介绍了春柳社的有关情况:

【音频】陈星:春柳社并不是一个纯粹的戏剧团体。按照他们的本意,无论是音乐、文学、美术还是戏剧都涵盖在这个团体当中,只是他们认为在当时的条件下先进行一场舞台演出可能更方便入手,所以就决定先从事话剧演出。没想到他们所做的这件事情成了中国话剧的一个里程碑,这个团体也被后人称作是中国的第一个话剧团体,而这场演出成了中国话剧的一个开场。

留学归国后,李叔同担任过教师、编辑之职。他积极推广西洋美术教育,在教学实践中首开人体写生课,成为"中国西洋画传播第一人"。他先后培养了一大批优秀的艺术人才,名画家丰子恺和潘天寿、音乐家刘质平等文化名人皆出自其门下。潘天寿之子、中国美术学院院长潘公凯讲述了李叔同的人格魅力:

【音频】潘公凯:李叔同是非常受人尊重的老师,他主张的是一种人格教育。他对于自己非常严格,对学生要求也很严格,但是他从来不训斥人,学生们都非常敬仰他,我父亲也对他非常尊敬。

1918年,39岁的李叔同突然心向佛法,剃度为僧,以法号"弘一"行世。他云游温州、新城贝山、普陀、厦门等地讲律,并从事佛学南山律的撰著。经历20多年精诚庄严的自律苦修,弘一大师使断绝数百年的律宗得以复兴,佛门称他为"重兴南山律宗第十一代祖师"。抗日战争爆发后,弘一大师自题居室为"殉教室",并手书"念佛不忘救国、救国必须念佛"的条幅数百幅分赠各方,勉励僧俗弟子和民众共赴国难,起到了"凝聚民族,鼓舞民众"的作用。

1941年10月13日,弘一大师安然圆寂,临终前亲书"悲欣交集"四字以为绝笔。对于弘一大师李叔同的一生,林语堂认为他是"我们时代里最有才华的几位天才之一,也是最奇特的一个人,最遗世而独立的一个人"。

(舒 凤)

李叔同(左)出演茶花女一角

协和超音速飞机谢幕

十月 24

2003 年 10 月 24 日下午,短短 4 分钟,3 架长着尖嘴和三角形翅膀的巨大白色"怪鸟"伴随着震耳的轰鸣声,风驰电掣一般接连在英国伦敦希思罗机场降落,数千名专程从世界各地赶来的人们目睹了这一壮观的景象。这一天,曾在世界航空界显赫一时的协和超音速大型客机走完了它 27 年的蓝天之旅。

20 世纪 50 年代以来,随着亚音速喷气式客机的普及以及实用化超音速军用飞机的出现,超音速客机在当时被视为未来的发展趋势。协和客机时代始于 1956 年,当时英国和法国分别开始了超音速客机的研制工作。1962 年,英法两国达成一致,同意合作生产协和客机。就在人类第一次踏上月球的 1969 年,协和客机也开始了它的处女航。1976 年 1 月 21 日,协和客机又开始了它的第一次商用飞行。自协和飞机 1969 年 3 月 2 日首次成功试飞至它谢幕期间,世界上没有其他民用飞机能以超音速飞行,这充分显示了协和飞机在技术上的巨大成功。资深飞行员班尼斯特曾驾驶协和飞机 20 多年,他对协和飞机所取得的科技成就尤为推崇。

【音频】班尼斯特:你只需要动动手就能驾驶飞机,这是对发明出如此精密灵敏的飞机设计者们最好的回报。就协和所需使用的技术上来说,这是一项和人类登月一样的艰难的挑战。但不同的是,实施太空项目的美国人他们在太空中飞行,宇航员必须穿着太空服,而我们的飞行员在太空的边缘飞行,身上则可以穿着西装便服。

协和式飞机一共只生产了 20 架,其中英国和法国航空公司分别拥有 7 架和 6 架,主要用于执行从英国伦敦和法国巴黎往返于纽约的跨大西洋定期航线。作为世界上唯一的超音速客机,"协和号"能以两倍音速跨越大西洋,因此"协和号"赢得了"时光倒流"的美誉。由于飞行速度比晨昏线的移动速度更快,协和飞机能够追上并超越地球的自转。一些由巴黎或伦敦飞往美国的班机能在日落后追上太阳,让乘客在驾驶舱中就看到太阳从西边升起的景象。英国航空公司也由此推出了"出发前就到达"的宣传口号。该机从巴黎到纽约的飞行时间通常只需 3 小时 15 分钟,比普通民航客机节省超过一半时间,而巴黎和纽约的时差是 6 小时,也就是说乘客飞行万里到达纽约后还要将手表向前拨 2 小时 45 分钟。1996 年 2 月 7 日,协和飞机从伦敦飞抵纽约仅耗时 2 小时 52 分钟 59 秒,创下了航班飞行的最快纪录。协和飞机技术主管、曾执飞伦敦至纽约首航的布莱恩·沃柏用一组数字诠释了协和飞机的速度:

【音频】布莱恩·沃柏：时速1350英里、每分钟23英里，飞行1英里只需要2.75秒，速度比步枪子弹还要快百分之十，南北飞越英国只要24分钟，这就是协和飞机。

"协和号"自诞生以来，一直是欧美豪门和尊贵人士出行互访时的绝对宠儿，英国女王伊丽莎白、查尔斯王子、撒切尔夫人及前美国总统尼克松都曾经是座上贵客。1985年7月13日，英国著名摇滚明星菲尔·科林斯参加了巨星援助非洲灾民的慈善演唱会，全球有10亿观众在电视上目睹了科林斯同一天之内搭乘协和式飞机在英国伦敦与美国费城之间的赶场演出，菲尔·科林斯成为同一天里唯一在英国和美国同时演出的歌唱家。多年以后，科林斯回忆起这段难忘的经历仍十分兴奋：

【音频】菲尔·科林斯：我受邀进入驾驶舱，向在伦敦温布利体育馆的鲍勃·格尔多夫与比利·康诺利做实况直播，我刚戴上耳机就听到有人问我："感觉如何"，还没等我回答，我又听到比利·康诺利对现场的人说："科林斯可能在任何地方，他甚至可能在水底，谁知道他是否在协和飞机上……"等我通完话要回座位前，驾驶员悄悄跟我说："乘客进入协和飞机驾驶舱是违规的，别跟任何人说。"但有意思的是，当时全世界都在看转播，他们都已经听到了我在协和飞机的驾驶舱里跟地面的通话了。

然而，由于协和飞机先天存在噪音污染，航空业不允许它们在大陆上空进行超音速飞行，这使得协和飞机在扩展飞行航线上受到了很大的限制，加上这种超音速飞机最大的缺点就是油耗极高，很难得到其他航空公司青睐。2000年7月25日，协和飞机营运生涯中唯一的一次致命事故成了压垮它的最后一根稻草：当时法航一架协和客机在从巴黎戴高乐机场起飞两分钟后坠毁，机上乘客和机组人员全部遇难，这一事件导致协和客机的运营执照被吊销。虽然2001年9月协和飞机重新获得运营许可，但乘载率的急剧下降和维修费用的大量增加导致英、法航空公司蒙受巨额经济损失，两家公司最终于2003年4月同时宣布协和客机即将退役。

2003年5月31日，法航的协和客机进行了最后一次商业飞行。2003年10月24日，英航协和飞机在执行完最后一次商业飞行后终止服务，并于同年11月26日完成"退役"，结束了27年的商业飞行生涯。不过，协和飞机代表着航空技术史上的一个技术进步，即便是退役后，它仍然是航空历史上的一个重要象征。

（肖定斌）

协和式飞机上的豪华餐饮

新中国恢复联合国合法席位

十月 25

【音频】新中国重返联大提案通过：几内亚？赞成！坦桑尼亚？赞成！美国？反对！阿尔巴尼亚？赞成！阿尔及利亚？赞成！76票赞成，35票反对，17票弃权。这项决议通过。大会将在之后通知中华人民共和国政府。

　　1971年10月25日，在美国纽约联合国总部举行的第26届联合国代表大会上，关于恢复新中国在联合国的合法席位并驱逐所谓"中华民国"代表的提案得以通过。作为代表中国的唯一合法政府，中华人民共和国被无端排挤在联合国之外长达22年之久的历史终于结束。如今我们再次回首这22年的过往历程，来重温这段历经风雨的重返联合国之路。

中国代表团在第26届联合国大会上

　　1942年1月1日，美、英、中、苏等26个反法西斯国家共同签署了《联合国家宣言》，为联合国的成立奠定了基础。次年10月30日，中、苏、美、英4国在莫斯科发表了《普遍安全宣言》，正式提出建立一个普遍性的国际组织。1945年2月，由罗斯福、丘吉尔和斯大林参加的雅尔塔会议进一步讨论了成立联合国的问题。会议公报宣布，为了维护世界和平与安全，反法西斯同盟国将尽快建立一个普遍性的国际组织，并决定于当年的4月25日在美国旧金山召开联合国制宪会议。6月26日，50个国家的代表签署了《联合国宪章》。中国为《联合国宪章》规定的五个联合国安全理事会常任理事国之一，中国为《联合国宪章》的第一签字国。同年10月24日，中、法、苏、英、美和其他多数签字国递交了批准书后，宪章开始生效，联合国正式成立。1946年1月30日，英国首相克莱门特·艾德礼宣布第一届联合国大会在纽约召开。

【音频】克莱门特·艾德礼：今天我荣幸地在这里宣布，第一届联合大会在伦敦召开。我们一定会获得成功。

　　新中国成立后，由于美国执行敌视新中国的政策，中国在联合国的席位仍被蒋介石集团所窃踞。为恢复在联合国的合法地位，中华人民共和国政府作出了长期不懈的努力。苏联等国在历届大会上提出"中国代表权问题"，认为应由中华人民共和国取得中国在联合国大会与安理会的席次。1950年9月，在美国操纵下，第五届联大否决了苏联和印度分别提出恢复中华人民共和国在联合国合法权利的提案。同年11月，中华人民共和国代表第一次出席联合国会议，外交部苏欧司司长伍修权在安理会上发言，驳斥了美国武装侵略中国领土台湾的行为，并强调台湾是中国的领土，中国的主权和领土是不容分割的。曾任全国政协港澳台侨联络局局长的乐美真强调了这一论点。

1950 年至 1960 年间,由于中华人民共和国为社会主义阵营的成员,为了制止共产主义势力在联合国安理会再增一位常任理事国席次,美国仍坚持认定代表中国的政府为所谓的"中华民国",并协助其保卫并不合法的代表权。在这段时期的联合国大会上,美国利用其在联合国的影响力,避谈中国获得代表权的问题。

从 1960 年开始,由于第三世界国家的独立浪潮,联合国大会的形势发生变化。首先是在中、苏论战中支持中方的社会主义国家阿尔巴尼亚提出议案,建议由北京取代台北在联合国的中国席位。初期亲美的国家掌握大多数票,得以阻止该议案的通过,但在 1960 年后陆续有一些第三世界国家加入联合国,使大会的主导权逐渐从亲美国家转向亲中国家。

1971 年,第 26 届联大即将召开,美国眼看无法阻止中国重返联合国的步伐,便伙同日本提出"双重代表权"的议案,即接纳新中国的代表进入联合国,并保留台湾当局在联合国拥有的代表权。美国制造"两个中国"的荒谬主张,遭到了其他国家的强烈反对。当时的台湾当局代表周书恺预感到保留席位无望,于是上台发言声称不再参加接下来的投票,之后他就带着代表团的成员离开了会场。

紧接着大会就关于恢复中华人民共和国在联合国的一切合法权利,并驱逐所谓"中华民国"代表的提案进行表决。最终电子计票牌上显示出结果:76 票赞成、35 票反对、17 票弃权,提案以压倒多数通过。新中国在联合国的合法权利终于获得承认,全场掌声雷动。

1971 年 11 月 15 日,五星红旗第一次在纽约东河之滨的联合国大厦上空升起。时任外交部副部长的乔冠华率中华人民共和国代表团的成员们气宇轩昂地端坐在联合国会场上之时,受到了世界舆论的极大关注和许多国家代表团的热烈欢迎。中国代表团团长代表中国政府,对为恢复中国在联合国的合法权利进行不懈努力的友好国家表示衷心感谢,并全面阐述中国政府在一系列重大问题上的原则立场,受到世界各国的高度重视。

中国在联合国合法席位的恢复,是中国外交的重大突破,是世界上一切爱好和平和主持正义的国家共同努力的结果,具有极为重要和深远的意义。

(金 之)

第 26 届联合国大会会场

十月 **26**

《追捕》等首批日本电影在中国上映

【音频】《杜丘之歌》

这首通篇没有歌词，只有"啦呀啦"的曲子是电影《追捕》中的插曲，在 1978 年的金秋十月，它迅速风靡整个华夏大陆，成了街头巷尾男子们口中哼唱的流行曲调。那是由当时日本电影周开幕所引发的潮流。从 10 月 26 日起，《追捕》《望乡》《狐狸的故事》3 部电影于上海、北京、广州等地陆续放映，成了首批在中国亮相的日本电影，也标志着中日邦交正常化在文化领域的进一步发展。

彼时，随着"文化大革命"的结束和中共十一届三中全会的召开，中国正式进入了改革开放的新时期。就在《追捕》等首批日本电影于中国上映的 4 天前，邓小平已经踏上了一衣带水的邻国——日本的国土，对其进行正式友好访问。在访日期间，他曾这样说道：

日本电影《追捕》海报

> 【音频】邓小平：目前，我国人民正在执行新时期的总任务，决心在本世纪内把我国建设成为社会主义的现代化强国，我们的任务是艰巨的，我们首先要依靠自己的努力，同时我们也要学习外国的一切先进经验和先进技术。

正是在这样的时代背景下，电影成了"使者"，担起了中日两国间文化交流与合作的重任，也为中国影迷打开了一扇通往外部世界的窗子。以往中国观众在国内能够看到的外国影片大都来自苏联、朝鲜、阿尔巴尼亚等社会主义国家，作为亲历过那个年代的人，电视评论员曹景行和配音演员曹雷一起回忆了初期外国电影在中国的特殊现象：

> 【音频】曹景行：大部分外国电影就是阿尔巴尼亚电影。
> 曹雷：在世界上阿尔巴尼亚电影根本是没有人知道的，但是有一段时间它拥有全世界最多的观众，那就是中国观众。
> 曹景行：那么后来呢，开始有一点罗马尼亚电影，因为中国和罗马尼亚关系好了一点。再后来呢，有一个朝鲜电影，就是《卖花姑娘》。
> 曹雷：哪怕是一部《卖花姑娘》，朝鲜片子，当时看的时候都挤出人命来了。

于是，1978 年所引进的 3 部日本电影，在当时的中国引起了巨大的轰动。其中，影响最广的是高仓健主演的《追捕》。在译制片中，由高仓健饰演的检察官杜丘，其刀削般的脸庞、竖领的风衣、凛冽的目光，配以上译厂配音演员毕克浑厚低沉的声音，将银幕硬汉的形象深深植入了中国观众的心里。

【音频】上译版电影《追捕》片段

与角色魅力十足的《追捕》相比，另一部日本电影《望乡》却在上映伊始就引来了巨大的争议。这部电影取材于日本作家山崎朋子的《山打根八番娼馆》，描述了 19 世纪末 20 世纪初，日本政府为积累资金发展资本主义，把贩卖妓女到海外作为一个谋取外汇手段，一位女学者为调查海外卖春的情形，来到当年输出卖春妇最多的九州岛进行采访，从而引出故事主角阿崎婆悲惨的人生经历。

电影中的阿崎婆由日本女星田中绢代饰演，而与她演对手戏的栗原小卷日后一直作为中日友好的文化使者往来于两国之间，她如此回忆自己接拍《望乡》的原因：

【音频】栗原小卷：在一战以前，日本人都很穷，政府就鼓励支持妇女到国外卖春赚钱，所以很多日本妇女就被骗卖到南洋去当妓女。但是战争结束以后，这段不光彩的历史就渐渐被人们遗忘了，而《望乡》这部电影正视了这段历史，让我们看到有多少女性曾在战争中受到伤害。它反映了她们曾遭受的苦难，也让我认真地考虑女性的命运，所以说我觉得这是一部很有教育意义的电影，它揭开了历史最真实的一面。

由于电影涉及卖春妇，片中不可避免存在一些裸露画面，在 1978 年上映时有人就斥责这是一部"黄色电影"，要求禁映。多年禁闭后的保守观念一时还无法适应外界的猛烈冲击，但在电影散场后，这些惧怕与担忧都已化为感动，电影激起的是观众对被侮辱、被迫害妇女的深切同情。

日本电影周内放映的第 3 部电影是纪录片《狐狸的故事》。与《追捕》《望乡》截然不同的是，这部电影远离人间，将视角聚焦于自然之美，向观众展现了日本北方狐狸的生活。在片中，导演以拟人化的手法来拍摄狐狸，表现了它们的情感世界和生活习性。这种处理让电影非常具有人情味，加之影片中动人的配乐，给国内观众带来了耳目一新的观赏体验。

无论是《狐狸的故事》中来自大自然的召唤，还是《追捕》里杜丘的硬汉魅力，抑或《望乡》中阿崎婆的悲惨遭遇，它们都给当时的国人留下了难以忘怀的记忆。4 年后，两国艺术家共同编剧、导演、联合演出、摄制的第一部中日合拍影片《一部没有下完的棋》在两国上映，象征着两国间文化合作的进一步发展。

（郑　麟）

日本电影《望乡》海报

四行仓库保卫战打响

【音频】歌曲《歌八百壮士》

　　这首慷慨激昂、雄浑悲壮的抗战歌曲名叫《歌八百壮士》。歌中所唱到的"民族英雄谢团长"和"八百壮士"，在四行仓库保卫战中向世人展示了中国军人舍身赴死、血战到底的不屈精神，激发了中国军民的抗日斗志，沉重地打击了日本侵略者的嚣张气焰。1937年10月27日正是四行仓库保卫战打响的日子。

　　1937年8月13日，淞沪会战爆发，日军大举进攻上海。10月26日，日军突破大场防线，奋战在闸北、江湾一带的中国军队处于腹背受敌的境地，被迫向西撤退。第88师师长孙元良属下第524团团副谢晋元率领所部第1营的官兵奉命坚守四行仓库，掩护主力撤退。第524团第1营的编制只有1个机枪连、3个步兵连、1个迫击炮连，对外号称"八百壮士"，实际只有400多人。时任第88师师长孙元良讲述了当时的情况：

【音频】孙元良：八百壮士完全是88师的524团第1营，其他的部队和友军都奉到命令转移阵地，向第二线退了。所以，这叫做孤军啊，四行孤军。

　　四行仓库位于上海闸北区南部的苏州河北岸，是一幢六层楼的钢筋混凝土大厦，墙厚楼高，易守难攻。这里曾是第88师司令部驻地，储备了不少弹药和粮食。四行仓库的东南两面是外国租界，西面和北面是被日军占领的中国地界。

　　谢晋元率领"八百壮士"进驻四行仓库后，他们连夜加固防筑工事，集中兵力防守仓库大楼的左右两翼，誓与日军血战到底。"八百壮士"幸存者之一的少尉排长杨养正回忆了他们当时坚守四行仓库的决心：

【音频】杨养正：我们不能做亡国奴，那不行的，我们非要消灭日本不行，绝对是不能怕敌人的，是抱着决死的决心去守四行仓库。

　　10月27日，四行仓库保卫战打响。日军在中国守军的密集火力下死伤80余人而退，之后虽多次进攻，均被击溃。10月28日，日军发动突袭，企图用炸药包炸开四行仓库的墙体，打出一个突破口。战士陈树生看到日军顶着厚钢板移动到墙下，情急之中就在身上捆满手榴弹，从楼上窗口跃入敌群，与敌人同归于尽。谢晋元的儿子谢继民讲述了当时的情况：

战火中的四行仓库

【音频】谢继民：陈树生看到这个情况以后，身上绑了手榴弹，手中拿了手榴弹，然后拉了导火索，从五楼跳下来牺牲了。二十几个日本鬼子全部炸死震死，因为两块铁板中间那么多手榴弹一起爆炸。

"八百壮士"英勇作战，上海民众群情激昂，以各种方式支援孤军。每当壮士们击毙一名日军，在苏州河南岸公共租界大楼上观战的群众就会挥动帽子、手巾欢呼致意，周围的群众还将日军集结地点和行动情况用黑板写字报告给孤军。当时，上海各界群众热情慰劳抗日勇士，信件、食品、药物源源不断地送入四行仓库。

就在战斗进行得最激烈的 28 日午夜，上海童子军战地服务团的女童军杨惠敏勇闯火线，为四行守军送旗。当接过杨惠敏递上来的这面被汗水浸透了的旗帜时，谢晋元与四行仓库内的勇士们都异常激动。取材于四行仓库保卫战的电影《八百壮士》中，由林青霞饰演的杨惠敏再现了献旗于守军的片段。

【音频】电影《八百壮士》片段

10 月 29 日早晨，日本攻占上海的第三天，上海市民看到了苏州河畔四行仓库的楼顶上飘扬起中华民国国旗，军民由此士气大振。当天出版的上海《申报》一篇特写如此描述："天亮时分，国旗飘展，隔河民众经此地，纷纷脱帽鞠躬，感动落泪。"多年以后，杨惠敏回忆起自己当年献旗的情景依然激动不已：

【音频】杨惠敏：他们吊了一个绳子下来，我就抓着这个绳索吊到四行仓库里面去了。我到了里面之后，谢团长哭了，我也哭了，不是伤心的感觉，这个就是爱国的心情，感动得流泪了。

10 月 30 日，日军向四行仓库发起总攻。战斗从上午 7 时开始，一直持续到午夜。早已置生死于度外的"八百壮士"众志成城，凭坚固守，摧毁了日军数辆装甲车，日军始终未能攻入四行仓库的大楼。

一连四天的血战，"八百壮士"依托区区弹丸之地，以寡敌众，先后打退日军数次大规模的围攻，击毙日军 200 余人。众多外国记者隔河目睹了中国将士的壮举，连续发出大量相关的战地报道。

10 月 31 日，国民政府下令部队撤离四行仓库。11 月 1 日，谢晋元带领"八百壮士"分批撤入公共租界。至此，四行仓库保卫战胜利结束。谢晋元和"八百壮士"视死如归、忠勇爱国的壮举震撼了全国人民，国民政府电令升任谢晋元为中校团长，毛泽东高度赞誉"八百壮士"为"民族革命典型"。

（舒　凤）

为四行守军送旗的杨惠敏

上海东方广播电台开播

上海东方广播电台铭牌

【音频】《东方新闻》呼号

1992年10月28日5时55分,曙色初现。一段"东方新闻"开始曲,伴随着播音员清脆悦耳的呼号,通过电波传向长三角及周边广大地区。一个全方位、全天候、全新面貌的电台——上海东方广播电台在这一天正式开播了。

东广创台之初立足浦东,服务上海,涵盖长三角,面向全中国,辐射海内外,力争与世界节奏接轨,形成集新闻、经济、信息、服务、文艺娱乐、谈心等于一体的板块式结构的整体格局。开播之初,东广拥有两套广播频率,中波792千赫和调频101.7兆赫。开播前,台里单是两套节目表就上上下下调整了20多次,更不用说对每档节目的局部调整了。时任东广台长陈圣来在1993年的电视节目中曾就如何在当时的格局中生存和竞争谈了自己的想法:

【音频】陈圣来在1993年《今晚8点》节目中的发言

792千赫为综合节目,全天24小时直播,开设栏目有新闻性的《东方快讯》《东方新闻》,经济类的《都市乐章》,青年节目《相会在午间》,家庭板块《蔚蓝夜话》《半个月亮》,游艺类的《东方大世界》等。为了让广播与听众保持同步,增强听众参与性,还设置了主持人与听众通过电话直接对话的《今日新话题》《热线急诊室》等谈话类节目。听众可以通过电话,或反映社会呼声,或参与讨论群众关心的热点问题。101.7兆赫为音乐节目频率,以严肃音乐为主干,穿插流行音乐。

上海是我国最早具有世界意识的都市之一。东方广播电台适应了上海人的生活和精神节奏。首先,该台两套节目每天合计播出42小时,全天候24小时播出的节目迎合了都市听众多种多样的生活时间表。东广每天早上长达3个小时的《东方新闻》将电话采访同步报道引入到新闻节目中,时效之快、内容之广令人刮目,而这3个小时直播的背后是由采编人员高强度、高负荷的工作所支撑起来的。时为东广新闻部记者的郑丽娟在多年以后还能清楚记得当时的工作情境:

【音频】郑丽娟:前三个月,基本上我是我们这个新闻部里面录音报道采集量最高的记者,有一个月我做了27个录音报道,等于是每天有一个。没多久,我就腰病犯了,根本坐不住,没办法,新闻不能延时,第二天一定要播出,另外早新闻也不能开天窗,所以我是跪在地上、趴在办公桌上搞录音报道。

清晨起来听新闻,午间听流行音乐,上班途中听股市行情,午夜时分与朋友谈心,东广的节目竟成了许多上海人及来沪外地人的"精神大餐"。"广播迷"的不断增加,使得上海小型收音机的销路大增。

就在东广成立一周年之际,101.7兆赫推出了《东方风云榜》这一品牌节目和榜单,它的推出是为了扶持中国内地原创歌曲和青年歌手。孙楠、韩红、那英等现在华语乐坛的风云人物,当年都是经《东方风云榜》而走红歌坛的。尤为可贵的是,《东方风云榜》在创办多年后仍然坚持上榜歌曲必须由中国内地的音乐人创作、演唱和制作。

将热线电话与现场直播相结合,也是东广当时的一大创举。广播品牌栏目《渠成热线》就是从当年《热线急诊室》发展而来。消费者在节目中直接向主持人述说在购物、消费中的实际遭遇,主持人在收到投诉电话后,立即同有关商店或厂家联系,双方通过热线电话公开商讨解决争议的办法。节目为公正合理地解决问题架起了一座空中桥梁。

东广在服务上海的同时还放眼全国,注意反映各地改革开放大好局面。1993年9月28日至10月28日,由贺亚君、李晓玲、洪海明3人组成的采访组,从四川重庆出发,沿途经过5省1市,在东广开播一周年之际完成了"长江万里行",进行了沿江城市改革开放采访报道。采访组采访了途经省市的政府官员、专家学者、企业名人,对长江流域的经济文化等作了综合报道和评述,发回了包括《嘉陵江会不会变成第二条苏州河》《长江水质污染关键在于有法不依》等在内的重大报道。

【音频】"长江万里行"采访组归来的新闻片段

东方广播电台的开播在当时引起了巨大的社会反响,除了昼夜24小时全天候直播的创新播出模式,更引人注目的是,它使上海成为当时国内第一个实行广播双台制的都市。随着21世纪传媒信息化的进程,上海的广播电视产业进行了一系列整合与重组,之前的两台竞争转为如今的强强联手,这是面向未来、迎接挑战的战略性举措。有人曾这样评论:从上海的广播发展史可以触摸到中国改革的脉搏。东方广播电台的诞生是改革大潮的产物,也是上海全方位改革开放的一个缩影。

(倪嘉铭)

工作间指示牌

谢军夺得国际象棋世界冠军

十月 29

欧洲人在国际象棋赛事的垄断长达半个多世纪,而这个神话在1991年被一位年仅20岁的中国女棋手所打破。1991年10月29日,在马尼拉的女子国际象棋世界冠军争夺战中,20岁的中国女棋手谢军经过15盘比赛,战胜了三次蝉联世界冠军的苏联棋手玛雅·齐布尔达尼泽,成为新的世界冠军。随后20年,谢军又三次封后、三次率队夺得国际象棋奥林匹克团体赛冠军。这些都奠定了中国女子国际象棋在世界的领先地位。

很多人并不知道,谢军一开始是学习中国象棋的,在她10岁的时候就曾夺得北京市少儿中国象棋比赛的冠军。那时,北京市正在培养国际象棋小选手,棋院的王陞钧教练把谢军叫到棋院,把国际象棋的基本走法教给谢军,然后又和她下了一盘国际象棋。他惊讶地发现谢军有强烈的"攻王"意识,再加谢军思路敏捷,有大局观,王教练当即决定收这个姑娘进北京队。从此,谢军便迈上了国际象

谢 军

棋的征途。就在谢军封后之后,她的前队友、时任上海棋社教练的李祖年在采访中回顾了谢军以往的成绩:

【音频】李祖年回忆谢军以往的成绩

在所有棋盘游戏中,国际象棋是一种把战略战术和纯技术融为一体的理想游戏。1956年,国际象棋被中国体育行政部门列为正式体育竞赛项目。然而中国国际象棋在国际上始终处于中游水平。谢军1991年10月夺冠,成为历史上第一个封后的亚洲选手,打破了欧洲对国际象棋女子世界冠军的垄断。谢军的成功可以说是在天赋和努力的共同作用下产生的,李祖年回忆说谢军在自己的训练比赛之余,常常喜欢旁观比女队水平更高的男队对弈。

【音频】李祖年:谢军比较开朗和刻苦,人也比较聪明。从一个例子可以看出她的刻苦程度。有时女子比赛先结束的时候,她就到男子比赛赛场来看,有时候不允许她看,她就在赛场外面隔着玻璃看人家比赛。

谢军加冕棋后,对带动中国国际象棋的发展起了极其重要的作用。1993年10月24日至11月17日,在摩纳哥的蒙特卡洛与格鲁吉亚选手约谢莉阿妮的比赛中,谢军以8.5比2.5的绝对优势卫冕成功。这是继1962年世界冠军加普林达什维利以9比2战胜挑战者贝科娃之后,在世界女子冠军争夺战中出现的第二好成绩。这次"棋后"卫冕成功进一步巩固了中国女子国际象棋在国际棋坛的领先地位。

【音频】1993年谢军卫冕成功的实况报道

卫冕不仅仅需要选手具有超高水平的竞技技术,同时对选手的心理素质也是极大的考验。谢军的教练叶文川对谢军自信放松、敢搏敢拼的心理素质印象很深:

【音频】叶文川:作为一个棋手,谢军在某些方面还是有过人之处,首先是在比赛的素质上,我想她是一个放松型选手。另外,她在下棋中敢搏,这也是一个优势。

1996 年 2 月 20 日,谢军在西班牙哈恩举行的国际象棋女子世界冠军赛上,以 2 胜 5 和 6 败的成绩负于匈牙利选手苏珊·波尔加,卫冕失败,棋后桂冠拱手他人。

然而她并没有止步于此。正如她在自传《下棋的女人》中所说:"下棋的过程很快乐也很艰辛,残酷的竞技场上哪里有那么多容易事儿等着你,能够笑到最后的棋手都是从一次次失败的洗礼中走过来的。"在之后的 3 年半里,谢军努力训练,铁了心要再向冠军发起冲击。她每年至少有一半的时间生活在国外,以此增加参加比赛的频率。

1997 年谢军从候选人赛中胜出,1998 年获得挑战者资格。为了争取公平比赛,中国国际象棋协会向国际棋联据理力争,最终,国际棋联决定世界冠军个人锦标赛决赛于 1999 年的 7 月底在谢军与加里亚莫娃之间展开。传统赛制 16 局的对抗赛是漫长的,考验棋手的技术实力,更考验棋手的身体和心理承受能力。1999 年 8 月 22 日,谢军经历了漫长的苦战后,以 8.5 比 6.5 的比分战胜俄罗斯选手加里亚莫娃,夺回女子个人世界冠军。在接受采访时谢军表示这次对抗赛是她认为最难下的一次:

【音频】谢军第三次夺后的实况报道

此后的 2000 年,谢军又成为赛制改革后的第一个世界冠军,并且三度率领中国女子代表队在国际象棋奥林匹克团体赛中夺魁。谢军本人还神奇地完成了本科、硕士、博士和博士后的学业,转型做了北京棋院院长和首都体育学院副院长。

谢军传奇的职业生涯不但为祖国争得了荣誉,也为国际象棋在中国的普及和发展作出了巨大的贡献。中国国际象棋的水平从谢军开始,就开始处在世界一流水平。

(王永平)

谢军夺冠战

"希望工程"诞生

十月
30

提起"希望工程",很多人的脑海中会浮现出这样一张黑白照片:一个小女孩手握铅笔,一双大眼睛充满着求知渴望。这张名为《我要读书》的照片所表达出的失学儿童的无助与渴望以及贫困地区面临的教育困境,曾经打动过亿万中国人的心灵。1989年10月30日,共青团中央和中国青少年发展基金会召开"救助贫困地区失学少年"新闻发布会,宣布建立我国第一个"救助贫困地区失学少年基金","希望工程"计划由此诞生。"希望工程"旨在集社会之力捐资助学,改善农村办学条件,保障贫困地区失学孩子受教育的基本权利。"希望工程"给失学儿童带来了希望之光,同时促进了中国公益事业的发展。

希望工程宣传照《我要读书》

从1980年到1988年,全国中小学流失学生达3700多万名。1989年夏,共青团中央通过深入老少边穷等贫困地区进行调研发现,在我国贫困地区,每年约有100多万小学生由于家庭贫困而辍学。同年10月17日,河北省涞源县的张胜利等11名失学儿童接受了由团中央颁发的《资助就读证》。张胜利回忆了当年因为家中无力负担学费,父亲阻止他念书的情形:

【音频】张胜利:我有一次去上学,我爸爸为了不让我念书,就把我的书包从我怀中抢出来,扔到正在做饭的灶膛里面烧掉,但是我又拼命地抢出来,然后我又去念书。

此后,团中央决定开展一项动员社会力量支持贫困地区教育、帮助失学儿童读书的公益活动,这项活动被命名为"希望工程"。原中国青少年发展基金会副秘书长李宁讲述了"希望工程"名称的由来。

【音频】李宁:大家开动脑筋,都提了一些方案,包括"春雨计划"。当时都提了很多。后来,大家感觉到,在我提出来的这些名称当中,"希望工程"是最好的。

1990年2月,时任团中央书记处书记的李克强带领青基会考察组到安徽省金寨县考察后,决定在金寨县南溪镇援建全国第一所"希望小学",同时救助全县500名失学的适龄儿童。1990年5月19日,中国第一所"希望小学"在南溪镇落成,徐向前元帅亲笔题写了"金寨县希望小学"校名。时任安徽省金寨县南溪镇中心学校校长邵远新讲述了金寨县希望小学诞生的情况:

【音频】邵远新讲述金寨县希望小学诞生的情况

那张《我要读书》的黑白照片在 1991 年发表后被全国各大媒体转载，并被选为"希望工程"的宣传标识。照片中时年 7 岁的小女孩苏明娟也随之成为了"希望工程"的形象代言人之一。在"希望工程"的帮助下，苏明娟重回了校园。她不仅完成了高中学业，还在 2002 年考上了安徽大学。多年来，苏明娟一直积极参与公益活动，希望把爱心的接力棒传递下去，尽自己最大的努力去帮助那些需要别人帮助的贫困儿童。

【音频】苏明娟：回报所有关心我的，还有帮助过我的人。还有，尽自己最大的努力，去帮助那些需要别人帮助的贫困儿童。

邓小平同志在 1990 年 9 月 5 日为"希望工程"亲笔题词，该题词于 1992 年 4 月 16 日在《人民日报》上发表，由此揭开了"希望工程百万爱心行动"的序幕，极大地推动了"希望工程"的发展。全国迅速掀起了一个参与"希望工程"、为失学儿童献爱心的热潮。这一年，邓小平以"一个老共产党员"的名义，两次向"希望工程"捐款共 5000 元。2014 年，由邓小平捐赠 140 余万元稿费形成的"小平基金"落户中国青基会。这笔基金扩充后，根据小平同志的遗愿，用于青少年科技创新的奖励活动。时任中国青基会秘书长徐永光讲述了邓小平匿名捐款的事：

【音频】徐永光：1992 年的 6 月 10 日那天，基金会来了两个军人，他们拿出了三千块钱的捐款，交给我们的捐款接待员。后来我们说，要登记捐款人的名字。两位军人讲，不能公开捐款人的名字，如果你们一定要写名字的话，那么就写"一位老共产党员"。1992 年 10 月 6 日那天，又来了两位工作人员，用同样的方式，又捐了两千块钱。后来我们经过多方面的调查，最后终于知道，这是小平同志的捐款。

从 2007 年起，"希望工程"将"救助"模式拓展为"救助——发展"模式，更加关注贫困学生自我发展能力的提高，帮助受助学生学会自助助人。2009 年，"希望工程激励行动"开始实施。它旨在支持在校大学生持续开展社会公益服务，为社区带来有益改变，同时通过项目实践，帮助青年提升能力，成为有责任的行动者和公益文化的倡导者。在"希望工程激励行动 2013 总结宣传片"中，受访学生谈到，通过自己的行动为身边的人做一些事，相信世界也会发生一点点的改变。

【音频】"希望工程激励行动 2013 总结宣传片"的片段

截至 2014 年 10 月，"希望工程"已累计募款逾百亿元，先后建起 18000 多所希望小学，资助贫困学子 490 多万名。在祖国的版图上，我们也许不能历数已经建成的"希望小学"的具体名称，但"希望小学"带来的"希望"已为贫穷地区的学子们照亮了前行的道路……

（郑榴榴）

金寨县希望小学

日本女星山口百惠正式息影

十月
31

【音频】山口百惠演唱的电视剧《血疑》主题曲《谢谢你》

1984 年,当 27 集的日本电视连续剧《血疑》在我国热播之时,这首由女主角山口百惠演唱的主题歌《谢谢你》也传遍了大街小巷。当时,亿万观众每天守候在电视机前,为剧中身患血癌的大岛幸子的病况以及她与男友相良光夫的爱情牵肠挂肚。

那是"偶像"一词尚未诞生的年代,但山口百惠的名字已经因为这部电视剧而深入了中国观众的心。人们记住了剧中这个经常一袭学生装、带着浅浅微笑、露出洁白可爱小虎牙的女生。然而,许多人并不知道,当他们在电视机前欣赏山口百惠表演的时候,她其实已于 1980 年 10 月 31 日正式宣告退出娱乐圈了。

【音频】山口百惠:现在,就算我对大家怎样重复说着感谢的话,也不足以表达我现在的心情,真的,感谢大家原谅我的任性,我会幸福的。

山口百惠和三浦友和

这是 1980 年 10 月 5 日在日本东京武道馆所举行的山口百惠个人告别演唱会的实况录音。聚光灯下,她哽咽着向自己的歌迷们说出引退的消息。她承认自己的选择很任性,她说现在无法用言语表达自己对大家的感激之情,她谢谢大家的原谅并相信自己会得到幸福。那一天,随着演唱会的落幕,她将手中的话筒永远留在了舞台上。10 月 31 日,山口百惠正式息影。同年 11 月 19 日,她和演员三浦友和举行婚礼,步入了幸福的婚姻殿堂,也就此告别了鲜花与掌声。

山口百惠 1959 年 1 月 17 日出生于日本东京都涩谷区的惠比寿,是 20 世纪 70 年代日本著名的影视歌三栖艺人。1972 年,13 岁的她参加了一档名为《明星诞生》的歌唱比赛,凭借《回转木马》一曲获得第二名,由此出道。

【音频】山口百惠 1972 年参加《明星诞生》时演唱的《回转木马》片段

在参加《明星诞生》比赛 2 年后,山口百惠发行了两张音乐专辑《妙龄》和《不禁止的游戏》,在歌坛崭露头角,而她的经纪公司看重其青春甜美的形象,决定让她跨界往广告、影视方面发展。1974 年,山口百惠接拍了个人第一支广告,与她合作的正是日后的爱人三浦友和,那是两人命中注定的初次相见。

广告拍摄结束后的同年 9 月,三浦友和在近万人的筛选中脱颖而出,与山口百惠合作出演根据川端康成名作《伊豆的舞女》改编的电影,这是两人在电影中的第一次合作,也是山口百惠跃登大银幕的首部作品。电影上映后引起了巨大的反响,15 岁的山口百惠迅速走红,成为了日本影坛的一颗新星。

虽然电影《伊豆的舞女》结局是川岛和阿熏最终分离,但爱情的红线似乎已将山口百惠和三浦友和紧紧地维系在了一起。第二年,两人又共同出演了电影《潮骚》,成为演艺圈的黄金搭档。随着演艺事业的发展,两人的感情也逐步加深。那以后的近 5 年时间里,他们每年暑期和年底都要合演两部电影。与此同时,两人还拍摄了电视剧《血疑》《赤色冲击》以及各种广告。

影视剧中这对"金童玉女"演绎的爱情故事成为了现实。他们互相表演了几百次的台词"我爱你"、"我喜欢你",成为了山口百惠与三浦友和通过摄影机在千百万观众面前的真情告白,而作为工作地点的拍摄现场则成了两人最为熟悉的约会场所。

终于,在 1980 年 10 月的演唱会上,山口百惠作出了息影结婚、相夫教子的决定。当时她并没有说出自己恋人的名字,只是介绍了他的点点滴滴,台下的粉丝们就异口同声地喊出了"三浦友和"的名字。对于她的歌迷、影迷们来说,山口百惠离开演艺圈这一消息是令人震惊的。可是在她本人看来,相比自己的演艺事业,跟三浦友和组成家庭,温暖地生活在一起才是更加重要的。

在东京武道馆的那场演唱会上,山口百惠含着泪唱完最后一首歌。那首歌的歌名也非常应景,叫做《再见的彼方(さよならの向う側)》。张国荣曾在 1983 年将它翻唱成粤语,也就是后来广为人知的歌曲《风继续吹》。伴随着优雅的旋律,山口百惠唱道:"谢谢你的好意,谢谢你的温柔,谢谢你的微笑,谢谢你的爱,谢谢你的一切,来代替说再见。"那或许是她在离别之时,对钟爱她的歌迷、影迷们最真挚的感激。

【音频】山口百惠演唱的《再见的彼方(さよならの向う側)》现场版

(郑　麟)

日本女星山口百惠

彩色越剧影片《梁山伯与祝英台》在沪完成拍摄

1

1953年11月1日，上海电影制片厂完成拍摄了新中国第一部彩色越剧电影《梁山伯与祝英台》。该片由桑弧导演、范瑞娟和袁雪芬主演。影片一经问世，不仅在全国范围风靡一时，在国外更是引起了巨大的轰动，被人们称为中国版的《罗密欧与朱丽叶》。

【音频】越剧电影《梁山伯与祝英台》片段

《梁山伯与祝英台》是中国民间四大爱情故事之一，可谓家喻户晓、流传深远，人们被梁祝的爱情故事深深打动。1952年10月，第一届全国戏曲观摩演出大会在北京举办，大会专门成立了评奖委员会，对参演的剧目与演员进行了评定。当时，范瑞娟和袁雪芬表演了越剧《梁山伯与祝英台》，获得上级领导极大的肯定。几天之后，文化部发出通知，要求将该剧翻拍成彩色电影。

《梁山伯与祝英台》电影海报

参与人员接到此任务后非常激动，随之而来的问题也使他们陷入了困境。当时要拍摄一部彩色电影的成本远远大于黑白电影，除了财政问题，拍摄的条件也尚未成熟。即便如此，1952年底，《梁山伯与祝英台》彩色电影还是投入了紧张的拍摄。万事开头难，虽然工作人员做足了准备，但是各种各样的问题依然迎面而来。范瑞娟在采访中描述了开拍之初遇到的问题。

【音频】范瑞娟：“十八相送”这段戏刚拍好后放出来一看，颜色非常地好——青山绿水，花红柳绿。可是过了一个晚上再放出来看的时候发现颜色变成咖啡色的了。这时候怎么说呢，决心是很大，但是困难重重。

整个拍摄的过程也极为辛苦。从技术层面来讲，由于胶片的感光度过低，因而要求摄影棚必须非常明亮，但当时的光源主要集中在了两盏从苏联进口的阿克炭精灯上，灯光总是一闪一闪，根本无法达到拍摄的要求。在这样的环境下，往往一个镜头要拍摄十几次甚至是几十次，演员的积极性逐渐地被消磨了。时任上海市长的陈毅得知这样的困境后，立刻作了一个重要批示：把当时的防空照明系统搬到摄影棚内，以此来提高光亮度。桑弧之子李亦中在采访中介绍了陈毅市长支持电影拍摄工作的情况。

【音频】李亦中：我记得那个时候厂里的照明设备达不到亮度要求，结果把这个困难汇报上去以后惊动了陈毅市长，他当即作了批示，把军队用的防空洞照明系统给了我们。

设备问题暂时解决了,对于演员的考验依然非常严峻。1953 年这年的夏天非常炎热,平均温度都要达到 38 摄氏度,再加之防空探照灯长时间的光照,每天十几个小时录制完成后,演员们的脸都浮肿了起来。演员范瑞娟在强光的刺激下,眼睛肿得如葡萄般大,而袁雪芬也是在那个时候患上了十二指肠溃疡且成为终身疾病。当时的电影摄影师马林发在采访中描述了高温下拍摄的情况:

【音频】马林发:当年的天气非常热,但摄影棚里是没有空调的,演员身上的衣服一会儿就湿透了。结果就弄来很多冰块,然后用电扇吹,但其实也没有什么用处。

经过十一个月的艰苦努力,新中国第一部彩色越剧电影终于完成了拍摄。当时周总理、陈毅市长等人前来审看样片,看完后对这部电影赞赏有加,也给予摄制组全体人员极大的肯定。1954 年 4 月,周总理参加日内瓦会议,在此期间,他指示中国代表团新闻处放映彩色电影《梁山伯与祝英台》。影片放映过程中,世界各国贵宾被片中的忠贞爱情和优美唱段所深深吸引,放映结束后,全场爆发出雷鸣般的掌声。之后,周总理还邀请喜剧大师卓别林观看了这部电影,卓别林看后感动得流下了眼泪,由衷地称赞这是中国民族戏曲的经典之作。在日内瓦,范瑞娟也见到了卓别林,两人之间还发生一段有趣的对话:

【音频】范瑞娟:周总理当时就和卓别林介绍我说:"这是范瑞娟,演梁山伯的。"卓别林退后了两步,上下打量了我一下说道:"不像,不像,一点也不像。你在电影里演的是古代的书生,现实里确是一个东方的姑娘。"

1955 年 5 月 27 日,《梁山伯与祝英台》在法国巴黎明星电影院公映,这是在法国公映的第一部新中国影片。谁都没有想到这部电影会如此成功,它在国内外获得了诸多荣誉。1954 年越剧电影《梁山伯与祝英台》荣获第 8 届卡罗维发利国际电影节音乐片奖,次年又获得英国第 8 届爱丁堡国际电影节映出奖,1957 年 4 月荣获国家文化部"1949 年到 1955年优秀影片"唯一金奖。这不仅是对该片全体工作人员辛勤付出的极大激励,也是对中国优秀民族文化传承的充分肯定。

（王　依）

《梁山伯与祝英台》电影剧照

首届中国上海国际艺术节开幕

大型服饰舞蹈《金舞银饰》为首届中国上海国际艺术节揭幕

【音频】歌曲《地球是个美丽的圆》

"地球是个美丽的圆,我在这边你在那边。有时候感觉很遥远,一下你就来到我面前。地球是个美丽的圆,我在东边你在西边。我欣赏你的神曲,你喜爱我的飞天。"这首《地球是个美丽的圆》是首届中国上海国际艺术节的节歌。1999年11月2日晚,首届中国上海国际艺术节在上海大剧院正式拉开帷幕。这是由国家文化部主办、上海市人民政府承办的国家级国际艺术节,也是我国最高规格的对外文化交流节庆活动之一。

改革开放以来,中国对外文化交流规模不断扩大,水准不断提高。从起源于20世纪60年代的上海之春国际音乐节到80年代的音乐、戏曲、影视节,城市性的文化艺术节一直是上海的优良传统。90年代末,为满足首届中国上海国际艺术节演出和展览的需要,上海市政府投资兴建了上海马戏城、上海美术馆新馆等文化设施,并对上海体育馆、逸夫舞台、美琪大戏院等重要演出场所进行了改建、扩建和修缮。

1999年11月2日晚,上海的标志性文化建筑——上海大剧院灯光璀璨,首届中国上海国际艺术节隆重开幕。中央、国务院有关领导,全国各地有关方面负责人和中外嘉宾千余人出席盛会。上海歌舞团表演的大型服饰舞蹈《金舞银饰》为艺术节揭开大幕。这台美轮美奂的原创节目将中华民族几千年进程中绚丽多彩的历代服饰和婀娜多姿的历代舞蹈一一呈现。《金舞银饰》为艺术节定下一个基调,那就是千方百计找到好节目,为原创新作提供向世界展示的舞台。德国音乐家海姆肖特讲述了他看完开幕式后的感受:

【音频】海姆肖特:这是一场非常精彩的演出,它的结尾令人印象深刻。在一系列的辉煌的历史场景后,我们手携手走向未来,这也是对全世界人民美好的祝愿。

"弘扬民族优秀文化,展示中外艺术精品"是首届中国上海国际艺术节的宗旨之一。此次艺术节以展示舞台表演艺术为主,有30多台国内外优秀剧目参加正式演出,20台节目参加祝贺演出,包括京剧、越剧、藏剧、川剧等中国地方特色的戏曲以及博采世界文化之长的芭蕾、歌剧、交响乐、民间歌舞、大型魔术等。参加艺术节正式演出的艺术团体和艺术家共来自10个国家,其中有不少是享誉世界的或是第一次来沪演出,比如成立于1914年,有着"日本国宝"之称的日本宝塚歌舞剧团此番就是首次来沪。宝塚歌舞剧团以气势恢弘、华美绚丽、激情四射的宝塚歌舞令中国观众为之倾倒,该团的首席演员真琴翼还用中文演唱了中国民歌《掀起你的盖头来》。

【音频】真琴翼演唱的《掀起你的盖头来》

以国际性、民族性和经典性为基调的首届中国上海国际艺术节是一道丰盛的"艺术大餐"，它是集中展示中国文化艺术的舞台，也是借鉴世界优秀文化艺术的窗口。越剧《红楼梦》的主演方亚芬、京剧《宝莲灯》的主演李军分别讲述了他们参加首届中国上海国际艺术节的感受：

【音频】**方亚芬**：能够参加第一次我们上海举行的国际艺术节，我非常荣幸，特别是我们越剧能够参加这次艺术节。《红楼梦》是我们的经典名著，把我们中国的越剧艺术介绍给世界的朋友，也可以把世界上好的艺术引进到我们上海。

李军：这个国际艺术节我觉得办得非常地好，气势恢弘，场面很宏大，体现了上海改革开放以来新的一种精神面貌，尤其是在即将跨入一个新的世纪之时，有这样一台大的晚会我觉得非常鼓舞人心，非常令人振奋。

除了舞台演出之外，首届中国上海国际艺术节还举办了演出交易会、美术大展、艺术博览会和亚洲音乐节，并开展了丰富多彩的群众文化活动。12 月 1 日，为期一个月的首届中国上海国际艺术节在歌剧《茶花女》中落下帷幕。此次演出的《茶花女》由英国皇家歌剧院、上海歌剧院、上海交响乐团联袂推出，由成功指挥上海大剧院开台歌剧《阿依达》的意大利著名指挥家保罗·奥尔米担任指挥，英国皇家歌剧院著名导演屈克·扬执导，美籍华裔歌唱家莫华伦饰演男主角。莫华伦讲述了他参加演出后的感受：

【音频】**莫华伦**：最大的感受就是觉得上海现在歌剧的整个水准比以前提高太多了，而且可以说是跟世界绝对接轨了。上海现在演出的歌剧是在世界的报纸上有报道的，证明上海的文化事业已经受到全世界人的重视，不光是重视，而且还有认可。

中华优秀传统文化走出去，世界经典艺术引进来。从 1999 年创办至今，中国上海国际艺术节秉承经典、不断创新，在海内外文化界的影响越来越大，已经成为我国对外文化交流的标志性工程和国际知名品牌。

（舒　凤）

中国上海国际艺术节标志

联合国向袁隆平颁发科学奖

十一月 3

1987 年 11 月 3 日，在联合国教科文组织巴黎总部，1986 至 1987 年度联合国教科文组织科学奖颁给了一位中国专家。这是中国人首次获得这一世界性大奖，这位中国专家就是在培育高产杂交水稻方面取得卓越成果的袁隆平。教科文组织总干事姆博在颁奖仪式上说，袁隆平的科研成果是继 20 世纪 70 年代初国际上培育半矮秆水稻之后的"第二次绿色革命"。不过对于硕果累累的袁隆平来说，谦虚永远是他的本色，获奖反而变成了身上的包袱。

袁隆平

【音频】袁隆平：奖太多了是个包袱。现在对我来说，奖现在反而变成了包袱，光环太多了，搞得不好一失足就成千古恨了。

袁隆平 1930 年 9 月出生于北京。1953 年西南农学院毕业后在湖南安江农校任教。有一天，还是青年教师的袁隆平被学校试验田里一株"鹤立鸡群"的水稻吸引了。兴奋的袁隆平给这株水稻做了记号，将其所有谷粒留做试验的种子。第二年的结果却让人很失望，这些种子生长的禾苗，没有一株超过它们的前代，这有悖于传统经典的遗传学理论。袁隆平百思不得其解，但灵感的火花来了：难道这是一株天然杂交稻？发明杂交水稻在当时无异于天方夜谭，因为在传统遗传学的观点中，水稻是自花授粉植物，杂交也没有优势。但袁隆平知道，水稻作为世界上最大的粮食作物之一，是世界一半以上人口的主粮。要让人们吃上饱饭，就只有提高水稻产量，于是发明杂交稻就成了他的一个梦想。多年以后，袁隆平对当时一刹那的灵感仍满怀欣喜：

【音频】袁隆平：我叫"望品种成龙"，结果抽穗的时候我大失所望。高的高矮的矮，早的早迟的迟，没有一株有它上一代那么好。失望之余我也来了灵感，纯种不会分离，只有杂交才会分离，这一株很可能是天然的杂交稻。我受到这个灵感的启发，开始研究杂交稻。

杂交水稻研究是世界公认的农业科学领域中的"哥德巴赫猜想"。最初，袁隆平和助手们用 1000 多个品种的常规水稻进行了 3000 多次试验，但都以失败告终。袁隆平顶住巨大压力，带领自己的助手，终于在 1974 年育成了世界上第一个真正具有杂交优势和推广价值的三系杂交稻品种"南优 2 号"，水稻产量最高达到五六百公斤。1976 年，杂交水稻开始进行大面积推广，全国达到 208 万亩，平均亩产从 300 公斤一下子提高到 500 公斤。之后，袁隆平和他的团队又进一步进行技术创新，发明了两系稻，不仅将水稻单产量提高到七八百公斤，而且品质大为改善。2005 年底，联合国世界粮食计划署在北京正式宣布从 2006 年起停止对华粮食援助。这标志着中国 26 年的粮食受捐赠历史画上了句号，并开始转而成为一个重要的援助捐赠国。中国以占世界不到 10% 的耕地养活了占世界 20% 多的人口，其中杂交水稻立下了汗马功劳。经济学家艾丰对此评价非常高：

【音频】艾丰：中国的人口在增加，世界的人口在增加，但是土地不增加。袁隆平的杂交水稻恰恰是解决了这个问题，中国杂家水稻的优良品种提高了亩产就解决了这个矛盾。所以统计上显示，用了袁隆平的杂交水稻之后，增产的粮食可以多养活七千万人，所以他的意义很大。如果扩大世界范围，可以多养活四亿五千万人。

1982年，袁隆平去菲律宾参加国际水稻研究所的一个学术会议。当国际水稻研究所所长斯瓦米纳森先生庄重地引领袁隆平走向主席台时，投影机在屏幕上打出了袁隆平的巨幅头像和"杂交水稻之父"的英文字幕，顿时，全场为之欢声雷动，大家纷纷向袁隆平鼓掌致意。从此，袁隆平赢得了当之无愧的"杂交水稻之父"的称号。

工作中的袁隆平严谨治学、一丝不苟，而生活中的他则是一位和蔼可亲、幽默风趣的老人。袁隆平兴趣广泛。他擅长游泳，常年坚持不断，每年仍要报名参加单位组织的游泳比赛，而且蛙泳和自由泳项目往往令小伙子们都望尘莫及，他还会拉小提琴，对音乐颇有研究的原国家领导人李岚清就曾对袁隆平的音乐爱好大加赞赏：

【音频】李岚清："杂家水稻之父"袁隆平院士，你们只看到他戴着草帽在研究水稻科学的这一面，他另外一面可能了解的人不多，他也是个爱好音乐的人，他爱好拉小提琴。我还曾邀请他到人民大会堂小礼堂演出过，他也经常与朋友在家开一些小型的音乐会。

袁隆平和他的"杂交水稻"在数年的时间内就解决了中国十多亿人的吃饭问题，有力回答了"谁来养活中国"的疑问。正如美国著名农业经济学家帕尔伯格所言，袁隆平把西方国家远远甩到了后面，为中国争取到了宝贵的时间，并将引导中国和世界过上不再饥饿的美好生活。

（肖定斌）

袁隆平拉小提琴

东京审判开始宣判

【音频】电影《东京审判》之"梅汝璈日记"片段画外音

影片《东京审判》改编自历史真实事件"东京审判"。影片的这段画外音内容出自于远东国际法庭的中国法官梅汝璈先生所撰写的日记片段。该影片曾获得第12届华表奖优秀故事片奖与2007年第16届金鸡百花奖优秀故事片奖。那么历史上真实的东京审判又是怎样的呢？

1946年1月19日远东国际法庭成立，法庭由中国、美国、英国、法国、苏联、加拿大、澳大利亚、新西兰、荷兰、印度、菲律宾11国指派的11名法官组成。庭长为澳洲最高法院法官威廉·韦伯爵士。中国参加东京审判的首席法官由梅汝璈担任，向哲濬出任中国检察官之职。1946年5月3日在日本的东京，法庭开始对参与第二次世界大战的日本首要战犯进行审判。两年后的11月4日，审判长开

审判席上的日本甲级战犯

始宣读长达1231页的判决书，直到12日才读完。这场历史上著名的审判，前后持续了约两年半之久，共开庭817次，法官内部会议131次，有419位证人出庭作证，779位证人提供书面作证，受理证据4336份，英文庭审记录48412页。整个审判耗资750万美元。

1946年5月3日，远东国际军事法庭开庭，之后很快就进入了日本侵略中国这一部分的审理。首先面对的是日本阴谋侵略中国东北的阶段，这也是起诉书控诉日本侵略扩张的开始。根据英美法系，庭审需要控方提供充足具体的证据。1946年8月16日上午11时25分，中国的"末代皇帝"溥仪第一次出现在了法庭之上，没有谁比他更适合作为指认日本侵略东北的人证了。

【音频】溥仪出庭作证

溥仪先后出庭8天，创下了远东国际军事法庭单人作证时间最长的纪录。在随后被告律师综合辩护和提证时，中国检察团用铁一般的证据事实反诘了土肥原贤二和板垣征四郎的辩护。

为了查清"南京大屠杀"的真相，远东国际法庭专门设立了一个独立单元进行调查。法庭每天都发放旁听券。到了"南京大屠杀"的审讯阶段，甚至出现了黑市倒卖旁听券的情况。在法庭上，各国法官对此案非常重视，花了20天时间进行庭审。法庭先后传讯了10余名中外证人，接受了30余件书面证词。美国牧师约翰·马吉更是出示了自己拍摄的影像资料。至此，"南京大屠杀"证据确凿。

1948年11月12日，东京审判经历了两年零五个月，迎来了远东国际军事法庭第817次也是最后一次开庭。庭长威廉·韦伯爵士宣布最后审判结果：判处东条英机、广田弘毅、松井石根、土

肥原贤二、板垣征四郎、武藤章和木村兵太郎 7 人绞刑;判处荒木贞夫、桥本欣五郎、畑俊六等 16 人无期徒刑;分别判处东乡茂德和重光葵有期徒刑 20 年和 7 年。

【音频】法庭宣布最后审判结果:被告板垣征四郎,根据对你的起诉,远东国际军事法庭判处你绞刑。被告东条英机,根据对你的起诉,远东国际军事法庭判处你绞刑。

法庭判决后,日本右翼势力极为不满,尤其是那批被告律师。这些律师不顾国际惯例,策动死刑犯土肥原贤二和广田弘毅二人,委托其辩护律师,向美国最高法院提出"上诉",要求无罪释放。1948 年 12 月 16 日,法院听取"上诉"战犯的申辩,把他们解送到美国,并对外宣布死刑战犯的执行期延至美国最高法院作出结论之后。这种独裁专制的做法使得美国最高法院成了众矢之的,受到全世界各方的斥责。12 月 20 日,美国最高法院被迫宣布驳回日本战犯的"上诉",并承认美国的法院无权受理这种"上诉"。3 天之后,死刑犯东条英机、松井石根等 7 名战犯,在东京巢鸭监狱被验明正身执行了绞刑。

死刑执行后,美国霸权主义的本性再一次显露。美方出于冷战的需要,要利用日本战犯,于是千方百计为日本战犯开脱罪责。麦克·阿瑟擅自以盟军最高统帅名义指示国际检察处,以"罪证不足"为由,对在押待审的 42 名甲级战犯执行"免予起诉"的判决,并下令分两批将这些甲级战犯"无罪释放",其中就有岸信介等重要战犯。更有甚者,麦克·阿瑟随后又下令,对已被国际法庭判刑的战犯,按所谓的"宣誓释放制"全部提前释放。最终这个由 11 个盟国组成的国际法庭所下达的判决书成为了一纸空文。

二战结束后,美国对日本采取保留天皇制,成为了战后日本重建右倾保守体制的政治基础和精神支柱。美国对日本实行单独占领并包庇、赦免了一大批犯有侵略战争罪行的日本战犯,并用"冷战"政策予以保护。这使得日本战败后一直没有反省其对外侵略的罪行,同时也为日本军国主义思潮的复活提供了温床。

(金 之)

溥仪在法庭作证

骆家辉当选美国历史上首位华人州长

美国华盛顿州州长骆家辉

1996年11月5日,骆家辉在华盛顿州第21任州长选举中获胜,成为美国历史上第一位华人州长。在当晚举办的庆贺会上,骆家辉说:"今晚应该是我们摒弃成见,携手共创更美好未来的时候了。"

骆家辉是华人移民的第三代,也是美国政坛当之无愧的"华裔代表"之一。在当选州长之后,骆家辉又继而成为美国历史上首位华裔商务部部长和美国首位华裔驻华大使。

【音频】骆家辉在当选庆贺会上的发言

祖籍广东台山的骆家辉,1950年出生于华盛顿州的西雅图市。他父亲在13岁时随家人移居美国,是美军退役军人。童年和青少年时期的骆家辉在课余时间需要到餐馆、杂货店帮父亲料理生意。1968年,骆家辉作为荣誉生高中毕业,随后考进耶鲁大学。他依靠打工、政府助学贷款和学校奖学金完成了学业,取得政治学学士学位。1975年,他获得了波士顿大学的法学博士学位。骆家辉谈到自己小时候的一些情况:

【音频】骆家辉:最初几年,我们住在提供给低收入单身者和退休人员的公共住宅中。虽然我在华盛顿州出生,但我一直到进了幼儿园才开始学英文。

1982年,骆家辉当选为华盛顿州众议员,从此正式踏入政坛。1996年11月5日,骆家辉在华盛顿州州长的选举中获胜,成为州长。这一消息令全美的广大华裔以至整个亚裔都欢欣鼓舞。在骆家辉的治理下,华盛顿州的经济得到了加强,交通、医疗保健和教育都得到改善。2000年,骆家辉以高得票率连任。在他的第二个任期内,华盛顿州被评为美国管理最完善的五个州之一。1997年10月1日至12日是骆家辉就任华盛顿州长后的第一次国际之旅,前往地点是日本东京和中国的北京、青岛、上海、香港等地,目的是促进华盛顿州与这些城市的双边商贸往来。1997年10月初,时任上海市长的徐匡迪会见了骆家辉一行。

【音频】徐匡迪会见骆家辉一行的新闻报道

2009年5月,骆家辉由美国总统奥巴马正式提名,成为美国历史上首位华裔商务部部长,成为奥巴马内阁中继能源部部长朱棣文之后的第二位华裔部长。商务部部长是奥巴马内阁的一个重要职位,主要负责监管国际贸易、海洋政策以及人口普查等多个机构。各界普遍期待这项任命有助于美中处理敏感而复杂的经贸关系。

2011年3月，美国总统奥巴马正式提名骆家辉出任新一任的美国驻华大使。8月1日，骆家辉宣誓就职，成为美国首位华裔驻华大使。骆家辉在致辞时表示，自己对出任美国驻华大使深感荣幸，中美两国有着极为重要与复杂的外交、经济和战略关系，双边关系既有挑战，更有着深化合作的巨大潜力。2011年8月14日下午，在北京的美国驻华大使馆官邸召开了骆家辉的就任新闻发布会。骆家辉面带笑容，牵领着夫人和3个孩子来到记者面前，发表了简短的演讲。

【音频】骆家辉：很明显，我们有很多目标需要达成。在未来几周、几个月内，我们会制定出其中的重中之重，当然最重要的是加强和更好地改善两国人民之间的相互理解。两国政府和人民都需要理解双方之间存在的差异，以便推进双边合作关系，令双方政府和人民达到双赢目标。

骆家辉任职期间在中国受到的关注度不亚于在美国。无论是乘坐经济舱还是排队乘缆车，或是因旅费将超支而拒绝入住五星级酒店，都让媒体注意到了这位新任驻华大使简朴低调、稳妥谨慎的作风。然而，骆家辉引起争议最多的恐怕还属美国驻华使馆监测并公布PM2.5的数据。据了解，美国驻华使馆2008年下半年开始自行对使馆所在地的空气进行PM2.5监测，并在境外网站上发布实时数据。由于该数据和中国环保部门公布的数据存在较大差异，因此曾引发中国公众的热议。骆家辉就任后，2011年11月，美国驻华大使馆通过官网公布了一组空气质量监测数据，让PM2.5数值进入中国公众的视野，引起了有关部门的重视。此外，在骆家辉担任驻华大使的两年多内，中国人赴美签证数量创新高，签证等待的平均时间也降到了2至4天，而前一年同期等待的最长时间是60天。骆家辉曾在出席华南美国商会的活动时发言说，加快中国游客的签证处理速度，是我作为美国驻华大使的第一要务。骆家辉于2014年初提早卸任美国驻华大使一职，到西雅图与家人团聚。

从政绩斐然的一方州长，到举足轻重的国家商务部部长，再到肩负重任的驻华大使，骆家辉的奋斗历程在美国被视为"美国梦"的鲜活体现与典范。作为移民的后代，骆家辉能够深深体会华人在美国创业的艰辛，而作为一个在美国土生土长的华裔，他的华裔血统和他在美国成长的背景，使他在从政道路上尤其是中美关系中能够发挥独特的作用。

（郑榴榴）

骆家辉携家人在驻华大使馆就任新闻发布会上致辞

作曲家柴可夫斯基逝世

柴可夫斯基

【音频】第六交响曲《悲怆》第一乐章选段

《悲怆》交响曲来自俄罗斯伟大的作曲家彼得·伊里奇·柴可夫斯基的创作,1893 年 10 月首演于彼得堡。令人惋惜的是,首演后的第 9 天,也就是 1893 年 11 月 6 日,53 岁的柴可夫斯基因病与世长辞,徒留听众在《悲怆》的乐音中唏嘘不已。

【音频】钢琴曲集《四季》选段

柴可夫斯基,1840 年 5 月 7 日出生在俄国工业城市沃金斯克,19 岁从法律学校毕业后进入司法院担任事务员。然而出于对音乐的向往,他终于说服父亲,得以进入彼得堡音乐学院学习。这所音乐学院是由极其推崇西欧音乐的钢琴家安东·鲁宾斯坦所创建。在音乐学院中,柴可夫斯基是一位勤勉的学生,对于老师所传授的知识都能虚心学习,所以在作曲方面进步很快。这一期间他完成了一些管弦乐及室内乐小品的习作。1865 年柴可夫斯基自音乐学院毕业。毕业作品是一部以席勒《欢乐颂》为题材的清唱剧,得到了学院的银牌奖。

【音频】第一交响曲《冬之梦》选段

柴可夫斯基的毕业作品受到了安东·鲁宾斯坦的弟弟、指挥家兼钢琴家尼古拉·鲁宾斯坦的赏识,他请柴可夫斯基到新成立的莫斯科音乐学院教授音乐理论。在莫斯科音乐学院教书的收入并不算多,但他却有较充裕的时间作曲,因此在担任教职的第一年内,就完成了他的第一交响曲《冬之梦》。然而这部作品在演出时却没有受到青睐,这使得柴可夫斯基非常失望。不过幸好他没有因此而气馁,之后又创作了一些钢琴曲、序曲等,不过这些作品也都不是很成功。

1869 年,29 岁的柴可夫斯基爱上了女歌手黛西莉·阿尔托,两人曾经发展出一段恋情,可是个性内向的柴可夫斯基迟迟不敢向黛西莉求婚,以致后来黛西莉被别人追走。虽然柴可夫斯基在感情上受到挫折,不过在作曲上却有全新的斩获。他初期的杰作,比如《第一管弦乐四重奏》《第二交响曲》《幻想曲》等陆续问世。1874 年柴可夫斯基更谱出《降 b 小调第一钢琴协奏曲》,这首曲子成了柴可夫斯基最受世人喜爱的作品之一。

【音频】《降 b 小调第一钢琴协奏曲》选段

柴可夫斯基于 1876 年致力谱写《洛可可主题变奏曲》的同时，与梅克夫人开始了长达13 年的信件来往。梅克夫人是一位富商的遗孀，她因为仰慕柴可夫斯基的音乐才华，愿意每年提供 6000 卢布给柴可夫斯基，好让他辞去音乐院的教职，专心从事作曲工作。但是她也提出两人永不见面的条件，所以柴可夫斯基和梅克夫人始终都只靠书信联络，两人终其一生都不曾见过一面。

1875 到 1880 年期间，柴可夫斯基又完成了第三、第四交响曲、芭蕾舞剧《天鹅湖》、钢琴曲集《四季》、交响幻想曲《黎米尼的富兰契斯卡》《斯拉夫进行曲》《意大利随想曲》《一八一二序曲》《洛可可主题变奏曲》以及歌剧《叶甫盖尼·奥涅金》等杰作。这些作品的成功，使柴可夫斯基在俄国乐坛的地位大为提升，也使得他成为国际瞩目的俄国作曲家。

【音频】《叶甫盖尼·奥涅金》选段

歌剧《叶甫盖尼·奥涅金》改编自俄罗斯文坛巨匠普希金的同名诗作。美丽纯洁的少女塔吉娅娜对彼得堡贵族青年叶甫盖尼·奥涅金一见钟情，在信中勇敢地向他倾吐爱情却遭到拒绝。上海音乐学院的杨燕迪教授认为这部歌剧最出彩的是它的抒情部分。

【音频】杨燕迪评价歌剧《叶甫盖尼·奥涅金》

1885 年，在一次临阵上场指挥自己的歌剧《女妖》之后，柴可夫斯基克服了与生俱来的舞台恐惧症。此后他逐渐开始习惯在舞台上指挥自己的创作，并常在欧洲各地巡回演出，因此结识了勃拉姆斯、德沃夏克、查理·斯特劳斯等不少杰出音乐家。

1890 年柴可夫斯基前往俄属高加索，在那里他接到梅克夫人的来信。梅克夫人在信中表示自己的经济情况发生恶化，因此无法再对柴可夫斯基提供经济支持，并且要断绝两人间的书信来往。虽然柴可夫斯基这时已经是一位名气稳固的作曲家，但是与梅克夫人的断交，对他仍然造成精神上相当大的打击。

【音频】第六交响曲《悲怆》第四乐章选段

1892 年柴可夫斯基完成芭蕾舞剧《胡桃夹子》。次年，他开始创作第六交响曲《悲怆》，结果写出一部内容极为深刻的交响乐章，并且一反传统采用了慢板以暗示绝望与死亡。该交响曲于 1893 年由柴可夫斯基亲自指挥首演。虽然观众仍给予掌声，但他们似乎未能体会出柴可夫斯基是藉由此曲来倾诉他内心的忧伤、痛苦与绝望。柴可夫斯基曾自称它像是一首安魂曲，而这也真的成为了他最后的作品。

作为全世界最受欢迎的古典作曲家之一，柴可夫斯基创作的作品为数庞大，内容、种类繁多，并都保持着极高的艺术水准，这份成就除了贝多芬和莫扎特等大师外，无人可及。

（倪嘉铭）

柴可夫斯基

美国成功发射火星探测器

火星是自然环境最接近地球的行星,所以被认为是最适合人类移民的星球。百余年来,从文学、电影到动漫、游戏,火星这颗赤红色的星球一直承载着人类关于异域的最美好和最恐怖的想象。1996年11月7日,美国把"火星环球观测者"探测器送入太空,从而拉开了火星探测热潮的序幕。

人类探寻"红色星球"奥秘的历史可以追溯到17世纪。荷兰天文学家惠更斯和意大利天文学家卡西尼使用很原始的望远镜勾勒出火星的大致样貌,并计算出它自转所需的时间。18世纪,英国天文学家赫舍尔基根据他在1777年至1783年间的观察,提出"火星上有一层稀薄的大气层、两极有冰山、季节变化与地球相似"的理论。1877年,意大利天文学家斯季帕雷利发现火星表面上有长达数百公里、纵横交错的"运河",这些"运河"曾一度被一些想象力丰富的人认作火星人挖的灌溉渠。中国科学院国家天文台的研究员李竞讲述了这段历史:

"火星环球观测者"探测器

【音频】李竞:1877年,一位意大利天文学家在西西里岛观察火星,他发现火星上有一些直的条纹,他就把这个条纹叫做线条。后来,有人把这个意大利文的线条翻成了英文的"运河"。结果这一翻译上的误差,就使得英文文献的读者认为火星上是有了"运河"。有了"运河",意味着就应该有智慧生命,就出现了"火星人"三个字。所以,人类对于火星就更感兴趣了。

19世纪末,英国作家赫伯特·乔治·威尔斯创作了科幻小说《大战火星人》。小说以尖端的武器对抗侵略地球的火星人为故事主线,深深地征服了很多科学迷。1938年,小说《大战火星人》被改编成广播剧在美国的电台播出,听众误以为真而引发了大恐慌。该小说被数次拍成电影和电视剧,开创了有关外星人题材影视剧的先河。1953年,派拉蒙影业公司推出根据该小说改编的电影获得了空前成功。2005年,斯皮尔伯格又以此为蓝本推出商业巨片《世界之战》,好莱坞明星汤姆·克鲁斯在片中饰演男主角。

【音频】电影《世界之战》片段

整个太阳系除月球之外,人类展开最多探索任务的星球是火星。虽然火星是一个寒冷荒芜的星球,但在数亿公里外的人类却始终对它充满好奇。自20世纪60年代以来,人类已实施几十次火星探测任务。但是,对试图拜访自己的人类,火星一直不太友好,所以人类差不多一半的火星探访行动都失败了。然而,这些失败使人们积累了大量宝贵的经验,驱动着其后一次次更有雄心壮志的创举。

继苏联发射几艘"火星号"探测器和美国发射"水手9号"探测器探测火星之后，美国又在1975年启动了"海盗号"火星探测计划。1976年，两艘"海盗号"飞船登陆火星，它们在火星表面搜集到许多化学和地质方面的科学数据，并发回数万张照片，详尽地描绘出火星表面的地形地貌。当年的7月25日，"海盗1号"在火星的"西多尼亚"地区拍到一张类似"人脸"的照片，这张照片一经公开就引起了轰动，人们开始猜测那是不是外星文明留下的杰作。

1996年11月7日，美国的"火星环球观测者"探测器发射升空。从1997年进入火星轨道到2006年，超期服役多年的"火星环球观测者"探测器一共拍摄了24万余张照片，绘制出了火星表面的高精度地形图，发现了火星上年轻的水蚀地貌，揭示了火星过去的磁场，追踪了火星的季节变化。2001年，"火星环球观测者"探测器揭开了"火星人脸"的谜团，那只是地形和光影造成的错觉。以下是当时的新闻报道：

【音频】美国宇航局公布"火星人脸"照片的新闻报道

继"火星环球观测者"后，美国又发射了"火星探路者"号、"奥德赛"号、"勇气"号、"机遇"号、"好奇"号等火星探测器，各国宇航局也相继尝试发射卫星及探测器去探访火星这颗神秘的星球。

在过去的一个世纪里，火星迷们心中总有一个挥之不去的大问号，那就是火星上究竟有没有生命？然而对于科学家们而言，他们想要探寻的是另外一个更加重要的问题，因为其答案将不仅关乎火星上是否存在生命的问题，还将关乎未来的人类火星殖民者能否在这颗红色星球生存。这个问题就是：火星上有水吗？2015年9月28日，人们得到了肯定的答案。这一天，美国宇航局召开新闻发布会，宣布在火星表面发现了有液态水活动的"强有力"证据。美国宇航局行星科学部主任吉姆·格林在新闻发布会上说："今天我要宣布的是，火星并不像我们过去想象的那样是个干旱荒芜的星球，今天我们将宣布，在某些情况下，火星上有液态水存在。"

【音频】吉姆·格林在新闻发布会上的发言

火星地表存在流动的液态水，这一发现将有助于人类对于火星生命的研究，也或将成为人类迈向载人火星探索的新起点。2015年，美国宇航局已经开始努力为人类首次登陆火星寻找登陆点。

（舒 凤）

火星发现液态水证据

新中国第一个"记者节"

十一月 8

"记者节"和"护士节""教师节"一样,是我国仅有的三个行业性节日之一。2000年,国务院办公厅批复中华全国新闻工作者协会,同意每年的11月8日为"记者节",从此,新中国的新闻工作者有了自己的节日。2000年11月8日,新华社发表特约评论员文章,纪念新中国第一个记者节。以下是上海电视台当时的新闻报道:

【音频】上海电视台关于新华社发表文章纪念新中国第一个记者节的新闻报道

新中国第一个记者节

其实旧中国曾有过一个"记者节",日子是每年的9月1日。20世纪30年代初,国民党为加强其统治地位,对坚持正义的新闻工作者任意加以迫害、逮捕乃至杀戮。1931年,镇江县政府将因灾荒问题无法交租的4个农民关押了起来。当时《江声日报》的总编辑刘煜生以记者的身份指责镇江县政府违反法律,并请律师代表出面弹劾县长,迫使县政府释放被关押农民。1933年,刘煜生被江苏省民政厅厅长以"宣传共产"之罪名下令杀害。上海《申报》登载了这条消息,舆论哗然。京沪两地新闻界人士一致认为刘煜生是"为新闻而生,为新闻而死,是为新闻而殉节",并提出"开放言路、保障人权"的强烈要求。同年9月1日,南京国民政府被迫发出《切实保护新闻从业人员》的通令。

刘煜生事件可谓旧中国新闻界的一件大事,与记者节的设立有直接关系。1934年,在刘煜生遇害一周年之际,新闻界纷纷发起纪念活动,并倡议定9月1日为"记者节",以促进全国新闻界团结一致,保障记者之人身安全,共同争取民主自由。此倡议得到全国各地响应。随后每年的这一天,新闻从业人员都会出版特刊并举行各种仪式纪念记者节。不知什么缘故,这个原先由争取新闻工作者权益而形成的"记者节"后来逐渐被人遗忘。直到朱镕基总理在一次讲话中再次提到"记者节",这个节日才得以重新登上历史舞台。而之所以最后将节日定在11月8日,是因为这一天是"中国青年新闻记者学会"正式成立的日子。

1937年,抗日战争爆发,"八一三"以后,上海许多年轻的新闻工作者以笔作为武器,投身于抗日斗争的烽火中,为民族解放而战。当时,周恩来十分重视抗日民族统一战线的新闻宣传工作。他向在上海负责党的文化和宣传工作的胡愈之、夏衍等同志传达了党中央的指示,即"广泛团结爱国新闻工作者,组织统一战线,为民族解放贡献更大的力量。"在周恩来的倡导和支持下,经胡愈之、夏衍、羊枣等同志的酝酿,确定在新闻工作者比较集中的上海,成立新闻工作者统一战线组织,并推举以范长江同志为首的优秀新闻工作者负责这一组织的筹备工作。范长江之子范苏苏讲述了当时的情况:

【音频】范苏苏：夏衍和总理谈完话以后，约了胡愈之等7人开了一个会，并在会议上把周总理的指示下达了下去。胡愈之对此事也非常的积极。在这次会议上就确定由我父亲总负责，来抓这件事情。

1937年11月8日，"中国青年新闻记者学会"也就是"中国记者协会"的前身在上海的南京饭店宣告成立。大会通过了《中国青年新闻记者学会成立宣言》，选举了领导机构——常务理事会。中国人民大学新闻学院教授蓝鸿文讲述了"青记"立会宣言的内容：

【音频】蓝鸿文：青年记者协会宣言的第一句话就是，抗战一定能胜利。抗战一定会将中国腐败的成分扔掉。而在抗战过程中逐步展现出崭新的力量，这是我们的信念。

作为中共领导下的新闻界统一战线团体，"青记"团结中外进步新闻工作者投身抗日新闻事业，为国共统一抗日宣传服务。抗战时期，"青记"在全国各地及香港、南洋成立了三十多个分会，会员达两千多人。他们冒着生命危险奔赴战场，从前线发回成千上万篇战地报道，以犀利的文字、真实的新闻鼓舞着全国人民，在抗战中发挥了很大的作用。

1949年12月23日，中华人民共和国政务院颁布的《全国年节及纪念日放假办法》中明确规定了"记者节"，但因为当时没有确定具体日期，因此长期以来中国新闻从业人员一直未过"记者节"。1999年9月18日，国务院总理朱镕基签发了新的《全国年节及纪念日放假办法》，再一次明确列入了"记者节"，体现了党和国家对广大新闻工作者的关怀和重视。2000年，国务院正式批复中国记协的请示，同意将"青记"成立日11月8日定为"记者节"。

"倘若一个国家是一条航行在大海上的船，新闻记者就是船头的瞭望者，他要在一望无际的海面上观察一切，审视海上的不测风云和浅滩暗礁，及时发出警报。"正如著名新闻人普利策所说，新闻工作者是正能量的传播者、真善美的弘扬者、社情民意的发掘者、文明进步的推动者。"铁肩担道义，妙手著文章"是媒体人不变的信念和追求。

（陈晓辰）

著名记者范长江

柏林墙被推倒

十一月

9

柏林墙被推倒

【音频】歌曲《变迁之风（Wind of Change）》

"未来飘荡于空中，但已触手可及，随着那变迁之风一起吹过，带我去往那不可思议的境地。"德国的蝎子乐队演唱的歌曲《变迁之风》创作于1989年，歌曲所传递的是重新统一和希望的信息。那一年的11月9日，作为冷战象征的柏林墙被推倒，阻隔了数十年之久的两个德国的人民终于可以再度牵手。

第二次世界大战后，纳粹德国及其首都柏林被苏联、美国、英国、法国分成四区占领，原纳粹德国首都柏林则被分割为东柏林与西柏林。1949年，在苏联的主导下，由其武力控制的德国东部地区和东柏林成立了德意志民主共和国，与由美国、英国、法国支持的德意志联邦共和国分成了两个主权国家。

随着美苏冷战的升级，也为了防止民主德国居民包括熟练技工大量流入联邦德国，民主德国政府于1961年在首都柏林修筑"柏林墙"。"柏林墙"正式名称为"反法西斯防卫墙"，实际上是两堵相隔约150米的平行的墙，中间的区域是所谓"死亡地带"，内有警犬、瞭望塔、泛光灯、铁丝网、防车辆路障和武装警卫。这条近96英里长的边界将资本主义制度的西柏林包围，使之与东柏林以及周边的东德乡村隔绝开来。另一条屏障沿着850英里长的东德与西德分界线修建，沿线埋有100多万颗地雷。所有这一切都是为了防止东德人逃入西柏林。上映于2001年的德国电影《通往自由的通道》就是取材于东德人第一次大规模偷渡到西德的行动。

【音频】电影《通往自由的通道》片段

在柏林墙建成10年后的70年代，一场涂鸦运动开始悄然兴起。西德居民、外国游客和艺术家一起在墙的西侧展开涂鸦活动，长达20多公里的墙体被各种古怪的符码所覆盖，由此书写了世界涂鸦史最漫长的一页。柏林墙上最初的涂鸦只是一种沉默的呼叫，它们由名字和时间构成。那些约翰、杰克、达瓦和1980之类的数字混合起来，似乎在向另一侧的恋人或亲人发出无声的呼唤。柏林墙的某个段落还曾出现过来历不明的红色小环，很像古老岩画的片段，但更多的却是关于标靶、毕加索式的和平鸽的符号。

柏林墙上大量关于思念的爱语是极其柔软的"天鹅绒抵抗"。1989年11月9日，东德政府宣布允许公民申请访问西德以及西柏林。当晚，柏林墙在东德居民的压力下被迫开放。这一夜，全世界的电视观众目睹了在柏林上演的这一幕，长久以来作为东西方对抗之象征标志的柏林墙最终被推倒了。根据当晚德国电视台的新闻播报，有超过十万的东德公民在当天涌入西德与他们长期分离的朋友和亲戚们得以团聚。美国福克斯电视台的记者现场采访了一位正在穿过柏林墙的东德市民：

【音频】**记者**：你们到西德后准备做些什么？

东德市民：我们在那里有一些朋友，我们去看望他们，我们还想听听音乐之类的。

记者：你们之前来过西德吗？

东德市民：不，从来没有来过。

在接下来的几周里，东德当局拆除了部分柏林墙。横亘在东西方之间的铁幕被拉开，一个旧时代宣告终结。对于柏林人来说，这是个值得纪念的历史时刻，他们在柏林墙周边唱歌跳舞欢闹了好些天。认识的人、不认识的人都在一起举办大型的派对。柏林爱乐乐团的指挥罗杰·诺灵顿回忆了他当时的感受：

【音频】**罗杰·诺灵顿**：我觉得推倒柏林墙是 20 世纪最感人的事件，这曾经是多么不可能的事情，特别是我们这些 70、80 年代往返两德间的人，会有这样的事情真是奇迹。

1989 年底，为庆祝柏林墙拆除，柏林爱乐乐团在柏林墙前举行了纪念音乐会。当时，伯恩斯坦指挥贝多芬的《第九交响曲》，他将第四乐章《欢乐颂》改名为《自由颂》，上千人的庞大合唱团的演唱令人震撼不已，磅礴的气势似乎象征着人类长久以来坚持不懈追求自由的勇气与决心……

【音频】1989 年伯恩斯坦指挥《第九交响曲》的合唱片段

1990 年夏天，柏林墙开始正式拆除。来自 21 个国家的 180 位艺术家在柏林墙东侧残存的墙面上创作了不同主题的绘画，形成了当时世界上最大的露天画廊。当年的 10 月 3 日，分裂 40 多年的德国重新统一。

（郑　麟、舒　凤）

柏林墙被推倒

265

中国入世申请获通过

【音频】世贸组织第四次部长级会议主席卡迈勒宣布中国入世申请获通过

　　2001年11月10日下午,在卡塔尔首都多哈,世界贸易组织第四次部长级会议举行。会议以"全体协商一致"的方式,审议并通过了《关于中国加入世贸组织的决定》。会议主席卡迈勒宣布中国入世申请获通过。

　　从复关到入世,中国走过了整整15年的艰辛历程。1986年7月,中国正式提出关于恢复关贸总协定缔约国地位的申请,从此开始了复关和加入世贸组织的漫漫征程。1992年10月,关贸总协定中国工作组第十一次会议决定结束对中国外贸制度的审议,转入市场准入的实质性谈判阶段。1994年4月,在摩洛哥举行的关贸总

中国入世签字仪式

协定部长级会议正式结束了乌拉圭回合谈判。1994年12月是中国复关最后的冲刺性谈判时间。关贸总协定中国工作组第十九次工作会议在日内瓦举行,但是由于少数缔约方漫天要价、无理阻挠,致使中国复关谈判未能达成协议。中国首位"WTO与区域经济合作"专业博士刘光溪讲述了1994年底复关谈判未能成功的一些原因:

【音频】刘光溪:为什么我觉得很难忘? 因为美国、欧洲、日本、加拿大这些发达国家,它们会重新审视中国复关的条件和入盟费。原来我们主要的入盟费就只是涉及关税方面的谈判。然而通过和美国历史性的磋商我们已经感觉到,美国绝对不会同意我们按照关贸总协定的条件来复关。世贸组织也马上要生效了,而它在关贸总协定里重要的特征有两个:组织结构更加健全更具国际人格;货物贸易扩展至服务贸易、知识产权和投资措施,内容更广泛、复杂了。因此发达国家肯定要考虑不能那么简单就让中国复关。

　　1995年1月1日,世界贸易组织(World Trade Organization,简称WTO)正式成立,中国的复关谈判转为入世谈判。6月,中国成为该组织观察员。7月,中国正式提出加入世贸组织的申请。同年11月,"中国复关谈判工作组"更名为"中国入世工作组"。中国政府根据实际情况,多次重申了入世的基本立场,概括为三个基本原则,其中一个便是中国坚持以发展中国家身份入世,享受发展中国家的待遇。1996年3月,世界组织中国工作组第一次正式会议在日内瓦召开,中国代表团出席了会议。同时,为加快经济建设及国内经济与世界经济接轨的速度,1996年4月1日和1997年10月1日,我国政府两次大幅度降低关税税率。

　　值得一提的是,在1997年8月,中国与新西兰签署了世贸组织市场准入谈判的双边协议。新西兰也成为第一个与中国结束双边谈判的西方国家。

1999 年后,中国入世进程明显加快。这一年的 4 月,朱镕基总理访美,与美国在市场准入谈判方面取得实质性进展。双方签署了中美双边协议中最重要的《中美农业合作协议》,并就中国加入世贸组织问题发表联合声明。

【音频】朱镕基总理:我现在要向大家宣布一个好消息。今天上午,中国和美国在农业问题上面已经达成了协议,这个协议是中国进入 WTO 协议的最重要的一部分。

然而 1999 年 5 月 8 日,中国驻南斯拉夫大使馆遭到了以美国为首的北约的轰炸,中国入世谈判被迫终止。1999 年 9 月 11 日,江泽民主席和克林顿总统在新西兰亚太地区经济合作组织领导人非正式会议上举行会晤,同意两国恢复谈判。同年 11 月 10 日,美国贸易代表团访华,与我方就中国入世问题进行双边会谈,最终在 11 月 15 日双方签署了《中美关于中国加入世界贸易组织的双边协议》。这标志着中国与美国就此正式结束双边谈判,也为中国与其他主要贸易伙伴的谈判奠定了基础。刘光溪博士阐述了中美双边谈判的重要性:

【音频】刘光溪:中国入世的谈判能不能尽快结束,关键取决于中美之间的谈判。不论你是否能够理解,美国的经济实力、产业发展能力和它的贸易总量,决定了它能够代表全世界,准确地说是代表发达国家的意见。所以中美谈判取得突破和进展,就等于扫清了中国入世谈判上最大的障碍。

受中美谈判成功的影响,中日、中加分别于 1999 年 7 月和 9 月结束了双边谈判。然而中国与欧盟的谈判并非一帆风顺,欧盟同样提出了难以接受的苛刻条件,但中国谈判组并未退缩。经过多次的谈判和磋商,2000 年 5 月 19 日,中国与欧盟终于就中国入世问题达成双边协议,为中国入世扫清了最后一个障碍。

2001 年 9 月 13 日,中国与墨西哥签订了关于中国加入世贸组织的双边谈判,至此中国完成了与世贸组织全部成员的双边市场准入谈判。9 月 17 日,世贸组织会议通过了中国入世的所有法律文件,结束了中国加入世界贸易组织的全部谈判,为中国最终加入世贸组织创造了有利条件。11 月 10 日,中国加入世界贸易组织获得批准。按照世贸组织的规则,中国于当年 12 月 11 日正式成为世界贸易组织成员。

加入 WTO 和全面参与多边贸易体制,是中国领导人在经济全球化进程加快的形势下作出的战略决策。事实证明了这一决策的正确性,它也将继续对中国和世界经济的发展产生广泛而深远的影响。

(李俊杰)

石广生代表中国签字

267

首届曹禺戏剧文学奖在北京颁奖

曹禺

1994年11月11日,对于当时的中国戏剧创作人是一个值得期待的日子。这一天,以戏剧大师曹禺命名的首届曹禺戏剧文学奖在北京人民大会堂隆重颁奖。曹禺戏剧文学奖是中国剧本创作的最高奖项,对当代戏剧文学的繁荣和发展起到了重大的推动作用。首届曹禺戏剧文学奖共有14部作品获奖,包括《金龙与蜉蝣》等8部戏曲、歌剧《张骞》以及《北京往北是北大荒》等4部话剧和儿童剧《潇洒女孩》。

曹禺戏剧文学奖原为全国优秀剧本创作奖,创立于1980年,由中国戏剧家协会主办,每两年评选一次。从1994年开始,为纪念曹禺,全国优秀剧本创作奖更名为曹禺戏剧文学奖,奖励对象包括戏剧、文学。首届曹禺戏剧文学奖获奖的14部作品中,有8部是戏曲,这对当时每况愈下的传统戏曲创作与演出来说,是巨大的鼓舞和激励。其中的淮剧《金龙与蜉蝣》在上海首演后轰动全国,得到了专家的一致好评。《金龙与蜉蝣》讲述父子两代人因皇权而起的一系列生死恩怨,是一个近似于古希腊悲剧式的故事。剧中的很多手法借鉴了日本戏剧的特点,其舞台形式之新颖,在当时还习惯于"一桌二椅大白光"的戏曲舞台算得上"石破天惊"。《金龙与蜉蝣》不仅被认为是淮剧乃至中国戏曲的里程碑之作,更被誉为"十几年探索性戏曲走向成熟的标志"。当年《金龙与蜉蝣》的出现,兴起了"都市新淮剧"的概念。《金龙与蜉蝣》对中国剧坛的影响是深远的,当年尚籍籍无名的编剧罗怀臻、导演郭小男、舞美设计韩生、灯光设计尹天夫,之后都成为了戏剧界的大腕。

20世纪90年代以后,大众文化迅猛发展,多样化的文化消费选择削弱了戏剧的吸引力,观众大规模地远离剧场,戏剧艺术遭遇史无前例的严峻挑战。1997年,曹禺戏剧文学奖更名为曹禺戏剧奖。这一年,上海话剧艺术中心创作排演的大型历史话剧《商鞅》获得曹禺戏剧奖。由姚远担任编剧的话剧《商鞅》以恢弘的气势、深邃的主题和个性丰富的人物刻画,成为了上海话剧艺术中心的一大金字招牌,也让无数曾经远离剧场的观众重新回归。1996年至2003年期间,《商鞅》演出百余场,足迹遍及上海、北京、广州、新加坡等地,获得了许多赞誉与好评,观众人数超过10万人次。2003年,《商鞅》入选首批国家舞台艺术精品工程"十大精品剧目"。话剧《商鞅》讲述的不仅仅是一场古代的变法斗争,更传递了一种为了理想不惜生命的男儿血性和气概以及为冲出陈腐的文化重围而不屈不挠的斗争精神。在上海话剧艺术中心创作排演的大型历史话剧《商鞅》中,商鞅由当时刚过而立的尹铸胜饰演:

【音频】话剧《商鞅》片断

　　2001年,中国首部网络题材小剧场话剧《WWW.COM》获得了当年的曹禺戏剧奖。该剧由上海话剧艺术中心、上海现代人剧社联合制作演出,所有主创班底均由年轻人担当,编导演的平均年龄不足30岁。话剧《WWW.COM》的获奖不仅鼓舞了年轻的创作群体,也对以先锋姿态进行的戏剧实验给予了极大的肯定。这是我国第一部真正意义上描写网络给人们现实生活带来变革的舞台作品,它把人们所关心的敏感话题"婚姻与网络"呈现在舞台上,表现了艺术家对于网络时代的充分关注。

　　2005年,曹禺戏剧奖并入新设立的中国戏剧奖,奖项名称变更为"中国戏剧奖·曹禺剧本奖"。"中国戏剧奖·曹禺剧本奖"主要目的是奖励优秀戏剧作品、培养优秀剧作家。参评剧本为舞台剧的底本,样式限制为戏曲、话剧、歌剧、音乐剧、儿童剧和滑稽戏。

　　2008年,在第二届中国戏剧奖的获奖名单中,曹禺的女儿万方创作的话剧《有一种毒药》脱颖而出,获得了以自己父亲名字命名的曹禺剧本奖。获奖后的万方十分激动地说:"当我手中握着刻有父亲曹禺肖像的奖杯时,我甚至和他说话了。"

【音频】万方:这个戏我记得第一天在首都剧场上演的时候我去看,我在路上开着车,我心里真的非常激动,虽然说也是紧张,但我觉得更多的是激动,然后我真的跟我爸爸说话了,我觉得我要把这个话说出声音来,我就跟我爸爸说,爸爸,我今天写了一个话剧在首都剧场要演了,你要是在就好了,你要能看见就好了。

　　戏剧要走向未来,剧本创作是基础。曹禺曾说过,"繁荣的关键是创作"、"剧本的生命在于演出"。多年来,作为国家级戏剧文学大奖,这一奖项对当代戏剧文学的创作和发展产生了积极的推动作用,它也将继续见证中国戏剧进一步的繁荣与壮大。

(肖定斌)

话剧《商鞅》剧照

中国引进的首部好莱坞大片
《亡命天涯》上映

十一月

12

【音频】电影《亡命天涯》片头配乐

好莱坞电影《亡命天涯》由哈里森·福特和汤米·李·琼斯合作出演,曾获得第66届奥斯卡最佳配乐奖提名。《亡命天涯》是中国引进的第一部好莱坞大片,1994年11月12日,该片在北京、上海、广州、天津、重庆和郑州六大城市进行了为期一周的首轮放映,创造了2500万元的票房奇迹。从那时开始,中国的引进片配额从最初的每年10部增加到20部,后又增加至34部。但随着华语片的奋起直追,加之政府的一系列保护政策,让好莱坞大片得意于显赫战绩的同时,也为历经的磕磕绊绊而黯然神伤。

《亡命天涯》主演哈里森·福特

早在1949年之前,美国华纳兄弟公司就在中国不少城市发行过电影《卡萨布兰卡》和《乱世佳人》。新中国成立后到20世纪90年代初期,国内观众则仅能在电影院看到中国电影公司以2万美元买断的品质不佳的老片,而那些最热门的美国新片却一直缺席。

20世纪90年代初,国内电影市场一片惨淡之势,为了刺激票房增长,重新激活观众观影热情,1994年1月广电部下发文件,批准中影公司每年引进10部"基本反映世界优秀文明成果和表现当代电影成就"的影片在国内上映。也正是这个决定,为阔别中国银幕多年的好莱坞大片再度打开了来华大门。

1994年,中国首部以票房分账方式引进的好莱坞大片《亡命天涯》陆续在全国放映。《亡命天涯》的引进,在电影业内掀起了一轮立场鲜明的争论,部分业界人士认为这种"引虎下山"的举动会摧毁本就脆弱的民族电影。在一片联合抵制声中,《亡命天涯》被迫在北京地区提前下线,但该片在全国范围内却还是创造了2500万元的票房奇迹。上海联和院线副总经理吴鹤沪认为好莱坞大片高票房的部分原因就在于大资本的投资。

【音频】吴鹤沪:我记得有个镜头是火车撞囚车,光这个镜头就花了150万美金。按照当时的汇率,150万美金相当于1200万的人民币,而当时我们国家的国产片整部都没有用那么多的钱。

好莱坞大片的"票房奇迹"使得之后的大片引进变得顺风顺水。1995年,《真实的谎言》《狮子王》《阿甘正传》等7部大片轮番"引爆"中国市场。随后,《拯救大兵瑞恩》《偷天陷阱》《完美风暴》《珍珠港》《泰坦尼克号》等超级巨制接踵而来,好莱坞大片在我国进入了黄金时代。尤其是 1998 年上映的《泰坦尼克号》,其 3.6 亿元的票房纪录一直雄踞冠军之位 11 年之久。如今很多的 80 后仍能详细回忆并描述该片的剧情内容,其中那句"You jump, I jump."也成为当年 80 后情书中的经典语录之一。影片主题曲《我心依旧》那悠扬婉转的动人旋律,也仿佛成为了那个年代缠绵悱恻爱情的背景音乐。

【音频】歌曲《我心依旧》

伴随着好莱坞大腕的"入乡随俗",越来越多的好莱坞大片开始加进"中国元素"。《敢死队 2》《环形使者》《云图》分别有余男、许晴和周迅等中国演员参演,《钢铁侠 3》和《X 战警:逆转未来》则邀范冰冰加盟,而《变形金刚 4》中不但有李冰冰和韩庚出镜,还在中国香港和重庆取景。《变形金刚 4》在中国坐收近 20 亿的票房。对此演员李冰冰在接受采访时认为,佳绩还应归功于中国庞大的电影市场。

【音频】李冰冰:创造这个票房奇迹我觉得是意料之中的,这一次《变 4》也算是给这个国际影坛上一堂课,让大家看到中国电影市场的能量。

随着中国的引进片份额进一步甚至是全面放开,中国有望超过美国本土成为世界第一大电影市场。一边是好莱坞迫切希望进一步打开中国市场,一边是本土电影人希望壮大自身实力保护民族电影,最后的结果不应是你死我活,而是携手并行。

(金 之)

电影《亡命天涯》剧照

延安东路越江隧道建造
请示获得通过

打开上海地图，可以看见一条横贯东西的交通主动脉沿着虹桥枢纽通往外滩，在它的东面，隔江而望的是陆家嘴金融贸易区。然而，20世纪80年代初，当延安东路上还不见高架、陆家嘴建筑群尚未拔地而起的时候，一条连接浦江两岸的延安东路越江隧道就已在筹划之中了。1980年11月13日，国务院通过《关于计划建造上海市第二条过江隧道的请示》，浦东开发开放的种子在那时已经深深地埋下。

上海在当时已拥有首条越江隧道——打浦路隧道，但因人防需要，只能通行耀华玻璃厂厂车和部分公交线路。因此，自松江米市渡到吴淞口84公里的浦江沿岸，25个客运和车运轮渡站依旧天天超负荷承载着几十万客流与车流。"过江难"仍然是当时上海市民尤其是居住在浦东而工作在浦西的市民们的心头之痛。

媒体报道

市政府在规划时发现，市区西藏中路到外滩以及人民路至苏州河地段人口密度高，交通拥挤堵塞，对生产、生活以及战备都极为不利；而发展浦东首先应当集中打通周家渡、上南路以及陆家嘴、张杨路一带。据此，第二条黄浦江越江隧道选址应确定在延安东路至陆家嘴路一线。经过3年多的论证、勘察设计与调查研究之后，1982年9月，延安东路隧道工程浦东3号竖井破土动工。1989年5月1日，隧道正式通车运营。建成的延安东路隧道西起延安东路福建中路口，东至陆家嘴路、杨家宅路口，全长2261米，穿越黄浦江的部分有1476米。车道宽7.5米，高4.5米，为双向双车道。时任上海市市长的朱镕基在通车仪式上发表了讲话：

【音频】朱镕基：今天，跨越黄浦江的第二条隧道在这里开始顺利试通车。这是上海人民的一件喜事，它对于沟通浦江两岸的交通，加速浦东地区的开发和建设，具有十分重要的意义。在此，我代表市委、市政府、泽民同志向全体隧道建设者表示热烈的祝贺。

延安东路隧道正式通车一年后增加了公交无轨电车隧道五线的通行。这条线路的开设极大地缓解了当时浦东居民"过江难"的矛盾，直接打通了上海市中心区和浦东地区的联系。以往乘轮渡需要半小时左右，而越江隧道车辆只需五六分钟。当时的公交公司经理接受采访时告诉记者，隧道公交给浦东居民带来了便利。

【音频】公交公司经理接受采访

1991 年,延安东路隧道高峰时每小时流量高达 1400 余辆次,早已超过设计容量的每小时 1000 辆。隧道三、四、五线的开通,使全市客流量最大的延安东路——陆家嘴轮渡从日载客 20 万人次下降到 12 万人次。然而此消彼长的客流却令延安东路隧道不堪重负。1993 年允许货车夜间行驶后,隧道拥堵情况达到最高峰。这一年,有市民在晚上 10 点从浙江路口沿着延安东路一直走到电信大楼,在约 5 分钟时间内,整条延安东路由西向东车流速度几乎停滞。究其原因,是和夜间通行的货车相关。随着浦东新区建设全面铺开,仅陆家嘴当时就有几十幢大楼开工,对建材、钢材需求量骤增,而物资运输几乎都依赖延安东路隧道。那些被允许在夜间通行的货车,动辄数十吨的载重量,车身十几乃至二十米长,行驶速度缓慢。而且,隧道中仅有往返 2 条车道,车速只能由最慢的车辆来决定,如此一来,延安东路隧道夜间拥堵大大加重,且车辆一旦在隧道抛锚,会长时间影响延安东路的东西向交通。

这一切,设计者们早有预料,也已为建设复线预留了空间。1994 年 1 月,延安东路隧道开建南线。南线走向与北线大致平行,1996 年建成后,与原有隧道形成两来两往双管 4 车道。这对"姐妹越江通道",各自车辆均为同向行驶,不仅使车速加快,还使隧道内空气环境得到明显改善。

【音频】延安东路隧道南线建成的新闻报道片段

进入本世纪第二个十年,延安东路隧道在高峰时段的交通仍极为繁忙,每日车流量合计接近 9 万,已远超当初建设时期的设计流量。隧道长期处于超负荷运营状态,发生了结构渗漏水点增多、车道板部分露筋、路面沥青老化等现象,因此对隧道的结构实施修补和加固已经不容再拖。

2015 年,延安东路北线和南线相继进行封闭修缮。这条见证上海经济腾飞的大动脉,就像一位勤勤恳恳的仆人,为这座城市默默付出二十多年,留下了一身的伤病。延安东路隧道的建成虽然晚于 1971 年通车的打浦路隧道,但它无疑是上海起飞、浦东浦西融合发展的重要见证者。新世纪以来,已有十几条越江隧道修建完成,然而对许多上海人来说,延安东路隧道始终留存在时代的记忆深处。

(倪嘉铭)

延安东路隧道通车

《于无声处》剧组抵达北京

《于无声处》是"文化大革命"结束后第一部公开演出的反思性话剧。它曾在国内外引起轰动,对当时的政治形势产生过重要影响。剧中的一句"人民不会永远沉默"犹如一声惊雷乍响,表达了人民群众正义的呼声。1978 年 11 月 14 日,上海的《于无声处》剧组应文化部和全国总工会邀请抵达北京。在十一届三中全会前夕这个重要时期,《于无声处》的进京演出在一定程度上配合了当时的思想解放运动,推动了政治领域的拨乱反正。从当时的新闻报道中,我们可以感受到剧组在北京车站受到热烈欢迎的情况。

北京市民在火车站迎接进京演出的《于无声处》剧组

【音频】报道话剧《于无声处》剧组抵达北京的新闻片段

话剧《于无声处》以轰动全国的"四·五天安门事件"为背景,讲述受"四人帮"迫害的老干部梅林与"文化大革命"当权派何是非一家的恩怨。编剧宗福先当时是上海热处理厂的一名普通工人,因为热爱文学创作,他利用业余时间在市工人文化宫进修编剧创作。1978 年 5 月,大病初愈的宗福先用了三星期的时间完成酝酿了几年的《于无声处》剧本。剧本完成后,宗福先把它送给文化宫表演训练班的带班老师苏乐慈。苏乐慈是第一个看到并支持这个剧本的人,她讲述了自己当时的激动心情:

【音频】苏乐慈:一口气就读下来,我是很激动的。因为一个是对总理的一种纪念,对参加"四·五"的这些人的一种崇敬。第二,我很久没有看到这样的剧本了。当时,我就说这个戏一定要排出来。

1978 年 9 月 23 日,《于无声处》在上海工人文化宫简陋的小剧场悄然上演。在"天安门事件"还未得到平反的情况下,《于无声处》的演出顶着巨大的压力。主办方不敢对公众开放观戏,只小范围地邀请自己的家属和亲朋好友。剧中欧阳平这个典型形象喊出了时代的声音,说出了人们想说而没有说出的话,引起了观众的共鸣。演出结束后,观众们久久不肯离去,长时间热烈地鼓掌。编剧宗福先讲述了首演结束后观众们的热烈反应:

【音频】宗福先:一直到戏的结束,幕拉上了,因为群众业余文艺演出以前没有谢幕的习惯,演员就下台去换衣服、卸妆。结果,台下掌声起来了,非常热烈。

1978 年 10 月 28 日,时任中国社会科学院院长胡乔木在上海观摩了《于无声处》的演出。回到北京后,经他的推荐,《于无声处》剧组收到了进京演出的邀请。11 月 7 日,中央电视台史无前例地向全国转播了上海演出《于无声处》的实况,这次转播在国内外引起了轰动,为欢迎《于无声处》剧组进京演出营造了声势。从 1978 年 11 月 7 日《于无声处》在上海电视台演出的录音报道中,我们可以重温当时演出的实况。

【音频】1978 年 11 月 7 日《于无声处》在上海电视台演出的录音报道

1978 年 11 月 10 日,在中央工作会议开幕之际,广大干部群众要求为"天安门事件"平反的呼声愈加高涨。11 月 12 日,陈云在中央工作会议上率先提出平反冤假错案。他在发言中提到了话剧《于无声处》,表示中央应该肯定这次运动。11 月 14 日,《于无声处》剧组抵达北京。就在同一天,经中央政治局常委批准,中共北京市委常委扩大会议正式通过了为"天安门事件"平反的决定,宣布"天安门事件"完全是革命行动,15 日的《北京日报》公布了这个决定。

11 月 16 日,《于无声处》剧组在北京虎坊桥工人俱乐部举行了到京后的首场演出。当天,《人民日报》在头版头条用通栏标题刊登了《中共北京市委宣布天安门事件完全是革命行动》的新闻,"天安门事件"就此得到平反。同时在头版刊登"本报特约评论员"文章《人民的愿望人民的力量——评话剧〈于无声处〉》,文章指出:正在这个时候,上海《于无声处》剧组来到北京,为首都人民演出,这是人民力量的胜利。当晚,文化部、全国总工会为《于无声处》举行了隆重的首演仪式。

11 月 16 日首场公演之后,《于无声处》剧组在北京连续演出一个多月,共约 40 场,所到之处都受到观众的热烈欢迎,加演票也一售而空。11 月 19 日,《于无声处》为参加中央工作会议的 200 多位中央领导作了专场演出。进京演出和电视转播使《于无声处》受到全国人民的欢迎,据统计,当时全国各地演出《于无声处》的业余、专业剧团达 2000 多个。12 月 17 日晚,文化部和全国总工会在北京市工人俱乐部举行隆重的授奖大会,为《于无声处》的剧作者、剧组和上海市工人文化宫颁发了特别嘉奖。

在经历了"文化大革命"浩劫后的中国,话剧《于无声处》犹如一声惊雷,冲破禁锢,成为伴随中国改革开放、开思想解放之风气的可贵力作,在艺术领域、思想领域和社会领域都产生了广泛而深远的影响。

(郑榴榴)

《于无声处》剧照

我国第一家婚姻介绍所成立

十一月 15

《青年一代》杂志刊登的《大姑娘的苦恼》

【音频】独脚戏《新红娘》片段

这出由童双春、李青表演的独脚戏《新红娘》创作于1982年。20世纪80年代，就像这出独脚戏里所表现的那样，解决大龄青年的婚姻问题几乎是全社会的共识，用"齐抓共管"来形容一点也不为过。1982年11月15日，我国第一家婚姻介绍所——广州市青年婚姻介绍所成立。在那个年代，婚姻介绍所的设立为一些性别比例失调的单位或社区的单身男女提供了社交的机会，为那些在自己的生活范围内难以找到意中人的觅偶者提供了更大的选择范围。

20世纪50年代初，中国人口开始大幅度增长。从1950年至1960年的10年间，中国出生了近2亿人。当时，生育多的女性被冠以"光荣妈妈"称号。临近80年代，"光荣妈妈"的子女基本都到了婚嫁年龄，加上返城的万千知青，一大批大龄青年的婚恋就成了一个社会问题。当时，为青年找对象可谓是社会总动员，各单位工会、共青团和妇联纷纷开展各种活动，千方百计为未婚青年牵线搭桥。原上海南市区妇联的"专职红娘"彭珠凤讲述了当时的情况：

【音频】彭珠凤：70年代末、80年代初，"光荣妈妈"的小孩都可以结婚了，一下子单身的男女青年很多。那个时候，工会主席、工会小组长都把自己单位里面的男男女女写上来。

1981年1月，四川教师丁乃钧在《人民日报》下属的《市场报》刊登了一则征婚启事，立即引起轰动。其后，丁乃钧与吉林的张姓姑娘喜结连理。不过早在前一年的8月，上海的《青年一代》杂志就刊登过一篇起到征婚效果的文字——《大姑娘的苦恼》。一位27岁的大姑娘说她还未曾尝过恋爱的滋味，期望能找到一个感情丰富、有事业心的青年。原《青年一代》的主编夏画讲述了《大姑娘的苦恼》刊登后的情况：

【音频】夏画：1980年，我们《青年一代》提出这样一个"大姑娘的苦恼"以后，就有600多封来信，都要向她求婚。我们找了其中10个男青年到编辑部来一个个过堂，一个个相面。

随着社会开放程度的加大，年轻人的择偶方式出现了新的渠道。1982年11月15日，由广州市委创办的广州市青年婚姻介绍所成立。介绍所通过设立卡片自由查阅、按对举荐恋爱对象、组织交友结谊觅知音晚会以及郊游等多种方式，为未婚青年牵线搭桥。

1984年，中共中央书记处专门召开会议讨论30岁以上未婚青年问题。当年，上海市工、青、妇联合举办大龄青年联谊会，类似的纳凉晚会、浦江夜游、联谊舞会等活动每个月都会举办三五次。

从云南插队返沪五年的单身知青王国生当时已年过30,他所在的上海消防水带厂在这年夏天也加入了为大龄青年举办交友舞会的热潮。在舞会上,王国生遇到了自己的心上人周菊萍。王国生回忆了他和妻子在舞会上相识的情形:

【音频】王国生:我不大会跳,跳到后面转弯不会转。后来有个女的看着我,等我们停下来的时候,这个女同志就跑过来说:"来来来,我来带带你。"转身转好了以后,我就对这个女人感兴趣了。

除了大龄青年的婚恋问题,老年婚姻也是一大社会问题。1985年,上海市南市区老年婚姻咨询服务站成立,前来报名的征婚者从45岁到80岁不等,基本都是离异或丧偶的中老年人。从20世纪80年代末开始,老人再婚趋势明显上升,90年代后形成了"银发再婚潮"。原上海南市区老年婚姻咨询服务站的工作人员曹菊影讲述了当时老年人来婚介所找老伴的原因:

【音频】曹菊影:这些老年人为什么来这里找伴呢,一是因为孤独。如果找了一个伴儿,晚上看看电视也有人讲讲话,早上两人买菜、拣菜也能讲讲话,否则一个人实在太苦闷了……

自20世纪90年代以来,随着社会经济的快速发展,人们的婚育观念发生了很大的变化。在1995年至2010年间,"大龄未婚"人口规模持续上升。1998年1月24日,一档以爱情为主题的综艺节目《相约星期六》在上海东方电视台开播。这档为广大单身人群提供寻找爱情平台的节目在2004年获得了全国电视文艺的最高奖项——星光奖。以下是《相约星期六》第一期节目的片段:

【音频】《相约星期六》第一期节目片段

2009年12月1日,由国家质量监督检验检疫总局和中国国家标准化管理委员会共同发布的《婚姻介绍服务》国家标准正式施行。此标准规范了婚姻介绍市场,促进了国内婚姻介绍服务行业的质量提升和良性发展,保障了广大征婚者的权益。各类婚恋交友网站的不断涌现以及移动互联网时代的来临,则让人们的社交方式走入了新纪元。

（舒 凤）

上海闵行区大年龄青年联谊晚会

277

上海电影制片厂成立

十一月 16

【音频】上海电影制片厂片头音乐

这段音乐对于影迷来说不会陌生，这是上海电影制片厂的片头音乐。1949 年 11 月 16 日，上海电影制片厂成立。从经典的红色电影到如今种类多样的影视剧作品，上海电影制片厂已陪伴我们度过了数十个春夏秋冬。

作为中国电影老企业，上海电影制片厂是与长春电影制片厂、西安电影制片厂并驾齐驱的中国三大电影生产基地之一。20 世纪 50 年代初，上海长江电影制片厂、昆仑影业公司、文华影业公司、国泰影业公司等 8 家私营电影企业联合组建为国营的上海联合电影制片厂。之后上海电影制片厂又与上海联合电影制片厂合并，沿用上海电影制片厂厂名。之后又经历了多次改革与重组，上海电影制片厂不断吸收优秀资源，逐渐强大。

上海电影制片厂

上海电影制片厂创造了多个"新中国第一"：第一部故事片《农家乐》，第一部译制片《团的儿子》，第一部彩色舞台艺术片《梁山伯与祝英台》，第一部体育题材影片《女篮五号》，第一部彩色宽银幕立体声故事片《老兵新传》，第一部音乐传记片《聂耳》，第一部反映中国少年儿童在抗日战争时期对敌斗争的儿童影片《鸡毛信》，等等。《鸡毛信》讲述了儿童团长海娃奉命给八路军传送鸡毛信途中遭遇一系列惊险最终完成任务的故事。这是中国第一部获国际大奖的儿童影片。

【音频】儿童电影《鸡毛信》片段

关于上海电影制片厂出品影片的获奖荣誉，值得一提的是在 1981 年第一届中国电影金鸡奖颁奖典礼上，上影厂一举获得 11 尊奖杯，其中影片《天云山传奇》和《巴山夜雨》双获最佳故事片奖。这两部电影之所以能震撼当时的影坛，是因为它们充满了人性的力量。

《巴山夜雨》讲述"文化大革命"中遭到迫害的诗人秋石被押解过程中发生的故事，在有限的时间和空间范围内集中反映了十年动乱中人民的遭遇。影片从诗词、绘画、散文、戏剧等方面吸收了多种技法，营造出情理交融的美学效果，用简练的笔法刻画出典型生动的形象，极富艺术感染力。影片《巴山夜雨》执行导演吴贻弓回忆了电影的拍摄经过和拍摄目的：

【音频】吴贻弓回忆《巴山夜雨》的拍摄经过和拍摄目的

影片《天云山传奇》讲述了胸怀大志、年轻能干的考察队政委罗群被打成右派分子遣去劳动，仕途与爱情受到双重打击，最后冤案得以平反的故事。影片大胆深刻地揭示出正直的人们被错误地划为右派的这一时代悲剧，更通过这个故事，从政治、伦理、道德的角度分析历史教训,探讨悲剧产生的根源。老一辈艺术家石维坚、王馥荔、施建岚、仲星火、洪学敏、牛犇等出演了这部影片。该片由上影厂导演谢晋执导。

谢晋是中国第三代导演的代表,在上影厂任导演50余年,共执导了20多部影片,在中国电影史上产生了重要影响。《红色娘子军》是谢晋导演的一部女性题材电影,该片以第二次国内革命战争时期海南红色娘子军的斗争业绩为素材,讲述了女主人公吴琼花从不堪欺凌的奴隶成长为共产主义战士的经历,反映了旧社会妇女在反抗和斗争中成长的过程。"向前进,向前进,战士的责任重,妇女的冤仇深。古有花木兰替父去从军,今有娘子军扛枪为人民!"影片的插曲让人记忆深刻,斗志昂扬的巾帼英雄形象跃然眼前。

上影厂出品的《女篮五号》是中国第一部彩色体育题材故事片,也是谢晋导演的成名作。影片讲述了主人公田振华和他所带领着女子篮球队,在训练过程中一起经历了教育、互助、回忆、团聚、重获爱情等富有人情味的故事。

【音频】电影《女篮五号》片段

自1949年以来,上海电影制片厂出品了大量令人印象深刻、耳熟能详的优秀电影,影响着一代又一代观众,《51号兵站》《羊城暗哨》《女篮五号》《红楼梦》《聂耳》《李师师》《枯木逢春》《李双双》《舞台姐妹》《白求恩大夫》《苦恼人的笑》《天云山传奇》《巴山夜雨》《城南旧事》《秋天里的春天》《芙蓉镇》等影片都丰富了现代人的精神文化需求。同时,上海电影制片厂也培育出了一批批优秀的导演与演员。20世纪80年代以来,上海电影经受了市场经济大潮的洗礼,逐渐走上了集团化、产业化的发展道路。经过多次结构调整,上海电影制片厂、上海美术电影制片厂、上海电影译制厂、上海科学教育电影制片厂等多方面优势资源整合组建了上海电影集团有限公司。作为上海文化产业的标志之一,上影集团正逐步成为海内外华语电影生产的重要基地。

(贺　僖)

上海电影制片厂片头

郑凤荣创中国女子跳高世界纪录

1958 年 1 月号《人民画报》的封面人物是一个 20 岁的短发姑娘。现在的年轻人对她的名字也许不那么熟悉,但在当时,她是和刘翔一样闪耀的体坛明星。她叫郑凤荣,1957 年 11 月 17 日,在北京田径运动会上,郑凤荣成功地跳过了 1 米 77 的高度,成为中国第一位打破田径世界纪录的运动员。当时美联社是如此评论的:"一位 20 岁的中国姑娘在北京以有力的一跳警告世界田径界,六亿中国人不会永远是落后选手了。"

郑凤荣 1937 年出生在山东济南的一个贫寒家庭。她父亲早逝,在卷烟厂工作的母亲辛苦拉扯大了她和弟弟。郑凤荣从小学时就显露出与众不同的跳高天赋。1952 年,郑凤荣获得山东省女子跳高冠军,次年入选山东省田径队并参加在上海举行的华东区运动会。在这次全国性的比赛中,她弹跳好、腿长、动作协调的特点,引起了从苏联留学回国的中国国家队教练员黄健的注意。很快,郑凤荣被选入了国家田径集训队,开始了艰苦的训练。

郑凤荣成功跳过 1.77 米的高度

1954 年,在全国十三城市大中学生田径运动会上,郑凤荣以 1 米 45 的成绩打破了全国女子跳高纪录。凭借先天的条件和后天的努力,郑凤荣成为当时女子跳高项目中很有希望的青年运动员。然而,挫折和打击接踵而来。到国家队后不久,由于训练经验不足,加上训练条件的落后,郑凤荣的两个膝关节在训练中严重受伤。在队员们刻苦训练备战奥运的时候,她却被迫因伤退出,为此还受到一些人的嘲讽。她自己也曾经动摇过,想回学校念书,或者改项练标枪。郑凤荣回忆起了那段求医问药的日子:

【音频】郑凤荣:人家训练,我不能训练,到处求医。我什么方法都试过来治疗膝关节。我腿上有很多伤疤,都是试验性的,什么新的方法我都敢去做。不能比赛,不能训练,那只好就到处求医。

在 2 年的伤病期间,郑凤荣也未放弃训练。她坚持锻炼腰腹肌和上肢,提高了她的身体素质。经过边治疗、边训练,1956 年,郑凤荣的伤势逐渐好转。教练员黄健结合她柔韧性、弹跳速度、爆发力都很突出的特点,对她进行了创造性的训练。经过反复试验,最后为她选用了"剪式"跳高方法。当时世界上比较流行的跳高技术主要有"跨越式"、"剪式"、"俯卧式"和"滚式"4 种。郑凤荣练习的是她与教练员黄健一同创造的另类"剪式",它也被命名为"东方式"。然而,这种"剪式"跳高方法和黄健的高强度训练方式却不被苏联专家看好。郑凤荣讲述了当时苏联专家对"剪式"跳高的看法:

加大训练量是教练员黄健当时的尝试之一，黄健为郑凤荣设计了高强度的训练计划。那时，郑凤荣一年的训练课是300多堂，比当时的外国运动员要多一倍，而她每年参加的比赛要接近30次。为了达到预定指标，一个高度郑凤荣要反复跳许多遍。她从有太阳的时候，一直练到天黑，经常是最晚一个回到宿舍，吃的是已经放凉了的饭菜。

1957年11月17日，在北京田径运动会的赛场上，跳高横杆升到了1米77，这是比郑凤荣的身高还要高7厘米的高度。第一次试跳中，郑凤荣没有成功。在第二次试跳中，经过助跑、起步、抬腿，她纵身一跃，成功！这一跳，打破了由美国运动员麦克·丹尼尔1956年在墨尔本第16届奥运会上创造的1米76的世界纪录。郑凤荣因而成为中国第一位打破世界纪录的女运动员，也是自1936年以来亚洲第一位打破田径世界纪录的运动员。这个消息震动了全国，国内的评论把郑凤荣称为"宣布中国体育运动春天降临的一只燕子"。

6年后的1963年，郑凤荣跃过了1米78的高度，创造了她个人的最好成绩。1987年国际田联授予她"国际田联75周年纪念奖"。1995年郑凤荣获得了国际奥委会颁发的"奥林匹克银质勋章"。由于历史原因，郑凤荣没有参加过一届奥运会，这也成为她运动生涯中的一大遗憾。2008年8月6日，郑凤荣作为奥运火炬手在北京传递了圣火。8月8日的北京奥运会开幕式上，她是奥林匹克会旗入场的八名执旗手之一。这对她来说，是又一个为祖国争光的难忘时刻。

从16岁到国家队练习跳高，到20岁打破世界纪录，郑凤荣向世界体坛表明"中国的田径运动员有了全面的提高"。晚年的郑凤荣不忘关怀和帮助那些为国家作出过贡献的老运动员们，继续为中国的体育事业和需要帮助的人奉献自己的力量。

（郑榴榴）

1958年1月号《人民画报》

新中国首次公开向社会发行股票

"小飞乐"股票

【音频】香港电视连续剧《大时代》的主题曲《岁月无情》

以20世纪60年代至90年代香港金融市场为背景的港剧《大时代》，曾引发收视热潮。香港早在1891年就成立了第一个正式的股票市场，而内地直到1984年的11月18日飞乐音响公司首次向社会发行股票，才揭开了新中国公开向社会发行股票的序幕。这次发行的飞乐音响公司股票，每股面值50元，共1万股，它没有期限，不能退股，但可以流通转让。飞乐股票可以说是我国改革开放新时期第一张真正意义上的股票。

说起来，这家后来被股民们习惯称为"小飞乐"的企业，其实并不是改革开放后中国第一个发行股票的企业。中国的第一支发行股，应当是1980年成都市工业展销信托公司发行的。当年在成都自发形成的被称为"红庙子"的股票交易市场里，可以见到名目繁多的四川本地企业发行的股票，发行年份有不少就是1980年的。

然而，这些企业发行的股票与真正意义上的股票尚有距离。比如北京天桥百货在1984年发行的股票，像债券一样有固定期限，定期3年，3年后还本付息。尽管随着时代的发展这些条文很快成为一纸空文，但是可以从中看出，那个年代的人们受着无形的束缚以及为冲破束缚所作的努力。

与这些股票不同的是，飞乐音响公司发行的股票从一开始就具备了真正意义上的股票元素。飞乐电声总厂发行股票的申请上报到中国人民银行上海分行以后，受到了该行金融管理处的高度重视。金融管理处要求飞乐必须按规范化的股份制度来改组企业，股票发行也要面向全市公开，上海市委领导也不止一次来到厂里讨论此事。飞乐音响第一任董事长兼总经理秦其斌的回忆中，就曾表示这样的谨慎不是没有道理的。当年他在进行工商登记时就遇到了差点无法注册公司的尴尬局面。

【音频】秦其斌：我们当时去工商登记了，我们这个小小的企业要叫公司了。当时工商接受不了了，1984年的时候公司不能乱叫的，它不是一种经济实体，也不是一种法人组织，而是一种行政级别。

由于飞乐音响公司一开始就自觉地以规范的股份制企业的要求来进行转制、设计股票，因此它当之无愧地成为中国股市萌芽时期的一个标杆。在"小飞乐"股票发行后的第二年即1985年，又发行了延中实业股票。随后1986年的9月26日，随着上海证券交易所理事长李祥瑞授权总经理尉文渊在这里敲响第一声锤锣，中国工商银行上海信托投资公司静安分公司开设的新中国第一个股票交易柜台宣告诞生，"小飞乐"股票和延中股票双双在此挂牌交易。不过在1986年四季度的时候，"小飞乐"和延中这两支股票的交易量加在一起只有 1367 股，每天的交易量仅仅有 30 股左右。时任静安分公司营业部的经理黄贵显在接受采访时无奈地表示，此后的 7 年里股票买卖的情况都不容乐观，静安分公司都是靠债券和短期融资券来维持的。

【音频】黄贵显：其实发股票、买卖股票，我们并没有赚多少钱。这 7 年里面是靠债券和短期融资券来过日子。

1986 年 11 月 14 日，美国纽约证交所主席约翰·凡尔霖先生到中国访问，受到邓小平的接见。凡尔霖向邓小平赠送了纽约证交所的一枚所徽，凭着这枚徽章可以自由出入纽交所。为了回报客人，中国人民银行决定向他赠送一张中国发行的股票。但是，选择哪家公司发行的股票却颇费思量。由于当时中国发行的很多股票都不规范，虽然有着股票的名称，却更像债券，显然拿不出手。这个时候，"小飞乐"股票显出了作用。它的设计美观大方，股票元素也很完备，人民银行最终选定了将"小飞乐"股票作为礼物回赠给凡尔霖。凡尔霖对于得到这张股票十分满意。10 天后，他来到上海，在上海当时仅有的一个股票交易营业部里办理了过户手续。用凡尔霖的话来说，他成了"中国上市公司名副其实的一个股东"。如今，这张"小飞乐"股票静静地躺在纽约证交所的档案室里，向全世界每一个到那里参观的人讲述着中国股市的这段历史。

转眼几十年过去了，如今在"法制、监管、自律、规范"八字方针的指引下，我国的证券市场从小到大、从地区性市场成为全国性市场，取得了令人瞩目的发展。虽然第一批"小飞乐"股票和那 10 平方米的小门面早已随着城市扩张改造的步伐而消失在人们视野中，但是以它们为开端、在此基础上成长起来的中国证券这棵参天大树却愈发茂盛。

（金　之）

《新民晚报》刊登飞乐音响股票发行

TVB 台标

香港电视广播有限公司（TVB）正式启播

1967 年 11 月 19 日，一个梦幻王国在香港诞生。由邵逸夫、利孝和、祁德尊等人创办的香港电视广播有限公司正式开台启播。由于它是香港首家获得免费无线电视牌照的电视台，因而一般被称作"香港无线电视台"，英文简称"TVB"。

在素有"东方好莱坞"之称的香港，电视工业是支撑起整个娱乐圈的基石，而"港剧"则是其中重要的组成部分。对于大批内地观众而言，TVB 就是"港剧"的代名词，他们的青春记忆中有着抹不去的 TVB 电视剧所烙下的文化印痕。

1980 年的电视剧《上海滩》是 TVB 早期经典力作之一，主演周润发、赵雅芝也是整整一代人心中的偶像。周润发出道于 TVB 开办的艺员训练班，结业后得到电视台的一纸艺员合约，但随后却跑了三年龙套。1976 年他凭借长剧《狂潮》一举翻身，并在《上海滩》中因塑造风流儒雅的黑帮大哥许文强一角而成了早期 TVB 开山元老中的顶梁柱。

TVB 对于香港娱乐圈最大的贡献莫过于造就了众多家喻户晓的明星，而强大的人才储备也奠定了它多年的娱乐辉煌。艺员训练班是 TVB 培养未来明星的摇篮，自 1971 年起每年开办一期，为期一年。前半年学习多项幕前知识及幕后理论，后半年则进行实习，中间经过多次考试，能成功毕业者将成为无线电视艺员。周润发毕业于 1973 年的第三期艺员训练班，在他之后，刘德华、梁朝伟、周星驰等数以百计的明星都诞生于此。

和艺员训练班一样，创办于 1973 年的"香港小姐"比赛则是 TVB 策划的另一项造星运动，从中脱颖而出的"港姐"也有不少活跃于 TVB 的舞台上。《上海滩》女主角赵雅芝就是以首届"香港小姐"比赛第四名的身份入的行。

【音频】赵雅芝谈入行经历

从 20 世纪 80 年代开始，香港电视进入黄金时代，TVB 电视剧的生产也长期处于"大干快上"的状态。在周润发、赵雅芝等一批成名演员的基础上，许多在 20 世纪 70 年代末、80 年代初新加入无线的后辈演员们也开始火速上位，很快成了独当一面的娱乐明星。其中最为知名的当属黄日华、刘德华、梁朝伟、汤镇业、苗侨伟组成的无线"五虎将"。成员之一的苗侨伟向我们讲述了这个称号的由来：

【音频】苗侨伟谈无线"五虎将"称号由来

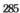

无线"五虎将"全部出身于艺员训练班。在1980至1985年这5年间，他们的光芒盖过了周润发等人，并在当时主力制作的武侠剧中囊括了所有重头角色。1983版的《射雕英雄传》和《神雕侠侣》、1984版的《鹿鼎记》都是当年他们留下的经典之作。

到了80年代中后期，武侠剧开始式微，TVB的电视剧制作重心继而转向了现代剧，1989年的《义不容情》便是其中的代表。这部当时香港时装剧的巅峰之作不仅让蛰伏数年的黄日华又一次风光荧屏，还捧红了善演反派的温兆伦以及一批年轻的女星刘嘉玲、周海媚、邵美琪等。这些女星成了继"五虎"之后擎起无线电视剧半边天的新生代当家花旦。

进入90年代后，TVB拍摄了不少家族剧，这类电视剧以一个家族带动一个行业的发展演变为题材，把TVB的现代剧推向了另一个高峰。如果说1992年的《大时代》是其滥觞，那么2000年的《创世纪》则犹如一座丰碑。它跨千禧年播出，耗资高达一亿，集合当时TVB老中青三代精英，以100集的鸿篇巨制，演绎了香港从60年代直到2000年的风风雨雨。剧中人所经历的大多是创业者或普通人的亲身经历，由此引发了观众强烈的共鸣。

2002年的《冲上云霄》算得上是TVB电视剧突破自我的颠覆之作。正是从这部讲述机长、空姐的电视剧开始，港剧中又多了一种类型，那就是职业剧。自从《冲上云霄》开了先河之后，一系列揭秘各种鲜为人知的行业故事的剧集开始走俏荧屏，包括《随时候命》《烈火雄心》，等等。以主演《冲上云霄》而走红的胡杏儿为代表的又一批TVB新人也开始成为那一时期港剧的中流砥柱。

然而江山代有才人出，各领风骚两三年。在竞争激烈的TVB内，没有人可以稳坐第一把交椅，苦熬多年才出头的胡杏儿深知其中三昧：

【音频】胡杏儿：因为我们公司实在是太多人了，太多新人。如果你自己不把握好机会的话，很容易真的下一步你就不知道去哪里了。

可能是由于内外竞争的压力，近些年，许多TVB当红艺人纷纷萌生去意，曾经的梦幻王国似乎渐渐陷入了衰落的境遇。2014年1月7日，人称"六叔"的TVB荣誉主席邵逸夫在家中安详离世，这位一手打造了香港无线电视台的影视巨人走完了他百年的辉煌人生。或许，这也是一个时代终结的征兆吧。

（郑　麟）

TVB早年经典剧《上海滩》

世界首例永久性人造心脏移植成功

1995年11月20日，从英国牛津约翰·雷德克里夫医院传来了一个好消息，令全世界饱受心脏病痛折磨的患者为之振奋。这一天，英国心脏病专家史蒂夫·韦斯托比医生宣布他们成功地实施了世界上首例永久性人造心脏移植的手术，患者手术后情况良好。人造心脏移植成功为成千上万名等待器官移植的心脏病人带来了希望。

自古以来人类就有这样一个设想：如果身体的某一个器官出现了病症，是否可以像更换机器零件一样更换器官。1967年，南非心脏外科专家克里斯蒂安·巴纳德在开普敦的赫鲁特斯库尔医院实施了世界上第一例心脏移植手术。他给53岁的患者沃什坎斯基植入了一位25岁的年轻人的心脏，在术后18天，沃什坎斯基因双肺感染而死亡。尽管如此，这次手术完成了心脏移植，成为当时医学界里程碑式的进步。对于开启心脏移植先河，巴纳德医生却显得非常平静：

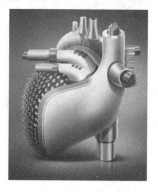

人造心脏

【音频】巴纳德：当我告诉你我并未为此而兴奋时，我想你一定十分惊讶，因为事前我没有想到这次手术会引起轰动。我总是重复这样一个故事：当我完成首例移植手术后，我和我的弟弟来到了咖啡室。我说最好把这次手术的情况通报院长，因为事先我们并没有告诉他。当我打电话给他时，他显然不高兴我这么早吵醒他。第二天早上，我离开了医院，外边没有任何记者，因为我们没有通知媒体，所以这次手术没有得到及时的报道。即便是在手术结束后，包括手术进行过程中，我们都没有十足的成功把握。

不过，心脏移植遇到的发展障碍也让世界各国的医生们颇为头疼。首先，一个人身上器官移植给另一个人时，难免受到排斥。其次，全世界每年捐献出来的心脏无法满足患者的需求。因此，科学家们开始研制代替心脏功能的人造心脏。1982年12月，美国西雅图62岁的巴尼·克拉克成为世界上第一个接受人造心脏移植手术的人。移植后，一颗塑料人造心脏在他的胸腔内跳动了将近1300万次，维持了112天的生命。这颗人造心脏是由犹他医疗小组成员罗伯特·贾维克设计的，它由两根2米长的软管连到体外的一部机器上，通过压缩空气维持人造心脏的跳动。后来，又有4名病人陆续移植了贾维克人造心脏，但其中存活最长的为620天。当年，在克拉克接受人造心脏移植后，纪录片记录了他与医生在摄像机镜头前的一段对话：

【音频】**医生**：如果他们过来坐下，问你那是什么感觉，你会怎么说？

克拉克：我会告诉他们，当你只能在死亡和手术之间抉择，那么我的选择是值得的。

此后，人造心脏移植的研究处于停滞阶段。医学界认为，这种技术还不成熟和完善，暂时不能用于人体。美国食品和药物管理局规定：人造心脏只能作为过渡或急救手段来延长垂死病人的生命，用以救治病人还需等待移植捐献的人体心脏。因此，人造心脏在美国只能被临时移植在病人体内，作为第二次心脏移植手术前维持生命的过渡，这也成为人造心脏的新用法——在找到供体之前，维持病人的生存。这一技术就是医学界所称的"心脏移植桥梁"。人造心脏的发明者罗伯特·贾维克对人造心脏的新用法颇感欣慰：

【音频】**贾维克**：心脏移植桥梁术的应用在那时确实是最佳的方法。它使得我们能够挽救病人的生命，而且没有长期使用人造心脏所需要考虑的问题。

美国食品和药物管理局对人造心脏使用的诸多限制，使得英国成为第一个实施永久性人造心脏移植的国家。1995年11月，古德曼成为世界上第一位接受永久性人造心脏移植的人。古德曼手术后情况良好，但次年3月，医生发现古德曼植入的人造心脏出现了问题，于是对古德曼实施了电动心脏移出手术。移出人造心脏后，古德曼依靠自己的心脏生存，手术30个小时后，古德曼心脏病发作，离开了人世。

2001年7月，美国心脏病患者图尔斯成为移植全内置式人工心脏并存活的世界第一人。在手术之前，图尔斯已是心脏病晚期，几乎卧床不起。根据医学上的统计，像图尔斯这种状况，死于30天之内的概率为80%。医生们在安装人造心脏后，本来只敢期望延长患者生命30天，没想到图尔斯术后康复状况远远超过他们的预期，成功地存活了140多天。

虽然也有专家对人造心脏提出质疑，认为完全用仪器代替心脏没有必要，应将重点放在研究能帮助患病的心脏恢复功能的仪器上。但不可否认，人造心脏能挽救数以万计在等待心脏捐献的过程中死去的心脏病患者。如果人造心脏成功率提高、患者存活时间延长，那么心衰患者换心再生的梦想就能一步步变为现实。

（肖定斌）

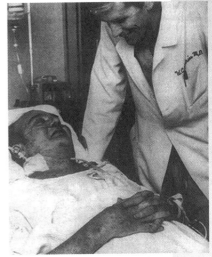

克拉克与医生

新中国开始封闭妓院改造妓女

纪录电影《烟花女儿翻身记》DVD 封面

【音乐】纪录电影《烟花女儿翻身记》片尾曲

纪录电影《烟花女儿翻身记》由中央新闻纪录电影制片厂拍摄,它真实记录了解放初期人民政府取缔妓院、改造妓女的全过程。旧中国不禁娼妓,全国各地皆有青楼妓院,暗娼更多。新中国成立后,政府决心禁绝娼妓业。1949 年 11 月 21 日,北京一夜之间封闭了全市所有的妓院,解放了千余名受压迫遭蹂躏的妇女。此后,全国各地陆续开展取缔妓院、解放改造妓女的工作,彻底废除存在了几千年的娼妓制度。

长期以来,娼妓业是旧社会的毒瘤,一些迫于贫困的女孩从卖唱到卖身,尝尽欺辱难以翻身。北京解放后,市政府多次召开会议研究妓女问题。1949 年 11 月 21 日,北京市第二届各界人民代表会议通过了关于封闭妓院的决议,当晚即由北京市人民政府下令执行。到次日凌晨 5 时许,北京市的两百多家妓院全部被封闭,四百多名老板和领家被拘留,一千多名妓女被送到当时设在韩家潭胡同 36 号的北京市妇女生产教养院。一部拍摄于 20 世纪 50 年代初的影片《姐姐妹妹站起来》再现了当年解放妓女的情形。

【音频】电影《姐姐妹妹站起来》片段

在北京市妇女生产教养院里,所有的妓女都被统一称作"学员",一律平等。经过一系列检查后发现,一千多名学员中有 96％ 以上的人患有性病。时任北京大学医学院院长的著名皮肤病、性病专家胡传揆制定了详尽的治疗方案。在治疗过程中,仅油剂盘尼西林就注射了 13000 多针。为进口这些针剂,政府总共拿出了 1 亿多元。时任北大医院皮肤性病科的医师叶干运讲述了政府为学员治病的情况:

【音频】叶干运:当时治疗最有效的叫青霉素,就是油剂青霉素。这药效果很好,像梅毒一般打十天就好了,淋病有的两三天就可以了。这个药当时也没有什么抗药性,所以可以说效果是非常理想的,当时政府为此花了不少钱,都是免费的。

身上的病痛医好了,心灵上的创伤如何抚平呢?除了每天上政治课,提高受教育人员的思想觉悟之外,教养院还经常组织学员们观看话剧和电影,其中像《日出》《九尾狐》《血泪恨》这类反映旧社会妓女生活的作品最能引发学员们的共鸣。作家柯岩当时是北京市妇女生产教养院的干部,她回忆了教养院组织学员们看戏时的情形:

【音频】柯岩：到了剧场一看，学员们嚎啕痛哭，那是真的动了心，真的哭。她们回来就说："那就是我，他杀的就是我爹，关在地窖里的那就是我姐，卖了的就是我。"

经过半年多的改造，一千多名学员终于迎来了属于自己的春天，得到了满意的归宿。她们有的结婚，有的回家，有的在政府帮助下参加了剧团和医务等工作，还有两百多名学员走进了政府专门为她们开办的新生棉织厂，用自己的双手换取干净的口粮。

继北京封闭妓院之后，青岛、秦皇岛、洛阳、长沙等地也都按"北京模式"进行禁娼。但"北京模式"并没有被硬性向全国推广，而是允许各地按照情况灵活处理。相比北京，层层按阶段推进的"上海模式"是另一种典型。旧上海曾经是世界上妓女、妓院最多的城市之一。上海解放之初，新生的人民政府对娼妓现象采取的是先限制后取缔这样循序渐进的政策和措施。到1951年的11月25日，上海市人民政府明令禁娼，查禁和封闭妓院，收容并改造妓女。旧上海曾沦落为妓女的几位当事人在20世纪90年代中期接受了上海电视台记者的采访，其中一位化名何淑英的老人回忆了1951年的那个不眠之夜：

【音频】（为尊重和保护被采访人，以下录音作了技术处理）

何淑英：11月25日晚上11点钟的时候，这个晚上禁娼了。我听见了，外面禁娼妓，警察走上来，叫我穿起衣服走，我就走了，也没有戴手铐，也没有刑具。大门口车子里很多人，我就搭了车子上去了。

记者：你们去的时候，教养所里已经准备好了吗？

何淑英：准备好了，都有，样样都有。

从1951年11月到1958年，上海先后教育改造了七千多名公开的妓女和街头的暗娼，并使她们全部转变成为自食其力的劳动者。她们有的去了上海的企事业单位就业，有的去了安徽、江苏和甘肃的国营农场，还有的自愿报名去新疆建设兵团屯垦戍边。她们中的很多人后来嫁给了军人，成为了光荣的军属。

旧社会把人变成鬼，新社会把鬼变成人。过去受人欺压、被人歧视的烟花女子在解放后终于抬头挺胸，成为了自食其力的一代新人。

（舒　凤）

上海妇女教养所的干部为被收容的妓女上课

《滑稽王小毛》成为沪上广播明星

《滑稽王小毛》主创

【音频】《滑稽王小毛》主题曲

　　1987 年，一档风趣幽默的广播节目播出仅半年就已在上海家喻户晓。当年的 11 月 22 日，上海电视台播发了一条"《滑稽王小毛》节目成为听众心中的广播明星"的新闻，王小毛这个形象开始从收音机走入了千家万户的电视荧屏。以下就是当时上海电视台的新闻片段：

【音频】"《滑稽王小毛》节目成为听众心中的广播明星"新闻片段

　　《滑稽王小毛》把传统滑稽戏和广播剧结合起来，采用系列小品的框架结构，情节每集独立成篇，有时也可互相关联，自由灵活不拘一格。节目主要讲述苏北来沪青年王小毛在上海遇到的种种生动故事。王小毛平凡善良但也常常犯傻，如同路上随处可见的邻家小弟，很快博得了上海市民的喜爱。节目播出后一炮而红，成为了当时电台收听率最高的栏目之一。节目编导葛明铭讲述了《滑稽王小毛》名字的由来：

【音频】节目编导葛明铭讲述《滑稽王小毛》名字的由来

　　开播初期的《滑稽王小毛》所涉及的题材和反映的社会生活内容十分广泛，有发扬精神文明的《初到上海》，有反映家庭、伦理道德的《紧急报案》，有抵制不正之风、反对官僚主义的《设宴请客》，也有揭露坏人坏事的《车厢擒贼》。这些节目在揭露坏事的同时对比式地歌颂了新风，在塑造王小毛的形象时也展现了他的小缺点，但又无损于这样一位成长中的青年所具有的可信度。由于节目兼具广播剧的表现手段以及滑稽戏的特色，比如运用南腔北调、起"包袱"、放噱头、虚拟性等，因此很受听众欢迎，每天收到大量听众赞扬的来信和电话。据上海统计局抽样调查，节目播出到 50 期时，收听率达 49.8%，仅次于电台的"早新闻"节目。当时的《滑稽王小毛》节目一般在两三个小时内完成一集的录制，其中很多是即兴表演。主要演员多为当红的滑稽戏演员，如被誉为"亚洲笑星"的王汝刚。

【音频】王汝刚：我和王小毛感情非常深，今天我看到了许多王小毛在演播当中拍的照片，自己是感慨万千。时间也过得相当快，虽然我们的形体和面貌有所变化，但是我们在广大听众朋友们的心目中还是留下了美好印象，这是我十分欣慰的。20 多年来，王小毛伴随着我的成长，我王汝刚虽然不能说等于王小毛，但是大家看到我还会很热情地叫我王小毛、王小毛。所以我希望这个节目能够越办越好。

滑稽戏演员与广播结缘是有传统的。解放前，许多滑稽戏演员活跃在各家商业电台，这不仅解决了艺人们的生计问题，也促进了滑稽艺术的发展，更重要的是给广大老百姓带来了笑声。解放后，滑稽艺术繁荣发展，但演员固定在某一电台连播"广播肥皂剧"的节目却少而又少。《滑稽王小毛》的问世，才把"系列广播肥皂剧"这种艺术样式推向极致。大家熟悉的《滑稽王小毛》主题歌是由著名滑稽戏演员姚勇儿演唱的，他讲述了这首主题歌问世背后的故事：

【音频】姚勇儿谈主题歌问世背后的故事

王小毛这个人物，从苏北来到上海，成为新一代上海人的典型代表——幽默、正义、助人为乐、见义勇为，他的身上凝聚着和谐社会中每个新上海人的影子。王小毛的工作遍及360行，他扫过马路，倒过垃圾，做过车间领导，当过总经理，始终没有一个固定的职业。这是当初创作团队的一致意见，因为新上海人遍布于上海的各个行业，为了形象地表现出新上海人的生活状态，创作团队决定让王小毛去每个行业工作，体验不同的生活，讲述不同的故事。1988年，面对全民经商的汹涌浪潮，王小毛理智面对，全身而退。之后上海遭遇甲肝大流行，王小毛成了卫生安全的志愿宣传员。1992年炒股风行，身为厨师却惦记着股市的王小毛为此险些丢了饭碗。到了2008年，王小毛又成了出租车司机，眼见四川桔农受灾，他又一次挺身而出……王小毛在万千听众的陪伴下，走过了上海飞速发展的时期。王小毛的扮演者之一、著名滑稽戏演员林锡彪认为，自己扮演的这个人物正是因为贴近生活才得到了广大听众的喜爱，而节目背后的创作团队也为此付出了艰辛的努力。

【音频】林锡彪谈王小毛

很多人都忘不了上海老弄堂那富有节奏的生活晨曲：当淡淡的雾气还没有散去，弄堂里静悄悄的。老人们去公园、去菜场了，他们关门走路也是轻手轻脚。直到不知哪家的收音机传出了《滑稽王小毛》主题曲这样欢乐的歌声，才将弄堂真正唤醒了。于是家家户户忙碌起来，新的一天又开始了。

新上海人的生动代表"王小毛"，早已成为很多人心中抹不去的共同记忆。

（倪嘉铭）

《滑稽王小毛》演出

"七君子"被捕

1936年11月23日凌晨2点半左右,刚睡下不久的进步新闻记者邹韬奋被凶猛的打门声和妻子的惊呼声惊醒。门开后,四五个人一拥而入,他们是上海警方根据国民党最高当局的指令来秘密非法逮捕他的。当夜同时被逮捕的还有沈钧儒、李公朴、章乃器、王造时、沙千里、史良等六位"全国各界救国联合会"的领导人,他们被逮捕的罪名是"危害民国罪"。七位社会知名人士因为爱国而被捕受审,这就是轰动一时的"七君子事件"。

1931年"九·一八事变"后,全国人民要求奋起抗日的呼声越发高涨。1936年5月,"全国各界救国联合会"在上海发起成立,大会选举了马相伯、宋庆龄、何香凝、沈钧儒等四十多人担任执行委员。7月15日,沈钧儒、章乃器、邹韬奋、陶行知等救国会领导人联名发表《团结御侮的基本条件与最低要求》,表达了全国人民要求停止内战、共同抗日的意见和主张。救国会发起和组织的抗日救亡举动惹恼了国民党当局,也得罪了驻沪日军。在日军的施压下,国民党开始下令逮捕救国会领导人。邹韬奋的女儿邹嘉骊说从一份日方资料中可以看出,当时中国的反动势力是有后台的。

1937年7月"七君子"出狱时合影。
左起:王造时、史良、章乃器(后)、沈钧儒、沙千里、李公朴、邹韬奋

【音频】邹嘉骊提及一份日方秘密情报

1936年11月22日晚至23日凌晨,国民党上海当局终于向沈钧儒、章乃器、李公朴、王造时、沙千里、史良、邹韬奋七人下手。沈钧儒等六人被捕,史良因提前获悉消息逃离了寓所而未被抓。李公朴之女张国男回忆了父亲被捕当晚的情形:

【音频】张国男回忆父亲被捕当晚情形

12月4日,沈钧儒等六人被移解至江苏省高等法院看守所羁押。史良在安排好救国会的组织工作等有关事宜后,于12月30日到苏州江苏高等法院投案,后被单独关押在苏州前司街女看守所。

"七君子事件"激起了中国共产党人、全国人民和国内外各方人士的强烈抗议和谴责。在"七君子"被捕半个多月后,新闻界、京沪各界、救国会、共产党等各方纷纷要求国民党释放"七君子",开放民众救国运动。在海外,欧美和东南亚各国的华侨以及国际知名人士,如爱因斯坦、罗曼·罗兰、杜威、罗素等也致电蒋介石等人,要求恢复沈钧儒等被捕者的自由。

1937年4月3日,国民党当局不顾海内外人民的强烈抗议,指令江苏省高等法院检察处对沈钧儒等七人提起公诉,控告他们"以危害民国为目的而组织团体,宣传与三民主义不相容之主义,

触犯了《中国民国刑法》和《中国民国危害民国紧急治罪法》"。根据当时的《刑事诉讼法》规定，每个刑事诉讼人可以委聘三个律师为之出庭辩护。出于要求抗日的决心和爱国主义的热忱，二十一位著名大律师自愿组团担任义务辩护人。他们历时四小时草成一篇万言答辩书，针对《起诉书》莫须有的指控逐条批驳。学者傅国涌说这个律师团几乎可谓中国律师界精英的一次倾巢出动。

【音频】傅国涌：二十几个律师组成的庞大律师团，这里面既有当过民国的司法总长和曾经就任于大理院的这些高官出身的律师，也有在西方拿了法学博士学位回来的律师，都是当时上海律师界的精华。他们这样群体地出来为这一个政治案子辩护，这是民国司法史上一次非常壮观的集体行动。

6月11日，"七君子"案正式开庭。检察官与辩护律师就起诉书的内容展开攻防。辩方律师提出有利于被告的论据二十多条，并且要求对相关证人进行调查，然而法庭全部当场驳回。律师团认为，由于法庭对有利于被告的证据不加重视采纳，显然已存偏见，于是律师团提交了回避申请，要求停止诉讼程序。6月25日，"七君子"案第二次公开审理，但这次开庭又没有任何结果。在庭辩中，"七君子"与审判长的交锋也十分精彩。南京师范大学教授郦波说庭辩时沈钧儒义正辞严以驳斥，使得主审法官狼狈不堪。

【音频】郦波：这个主审法官就问沈钧儒，你为什么有通日倾向？沈钧儒说，从何说起？共产党主张抗日救国，你们也主张抗日救国，这是通共倾向吗？共产党吃饭，我们也吃饭，难道我们就是共产党吗？主审法官被问得一愣一愣的，然后就说，为什么共产党的很多主张你们都非常赞同？你们有没有意识到你们已经被共产党利用了？然后沈钧儒说，如果共产党利用我们是为了抗日救国的话，我们甘愿被利用。

1937年"七七"事变后不久，在全民抗战呼声日益高涨的巨大压力下，国民党当局不得不将"七君子"交保释放。7月31日下午，在苏州监狱被关押了七个多月的"七君子"在众人的欢呼声中走出看守所，沈钧儒代表大家对各报记者表示"当不变初旨，誓为国家民族解放而斗争"。1939年1月26日，"七君子"案的起诉被宣布撤回。至此，国民党政府才对"七君子"案件作了司法上的了结。"救国无罪"由历史作出了正确的结论。

（郑榴榴）

"七君子"出狱后同爱国人士马相伯和杜重远合影

"18个手印"拉开中国农村改革序幕

小岗村"包干到户"的责任书

电影《十八个手印》根据历史真实事件改编,讲述了1978年安徽凤阳县小岗村"包干到户"的故事。如同电影中所演绎的那样,在1978年11月24日深夜,小岗村的18位农民在土地承包责任书上按下自己的手印,签下了"包干到户"的契约。这历史性的一"按"成了中国农村改革的第一份宣言,掀起了中国农村改革的序幕。

1959年到1961年,持续3年的自然灾害造成了严重的饥荒。1964年11月至1966年7月,时任国务院主管农业的副总理、中共中央农村工作部部长的邓子恢在广西化名进行了秘密的包产到户试验。尽管邓子恢进行的包产到户责任制试验既符合农民心愿、又符合农业生产力水平和生产规律,深受当地群众欢迎,但在当时的历史条件下,包产到户思想并没有得到中央的肯定。直到1972年邓子恢逝世,他仍念念不忘"包产到户"。邓子恢的儿子邓淮生讲述了父亲一心为农村改革,甚至不顾自己政治前途的往事。

【音频】邓淮生:中央决定在北戴河开工作会议。我父亲找主席谈了一次"包产到户"的问题,结果主席在简报上写了一些批评的意见,说现在农村有一股单干势力在抬头,犯了"右倾主义"的错误。

1977年11月,中共安徽省委召开农村工作会议,制定了《关于当前农村经济政策几个问题的规定(试行草案)》,允许农民搞家庭副业,除完成国家任务外,其余收获可以到集市上出售,而生产队可以实行定任务、定质量、定工分的责任制。这就是著名的"省委六条"。时任中共安徽省委第一书记的万里后来回忆,在1978年的中央工作会议期间,他曾就肥西县"借地种麦"及"包产到户"问题请示过陈云和邓小平,获得了他们的支持。

【音频】万里:省委回来后我就开会支持,但县委认为"包产到户"不行。那时候"包产到户"既不符合党的决议,又不符合宪法。我就首先和陈云同志商量,我说已经搞起来了,怎么办?他说我双手赞成。我又去问了小平,小平回答我别争论,你们就这样干下去就行了。

1978年夏秋之际,安徽大旱,农民再次面临绝境。在时任省委第一书记万里的支持下,"借地种麦"得到了推行。结果,肥西县大旱之年大丰收。在"借地种麦"的影响下,安徽农村悄然兴起了"包产到组"、"包产到户"的责任制,但还没有人敢于突破"包干到户"的禁区。当大包干到组责任制在凤阳县兴起时，小岗村也学着别人的样子搞起了分组作业。先是将全队分成2个作业组，接着又分成4个、8个作业组，但作业组仍不能满足小岗村村民的需求。于是，就在1987年11月24日的那个晚上，18个农民挤在一起，召开一个关系全村命运的秘密会议，主题是研究分田单干。小岗村生产队副队长严宏昌定下两条规定：一、分田到户不允许向任何人透露；二、必须上交公粮，交完国家和集体的剩下的才归个人。最后他执笔写下了全国第一份包干合同，其他人均在自己的名字上按下了指印。时任凤阳县小岗村生产队副队长严宏昌回忆当时"包干到户"责任制实行后村里人们发生的变化。

【音频】严宏昌：我们就制定了"先国家的，后集体的，剩下是自己的"政策，这样实际上打破了大锅饭的体制。我们这样一做，村民们的积极性就特别高涨，这时候就和过去人民公社分配时候不一样了，天一亮就到地里干活。

一年后的10月份，秋高气爽，正是丰收的季节。凤阳县小岗村的粮食总产量共计66吨，相当于全队1966年至1970年5年粮食产量的总和。

1982年元旦，中共历史上第一个农村工作"一号文件"正式出台。文件明确指出，"包产到户"、"包干到户"都是社会主义集体经济的生产责任制。之后，人民公社体制彻底退出了历史的舞台，取而代之的是县乡镇政府。时任中央财经领导小组办公室副主任的陈锡文认为，人民公社消失的原因在于"包产到户"与"包干到户"的农改政策。

【音频】陈锡文：我理解的"包产到户"就是对农村人民公社内部的经营管理体制进行改革。"包干到户"这个改革，是对人民公社制度的一种彻底的颠覆。它使得家庭成为一个经营主体，这才可以把人民公社取消掉。

今天，国家博物馆中川流不息的参观人群，常常驻足在一个编号为GB54563的陈列物前，它就是安徽省凤阳县小岗村18个庄稼汉于1978年11月24日所立下的契约书。他们长年累月在土里刨食却不得温饱，于是甘冒坐牢杀头的危险，在"包干到户"的责任书上签名并按下鲜红的指印。如今，这份契约已成为历史文物，记录并承载着新时期农村改革的风云变幻。

（金　之）

小岗村"包干到户"带头人合影

北京正式宣布申办2008年奥运会

20世纪90年代,刚刚举办过亚运会的中国,迫切渴望通过举办奥运会展示自身形象,加强对外交往并且融入国际社会。然而随着1993年北京首次申奥折戟蒙特卡洛,申奥的热潮似乎沉寂了好几年。不过,开放的中国始终盼望着奥运的垂青。1998年11月25日上午,北京市市长正式向中国奥委会主席伍绍祖递交了举办2008年奥运会申请书,宣告北京再一次向举办奥运会发起了冲击。

中国代表团成员们兴奋欢呼

1993年北京参与2000年奥运会承办权的争夺,可以说是一场"巨人之间的竞争",8个申办城市都有自己的特点。然而在最后的决胜时刻,一路领先的北京却意外落选。当萨马兰奇宣布,北京仅以两票之差丧失了2000年奥运会举办权的时候,许多人都流下了伤心的眼泪。遗憾之余,中国奥运人也意识到失败不能只归咎于外在因素,还要从自身找到问题的症结所在,时任北京奥申委秘书长魏纪中对此就有清醒的认识:

【音频】魏纪中:当时我们的口号是"开放的中国盼奥运",首先是"开放的中国",要让人家知道你是开放的,人家当时还并不完全相信你是开放的。举个小例子,你当时在北京饭店要打一个国际长途电话,你必须要到楼下去登记、交钱,才让你打。不是像现在这样直接就可以拨,但外国人当时是不习惯的,他们在自己国家一拨就打了,怎么在你们在这里打电话还要到楼下登记、交钱,你等了半天电话才来。

1993年首次申奥失利并没有击垮中国的奥运梦。1998年世纪之交,中国国力的提升与北京城市的发展已是举世公认。一个民族期待百年的奥运梦,在此时正是圆梦的最佳节点。与1993年相比,中国的国民生产总值增长了2.5倍,交通、通讯、场馆以及环境建设都更加完善。中国及北京的高速发展,为1998年北京再次提出申办奥运会,打下了坚实的基础。1999年4月7日,经中国奥委会批准,北京市正式向国际奥委会递交申请书。北京申奥得到了国内外最广泛的支持,时任北京奥申委副秘书长张清对此印象非常深刻:

【音频】张清:我们刚开始搞调查,确实支持率很高,我们自己都觉得太高了,有94%。评估团在离开北京前,他们自己在王府井随机抽人搞了一个调查,大概样本有好几千人,最后他们得出来的支持率比我们的还高,达到了96.9%,他们也就服气了,也没想到你们中国支持率真高。后来的各种调查表中,老百姓的支持率北京永远排第一。

申办奥运的大幕正式拉开,申奥口号确定为"新北京、新奥运"。自从北京宣布申办2008年奥运会,京城广大市民、全国各行业的人们以及海外华人通过多种形式表达对北京申奥的支持。

296

2000年5月27日上午,北京市民自发在王府井工美大厦竖立起第一块申奥倒计时牌。

2001年7月13日,世界聚焦莫斯科。这一天国际奥委会将投票选出2008年奥运会举办城市。北京、巴黎、多伦多、伊斯坦布尔、大阪五个城市的申奥代表均抖擞精神登台亮相,作最后一搏。著名电视主持人杨澜作为北京申奥代表之一,在大会上陈述了奥运文化主题,在陈述结束前,杨澜和大家分享了一个故事:

【音频】杨澜:700年前,惊奇于他有关那个美丽的遥远国度的描述,人们问马可·波罗:您那些有关中国的故事是真的吗?他回答道:我只不过将我所见到的向你们描述了一半而已。事实上,今天我们向您展示的也仅仅是正在恭候您到来的北京一隅。女士们,先生们,我相信北京将向运动员、观众以及全世界的电视观众证明:这是一块神奇的土地。到我们中间来吧!

5个城市陈述完之后,北京时间22时2分开始投票。两轮投票后,国际奥委会纪律委员会监票员将记有结果的纸笺平稳地放入信封并将口封上。了解内情的人知道,这意味着投票结果在第二轮已经出来了,因为若要继续投票的话,此时信封是不封口的。监票长表情平和地将信封送到国际奥委会主席萨马兰奇手中。萨马兰奇端详了一下,嘴角间微微露出一丝笑容。人们从这个不明显的表情看出了"北京"的希望。因为萨马兰奇曾表示,他希望能在他卸任前选出北京主办2008年奥运会。他平步走到话筒前,打开信封,宣布了历史性的选择:第29届奥运会主办城市是"北京"!会场沸腾了,中国沸腾了,全球沸腾了!

【音频】萨马兰奇宣布北京获得2008年奥运会主办资格

早在1908年,中国一本杂志曾向国人提出过三个问题:中国何时才能派一位选手参加奥运会?中国何时才能派一支队伍参加奥运会?中国何时才能举办奥运会?从1908年到2008年整整100年间,中国人终于完整实现了这三个愿望。2008年奥运申办成功,不仅是中国的成功,更是奥林匹克精神的一次巨大成功。

(肖定斌)

萨马兰奇宣布北京申奥成功

宝钢一期工程投产仪式举行

十一月 26

【音频】1985年电影《宝钢》开场片段

1985年11月26日,宝钢11平方公里的土地上,处处彩旗飘扬,一派节日景象,这里正在举行的是宝钢一期工程的投产仪式。中共中央、国务院在当天发来贺电说:"宝山钢铁总厂一期工程建成投产,是我国社会主义现代化建设取得的又一重大成就。这对提高我国钢铁工业的生产技术水平和管理水平,对促进国民经济的发展,加快我国社会主义现代化建设,具有重要的意义。"上海电视台对宝钢一期工程作了相关的新闻报道。

一号高炉出铁现场

【音频】上海电视台新闻报道片段

宝钢从打下第一根桩基到迎来投产这一天,足足用了7年时间。这段时间里,宝钢的命运跌宕起伏,是继续开工,还是立即下马,被反复讨论。这一切还要从1977年的1月说起。当时为改变上海地区钢铁工业长期缺铁的局面,上海市和冶金部提出了在上海新建一座现代化大型炼铁厂的建议。国务院有关部委会同上海市进行调查研究,酝酿规划建设新厂。与此同时,中国冶金考察团东渡扶桑,对日本钢铁工业的发展经验和先进技术状况进行了考察和研究。借鉴日本的成功经验,考察团提出了引进国外先进技术,进口高品质铁矿石,在沿海建厂的建议。中共中央政治局和国务院领导分别于1977年底和1978年初进行了两次讨论,作出了在上海建设宝钢的决定。原宝钢工程指挥部党委书记张浩波谈了宝钢最终落户上海的原因。

【音频】张浩波:宝钢呢,靠市场。整个华东地区市场对钢铁的需要占全国钢铁工业的37%,而华东地区钢产量只占全国的17%,还有20%要靠外面来,钢铁的布局上离开市场太远了。

然而,在建设宝钢的同时,国民经济的困难开始显现出来,特别是财政、外汇、重要物资供应的困难日趋严重。在这种情况下,社会各界对1978年引进的一批大项目提出了种种质疑,其中最突出、最集中的目标就是宝钢。当时,宝钢工程已经破土动工全面展开,高炉、焦炉、转炉和电站等主体工程基础桩都已打完,现场施工队伍已集合了四五万人,一下子也难以停顿下来。但是,如果照原计划建设,国内的财力物力也很难承担。

当时兼任中央财经小组组长的陈云亲自来到上海,对宝钢建设问题进行调查研究。他详细听取有关部门和专家的各种意见,综合错综复杂的现实情况,分析了我国钢铁工业发展的总体态势并对比了与世界先进国家的差距。经过反复比较和权衡,陈云认为引进一座世界一流水平的大型钢铁厂十分必要。同时他也明确指出,宝钢虽然仓促上马,但动工后现场建设成绩很大,应从各个方面严格要求,多加考虑。陈云在上海亲自调查取得第一手资料后,回到北京主持召开财经委员会会议,专题讨论宝钢建设,明确提出了"宝钢是四化中第一个大项目,一定要做出榜样来","要坚决干,干到底","对宝钢要严格要求,甚至要有点苛求","只能搞好,不能搞坏"等结论性意见。

此后不久,1979 年 7 月,邓小平来上海视察工作。他十分关心宝钢建设的发展,在 7 月 21 日与上海市委常委等领导同志谈话时,专门谈到了宝钢的建设问题。邓小平说"宝钢国内外议论多,我们不后悔,问题是要搞好。第一要干,第二要保证干好",并当面叮嘱宝钢负责同志,要干得快一点。同年 9 月,在一次会议上,邓小平从历史发展趋势和改革开放的全局高度,作出了"历史将证明,建设宝钢是正确的"科学预言。1984 年是宝钢一期工程进入决战阶段的关键年。2 月 15 日,邓小平来到上海视察宝钢建设,在听取汇报后,十分高兴地为宝钢题词:"掌握新技术,要善于学习,更要善于创新。"

【音频】邓小平讲话片段

经过 7 年艰苦奋战,1985 年的 11 月,宝钢人终于向全国人民交出了第一份出色答卷:年产 300 万吨钢的一期工程建设按照计划节点一次性投产成功,设备运转正常,产量稳定增长;投产后的第一年,25 项考核指标全部达到设计水平;投产后的第二年,生铁、钢、钢坯的产量全面达到设计能力;投产后的第三年,生铁、钢、钢坯的产量全面超过设计能力 10%以上。像宝钢这样大的工程,投资能控制在预算之内,施工质量如此过硬,投产如此顺利,达产如此迅速,在中国工业发展史上没有先例。

随后,宝钢二期和三期工程又分别于 1991 年 6 月和 2000 年 6 月建成投产。经过 30 多年发展,年钢产量 4000 多万吨的宝钢已是全球钢铁企业四强之一,宝钢也已成为中国现代化程度最高、最具竞争力的钢铁联合企业。有了宝钢,中国钢铁工业与世界先进技术水平的差距缩短了 20 年。如今,受到世界经济等影响,我国钢铁业面临着产能严重过剩的严峻形势,在行业的产能治理、结构优化和产业重组过程中,宝钢又发挥着中国钢企排头兵的重要作用。

(倪嘉铭)

宝钢一期工程建成

中国第一所音乐学院成立

十一月 27

【音频】歌曲《国立音乐院院歌》

"神州大地蟠东方，沈沈数千载，典乐复职宏国光！学府植立坚中央，与民游艺声堂堂……"这是中国最早的音乐学院的院歌。1927年11月27日，在上海的陶尔斐斯路（今南昌路）56号，中国第一所音乐学院宣告成立。这所学校就是由教育学家蔡元培和音乐教育家萧友梅博士共同创办的国立音乐院。国立音乐院是上海音乐学院的前身，它的成立标志着中国的近代音乐专业教育翻开了崭新的篇章。

1927年，中国社会风起云涌、动荡不安。北洋政府以"音乐有伤风化，无关社会人心"为由，下令停办北京各高等学校所有的音乐系科。当时，在北京大学附设音乐传习所担任教务主任的萧友梅决定南下上海，继续发展中国的音乐教育事业。音乐学家汪朴和指挥家韩中杰讲述了萧友梅选择在上海发展中国音乐教育事业的原因：

【音频】汪朴：选择上海主要是因为上海有工部局的乐队，好多音乐家，这样找老师比较方便。

韩中杰：只能在上海，因为上海是一个国际大都市，当时是所谓的"东方巴黎"这样一个城市，那里集中了大量的人才。

萧友梅于1927年夏天抵达上海，他向即将担任南京国民政府大学院院长的蔡元培建议，在商业发达、音乐家众多的上海设立音乐学院。当年的10月26日，以"院长蔡元培、筹备员萧友梅"署名的"国立音乐院招生"广告在上海的《申报》《民国日报》等多家报纸刊登。11月27日，国立音乐院正式成立。

两年之后，由于多种原因，国立音乐院改组为国立音乐专科学校，萧友梅任校长兼教务主任。国立音专在极其困难的条件下逐步完善学制和课程设置，聘请周淑安、吴伯超、黄自、拉扎诺夫、查哈罗夫、苏石林等一批国内外高水平的音乐教师和其他各科教师，培养了贺绿汀、刘雪庵、江定仙、陈田鹤等一批杰出的音乐家。国立音专第一届毕业生、声乐教育家喻宜萱回忆了国立音专的师资以及萧友梅三顾茅庐聘请名师的情况：

【音频】喻宜萱：那时候，我们学校的老师都是外国人。像查哈罗夫是我们钢琴系的主任，他很有才能的，钢琴弹得很棒。他到我们学校当教员，萧先生就像诸葛亮一样三顾茅庐去请，几次登门去把他请来了。

国立音乐院开院纪念照

办学之初，经费拮据一直困扰学校，维持正常教学不易，经过多年奔波筹措，市京路新校舍（现民京路918号）于1935年9月底正式竣工。1937年8月8日，日军轰炸上海，国立音专的主楼和女生宿舍均遭空袭，学校被迫停课、搬迁。解放后，上海音乐学院迁至汾阳路办学。

1934年，享誉欧洲的钢琴家、作曲家齐尔品在上海举办了一场"征求中国风味钢琴曲"的比赛，国立音专的三年级学生贺绿汀以其创作的《牧童短笛》获得一等奖。新中国成立以后，贺绿汀以教育家的身份回到母校担任院长。他率先开设民歌课程，并将民间音乐课作为全校各系科的必修课，力改老"音专"与民族音乐教育脱节的偏颇。一时间，全校学民歌的气氛极其浓厚，不少学生纷纷自发成立民歌学习小组。贺绿汀还从全国各地请来民间艺人现身说法，倡导学生下乡采风，为音乐创作带来了许多鲜活的素材。以下是贺绿汀关于学习民间音乐的讲话录音：

【音频】贺绿汀：我们现在音乐学校里面一个很重要的任务，就是要学习民间。学习民间，不但是民族音乐系的要学，我看每一个系都要学，包括理论的、作曲的、声乐的、器乐的都应该学。世界上大家都公认的，音乐越有民族特点，才越为全世界人民所欢迎。

20世纪50年代，贺绿汀根据"音乐教育必须从小抓起"的战略构想，逐步建立了大、中、小学"一条龙"的教学体制，先后创办了上海音乐学院附中和附小。1956年，上海音乐学院正式定名。1957年，上海音乐学院的声乐系开设少数民族班，招收全国各地的少数民族音乐人才。演唱《唱支山歌给党听》的藏族歌唱家才旦卓玛就是上音民族班的第一批毕业生。经过多年的努力，上音民族班为我国培养了热比亚、阿旺、莫尔吉夫等一批优秀的少数民族音乐家。

【音频】才旦卓玛演唱的《唱支山歌给党听》

1979年，受中国文化部部长的邀请，世界著名小提琴大师艾萨克·斯特恩来华演出和教学。斯特恩的此次中国之行被拍摄成一部意义非凡的新闻纪录电影《从毛泽东到莫扎特》，该片获得了1981年的奥斯卡最佳纪录片奖。访华期间，斯特恩特意参观了上海音乐学院附小。影片《从毛泽东到莫扎特》记录了当年上海音乐学院附小的学生生活，片中的王健、许忠等不少学生日后都成为了享誉世界乐坛的音乐家。

"养成音乐专门人才，一方输入世界音乐，一方从事整理国乐，期趋向于大同，而培植国民美与和的神志及其艺术。"这是自1927年建校以来，中国第一所音乐学院一直秉承的创办宗旨。改革开放以后，我国的音乐教育迎来了更大的发展与繁荣。

（舒　凤）

国立音乐专科学校开学典礼合影

美、苏、英三国德黑兰会议开幕

十一月 28

1943年11月28日，美、苏、英三国的首脑会议在伊朗首都德黑兰开幕。这次会议是为了商讨加速二战进程和战后世界安排的问题，是三国首脑之间的第一次会晤。德黑兰会议是第二次世界大战中的一次具有重要历史意义的会议，在反法西斯战争中产生了巨大作用和影响。

1942年1月1日，中国、苏联、美国、英国等26个国家在华盛顿发表《联合国家宣言》，这标志着反法西斯战线的形成。1943年，二战的战略形势发生根本转变。苏军在东线经过斯大林格勒和库尔斯克两次战役，完全掌握了主动权。在西线，美、英开始进行局部反攻，意大利被迫投降。在远东太平洋战场上，日军已停止战略进攻。1943年11月22日至26日，在德黑兰会议召开前夕，美、英、中三国首脑在开罗举行会议，讨论如何协调对日作战的共同军事问题和战后如何处置日本等政治问题。

德黑兰会议上斯大林（左）、罗斯福（中）、丘吉尔（右）合影

1943年11月28日至12月1日，苏、美、英首脑斯大林、罗斯福和丘吉尔在伊朗首都德黑兰举行会晤。希特勒在接到"三巨头"会晤的情报后，立即着手制定暗杀"三巨头"的计划，并指派专人负责。这次暗杀行动名为"远跳行动"。最终，潜入德黑兰的大部分纳粹间谍分别被盟军特工逮捕或击毙，而纳粹想用满载炸药的飞机撞爆苏联大使馆的阴谋也告失败。华东师范大学历史系教授郑寅达讲述了当时为保证主要领导人的安全而采取的措施：

【音频】郑寅达：从英方来讲是这样的：让（外交大臣）艾登坐在车队里面，浩浩荡荡地开进了英国大使馆。但是，伊朗方面就安排丘吉尔，一个主要人物，微服，悄悄地进去了。这样一来，首先保证了主要领导人是安全的。

1943年11月28日，伊朗首都德黑兰秋高气爽，阳光明媚。然而，在这宁静温和的空气里却弥漫着一种令人紧张的气氛，主要街道都戒严了，安保人员密布在街道上。下午4时，苏、美、英三国领导人会议正式开始。

这次会议的中心议题是开辟第二战场问题，这是打败德国法西斯的重要战略问题。当会议进入实质性阶段时，分歧出现了。在1941年苏德战争初期，苏联军队的损失极为惨重，处境十分困难，为减轻苏军压力，斯大林曾不止一次要求英国开辟第二战场。然而，英国出于对自身利益的考虑，拒绝了斯大林的请求。直到1943年8月，魁北克会议批准了1944年5月1日开始实施法国北部登陆战役，也就是代号为"霸王"的行动计划。德黑兰会议就是商量具体行动计划的。

德黑兰会议期间，在对德作战的战略问题上产生的不同意见主要是在斯大林与丘吉尔之间。斯大林十分关心开辟西欧战场的"霸王"行动，要求立即确定其开始日期。丘吉尔先是坚持他的进

军巴尔干的计划,继而又提出从巴尔干和西欧两路攻入欧洲的新方案,极力回避发起"霸王"行动的确切日期。由于地中海是英国的传统势力范围,一旦盟军在法国实施登陆,成功牵制德军,苏军就有可能进入中欧,影响英国的势力范围。丘吉尔其实已经把目光延伸到战后势力范围的划分。

在丘吉尔与斯大林的争论中,罗斯福居中调和,但他倾向斯大林的意见,表示不想推迟"霸王"行动。三方最终就对德作战问题达成了一致意见,签署了秘密作战计划《苏美英三国德黑兰总协定》,规定"霸王"行动和进攻法国南部的战役于 1944 年 5 月同时发起。届时,苏军将在东线发动攻势,以阻止德军由东线向西线调动。关于对日作战问题,苏联初步同意在欧洲战争结束后半年左右参加对日作战。在美、苏关于苏联对日作战的会谈中,作为交换条件,苏军可以进入在国际监督下成为自由港的不冻港大连,但苏联的此项要求并未经过中国国民政府的批准。中共中央党史研究室研究员章百家讲述了苏联对日作战背后的意图:

【音频】章百家:对苏联来说,它也有一个对日作战的问题,就是它什么时候加入对日战争。如果它不加入,在战争中就得不到什么利益。而苏联当时一个很重要的目的,是要恢复以往沙俄在远东失去的这些利益。

除了开辟欧洲第二战场和苏联对日作战问题,德黑兰会议还研究了战后波兰边界和处理德国的原则,并就建立国际组织交换了意见。会议签署了《苏美英三国德黑兰总协定》,会后发表了《德黑兰宣言》和《关于伊朗的宣言》。1943 年 12 月 1 日,德黑兰会议结束。

德黑兰会议和《德黑兰宣言》是反法西斯联盟主要国家在二战后期建立有效军事合作的重要步骤,对加强盟国团结、加快第二次世界大战的进程、彻底打败德意日法西斯产生了重大作用和影响。与此同时,在德黑兰会议上,三大国为了自身利益也达成了某些损害他国利益的妥协,对战后世界产生了不良影响。

(郑榴榴)

德黑兰会议上的斯大林(左)、罗斯福(中)和丘吉尔(右)

淮剧《金龙与蜉蝣》赴京演出大获成功

十一月 29

1993 年 11 月 29 日，上海新剧目赴京展演在北京儿童艺术剧场拉开帷幕。上海淮剧团为纪念建团 40 周年排演的新剧《金龙与蜉蝣》赢得了当晚的满堂喝彩。《金龙与蜉蝣》的成功演出不仅成为了当时的戏剧事件，更引起了整个文化界的高度关注。当时还出现了这样一句流行语：不看淮剧《金龙与蜉蝣》，不知九三文化新潮流。

淮剧《金龙与蜉蝣》剧照

【音频】淮剧《金龙与蜉蝣》片段

淮剧《金龙与蜉蝣》在 1993 年的 5 月 20 日首演于上海美琪大戏院，首演之后立刻轰动全国。该剧由罗怀臻编剧，郭小男导演，何双林、梁伟平等人主演。如今的他们在戏剧界都是极具影响力的人物。当时，淮剧主要流行于江苏里下河地区、上海以及苏南的部分地区。改革开放之初，国外各类新颖剧种和流派大量涌入中国，淮剧保守而传统的剧目和表现形式使大量观众流失，这些导致曾在上海风靡一时的淮剧越来越萧条。为了改变淮剧的生存状态，编剧罗怀臻创作了《金龙与蜉蝣》这出都市新淮剧，主演梁伟平在采访中表达了改变淮剧生存状况的必要性：

【音频】梁伟平：当时淮剧的生存环境确实不是太好，市场也是越来越萎缩。关键是我们缺少一个戏剧理念，比较保守。按照市场经济来说，你守着老旧的东西一成不变，肯定要被市场淘汰。后来罗怀臻来了，改变了生产方式、舞台呈现，包括表演方式都变了。

《金龙与蜉蝣》讲述的是一个近似于古希腊悲剧的故事：父子两代人因皇权而起的一系列生死恩怨。剧中"阉割亲子、占媳杀子"等情节在今天看来依然颇具冲击力。剧中借鉴了很多日本戏剧形式，这在当时还习惯于"一桌二椅大白光"的戏曲舞台上，算得上"石破天惊"。金龙与蜉蝣是两个彻底的悲剧式人物，这与作者罗怀臻的生活经历也有着密不可分的关系。罗怀臻在一次采访中谈及了他创作此剧的理念：

【音频】罗怀臻：一个作家在创作自己作品的时候，更多的是走自身体验。而且作家在创作的时候，不经意地跟好多东西相对应了。我觉得我在创造的时候仅仅考虑到了两个层面，一个是我自身的体验，还有一个就是我的经历。

然而排练过程并非一帆风顺。由于主创人员的创新理念与淮剧团的传统观念之间有一些摩擦,导致这出戏的推进过程非常缓慢,于是判断是否继续下去的重任就落在了编剧罗怀臻身上。他认真地看完了该剧前三场的排演后,严肃地说:"我有一个预感告诉大家,希望你们相信我说的这些话,上海淮剧团将诞生一出好戏,中国当代戏曲将诞生一出好戏。"正是罗怀臻给予大家的鼓励和信念,使得这出淮剧的排演能够最终完成,而事实也印证了罗怀臻之前的这番话。以下是淮剧《金龙与蜉蝣》中的精彩片段,蜉蝣一角由梁伟平饰演。

【音频】淮剧《金龙与蜉蝣》片段

　　《金龙与蜉蝣》之所以大获成功,是因为它在保留了传统淮剧唱腔和表演风格的基础上,又在编剧、音乐、舞美等方面大胆革新,是传统戏剧和现代化表现手法相结合的成果。该剧情节一波三折,扣人心弦,为观众呈现了一出震撼人心的人伦悲剧。作者的创作紧紧围绕"情"字展开,演员们则将人物的内心独白演绎得淋漓尽致。例如主角金龙从失天下到得天下,从阉割亲生儿子到与儿子相认,跌宕起伏的剧情变幻让观众不禁为之感叹。金龙饰演者何双林在采访中表达了他在演绎该角色时的心理状态:

【音频】何双林:我这个人物不像以前的人物只有一面:好人就是好人,坏人就是坏人。金龙这个人物有好几个层面。第一层他是个青年王子,后来中年夺回王位,再后来就是老年的时候了。金龙从失江山、夺江山、杀亲信,然后亲手阉了亲生儿子,到最后知晓了是自己的儿子,这个戏的情节跌宕起伏。

　　1994 年,《金龙与蜉蝣》中蜉蝣一角的饰演者梁伟平获得了上海白玉兰戏剧表演主角奖,之后又荣获中国戏剧梅花奖。1996 年 9 月,《金龙与蜉蝣》获得全国戏曲电视剧评比特等奖,并且囊括了编剧、导演、摄影、演员、音乐等全部 7 个单项奖,这在戏曲电视剧评奖史上是前所未有的。

　　淮剧《金龙与蜉蝣》在中国戏剧史上的重要地位毋庸置疑,它不仅被认为是淮剧乃至中国戏曲的里程碑之作,更被誉为"十几年探索性戏曲走向成熟的标志"。它让淮剧这一古老的剧种又重新焕发出光彩,让人们看到了传统戏曲的希望。

(王　依)

淮剧《金龙与蜉蝣》剧照

305

首届女足世界杯落幕

1894 年,世界上最早的现代女子足球队在伦敦成立,比男足晚了 30 多年。男足世界杯始于 1930 年,然而女子足球直到 20 世纪 80 年代才得以在世界范围内初步开展。1991 年举办的第一届女足世界杯对于女子足球的发展无疑具有里程碑式的意义。1991 年 11 月,在时任国际足联主席阿维兰热的大力倡导和中国足协的全力支持下,中国承办了首届女足世界杯。来自十二个国家和地区的球队参加了比赛。1991 年 11 月 30 日晚,第一届女足世界杯在广州天河体育场隆重降下帷幕,历时十五天的女足世界杯圆满结束。美国队在这场比赛中以 2 比 1 战胜挪威队,夺得首届女足世界杯的冠军。

1991 年 9 月 14 日,在广州天河体育场举行了女足世界杯的抽签仪式,吉祥物画眉鸟灵灵登场亮相。在喜庆的气氛中,时任国际

首届女足世界杯上的中国女足

足联女足委员会主席的海尔加德将冠军奖杯交给了女足世界杯中国组委会的手中。国际足联竞赛部部长盖兰主持了抽签仪式。

【音频】抽签仪式实况

为了体现女足世界杯的主办宗旨,国际足联在历史上首次安排了 6 位女性加入裁判队伍。比赛在 1991 年 11 月 16 日正式开场,揭幕战双方是东道主中国队和女足强国——欧洲亚军挪威队。中国选手马利打入了女足世界杯历史上的第一球。

【音频】女足世界杯第一球进球实况

下半场,中国姑娘们充分发挥了速度快、身体灵活的特点,开场仅五分钟就由刘爱玲梅开二度。挪威队彻底乱了阵脚,大失水准,最后中国队孙庆梅再进一球,以四比零大胜挪威队。

虽然中国队旗开得胜,但是她们在接下来的比赛中先被丹麦队逼平,之后又败给瑞典,无缘四强,最终获得了第五名。而挪威队却走出了首战失利的阴影,小组赛一路过关斩将,之后又先后淘汰意大利和瑞典队,闯入决赛。

同时,拥有强大攻击线的美国队一路过关斩将。被称为"三剑客"的米歇尔·阿科斯塔尔、卡琳·詹尼斯和阿普里·海恩里兹这三名前锋发挥了强大的进攻实力。美国队以小组赛全胜的成绩闯入四强,四分之一决赛中又以七比零的大比分完胜中国台北队,又在之后的半决赛中挑落夺冠热门德国队,强势晋级决赛。

11 月 30 日,第一届女足世界杯决赛打响。球王贝利到场观赛并和双方队员合影留念。比赛一开始,双方就展现了凌厉的攻势。挪威队实行全场紧逼盯人,用凶猛的抢截制约美国队惯用的快速进攻的打法,以长传冲吊多次在对方后场制造险情。然而美国队的米歇尔·阿科斯塔尔在关

键时刻挺身而出,在比赛中独中两元帮助美国队以二比一战胜挪威队夺得冠军。

【音频】决赛进球的实况录音

这一场漂亮的对攻大战作为第一届女足世界杯的决赛必然被载入史册。比赛结束后,国际足联主席的阿维兰热为美国队长颁发了金杯。国际女足委员会主席海尔加德和广东省代省长朱森林分别授予冠亚军队金质和银质奖牌。

值得一提的是,1991 年 11 月 29 日,瑞典队和德国队的三、四名决赛,是足球史上第一次没有男性参与的比赛,三名裁判和场边的助理裁判均为女性。

时任国际足联主席的阿维兰热很早就在采访中提到了举办女足世界杯的想法。

【音频】阿维兰热:通过举办重大的国际锦标赛来帮助国际女足事业的发展,一直都是我们的愿望。很快我们就拥有了世界杯,让世界女足的水平得到了进一步的提升。

在中国足协、美国足协及若干欧洲国家足协的支持下,阿维兰热终于下了决心在中国举办首届女足世界杯。中国的热情球迷使得国际足联兴奋不已。他们知道,他们已经开创了一个成功的历史先河。

中国队首战四比零大胜之后获得了空前的瞩目,获得全国上下一致看好。虽然中国队最终没能进入四强,但是这届女足世界杯也让中国女足看到了站到世界顶端的希望。女足队员孙雯后来成为了中国女足队长,对于中国队没能在首届世界杯上取得更好成绩,孙雯也充满了遗憾。

【音频】孙雯回忆第一届女足世界杯

第一届女足世界杯后,中国女足踏上了通往光荣与梦想的荆棘之路。几年蛰伏后,中国女足在队长孙雯的带领下,于 1996 年亚特兰大奥运会和 1999 年第三届女足世界杯上双获亚军,缔造了中国女足铿锵玫瑰的神话。

(王永平)

前国际足联主席阿维兰热

蒋介石与宋美龄举行婚礼

【音频】宋美龄：我深信在不久的将来，世人将看到中国妇女对祖国作出的贡献，看到她们为强大而和平的中国所作的贡献。

这段录音是宋美龄在结婚当天，对中外媒体的讲话。1927 年 12 月 1 日下午 4 点，当时上海最奢华的大华饭店冠盖云集，蒋介石和宋美龄在此举行了一场盛大的婚礼。蒋介石身穿西式礼服，胸悬彩花，在门德尔松《婚礼进行曲》的演奏中，牵着身着白色镶绿礼服的宋美龄缓缓出场。现场 1300 多位中外知名来宾，见证了这场轰动中外的婚礼。

蒋介石与宋美龄的爱情与婚姻，曾被视为近代史上最有影响力的事件之一。至今为止，关于"蒋宋联姻"的话题仍不绝于耳。那么这场联姻的背后到底是一个政治与金钱之间的权谋交易，还是一段单纯的爱情故事呢？这里面有着太多值得遐想的谜团。

宋氏三姐妹。从左至右分别为宋美龄、宋蔼龄和宋庆龄

1920 年代，旧上海滩正处于最繁华的时期，十里洋场一片灯红酒绿，被称为"东方的巴黎"。蒋介石与宋美龄初次相遇正是在这纸醉金迷的大上海。作为当时鼎鼎大名的"宋氏三姐妹"之一，宋美龄拥有显赫的家世。她的父亲宋耀如是沪上巨商，母亲倪桂珍也是当地的名门望族。两个姐姐宋蔼龄和宋庆龄分别嫁给了山西首富孔祥熙和中华民国的创始人孙中山。1917 年 8 月，宋美龄从美国卫斯理安学院毕业回国。海外留学的经历和出众的容貌气质，让她很快成为了上海名流圈中男士们争相追逐的目标。反观蒋介石，他比宋美龄大了整整 10 岁，出生于浙江奉化一个盐商家庭。蒋介石的家境虽算不错，但与宋美龄相比，两人的教育环境和成长经历可谓截然不同。

1922 年 6 月，粤系军阀陈炯明叛变，炮轰广州总统府，孙中山避难于永丰舰。蒋介石紧急赶往广州随侍 40 余日，获得孙中山的信任和器重。乘此良机，蒋介石央求孙中山把妻妹宋美龄介绍给他。面对与自己同生死共患难的部下，孙中山表示他会和妻子宋庆龄商量此事。不料宋庆龄对这桩婚事坚决反对，她极为愤怒地表示，宁愿小妹死也不愿意将她嫁给一个在广州城内至少有一两个情妇的男人。孙中山逝世后，蒋介石没有遵循孙中山"新三民主义"的遗训，这使得宋庆龄更加不愿意宋美龄嫁给蒋介石。台湾传记作家王丰讲述了宋庆龄为何如此厌恶蒋介石的真正原因：

【音频】王丰：蒋介石是武人出身，比较粗鄙，但这并不是真正的原因。宋庆龄之所以反对是因为蒋介石背叛了革命，背叛了孙中山的遗志。

1927 年，由于蒋介石在和汪精卫、李宗仁等派系的矛盾和斗争中孤立无援，被迫于 8 月下野。但他心里清楚此时的下野只是暂时的以退为进。官场的失意也没有阻碍他与宋美龄关系的发展。

下野之后,蒋介石给宋美龄写了一封信,信中除了对宋美龄表达"才华容德恋恋不能终忘"之外,还征求她对自己这个"举世所弃的下野武人"作何看法。不久,宋美龄表示愿意同蒋介石结合,但需征得母亲同意。同年9月底,蒋介石在报纸上刊登《蒋中正启事》,声明与几位前妻脱离关系。随后他就离开了上海,前往日本寻求政治支持,并在宋蔼龄的安排下,拜见在日本疗养的宋老夫人倪桂珍。10月3日,在宋蔼龄和宋子文的劝说下,一直拒绝见蒋介石的倪桂珍在神户有马大旅舍的下榻处接待了蒋介石,并最终同意了他和宋美龄的婚姻。

对于他们的婚姻,美国《时代》周刊曾这样评价:仅仅一个家族的触须,就分别伸向了中国伟大的首任大总统孙中山、今世的征服者蒋介石、位高权重的财政部长宋子文以及中国先哲孔子的第75代孙孔祥熙。另一家报纸则在标题上一语双关地写着"中美合作"。通过婚姻蒋介石宣布自己成为孙中山的合法继承人,这无疑强化了他在国民党中的地位。而对于宋美龄而言,这是她一生的重大转折。通过婚姻她获得了施展理想和抱负的权力平台,充分展示了她在政治、文化和社会活动等方面的才华。上海历史博物馆研究员汤伟康讲述了"中美联姻"的由来:

【音频】汤伟康:蒋介石当时是国民政府的主席,而他也倡导中西合璧的礼仪。再加上蒋介石的名字叫蒋中正,取一个"中",宋美龄名字当中有个"美"。还有当时美国人对国民党的支持。所以一语双关的叫"中美联姻"。

时至今日,人们对半个世纪前的这段历史仍然持有截然相反的观点。不过对于蒋宋联姻一直持反对态度的宋庆龄,在1940年接受采访的时候曾说,蒋介石和宋美龄最开始可能没有爱情,但是到后来慢慢地两个人是有真爱的。宋庆龄还特别申明说,如果没有宋美龄,蒋介石可能会变得更加糟糕。这段话或许可以还原蒋宋联姻背后的真相。

（金 之）

蒋宋联姻

十六铺码头退出历史舞台

十二月 2

2004年12月2日凌晨，伴随隆隆巨响的爆破声，十六铺码头的客运大楼和一旁的申客饭店等建筑轰然倒地。这个承载了上海港口140余年巨变的地标，在这一天瞬间消失。十六铺的繁荣与记忆，也随着爆炸声，被写入历史。曾是中国最大的水运中心的十六铺客运站，被整体往往吴淞，十六铺区域码头整体搬迁的设想开始逐步实现。几年后，被列入浦江两岸整体开发规划的十六铺新码头在原址上拔地而起。

清朝咸丰、同治年间，为了防御太平军进攻，地方官员搞起了团练组织，将上海县城厢内外的商号建立了一种联保联防的"铺"。由铺负责铺内治安，公事由铺内各商号共同承担。在这其中，"十六铺"的区域最大。

十六铺地区当时按行业分类划有一条条细窄的专业街市，无论从进出口数量看，还是以进出口货物结构论，当时的十六铺都已成为中国江南地区不容小觑的一个大埠。有道是"生意兴隆通四海，财源茂盛达三江"。此时的十六铺就像一条纽带，既连接起沿海和远洋运输贸易，又联通了江河湖海的畅达航线。在得天独厚的优越地理条件下，十六铺的发展已愈益呈现必然性。

十六铺作为客运码头的历史则最早可以追溯到1862年美商旗昌洋行建造的金利源码头。鸦片战争后，上海开埠，洋人接踵而至，洋行如雨后春笋般在沪上落地生根。1862年，美商旗昌轮船公司在十六铺北首租地，建造金利源码头。1927年北伐战争胜利后，受到众多大钱庄和商行迁入租界的影响，上海经济重心向沪北转移，十六铺开始衰退。此后接连遭遇"一·二八"、"八·一三"两次战争，十六铺众多商铺被炸为废墟，昔日盛况一去不复返。上海社科院研究员郑祖安为我们讲述了上海码头港区重心北移的这段历史：

新中国成立后，十六铺的功能大大缩小，蜕变成一个单一的客运中心，每日集散着南来北往的大量旅客。20世纪60年代"上山下乡"的时候，十六铺码头开船时数不清的人同时大哭，那个场面，许多上了年纪的上海人至今都记得。到了改革开放以后，十六铺成为苏浙地区农副产品进入上海的重要交通枢纽。那时候，南通人、宁波人都在这个码头上上下下，"百万雄鸡过大江"说的就是每天4班船，每班2000人，几乎人手一筐蛋、两笼鸡，浩浩荡荡挑下船，运进大上海的场面。还有

十六铺码头爆破拆除

很多拎着黑色公文包的乡镇企业家，风尘仆仆地坐船来来往往，甲板上总是人声鼎沸。为适应迅猛发展的水上客运需要，1982年在原来金利源码头的位置，建造了一座当时全国最现代化的客运站。十六铺客运站一度成了上海的景观和标志性建筑。同时，客运站作为南来北往旅客的重要集散地也迎来了自己十余年的辉煌岁月。那时的客运站内总是人山人海。原十六铺客运站客运员、全国交通劳模郑佩华回顾了那段辉煌岁月：

【音频】郑佩华：当时我们有24条航线，每天忙得我们服务员连吃饭的时间也没有，大厅当中都是旅客，我们冬天都不穿棉衣的，当时还没有空调，我们都是走来走去，走来走去的。大年三十也好，春运期间，我们都是忙得汗也出来的。

20世纪90年代浦东开发后，黄浦江渐渐变成上海的内河。城市区位空间的变化，尤其是近年大小洋山深水港的建立，使上海港口的位置不断外移。此外，随着公路、航空等其他交通运输业的发展，水运业不断萎缩，进出十六铺的旅客也日渐稀少。十六铺原有的功能进一步丧失。在它的繁华年代，这个客运码头发送旅客最多时每天达4万多人次，每年670多万人次，拆除前降到了每年4万人次。随着黄浦江两岸的综合开发和布局调整，十六铺客运码头在2003年9月整体搬迁到了位于黄浦江与长江出海口交汇处的上海港吴淞客运中心。9月24日，十六铺客运站送走了它的最后一班客轮。

【音频】报道十六铺最后一班客轮的新闻片段

伴随着上海国际大都市地位的不断提高、客运服务形态的日趋多样，船只陈旧破败、旅途时间较长的水路交通客运淡出成为一种必然。从这个角度来说，十六铺码头水路交通功能的消亡恰是上海城市功能提升的标志。而十六铺这个地名概念，经过历史长河的荡涤后也逐渐衍生出一种文化，它渗透进百姓的生活，潜移默化地改变着城市的面貌，它的演变也折射出时代前进的步伐。

(倪嘉铭)

十六铺客轮码头

上海赢得 2010 年世博会举办权

2002 年 12 月 3 日,中国在与俄罗斯、墨西哥、波兰和韩国的竞争中脱颖而出,成功获得 2010 年世界博览会的举办权。这是首次由中国举办、也是第一次在发展中国家举办的综合性世界博览会。它是中国在 21 世纪初的一次重要的发展机遇。

【音频】时任国际展览局主席吉尔斯·诺盖斯宣布上海获得 2010 年世界博览会举办权

中国早期改良主义思想家郑观应在他 1894 年的著作《盛世危言》中,明确提出了在上海举办世博会之想,他因此被认为是中国主张办博的第一人。在此后的近一个世纪里,中国发生了翻天覆地的变化。改革开放以后,中国的综合国力大大增强,申博的问题开始被提上议事日程。2002 年 2 月,上海市宣布申办 2010 年世博会。2010 年世博会是当时世博历史上申办国最多、竞争最激烈的一次,共有 6 个国家申办。上海世博会组委会副主任委员万季飞谈到了申博过程中与其他参选国实力的比较:

申博成功后沸腾的南京路

【音频】万季飞:我们经过分析,最大的竞争对手是韩国。因为韩国具有举办世博会的经验,他们过去也申办过。第二,韩国也是大量地投入,动员了大量的人力,非常努力。

在世博举办城市最后投票角逐的现场,要播放一部申博宣传片,张艺谋受命出任了这部宣传片的总导演。这部短片时长 5 分多钟,以大家耳熟能详的中国民歌《茉莉花》作为贯穿始终的曲调,以富有动感的画面快节奏地将祖国大江南北的山水、上海浦江两岸流光溢彩的夜景、大剧院辉煌的交响乐演奏和街头青年人的劲舞等充满时代气息的镜头一一呈现。在宣传片的结尾,一个小女孩唱完《茉莉花》后说:"八年以后,我长大了,你们来,我再唱给你们听。"此番情景让人难忘。在蒙特卡洛世博会陈述现场,这部申博宣传片给与会成员国代表、国展局官员和众多记者留下了深刻的印象,引发了全场多次异常热烈的掌声。

【音频】上海申博宣传片片段

2002 年 11 月 17 日,一台名为《今夜星光灿烂》的大型文艺晚会在法国巴黎的香榭丽舍剧院上演。法国前总理梅斯梅尔夫妇、雷蒙·巴尔夫妇,前联合国秘书长加利夫妇,国际展览局秘书长洛塞泰斯等各界人士出席了晚会。中方代表时任中国驻法大使吴建民、上海市市长代表殷一璀在晚会上致辞。这台晚会云集了中国文化的精品,是为中国申办 2010 年上海世博会营造良好氛围而特意在法国举办的。晚会上的众多节目,如由吕思清独奏、中央芭蕾舞团朱研和孙杰联合出演的小提琴协奏与芭蕾双人舞《梁祝》等,都令中外各界赞叹不已。

【音频】晚会中的小提琴协奏与芭蕾双人舞《梁祝》片段

2002 年 12 月 3 日,国际展览局在蒙特卡洛的格林马迪会议宫召开了第 132 次会议。这次会议投票表决了 2010 年世界博览会的举办国。上午,墨西哥、俄罗斯、韩国、波兰和中国 5 个申办国的陈述依次开始进行。中国的申办主题是"城市,让生活更美好"。时任中国国务院副总理李岚清、国务委员吴仪和申博代表作了陈述发言。各申办国陈述结束后,国际展览局主席诺盖斯在接受采访时表示,中国的陈述十分清楚、十分全面、十分精彩。下午,投票结果揭晓。中国上海以 54 票对 34 票击败韩国丽水,获得了 2010 年世博会的举办权。消息传出,夜幕下的上海一片欢腾。在上海的主要广场、街道、大专院校里,欢歌声、呼喊声、爆竹声回荡在夜空之下。上海的各大媒体也在第一时间将这个消息发布出去。上海申博市民代表、上海广播电视台主持人袁鸣说,得知上海申博成功时大家兴奋地唱啊、跳啊,自己把高跟鞋都跳脱了。

【音频】袁鸣回忆在得知上海申博成功时的情形

【音频】2010 年上海世博会中文主题歌《致世博》片段

2010 年 4 月 30 日晚,上海世博会在黄浦江畔的世博园区盛大开幕。由谭晶、孙楠、廖昌永、黄英四位歌手共同演绎了上海世博会中文主题歌《致世博》,歌中唱道:"世界在你手中转动,播下友谊火种。博大的心胸不停跳动,让人类血脉相融。"

在这次为期 184 天的上海世博会中,有来自全球 189 个国家和 57 个国际组织实际参展,超过 7000 万人次海内外游客参观,刷新了"参加规模之最"、"参观游客之最"、"举办活动之最"等多项世博会历史纪录。中国兑现了"办一届成功、精彩、难忘的世博会"的诺言。上海世博会的成功举办,不仅实现了中华民族的百年世博梦想,也提升了中国的国际地位和影响力,对中国这样一个发展中国家在外交、科技、文化等方方面面都产生了持久而深远的影响。

(郑榴榴)

上海世博会开幕式上的大型灯光喷泉焰火表演

英国文豪狄更斯小说《远大前程》开始连载

《远大前程》手稿影印本封面

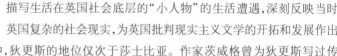

【音频】电影《远大前程》片段

这是 2012 年上映的英国电影《远大前程》的片尾,该片改编自 19 世纪英国文豪狄更斯的同名小说。1860 年 12 月 4 日,小说《远大前程》在英国《一年四季》杂志上开始连载。《远大前程》又译《孤星血泪》,是狄更斯颇具代表性的作品,也是继《双城记》后被广大读者最为称道的名作,百年来被多次改编成电影、电视剧及舞台剧。

狄更斯是 19 世纪英国现实主义文学的主要代表。他特别注意描写生活在英国社会底层的"小人物"的生活遭遇,深刻反映当时英国复杂的社会现实,为英国批判现实主义文学的开拓和发展作出了卓越贡献。在英国人心目中,狄更斯的地位仅次于莎士比亚。作家茨威格曾为狄更斯写过传记,他认为莎士比亚代表了伊丽莎白时代的强音,是"英雄的英国的化身",而狄更斯则是维多利亚时代"资产阶级的英国的象征"。狄更斯故居博物馆馆长弗洛里安是这样评价狄更斯的:

【音频】弗洛里安:英国人更能想象狄更斯写作的时代,而想象莎士比亚笔下的英国则很难。那时和我们的时代太不同了,而狄更斯笔下的英国还存在。虽然社会状况的某些方面改变了,但仍有许多很相像,所以狄更斯是一个现代社会变迁的记录者。

《远大前程》是狄更斯晚年写成的教育小说。此小说贯彻了狄更斯文以载道的风格,透过剧中孤儿命运的跌宕起落,表达了他对生命和人性的看法。狄更斯将自身的生活经历,尤其是幼年的苦难和对维多利亚时代社会现实的深刻洞悉贯穿其中,对当时上层社会虚伪贪婪的面目进行了辛辣的揭露和讽刺,对社会下层的劳动大众怀以褒扬同情赞美之心。有评论家认为《远大前程》与巴尔扎克的《幻灭》相似,因为两者都描写了青年人建筑在沙土上的"灿烂似锦"的前途最后如何破灭的故事,实际上《远大前程》更着重反映社会环境和人的意识行为互为关联的问题。作家梁文道讲述了小说《远大前程》的文学价值:

【音频】梁文道:我最喜欢的狄更斯的一本小说是《远大前程》。它的电影、小说大概很多人都看过,甚至英文原版也应该有不少人看过。《远大前程》当年连载的时候,其实在他的小说之中不算是最受欢迎的,但是今天回看,在他最后写的那三本小说里面,这本被认为是文学价值相当高的一本。这本书为什么说文学价值相当高,正因为它像所有伟大的经典一样,

> 这些经典就是你无论什么时候看,甚至换一个国家的人看,还是觉得这个人的故事怎么跟我有点像或者有点像我们身边人的遭遇。

据一些为狄更斯著作写评论的作者考证以及《远大前程》的手稿影印本显示,狄更斯本来给这个故事写了一个悲惨的结局。在手稿的最后一页,被狄更斯划掉的四行文字揭示了他最初安排的小说结局是主人公皮普和艾丝黛拉永远天各一方。而当狄更斯听了学者布尔沃·李顿的意见之后,他重新写了一个更有希望的结局。在 1946 年拍摄的电影《孤星血泪》的片尾,皮普和艾丝黛拉这对饱经沧桑的有情人终于走在了一起。这部电影被广泛认为是狄更斯小说的最佳改编作品,导演大卫·里恩借助银幕完成了狄更斯在小说中寄寓的所有"期望"。以下就是由上海电影制片厂译制的电影《孤星血泪》的片尾,皮普和艾丝黛拉分别由尚华和苏秀配音。

【音频】电影《孤星血泪》片尾

被誉为"美国电影之父"的格里菲斯曾多次坦言,他从 19 世纪英国的大文豪狄更斯那里学到了很多电影技巧。《远大前程》是狄更斯小说中被改编次数最多的一部,1917 年就有默片版,之后有十几次的影视剧改编和不胜枚举的舞台剧改编。

2012 年是狄更斯诞辰 200 周年,全球有超过 50 个国家开展了形式多样的纪念活动,影视界亦再度掀起狄更斯作品的翻拍热。BBC 在 2011 年将小说《远大前程》改编成电视剧,狄更斯的曾曾曾外孙哈里·劳埃德在剧中出演了主人公皮普的好友赫伯特。此剧播出后吸引了近 600 万观众,并且迅速带动原著小说在英国的再度热销。以下就是 BBC 电视剧《远大前程》中赫伯特与皮普的一段对话,当皮普来到伦敦见到赫伯特时,赫伯特向皮普说起他们儿时在萨提斯庄园里打架的往事,并向他道歉。

【音频】电视剧《远大前程》片段

中国在狄更斯诞辰 200 周年之际也举办了一系列的纪念活动。当年,一部同样名为《远大前程》的反映大学毕业生求职的电视剧备受年轻观众关注。这部有着强烈中国时代特色的现实题材作品用青春致敬了狄更斯的经典。经过百余年的岁月流转,狄更斯的《远大前程》无论主题还是故事都超越时代、历久弥新。

(舒　凤)

狄更斯

奥地利作曲家莫扎特逝世

维也纳莫扎特的墓

【音频】莫扎特《安魂曲》选段

1791 年 12 月 5 日,奥地利作曲家莫扎特在维也纳逝世,年仅 35 岁。对其死因的猜测历来众说纷纭,有人认为他死于旋毛虫病,有人认为是错服药物而中毒,更有人提出莫扎特遭竞争对手谋杀的戏剧性想象。然而不管真相如何,有一件事是确凿无疑的,那就是在离世之前,莫扎特接受了一个委托,正在创作一部宗教《安魂曲》,而这首未完成的曲子最终却成了吊唁他自己的哀乐。

在世界音乐史中,莫扎特是公认最伟大的音乐天才。一位只活了 35 岁的作曲家,创作了六七百部音乐作品,涉及歌剧、交响乐、协奏曲、奏鸣曲、室内乐、宗教音乐等各类音乐形式。对于许多古典音乐的爱好者而言,莫扎特就是音乐。

1756 年 1 月 27 日,沃尔夫冈·阿马迪乌斯·莫扎特诞生于奥地利的萨尔茨堡。他的父亲利奥波德·莫扎特是一位知名的宫廷乐师。他的姐姐娜妮比他大 4 岁,也是个音乐天分极高的孩子,当姐姐练琴时,小莫扎特会被迷人的乐声吸引到钢琴边。4 岁起,他也开始跟随父亲学习钢琴,随后还涉猎了小提琴、管风琴和乐曲创作等。在当时,莫扎特被誉为"音乐神童",6 岁时已谱写出三首小步舞曲和一曲快板,8 岁那年,他就创作了人生第一支交响乐《降 E 大调第一交响曲》。

不可否认,莫扎特幼年时的声名鹊起离不开他父亲利奥波德的推波助澜与经营宣传。换句话说,对于彼时的小莫扎特而言,他的第一身份首先是利奥波德的儿子,其次才是外界钦慕的音乐神童。在整个幼年时期,莫扎特几乎都处于父亲的强势控制之下。

1777 年 10 月,21 岁的莫扎特在与母亲前往巴黎的途中经过奥格斯堡,在那里与他的一位堂妹发生了点暧昧的关系。不过这一轻率的举动立刻遭到他父亲利奥波德的反对,因为他害怕莫扎特陷入对感情的依赖,他想尽一切办法阻止两人团聚。而他的努力也相当有效,让莫扎特的内心陷入了欲望与服从的剧烈挣扎中。"好儿子"的角色最终"胜利"了。尽管莫扎特和他的堂妹之后仍有通信并在三年后才断了联系,但那种炽热的激情却早已消逝。

【音频】莫扎特歌剧《唐璜》中的咏叹调《快到窗前来吧》

10 年后,莫扎特谱写了歌剧《唐璜》,这是关于一个富有魅力的浪荡子最终遭到惩罚的故事,但莫扎特用他迷人的旋律将这个死不悔改的风流浪子刻画成了一个存在论式的英雄。他还把这首无比动人的情歌咏叹调《快到窗前来吧》献给了主角,这首歌曲通常也被称作"唐璜小夜曲"。或许我们有理由相信,这其中的灵感与颠覆多少来自年轻时遭受父亲压迫的某种迟到的反抗吧。

莫扎特也是欧洲历史上第一位公开摆脱宫廷束缚的音乐家。1781 年 6 月,他向故乡萨尔茨堡的王宫大主教提出辞职并来到维也纳谋生,在那里,他以自由作曲家的身份度过了人生最后的、也是其个人创作生涯中最为重要的 10 年。

为了满足维也纳音乐市场中多样化的公众需求,莫扎特在当时几乎探索了各种乐器组合的可能,同时他也为能够自由尝试如此众多的、前所未有的挑战而欢欣鼓舞。莫扎特在 1781 至 1786 年之间写成的室内乐或协奏曲,显示出他想象力的大胆和对特殊要求的回应。他甚至为长笛写了几首协奏曲,虽然他曾公开表示长笛是他最无法忍受的一种乐器。

当然,天才的莫扎特对同时代人使用的任何音乐类型都能运用自如,不过这其中他最喜爱的当属歌剧,对写作歌剧的渴望持续了他的一生。他的第一部歌剧是《装痴作傻》,是他 12 岁时创作的。在那一年给父亲的信中,莫扎特这样写道:"我嫉妒每一个写歌剧的人。当我听到或看到一首咏叹调时,我真的会因烦恼而哭出来。"

事实上,莫扎特本人和他所创作的优秀歌剧同样成了音乐殿堂中后继者们嫉妒的对象。19 世纪德国作曲家约翰内斯·勃拉姆斯曾经对一位朋友说:"莫扎特《费加罗的婚礼》中的每一个分曲对我都是奇迹。我觉得完全不可思议,一个人如何能够创造这样绝对完美的东西? 这种事情不可能再发生了,贝多芬也做不到。"

《费加罗的婚礼》是莫扎特最杰出的喜剧歌剧之一,其中有着他最富探索性和最有感染力的音乐。在 1995 年那部著名的越狱电影《肖申克的救赎》中,它响起于一个娴静的午后,主人公安迪将自己反锁于监狱长的办公室内,为身处困境的狱友们播放了歌剧中的一个选段,那是选自歌剧第三幕的一段二重唱《微风轻拂时》。

电影里,这段音乐蜕变成了沉重枷锁中冲出的自由之翼、黑暗噩梦里闪烁的希望之光,象征着主人公在监狱中向往自由的美好愿望。或许,这也是对莫扎特其人及其音乐一次恰如其分的文化解读和引用。

（郑　麟）

莫扎特

十二月 6 我国早期女企业家董竹君逝世

1997年12月6日,一位历经辛亥革命至新中国改革开放各个重要历史时期的世纪老人溘然长逝,她留给世人的不仅有闻名全国的上海锦江饭店,还有她那色彩斑斓的不凡人生,她就是充满传奇色彩的我国早期女企业家董竹君。对于自己长达将近一个世纪的曲折经历,董竹君坦言自己只是"随遇而安":

董竹君全家福

【音频】董竹君:碰到非常高兴的事,我不会高兴得不得了,心里高兴就是了,有些人高兴起来要喝几杯酒,狂欢什么的,我不会这样。在伤心的时候伤心得不得了,大哭一场,我也没有。我觉得人生必然会经历许许多多多坎坷,对它要随遇而安,这几个字对我很有好处,你怎么来,我怎么应付。

董竹君1900年出生在上海的一个穷苦家庭,由于家里太穷,父母只得把她卖进了青楼。青年豪杰夏之时在辛亥革命后被推举为四川副都督,他挥斥方遒的风采也映入了董竹君的视线。面对这个身材高大、英俊豪放的年轻人,董竹君情窦初开。不久袁世凯以三万大洋悬赏夏之时的人头,夏之时在生命安全随时受到威胁的情况下决定带董竹君出逃,而董竹君也毅然随他踏上了去往日本的旅途。在日本,董竹君生下了他们的第一个孩子,照顾孩子的同时,她还读完了女子高等师范学校的全部课程。对于这段日子,董竹君之子夏大明说是母亲人生中最幸福的时光。

【音频】夏大明:今天回想起来我认为是他们婚姻当中最美满、最甜蜜的六年,我父亲在那个时候从事推翻袁世凯的革命工作,母亲就利用这个机会读书。

1918年,董竹君回到夏之时在四川合江的老家,从此卷入旧式大家族的复杂生活。在苦闷的心境下,董竹君依然坚持着少女时代的顽强,她想开办一个女子织袜厂帮助女人走向社会。于是,她将后院的马厩、猪圈全部拆除,在院子里修了几间厂房、买了几台织袜机,办起了成都第一家女子织袜厂"富祥女子织袜厂"。实际上,早在董竹君在日本读书的时候,她就萌发了要争取中国妇女独立的想法,首先是经济上的独立,而创办实业、录用女工是董竹君向理想迈出的第一步。

丈夫夏之时重男轻女,不允许四个女儿读书。1926年,虽然董竹君生下儿子夏大明,但夏之时竟为了一点小事,掏出手枪来威胁董竹君。这些事让董竹君伤心绝望,1929年,为了改变生活现状,董竹君毅然放弃了华贵和富裕,带着四个女儿与夏之时分居。董竹君与夏之时从分居到正式离婚有五年之久,其间董竹君在上海带着四个孩子苦度岁月,为了生计甚至整天出入于当铺。而夏之时不断写信劝说董竹君回来,甚至想出一些荒唐的谋害计划。

【音频】夏大明:那时候我父亲就联系上海旧社会比较有名的人物,比如范少杰、戴季陶,希望他们把我母亲装进麻袋里扔到河里去,而恰恰这些人都很尊重我母亲,原原本本把这些事情告诉了我母亲,批评我父亲是个糊涂蛋。

1930年春末,董竹君向朋友借钱,创办了上海第一家由女子开设经营的工厂——群益纱管厂。不幸的是,厂房在"一·二八"事变中被日军飞机炸为一片废墟。不屈不挠的董竹君在友人资助下,经过再三斟酌,决定将再次创业的方向定格在自己熟悉的川菜上。1935年3月,锦江川菜馆正式挂牌营业。当时董竹君已经与上海的地下党有所接触,接受了共产党的进步思想。知名作家蒋丽萍曾担任电视连续剧《世纪人生》的编剧,该剧叙述了董竹君曲折而又精彩的一生,对于董竹君的大气,蒋丽萍非常敬佩。

【音频】蒋丽萍:这个时候的董竹君已经跟地下党关系非常密切,要是谁给抓进去了,只要地下党请她帮忙救谁,她总是想办法。所以我觉得这个人一个是能干,一个有这个背景,另外还有一个就是大气。

抗日战争时,董竹君流亡菲律宾,后乘难民船绕道朝鲜回到祖国。1951年,公私合营时,董竹君主动把当时价值三千两黄金的锦江菜馆和锦江茶室奉献给了国家,并迁移至长乐路上的华懋公寓,扩建为享誉全国的锦江饭店。锦江饭店原驻店经理程荣根对这段历史印象深刻:

【音频】程荣根:因为当时上海刚刚解放,没有一个比较像样的、可以接待高层次的场所。董竹君当时在上海是非常有名的,政府就想到她,叫她来筹备改建,后来定名为锦江饭店。因为它的前身也就是锦江菜馆,所以"锦江"两个字就是这样得来的。

董竹君一生充满跌宕起伏。解放后,她当选全国政协委员。"文化大革命"期间,她被关押了五年。但不论顺境逆境,董竹君一直乐观向上,她曾说:"我从不因曲解而改变初衷、因沦落而改变信念、因年迈而放慢脚步。"这正是她坎坷曲折而又多姿多彩的一生的真实写照。她的一个世纪,是中国近现代史风云变幻的缩影,更是一个女人不可多得的传奇。

(肖定斌)

董竹君

日本偷袭珍珠港

1939 年 9 月 1 日，随着纳粹德国对波兰的"闪电战"以及英、法对德的宣战，第二次世界大战全面爆发。随后，德军迅速占领西欧诸多国家。在希特勒侵略欧洲之际，日本法西斯则进一步向东南亚扩张，企图在亚洲和太平洋地区建立霸权。日本的扩张政策严重损害了美、英两国的利益，美国不得不作出反应，限制乃至禁止向日本出口钢铁、石油等战略物资，冻结日本在美国的资产。这对战略物资严重依赖进口的日本无疑是一个沉重的打击。日本军部决定趁美国的战争准备尚未就绪时发动突袭，以取得战争主动权。

日军偷袭珍珠港

【音频】国防大学教授房兵讲述日本为何要对美国发起战争

夏威夷是太平洋上重要的交通枢纽，隶属于夏威夷的珍珠港则是美国在太平洋最重要的海空军基地之一。日本联合舰队司令长官山本五十六认为，先在太平洋上夺取制空制海权就意味着南下的道路畅通无阻，因此必须先摧毁珍珠港。

1941 年 11 月 26 日，以 6 艘航空母舰为基干而组成的突击舰队在日本海军中将南云忠一的指挥下离开日本，在 3 艘潜艇的引导下沿北方航线隐蔽前行，驶往瓦胡岛北面预定海域。途中舰队保持彻底的无线电静默，直到 12 月 2 日一封来自日本海军总部的密电打破了寂静，密电通知"12 月 7 日为空袭日"。南云忠一收到这封密电之后，立刻在自己的旗舰之上升起了"Z 字旗"。国防大学教授、军事专家房兵对"Z 字旗"作了如下解释：

【音频】房兵："Z 字旗"是日本海军历史的一个传统，在大战略决战到来的前夜，主力部队的旗舰上都要升起"Z 字旗"。这个传统什么时候形成的呢？始于 1904、1905 年的日俄战争，在最后的决胜之战——对马海峡大海战的前夕，当时日本海军联合舰队司令的旗舰上第一次升起了"Z 字旗"，这个旗号的信号就是"皇国兴废，在此一战，全体官兵，奋勇迎敌"。因为对马海峡大海战日本打胜了，决定性地击败了沙俄，从此之后，日本海军联合舰队每到大决战的时刻，参战部队的旗舰上都要升起"Z 字旗"，以显示决战决胜这种信心和决心。

1941 年 12 月 7 日早上 6 时许，由 40 架鱼雷机、49 架俯冲轰炸机、51 架水平轰炸机和 43 架战斗机组成的第一波攻击编队从 6 艘航空母舰上起飞，穿云破雾扑向珍珠港。按照日军的计划，对珍珠港的空袭分两波进行。第一波攻击出动了 183 架战机，第二波攻击又出动了 171 架战机。空袭的首要目标是对停泊在港内具有较高价值的战舰进行攻击，例如航空母舰、战列舰、巡洋舰和驱逐舰。同时，尽可能多地扫射并摧毁停在地面上的美军战机，避免其对日军战机实行空中拦截。

7 时 48 分，第一波攻击命令发出。7 时 53 分，日军飞行员向日本海军总部发回"虎！虎！虎！"的信号，表示奇袭成功。7 时 55 分，日军对珍珠港内所有大舰和机场上的飞机发起突然攻击。8 时 55 分，由 54 架水平轰炸机、78 架俯冲轰炸机和 35 架战斗机组成的第二波攻击编队开始攻击。

最终，日本对珍珠港的突袭以损失飞机 29 架、袖珍潜艇 5 艘的微小代价，炸沉炸伤美军停泊在港内的全部 8 艘战列舰和 10 余艘其他大型舰只、20 余艘中小型舰艇，击毁美机 180 余架，击伤近 160 架，摧毁和损坏了港内、岛上的大部分设施。这次空袭也造成了美国 2400 多人丧生、1100 余人受伤，仅"亚利桑那号"战列舰爆炸沉没时就有上千人死亡。

12 月 8 日，美国异常安静，人们在等待着总统说点什么。这天中午，罗斯福在国会发表演说，宣布美国与日本已处于战争状态。之后，罗斯福佩戴着哀悼死难将士的黑袖章，在对日宣战书上签名。

【音频】罗斯福：1941 年 12 月 7 日，必须永远记住这个耻辱的日子，美利坚合众国受到了日本帝国海空军突然的蓄意的进攻。夏威夷距日本这么遥远，表明这次进攻是经过许多天或甚至许多个星期精心策划的。作为陆海军总司令，我已指示，为了我们的防务采取一切措施。我们应永远记住日本对我们的这次攻击的恶劣性质。鉴于日本 12 月 7 日对我国进行的卑鄙无耻的无端攻击，在此我请求国会宣布，美利坚合众国与日本帝国之间已经处于战争状态。

日军偷袭珍珠港标志着太平洋战争的爆发。在此后的 6 个月中，日军暂时取得太平洋区域的军事优势，乘机大举南进，侵略东南亚诸国。然而，也正是由于日本投向珍珠港的炸弹，把弥漫于美国的孤立主义炸得无影无踪，促使美国坚定地走到反对日本帝国主义的前沿，从而大大加速了轴心国在全世界的覆灭进程。

(李俊杰)

罗斯福讲话

上海发生大闹会审公廨案

"会审公廨"是诞生于上海租界这一特殊时期、特殊区域的一个特殊司法机关。1905年12月8日,在上海的公共租界内发生了"大闹会审公廨案"。次日,《申报》第四版以"公廨讯案巡捕房大起冲突"为题,详细报道了此案并惊呼:"似此冲突,盖设立会审公堂以来所未有也。"由此,这起案件迅速引起当时上海民众的广泛关注。

1868年4月,根据上海道台和英美等领事商订的《洋泾浜设官会审章程》,英美租界设立了会审公廨。根据中外双方的约定,如果案件涉及洋人或洋人雇佣的华籍仆人,由外国领事参加会审或观审;纯粹华人案件,由中国谳员独自审断。然而会审公廨仅仅是在名义上属于中国的司法机构,裁判权实际由外国领事操纵,因此双方必然会发生各种矛盾冲突。华东政法学院副院长王立民解释了什么是会审公廨:

【音频】王立民:会审公廨又称为会审公堂,它是设在租界里,审判华洋案件的一种审判机构,也就是设在租界里的法院。

"大闹会审公廨案"又称"黎黄氏案",始于1905年12月8日。那天,黎黄氏带着已故丈夫的遗产和15名女孩,从四川抵达上海十六铺码头。工部局巡捕房以拐骗人口的罪名将她们拘捕。会审公廨中国谳员关䌹之以证据不足判以暂且在公廨女所候讯,而英国副领事德为门则认为应该关押在西牢,这违背了女犯不得关押西牢的章程规定。就在双方争执不下时,德为门恼羞成怒地让巡捕强行抢人,并在公堂之上殴打中国官员,之后破门而出,将黎黄氏一行押入囚车扬长而去。至此,"黎黄氏案"已不是一个简单的司法案件,而是意味着主权和华官独立执法权力的得失,同时也展现了一位华人法官不畏强权、刚正不阿的高大形象。

外国官员如此无视中国主权,引起上海人民的极大愤慨。12月18日,公共租界中国商人开始集体罢市,英商船坞工厂华工罢工。德国和比利时的驻沪总领事遭到了攻击,另有部分外国人私有财产受到损失,其中英国副领事德为门的汽车被愤怒的群众烧毁。面对示威游行的群众,印度巡捕悍然开枪镇压,民众死伤30余人。黄浦区地方志办公室的陶俊讲述了当时上海人民游行示威的情形:

【音频】陶俊:这件事情发生后,立刻引起了上海人民的公愤。成千上万的人围住了老闸捕房和议事厅。

事态的升级让外国领事们深感不安和恐惧。之后双方通过谈判,达成了如下协议:一、华方允许巡捕到庭;二、黎黄氏释放。领事团同意今后女犯一概由公廨发落不押西牢,并将以前所有押西

上海会审公廨

牢的女犯送回公廨;三、互派差捕至捕房和公廨巡视;四、德为门撤换一事由英国政府解决。最终经中英双方交涉,至 1907 年底,由上海道台袁树勋以个人名义赔偿英国 5 万两银子。德为门在舆论压力下被调往镇江,在公廨行凶打人的捕头木突生并没有受到惩办。

事实上,这次冲突及其最终解决方案不仅使黎黄氏无罪释放、女犯不再关押在西牢,也使原来各国公使团胁迫北京外务部修改会审章程增加刑事执行条款的谈判随之草草收场。西方列强试图在中国租界设立监狱的阴谋破产了。大义凛然、不畏强权的关𬘘之则赢得了国人的拥戴,声名鹊起。之后他又升任知府、知州等官职。1911 年辛亥革命后,上海形势一度动荡,关𬘘之又受命第四度出任会审公廨谳员,继续维护中国主权。上海大学法学院倪正茂教授讲述关𬘘之所以受民爱戴的原因在于他不畏列强的民族气节以及他为人民争取利益的作为。

【音频】倪正茂:在鸦片战争以后,虽然在租界上实行的是帝国主义国家的一些法律制度,同时清朝的法律也没有任何的变化。但辛亥革命之前国内对改变法制的呼吁很大,这时候参与会审的官员如果不能争取中国人的利益会影响很坏。所以在会审公廨里,关𬘘之起到了很好的表率作用。

在 1921 年 11 月召开的九国华盛顿会议上,中国政府提出收回各国领事裁判权的申请,各国藉口中国司法不健全而予以拒绝。1926 年,著名学者丁文江出任总办,全权负责上海地方事务。丁文江的实际任期虽然只有 8 个月,但在其任职期间,亲自与上海各国领事团反复谈判,终于在 8 月 31 日签订了《收回上海公共租界会审公廨暂行章程》,废除会审公廨制度,成立了江苏省管辖下的上海临时法院。1927 年 1 月 1 日,中国正式收回上海公共租界的会审公廨,设立临时法院,有 50 多年历史的上海公共租界会审公廨终被中方收回。1931 年南京国民政府又与法国总领事签订协定,将法租界会审公廨改为江苏第二特区地方法院。而天津租界,直至 1945 年第二次世界大战结束后才全部收回。至此,"会审公廨"这一衍生于租界制度的中国半封建半殖民地时代的奇葩司法产物,终于"寿终正寝"了。

(金 之)

关𬘘之

马燕红为我国赢得第一个体操世界冠军

十二月 9

1979 年 12 月 9 日,在美国举办的 20 届世界体操锦标赛上,一位扎着马尾、身着红色运动服的中国姑娘亮相了。她在高低杠上上下翻飞,整个完成过程行云流水,一气呵成,达到了高难度与高流畅性的完美统一,技惊四座。这位姑娘就是当时年仅 15 岁的马燕红,她在高低杠比赛项目中最终以 19.825 分的成绩为中国队夺得了第一枚金牌,成为中国第一个体操世界冠军。一时间,"杠上飞燕"的美名传遍大江南北。

由于种种原因,中国体操队已有 17 年没有参加过世界级别的大赛。马燕红的夺冠震惊了当时的世界体坛,也让主办方措手不及。在颁奖仪式上,主办方甚至都没有准备中国国歌,只能临时去找。

马燕红

【音频】马燕红回忆 1979 年夺冠

马燕红的身体条件其实并不出色,尤其是她的腿太细,力量较弱。1974 年马燕红被北京体操队慷慨地"送"给了八一队。加入八一队后,马燕红师从周济川,也正是这位伯乐造就了马燕红的成功。针对马燕红的身体特点,教练周济川让她主攻对腿部力量要求较低的高低杠。为了夺得世界冠军,周济川和马燕红一起付出了艰苦的努力。1976 年唐山大地震,对北京的影响也不小,但他们并没有因此而放松,周济川带着马燕红在室外继续训练。在缺乏训练器材的情况下,马燕红在大树底下绑上滑车练习绷杠转体的动作。正是周济川这样有针对性的训练,让马燕红在高低杠项目上发挥了自己的特长,最后成为了世界冠军。谈及恩师,马燕红充满感激之情:

【音频】马燕红: 我在体操方面所作的一切贡献,所展现出来的最高水平,如果没有他是不可能做到的。他对事业的追求与执着,我觉得对我这一生的影响都是很大的。

马燕红在体操世锦赛夺得冠军,正是中国获得国际奥委会合法席位之后不久。中国男、女队在这次锦标赛中分别获得了第 5 和第 4 名,因而取得了参加 1980 年奥运会的比赛资格。然而由于种种原因,中国没有参加 1980 年莫斯科奥运会。马燕红因为没能在鼎盛时期获得冲击奥运金牌的机会而感到非常遗憾。

1981 年周济川带领中国女子体操队参加在莫斯科举行的第 21 届世界体操锦标赛,中国女队获女子团体亚军。在这届比赛中,马燕红第一次使用了她独特的"腹回环绷杠团身后空翻转体 360 度下"的技术动作,这个动作被世界体操协会命名为"马燕红下",是第一个以中国人名字命名的体操动作。但她在决赛中没有发挥好,仅获女子高低杠第 2 名和自由体操第 5 名。

1982 年,周济川带领中国女子体操队来到印度新德里,进行亚运会赛前训练。马燕红不慎踩进了地板上的一个窟窿里,造成脚趾骨折不能上场。之后,她在多次比赛中,成绩都不理想。状态的下滑和伤病给马燕红造成了很大的打击,她一度有了放弃的念头。

【音频】马燕红回忆奥运前状态下滑

多亏有了周济川的信任和鼓励,马燕红才得以走出低谷,继续坚持训练和比赛。1984 年洛杉矶奥运会前夕,师徒俩卯足了劲儿,一起投入到了艰苦的备战中。为了找准在高低杠上的感觉,马燕红坚持把腹部、腿部的护垫摘掉,虽然这会磨得皮肤生疼。训练的这段时间,她经常腹部疼痛,医生诊断为阑尾炎,为了不影响训练,她一直没有去治疗。奥运会上,马燕红咬牙忍痛完成了 4 项比赛,拿到了第 6 名。体操决赛前一个小时,她还疼得很厉害。终于到高低杠单项决赛的时刻,20 岁的马燕红又变回了那只轻盈的燕子。一上杠,她就赢得了全场观众的掌声。她穿梭于高杠和低杠之间,一会儿转体倒立,一会儿杠上大回环,一会儿又是撒手腾跃高杠。高低杠动作中 8 种不同类别的变化,都以最难的动作组合和衔接,首尾相连,一气呵成。当马燕红以那个别人从来没有做过的动作——"马燕红下",即高杠绷杠空翻转体 360 度旋下并牢牢地钉在垫子上时,裁判们给出了最高分——满分 10 分。

【音频】洛杉矶奥运会高低杠决赛实况

马燕红激动地与队友、教练拥抱庆祝的画面,永远留存在那一代中国人的记忆中。她作为中国第一个体操世界冠军和第一个女子体操奥运冠军,也被载入中国体育史册。

奥运会后,马燕红光荣退役。不久,由于高低杠赛制的改革,两杠间距加大,"马燕红下"这个高难度动作也从此在高低杠项目中绝迹,她在洛杉矶奥运会上的表演成为绝唱。如今,体操已经是中国竞技体育上的传统强项,中国女子体操队也是当之无愧的常胜之师。正是马燕红和周济川这些老体育人,用自己的心血与汗水,为中国体操的辉煌奠定了基石。

(王永平)

马燕红夺冠后

上海国际友好城市电视节开幕

【音频】首届上海国际友好城市电视节开幕实况片段

　　1986 年 12 月 10 日晚,上海展览中心外锣鼓喧天,一场隆重的晚会正在这里举行。在叶惠贤、靳羽西和陈燕华三人的共同主持下,上海国际友好城市电视节正式开幕。第二天,《人民日报》头版显著位置报道了这一消息。1986 年上海国际友好城市电视节就是我们现在所熟知的上海电视节的前身。从此,在中国正式拉开了国际电视交流活动的序幕。

　　20 世纪 80 年代,电视机尚未普及到寻常百姓家,"买一台电视机,每天看电视节目"成为很多中国家庭的奋斗目标。但凡有好看的电视剧播出,往往是整个院子、整条弄堂的人们聚在一起共享一台小小的黑白电视机,男女老少不亦乐乎。

开幕式现场

【音频】电视剧《上海滩》主题曲

　　这一时期内地首次引进的香港电视剧,令人记忆犹新。融合侠情、爱情、亲情、爱国情的《霍元甲》一度创下了万人空巷的收视奇迹。脍炙人口的《上海滩》则是另一部热剧,让人记住了周润发、赵雅芝等一代偶像。其实,同一时期内地的国产剧也是可圈可点。由老舍名著改编的《四世同堂》,中国四大古典名著中的《西游记》和《红楼梦》相继被搬上荧屏,成为收视热点。

　　上海电视人在国内广播电视大发展的浪潮中扮演着先行者的角色,在节目交换和电视商品输出方面更是勇于实践。1986 年 12 月,在上海市政府外事办公室的协助下,经过上海市人民代表大会常务委员会批准,当时的国家广播电视部主办、上海市广播电视局承办了"上海国际友好城市电视节",其宗旨为"和平、友好、合作、交流"。来自 16 个国家的 18 个城市参与了此次盛会,这也是中国广播电视事业发展史上第一次真正意义上的国际性电视节。曾任上海电视节办公室主任的陈晓萌讲述了这届电视节成功举办背后的故事:

【音频】陈晓萌:我们电视台老的副台长时敏同志到卢森堡去参加一个国际文化交流活动的时候,一些国际友人向他建议,上海作为一个国际文化大城市,应该有一个国际电视节,时敏同志回来以后就和志同道合的人讲起来,上海应该搞一个。

　　第 1 届电视节活动的主体内容为参展国家电视节目的展播。在五天的交流活动中,各国参展商互相交流或交易各自所携带的电视节目。这一尝试虽然简单,但其推动中国电视市场融入国际体系、参与国际交流、创建国际合作机会的努力是显而易见的。在此基础上,当时的上海广播电视局决定,自1988年起,"上海国际友好城市电视节"正式更名为"上海电视节"。这无疑大大推动了中国广播电视的产业化和国际化,中国电视节至此进入了全面发展阶段。自第2届上海电视节开始,参展国家扩大到全球范围,举办时间设定为两年一届,以确保这一活动的长期性和延续性。更重要的是,上海电视节正式确立了包括国际电视节目"白玉兰"奖、节目交易市场、技术设备展览在内的电视节三大主体板块,使之初步具备了国际性电视节的雏形。

进入20世纪90年代,随着技术发展和人民收入水平的提高,彩色电视机开始逐步取代黑白电视机走入中国家庭,电视成为丰富大众日常精神生活最重要、也是最时尚的载体之一。1990年,国产电视连续剧《渴望》的播出轰动全国,年轻女工刘慧芳的人生故事引起极大共鸣,被称为"渴望现象"。《渴望》之后诞生了一大批现实主义题材电视剧。到了1994年的第五届上海电视节上,已不是"一边倒"引进海外剧了,当时国产剧也已开始出口海外。1996年,上海电视节共成交了1827集节目,其中出口成交504集,一改以往"只进不出"的局面。

进入21世纪,全球影视产业的数字化进程已是大势所趋。随着网络带宽逐步增加,从起初的网上下载服务,到如今的网上点击收看、同步直播、网络自制剧等,电视节目从生产到终端消费,每个环节都在发生翻天覆地的变化,上海电视节也在这股变革的浪潮中与时俱进、因时而变。从2004年开始,两年一届的上海电视节顺应国内电视交流平台日益扩大、交易市场加速培育的发展趋势,转为一年一届。2008年增设上海大学生电视节,对未来电视人的培养起到了很好的推动作用。2009年增设"白玉兰"观众票选,扩大了观众尤其是年轻观众的参与度。

【音频】电视节主题歌《歌声与微笑》片段

由谷建芬作曲、王健作词的《歌声与微笑》是首届上海电视节晚会闭幕式上的演出歌曲,经小荧星儿童合唱团表演后广为传唱。从第2届开始,《歌声与微笑》正式成为电视节主题歌,在每一届电视节的开闭幕式上长久回响。经过数十年的品牌打造,上海电视节已成长为亚洲规模最大、最有影响力的综合性国际电视盛会。

(倪嘉铭)

上海国际友好城市电视节明信片

英国国王爱德华八世宣布退位

十二月
11

爱德华八世通过广播宣布退位

他是统御万民的英王，继位不到一年，却爱上了一个结过两次婚的美国平民女子。在王位与爱情发生冲突时，他毅然选择放弃王位，成为英国和英联邦历史上第一位自愿退位的国王。这位"不爱江山爱美人"的国王就是整个近代大英帝国历史上最具争议的人物——爱德华八世，也就是人们熟知的温莎公爵。1936 年 12 月 11 日，爱德华八世发表广播讲话，宣布正式退位。爱德华八世在讲话中解释了他决定退位的原因：

【音频】爱德华八世：你们必须要相信我，当我告诉你们，如果没有一个我爱的女人在身边给予我帮助和支持，我觉得我不可能担负起国王这份沉重的职责。所以我选择放弃王位。

爱德华八世生于 1894 年 6 月 23 日，全名爱德华·阿尔伯特·克里斯蒂安·乔治·安德鲁·帕特里克·大卫。爱德华是温莎王朝首任君主乔治五世的长子、维多利亚女王的长曾孙。他在 16 岁时被封为威尔士亲王，成为王储。

1931 年，37 岁的爱德华认识了平民出身并结过两次婚的美国女人沃利斯·沃菲尔德。当时，沃利斯的身份是辛普森夫人。对于这位辛普森夫人究竟是个什么样的女人，史料记载不一，有说她优雅高贵有教养，也有说她既不漂亮又爱虚荣，而且放荡。无论如何，可以确定的是，爱德华对辛普森夫人一见钟情并很快坠入情网。在麦当娜导演的电影《倾国之恋》中，演员詹姆斯·达西和安德丽亚·瑞斯波罗格演绎了爱德华和辛普森夫人初次相遇时边跳舞边讨论婚姻问题的情景。

【音频】电影《倾国之恋》片段

1936 年，乔治五世病逝，王储继承王位，封号爱德华八世。爱德华八世身边的谋士曾劝他以王职为重，了结与辛普森夫人的来往，他的回答却是："我现在所知道的最高责任是考虑自己配不配当沃利斯的丈夫，我所向往的幸福就是永远同她在一起。"

这年夏天，爱德华八世和辛普森夫人在地中海度假。很快，美国各大报纸连篇累牍惊爆英国国王的恋情。英国贵族的保守传统世人皆知，在国王的婚姻问题上表现得更为突出。依据英国宪法，辛普森夫人没有资格成为王后。所以，当国王陷入这段恋情的消息扩散到英伦三岛时，英国王室和内阁成员都大为震惊。一时间，人们议论纷纷，舆论哗然。当时，英国剧作家萧伯纳讲述了他对这件事的看法：

【音频】萧伯纳：我一点都不想去推测任何与这件事有关的事情，这是很无聊的，国王都尚未思考好要怎么做，我们也没什么好说的。

1936 年 11 月，在法院同意辛普森夫妇离婚后，爱德华八世提出了与沃利斯结婚的想法，毫无悬念地遭到了包括英国政府、自治领政府和教会等各方面的反对。首相鲍德温宣布，国王要么与沃利斯绝交，要么娶她为妻而逊位，否则内阁辞职。在这场"宪政危机"的较量中，爱德华八世选择了退位。43 岁的爱德华八世辞去王位后，受封为温莎公爵。不久，温莎公爵与沃利斯在法国举行婚礼，英国王室成员均未出席。《爱德华八世官方传记》作者菲利普·齐格勒讲述了当时的情况：

【音频】菲利普·齐格勒：爱德华认为，至少他的兄弟们会来参加婚礼，蒙巴顿勋爵会来当伴郎，但情况逐渐明了，他们一个都不会来。最沉重的打击是他最亲密的朋友，曾经护送辛普森夫人去法国南部的布朗罗勋爵，也因碍于身份无法前来参加婚礼。所以，最后来参加他婚礼的只有寥寥数人，整个婚礼让人感觉很凄凉。对一个几个月前还是英国国王的人来说，这是一个悲伤的时刻。

二战爆发，法国败亡后，温莎公爵携夫人转往西班牙，尔后被任命为大英帝国巴哈马总督，于 1940 年 7 月远涉重洋赴任。与英国国内的一片斥责声相比，国际舆论却给予了温莎公爵夫妇极大的赞誉，更有无数人将这段传奇婚恋传为佳话。温莎公爵夫妇在晚年接受采访时讲述了他们的生活情况，当温莎公爵夫人讲完自己的感受以后，温莎公爵握着她的手深情地说了一句"我们真的很幸福"。

【音频】温莎公爵夫人：我希望事情的发展不是这个样子，但我仍然要说，我们非常幸福。当然我们经历过艰难岁月，但是谁没有过呢？我们必须学会泰然处之。我过得很快乐，我认为幸福是一个巨大的秘密，幸福就在于你如何去感觉如何去表现，我们一直以来非常幸福。

温莎公爵：我们真的很幸福！

温莎公爵夫妇幸福地生活了 35 年，直到 1972 年温莎公爵故去。14 年后，温莎公爵夫人也离开了人世，其遗体被运回英国与温莎公爵合葬。自此，这段被丘吉尔称为"历史上最动人的爱情史"终于降下了帷幕。

（舒　凤）

温莎公爵与沃丽斯在法国举行婚礼

西安事变发生

1936 年 12 月 12 日清晨 5 点左右，一阵密集的枪声打破了西安临潼华清池往日的宁静，枪声惊醒了睡梦中的蒋介石，他在惊恐中连忙翻墙逃命，留下了一生当中最难堪的形象。这就是中国近代史上最富戏剧性的事件，史称"西安事变"，又称"双十二事变"。

当时在西北地区，以西安为中心的国民党军队的主要力量有张学良率领的东北军和杨虎城率领的第十七路军，尤其是东北军弃守东北遭到国人唾弃，后又被命"剿共"蒙受重大损失，全军上下深感"剿共"没有出路，强烈要求抗日。在瓦窑堡会议之后，中国共产党通过种种渠道，大力开展对这两支军队的统战工作，坚定了张、杨联共抗日的决心。周恩来也给曾任蒋介石机要秘书的陈立夫写信，希望能够从更大层面上停止内战，一致抗日。陈立夫回忆了信件的内容：

应张学良邀请赴西安参加谈判的中共代表(右起：周恩来、叶剑英、秦邦宪)

【音频】陈立夫：民国二十四年九月里，周恩来写了一封信给我和我的哥哥陈果夫。这封信在我的回忆录里面也发表了，是周恩来的亲笔信，信上说让我们共同联合起来一起抗日。

张学良自从在西北地区实行联共抗日之后，曾多次劝谏蒋介石停止内战、一致对外，都被拒绝。眼见张学良"剿共"无力，蒋介石于 1936 年 12 月初到西安逼迫张学良、杨虎城把军队全部开赴陕北"剿共"前线。12 月 7 日，张学良到临潼华清池向蒋介石"苦谏"，但还是遭到蒋介石的拒绝。"苦谏"无效，张学良与杨虎城决定兵行险招，实行"兵谏"。孙铭九当时是张学良的警卫营长，12 月 11 日夜，他奉命来到张公馆，张学良对他说："现在要你去请蒋委员长进城，绝对不能把他打死！"张学良已意识到"兵谏"之举倘若失败，后果将会如何。他对孙铭九说："明天这个时候，说不定我和你不能再见面了。你死，我死，说不定了。"多年以后，孙铭九一直记得，张学良是用"请"字来形容自己要实行的"兵谏"。

【音频】孙铭九：当时晚间开东北军军长会议，在开会中间我参加了，张学良将军当时就命令我，他说现在要你到临潼去请蒋委员长。

西安事变发生后，在国内外引起了强烈的反响。在如何对待事变的问题上，南京当权势力中出现了两种对立的主张。以何应钦为代表的亲日派竭力策动"讨伐"，轰炸西安，企图取代蒋介石的统治地位；亲英美派的宋美龄、孔祥熙、宋子文等则不顾何应钦的反对，为和平解决西安事变、营救蒋介石而积极努力。

中共中央明确主张用和平方式解决西安事变引起的问题，反对新的内战。南京方面在弄清张学良、杨虎城和共产党并不想加害蒋介石而希望和平解决此次事变的态度后,于 22 日派宋子文、宋美龄到西安谈判。周恩来作为中共中央全权代表也参加了谈判。由于长期受蒋介石的迫害,当时红军将领对中共中央要与蒋介石和解颇为不解,吕正操就是其中的一员。

【音频】吕正操:我们就跟总理住在一个楼,张学良派飞机去接总理来的那天,让我们大家想不到的是,总理来了以后就主张和。我们当时想红军一定是想杀蒋的,我们那时候也恨他,也想把他杀掉。但总理一直说要主和,见了张学良以后又进一步说服杨虎城主和。

周恩来遵照中央的有关指示,在与张学良、杨虎城共同商讨并同南京方面进行的谈判中,做了大量卓有成效的工作。12 月 24 日晚,周恩来会见蒋介石,当面向蒋介石阐明中国共产党抗日救国的立场和政策,蒋介石表示同意谈判议定的六项条件。周恩来在极端艰难的情况下,坚定而细致地进行工作,最终促使西安事变得到和平解决。张学良对此尤为感激,即便他之后所有的时光都因此次兵谏而在囚禁中度过,他对周恩来和平解决西安事变的智慧仍由衷地表示佩服。

【音频】张学良:可以说我跟周恩来是一见如故,他这样跟我说,我也是如此,反应很快,就说几句话大家都明白了,用不着啰里啰嗦的。在中国人里我佩服的几个人,周恩来是一个,我是非常佩服他的。

西安事变的和平解决是各种社会政治因素合力作用的结果。在此之后,内战在事实上大体停止了,国共关系得到迅速发展,从而开始了国内和平的新时期。西安事变的和平解决对国共两党的再次合作、团结抗日起了重大的推动作用,为抗日民族统一战线的建立准备了必要的前提,成为由国内战争走向抗日民族战争的转折点,成为时局转换的枢纽。

张学良、杨虎城两位将军是历史的功臣。西安事变后蒋介石解除了杨虎城的兵权,又强迫改编了东北军和西北军。杨虎城被蒋介石长期囚禁,1949 年 9 月 17 日在重庆惨遭杀害。张学良在国民党撤退到台湾前被蒋介石胁迫到台湾,2001 年 10 月 15 日在美国夏威夷逝世。

(肖定斌)

张学良(左)和杨虎城

日军开始南京大屠杀

十二月 13

　　每年的 12 月 13 日是南京大屠杀死难者国家公祭日,纪念中华民族历史上灾难深重的一天。1937 年 12 月 13 日,日本侵略军侵占南京后,在全城进行了约 6 周的血腥屠杀,惨绝人寰地杀害了中国平民和被俘军人 30 余万人。南京大屠杀是第二次世界大战史上的"三大惨案"之一,是人类历史上极度黑暗的一页。

　　1937 年,卢沟桥事变爆发,日本开始了蓄谋已久的全面侵华战争。同年 8 月 13 日,日军进攻上海,"八一三事变"爆发。11 月 12 日,日军占领上海。在进攻上海的同时,日军对国民政府首都南京进行了狂轰滥炸。1937 年 10 月 15 日,宋美龄在南京通过国外媒体用英语发表了电视讲话,她说:"你们都曾经看过照片,也听说过中国遭到的破坏,以及日本大军紧跟在飞弹攻势之后的恐怖屠杀行为。日本的行动显然违反了所有国际公约和人权。"

日机轰炸后的南京城

【音频】宋美龄在南京通过国外媒体用英语发表的电视讲话片段

　　1937 年 11 月中旬,蒋介石任命唐生智为南京卫戍司令长官,率约 12 个师 10 余万人保卫南京。12 月 1 日,日本大本营下达了攻占南京的《大陆命第八号命令》。在保卫南京的战斗中,中国守军英勇顽强,付出了惨重的代价。12 日,日军占领雨花台,并以重炮轰击中华门。下午,唐生智召集师以上指挥官开会,宣布蒋介石 11 日晚发来的择机撤退的电报,部署撤退计划。12 月 13 日,南京全城陷落。原中国守军教导总队军医李甫回忆了当年目睹守军撤退以及得知雨花台失守的情况:

【音频】李甫:我们在新街口,就看到队伍下来,人不知道多少,越下来人越多。后来一问,雨花台已经失守了。

　　南京陷落后,日军大肆搜捕、屠杀市民和已解除武装的士兵,被害总人数达 30 万以上。日军的杀人手段丧心病狂,令人发指。枪杀、刀砍、刺戳、活埋、焚烧、水溺,甚至进行杀人比赛!在日军进入南京后的约一个月中,全城发生了约两万起强奸、轮奸事件,无论少女或老妇都难以幸免,许多妇女在被强奸之后又遭杀害。伴随着屠杀和奸淫的是大规模的抢劫和纵火破坏。浩劫之下,南京成了一座尸横遍地、断壁残垣、满目凄凉的死城。

　　1937 年 11 月中旬,日军逼近南京时,留在南京的 20 余位西方人士为了保护和救济战争难民,仿效法国神父饶家驹在上海建立的南市难民区,成立了一个国际救济机构,定名为"南京安全区国际委员会"。安全区也被称为"难民区",占地约 3.86 平方公里。在南京大屠杀期间,安全区内的难民人数在 25 万人左右,其中有将近 7 万人居住在安全区内 25 个难民收容所里。安全区在 1937

年 12 月 8 日对难民正式开放，1938 年 2 月 18 日宣布更名后被迫解散。德国西门子洋行的约翰·拉贝被选为"南京安全区国际委员会"主席，他曾在自己的住所收容了 600 多名中国难民。约翰·拉贝在那段时间写下的日记就是《拉贝日记》。《拉贝日记》具有很高的史料价值，是对日军暴行的有力证词。约翰·拉贝的嫡孙托马斯·拉贝谈到了他的祖父约翰·拉贝：

【音频】托马斯·拉贝：我很钦佩我的祖父有这个勇气、精力和自信留在南京。他说他不是英雄，不需要像英雄一样牺牲。他在中国有很多朋友，商业伙伴和西门子的同事。他说，朋友之间重要的是：朋友有难，不能坐视不管。因此当时他留下了。

1945 年 9 月 2 日，日本签字投降，第二次世界大战结束。1946 年 2 月，中国南京成立审判日本战犯的军事法庭。南京大屠杀的主犯之一、侵华日军第六师团师团长、乙级战犯谷寿夫被判处死刑。1946 年 5 月，远东国际军事法庭在东京对日本 28 名甲级战犯进行了审判。当年侵占南京的日本华中方面军司令官、南京大屠杀的主犯之一、甲级战犯松井石根，被判处绞刑。在远东国际军事法庭上，当庭放映了一份十分珍贵的、有关南京大屠杀的影像资料，是由美国牧师约翰·马吉拍摄的。1946 年 10 月在东京法庭上与检察官的对话中，马吉牧师讲述了日军 1937 年 12 月 13 日占领南京之后是怎样对待中国老百姓的。

【音频】约翰·马吉：日军占领南京后，就立即开始了屠杀。有好多种方式，经常是几个士兵或多达 30 个士兵一起行动，每个人似乎都有生杀大权。不久，就开始了有组织的大规模屠杀，主要是用来福枪和机枪扫射，还有我们所知的几百人被一起活埋。

2014 年 12 月 13 日，首次南京大屠杀死难者国家公祭仪式在侵华日军南京大屠杀遇难同胞纪念馆举行，国家主席习近平发表重要讲话。习近平指出，"我们为南京大屠杀死难者举行公祭仪式，是要唤起每一个善良的人们对和平的向往和坚守，而不是要延续仇恨"。

【音频】习近平主席在国家公祭仪式上的讲话录音片段

（郑榴榴）

日军将被杀害的南京军民尸体投入长江

巴拿马收回运河主权

《巴拿马运河条约》签约仪式现场

巴拿马运河位于中美洲国家巴拿马,被誉为"世界七大工程奇迹"之一。它横穿巴拿马地峡,是连接南北美洲大陆、沟通太平洋和大西洋的"黄金水道"。巴拿马运河于1920年正式通航。1999年12月14日,巴拿马从美国手中收回运河主权,全面接管运河。"巴拿马收回运河主权"事件是20世纪末的重大政治事件之一,各大媒体竞相报道,得到全世界的广泛关注。

【音频】巴拿马运河回归交接仪式的新闻报道

巴拿马运河的回归标志着巴拿马人民为收回运河进行长期斗争的最后胜利,同时也标志着美国在中南美洲大陆殖民统治的终结。

巴拿马运河横穿巴拿马地峡,连接太平洋和大西洋,是重要的航运要道。开凿巴拿马运河的意义可以从一串数字中得到充分体现。之前行驶于美国东西海岸之间的船只不得不绕道南美洲的合恩角,巴拿马运河开通后航程缩短了约15000公里。而由一侧的北美洲海岸至另一侧的南美洲港口航程也可节省6500公里。另外,航行于欧洲与东亚或澳大利亚之间的船只经由该运河也可减少3700公里航程。巴拿马运河可以通航76000吨级的轮船,货运船只通过运河一般只需要9个小时。

巴拿马运河与苏伊士运河是世界上最具有战略意义的两条人工水道。然而巴拿马运河的开凿比苏伊士运河更为艰辛和曲折。1883年,在苏伊士运河的开凿者法国人费迪南·德·雷塞布的领导下,巴拿马运河正式动工。然而雷塞布机械地照搬修建苏伊士运河的成功经验,对巴拿马的特殊地形估计不足。在没有详细调研的基础上草率地制定了施工方案,结果酿成了一场灾难。运河最终因严重缺乏资金而被迫停工,公司宣布破产,连带大批小股东破产,许多企业倒闭,这就是著名的"巴拿马丑闻"。

后来美国人接管了这项工作。巴拿马运河导游斯科特介绍了当时美国工人开凿巴拿马运河的情况:

【音频】斯科特:开凿工作包括将数百万立方码的坚固岩石移走,某段时间,曾经有13000多人在那里工作,当时实施12小时的轮班制,工作非常集中。

开凿的重任落在了一位名叫约翰·斯蒂文的铁路工程师肩上,他是当时的美国总统西奥多·罗斯福选中的。斯蒂文运用了现代化的爆破和运输手段,大大加快了工程的进度。数千名工人受到高额报酬的吸引,争相来到巴拿马。这些美国人一天的挖掘量超过法国人一个月的工作量。

1920 年 6 月 12 日,巴拿马运河正式通航。在几十年的运河开凿史上,共有近 3 万人因伤病致死,其中包括不少中国工人。虽然美国人是巴拿马运河开凿的功臣,然而美国政府同时也夺走了巴拿马运河的管辖使用权,利用运河来赚取大量的政治经济利益。在第二次世界大战期间,美国利用巴拿马运河将航空母舰送去补充几乎被毁灭的太平洋舰队。

　　为了巴拿马运河的主权,巴拿马人民经过了长期的艰苦斗争。1973 年 3 月在巴拿马城举行的联合国安理会特别会议上,许多拉美国家和其他第三世界国家坚决支持巴拿马人民的正义立场。同年召开的不结盟国家政府首脑会议以及拉美国家波哥大会议上,许多国家也表示坚决支持巴拿马政府和人民对运河区的主权要求。1974 年,美国终于不得不同意"迅速结束"对运河的管辖权。经过时断时续的艰辛谈判,1977 年 9 月 7 日,巴拿马政府首脑奥马尔·托里霍斯和美国总统詹姆斯·厄尔·卡特在华盛顿签订了《巴拿马运河条约》。根据该条约,美国应在 1999 年前把巴拿马运河及运河区全部归还巴拿马。新条约于 1979 年 10 月正式生效。

【音频】美国总统詹姆斯·厄尔·卡特和巴拿马政府首脑奥马尔·托里霍斯在 1977 年《巴拿马运河条约》签约仪式上致辞。卡特:我们在这里参加了条约的签署,这将保证一个和平、繁荣、安全的未来,对我们所有的国际航道起到重要作用。然而这不仅仅是条约,这还标志着美国的承诺,相信公平,而不是武力,应该是我们与世界打交道的核心。

　　巴拿马于 1999 年 12 月 14 日从美国手中收回运河主权和管辖权。巴拿马全面接管运河后采取了一系列的先进技术和管理办法,运河的运营效率大大提高。但随着全球经济的发展,世界贸易活动以及货运量的大幅增加,越来越多的超大型船只投入运营,巴拿马运河现有通航条件已不能适应发展的需要。为顺应时代的发展,巴拿马政府于 2006 年 4 月 24 日正式提出了总投资为 52.2 亿美元的运河扩建计划。在巴拿马运河扩建工程开工大会上,1977 年签订《巴拿马运河条约》的美国前总统卡特也受邀参加了仪式。曾代表巴拿马政府签订条约的奥马尔·托里霍斯的儿子马丁·托里霍斯总统发表了讲话,他说"巴拿马运河的扩建将寄托着新的希望"。

【音频】巴拿马总统马丁·托里霍斯的讲话

（贺　僖）

巴拿马运河

电影《乱世佳人》首映

十二月
15

【音频】《乱世佳人》主题曲

　　史诗级爱情影片《乱世佳人》根据小说家玛格丽特·米歇尔的畅销作品《飘》改编而成,被认为是好莱坞电影黄金时期的巅峰作品。电影主题曲《我之真爱》气势宏伟又饱含乡愁。1939 年 12 月 15 日,电影《乱世佳人》在作者玛格丽特的故乡亚特兰大举行了声势浩大的首映式,影片随后红遍全美和整个大洋彼岸。饰演男主角的著名演员克拉克·盖博在首映式上感慨发言:

【音频】克拉克·盖博:女士们先生们,今晚我感到十分荣幸,我和你们一样期待看到《乱世佳人》。这是玛格丽特·米歇尔之夜,也是亚特兰大民众之夜。作为你们中的一员,让我们一同来观赏这部传世之作。

《乱世佳人》首映海报

　　《飘》是玛格丽特生前唯一出版的一部小说,凝结了她十年的心血。小说描述了美国南北战争期间一个南方家族的兴衰历史。玛格丽特原意将书命名为《Tomorrow Is Another Day》,即《明天又是新的一天》。出版商认为相近书名太多,于是重新命名为《Gone with the Wind》,意即《随风而去》,中文版译名为《飘》。该书出版至今,已被翻译成四十多种文字在世界各地出版,被奉为是不可不读的经典名著。

　　1936 年,好莱坞制片人大卫·奥·塞尔慈尼克花费五万美元买下《飘》的电影拍摄权,先后动用十八位编剧将小说改写成电影剧本。"明天又是新的一天"作为一句经典台词,最后呈现在了电影《乱世佳人》的结尾。女主角斯嘉丽意识到深爱的塔拉家园是心中唯一的力量源泉,充满期盼又饱含深情地说:"我要回到家乡,我要让它回到我身边,毕竟,明天又是新的一天。"

【音频】电影结尾"明天又是新的一天"片段

　　电影《乱世佳人》的女主角是生活在南方塔拉庄园的千金小姐斯嘉丽。斯嘉丽爱上了邻居少主艾希礼,无奈艾希礼却心仪梅兰妮并娶其为妻。南北战争爆发后,斯嘉丽历经磨难,由骄纵任性的女孩成长为一家之主。为保护家园,她苦心劳作,艰辛奔波,两次因为考虑大局而无奈接受了权益婚姻,甚至将艾希礼夫妇保护在自己的羽翼下。一直以来她对艾希礼深藏于心的盲目爱恋不曾动摇,直至她最终发现自己深爱的其实是看似玩世不恭却事事相助、不离不弃的瑞德·巴特勒。然而彼时的瑞德却已然疲惫,热情消耗殆尽。

《乱世佳人》之所以吸引了无数观众，女主角的扮演者费雯·丽可谓功不可没。米高梅公司的制片人大卫·奥·塞尔慈尼克在筹拍《乱世佳人》时，其他角色早已选定，唯独斯嘉丽的演员迟迟难觅。当时对《乱世佳人》剧本倾心已久却毫无名气的英国演员费雯·丽跃跃欲试。几经努力，费雯·丽终于作为斯嘉丽的候选人见到了制片人大卫。她的美貌与才华令大卫印象深刻，样片试拍后费雯·丽的扮相与演技几乎完美地呈现出斯嘉丽这个人物优雅又狂野的特质。导演激动地表示影片的成功已无需怀疑了。就这样，整整耗时两年，《乱世佳人》的男女主演最终确定下来。

从开拍到完工，影片共历时 3 年半，耗资四百多万美元。其间三次更换导演，幸而整体风格流畅，看不出历经三人之手。《乱世佳人》在银幕上最终出现了六十多位主要演员和九千多名配角演员，规模可谓史无前例。

【音频】杨路评价《乱世佳人》

《乱世佳人》在 1939 年第 12 届奥斯卡金像奖中总共获得 13 项提名，最终赢得 8 座奖杯，包括最佳影片、最佳导演、编剧以及最佳女主角、女配角等，横扫当年奥斯卡典礼，获得巨大成功！值得一提的是，女主角费雯·丽是第一位获得奥斯卡影后桂冠的英国演员，而在片中饰演女仆的海蒂·麦克丹尼尔也成为第一位获得最佳女配角的黑人演员。影评人 Sam Gusway 介绍了黑人女演员得奖的情况：

【音频】Sam Gusway：这部电影很重要的一点就是海蒂·麦克丹尼尔获得了当年奥斯卡的最佳女配角，这是黑人女性第一次获得奥斯卡奖。在很长一段时间后才有了第二次，也就是哈莉·贝瑞在 2001 年获得了奥斯卡最佳女主角，这已是六十多年以后了。

有观众如此感叹：至今仍记得亚特兰大战火中斯嘉丽奔走的背影，裙裾摆动。她的野性和骄傲、坚强与倔强令人唏嘘。而瑞德与她是相似的。如果瑞德爱上的不是斯嘉丽，他也不会如此失望，爱之深怨之切。

此后，《乱世佳人》分别在全球多个国家公映，每到一处必然成为当地的票房冠军，在文化与商业上都获得极大的成功和轰动，成为了电影史上的不朽名作。在其上映后的数十年间，每隔数年便会在全球各地的影院被重新放映。《乱世佳人》在 1998 年美国电影协会评选的 20 世纪最伟大的百部电影中排名第四。

（陈晓辰）

电影《乱世佳人》剧照

337

著名京剧艺术家马连良逝世

【音频】马连良《赵氏孤儿》选段

这是京剧经典剧目《赵氏孤儿》选段。在20世纪三四十年代，娱乐活动远不如今天丰富，一位京剧大师凭借他俊逸的扮相、潇洒的台风和雄浑深沉的唱腔折服了观众。虽然舞台上的他是呼风唤雨的英杰，但现实中的他却尝尽了乱世的悲欢离合。这位京剧大师就是"四大须生"之首的马连良。1966年12月16日，马连良先生和他的马派艺术一起随风而逝，终年66岁。

马连良生在回族之家，父亲马西园开了家马家茶馆。由于马西园酷爱京剧，幼年的马连良在京剧艺术的耳濡目染中成长。1908年，马连良进入富连成社，这虽与家道中落有一定关系，但主要原因是他对京剧艺术情有独钟。马连良之孙马龙介绍了当时富连成社在京剧界的地位：

马连良出演《赵氏孤儿》

【音频】马龙：富连成在京剧历史上有着举足轻重的作用，它培养了许多京剧界的人才，如：侯喜瑞、马连良、谭富英等。这个科班有"中国第一科班"的称号。

梨园行向来有"北京享名，上海挣钱"的说法。只有在上海唱出了名，那才算是真正的红了。1922年春，20岁出头的马连良在北京京剧界已经崭露头角。这时，上海的亦舞台来北京约角，请马连良去上海唱了一期。结果功底扎实的马连良取得了上海观众的认同，并录制了《借东风》《定军山》《珠帘寨》等唱片。

从1929年开始，马连良的京剧艺术进入了一个黄金时期。他在老谭派的基础上兼收并蓄，逐渐显露自己的与众不同之处。众多捧马连良的戏迷为了把他的表演和谭派的区分开来，替马连良打出了马派的字号。那时，上海的高亭、胜利两家唱片公司邀请马连良灌制了大批唱片，行销全国，备受听众的赞赏。同年，马连良与梅兰芳在上海大舞台合作演出了《探母回令》，剧场座无虚席、盛况空前，五元的票价也成为当时最高的价额。马连良长子马崇仁解释了谭派唱腔和他父亲马派唱法的不同：

【音频】马崇仁：在1929年以后，我父亲就唱"唢呐""龙虎斗""白蟒台"这些唱腔了，这些个唱腔在那个年代就算是"新腔"而不是"谭腔"了。

1930年，马连良组建了京剧历史上有名的班社——"扶风社"。"扶风"有扶持正风之意。这个班存在的时间从1930年一直到1948年，马连良在这近20年时间里，对京剧艺术从里到外进行了全面的改革和创新,此后马派的名声也渐渐叫响,马连良成为了一代开宗立派的大师。

【音频】《春秋笔》唱段

1937 年抗日战争打响,梅兰芳蓄须明志不再唱戏。马连良也用自己独特的方式宣泄着愤怒。《春秋笔》就是一部讲述舍生取义、反抗异族侵略的马派名剧。1938 年 10 月,这部戏在上海租界内的黄金大戏院首演,引起了沦陷区观众的共鸣。1942 年,马连良的世交好友张子文因创办回民学校经费不足,请求马连良赴东北义演来筹集资金。一心慈善的马连良便答应了下来。然而 1942 年恰逢伪满政权成立 10 周年,日伪为了让马连良的"扶风社"去"祝贺演出",以日本军官剖腹相要挟,着实吓坏了马连良夫妇。在软磨硬泡了大半年后,1942 年 9 月,马连良无奈带着"扶风社"去了伪满演出,筹得的善款悉数捐赠沈阳回民中学。然而伪满当局为了达到粉饰"满洲国"的目的,将这次演出冠以"华北演艺使节团"庆祝"3 月 1 日国庆节"之名。这个强加的名头,成了马连良日后难以洗脱的被诬污点。

1948 年冬,马连良因病去香港治疗,"扶风社"也就自然解散了。新中国成立之后的 1950 年秋天,身在香港的马连良收到一封北京亲人的来信。他的三女儿马力在信中说,毛主席、周总理邀请他回来。

【音频】马连良之女马力:1950 年夏天,我们到中南海参加一个舞会,见到了周总理。周总理对我说:"你给你父亲写信请他回来,就说周恩来问候他。"我回答说:"我一定马上给他写信,让他回来。"

1952 年初春,年过半百的马连良终于回到北京,与分别 4 年的亲友和 80 多岁的老母亲团圆了。同年 7 月,马连良接到周恩来总理的邀请,参加了庆祝建党 31 周年联欢会。周恩来主动安慰惴惴不安的马连良说,"你不要把去伪满演出的事放在心上,你是演员,靠唱戏养家糊口,没有政治目的"。此番话顷刻化解了马连良多年的心结,他决心重整旗鼓,东山再起。8 月,"马连良剧团"在北京正式成立,马派艺术再次唱响了大江南北。1966 年"文化大革命"开始不久,马先生因主演《海瑞罢官》而被"四人帮"迫害致死。

自 17 岁唱响《借东风》开始,马连良一生跌宕,可谓是"一代梨园惊绝艺,借与东风唱百年,人生起伏堪如戏,戏演人生千百回。"

(金 之)

少年时代的马连良

339

"乐圣"贝多芬诞生

贝多芬的肖像画

他一生坎坷、命运多舛,却发誓要"扼住命运的咽喉";他不向耳疾屈服,凭着惊人的毅力创作出《命运交响曲》等多部享誉世界的名曲;他和海顿、莫扎特比肩而立,成为音乐历史上辉煌的"维也纳古典乐派"的最后一位"巨人"。他就是被世人尊称为"乐圣"的贝多芬。

1770 年 12 月 17 日,贝多芬诞生于德国莱茵河畔的波恩。他毕生追求"自由、平等、博爱"的理想,以时代和个人的命运为背景创作了《英雄》《命运》等 9 部交响曲,《悲怆》《月光》等 32 首钢琴奏鸣曲以及歌剧、管弦乐、协奏曲、室内乐等作品。他不仅是古典主义风格的集大成者,同时又是浪漫主义风格的开创者,他的作品对世界音乐的发展有着非常深远的影响。钢琴教育家周广仁是这样评价贝多芬的:

【音频】周广仁:像贝多芬这样伟大的作曲家,在我们钢琴音乐史里真是数一数二的。贝多芬的音乐是特殊的,我每次听贝多芬的作品都觉得他给人很大的力量。他老在斗争,斗争完了以后总是胜利的。

贝多芬自幼跟随父亲学习音乐,他 8 岁开始登台演出,11 岁师从作曲家内费学习音乐,并得到莫扎特的赞许。但是,童年时代的贝多芬却从未感受过家庭的温馨。由于母亲早逝、父亲酗酒,他 17 岁就挑起了全家生活的重担。父亲去世后,贝多芬移居维也纳,跟随莫扎特、海顿等作曲家学习作曲。北京大学教授严宝瑜讲述了贝多芬离开家乡时的情况:

【音频】严宝瑜:贝多芬离开波恩的家乡,到维也纳去学习。有一个贵族很懂音乐,给他的留言簿上写过一句话,他希望贝多芬从海顿的手里接过莫扎特的精神。

26 岁那年,贝多芬的听觉开始日渐衰弱。也就是在这一年,他创作完成了他的第一部交响曲《C 大调第一交响曲》。1800 年 4 月 2 日,《C 大调第一交响曲》在维也纳霍夫堡剧院首演。由于当时演奏乐团的水平有限,这部作品的首演并没有获得成功,但是透过其中的某些乐段还是可以感受到贝多芬的与众不同。

【音频】维也纳爱乐乐团演奏的《C 大调第一交响曲》第一乐章

在经历了一段情感波折后，贝多芬于 1801 年创作了《升 C 小调第十四钢琴奏鸣曲》，又名《月光奏鸣曲》。曲名的由来众说纷纭，但最多的说法是源于德国诗人路德维希·莱尔斯塔勃将此曲的第一乐章比作"犹如在瑞士琉森湖月光闪烁的湖面上摇荡的小舟一般"。

【音频】佛朗索瓦·芮内·杜夏布勒演奏的《月光奏鸣曲》第一乐章

1802 年，贝多芬的耳疾已完全失去治愈的希望，他感到无比绝望。在维也纳郊区的海利根施塔特休养期间，贝多芬写下一份遗书向自己的兄弟和朋友交待后事，这份文献后来被称之为《海利根施塔特遗嘱》。不过，倔强的贝多芬没有屈服于命运的安排。这一年，从死亡阴影中走出来的贝多芬创作了《D 大调第二交响曲》。其后几年，贝多芬战胜了他个人的苦痛和绝望，谱写了《英雄交响曲》《命运交响曲》《D 大调小提琴协奏曲》等作品。其中的《命运交响曲》是贝多芬交响曲创作中最有代表性的作品之一，它延续了《英雄交响曲》中英雄的形象和革命战斗精神，将交响曲的戏剧性推向最高峰。

贝多芬的最后一部作品是《d 小调第九交响曲》，这是他在耳朵完全失聪、健康情况恶化、精神饱受折磨的情况下，以超人和惊人的毅力完成的。《d 小调第九交响曲》被公认为是贝多芬在交响乐领域的最高成就，是其音乐创作生涯的最高峰和总结。因乐曲的第四乐章加入了大型合唱，故后人称之为"合唱交响曲"。合唱部分是以德国大诗人席勒的《欢乐颂》为歌词而谱曲的，也是该作品中最为著名的主题。《d 小调第九交响曲》于 1824 年 5 月 7 日在维也纳首演即获得空前成功，多次赢得雷鸣般的掌声。2006 年上映的电影《重现贝多芬》中再现了《d 小调第九交响曲》的首演盛况。在影片里，贝多芬坚持亲自上场指挥了《d 小调第九交响曲》的首演，而实际情况是当时的贝多芬已经全聋，他只是现身指挥台，并没有实际参与指挥。

【音频】电影《重现贝多芬》中《d 小调第九交响曲》首演片段

贝多芬创作的大部分作品都是以昂扬乐观的恢弘气势歌颂生命的高贵和力量，但他的一些短小作品如《土拨鼠》《G 大调小步舞曲》《F 大调浪漫曲》等则是以另一种方式告诉人们，世上最美好的就是人生，要珍爱生命、热爱生活。

（舒 凤）

贝多芬生前用过的最后一架钢琴

党的十一届三中全会开幕

十一届三中全会会场

1978年12月18日,星期一,古老的北京城瑞雪纷飞。本来这只是一个平平常常的日子,但是在中国历史上,它却留下了浓墨重彩的一笔。当天上午10点,开启改革开放大幕的中国共产党第十一届中央委员会第三次全体会议在京西宾馆召开。这次会议否定了"以阶级斗争为纲"的指导思想,作出了把党的工作重点转移到现代化建设上来和实现改革开放的战略决策。仅仅持续5天的会议如何能够决定中国命运的走向?这还要从一年之前的一场球赛说起。

1977年7月30日晚,北京工人体育场举行北京国际足球友好邀请赛决赛,对阵双方是香港足球队和中国青年足球队。距开赛还有几分钟时,主席台突然掌声骤起,欢声如雷。许久未曾露面的邓小平出现在了大家的视野中,他微笑着向观众们挥手示意。一周前,党的十届三中全会刚刚恢复了邓小平的党政军领导职务。这一刻欢呼的人们或许已经意识到,以后的岁月,中国的命运将和这位容光焕发的老人紧密相连。

复出还不到三个月,邓小平就果断决策,恢复了因"文化大革命"而中断了10年的高考制度,使570万中国青年获得平等考试的权利。几个月后,邓小平又在全国科学大会上提出了一个响亮的口号:科学技术是生产力。

【音频】邓小平在科学大会上的发言

1978年9月,就在真理标准大讨论最激烈的时候,邓小平开始了著名的东北之行。他希望全党的工作重点能尽快转移到经济建设上来。为了实现这个转变,东北之行,他谈得最多的是解放思想问题。这一年,中国政府派出了好几个代表团赴国外访问和考察,邓小平也在两个多月内,先后访问了日本、泰国、马来西亚、新加坡等六个亚洲国家,对中国周边一些国家经济起飞的情况有了亲身的感受。在日本访问期间,邓小平在乘坐时速210公里的新干线列车时,和身边的记者说起自己的感受:

【音频】邓小平:就感觉到快,有催人跑的意思,我们现在正合适坐这样的车。

而在国内,引导中国实现伟大历史转折的"高速列车"也在1978年的年底悄然启动了。邓小平在亚洲各国访问时,为党的十一届三中全会作准备的中央工作会议已经开始。会议原定的议程主要是讨论经济问题,并确定首先讨论把全党工作重点转移到社会主义现代化建设上来的问题。在分组讨论中,陈云等率先提出要解决历史遗留问题,平反冤假错案,纠正"文化大革命"的错误,引起强烈反响。会议转向了讨论平反冤假错案和解决思想路线等问题上。与会的原全国政协副主席马文瑞回忆说,这个会本来是要讨论农业等问题。

【音频】马文瑞:原来呢,实际上这个会就是按部就班讨论农业问题的决议。陈云一讲以后呢,就向思想路线问题、政治路线问题、平反冤假错案问题上来了。

出访归来的邓小平密切关注着会议进程,陈云的发言让他敏锐地觉察到历史性转折的机遇出现了,他果断决定要为这次会议撰写一份讲话稿。12 月 13 日,在中央工作会议闭幕式上,邓小平作了题为《解放思想,实事求是,团结一致向前看》的讲话。

【音频】邓小平在中央工作会议闭幕式上的讲话

后来出版的《邓小平文选》收入了这篇讲话,文章有这样一个注释:"邓小平同志的这个讲话实际上是三中全会的主题报告。"

1978 年 12 月 18 日,党的十一届三中全会终于在北京召开了。由于有了中央工作会议的充分准备和真理标准大讨论后形成的理论基础,十一届三中全会的各项议题都进行得顺理成章。这次会议只开了 5 天,就在热烈而又轻松的气氛下顺利闭幕了。这次会议冲破长期"左"的错误的严重束缚,高度评价了关于真理标准问题的讨论,停止使用"以阶级斗争为纲"这个不适用于社会主义社会的口号,果断作出把党和国家的工作重点转移到社会主义现代化建设上来和实行改革开放的战略决策,重新确立了马克思主义的思想路线、政治路线和组织路线。全会恢复了党的民主集中制的优良传统,审查解决了历史上遗留的一批重大问题和一些重要领导人的功过是非问题。长期研究中国政治经济的英国诺丁汉大学中国政策研究所顾问委员会主席芮立教授认为这次会议影响深远。

【音频】芮立:我相信大多数人会同意,这次会议是中国几十年以来发生的最重要的变革之一,或许称得上是最具勇气的一次变革,因为它彻底改变了中国从 1978 年到 80 年代、90 年代,一直到今天的经济发展方式。

十一届三中全会对于中国和生活在这片土地上的人民所承载的意义是难以估量的。如今,"三中全会"这四个字已经成为专属名词,一提起它,人们立刻就能想到 1978 年的那个"暖冬"。

(倪嘉铭)

邓小平在十一届三中全会上

钱锺书逝世

十二月
19

"城外的人想冲进去,城里的人想逃出来。"很多人都知道这句经典之语,而说这句话的人,在 1998 年 12 月 19 日溘然长逝。临行前他留下遗言,"只要两三个亲友送送,不举办任何仪式,恳辞花篮花圈,不留骨灰"。但悄然西行的他,还是震动了世界,法国总统希拉克在唁电中说:"我向这位伟人鞠躬致意,他将以他的自由创作,审慎思想和全球意识铭记在文化历史中并成为对未来世代的灵感源泉。"他就是驰名中外的中国作家、文学研究家钱锺书先生。海外著名汉学家、曾翻译钱锺书《管锥编》的美国加州大学教授艾朗诺对钱锺书的成就非常推崇:

【音频】艾朗诺:钱先生好像一瓶香槟酒,他一发就大发,所以我们就非常佩服他,没想到中国学者之中会有像他这样学问这么好的人。

钱锺书一家三口

钱锺书出生于江苏无锡诗书世家,天资禀赋过人的他一生多次与"破格"结缘。1929 年清华大学招生时,他数学只考了 15 分却被破格录取。他数学考试虽然极差,英文、国文却是特优,英文还是满分。一入清华,钱锺书就立志"横扫清华图书馆",终日博览中西新旧书籍。短短的几年里,他便创造了当时清华的两项"纪录"——读书数量第一和发表文章第一。嗜书如命的钱锺书甚至在北京哪儿都没去玩过,直到遇见杨绛才有"破例做春游"之举,钱锺书夫人杨绛对此印象深刻:

【音频】杨绛:他哪都没玩过,都是我带他玩的。那时候清华校庆是 4 月 29 日,校庆那天颐和园特地为清华学生开放一天,平常是关着的。那天,所有的清华学生都到颐和园去玩,有的人骑小驴,我也会骑,他不会;有的坐黄包车,我想他一定是坐黄包车的;有的是骑车的,那时候大概他颐和园是游玩过的。

1933 年钱锺书从清华外文系毕业,校长亲自告诉他要破格录取他留校,这一次,钱锺书选择了拒绝。1935 年,他赴英国牛津大学留学。后来又从英国到了法国。进入巴黎大学后,钱锺书放弃了学位,选择自由地读书。1938 年秋,钱锺书回国,年仅 28 岁的他被西南联大破例聘用,成为学校最年轻的教授。次年,钱锺书转赴国立蓝田师范学院任英文系主任。学生周令本回忆了钱锺书上的第一堂课:

在湘西的山沟里，钱锺书已经开始构思《围城》。1941年夏天，他回到了沦陷的上海，就是在这样的境遇中，钱锺书完成了《谈艺录》的修改，开始了《围城》的创作。钱锺书在这部被誉为"新儒林外史"的小说序言里曾自述创作意图，"我想写现代的某一部分社会，某一类人物"。1990年，由黄蜀芹执导，陈道明、英达、吕丽萍、葛优等主演的电视连续剧《围城》获得巨大成功，小说中"城外的人想冲进去，城里的人想逃出来"成为社会经典语录。

自《围城》之后，钱锺书再无小说问世。他曾告诉朋友一个有趣的故事，就是他写了另一部小说，主角是个女性，他就跟女儿钱瑗开玩笑说"这个主角就是写你，那个女孩子坏得不得了"。结果呢，钱瑗当然想要看了，钱锺书就把它藏起来，两个人捉迷藏很久，最后连他自己都找不到了。钱锺书不仅小说写得风趣幽默，生活中的他与家人相处也是充满乐趣，夫人杨绛曾回忆一家人生活中的有趣场景：

1956年钱锺书完成了《宋诗选注》的写作。之后，直到1979年钱锺书的《管锥编》才出版，这样一部压卷之作，他选择了用文言文写作。全书引用古今中外近4000位作家的上万本著作，以130万字通盘考论，打通时空、语言、文化和学科的壁垒，当学界读者面对这套皇皇巨著惊叹不已时，钱锺书却不无幽默地说自己用文言文写作是因为技痒。

钱锺书去世后，夫人杨绛开始全力整理钱先生的学术遗物，杨绛说她祈愿她的努力能使"死者如生、生者无愧"。死亡并不是钱锺书生命的终点，在自己的作品中他已经得到了重生。

（肖定斌）

电视剧《围城》剧照

中葡两国政府举行澳门政权交接仪式

中葡两国政府澳门政权交接仪式

1999年12月20日零点,在雄壮的国歌声中,中华人民共和国国旗和澳门特别行政区区旗在中葡两国政府澳门政权交接仪式的会场上庄严升起。国家主席江泽民宣告:"中国政府对澳门恢复行使主权。"澳门回归,是继香港回归祖国之后,祖国统一大业中的又一盛事。从这一刻起,澳门的发展进入了一个崭新的时代。

1999年12月19日16时30分,末任澳督韦奇立从官邸走出,最后望了一眼坐落在西望洋山上的澳督官邸。接着,他与官邸工作人员一一握手告别。韦奇立自1991年任澳门总督以来,和家人在这里居住了8年多。随后,韦奇立驱车前往澳督府,参加在那里举行的葡萄牙国旗降旗仪式。澳督府外一早聚集守候多时的中外媒体、嘉宾、居民,共同见证了150年沉重历史的终结。下午5点,在南湾湖畔的澳督府飘扬了一个半世纪的葡萄牙国旗终于在葡国国歌声中徐徐降下。

1999年12月19日晚,澳门新口岸刚刚建成的澳门文化中心花园馆内灯火通明,举世瞩目的中葡两国政府澳门政权交接仪式在这里隆重举行。出席交接仪式的有约2500人,包括澳门各界人士、香港特别行政区的代表、台湾同胞以及来自30多个国家的华侨和华人。23点42分,澳门政权交接仪式开始。在礼号手的号乐声中,国家主席江泽民、国务院总理朱镕基、国务院副总理钱其琛、外交部长唐家璇、澳门特别行政区首任行政长官何厚铧步入会场,登上主席台主礼台。葡萄牙总统桑帕约、总理古特雷斯等国家领导人、末任澳门总督韦奇立也同时登上主席台主礼台。随后,中葡双方仪仗队举行敬礼仪式,双方乐队奏致敬曲。葡萄牙总统桑帕约首先讲话:

【音频】桑帕约:两国就澳门地位协议的最终达成,充分体现了双方在此问题上的实事求是态度及以和平方式解决问题的智慧,将我们两国因应新实况而需改变的改变过来,也同时确保了澳门原有特色的延续,使两国之间数世纪的古老关系步入一个新时期。在这片由不同文化和利益共处而构成的独特且不可取代的生活方式的土地上,即将成立澳门特别行政区。

23点55分,降旗、升旗仪式开始,中葡双方护旗手入场。23点58分,在葡萄牙国歌声中,葡萄牙国旗和澳门市政厅旗开始缓缓降下。在等待零点到来的时刻,会场内的气氛凝重而肃穆。1999年12月20日零点整,中国人民解放军军乐团奏响了庄严的《义勇军进行曲》,中华人民共和国国旗和中华人民共和国澳门特别行政区区旗冉冉升起。46秒后,两面旗帜同时升到旗杆的顶端。至此,中葡两国政府完成了澳门政权的交接。交接仪式大厅里响起了热烈的掌声,无数照相机、摄像

机的镜头记录下了这将被载入史册的庄严时刻。零点 4 分,国家主席江泽民稳步走到镶有中华人民共和国国徽的讲台前发表讲话:

【音频】江泽民在中葡两国政府澳门政权交接仪式上的讲话

12 月 20 日凌晨,中华人民共和国澳门特别行政区成立暨特区政府宣誓就职仪式在澳门综艺馆隆重举行。会场主席台中央悬挂着中华人民共和国国旗和澳门特别行政区区旗,全场洋溢着热烈喜庆的气氛。国家主席江泽民、国务院总理朱镕基等中央代表团成员和香港特首董建华在主席台就座。仪式由国务院副总理钱其琛主持。1 点 47 分,澳门特别行政区政府开始宣誓就职。首任澳门特别行政区行政长官何厚铧首先宣誓,由朱镕基总理监誓。何厚铧庄严地举起右手,郑重宣誓。

【音频】何厚铧:本人何厚铧,谨此宣誓:本人就任中华人民共和国澳门特别行政区行政长官,必当拥护并负责执行《中华人民共和国澳门特别行政区基本法》,效忠中华人民共和国及其澳门特别行政区,尽忠职守,遵守法律,廉洁奉公,致力于维护澳门的稳定和发展,对中央人民政府和澳门特别行政区负责。

随后,新政府的成员分批走上主席台宣誓。宣誓结束后,朱镕基总理致辞。他说,从今天起,《中华人民共和国澳门特别行政区基本法》开始实施,澳门特别行政区政府开始行使职权。

澳门回归是继香港回归之后,"一国两制"伟大设想的再一次实现。香港和澳门相继回归祖国,结束了中国近代以来历史上的屈辱一页,标志着祖国统一事业的巨大进展。澳门的回归,在开启了一个新时代的同时,也意味着西方在中国的殖民主义的结束,而且最终结束了白人在亚洲统治的历史,是亚洲解放史上具有划时代意义的里程碑事件。

(郑榴榴)

天安门广场澳门回归倒计时时牌前一片欢腾

动画片《白雪公主和七个小矮人》好莱坞首映

十二月 21

动画电影《白雪公主和七个小矮人》

美丽的公主、可爱的小矮人、恶毒的皇后，这些已然被脸谱化的童话人物会让人立刻想到一部著名的动画片，那就是华特·迪士尼创作的《白雪公主与七个小矮人》。该片是电影史上第一部长篇动画电影，之后也成为第一部获得奥斯卡奖的动画电影。1937 年 12 月 21 日，动画片《白雪公主与七个小矮人》在好莱坞卡塞剧院首映，受到了观影者极大的喜爱。影片首映六天后，迪士尼就带着七个小矮人登上了《时代》杂志的封面。

迪士尼动画片《白雪公主与七个小矮人》根据格林童话中的《白雪公主》改编而来，讲述了白雪公主受到继母皇后的虐待，逃到森林里遇到七个小矮人的故事。作为叙事影片，动画片将格林兄弟的写作初衷表现得淋漓尽致，为观众展现了美貌、衰老、权利等事物之间的纠结。最终，人们看到了所期待的结局，邪恶的皇后受到了惩罚，善良的公主得到了应有的一切。

其实，早在迪士尼 15 岁的时候，他就有了拍摄此长篇动画电影的想法。当时，他观看了一部白雪公主的无声电影后就深深地喜欢上了这个故事。然而，要实现这一想法却并非易事。在创作之初，外界并不看好这部动画片，大家都觉得没有人会愿意花一个多小时去观赏一部没有真人的动画电影，但迪士尼并没有因此而放弃。在制作过程中，他非常注重电影的品质，无论是画面还是音乐都精益求精，力求完美。比如片中白雪公主唱歌这一段的音乐就制作得非常精美：

迪士尼对动画片整体品质的高要求直接导致了制作成本的节节攀升。该片投资经费远远超出了原本预计的 50 万美元，资金的严重短缺成为了拍摄制作的最大困境。为此迪士尼到处借债，甚至连片场都抵押给了银行。迪士尼甚至还通过自己的弟弟向美洲银行贷款。由于贷款金额巨大，美洲银行的董事罗森堡提出要先观看该片已完成部分的要求。在一场非公开的放映之后，罗森堡非常激动，立刻开放了对该影片的贷款限制。

功夫不负有心人，迪士尼顶着巨大的压力完成了这项艰巨的工作。耗时整整 3 年的长篇巨作《白雪公主与七个小矮人》于 1937 年 12 月 21 日在好莱坞首映。当天来到首映现场的观众中有卓别林、秀兰·邓波儿等影坛大腕。放映结束后，全场观众起立鼓掌。影片大获成功，最终在美国的总票房纪录超过了 1.8 亿美元。1939 年，华特·迪士尼因此片而获得了第 11 届奥斯卡荣誉奖，颁奖嘉宾是著名童星秀兰·邓波儿。

《白雪公主与七个小矮人》创造了很多个世界第一。它是世界上第一部长篇动画电影，也是世界上第一个发行电影原声带的作品。片中的一些歌曲如《Someday My Prince Will Come》《Whistle While You Work》等都脍炙人口。

【音频】歌曲《Someday My Prince Will Come》

在动画电影之后，白雪公主的故事又被数次翻拍成真人版电影。2012 年，好莱坞将《白雪公主》改编成两部真人版电影《白雪公主之魔镜魔镜》和《白雪公主与猎人》。其中，《白雪公主之魔镜魔镜》颠覆了原著故事，将童话二次创作成为魔幻喜剧。同一日在北美上映的《白雪公主与猎人》同样在反转经典童话上做文章。

【音频】电影《白雪公主与猎人》主题曲《Breath of Life》

2014 年，我国推出了全球首部三维动漫电影《白雪公主之矮人力量》。该片作为改编童话大军中的一员，并没有跟风走暗黑童话路线，而是把经典童话充分融合魔幻场景和魔法元素，同时采取全新的三维魔幻制作，给观众带来经典童话的视听盛宴。《白雪公主之矮人力量》首次将故事的重心转移到白雪公主身边的小矮人身上。这一次拯救公主的不再是王子，而是公主身边的七个小矮人。

【音频】电影《白雪公主之矮人力量》主题歌《We Will Never Be Afraid》

可爱聪明的小矮人与美丽动人的白雪公主已成为人们心中美好的记忆。在《白雪公主与七个小矮人》公映之后，又有一系列耳熟能详的动画片腾空出世，如《玩具总动员》《怪物史瑞克》《睡美人》《阿拉丁》《狮子王》等，它们广受少年儿童以及成人们的喜爱，都成为了永恒的银幕经典。

（王　依）

动画片《白雪公主和七个小矮人》海报

349

我国第一台亿次计算机研制成功

十二月 22

1983 年 12 月 22 日,位于长沙的国防科技大学吸引了全中国的目光。这一天,我国第一台亿次巨型计算机由国防科大研制成功的消息正式对外发布。至此,继美国、日本等国之后,中国也昂首跨入了研制高性能计算机的尖端技术领域,成为世界上少数几个拥有研制巨型计算机能力的国家之一。

20 世纪 60 年代,世界计算机领域催生了一个具有划时代意义的宠儿——超级计算机,通常也称为巨型计算机。如果把普通计算机的运算速度比作成年人走路的速度,那么巨型计算机就达到了火箭的速度。巨型计算机是一个巨大的计算机系统,主要用来承担重大科学研究、国防尖端技术和国民经济领域的大型计算课题和数据处理任务,对于国家安全、经济和社会发展具有举足轻重的意义。

银河亿次机机房

1978 年 3 月,全国科学大会在北京召开,中国迎来了科学的春天。此后,中央决定研制巨型计算机,以解决我国现代化建设中的大型科学计算问题。邓小平将这一任务交给国防科委,并点名要求国防科技大学承担研制任务。巨型机研制咨询专家杨晓东回忆了当时的情况:

【音频】杨晓东:当时提出要搞四个现代化,也是处在改革开放的前夜。为了适应我们国家经济发展的需要,计算机界提出要搞巨型机,当时这个任务就由邓小平同志断给了国防科大。

1978 年 5 月,以国防科技大学计算机研究所为主、由全国 20 多个单位参与协作的进军亿次巨型机的大会战正式拉开帷幕。亿次机工程技术总指挥和总设计师慈云桂带领科研人员日夜兼程,不仅跟踪世界上最先进的计算机体系结构,而且在研制中有很多创新。在元器件水平受限的条件下,他们经过充分的科学论证和反复实验,先后攻克了数以百计的技术难题,创造性地提出"双向量阵列"结构,使计算机达到每秒运算 1 亿次的标准。巨型机研制咨询专家杨晓东讲述了当时研制亿次巨型机的指导思想:

【音频】杨晓东:当时的指导思想是跟踪创新,我们这个方案不仅要跟踪当时世界最先进的计算机体系结构,而且在实现过程中有很多创新的地方。

五年后的 1983 年,我国自行研究与设计的第一台亿次巨型计算机终于制造成功并通过国家鉴定。张爱萍上将欣然挥毫,将它命名为"银河"。银河亿次机被应用于石油勘探等领域,发挥了重大的社会和经济效益。巨型机研制咨询专家黄克勋介绍了银河亿次机的研制情况:

【音频】黄克勋：无论是硬件或者是软件，软件包括操作系统和高级语言还有应用软件，全部是由我们中国人自己独立研制的，就是自力更生，做成有自己版权的机器。

继首台亿次机之后，我国相继研制出"银河"系列、"曙光"系列、"神威"系列、"天河"系列等超级计算机。2010 年 11 月，由国防科技大学自主研发的中国首台千万亿次计算机"天河一号"以每秒 2566 万亿次的持续速度登上了世界超级计算领域的"珠穆朗玛峰"，成为当时世界上最快的超级计算机。国家超级计算天津中心主任刘光明讲述了"天河一号"的用途：

【音频】刘光明：我们通俗讲"天河一号"可以算天、算地、算人，它可以帮我们分析气候的变化，构建数字风洞，使大飞机飞得更快，而且更省油。对于算人来讲，它可以分析人的基因，解读人的生命奥秘，同时研制新药治疗疑难杂症。在算地方面，它可以给大地做 CT，然后找到地下的油场。

2013 年，"天河"家族的新贵"天河二号"研制成功。它在异构体系结构、自主定制高速互联网络、新型并行编程模型框架等方面又实现了一系列的创新与突破。从 2013 年到 2015 年，"天河二号"连续六次登上世界运算速度最快的超算宝座，成为世界超算史上第一台连续六次夺冠的超级计算机，创造了超算领域一项新的世界纪录。德国尤利希超算中心副主任博得·莫尔教授对"天河二号"作了高度评价：

【音频】博得·莫尔教授："天河二号"是当之无愧的冠军，会持续在榜首。一次问鼎容易，但是每年每次排名都能保持首位，这是更大的成就，这真是太令人惊叹了。

超级计算机作为世界大国必争的战略尖端技术制高点，是国家科技发展水平和综合国力的重要标志，而建设超算中心则是我国在超算领域进步的重要表现之一。经过多年努力，我国在上海、深圳、天津、济南和重庆等地都建设了超算中心。科技部高新技术发展及产业化司司长秦勇讲述了建设超算中心的意义：

【音频】秦勇：信息化来讲，它是一个非常重要的基础设施。我们国家已经建了若干个超算中心，这些超算中心不仅对经济发展、社会发展，而且对国家安全也非常重要。

从"银河"到"天河"，中国已跻身"超算大国"行列。我们的超级计算机已由"中国创造"走向某些领域的"世界领先"，不知超级计算机还将引领我们通向怎样一个美丽新世界。

（舒 凤）

"天河二号"超级计算机

茅以升亲自指挥炸毁钱塘江大桥

1937 年 12 月 23 日下午 5 时,一座建成通车仅 89 天的大桥被它的设计者亲手炸毁。如今这座经历了磨难和沧桑的大桥,如同一个洞察世事的老人,在滚滚的江流上见证了中国桥梁界 70 余年的风雨历程,而它自身的经历更是一部传奇。这座桥就是著名的钱塘江大桥。1985 年,钱塘江大桥的设计者、89 岁高龄的茅以升老人在大桥上接受记者采访,回忆了半个世纪前和钱塘江大桥相关的那些让他刻骨铭心的时刻。

【音频】茅以升:1934 年开工,1937 年 9 月通车,12 月 23 日我们自动把它炸毁。南京军事机关派人来找我,通知我立刻炸桥。

茅以升

20 世纪 30 年代,中国的大川大河上虽已经有了一些大桥,但都由外国人所造。1934 年秋天,浙江省建设厅厅长曾养甫破格启用茅以升来负责中国第一座公铁两用大桥工程。当年 11 月 11 日,钱塘江大桥举行了开工典礼。39 岁的茅以升担任钱塘江大桥的总设计师和总负责人。为了保证桥梁能如期建成,茅以升又力邀美国康奈尔大学的同班同学罗英担任总工程师。

在造桥过程中,茅以升采用"射水法""沉箱法""浮远法"等方法,不断解决一个个技术难题,保证了大桥工程的进展。茅以升夜以继日地忙于建桥事务,连自己的家都顾不上回。对此她的女儿茅玉麟虽颇有怨言,但还是非常理解父亲。

【音频】茅玉麟:那个时候我父亲在桥梁工地上非常忙碌,经常不回家。有一次他回家一进门看到我二哥,问他想不想爸爸?喜不喜欢爸爸?二哥回答说不喜欢,因为爸爸一天到晚忙总不看我们。过了若干年后我们也在想,父亲为了建设事业,日夜在工地奔走,但还是爱着我们的,这是一种更深沉的爱。

1937 年 8 月 13 日,淞沪会战打响了第一枪。次日清晨,新组建的中国空军第一次出击,轰炸了上海日军的第三舰队。下午,日军出动 13 架重型轰炸机实施报复,其中 3 架飞机轰炸钱塘江。此时茅以升和 30 多个技术骨干正在 30 米的水下施工,所幸的是轰炸并未伤到桥梁。钱塘江大桥纪念馆文史科长钟光明讲述了当时茅以升在造桥过程中遇险的经历:

【音频】钟光明:日本人的飞机来轰炸大桥,当时茅以升等工程技术人员都在桥下面。要是出事的话,在下面的人会惨遭灭顶之灾。

1937年9月26日,钱塘江大桥的铁路通车,大批军火物资通过大桥运往抗战前线。同年11月11日,上海失守。11月16日,茅以升接到密令,如果杭州不保,就炸掉大桥,以阻止日寇南进。在无奈与痛苦中,他指点工兵在大桥要害位置埋设好了炸药和引线。

然而第二天清晨,茅以升却接到浙江省政府立即开通大桥的命令。原来上海失守后,往苏州和南京方向的道路、铁路已被阻断。大量上海来的难民向杭州方向涌来,过江渡轮运力严重不足,最终引起了翻船事故。于是浙江省政府不得不开通大桥,疏散拥挤的人流。这就是史料记载的"1937年11月17日钱塘江大桥全线贯通"的日子。曾参与钱塘江大桥修复工作的工程师冯先正讲述了钱塘江大桥通车后,他被父亲带着坐火车躲避战火时担忧、害怕的心情:

【音频】冯先正:我和我父亲是在11月20日坐火车通过这个大桥,车厢里人多很挤。因为怕被日本人空袭,车一般是傍晚四五点钟开。火车过大桥时候的声音很响,我的心悬在那里,有些怕。

1937年12月23日下午1时,茅以升接到炸桥密令。3时许,工兵施爆准备就绪。然而此时逃难的同胞仍在成群结队过桥,直至日军脚步扬起的尘烟隐隐可见,茅以升才命令关闭大桥。下午5时,随着一声巨响,大桥被炸断。这座历经925天紧张施工才得以建成的钱塘江大桥,却在开通仅89天后,在建桥者的亲自指挥下被毁。暮色中,茅以升凝视着被炸毁的大桥残影,充满了对侵略者的无比愤怒,当夜挥毫写下"抗战必胜,此桥必复"八个字。随后"大桥工程处"撤离,茅以升带着14箱建桥技术资料辗转后方。钱塘江大桥工程师李文骥之女李希讲述了茅以升用"感觉亲手杀死了自己的孩子"来形容当时悲痛的心情:

【音频】李希:当时爆炸的时候,茅以升说我感觉真的把我"亲生儿子"给杀死了,当时他说这句话的时候真的是痛心啊。

之后钱塘江大桥又经历了几番修建和被毁。1937年12月24日,杭州沦陷,日军开始修桥,1944年开通。抗日游击队为阻挡日寇,在1944年和1945年又两次炸毁大桥。抗战胜利后的1946年,茅以升主持修复大桥。1948年5月,钱塘江大桥重新被修复,茅以升实现了"抗战必胜,此桥必复"的誓言。茅以升主持钱塘江大桥工程前后14年,经历了建桥、炸桥、修桥三个时期,这在古今中外建桥史上前所未有。

如今,钱塘江大桥依然矗立在钱塘江之上,它已完成了货车运载的使命,改为杭州城市的轻轨线,继续在城市交通中扮演新的角色。

（金 之）

被炸毁的钱塘江大桥

茜茜公主出生

电影《茜茜公主》剧照

1837年12月24日，人们沉浸在欢乐的圣诞气氛中。这一年世界发生了很多变化，有线电报的发明拉近了人们之间的距离，维多利亚女王的登基开启了英国的新时代。而此刻在欧洲巴伐利亚公爵家里，一位小公主的呱呱坠地增添了平安夜的喜庆。公爵为这个女儿取名伊丽莎白，爱称茜茜。谁也不曾料到，"茜茜公主"长大后将凭借她的美貌和魅力征服整个欧洲，被世人称为"世界上最美丽的皇后"。一百多年来，人们对茜茜公主的喜爱有增无减，甚至爱屋及乌，连在《茜茜公主》系列影片中扮演茜茜的著名演员罗密·施奈德也享受到了公主般的待遇。

【音频】罗密·施奈德：我对我的发型、服装和设计师都十分满意，公众对此也很喜欢。对大家来说，我已经不仅仅在拍电影前做了公主，我甚至做了整整七年的公主。

茜茜的童年生活自由而愉快。父亲是一个无忧无虑的贵族。茜茜的母亲露多维卡有一个姐姐苏菲，苏菲的儿子弗兰茨·约瑟夫成为奥地利的王位继承人。于是露多维卡就将所有的心血都用来栽培茜茜的姐姐海伦，希望她将来成为一名皇后。而茜茜从小受父亲的影响，天性纯良，无拘无束，整天忙于骑马、遛鸟和钓鱼。在《茜茜公主》这部经典影片中，茜茜与弗兰茨·约瑟夫皇帝第一次见面的时候，茜茜就正在钓鱼，结果茜茜的鱼钩钩到了弗兰茨的衣服。

【音频】上海电影译制厂译制片《茜茜公主》录音片段：茜茜钓鱼偶遇弗兰茨·约瑟夫（男女主角由丁建华和施融配音）

当时的实际情况也确实如电影般富有戏剧性。茜茜随母亲与18岁的姐姐海伦赴奥地利。她们本以为海伦应当会在那里引起其23岁的表亲、奥地利皇帝弗兰茨·约瑟夫的注意，但没想到的是，弗兰茨并未理睬从小受到严格教育的海伦，而是对活泼好动、满是孩子心性的茜茜情有独钟。或许是因为弗兰茨作为皇帝威严勤政，受过严格的宫廷教育，而茜茜从小在巴伐利亚秀美的湖光山色中自由自在地成长的原因，两种完全不同的气质使两人都深深地被对方吸引。

1854年4月24日，茜茜与弗兰茨举行了隆重的婚礼。茜茜公主乘着"弗兰茨·约瑟夫号"蒸汽船，沿着多瑙河顺流而下。面色红润、双唇紧闭的茜茜公主在一片欢呼声和喧闹声中抵达维也纳，维也纳举行了盛大的仪式欢迎这位年轻的皇后。七万五千名来自欧洲各皇室以及王国各省的代表应邀参加婚礼。维也纳大主教花了将近一个小时的时间来做弥撒，茜茜公主从来没有经受过，她被折腾得筋疲力尽。没人会否定这对年轻夫妇的喜悦和幸福，弗兰茨当年曾宣称"我受到军官般的爱戴，幸福得就像上帝"。然而幸福对于茜茜来说，来得太突然但又似乎太短暂了。

婚后，茜茜开始了她的皇后生活。对于年轻的她来说，宫廷如同一个无形的牢笼，制约着她的天性，弗兰茨的母亲苏菲的专制也让她备受煎熬。茜茜的女儿出生后，苏菲按照皇家的传统不让茜茜抚养。1857年，为了逃离令人窒息的皇室，茜茜带两个女儿前往匈牙利度假。两个女孩子患上腹泻，尽管小女儿很快就恢复了，但大女儿却因此去世。第二年，茜茜唯一的儿子鲁道夫在拉辛堡出生，奥地利著名作曲家小约翰·施特劳斯为此写下了《拉辛堡波尔卡》。

但欢快的乐曲仍无法掩饰长女夭折给茜茜心头造成的永久伤痛。身为奥地利皇后，茜茜也不可避免地卷入一些政治活动中。在酝酿建立奥匈帝国的过程中，茜茜为调解两个民族的矛盾，不惜纡尊降贵，最终赢得了匈牙利的支持与合作。1867年，奥匈帝国建立，匈牙利宰相将一顶王冠戴在了茜茜的头上，她从此成为匈牙利女王。

为了适应宫廷生活，茜茜试着组织了一连串的舞会，有意识地在歌舞音乐中消耗自己的精力。但她食欲不佳，身体状况越来越糟，不幸染上了当时的不治之症肺结核。为保证家人不被传染，茜茜必须远离她深爱的丈夫和儿女。事实上，茜茜的肺病并不是非常严重，这也许只是她暂时逃离维也纳宫廷生活的一个理由罢了。

茜茜不仅因为美丽而出名，她的时尚、饮食和运动方式以及对马术运动的热爱都成为当时人们关注的焦点。茜茜亦会写诗，她的诗大多涉及到她的旅程、古典希腊和其他浪漫主题。然而，茜茜的人生并不像电影中描述得那么完美幸福。1889年，虽贵为奥地利王储但从小缺乏母爱的儿子鲁道夫与情人双双自杀。茜茜身心俱疲，于是开始了横贯欧洲的旅行。她在苏黎世、卢塞恩等地逗留，最终到了日内瓦。1898年9月10日，茜茜公主在日内瓦被一个一心想"一鸣惊人"的意大利无政府主义者刺杀身亡。

童话般的茜茜公主或许只属于电影。历史上真正的茜茜公主虽堪称传奇人物，但她的一生却不是一部梦幻童话。

（肖定斌）

茜茜公主油画像

喜剧大师查理·卓别林逝世

十二月

25

他是默片时代的巨星，也是举世公认的喜剧之王。他擅长在银幕上扮演流浪汉，在生活中却是受人尊敬的艺术大师。他的表演曾让希特勒气翘了胡子，也曾使爱因斯坦为之动情流泪。他给世界带来了无尽的欢乐，世界回赠他的除了荣耀、财富，还有伤害。他就是喜剧大师查理·卓别林。在卓别林的自传里，他说自己最大的心愿，是"一生想过浪漫生活"。1977 年 12 月 25 日，查理·卓别林走完了自己 88 年的传奇人生，在圣诞节这天病逝于瑞士小城韦威。

卓别林一生的开端并不浪漫。1889 年，卓别林出生在英国伦敦的一个贫民区。在他出生后不久，父母就离婚了，他跟随唱歌卖艺的母亲四处奔波讨生活。在 5 岁的时候，小卓别林迎来了人生的首次演出。卓别林的母亲因生病在一次表演中失声，为替母亲救场，当时还是小不点的卓别林勇敢地站到了聚光灯下，以稚嫩的嗓音唱起了一首名为《杰克·琼斯》的通俗歌曲，不料意外获得了观

卓别林主演的电影《大独裁者》剧照

众们的喝彩和掌声。这段经历后来被卓别林写进自传，并在 1992 年上映的电影《卓别林传》中由小演员再现于大银幕之上。

【音频】电影《卓别林传》中小卓别林演唱歌曲《杰克·琼斯》

这是卓别林的第一次登台，却不幸成了他母亲艺术生命的谢幕。由于失声所带来的打击，卓别林的母亲精神崩溃并被送去了疯人院。更不幸的是，在此前不久，卓别林的父亲也因酗酒去世。失去双亲的卓别林只得被送往孤儿院。2 年后，7 岁的小卓别林在忍无可忍之下离开孤儿院，成了一名流浪儿。为了生活，他曾经当过报童、小贩、杂货店伙计、游艺场清洁工等等。一次机缘巧合，他被伦敦专演滑稽哑剧的卡尔诺剧团录用，经过几年的刻苦训练，卓别林成了剧团的台柱。1913 年，他随剧团去美国演出并被一家电影公司相中，从此开启了他辉煌的电影生涯。

尽管童年时代充满痛苦和艰辛，但卓别林却懂得如何让别人欢笑。他以天才的创造力，揉和自己的人生经验与喜剧表现力，为世界电影贡献了一个无可复制的经典形象，那就是流浪汉夏尔洛。如今，我们大部分人对于卓别林的印象可能就是来源于此：头戴圆顶礼帽、手持手杖、足蹬大皮靴、走起路来像鸭子一样摇摆……在 1925 年上映的《淘金记》和 1931 年上映的《城市之光》中，卓别林都是以这个人物形象出现，前者的滑稽风采与后者的似水柔情都让银幕前的观众留下了深刻的印象。

其后，有声风潮如洪水一般席卷整个好莱坞，辉煌一时的默片阵营开始节节败退。作为从默片表演起家、如今横跨两个时代的亲历者，卓别林也面临着事业的转型与革新。

卓别林一生拍摄过 80 多部喜剧电影，其中有 3 部是有声电影，包括著名的《大独裁者》和《凡

尔杜先生》。在1940年的个人首部有声电影《大独裁者》中，卓别林借助角色之口批评了民族主义，到了1947年的《凡尔杜先生》，他又以黑色幽默的手法批评了资本主义。这两部卓别林的有声杰作曾在我国译制播映，当时为卓别林的角色配音的是上海电影译制厂的配音演员邱岳峰。他独特的嗓音也让这两部电影里的经典独白成了国人心中难以磨灭的记忆。

【音频】电影《大独裁者》结尾演讲中英文混编

由于卓别林的政治主张，他的一些电影在美国许多地区遭到了抵制，导致血本无归。与电影中慷慨激昂的呼喊相照应的是，现实中的卓别林也向这一不公正的待遇发起了挑战。1947年12月，他在巴黎报纸上发表了一篇题为《我向好莱坞宣战》的文章，向全世界控诉他所遭遇的迫害。至此，卓别林和他生活了30多年之久的美国已经水火不容。当时联邦调查局因为他的某些公开言论而对他实行严密的监视，最终美国司法部于1952年作出了将卓别林驱逐出境的决定。此后他移居瑞士并在那里度过了晚年。

然而，卓别林并没有就此和美国斩断一切关系。在他被驱逐出境20年后的1972年，他曾携妻子短暂地重返美国，原因是去接受奥斯卡学院颁发给他的终身成就奖。此时，曾经的政治气氛早已随着时代的变迁而烟消云散，唯有人们对艺术的热爱与尊敬始终不变。当卓别林站到领奖台上的那一刻，剧院里响起了雷鸣般的掌声，那是奥斯卡金像奖历史上最长的起立致敬，荣耀与光辉让这位耄耋老人激动不已。

【音频】卓别林：非常感谢。这一激动的时刻，对我来说，简直难以用语言来表达。我只能说，谢谢你们，在这里给予我的荣耀，感谢你们，你们对我太好了。

（郑　麟）

卓别林的经典形象：流浪汉夏尔洛

蔡元培出任北京大学校长

十二月 26

1916 年 12 月 26 日,蔡元培被正式任命为北大校长。在担任校长期间,他提倡"思想自由、兼容并包",对北大进行了卓有成效的改革,促进了北大思想的活跃、新思潮的传播和学术的繁荣。当时,众多革新人物和学术大师云集北大,倡导民主与科学精神。北大也因蔡元培的到来而获得了新生,成为了真正意义上的大学。

蔡元培

1868 年 1 月,蔡元培出生在一个商贾之家。他 17 岁考取秀才,24 岁中举,26 岁得进士。到 28 岁,蔡元培已经成为当朝翰林院的编修。1894 年,中国在甲午战争中失败,民族危机进一步加深,蔡元培对清政府误国卖国的行径有了较深入的认识。而戊戌变法的失败,让蔡元培看到了"培养革新之人才"的重要,这对他日后一生的事业产生了重大影响。由于深感清廷政治改革已"无可希望",蔡元培决定离京南下从事教育。1898 年冬,蔡元培出任绍兴中西学堂监督,从事新式教育活动。由于受到旧势力的抵制,蔡元培愤然辞职。1901 年,他来到上海,出任南洋公学特班总教习。在蔡元培早期的教育活动中,他已经表现出不因袭陈规、勇于革新的精神。

蔡元培的女儿蔡晬盎谈到了父亲抛弃官职回家乡教学,之后又去上海的经历:

【音频】蔡晬盎谈父亲抛弃官职回家乡教学,之后又去上海的经历

1912 年 1 月,蔡元培出任南京临时政府教育总长。他十分重视大学教育。当年 5 月,在北京大学的开学典礼上,蔡元培出席并发表演说,强调"大学为研究高尚学问之地",这是蔡元培对北大办学宗旨的第一次阐述。当年 10 月,蔡元培起草的《大学令》由教育部颁发。这个《大学令》基本确定了北大的教育方针和组织原则,是当时北京大学的基本章程。教育学者杨东平谈到,蔡元培所起草的《大学令》可以说是中国最早的大学制度的文本。

【音频】杨东平谈蔡元培所起草的《大学令》

1916 年 12 月 26 日,蔡元培正式被任命为北京大学校长。北大的前身是京师大学堂。当时的学生多出身于贵族官吏豪富门第,入学堂是为了谋求升官发财之道。学校研究学问的风气荡然无存,乌烟瘴气和歪风邪气却很兴盛。蔡元培是一个具有革新精神、又有民主作风的人,他的到来,给暮气很深的北大带来了新的气息。蔡元培的孙女蔡磊砢谈到了蔡元培到任第一天向校役脱帽还礼的情形:

【音频】蔡磊砢：我祖父在就任的第一天，他走进校门的时候，校役要向校长鞠躬，他回头脱帽，回礼。当时，校役包括师生们都很惊讶。因为当年的校长，他能够这样平等地去对待一个校役，在他们看来是不可思议的。

在北大校长就职演说中，蔡元培明确指出了大学的性质，"大学生当以研究学术为天职，不当以大学为升官发财之阶梯"。在这种宗旨下，蔡元培开始了对学校的管理体制、科系设置、课程建设、教师队伍以及学生课外活动等方面的全面改革。蔡元培深知要振兴一所大学，仅靠思想与制度是远远不够的，师资是最关键的要素。他采取了多方延揽和优胜劣汰等用人举措。在蔡元培"思想自由，兼容并包"办学方针的指引下，北大不但聘请了陈独秀、李大钊、鲁迅等新文化运动的代表人物，同时聘请了旧派人物辜鸿铭、黄侃、刘师培等。此外，文科的马叙伦、法科的马寅初、理科的李四光和外籍教授葛利普等人都到北大教书。这一时期的北大，可以说是名家云集、人才荟萃，学术空气浓厚。上海社会科学院历史研究所研究员任建树谈到蔡元培为了邀请陈独秀到北大执教，几次到陈独秀所住的旅馆等候拜访的事。

【音频】任建树谈蔡元培几次到陈独秀所住的旅馆里等候拜访陈独秀的情况

在蔡元培担任北大校长期间，北大开始招收女生，这使北大成为最早实现男女同校的国立大学。在当时的社会，不仅女子高等学校屈指可数，有的一所高校还分男女两校，彼此防备，门禁森严。对于这种状况，蔡元培极为不满。他积极呼吁男女有受教育的同等权利，并努力创造条件使大学实现男女同校。1920年1月，上海《中华新报》的新年号刊登了蔡元培与该报记者的谈话，这就公开向社会表示北大可以招收女生。大约一个月后，江苏籍女生王兰获准到校旁听，成为北大第一个女学生。1920年秋，北大正式招收女生，开创了我国大学教育中男女同校的先河。

从1917年到1923年初，蔡元培实际在北大任职期间，北大完成了有重大意义的改革。改革提高了广大师生的觉悟，使北大成为了五四爱国运动的发祥地，马克思主义在我国传播的早期基地。而蔡元培引领北大改革的最成功之处，就是把一个封建习气严重的旧式学堂转变成为百家争鸣、学术空气浓厚、欣欣向荣的高等学府。

（郑榴榴）

右起：李大钊、胡适、蔡元培和蒋梦麟

南水北调工程正式开工

2002年12月27日，一个凝聚了几代中国人梦想的宏伟蓝图在酝酿了半个世纪之后，终于从图纸走向了现实。这一天，继三峡工程之后，我国又一个重大的水利建设工程——南水北调工程正式拉开序幕。国务院总理朱镕基在北京人民大会堂主会场宣布工程正式开工：

【音频】朱镕基：现在，我宣布：南水北调工程开工！

南水北调工程是实现我国水资源优化配置、促进经济社会可持续发展、保障和改善民生的重大战略性基础设施。它的建设源于我国水资源分配不均的严峻现实。据统计，中国水资源总量为2.8万亿立方米，居世界第六位，但水资源时空分布不均，南方水多，北方水少。特别是北京、天津所在的海河流域，人均水资源量还不足全国平均水平的七分之一。水资源短缺问题不

南北水调工程开工典礼

仅制约了经济社会的发展，同时也造成了生态环境的不断恶化。国务院南水北调办公室总工程师沈凤生和中国工程院院士王浩讲述了我国北方的水资源状况以及实施南水北调工程的原因：

【音频】**沈凤生**：中国的北方地区水资源是贫乏的。我们国家最最缺水的是黄淮海流域，就是黄河流域、海河流域和淮河流域。黄淮海流域里边最最缺水的实际上就是北京、天津两个城市所在的海河流域，它的人均水资源特别少，属于极度缺水地区。

王浩：每年深层的地下水，海河流域的超采达到了50亿，这个亏缺是很大的，照这个势头发展是不可持续的，这是南水北调工程修建的一个重要的原因。拿南水北调来的地表水去替代超采的地下水，让地下水休养生息，让地下水位逐步恢复到一个合理的水平。南水北调的修建除了经济方面的原因以外，还有生态和环境方面的一些原因。

早在20世纪50年代，我国就有了南水北调的战略构想。1952年10月30日，毛主席在听取有关引江济黄的设想汇报后说："南方水多，北方水少，如有可能，借点水来也是可以的。"此后，南水北调就开始列入中国政府的议事日程。

经过50年的论证研究和勘测规划，2002年12月23日，国务院正式批复《南水北调工程总体规划》，确定将通过东、中、西三条调水线路连接长江、淮河、黄河、海河四大流域，构建"四横三纵"的大水网，实现我国水资源南北调配、东西互济的优化配置。原国务院南水北调办公室主任张基尧讲述了南水北调工程的总体规划：

【音频】张基尧：我们国家的地势是西高东低，水都是从西往东流，而且长江、淮河、海河、黄河之间都有分水岭阻隔，水多的地方到不了水少的地方来。通过这三条渠道就形成了四条江河和纵向南北向三条渠道的沟通，这样就从布局上在我们国内不仅形成了电网、交通网、信息网，而且增加了一个水网。

按照规划，这项建成后相当于向北方干旱地区调去整整一条黄河水量的南水北调工程将分东、中、西三线分期进行，总工期约50年。综合考虑经济社会发展及缺水形势，先期实施东线、中线一期工程。

2002年12月27日，南水北调工程的开工典礼在北京人民大会堂和江苏省、山东省施工现场同时举行，南水北调东线一期工程率先启动。1年后，南水北调中线一期工程开工建设，南水北调工程东、中线进入同步建设阶段。

南水北调工程是迄今人类历史上规模最大的调水工程，它所消耗的混凝土足以建造100座跨越长江的大桥。在十多年的建设中，建设者们以坚韧的意志和辛勤的汗水攻克了许多技术难题，创造了世界上规模最大的泵站群——东线工程泵站群、世界上规模最大的U型输水渡槽工程——中线湍河渡槽工程、国内穿越大江大河最大的输水隧洞——中线穿黄河隧洞工程等多个"世界之最"和"中国之最"。

2013年12月，一泓清冽的南方长江水通过南水北调东线工程一路北上输送到了缺水严重的北方。1年后的12月12日，随着一声闸响，来自丹江口水库的汉江水沿着一千多公里的干渠流入了京津冀豫四省市的千家万户。至此，南水北调东、中线一期工程全面建成通水，取得了重大的阶段性胜利。

南水北调是一项福泽中华的史诗工程，它不仅汇聚着数十万建设者的智慧与辛劳，更凝结着几十万库区移民的无私奉献。2014年12月31日，国家主席习近平发表2015年新年贺词。在贺词中，习近平对为南水北调工程作出无私奉献的40多万移民表示敬意，希望他们在新的家园生活幸福。

【音频】习近平：12月12日，南水北调中线一期工程正式通水，沿线40多万移民搬迁，为这个工程作出了无私奉献，我们要向他们表示敬意，希望他们在新的家园生活幸福。

（舒　凤）

南水北调输水路线示意图

中国第一次全本公演西方歌剧

《茶花女》是世界歌剧史上久演不衰的经典作品之一,它也是"中国人最熟悉、最亲近的西洋歌剧"。1956 年 12 月 28 日,由苏联专家帮助排演的歌剧《茶花女》在北京天桥剧场上演,这是中国人看到的第一部西洋歌剧。而文学作品《茶花女》则早在 19 世纪就被翻译成中文,是第一部被引入中国的西方文学名著。

《茶花女》是法国著名作家亚历山大·小仲马的代表作,讲述了青年阿尔芒与巴黎上流社会一位交际女子玛格丽特曲折凄婉的爱情故事。意大利作曲家威尔第在观看了戏剧《茶花女》后备受感动,立即邀请剧作家修改剧本,以短短几周时间谱曲改编为歌剧。1853 年 3 月 6 日,歌剧《茶花女》首演于意大利威尼斯的凤凰剧院。在进一步修改之后,它成为各歌剧院最受欢迎的作品之一。当年凤凰剧院的演出情况已经难以还原,然而在近一个半世纪后的 20 世纪 90 年代,这出经典名剧在凤凰剧院再度上演,由捷克花腔女高音歌唱家爱狄塔·格鲁贝罗娃扮演茶花女玛格丽特。

《茶花女》首演后全体演职员与苏联专家捷敏启也娃合影

【音频】爱狄塔·格鲁贝罗娃扮演的茶花女玛格丽特与阿尔芒的父亲见面时的唱段

由于中国的封建传统根深蒂固,对于歌剧这种外国艺术的接受过程是缓慢而艰难的。直到 1949 年之前,中国也没有一所公立的歌剧院。然而在民族歌剧创作方面,从 20 世纪 30 年代中期起,上海、重庆的一些专业作曲家就开始了不同方式的探索,出现了《西施》《桃花源》《上海之歌》等作品。

20 世纪 40 年代初,延安又兴起了以《兄妹开荒》为代表的秧歌剧的创作实践。这种载歌载舞、新颖活泼的广场歌舞剧形式,改变了中国歌剧艺术的发展方向并直接孕育了大型歌剧《白毛女》的诞生。《白毛女》创作于 1945 年,当年 4 月在延安中央党校礼堂首演。它是我国歌剧史上一座里程碑式的作品,标志着中国歌剧的发展进入了一个新阶段。它既不同于纯粹的西方歌剧模式,也不仅限于秧歌剧的表现形式,而是将民间音乐的成分与西洋歌剧的形式汇合到一起。它的成功推动了当时文艺工作者对新歌剧创作的热情,让人看到了中国歌剧崭新的发展道路。从 1950 年东北电影制片厂出品的电影《白毛女》中的唱段《北风吹》中,我们可以听到歌剧《白毛女》延安首演的女主角王昆的演唱。

【音频】电影《白毛女》中的唱段《北风吹》

到 1949 年,全国已经有数十所属于地方或军队的综合性文工团,它们大都能够演出如《白毛女》《血泪仇》《刘胡兰》《赤叶河》等革命题材的多幕歌剧了。20

世纪50年代初,随着对外交流的加强,新中国的剧场艺术和歌剧舞剧事业得到了积极推动。1955年,国家派遣多位歌剧、舞剧工作领域的负责同志,组成了赴苏联的考察组。他们不仅观摩了歌剧和舞剧,还带回了完整的歌剧演出资料。各方面条件的成熟,为完整介绍和上演外国歌剧经典提供了必要条件。1956年12月28日,由中央实验歌剧院聘请苏联声乐专家捷敏启也娃排演的歌剧《茶花女》,在北京天桥剧场上演了。李光曦是1956年首版《茶花女》中出演男主角的三位演唱者之一。

【音频】李光曦演唱的《茶花女》中《饮酒歌》的片段(20世纪80年代)

可以说,20世纪的五六十年代,中国曾有过一个空前繁荣的歌剧时代。然而"文化大革命"时期,舞台几乎被样板戏统治,歌剧走向了萧条。1980年,中央歌剧院在天津演出《茶花女》,在当时引起了关注。这表明在"文化大革命"的多年禁锢后,文艺的春天来临了。

【音频】《波希米亚人》第三幕中由帕瓦罗蒂饰演的诗人鲁多夫和画家玛采洛合唱的唱段

1986年,意大利男高音歌唱家帕瓦罗蒂在北京演出普契尼的歌剧《波希米亚人》,并在人民大会堂举行了独唱音乐会。这次演出获得了巨大成功。这一年成为了西方歌剧在中国的一个转折点。

1998年被认为是中国新一波歌剧浪潮的开始。那一年,上海大剧院建成并上演了从德国杜塞尔多夫引进的首部瓦格纳歌剧。同年,北京国际音乐节成立,第一届音乐节也演出了歌剧。也是在这一年,张艺谋在北京紫禁城导演了歌剧《图兰朵》。在此之前,张艺谋曾受邀到意大利导演这部歌剧,这也是中国导演第一次受邀在外国歌剧院导演著名歌剧。

2010年,由国际一流创作团队打造的国家大剧院版《茶花女》在北京上演,首演大获成功,有评论称它为"大剧院带给世界歌剧界的一个惊喜"。2014年,这部精美的作品又在国家大剧院歌剧节的舞台上亮相,由张立萍、莫华伦、廖昌永等著名华人歌唱家组成豪华演出阵容。与20世纪50年代歌剧《茶花女》的公演相比,新版的《茶花女》在形式上有了更多的改进,演出也有了更高的水准。

(郑榴榴)

国家大剧院上演的歌剧《茶花女》

上海第一家专业美容厅开业

十二月 29

如今的淮海中路上，每天临近中午，几家老字号的食品点心店门口就大排长龙，排队的主力军——上海阿姨们主要是为了重拾那份曾经的上海味道。而在30多年前的1984年，12月29日那天，也是在淮海中路上，当时还都是20出头年轻姑娘的她们，也簇拥在一家新开张的商店前，却不是为了美食，而是为了美容。这一天，上海第一家专业美容厅——露美美容厅开张营业了。上海电视台对此作了新闻报道。

露美美容厅

【音频】露美美容厅开业新闻

露美美容厅的开张要从露美品牌化妆品的诞生说起。20世纪80年代初，中国人的穿着刚刚告别了蓝、灰、黑的集体记忆，化妆品在这时逐渐走入了更多中国女性的日常生活。随着人们美容意识的逐渐深入，中国自己研发的第一个成套化妆品也在此时诞生了。当时的国内化妆品行业，无论上海还是全国，等级和档次都偏低，与国际先进化妆品相比差距甚远。此时，轻工业部及上海市经委下达了试制成套化妆品的任务。当时的上海市日用化学工业公司为此专门成立了项目特别行动小组，负责人是当时上海轻工业局日化工业公司技术科的邵隆图。一年多之后，产品诞生了，可是没人购买，因为大家对此不认识不熟悉也不会用。于是邵隆图提出要开美容院的想法。

【音频】邵隆图：1980年的时候，轻工业部下达过一个开发中国第一套成套化妆品的项目，我当时是这个项目的负责人。东西搞了一年多搞出来了，搞出来以后最大的问题是不会用，所以放在店里卖的时候就发现有障碍。好多人观看，但是不会买。中国人爱美的心情被压抑好久了，当时都是清一色的灰颜色、蓝颜色，所以对这个美容品都不熟悉，也不认识。所以在这个产品出来以后，到1984年，我就建议要开中国自己的美容院。

那个时代的上海没有美容院，只有2000多家日营理发店而已。邵隆图这个从工业跨界服务业的大胆想法在公司内部引起了不小的争议。日后成为上海家化掌门人的葛文耀当时还是日化公司计划科的一位年轻副科长，他坚定地站在了邵隆图这边。两人不停地与上级沟通建议和协调。在经过了一年多时间的提案后，公司领导终于被说服，同意与卢湾区服务公司联合开设第一家露美美容厅。

1984年底，露美美容厅隆重开业，店址位于淮海路和马当路口。美容厅创办人之一的麻乃意当年参加了露美美容厅在锦江小礼堂举行的开业典礼。他至今还记得上海市妇联主任谭芏芸讲的一番话。

【音频】麻乃意:(她说)感谢你们为上海500万妇女做了一件大好事,香港女人出门不化妆叫不擦脸,我们大陆化妆那是极少,有的还怕人讲,我们以前中国人被人称为黄脸婆,不擦脸嘛,美容院开了以后呢,我认为黄脸婆的时代将一去不复返。

须国星是露美美容厅培养的中国第一代美容师,开张那天,市民们围在橱窗外好奇观望却不敢进店门的情景她仍记忆犹新。

【音频】须国星:并不是我们想象中的第一天开业,大家人山人海拥进来,不是这样一件事,但是观望的人呢,从早到晚不断,那个玻璃门啊包括沿马路所有的橱窗上全部都扑上了人,那个门有弹簧的,经常把门弹开来,扑进来。后面的人推前面的人。始终门弹进弹出,偶然有人进来,进来的人呢我估计是去过国外的,对美容有点概念、有点认识的人。

那时的露美美容厅把工作重点放在消费服务、产品指导和推广上。优质的产品和优良的服务每天通过顾客向社会提供着生动、形象的广告宣传。虽然一家商店的利润不会给"露美"带来很多的经济效益,然而它的潜在意义却不可低估。

当时,在"露美"做一次全套美容要20多元,简易美容一次8元,价格属于"中特级"。在那个职工月收入还是两位数的年代,这可谓是高消费了,因此美容厅接待最多的顾客就是马上要举办婚礼的新娘,最火的业务就是新娘的美容美发。很多新婚夫妇从浙江、江苏、东北慕名而来,当作是蜜月旅行中的一项甜蜜行程。

由露美美容厅掀起的国内第一次美容热潮很快波及全国,露美化妆品也就此走向全国,成为化妆品市场的抢手货。据悉,1985年露美化妆品生产比1984年增长约26%,露美美容厅的营业额与利润比1984年增长了近5倍。到1988年,杭州、九江、武汉、福州、蛇口都相继开设了露美美容厅的连锁店,一时间,"露美"成为了中国时尚产业的代名词。

露美化妆品和美容厅的诞生,在80年代的中国无疑是一股强大的冲击波,人们再也抑制不住心中对美的向往。女人们开始涌入美容院,享受着从外形到内心的重大改变。而这种对时尚的认知以及观念的变革也伴随着改革开放,带领着中国走向一个充满新意、开创美丽的崭新年代。

(倪嘉铭)

美容化妆培训

葛洲坝水利枢纽工程开工

十二月
30

毛主席在长江舰上召见林一山

距离长江三峡出口南津关下游2.3公里之处,有一座世界上最大的低水头大流量的径流式水电站,它是万里长江上的第一座大型水电站,也是长江上的第一座大坝。1970年12月30日,集蓄水、发电、航运为一体的葛洲坝水利枢纽工程正式开工。葛洲坝水利枢纽位于湖北省宜昌市境内的长江三峡末端河段上,起初仅作为三峡总体工程的一部分被提及,然而它从开工到建成并非一帆风顺。

早在1953年2月,毛主席带着治理水患的雄心来到了武汉。当他得知长江上游在已有3个大水库的情况下仍不能有效防止洪水之后,便提出了在长江上修建三峡工程的设想。5年之后的1月11日,中共中央在南宁召开扩大会议,会上毛主席把长江三峡工程的建设交由周总理来处理,并要求他每年至少过问4次。长江水利委员会主任林一山被毛主席称为"长江王",他组织了长江流域规划办公室的主要力量,为三峡工程的规划做了长期艰苦的准备工作。长江水利委员会副主任季昌化接受采访时表示,中央领导都特别信任林一山。

【音频】季昌化:中央领导都很重视他,比如说为了建"三峡实验坝",林一山写了报告,毛主席、周总理、邓小平、陈毅还有陈云都在这个报告上面签了字表示同意。中央领导人对他都特别地信任。

1964年,毛主席提出"要下决心搞三线建设"的方针。至1967年夏,已有十多个大中型企业兴建于湖北宜昌。之后,一大批国防军工企业和科研单位落户于宜昌山区。这些用电大户的急速递增,使得湖北全省及邻近省份陷于电力严重短缺的困境。为此,武汉军区和湖北省向中央请示,建议在长江上先修建葛洲坝以缓解华中地区工业用电日益紧缺的局面。1970年6月,周总理听取了葛洲坝修建方案的汇报,几经论证后于12月24日给毛主席写了报告,认为先修建葛洲坝方案具有可行性,这也同时为三峡工程的建设开启了实战准备。原长江规划办公室主任魏廷铮讲述了周总理之所以同意葛洲坝工程先行上马,是为三峡工程作准备。

【音频】魏廷铮:周总理考虑到三峡工程是百年大计,一定要做到十分可靠。所以要在长江先试一试,有没有把握把工程做好。这才选择了先行建立葛洲坝,为长江三峡工程作准备。

1970年12月26日,毛主席在他70岁生日的凌晨批准兴建葛洲坝工程。4天后的12月30日,葛洲坝水利枢纽工程正式开工。但是工程建设不久后就陷入了困境,布置施工方案等各方面的矛盾和问题逐步暴露了出来。1972年11月8日,已被确诊罹患癌症的周总理,在中南海最后一次主持召开了葛洲坝工程会议,决定暂停葛洲坝的建设并修改初步设计。

1973 年 5 月,林一山运用河流辩证法理论,对葛洲坝工程提出"一体两翼"的规划。"一体"是指长度约为 500 米的长江主流泄水闸,"两翼"则是双层的"左翼"和"右翼"。"左翼"底层为二江电站,二层为三江航道。"右翼"底层为大江电站,二层为大江航道。如此较好地改善了通航建筑物与发电泄洪的关系,解决了坝区泥沙淤积与通航水流条件的问题。顺利适应了分期施工、导流、截流和发电量的要求。

1974 年 12 月,国务院批准葛洲坝主体工程复工。按预定进度,葛洲坝大江截流应在 1980 年冬至 1981 年春左右完成,让巨流改道经由左岸泄水闸流出,同时抬高上游水位,实现通航发电。然而出于对葛洲坝截流难度的考虑,国务院需作出是否按原定进度进行截流的决断。时任中国水利部副部长的钱正英当即组织各方面专家进行讨论和论证,并结合反复的实地考察,最终提交了仍按照既定时间进行截流的报告。

【音频】钱正英:当时的情况,建起来是没有问题的。我们是希望能够建成一流的堤坝。

1981 年 7 月 30 日,二江电站 1 号 17 万千瓦发电机组正式运行。这台完全由我国自行设计、制造和安装的发电机组,转轮直径达 11.3 米,至 2015 年仍是世界上尺寸最大的轴流转桨式机组。同时这一项目也成功推动了我国机电制造业的发展,并荣获 1985 年国家科技进步特等奖。中国工程院院士梁维燕认为葛洲坝机组为之后中国制造大型机组奠定了基础,是一个成功的范例。

【音频】梁维燕:可以说葛洲坝是在大型水电机组里起了带头作用,也是一个成功的范例,实现了"当惊世界殊"的目标。

1991 年 11 月 27 日,葛洲坝工程成功通过国家的竣工验收。如今,中国的水电总装机容量突破了 3 亿千瓦,跃居世界第一。从葛洲坝到三峡,滚滚的长江水镌刻下了中国水电技术不断创新的发展历史。

（金 之）

葛洲坝水利枢纽

张学良被囚禁

【音频】张学良:现在有三千万人民在东三省是他们的故乡土,所以他们这三千万人民有九十九分都是中国人,他们也愿意为他的乡土而奋斗,就是剩一个人他们也很愿意。

张学良

这段珍贵的录音是张学良在 1931 年九一八事变后发表的抗日演说。张学良是被周恩来评价为"民族英雄、千古功臣"的爱国将领。1936 年 12 月 12 日,张学良联合杨虎城发动西安事变。西安事变是中国近现代历史的转折点,也是张学良人生的转折点。19 天后的 12 月 31 日,张学良被南京国民政府军事委员会特别军事法庭判处 10 年徒刑,后变成终身监禁。从东北易帜到建设东北再到西安事变,张学良的传奇人生足以写成一部厚重史书。

张学良 1901 年 6 月 3 日出生于辽宁,他的父亲是东北奉系军阀首领张作霖。1919 年,张学良考入父亲张作霖组建的东三省陆军讲武堂。他系统地学习了战术、军制、兵器等军事课目,为其以后统帅奉军、征战沙场打下了坚实的基础。毕业后,张学良进入奉系军中担任要职并屡立战功。在经历两次直奉战争后,张学良一举扬名,成为有勇有谋的"将门虎子""关东少帅"。

1928 年 6 月 4 日,张学良的父亲张作霖在皇姑屯被炸身亡。28 岁的张学良临危受命就任东三省保安总司令,从此被推上了叱咤风云的政治舞台。当时,日本派特使借吊唁之机,行说服张学良搞东北独立的阴谋。张学良识破日本帝国主义的企图,坚决表示自己是中国人,必须坚持"中国为中国人之中国"的立场。张学良的侄女张闾蘅讲述了当时的情况:

【音频】张闾蘅:日本天皇想尽办法劝说我伯父做一些他不愿意做的事。我记得他们把我们家的财产全部掠走以后,用两列火车拉到北京要还给我伯父。我伯父说:"你太小看我张某人,我的东北都丢了,你把这么两车东西还给我,你这是侮辱,除非你把东北还给我。"而且他说"你忘了我是中国人"。

1928 年 12 月 29 日,张学良不顾日方的威逼和利诱,毅然通电全国,宣告东北易帜,粉碎了日本帝国主义企图将东北分裂出中国版图的野心,使当时的中国在形式上完成了南北统一。

主政东北后,张学良极力主张发展民族工业,制定了一整套发展东北地区工业、农业、能源、交通以及文化教育事业的规划。他在东北捐资兴建了遍及各县乡的新民小学和几十所同泽中学,同时扩建了东北大学。张学良回忆了他捐资扩建东北大学的情况:

【音频】张学良：我父亲去世了，父亲留下的遗产我拿出大部分办教育，我想办一个大学。后来，东北大学听到这个事，他们说："我们东北大学也很需要钱，你把钱捐给我们东北大学好好地扩充好不好？"后来，东北大学请我当校长，我就把三千万块钱捐给了东北大学。

1931年，日本发动九一八事变，迅即侵占我国东北三省。随后，日军步步紧逼，大举进攻上海、侵占热河、制造华北事变、不断扩大对中国的侵略。蒋介石坚持不抵抗政策，继续进行内战。以张学良为首的东北军和以杨虎城为首的第十七路军被蒋介石调至陕甘一带对抗中国工农红军。因受中国共产党抗日民族统一战线政策及人民抗日运动的影响，张、杨与红军实现了停战，并要求蒋介石联共抗日。

在多次劝谏蒋介石停止内战未果后，张学良与杨虎城于1936年12月12日发动了震惊中外的西安事变，在华清池武装扣留了蒋介石。随后，张、杨通电全国，提出"改组南京政府"、"停止一切内战"等八项抗日主张。南京政府下令讨伐张、杨，亲日派企图借机扩大事态，夺取蒋介石的统治权力，进一步和日本妥协。中共中央从民族利益出发，应张学良和杨虎城的邀请，派周恩来等代表到西安参加谈判。经过各方努力，蒋介石被迫接受停止内战、联共抗日等条件。奉行忠孝原则的张学良陪同蒋介石回到南京后即被扣押。此后，张学良被囚禁达五十余年，直到1990年才逐渐恢复人身自由。

西安事变以及中国共产党促成的这次事变的和平解决，对推动国共再次合作、团结抗日，起到了重大的历史性作用。从此，10年内战的局面基本结束，国内和平初步实现。周恩来评价张学良是"民族英雄、千古功臣"。周恩来的侄女周秉德这样看待周恩来对张学良的评价：

【音频】周秉德：西安事变是蒋介石逼出来的。蒋介石抗日也是被西安事变逼出来的，这句话讲的是很有道理的。他们发动西安事变，然后他又敢把蒋介石送走，这一点他实在是大丈夫的。他不是图一己私利的，他不要地盘、不要钱，就是要抗日。为此，他失去了几十年的人身自由。他真的是很了不起，真的是大丈夫，真的是"民族英雄，千古功臣"，完全出于公心。

（舒　凤）

西安事变前的张学良（左）和蒋介石

本书内容2015年开始在东方广播中心东广新闻台每日播出，栏目名为《历史上的今天》。

播出栏目组名单

总制片人	王治平　孙向彤
制 片 人	吴纯钢　范嘉春
监　　制	毛维静　赵　洁　沈　燕
主　　播	李元韬
网络推广	王　晶

后记
Afterword

《那年今日，听历史说话》上下两册书籍以上海音像资料馆暨 SMG 版权资产中心策划编辑的日播广播节目《历史上的今天》的文稿和音频内容为基础编撰而成。

2016 年是《历史上的今天》节目制作播出的第二年，配套书籍《那年今日，听历史说话》也即将付梓。从历史资料为主的播出节目到正式出版的纸质书籍，这并非是节目文稿的简单结集，而更是对 SMG 六十余年库藏音视频资料素材的一次多样媒介手段的全新展示。366 篇作品，由旁白文稿、亲历者口述文字、资料照片图片、历史原音音频二维码组合而成。366 个微主题构成了"史上今日"主题资料库。这是 SMG 版权资产中心将海量音视频资料素材以不同媒介形式产品化的又一次有益尝试，也是应当下融合媒体传播之需的一次主动作为。

《那年今日，听历史说话》上下两册共 70 万字，收录 366 篇文稿、732 幅历史图片以及 700 余个音频二维码。由于篇幅所限，选入本书的二维码音频只是原节目素材的一小部分，有兴趣的读者可在"阿基米德 FM"等新媒体平台回听每期节目的完整录音。

本书在出版过程中得到了社会各界的大力支持和热情帮助。特别感谢上海国际问题研究院学术委员会主任杨洁勉教授、上海社会科学院社会学研究所所长杨雄教授、复旦大学新闻学院副院长张涛甫教授、复旦附中吴坚校长、上海书店出版社唐晓云副社长等各领域学者专家，在节目百期研讨会上对我们的充分肯定和褒奖,让我们对之后的节目制作以及书籍出版都充满信心。由于本书涉及内容和素材广泛庞杂,加之编写时间较为仓促,虽经大量考证校审,仍恐不免有所疏漏或谬误,敬请专家学者和热心读者不吝指正。

编者

2016 年 9 月

于虹桥广播大厦

索引
Index

一、历史政治

1954 年	9 月 15 日	第一届全国人民代表大会召开
1955 年	4 月 24 日	万隆会议闭幕
1956 年	6 月 21 日	我国政府宽大释放第一批日本战犯
1964 年	2 月 5 日	周总理结束对非洲十国的访问回到中国
1968 年	4 月 4 日	美国黑人民权运动领袖马丁·路德·金遇刺身亡
1971 年	7 月 9 日	美国国家安全事务助理基辛格一行秘密抵达北京
1971 年	10 月 25 日	新中国恢复联合国合法席位
1972 年	2 月 21 日	美国总统尼克松首次访华
1972 年	9 月 5 日	慕尼黑奥运会恐怖袭击事件
1976 年	1 月 8 日	周恩来总理逝世
1976 年	9 月 9 日	毛泽东主席逝世
1978 年	12 月 18 日	党的十一届三中全会开幕
1979 年	1 月 29 日	邓小平正式访美
1980 年	8 月 21 日	意大利女记者法拉奇首次采访邓小平
1986 年	10 月 12 日	英女王伊丽莎白二世首次访华
1989 年	5 月 16 日	戈尔巴乔夫访华，中苏关系实现正常化
1989 年	11 月 9 日	柏林墙被推倒
1991 年	5 月 21 日	印度前总理拉吉夫·甘地遇刺
1993 年	9 月 13 日	巴以签署和平协议
1994 年	5 月 19 日	美国前第一夫人杰奎琳·肯尼迪逝世
1995 年	7 月 11 日	昂山素季首次获释
1995 年	9 月 4 日	联合国第四次世界妇女大会在北京开幕
1996 年	11 月 5 日	骆家辉当选美国历史上首位华人州长
1997 年	2 月 19 日	纪念邓小平
1997 年	7 月 1 日	中英两国政府香港政权交接仪式
1998 年	6 月 25 日	美国总统克林顿访华
1998 年	8 月 24 日	美英同意在荷兰开审洛克比空难案
1999 年	12 月 14 日	巴拿马收回运河主权
1999 年	12 月 20 日	中葡两国政府举行澳门政权交接仪式
2001 年	9 月 11 日	震惊世界的"9·11"恐怖袭击事件
2013 年	4 月 8 日	英国第一位女首相"铁娘子"撒切尔夫人逝世

二、经济

| 1917 年 | 7 月 14 日 | 上海"大世界"开门营业 |
| 1978 年 | 11 月 24 日 | "18 个手印"拉开中国农村改革的序幕 |

1979 年	3 月 15 日	上海电视台播出中国内地第一条外商电视广告
1979 年	10 月 16 日	上海十六铺农副产品交易市场恢复开放
1984 年	11 月 18 日	新中国首次公开向社会发行股票
1985 年	11 月 26 日	宝钢一期工程投产仪式举行
1997 年	7 月 2 日	亚洲金融危机爆发
1997 年	12 月 6 日	我国早期女企业家董竹君逝世
2001 年	11 月 10 日	中国入世申请获通过

三、军事

1890 年	3 月 4 日	国际主义战士白求恩诞生
1896 年	3 月 22 日	"两把菜刀"闹革命的贺龙元帅诞辰
1905 年	7 月 19 日	埃德加·斯诺诞辰
1911 年	10 月 10 日	辛亥首义——武昌起义打响
1931 年	9 月 18 日	"九一八"事变爆发
1936 年	10 月 22 日	红军长征胜利大会师
1937 年	7 月 7 日	"卢沟桥事变"爆发
1937 年	8 月 13 日	淞沪会战爆发
1937 年	10 月 27 日	四行仓库保卫战打响
1937 年	12 月 13 日	日军开始南京大屠杀
1938 年	3 月 23 日	台儿庄会战开始
1938 年	10 月 20 日	东北抗联"八女投江"
1939 年	5 月 3 日	重庆遭遇"五三"大轰炸
1939 年	9 月 1 日	纳粹德国入侵波兰
1940 年	8 月 20 日	八路军"百团大战"
1941 年	9 月 25 日	"狼牙山五壮士"英勇跳崖
1941 年	12 月 7 日	日本偷袭珍珠港
1942 年	8 月 23 日	斯大林格勒会战打响
1944 年	6 月 6 日	盟军在法国诺曼底登陆
1944 年	9 月 14 日	中国远征军光复腾冲县城
1945 年	1 月 27 日	苏联红军解放奥斯维辛集中营
1945 年	8 月 6 日	美国在日本广岛投掷原子弹
1945 年	8 月 15 日	日本宣布无条件投降
1945 年	9 月 3 日	中国人民抗日战争胜利庆祝日
1947 年	1 月 12 日	刘胡兰英勇就义
1949 年	1 月 31 日	北平和平解放

1949 年	5 月 7 日	《永不消逝的电波》电影原型李白牺牲
1952 年	10 月 14 日	上甘岭战役爆发
1953 年	7 月 27 日	《朝鲜停战协定》签订
1955 年	9 月 27 日	新中国第一次授衔授勋典礼
1963 年	3 月 5 日	《人民日报》发表毛主席题词"向雷锋同志学习"
1963 年	5 月 5 日	"南京路上好八连"命名大会
1991 年	1 月 17 日	多国部队对伊拉克开始"沙漠风暴"行动

四、文学艺术

1719 年	4 月 25 日	小说《鲁滨逊漂流记》出版
1770 年	12 月 17 日	"乐圣"贝多芬诞生
1783 年	1 月 23 日	《红与黑》作者司汤达诞生
1791 年	12 月 5 日	奥地利作曲家莫扎特逝世
1805 年	4 月 2 日	丹麦作家安徒生诞生
1810 年	6 月 8 日	作曲家舒曼诞生
1828 年	2 月 8 日	"科幻小说之父"凡尔纳诞辰
1850 年	8 月 18 日	巴尔扎克逝世
1854 年	1 月 6 日	文学人物夏洛克·福尔摩斯的生日
1855 年	3 月 31 日	英国女作家夏洛蒂·勃朗特逝世
1860 年	12 月 4 日	英国文豪狄更斯小说《远大前程》开始连载
1880 年	10 月 23 日	弘一大师李叔同诞生
1883 年	2 月 13 日	德国古典音乐大师理查德·瓦格纳逝世
1892 年	6 月 26 日	美国首位诺贝尔文学奖女作家赛珍珠诞生
1893 年	8 月 17 日	中国民间音乐家华彦钧诞生
1893 年	11 月 6 日	作曲家柴可夫斯基逝世
1895 年	5 月 18 日	通俗小说家张恨水诞辰
1897 年	1 月 15 日	诗人徐志摩出生
1899 年	2 月 3 日	"人民艺术家"老舍诞辰
1899 年	6 月 3 日	"圆舞曲之王"约翰·施特劳斯逝世
1900 年	1 月 5 日	京剧大师荀慧生诞辰
1901 年	2 月 1 日	"好莱坞电影皇帝"克拉克·盖博诞生
1901 年	8 月 4 日	爵士乐之王路易斯·阿姆斯特朗出生
1905 年	5 月 11 日	作曲家冼星海诞生
1910 年	9 月 24 日	剧作家曹禺诞辰
1911 年	8 月 22 日	世界名画《蒙娜丽莎》在巴黎发现被盗

1912 年	2 月 15 日	音乐家聂耳诞生
1920 年	4 月 22 日	表演艺术家白杨诞生
1929 年	1 月 10 日	《丁丁历险记》主人公丁丁诞生
1933 年	2 月 17 日	大文豪萧伯纳访沪
1935 年	2 月 2 日	《义勇军进行曲》诞生
1935 年	2 月 27 日	秀兰·邓波儿获奥斯卡金像奖特别奖
1935 年	3 月 8 日	影星阮玲玉香消玉殒
1936 年	10 月 19 日	鲁迅先生在上海逝世
1939 年	4 月 13 日	《黄河大合唱》延安首演
1942 年	6 月 12 日	安妮·弗兰克开始写《安妮日记》
1943 年	3 月 28 日	俄国作曲家拉赫玛尼诺夫逝世
1944 年	7 月 31 日	《小王子》作者圣埃克苏佩里执行飞行任务时失踪
1947 年	6 月 15 日	《三毛流浪记》开始在上海《大公报》连载
1950 年	7 月 24 日	上海第一届文学艺术工作者代表大会召开
1852 年	3 月 20 日	《汤姆叔叔的小屋》单行本正式发售
1953 年	5 月 4 日	海明威因《老人与海》获普利策奖
1953 年	11 月 1 日	彩色越剧影片《梁山伯与祝英台》在沪完成拍摄
1955 年	4 月 1 日	建筑学家、作家林徽因逝世
1956 年	8 月 14 日	德国戏剧家布莱希特逝世
1956 年	12 月 28 日	中国第一次全本公演西方歌剧
1960 年	5 月 10 日	首届"上海之春"音乐汇演开幕
1961 年	8 月 8 日	京剧大师梅兰芳病逝
1962 年	1 月 13 日	东方歌舞团成立
1962 年	7 月 10 日	越剧电影《红楼梦》拍摄完成
1966 年	4 月 18 日	《音乐之声》获第 38 届奥斯卡最佳影片奖
1966 年	12 月 16 日	著名京剧艺术家马连良逝世
1967 年	7 月 8 日	英国女演员费雯·丽逝世
1977 年	9 月 16 日	女高音歌唱家玛丽亚·卡拉斯逝世
1977 年	12 月 25 日	喜剧大师查理·卓别林逝世
1978 年	8 月 11 日	《文汇报》发表卢新华小说《伤痕》
1978 年	11 月 14 日	《于无声处》剧组抵达北京
1979 年	5 月 29 日	首位踏足中国的奥斯卡影后玛丽·璧克馥逝世
1979 年	6 月 19 日	小提琴家斯特恩来沪与上音附小学生交流
1980 年	3 月 30 日	配音演员邱岳峰逝世
1981 年	3 月 27 日	茅盾逝世

1988 年	1 月 26 日	音乐剧《剧院魅影》百老汇首演
1988 年	2 月 23 日	电影《红高粱》获柏林电影节金熊奖
1988 年	4 月 11 日	电影《末代皇帝》获九项奥斯卡奖
1988 年	4 月 26 日	拉丁歌王胡里奥·伊格莱西亚斯中国首演
1988 年	7 月 5 日	张艺谋独揽"金鸡""百花"最佳男主角奖
1990 年	5 月 2 日	作曲家施光南逝世
1991 年	3 月 29 日	路遥小说《平凡的世界》获第三届茅盾文学奖
1991 年	4 月 6 日	上海各界庆祝俞振飞舞台生涯 70 年
1993 年	2 月 4 日	相声大师侯宝林逝世
1993 年	11 月 29 日	淮剧《金龙与蜉蝣》赴京演出大获成功
1994 年	3 月 21 日	电影《辛德勒的名单》获七项奥斯卡奖
1994 年	11 月 11 日	首届曹禺戏剧文学奖在北京颁奖
1995 年	9 月 8 日	张爱玲寂寂离世被发现
1996 年	3 月 3 日	法国女作家玛格丽特·杜拉斯逝世
1996 年	3 月 14 日	"西部歌王"王洛宾逝世
1998 年	5 月 14 日	"白人爵士歌王"辛纳屈逝世
1998 年	9 月 6 日	电影大师黑泽明去世
1998 年	12 月 19 日	钱锺书逝世
1999 年	2 月 28 日	中国现代首位著名女作家冰心逝世
1999 年	11 月 2 日	首届中国上海国际艺术节开幕
2001 年	6 月 23 日	世界三大男高音为北京申奥放歌紫禁城
2005 年	3 月 25 日	滑稽泰斗姚慕双铜像揭幕
2005 年	10 月 17 日	文学巨匠巴金逝世
2009 年	1 月 22 日	武侠小说家梁羽生逝世
2012 年	10 月 11 日	莫言荣获诺贝尔文学奖

五、文化生活

1883 年	8 月 19 日	时尚女王香奈儿诞生
1885 年	1 月 11 日	鲁迅的日本友人内山完造诞生
1889 年	5 月 15 日	埃菲尔铁塔在世博会上正式对外开放
1897 年	2 月 11 日	中国历史最悠久的现代出版机构商务印书馆成立
1913 年	2 月 26 日	中国电影出现首位女演员
1927 年	10 月 6 日	电影史上第一部有声故事片《爵士歌王》首映
1929 年	5 月 23 日	会说话的米老鼠诞生
1934 年	6 月 14 日	中国首部国际获奖影片《渔光曲》首映

1936 年	8 月 30 日	世界首次电视直播
1937 年	12 月 21 日	动画片《白雪公主和七个小矮人》好莱坞首映
1939 年	2 月 18 日	金门国际博览会开幕
1939 年	12 月 15 日	电影《乱世佳人》首映
1940 年	5 月 17 日	电影《魂断蓝桥》美国首映
1940 年	10 月 9 日	披头士乐队主唱约翰·列侬出生
1948 年	1 月 14 日	《一江春水向东流》成为年度票房冠军
1949 年	4 月 20 日	北京电影制片厂成立
1949 年	5 月 27 日	上海人民广播电台成立
1949 年	11 月 16 日	上海电影制片厂成立
1950 年	3 月 2 日	美国歌手卡伦·卡朋特出生
1950 年	6 月 1 日	新中国第一个国际儿童节
1952 年	8 月 1 日	八一电影制片厂正式建厂
1957 年	9 月 22 日	"金嗓子"周璇病逝
1958 年	9 月 2 日	新中国首个国家电视台正式开播
1958 年	10 月 1 日	上海电视台试播开播
1962 年	5 月 22 日	首届电影"百花奖"颁奖
1962 年	8 月 5 日	玛丽莲·梦露巨星陨落
1962 年	10 月 5 日	"007"系列首部影片《诺博士》上映
1963 年	1 月 1 日	动画片《铁臂阿童木》在日本开播
1963 年	8 月 9 日	黑人歌后惠特尼·休斯顿出生
1967 年	11 月 19 日	香港电视广播有限公司(TVB)正式启播
1972 年	6 月 9 日	安东尼奥尼来上海拍摄《中国》
1973 年	7 月 26 日	李小龙电影《龙争虎斗》香港上映
1974 年	3 月 11 日	陕西农民发现秦兵马俑
1977 年	5 月 25 日	电影《星球大战》美国首映
1977 年	8 月 16 日	摇滚歌手"猫王"逝世
1978 年	10 月 26 日	《追捕》等首批日本电影在中国上映
1980 年	10 月 31 日	日本女星山口百惠正式息影
1981 年	7 月 4 日	上海电视台首播《姿三四郎》
1983 年	2 月 12 日	央视第一届春节联欢晚会开播
1983 年	7 月 15 日	《小主人报》创办
1984 年	9 月 23 日	动画片《黑猫警长》首集摄制完成
1985 年	4 月 10 日	威猛乐队在北京工人体育馆举办演唱会
1985 年	5 月 31 日	小荧星艺术团成立

1985 年	7 月 13 日	"拯救生命"摇滚慈善义演在英美两地举行
1985 年	8 月 10 日	麦当娜个人专辑破销量纪录
1986 年	5 月 9 日	崔健在北京工体首演《一无所有》
1986 年	12 月 10 日	上海国际友好城市电视节开幕
1987 年	11 月 22 日	《滑稽王小毛》成为沪上广播明星
1989 年	6 月 28 日	荷兰电影导演尤里斯·伊文思逝世
1990 年	3 月 6 日	电视剧《十六岁的花季》首播
1992 年	10 月 28 日	上海东方广播电台开播
1993 年	1 月 18 日	上海东方电视台正式开播
1994 年	11 月 12 日	中国引进的首部好莱坞大片《亡命天涯》上映
1995 年	1 月 24 日	小说《孽债》在沪签售引起轰动
1995 年	5 月 8 日	一代歌后邓丽君逝世
1996 年	9 月 7 日	迈克尔·杰克逊"历史"世界巡演拉开帷幕
1998 年	3 月 10 日	电影《泰坦尼克号》票房收入破 10 亿美元
2000 年	11 月 8 日	新中国第一个"记者节"
2002 年	12 月 3 日	上海赢得 2010 年世博会举办权
2005 年	8 月 26 日	李宇春获第二届《超级女声》年度冠军
2006 年	5 月 20 日	中国首批国家级非物质文化遗产名录公布
2010 年	5 月 1 日	上海世博会正式开园

六、科技

1865 年	9 月 20 日	江南机器制造总局设立
1900 年	6 月 29 日	诺贝尔基金会成立
1931 年	10 月 18 日	发明家爱迪生逝世
1937 年	5 月 6 日	"兴登堡"号飞艇失事
1937 年	12 月 23 日	茅以升亲自指挥炸毁钱塘江大桥
1950 年	3 月 16 日	数学家华罗庚回国
1954 年	7 月 3 日	新中国第一架飞机首飞成功
1955 年	2 月 24 日	"苹果之父"乔布斯出生
1955 年	3 月 24 日	新中国第一只国产手表诞生
1955 年	10 月 8 日	钱学森冲破阻碍回到祖国
1958 年	5 月 12 日	新中国第一辆国产轿车"东风"试制成功
1959 年	4 月 15 日	新中国第一艘自主研发的万吨货轮"东风"号下水
1961 年	4 月 28 日	新中国第一艘自营远洋船——"光华轮"首航
1962 年	6 月 22 日	新中国第一台万吨水压机在上海试制成功

1963 年	6 月 16 日	人类历史上首位女性登上太空
1965 年	9 月 17 日	世界首例人工合成牛胰岛素在上海研制成功
1969 年	7 月 20 日	人类首次成功登月
1970 年	4 月 17 日	美国"阿波罗 13 号"飞船平安返回地球
1972 年	1 月 9 日	建筑史学家梁思成逝世
1978 年	3 月 18 日	全国科学大会在北京隆重召开
1978 年	7 月 25 日	人类首个"试管婴儿"诞生
1980 年	6 月 17 日	科学家彭加木在罗布泊地区考察时失踪
1983 年	12 月 22 日	我国第一台亿次计算机研制成功
1985 年	2 月 20 日	中国首个南极科考站落成
1987 年	11 月 3 日	联合国向袁隆平颁发科学奖
1995 年	11 月 20 日	世界首例永久性人造心脏移植成功
1996 年	11 月 7 日	美国成功发射火星探测器
1997 年	2 月 22 日	克隆羊多莉诞生的消息公布
2003 年	1 月 16 日	"哥伦比亚"号航天飞机最后一次起飞
2003 年	10 月 24 日	协和超音速飞机谢幕
2011 年	9 月 29 日	"天宫一号"成功发射
2012 年	6 月 24 日	我国载人潜水器"蛟龙号"成功突破 7000 米深度

七、教育

前 551 年	9 月 28 日	孔子诞生
1846 年	4 月 12 日	中国海外教育先行者容闳开始美国留学生涯
1916 年	12 月 26 日	蔡元培出任北京大学校长
1919 年	3 月 17 日	我国第一批勤工俭学留法学生启程
1921 年	3 月 19 日	物理学家谢希德出生
1927 年	11 月 27 日	中国第一所音乐学院成立
1949 年	10 月 13 日	中国少年儿童队成立
1950 年	10 月 3 日	新中国第一所新型正规大学举行首届开学典礼
1960 年	2 月 29 日	沪剧《鸡毛飞上天》传颂好老师吴佩芳
1977 年	10 月 21 日	中国恢复高考消息公布
1978 年	3 月 9 日	中国高校首个少年班正式开设
1993 年	8 月 29 日	复旦大学称雄首届"国际大专辩论会"

八、体育

1924 年	1 月 25 日	首届冬季奥林匹克运动会开幕

1932 年	7 月 30 日	刘长春代表中国首次参加奥运会
1956 年	6 月 7 日	举重运动员陈镜开首创新中国体育世界纪录
1957 年	11 月 17 日	郑凤荣创中国女子跳高世界纪录
1959 年	4 月 5 日	容国团为新中国夺得首个世界冠军
1979 年	12 月 9 日	马燕红为我国赢得第一个体操世界冠军
1984 年	6 月 10 日	朱建华第三次打破跳高世界纪录
1984 年	7 月 29 日	许海峰夺得中国历史上第一枚奥运金牌
1984 年	8 月 7 日	中国女排取得"三连冠"
1986 年	10 月 4 日	中国男排首次获得亚运会冠军
1987 年	5 月 24 日	中国羽毛球队完成大满贯
1988 年	3 月 26 日	聂卫平被授予"棋圣"称号
1988 年	9 月 19 日	中国女子游泳队首获奥运奖牌
1991 年	1 月 7 日	林莉获得中国第一个游泳世界冠军
1991 年	10 月 29 日	谢军夺得国际象棋世界冠军
1991 年	11 月 30 日	首届女足世界杯落幕
2001 年	10 月 7 日	中国男子足球首次冲进世界杯
1998 年	11 月 25 日	北京正式宣布申办 2008 年奥运会
2002 年	2 月 16 日	中国队夺得冬奥会首枚金牌
2003 年	4 月 16 日	迈克尔·乔丹退役
2006 年	7 月 12 日	刘翔打破男子 110 米栏世界纪录
2010 年	4 月 21 日	奥林匹克传奇人物萨马兰奇逝世
2010 年	6 月 11 日	南非代表非洲首次主办世界杯
2011 年	6 月 4 日	李娜成为亚洲第一个大满贯单打冠军

九、社会民生

270 年	2 月 14 日	圣·瓦伦丁去世——情人节纪念日
1837 年	12 月 24 日	茜茜公主出生
1880 年	6 月 27 日	海伦·凯勒诞辰
1905 年	12 月 8 日	上海发生大闹会审公廨案
1910 年	8 月 27 日	特蕾莎修女出生
1944 年	3 月 13 日	延安《解放日报》公开报道"刘巧儿"案
1949 年	11 月 21 日	新中国开始封闭妓院改造妓女
1952 年	4 月 30 日	新中国第一个工人新村——曹杨新村竣工
1956 年	4 月 19 日	摩纳哥王子与影星格蕾丝·凯丽大婚
1956 年	5 月 13 日	"江亚轮"打捞工作正式开始

1957 年	10 月 15 日	武汉长江大桥建成通车
1958 年	5 月 26 日	钢铁工人邱财康因公烧伤,广慈医院全力抢救
1958 年	6 月 30 日	毛主席赋诗贺江西消灭血吸虫病
1963 年	1 月 2 日	世界首例断肢再植手术在上海成功实施
1964 年	2 月 10 日	全力解救"草原英雄小姐妹"
1964 年	7 月 16 日	蕃瓜弄新村迎来首批居民
1966 年	2 月 7 日	《人民日报》号召向焦裕禄同志学习
1968 年	9 月 26 日	全国首家 24 小时商店"星火日夜食品商店"开张
1970 年	12 月 30 日	葛洲坝水利枢纽工程开工
1972 年	6 月 5 日	第一次国际环保大会"联合国人类环境会议"召开
1976 年	7 月 28 日	唐山大地震
1980 年	11 月 13 日	延安东路越江隧道建造请示获得通过
1982 年	5 月 28 日	"东方快车"号列车重新运行
1982 年	11 月 15 日	我国第一家婚姻介绍所成立
1983 年	3 月 7 日	张海迪获全国"优秀共青团员"称号
1984 年	12 月 29 日	上海第一家专业美容厅开业
1988 年	1 月 19 日	首个台湾返乡探亲团抵达北京
1988 年	8 月 25 日	上海市合流污水治理一期工程开工
1988 年	9 月 12 日	第一艘台湾探亲船抵达上海
1989 年	10 月 30 日	"希望工程"诞生
1991 年	6 月 20 日	南浦大桥主桥合龙
1991 年	8 月 12 日	中国大陆记者首次赴台湾采访
1993 年	2 月 9 日	刘嘉玲肖像权案正式开庭
1993 年	4 月 27 日	首次"汪辜会谈"正式开启两岸交往大门
1993 年	8 月 2 日	纪录片《毛毛告状》播出引发热议
1994 年	2 月 25 日	浦东大厦爆破拆除 成都路高架动迁工程基本完成
1994 年	6 月 13 日	震惊美国的辛普森案发生
1995 年	1 月 4 日	上航面试首批"空嫂"
1995 年	4 月 7 日	《人民日报》发表通讯《领导干部的楷模——孔繁森》
1995 年	10 月 2 日	上海住房解困项目获"联合国人居奖"
1997 年	1 月 28 日	中山舰整体打捞出水
1997 年	7 月 21 日	中华骨髓库上海分库启动
1997 年	8 月 31 日	戴安娜王妃魂断巴黎
1998 年	9 月 10 日	东航班机在虹桥机场紧急迫降
2002 年	4 月 9 日	上海南站项目启动

2002 年	12 月 27 日	南水北调工程正式开工
2004 年	4 月 14 日	公安英模任长霞遭遇车祸身受重伤
2004 年	12 月 2 日	十六铺码头退出历史舞台
2008 年	3 月 1 日	外白渡桥封桥 开始迁移大修

图书在版编目（CIP）数据

那年今日，听历史说话：全2册 / 上海广播电视台版权资产中心，
上海音像资料馆编. -- 上海：上海书店出版社，2017.6（2019.3重印）
ISBN 978-7-5458-1361-6

I. ①那… II. ①上… ②上… III. ①世界史－通俗读物 ②中
国历史－通俗读物 IV. ①K109②K209

中国版本图书馆CIP数据核字（2016）第233101号

那年今日，听历史说话（上，下）

编　　者	上海音像资料馆	
	上海广播电视台版权资产中心	
责任编辑	邓小娇	
美术编辑	汪　昊	
出　　版	上海书店出版社	
发　　行	上海人民出版社发行中心	
地　　址	200001　上海福建中路193号	
印　　刷	上海商务联西印刷有限公司	
开　　本	720×1000 mm　1/16	
印　　张	48.5	
版　　次	2017年6月第一版	
印　　次	2019年3月第二次印刷	
书　　号	ISBN 978-7-5458-1361-6/K.250	
定　　价	160.00元